MINI

DICCIONARIO DE LA
LENGUA ESPAÑOLA

LAROUSSE
MINI
DICCIONARIO DE LA LENGUA ESPAÑOLA

LAROUSSE

DIRECCIÓN EDITORIAL Jordi Induráin Pons

COORDINACIÓN DE LA OBRA Sofía Acebo García

REDACCIÓN David Aguilar España, David Morán Pérez, Irene Renau Araque y Carme Tarín Aldeguer

INFORMÁTICA EDITORIAL Marc Escarmís Arasa

Primera edición: 2005
Segunda edición: 2009
Tercera edición: 2017
Sexta reimpresión: marzo de 2024

Bac de Roda, 64, edificio D, 1.ª planta 08005 Barcelona
clientes@grupoanaya.es / www.larousse.es

ISBN: 978-84-16984-02-2
Dep. Legal: B-25033-2016
3E7I

PAPEL DE FIBRA CERTIFICADA

PRESENTACIÓN

El nuevo *Diccionario Mini Larousse de la lengua española* es una obra práctica concebida con el objeto de resolver los problemas elementales de comprensión y de uso del idioma. Debido a su formato reducido, este diccionario se ha elaborado con una clara voluntad de concisión, lo que ha hecho necesario realizar una selección del vocabulario esencial de nuestra lengua que funcione como una base útil para solucionar las dudas inmediatas que se le puedan presentar al hablante.

Por esta razón, se han escogido las palabras básicas del español y se han definido sucintamente y con precisión, de manera que una acepción contenga solo la información estrictamente necesaria para su adecuada comprensión. La sencillez y claridad de cada entrada hacen de este diccionario una fuente de consulta ideal tanto para personas que deseen tener a mano una herramienta lingüística útil y manejable como para estudiantes que quieran perfeccionar sus nociones de español.

El *Diccionario Mini Larousse de la lengua española*, con más de 18.000 entradas y más de 27.000 significados y locuciones, incorpora palabras frecuentes del léxico del español actual, además de incluir diversos neologismos. Asimismo, recoge multitud de voces y acepciones características de los diversos países y zonas geográficas hispanohablantes. Todo ello hace de este diccionario una obra de fácil utilización que consigue cubrir las necesidades lingüísticas elementales del usuario.

ABREVIATURAS UTILIZADAS EN LA OBRA

adj.	adjetivo
adv.	adverbio
aux.	verbo auxiliar
AMÉR	América
ARG	Argentina
BOL	Bolivia
C RICA	Costa Rica
cardin.	cardinal
CH	Chile
COL	Colombia
conj.	conjunción
cop.	verbo copulativo
Desp.	despectivo
det.	determinante
ECUAD	Ecuador
EL SALV	El Salvador
ESP	España
f.	sustantivo femenino
Fam.	familiar
GUAT	Guatemala
HOND	Honduras
impers.	verbo impersonal
interj.	interjección
intr.	verbo intransitivo
m.	sustantivo masculino
m. y f.	sustantivo masculino y femenino
m. o f.	sustantivo de género ambiguo
MÉX	México
NIC	Nicaragua
num.	numeral
ordin.	ordinal
P RICO	Puerto Rico
PAN	Panamá
PAR	Paraguay
partit.	partitivo
pl.	plural

prep.	preposición
prnl.	verbo pronominal
pron.	pronombre
R DOM	República Dominicana
s.	sustantivo de género común
s., ss.	siglo, siglos
tr.	verbo transitivo
URUG	Uruguay
VENEZ	Venezuela
Vulg.	vulgar

A

1. **a** f. Primera letra del alfabeto español.
2. **a** prep. **1** Introduce el complemento indirecto (y el directo cuando se trata de personas). **2** Indica dirección o destino, o lugar en que está alguien o algo.
ábaco m. Cuadro con alambres y bolas para hacer cálculos manuales.
abad, desa s. Superior de un monasterio.
abadejo m. **1** Pez marino parecido al bacalao. **2** Bacalao.
abajo adv. En o hacia un lugar o parte más bajos.
abalanzarse prnl. Lanzarse con ímpetu.
abalorio m. Cuenta perforada para hacer collares y adornos.
abanderado, a s. Persona que lleva la bandera en un desfile o procesión.
abandonar tr. **1** Dejar sin atención ni cuidado. **2** Irse de un lugar. ◆ tr./intr. **3** Renunciar a seguir haciendo algo. ◆ prnl. **4** Descuidar el cuidado personal.
abanico m. **1** Instrumento semicircular para darse aire manualmente. **2** Conjunto de cosas entre las que se puede elegir.
abaratar tr. Hacer que una cosa sea más barata.
abarca f. ESP Calzado rústico de cuero con correas.
abarcar tr. **1** Ceñir o rodear con los brazos o las manos. **2** Incluir o contener. **3** AMÉR Adquirir y retener cosas con ánimo de lucro o especulación.
abarrotar tr. Llenar por completo un lugar.
abarrotería f. AMÉR CENTRAL Puesto o tienda donde se venden abarrotes.
abarrotes m.pl. AMÉR Artículos alimenticios y domésticos, como conservas, bebidas, papel, especias, etc.
abastecer tr. Proporcionar víveres u otras cosas.
abasto m. **1** Provisión de víveres. **2** AMÉR SUR Mercado de carne y otros alimentos. **3** VENEZ Tienda de comestibles y artículos para el hogar. ◇ **dar ~** Ocuparse de todas las exigencias de una actividad.
abatir tr. **1** Derribar. **2** Inclinar o colocar en posición horizontal.

3 Hacer perder la fuerza o el ánimo. ◆ **prnl. 4** Caer un mal sobre alguien o algo.

abdicar tr./intr. **1** Renunciar a una dignidad o cargo. ◆ **intr. 2** Renunciar a un derecho o ideología.

abdomen m. **1** Parte del cuerpo de los vertebrados situada entre el tórax y la pelvis. **2** Parte posterior del cuerpo de los artrópodos.

abdominal adj. **1** Relativo al abdomen. ◆ m./adj. **2** Ejercicio gimnástico para fortalecer el abdomen.

abducir tr. Secuestrar a una persona los extraterrestres.

abductor adj./m. Se dice del músculo que separa un miembro del plano medio del cuerpo.

abecé m. **1** Abecedario. **2** Principios básicos de una ciencia, facultad, etc.

abecedario m. Serie ordenada de las letras de un idioma.

abedul m. Árbol de hojas pequeñas y corteza blanca.

abeja f. Insecto social que produce cera y miel.

abejaruco m. Pájaro de pico curvado y cola alargada, que se alimenta de abejas.

abejorro m. Insecto parecido a la abeja pero mayor.

aberración f. Desviación de lo natural o lo correcto.

abertura f. **1** Acción de abrir o abrirse. **2** Espacio abierto en una superficie.

aberzale o **abertzale** adj. Relativo al movimiento político y social partidario del nacionalismo vasco.

abeto m. Árbol conífero de tronco alto, hojas perennes y copa cónica.

abierto, a adj. **1** Sincero, franco. **2** Tolerante con las ideas distintas de las suyas. **3** Se dice del terreno que es llano o raso.

abigarrado, a adj. Que tiene muchos colores mal combinados.

abisal adj. Relativo a las profundidades oceánicas.

abisinio, a adj./s. De Abisinia.

abismo m. Lugar de gran profundidad.

abjurar tr./intr. Renunciar públicamente a una creencia.

ablación f. Extirpación de un órgano o parte del cuerpo.

ablandar tr. **1** Poner blando. **2** Moderar la severidad.

ablande m. AMÉR Tiempo de rodaje de un automóvil.

ablativo m./adj. Caso de la declinación que expresa relaciones similares a las del complemento circunstancial.

ablución f. **1** *Formal.* Acción de lavar o lavarse. **2** Purificación ritual por medio del agua en algunas religiones.

abnegación f. Sacrificio o renuncia de los deseos e intereses propios.

abocar tr. Verter el contenido de un recipiente en otro.

abochornar tr. Provocar vergüenza o bochorno.
abocinado, a adj. Que tiene forma cónica semejante al extremo de una bocina.
abofetear tr. Dar bofetadas a una persona.
abogado, a s. Persona legalmente autorizada para defender a sus clientes en juicio, representarlos o aconsejarlos.
abogar intr. Declararse a favor de alguien o algo.
abolicionismo m. Doctrina que defendía la abolición de la esclavitud.
abolir tr. Dejar legalmente sin vigor un precepto o costumbre.
abollar tr. Hacer una o varias abolladuras.
abombar tr. **1** Dar a una superficie forma convexa. ◆ **prnl. 2** AMÉR Pudrirse un líquido o alimento. **3** CH, ECUAD, NIC Perder una persona el dominio de sí misma por exceso de alcohol.
abominar tr./intr. **1** Condenar enérgicamente, maldecir. **2** Aborrecer, odiar.
abonar tr. **1** Echar abono a la tierra. **2** Pagar una cantidad de dinero. **3** Inscribir a alguien mediante pago para que pueda disfrutar de un servicio.
abono m. **1** Sustancia que se echa a la tierra para enriquecerla. **2** Acción de abonar un dinero. **3** Documento que da derecho al uso de un servicio.
abordaje m. Acción y efecto de abordar.
abordar tr./intr. **1** Acercarse un barco a otro hasta tocarlo, especialmente para entrar en lucha. ◆ **tr. 2** Acercarse a una persona para tratar un asunto.
aborigen adj. **1** Originario del territorio en que vive. ◆ **m. y f./adj. 2** Habitante primitivo de un territorio.
aborrecer tr. **1** Tener odio o aversión. **2** Abandonar un animal a sus crías.
aborto m. Interrupción natural o artificial del embarazo.
abotagar o **abotargar** tr. **1** Atontar. ◆ **prnl. 2** Hincharse el cuerpo por una enfermedad.
abotonar tr. Cerrar o ajustar una prenda con los botones.
abra f. AMÉR Lugar sin árboles en un bosque o entre dos montañas.
abracadabra m. Palabra cabalística a la que se atribuían poderes mágicos.
abrasar tr. **1** Quemar, reducir a brasas. ◆ **intr. 2** Estar muy caliente una cosa.
abrasión f. Acción de desgastar o pulir algo por fricción.
abrazadera f. Pieza para sujetar ciñendo.
abrazar tr./prnl. **1** Rodear con los brazos. ◆ **tr. 2** Adherirse a una creencia.
abrecartas m. Utensilio con forma de cuchillo para abrir sobres.

abrelatas m. Utensilio para abrir latas de conservas.
abrevadero m. Lugar donde bebe el ganado.
abrevar tr. Dar de beber al ganado.
abreviar tr. Hacer más breve una cosa.
abreviatura f. Letra o conjunto de letras, generalmente seguidas de un punto, que reducen en la escritura la extensión de una o más palabras.
abridor m. Utensilio para abrir latas, botes o botellas.
abrigar tr. **1** Proteger del frío. **2** Albergar una idea o sentimiento.
abrigo m. **1** Prenda de vestir, larga y gruesa que se pone sobre otras para protegerse del frío. **2** Protección contra el frío u otro fenómeno atmosférico.
abril m. **1** Cuarto mes del año. ◆ m.pl. **2** Años de edad de una persona.
abrillantar tr. Dar brillo.
abrir tr. **1** Hacer que el interior de un espacio o lugar tenga comunicación directa con el exterior. **2** Separar de su marco las hojas de una puerta, ventana o balcón para pasar a través del hueco. ◆ **intr./prnl. 3** Levantar la tapa de una caja u otro objeto. **4** Extender, estirar. **5** Hacer una abertura. **6** Comenzar una actividad. **7** Ir delante. ◆ **prnl. 8** Comunicar una persona a otra sus pensamientos. **9** *Fam.* AMÉR Retirarse de un negocio por ser arriesgado. **10** *Fam.* ARG, URUG Desviarse de la dirección prevista. **11** *Fam.* ARG, URUG, VENEZ Hacerse a un lado para que pase alguien o algo.
abrochar tr. Cerrar o ajustar una prenda de vestir, con botones u otros cierres.
abroncar tr. **1** Regañar o corregir duramente. **2** Protestar con gritos y ruidos.
abrumar tr. **1** Agobiar o atosigar. **2** Confundir o desconcertar con un exceso de atenciones o reprensiones.
abrupto, a adj. Escarpado.
absceso m. Acumulación de pus.
abscisa f. Primera coordenada de un punto representado en unos ejes cartesianos.
absenta f. **1** Planta empleada para aromatizar licores. **2** Bebida alcohólica de ajenjo y otras hierbas.
absentismo m. Ausencia frecuente del puesto de trabajo.
ábside m. Cabecera semicircular de la nave de una iglesia, que sobresale en la fachada posterior.
absolutismo m. Sistema político que se distingue por la reunión de todos los poderes en una sola persona o cuerpo.
absoluto, a adj. **1** Ilimitado, sin restricciones. **2** Expresa la máxima cualidad de algo. ◇ **en ~** De ningún modo.
absolver tr. **1** Declarar un juez o tribunal que una persona queda libre de una acusación. **2** Perdonar

un sacerdote, en nombre de Dios, los pecados de una persona.
absorber tr. **1** Atraer y retener un cuerpo sólido en su interior a otro en estado líquido o gaseoso. **2** Ocupar por completo la atención o el tiempo de una persona. **3** Consumir totalmente.
absorción f. Acción de absorber.
absorto, a adj. **1** Concentrado, aislado mentalmente. **2** Admirado ante un espectáculo, suceso, etc.
abstemio, a adj./s. Se dice de la persona que nunca toma bebidas alcohólicas.
abstención f. Renuncia a hacer algo, especialmente al derecho de votar.
abstenerse prnl. **1** Privarse de una cosa. **2** No participar en algo, especialmente en una votación.
abstinencia f. Renuncia voluntaria a algo por razones religiosas o morales.
abstracto, a adj. **1** Vago, impreciso. **2** Se dice del arte o artista que no representa objetos, sino sus características o cualidades.
abstraer tr. **1** Aislar mentalmente las cualidades de una cosa. ◆ prnl. **2** Concentrarse, aislarse mentalmente.
abstruso, a adj. Difícil de comprender.
absurdo, a adj. Contrario a la lógica o a la razón.
abubilla f. Pájaro insectívoro de cuerpo marrón rojizo, con un penacho eréctil de plumas en la cabeza.
abuchear tr. Manifestar ruidosamente el público su desagrado.
abuelo, a s. **1** Padre o madre del padre o de la madre de una persona. **2** Persona anciana.
abulense adj./m. y f. De Ávila.
abulia f. Falta de voluntad o ánimo.
abultar tr. **1** Aumentar el volumen de algo. **2** Exagerar. ◆ intr. **3** Ocupar determinado espacio.
abundancia f. Existencia de una gran cantidad de una cosa.
abundar intr. Existir en gran cantidad.
aburguesarse prnl. Acostumbrarse a la forma de vida burguesa.
aburrir tr. Molestar una cosa o persona a alguien por ser pesada o poco interesante.
abusado, a adj./s. **1** GUAT, MÉX Listo, despierto. ◆ interj. **2** *Fam.* MÉX Se usa para advertir de una situación de riesgo.
abusar intr. **1** Hacer uso excesivo de una cosa. **2** Aprovecharse de la benevolencia de alguien. **3** Obligar a una persona a tener relaciones sexuales.
abyecto, a adj. *Formal.* Vil y despreciable.
acá adv. Aquí.
acabar tr. **1** Hacer que una cosa llegue a su fin. ◆ tr./prnl. **2** Consumir completamente. ◆ intr. **3** Llegar al fin o al último momento.
acabose ◇ **ser el ~** Ser cierta cosa un desastre.

acacia f. Árbol de flores olorosas en racimos.
academia f. **1** Institución pública que se dedica al estudio y otros fines culturales o científicos. **2** Centro de enseñanza privado.
acadio, a adj./s. **1** Del imperio de Acad. ◆ m./adj. **2** Lengua hablada en este imperio.
acaecer intr. *Formal.* Ocurrir, suceder.
acallar tr. **1** Hacer callar. **2** Calmar, apaciguar.
acalorar tr. Dar o causar calor.
acampar intr. Instalarse en un lugar al aire libre.
acanalado, a adj. Que tiene forma alargada y con canales o estrías.
acantilado m. Costa marina formada por rocas de gran altura.
acanto m. Planta de hojas largas, rizadas y espinosas.
acaparar tr. **1** Acumular cosas que también los demás desean o necesitan. **2** Ocupar por completo la atención de una persona.
acápite m. AMÉR Párrafo.
acaramelar tr. **1** Bañar un alimento con caramelo. ◆ prnl. **2** Darse muestras de amor.
acariciar tr. **1** Hacer caricias. **2** Desear una cosa con la esperanza de conseguirla.
ácaro m./adj. Arácnido microscópico, a menudo parásito de otros seres vivos.
acarrear tr. **1** Llevar una carga de un lugar a otro. **2** Causar, comportar.
acartonar tr. Poner rígido como el cartón.
acaso adv. Quizá, tal vez. ◇ **por si** ~ Indica la posibilidad de que ocurra algo.
acatar tr. Aceptar y cumplir una orden.
acatarrarse prnl. Contraer un catarro.
acaudalado, a adj. Rico, adinerado.
acaudillar tr. Dirigir como caudillo a un grupo.
acceder intr. **1** Mostrarse conforme con lo que otro solicita o quiere. **2** Tener paso o entrada a un lugar.
accesible adj. **1** Que tiene acceso o entrada. **2** De trato fácil. **3** Que puede ser entendido.
accésit m. Recompensa inmediatamente inferior al premio en un certamen.
acceso m. **1** Acción de acercarse o aproximarse. **2** Entrada o paso. **3** Aparición repentina de cierto estado físico o psíquico.
accesorio, a adj. **1** Que depende de una cosa principal o más importante. ◆ m. **2** Herramienta u objeto auxiliar.
accidental adj. **1** Secundario. **2** Se dice del cargo que se ocupa de manera provisional.
accidente m. **1** Suceso imprevisto que altera la marcha normal de algo. **2** Alteración de la uniformidad de un terreno.
acción f. **1** Hecho o acto volunta-

rio. **2** Actividad o movimiento. **3** Trama de una narración, obra teatral o película. **4** Enfrentamiento entre dos ejércitos. **5** Título cuyo valor nominal representa cada una de las partes en que se divide el capital de una sociedad o empresa.

accionar tr. Poner en funcionamiento un mecanismo.

accionista m. y f. Poseedor de acciones de una empresa.

acebo m. Árbol de hojas duras y espinosas, con fruto en forma de bolitas rojas.

acebuche m. Olivo silvestre.

acechar tr. Vigilar o perseguir con cautela.

acéfalo, a adj. Que no tiene cabeza.

aceite m. Sustancia fluida y untuosa, de origen mineral, animal o vegetal.

aceitera f. Recipiente para guardar aceite.

aceituna f. Fruto del olivo.

aceitunado, a adj. De color verde oscuro como las aceitunas.

acelerador, ra m. Mecanismo que permite aumentar o disminuir la velocidad de un motor.

acelerar tr. **1** Hacer más rápido un movimiento o proceso. ◆ **tr./intr. 2** Aumentar la velocidad de un vehículo o de su motor.

acelga f. Planta hortense de hojas grandes y comestibles.

acémila f. Mula o macho de carga.

acento m. **1** Intensificación de la voz en una de las sílabas de una palabra. **2** Signo gráfico con que se indica esta intensificación. **3** Manera particular de pronunciar.

acentuar tr. **1** Pronunciar una sílaba distinguiéndola de las demás de la misma palabra. **2** Poner acento ortográfico a una letra o palabra. **3** Poner de relieve una idea o asunto. ◆ **prnl. 4** Hacerse cada vez más claro algo.

acepción f. Sentido en que se puede tomar una palabra o expresión.

aceptar tr. **1** Recibir voluntariamente algo que se ofrece. **2** Dar por buena o suficiente una cosa.

acequia f. Zanja que conduce agua para regar.

acera f. Parte lateral de la calle, reservada a los peatones.

acerado, a adj. **1** De acero. **2** Que tiene mala intención y agresividad.

acerbo, a adj. **1** Áspero en el sabor y el olor. **2** Cruel, duro.

acerca adv. ◇ **~ de** Indica de qué materia o asunto trata cierta cosa.

acercar tr. Poner a menor distancia.

acero m. Aleación de hierro y una pequeña cantidad de carbono.

acérrimo, a adj. **1** *Formal.* Muy acre. **2** Decidido y tenaz.

acertar tr. **1** Dar en el lugar previsto o propuesto. **2** Dar con lo cierto o lo adecuado. ◆ tr./intr. **3** Hacer algo con acierto.

acertijo m. Enigma para entretenerse en acertarlo.

acervo m. Conjunto de bienes o valores morales o culturales.

acetato m. Sal formada por ácido acético y una base.

acético, a adj. Se dice del ácido que se produce oxidando alcohol etílico.

acetileno m. Gas incoloro que se desprende al ponerse en contacto el agua con el carburo de calcio.

acetona f. Líquido incoloro, volátil e inflamable que se usa como disolvente.

achacar tr. Atribuir.

achaparrado, a adj. De forma o figura baja o gruesa.

achaque m. Molestia pequeña pero frecuente.

achatar tr. Poner chato.

achicar tr. **1** Disminuir el tamaño o duración de algo. **2** Humillar, acobardar. **3** Sacar el agua de un lugar.

achicharrar tr. **1** Freír o asar en exceso. ◆ tr./intr. **2** Calentar demasiado. ◆ prnl. **3** *Fam.* Notar mucho calor.

achicoria f. Planta de flores azules y hojas y raíces amargas.

achuchar tr. ESP Apremiar, presionar.

achura f. ARG, URUG Despojos de una res.

aciago, a adj. Desgraciado o que presagia desgracias.

acíbar m. **1** Planta tropical de hojas largas y carnosas. **2** Jugo de esta planta.

acicalar tr. Adornar o arreglar a una persona.

acicate m. **1** Estímulo. **2** Espuela con una sola punta de hierro.

acicular adj. Que tiene forma de aguja.

ácido, a adj. **1** Que tiene un sabor fuerte y áspero, como el vinagre o el limón. ◆ m. **2** Sustancia química capaz de formar sales al combinarse con un óxido metálico u otra base. **3** Droga alucinógena.

acierto m. **1** Elección de la solución correcta. **2** Acción que tiene éxito. **3** Habilidad, destreza.

ácimo adj. Ázimo.

aclamar tr. Mostrar una multitud su entusiasmo hacia alguien.

aclarar tr. **1** Hacer menos oscuro. **2** Hacer que algo sea más fácil de entender. **3** Hacer menos espeso. **4** ESP, MÉX Volver a lavar con agua sola para quitar el jabón. ◆ intr./prnl. **5** Mejorar el tiempo atmosférico. ◆ prnl. **6** *Fam.* Poner en claro las propias ideas.

aclimatar tr. Adaptar un ser vivo a un clima o ambiente.

acné m. Enfermedad cutánea con aparición de espinillas y granos.

acobardar tr. Causar miedo.

acodar tr. Dar a una cosa forma de codo o ángulo recto.

acogedor, ra adj. Hospitalario, cómodo.

acoger tr. **1** Admitir una persona a otra en su casa o compañía. **2** Proteger, amparar. ◆ prnl. **3** Ampararse en una ley o derecho.

acojonante adj. *Vulg.* ESP Impresionante.

acojonar tr. *Vulg.* ESP Causar miedo.

acolchar tr. Poner lana, algodón u otro material blando entre dos telas y coserlas.

acólito m. **1** Monaguillo. **2** Persona que acompaña y sirve a otra.

acomedirse prnl. AMÉR Ofrecerse a prestar un servicio.

acometer tr./intr. **1** Embestir o lanzarse con violencia contra algo. ◆ tr. **2** Comenzar una empresa o trabajo.

acomodado, a adj. Que goza de buena posición económica.

acomodar tr. **1** Poner en un lugar adecuado o cómodo. **2** Conciliar o ajustar una cosa con otra.

acompañamiento m. **1** Persona o grupo que acompaña a alguien. **2** Alimento complemento de un plato principal. **3** Grupo de personas con papeles poco importantes en una obra teatral. **4** Elementos que, en una composición musical, sirven para acompañar a la parte principal.

acompañar tr. **1** Estar con otra persona o ir junto a ella. **2** Ir una cosa junto a otra o añadida a ella. **3** Tocar una música de acompañamiento.

acompasar tr. Adaptar o acomodar una cosa a otra.

acomplejar tr. Hacer que una persona se sienta inferior por sus posibles defectos.

acondicionar tr. **1** Poner una cosa en las condiciones adecuadas. **2** Climatizar un espacio cerrado.

acongojar tr. Afligir.

aconsejar tr. Dar consejo.

acontecer intr. *Formal.* Ocurrir o producirse un hecho.

acontecimiento m. Suceso importante.

acopiar tr. Reunir en gran cantidad.

acoplado m. AMÉR SUR Remolque, vehículo remolcado.

acoplar tr. **1** Unir dos piezas o elementos de manera que encajen perfectamente. **2** Adaptar a una situación o ambiente. ◆ prnl. **3** Unirse sexualmente un animal macho y la hembra.

acoquinar tr. *Fam.* Acobardar.

acorazado m. Buque de guerra grande, blindado y con potente artillería.

acordar tr. **1** Resolver algo varias personas de común acuerdo. **2** Afinar un instrumento musical o la voz. ◆ prnl. **3** Recordar, traer a la propia memoria.

acorde adj. **1** Que está conforme o de acuerdo. ◆ m. **2** Conjunto de tres o más notas musicales ejecutadas a la vez.

acordeón m. **1** Instrumento musical de viento formado por un fuelle rectangular y dos armazones con botones. **2** AMÉR CENTRAL, BOL, CUBA Papelito con apuntes que los estudiantes ocultan para copiar de él en los exámenes.

acordonar tr. **1** Rodear un lugar con un cordón de personas. **2** Ceñir con un cordón.

acorralar tr. **1** Llevar a una persona o un animal hasta un lugar de estrechos límites e impedirle la salida. **2** Dejar confundido y sin respuesta.

acortar tr. Disminuir la longitud, duración o cantidad de algo.

acosar tr. **1** Perseguir a una persona o animal para detenerlo o cazarlo. **2** Molestar con peticiones, preguntas o quejas insistentes.

acostar tr. **1** Echar o tender a una persona para que duerma o descanse. ◆ prnl. **2** Tener relaciones sexuales una persona con otra.

acostumbrar tr. **1** Hacer que una persona tome cierta costumbre. ◆ intr. **2** Tener costumbre o hábito de hacer una determinada cosa. **3** Suceder con frecuencia una cosa. ◆ prnl. **4** Adquirir cierta costumbre o hábito.

acotación f. **1** Nota o comentario al margen de un escrito. **2** Indicación que, en las obras teatrales, se refiere al escenario, los movimientos y otros aspectos de la realización de la obra.

acotamiento m. MÉX Arcén.

acotar tr. **1** Limitar el uso de una cosa. **2** Marcar los límites de un terreno. **3** Hacer más corto o limitado. **4** Poner notas al margen de un escrito. **5** Poner cotas en un plano.

acracia f. Doctrina que defiende la desaparición del estado y la libertad del individuo sobre todo poder.

ácrata adj./m. y f. Partidario de la acracia.

1. **acre** m. Medida de superficie anglosajona que equivale a 40,47 metros cuadrados.

2. **acre** adj. **1** Ácido y picante en el sabor y olor. **2** Rudo o desagradable.

acrecentar tr. Hacer más grande, fuerte o intenso.

acreditar tr. **1** Demostrar con un documento que una persona es quien dice ser o está autorizada para hacer algo. **2** Asegurar por medio de un documento que una cosa es auténtica.

acreedor, ra adj./s. Se dice de la persona que tiene derecho a pedir que se cumpla una obligación.

acribillar tr. Llenar de agujeros, heridas o picotazos.

acrílico, a adj. **1** Se dice de un tipo de pintura soluble en agua. **2** Se dice de cierta fibra textil sintética.

acriollarse prnl. AMÉR Adquirir un extranjero las costumbres del país hispanoamericano en que vive.

acritud f. Falta de amabilidad.

acrobacia f. **1** Ejercicio gimnástico de gran dificultad. **2** Ejercicio espectacular de un avión en el aire.

acróbata m. y f. Persona que realiza acrobacias.
acromático, a adj. Que transmite la luz blanca sin descomponerla en los colores que la constituyen.
acrónimo m. Palabra formada por las primeras letras de las palabras de una expresión.
acrópolis f. Lugar más alto y mejor fortificado de las ciudades griegas de la Antigüedad.
acta f. **1** Relación escrita de lo tratado en una reunión. **2** Certificación oficial de un hecho. ◆ f.pl. **3** Documento en que se exponen los trabajos presentados en un congreso.
actinia f. Invertebrado marino de cuerpo blando y colores vivos.
actínido adj./m. Se dice del elemento químico cuyo número atómico está comprendido entre el 89 y el 103, ambos incluidos.
actinio m. Elemento químico (metal) de símbolo Ac.
actitud f. **1** Modo de comportarse una persona. **2** Postura del cuerpo que revela una intención o estado de ánimo.
activar tr. **1** Poner en funcionamiento un mecanismo. **2** Aumentar la intensidad o rapidez de algo.
actividad f. **1** Estado de lo que se mueve, funciona o actúa. **2** Capacidad de obrar. **3** Conjunto de tareas de una persona o entidad.
activo, a adj. **1** Que produce el efecto que le es propio. **2** Que actúa o trabaja con energía. ◆ adj./f. **3** Se dice de la voz verbal que expresa que el sujeto realiza la acción designada por el verbo. ◆ m. **4** Total de bienes de una sociedad de comercio.
acto m. **1** Hecho o acción. **2** Hecho público. **3** Cada una de las partes en que se divide una obra de teatro. ◇ **~ seguido** A continuación. ◇ **en el ~** Inmediatamente.
actor, triz s. Persona que interpreta un papel en teatro, televisión, radio o cine.
actual adj. **1** Que existe, ocurre o se usa en el momento en que se habla. **2** Que está de moda.
actualidad f. Tiempo presente.
actualizar tr. Poner al día, adaptar al presente.
actuar intr. **1** Comportarse de determinada manera. **2** Realizar una persona o cosa actos propios de su naturaleza u oficio. **3** Representar un papel en teatro, televisión, radio o cine.
acuarela f. **1** Pintura sobre papel o cartón con colores diluidos en agua. **2** Color que se diluye en agua para pintar así.
acuario m. **1** Depósito de agua para tener animales o plantas. ◆ adj./m. y f. Se dice de la persona que ha nacido entre el 21 de enero y el 18 de febrero.
acuático, a adj. **1** Relativo al agua. **2** Que vive o se desarrolla en el agua.

acuchillar tr. Herir o matar con un cuchillo.
acuciar tr. Apremiar, dar prisa.
acudir intr. Ir a un lugar.
acueducto m. Canal artificial para transportar agua.
acuerdo m. Decisión tomada en común por varias personas. ◇ **de ~** Con unión y conformidad.
acuicultura f. Técnica de criar y fomentar la reproducción de especies animales o vegetales en agua dulce o salada.
acuífero m. Capa subterránea de roca permeable.
acullá adv. *Formal.* En un lugar lejos del que habla.
aculturación f. Proceso de recepción de otra cultura y de adaptación a ella.
acumulador, ra m. Aparato para acumular o almacenar energía.
acumular tr. Juntar y amontonar progresivamente personas o cosas.
acunar tr. Mecer o balancear suavemente a un niño en una cuna o en brazos.
acuñar tr. **1** Imprimir una moneda o una medalla con un cuño o troquel. **2** Consolidar una expresión creada.
acuoso, a adj. **1** Que tiene mucha agua o mucho jugo. **2** Que se parece al agua.
acupuntura f. Método terapéutico de origen oriental que consiste en clavar agujas en puntos especiales del cuerpo.
acurrucarse prnl. Encogerse para ocupar el menor espacio posible, generalmente por miedo o frío.
acusado, a adj. **1** Destacado, perceptible. ◆ s. **2** Persona a quien se acusa de un delito.
acusar tr. **1** Atribuir a una persona la responsabilidad de un delito. **2** Manifestar o mostrar algo a causa de una cosa o como consecuencia de ella.
acusativo m./adj. Caso de la declinación que expresa la función de complemento directo.
acuse m. Nota en que se da cuenta de la recepción de un documento.
acústica f. Parte de la física que trata de los sonidos.
adagio m. **1** Proverbio o refrán culto con contenido moral. **2** Pieza musical que se interpreta con tempo moderadamente lento.
adalid m. Caudillo militar.
adaptar tr. **1** Ajustar o acomodar una cosa a otra. **2** Modificar una cosa para que desempeñe otra función. ◆ prnl. **3** Acomodarse a una situación o lugar distintos.
adecentar tr. Poner decente un lugar.
adecuado, a adj. Que se ajusta a ciertas circunstancias.
adecuar tr. Ajustar o acomodar una cosa a otra.
adefesio m. Persona o cosa muy fea o extravagante.
adelantar tr. **1** Mover o llevar

hacia adelante. **2** Pasar delante de alguien o algo. **3** Hacer que una cosa ocurra antes de lo previsto. **4** Pagar un dinero antes de la fecha señalada. ◆ **intr./prnl. 5** Marcar un reloj un tiempo posterior al real. ◆ **intr. 6** Progresar, avanzar.

adelante adv. **1** Hacia el frente. **2** Más allá. ◆ **interj. 3** Se emplea para indicar a alguien que puede pasar. **4** Se emplea para dar ánimos.

adelanto m. **1** Anticipo. **2** Progreso.

adelfa f. Arbusto tóxico de flores blancas, rojas o rosáceas.

adelgazar intr. **1** Hacerse más delgada una persona. ◆ **tr. 2** Dejar con menor peso o tamaño.

ademán m. **1** Movimiento o actitud corporal que denota un estado de ánimo o una intención. ◆ **m.pl. 2** Modales.

además adv. Expresa la idea de agregación.

adenda o **addenda** f. Textos que se añaden a una obra escrita ya terminada o a una de sus partes.

adensar tr. Hacer más denso.

adentrarse prnl. Entrar en la parte más interna de algo.

adentro adv. **1** A o en el interior de algo. ◆ **m.pl. 2** Interior de una persona (sus pensamientos y sentimientos).

adepto, a adj./s. **1** Afiliado a una secta o asociación. **2** Partidario de una persona o idea.

aderezar tr. **1** Condimentar una comida. **2** Arreglar, embellecer.

adeudar tr. Tener deudas, deber dinero.

adherir tr. **1** Unir, pegar. ◆ **prnl. 2** Estar de acuerdo con una idea o grupo.

adhesión f. **1** Unión. **2** Acuerdo con una idea o grupo.

adhesivo, a adj. **1** Que puede adherirse. ◆ **adj./m. 2** Se dice del papel y el plástico que se pueden pegar fácilmente a una superficie.

adicción f. Hábito difícil de evitar.

adición f. **1** Acción de añadir. **2** Operación de sumar.

adicto, a adj./s. **1** Que tiene adicción a algo. **2** Partidario y defensor de una idea.

adiestrar tr. Enseñar a desarrollar una habilidad manual o un ejercicio físico.

adinerado, a adj. Rico, con dinero.

¡adiós! m. **1** Despedida. ◆ **interj. 2** Se usa para despedirse.

adiposo, a adj. **1** Que tiene la naturaleza de la grasa. **2** Se dice del tejido constituido por células de grasa bajo de la piel.

aditivo, a m./adj. Sustancia que se añade, especialmente en la industria alimentaria.

adivinanza f. Pasatiempo que consiste en averiguar el sentido oculto de un poema, frase o expresión.

adivinar tr. **1** Conocer un hecho del futuro mediante la magia o procedimientos no naturales. **2** Descubrir o acertar algo que se desconoce.

adivino, a s. Persona que adivina el futuro.

adjetivar tr. **1** Aplicar adjetivos. **2** Dar valor de adjetivo a una palabra o expresión.

adjetivo, a m. **1** Palabra que acompaña al sustantivo para calificarlo o determinarlo. ◆ **adj. 2** Relativo al adjetivo.

adjudicar tr. **1** Conceder una cosa a la que aspiran varias personas. ◆ **prnl. 2** Conseguir un premio o triunfo.

adjuntar tr. Unir una cosa a otra.

adjunto, a adj. **1** Que está unido o que va con otra cosa. ◆ **adj./s. 2** Se dice de la persona que acompaña o ayuda a otra en un cargo o trabajo. ◆ **adv. 3** *Formal.* Junto a algo ya mencionado.

adlátere m. y f. Persona que trabaja al lado de otra.

adminículo m. Objeto pequeño y simple que se emplea como ayuda.

administración f. **1** Acción y efecto de administrar. **2** Oficina o lugar donde se administra un negocio u organismo. **3** Conjunto de medios y personas que administran una empresa u organismo.

administrar tr. **1** Organizar los bienes económicos propios o ajenos. **2** Aplicar una medicina. **3** Conferir un sacramento. **4** Gobernar, dirigir.

administrativo, a adj. **1** Relativo a la administración. ◆ **adj./s. 2** Se dice de la persona que trabaja en tareas de administración.

admiración f. **1** Emoción que produce algo o alguien extraordinario. **2** Sorpresa o extrañeza. **3** Signo ortográfico que se coloca al principio (¡) y al final (!) de una palabra o frase exclamativas.

admirar tr. **1** Tener en gran estima a una persona o cosa por sus cualidades. **2** Provocar sorpresa o admiración. **3** Observar o contemplar a una persona o cosa extraordinaria. ◆ **prnl. 4** Sorprenderse, extrañarse.

admisión f. Acción de admitir.

admitir tr. **1** Aceptar a una persona en un sitio o en un grupo. **2** Permitir una cosa. **3** Reconocer que una cosa es verdad.

admonición f. Amonestación o reprensión.

ADN m. Sigla de **ácido desoxirribonucleico**, ácido nucleico que contiene la información genética de un ser vivo.

adobar tr. **1** Preparar un alimento con adobo. **2** Curtir las pieles.

adobe m. Ladrillo de barro y paja.

adobo m. **1** Mezcla de sal, vinagre, aceite y especias usada para conservar y dar sabor a carnes y pescados. **2** Acción de adobar.

adocenado, a adj. Mediocre o vulgar.
adoctrinar tr. Enseñar a una persona principios y doctrinas.
adolecer intr. Tener determinado defecto.
adolescencia f. Período de la vida desde la pubertad hasta la edad adulta.
adonde adv. Indica el lugar en que ocurre una acción o al que se dirige una cosa.
adónde adv. A qué lugar.
adondequiera adv. A cualquier lugar.
adonis m. Hombre joven y bello.
adoptar tr. **1** Tomar legalmente como hijo propio a uno que ha nacido de otros padres. **2** Elegir o tomar algo como propio. **3** Tomar una resolución.
adoquín m. Piedra labrada en forma de bloque rectangular para pavimentar.
adorar tr. **1** Rendir culto a un dios o a un ser. **2** Amar mucho a alguien. **3** Considerar muy buena una cosa.
adormecer tr. **1** Causar sueño. ◆ prnl. **2** Quedarse medio dormido. **3** Quedar sin sensibilidad una parte del cuerpo durante un tiempo corto.
adormidera f. Planta de cuyo fruto se extrae el opio.
adornar tr. Embellecer con adornos.
adorno m. Cosa que sirve para embellecer.
adosado, a adj. ESP Se dice de la casa unifamiliar construida junto a otra u otras similares.
adosar tr. Poner una cosa contigua a otra apoyada por alguno de sus lados.
adquirir tr. **1** Conseguir o llegar a tener. **2** Comprar una cosa.
adrede adv. Deliberadamente, con intención.
adrenalina f. Hormona que acelera el ritmo cardíaco y estimula el sistema nervioso central.
adriático, a adj. Relativo al mar Adriático.
adscribir tr. **1** Destinar a alguien a un empleo o servicio. **2** Atribuir o asignar.
adsorber tr. Retener líquidos o gases la superficie de un sólido.
aduana f. **1** Administración encargada de cobrar las tasas impuestas a las mercancías importadas o exportadas. **2** Oficina de esta administración.
aducir tr. Exponer pruebas y argumentos para demostrar o justificar algo.
aductor adj./m. Se dice del músculo que acerca un miembro al plano medio del cuerpo.
adueñarse prnl. Hacerse dueño de una cosa.
adular tr. Alabar exageradamente a una persona para ganarse su favor.
adulterar tr. Alterar o hacer perder la pureza de algo.

adulterio m. Relación sexual que una persona casada mantiene con otra que no es su cónyuge.

adúltero, a adj. **1** Relativo al adulterio. ◆ adj./s. **2** Que comete adulterio.

adulto, a adj./s. Se dice del ser vivo que ha llegado a la madurez biológica.

adusto, a adj. **1** Seco y serio en el trato. **2** Se dice del terreno que está seco o quemado.

advenedizo, a adj./s. *Desp.* Se dice de la persona que es extranjera, desconocida o intrusa.

advenimiento m. **1** Llegada o venida. **2** Ascenso de un papa o un rey al trono.

adventicio, a adj. **1** Que sucede de manera accidental. **2** Se dice del animal o vegetal que se desarrolla en un lugar distinto del habitual.

adverbio m. Parte invariable de la oración que modifica al verbo, al adjetivo, a otro adverbio o a una oración completa.

adversario, a adj./s. Rival, competidor o contrario.

adversativo, a adj. **1** Que denota oposición o contrariedad.

adverso, a adj. Contrario o negativo.

advertencia f. Acción y efecto de advertir.

advertir tr. **1** Llamar la atención sobre algo. **2** Darse cuenta de una cosa. **3** Observar, percibir.

adviento m. Período que comprende las cuatro semanas anteriores al día de Navidad.

advocación f. Denominación del santo bajo cuya protección se encuentra un lugar religioso.

adyacente adj. **1** Muy próximo o unido a otra cosa. **2** Se dice del ángulo que, en relación con otro, tiene un lado común y los otros en prolongación.

aéreo, a adj. **1** Que está o se hace en el aire. **2** Relativo al aire. **3** Relativo a la aviación.

aeróbic o **aerobic** m. Técnica gimnástica que se basa en el control del ritmo respiratorio y se practica con música.

aerobio, a adj./s. **1** Se dice del organismo que necesita oxígeno para vivir o desarrollarse. ◆ adj. **2** Se dice del proceso que se desarrolla con utilización de oxígeno libre.

aerodinámico, a adj. Se dice del vehículo o móvil cuya forma ofrece poca resistencia al aire.

aeródromo m. Aeropuerto para avionetas y otros vehículos aéreos.

aerógrafo m. Aparato para pulverizar pintura mediante aire a presión.

aerolínea f. Compañía de transporte aéreo.

aerolito m. Meteorito formado principalmente por silicatos.

aeromodelismo m. Actividad que consiste en construir y hacer volar maquetas de aviones.

aeromozo, a s. AMÉR SUR, MÉX Persona que se encarga de atender

a los pasajeros de los aviones comerciales.

aeronáutica f. Disciplina técnica y científica que se ocupa de la navegación aérea.

aeronave f. Vehículo capaz de desplazarse por el aire o por el espacio.

aeroplano m. Avión.

aeropuerto m. Lugar destinado al aterrizaje y despegue de aviones.

aerosol m. Recipiente para almacenar un líquido a presión y poder lanzarlo en forma de diminutas gotas.

aerostática f. Estudio del equilibrio de los gases.

aerostato o **aeróstato** m. Aeronave que navega usando un gas más ligero que el aire.

afable adj. Amable, cordial.

afamado, a adj. Que tiene fama.

afán m. **1** Deseo intenso y ferviente que mueve a hacer una cosa. ◆ m.pl. **2** Trabajo excesivo y penoso.

afanar tr. **1** *Fam.* Robar con habilidad y sin violencia. ◆ prnl. **2** Trabajar con apremio.

afasia f. Pérdida del habla o dificultad al hablar causada por una lesión en el sistema nervioso central.

afección f. **1** Enfermedad o dolencia. **2** Propensión, inclinación del sentimiento.

afectar tr. **1** Perjudicar o influir desfavorablemente. **2** Atañer, tocar. **3** Causar impresión una cosa en una persona. **4** Mostrar afectación.

afectividad f. Conjunto de sentimientos y emociones de una persona.

afecto, a m. Simpatía o cariño hacia una persona o cosa.

afeitar tr. Cortar el pelo de la cara o de otra parte del cuerpo a ras de la piel.

afelpado, a adj. Semejante a la felpa.

afeminado, a adj. Se dice del hombre con movimientos y actitudes propios de las mujeres.

aféresis f. Supresión de algún sonido al principio de una palabra.

aferrar tr. **1** Agarrar con fuerza. ◆ prnl. **2** Obstinarse en una idea o posición.

afgano, a adj./s. De Afganistán.

afianzar tr. **1** Poner firme una cosa, reforzarla o sujetarla bien. ◆ prnl. **2** Consolidarse, asegurarse una base estable.

afiche m. AMÉR Cartel informativo o de propaganda.

afición f. **1** Gusto o interés por una cosa. **2** Público de un espectáculo o una competición deportiva.

aficionado, a adj./s. **1** Que tiene afición por una cosa. **2** Que asiste regularmente a un espectáculo o una competición deportiva.

aficionar tr. Hacer que una persona adquiera afición o interés por algo.

afijo, a m./adj. Partícula que se une a una palabra o a una raíz para formar palabras nuevas.

afilar tr. Sacar filo a un instrumento cortante o punta a un lápiz.
afiliar tr. Hacer a una persona miembro de un partido político, un sindicato, etc.
afín adj. Que tiene afinidad con otro u otros.
afinar tr. **1** Perfeccionar una cosa. **2** Poner en el tono justo un instrumento musical. **3** Hacer fino o delgado. ◆ intr. **4** Cantar o tocar un instrumento con la entonación adecuada.
afincarse prnl. Fijar la residencia en un lugar.
afinidad f. **1** Parecido o semejanza de una persona o cosa con otra. **2** Coincidencia de gustos, caracteres u opiniones.
afirmar tr. **1** Declarar una cosa o decir que una cosa es verdad. **2** Poner firme una cosa. ◆ intr. **3** Decir que sí.
aflautado, a adj. Se dice del sonido agudo y poco intenso.
aflicción f. Tristeza, pena.
afligir tr. Causar aflicción.
aflojar tr. **1** Disminuir la presión o la fuerza de una cosa. **2** *Fam.* ESP Dar una cantidad de dinero. ◆ intr. **3** Perder fuerza.
aflorar intr. **1** Salir a la superficie, brotar. **2** Mostrarse algo que estaba oculto.
afluente m. Corriente de agua que desemboca en otra.
afluir intr. **1** Acudir muchas personas o cosas a un lugar. **2** Desembocar un río en otro, en un lago o en el mar.
afonía f. Falta de voz total o parcial.
afónico, a adj. Que tiene afonía.
aforismo m. Sentencia breve que se toma como regla en alguna ciencia o arte.
aforo m. Capacidad total de un recinto destinado a espectáculos públicos.
afortunado, a adj./s. **1** Que tiene buena suerte. ◆ adj. **2** Que conlleva buena suerte o felicidad. **3** Acertado u oportuno.
afrancesar tr. Imprimir rasgos, cualidades o costumbres francesas.
afrenta f. Acto o dicho con que se pone en duda la honradez o el honor de alguien.
africado, a adj. Se dice del sonido consonántico que se pronuncia combinando una oclusión y una fricación.
africano, a adj./s. De África.
afrikáans m./adj. Variedad de la lengua holandesa que se habla en la República Sudafricana.
afro adj. **1** Relacionado con las costumbres o usos africanos o que tiene alguna de sus características. **2** Se dice del peinado de rizos muy pequeños.
afrodisíaco, a o **afrodisiaco, a** adj./m. Se dice del alimento que excita el apetito sexual.
afrontar tr. Hacer frente a un enemigo, problema o dificultad.
after shave o **aftershave** m.

Loción para proteger la piel de la cara tras el afeitado.

afuera adv. **1** Fuera del lugar en el que está. **2** En la parte exterior de un lugar. ◆ f.pl. **3** Alrededores de una población.

agachar tr. **1** Inclinar hacia abajo la cabeza o la parte superior del cuerpo. ◆ prnl. **2** Ponerse de cuclillas o encoger el cuerpo hacia el suelo.

agalla f. **1** Órgano respiratorio de los peces. **2** COL, ECUAD Codicia. ◆ f.pl. **3** Coraje, valor y determinación.

ágape m. *Formal.* Banquete o comida.

agarradero m. Parte de un objeto que sirve para asirlo.

agarrado, a adj. *Fam.* Tacaño, avaro.

agarrador m. Paño o almohadilla que se usa en la cocina para agarrar cosas calientes.

agarrar tr. **1** Sujetar o tomar fuertemente. **2** *Fam.* Contraer una enfermedad o pasar a tener cierto estado. ◆ prnl. **3** Quedarse adherido un guiso al fondo del recipiente al quemarse ligeramente.

agarre m. Adherencia.

agarrón m. **1** Acción de agarrar. **2** AMÉR Riña, altercado.

agarrotar tr. Dejar sin flexibilidad o movimiento.

agasajar tr. **1** Tratar con afecto, atención y amabilidad. **2** Dar u ofrecer una cosa como muestra de afecto.

ágata f. Cuarzo duro, traslúcido y con franjas de colores.

agave m. o f. Pita (planta).

agazaparse prnl. Agacharse, encogerse.

agencia f. **1** Empresa que se dedica a resolver asuntos ajenos o a prestar otros servicios. **2** Sucursal de una empresa.

agenciar tr. Conseguir algo con habilidad o maña.

agenda f. **1** Cuaderno para anotar lo que conviene recordar. **2** Programa de actividades o de trabajo de un período determinado.

agente m. y f. **1** Persona que trabaja en una agencia. **2** Persona que gestiona asuntos en nombre de otra a la que representa. **3** Persona que obra por cuenta de un gobierno u organización. **4** Miembro de la policía. ◆ adj./m. **5** Palabra o sintagma que designa la persona, animal o cosa que realiza la acción expresada por el verbo.

ágil adj. **1** Que se mueve de manera rápida y con soltura. **2** Vivo, rápido.

agitar tr. **1** Mover una cosa rápidamente y con fuerza a un lado y otro. **2** Hacer que una persona se sienta nerviosa o inquieta.

aglomerar tr. **1** Reunir o amontonar. **2** Unir fragmentos o partículas de una o más sustancias.

aglutinar tr. **1** Unir formando una masa compacta. **2** Reunir cosas distintas y formar un todo homogéneo.

agnosticismo m. Doctrina filosófica que considera que el ser humano no puede comprender la existencia de Dios.
agnus o **agnusdéi** o **agnus Dei** m. Oración o canto litúrgico que en la misa católica acompaña a la fracción del pan.
agobiar tr. **1** Causar desasosiego o preocupación. **2** Causar sensación de ahogo.
agolparse prnl. Reunirse o acumularse de golpe muchas personas o cosas.
agonía f. **1** Momento que precede a la muerte. **2** Angustia o dolor extremos.
agonizar intr. **1** Estar a punto de morir o extinguirse. **2** Sentir mucha angustia o dolor.
ágora f. Plaza pública de las ciudades de la antigua Grecia.
agorafobia f. Miedo enfermizo a permanecer en espacios vacíos y descubiertos.
agorero, a adj/s. Que presagia o adivina males o desgracias.
agostar tr. Secar el exceso de calor la vegetación.
agosto m. Octavo mes del año.
agotar tr. **1** Cansar hasta dejar sin fuerzas. **2** Extraer todo el líquido de un lugar o consumirlo completamente. **3** Gastar por completo.
agraciar tr. **1** Favorecer o premiar a alguien con una gracia o un don. **2** Premiar a alguien en un sorteo.
agradar intr. Causar agrado.
agradecer tr. Manifestar gratitud.
agrado m. **1** Gusto o satisfacción. **2** Amabilidad y consideración en el trato.
agrandar tr. Hacer más grande.
agrario, a adj. Relativo a la agricultura.
agravar tr. Hacer más grave o peligroso.
agravio m. **1** Dicho o hecho con que se ofende a alguien. **2** Perjuicio.
agredir tr. Atacar a alguien para hacerle daño físico o moral.
agregar tr. Sumar o unir una parte a un conjunto de elementos o a un todo.
agresión f. **1** Ataque violento. **2** Acción contraria a un derecho del individuo.
agreste adj. **1** Se dice del terreno abrupto o con vegetación salvaje. **2** Rudo, tosco.
agriar tr. **1** Poner agria una cosa. **2** Volver áspero o malhumorado a alguien o algo.
agricultura f. Cultivo de la tierra destinado a obtener productos de ella.
agrietar tr. Producir una grieta.
agrimensor, ra s. Persona que se dedica a medir las dimensiones de los terrenos.
agrio, a adj. **1** De sabor ácido. **2** Áspero o poco agradable. ◆ m.pl. **3** Cítricos.

agronomía f. Ciencia que estudia todo lo relacionado con el cultivo de la tierra.
agropecuario, a adj. Relativo a la agricultura y la ganadería.
agrupar tr. Reunir en grupo.
agua f. **1** Líquido incoloro, inodoro e insípido, compuesto de hidrógeno y oxígeno (H_2O). **2** Líquido que se consigue mezclando o disolviendo en agua sustancias vegetales. ◆ f.pl. **3** Reflejos o brillos de ciertas telas, piedras, etc.
aguacate m. **1** Árbol tropical americano con grandes hojas siempre verdes. **2** Fruto de este árbol, de corteza verde y pulpa espesa. **3** AMÉR CENTRAL Persona de poco ánimo.
aguacero m. Lluvia abundante, repentina y breve.
aguachirle f. ESP Bebida aguada.
aguada f. Dibujo realizado con tinta china o colores diluidos en agua.
aguafiestas m. y f. Persona que estropea una diversión.
aguafuerte o **agua fuerte** m. o f. **1** Disolución de ácido nítrico usada para hacer grabados y otros usos. **2** Dibujo impreso con esta sustancia sobre una plancha de metal.
aguamarina f. Variedad de berilo, transparente y de color azul.
aguanieve o **agua nieve** f. Lluvia fina mezclada con copos de nieve.
aguantar tr. **1** Tener una cosa encima o asida impidiendo que se caiga. **2** Tolerar algo desagradable o molesto. **3** Resistir el paso del tiempo. ◆ prnl. **4** Contenerse o reprimirse.
aguar tr. **1** Añadir agua a una bebida o un alimento. **2** Estropear una diversión.
aguardar tr. Esperar a alguien o a que suceda o se produzca algo en un sitio y durante un tiempo determinado.
aguardiente m. Bebida alcohólica muy fuerte que se obtiene por destilación del vino, de ciertas frutas, etc.
aguarrás m. Líquido aceitoso empleado como disolvente de pinturas, barnices y esmaltes.
aguatinta f. Variedad del aguafuerte que ofrece resultados parecidos a la acuarela.
agudizar tr. Hacer más aguda una cosa.
agudo, a adj. **1** Que termina en punta afilada. **2** Se dice del sentido de la vista, del olfato o del oído que perciben con detalle las cosas. **3** Sutil, perspicaz. **4** Ingenioso u ocurrente. **5** Se dice del dolor que es intenso. **6** Se dice del sonido de tono alto. **7** Se dice del ángulo de menos de 90 grados. **8** Se dice de la palabra que tiene su acento en la última sílaba.
agüero m. Cosa que presagia un acontecimiento futuro.
aguerrido, a adj. Valiente y esforzado.

aguijón m. Órgano punzante situado en el extremo del abdomen de ciertos insectos.

águila f. Ave rapaz diurna de gran envergadura, potentes garras y vista muy aguda.

aguileño, a adj. **1** Se dice de la nariz alargada y curva. **2** Se dice del rostro largo y afilado.

aguilucho m. Cría del águila.

aguinaldo m. Regalo o dinero que se da en Navidad.

aguja f. **1** Barrita fina y puntiaguda de metal con un agujero en un extremo por donde se pasa el hilo para coser. **2** Pieza metálica y puntiaguda de una jeringuilla. **3** Pieza de adorno que se lleva como adorno en un vestido. **4** Remate estrecho, alto y cónico de una torre. **5** Raíl movible que sirve para cambiar de vía los trenes.

agujero m. **1** Abertura más o menos redonda en un cuerpo. **2** Pérdida de dinero en un negocio.

agujetas f.pl. Dolor muscular que se siente un tiempo después de haber realizado un esfuerzo físico no habitual.

agustino, a adj./s. Se dice del religioso que pertenece a alguna de las órdenes que siguen las reglas de san Agustín.

agutí m. Mamífero roedor americano del tamaño de un conejo, de pelo anaranjado o marrón.

aguzanieves f. Ave insectívora de pico largo y recto, vientre claro y cuello, pecho, alas y cola negros o grisáceos.

aguzar tr. **1** Hacer más agudo un objeto que acaba en punta. **2** Disponer los sentidos para aumentar su capacidad y percibir mejor algo.

¡ah! interj. **1** Indica que se ha comprendido algo. **2** Indica admiración, pena o alegría.

ahí adv. **1** En o a ese lugar. **2** En ese tiempo o momento. **3** En lo relacionado con ese asunto o hecho.

ahijado, a s. Cualquier persona respecto a sus padrinos.

ahijar tr. Adoptar a alguien como hijo propio.

ahínco m. Empeño o interés.

ahíto, a adj. **1** Saciado de comida. **2** Cansado o molesto.

ahogar tr. **1** Matar a una persona impidiéndole que respire. **2** Causar sensación de ahogo. **3** Agobiar, angustiar. **4** Apagar un fuego. **5** Reprimir la exteriorización de un sentimiento.

ahondar tr. **1** Hacer más hondo. ◆ **tr./intr. 2** Examinar un asunto a fondo.

ahora adv. **1** En este momento. ◆ conj. **2** Ahora bien. ◇ **~ bien** Sin embargo. ◇ **por ~** Por el momento.

ahorcar tr. Matar a una persona colgándola por el cuello.

ahorquillado, a adj. Que tiene forma de horquilla en el extremo.

ahorrar tr. **1** Reservar dinero para futuras necesidades. ◆ **tr./prnl.**

2 Gastar menos dinero. **3** Evitar algo inconveniente.

ahuecar tr. **1** Poner hueco. ◆ intr. **2** *Fam.* Marcharse. ◇ **~ el ala** *Fam.* Marcharse.

ahumar tr. Exponer un alimento a la acción del humo para conservarlo y darle un sabor especial.

ahuyentar tr. **1** Hacer que una persona o un animal huyan. **2** Hacer desaparecer una cosa inmaterial que resulta desagradable.

aimara o **aimará** adj./m. y f. **1** De un pueblo indígena que habita la región del lago Titicaca. ◆ m./adj. **2** Lengua hablada por este pueblo.

airar tr. Hacer que una persona sienta ira.

airbag m. Bolsa de seguridad que, en un vehículo, se infla automáticamente en caso de colisión.

aire m. **1** Mezcla gaseosa que forma la atmósfera terrestre. **2** Viento. **3** Aspecto o apariencia. **4** Semejanza entre dos o más personas que se percibe en los rasgos de la cara. **5** Melodía, canción. **6** Velocidad con que se ejecuta una obra musical. ◆ m.pl. **7** Actitud vanidosa de una persona. ◇ **cambiar de aires** Irse a vivir a otro lugar. ◇ **en el ~** *Fam.* Pendiente de decisión.

airear tr. **1** Ventilar, exponer a la corriente de aire una cosa. **2** Divulgar una noticia.

airoso, a adj. **1** Que tiene garbo en sus movimientos. **2** Que hace algo con éxito y lucimiento.

aislar tr. **1** Dejar a una persona o cosa sola y separada de otras. **2** Poner algo fuera del alcance del calor, el ruido, etc.

ajar tr. Hacer que una cosa pierda su buen aspecto.

ajedrez m. Juego de mesa para dos personas que se practica en un tablero de 64 cuadros blancos y negros con 32 piezas con diferentes funciones.

ajenjo m. **1** Planta amarga y aromática con pequeñas flores amarillas. **2** Licor aromatizado con esta planta.

ajeno, a adj. **1** Que pertenece o corresponde a otra persona u otra cosa. **2** Desprevenido, que ignora cierta cosa o no le presta interés.

ajetreo m. Actividad o trabajo intensos.

ají m. Pimiento americano pequeño y muy picante, usado como condimento.

ajillo m. Salsa de ajos fritos y otros ingredientes.

ajo m. **1** Planta herbácea de flores blancas y bulbo comestible. **2** Bulbo de esta planta, usado como condimento. ◇ **en el ~** *Fam.* Al tanto de un asunto tratado reservadamente.

ajolote m. Anfibio parecido a la salamandra.

ajonjolí m. Planta herbácea de semillas oleaginosas comestibles.

ajuar m. **1** Ropa, muebles y joyas que lleva la mujer cuando se casa.

2 Muebles y ropa de uso común en las casas.

ajustador m. COL, CUBA, P RICO Sostén (prenda interior femenina).

ajustar tr. **1** Juntar o unir dos o más cosas adaptándolas y sin dejar espacio entre ellas. **2** Hacer que una cosa esté de acuerdo con otra. **3** Tratar un asunto y llegar a un acuerdo. **4** Comprobar una deuda o cuenta y pagarla.

ajusticiar tr. Ejecutar a un condenado a pena de muerte.

al Contracción de la preposición a y el artículo masculino el.

ala f. **1** Miembro o apéndice que en número par sirve a las aves y algunos insectos para volar. **2** Parte plana a cada lado del cuerpo central de un avión. **3** Parte que en un sombrero rodea la copa y sobresale de ella. **4** Alero de un edificio. **5** Parte lateral de un edificio o recinto. **6** Grupo que, en un partido político o grupo, tiene una ideología separada de la línea general. ◆ f. pl. **7** Osadía, libertad.

alabar tr. Destacar las virtudes o méritos de alguien o algo.

alabarda f. Arma de hierro puntiagudo por un lado y cortante por el otro.

alabastro m. Variedad de yeso o calcita blanca y translúcida.

alabear tr. Dar forma combada o curva a una superficie plana.

alacena f. Armario con puertas y estantes, generalmente en un hueco de la pared.

alacrán m. Escorpión.

alado, a adj. **1** Que tiene alas. **2** *Formal.* Ligero o veloz.

alambique m. Aparato para destilar líquidos.

alambrada f. Valla de alambre.

alambre m. Hilo o varilla fina de metal.

álamo m. Árbol alto con hojas acorazonadas y corteza blanquecina.

alano, a adj./s. De un pueblo nómada que invadió la Galia y la Península Ibérica en el s. V.

alarde m. Exhibición vanidosa de una cosa.

alargar tr. **1** Hacer más larga una cosa. **2** Acercar o alcanzar una cosa a alguien. ◆ prnl. **3** Extenderse en una explicación.

alarido m. Grito fuerte.

alarma f. **1** Señal que avisa de un peligro. **2** Mecanismo que activa una señal para avisar de algo. **3** Inquietud, temor.

alazán, na adj./s. Se dice del caballo que tiene el pelo de color canela.

alba f. **1** Amanecer. **2** Primera luz del día, antes de salir el Sol. **3** Prenda blanca y larga que usan los sacerdotes católicos para decir misa.

albacea m. y f. Persona encargada de hacer cumplir la última voluntad de un difunto.

albahaca f. Planta aromática de flores blancas o rosadas.

albanés, sa adj./s. **1** De Alba-

nia. ◆ m./adj. **2** Lengua de Albania.
albañil m. Persona que se dedica a la construcción de edificios y otras obras.
albarán m. Nota de entrega de una mercancía.
albarda f. Pieza del aparejo de las caballerías que se coloca sobre el lomo para que la carga no se lo lastime.
albaricoque m. **1** Fruto del albaricoquero. **2** Albaricoquero.
albaricoquero m. Árbol pequeño de flores grandes y blancas, cuyo fruto es el albaricoque.
albatros m. Ave palmípeda marina de gran tamaño, de plumaje blanco manchado de oscuro en las alas.
albedrío m. Facultad para obrar según la propia voluntad.
alberca f. **1** Depósito artificial de agua. **2** MÉX Piscina.
albergar tr. **1** Proporcionar albergue a alguien. **2** Contener una cosa otra determinada. **3** Tener cierta idea o cierto sentimiento.
albergue m. **1** Lugar que sirve para protegerse de las inclemencias o de cualquier peligro. **2** Lugar o edificio donde uno puede alojarse.
albero m. Zona central de la plaza de toros.
albino, a adj. Que padece una carencia de pigmentación en la piel, los ojos y el pelo.
albo, a adj. *Formal.* Blanco.
albóndiga f. Bola pequeña de carne o pescado picados, frita y guisada.
albor m. **1** Luz del alba. **2** Principio u origen de algo.
alborada f. **1** Amanecer. **2** Composición poética o musical dedicada al amanecer.
albornoz m. Bata de tejido de toalla que se usa para secarse después del baño.
alborotar tr. **1** Alterar, inquietar, perturbar. ◆ intr. **2** Causar alboroto.
alboroto m. **1** Vocerío o estrépito. **2** Desorden. **3** Disturbio o alteración del orden público. **4** AMÉR CENTRAL Palomita de maíz.
alborozo m. Alegría o regocijo grandes.
¡albricias! interj. Se usa para manifestar alegría ante una noticia, descubrimiento, etc.
albufera f. ESP Extensión de agua salada separada del mar por un cordón litoral.
álbum m. **1** Libro en cuyas hojas se colocan fotografías, cromos, sellos, etc. **2** Disco de música.
albumen m. Tejido vegetal que envuelve el embrión de ciertas semillas y les sirve de alimento en el período inicial de germinación.
albúmina f. Proteína de reserva contenida en la clara del huevo, la sangre, la leche, etc.
alcabala f. Impuesto indirecto de la Corona de Castilla.

alcachofa f. Hortaliza cuya voluminosa inflorescencia es comestible antes de abrirse.

alcahuete, a s. Persona que facilita o encubre las relaciones amorosas de dos amantes.

alcaide m. Director de una prisión.

alcalde, esa s. Persona que preside un ayuntamiento.

álcali m. Óxido o hidróxido metálico soluble en agua que tiene propiedades básicas.

alcalino, a adj. Que contiene álcali o tiene alguna de sus propiedades.

alcaloide m. Compuesto químico orgánico de origen vegetal que constituye el excitante de ciertos productos.

alcance m. **1** Distancia que puede ser alcanzada por una persona o cosa. **2** Inteligencia, talento o capacidad.

alcancía f. Recipiente cerrado con una ranura estrecha y alargada para echar monedas.

alcanfor m. Sustancia sólida, blanca y de olor fuerte que se usa para preservar la ropa de la polilla.

alcano m. Hidrocarburo con enlaces sencillos entre los átomos de carbono.

alcantarilla f. Conducto subterráneo para recoger el agua de lluvia y las aguas residuales de una población.

alcanzar tr. **1** Llegar hasta algo o alguien que está delante en un recorrido o a cierta distancia. **2** Llegar a tocar o coger con la mano. **3** Dar o acercar algo a alguien. **4** Llegar a tener algo que se ha perseguido. **5** Llegar a entender algo. ◆ **intr.** **6** Bastar, ser suficiente.

alcaparra f. **1** Arbusto espinoso de flores blancas y fruto (alcaparrón) parecido a un higo pequeño. **2** Yema de la flor de este arbusto, usada en aperitivos y condimentos.

alcatraz m. Ave palmípeda marina grande y de plumaje muy blanco.

alcaudón m. Ave de presa de pico fuerte y ganchudo y plumaje grisáceo.

alcayata f. Clavo con la cabeza doblada en ángulo recto.

alcazaba f. Recinto fortificado dentro de una ciudad musulmana medieval amurallada.

alcázar m. **1** Fortaleza de origen musulmán. **2** Castillo o palacio en que vive un rey o príncipe.

alce m. Mamífero rumiante parecido al ciervo, pero muy corpulento y con los cuernos aplanados y con grandes recortes en los bordes.

alcoba f. Dormitorio.

alcohol m. **1** Líquido incoloro, de olor fuerte, que arde fácilmente. **2** Bebida que contiene alcohol.

alcoholemia f. Cantidad de alcohol en la sangre.

alcohólico, a adj. **1** Que contiene alcohol. ◆ **adj./s.** **2** Que padece alcoholismo.

alcoholismo m. Enfermedad crónica causada por el consumo excesivo de bebidas alcohólicas.
alcorán m. Corán.
alcornoque m. **1** Árbol robusto de cuya corteza se extrae el corcho y cuyo fruto es la bellota. **2** Tonto, torpe.
alcurnia f. Antecesores de una familia.
alcuza f. AMÉR Conjunto de recipientes para poner aceite, vinagre, sal y especias en la mesa.
aldaba f. **1** Pieza de metal fijada a una puerta para llamar dando golpes con ella. **2** Barra de metal o madera para asegurar desde dentro una puerta o ventana.
aldea f. Pueblo pequeño sin jurisdicción propia.
aldehído m. Compuesto químico orgánico procedente de la oxidación de un alcohol.
aleación f. Material de características metálicas formado por la fusión de un metal con uno o más elementos químicos.
aleatorio, a adj. Que depende del azar o de la suerte.
aleccionar tr. Enseñar a una persona cómo debe comportarse o hablar.
aledaño, a adj. **1** Que está al lado o contiguo. ◆ m.pl. **2** Alrededores de un lugar.
alegal adj. Que carece de legalidad.
alegar tr. **1** Presentar argumentos o pruebas como defensa o disculpa. **2** AMÉR Discutir dos personas.
alegato m. **1** Argumento o prueba que se alega. **2** Escrito en el que un abogado alega. **3** AMÉR Discusión o altercado.
alegoría f. Figura retórica que consiste en representar una idea abstracta a través de símbolos o imágenes poéticas.
alegrar tr. **1** Causar alegría. **2** Hacer más alegre y animada una cosa.
alegre adj. **1** Que siente o causa alegría. **2** Se dice del color que es vivo, como el amarillo o el rojo. **3** Despreocupado, inconsciente.
alegreto o **allegretto** m. Pieza musical que se interpreta con tempo más lento que el alegro.
alegría f. **1** Sentimiento de placer ante un suceso favorable, que se expresa con una sonrisa, con risas, etc. **2** Falta de responsabilidad o de preocupación.
alegro o **allegro** m. Pieza musical que se interpreta con tempo moderadamente vivo.
alejandrino, a adj./s. **1** De Alejandría. ◆ adj./m. **2** Se dice del verso que tiene catorce sílabas y está dividido en dos hemistiquios.
alejar tr. Poner lejos o más lejos.
alelado, a adj. Que se comporta sin darse mucha cuenta de lo que ocurre, torpe y sin viveza.
alelí m. Alhelí.

alelo m. Cada una de las alternativas que puede presentar el gen que controla un determinado carácter.

aleluya m. o f. **1** Canto litúrgico católico en que se repite la palabra aleluya como voz de júbilo. ◆ interj. **2** Se usa para indicar alegría.

alemán, na adj./s. **1** De Alemania. ◆ m./adj. **2** Lengua que se habla en Alemania, Austria y parte de Suiza.

alentar tr. **1** Dar aliento o ánimos a una persona. **2** Hacer más intenso un sentimiento, una idea o una actividad.

alerce m. Árbol de la familia del pino, alto y de tronco derecho.

alergénico, a adj. Que produce alergia.

alergia f. Respuesta inmunológica del organismo cuando entra en contacto con ciertas sustancias, caracterizada por una especial sensibilidad.

alero m. **1** Borde de un tejado que sobresale de la pared. **2** Jugador de baloncesto que juega en un lateral de la cancha.

alerón m. **1** Pieza móvil rectangular de las alas de un avión, que permite variar la inclinación del aparato. **2** Pieza saliente en la parte trasera de algunos coches.

alerta adj. **1** Atento, vigilante. ◆ f. **2** Voz o señal que avisa de un peligro. **3** Situación en que se debe vigilar o poner atención. ◆ adv. **4** Con atención, vigilando.

aleta f. **1** Miembro del cuerpo de los peces, mamíferos marinos y otros animales, de forma aplanada, para desplazarse en el agua. **2** Calzado de goma para darse impulso en el agua.

aletargar tr. Producir letargo.

aletear intr. Mover un ave las alas sin echar a volar.

alevín m. **1** Pez de agua dulce de corta edad. ◆ m. y f. **2** Joven que se inicia en una profesión.

alevosía f. Cautela para asegurar la ejecución de un delito.

alfa f. Letra del alfabeto griego (A, α).

alfabetizar tr. **1** Enseñar a leer y escribir. **2** Poner en orden alfabético.

alfabeto m. **1** Abecedario. **2** Conjunto de signos empleados en un sistema de comunicación.

alfajor m. ESP Dulce hecho con frutos secos, pan rallado y tostado, miel y especias.

alfalfa f. Planta herbácea que se cultiva como alimento del ganado.

alfarería f. Arte de fabricar vasijas de barro.

alféizar m. Repisa o pieza horizontal en la base del hueco de una ventana.

alfeñique m. Persona de constitución física débil.

alférez m. y f. Militar de los ejércitos de Tierra y Aire con categoría inmediatamente superior a la de subteniente.

alfil m. Pieza del ajedrez que se mueve en diagonal y puede recorrer en un solo movimiento todos los cuadros libres en una dirección.

alfiler m. **1** Aguja pequeña y fina con punta en uno de sus extremos y una bolita o cabecilla en el otro. **2** Pieza de adorno que se lleva en la ropa uniendo dos piezas.

alfiz m. Ornamento arquitectónico árabe formado por una moldura que enmarca el arco de una puerta o ventana.

alfombra f. Pieza de tela gruesa con que se cubre el suelo de un lugar.

alforja f. Tira de tela resistente, con dos bolsas en los extremos, que se cuelga sobre el hombro o al lomo de las caballerías.

alga f. Vegetal clorofílico sin raíces ni vasos, que vive en el agua o en ambientes húmedos.

algarabía f. Griterío o parloteo bullicioso.

algarada f. Vocerío o alboroto formado por personas que protestan o discuten.

algarroba f. **1** Fruto del algarrobo.

algarrobo m. Árbol leguminoso cuyo fruto es la algarroba.

algazara f. Algarabía.

álgebra f. Parte de las matemáticas que representa las expresiones aritméticas mediante números, letras y otros símbolos.

álgido, a adj. **1** Se dice del momento culminante o decisivo de un proceso. **2** *Formal.* Muy frío.

algo pron. **1** Cosa que no está determinada o no se quiere determinar. **2** Cantidad indeterminada y pequeña de una cosa. ◆ adv. **3** En pequeña cantidad o en grado bajo.

algodón m. **1** Planta cuyas semillas están envueltas en una borra blanca y suave. **2** Borra que cubre las semillas de esta planta. **3** Tejido hecho con esta borra.

algoritmo m. En aritmética y programación informática, conjunto ordenado de instrucciones sistemáticas.

alguacil m. Oficial inferior de justicia, que ejecuta las órdenes de un tribunal.

alguien pron. **1** Una o varias personas indeterminadas. **2** Persona concreta conocida por el hablante pero cuya identidad no se determina.

algún det. Apócope de **alguno**.

alguno, a det./pron. **1** Una o varias personas o cosas indeterminadas o que no se quieren determinar. **2** Cantidad indeterminada o que no se quiere determinar. ◆ det. **3** En oraciones negativas y tras el sustantivo, equivale a **ninguno**.

alhaja f. Joya de gran valor.

alhajero m. AMÉR Joyero, cofre.

alharaca f. Demostración exagerada de un sentimiento.

alhelí o **alelí** m. **1** Planta de jardín de hojas alargadas y flores aromáticas. **2** Flor de esta planta.

alhóndiga f. Casa pública destinada a la compra y venta de granos.
aliado, a adj./s. Se dice del estado o persona que forma parte de una alianza.
aliaga f. Arbusto espinoso de flores amarillas.
alianza f. **1** Unión o pacto entre personas o estados para un fin común. **2** Anillo de boda.
aliar tr. **1** Unir, hacer concordar. ◆ prnl. **2** Unirse en una alianza personas o estados.
alias m. Apodo usado por una persona para ocultar su identidad.
alicaído, a adj. **1** Que tiene las alas caídas. **2** Abatido o débil.
alicatar tr. ESP, MÉX Revestir con azulejos una pared.
alicate m. Tenacillas de acero de puntas fuertes.
aliciente m. Estímulo, incentivo.
alícuota adj. Referido especialmente a una cantidad, generalmente económica, que es proporcional.
alienar tr. Volver loco.
alienígena m. y f./adj. Ser vivo de otro planeta.
aliento m. **1** Aire que sale por la boca al respirar. **2** Respiración. **3** Ánimo o ayuda moral.
aligátor o **aligator** m. Caimán.
aligerar tr. **1** Hacer ligero o menos pesado. **2** Hacer menos grave o doloroso. ◆ tr./intr. **3** Acelerar la velocidad con que se hace una cosa.
aligustre m. Arbusto de flores blancas y olorosas y fruto en forma de baya negra.
alijo m. Mercancías de contrabando que se transportan o compran de modo ilegal.
alimaña f. Animal salvaje que hace daño a los animales domésticos o a la caza menor.
alimentar tr. **1** Dar alimento a un ser vivo. **2** Dar a una máquina la materia o energía necesaria para que funcione. **3** Fomentar un sentimiento, estado de ánimo, etc. ◆ intr. **4** Servir de alimento.
alimento m. Producto que proporciona al organismo las sustancias nutritivas y la energía que necesita para vivir.
alimoche m. Ave rapaz diurna de la familia del buitre.
alimón ◇ **al ~** En colaboración, conjuntamente.
alinear tr. **1** Colocar en línea recta. **2** Incluir a un jugador en un equipo deportivo.
aliñar tr. **1** Echar especias u otras sustancias a una comida para que tenga más sabor o el sabor deseado. **2** CH Arreglar los huesos dislocados.
alioli m. Salsa de aceite y ajo.
alisar tr. **1** Poner lisa una cosa. **2** Arreglar ligeramente el pelo con el peine o los dedos.
alisio adj./m. Se dice del viento que sopla todo el año en las capas bajas de la atmósfera desde los trópicos hacia el ecuador.
alistar tr. **1** Apuntar o inscribir a

una persona en una lista. ◆ **prnl.** **2** Inscribirse voluntariamente en un ejército.

aliteración f. Figura retórica que consiste en repetir uno o varios sonidos en una palabra o frase.

aliviar tr. **1** Aligerar, hacer menos pesado. ◆ **tr./intr.** **2** Hacer que una molestia o una enfermedad sea menos grave o dolorosa.

aljama f. Edificio donde una comunidad judía o musulmana se reúne para rezar o realizar ceremonias religiosas.

aljibe m. **1** Cisterna. **2** AMÉR SUR Pozo de agua.

allá adv. **1** En aquel lugar. **2** En un tiempo pasado. ◇ **el más ~** El mundo que hay tras la muerte.

allanar tr. **1** Poner llano. **2** Hacer fácil una cosa eliminando problemas o dificultades. **3** Entrar por la fuerza y sin permiso en una casa.

allegado, a adj. **1** Se dice del familiar o amigo que mantiene una relación estrecha con una persona. ◆ s. **2** *Formal.* Pariente o familiar.

allende adv. *Formal.* Más allá de.

allí adv. Allá.

alma f. **1** Parte inmaterial del ser humano, capaz de sentir y pensar, y que, en algunas religiones, se separa del cuerpo tras la muerte. **2** Parte del ser humano que se mueve por la moral, los sentimientos, etc., y se opone a la parte racional. **3** Persona, ser humano. **4** Persona que da vida, ánimo o alegría en una situación. **5** Hueco interior de algunos objetos.

almacén m. Local o edificio para guardar mercancías o cosas en gran cantidad.

almacenar tr. **1** Guardar cosas en un almacén. **2** Reunir algo en grandes cantidades.

almanaque m. Calendario en que se recogen todos los días del año, semanas, meses, etc.

almazara f. Molino de aceite.

almeja f. Molusco comestible con dos valvas blanquecinas surcadas de estrías.

almena f. Prisma de piedra que remata los muros de un castillo.

almendra f. Fruto del almendro.

almendro m. Árbol de flores blancas o rosas y fruto comestible (almendra).

almíbar m. Líquido dulce hecho con azúcar disuelto en agua y espesado a fuego lento.

almidón m. Sustancia blanquecina formada por glucosa y que se encuentra en las células vegetales.

almidonar tr. Mojar un tejido con almidón disuelto en agua para que, al plancharlo, quede tieso.

almimbar m. Púlpito de una mezquita.

alminar m. Torre de una mezquita, desde la que el almuédano convoca a los musulmanes a la oración.

almirante m. Militar de la Armada con categoría inmediatamente superior a la de vicealmirante.

almirez m. Mortero de metal para machacar o moler.

almizcle m. Sustancia grasa de olor fuerte que se emplea en perfumería.

almogávar m. Soldado medieval de la Corona de Aragón, generalmente de infantería.

almohada f. Cojín rectangular sobre el que se apoya la cabeza en la cama.

almohade adj./m. y f. De una dinastía musulmana que reinó en la Península Ibérica durante la segunda mitad del s. XII y la primera del XIII.

almohadilla f. **1** Cojín pequeño que se coloca sobre un asiento. **2** CH Agarrador para la plancha.

almohadillado m. Decoración del muro de un edificio consistente en hacer sobresalir los sillares o piedras que lo forman.

almohadón m. Cojín grande y cuadrado que se coloca en una cama o asiento.

almoneda f. **1** Subasta pública de muebles y otros objetos, generalmente a bajo precio. **2** Establecimiento donde se realiza esta subasta.

almorávide o **almorávid** adj./m. y f. De una antigua dinastía musulmana que reinó en el norte de África y en la Península Ibérica en la segunda mitad del s. XI y la primera del XII.

almorrana f. Hemorroide.

almorzar tr./intr. Tomar el almuerzo.

almuecín o **almuédano** m. Musulmán que desde el alminar se encarga de llamar, mediante un canto, a los fieles para que acudan a rezar.

almuerzo m. **1** Comida del mediodía. **2** ESP, MÉX Comida ligera que se toma a media mañana.

alocución f. Discurso breve que un superior dirige a sus subordinados.

áloe o **aloe** m. **1** Planta tropical de hojas carnosas de las cuales se extraen un jugo resinoso y una fibra muy resistente a la humedad. **2** Jugo de esta planta, usado como laxante.

alófono m. Variante que se da en la pronunciación de un fonema.

alojar tr. **1** Proporcionar a una persona un lugar para que resida en él temporalmente. ◆ prnl. **2** Vivir una persona en un establecimiento de hospedería. **3** Estar introducida o metida una cosa dentro de otra.

alón m. Ala entera y sin plumas de un ave.

alondra f. Pájaro cantor de plumaje pardo con bandas oscuras y cresta corta y redonda.

alopecia f. Caída o pérdida del cabello debida a una enfermedad de la piel.

alótropo m. Elemento que puede existir en varias formas sólidas, líquidas o gaseosas.

alpaca f. **1** Aleación de cobre, cinc y níquel. **2** Mamífero rumiante americano parecido a la llama. **3** Pelo de este animal.

alpargata f. Calzado de lona con suela de esparto, cáñamo o goma.

alpinismo m. Deporte que consiste en escalar altas montañas.

alpino, a adj. **1** Relativo a los Alpes. **2** Relativo a las montañas muy altas.

alpiste m. Planta gramínea cuyas semillas se usan como alimento para pájaros.

alqueno m. Hidrocarburo que contiene al menos un doble enlace entre dos átomos de carbono.

alquibla f. Muro de la mezquita, o punto del horizonte, que está orientado hacia La Meca.

alquilar tr. Dar o tomar una cosa para usarla por un tiempo a cambio de una cantidad de dinero.

alquiler m. **1** Acción de alquilar. **2** Dinero que se paga por alquilar algo.

alquimia f. Antigua ciencia que se basaba en la experimentación sobre las transformaciones de la materia y en la especulación filosófica.

alquino m. Hidrocarburo que contiene al menos un triple enlace entre dos átomos de carbono.

alquitrán m. Sustancia oscura y viscosa que se obtiene por destilación del petróleo, la madera, el carbón vegetal u otra materia orgánica.

alrededor adv. **1** En torno a una persona o cosa, rodeándola completamente. **2** Cerca, sobre poco más o menos. ◆ m.pl. **3** Zona que rodea un lugar o una población.

alta f. **1** Ingreso en un cuerpo, grupo, empresa, etc. **2** Permiso que un médico da a un enfermo para que vuelva a su actividad normal.

altanería f. Orgullo, soberbia.

altar m. **1** Mesa consagrada, generalmente rectangular y de piedra o madera, desde donde el sacerdote oficia la misa. **2** Piedra, montículo o lugar elevado donde se celebran ritos en algunas religiones.

altavoz m. ESP Aparato que reproduce en voz alta los sonidos transmitidos mediante modulaciones eléctricas.

alterar tr. **1** Cambiar las características de una cosa. **2** Perturbar, inquietar.

altercado m. Discusión o pelea violentas.

alternador m. Generador de corriente eléctrica alterna mediante la transformación de energía mecánica en energía eléctrica.

alternar tr./intr. **1** Hacer cosas por turnos y sucesivamente. ◆ intr. **2** Tener trato social o relación personal y amistosa.

alternativa f. **1** Opción o solución que se puede elegir entre varias. **2** Acto por el cual un torero eleva a su misma categoría a un novillero.

alternativo, a adj. **1** Que se dice, hace u ocurre alternándose. **2** Se dice de la opción o solución que puede elegirse entre otras. **3** Que se opone a lo convencional o establecido.

alterne m. Relación de los empleados con los clientes en los locales públicos.

alterno, a adj. **1** Que se dice, se hace u ocurre alternándose. **2** Se dice de la corriente eléctrica que cambia periódicamente de sentido.

alteza f. Tratamiento que se da a los hijos de los reyes, a los infantes de España y a los príncipes soberanos.

altibajos m.pl. Sucesión de cambios bruscos.

altillo m. **1** Armario de pequeña altura empotrado en la parte alta de una pared o en el techo. **2** COL Parte más alta de un local destinado a almacén.

altiplanicie f. Altiplano.

altiplano m. Meseta muy extensa y a gran altitud.

altisonante adj. Que se caracteriza por emplear palabras y construcciones demasiado cultas y rebuscadas.

altitud f. Distancia vertical que separa un punto respecto de otro.

altivo, a adj. Que se muestra distante y orgulloso por creerse más importante que los demás.

alto, a adj. **1** Que tiene una altura mayor de lo normal. **2** Que está situado en un lugar con altura. **3** De mucha cuantía o intensidad. **4** Que ocupa un lugar superior en la escala social u otra escala. **5** Se dice del sonido o la voz que son fuertes o intensos o que tienen una frecuencia de vibraciones mayor que la normal. ◆ m. **6** Altura. **7** Parada, detención. **8** Lugar elevado en el campo. **9** AMÉR Montón, conjunto de cosas compuestas sin orden unas sobre otras. ◆ m.pl. **10** ARG, CH, PAR, URUG Pisos superiores de una casa. ◆ adv. **11** Con altura. **12** Con un sonido o tono de voz fuerte o intenso. ◆ interj. **13** Se usa para ordenar a alguien que se detenga. ◇ **pasar por ~** Ignorar una cosa, no darle importancia.

altoparlante m. AMÉR Altavoz.

altorrelieve m. Relieve cuyas figuras sobresalen del plano en más de la mitad de su volumen.

altozano m. **1** Monte de poca altura aislado en un terreno llano. **2** AMÉR Atrio de una iglesia.

altramuz m. **1** Planta herbácea de hojas en forma de estrella, flores agrupadas en grandes espigas y fruto en legumbre. **2** Semilla de esta planta.

altruismo m. Actitud o característica de la persona que pretende conseguir el bien de los demás de manera desinteresada.

altura f. **1** Altitud. **2** Dimensión de los cuerpos perpendicular sobre su base. **3** Lugar elevado sobre el terreno que lo rodea. ◆ f.pl. **4** Cielo, paraíso.

alubia f. Judía, habichuela.

alucinación f. Visión o sensación no real, producto de un trastorno mental.

alucinar intr. **1** Tener alucinaciones. **2** *Fam.* Experimentar gran sorpresa. ◆ tr. **3** *Fam.* Gustar mucho.

alucinógeno, a m./adj. Sustancia que produce alucinaciones.

alud m. **1** Masa grande de nieve que se desliza por la ladera de una montaña de manera violenta y ruidosa. **2** Lo que se desborda y precipita con ímpetu.

aludir intr. Referirse a una persona o cosa.

alumbrado m. Conjunto de luces eléctricas que alumbran un lugar.

alumbrar tr./intr. **1** Dar luz. ◆ tr. **2** Poner un alumbrado. ◆ tr./intr. **3** Parir la mujer.

alúmina f. Óxido de aluminio que forma feldespatos y arcillas.

aluminio m. Elemento químico (metal) de símbolo Al.

alumno, a s. **1** Persona matriculada en un centro docente. **2** Persona que recibe educación o conocimientos de otra.

alunizar intr. Aterrizar en la Luna un vehículo aéreo.

alusión f. Referencia a una cosa de manera breve y poco precisa cuando se trata otro tema.

aluvión m. **1** Corriente de agua que ha sufrido una crecida brusca y se desplaza de manera rápida y violenta. **2** Cantidad grande de personas o cosas agolpadas.

alveolar adj. **1** Relativo a los alvéolos. **2** Se dice del sonido consonántico que se articula en los alvéolos.

alvéolo o **alveolo** m. **1** Cavidad en que está insertado un diente. **2** Cavidad pulmonar donde desembocan los bronquiolos. **3** Casilla hexagonal de un panal.

alverja f. AMÉR Guisante.

alza f. **1** Subida o elevación. **2** Pieza que se pone en un zapato para hacerlo más alto.

alzacuello m. Cuello duro usado por los eclesiásticos.

alzada f. Altura de un animal cuadrúpedo.

alzado, a m. **1** Diseño de un objeto o edificio representado frontalmente en proyección geométrica y vertical y sin tener en cuenta la perspectiva. ◆ adj. **2** ESP, GUAT, MÉX Se dice del precio que se fija por adelantado. **3** AMÉR Soberbio, insolente. **4** AMÉR Se dice del animal que está en celo. **5** AMÉR SUR Se dice del animal doméstico que se hace montaraz.

alzamiento m. **1** Movimiento de abajo hacia arriba. **2** Sublevación militar.

alzar tr. **1** Mover de abajo hacia arriba. **2** Aumentar, subir. **3** Construir, edificar. **4** Poner fin a un castigo o prohibición. ◆ **prnl. 5** Ponerse en pie. **6** Rebelarse, sublevarse.

alzheimer m. Enfermedad mental con degeneración de las células nerviosas del cerebro y disminución de la masa cerebral.

ama f. Criada principal.

amable adj. Que se comporta con simpatía, educación y de modo agradable.

amaestrar tr. Enseñar, adiestrar.

amagar tr./intr. **1** Dejar ver la intención de hacer o decir algo. ◆ **intr. 2** Aparecer manifestaciones de una enfermedad o suceso.

amainar intr. Perder fuerza un fenómeno atmosférico.

amalgama f. **1** Aleación de metales. **2** Mezcla.

amamantar tr. Dar de mamar a las crías.

amancebarse prnl. *Desp.* Convivir y mantener relaciones sexuales dos personas sin estar casadas entre sí.

1. **amanecer** impers. Aparecer la claridad del día.

2. **amanecer** m. Período inicial del día, desde que empieza a aparecer la luz hasta que sale el Sol.

amanerado, a adj. **1** Rebuscado, forzado. **2** Afeminado.

amansar tr. **1** Domesticar a un animal. **2** Calmar el ánimo violento de una persona.

amante adj./m. y f. **1** Se dice de la persona que ama a otra. **2** Se dice de la persona que tiene gran afición por algo. ◆ **m. y f. 3** Persona con la que se mantiene relaciones sexuales al margen del matrimonio.

amanuense m. y f. Persona que se dedica a copiar textos o a escribir al dictado.

amañar tr. **1** Preparar o alterar el resultado de algo para obtener un beneficio. ◆ **prnl. 2** Tener maña o destreza para hacer algo.

amapola f. **1** Planta silvestre de flores rojas, con cuatro pétalos y semilla negruzca. **2** Flor de esta planta.

amar tr. Sentir amor por una persona o cosa.

amarar intr. Descender un vehículo aéreo hasta la superficie del agua.

amargar intr. **1** Tener algo sabor amargo. ◆ **tr. 2** Dar sabor amargo a algo. **3** Causar disgusto.

amargo, a adj. **1** Que tiene sabor áspero, fuerte y algo desagradable. **2** Desapacible y triste.

amarillo, a adj./m. Se dice del color como el del oro o el limón maduro.

amarrar tr. **1** Atar o asegurar mediante cuerdas, cadenas, etc. **2** *Fam.* Asegurar.

amartelado, a adj. Que da muestras físicas de amar con gran pasión.

amasar tr. **1** Formar una masa.

2 Reunir progresivamente una gran cantidad de bienes.
amasijo m. Mezcla desordenada de cosas.
amateur adj./m. y f. Que practica una actividad por placer y sin recibir dinero a cambio.
amatista f. Cuarzo transparente y violeta que se usa como piedra preciosa.
amazona f. **1** Mujer que monta a caballo. **2** Mujer de una antigua raza guerrera formada solo por mujeres en la mitología griega.
amazónico, a adj. Relativo al Amazonas o a la Amazonia.
ambages ◇ **sin ~** De manera clara y directa.
ámbar m. **1** Resina fósil de las coníferas, de color anaranjado, translúcida y dura. ◆ adj./m **2** Se dice del color que es como el de esta resina fósil.
ambición f. Pasión por conseguir poder, riqueza o fama.
ambidextro, a o **ambidiestro, a** adj./s. Que emplea con igual soltura la mano izquierda y la derecha.
ambiental adj. Relativo al ambiente.
ambiente m. **1** Atmósfera o aire de un lugar. **2** Circunstancias que rodean a una persona o cosa.
ambiguo, a adj. Que puede entenderse de varias maneras.
ámbito m. **1** Espacio entre límites determinados. **2** Ambiente.
ambivalencia f. Condición de lo que se presta a dos interpretaciones opuestas.
ambón m. Púlpito que se halla a ambos lados del altar mayor o a los lados del coro.
ambos, as det./pron. Uno y otro, los dos.
ambrosía f. Alimento de los dioses.
ambulancia f. Automóvil para el transporte de personas heridas o enfermas.
ambulante adj. Que va de un lugar a otro.
ambulatorio, a adj. **1** Se dice del tratamiento médico que no exige que el enfermo permanezca ingresado en un hospital. ◆ m. **2** ESP Dispensario, consultorio.
ameba f. Organismo microscópico constituido por una sola célula que vive en el agua.
amedrentar tr. Asustar, atemorizar.
amelcochado, a adj. **1** Se dice del dulce que tiene el punto espeso de la melcocha. **2** AMÉR De color rubio.
amén m. **1** Se usa al final de algunas oraciones cristianas para indicar asentimiento. **2** Se usa para indicar asentimiento.
amenazar tr. **1** Proferir amenazas. **2** Existir indicios de que va a ocurrir un hecho adverso, una desgracia o un desastre.
amenizar tr. Hacer amena cierta cosa.

ameno, a adj. Que hace pasar el tiempo de manera agradable.

americana f. Chaqueta de vestir con solapas, abierta por delante y con botones.

americanismo m. **1** Amor o admiración por América. **2** Palabra o modo de expresión propio del español hablado en América.

americano, a adj./s. **1** De América. **2** *Fam.* De Estados Unidos.

americio m. Elemento químico (metal) de símbolo **Am**.

amerindio, a adj./s. De los indios del continente americano.

ameritar tr. **1** AMÉR Merecer. **2** AMÉR Reconocer los méritos.

amerizar intr. Descender un vehículo aéreo hasta la superficie del agua.

ametralladora f. Arma de fuego automática que dispara de forma sucesiva y rápida gran número de balas.

amianto m. Mineral fibroso que se emplea en tejidos resistentes al fuego.

amiba f. Ameba.

amígdala f. Cada uno de los pequeños órganos rojos situados a ambos lados de la entrada de la faringe.

amigo, a adj./s. **1** Que mantiene una relación de amistad con otra u otras personas. **2** Que siente afición por una cosa.

amilanar tr. Atemorizar, acobardar.

aminoácido m. Sustancia química orgánica que constituye el componente básico de las proteínas.

aminorar tr. Disminuir la cantidad, tamaño, valor o intensidad de una cosa.

amistad f. **1** Relación de confianza y afecto desinteresado entre personas. **2** Amigo. ◆ **f.pl. 3** *Fam.* Influencias, contactos.

amnesia f. Pérdida de la memoria.

amniótico, a adj. Se dice del líquido que envuelve al embrión.

amnistía f. Perdón de delitos concedido por el poder público.

amo, a s. **1** Persona que tiene la propiedad de una cosa. **2** Persona a cuyo servicio trabajan otras.

amodorrar intr. Provocar modorra.

amoldar tr. **1** Poner una cosa de acuerdo con otra. ◆ **prnl. 2** Adaptarse.

amonestar tr. Reprender severamente.

amoniaco o **amoníaco** m. **1** Gas incoloro de olor fuerte y penetrante. **2** Producto químico en forma líquida, elaborado a partir de este gas, que se usa para la limpieza.

amontonar tr. Reunir cosas de manera desordenada.

amor m. **1** Sentimiento intenso de atracción emocional y sexual hacia una persona. **2** Afecto intenso hacia alguien o algo. **3** Persona, animal o cosa que es objeto del cariño de alguien. **4** Cuidado y gusto que se pone al hacer una cosa. ◆ m.pl. **5** Relaciones sentimentales.

amoral adj. Que carece de valor moral.

amoratarse prnl. Ponerse de color morado.

amordazar tr. Poner una mordaza.

amorfo, a adj. Sin forma determinada.

amortajar tr. Vestir el cuerpo de un difunto con la mortaja.

amortiguador, ra adj. **1** Que amortigua. ◆ m./adj. **2** Mecanismo de algunas máquinas que sirve para amortiguar las sacudidas.

amortizar tr. **1** Recuperar el dinero invertido en una empresa. **2** Pagar el total de una deuda o parte de ella.

amotinar tr. Hacer que un grupo de personas adopte una actitud de oposición a la autoridad.

amparar tr. **1** Dar amparo. ◆ prnl. **2** Servirse de una persona o cosa para protegerse.

ampere o **amperio** m. Unidad de intensidad de la corriente eléctrica del Sistema Internacional.

amperímetro m. Instrumento que mide la intensidad de una corriente eléctrica.

ampliar tr. Hacer más extenso o grande.

amplificador m. **1** Aparato que aumenta la amplitud o intensidad de un fenómeno físico. **2** Altavoz portátil para conectar a él un micrófono o un instrumento musical.

amplio, a adj. Que tiene amplitud.

amplitud f. **1** Extensión grande. **2** Anchura de una prenda de vestir.

ampolla f. **1** Pequeña bolsa de líquido que se forma en la piel por una quemadura, un roce o una enfermedad. **2** Tubo de cristal cerrado que contiene un medicamento.

ampuloso, a adj. Se dice del estilo o modo de expresión hinchado y redundante.

amputar tr. Separar enteramente del cuerpo un miembro o parte de él.

amueblar tr. Poner los muebles necesarios en un lugar.

amuleto m. Objeto que se lleva encima y al que se le atribuyen poderes sobrenaturales.

amurallar tr. Rodear un lugar con murallas.

anabaptismo m. Doctrina religiosa protestante de origen alemán (s. XVI).

anabolismo m. Fase del metabolismo en que se produce la síntesis de moléculas a partir de otras más simples.

anabolizante m./adj. Sustancia química que sirve para facilitar la síntesis y asimilación de materia energética por las células.

anacoluto m. Falta de correlación entre los elementos de una oración o período.

anaconda f. Serpiente semiacuática no venenosa de las selvas de América del Sur.

anacoreta m. y f. Persona que vive sola en lugar apartado o entregada a la contemplación.
anacronismo m. Error que resulta de situar a una persona o cosa en un período que no se corresponde con el que le es propio.
ánade m. o f. Pato.
anaerobio, a o **anaeróbico, a** adj./s. Se dice del organismo que vive y se desarrolla en ausencia del oxígeno.
anáfora f. **1** Figura retórica que consiste en la repetición de una o varias palabras al principio de frase o verso. **2** Referencia a un término o una parte anterior del discurso.
anagrama m. **1** Palabra o expresión que tiene las mismas letras que otra pero cambiadas de orden. **2** Dibujo, formado por letras, que distingue a una empresa.
anal adj. Relativo al ano.
anales m.pl. Publicación periódica anual en que se registran los acontecimientos históricos importantes de cada año.
analfabeto, a adj./s. Se dice de la persona que no sabe leer ni escribir.
analgésico, a m./adj. Sustancia que hace que un dolor sea menos intenso o desaparezca.
análisis m. **1** Separación de las partes de un todo hasta llegar a conocer sus principios y elementos. **2** Estudio minucioso de un asunto, una obra artística, etc. **3** Examen médico.
analítico, a adj. Relativo al análisis.
analizar tr. Hacer un análisis.
analogía f. Relación de semejanza.
ananá o **ananás** m. Piña tropical.
anaquel m. Estante de un armario o librería.
anaranjado, a adj. De color parecido al de la naranja.
anarquía f. **1** Anarquismo. **2** Desorganización en un organismo por falta de autoridad.
anarquismo m. Doctrina política que pretende la desaparición del estado y de sus organismos y defiende la libertad del individuo.
anatema m. o f. **1** Excomunión. **2** *Formal.* Maldición.
anatomía f. **1** Ciencia que estudia la estructura, forma y relaciones de las diferentes partes del cuerpo de los seres vivos. **2** Forma o aspecto exterior del cuerpo de un ser vivo.
anca f. Mitad lateral de la parte posterior de algunos animales o sus patas traseras.
ancestral adj. **1** Relativo a los ancestros. **2** Muy antiguo.
ancho, a adj. **1** Que tiene anchura o amplitud. **2** Holgado, amplio. ◆ m. **3** Anchura.
anchoa f. Boquerón curado en sal.
anchura f. En una superficie, dimensión frontal y horizontal.

anciano, a adj./s. De edad avanzada.

ancla f. Instrumento de hierro, en forma de arpón o de anzuelo, que, sujeto a una cadena, se echa desde una embarcación al fondo del mar para inmovilizarla.

anclar tr./intr. **1** Inmovilizar una embarcación con un ancla. ◆ tr. **2** Sujetar algo al suelo o a una base con firmeza.

áncora f. *Formal.* Ancla.

andador m. Estructura de barras con ruedas o soportes que sirve para ayudar a andar.

andalucismo m. **1** Palabra o modo de expresión propio del español hablado en Andalucía. **2** Admiración por Andalucía.

andalusí adj. Relativo a Al-Ándalus.

andaluz, za adj./s. **1** De Andalucía. ◆ m./adj. **2** Variedad del español hablada en Andalucía.

andamio m. Armazón desmontable de madera o metal utilizado en la construcción o reparación de edificios.

andante adj. **1** Que anda. ◆ m. **2** Composición musical que se interpreta con tempo moderadamente lento.

andanza f. Aventura, peripecia.

1. **andar** intr. **1** Moverse de un lugar a otro dando pasos. **2** Funcionar un mecanismo. **3** Tener cierto estado de ánimo o salud. **4** Acercarse a una cantidad.

2. **andar** m. Modo de caminar de una persona.

andén m. **1** Acera elevada a los lados de la vía en las estaciones de tren. **2** AMÉR SUR Bancal en las laderas de un monte para los cultivos. **3** AMÉR CENTRAL, COL Acera de la calle.

andino, a adj. Relativo a los Andes.

andorrano, a adj./s. De Andorra.

andrajo m. Pedazo de tela vieja, rota o sucia.

androceo m. Conjunto de estambres de una flor.

andrógino, a adj. **1** Se dice del ser vivo que es macho y hembra a la vez. **2** Se dice de la mujer que tiene rasgos corporales de hombre.

androide m. Robot con aspecto humano.

andurrial m. Lugar poco frecuentado.

anea f. Planta de tallos altos y cilíndricos, hojas largas y estrechas y flores en espiga.

anécdota f. **1** Relato breve de un suceso curioso. **2** Detalle accidental y sin importancia.

anegar tr. Inundar.

anejo, a adj./m. Anexo.

anélido adj./m. Se dice del gusano de cuerpo anillado y respiración cutánea o branquial, como la lombriz.

anemia f. Disminución anormal de la cantidad de glóbulos rojos en la sangre.

anemómetro m. Instrumento para medir la velocidad de los fluidos.

anémona o **anemona** f. Planta herbácea con tallo horizontal subterráneo, pocas hojas y flores de color vivo.

anestesia f. **1** Pérdida temporal del conocimiento o de la sensibilidad de una parte del cuerpo provocada por la administración de una sustancia química. **2** Sustancia química para anestesiar.

anexionar tr. Unir una cosa a otra.

anexo, a adj./m. Se dice de la cosa que está unida a algo de lo que depende.

anfetamina f. Sustancia química que excita el sistema nervioso, aumenta la resistencia física y disminuye el apetito.

anfibio, a adj./m. Se dice del animal que pasa la primera parte de su vida en el agua respirando a través de branquias y experimenta una metamorfosis en que las branquias son sustituidas por pulmones.

anfibología f. Ambigüedad de una palabra u oración.

anfiteatro m. **1** Edificio de planta elíptica o circular con gradas alrededor, donde se celebraban espectáculos en la Roma imperial. **2** Conjunto de gradas escalonadas en cines, teatros, etc.

anfitrión, na adj./s. Que invita y recibe a otras personas.

ánfora f. Cántaro ovoidal de cuello estrecho y largo, con dos asas y base en punta.

ángel m. **1** En algunas religiones, espíritu servidor de Dios que en ocasiones se aparece a los seres humanos. **2** Persona muy bondadosa.

ángelus m. Oración católica en conmemoración del anuncio de la concepción de Cristo.

angina f. **1** Amígdala. ◆ f.pl. **2** Inflamación de las amígdalas. ◇ **~ de pecho** Obstrucción de las arterias del corazón que provoca dolor y angustia.

angiospermo, a adj./f. Se dice de la planta cuyos óvulos se hallan protegidos en una cavidad cerrada.

anglicanismo m. Conjunto de principios, instituciones y doctrinas de la iglesia oficial de Inglaterra.

anglicismo m. Palabra o modo de expresión propio de la lengua inglesa.

anglofilia f. Simpatía hacia lo inglés.

anglofobia f. Odio u oposición a lo inglés.

anglosajón, na adj. **1** Relativo a los pueblos germánicos que invadieron Inglaterra. **2** De origen y cultura inglesa. ◆ m./adj. **3** Lengua germánica de la cual procede el inglés.

angoleño, a adj./s. De Angola.

angora f. **1** Raza de gatos, conejos y cabras de pelaje abundante, sedoso y largo. **2** Lana obtenida de estos conejos y cabras.

angosto, a adj. Estrecho y reducido.

angostura f. **1** Lugar de paso estrecho. **2** Bebida amarga para hacer combinados.

ángstrom o **angstromio** m. Unidad de longitud equivalente a la diezmillonésima parte de un milímetro.

anguila f. Pez comestible de agua dulce parecido a una serpiente.

angula f. Cría de la anguila.

ángulo m. **1** Cada una de las partes en que queda dividido un plano por dos semirrectas que parten de un mismo punto. **2** Esquina. **3** Modo de considerar una cosa.

angustia f. Sufrimiento y preocupación intensos.

anhelar tr. Desear intensamente algo.

anhídrido m. Antigua denominación de los óxidos no metálicos.

anhidro, a adj. Se dice de la sustancia o compuesto químico que no tiene agua.

anidar intr. **1** Hacer un nido un ave para vivir en él. **2** Formarse un pensamiento o sentimiento en el interior de una persona.

anilla f. **1** Aro para colgar o sujetar objetos. **2** Aro que se coloca en la pata de un ave. ◆ f.pl. **3** Aparato de gimnasia formado por dos aros metálicos que penden de cuerdas.

anillo m. **1** Aro que se lleva en un dedo de la mano. **2** Segmento del cuerpo de los anélidos y otros animales. **3** Capa circular que rodea a algunos planetas. **4** Capa leñosa circular del interior del tronco de los árboles.

ánima f. **1** Alma de una persona fallecida. **2** Según la Iglesia católica, alma que se purifica en el purgatorio.

animación f. **1** Acción y efecto de animar. **2** Ambiente alegre y ruidoso. **3** Técnica para diseñar los movimientos de los dibujos animados.

animado, a adj. **1** Que tiene alma. **2** Activo y alegre. **3** Interesante, divertido.

animadversión f. Sentimiento de oposición o antipatía.

animal m./adj. **1** Ser vivo pluricelular dotado de capacidad de movimiento y sensibilidad. ◆ adj. **2** Relativo a estos seres vivos. **3** Relativo a la parte irracional de la persona. ◆ adj./m. y f. **4** *Fam.* Violento, bruto. **5** *Fam.* Torpe, tonto.

animar tr. **1** Dar ánimo o fuerza. **2** Estimular a actuar. **3** Infundir alegría o vivacidad. **4** Realizar la animación de dibujos o imágenes modeladas.

anímico, a adj. Relativo al ánimo.

animismo m. Creencia que atribuye un alma a todos los seres y fenómenos de la naturaleza.

ánimo m. **1** Estado emocional de una persona. **2** Fuerza moral y energía que impulsan a la actividad.

animosidad f. **1** Enemistad, antipatía. **2** Valor, esfuerzo.

anión m. Ion con carga negativa.

aniquilar tr. Destruir por completo.

anís m. **1** Planta herbácea de flores blancas y semillas pequeñas y aromáticas. **2** Semilla de esta planta. **3** Licor hecho con aguardiente aromatizado con esta semilla.

aniversario m. **1** Día en que se cumple un número exacto de años desde un acontecimiento. **2** Celebración con que se conmemora este día.

ano m. Orificio del cuerpo en el que termina el tubo digestivo.

anoche adv. En la noche de ayer.

1. **anochecer** impers. Desaparecer la luz solar y hacerse de noche.

2. **anochecer** m. Parte del día durante la cual desaparece la luz solar y se hace de noche.

anodino, a adj. Insustancial, insignificante.

ánodo m. Electrodo o polo positivo de un generador eléctrico.

anofeles adj./m. Se dice de un género de mosquitos cuyas hembras transmiten el paludismo.

anómalo, a adj. Extraño, irregular.

anonadar tr. Desconcertar a una persona, dejarla sin capacidad de reacción o respuesta ante una sorpresa.

anónimo, a adj. **1** Se dice del autor cuyo nombre es desconocido o no se da a conocer. **2** Se dice de la obra cuyo autor es desconocido o no se da a conocer. **3** Que no es famoso ni conocido por muchos. ◆ m. **4** Escrito no firmado.

anorak m. ESP Chaqueta impermeable y generalmente con capucha.

anorexia f. Enfermedad nerviosa que se manifiesta por la pérdida del apetito.

anormal adj. Que no es normal.

anotar tr. **1** Tomar nota de algo por escrito. **2** En deportes, conseguir uno o varios tantos.

anquilosar tr. **1** Dejar sin flexibilidad o movimiento una parte del cuerpo. **2** Disminuir el desarrollo de una actividad.

ánsar m. Ganso.

ansia f. **1** Deseo intenso de hacer o conseguir una cosa. **2** Ansiedad.

ansiar tr. Desear algo con ansia.

ansiedad f. Estado de intensa preocupación, excitación o nerviosismo.

antagónico, a adj. Opuesto.

antagonista adj. **1** Antagónico. ◆ adj./m. y f. **2** Se dice de la persona que actúa de manera contraria y opuesta a otra.

antaño adv. En un tiempo pasado.

antártico, a adj. Relativo al polo sur y a las regiones que lo rodean.

1. **ante** m. **1** Alce. **2** Piel curtida de tacto muy delicado y sin brillo.
2. **ante** prep. **1** En presencia de, delante de. **2** Teniendo en cuenta lo que se expresa.

anteanoche adv. En la noche anterior a la de ayer.

anteayer adv. En el día anterior al de ayer.

antebrazo m. Parte del brazo que va del codo a la muñeca.

antecedente m. **1** Circunstancia pasada que influye en hechos posteriores. **2** En gramática, sustantivo, pronombre o proposición a que hace referencia un pronombre relativo.

anteceder tr. Ir delante en el tiempo o el espacio.

antecesor, ra s. **1** Persona que precedió a otra en un puesto o cargo. **2** Antepasado, ascendiente.

antediluviano, a adj. Muy antiguo, pasado de moda.

antelación f. Adelanto en el tiempo de un hecho o circunstancia.

antemano ◇ **de ~** Indica adelanto en el tiempo respecto de un hecho o circunstancia.

antena f. **1** Dispositivo a través del cual, en un aparato de radio o televisión, se pueden recibir o emitir ondas electromagnéticas. **2** Apéndice fino y alargado que algunos artrópodos tienen en la cabeza como órgano del tacto o del olfato.

anteojo m. **1** Aparato óptico con que se obtienen imágenes aumentadas de objetos lejanos. ◆ **m.pl.** **2** Prismáticos. **3** Antiguas gafas sin patillas que se sujetaban a la nariz. **4** AMÉR Gafas.

antepasado, a s. Persona de la que descienden otra u otras.

antepecho m. Baranda que cierra un lugar alto para impedir que las personas se caigan.

antepenúltimo, a adj./s. Que ocupa el lugar inmediatamente anterior al penúltimo.

anteponer tr. Poner por delante.

anteproyecto m. **1** Texto provisional aprobado por un gobierno. **2** Conjunto de trabajos anteriores al proyecto definitivo de una obra.

antera f. Extremo superior del estambre de una flor, que contiene el polen.

anteridio m. Órgano sexual masculino de ciertas especies primitivas.

anterior adj. **1** Que está antes en el tiempo o el espacio. **2** Que está situado en la parte de delante de una cosa vista frontalmente.

anterozoide m. Célula sexual masculina móvil que se produce en el anteridio.

antes adv. **1** En tiempo anterior. **2** Más cerca en el espacio. **3** Se emplea para expresar preferencia. ◆ **conj.** **4** Por el contrario.

antesala f. Habitación que precede a una sala.

antiaéreo, a adj. Que actúa ante los ataques aéreos.

antibiótico, a m./adj. Sustancia que destruye o frena el desarrollo de otras células, usada para eliminar infecciones.

anticiclón m. Zona de la atmósfera en la que la presión atmosférica es más alta.

anticipar tr. **1** Hacer que una cosa ocurra antes de lo previsto o normal. **2** Pagar una cantidad de dinero antes de la fecha señalada. ◆ prnl. **3** Actuar una persona antes que otra. **4** Ocurrir algo antes de lo previsto.

anticlerical adj./m. y f. Que se opone a la influencia del clero en los asuntos públicos.

anticlinal adj./m. Se dice del pliegue de terreno cuyas capas más antiguas están situadas en el centro.

anticonceptivo, a adj./m. Se dice del método o sustancia que impide el embarazo.

anticongelante m./adj. Líquido que impide la congelación del agua que refrigera un motor.

anticuado, a adj. Pasado de moda, desusado.

anticuario, a s. **1** Persona que comercia con muebles y objetos antiguos de valor. ◆ m. **2** Establecimiento donde se venden estos muebles y objetos.

anticuerpo m. Proteína producida por los linfocitos como respuesta a la presencia de un antígeno en el organismo.

antídoto m. **1** Sustancia que contrarresta la acción de un veneno. **2** Medio para evitar un mal físico o moral.

antifaz m. **1** Máscara con que se cubre la parte superior de la cara. **2** Pieza de tela con que se cubren los ojos.

antífona f. Texto breve que se canta o reza antes y después de los salmos y de los cánticos en las horas canónicas.

antífrasis f. Figura retórica que consiste en llamar a una persona o cosa con palabras que significan lo contrario de lo que se debería decir.

antifraude adj. Que lucha contra el fraude.

antígeno m. Sustancia que, al introducirse en el organismo, es considerada extraña y provoca la formación de anticuerpos.

antigualla f. Objeto muy antiguo.

antiguano, a adj./s. De Antigua.

antigüedad f. **1** Existencia desde hace mucho tiempo. **2** Período histórico pasado, muy alejado de la actualidad.

antiguo, a adj. **1** Que existe desde hace mucho tiempo. **2** Que existió o sucedió en tiempo remoto. **3** Anticuado.

antihéroe m. Personaje de una obra de ficción que carece de las características ideales del héroe tradicional.

antihistamínico, a m./adj.

Sustancia para combatir los efectos de las alergias.

antillano, a adj./s. De las Antillas.

antílope m. Nombre común de diversos mamíferos rumiantes con cornamenta, como la gacela o el ñu.

antimateria f. Tipo de materia formada por antipartículas.

antimonio m. Elemento químico (semimetal) de símbolo **Sb**.

antinatural adj. No natural.

antipapa m. Papa elegido de manera irregular y, en consecuencia, no reconocido.

antipatía f. Sentimiento de rechazo o disgusto hacia alguien o algo.

antipirético, a m./adj. Sustancia o medicamento para reducir o eliminar la fiebre.

antípoda adj./m. o f. Se dice del lugar de la Tierra que está situado diametralmente opuesto a otro.

antisemitismo m. Doctrina o actitud de rechazo hacia los judíos.

antiséptico, a adj. Que previene contra la infección.

antítesis f. **1** Oposición completa y absoluta. **2** Figura retórica que consiste en contraponer dos significados contrarios.

antivirus m./adj. Que evita o combate los virus.

antojarse prnl. **1** Ser deseada una cosa de manera intensa e inesperada sin causa razonable justificada. **2** Ser considerada probable una cosa.

antojo m. Deseo intenso, caprichoso y pasajero.

antología f. Colección de fragmentos de obras literarias, musicales, etc.

antónimo, a adj./m. Se dice de la palabra que tiene un significado contrario al de otra.

antonomasia f. Figura retórica que consiste en usar un nombre común en lugar del nombre propio para hacer referencia a alguien o algo, o viceversa. ◇ **por ~** Por excelencia.

antorcha f. Trozo de madera con material inflamable en un extremo.

antracita f. Carbón negro que arde con dificultad.

ántrax m. Inflamación dura y dolorosa en el tejido situado bajo la piel, producida por una bacteria.

antro m. Local público de mal aspecto.

antropocentrismo m. Concepción filosófica que considera al ser humano centro del Universo.

antropófago, a adj./s. Caníbal.

antropoide o **antropoideo, a** adj. **1** Que se parece al ser humano externamente. ◆ adj./m. **2** Se dice del primate de hocico reducido y ojos en posición frontal.

antropología f. Ciencia que estudia la especie humana en su evolución y su comportamiento social y cultural.

antropomorfo, a adj. **1** Que se parece al ser humano. ◆ adj./m.

2 Se dice del primate con caracteres similares a los de un homínido.

antropónimo m. Nombre de persona.

antropopiteco m. Mamífero homínido que vivió en el pleistoceno.

antropozoico, a adj./m. Se dice de la era geológica que sigue a la era terciaria.

anual adj. **1** Que se repite cada año. **2** Que dura un año.

anuario m. Publicación anual que recoge lo ocurrido durante el año anterior.

anudar tr. Hacer uno o más nudos.

1. **anular** adj./m. **1** Se dice del dedo de la mano situado entre los dedos corazón y meñique. ◆ adj. **2** Que tiene forma de anillo.

2. **anular** tr. **1** Dejar sin efecto o valor. **2** Suspender algo programado. **3** Desautorizar a una persona.

anunciar tr. **1** Comunicar a alguien una noticia o información. **2** Hacer publicidad de un producto o servicio. **3** Pronosticar.

anuncio m. Acción y efecto de anunciar.

anuro adj./m. Se dice del anfibio que cuando es adulto carece de cola y tiene largas extremidades posteriores.

anverso m. Lado principal de una superficie.

anzuelo m. Objeto curvo de metal y con punta muy afilada, sujeto al extremo de un hilo, en que se coloca el cebo para pescar.

añadir tr. **1** Sumar una parte a un conjunto de elementos o a un todo. **2** Replicar, responder.

añagaza f. Medio hábil y astuto para engañar o conseguir algo.

añal adj./m. Se dice del cordero, ternero o cabrito que tiene un año o poco más.

añejo, a adj. **1** Que tiene más de un año. **2** Antiguo.

añicos m.pl. Trozos muy pequeños en que queda dividido un objeto al romperse.

añil adj./m. Se dice del color azul oscuro parecido al violeta.

año m. **1** Tiempo que tarda la Tierra en dar una vuelta alrededor del Sol. **2** Período de 365 días (366 en los años bisiestos), desde el 1 de enero hasta el 31 de diciembre. ◇ **~ luz** Unidad de longitud equivalente a la distancia recorrida por la luz en el vacío durante un año.

añojo, a s. ESP Becerro o cordero de un año cumplido.

añoranza f. Melancolía que causa el recuerdo de un bien perdido.

añorar tr. Sentir añoranza por alguien o algo.

aorta f. Arteria principal del sistema circulatorio animal.

apabullar tr. Confundir, abrumar.

apacentar tr. **1** Conducir el ganado a terrenos con pasto y cuidarlo mientras pace. ◆ intr./prnl. **2** Pacer el ganado.

apache adj./m. y f. Relativo a

una tribu india nómada de América del Norte.

apacible adj. Agradable y sereno.

apaciguar tr. **1** Establecer la paz donde había un enfrentamiento. **2** Calmar los ánimos.

apadrinar tr. **1** Ser padrino de una persona cuando se bautiza, se casa, etc. **2** Ayudar, proteger.

apagado, a adj. **1** De poca intensidad. **2** De poca energía y vitalidad.

apagar tr. **1** Hacer que deje de arder un fuego. **2** Hacer que un sistema eléctrico deje de recibir energía e interrumpa su funcionamiento.

apagón m. Interrupción inesperada del suministro de energía eléctrica.

apaisado, a adj. Que es más ancho que alto colocado en su posición normal de uso.

apalabrar tr. Llegar a un acuerdo mediante palabras.

apalancar tr. **1** Mover con una palanca. ◆ prnl. **2** *Fam.* Acomodarse en un lugar o situación.

apalear tr. Golpear con un palo u otro objeto contundente.

apañar tr. **1** Limpiar y poner en orden. **2** Arreglar, remendar. **3** *Fam.* Robar.

aparador m. **1** Mueble de comedor, ancho, de mediana altura y con cajones. **2** AMÉR CENTRAL, COL, ESP, MÉX Escaparate, vidriera.

aparato m. **1** Instrumento necesario para desarrollar una actividad. **2** Conjunto de piezas y elementos que desarrollan un trabajo y funcionan con energía. **3** Conjunto de órganos que, en un ser vivo, desempeñan una misma función. **4** Pompa, ostentación.

aparatoso, a adj. **1** Espectacular y desmedido. **2** Ostentoso o estrafalario.

aparcamiento m. **1** ESP Acción de aparcar. **2** ESP Lugar destinado a que aparque un vehículo.

aparcar tr. **1** ESP Colocar un vehículo en un lugar destinado a ello. **2** Posponer un asunto.

aparcería f. Convenio por el cual una persona cede a otra el disfrute de ciertos bienes, a cambio de parte de los beneficios.

aparear tr. **1** Unir sexualmente a un animal macho con la hembra. **2** Juntar en parejas.

aparecer intr./prnl. **1** Mostrarse o dejarse ver. ◆ intr. **2** Encontrarse lo que estaba perdido. **3** Llegar de improviso.

aparecido, a s. Imagen de una persona muerta que se muestra visible a los ojos de alguien.

aparejador, ra s. ESP Técnico que ayuda a un arquitecto.

aparejar tr. **1** Hacer los preparativos oportunos para desarrollar un trabajo. **2** Poner los aparejos a un animal.

aparejo m. **1** Conjunto de instrumentos necesarios para una actividad. **2** Elemento necesario para montar o cargar las caballerías.

aparentar tr./intr. **1** Dar a entender, fingir. ◆ tr. **2** Tener aspecto de determinada cosa.

aparente adj. **1** Que parece y no es. **2** Perceptible por la vista.

aparición f. **1** Presencia de una persona o cosa en un lugar. **2** Acción de aparecer lo que estaba oculto. **3** Visión de un ser sobrenatural. **4** Aparecido.

apariencia f. **1** Aspecto exterior. **2** Características que parece poseer algo o alguien y que realmente no tiene.

apartado, a adj. **1** Lejano en el espacio. ◆ m. **2** Parte de un texto escrito que trata sobre un tema. **3** Parte de un documento legal u oficial. ◇ ~ **de correos** Sección de una oficina de correos donde se recoge la correspondencia particular.

apartamento m. Vivienda pequeña situada en un edificio.

apartar tr. **1** Separar, alejar. **2** Quitar algo o a alguien de un lugar para dejarlo libre.

aparte adv. **1** En un lugar distinto, separado del resto. **2** Exceptuando o dejando de lado lo que se menciona. ◆ m. **3** Fragmento de una obra de teatro que un personaje dice hablando para sí.

apartheid m. Doctrina de segregación o discriminación racial de la población que no sea de raza blanca.

apasionar tr. **1** Provocar pasión. ◆ prnl. **2** Sentir pasión.

apatía f. **1** Desinterés o indiferencia. **2** Falta de vigor o energía.

apátrida adj./m. y f. Se dice de la persona que carece de nacionalidad legal.

apeadero m. Estación de tren o autobús de poca importancia.

apear tr. **1** Bajar a alguien del vehículo o animal en que va montado. **2** Eliminar a una persona o equipo de una competición deportiva. ◆ prnl. **3** ARG, BOL, CUBA, MÉX Comerse los alimentos con las manos.

apechugar intr. *Fam.* Cargar con una responsabilidad.

apedrear tr. **1** Lanzar piedras contra alguien o algo. ◆ impers. **2** Granizar.

apego m. Sentimiento de afecto.

apelar tr./intr. **1** Solicitar a un juez o tribunal que anule o enmiende una sentencia. ◆ intr. **2** Solicitar ayuda para solucionar un asunto.

apelativo m. Palabra que sirve para calificar a una persona o cosa.

apellido m. Nombre que sigue al nombre propio de una persona y que se transmite de padres a hijos.

apelmazar tr. Poner compacta y dura una cosa que debiera ser más esponjosa y blanda.

apenar tr. **1** Causar pena o tristeza. ◆ prnl. **2** AMÉR Sentir vergüenza.

apenas adv. **1** Con dificultad y casi sin llegar a conseguirlo. **2** Escasamente. ◆ conj. **3** Indica un tiempo o un momento cercano a un hecho.

apéndice m. **1** Parte que se añade a un todo del que aquella se considera una prolongación. **2** Prolongación delgada del intestino ciego.

apendicitis f. Inflamación del apéndice.

apercibir tr. **1** Preparar lo necesario para algo. **2** Avisar, advertir. ◆ prnl. **3** Percatarse de algo.

aperitivo m. Bebida o alimento que se toma antes del almuerzo o la cena.

apero m. **1** Instrumento para tareas agrícolas. ◆ m.pl. **2** ARG, CH, P RICO, VENEZ Útiles de montar a caballo más lujosos que los de uso diario.

apertura f. **1** Acción de abrir. **2** Inauguración de un local, curso, asamblea, etc.

apesadumbrar tr. Causar pesadumbre.

apestar tr. **1** Contagiar la enfermedad de la peste. ◆ intr. **2** Despedir mal olor. **3** *Fam.* Dar muestras un asunto de ser ilegal o inmoral.

apétalo, a adj. Que no tiene pétalos.

apetecer intr. Gustar, causar deseo o apetito una cosa.

apetito m. **1** Ganas de comer. **2** Tendencia a satisfacer una necesidad o deseo.

apiadarse prnl. Sentir pena y dolor por la desgracia o sufrimiento de una persona.

ápice m. **1** Punta o extremo de una cosa, especialmente el de la lengua. **2** Parte muy pequeña de una cosa.

apicultura f. Técnica de criar abejas.

apilar tr. Poner unas cosas sobre otras.

apiñar tr. Juntar o reunir apretadamente.

apio m. Hortaliza de raíz y tallo comestibles.

apisonadora f. Vehículo usado para allanar superficies.

aplacar tr. Calmar el ánimo violento.

aplanar tr. **1** Poner plano o llano. **2** Dejar sin ánimo o energía.

aplastar tr. **1** Reducir el grosor de un cuerpo por medio de la fuerza. **2** Vencer por completo a un adversario.

aplaudir tr./intr. Dar palmadas en señal de aprobación o entusiasmo.

aplauso m. Acción de aplaudir.

aplazar tr. **1** Retrasar la ejecución de una cosa. **2** ARG, EL SALV, URUG Calificar a una persona con una nota de suspenso.

aplicación f. **1** Acción y efecto de aplicar o aplicarse. **2** Adorno de un objeto hecho con un material distinto. **3** Programa informático que realiza una función determinada. **4** Operación matemática por la que se hace corresponder a todo elemento de un conjunto un solo elemento de otro conjunto.

aplicar tr. **1** Poner una cosa sobre otra para conseguir algo. **2** Hacer uso de una cosa o ponerla en práctica. ◆ prnl. **3** Dedicar esfuerzo y atención en una actividad.

aplique m. Lámpara que se fija a una pared.

aplomo m. Actitud serena y segura ante un problema.

apnea f. Suspensión de la respiración.

apocado, a adj./s. Muy tímido.

apocalipsis m. **1** Fin catastrófico o violento. **2** Fin del mundo.

apocar tr. Intimidar, cohibir.

apócope f. **1** Supresión de uno o más sonidos en posición final de palabra. **2** Palabra que resulta de esta supresión.

apócrifo, a adj. **1** Se dice del texto escrito que no pertenece a la persona o época a que se atribuye. **2** Se dice del texto bíblico no reconocido por la Iglesia.

apoderado, a adj./s. Se dice de la persona que representa a otra y actúa en su nombre.

apoderar tr. **1** Otorgar poderes. ◆ prnl. **2** Hacerse dueño de una cosa.

apodo m. Nombre con el que se sustituye el propio de una persona.

ápodo, a adj./m. Que no tiene patas.

apófisis f. Parte saliente de un hueso por la que se articula a otro hueso o en la que se inserta un músculo.

apogeo m. **1** Momento o situación de mayor intensidad o grandeza en un proceso. **2** Distancia máxima entre la Tierra y cualquier astro.

apolillarse prnl. **1** Deteriorarse una cosa a causa de la polilla. **2** Quedarse anticuado.

apolíneo, a adj. **1** *Formal.* Relativo a Apolo. **2** Apuesto, bello.

apolítico, a adj./s. Que no muestra interés por la política.

apología f. Discurso en que se alaba o defiende a una persona o cosa.

apoltronarse prnl. **1** *Fam.* Sentarse con comodidad, extendiendo y recostando el cuerpo. **2** Acomodarse en una situación o cargo.

apoplejía f. Interrupción del riego sanguíneo de una parte del cerebro producida por un derrame, embolia o trombosis.

apoquinar tr. *Fam.* Pagar.

aporrear tr. Golpear.

aportar tr. Proporcionar algo que ayuda al logro de un fin.

aposentar tr. Proporcionar aposento.

aposento m. Habitación de una casa.

aposición f. Construcción gramatical que consiste en determinar un sustantivo por medio de otro sustantivo yuxtapuesto.

apósito m. Venda, gasa o tela que se aplica sobre una herida.

aposta o **a posta** adv. Deliberadamente, con intención.

apostar tr./prnl. **1** Pactar dos o más personas que el que acierte alguna cosa o gane en algún juego se llevará el premio establecido. **2** Arriesgar dinero en una apuesta.

apóstata m. y f. Persona que abandona sus ideales o su religión públicamente.

apostilla f. Nota que comenta, aclara o completa un texto.

apóstol m. Cada uno de los doce discípulos de Jesucristo.

apóstrofe m. o f. *Formal.* Figura retórica que consiste en interrumpir el discurso para dirigir la palabra a una persona.

apóstrofo m. Signo ortográfico (') que indica la supresión de una vocal.

apotegma m. Sentencia o dicho breve.

apotema f. Perpendicular trazada desde el centro de un polígono regular a cualquiera de sus lados.

apoteosis f. Parte final, brillante y muy impresionante de algo.

apoyar tr. **1** Colocar una cosa sobre otra de modo que descanse en ella. **2** Estar a favor de determinada persona y confiar en ella.

apoyatura f. **1** Apoyo. **2** Nota musical que va delante de otra como adorno.

apoyo m. **1** Cosa, o parte de ella, sobre la que se apoya algo. **2** Ayuda o confianza.

apreciación f. Valoración de algo.

apreciar tr. **1** Captar algo por los sentidos o por la inteligencia. **2** Reconocer el valor de algo o alguien. **3** Sentir cariño o afecto por alguien. **4** Poner precio a una cosa.

aprecio m. **1** Cariño o afecto. **2** Reconocimiento del valor de algo o alguien.

aprehender tr. **1** Prender a una persona que ha cometido un delito. **2** Capturar un botín o una mercancía de contrabando. **3** *Formal.* Asimilar una idea.

apremiar tr. **1** Meter prisa. ◆ intr. **2** Ser urgente la realización de una cosa.

apremio m. **1** Prisa que se ejerce sobre alguien para que haga algo. **2** Mandamiento judicial o administrativo por el que se obliga al cumplimiento de una cosa.

aprender tr. **1** Llegar a saber una cosa por medio del estudio o la práctica. **2** Grabar una cosa en la memoria.

aprendiz, za s. **1** Persona que aprende un arte u oficio. **2** Persona que se halla en el primer grado del escalafón laboral.

aprendizaje m. Adquisición de conocimientos.

aprensión f. **1** Desagrado o recelo. **2** Temor a las enfermedades.

apresar tr. **1** Detener a una persona y encerrarla en prisión. **2** Sujetar con fuerza, privando de la libertad de movimientos.

aprestar tr. **1** Preparar o disponer lo necesario para una cosa. **2** Dar apresto a los tejidos.

apresto m. **1** Preparación a que se someten los tejidos para que tengan mayor consistencia o rigidez. **2** Sustancia que se aplica a los tejidos para este fin.

apresurarse prnl. Darse prisa.

apretar tr. **1** Coger una persona o cosa con las manos o los brazos y sujetarla con fuerza. **2** Quedar demasiado ajustada una prenda de vestir. **3** Hacer fuerza o presión sobre una cosa. ◆ prnl. **4** Juntarse mucho varias personas en un recinto reducido.

apretujar tr. **1** Apretar con fuerza o repetidamente. ◆ prnl. **2** Juntarse mucho entre sí varias personas.

aprieto m. Asunto de difícil solución.

aprisa adv. Con rapidez.

aprisco m. Lugar cercado donde los pastores recogen el ganado por la noche.

aprisionar tr. **1** Sujetar con fuerza, privando de la libertad de movimientos. **2** Meter en prisión.

aprobar tr. **1** Considerar que algo está bien, darlo por bueno. **2** Declarar apta a una persona en un examen. **3** Ser declarado apto en un examen.

apropiado, a adj. Adecuado.

apropiar tr. **1** Adecuar una cosa a otra. ◆ prnl. **2** Adueñarse de algo.

aprovechado, a adj./s. Que saca beneficio de las situaciones favorables, generalmente sin escrúpulos.

aprovechar tr. **1** Hacer buen uso de una cosa, sacarle el máximo rendimiento. ◆ prnl. **2** Servirse de una persona o cosa para sacarle un beneficio.

aprovisionar tr. Abastecer de provisiones.

aproximar tr. Acercar, poner a menor distancia.

áptero, a adj. Que no tiene alas.

aptitud f. Capacidad para realizar satisfactoriamente una tarea o desempeñar un cargo.

apto, a adj. **1** Que tiene aptitud para hacer una cosa. **2** Adecuado o útil para un fin.

apuesta f. Pacto entre personas según el cual quien acierte una cosa o gane en un juego se llevará un premio.

apuesto, a adj. De aspecto agradable y elegante.

apuntado, a adj. Que acaba en punta.

apuntador, ra s. Persona que ayuda a los actores de teatro a recordar su papel durante la representación.

apuntalar tr. Sujetar con puntales un edificio.

apuntar tr. **1** Tomar nota por escrito. ◆ tr./intr. **2** Señalar hacia algo o alguien. **3** Dirigir un arma hacia el objetivo. ◆ intr. **4** Empezar a mostrarse o salir una cosa. ◆ prnl. **5** Conseguir un tanto en una competición.

apunte m. **1** Acción y efecto de apuntar. ◆ m.pl. **2** Notas que se toman por escrito en clase.

apuñalar tr. Herir a alguien con un cuchillo o puñal.

apurar tr. **1** Acabar o agotar una cosa. **2** Llevar hasta el límite. **3** Meter prisa a una persona. ◆ prnl. **4** Darse prisa. **5** Preocuparse o afligirse.

apuro m. **1** Asunto de difícil solución. **2** Escasez de dinero. **3** Vergüenza.

aquejar tr. Afectar una enfermedad o un mal a una persona o cosa.

aquel, lla det./pron. Designa lo que está más lejos, en el espacio o el tiempo, de las personas que hablan.

aquelarre m. Reunión de brujos.

aquello pron. Aquella cosa.

aquenio, a m. Fruto seco que contiene una sola semilla no soldada a su envoltura externa.

aqueo, a adj./s. De Acaya.

aquí adv. **1** En este lugar. **2** En este momento.

aquiescencia f. Consentimiento, conformidad.

aquilatar tr. Determinar o juzgar con cuidado el valor o importancia de algo.

ara f. *Formal.* Altar.

árabe adj./m. y f. **1** De Arabia. **2** Se dice del pueblo que en el primer milenio se asentó en Arabia y a sus descendientes. ◆ m./adj. **3** Lengua semítica que se habla en distintos países de Asia y de África. ◆ adj./m. y f. **4** De donde se habla esta lengua.

arabesco m. Adorno pintado o labrado, propio de la arquitectura árabe, compuesto por figuras geométricas y motivos florales.

arábigo, a adj. Árabe.

arabismo m. Palabra o expresión propio de la lengua árabe y que se usa en otro idioma.

arácnido adj./m. Se dice del artrópodo de ocho patas, con alas, sin antenas y con el cuerpo dividido en cefalotórax y abdomen.

aracnofobia f. Miedo a las arañas.

arado m. Instrumento para arar.

aragonés, sa adj./s. **1** De Aragón. ◆ m./adj. **2** Variedad del español hablada en Aragón.

arahuaco, a adj./s. **1** De un pueblo amerindio que habitó en el Alto Paraguay. ◆ m. **2** Lengua de este pueblo.

arameo, a adj./s. **1** De un pueblo bíblico que habitó en el antiguo país de Aram. ◆ m. **2** Conjunto de lenguas semíticas de la familia del hebreo y el fenicio.

arancel m. Impuesto que grava las mercancías que entran en un país.

arándano m. **1** Arbusto de flores blancas o rosadas y fruto comestible. **2** Fruto de esta planta, redondeado y de color negro azulado.

arandela f. Pieza delgada, circular y con un orificio en el centro.

araña f. **1** Arácnido con cuatro pares de patas y que segrega un hilo que le sirve para trasladarse y construir telarañas. **2** Lámpara de techo con muchos brazos.

arañar tr. **1** Herir superficialmente la piel de alguien con las uñas o con un objeto punzante. **2** Rayar ligeramente una superficie lisa y dura.

arar tr. Hacer surcos en la tierra con el arado.

araucano, a adj./s. **1** De Arauco. ◆ m./adj. **2** Lengua precolombina de Chile y Argentina.

arbitrar tr. **1** Actuar de árbitro en una competición deportiva. ◆ tr./intr. **2** Actuar como juez o mediador en un conflicto entre varias partes.

arbitrariedad f. Forma de actuar que se basa solo en la voluntad y el capricho, y no en la razón.

arbitrario, a adj. **1** Que actúa con arbitrariedad. **2** Que depende solo de la voluntad o capricho de alguien.

arbitrio m. **1** Capacidad para juzgar o decidir. **2** Voluntad que obedece al capricho y no a la razón. ◆ m.pl. **3** Impuestos con que se arbitran gastos públicos.

árbitro, a s. **1** Persona que en una competición deportiva se encarga de hacer cumplir el reglamento. **2** Persona elegida como juez por dos partes en conflicto.

árbol m. **1** Planta leñosa de tronco alto, fijado al suelo por raíces, y ramas que empiezan a crecer a cierta altura del suelo. **2** Gráfico en que se representan las relaciones de dependencia que tienen los elementos de un conjunto. **3** Palo de un navío. ◇ **~ genealógico** Árbol que representa de forma gráfica las relaciones, orígenes y descendencia de una familia.

arboladura f. Conjunto de palos y vergas de una embarcación.

arboleda f. Lugar poblado de árboles.

arbóreo, a adj. **1** Relativo al árbol. **2** Que se parece al árbol.

arborícola adj. Que vive en los árboles.

arbotante m. Arco exterior que descarga el empuje de las bóvedas sobre un contrafuerte separado del muro.

arbusto m. Planta leñosa menos alta que un árbol y cuyas ramas crecen desde la base.

arca f. **1** Caja grande de madera con tapa y cerradura. ◆ f.pl. **2** Lugar donde se guarda el dinero de una colectividad.

arcabuz m. Arma de fuego antigua que se disparaba prendiendo la pólvora con una mecha.

arcada f. **1** Contracción del estómago que precede al vómito. **2** Serie de arcos de una construcción.

arcaico, a adj. **1** Que pertenece a un período histórico antiguo. **2** Anticuado.

arcaísmo m. Voz o frase que ya no está en uso.
arcángel m. Ángel de categoría superior.
arcano, a adj. **1** *Formal.* Secreto. ◆ m. **2** Secreto o misterio muy difícil de entender.
arce m. Árbol alto, de madera muy dura, ramas opuestas y hojas sencillas, lobuladas y angulosas.
arcén m. Espacio entre la calzada y la cuneta en una carretera.
archidiócesis f. Diócesis dirigida por un arzobispo.
archiduque, esa s. Príncipe o princesa de la casa de Austria.
archipiélago m. Grupo de islas.
archivar tr. Guardar documentos en un archivo.
archivo m. **1** Lugar en que se guardan documentos. **2** Conjunto de estos documentos. **3** Conjunto de información organizado y grabado como una unidad en un soporte informático.
archivolta f. Arquivolta.
arcilla f. Roca sedimentaria de grano muy fino compuesta principalmente de silicatos y que mezclada con agua se puede modelar y cocida se endurece.
arcipreste m. **1** Sacerdote que, por nombramiento del obispo, tiene autoridad en un territorio determinado. **2** Sacerdote principal de una catedral.
arco m. **1** Porción de curva comprendida entre dos puntos. **2** Construcción curvilínea que cubre un hueco entre dos columnas o pilares. **3** Arma para lanzar flechas. **4** Vara delgada con que se rozan las cuerdas de algunos instrumentos musicales para tocarlos. ◇ **~ iris** Banda de colores con forma de arco que aparece en el cielo cuando los rayos del sol atraviesan las gotas de lluvia.
arder intr. **1** Estar una cosa en combustión o quemándose. **2** Estar muy caliente, desprender mucho calor. **3** Experimentar un sentimiento intenso.
ardid m. Medio que se emplea con habilidad y astucia para conseguir algo.
ardiente adj. **1** Lleno de pasión. **2** Que arde.
ardilla f. Roedor de color marrón, gris o rojo oscuro, con una gran cola de pelo denso y suave.
ardite m. Cosa de poco valor.
ardor m. **1** Calor muy intenso. **2** Sensación de calor en una parte del cuerpo. **3** Sentimiento muy fuerte, apasionado.
arduo, a adj. Que requiere mucho esfuerzo.
área f. **1** Zona o superficie acotada. **2** Unidad de superficie equivalente a 100 metros cuadrados. **3** En algunos deportes, parte delimitada del terreno de juego situada delante de la meta. **4** Conjunto de materias o conocimientos de una disciplina.
arena f. **1** Conjunto de partículas disgregadas de rocas y minerales di-

versos. **2** Zona central de la plaza de toros. **3** Lugar en el que se lucha, en un anfiteatro o circo romano.

arenal m. Extensión de terreno arenoso.

arenga f. Discurso solemne para levantar el ánimo.

arenisca f. Roca sedimentaria formada por arena cuyos granos quedan unidos por un cemento.

arenque m. Pez marino comestible parecido a la sardina, pero más grande.

areola o **aréola** f. **1** Enrojecimiento de los bordes de una zona inflamada. **2** Círculo pigmentado que rodea el pezón.

arévaco, a adj./s. De un pueblo celtíbero establecido en la zona correspondiente al actual alto Duero.

argamasa f. Mezcla de cal o cemento, arena y agua.

argelino, a adj./s. De Argelia.

argentino, a adj./s. **1** De Argentina. ◆ m./adj. **2** Variedad del español hablada en Argentina.

argolla f. **1** Aro grueso de metal que, fijo en algún sitio, sirve para asegurar algo a él. **2** AMÉR Anillo matrimonial.

argón m. Elemento químico (gas) de símbolo Ar.

argonauta m. **1** Héroe de la mitología griega. **2** Molusco marino similar al pulpo.

argot m. Jerga.

argucia f. Argumento falso presentado con habilidad.

argüir tr. **1** Alegar razones o argumentos en favor o en contra de algo. **2** Deducir, sacar en claro.

argumento m. **1** Razón que se da a favor o en contra de una opinión. **2** Sucesión de hechos o acciones relacionados entre sí que constituye el núcleo principal de una narración.

aria f. Composición musical formada por una melodía cantada y un acompañamiento instrumental.

árido, a adj. **1** Que no tiene o no recibe lluvia o humedad. **2** Poco ameno. ◆ m.pl. **3** Granos, legumbres y frutos secos a los que se aplican medidas de capacidad.

aries adj./m. y f. Se dice de la persona que ha nacido entre el 21 de marzo y el 19 de abril.

ariete m. **1** Máquina militar antigua para derribar murallas y puertas. **2** Delantero centro de un equipo de fútbol.

ario, a adj./s. **1** De un pueblo indoeuropeo que desde el Neolítico habitó la India y otras regiones de Asia Menor. **2** De una supuesta raza de estirpe nórdica que los nazis consideraban superior.

arisco, a adj. Poco amable, difícil de tratar.

arista f. **1** Línea recta de intersección de dos planos o dos superficies de un poliedro que se cortan. **2** Borde de un objeto.

aristocracia f. **1** Nobleza. **2** Élite. **3** Gobierno ejercido por la nobleza.

aritmética f. Parte de las matemáticas que estudia las operaciones que se pueden realizar con los números.

arlequín m. Bufón de la antigua comedia italiana, con traje a cuadros.

arma f. **1** Instrumento o medio para atacar o defenderse. **2** Medio para conseguir algo. ◆ f.pl. **3** Carrera militar.

armada f. **1** Fuerzas navales de un estado. **2** Embarcaciones de guerra que participan en una acción.

armadillo m. Mamífero de dorso y cola protegidos por placas córneas articuladas y que se enrolla en forma de bola cuando es atacado.

armador, ra s. Constructor de barcos.

armadura f. **1** Conjunto de piezas de metal articuladas que los guerreros medievales llevaban puesto para protegerse del enemigo. **2** Soporte o esqueleto de una cosa.

armamento m. Conjunto de armas de un ejército o de una persona.

armar tr. **1** Proporcionar armas. **2** Juntar y ajustar las piezas de un juego, aparato o mueble. **3** Originar, provocar, especialmente una riña o un escándalo. ◆ prnl. **4** Adoptar una actitud para resistir o soportar algo.

armario m. Mueble con puertas, generalmente provisto de perchas, estantes y cajones.

armatoste m. *Desp.* Objeto grande, pesado y poco útil.

armazón m. o f. Conjunto de piezas que sirve como soporte y esqueleto de una cosa.

armería f. **1** Establecimiento en que se venden armas. **2** Lugar en que se guardan o exhiben armas.

armiño m. Pequeño mamífero carnívoro de piel suave y cola larga.

armisticio m. Acuerdo que firman dos o más países en guerra por el que deciden dejar de combatir durante un tiempo.

armonía o **harmonía** f. **1** Proporción y correspondencia adecuada entre las cosas. **2** Relación buena o de paz. **3** Unión y combinación de notas musicales simultáneas.

armónica f. Instrumento musical de viento con lengüetas que suenan al soplar o al aspirar.

armónico, a adj. Relativo a la armonía.

armonio m. Instrumento musical parecido al órgano.

armonizar intr. **1** Estar en armonía. ◆ tr. **2** Poner en armonía.

ARN m. Sigla de ácido ribonucleico.

arnés m. **1** Correa o tirante que se ajusta al cuerpo y se usa como sujeción. ◆ m.pl. **2** Conjunto de las correas, la silla y otros efectos de las caballerías.

árnica f. **1** Planta medicinal de flores amarillas de olor fuerte. **2**

Tintura que se obtiene de estas flores.

aro m. **1** Pieza rígida en forma de circunferencia. **2** AMÉR Pendiente (adorno).

aroma m. Olor muy agradable.

arpa o **harpa** f. Instrumento musical de gran tamaño formado por un marco triangular con cuerdas que se hacen vibrar con los dedos de ambas manos.

arpegio m. Serie de tres o más notas musicales de un acorde tocadas una tras otra.

arpía o **harpía** f. **1** *Desp.* Mujer mala y perversa. **2** Ser mitológico con cabeza de mujer y cuerpo de ave rapaz.

arpillera o **harpillera** f. Tejido fuerte y áspero usado para hacer sacos y para embalar.

arpón m. Instrumento de pesca formado por una barra larga con una punta de hierro.

arquear tr. Doblar una cosa dándole forma de arco.

arqueolítico, a adj. De la Edad de Piedra.

arqueología f. Ciencia que investiga las civilizaciones antiguas mediante el estudio de los restos que han perdurado.

arquetipo m. Modelo ideal, patrón.

arquitectura f. Arte y técnica de diseñar, proyectar y construir edificios y otras construcciones.

arquitrabe m. Parte inferior de un entablamento.

arquivolta f. Cara vertical de una arcada.

arrabal m. Barrio, generalmente pobre, situado en las afueras de una población.

arraigar intr. **1** Echar raíces una planta. **2** Hacerse firme y duradero un sentimiento o una costumbre. ◆ tr. **3** Hacer firme y duradero un sentimiento o una costumbre.

arramblar intr. Llevarse con codicia o indebidamente todo lo que hay en un lugar.

arrancar tr. **1** Separar o sacar con fuerza una cosa del lugar en que estaba fija. **2** Quitar con violencia. **3** Poner en marcha un vehículo o una máquina. ◆ intr. **4** Comenzar a funcionar un vehículo o una máquina. **5** Tener una cosa su origen en otra.

arranque m. **1** Origen o principio. **2** Manifestación violenta y repentina de un sentimiento o un estado de ánimo.

arras f.pl. **1** Monedas que da el novio a la novia en la ceremonia de la boda. **2** Dinero u objeto de valor que se da como prenda en un contrato.

arrasar tr. **1** Destruir totalmente un territorio. ◆ intr. **2** *Fam.* Imponerse completamente.

arrastrado, a adj. Pobre, mísero.

arrastrar tr. **1** Llevar a una persona o cosa por el suelo tirando de ella. **2** Soportar penosamente algo desde hace tiempo. ◆ intr. **3** Colgar rozando el suelo. ◆ prnl. **4** Humillarse indignamente. **5** Moverse y avanzar con el cuerpo pegado al suelo.

arrastre m. Acción de arrastrar. ◇ **para el ~** En situación lamentable.

arrayán m. Mirto.

¡arre! interj. Se usa para hacer que una caballería ande o vaya más deprisa.

arrear tr. **1** Hacer que una caballería ande o vaya más deprisa. ◆ intr. **2** *Fam.* Acelerar el paso. ◆ tr. **3** *Fam.* Dar un golpe.

arrebatar tr. **1** Quitar con violencia o con rapidez. **2** Conmover enormemente.

arrebato m. Manifestación violenta y repentina de un sentimiento o un estado de ánimo.

arrebol m. **1** Color rojo de las nubes iluminadas por el Sol. **2** Color rojo de las mejillas.

arrebujar tr. **1** Arrugar o amontonar sin orden una cosa flexible. **2** Cubrir bien o envolver con la ropa de la cama.

arrechucho m. **1** *Fam.* Indisposición pasajera y de poca gravedad. **2** *Fam.* Ataque de ira.

arreciar intr. Hacerse cada vez más intenso.

arrecife m. Conjunto de rocas, coral y otros materiales que está justo por encima o por debajo de la superficie del mar.

arreglar tr. **1** Poner en regla o en orden. **2** Modificar una cosa estropeada para que deje de estarlo. **3** Solucionar una situación difícil. **4** Asear y vestir a alguien. ◆ prnl. **5** Ponerse de acuerdo.

arreglo m. **1** Acción y efecto de arreglar o arreglarse. **2** Acuerdo o trato. **3** Adaptación de una composición musical para voces o instrumentos para los que no fue escrita. ◇ **con ~ a** Según, conforme a.

arrellanarse prnl. Sentarse con comodidad, extendiendo y recostando el cuerpo.

arremangar tr. Recoger hacia arriba la parte de abajo de las mangas o de una prenda de vestir.

arremeter intr. Atacar con ímpetu y furia.

arremolinarse prnl. **1** Apiñarse sin orden una gran cantidad de personas. **2** Formar remolinos un líquido o gas.

arrendajo m. **1** Pájaro parecido al cuervo, de plumaje pardo o rosado con la cola y las alas negras. **2** AMÉR Pájaro americano parecido a este pero de plumaje negro con puntos amarillos.

arrendar tr. Alquilar.

arreos m.pl. Correas y demás objetos que se ponen a las caballerías.

arrepentirse prnl. Sentir arrepentimiento.

arrestar tr. Privar provisionalmente de libertad a una persona.

arresto m. **1** Detención provisional de una persona. **2** Pena de privación de libertad menor de seis meses. **3** Valor o determinación para hacer algo.

arrianismo m. Herejía religiosa del s. III que negaba la divinidad de Jesucristo.

arriar tr. Bajar una bandera o vela que estaba izada.

arriba adv. En o hacia un lugar o parte más altos.

arribar intr. Llegar un barco a puerto.

arribista m. y f. Persona que quiere progresar rápidamente y usa todos los medios a su alcance.

arriero, a s. Persona que se dedica al transporte de animales de carga.

arriesgar tr. Exponer a riesgo o peligro.

arrimar tr. Poner una persona o cosa junto a otra.

arrinconar tr. **1** Poner una cosa en un rincón o sitio apartado para retirarla del uso. **2** Llevar a una persona o un animal hasta un lugar de estrechos límites e impedirle la salida.

arritmia f. Falta de ritmo o regularidad.

arroba f. **1** Signo tipográfico (@) que se utiliza en las direcciones de correo electrónico. **2** Unidad de peso antigua equivalente a 11,502 kilogramos.

arrobar tr. Producir un intenso sentimiento de placer o admiración.

arrodillarse prnl. Ponerse de rodillas.

arrogante adj. Orgulloso, soberbio.

arrogarse prnl. Atribuirse sin derecho una facultad, jurisdicción, etc.

arrojar tr. **1** Enviar un objeto a través del aire con fuerza en una dirección. **2** Despedir de sí, echar. **3** Presentar o dar como resultado. ◆ tr./intr. **4** Vomitar.

arrojo m. Osadía, valor.

arrollar tr. **1** Llevarse por delante, atropellar o arrastrar. **2** Formar un rollo con una cosa. **3** Vencer, superar o dominar por completo.

arropar tr. Cubrir o abrigar con ropa.

arrostrar tr. Hacer frente a los peligros o dificultades.

arroyo m. Corriente pequeña de agua que puede secarse en verano.

arroz m. **1** Planta gramínea que se cultiva en terrenos húmedos o inundados y cuyos frutos (granos de arroz), blancos y harinosos, son muy usados en alimentación. **2** Frutos de esta planta.

arruga f. Pliegue o surco en la piel, la ropa u otra cosa flexible.

arrugar tr. **1** Hacer arrugas en algo. ◆ prnl. **2** *Fam.* Acobardarse.

arruinar tr. **1** Causar ruina. **2** Destruir.

arrullar tr. **1** Emitir arrullos la paloma o la tórtola. **2** Cantar suavemente para dormir a un niño.

arrumaco m. Demostración de cariño con gestos o ademanes.

arsenal m. **1** Depósito de armas y otro material de guerra. **2** Lugar en el que se construyen y reparan embarcaciones.

arsénico m. Elemento químico (semimetal) de símbolo As.

art déco m. **1** Estilo artístico que se empezó a desarrollar en la década de 1920 como reacción al art nouveau. ◆ **adj. 2** Relativo a este estilo artístico.

arte m. o f. **1** Obra o actividad con que el ser humano muestra simbólicamente un aspecto de la realidad o un sentimiento valiéndose de la materia, la imagen y el sonido. **2** Conjunto de reglas y conocimientos necesarios para hacer bien algo. **3** Habilidad, destreza. **4** Utensilio para pescar. ◇ **artes marciales** Deportes de origen oriental basados en la lucha cuerpo a cuerpo. ◇ **bellas artes** Artes que se valen del color, la forma, el lenguaje, el sonido y el movimiento para expresar algo.

artefacto m. **1** Máquina o aparato. **2** Carga explosiva.

artejo m. Segmento articulado que, junto con otros, forma las extremidades de los artrópodos.

arteria f. **1** Vaso sanguíneo que recibe la sangre del corazón y la distribuye por todo el cuerpo. **2** Vía de comunicación importante.

arteriosclerosis f. Enfermedad que consiste en el endurecimiento y aumento del grosor de las paredes arteriales.

artero, a adj. Se dice de la persona que usa el engaño y la astucia para conseguir un beneficio.

artesa f. Recipiente rectangular cuyos cuatro lados se van estrechando hacia el fondo, para amasar pan y otros usos.

artesanía f. **1** Técnica para fabricar objetos o productos a mano. **2** Objeto fabricado con esta técnica.

artesano, a s. **1** Persona que se dedica a la artesanía. ◆ **adj. 2** Artesanal.

artesiano adj. Se dice del pozo que se practica entre dos capas subterráneas impermeables.

artesonado m. Techo adornado con artesones.

ártico, a adj. Relativo al polo norte.

articulación f. Acción y efecto de articular.

articular tr. **1** Unir dos piezas de modo que sea posible el movimiento entre ellas. **2** Pronunciar un sonido colocando los órganos del aparato fonador correctamente.

artículo m. **1** Texto publicado en un periódico, revista o libro. **2** Producto que se compra o se vende. **3** Parte de un tratado, ley o documento oficial que, con otras, forma una serie numerada y ordenada. **4** Parte que en un diccionario se dedica a la definición de la palabra con que se encabeza. **5** Determinante que acompaña al sustantivo.

artífice m. y f. **1** Autor o creador de una cosa. **2** Persona que hace trabajos manuales.

artificial adj. **1** Que ha sido hecho por el ser humano y no por la naturaleza. **2** Falso o fingido.

artificiero m. Especialista en el manejo de explosivos.

artificio m. **1** Truco o habilidad para imitar una cosa, disimular sus imperfecciones o producir un efecto. **2** En una obra artística, exceso de elaboración. **3** Maestría con que está hecho algo.

artillería f. **1** Conjunto de máquinas de guerra que disparan proyectiles a gran distancia. **2** Cuerpo militar que usa estas máquinas. **3** Arte de construir armas de guerra.

artilugio m. Mecanismo o aparato complicado.

artimaña f. Medio que se emplea con habilidad y astucia para engañar o conseguir algo.

artiodáctilo adj./m. Se dice del mamífero ungulado que tiene en cada pata un número par de dedos.

artista m. y f. **1** Persona que se dedica a alguna de las bellas artes. **2** Cantante, actor o bailarín. **3** Persona que hace muy bien una cosa.

art nouveau m. **1** Denominación que recibió en Francia el Modernismo. ◆ adj. **2** Relativo a este movimiento artístico.

artritis f. Inflamación de las articulaciones de los huesos.

artrópodo adj./m. Se dice del invertebrado de cuerpo segmentado, exoesqueleto quitinoso y patas y antenas compuestas por piezas articuladas.

artrosis f. Enfermedad crónica que produce el desgaste de las articulaciones de los huesos.

arveja f. **1** Planta de la familia del guisante. **2** Semilla de esta planta. **3** ARG, BOL, CH, COL, PAR, URUG Guisante.

arzobispo m. Obispo que tiene jurisdicción sobre otros obispos.

as m. **1** Naipe o cara del dado que representa el número 1. **2** Persona que sobresale en una actividad o profesión.

asa f. Pieza que sobresale de un objeto y sirve para cogerlo con la mano.

asado m. Carne asada.

asadura f. ESP Entrañas de un animal.

asalariado, a adj./s. Que percibe un salario.

asaltar tr. **1** Entrar violentamente en un lugar para robar. **2** Atacar por sorpresa a una persona para robarle. **3** Acometer con peticiones o preguntas. **4** Acudir de repente a la mente un pensamiento.

asalto m. **1** Ataque repentino y violento para robar. **2** Parte de un combate de boxeo.

asamblea f. Reunión de miembros de un colectivo u organización.

asar tr. **1** Cocinar un alimento sometiéndolo a la acción directa del fuego. ◆ prnl. **2** *Fam.* Tener mucho calor.

asaz adv. *Formal.* Bastante, muy.

ascendencia f. Conjunto de ascendientes.

ascender intr. **1** Pasar a un lugar más alto. **2** Costar cierta cantidad de dinero. **3** Pasar a una categoría superior. ◆ tr. **4** Hacer pasar a una categoría superior.

ascendiente m. y f. Persona de la que descienden otra u otras.

ascensión f. **1** Subida a un lugar más alto. **2** Día en que se celebra la subida de Cristo a los cielos.

ascenso m. Acción y efecto de ascender.

ascensor m. Aparato para subir y bajar personas o cosas de un piso a otro.

asceta m. y f. Persona que busca el perfeccionamiento espiritual con un estilo de vida austero.

asco m. **1** Sensación de disgusto o rechazo causada por una persona o cosa. **2** Alteración del estómago causada por algo desagradable. ◇ **hacer ascos** Mostrar repugnancia.

ascua f. Trozo de materia sólida que arde sin llama.

asear tr. Limpiar a una persona para que tenga un aspecto agradable y cuidado.

asediar tr. **1** Rodear una fortaleza u otro lugar para atacar a las fuerzas enemigas de dentro. **2** Molestar continuamente.

asegurar tr. **1** Afirmar que una cosa es verdad, que una noticia es cierta. **2** Hacer que una persona o cosa esté firme o bien sujeta. **3** Concertar un seguro. ◆ prnl. **4** Comprobar una cosa para estar completamente seguro.

asemejar tr. **1** Hacer semejante una cosa a otra. ◆ prnl. **2** Parecerse.

asentar tr. **1** Poner una cosa en un lugar firmemente. **2** Anotar algo en un libro de cuentas. ◆ prnl. **3** Establecerse un grupo de personas en un lugar. **4** Depositarse en el fondo de un líquido la materia sólida que está flotando en él.

asentir intr. Mostrar acuerdo o conformidad.

aseo m. **1** Limpieza, pulcritud. **2** ESP Baño, lavabo.

asépalo, a adj. Que carece de sépalos.

asepsia f. **1** Ausencia de bacterias y microbios patógenos. **2** Método para preservar de gérmenes el organismo o un lugar.

asequible adj. Que puede ser conseguido.

aserción f. Declaración de que una cosa es cierta.

aserradero m. Lugar donde se asierra la madera u otra cosa.

asertivo, a adj. Que indica afirmación o sirve para afirmar.

aserto m. Aserción.

asesinar tr. Matar a una persona con alevosía u otras agravantes.

asesorar tr. **1** Dar consejo u opinión técnica. ◆ prnl. **2** Tomar consejo.

asestar tr. Dar un golpe, clavar un arma blanca o disparar un arma de fuego.

aseverar tr. Declarar que una cosa es cierta.

asexuado, a adj. Que no tiene sexo.

asexual adj. **1** Asexuado. **2** Se dice de la reproducción que se produce sin intervención de los dos sexos.

asfalto m. Sustancia derivada del petróleo crudo, densa, pegajosa y negra, usada para cubrir calles y carreteras.

asfixia f. Falta de oxígeno en la sangre provocada por el cese de la respiración.

así adv. **1** De esta manera. ◆ conj. **2** En consecuencia, por lo tanto. ◇ **~ mismo** Asimismo.

asiático, a adj./s. De Asia.

asidero m. **1** Asa. **2** Parte de algo para poder cogerse o sujetarse a él.

asiduo, a adj./s. Frecuente, constante.

asiento m. **1** Mueble o lugar para sentarse. **2** Lugar en que alguien o algo está asentado. **3** Anotación que se hace en un libro de cuentas.

asignación f. **1** Acción y efecto de asignar. **2** Sueldo.

asignar tr. **1** Determinar lo que corresponde a una persona. **2** Fijar un día para hacer una cosa.

asignatura f. Materia que se enseña en un curso y que forma parte de un programa.

asilo m. **1** Establecimiento benéfico para personas pobres o sin hogar. **2** Lugar de refugio inviolable para personas extranjeras que son perseguidas en su país por motivos políticos.

asilvestrado, a adj. Se dice del animal que se vuelve salvaje.

asimetría f. Falta de simetría.

asimilación f. Acción y efecto de asimilar.

asimilar tr. **1** Transformar un organismo los alimentos que toma en sustancias útiles para la vida. **2** Comprender lo aprendido e incorporarlo a los conocimientos previos. **3** Aceptar una situación o adaptarse a ella. **4** Hacer que algo sea similar a otra cosa.

asimismo o **así mismo** adv. *Formal.* De la misma manera, igualmente.

asíndeton m. Figura retórica que consiste en suprimir las conjunciones entre las partes de una oración o varias oraciones.

asíntota f. Línea recta que, prolongada indefinidamente, se acerca progresivamente a una curva sin llegar a encontrarla.

asir tr. *Formal.* Coger con fuerza, especialmente con la mano.

asirio, a adj./s. **1** De Asiria. ◆ m./adj. **2** Lengua semítica hablada antiguamente en esta región.

asistenta f. **1** ESP Mujer que realiza labores domésticas en una casa a cambio de una retribución económica. **2** Asistente.

asistente adj./m. y f. Que asiste. ◇ **~ social** Persona titulada que ayuda en temas de bienestar social.

asistir intr. **1** Estar presente en un lugar o un acto. ◆ tr. **2** Ayudar a una persona.

asma f. Afección respiratoria caracterizada por la presencia de respiración difícil, tos y sensación de ahogo.

asno, a s. Cuadrúpedo doméstico más pequeño que el caballo, con grandes orejas y pelo áspero y grisáceo.

asociación f. **1** Unión de personas, entidades o cosas para un fin. **2** Relación que se establece entre dos ideas cuando una sugiere la otra. **3** Conjunto de personas asociadas.

asocial adj. Contrario a la vida social.

asociar tr. **1** Unir a una persona, entidad o cosa con otra u otras para un fin. **2** Relacionar dos ideas.

asociativo, a adj. Que induce a la asociación de ideas o es el resultado de ella.

asolar tr. Destruir totalmente un territorio.

asomar intr. **1** Empezar a mostrarse. ◆ tr. **2** Sacar o mostrar una cosa por una abertura o por detrás de algo.

asombrar tr. Causar asombro.

asombro m. Gran admiración o sorpresa.

asomo m. Muestra o indicio de una cosa. ◇ **ni por ~** *Fam.* De ninguna manera.

asonancia f. Igualdad de las vocales en la terminación de dos palabras a partir de la tónica.

asonante adj. Que tiene asonancia.

aspa f. Conjunto formado por piezas unidas en forma de X y que gira por la fuerza del viento o la electricidad.

aspaviento m. Demostración excesiva de un sentimiento.

aspecto m. **1** Conjunto de características con que se muestra algo o alguien. **2** Categoría gramatical que informa sobre la acción verbal, independientemente del tiempo en que se produce.

áspero, a adj. **1** De superficie rugosa y desagradable al tacto. **2** Poco delicado en el trato.

aspersor m. Mecanismo que esparce o dispersa un líquido a presión.

áspid m. Serpiente venenosa de color verde amarillento, de hasta 2 m de longitud y con cuello extensible.

aspillera f. Abertura larga y estrecha en un muro para disparar por ella.

aspiradora f. Electrodoméstico para aspirar el polvo.

aspirante adj./m. y f. Se dice de la persona que aspira a conseguir un empleo o distinción.

aspirar intr. **1** Tener como objetivo determinada cosa. ◆ tr. **2** Introducir aire u otra sustancia gaseosa en los pulmones. **3** Atraer una máquina hacia su interior un líquido, un gas, el polvo u otra sustancia. **4** Pronunciar un sonido acompañándolo de un soplo perceptible.

aspirina f. Medicamento compuesto de ácido acetilsalicílico usado para quitar el dolor y bajar la fiebre.

asquear tr./intr. Causar asco o fastidio.

asqueroso, a adj. Que produce asco.

asta f. **1** Cuerno de un animal. **2** Palo de una bandera o de una lanza.

astado, a adj./m. Que tiene astas.

ástato o **astato** m. Elemento químico (semimetal) de símbolo At.

astenia f. Debilidad, falta de energía.

astenosfera f. Capa del interior de la Tierra que se extiende aproximadamente entre los 50 y los 150 km de profundidad.

asterisco m. Signo ortográfico (*) empleado para indicar una remisión, una nota a pie de página, una forma incorrecta, etc.

asteroide m. Pequeño cuerpo rocoso del sistema solar que gira alrededor del Sol en una órbita elíptica.

astigmatismo m. Defecto de la vista debido a una curvatura irregular de la córnea que hace que se vean algo deformadas las imágenes y poco claro el contorno de las cosas.

astilla f. Fragmento irregular que salta de una materia o que queda en ella al partirla.

astillero m. Lugar donde se construyen y reparan embarcaciones.

astracanada f. ESP Obra teatral cómica con situaciones disparatadas.

astrágalo m. **1** Hueso corto del pie. **2** Anillo que rodea el fuste de la columna.

astringente adj./m. Que hace difícil la expulsión de los excrementos.

astro m. **1** Cuerpo celeste, como las estrellas y los planetas. **2** Persona que destaca en una profesión.

astrofísica f. Parte de la astronomía que estudia los astros utilizando la física.

astrolabio m. Instrumento que se usó para observar la altura de los astros.

astrología f. Estudio de la influencia de los astros sobre las personas.

astronauta m. y f. Persona que pilota una nave espacial o forma parte de su tripulación.

astronáutica f. Ciencia y tecnología de la navegación espacial.

astronave f. Vehículo empleado en la navegación espacial.

astronomía f. Ciencia que estudia los astros.

astronómico, a adj. **1** Relativo a la astronomía. **2** Enorme o exagerado.

astucia f. **1** Calidad de astuto. **2** Ardid, artimaña.

astur adj./m. y f. De un antiguo pueblo celta del norte de España.

asturiano, a adj./s. **1** De Asturias. ◆ m./adj. **2** Variedad dialectal hablada en Asturias.

asturleonés, sa o **astur-leonés, sa** adj. **1** Relativo a Asturias y León. ◆ m./adj. **2** Dialecto romance nacido en el reino de León.

astuto, a adj. Hábil para engañar o evitar engaños.

asueto m. Descanso de la actividad laboral u ocupación de una persona.

asumir tr. **1** Aceptar una obligación o responsabilidad. **2** Tomar conciencia de algo.

asunceño, a adj./s. De Asunción.

asunción f. **1** Acción de asumir. **2** En la religión católica, ascensión de la Virgen María a los cielos.

asunto m. **1** Tema o materia de que se trata. **2** Argumento de una obra literaria o de una película. **3** Negocio u ocupación.

asustar tr. **1** Dar un susto. **2** Causar miedo.

atacar tr./intr. **1** Acometer con violencia contra alguien o algo para hacerle daño. ◆ tr. **2** Criticar con dureza. **3** Actuar sobre algo una enfermedad o una sustancia química.

atadijo m. Paquete pequeño y mal hecho.

atadura f. **1** Acción de atar. **2** Unión o vínculo fuerte.

atajar intr. **1** Hacer el camino más corto yendo por un atajo. ◆ tr. **2** Interrumpir un proceso o acción.

atajo m. **1** Camino más corto que otro para ir a un lugar. **2** Hatajo.

atalaya f. Torre construida sobre un lugar elevado que sirve para vigilar.

atañer intr. Concernir o pertenecer a una persona una responsabilidad u obligación.

ataque m. **1** Acción de atacar. **2** Crítica dura. **3** Acceso repentino de una enfermedad o un sentimiento.

atar tr. **1** Unir o sujetar con una cuerda, cordel u otra cosa parecida, haciendo una ligadura o nudo. **2** Impedir o quitar el movimiento.

atarazana f. **1** Lugar en que se construyen y reparan embarcaciones. **2** AMÉR Lugar donde se guarda el vino en toneles.

1. **atardecer** impers. Caer la tarde.

2. **atardecer** m. Última parte de la tarde.

atareado, a adj. Muy ocupado con el trabajo.

atascar tr. **1** Obstruir o tapar un conducto. **2** Poner obstáculos al desarrollo de un proceso. ◆ prnl. **3** Quedarse en un lugar sin poder moverse.

atasco m. **1** Obstrucción de un conducto. **2** Acumulación de vehículos que impide la circulación normal.

ataúd m. Caja en que se deposita el cadáver que se va a enterrar.

ataviar tr. Arreglar, vestir o adornar de determinada manera.

ateísmo m. Doctrina que niega la existencia de Dios.

atemorizar tr. Asustar.

atemperar tr. **1** Moderar la intensidad o el exceso de algo. **2** Adecuar una cosa a otra.

atenazar tr. **1** Sujetar con fuerza. **2** Dejar parado o sin capacidad de acción.

atención f. **1** Aplicación intensa de los sentidos. **2** Demostración de respeto, cortesía o afecto. ◆ f.pl. **3** Obligaciones que hay que atender. ◆ interj. **4** Se emplea para pedir a alguien que esté atento.

atender tr./intr. **1** Prestar atención a algo. ◆ tr. **2** Tener cuidado de una persona o cosa y ocuparse de ella. **3** Satisfacer un ruego. ◆ intr. **4** Responder una persona o un animal a un nombre determinado.

ateneo m. **1** Asociación cultural. **2** Local de esta asociación.

atenerse prnl. Ajustarse o someterse a una cosa que se ha dicho o hecho.

ateniense adj./m. y f. De Atenas.

atentado m. **1** Acción violenta contra alguien para matarlo o contra algo para destruirlo. **2** Ataque u ofensa.

atentar intr. Cometer un atentado.

atento, a adj. **1** Que pone atención. **2** Muy amable y educado.

atenuar tr. Disminuir la intensidad, gravedad o importancia de algo.

ateo, a adj./s. Que niega la existencia de Dios.

aterciopelado, a adj. Parecido al terciopelo.

aterirse prnl. Quedarse paralizado o entumecido a causa del frío.

aterrar tr. Aterrorizar.

aterrizar intr. Posarse en tierra un vehículo aéreo después de efectuar el descenso.

aterrorizar tr. Causar terror.

atesorar tr. Acumular y guardar dinero o cosas de valor.

atestado m. Documento oficial en el que se explica cómo se ha producido un accidente o un delito.

atestar tr. Llenar algo por completo de personas o cosas.

atestiguar tr./intr. Testificar.

atiborrar tr. **1** Llenar algo en demasía. **2** Llenar el estómago de alimentos hasta no poder más.

ático, a m. **1** Último piso de un edificio. ◆ adj./s. **2** Del Ática o de Atenas.

atildar tr. Arreglar a una persona cuidadosa y excesivamente.

atinar intr. Dar con lo cierto o correcto.
atípico, a adj. Que se sale de la normalidad.
atisbar tr. **1** Observar con disimulo. **2** Vislumbrar.
atisbo m. Muestra o indicio de una cosa.
¡atiza! interj. ESP Expresión de sorpresa.
atizar tr. **1** Remover el fuego para que arda más. **2** Golpear.
atlante m. Estatua de hombre que sirve de columna.
atlántico, a adj. Relativo al océano Atlántico o a los territorios situados en sus costas.
atlas m. Libro de mapas.
atleta m. y f. Persona que practica el atletismo.
atletismo m. Conjunto de prácticas deportivas que incluye pruebas de velocidad, saltos y lanzamientos.
atmósfera o **atmosfera** f. **1** Capa gaseosa que envuelve un astro; especialmente, la que rodea la Tierra. **2** Ambiente que rodea a una persona o cosa. **3** Unidad de presión.
atolladero m. Situación incómoda y comprometida.
atolón m. Isla de coral con una laguna interior.
atolondrado, a adj. Que hace las cosas deprisa y sin pensar.
atómico, a adj. **1** Relativo al átomo. **2** Que emplea la energía producida por la desintegración del átomo.
atomizar tr. Dividir algo en partes muy pequeñas.
átomo m. Parte más pequeña de un elemento químico que conserva las propiedades de dicho elemento.
atonal adj. Se dice de la música que no sigue las normas tonales tradicionales.
atónito, a adj. Que queda asombrado, sin respuesta o reacción, ante algo.
átono, a adj. Se dice de la vocal, sílaba o palabra que se pronuncia sin acento de intensidad.
atontar tr. **1** Volver tonto a alguien. **2** Aturdir.
atorar tr. Obstruir un conducto.
atormentar tr. Dar tormento.
atornillar tr. **1** Introducir o apretar un tornillo. **2** Sujetar con tornillos.
atorrante m. ARG Vagabundo, pordiosero.
atosigar tr. Presionar, meter prisa.
atracadero m. Lugar donde atracan embarcaciones pequeñas.
atracar tr. **1** Asaltar para robar. **2** Llenar el estómago de alimentos hasta no poder más. ◆ **intr. 3** Arrimarse una embarcación a otra o al muelle.
atracción f. **1** Acción de atraer. **2** Fuerza que atrae. **3** Puesto, mecanismo o actuación que forma parte de un lugar de diversión.
atraco m. Asalto para robar.

atracón m. *Fam.* Ingestión excesiva de alimentos.

atractivo, a adj. **1** Que atrae. ◆ m. **2** Cualidad que atrae de una persona o cosa.

atraer tr. **1** Traer hacia sí. **2** Despertar interés, agradar.

atragantarse prnl. Estar sin poder tragar algo que se atraviesa en la garganta.

atrancar tr. **1** Asegurar una puerta o ventana con una tranca o cerrojo. **2** Obstruir, atascar.

atrapar tr. **1** Coger, alcanzar o apresar a alguien o algo que huye, se mueve o se escapa. **2** Descubrir a alguien haciendo algo de manera secreta.

atrás adv. **1** Hacia la parte posterior. **2** Detrás. **3** En tiempo pasado.

atrasar tr. **1** Retrasar. ◆ prnl. **2** Quedar rezagado.

atraso m. **1** Efecto de atrasar. **2** Falta de desarrollo. ◆ m.pl. **3** Dinero que no se ha recibido en su momento.

atravesar tr. **1** Colocar una cosa de modo que pase de una parte a otra. **2** Colocar una cosa sobre otra en sentido oblicuo. **3** Pasar de parte a parte. ◆ prnl. **4** Ponerse o quedar una cosa entre otras.

atreverse prnl. Hacer algo arriesgado.

atrezo m. Utensilios y cosas que se usan en una representación.

atribuir tr. Adjudicar un hecho o una cualidad a alguien o algo.

atribular tr. Causar una tribulación.

atributo m. **1** Característica de una persona o una cosa. **2** Función de una palabra que califica al sujeto de una oración por medio de un verbo.

atril m. Mueble para sostener libros o papeles.

atrincherar tr. **1** Defender un lugar con trincheras. ◆ prnl. **2** Ponerse en trincheras a salvo del enemigo.

atrio m. Patio interior cercado de pórticos.

atrocidad f. **1** Cualidad de atroz. **2** Cosa atroz.

atrofia f. Falta de desarrollo de una parte del cuerpo.

atronador, ra adj. Se dice del ruido que es muy intenso y que aturde.

atropellar tr. **1** Pasar por encima o empujar con violencia. **2** Actuar sin respeto. ◆ prnl. **3** Apresurarse al hacer algo.

atroz adj. Muy cruel, grande o intenso.

atuendo m. Atavío, vestido.

atufar intr. **1** *Fam.* Despedir mal olor. ◆ prnl. **2** BOL Atontarse, perder la serenidad.

atún m. Pez marino comestible de hasta 4 m de longitud.

aturdimiento m. Perturbación de los sentidos o del entendimiento.

aturdir tr. Causar aturdimiento.

aturrullar o **aturullar** tr. Confundir o alterar.

atusar tr. Arreglar ligeramente el peinado.

audaz adj. Que tiene audacia.

audición f. **1** Acción de oír. **2** Concierto o recital.

audiencia f. **1** Público. **2** Acto en que una autoridad recibe a alguien. **3** Acto judicial.

audífono m. Aparato para mejorar la audición de las personas sordas.

audiovisual adj. **1** Relativo a la grabación y reproducción de imagen y sonido. ◆ m. **2** Reproducción de imagen y sonido.

auditivo, a adj. Relativo al sentido del oído.

auditor, ra s. Persona que inspecciona la contabilidad de una empresa.

auditorio m. **1** Público. **2** Sala de conferencias o conciertos.

auge m. Momento de mayor intensidad de un proceso, un estado o una cualidad.

augurar tr. Anunciar lo que va a ocurrir en el futuro mediante la interpretación de señales.

augurio m. Señal, presagio o aviso.

augusto, a adj. **1** *Formal.* Honorable, respetable. ◆ m. **2** Título de los emperadores romanos.

aula f. Sala de un centro docente donde se dan y reciben clases.

aullar intr. Dar aullidos.

aullido m. Grito prolongado del lobo y el perro.

aumentar tr./intr. Hacer más grande o intenso.

aumentativo, a adj./m. Se dice del sufijo o de la palabra que aumenta la magnitud del significado de una palabra.

aumento m. Crecimiento en tamaño, cantidad, calidad o intensidad.

aun adv. **1** Expresa encarecimiento o ponderación. ◆ conj. **2** Introduce una dificultad real o posible. ◇ **aun así** A pesar de.

aún adv. **1** Hasta ahora. **2** Indica mayor fuerza o grado en una comparación.

aunar tr. Unir y armonizar.

aunque conj. **1** Indica dificultad para que se cumpla algo. **2** Expresa corrección o rectificación de lo dicho.

¡aúpa! interj. Expresión con que se anima a alguien.

aupar tr. Levantar o subir.

aura f. **1** Irradiación luminosa que desprenden los seres vivos. **2** *Formal.* Viento suave.

áureo, a adj. De oro o parecido a él.

aureola o **auréola** f. **1** Círculo luminoso que se representa sobre las cabezas de los santos. **2** Admiración o fama.

aurícula f. **1** Cavidad de la parte superior o anterior del corazón de mamíferos, aves, reptiles y anfibios. **2** Pabellón de la oreja.

auricular adj. **1** Relativo a la aurícula. ◆ m. **2** Parte o pieza de un aparato destinado a recibir sonidos con la que se oye al acercarla al oído.

aurora f. **1** Luz rosada que aparece en el cielo inmediatamente antes de la salida del Sol. **2** Principio o primeros tiempos de una cosa.

auscultar tr. Explorar los sonidos producidos por los órganos.

ausencia f. **1** Falta de una persona del lugar donde está habitualmente. **2** Falta o privación de una cosa.

ausentarse prnl. Estar una persona ausente.

ausente adj./m. y f. Se dice de la persona que se ausenta.

auspiciar tr. Propiciar, fomentar, patrocinar.

auspicio m. **1** Protección, favor. **2** Agüero, presagio.

austero, a adj. Que no tiene lujos ni adornos excesivos e innecesarios.

austral adj. **1** Relativo al Sur. ◆ m. **2** Antigua unidad monetaria de Argentina.

australiano, a adj./s. De Australia.

australopiteco m. Mamífero homínido que vivió hace millones de años.

austriaco, a o **austríaco, a** adj./s. De Austria (país de Europa).

austrohúngaro, a adj./s. Del antiguo imperio de Austria y Hungría.

autarquía f. Sistema económico que permite a un estado bastarse con sus propios recursos.

auténtico, a adj. **1** Cierto, verdadero. **2** Que está autorizado o legalizado y tiene valor oficial.

autillo m. Ave rapaz nocturna.

autismo m. Trastorno psicológico en que el paciente se aísla del mundo exterior.

auto m. **1** Automóvil. **2** Drama religioso alegórico. ◆ m.pl. **3** Conjunto de partes y materiales de un proceso judicial.

autoayuda f. Acción que realiza uno mismo para conseguir un determinado fin.

autobiografía f. Relato en el que una persona narra su propia vida.

autobús m. Vehículo automóvil de transporte público con capacidad para un gran número de pasajeros.

autocar m. ESP Autobús.

autóctono, a adj. Que tiene su origen en el mismo lugar en el que vive o se encuentra.

autodeterminación f. Facultad y derecho de los pobladores de un territorio para decidir sobre su estatuto y su futuro político.

autodidacto, a adj./s. Se dice de la persona que aprende por sí misma.

autoedición f. Sistema informático que permite compaginar y diseñar las páginas de una publicación con o sin ilustraciones.

autoescuela f. ESP Centro de enseñanza en el que se enseñan las normas de circulación y a conducir vehículos automóviles.

autogiro m. Aeronave provista de un rotor de eje vertical que gira libremente.

autógrafo, a adj./m. **1** Se dice del texto que está escrito de la mano de su propio autor. ◆ m. **2** Firma de una persona famosa.

autómata m. **1** Robot. ◆ m. y f. **2** Persona sin voluntad propia.

automático, a adj. **1** Se dice del mecanismo que funciona por sí solo o que realiza, total o parcialmente, su proceso sin ayuda de una persona. **2** Que se hace sin pensar o de forma involuntaria.

automoción f. **1** Estudio o descripción de los automóviles. **2** Sector del automóvil.

automóvil m. Vehículo terrestres de cuatro ruedas con motor.

automovilismo m. Deporte que consiste en participar en carreras de automóviles.

autonomía f. **1** Cualidad de autónomo. **2** Entidad política y territorial más importante en que se divide el Estado español.

autónomo, a adj. **1** Que goza de independencia. ◆ adj./s. **2** Se dice de la persona que trabaja por cuenta propia.

autopista f. Carretera de circulación rápida.

autopsia f. Apertura y examen de un cadáver para conocer las causas de su muerte.

autor, ra s. **1** Persona que realiza una obra científica, literaria o artística. **2** Persona que comete un delito.

autoridad f. Facultad, derecho o poder de mandar o gobernar sobre algo que está subordinado.

autoritario, a adj. Que impone su poder de forma absoluta.

autorizar tr. Conceder autoridad, facultad o derecho para hacer una cosa.

autorretrato m. Retrato de una persona hecho por ella misma.

autoservicio m. Establecimiento en el que el cliente se sirve a sí mismo.

autostop o **auto-stop** m. Forma de viajar por carretera que consiste en pedir transporte gratuito a los conductores.

autosuficiente adj. Que se basta a sí mismo.

autótrofo, a adj. Se dice del organismo capaz de elaborar su propia materia orgánica.

autovía f. ESP Carretera parecida a la autopista, pero con abundantes entradas y salidas.

auxiliar adj. **1** Que auxilia o ayuda. ◆ adj./m. **2** Se dice del verbo que se usa en la conjugación activa y pasiva para formar los tiempos compuestos y las perífrasis verbales. ◆ **3** tr. Ayudar.

auxilio m. Ayuda, socorro.
aval m. Firma que se pone al pie de una letra u otro documento de crédito para responder de su pago en caso de no hacerlo la persona que está obligada a ello.
avalancha f. Alud.
avalar tr. Garantizar mediante un aval.
avance m. **1** Movimiento hacia adelante. **2** Progreso o mejora. **3** Cosa o acción que se presenta como anticipo o adelanto de algo. **4** ESP, MÉX Conjunto de fragmentos de una película que se proyectan antes de su estreno con fines publicitarios.
avanzadilla f. Grupo de soldados destacado del cuerpo principal para observar al enemigo.
avanzar intr. **1** Ir hacia adelante. **2** Acercarse a su fin o transcurrir un tiempo determinado. **3** Progresar o mejorar en algo.
avaricia f. Afán excesivo de poseer y conseguir riquezas para atesorarlas.
avaro, a adj./s. Avaricioso, tacaño.
avasallar tr. Someter o dominar sin tener en cuenta los derechos de los demás.
avatar m. Situación o vicisitud contraria a la buena marcha de algo.
ave f. Animal vertebrado, ovíparo, con pico y alas.
avecinarse prnl. Acercarse o aproximarse una fecha o acontecimiento.
avefría f. Ave zancuda de plumaje verde oscuro y blanco.
avejentar tr. Hacer que alguien parezca viejo o más viejo.
avellana f. Fruto del avellano.
avellano m. Árbol muy poblado de ramas, de fruto comestible (avellana).
avemaría f. Oración católica dedicada a la Virgen María.
avena f. Cereal de cañas delgadas, hojas estrechas y flores en panoja.
avenida f. Calle ancha.
avenir tr. **1** Poner de acuerdo o reconciliar a varias personas que estaban enemistadas. ◆ **prnl. 2** Llevarse bien una persona con otra. **3** Conformarse con algo o amoldarse a ello.
aventajar tr. Sacar o llevar ventaja una persona o cosa a otras.
aventar tr. **1** Poner al aire o al viento una cosa. **2** Echar al aire el grano y la paja de los cereales para separarlos. **3** COL Atacar, lanzarse al ataque sobre el oponente. **4** CUBA, MÉX Exponer al aire y al sol el azúcar partido.
aventura f. **1** Suceso extraño o poco frecuente. **2** Hecho o situación peligrosa o que es de resultado incierto y poco seguro. **3** *Fam.* Relación amorosa o sexual pasajera.
aventurar tr./prnl. **1** Arriesgar o poner en peligro algo o a alguien. **2** Decir o afirmar una cosa atrevida

o de la que se tiene duda o cierto recelo.

avergonzar tr./prnl. Causar en alguien un sentimiento de vergüenza.

avería f. Daño, rotura o fallo en un mecanismo que impide o perjudica el funcionamiento de una máquina o un vehículo.

averiguar tr. Indagar en un asunto hasta saber la verdad que se busca.

averno m. *Formal.* Infierno.

aversión f. Sentimiento de rechazo o repugnancia exagerada hacia una persona o cosa.

avestruz m. Ave no voladora que alcanza hasta 2 m de altura y que corre a grandes velocidades.

avezado, a adj. Se dice de la persona que está acostumbrada o habituada a una cosa.

aviación f. Sistema de navegación aérea por medio de aparatos más pesados que el aire.

aviador, ra s. **1** Persona que tripula o gobierna un aparato de aviación. ◆ adj./s. 2 AMÉR Que presta dinero a un labrador, ganadero o minero.

aviar tr. **1** *Fam.* Preparar o disponer algo con un fin. ◆ intr. **2** *Fam.* Darse prisa.

avícola adj. Relativo a la avicultura.

avicultura f. Técnica de criar y fomentar la reproducción de aves.

ávido, a adj. Que siente avidez.

avieso, a adj. Que es perverso o de malas inclinaciones.

avinagrar tr. **1** Poner agria una cosa. ◆ prnl. **2** Hacerse áspero el carácter.

avión m. Vehículo con alas que vuela propulsado por motores.

avioneta f. Avión pequeño.

avisar tr. **1** Dar aviso o noticia. **2** Advertir.

aviso m. **1** Noticia que se comunica a alguien. **2** Escrito que advierte de algo. **3** Indicio.

avispa f. Insecto parecido a la abeja, pero de cuerpo menos peludo.

avispado, a adj. Que es muy vivo y espabilado.

avistar tr. **1** Alcanzar con la vista. ◆ prnl. **2** Reunirse una persona con otra.

avitaminosis f. Carencia de una o varias de las vitaminas requeridas por el organismo.

avituallar tr. Abastecer de vituallas.

avivar tr. Hacer que una cosa sea más viva o más animada.

avizor ◇ **estar ojo ~,** estar atento, vigilante.

avoceta f. Ave zancuda de cuerpo blanco con manchas negras o marrones.

avutarda f. Ave zancuda de cuerpo grueso de color pardo rojizo.

axial adj. Relativo al eje.

axila f. Hueco que se forma en la unión de la parte interior del brazo con el cuerpo.

axioma m. **1** Expresión de un juicio tan claro y evidente que se admite sin necesidad de demostración. **2** Principio evidente que constituye el fundamento de una ciencia.

axis m. Segunda vértebra del cuello.

axón m. Prolongación alargada que parte del cuerpo de la neurona y termina en una ramificación que comunica con otras células.

axonometría f. Sistema de representación gráfica de una figura de tres dimensiones.

¡ay! interj. Expresión que indica pena, dolor o temor.

ayer adv. **1** En el día inmediatamente anterior al de hoy. **2** En un tiempo pasado próximo al presente. ◆ m. **3** Tiempo pasado.

ayo, a s. Persona que en una casa acomodada se encarga del cuidado de los niños.

ayote m. MÉX Calabaza comestible.

ayuda f. **1** Colaboración desinteresada que se presta en una necesidad o un peligro. **2** Persona o cosa que ayuda.

ayudar tr. **1** Prestar colaboración desinteresada en una necesidad o un peligro. ◆ tr./intr. **2** Colaborar una cosa en la realización de otra. ◆ prnl. **3** Valerse del auxilio o la ayuda de una persona o cosa.

ayunar intr. Abstenerse total o parcialmente de comer y beber durante un tiempo.

ayunas ◇ **en ~** loc. Sin haber tomado alimento desde la noche anterior.

ayuno m. Acción de ayunar.

ayuntamiento m. Grupo de personas integrado por un alcalde y varios concejales que se encarga de administrar y gobernar un municipio.

azabache m. **1** Mineral negro y brillante. ◆ m./adj. **2** Color negro brillante.

azada f. Instrumento de labranza formado por una pala de metal con un filo cortante unida a un mango.

azadón m. Azada de pala un poco curva y más larga que ancha.

azafato, a s. **1** Empleado que se dedica a atender a los pasajeros en un avión o en un tren. **2** ESP Empleado que se dedica a recibir e informar a los visitantes en ciertos actos.

azafrán m. **1** Planta de tallo formado por bulbos aéreos con una flor morada. **2** Condimento aromatizante. ◆ m./adj. **3** Color amarillo anaranjado.

azahar m. Flor del naranjo, el limonero y otros árboles parecidos.

azalea f. Planta de jardín de tallo leñoso y flores blancas, rosadas o rojas.

azar m. Casualidad, hecho fortuito.

azarar tr. Azorar.

azarearse prnl. **1** AMÉR CENTRAL, ARG, BOL, CH Azorarse, avergonzarse. **2** CH, PERÚ Irritarse.

ázimo o **ácimo** adj. Se dice del pan que se elabora sin levadura.

azor m. Ave rapaz diurna con el dorso oscuro y el vientre blanco.

azorar tr. Inquietar, turbar.

azotaina f. Conjunto de azotes.

azotar tr. **1** Dar azotes. **2** Dar golpes el viento, la lluvia, las olas, etc. **3** Atacar o castigar.

azote m. **1** Golpe no muy fuerte dado con la mano a una persona. **2** Golpe del viento, la lluvia, las olas, etc.

azotea f. Cubierta plana de un edificio sobre la cual se puede andar.

azteca adj./m. y f. **1** Del pueblo indígena que dominó el centro y el sur de México hasta ser vencido por los españoles en el s. XVI. ◆ m./adj. **2** Lengua precolombina todavía hablada actualmente en México.

azúcar m. o f. **1** Glúcido con forma de cristales blancos, de sabor dulce y soluble en agua. **2** Hidrato de carbono soluble y de sabor dulce.

azucena f. Planta de jardín, con raíz en forma de bulbo y flor olorosa.

azufre m. Elemento químico de símbolo S y número atómico 16.

azul m./adj. Color como el del cielo sin nubes o como el del mar en un día soleado.

azulejo m. Pieza de arcilla cocida para revestir paredes o suelos.

azumbre m. o f. Medida antigua para líquidos equivalente a 2,016 litros.

azuzar tr. **1** Incitar o estimular a un animal a atacar. **2** Incitar o presionar.

B

b f. Segunda letra del alfabeto español; su nombre es **be**.

baba f. **1** Saliva abundante. **2** VENEZ Caimán.

babero m. Pieza de tela u otra materia que se coloca en el pecho sujeta al cuello para no mancharse de babas o con los alimentos.

babi m. Bata que se pone a los niños.

babia ◇ **estar en ~** *Fam.* Estar una persona despistada o sin prestar atención.

bable m. Conjunto de hablas no unificadas, pertenecientes al dialecto leonés, que se extienden por Asturias, Santander y León.

babor m. Lado izquierdo de una embarcación, mirando de la parte trasera a la delantera.

babosa f. Molusco terrestre parecido al caracol pero carente de concha.

babucha f. Zapato ligero, sin cordones ni tacón, hecho de piel o cuero.

baca f. CUBA, ESP, URUG Estructura resistente que se coloca sobre el techo de un automóvil y sirve para llevar maletas y otros objetos.

bacalao m. Pez marino comestible con un saliente carnoso alargado en la punta de la mandíbula inferior.

bacanal f. **1** Fiesta que en la antigua Roma se celebraba en honor de Baco. **2** Fiesta desenfrenada.

bacante f. Mujer consagrada al culto de Baco.

bacarrá o **bacará** m. Juego de cartas en el que el banquero juega contra los demás.

bachata f. CUBA, P RICO Juerga, parranda.

bache m. **1** Agujero o desnivel. **2** Momento difícil.

bachiller m. y f. **1** Persona que ha aprobado los estudios correspondientes al bachillerato. **2** Persona que está cursando estos estudios. ◆ m. **3** *Fam.* ESP Bachillerato.

bachillerato m. Conjunto de estudios que se realizan después de la educación secundaria obligatoria.

bacía f. Recipiente metálico circular, de borde muy ancho y con una escotadura semicircular, usado por los barberos para remojar las barbas.

bacilo m. Bacteria de forma cilíndrica.

bacón, bacon o **beicon** m. ESP Tocino ahumado de cerdo con vetas de carne magra.

bacteria f. Organismo microscópico unicelular procariota.

báculo m. Bastón largo con el extremo superior curvo.

badajo m. Pieza que cuelga del interior de una campana y que la hace sonar al golpearla.

badana f. **1** Piel curtida de carnero u oveja. ◆ m. y f. **2** *Fam.* Persona vaga y de poco juicio.

badén m. **1** Depresión del terreno en un camino o carretera. **2** Parte de la acera que está rebajada al nivel de la calzada.

bádminton m. Deporte parecido al tenis que se practica en una pista mucho menor.

bafle m. Altavoz de un equipo de alta fidelidad o caja que contiene uno o más altavoces.

bagaje m. **1** Conjunto de conocimientos y experiencias. **2** Equipaje militar que lleva un ejército en marcha.

bagatela f. Cosa poco importante.

bagual, la adj. **1** ARG, BOL, URUG Se dice de la persona que es grosera o carece de civismo y cultura. ◆ m. **2** ARG, BOL, URUG Potro o caballo no domado.

¡bah! interj. Indica desprecio o falta de interés.

bahameño, ña adj./s. De Bahamas.

bahía f. Parte de mar que entra en la tierra formando una concavidad amplia.

bailaor, ra s. ESP Persona que se dedica a bailar flamenco.

bailar tr./intr. **1** Mover el cuerpo siguiendo el ritmo de una pieza musical. ◆ intr. **2** Moverse una cosa que está en una posición inestable.

baile m. **1** Acción de bailar. **2** Fiesta donde se baila. **3** Confusión en el orden de conceptos, palabras y números, o cambio por otros muy parecidos.

baja f. **1** Fin de una relación laboral. **2** Situación de la persona que ha abandonado su trabajo por enfermedad. **3** Persona muerta.

bajada f. **1** Trayecto desde una posición elevada a otra más baja. **2** Disminución del valor, la cuantía o la intensidad de una cosa.

bajamar f. **1** Fin del reflujo del mar. **2** Tiempo que este dura.

bajante m. o f. Tubería de desagüe que recoge las aguas residuales y fecales.

bajar intr. **1** Trasladarse de un lugar a otro que está más bajo. **2** Salir de un vehículo o dejar de estar montado en él. **3** Poner en un lugar más bajo. **4** Copiar o transferir información en la memoria de un ordenador. ◆ tr./intr. **5** Hacer más pequeño el valor, la cuantía o la intensidad de una cosa.

bajativo m. ARG, COL, CH, PAR, URUG, VENEZ Licor que se toma después de las comidas para facilitar la digestión.

bajel m. *Formal.* Buque, barco.

bajeza f. Acción inmoral y despreciable.

bajío m. **1** Elevación del fondo de un mar, río o lago que dificulta o impide la navegación. **2** AMÉR Terreno bajo.

bajo, a adj. **1** Que tiene una altura menor de lo normal. **2** Que está situado en un lugar con poca altura. **3** Que tiene poco valor. **4** Inmoral y despreciable. **5** Se dice del sonido o la voz que tiene una frecuencia de vibraciones menor de la normal. ◆ m. **6** Piso inferior. ◆ prep. **7** Indica que una persona o cosa está debajo de otra. **8** Indica que una persona debe obediencia.

bajorrelieve m. Relieve cuyas figuras sobresalen ligeramente del plano.

bala f. **1** Proyectil de las armas de fuego. **2** Paquete de mercancías grande, apretado y atado.

balada f. **1** Canción de ritmo lento y suave. **2** Composición poética de la lírica medieval.

baladí adj. Que tiene poca importancia o poco interés.

balalaica o **balalaika** f. Instrumento musical de cuerda típico de la música popular rusa.

balance m. **1** Examen periódico de las cuentas de una empresa. **2** Revisión de los aspectos positivos y negativos de una situación.

balancear tr. Mover una cosa colgante u oscilante.

balanceo m. Movimiento al balancear.

balancín m. **1** Mecedora. **2** Asiento colgante provisto de toldo. **3** Juguete en forma de asiento con las patas sobre una base que se balancea.

balanza f. Instrumento, mecanismo o aparato para pesar.

balar intr. Emitir una oveja o un cordero su voz.

balaustre o **balaústre** m. Columna pequeña.

balboa m. Unidad monetaria de Panamá.

balbucear tr./intr. Balbucir.

balbucir tr./intr. Decir algo articulando mal las palabras.

balcánico, a adj./s. De los Balcanes.

balcón m. Plataforma saliente de un edificio cerrada en la cara exterior por una barandilla.

balda f. ESP Estante, anaquel.

baldaquín o **baldaquino** m. Tela de seda que se suspende a modo de dosel sobre un trono, catafalco o lecho.

baldar tr. Dejar agotado o dolorido.

balde m. Recipiente de forma cilíndrica, un poco más ancho por la boca que por el fondo, y con un asa en el borde superior.

baldío, a adj./m. **1** Se dice del

terreno que no se cultiva ni se aprovecha para pastos. ◆ **adj. 2** Que es inútil y no da ningún resultado.

baldosa f. Pieza de cerámica, piedra u otro material para cubrir paredes o suelos.

balear adj./m. y f. De las islas Baleares (comunidad autónoma de España).

balido m. Voz de algunos mamíferos rumiantes, como la oveja, la cabra o el gamo.

balín m. Bala de pequeño calibre.

balística f. Parte de la física que estudia la trayectoria, el alcance y los efectos de los proyectiles, como balas, misiles o bombas.

baliza f. Señal fija o móvil que se coloca en la tierra o sobre el agua para marcar una zona.

ballena f. Cetáceo que puede superar los 30 m de longitud.

ballesta f. Arma para disparar flechas formada por un arco montado horizontalmente sobre una pieza alargada y perpendicular de madera.

ballet m. Danza que ejecutan uno o más bailarines siguiendo el ritmo de una composición musical.

balneario m. Establecimiento público dotado de instalaciones para ofrecer baños medicinales, curas y atenciones médicas.

balompié m. Deporte que se juega entre dos equipos de once jugadores y que consiste en meter un balón en la portería del contrario.

balón m. **1** Pelota de cuero, plástico u otro material flexible, esférica u ovalada, y rellena de aire. **2** CH, COL, ESP, PERÚ Recipiente hecho de un material sólido o flexible que sirve para contener un gas.

baloncesto m. Deporte que consiste en meter el balón en la canasta del contrario.

balonmano m. Deporte que consiste en meter el balón en la portería del contrario lanzándola con las manos.

balonvolea m. Deporte que consiste en hacer que el balón toque el suelo del campo contrario lanzándolo con los brazos o con las manos por encima de la red.

balsa f. **1** Embarcación consistente en una plataforma hecha con troncos o listones de madera unidos entre sí. **2** Depósito de agua estancada en el hueco de un terreno hundido o deprimido.

bálsamo m. **1** Crema o líquido medicinal que se aplica sobre la piel. **2** Ayuda o consuelo.

báltico, a adj. **1** Relativo al mar Báltico o a sus territorios. **2** Relativo a los países bálticos.

baluarte m. **1** Fortificación exterior. **2** Amparo, defensa.

bamba f. **1** Composición musical originaria del Caribe, de ritmo muy vivo y alegre. **2** Baile que se ejecuta al ritmo de esta música.

bambalina f. Tira de lienzo o papel pintado que cuelga de uno a otro lado de un escenario.

bamboleo m. Movimiento a un lado y otro de modo alternativo, continuado e irregular.

bambú m. Planta tropical de 1 a 50 m de altura, con el tallo en forma de caña que se ramifica cuando es muy alto.

banal adj. Que tiene poco valor o importancia.

banana f. Fruto del banano.

banano m. Planta tropical de tallo alto, parecida a la palmera, con hojas grandes y partidas, cuyo fruto es la banana.

banca f. Actividad mercantil que consiste en hacer operaciones financieras con el dinero de los clientes depositado en un banco.

bancada f. Asiento alargado y sin respaldo de una embarcación.

bancal m. Zona de terreno horizontal y llana que hay en un terreno inclinado que se aprovecha para el cultivo.

bancarrota f. Cesión o quiebra de una empresa o negocio.

banco m. **1** Empresa u organismo que se dedica a hacer operaciones financieras con el dinero depositado por sus clientes o accionistas. **2** Lugar de un establecimiento sanitario en el que se conservan órganos y líquidos del cuerpo humano. **3** Grupo numeroso de peces. **4** Asiento largo y estrecho.

banda f. **1** Grupo de músicos. **2** Grupo de delincuentes armados. **3** Tira de tela que se lleva cruzada sobre el pecho.

bandada f. Grupo numeroso de animales de la misma especie que van juntos.

bandazo m. **1** Inclinación brusca de una embarcación por efecto del viento o de las olas. **2** Cambio imprevisto y brusco en la manera de pensar, ser o actuar.

bandeja f. Recipiente con el borde muy bajo y de fondo llano que sirve para llevar, servir o presentar cosas.

bandera f. Pieza rectangular o triangular de tela unida a una asta, con franjas de colores o figuras simbólicas, que se emplea como insignia o señal.

banderilla f. Palo adornado que se clava al toro en la cerviz.

banderola f. Bandera pequeña de forma cuadrada que se usa como insignia.

bandido, a s. Ladrón que asalta a una persona o a un grupo cuando se hallan de viaje.

bando m. **1** Comunicado oficial. **2** Grupo de personas que comparten las mismas ideas o intereses.

bandolera f. Tira larga y estrecha de cuero que cruza el pecho y la espalda desde un hombro hasta la cadera opuesta.

bandolero, a s. Bandido (ladrón).

bandoneón m. Instrumento musical de viento parecido al acordeón.

bandurria f. Instrumento musical de cuerda formado por una caja en forma de pera unida a un mástil con seis pares de cuerdas.

banjo o **banyo** m. Instrumento musical de cuerda formado por una caja redonda de metal cubierta con una piel tensa como la de un tambor.

banqueta f. **1** Asiento bajo, individual, sin respaldo ni brazos y de tres o cuatro patas. **2** MÉX Acera de la calle.

banquete m. Comida especial a la que asisten muchas personas y con la que se celebra un acontecimiento.

banquillo m. **1** Asiento para el acusado en un juicio. **2** Banco para el entrenador y los jugadores de reserva.

banquisa f. Capa de hielo que se forma en la superficie de los mares polares.

bantú adj./m. y f. De un conjunto de pueblos de raza negra que habita el centro y el sur de África.

bañadera f. **1** AMÉR Bañera. **2** ARG Vehículo de muchas plazas para brindar servicios de paseo. **3** URUG Vehículo público de muchas plazas.

bañador m. Prenda de vestir que se usa para bañarse y tomar el sol.

bañar tr. **1** Meter el cuerpo de una persona o animal o parte de él en el agua u otro líquido. **2** Rociar o mojar con abundante agua u otro líquido. **3** Cubrir una cosa con una capa fina de un líquido o una sustancia.

bañera f. Recipiente grande para bañarse.

baño m. **1** Acción y efecto de bañar. **2** Habitación en la que están el váter, la ducha o la bañera y otros elementos que sirven para el aseo. ◆ m.pl. **3** Balneario.

baobab m. Árbol de la sabana africana con el tronco de hasta 20 m de altura y con un diámetro de hasta 23 m.

baptismo m. Doctrina religiosa protestante originada en Holanda en el s. XVII.

baptisterio m. Edificio o anexo de un templo donde se encuentra la pila bautismal.

baquelita f. Resina sintética que se emplea en la fabricación de plásticos, pinturas, etc.

baqueta f. Palo delgado y largo con que se tocan algunos instrumentos de percusión.

baquiano, a adj./s. **1** Se dice de la persona que tiene experiencia en tareas rurales o conoce las particularidades agrícolas de un lugar. **2** AMÉR Se dice de la persona que conoce las sendas, vados, etc., de una zona de un país.

bar m. **1** Establecimiento en el que se sirven bebidas y algunas comidas. **2** Unidad de presión atmosférica del Sistema Internacional.

baraja f. Conjunto de naipes o cartas con los que se realizan diversos juegos de mesa.

barajar tr. **1** Mezclar y cambiar de orden repetidas veces las cartas de una baraja. **2** Considerar un conjunto de elementos entre los que se ha de elegir. **3** AMÉR SUR Coger un objeto al vuelo. ◆ **tr./intr. 4** ARG, URUG Entrenarse una persona de campo en el manejo del cuchillo usando uno de madera.

baranda f. Barandilla.

barandilla f. **1** Antepecho compuesto de balaustres. **2** CH, PERÚ, P RICO Tabla que se pone en ambos lados de un carro para que no se caiga lo que va en él. **3** MÉX Madero que hace de puente para cruzar un arroyo o una acequia.

baratija f. Cosa pequeña de poco valor.

barato, a adj. **1** Que cuesta poco dinero. **2** Que cuesta poco esfuerzo. **3** *Desp.* Se dice del recurso, expresión u otra cosa no material que es de poca calidad. ◆ **adv. 4** Por poco precio.

barba f. **1** Parte de la cara debajo de la boca, que corresponde a la mandíbula inferior. **2** Pelo fuerte que nace al hombre en esta parte de la cara y en las mejillas.

barbacoa f. **1** Utensilio portátil o construcción que sirve para asar carne, pescado, etc., al aire libre. **2** AMÉR Tejido hecho con cañas o juncos y sostenido con maderos hincados en tierra, que sirve de camastro. **3** AMÉR Casa pequeña construida sobre un árbol o sobre maderos gruesos hincados en tierra. **4** AMÉR Andamio o mirador en que se pone la persona que cuida los maizales. **5** GUAT, MÉX Estructura artesanal compuesta por un conjunto de palos de madera verde que se colocan a manera de parrilla sobre un hoyo cavado en la tierra, en el que se enciende fuego, y que sirve para asar carne. **6** GUAT, MÉX Carne asada de este modo.

barbaridad f. **1** Acción o comentario necio, imprudente o brutal. **2** Cantidad muy grande.

barbarie f. **1** Fiereza, crueldad. **2** Falta de cultura o atraso en un pueblo.

barbarismo m. **1** Incorrección en el uso del lenguaje que consiste en pronunciar o escribir mal las palabras o en utilizar palabras equivocadas o inexistentes en la lengua. **2** Voz o giro extranjero.

bárbaro, a adj./s. **1** De un conjunto de pueblos que, procedentes de Europa y Asia, se extendieron por Europa y ocuparon el Imperio romano en el s. V d. C. ◆ **adj./s. 2** Que tiene poca civilización o cultura. **3** Que es violento, cruel y actúa sin compasión o humanidad.

barbecho m. Terreno de cultivo que permanece sin sembrar.

barbero, a m. **1** Hombre que se dedica a cortar y arreglar el pelo, la barba o el bigote a los clientes. ◆ **adj. 2** MÉX Se dice de la persona que es aduladora o muestra admiración exagerada.

barbilampiño, a adj. Que tiene la barba poco poblada.
barbilla f. Punta de la barba.
barbitúrico m. Sustancia química que se usa como fármaco tranquilizante.
barbo m. Pez comestible de agua dulce.
barca f. Embarcación pequeña.
barcaza f. Barca grande y descubierta que se usa para tareas auxiliares.
barcelonés, sa adj./s. De Barcelona (ciudad y provincia de Cataluña).
barco m. Embarcación grande de madera o metal impulsada por velas o por motor.
baremo m. Escala de valores que se emplea para evaluar.
bargueño m. Mueble de madera con adornos de talla y marquetería que tiene muchos cajones pequeños.
baricentro m. Centro de gravedad de un cuerpo.
bario m. Elemento químico de símbolo Ba y número atómico 5; se usa en la fabricación de pinturas.
barisfera f. Núcleo o capa central del globo terrestre.
barítono m. Voz masculina entre el tenor y el bajo.
barlovento m. Parte de donde viene el viento.
barman m. Camarero que trabaja en la barra de un bar.
barniz m. Disolución de una o más resinas en un aceite o una sustancia volátil.
baro m. Bar (unidad de presión).
barómetro m. Instrumento para medir la presión de la atmósfera.
barón, nesa s. Miembro de la nobleza de categoría inferior a la de vizconde.
barquilla f. Cesto grande de material ligero y resistente en el que van los tripulantes de un globo aerostático.
barquillo m. Hoja delgada de pasta de harina con azúcar y canela u otra esencia, a la que se da forma de canuto.
barra f. **1** Pieza larga y delgada de un material rígido. **2** Objeto de forma alargada, más largo que ancho. **3** Mostrador alargado de un bar, restaurante o establecimiento público similar.
barrabasada f. **1** Travesura grande. **2** Acción mala y perjudicial.
barraca f. Casa pequeña y mal construida con materiales de baja calidad.
barracón m. Construcción rectangular de un solo piso y materiales ligeros.
barracuda f. Pez marino de hasta 3,5 m de longitud, cuerpo muy alargado, hocico prominente y mandíbulas armadas de fuertes dientes.
barragana f. *Desp.* Mujer que convive y mantiene relaciones sexuales con un hombre sin estar casada con él.

barranco m. Hondonada profunda hecha en la tierra.
barrena f. Herramienta para hacer agujeros en madera, paredes y otras superficies duras.
barrendero, a s. Persona que se dedica a barrer.
barreno m. Barrena grande.
barreño m. ESP Recipiente grande de forma cilíndrica para fregar o lavar en él.
barrer tr. **1** Limpiar el suelo arrastrando la basura o la suciedad con una escoba. **2** Dejar un lugar vacío o llevarse todo lo que había en él. ◆ tr./intr. **3** Derrotar clara y fácilmente un deportista o equipo a sus adversarios. ◆ tr. **4** Hacer una exploración o revisión en determinada cosa o lugar.
barrera f. **1** Obstáculo que impide el paso. **2** Cosa o persona que impide o dificulta la consecución de algo.
barretina f. Gorro típico catalán.
barriada f. Parte de un barrio.
barrica f. Barril de tamaño medio para contener vino, cerveza y otros líquidos.
barricada f. Conjunto de obstáculos amontonados formando una barrera para parapetarse tras ellos.
barriga f. Cavidad del cuerpo en la que se contienen los órganos principales del aparato digestivo.
barril m. **1** Recipiente de madera para contener líquidos u otros productos o sustancias. **2** Unidad de medida de petróleo.
barrilete m. Instrumento de hierro en figura de siete con que los carpinteros aseguran sobre el banco los materiales que trabajan.
barrillo m. Grano pequeño.
barrio m. Zona en que se considera dividida una población grande.
barriobajero, a adj. Que obra o habla sin educación ni formas.
barritar intr. Dar barritos un elefante.
barrizal m. Terreno lleno de barro.
barro m. **1** Masa blanda y compacta que resulta de la unión de tierra y agua. **2** Grano pequeño y rojizo que sale en la cara.
barroco, a m. Movimiento cultural y artístico desarrollado en Europa desde finales del s. XVI hasta mitad del XVIII.
barrote m. Barra gruesa y fuerte.
barruntar tr. Conjeturar o presentir que va a ocurrir una cosa.
bartola ◇ **a la ~** *Fam.* Despreocupadamente.
bártulos m.pl. Conjunto de bultos.
barullo m. Ruido, desorden y confusión grandes.
basa f. Asiento del fuste de una columna, pedestal o estatua.
basamento m. Parte baja de un edificio.
basar tr. Asentar sobre una base.

basca f. Sensación de malestar antes de vomitar.
báscula f. Aparato para medir pesos.
bascular intr. Oscilar, tener movimiento vertical de vaivén.
base f. **1** Parte de una cosa en la que esta se apoya. **2** Cosa que sirve de apoyo a otra. **3** Conjunto de principios iniciales.
básico, a adj. **1** Que forma parte de los principios iniciales a partir de los que se elabora, establece o crea una cosa. **2** Que es lo más importante y necesario.
basílica f. **1** Iglesia cristiana grande y notable. **2** Edificio público de los antiguos romanos.
basilisco m. **1** Animal mitológico que tenía el poder de matar con la vista. **2** *Fam.* Persona furiosa. **3** Reptil de la familia de la iguana.
básket o **básquet** m. Baloncesto.
basta Palabra que se usa para mandar o pedir tajantemente que se ponga fin a una cosa.
bastante adj. **1** Que basta o es suficiente. ◆ det./pron. **2** Indica una cantidad o número elevado de personas o cosas, que basta o es suficiente. ◆ adv. **3** Ni mucho ni poco, en cantidad o nivel que basta o es suficiente. **4** Antepuesto a un adverbio o adjetivo, aumenta la intensidad de lo que estos expresan.
bastar intr. Ser suficiente, no hacer falta más.
bastardilla adj./f. Se dice del tipo de letra de imprenta cursiva.
bastardo, a adj./s. Se dice de la persona que ha nacido de una mujer que no es la esposa de su padre.
bastidor m. **1** Estructura o armazón. **2** Parte del decorado de una representación teatral que hay a los lados del escenario.
bastión m. **1** Baluarte. **2** Persona o cosa que protege y defiende del ataque adversario.
basto, a adj. **1** Que está elaborado con materiales de poca calidad. **2** Se dice de la persona ruda o grosera. ◆ m.pl. **3** Palo de la baraja española que se representa con uno o varios garrotes.
bastón m. **1** Vara o palo que sirve para apoyarse al andar. **2** Barra fina y alargada que usan los esquiadores para ayudarse en sus desplazamientos.
basura f. **1** Conjunto de cosas que se tiran porque son desperdicios, como restos de comida, envases, barreduras, etc. **2** Recipiente o bolsa donde se tira este conjunto de desperdicios. **3** *Fam.* Cosa de muy mala calidad.
basural m. AMÉR Basurero (lugar).
basurero, a s. **1** Persona que se dedica a recoger la basura de las poblaciones y la lleva a los vertederos. ◆ m. **2** Lugar donde se tiran las basuras y otros residuos de una población.

bata f. Prenda de vestir larga para abrigar y estar más cómodo en casa.

batacazo m. **1** Caída o golpe violento. **2** Resultado desastroso e inesperado.

batalla f. **1** Lucha o enfrentamiento con armas. **2** Esfuerzo intenso y continuado.

batallar intr. **1** Luchar con armas, pelear. **2** Disputar, debatir. **3** Trabajar, afanarse.

batallón m. Unidad de infantería compuesta por varias compañías.

batán m. Máquina preparatoria de la hilatura del algodón.

batata f. Planta de tubérculos comestibles.

bate m. Palo cilíndrico que sirve para golpear la pelota en el juego del béisbol.

batear tr./intr. Golpear el bateador la pelota con el bate en el juego del béisbol.

batería f. Aparato que sirve para acumular y suministrar energía eléctrica.

batiburrillo o **batiborrillo** m. Mezcla confusa y desordenada de cosas.

batido m. ESP, MÉX, R DOM Bebida que se hace triturando y mezclando componentes líquidos y sólidos.

batidora f. Aparato de cocina que sirve para triturar, mezclar o batir alimentos.

batiente m. **1** Parte del marco de una puerta o ventana sobre la que se cierra la hoja. **2** Hoja de una puerta o ventana.

batín m. ESP Bata de casa que no llega a las rodillas y se cierra por delante con un cinturón.

batir tr. **1** Mover una sustancia líquida removiéndola y agitándola. **2** Dar golpes de modo continuado. **3** Mover con fuerza un ave las alas. **4** Registrar de manera sistemática y organizada un terreno o lugar en busca de una persona o cosa, o en busca de caza. **5** Vencer.

batiscafo m. Embarcación submarina.

batracio adj./m. Se dice del animal de piel desnuda y sangre fría, considerado el primer vertebrado terrestre.

baturro, a adj./s. **1** Se dice de la persona que pertenece al campesinado aragonés. ◆ adj. **2** Relativo a la cultura y folclore aragoneses.

batuta f. Vara pequeña y fina que usa el director de una orquesta o de una banda.

baudio m. Unidad de medida de la velocidad de transmisión de señales que se expresa en símbolos por segundo.

baúl m. Caja grande rectangular con una tapa arqueada, para guardar cosas.

bautismo m. Sacramento que consiste en echar agua bendita sobre la cabeza de una persona.

bautizar tr. **1** Administrar el sacramento del bautismo. **2** Poner un nombre. **3** Rebajar el vino con agua.

bauxita f. Mineral compuesto de óxido hidratado de aluminio que constituye una fuente importante del aluminio comercial.

baya f. Fruto pequeño que dan algunas variedades de árboles y arbustos silvestres.

bayeta f. ESP Paño que sirve para limpiar superficies y absorber líquidos.

bayo, a adj./s. Se dice del caballo o yegua que tiene el pelo de color amarillento.

bayoneta f. Arma blanca, parecida a un cuchillo, que se ajusta a la boca del fusil.

baza f. Conjunto de naipes.

bazar m. **1** Establecimiento en el que se venden objetos y aparatos diversos. **2** Mercado público de los países árabes.

bazo m. Órgano vascular situado a la izquierda del estómago, cuya función consiste en eliminar los glóbulos rojos envejecidos y fabricar glóbulos blancos.

bazofia f. Comida de aspecto y sabor muy desagradables.

bazooka o **bazuca** m. o f. Arma portátil de infantería que consiste en un tubo metálico abierto por los dos extremos que dispara proyectiles de propulsión a chorro.

be f. Nombre de la letra b.

beatificar tr. Declarar el Papa que alguien goza de eterna bienaventuranza y se le puede dar culto.

beatitud f. Bienaventuranza completa.

beato, a adj./s. **1** Que ha sido beatificado. **2** *Desp.* Muy devoto y religioso.

bebé m. Niño que acaba de nacer y que aún no anda.

bebedizo m. Bebida medicinal o con efectos mágicos.

beber tr. **1** Tomar un líquido por la boca. ◆ intr. **2** Aprender o conocer algo a partir de determinada fuente. **3** Tomar bebidas alcohólicas.

bebida f. **1** Sustancia líquida que se bebe. **2** Hábito de tomar bebidas alcohólicas.

bebido, a adj. Casi borracho.

beca f. Ayuda económica.

becada f. Ave zancuda parecida a la perdiz.

becario, a s. Que disfruta de una beca.

becerro, a s. Cría de la vaca menor de uno o dos años.

bechamel o **besamel** o **besamela** f. Salsa blanca y cremosa que se hace con leche, harina, mantequilla o aceite y sal.

becquerel m. Unidad de medida de actividad radiactiva del Sistema Internacional, de símbolo Bq.

becuadro m. Signo (♮) que se coloca delante de una nota musical previamente alterada para indicar que vuelve a su entonación natural.

bedel, la s. Empleado subalterno de los centros oficiales de enseñanza.

beduino, a adj./s. Relativo a un pueblo árabe nómada.
befa f. Burla grosera y ofensiva.
begonia f. Planta de jardín, de tallos carnosos, hojas grandes y verdes en forma de corazón y flores pequeñas.
behaviorismo m. Doctrina psicológica basada en la observación objetiva de la conducta.
beicon m. Bacón.
beige o **beis** m./adj. Color castaño muy claro, como el de la arena.
béisbol m. Deporte que se practica con un bate y una pelota entre dos equipos.
bejuco m. Planta tropical de tallos largos, delgados y flexibles.
bejuquear tr. AMÉR Apalear o varear a una persona o animal.
bel o **belio** m. Unidad de sonoridad o percepción sonora.
beldad f. *Formal.* Belleza, hermosura.
belén m. Representación del nacimiento de Jesucristo mediante figuras y maquetas.
belfo, a adj. **1** Que tiene el labio inferior más grueso que el superior. ◆ m. **2** Labio del caballo.
belga adj./m. y f. De Bélgica.
beliceño, ña adj./s. De Belice.
bélico, a adj. Relativo a la guerra.
beligerante adj./m. y f. **1** Que está en guerra con otro. **2** Opuesto y enfrentado.
belio m. Bel.
bellaco, a adj./s. **1** Despreciable. **2** AMÉR Se dice de la caballería que es difícil de gobernar. **3** ECUAD, PAN Valeroso.
belladona f. **1** Planta herbácea de flores acampanadas color púrpura. **2** Sustancia medicinal que se extrae de esta planta.
belleza f. **1** Cualidad de bello. **2** Persona muy bella.
bello, a adj. **1** Que tiene belleza. **2** Que es moralmente bueno.
bellota f. Fruto de la encina o el roble.
bemol m. Signo (♭) que se coloca a la izquierda de una nota musical para indicar que dicha nota se entona o toca un semitono más baja.
benceno m. Hidrocarburo aromático, líquido, incoloro e inflamable que se obtiene de la gasolina de petróleo.
bencina f. Primitiva denominación del benceno.
bendecir tr. Otorgar Dios, la Virgen o un santo la gracia y protección divinas a una persona.
bendición f. **1** Acción y efecto de bendecir. **2** Aprobación o consentimiento de una autoridad. **3** Cosa muy buena.
bendito, a adj./s. Que ha sido bendecido o consagrado.
benedictino, a adj./s. Relativo a la orden de san Benito de Nursia.
beneficencia f. Conjunto de instituciones que ayudan de manera desinteresada a quienes carecen de recursos.

beneficiar tr. Producir un beneficio o provecho.

beneficio m. **1** Bien que se hace o se recibe. **2** Provecho, compensación por una obra realizada. **3** Cantidad de dinero que se obtiene por una inversión.

benéfico, a adj. **1** Relativo a la beneficencia. **2** Que beneficia.

benemérito, a adj. Que merece premio y agradecimiento por sus servicios.

beneplácito m. Aprobación, permiso.

benévolo, a adj. Que muestra buena voluntad y afecto.

bengala f. **1** Artificio luminoso para hacer señales a distancia. **2** Varilla o palito con pólvora que desprende chispas de colores.

bengalí adj./m. y f. De Bengala.

benigno, a adj. **1** Que tiene buena voluntad, comprensión y simpatía. **2** Templado y agradable. **3** En medicina, que no reviste gravedad.

benimerín adj./m. y f. De una antigua dinastía musulmana que sustituyó a los almohades durante los ss. XIII y XIV.

benjamín, na s. Hijo menor de una familia.

beodo, a adj./s. Ebrio o borracho.

berberecho m. Molusco bivalvo comestible, que vive en la arena de las playas.

berberisco, a → beréber.

berbiquí m. Instrumento provisto de una broca o barrena, usado para taladrar.

beréber o **bereber** o **berebere** adj./m. y f. Relativo a un pueblo que habitaba la antigua región de la Berbería.

berenjena f. Fruto de huerta de carne blanca y piel morada.

berenjenal m. **1** Plantación de berenjenas. **2** *Fam.* Asunto problemático de difícil solución.

bergamota f. **1** Variedad de lima cuya esencia se emplea en perfumería. **2** Variedad de pera jugosa y aromática.

bergante m. Hombre pícaro, granuja.

bergantín m. Barco de vela ligero de dos palos.

beriberi m. Enfermedad motivada por la falta de vitamina B^1.

berilio m. Elemento químico de símbolo Be y número atómico 4.

berilo m. Mineral compuesto de silicato de aluminio y berilio.

berlina f. **1** Automóvil de cuatro a seis plazas. **2** Antiguo coche de caballos con cuatro ruedas.

berlinés, sa adj./s. De Berlín.

bermejo, a m./adj. Color rojo como el de la sangre.

bermellón m. **1** Polvo de cinabrio. ◆ adj. **2** De color rojo muy intenso.

bermudas m. o f. pl. Pantalón deportivo corto que llega hasta las rodillas.

bermudiano, na adj./s. De Bermudas.

berquelio o **berkelio** m. Elemento químico de símbolo **Bk** y número atómico 97.
berrear intr. Dar berridos.
berrido m. **1** Voz del becerro, del ciervo, etc. **2** *Fam.* Grito o lloro estridente.
berrinche m. Enfado o disgusto grande.
berro m. Planta herbácea comestible de tallos gruesos.
berza f. Variedad de col.
berzas adj./m. y f. ESP Berzotas.
besamel o **besamela** f. Bechamel.
besar tr. Tocar con los labios una parte del cuerpo de una persona o una cosa en señal de afecto o como saludo.
beso m. Acción y efecto de besar.
bestia f. **1** Animal de cuatro patas. ◆ adj./m. y f. **2** Se dice de la persona violenta y con malos modos.
bestiario m. Colección de fábulas, leyendas e historias sobre animales reales o imaginarios.
best-seller o **best seller** m. Libro que ha obtenido un gran éxito de ventas.
besugo m. **1** Pez marino comestible de carne blanca muy apreciada. **2** *Fam.* ESP Persona poco inteligente.
besuquear tr. Besar de manera repetida.
beta f. Nombre de la segunda letra del alfabeto griego; se escribe Β/β y se transcribe como **b**.
bético, a adj./s. De la Bética (antigua región romana del sur de España).
betún m. Mezcla de cera y tinte para limpiar el calzado.
biberón m. Recipiente cilíndrico que tiene una tetina y sirve para alimentar con leche u otro líquido a niños y animales recién nacidos.
biblia f. Conjunto de los libros sagrados del cristianismo y el judaísmo.
bibliofilia f. Afición grande a los libros.
bibliografía f. **1** Catálogo ordenado de libros. **2** Ciencia o técnica que estudia la descripción y clasificación sistemática de libros.
biblioteca f. **1** Edificio o local en el que se tienen numerosos libros guardados y ordenados. **2** Colección de libros.
biblioteconomía f. Disciplina que estudia la administración, conservación y organización de las bibliotecas.
bicarbonato m. Sal derivada del ácido carbónico en la que se ha sustituido uno de sus hidrógenos por un metal.
bicéfalo, a adj. Que tiene dos cabezas.
bíceps m./adj. Músculo que tiene uno de sus extremos dividido en dos inserciones.
bicha f. *Fam.* ESP Culebra.
bicho m. **1** *Fam.* Animal desagra-

dable o dañino. **2** *Fam.* Persona mala.

bicicleta f. Vehículo de dos ruedas unidas a un armazón movido por dos pedales.

biciclo f. Bicicleta antigua con una rueda de mayor tamaño que la otra.

bicoca f. Cosa de buena calidad o valor que se consigue a bajo precio o con poco esfuerzo.

bidé m. Recipiente de loza bajo y ovalado que sirve para el aseo íntimo.

bidón m. Recipiente grande y cilíndrico que sirve para contener o transportar líquidos.

biela f. Pieza de una máquina que sirve para transmitir potencia de una articulación a otra.

bien m. **1** Cosa útil y buena. **2** Idea abstracta de todo lo moralmente bueno. ◆ **m.pl. 3** Conjunto de riquezas u otros bienes materiales. ◆ **adv. 4** De modo adecuado o correcto. **5** Sano, en buen estado. **6** De manera agradable o feliz. **7** Bastante, mucho o muy. ◆ **adj. 8** De buena posición social. ◆ **interj. 9** Indica afirmación o asentimiento.

bienal adj. Que se repite cada dos años o dura dos años.

bienaventurado, a adj. Afortunado y feliz.

bienaventuranza f. Fortuna y felicidad.

bienestar m. **1** Satisfacción, tranquilidad de espíritu. **2** Estado de una persona cuyas condiciones económicas le permiten vivir con holgura.

bienhablado, a adj. Se dice de la persona que habla sin emplear expresiones vulgares.

bienintencionado, a adj./s. Se dice de la persona que tiene buena intención.

bienio m. **1** Período de dos años. **2** Incremento económico otorgado por cada dos años de servicio activo.

bienvenida f. Recibimiento en el que se manifiesta gran alegría por la llegada de una persona o grupo.

bienvenido, a adj./s. **1** Que se recibe con agrado o alegría. ◆ **interj. 2** Expresión con la que se saluda la llegada de alguien.

bies m. Tira de tela cortada de manera oblicua respecto al hilo de la costura.

bífido, a adj. Dividido en dos partes.

bífidus m. Bacilo que se utiliza en la fabricación de yogures.

bifocal adj./f.pl. Se dice de la lente o las gafas con dos focos, para corta y larga distancia.

bifurcarse prnl. Dividirse o separarse en una bifurcación.

bigamia f. Estado de la persona que tiene dos cónyuges a la vez.

bigote m. Pelo fuerte que nace sobre el labio superior.

bikini m. Biquini.

bilabial adj. Se dice del fonema o sonido consonántico en cuyo punto de articulación intervienen los dos labios.

bilateral adj. De las dos partes, lados o aspectos que tienen relación con una cosa.
bilbaíno, a adj./s. De Bilbao.
biliar adj. Relativo a la bilis.
bilingüismo m. Condición de un individuo o de una población bilingües.
bilis f. Líquido de sabor amargo, segregado por el hígado, que facilita la digestión.
billar m. **1** Juego que consiste en impulsar con unos palos unas bolas sobre una mesa rectangular. **2** Mesa para practicar este juego.
billete m. **1** Papel rectangular que tiene valor de dinero. **2** Papel pequeño impreso que da derecho a entrar en determinados lugares. **3** Papel pequeño impreso que acredita la participación en un sorteo o lotería.
billón m. Un millón de millones.
bimensual adj. Que se hace u ocurre dos veces al mes.
bimestral adj. Que ocurre cada dos meses o dura dos meses.
bimestre m. Período de dos meses.
binario, a adj. Que está compuesto por dos elementos o unidades.
bingo m. **1** Juego de azar en el cual los jugadores tienen unos cartones con números y los van marcando a medida que coinciden con los números que se cantan de las bolas que van saliendo por azar. ◆ interj. **2** *Fam.* Expresa que se ha acertado algo.
binóculo m. Gafas sin patillas que se sujetan únicamente a la nariz.
binomio m. Expresión algebraica formada por dos términos.
biodegradable adj. Se dice del producto o sustancia que puede biodegradarse.
biofísica f. Parte de la biología y de la física que estudia los fenómenos físicos ligados a los sistemas biológicos.
biografía f. Historia de la vida de una persona.
biología f. Ciencia que estudia los seres vivos.
biomasa f. **1** Materia orgánica producida por los seres vivos. **2** Suma de la masa total de seres vivos de una zona.
biombo m. Mampara plegable compuesta por bastidores articulados que pueden extenderse o plegarse.
biopsia f. Examen de un trozo de tejido de un ser vivo para completar un diagnóstico.
bioquímica f. Parte de la biología y la química que estudia los fenómenos químicos que forman parte de la naturaleza de los seres vivos.
biorritmo m. Todo fenómeno periódico en los reinos animal y vegetal.
biosfera f. Capa de la esfera terrestre de los 10 km de altitud hasta el fondo oceánico.

biotipo m. Conjunto de características morfológicas y fisiológicas de un organismo vivo.
biotopo m. Conjunto de condiciones físicas y químicas de una zona.
bípedo, a adj./s. Se dice del animal que se sostiene, anda, corre o salta sobre dos pies.
biplano m. Avión de cuatro alas.
biquini o **bikini** m. Traje de baño femenino compuesto de dos piezas (sujetador y braga).
birlar tr. *Fam.* ESP Quitar algo a alguien de forma engañosa y sin que se dé cuenta.
birome m. ARG, URUG Bolígrafo.
birra f. *Fam.* Cerveza.
birrete m. Gorro de forma prismática con una borla en la parte superior.
birria f. **1** COL, MÉX, PAN Capricho. **2** *Fam.* ESP Persona o cosa fea o de poco valor.
bis m. Pieza que se repite al final de un concierto.
bisabuelo, a s. Padre o madre del abuelo o de la abuela de una persona.
bisagra f. Mecanismo compuesto por dos piezas que se fijan en dos superficies separadas, para juntarlas y permitir el giro de una sobre otra.
bisbisear tr./intr. Musitar.
biscote m. ESP Rebanada cuadrada de pan tostado.
bisectriz f. Semirrecta que parte del vértice de un ángulo y lo divide en dos partes iguales.
bisel m. Corte oblicuo en un borde.
bisexual adj. **1** Que tiene órganos sexuales masculinos y femeninos. ◆ adj./m. y f. **2** Que siente atracción sexual por personas de ambos sexos.
bisiesto adj./m. Se dice del año de 366 días, que resulta de añadir el día 29 al mes de febrero, cada cuatro años.
bisílabo, a adj. Que tiene dos sílabas.
bismuto m. Elemento químico de símbolo Bi y número atómico 83.
bisnieto, a o **biznieto, a** s. Hijo o hija del nieto o de la nieta de una persona.
bisonte m. Mamífero rumiante, parecido al buey, de cuerpo grande y robusto.
bisoñé m. Peluca que cubre solamente la parte anterior de la cabeza.
bisoño, a adj./s. Se dice de la persona que no tiene experiencia o es nueva en una profesión.
bistec o **bisté** m. Filete o trozo alargado de carne de vaca.
bisturí m. Instrumento de cirugía en forma de cuchillo pequeño.
bisutería f. Conjunto de objetos de adorno personal hechos con materiales de poco valor.
bit m. En informática y otras disciplinas, unidad mínima de información.

bitácora f. En un barco, armario fijo a la cubierta y cercano al timón, donde se guarda la brújula.

bíter m. Bebida de gusto amargo y color rojo.

bitoque m. **1** AMÉR Cánula de la jeringa. **2** AMÉR CENTRAL Cloaca o alcantarilla. **3** ARG, MÉX, URUG Grifo.

biunívoco, a adj. En matemáticas, correspondencia única entre dos elementos.

bivalvo, a adj./m. Se dice del molusco que tiene una concha dividida en dos valvas.

bivitelino, a adj. Se dice del mamífero que ha sido engendrado a partir de un óvulo diferente al óvulo del que se ha originado su hermano.

bizantino, a adj./s. **1** De Bizancio. ◆ adj. **2** Se dice de la discusión demasiado sutil.

bizarro, a adj. Valiente y noble.

bizco, a adj./s. **1** Que bizquea. **2** *Fam.* Pasmado o asombrado.

bizcocho m. Dulce hecho con una masa de harina, huevos y azúcar que se cocina al horno.

biznieto, a s. Bisnieto.

blanca f. **1** Nota musical que equivale a dos negras. **2** Ficha del dominó que en alguna de sus mitades no tiene marcado ningún punto.

blanco, a m./adj. **1** Color como el de la nieve o el de la leche. ◆ adj. **2** De color más claro que otras cosas semejantes. ◆ adj./s. **3** Se dice de la persona cuya raza se caracteriza por el color pálido de la piel. ◆ m. **4** Cosa sobre la que se dispara.

blancura f. Cualidad de la cosa que es blanca.

blandir tr. Mover un arma agitándola en el aire. (Solo se usa en los tiempos y personas cuya terminación contiene la vocal **i**: **blandía, blandiendo**, etc.)

blando, a adj. **1** Que se dobla o se deforma con facilidad. **2** Se dice del mineral que se raya con facilidad. **3** Que es demasiado benévolo.

blanquear tr. **1** Poner blanco algo. **2** Convertir el dinero ilegal en legal.

blanquillo m./adj. Variedad de trigo.

blasfemia f. Palabra o expresión injuriosa contra Dios, la Virgen, los santos o los objetos sagrados.

blasón m. Escudo de armas.

blástula f. Fase del desarrollo embrionario en la que las células se presentan en forma de esfera hueca.

bledo m. Planta comestible, de tallo verde o rojizo, flores rojas y hojas de color verde oscuro.

blenorragia f. Enfermedad infecciosa de transmisión sexual.

blindar tr. Proteger con planchas de hierro o acero contra las balas, las explosiones o el fuego.

bloc m. Conjunto de hojas de papel para escribir o dibujar, unidas por uno de sus lados y que se pueden separar con facilidad.

blocar tr. Bloquear.

blonda f. Encaje de seda.

bloque m. **1** Masa sólida grande. **2** Edificio grande de muchos pisos. **3** Conjunto de cosas homogéneas, con características comunes.

bloquear tr. **1** Cortar el paso o impedir el movimiento. **2** Impedir o frenar el desarrollo de algo. **3** Impedir o paralizar el funcionamiento de un aparato o mecanismo. ◆ prnl. **4** Quedarse paralizado.

blues m. Estilo musical nacido en el sur de Estados Unidos a finales del s. XIX como derivación de las canciones de los esclavos negros de las plantaciones.

blusa f. Prenda exterior femenina, de tela fina, que cubre la parte superior del cuerpo y se abrocha por delante o por detrás.

boa f. Serpiente de gran tamaño, no venenosa.

boato m. Ostentación exterior de riqueza.

bobina f. **1** Cilindro formado por hilo, cable, alambre o papel enrollado a un canuto. **2** Arrollamiento de hilo conductor que, al ser conectado a una corriente, genera un campo magnético a su alrededor.

bobo, a adj./s. **1** Tonto o poco inteligente. ◆ m. **2** AMÉR CENTRAL, CUBA, MÉX, P RICO, R DOM Pez comestible de agua dulce.

boca f. **1** Abertura inicial del tubo digestivo. **2** Entrada o salida. **3** Abertura u orificio. **4** Órgano del habla.

bocacalle f. **1** Entrada de una calle. **2** Calle secundaria que va a dar a otra.

bocadillo m. **1** ESP Trozo de pan partido en dos mitades, entre las que se coloca otro alimento. **2** ESP En los tebeos, espacio en forma de globo que encuadra las palabras de los personajes.

bocado m. **1** Mordisco. **2** Cantidad de alimento que cabe de una vez en la boca.

bocajarro ◇ **a ~** Desde muy cerca. —De improviso.

bocamanga f. Parte de la manga que está más cerca de la mano o muñeca.

bocana f. Paso estrecho de mar que sirve de entrada a una bahía, puerto o fondeadero.

bocanada f. **1** Cantidad de aire que se toma o expulsa de una vez. **2** Llegada repentina de una cantidad de aire o calor.

bocata m. *Fam.* ESP Bocadillo.

bocazas m. y f./adj. *Fam.* ESP Persona que habla demasiado y sin discreción.

bocel m. En arquitectura, moldura lisa, convexa y de forma semicircular.

boceto m. Esbozo o proyecto con los rasgos principales.

bochorno m. **1** Calor intenso y sofocante. **2** Vergüenza que produce sonrojo.

bocina f. **1** Dispositivo eléctrico para emitir señales acústicas. **2** CUBA, GUAT, MÉX, PAN, P RICO, R DOM Aparato que transforma las modulaciones eléctricas de una corriente alterna en modulaciones perceptibles por el oído humano.

bocio m. Desarrollo excesivo del tamaño de la glándula tiroides.

bocón m. AMÉR Trabuco.

boda f. Ceremonia en que dos personas se casan.

bodega f. **1** Lugar en el que se elabora, almacena y vende el vino. **2** Espacio de un barco donde se lleva la carga.

bodegón m. Composición pictórica en la que se representa una naturaleza muerta.

bodrio m. Cosa de muy mala calidad, mal hecha o de mal gusto.

body m. Prenda femenina que cubre todo el cuerpo menos las extremidades.

bofe m. Pulmón.

bofetada f. **1** Golpe dado con la mano abierta en la cara. **2** Desprecio, humillación.

boga f. Acción de bogar o remar ◇ **en** ~ De moda.

bogar intr. Remar, mover los remos en el agua.

bogavante m. Crustáceo marino comestible, parecido a la langosta, cuya carne es muy apreciada y de gran valor comercial.

bogotano, na adj./s. De Bogotá (Colombia).

bohemio, a adj./s. **1** De Bohemia. ◆ adj. **2** De origen gitano. ◆ adj./s. **3** Que lleva una vida libre y poco organizada. ◆ m./adj. **4** Dialecto checo que se habla en Bohemia.

boicot m. Acción dirigida contra alguien o algo.

boina f. Prenda de vestir que cubre la cabeza hecha de lana o paño.

boj m. Arbusto con hojas duras y brillantes y madera dura y compacta.

bojote m. AMÉR Bulto, paquete.

bol m. Recipiente semejante a una taza grande sin asa.

bola f. **1** Cuerpo esférico. **2** *Fam.* Mentira. **3** ARG , URUG Piedra esférica que, atada a un cordel, lanzan como arma de caza los indios. **4** VENEZ Empanada de forma esférica. ◆ f.pl. **5** *Vulg.* Testículos.

bolchevique adj./m. y f. Relativo al bolchevismo.

boleadoras f.pl. Instrumento usado en América para cazar animales.

bolera f. Local en el que se juega a los bolos.

bolero m. **1** Música, canción y danza española. **2** Música y canción de origen antillano.

boleta f. **1** Billete de entrada a un lugar. **2** AMÉR Papel impreso que se emplea para votar, multar, etc. **3** AMÉR Factura o recibo. **4** MÉX Registro o comprobante oficial de algo.

boletería f. AMÉR Taquilla donde se venden billetes.

boletín m. **1** Publicación periódica. **2** Transmisión breve de noticias.

boleto m. Billete o entrada.

boliche m. **1** En el juego de la petanca, la bola más pequeña. **2** P RICO Tabaco malo.

bólido m. Automóvil para carreras deportivas.

bolígrafo m. Instrumento para escribir que tiene en su interior un tubo de tinta y en la punta una bolita metálica.

bolillo m. Palito de forma cilíndrica que se usa para hacer encajes.

bolinga adj. *Fam.* ESP Borracho.

bolívar m. Unidad monetaria de Venezuela.

boliviano, a adj./s. De Bolivia.

bollo m. **1** Dulce esponjoso, hecho con una masa de harina, leche, huevos y azúcar. **2** *Fam.* Abolladura. **3** *Fam.* Bulto que sale en la cabeza a causa de un golpe.

bolo m. **1** Pieza con base plana que sirve para jugar a los bolos. ◆ m.pl. **2** Juego que consiste en derribar con una bola cierto número de bolos.

boloñesa f. Salsa hecha con un sofrito de tomate y carne picada.

bolsa f. **1** Saco de un material flexible. **2** Arruga de un tejido mal ajustado. **3** Lugar donde se reúnen los que compran y venden valores de comercio. **4** Actividad de comprar y vender valores de comercio. **5** ESP Beca. **6** MÉX Bolso.

bolsillo m. Pieza de un prenda de vestir para meter pequeñas cosas.

bolso m. AMÉR SUR, ESP Bolsa de mano de un material resistente que se usa para llevar objetos personales.

bomba f. **1** Artefacto explosivo. **2** Noticia inesperada y sorprendente. **3** Aparato para extraer, elevar o impulsar líquidos y gases.

bombacha f. AMÉR SUR Prenda interior femenina, de tejido suave, que cubre desde la cintura hasta la ingle.

bombacho adj./m. Se dice del pantalón que es ancho y se ajusta por debajo de la rodilla.

bombardear tr. **1** Arrojar bombas o disparar con artillería. **2** Hacer muchas preguntas a alguien. **3** Someter un cuerpo a radiaciones.

bombardero m. Avión militar para lanzar bombas.

bombardino m. Instrumento musical de viento, de metal, con pistones y tubo encorvado, y de sonido grave.

bombear tr. **1** Impulsar un fluido por medio de una bomba. **2** Dar forma redondeada y convexa a una cosa.

bombero, a s. **1** Persona que extingue incendios. ◆ adj./s. **2** AMÉR SUR Se dice del juez árbitro que favorece a uno de los dos equipos deportivos.

bombilla f. **1** Globo de vidrio en forma de pera para dar luz eléctrica. **2** AMÉR Tubo delgado para tomar refrescos.

bombillo m. **1** Aparato con sifón usado en desagües, retretes, etc. **2** AMÉR CENTRAL, COL, CUBA, P RICO, R DOM, VENEZ Bombilla eléctrica.

bombín m. Sombrero de ala estrecha y copa baja, rígida y redondeada.

bombo m. **1** Tambor grande de sonido grave. **2** Persona que toca este instrumento. **3** Caja redonda y giratoria que contiene las bolas de un sorteo. **4** *Fam.* Alabanza exagerada.

bombón m. **1** Dulce pequeño de chocolate. **2** *Fam.* Persona muy atractiva.

bombona f. Recipiente metálico para contener gases a presión.

bonaerense adj./m. y f. De Buenos Aires.

bonanza f. **1** Tiempo sereno y tranquilo en el mar. **2** Prosperidad o buena situación.

bondad f. **1** Inclinación a hacer el bien. **2** Dulzura de carácter.

bonete m. Gorro que usan los eclesiásticos.

bongo o **bongó** m. Instrumento de percusión de origen caribeño.

boniato m. Tubérculo de huerta, de piel marrón y carne amarillenta.

bonificación f. Cantidad de dinero que se añade al sueldo o se descuenta de un precio.

bonito, a adj. **1** Agradable de ver u oír. **2** Agradable y enternecedor. ◆ m. **3** Pez marino comestible de color azul plateado.

bono m. **1** Papel que se puede canjear. **2** Tarjeta que da derecho a usar un servicio durante cierto tiempo. **3** Título de deuda emitido por el Estado.

bonsái m. Árbol enano que se cultiva en macetas pequeñas y al que se cortan brotes y raíces para que no crezca.

bonzo m. Sacerdote o monje budista.

boñiga f. Excremento de vacuno o de caballerías.

boom m. Éxito, popularidad o prosperidad inesperados y repentinos.

boomerang o **bumerán** m. Objeto de madera que al lanzarse vuelve al punto de partida.

boquera f. Herida que se forma en las comisuras de los labios de una persona.

boquerón m. Pez marino comestible de pequeño tamaño.

boquete m. Agujero o abertura de gran tamaño.

boquiabierto, a adj. Se dice de la persona que tiene la boca abierta por admiración.

boquilla f. **1** Tubo pequeño en uno de cuyos extremos se pone el cigarrillo. **2** Pieza al extremo del tubo de un instrumento de viento, por la que se sopla.

borbónico, a adj./s. Relativo a los Borbones.

borbotar intr. Hacer ruido el agua u otro líquido cuando hierve o brota.
borbotón m. Erupción de agua u otro líquido que surge de abajo hacia arriba o de dentro hacia fuera formando burbujas.
borceguí m. Calzado antiguo que llega hasta más arriba del tobillo, abierto por delante y que se ajusta por medio de cordones.
borda f. Borde superior del costado de un barco.
bordado, a m. **1** Labor de adorno en una tela. ◆ adj. **2** ESP Bien acabado.
bordar tr. **1** Realizar bordados. **2** ESP Hacer algo muy bien.
borde m. **1** Línea que limita la parte exterior de algo. ◆ adj. **2** Se dice de la planta no injertada ni cultivada. ◆ adj./m. y f. **3** *Fam. Desp.* ESP Que tiene mal carácter.
bordear tr. **1** Andar o pasar por el borde de algo. **2** Rodear un lugar.
bordillo m. COL, ESP, MÉX, VENEZ Línea de piedra en el borde de una acera o andén.
bordo m. **1** Costado de una embarcación. **2** MÉX Vallado para formar un embalse temporal.
bordón m. **1** Bastón alto. **2** COL, PAN Benjamín, hijo menor.
boreal adj. Relativo al Norte.
borla f. Bola de hebras o pequeños cordones que se emplea como adorno.
borne m. Pieza metálica en forma de botón que sirve para comunicar un aparato eléctrico o una máquina con un hilo conductor.
boro m. Elemento químico de símbolo B y número atómico 5.
borona f. **1** Pan de maíz. **2** AMÉR Migaja de pan.
borra f. **1** Lana de poco valor. **2** Pelusa sucia que se forma debajo de los muebles cuando no se limpian con frecuencia.
borracho, a adj./s. **1** Trastornado por el alcohol. ◆ adj. **2** Dominado por un sentimiento muy fuerte.
borrador m. **1** Utensilio para borrar. **2** Primera redacción de un escrito.
borraja f. Planta de hojas y tallos ásperos, comestible.
borrar tr./intr. Hacer desaparecer lo dibujado o escrito.
borrasca f. **1** Zona de baja presión atmosférica. **2** Tormenta con fuerte viento.
borrego, a s. **1** Cordero de entre uno y dos años. ◆ adj./s. **2** *Desp.* Cándido, que se somete fácilmente. ◆ m. **3** AMÉR CENTRAL, CUBA, MÉX Noticia falsa y tendenciosa. ◆ s. **4** C RICA Cerdo pequeño.
borrico, a s. **1** Burro (animal). ◆ adj./s. **2** *Fam.* Torpe o poco inteligente.
borrón m. **1** Mancha de tinta. **2** Hecho deshonroso.
borroso, a adj. Impreciso.

bosque m. Conjunto de árboles.

bosquejo m. **1** Boceto. **2** Exposición de una idea en líneas generales.

bosquimán, na o **bosquimano, a** adj./s. De un grupo étnico del sudeste de África.

bostezar intr. Hacer un bostezo.

bota f. **1** Calzado que cubre parte de la pierna. **2** Recipiente para beber o almacenar vino. **3** AMÉR Bolsa u odre impermeable para sacar agua o mineral de las minas. **4** COL, P RICO, R DOM Vaina de cuero con que se cubren los espolones de los gallos de pelea.

botador, ra m. **1** Herramienta de hierro para arrancar clavos. ◆ adj. **2** AMÉR Que malgasta el dinero.

botadura f. Acción de echar una embarcación al agua.

botafumeiro m. Incensario grande.

botánica f. Ciencia que estudia los vegetales.

botar tr. **1** Hacer que un cuerpo elástico dé botes o saltos. **2** Hacer una botadura. **3** *Fam.* Echar o expulsar. ◆ intr. **4** Cambiar de dirección un cuerpo elástico al chocar. **5** Dar saltos o botes.

botarate m. **1** *Fam.* Persona que tiene poco juicio y actúa de manera alocada o insensata. **2** AMÉR Derrochador.

botavara f. Palo horizontal que, junto con el mástil, sirve para sujetar una vela.

bote m. **1** Movimiento hacia arriba que da un cuerpo elástico al botar. **2** Salto o brinco. **3** Recipiente cilíndrico con tapa. **4** Barca pequeña sin cubierta. **5** ESP Premio sin acertantes que se acumula para el siguiente sorteo.

botella f. **1** Recipiente alto, cilíndrico y de cuello estrecho. **2** AMÉR Empleo o cargo de poco trabajo y notable retribución.

botellón m. **1** AMÉR Damajuana. **2** ESP Práctica de reunirse en la calle para tomar alcohol.

botica f. Establecimiento donde se hacen y venden medicinas, en especial antiguamente.

botijo m. Vasija de barro poroso, panzuda y con un asa en la parte superior, con una boca para llenarla y un pitorro para beber.

botín m. **1** Calzado que cubre o llega hasta el tobillo. **2** Conjunto de bienes robados.

botiquín m. Armario pequeño, caja o maleta con medicamentos y utensilios quirúrgicos para primeros auxilios.

botón m. **1** Pieza pequeña y redonda que sirve para abrochar. **2** Pieza pequeña que se oprime en aparatos eléctricos para hacerlos funcionar. **3** MÉX Yunta de animales de tiro o de labranza que se lleva como reemplazo.

botones m. Mozo uniformado que se dedica a hacer recados en algunos establecimientos.

botulismo m. Intoxicación producida por la ingestión de embutidos o conservas en mal estado.

bourbon m. Variedad de whisky estadounidense.

boutique f. Tienda especializada en artículos de moda.

bóveda f. Cubierta de forma curva que cierra el espacio comprendido entre dos muros o varios pilares.

bóvido, a adj./m. Se dice del animal mamífero rumiante con cuernos.

bovino, a adj. Relativo al toro o la vaca.

box m. En automovilismo y motociclismo, zona del circuito donde se instalan los servicios mecánicos de los participantes.

boxeo m. Deporte de combate en el que los dos adversarios se enfrentan a puñetazos.

bóxer m. y f./adj. **1** Perro parecido al dogo alemán y al bulldog. ◆ m. **2** ESP Modelo de calzoncillo parecido a unos pantalones cortos.

boya f. Cuerpo flotante que sirve de señal en el agua.

boyante adj. Favorable, próspero.

bozal m. Aparato que se pone en la boca de ciertos animales para que no muerdan.

bozo m. Vello muy fino que sale a los jóvenes sobre el labio superior antes del bigote.

bracear intr. Mover repetidamente los brazos.

bracero m. Persona que trabaja en el campo.

bráctea f. Hoja que nace del pedúnculo de una flor.

braga f. ESP Prenda interior femenina.

bragado, a adj. Se dice del animal que tiene la zona de la entrepierna de diferente color que el resto del cuerpo.

braguero m. **1** Aparato ortopédico para contener las hernias. **2** ARG, BOL, CH, PERÚ Calzón elástico que usan los deportistas. **3** MÉX Cuerda que se coloca bordeando el cuerpo de un toro, para que pueda ser montado a pelo.

bragueta f. Abertura que hay en la parte alta y delantera de un pantalón.

brahmanismo m. Religión de la India que tiene como dios supremo a Brahma.

braille m. Sistema de escritura y lectura para ciegos que utiliza puntos en relieve.

bramadero m. **1** Lugar al que acuden los animales en celo. **2** AMÉR Poste al cual se amarra a los animales.

bramante m. Cordel de cáñamo, fino y resistente, usado sobre todo para liar paquetes.

bramar intr. Dar bramidos.

bramido m. **1** Voz característica del toro, el ciervo, etc. **2** Grito fuerte. **3** Ruido fuerte del aire o el agua.

brandy m. Bebida alcohólica de alta graduación.
branquia f. Órgano respiratorio de los peces y otros animales acuáticos.
braña f. ESP Prado de pastos con agua situado en la ladera de una montaña.
braquial adj. Relativo al brazo.
brasa f. Trozo de carbón o de leña que arde y se quema sin hacer llama.
brasero m. Recipiente de metal en el que se depositan brasas.
brasier m. AMÉR CENTRAL, COL, MÉX, VENEZ Sostén (prenda interior femenina).
brasilense adj./m. y f. De Brasilia.
brasileño, a adj./s. De Brasil.
bravata f. Amenaza pronunciada con arrogancia.
bravío, a adj. **1** Se dice del animal salvaje y feroz. **2** Se dice de la planta silvestre. **3** Se dice del mar embravecido y agitado.
bravo, a adj. **1** Se dice del animal agresivo y violento. **2** Muy valiente. **3** Se dice del mar embravecido y agitado. ◆ **interj. 4** Indica alegría, aprobación o aplauso.
bravucón, na adj./s. *Desp.* Que dice bravatas.
bravura f. Valentía o determinación.
braza f. **1** Medida de longitud que usan los marineros. **2** Estilo de natación en que los brazos y las piernas se encogen y se estiran simultáneamente.
brazada f. **1** Movimiento de los brazos que se hace cuando se nada. **2** Cantidad de una cosa que se puede abarcar con los brazos. **3** AMÉR Braza (medida).
brazalete m. Aro que se lleva por encima de la muñeca.
brazo m. **1** Miembro del cuerpo que une el hombro con la mano. **2** Soporte lateral de un asiento. **3** Lado de la barra horizontal de una cruz.
brea f. **1** Compuesto viscoso y oscuro utilizado para asfaltar. **2** Sustancia viscosa de la destilación de la hulla o el petróleo. **3** ARG, CH Arbusto que produce una resina utilizada como brea. **4** CUBA, GUAT, MÉX *Desp.* Dinero.
brebaje m. *Desp.* Bebida desagradable.
brecha f. **1** Abertura o grieta. **2** Herida.
brécol m. CUBA, ESP Bróculi.
bregar intr. **1** Trabajar con entrega. **2** Luchar contra las dificultades.
brete m. Dificultad, situación comprometida.
breva f. Primer fruto de la higuera, mayor que el segundo, el higo.
breve adj. **1** De poca longitud o duración. ◆ m. **2** Documento pontificio.
brevedad f. Corta extensión de una cosa o duración de un período.
breviario m. Libro que contiene las oraciones eclesiásticas de todo el año.

brezo m. Arbusto pequeño de tallos ramosos, hojas estrechas y flores pequeñas, moradas, blancas o rojas, de madera muy dura.

bribón, na adj./s. Se dice de la persona que es despreciable porque actúa con maldad.

bricolaje m. Conjunto de trabajos manuales y pequeñas reparaciones de ocio.

brida f. **1** Freno del caballo, con riendas y correaje. **2** Reborde de un tubo para ajustar o empalmar otro tubo.

bridge m. Juego de cartas que se practica con la baraja francesa.

brie m. Queso de vaca de color amarillo dorado.

brigada f. **1** Reunión de varios regimientos. **2** Conjunto organizado de personas. ◆ m. y f. **3** Militar del cuerpo de suboficiales.

brik m. Envase de cartón opaco impermeabilizado con aluminio que se usa para envasar líquidos.

brillante adj. **1** Que brilla. **2** Lleno de talento o belleza. ◆ m. **3** Diamante tallado por las dos caras.

brillantina f. Cosmético para dar brillo al cabello.

brillar intr. **1** Emitir luz propia o reflejada. **2** Destacar por el talento o la hermosura.

brillo m. **1** Lustre o resplandor. **2** Lucimiento o gloria.

brinco m. Salto dado con ligereza o repentino.

brindar intr. **1** Manifestar, al ir a beber, el bien que se desea. ◆ tr. **2** Ofrecer o mostrar una cosa a alguien. ◆ prnl. **3** Ofrecerse a hacer algo.

brindis m. Acción de brindar al beber.

brío m. Fuerza, ánimo o energía con la que se ejecuta una acción.

brioche m. Bollo esponjoso de forma redondeada.

briofito, a o **briófito, a** adj./f. Se dice del organismo vegetal con rasgos de las algas y las plantas superiores.

brisa f. Viento suave, fresco y agradable.

brisca f. Juego de naipes en el que se dan tres cartas a cada jugador y se descubre otra que indica el palo de triunfo.

británico, a adj./s. **1** De Gran Bretaña. **2** Del Reino Unido.

brizna f. **1** Parte muy delgada de una planta. **2** Cantidad pequeña.

broca f. Herramienta de acero que se inserta a una taladradora.

brocado, a adj. **1** Se dice del tejido con dibujos que parecen bordados. ◆ m. **2** Tejido de seda con estos dibujos.

brocal m. Borde de piedra alrededor de la boca de un pozo.

brocha f. Instrumento para pintar más ancho y fuerte que el pincel.

broche m. **1** Cierre de metal formado por dos piezas. **2** Aguja o alfiler con una joya.

brocheta f. Varilla en la que se ensartan trozos de alimentos para asarlos.

brócoli o **bróculi** m. Variedad de col de color verde.

broker m. y f. Persona que actúa como intermediario en operaciones de compra y venta.

broma f. **1** Acción o dicho para divertir. **2** Molusco marino de forma alargada.

bromo m. Elemento químico de símbolo Br y número atómico 35.

bromuro m. **1** Ion formado al captar un electrón el átomo de bromo. **2** Haluro con un ion de este tipo.

bronca f. **1** Discusión muy fuerte. **2** Reprensión fuerte. **3** Manifestación colectiva y ruidosa de protesta. **4** AMÉR Rabia o resentimiento.

bronce m. **1** Aleación metálica de cobre y estaño. **2** Tercer premio en una competición. ◆ **m./adj. 3** Color amarillo rojizo.

broncear tr./intr. Poner morena la piel.

bronco, a adj. Tosco, áspero o desagradable.

bronconeumonía f. Inflamación de los bronquios y del tejido pulmonar.

bronquio m. Cada uno de los conductos en que se divide la tráquea.

bronquiolo o **bronquíolo** m. Cada uno de los conductos pequeños en que se ramifican los bronquios dentro de los pulmones.

bronquitis f. Inflamación aguda de los bronquios, caracterizada por tos y expectoración.

brotar intr. **1** Nacer una planta. **2** Echar una planta nuevos tallos. **3** Manar agua u otro líquido. **4** Nacer o empezar a manifestarse una cosa.

brote m. **1** Tallo nuevo de una planta. **2** Aparición o principio de una cosa.

broza f. **1** Conjunto de ramas, hojas secas y otros restos de plantas que hay en los bosques y jardines. **2** Conjunto de desperdicios o desechos.

bruces ◇ **de ~** Con la cara hacia abajo, contra el suelo.

brujo, a s. **1** Persona que practica la brujería. ◆ **f. 2** *Desp.* Mujer fea o mala. ◆ **adj. 3** Que hechiza. **4** CUBA, MÉX, P RICO Empobrecido.

brújula f. Instrumento formado por una esfera y una aguja imantada en su centro que indica siempre el norte magnético.

bruma f. Niebla.

bruñir tr. **1** Pulir o frotar una superficie para que brille. **2** Dar un acabado brillante a un metal. **3** AMÉR CENTRAL Molestar, fastidiar.

brusco, a adj. **1** Áspero y desagradable. **2** Imprevisto o precipitado.

brut adj./m. Se dice del champán o cava que no lleva azúcar añadido.

bruto, a adj./s. **1** De escasa formación. **2** Que tiene malos modos. **3** Que hace un uso excesivo de la fuerza física. ◆ **adj. 4** Se dice del peso o cantidad sin descontar la tara, los impuestos, etc. **5** Que es tosco y no está trabajado.

bucal adj. Relativo a la boca.

bucanero m. Pirata que saqueaba las posesiones españolas en América en los ss. XVII y XVIII.

bucear intr. Nadar manteniéndose bajo el agua.

buche m. **1** Parte del aparato digestivo de la mayoría de las aves. **2** *Fam.* Estómago de las personas. **3** Cantidad de líquido que cabe en la boca.

bucle m. Rizo de cabello en forma de espiral.

bucólico, a adj. Se dice del género poético que trata de la vida de los pastores.

budín m. Dulce hecho con frutas y bizcocho.

budismo m. Doctrina religiosa que tuvo su origen en las ideas de Buda en el s. VI a. C.

buen adj. Apócope de bueno.

buenaventura f. Adivinación del futuro.

bueno, a adj. **1** Que tiene inclinación natural a hacer el bien. **2** Que cumple con sus deberes. **3** Adecuado o conveniente. **4** Que tiene mucha calidad. **5** Que tiene las cualidades propias de la función que desempeña. **6** Agradable a los sentidos. **7** Sano, con buena salud. **8** Mayor de lo normal en tamaño, cantidad o intensidad. ◆ **adv. 9** Indica aprobación o conformidad.

buey m. **1** Toro para las labores del campo. **2** Crustáceo marino comestible.

búfalo, a s. **1** Mamífero parecido al toro, de cuerpo robusto. **2** Bisonte americano.

bufanda f. Prenda de vestir que consiste en una tira larga y amplia de tela con que se envuelven y abrigan el cuello y la boca.

bufé m. Comida en la que los alimentos están dispuestos en mesas o mostradores.

bufete m. **1** Despacho de abogados. **2** Mesa de escribir con cajones.

bufo, a adj. **1** Ridículo y grotesco. ◆ s. **2** Persona que hace el papel de gracioso en la ópera italiana.

bufón, na s. Personaje que hace reír.

buganvilla f. Arbusto trepador de jardín, de flores pequeñas, rojas, anaranjadas o moradas.

buhardilla f. Parte más alta de una casa, con el techo inclinado.

búho m. Ave rapaz nocturna de ojos muy redondos y grandes.

buhonero m. Persona que va de casa en casa vendiendo utensilios y objetos de poco valor.

buitre m. Ave rapaz carroñera de gran tamaño, con la cabeza y el cuello sin plumas.

buje m. Pieza cilíndrica que reviste por el interior el cubo de una rueda u otra pieza que gira alrededor de un eje.

bujía f. Pieza de un motor de combustión interna que produce la chispa eléctrica.

bula f. **1** Documento que lleva el sello pontificio. **2** Sello de plomo de estos documentos.
bulbo m. **1** Tallo subterráneo de ciertas plantas. **2** Estructura de forma redondeada.
buldog o **bulldog** m./adj. Perro de una raza que se caracteriza por tener cuerpo robusto, patas cortas, cabeza grande y cuadrada y hocico aplanado.
buldózer m. Bulldozer.
bulería f. Cante y baile flamenco de ritmo vivo y que se acompaña con palmas.
bulevar m. Calle o avenida ancha.
búlgaro, a adj./s. **1** De Bulgaria. ◆ m./adj. **2** Lengua eslava que se habla en Bulgaria.
bulimia f. Hambre excesiva.
bulla f. Algarabía de voces, gritos y risas.
bullabesa f. Sopa de pescado y marisco a la que se añaden especias, aceite y vino.
bullanguero, a adj./s. Se dice de la persona a la que le gustan mucho las fiestas.
bulldog m./adj. Buldog.
bulldozer o **buldózer** m. Máquina excavadora montada sobre un vehículo oruga y provista de una pala frontal.
bullicio m. Ambiente alegre y ruidoso producido por mucha gente reunida.
bullir intr. **1** Hervir el agua u otro líquido. **2** Moverse, agitarse.
bulo m. ESP Noticia falsa que se propaga.
bulto m. **1** Volumen o tamaño de una cosa. **2** Abultamiento o elevación.
bumerán m. Boomerang.
bungaló o **bungalow** m. Casa pequeña, de un solo piso y estructura sencilla.
búnker m. Reducto fortificado.
buñuelo m. Masa de harina y otros ingredientes, como frutas o pescados, frita en aceite.
buque m. Embarcación grande con el fondo cóncavo.
burbuja f. Glóbulo de aire o gas que se forma dentro de un líquido.
burdel m. Casa de prostitución.
burdeos m./adj. **1** Color rojo oscuro. ◆ m. **2** Vino de Burdeos.
burdo, a adj. Tosco, grosero, basto.
burgo m. Pequeño núcleo de población que depende de otra población más importante.
burgués, sa adj./m. Relativo o perteneciente a la burguesía.
burguesía f. Clase social formada por personas acomodadas que poseen propiedades y capital.
buril m. Instrumento de acero con un extremo puntiagudo y en forma de prisma que sirve para grabar metales.
burka m. o f. Manto que usan las mujeres afganas.
burla f. Hecho o dicho con que se intenta poner en ridículo a una persona o cosa.

burladero m. Trozo de valla situada delante de la barrera en la plaza de toros para que el torero pueda burlar al toro.

burlar tr. **1** Hacer creer algo falso. **2** Esquivar una amenaza. ◆ prnl. **3** Hacer burla.

buró m. Escritorio con pequeños compartimentos y cajoncitos en su parte superior.

burocracia f. Conjunto de trámites que hay que seguir para resolver un asunto administrativo.

burro, a s. **1** Mamífero cuadrúpedo doméstico con grandes orejas. ◆ adj./s. **2** *Fam.* Torpe o poco inteligente. ◆ m. **3** Juego de naipes. **4** *Argot.* ESP Heroína (droga).

bursátil adj. Relativo a la bolsa.

bus m. **1** Vehículo de transporte público para gran número de pasajeros. **2** Circuito que conecta los componentes de un ordenador.

busca f. **1** Acción de buscar. ◆ m. **2** Aparato electrónico para recibir un mensaje de aviso.

buscar tr. Hacer lo necesario para encontrar a una persona o cosa.

buscavidas m. y f. *Fam.* Persona que tiene habilidad para salir adelante en la vida.

buscón, na adj./s. **1** Que busca. **2** Se dice de la persona que hace robos o estafas de poca importancia. ◆ f. **3** Prostituta.

búsqueda f. Busca, investigación.

busto m. **1** Escultura o pintura que comprende la cabeza y la parte superior del tórax. **2** Parte del cuerpo desde la cintura hasta la cabeza. **3** Pechos de la mujer.

butaca f. **1** Sillón con el respaldo inclinado hacia atrás. **2** Asiento y entrada de teatros y cines.

butano m. **1** Hidrocarburo saturado de cuatro átomos de carbono. ◆ m./adj. **2** ESP Color anaranjado.

butifarra f. Embutido hecho con carne de cerdo cruda y picada.

butrón m. Agujero que los ladrones hacen en techos o paredes para robar.

buzo m. Persona que bucea con un equipo especial que le permite respirar bajo el agua.

buzón m. **1** Receptáculo con una ranura por donde se echan las cartas. **2** *Fam.* Boca muy grande.

byte m. Conjunto de 8 bits.

C

c f. **1** Tercera letra del alfabeto español; su nombre es **ce**. **2** En la numeración romana, tiene el valor de cien.

cabal adj. **1** Sensato. **2** Exacto o justo en su peso o medida.

cábala f. **1** Interpretación mística y alegórica del Antiguo Testamento realizada por los judíos y algunos cristianos. **2** Suposición o conjetura.

cabalgar tr./intr. **1** Montar en un caballo u otra cabalgadura. ◆ intr. **2** Estar una cosa sobre otra.

cabalgata f. Conjunto de jinetes y carrozas que desfilan.

caballa f. Pez marino comestible semejante a la sardina, pero de mayor tamaño.

caballería f. **1** Animal doméstico que sirve para montar en él o para transportar cosas. **2** Cuerpo de un ejército formado por soldados montados a caballo. **3** Institución feudal formada por los caballeros.

caballeriza f. Instalación cerrada y cubierta preparada para la estancia de caballerías.

caballero m. **1** Hombre adulto. **2** Hombre de la pequeña nobleza.

caballete m. Armazón de madera utilizado por los pintores para colocar el lienzo.

caballo m. Mamífero équido, macho, con las patas terminadas en casco.

cabaña f. **1** Casa en el campo, pequeña y tosca. **2** Conjunto de cabezas de ganado.

cabaré m. Establecimiento nocturno en que se hacen espectáculos de música y baile.

cabe prep. *Formal.* Indica que una cosa o persona está junto a otra o muy cerca de ella.

cabecear tr./intr. **1** En fútbol, golpear la pelota con la cabeza. ◆ intr. **2** Mover la cabeza. **3** Dar cabezadas. ◆ tr. **4** CH Formar las puntas o cabezas de los cigarros.

cabecera f. **1** Extremo de la cama donde se coloca la almohada. **2** Lugar principal de la mesa.

cabecilla m. y f. Persona que está al frente de un grupo o movimiento de protesta.

cabellera f. Conjunto de cabellos.

cabello m. **1** Pelo que nace en la cabeza de las personas. **2** Conjunto de cabellos.

caber intr. **1** Poder ser contenida una cosa dentro de otra. **2** Poder entrar alguien o algo por una abertura o paso. **3** Ser algo posible.

cabestrillo m. Banda de tela o aparato ortopédico que se cuelga del cuello o del hombro para sostener la mano o el brazo lesionados.

cabestro m. **1** Buey manso. **2** Persona torpe que se deja influir.

cabeza f. **1** Parte superior del cuerpo donde se encuentra el cerebro. **2** Capacidad de pensar. **3** Persona. **4** Animal de un rebaño. **5** Parte o pieza colocada en el extremo de un objeto y opuesta a la punta.

cabezada f. Inclinación involuntaria de la cabeza cuando se dormita.

cabezal m. Dispositivo móvil de algunos aparatos que sirve para poner en él la pieza que realiza la función principal.

cabezón, na adj./s. **1** *Fam.* Que tiene la cabeza grande. **2** *Fam.* Testarudo.

cabezota adj./m. y f. *Fam.* ESP Testarudo.

cabida f. **1** Espacio o capacidad que tiene una cosa para contener otra. **2** Extensión de un terreno.

cabildo m. **1** Comunidad de eclesiásticos de una catedral. **2** Ayuntamiento de una ciudad. **3** AMÉR Municipio.

cabina f. **1** Cuarto o recinto pequeño y cerrado reservado para el conductor o piloto. **2** Habitación o espacio pequeño en el que hay un teléfono público.

cabizbajo, a adj. Se dice de la persona que tiene la cabeza inclinada hacia abajo.

cable m. **1** Hilo metálico para conducir la energía eléctrica. **2** Conjunto de hilos de fibra de vidrio u otro material para transportar información. **3** Trenzado de cuerdas o hilos metálicos para soportar grandes pesos o tensiones.

cabo m. **1** Extremo o punta de una cosa alargada. **2** Resto que queda de una cosa alargada. **3** Lengua de tierra que entra en el mar. **4** Cuerda de las maniobras náuticas. ◆ **m. y f. 5** Miembro del ejército de rango justo superior al del soldado.

cabotaje m. Navegación o tráfico marítimo entre los puertos de un mismo país sin perder de vista la costa.

cabra f. Mamífero rumiante doméstico de cuernos curvados y un mechón de pelo en la barbilla.

cabrales m. Queso de pasta blanda y olor y sabor muy fuertes, que se elabora con leche de vaca, oveja o cabra en Asturias.

cabrear tr. **1** *Fam.* ESP Enfadar mucho o poner de mal humor a alguien. **2** *Fam.* BOL, CH Aburrir o cansar a una persona con una situación o una conducta. ◆ **intr. 3** CH Ir saltando y brincando.

cabrestante m. Torno de eje vertical con una cuerda o cable que

se va enrollando en él a medida que gira y que sirve para mover pesos.
cabriola f. Brinco durante el cual se cruzan varias veces los pies en el aire.
cabriolé m. **1** Coche de caballos de dos ruedas. **2** Automóvil descapotable.
cabrito m. **1** Cría de la cabra. **2** *Vulg.* Hombre casado con una mujer infiel.
cabrón, na s. *Vulg.* Persona que actúa con mala intención.
cabuya f. **1** Planta americana de hojas grandes y carnosas. **2** Fibra que se extrae de las hojas de esta planta. **3** AMÉR Cuerda que se elabora con esta fibra.
caca f. **1** *Fam.* Excremento. **2** *Fam.* Se usa con los niños para designar cualquier cosa sucia. **3** *Fam. y desp.* Cosa de mala calidad.
cacahuate m. MÉX Cacahuete.
cacahuete m. Fruto seco pequeño y alargado.
cacao m. **1** Árbol tropical cuyas semillas son el principal ingrediente del chocolate. **2** Polvo sacado de estas semillas. **3** *Fam.* ESP Situación confusa.
cacarear intr. **1** Dar cacareos el gallo o la gallina. ◆ tr. **2** Alabar demasiado las cosas propias.
cacatúa f. **1** Ave de pico muy encorvado y plumaje vistoso. **2** *Fam. y desp.* Mujer fea, vieja y arreglada en exceso.
cacereño, a adj./s. De Cáceres.
cacería f. **1** Partida de caza. **2** Conjunto de los animales cazados.
cacerola f. Recipiente de metal, cilíndrico, más ancho que hondo y con mango o dos asas, que se usa para cocinar.
cacha f. Pieza que cubre cada lado del mango de un cuchillo, una navaja o la culata de un arma de fuego.
cachaco, a adj./m. **1** COL Se dice del hombre joven, elegante y atento. **2** COL, ECUAD, VENEZ Lechuguino. ◆ s. **3** PERÚ Agente de policía.
cachalote m. Cetáceo parecido a la ballena de boca provista de dientes.
cachar tr. **1** AMÉR CENTRAL Hurtar, robar. **2** *Fam.* AMÉR CENTRAL, CH, COL Dar cornadas un animal. **3** AMÉR CENTRAL, ARG, CH, COL, PAR, URUG Agarrar al vuelo cualquier objeto pequeño. **4** *Fam.* AMÉR CENTRAL, ARG, CH, ECUAD, PAR, URUG Hacer una broma. **5** *Fam.* ARG, CH, MÉX Descubrir a una persona en una actitud incorrecta. **6** *Fam.* ARG, CH, PAR, URUG Captar una idea o un chiste con rapidez. **7** *Fam.* ARG, NIC, PERÚ, URUG Asir una cosa con fuerza y decisión. ◆ prnl. **8** *Fam.* CH, PAN, PERÚ Realizar el acto sexual con alguien.
cacharro m. **1** Recipiente de cocina. **2** Objeto que no sirve para nada.
cachas adj./m. y f. ESP Que tiene un cuerpo fuerte y desarrollado.
cachaza f. Lentitud y sosiego.
caché m. **1** Cotización de un ar-

tista. **2** Toque de distinción y estilo personal.

cachear tr. Registrar a una persona para ver si lleva algo oculto bajo la ropa.

cachemir m. Tejido fino fabricado con pelo de cabra de Cachemira o lana de oveja merina.

cachete m. **1** Golpe que se da con la palma de la mano. **2** Mejilla. **3** C RICA, GUAT Ayuda o protección.

cachimba f. **1** Pipa para fumar. **2** AMÉR Hoyo lleno de agua.

cachimbo m. **1** AMÉR Cachimba. **2** CUBA Plantación azucarera pequeña.

cachiporra f. **1** Palo con un extremo muy abultado o en forma de bola que se emplea para golpear. ◆ adj. **2** CH Que muestra orgullo por las cualidades o actos propios.

cachivache m. *Fam. y desp.* Objeto.

cacho m. **1** *Fam.* Trozo arrancado, cortado o roto de una cosa. **2** ESP Se usa como refuerzo del significado de un apelativo despectivo. **3** AMÉR Cuerno de un animal. **4** AMÉR SUR Cubilete de cuerno o de cuero para jugar a los dados.

cachondearse prnl. *Fam.* ESP Burlarse.

cachorro, a s. Cría de un mamífero.

cacique m. **1** Persona poderosa que interviene abusivamente en la política. **2** Jefe de algunas tribus de indios de América.

caco m. *Fam.* Ladrón.

cacofonía f. Combinación o repetición de sonidos que produce un efecto acústico desagradable.

cacto o **cactus** m. Planta con espinas y tallos grandes y carnosos, que acumula agua en su interior; es típica de las zonas desérticas.

cada det. Establece una correspondencia distributiva.

cadalso m. Tablado que se usa para llevar a cabo la ejecución de los condenados a muerte.

cadáver m. Cuerpo sin vida de una persona o un animal.

cadena f. **1** Conjunto de piezas o máquinas enlazadas unas a continuación de las otras. **2** Sucesión de fenómenos.

cadencia f. Repetición regular o medida de los sonidos o los movimientos.

cadeneta f. Labor hecha con hilo y una aguja que imita la forma de una cadena delgada.

cadera f. Parte saliente a cada lado del cuerpo por debajo de la cintura.

cadete m. y f. **1** Persona que estudia en una academia militar. **2** Deportista de categoría posterior a la de infantil.

cadi m. Persona que lleva los palos del golfista.

cadí m. Magistrado musulmán de las causas civiles y religiosas.

cadmio m. Elemento químico de símbolo Cd y número atómico 48;

es un metal de transición maleable de color blanco plateado.

caducar intr. **1** Perder su validez o efectividad un documento, ley o derecho. **2** Dejar de ser apto para el consumo un alimento o una medicina.

caducifolio, a adj. Se dice del árbol o la planta de hoja caduca.

caduco, a adj. **1** Muy antiguo o fuera de uso. **2** Se dice de la hoja que se desprende durante una época del año.

caer intr. **1** Moverse de arriba abajo por el propio peso. ◆ intr./prnl. **2** Perder el equilibrio hasta dar contra el suelo. ◆ intr. **3** Estar colgada una cosa. **4** Tomar una cosa cierta forma al colgar. ◆ intr./prnl. **5** Desprenderse o soltarse una cosa de un lugar. ◆ intr. **6** Descender o bajar mucho. **7** Pasar a un estado inferior. **8** Acabarse alguna cosa. **9** Dejar de estar vivo un organismo. **10** Venir a dar en una trampa o engaño. **11** Acercarse a su ocaso el sol, el día o la tarde. **12** *Fam.* Acordarse de una cosa o entenderla. **13** Coincidir o corresponder con determinada fecha. **14** Estar situado en un lugar o cerca de él. **15** *Fam.* Corresponder a una persona una cosa que se reparte o se sortea. **16** Producir una determinada impresión el carácter de una persona.

café m. **1** Arbusto tropical que contiene dos vainas grandes. **2** Semilla o conjunto de semillas de este árbol. **3** Bebida que se hace con esta semilla. **4** Establecimiento público en el que se sirve esta bebida. ◆ m./adj. **5** Color marrón oscuro.

cafeína f. Sustancia excitante contenida en el café.

cafetera f. **1** Máquina para preparar café. **2** Recipiente en que se sirve el café.

cafetería f. Establecimiento público en el que se sirve café y otras consumiciones.

cafeto m. Café (arbusto).

cafre adj./m. y f. *Fam. y desp.* Bruto, bestia.

cagado, a adj./s. *Desp.* Cobarde, asustadizo.

cagar intr. **1** *Vulg.* Defecar, hacer de vientre. ◆ prnl. **2** *Vulg.* Sentir un miedo muy fuerte.

cagarrina f. **1** *Fam.* ESP Excremento. ◆ f.pl. **2** *Fam.* ESP Diarrea.

cagarruta f. *Fam.* ESP Porción de excremento.

caída f. **1** Acción de caer o caerse. **2** Cuesta o inclinación hacia abajo. **3** Manera de caer las telas.

caído, a adj. **1** Se dice de la parte del cuerpo inclinada o más baja de lo normal. ◆ adj./s. **2** Que ha muerto en la lucha por una causa.

caimán m. Reptil parecido al cocodrilo, pero de tamaño menor, cabeza más ancha y corta y hocico más chato.

caja f. **1** Recipiente con tapa para guardar o llevar cosas. **2** Recipiente que contiene o protege un mecanismo. **3** Parte hueca de un instrumento musical.

cajero, a s. **1** Persona que se dedica a atender los pagos y cobros en una entidad bancaria. **2** Persona que se dedica a cobrar a los clientes en ciertos establecimientos.

cajetilla f. ESP Paquete de cigarrillos o de tabaco picado.

cajón m. **1** Caja sin tapa de un mueble que se puede meter y sacar del hueco en que encaja. **2** Caja grande sin tapa. **3** CH Paso entre dos alturas poco distantes por cuyo fondo corre un río.

cal f. Óxido de calcio.

cala f. **1** Trozo pequeño que se corta de una fruta. **2** ESP Parte pequeña del mar que entra en la tierra.

calabacera f. Calabaza (planta).

calabacín m. Fruto de huerta de forma alargada y piel verde.

calabaza f. **1** Fruto comestible de gran tamaño y forma redonda. **2** Planta que produce este fruto. **3** *Fam.* Cabeza de una persona. **4** *Fam.* ESP Suspenso en una asignatura.

calabobos m. Lluvia muy fina y continua.

calabozo m. **1** Celda incomunicada de una cárcel. **2** Prisión subterránea.

calada f. ESP Chupada dada a un cigarrillo.

calado m. **1** Labor o adorno hecho en una tela. **2** Profundidad que alcanza en el agua la parte sumergida de una embarcación.

calador, ra m. BOL, CH, PERÚ Punzón cónico para pinchar un saco de grano.

calamar m. Molusco marino de cuerpo alargado y oval.

calambre m. **1** Contracción involuntaria y dolorosa de un músculo. **2** Descarga eléctrica.

calambur m. Juego de palabras.

calamidad f. **1** Desgracia, adversidad o infortunio que afecta a muchas personas. **2** *Fam.* Persona torpe o que tiene mala suerte.

cálamo m. Instrumento antiguo para escribir consistente en una caña o pluma cortada oblicuamente.

calandria f. Ave parecida a la alondra.

calaña f. Manera de ser de una persona.

calar tr./intr. **1** Penetrar un líquido en un cuerpo poroso o permeable. ◆ **tr. 2** Adornar una tela, papel o madera haciéndole agujeros. **3** *Fam.* Conocer o adivinar las verdaderas cualidades o intenciones de una persona. ◆ **prnl. 4** Mojarse mucho una persona. **5** Ponerse un sombrero. **6** ESP Pararse un motor.

calavera f. **1** Conjunto de huesos que forman la cabeza. ◆ **m. 2** Hombre de poco juicio. ◆ **f. 3** MÉX Conjunto de luces de posición traseras de los vehículos.

calcar tr. **1** Sacar copia de un texto o un dibujo, por contacto del original con el papel o tela en el que se reproduce. **2** Copiar fielmente.

calcáreo, a adj. Que tiene calcio.
calce m. Calzo (cuña).
calceta f. **1** Tejido de punto que se hace a mano. **2** Grillete de presidiario.
calcetín m. Prenda de vestir de punto que cubre el pie y parte de la pierna.
calcificar tr. Producir carbonato de cal.
calcinar tr. Destruir mediante el fuego.
calcio m. Elemento químico de símbolo Ca y número atómico 20; es un metal muy blando, de color blanco brillante y, combinado con el oxígeno, forma la cal.
calco m. **1** Copia, imitación o reproducción idéntica. **2** Adaptación de una palabra extranjera.
calcolítico, a adj./m. Se dice del período prehistórico que es el primero de la Edad de los Metales.
calcomanía f. **1** Papel con una imagen al revés preparada con una sustancia pegajosa para que se pueda traspasar por contacto a una superficie lisa. **2** ARG, MÉX, URUG Adhesivo.
calculador, ra adj./s. Se dice de la persona que hace las cosas después de haberlas pensado con cuidado y únicamente en función del interés material que pueden reportarle.
calcular tr. **1** Hacer cálculos. **2** Creer o suponer una cosa.
cálculo m. **1** Operación o conjunto de operaciones matemáticas que son necesarias para averiguar un resultado. **2** Acumulación anormal de materia en algunos órganos del cuerpo.
caldear tr. **1** Dar mucho calor. **2** Hacer que se levanten los ánimos.
caldeo, a adj./s. De Caldea.
caldera f. Recipiente metálico donde se calienta el agua.
calderilla f. ESP Dinero que está en forma de monedas, no en billetes.
caldero m. Caldera pequeña de fondo redondeado.
calderón m. **1** Signo ortográfico (¶) con el que antiguamente se señalaba un párrafo. **2** MÉX Planta cuyo jugo se utiliza en medicina como insecticida.
caldo m. **1** Alimento líquido que resulta de cocer en agua carne, pescado o verdura. **2** Vino.
calé adj./m. y f. Gitano.
calefacción f. Conjunto de aparatos para calentar un lugar.
caleidoscopio o **calidoscopio** m. Tubo con dos o tres espejos inclinados en su interior y varias piezas sueltas de colores.
calendario m. **1** Registro impreso de los días del año ordenados por meses y por semanas. **2** Sistema de división del tiempo.
calentar tr./intr. **1** Transferir calor a un cuerpo para hacer subir su temperatura. ◆ tr. **2** *Fam.* Causar incomodidad o perturbar la tranquilidad de alguien. **3** *Fam.* Excitar o

avivar el apetito sexual. ◆ tr./intr. **4** *Fam.* Dar golpes a una persona. ◆ tr. **5** Hacer que se levanten los ánimos o que se pierda la calma. **6** Aumentar la velocidad de una cosa. ◆ tr./intr. **7** Hacer ejercicios deportivos para entrar en calor.

calentura f. Fiebre.

calesa f. Coche de caballos de dos o cuatro ruedas con la caja abierta por delante y con capota plegable.

calibrar tr. **1** Medir el diámetro de un objeto cilíndrico. **2** Dar a un objeto cilíndrico el diámetro que se desea. **3** Graduar exactamente un aparato o instrumento. **4** Estudiar con detalle la trascendencia de una cosa.

calibre m. **1** Diámetro interior de un objeto cilíndrico hueco. **2** Importancia o trascendencia.

calidad f. **1** Propiedad o conjunto de propiedades inherentes a una cosa que permiten caracterizarla y valorarla. **2** Carácter de una persona.

cálido, a adj. **1** Que está caliente o que produce calor. **2** Que muestra afecto y cordialidad.

caliente adj. **1** Que tiene una temperatura alta. **2** *Fam.* Que acaba de suceder. **3** *Fam.* Que siente excitación sexual.

califa m. Jefe supremo musulmán.

calificar tr. Valorar el grado de suficiencia o la insuficiencia de los conocimientos mostrados por un alumno.

calificativo, a adj. **1** Que determina o expresa unas cualidades. ◆ m. **2** Juicio o expresión para calificar una cosa o a una persona.

californiano, a adj./s. Que es de California (región de América del Norte).

californio m. Elemento químico artificial de símbolo Cf y número atómico 98; es un metal radiactivo sólido.

caligrafía f. **1** Arte de escribir a mano con letra bella. **2** Conjunto de rasgos característicos de una escritura.

caligrama m. Poema o escrito en que las letras forman un dibujo que tiene relación con el contenido.

calima f. Calina.

calimocho m. ESP Bebida que se prepara mezclando vino tinto y refresco de cola.

calina f. Niebla ligera formada por vapor de agua o partículas de polvo en suspensión.

cáliz m. **1** Vaso sagrado para consagrar el vino en la misa. **2** Cubierta exterior de la flor.

caliza f. Roca sedimentaria formada básicamente por calcita (carbonato de calcio).

calizo, a adj. Que tiene calcio.

callar intr./prnl. **1** No hablar. **2** Dejar de producir un sonido. ◆ tr./prnl. **3** No decir lo que se siente o se sabe.

calle f. **1** Vía pública de una población. **2** En una población, lugar descubierto y fuera de cualquier edificio o local.

callejear intr. Andar por las calles sin dirección fija ni objetivo.

callejero, a adj. **1** Relativo a la calle. **2** Se dice de la persona a quien le gusta callejear. ◆ m. **3** ESP Lista o guía que contiene el nombre de las calles de una ciudad.

callejón m. Calle o paso largo y estrecho entre paredes, casas o elevaciones del terreno.

callo m. **1** Dureza que por roce o presión se forma en los pies o en las manos. **2** *Fam. y desp.* ESP Persona muy fea. ◆ m.pl. **3** ESP Guiso hecho con trozos del estómago de la vaca, la ternera o el carnero.

calma f. Tranquilidad, ausencia de agitación.

calmar tr./prnl. Disminuir o hacer desaparecer el dolor, la excitación o la fuerza de algo.

caló m. Lengua del pueblo gitano español.

calor m. **1** Temperatura alta del ambiente. **2** Sensación que produce un cuerpo caliente. **3** Energía que pasa a otro cuerpo con menos temperatura. **4** Afecto. **5** Viveza o energía al hacer una cosa.

caloría f. **1** Unidad de energía térmica, de símbolo **cal**. **2** Unidad de medida del contenido energético de los alimentos.

calorífico, a adj. Relativo al calor.

calostro m. Primera leche que da la hembra después de parir.

calotipo m. Método fotográfico para obtener imágenes de color sepia o violado.

calumnia f. Acusación falsa hecha contra alguien con la intención de causarle daño.

caluroso, a adj. **1** Que siente calor o lo produce. **2** Que tiene o muestra afecto y sinceridad.

calva f. Parte de la cabeza de la que se ha caído el pelo.

calvario m. Sufrimiento intenso y prolongado o sucesión de padecimientos y desgracias.

calvero m. Zona o claro sin árboles en el interior de un bosque.

calvicie f. Falta de pelo en la cabeza.

calvinismo m. Doctrina religiosa protestante de Juan Calvino.

calvo, a adj./s. Se dice de la persona que ha perdido total o parcialmente el pelo de la cabeza.

calzada f. **1** Parte de la calle o de la carretera destinada a la circulación de vehículos. **2** Camino ancho y empedrado.

calzado, a adj./s. **1** Se dice del religioso que pertenece a una orden en la que, por regla, se permite llevar los pies cubiertos. ◆ m. **2** Prenda de vestir que cubre el pie.

calzar tr. **1** Cubrir el pie y a veces la pierna con el calzado. **2** Llevar puestos o usar zapatos o guantes. **3** COL, ECUAD Tapar las caries. **4** GUAT Firmar al pie de un escrito. **5** MÉX Cubrir ciertas hortalizas con tierra para que se hagan blancas y tiernas.

calzón m. Pantalón que llega hasta la mitad del muslo.

calzonazos m. ESP Hombre de carácter débil que se deja dominar con facilidad.

calzoncillo m. Prenda de ropa interior masculina que cubre desde la cintura hasta parte de los muslos.

cama f. Mueble para dormir o descansar.

camada f. Conjunto de las crías de ciertos mamíferos que nacen de una vez.

camafeo m. Piedra preciosa de gran dureza que tiene tallada una figura.

camaleón m. Reptil arborícola cuya piel cambia de color adaptándose al del lugar en el que se encuentra.

camalote m. AMÉR Nombre de ciertas plantas acuáticas que crecen en las orillas de los ríos y lagunas, de hojas y flores flotantes.

cámara f. **1** Aparato para registrar imágenes estáticas o en movimiento. **2** Recinto o espacio cerrado por paredes. **3** Espacio en el interior de un mecanismo. **4** Espacio destinado a la carga en un arma de fuego. ◆ m. y f. **5** Persona que se dedica al manejo de un aparato que permite recoger imágenes en movimiento.

camarada m. y f. Compañero.

camarero, a s. Persona que sirve comidas o bebidas.

camarilla f. Conjunto de personas que influyen en los negocios de Estado.

camarón m. **1** Crustáceo marino comestible parecido a la gamba. **2** C RICA Propina. **3** CH Vehículo con dos ruedas que se utiliza en los aserraderos para trasladar troncos. **4** PERÚ Camaleón (persona). **5** R DOM Espía.

camarote m. Habitación de un barco.

camastro m. *Desp.* Cama pobre, de mal aspecto y muy incómoda.

cambado, a adj./s. AMÉR Patizambo (persona que tiene las piernas torcidas).

cambalache m. Trueque o intercambio de cosas de poco valor.

cambiar tr. **1** Modificar una cosa. **2** Intercambiar. ◆ tr./intr. **3** Poner de manera distinta. **4** Remplazar o sustituir. **5** Hacer que una persona o cosa pase a ocupar otro sitio. ◆ tr. **6** Dar o tomar valores o monedas por sus equivalentes. ◆ intr. **7** Quitar una velocidad y poner otra en un automóvil. ◆ prnl. **8** Quitarse una ropa y ponerse otra. **9** Dejar de vivir en un lugar e irse a otro.

cambio m. **1** Modificación. **2** Variación o alteración. **3** Sustitución o reemplazo. **4** Entrega de una cosa por otra. **5** Dinero en monedas pequeñas. **6** Valor relativo de la moneda de un país. **7** Mecanismo que sirve para pasar de una velocidad a otra en un vehículo.

cámbrico, a adj./m. Se dice del período geológico que es el primero de la era paleozoica o primaria y precede al período ordovícico.

camelar tr. **1** *Fam.* Halagar o engañar. **2** *Fam.* Intentar enamorar a alguien. **3** MÉX Ver.

camelia f. Arbusto de Oriente con flores blancas sin olor.

camello, a s. **1** Mamífero rumiante de cuello largo, cabeza pequeña y cuerpo voluminoso con dos jorobas. ◆ m. **2** *Argot.* ESP Persona que vende droga.

camembert m. Queso de leche de vaca blando y recubierto por una fina capa de moho blanco.

cameo m. Intervención o participación breve de una persona famosa en una película.

camerino m. Habitación donde los artistas se visten y maquillan para actuar.

camerunés, sa adj./s. De Camerún.

camilla f. **1** Cama estrecha y portátil para transportar enfermos. **2** ESP Mesa redonda con una tarima para colocar un brasero.

caminar intr. **1** Moverse o trasladarse dando pasos. **2** Dirigirse a un lugar. ◆ tr. **3** Recorrer una distancia a pie.

caminata f. Paseo a pie largo y cansado.

camino m. **1** Franja de terreno más o menos ancha utilizada para ir por ella. **2** Recorrido. **3** Procedimiento o medio.

camión m. **1** Vehículo automóvil grande y potente. **2** MÉX, VENEZ Autobús.

camioneta f. Vehículo automóvil menor que el camión.

camisa f. **1** Prenda de vestir de tejido fino que cubre el cuerpo. **2** Piel seca de los reptiles. **3** Revestimiento o envoltura externa.

camiseta f. Prenda de vestir o deportiva que se pone directamente sobre el cuerpo.

camisón m. **1** Prenda de vestir de una sola pieza que se usa para dormir. **2** COL, CH, VENEZ Traje de mujer.

camomila f. Manzanilla (planta y flor).

camorra f. Riña o enfrentamiento ruidoso y violento entre dos o más personas.

camote m. **1** AMÉR Batata. **2** AMÉR Bulbo. **3** AMÉR Enamoramiento. **4** AMÉR Amante. **5** CH, PERÚ Mentira. **6** ECUAD, MÉX Tonto, bobo. **7** EL SALV Moratón, cardenal. **8** GUAT Pantorrilla.

campal adj. Se dice de la lucha que ocurre en espacio abierto.

campamento m. Lugar al aire libre acondicionado para acampar en él o albergar provisionalmente a alguien.

campana f. **1** Instrumento metálico en forma de copa invertida. **2** Objeto de forma parecida a la de este instrumento.

campanario m. Torre o espadaña donde se colocan las campanas.

campanilla f. **1** Campana pequeña y con mango. **2** Masa de tejido muscular que cuelga del velo del paladar. **3** Flor con la corola en forma de campana.

campante adj. **1** *Fam.* Tranquilo y despreocupado. **2** *Fam.* Orgulloso de uno mismo.

campaña f. **1** Conjunto de actividades o de esfuerzos que se realizan durante cierto tiempo y están encaminados a conseguir un fin. **2** Expedición militar. **3** Campo llano sin montes ni relieves abruptos.

campear intr. **1** Andar o pacer por el campo un animal. **2** Combatir en campo abierto.

campechano, a adj. Se dice de la persona que es sencilla y cordial.

campeón, na adj./s. Que gana o vence.

campeonato m. Competición deportiva.

campera f. ARG, CH, URUG Prenda de vestir corta y ajustada a la cintura que se cierra con una cremallera.

campero, a adj. **1** Relativo al campo. **2** AMÉR Se dice del animal que está adiestrado para el paso de ríos, montes y sendas peligrosas.

campesino, a adj. **1** Campestre. ◆ adj./s. **2** Que vive y trabaja en el campo.

campestre adj. Relativo al campo.

camping m. **1** Lugar al aire libre acondicionado para acampar en él o alojarse temporalmente. **2** Actividad que consiste en instalarse en tiendas de campaña.

campiña f. Espacio grande de terreno llano dedicado al cultivo.

campo m. **1** Terreno fuera de los núcleos de población. **2** Terreno o conjunto de terrenos de cultivo. **3** Conjunto de tierras y poblaciones rurales. **4** Terreno que se dedica a un uso determinado. **5** Espacio ocupado por un ejército que lucha. **6** Porción de espacio en el que se manifiesta una fuerza o un fenómeno físico.

camposanto o **campo santo** m. Cementerio.

campus m. Conjunto de terrenos y edificios de una universidad.

camuflar tr. **1** Disimular la presencia de tropas o material de guerra dándoles una apariencia engañosa. **2** Ocultar o esconder.

can m. **1** Perro (animal). **2** Canecillo.

cana f. **1** Pelo que se ha vuelto blanco. **2** ARG, BOL, URUG Cárcel o lugar en que se retiene a los presos.

canadiense adj./m. y f. De Canadá.

canal m. o f. **1** Conducto, cauce o paso de agua. **2** Conducto del cuerpo. **3** Vía o medio. **4** Banda de frecuencias por la que se emiten las ondas de la radio y la televisión.

canalizar tr. **1** Construir canales. **2** Conducir gases o líquidos. **3** Orientar o dirigir hacia un fin.

canalla adj./m. y f. *Desp.* Se dice de la persona despreciable y de comportamiento malvado.
canalón m. Conducto que recibe el agua de los tejados y la conduce a tierra.
canana f. Cinturón ancho para llevar cartuchos.
canapé m. **1** Rebanada pequeña de pan sobre la que se coloca un alimento. **2** Asiento alargado y blando para tenderse sobre él.
canario, a adj./s. **1** De las islas Canarias. ◆ s. **2** Pájaro de plumaje amarillo.
canasta f. **1** Cesto de mimbre de boca ancha y con dos asas. **2** Aro metálico por el que hay que pasar la pelota en el baloncesto.
canastilla f. Cesta pequeña.
canasto m. Canasta alta y con dos asas.
cáncamo m. Tornillo que tiene una anilla en uno de los extremos.
cancán m. Baile originario de Francia.
cancela f. Verja baja que se pone en la entrada de algunas casas.
cancelar tr. **1** Dejar sin efecto o valor. **2** Suspender lo que se tenía previsto o programado. **3** Saldar una deuda.
cáncer m. **1** Crecimiento y división incontrolados de las células de una parte del organismo que se extiende invadiendo y destruyendo los tejidos circundantes. **2** Cosa que destruye o daña gravemente. ◆ adj./m. y f. **3** Se dice de la persona que ha nacido entre el 22 de junio y el 22 de julio.
cancerbero m. **1** Perro mitológico de tres cabezas. **2** Portero o guardián.
cancerígeno, a adj. Que produce cáncer o favorece su aparición.
cancha f. **1** Local o terreno de juego para la práctica de deportes, como el baloncesto. **2** Suelo para jugar al frontón o trinquete. **3** AMÉR Terreno o local llano y despejado. **4** AMÉR Hipódromo. **5** AMÉR Parte más ancha del cauce de un río. **6** AMÉR Maíz o habas tostados. **7** ARG, C RICA, CH Habilidad adquirida con la experiencia. **8** ARG, BOL, PAR, URUG Corral o cercado espacioso para almacenaje. **9** CH En minería, terreno donde se acumula, seca y prepara el salitre antes de su embarque. **10** COL, PAR, VENEZ Cantidad que cobra el dueño de una casa de juego por cada apuesta que se realiza. ◆ interj. **11** AMÉR Se usa para pedir que abran paso.
canchero, a adj./s. **1** AMÉR Se dice de la persona que tiene una cancha de juego o cuida de ella. **2** *Fam.* ARG, CH, PAR, PERÚ, URUG Experto. **3** *Fam.* CH Que busca trabajos de poca duración y poco esfuerzo.
canciller m. y f. **1** Jefe o presidente del Gobierno. **2** Empleado auxiliar de una embajada o consulado.
cancillera → canciller
canción f. **1** Composición musi-

cal. **2** Cosa que se repite con insistencia y resulta molesta. **3** Composición poética culta de origen italiano de asunto amoroso.

cancionero m. Colección de letras de las canciones de uno o varios autores.

candado m. Cerradura suelta que asegura puertas, cofres, etc.

candeal adj./m. Se dice del trigo que tiene la espiga cuadrada.

candela f. **1** Vela que se enciende y sirve para dar luz. **2** *Fam.* Materia combustible encendida. **3** Unidad de intensidad luminosa del Sistema Internacional, de símbolo **cd**.

candelabro m. Candelero con dos o más brazos que se sostiene por su pie o sujeto a una pared.

candelero m. Utensilio para colocar una vela.

candente adj. **1** Se dice del cuerpo que está de color rojo o blanco por efecto de una temperatura muy alta. **2** De máxima actualidad.

candidato, a s. **1** Persona que solicita y pretende un cargo, premio o distinción. **2** Persona propuesta para un cargo, premio o distinción.

cándido, a adj./s. **1** Falto de malicia o hipocresía. **2** Inocente o ingenuo.

candil m. Utensilio para alumbrar formado por un recipiente lleno de aceite, una mecha sumergida en él que asoma por un pico y un gancho para colgarlo.

candilejas f.pl. Línea de luces situada en la parte anterior de un escenario teatral.

candor m. Ingenuidad o inocencia.

canear tr. *Fam.* ESP Golpear repetidamente a una persona.

canecillo m. Saliente arquitectónico en forma de viga o repisa que sostiene la parte voladiza de una cornisa.

canela f. **1** Segunda corteza de las ramas del canelo, de color marrón claro, olorosa y de sabor agradable. **2** *Fam.* Persona o cosa de mucha calidad.

canelón m. Pasta alimenticia en forma de rollo, hecha de harina de trigo y con un relleno de carne, pescado o verdura.

canesú m. Pieza superior de un vestido o de una camisa a la que se unen el cuello, las mangas y el resto de la prenda.

cangilón m. Recipiente de barro o de metal atado a la rueda de una noria u otra máquina para sacar agua de un pozo o una corriente de agua.

cangrejo m. Crustáceo, marino o de río, con el cuerpo cubierto por un caparazón y cinco pares de patas; las patas delanteras suelen ser más grandes y tienen forma de pinzas.

canguro m. **1** Marsupial cuya hembra tiene una bolsa en el vientre donde lleva a sus crías. ◆ **m. y**

f. **2** ESP Persona que cuida niños a domicilio.

caníbal adj./m. y f. Se dice de la persona que come carne humana.

canica f. ESP Bolita de vidrio con que los niños juegan.

caniche adj./m. Se dice del perro de tamaño pequeño y de pelo rizado y lanoso.

canícula f. Período del año en que es más fuerte el calor.

cánido adj./m. Se dice del mamífero carnívoro de hocico alargado, dedos provistos de uñas fijas y cuerpo esbelto.

canijo, a adj./s. **1** Se dice del ser vivo que está muy delgado o débil. **2** Pequeño o de baja estatura.

canilla f. **1** Parte más delgada de la pierna de una persona. **2** Carrete metálico en el que se enrolla el hilo en las máquinas de coser. **3** Grifo de las cubas. **4** ARG Pierna. **5** ARG Grifo. **6** MÉX Fuerza.

canillera f. Pieza de la armadura que cubre y protege la espinilla.

canino, a adj. **1** Relativo al perro. ◆ adj./m. **2** Se dice del diente situado entre los incisivos y las muelas. ◆ adj./f. **3** Se dice del hambre que es muy fuerte.

canjear tr. Dar una cosa a cambio de otra.

cannabis m. **1** Variedad de cultivo del cáñamo común. **2** Droga obtenida de esta planta.

cano, a adj. Se dice del pelo, barba o bigote que está blanco o lleno de canas.

canoa f. **1** Embarcación ligera, estrecha y alargada. **2** AMÉR Canal para conducir agua. **3** CH Canal del tejado. **4** C RICA, CH, COL, CUBA, NIC, P RICO Artesa o cajón de forma oblonga para dar de comer a los animales.

canódromo m. Instalación preparada para celebrar carreras de galgos.

canon m. **1** Norma, regla o precepto. **2** Modelo que reúne las características perfectas en su especie. **3** Composición musical formada por dos o más voces con la misma melodía.

canónico, a adj. **1** Que está de acuerdo con las normas de la Iglesia. **2** Que se ajusta a un canon.

canónigo m. Sacerdote de la Iglesia católica que forma parte del cabildo de una catedral.

canonizar tr. Declarar el Papa oficialmente santa a una persona y autorizar su culto.

canoro, a adj. Se dice del ave o pájaro que tiene un canto agradable y melodioso.

canovismo m. Sistema político de la Restauración española.

cansancio m. **1** Debilidad o falta de fuerza provocada por un esfuerzo o trabajo. **2** Aburrimiento, desagrado o hastío.

cansar tr. **1** Causar un esfuerzo o un trabajo pérdida de las fuerzas o sensación de debilidad. **2** Causar una cosa o persona aburrimiento o desagrado. ◆ prnl. **3** Experimentar pérdida de las fuerzas o sensación de debilidad. **4** Experimentar aburrimiento o desagrado.

cantábrico, a adj. De Cantabria, la cordillera Cantábrica o el mar Cantábrico.

cántabro, a adj./s. **1** De Cantabria. **2** De un pueblo prerromano que vivía en Cantabria.

cantamañanas m. y f. ESP Persona informal, irresponsable y que no merece crédito.

cantante m. y f. Persona que se dedica a cantar por profesión o afición.

cantaor, ra s. Cantante de flamenco.

cantar tr. **1** Formar una persona con su voz sonidos melodiosos y variados o que siguen una melodía musical. ◆ intr. **2** Producir sonidos armoniosos un animal. **3** Emitir sonidos estridentes algunos insectos. **4** *Fam.* Confesar o revelar lo secreto. **5** *Fam.* ESP Despedir un olor fuerte y desagradable. ◆ tr. **6** Anunciar o decir algo en voz alta y con una entonación especial. **7** Anunciar en voz alta una jugada. ◆ m. Breve composición poética con música.

cántaro m. Recipiente de barro o metal, de boca y pie estrechos y el vientre ancho.

cantata f. Composición musical de tema profano o religioso para ser interpretada por un coro, solistas y orquesta.

cantautor, ra s. Cantante que interpreta principalmente sus propias canciones.

cante m. Canto o composición en verso para ser cantada, de carácter popular.

cantera f. **1** Lugar de donde se extrae piedra. **2** Lugar u organismo donde se forman personas para desarrollar una actividad.

cantero m. **1** Persona que se dedica a extraer la piedra o a labrarla. **2** Extremo de una cosa dura. **3** AMÉR Espacio delimitado para flores y plantas.

cántico m. Composición poética que se puede adaptar a una música.

cantidad f. **1** Propiedad de lo que puede ser contado o medido. **2** Número de unidades, tamaño o proporción de una cosa. **3** Suma de dinero. **4** Gran número o abundancia de personas o de cosas. **5** Duración de un sonido. ◆ adv. **6** *Fam.* Mucho.

cantiga o **cántiga** f. Subgénero lírico medieval que floreció en la poesía galaicoportuguesa y fue cultivado por los trovadores.

cantimplora f. Recipiente aplanado para llevar agua en viajes y excursiones.

cantina f. Establecimiento público en el que se sirven o se venden bebidas y comidas.

cantinela f. Cosa que se repite con insistencia y resulta molesta.

canto m. **1** Formación de sonidos vocales armoniosos o rítmicos. **2** Arte o técnica de cantar. **3** Composición musical cantada. **4** Emisión de sonidos estridentes por parte de algunos insectos. **5** Alabanza y ensalzamiento. **6** Composición poética de tono elevado. **7** Parte de un poema épico. **8** Borde, filo, esquina o extremo. **9** Trozo de piedra.

cantón m. **1** División administrativa y territorial de algunos países. **2** Esquina de un edificio.

cantor, ra adj. **1** Se dice del pájaro que puede cantar. ◆ adj./s. **2** Cantante.

cantoral m. Libro grande que contenía la letra y la música de los himnos religiosos que se cantaban en las iglesias.

canturrear intr. Cantar a media voz.

cánula f. **1** Tubo pequeño que se emplea en medicina para evacuar o introducir líquidos en el cuerpo. **2** Extremo de la jeringa.

canutas ◇ **pasarlas** ~ *Fam.* ESP Encontrarse en una situación muy difícil.

canuto m. **1** Tubo pequeño abierto por los extremos. **2** *Argot.* ESP Porro. **3** AMÉR CENTRAL, VENEZ Mango de la pluma de escribir.

caña f. **1** Tallo hueco y dividido en segmentos por nudos de algunas plantas gramíneas. **2** Planta gramínea con tallos huecos. **3** ESP Vaso alto y estrecho.

cañada f. **1** Camino por el que pasa el ganado trashumante. **2** Paso entre dos alturas poco distantes.

cañamazo m. **1** Tela tosca de cáñamo. **2** Tejido que se emplea para bordar sobre él.

cáñamo m. Planta de tallo recto y hueco que se cultiva para sacar su fibra y sus semillas.

cañamón m. Semilla del cáñamo.

cañaveral m. Cañizal.

cañería f. Conducto formado por caños o tubos empalmados que sirve para distribuir el agua o el gas.

cañero, a adj. *Fam.* ESP Se dice de la música que tiene mucha potencia o fuerza.

cañí adj./m. y f. De raza gitana.

cañizal m. Lugar poblado de cañas.

caño m. **1** Tubo por donde sale un chorro de agua. **2** Tubo corto.

cañón m. **1** Arma de artillería que dispara proyectiles de gran calibre. **2** Tubo alargado y estrecho de las armas de fuego. **3** Parte hueca y dura de la pluma de un ave. **4** Paso estrecho entre dos montañas.

caoba f. **1** Árbol de madera rojiza muy apreciada. ◆ m./adj. **2** Color marrón rojizo.

caolín m. Arcilla blanca muy pura usada para la fabricación de objetos de porcelana.

caos m. Desorden o confusión muy grandes.

caótico, a adj. Desordenado y confuso.

capa f. **1** Prenda de vestir larga y suelta. **2** Pieza de tela grande que se usa para torear. **3** Porción de materia que cubre una cosa.

capacho m. Cesta con dos asas que sirve para transportar fruta y otros objetos.

capacidad f. **1** Posibilidad de que una cosa contenga otra u otras. **2** Conjunto de condiciones para el cumplimiento de una función.

capacitar tr. Hacer a una persona capaz para algo o darle el derecho de hacer una cosa.

capar tr. Extirpar o inutilizar los órganos genitales de un hombre o de un animal macho.

caparazón m. **1** Cubierta dura con que protegen el cuerpo algunos animales. **2** Cubierta.

capataz, za s. **1** Persona que manda y vigila a un grupo de trabajadores. **2** Persona encargada de labrar y administrar una hacienda.

capaz adj. Que tiene capacidad para algo.

capazo m. Espuerta grande.

capcioso, a adj. Artificioso, engañoso, que conduce a error.

capea f. Festejo taurino en el que se lidian becerros o novillos por aficionados.

capear tr. **1** Torear con la capa a un toro. **2** Entretener a alguien con engaños y evasivas. **3** Eludir hábilmente alguna dificultad. **4** Hacer frente una embarcación al mal tiempo mediante las adecuadas maniobras.

capellán m. Sacerdote.

caperuza f. **1** Gorro acabado en punta hacia atrás. **2** Pieza con que se cubre o protege el extremo de algunos objetos.

capicúa adj./m. Se dice del número, palabra o frase que se lee igual de izquierda a derecha que de derecha a izquierda.

capilar adj. **1** Relativo al cabello. ◆ adj./m. **2** Se dice del vaso sanguíneo muy fino.

capilla f. **1** Iglesia de pequeñas dimensiones con un solo altar. **2** Parte de una iglesia que tiene altar. **3** Grupo de músicos de una iglesia. **4** *Fam.* Pequeño grupo de seguidores de una persona o idea.

capirote m. **1** Gorro acabado en punta y con forma cónica. **2** Caperuza para las aves de cetrería.

capital adj. **1** Muy grave o importante. **2** Se dice de cada uno de los siete pecados que son origen de otros. **3** Se dice de la pena de muerte. **4** Se dice de la letra mayúscula. ◆ m. **5** Conjunto de bienes. ◆ f. **6** Población principal de un país o región.

capitalismo m. Sistema económico y social basado en la propiedad privada.

capitalizar tr. Fijar el capital que corresponde a un determinado rendimiento o interés.

capitán, na s. **1** Militar del cuerpo de oficiales de los ejércitos de Tierra y Aire de categoría superior a la de teniente. ◆ m. **2** Oficial del cuerpo de jefes de la Armada. **3** Persona que manda un barco. ◆ s. **4** Persona que dirige o representa a un grupo.

capitel m. Pieza decorada según diferentes estilos que remata una columna, una pilastra o un pilar por su parte superior.

capitolio m. Edificio majestuoso y elevado.

capitulación f. Acuerdo político o militar en el que se establecen las condiciones de una rendición.

capitular adj. **1** Relativo al cabildo. **2** Relativo al capítulo de una orden religiosa. ◆ adj./f. **3** Se dice de la letra con que se inicia un capítulo. ◆ intr. **4** Rendirse según determinadas condiciones.

capítulo m. **1** Cada una de las partes principales en que se divide un escrito. **2** Parte de una serie radiofónica o televisiva. **3** Asunto o materia. **4** Reunión o asamblea de canónigos.

capo m. Jefe de una mafia.

capó m. Cubierta de metal que tapa el motor de un automóvil.

capoeira f. Expresión corporal brasileña que mezcla la danza y las artes marciales.

capón adj./m. **1** Se dice del animal macho que ha sido castrado. ◆ m. **2** Pollo castrado. **3** ARG, URUG Carnero capado.

caporal m. Persona que tiene a su cargo el ganado de labranza en una hacienda.

capota f. Cubierta o techo plegable que tienen algunos vehículos.

capote m. **1** Pieza de tela grande con vuelo que se usa para torear. **2** Prenda de abrigo parecida a la capa. **3** CUBA Cubierta encerada o de material plástico con que se protege el café.

capricho m. **1** Determinación que se toma arbitrariamente. **2** Obra de arte basada en el ingenio y la fantasía.

capricornio adj./m. y f. Se dice de la persona que ha nacido entre el 22 de diciembre y el 20 de enero.

cápsula f. **1** Envoltura de material soluble con que se recubren algunos medicamentos. **2** Cabina cerrada y desprendible de una nave o satélite.

captar tr. **1** Percibir por medio de los sentidos o de la inteligencia. **2** Darse cuenta una persona de una cosa. **3** Recibir o recoger ondas de radio o de televisión. **4** Atraer la atención, la voluntad, el afecto o el sentimiento de una persona.

capturar tr. **1** Apresar a una persona a la que se persigue. **2** Apresar a un animal o cosa.

capucha f. **1** Gorro acabado en punta que va unido a un abrigo, capa u otra prenda de vestir. **2** Capuchón.

capuchino, a adj./s. **1** Relativo

o perteneciente a una orden religiosa fundada por Mateo de Bascio en el s. XVI. ◆ m./adj. **2** Café mezclado con leche hirviendo con mucha espuma.

capuchón m. Pieza con que se cubre y protege el extremo de algunos objetos.

capullo, a m. **1** Flor cerrada. **2** Cubierta ovalada que fabrica la larva de algunos insectos. **3** *Vulg.* ESP Glande. ◆ adj./s. **4** *Fam. y desp.* ESP Estúpido.

caqui o **kaki** m./adj. **1** Color que está entre el ocre amarillento y el verde grisáceo. **2** Fruto redondo y carnoso de color anaranjado.

cara f. **1** Parte anterior de la cabeza en la que están la boca, la nariz y los ojos. **2** Semblante o expresión del rostro. **3** Aspecto o apariencia. **4** Superficie de un objeto laminar. **5** Parte delantera o frontal. **6** Parte o lado anterior y principal de una superficie. **7** Cada una de las superficies planas que limitan un poliedro. **8** Falta de vergüenza. ◆ adj./m. y f. **9** *Fam.* ESP Caradura.

carabela f. Barco de vela de tres palos largos, muy ligero, de una sola cubierta y popa plana.

carabina f. Arma de fuego parecida al fusil pero de menor longitud.

carabinero m. **1** Miembro de un cuerpo especial encargado de perseguir el contrabando. **2** Soldado que usaba carabina.

caracol m. **1** Molusco provisto de una concha enrollada en forma de espiral. **2** Concha de este animal. **3** Rizo del pelo. **4** Parte del oído medio de los vertebrados.

caracola f. **1** Caracol marino. **2** Concha de este animal.

carácter m. **1** Conjunto de cualidades y circunstancias por las que una persona o cosa se distingue de las demás. **2** Manera de ser o reaccionar. **3** Energía o temperamento. **4** Señal, marca o dibujo que se imprime. **5** Símbolo que representa un signo de la escritura. **6** En biología, rasgo de un ser vivo que permite diferenciarlo de otros.

característico, a adj. Que es típico de la naturaleza o circunstancias de una persona o cosa y sirve para distinguirlas de otras.

caracterizar tr./prnl. **1** Distinguir o diferenciar un rasgo a una persona o cosa de las demás. ◆ tr. **2** Representar un actor su papel.

caradura adj./m. y f. *Fam.* Sinvergüenza.

carajillo m. ESP Bebida caliente hecha con café caliente y un licor.

carajo m. **1** *Vulg.* Pene. ◆ interj. **2** *Fam.* Expresión que indica enfado o sorpresa.

caramanchel m. **1** ECUAD Tienda portátil que se sitúa en los soportales para vender baratijas. **2** PERÚ Cobertizo construido en el campo para resguardarse de la intemperie.

¡caramba! interj. Expresión que indica admiración, sorpresa o enfado.

carámbano m. Trozo de hielo largo y acabado en punta.

carambola f. **1** Jugada de billar que consiste en que la bola impulsada choque con otras dos. **2** Resultado afortunado.

caramelo m. **1** Pasta que se hace derritiendo azúcar y sin que cristalice al enfriarse. **2** Golosina hecha con azúcar.

carantoña f. ESP Caricia u otra demostración de cariño.

caraqueño, ña adj./s. De Caracas.

carátula f. Cubierta o portada de un libro o de los estuches de discos, casetes o vídeos.

caravana f. **1** Grupo de personas que viajan juntas. **2** Fila de vehículos que marchan con lentitud. **3** ESP Vehículo acondicionado para vivir en él. ◆ f.pl. **4** ARG, BOL, CH Pendientes grandes y alargados.

¡caray! interj. Expresión que indica admiración, sorpresa o enfado.

carbohidrato m. Hidrato de carbono.

carbón m. Roca sedimentaria.

carbonada f. Guiso americano, típico de Argentina, Chile y Perú.

carbonara f. Salsa hecha con nata líquida, trozos de tocino o jamón, huevo y especias.

carbonato m. Sal que se forma a partir de la combinación del ácido carbónico con un radical simple o compuesto.

carboncillo m. Palillo o barrita de madera carbonizada que sirve para dibujar.

carbónico, a adj. Se dice de la mezcla o combinación química que contiene ácido carbónico, carbonatos o dióxido de carbono.

carbonífero, a adj. **1** Que contiene carbón. ◆ adj./m. **2** Se dice del período geológico que es el quinto de la era paleozoica o primaria.

carbonilla f. Partícula de carbón que queda como resto cuando este ha sido movido o quemado.

carbonizar tr. Reducir a carbón un cuerpo orgánico.

carbono m. Elemento químico de símbolo C y número atómico 6.

carbunco o **carbunclo** m. Enfermedad infecciosa y contagiosa del ganado.

carburador m. Pieza del motor de explosión en la que se efectúa la carburación.

carburante m. Sustancia química que se emplea como combustible.

carburar intr. Mezclarse en los motores los gases o el aire atmosférico con carburantes gaseosos.

carburo m. Compuesto binario de carbono y otro elemento químico.

carca adj./m. y f. *Fam. y desp.* ESP Se dice de la persona o cosa anticuada o de ideas extremadamente conservadoras o retrógradas.

carcaj m. Bolsa en forma de tubo ancho por arriba y estrecho por abajo para guardar flechas.

carcajada f. Risa impetuosa y ruidosa.

carcamal adj./m. *Desp.* Se dice de la persona que está vieja y achacosa.

carcasa f. Armazón exterior que sirve de soporte o protección de un mecanismo u objeto.

cárcava f. Hoya o zanja formada en el terreno debido a la erosión.

cárcel f. Edificio o local acondicionado para encerrar a los condenados a una pena o a los presuntos culpables de un delito.

carcinógeno, a adj. Que produce cáncer o favorece su aparición.

carcinoma m. Cáncer formado a expensas del tejido epitelial de los órganos, con tendencia a difundirse y reproducirse.

carcoma f. **1** Insecto cuya larva roe la madera. **2** Acción o cosa que causa la destrucción lenta de una cosa.

carcomer tr. **1** Roer la madera la carcoma. **2** Destruir algo lentamente.

cardar tr. Peinar con fuerza las fibras textiles o el pelo.

cardenal m. **1** Prelado de la Iglesia católica. **2** Ave americana de plumaje y pico rojos. **3** Mancha amoratada que aparece bajo la piel.

cárdeno, a adj. **1** De color amoratado. **2** Se dice del toro cuyo pelo es negro y blanco.

cardíaco, a o **cardiaco, a** adj. **1** Relativo al corazón (órgano). ◆ adj./s. **2** Se dice de la persona que padece del corazón.

cardias m. Orificio que comunica el esófago con el estómago en los vertebrados.

cardillo m. Planta silvestre que nace en sembrados.

cardinal adj. **1** Que es lo principal y más importante. ◆ adj./m. **2** Se dice del adjetivo o pronombre que indica cantidad o número. ◆ adj. **3** Se dice de cada uno de los cuatro puntos del horizonte que sirven para orientarse.

cardiograma m. Gráfico que se obtiene con el cardiógrafo y representa la intensidad y el ritmo de los movimientos del corazón.

cardiología f. Parte de la medicina que se ocupa del estudio y tratamiento de las enfermedades del corazón.

cardiopatía f. Enfermedad del corazón.

cardo m. **1** Planta anual de hojas espinosas y pencas generalmente comestibles. **2** *Fam.* Persona arisca o desagradable.

carear tr. **1** Interrogar a dos personas juntas. **2** Comparar o confrontar. **3** AMÉR Enfrentar a un gallo contra otro en las riñas.

carecer intr. No tener algo.

carena f. **1** Parte sumergida del casco de un barco. **2** Acción de carenar.

carencia f. Falta de una cosa.

careo m. Acción de carear.

carestía f. Carencia o escasez de alguna cosa necesaria.

careta f. Máscara o mascarilla.

carey m. **1** Tortuga de mar. **2** CUBA Bejuco de hojas anchas y tan ásperas que pueden utilizarse para lijar.

carga f. **1** Colocación de un peso sobre una persona, animal o vehículo. **2** Cosa transportada. **3** Cantidad de sustancia explosiva para volar algo. **4** Cantidad de energía eléctrica contenida en un cuerpo u objeto. **5** Ataque con fuerza. **6** Molestia, situación penosa.

cargado, a adj. **1** Se dice del tiempo o estado atmosférico que es bochornoso o muy caluroso y molesto. **2** Se dice de la atmósfera de un local que es impura y está llena de humos y olores desagradables.

cargador, ra adj./m. **1** Que carga o sirve para cargar. ◆ s. **2** Persona que se dedica a cargar mercancías en un medio de transporte. ◆ m. **3** Pieza del arma de fuego donde se colocan las municiones.

cargamento m. Conjunto de mercancías.

cargar tr. **1** Poner un peso sobre una persona, animal o vehículo para transportarlo. **2** Proveer a una máquina o aparato de lo que necesita para funcionar. **3** Dotar o proveer en abundancia. **4** Atribuir la culpa de una cosa a alguien. **5** Imponer un gravamen. ◆ tr./intr. **6** ESP Molestar, hartar o aburrir. ◆ intr. **7** Tomar o aceptar un peso físico o moral. **8** Apoyarse una cosa sobre otra. **9** Atacar. ◆ prnl. **10** Llenarse de una cosa. **11** ESP Romper, estropear o suprimir. **12** ESP Matar a un ser vivo.

cargo m. **1** Empleo, dignidad u oficio. **2** Persona que desempeña este empleo. **3** Falta de la que se acusa a una persona.

cariacontecido, a adj. Se dice de la persona que tiene una expresión preocupada o triste.

cariar tr. Producir caries en un diente.

cariátide f. Estatua con figura de mujer vestida hasta los pies que sirve de columna o pilastra.

caribe adj./m. y f. **1** De un pueblo indígena del norte de América del Sur y de las Antillas. ◆ m./adj. **2** Lengua precolombina hablada por este pueblo.

caribeño, a adj. **1** Relativo al mar Caribe o a sus territorios. ◆ s./adj. **2** Persona que es de un país bañado por el mar Caribe.

caribú m. Reno de las regiones frías de América del Norte.

caricatura f. Dibujo en el que se deforman los rasgos característicos del modelo.

caricia f. Muestra de cariño que consiste en rozar suavemente con la mano el cuerpo de una persona o de un animal.

caridad f. **1** Sentimiento o actitud que impulsa a interesarse por los demás. **2** Virtud teologal del amor.

caries f. Destrucción que afecta a los dientes.

carillón m. **1** Conjunto de campanas grandes. **2** Reloj provisto de uno de estos juegos de campanas, que suena cuando dan las horas. **3** Instrumento musical de percusión.

cariño m. Afecto intenso que se tiene hacia una persona, animal o cosa a la que se quiere cuidar y conservar.

carioca adj./m. y f. De Río de Janeiro.

carisma m. **1** Cualidad o don que tiene una persona para atraer a los demás. **2** Gracia o don concedido por Dios.

caritativo, a adj. **1** Relativo al sentimiento de la caridad. **2** Se dice de la persona que se interesa por los demás.

cariz m. Aspecto que presenta un asunto.

carlinga f. Espacio interior de un avión donde se hallan el piloto y los ayudantes de vuelo.

carlismo m. Movimiento político español de apoyo a Carlos María Isidro de Borbón.

carmelita adj. **1** Relativo a la orden religiosa del Carmelo. ◆ adj./m. y f. **2** Se dice del religioso que pertenece a esta orden.

carmesí m./adj. **1** Color granate intenso. ◆ adj. **2** Que es de este color.

carmín m. **1** Pintalabios. ◆ m./adj. **2** Color rojo intenso.

carnada f. Trozo pequeño de carne que se usa como cebo para pescar o cazar.

carnal adj. **1** Relativo al cuerpo. **2** Se dice de la persona que tiene un parentesco consanguíneo con otra.

carnaval m. Período que comprende los tres días anteriores al miércoles de ceniza.

carnaza f. **1** Carne de animal muerto que sirve de alimento a ciertos animales salvajes. **2** Carnada.

carne f. **1** Parte blanda del cuerpo del ser humano y de los animales. **2** Alimento consistente en esta parte del cuerpo. **3** Parte blanda de las frutas. **4** Cuerpo humano.

carné o **carnet** m. Tarjeta de identificación.

carnero m. Mamífero rumiante ovino, macho, con grandes cuernos estriados y enrollados en espiral y cuerpo cubierto de lana espesa.

carnet m. Carné.

carnicería f. **1** Establecimiento en el que se vende carne destinada al consumo. **2** Destrozo y gran mortandad.

carnicero, a s. **1** Persona que vende carne. ◆ adj./s. **2** Cruel, sanguinario.

carnívoro, a adj. **1** Se dice del animal que se alimenta o puede alimentarse de carne. **2** Se dice de la planta que se nutre de insectos.

carnoso, a adj. **1** Que tiene la textura o la consistencia de la carne. **2** Que es grueso o tiene mucha carne.

caro, a adj. **1** Se dice de la mercancía que es de precio elevado o superior al habitual. **2** *Formal.* Amado, querido. ◆ adv. **3** A un precio alto.

carolingio, a adj. Relativo a Carlomagno.

carótida adj./f. Se dice de cada una de las dos arterias que están a uno y otro lado del cuello y llevan la sangre a la cabeza.

carpa f. **1** Pez de agua dulce comestible. **2** Toldo grande sostenido por una estructura.

carpelo m. Hoja modificada que con otras compone el gineceo u órgano sexual femenino de algunas plantas.

carpeta f. **1** Pieza de cartón u otro material que, doblada por la mitad y cerrada generalmente con gomas, sirve para guardar papeles. **2** ARG, URUG Habilidad para tratar a la gente.

carpetazo m. ◇ **dar ~** Suspender arbitrariamente la tramitación de una solicitud o expediente.

carpintero, a s. Persona que se dedica a fabricar o arreglar objetos de madera.

carpo m. Conjunto de ocho huesos, dispuestos en dos filas, que forman parte de la muñeca.

carraca f. **1** Antigua embarcación grande. **2** Aparato o máquina vieja.

carrasca f. Encina pequeña.

carraspera f. Aspereza en la garganta que pone ronca la voz.

carrera f. **1** Acción de darse prisa. **2** Competición de velocidad. **3** Conjunto de estudios. **4** Ejercicio de una profesión o arte. **5** Recorrido o trayecto. **6** Línea de puntos sueltos en una media.

carrerilla f. ◇ **de ~** ESP De memoria.

carreta f. Carro largo, angosto y más bajo que el ordinario, con un madero que sobresale al que se ata el yugo.

carrete m. **1** Cilindro en el que se enrollan hilos, cables, etc. **2** ESP Rollo de película de una máquina fotográfica.

carretera f. Camino público ancho y pavimentado para la circulación de vehículos.

carretilla f. **1** Carro pequeño de mano. **2** ARG, CH Mandíbula o quijada.

carriel m. AMÉR Maletín de mano hecho de cuero.

carril m. **1** Parte de una carretera destinada al tránsito de una sola fila de vehículos. **2** Barra de hierro que, paralela a otra igual, sirve para construir el camino sobre el que circulan los trenes.

carrillo m. Mejilla.

carrizo m. Planta parecida a la caña que se cría cerca de arroyos y charcas.

carro m. **1** Vehículo de transporte formado por un armazón montado sobre dos ruedas. **2** AMÉR Coche, automóvil. **3** CH, EL SALV, MÉX, P RICO, PAN Vagón de un tren.
carrocería f. Parte de un vehículo asentada sobre el bastidor.
carromato m. Carro grande cubierto por un toldo, de dos ruedas y dos varas para enganchar uno o más animales de tiro.
carroña f. Carne descompuesta.
carroza f. **1** Coche tirado por caballos. ◆ **adj./m. y f. 2** *Fam.* ESP Se dice de la persona con costumbres pasadas de moda.
carruaje m. Vehículo formado por una armazón de madera o metal montada sobre ruedas destinado al transporte de personas.
carrusel m. Tiovivo.
carst o **karst** m. Relieve geológico cuyas formas son debidas a la acción erosiva.
carta f. **1** Escrito que una persona envía a otra. **2** Naipe. **3** Lista de comidas y bebidas que se pueden elegir en un restaurante. **4** Mapa.
cartabón m. Instrumento de dibujo lineal con forma de triángulo rectángulo escaleno con ángulos de 30 y 60 grados.
cartaginés, sa adj./s. De Cartago (antigua ciudad y república del norte de África, destruida por los romanos el 146 a. C.).
cartearse prnl. Escribirse cartas dos o más personas.
cartel m. **1** Escrito o dibujo que se coloca en lugares públicos para comunicar una noticia, dar un aviso o hacer publicidad de alguna cosa. **2** Fama o reputación.
cártel o **cartel** m. Convenio y agrupación de empresas similares.
cartelera f. Sección de los periódicos y algunas revistas donde se anuncian los espectáculos públicos.
cárter m. **1** Depósito de lubricante del motor de un automóvil. **2** Cubierta de metal que, en un automóvil u otra máquina, protege el depósito o un mecanismo.
cartera f. **1** Utensilio pequeño de piel o material similar que sirve para guardar billetes, tarjetas, etc. **2** Utensilio cuadrangular de piel u otro material para llevar papeles o libros. **3** AMÉR Bolso de mujer. **4** CH, CUBA, GUAT, PERÚ Bolsa para llevar cosas.
carterista m. y f. Ladrón de carteras.
cartero, a s. Persona que se dedica a repartir las cartas y los paquetes del correo.
cartesiano, a adj. Relativo a Descartes.
cartílago m. Tejido de sostén del organismo, duro y flexible, de resistencia inferior a la del hueso, que reviste las articulaciones y facilita el movimiento.
cartilla f. ESP Cuaderno pequeño para anotar en él datos de carácter oficial o personal.

cartografía f. **1** Técnica de trazar mapas geográficos. **2** Ciencia que estudia los mapas y cómo realizarlos.

cartomancia o **cartomancía** f. Adivinación del futuro por medio de las cartas o naipes.

cartón m. **1** Lámina gruesa y dura de pasta de papel. **2** Caja que lleva diez paquetes de cigarrillos.

cartucho m. **1** Cilindro de metal que encierra una carga de pólvora y municiones. **2** Recipiente intercambiable con la sustancia o materia necesaria para el funcionamiento de un aparato.

cartujo, a adj. **1** Relativo a la orden religiosa de la Cartuja. ◆ adj./s. **2** Se dice del religioso que pertenece a esta orden.

cartulina f. Cartón delgado, liso y flexible.

casa f. **1** Edificio o parte de él donde viven una o más personas. **2** Familia o conjunto de sus miembros que viven juntos. **3** Descendencia o linaje.

casaca f. Prenda de vestir masculina que consiste en una especie de chaqueta ajustada al cuerpo con faldones largos.

casar tr./prnl. **1** Unir a dos personas en matrimonio. ◆ tr./intr. **2** Unir o ajustar una cosa con otra.

cascabel m. **1** Bola metálica hueca que tiene dentro trozos de metal para que, al moverla, suene. ◆ f. **2** Serpiente muy venenosa.

cascada f. Caída de una corriente de agua desde cierta altura.

cascajo m. **1** Conjunto de fragmentos de piedra y otros materiales quebradizos. **2** Conjunto de frutos secos de cáscara dura.

cascanueces m. Instrumento parecido a unas tenazas que se usa para partir nueces.

cascar tr. **1** Romper una cosa frágil o quebradiza o hacerle grietas o agujeros. **2** Perder la voz o volverla ronca. **3** *Fam.* ESP Pegar o golpear a alguien. ◆ **intr. 4** *Fam.* ESP Hablar mucho.

cáscara f. **1** Cubierta exterior, dura y quebradiza, de los huevos y de algunos frutos. **2** Piel gruesa de una fruta.

cascarón m. Cáscara del huevo.

cascarrabias m. y f. *Fam.* Persona que se enfada con facilidad o protesta por todo.

casco m. **1** Pieza redondeada de metal o plástico que cubre y protege la cabeza. **2** ESP Recipiente de cristal cuando está vacío. **3** Fragmento o trozo de un objeto quebradizo. **4** Cuerpo o armazón de una embarcación o un avión. **5** Uña grande y dura de una caballería. **6** ESP Núcleo de una población.

cascote m. Trozo de material procedente de un edificio derribado o una obra de albañilería.

caserío m. **1** Conjunto de casas en el campo. **2** Casa aislada en el campo.

casero, a adj. **1** Que se hace o se cría en casa. **2** Que se realiza en familia. **3** Se dice de la persona a la que le gusta mucho estar en casa. ◆ s. 4 Persona dueña de una casa que la da en alquiler.

caseta f. **1** Casa pequeña. **2** Construcción provisional desmontable.

casete m. o f. **1** Caja pequeña de plástico que contiene una cinta magnética en la que se puede grabar y reproducir el sonido. ◆ m. **2** Aparato que puede grabar o reproducir el sonido.

casi adv. **1** Indica que falta muy poco para que se cumpla o complete lo significado por la palabra a la que acompaña. **2** *Fam.* Expresa indecisión o duda.

casilla f. **1** Cada uno de los espacios de un papel dividido por líneas verticales y horizontales. **2** Compartimiento que con otros compone el tablero de distintos juegos de mesa.

casillero m. **1** Mueble dividido en huecos o partes para tener clasificados documentos y objetos. **2** Marcador o tablero en el que se anotan los puntos o tantos que consigue un jugador o equipo deportivo.

casino m. Establecimiento público en el que hay juegos de azar.

caso m. **1** Ocasión, situación o conjunto de circunstancias. **2** Suceso o acontecimiento, cosa que ocurre. **3** Asunto de que se trata. **4** Persona que enferma. **5** Relación sintáctica entre palabras.

caspa f. Conjunto de escamas blancas y muy pequeñas que se forman en el cuero cabelludo.

casquería f. Establecimiento en el que se venden vísceras, pezuñas y otras partes comestibles de la res que no son carne.

casquete m. **1** Cubierta de tela o cuero que se ajusta a la cabeza. **2** Pieza de la armadura que cubría la parte superior de la cabeza. **3** *Vulg.* ESP Acto sexual.

casquillo m. **1** Cartucho de metal vacío. **2** Parte metálica de una bombilla por la que se conecta al circuito eléctrico.

casquivano, a adj. Se dice de la persona que es despreocupada e insensata y no tiene formalidad.

cassette → casete.

casta f. **1** Familia y ascendencia. **2** Raza, clase o condición de un animal. **3** Grupo social.

castaña f. **1** Fruto del castaño. **2** *Fam.* Cosa aburrida o de mala calidad.

castaño, a m. **1** Árbol de tronco grueso y copa ancha, con fruto comestible (castaña). ◆ m./adj. **2** Color marrón oscuro.

castañuela f. Instrumento musical de percusión formado por dos piezas cóncavas que se tocan haciéndolas chocar una contra otra.

castellano, a adj./s. **1** De Castilla. ◆ m./adj. **2** Lengua hablada en España, en Hispanoamérica y en otras zonas.

castellano-leonés, sa adj./s. De Castilla y León (comunidad autónoma española).

castellano-manchego, a adj./ s. De Castilla-La Mancha (comunidad autónoma española).

castidad f. Renuncia a todo placer sexual.

castigo m. **1** Pena que se aplica por haber cometido una falta. **2** Persona, animal o cosa que causa sufrimientos, trabajos y molestias.

castillo m. **1** Edificio o conjunto de edificios fortificados. **2** Parte alta o principal de la cubierta de una embarcación.

casting m. Proceso de selección de actores o modelos.

castizo, a adj. **1** De buen linaje. **2** Típico, puro o genuino de un país o región.

casto, a adj. Se dice de la persona que renuncia a todo placer sexual.

castor m. Mamífero roedor adaptado a la vida acuática.

castrar tr. Extirpar o inutilizar los órganos genitales masculinos.

castrense adj. Relativo al ejército o a la vida y profesión militar.

casualidad f. **1** Combinación de circunstancias que no se pueden prever ni evitar. **2** Acontecimiento fortuito.

casuística f. Consideración de los diversos casos particulares que se pueden prever en determinada materia.

casulla f. Vestidura que se pone el sacerdote sobre el alba para celebrar la misa.

cata f. **1** Prueba de un alimento o una bebida para examinar su sabor. **2** Porción de alguna cosa que se prueba o examina.

catabolismo m. Conjunto de procesos metabólicos en los que se produce la ruptura de moléculas.

cataclismo m. Desastre de grandes proporciones.

catacumbas f.pl. Cementerio subterráneo de Roma.

catalán, na adj./s. **1** De Cataluña. ◆ m./adj. **2** Lengua románica hablada en Cataluña y en otras zonas.

catalejo m. Instrumento óptico para ver como si estuviera cerca lo que está lejos.

catalepsia f. Trastorno nervioso repentino.

catálisis f. Proceso de cambio de velocidad de las reacciones químicas.

catalizador m. Sustancia que hace más rápida o más lenta la velocidad de una reacción química.

catálogo m. Lista en la que se registran personas o cosas.

catamarán m. Embarcación deportiva de vela o motor.

cataplasma f. Medicamento en forma de pasta blanda que se aplica sobre alguna parte del cuerpo.

cataplines m.pl. *Fam.* Testículos.
catapulta f. Máquina de guerra antigua con la que se lanzaban piedras o saetas.
catar tr. **1** Probar un alimento. **2** Experimentar por primera vez la impresión o sensación que produce alguna cosa.
catarata f. **1** Caída de una corriente de agua desde cierta altura a causa de un desnivel brusco del terreno. **2** Enfermedad del ojo.
cátaro, a adj./s. Relativo o perteneciente a un movimiento religioso cristiano de los ss. XI y XII, declarado hereje.
catarro m. Malestar físico que se caracteriza por la inflamación de las mucosas y el aumento de la secreción nasal.
catarsis f. Eliminación de los recuerdos que perturban la mente o el equilibrio nervioso.
catastro m. Censo estadístico donde figuran las propiedades rústicas y urbanas de una población, país o territorio.
catástrofe f. **1** Suceso desdichado en el que hay gran destrucción y muchas desgracias y que altera gravemente el desarrollo normal de las cosas. **2** Persona o cosa mal hecha, de mala calidad o que produce mala impresión.
catear tr. *Fam.* ESP **1** Suspender en una prueba o examen. **2** AMÉR Explorar los terrenos en busca de alguna veta minera. **3** AMÉR Allanar la policía una casa ajena. **4** AMÉR Registrar la policía a una persona.
catecismo m. **1** Libro de instrucción o enseñanza de la doctrina cristiana. **2** Obra que contiene la exposición resumida de alguna ciencia o arte.
cátedra f. **1** Empleo y plaza de catedrático. **2** Departamento o sección dependiente de la autoridad de un catedrático. **3** Asignatura o materia que enseña un catedrático.
catedral f. Iglesia principal de una diócesis.
catedrático, a s. Profesor que tiene la categoría más alta en centros oficiales de enseñanza secundaria o en la universidad.
categoría f. **1** Jerarquía de una persona o cosa en una clasificación. **2** Grado o nivel en una profesión.
categórico, a adj. Que afirma o niega de manera absoluta, sin condiciones ni alternativas.
catequesis f. Enseñanza o instrucción de los principios y dogmas de la doctrina cristiana.
catequizar tr. Instruir a alguien en una doctrina.
catering m. Servicio de suministro de bebidas y comidas preparadas para un grupo de personas.
caterva f. *Desp.* Multitud de personas o cosas sin orden ni organización, o consideradas despreciables y de poca importancia.
catéter m. Tubo largo, delgado y flexible, empleado en medicina

para explorar conductos o para quitar las acumulaciones de materia que impiden la circulación de los líquidos.

cateto, a s. **1** *Desp.* ESP Persona sin formación ni cultura y de costumbres toscas. **2** Cada uno de los dos lados que forman el ángulo recto de un triángulo rectángulo.

catión m. Ion con carga positiva.

cátodo m. Electrodo o polo negativo de un generador eléctrico.

catolicismo m. **1** Doctrina religiosa de la Iglesia católica romana. **2** Comunidad de los pertenecientes a la Iglesia católica.

católico, a adj./s. Relativo o perteneciente al catolicismo.

catorce num.cardin. **1** Diez más cuatro. ◆ num.ordin. **2** Que ocupa el lugar número 14 en una serie ordenada. ◆ m. **3** Número 14.

catre m. **1** Cama estrecha, sencilla y ligera para una sola persona. **2** *Fam.* Cama.

caucasiano, a adj. Relativo al Cáucaso.

caucásico, a adj. **1** Caucasiano. **2** Se dice del grupo de lenguas hablado en la región del Cáucaso. **3** Relativo a la raza blanca.

cauce m. **1** Concavidad del terreno por donde corre un río. **2** Modo o norma.

caucho m. Sustancia impermeable, elástica y resistente que se obtiene a partir del jugo lechoso de ciertas plantas tropicales.

caudal m. **1** Cantidad de agua que lleva una corriente. **2** Cantidad de bienes. **3** Gran cantidad de una cosa.

caudaloso, a adj. **1** Se dice de la corriente que lleva mucha agua. **2** Que tiene mucho dinero o muchos bienes.

caudillo m. Persona que guía y manda a un grupo.

caula f. AMÉR Treta, ardid.

causa f. **1** Origen de una cosa. **2** Motivo o razón. **3** Fin, idea o proyecto. **4** Pleito judicial.

causal adj. **1** Relativo a la causa. ◆ adj./f. **2** Se dice de la proposición que expresa el motivo por el cual sucede lo indicado en la oración principal.

causar tr. Producir o ser el origen de un efecto o resultado.

cáustico, a adj. **1** Se dice de la sustancia que quema y destruye los tejidos orgánicos. **2** Mordaz y sarcástico.

cautela f. Cuidado y reserva que se pone al hacer algo para prevenir posibles riesgos o para no ser notado.

cautivar tr. **1** Atraer irresistiblemente la atención, simpatía o amor de una persona mediante algo que le resulta física o moralmente atractivo. **2** Apresar o quitar la libertad a una persona.

cauto, a adj. Se dice de la persona que actúa o se comporta con cautela y precaución e intenta evitar o prevenir un peligro.

cava f. **1** Bodega subterránea. ◆ m. **2** Vino blanco espumoso. ◆ **3** adj./f. Se dice de cada una de las dos venas que recogen la sangre de todo el cuerpo y la conducen al corazón.

cavar tr. **1** Levantar y remover la tierra con una herramienta para cultivarla. **2** Hacer un agujero, foso o zanja.

caverna f. Cavidad ancha y profunda bajo la tierra o entre las rocas.

caviar m. Alimento que se prepara con las huevas del esturión.

cavidad f. Espacio hueco en el interior de un cuerpo.

cavilar intr. Pensar de forma profunda y minuciosa, a veces con preocupación.

cayado m. Bastón con el extremo superior curvo.

cayo m. Isla pequeña, llana y arenosa.

caza f. **1** Acción y efecto de cazar. **2** Animal o conjunto de animales cazados. ◆ m. **3** Avión para reconocimientos y combates aéreos.

cazabe o **casabe** m. **1** AMÉR Harina de la raíz de la mandioca. **2** AMÉR Torta hecha con esta harina.

cazador, ra adj./s. **1** Se dice de la persona que caza animales. **2** Se dice del animal que por instinto persigue y caza otros animales.

cazadora f. ESP Prenda de vestir corta y ajustada a la cintura que se suele cerrar con cremallera.

cazar tr. **1** Buscar o perseguir animales para atraparlos o matarlos. **2** Conseguir algo con habilidad.

cazo m. **1** AMÉR CENTRAL, ESP, MÉX Recipiente cilíndrico para cocer o calentar alimentos. **2** ESP Cucharón. **3** ESP Persona torpe. **4** *Argot.* ESP Proxeneta.

cazoleta f. Hueco de la pipa de fumar en el que se coloca el tabaco.

cazón m. Tiburón de hasta 2 m de largo, con la boca semicircular y los dientes afilados y cortantes, cuya piel seca se utiliza como lija.

cazuela f. **1** Recipiente de cocina de base circular, ancho y poco profundo. **2** Guiso hecho en este recipiente.

cazurro, a adj./s. **1** ESP Se dice de la persona que es torpe, ignorante y simple. **2** ESP Se dice de la persona que es ruda, tosca o basta.

CD m. Sigla de **compact disc**, disco compacto.

CD-ROM m. **1** Disco de 12 cm de diámetro con gran capacidad para almacenar datos. **2** Aparato acoplado al ordenador que permite la lectura de este disco.

ce f. Nombre de la letra c.

cebada f. Cereal muy parecido al trigo.

cebar tr. **1** Alimentar a un animal para que aumente de peso. **2** Alimentar o avivar un sentimiento. **3** Poner el combustible necesario a una máquina para que funcione. ◆ prnl. **4** Causar un intenso dolor.

cebiche o **ceviche** o **seviche** m. AMÉR Plato de pescado o marisco crudo, troceado y condimentado con cebolla, ají y zumo de limón.

cebo m. **1** Trozo de alimento que se pone en el anzuelo. **2** Alimento de un animal. **3** Cosa agradable o interesante que se ofrece para incitar a algo.

cebolla f. **1** Hortaliza de bulbo comestible del que nace una raíz fibrosa. **2** Bulbo subterráneo de esta planta.

cebolleta f. Cebolla común que se vuelve a plantar después del invierno.

cebollino m. Simiente de cebolla lista para ser trasplantada.

cebra f. Mamífero équido de pelo amarillento con rayas verticales.

cebú m. Mamífero bovino de África y la India.

cecear intr. Hablar pronunciando la s como la z.

cecina f. Carne salada y secada al sol, al aire o al humo.

cedazo m. Utensilio que se usa para separar las partes finas y gruesas de una materia.

ceder tr. **1** Transferir o traspasar voluntariamente a otro el disfrute de una cosa. ◆ intr. **2** Disminuir o desaparecer la resistencia de una persona. **3** Disminuir o desaparecer la fuerza o intensidad de algo. **4** Romperse o soltarse una cosa.

cedilla f. Nombre de la letra ç.

cedro m. **1** Árbol de tronco alto y recto, con la copa en forma de cono, hojas perennes y el fruto en forma de piña. **2** Madera de este árbol.

cédula f. Documento oficial en el que se reconoce una deuda.

cefalea f. Dolor de cabeza intenso y persistente.

cefalópodo adj./m. Se dice del molusco que tiene la cabeza grande rodeada de una corona de tentáculos que sirven para desplazarse y asir a las presas, como el calamar y el pulpo.

cefalorraquídeo, a adj. Relativo a la cabeza y a la columna vertebral.

cefalotórax m. Parte anterior del cuerpo de los arácnidos y muchos crustáceos constituida por la fusión de la cabeza con el tórax.

cegar intr. **1** Perder el sentido de la vista. ◆ tr. **2** Hacer perder el sentido de la vista. **3** Quitar la capacidad de razonar. **4** Tapar o cerrar un hueco o una entrada.

cegesimal adj. Se dice del sistema de pesos y medidas que tiene por unidades básicas el centímetro, el gramo y el segundo.

ceguera f. **1** Falta completa del sentido de la vista. **2** Pasión que quita la capacidad de razonar con claridad.

ceja f. **1** Parte de la cara que sobresale por encima de cada uno de los ojos, curvada y cubierta de pelo.

2 Pelo que cubre esta parte de la cara.

cejar intr. **1** Aflojar o ceder en un negocio, empeño o discusión. **2** Andar hacia atrás.

cejijunto, a adj. **1** Que tiene las cejas muy pobladas y juntas o poco separadas. **2** Ceñudo.

cejilla f. Pieza suelta que se ajusta al mástil de un instrumento de cuerda para apretar todas las cuerdas a la vez.

celada f. Medio hábil y engañoso por el que se coloca a una persona en situación difícil.

celar tr. **1** Procurar con cuidado el cumplimiento de las leyes y de toda clase de obligaciones. **2** Observar o vigilar.

celda f. **1** Habitación de una cárcel donde se encierra a los presos. **2** Habitación individual de un convento o colegio. **3** Celdilla.

celdilla f. Cada una de las casillas hexagonales que forman un panal.

celebérrimo, a adj. Superlativo de **célebre**.

celebrar tr. **1** Llevar a cabo un encuentro o acto solemne. **2** Organizar una fiesta. **3** Alegrarse por una cosa. **4** Decir misa.

célebre adj. Se dice de la persona o cosa que tiene fama o es muy conocida.

celemín m. Medida de capacidad tradicional para el grano y otros productos; en Castilla equivale a 4,625 litros.

celentéreo, a adj./m. Se dice del invertebrado acuático de estructura sencilla y provisto de tentáculos.

celeridad f. Rapidez en el movimiento o la ejecución de una cosa.

celeste m./adj. **1** Color azul claro. **2** Relativo al cielo.

celestial adj. **1** Relativo al cielo. **2** Delicioso, perfecto o encantador.

celestina f. Mujer que facilita o encubre las relaciones amorosas o sexuales de dos amantes a cambio de dinero.

celíaco, a o **celiaco, a** adj. Relativo al vientre o a los intestinos.

célibe adj./m. y f. Soltero.

celo m. **1** Cuidado, diligencia e interés. **2** Período de la vida de algunos animales en el que aumenta su apetito sexual. ◆ m.pl. **3** Sentimiento de inquietud y pesar que se tiene al saber o sospechar que la persona amada siente preferencia por otra. **4** ESP Cinta adhesiva de papel de plástico transparente.

celofán m. Papel transparente de colores que está hecho de un material impermeable y se usa para envolver.

celosía f. Enrejado tupido hecho con listones de madera u otro material que se pone en las ventanas o se usa para separar espacios.

celoso, a adj. **1** Se dice de la persona que tiene celos o es propensa a tenerlos. **2** Se dice de la persona que pone mucho cuidado e interés al hacer una cosa.

celta adj./m. y f. De un grupo antiguo de pueblos indoeuropeos.

celtíbero, a o **celtibero, a** o **celtibérico, a** adj./m. y f. De un pueblo de la España primitiva asentado en la Celtiberia.

célula f. **1** Elemento constitutivo fundamental de los seres vivos. **2** Grupo, dentro de una organización mayor, que funciona de modo independiente.

celulitis f. Inflamación del tejido celular situado debajo de la piel que da a esta un aspecto rugoso o acolchado.

celuloide m. **1** Material plástico y muy flexible que se emplea en la industria fotográfica y cinematográfica para la fabricación de películas. **2** Arte, técnica e industria de la cinematografía.

celulosa f. Glúcido polisacárido estructural formado por la unión de moléculas de glucosa.

cementerio m. **1** Lugar en el que se entierran los cuerpos muertos de las personas. **2** Lugar en el que se acumulan materiales o productos inservibles.

cemento m. Material de construcción en polvo, formado por sustancias calcáreas y arcillosas, que forma una masa sólida y dura al mezclarse con agua.

cena f. **1** Última comida del día, que se toma al atardecer o por la noche. **2** Alimentos que se toman en esta comida. **3** Acción de tomar esta comida.

cenáculo m. Reunión habitual y poco numerosa de personas con aficiones comunes.

cenagal m. **1** Lugar lleno de cieno. **2** Situación o problema difícil.

cenar tr./intr. Tomar la última comida del día, al atardecer o por la noche.

cencerro m. Campana pequeña con los lados rectos.

cenefa f. Banda de adorno.

cenicero m. Recipiente en el que se dejan la ceniza y los restos de los cigarrillos.

ceniciento, a adj. De color gris claro como el de la ceniza.

cenit o **cénit** o **zenit** o **zénit** m. **1** Situación del Sol cuando alcanza el punto más alto de elevación sobre el horizonte. **2** Punto culminante, apogeo.

ceniza f. Polvo gris claro que queda después de arder o quemarse completamente una cosa.

cenizo, a adj. **1** Ceniciento. ◆ adj./m. **2** *Fam.* ESP Se dice de la persona que trae o tiene mala suerte. ◆ m. **3** *Fam.* ESP Mala suerte.

cenobio m. *Formal.* Monasterio.

cenozoico, a adj./m. Se dice de la era geológica que sigue a la era mesozoica o secundaria.

censo m. Padrón o lista oficial de los habitantes de un país, una provincia o una ciudad.

censor, ra adj./s. **1** Se dice de la

persona que critica. ◆ s. **2** Persona encargada de censurar publicaciones u otras obras.

censurar tr. **1** Juzgar negativamente. **2** Formar un juicio. **3** Suprimir o modificar en una obra destinada al público lo que el censor ha creído conveniente.

centauro m. Animal mitológico mitad hombre y mitad caballo.

centavo, a m. **1** Céntimo de determinadas monedas, como el dólar o el peso. ◆ **num.partit. 2** Se dice de cada una de las partes que resultan de dividir un todo en cien partes iguales.

centella f. **1** Rayo de baja intensidad. **2** Chispa que salta al golpear una piedra con un objeto de metal. **3** Persona o cosa muy rápida.

centellear intr. **1** Despedir rayos de luz de diversa intensidad y color. **2** Brillar con mucha intensidad.

centena f. Conjunto formado por 100 unidades.

centenar m. Centena.

centenario, a adj. **1** Relativo a la centena. **2** Que tiene cien años o más. ◆ **m. 3** Fecha en que se cumplen uno o varios centenares de años desde que se produjo un acontecimiento.

centeno m. **1** Planta cereal muy parecida al trigo, pero de espigas más delgadas y vellosas. **2** Semilla o conjunto de semillas de esta planta.

centésimo, a num.ordin. **1** Que ocupa el lugar número 100 en una serie ordenada. ◆ **num.partit. 2** Se dice de cada una de las partes que resultan de dividir un todo en cien partes iguales.

centígrado, a adj. **1** Se dice de la escala de temperatura que se divide en cien grados. **2** Relativo a esta escala de temperatura.

centímetro m. Medida de longitud, de símbolo **cm**, que es igual a la centésima parte de un metro.

céntimo m. **1** Centésima parte de ciertas unidades monetarias, como el euro o la peseta, o moneda con ese valor. ◆ **num.partit. 2** Se dice de cada una de las partes que resultan de dividir un todo en cien partes iguales.

centinela m. y f. Soldado que guarda, vigila y defiende una posición determinada.

centollo m. Crustáceo marino comestible con una concha casi redonda.

central adj. **1** Que está en el centro. **2** Que es lo principal. **3** Que ejerce su acción sobre todo el conjunto del que forma parte. ◆ **f. 4** Oficina o establecimiento principal del que dependen otros del mismo tipo. **5** Instalación en la que se produce energía. ◆ **m. y f. 6** Jugador de fútbol que juega en el centro de la defensa.

centralismo m. Doctrina que defiende la concentración del poder político o administrativo.

centralita f. **1** ESP Aparato que conecta una o varias líneas telefónicas externas con los teléfonos instalados en los locales de un organismo, entidad o empresa. **2** Lugar donde se encuentra instalado este aparato.

centrar tr. **1** Colocar una cosa haciendo coincidir su centro con el de otra. **2** Dirigir la atención o el interés hacia algo. **3** Hacer que alguien se sienta psicológicamente seguro y estable.

céntrico, a adj. Relativo al centro.

centrifugar tr. Someter un objeto o sustancia a una rotación muy rápida para obtener por la fuerza centrífuga su secado o la separación de los componentes unidos o mezclados.

centrífugo, a adj. Se dice de la fuerza que tiende a alejarse del centro alrededor del cual gira.

centrípeto, a adj. Se dice de la fuerza que tiende a acercarse al centro alrededor del cual gira.

centro m. **1** Punto o lugar que está en medio. **2** Lugar o recinto donde se desarrolla una actividad con un fin determinado. **3** Persona o cosa principal que atrae la atención o el interés. **4** Parte de una población donde hay más actividad. **5** Conjunto de ideas, tendencias y organizaciones políticas que están entre la derecha y la izquierda. **6** HOND, MÉX Chaleco.

centroamericano, a adj./s. De América Central (conjunto de países del centro del continente americano).

centrocampista m. y f. Jugador de fútbol y de otros deportes de equipo que juega en el centro del campo.

céntuplo, a adj./m. Que es cien veces el número o cantidad de cierta cosa.

centuria f. **1** Período de cien años. **2** Compañía del ejército de la antigua Roma compuesta por cien soldados.

centurión m. Oficial del antiguo ejército romano que tenía a su mando una centuria.

cenutrio, a s. *Fam.* ESP Persona torpe y lenta para comprender o ejecutar una cosa.

ceñir tr. **1** Apretar, ajustar o rodear. **2** Llevar un objeto ajustado a una parte del cuerpo. ◆ **prnl. 3** Limitarse o atenerse a lo que se trata.

ceño m. **1** Espacio que separa las dos cejas. **2** Gesto de disgusto arrugando el entrecejo.

cepa f. **1** Tronco de la vid del que brotan los sarmientos. **2** Parte del tronco de las plantas que está bajo la tierra unida a la raíz.

cepillo m. Instrumento hecho de hilos o pelos gruesos fijos en una base y cortados al mismo nivel.

cepo m. Trampa para cazar animales.

cera f. **1** Sustancia que producen las abejas. **2** Sustancia segregada por las glándulas de los oídos. **3** Producto para dar brillo.

cerámica f. **1** Objeto o conjunto

de objetos fabricados con barro, loza o porcelana. **2** Arte o técnica de fabricar estos objetos.

cerbatana f. Tubo estrecho en el que se introducen dardos u otros proyectiles para dispararlos soplando por uno de sus extremos.

cerca adv. **1** En un punto próximo o inmediato; a corta distancia. ◆ **2** f. Tapia o muro que rodea un terreno.

cercado m. **1** Cerca, valla. **2** Lugar rodeado y limitado por una cerca.

cercanía f. **1** Proximidad en el espacio o tiempo. ◆ f.pl. **2** Conjunto de zonas cercanas a un lugar.

cercanías m. Tren que comunica poblaciones vecinas.

cercano, a adj. Próximo.

cercar tr. **1** Rodear un lugar con una cerca. **2** Rodear mucha gente a alguien o algo. **3** Asediar una fortaleza o plaza.

cercenar tr. **1** Cortar la extremidad de una persona o cosa. **2** Reducir una cosa.

cerciorarse prnl. Asegurarse de lo cierto.

cerco m. **1** Línea o cosa semejante que rodea a otra. **2** Cerca, valla. **3** Asedio de una ciudad.

cerda f. **1** Pelo grueso y duro de algunos animales. **2** Filamento de un cepillo.

cerdo, a s. **1** Mamífero doméstico que se cría para aprovechar su carne. ◆ adj./s. **2** *Desp.* Que no cuida su aseo personal.

cereal adj./m. **1** Se dice de la planta de cuyas semillas se hacen harinas. ◆ m.pl. **2** Conjunto de las semillas de estas plantas.

cerebelo m. Centro nervioso encefálico.

cerebro m. **1** Parte del encéfalo situada en la parte anterior y superior de la cabeza. **2** Talento, inteligencia. **3** Persona que piensa o dirige una acción.

ceremonia f. **1** Acto público y formal que se realiza de acuerdo a ciertas reglas. **2** Solemnidad o formalidad excesiva.

ceremonial adj. **1** Relativo a la ceremonia. ◆ m. **2** Conjunto de reglas de ciertas ceremonias.

cereza f. **1** Fruto del cerezo. ◆ adj./m. **2** Se dice del color que es como el de este fruto.

cerezo m. Árbol frutal de flores blancas y fruto comestible.

cerilla f. ESP Fósforo para encender fuego.

cerillo m. **1** GUAT, MÉX, PERÚ Fósforo para encender fuego. **2** CUBA Árbol silvestre de madera muy apreciada.

cerio m. Elemento químico (metal) de símbolo Ce.

cerner tr. **1** Separar con un cedazo lo grueso de lo fino. ◆ prnl. **2** Amenazar un mal. **3** Mantenerse un ave en el aire.

cernícalo m. Ave rapaz de plumaje rojizo con manchas negras.

cernir tr. Cerner (separar).

cero num.cardin. **1** Se emplea para designar el número de elementos de un conjunto vacío. ◆ num.ordin. **2** Que es el punto de partida de una serie ordenada o antecede a lo que va numerado. ◆ m. **3** Número 0. **4** Punto a partir del cual se empieza a contar en una escala, contador, etc.

cerrado, a adj. **1** Que no tiene comunicación con el exterior. **2** Riguroso o estricto. **3** Que conserva un fuerte acento local. **4** Cubierto de nubes.

cerradura f. Mecanismo que cierra con llave.

cerrajero, a s. Persona que fabrica o arregla cerraduras.

cerrar tr. **1** Hacer que el interior de un lugar no tenga comunicación con el exterior. **2** Encajar en su marco la hoja de una puerta o ventana. **3** Juntar partes movibles del cuerpo o de cosas articuladas. **4** Concluir algo. ◆ intr./prnl. **5** Quedar encajada en su marco la hoja de una puerta o ventana. ◆ prnl. **6** Encapotarse el cielo.

cerrazón f. Falta de capacidad para entender algo.

cerril adj. **1** Tosco, grosero. **2** Obstinado. **3** Se dice del ganado no domado.

cerro m. Elevación del terreno de poca altura y aislada.

cerrojo m. Barra de hierro que sirve para cerrar una puerta, ventana u otra cosa semejante.

certamen m. **1** Concurso abierto para estimular determinadas actividades culturales. **2** Reunión literaria.

certero, a adj. **1** Que da en el blanco. **2** Razonable y conforme a la verdad. **3** Que sabe o está bien informado.

certeza f. Conocimiento seguro y claro.

certificar tr. **1** Declarar cierta una cosa. **2** Garantizar la recepción de un envío postal.

cerveza f. Bebida alcohólica obtenida de la fermentación de la cebada y otros cereales.

cervical adj. **1** Relativo a la cerviz. ◆ adj./f. **2** Se dice de cada una de las vértebras del cuello.

cérvido adj./m. Se dice del mamífero rumiante cuyo macho tiene unos cuernos ramificados que se renuevan cada año.

cerviz f. Parte posterior del cuello.

cesantear tr. AMÉR Despedir del trabajo a una persona.

cesar intr. **1** Llegar a su fin una cosa. **2** Dejar de hacer lo que se estaba haciendo. **3** Dejar de desempeñar un cargo.

césar m. Título de la persona que gobernaba el Imperio romano.

cesárea f. Operación quirúrgica para extraer el feto.

cese m. Acción y efecto de cesar.

cesio m. Elemento químico (metal) de símbolo **Cs**.

cesión f. Renuncia voluntaria de un bien en favor de otra persona.
césped m. Hierba menuda y espesa.
cesta f. **1** Recipiente de mimbre para llevar objetos. **2** Canasta de baloncesto.
cesto m. Cesta grande.
cesura f. Pausa que divide un verso en dos partes.
cetáceo adj./m. Se dice del mamífero acuático con forma de pez, aleta caudal, extremidades anteriores convertidas en aletas y sin extremidades posteriores.
cetrería f. **1** Arte de criar aves para la caza. **2** Caza con aves rapaces.
cetrino, a adj. De color amarillo verdoso.
cetro m. **1** Vara usada por los reyes. **2** Superioridad de una persona en una actividad.
ceugma o **zeugma** m. Figura retórica que consiste en omitir una palabra en una oración.
ceutí adj./m. y f. De Ceuta.
ch f. Dígrafo que representa un sonido consonántico africado, palatal y sonoro.
chabacano, a adj. Grosero, vulgar.
chabola f. ESP Vivienda de los suburbios.
chacal m. Mamífero que se alimenta de carroña.
chacarero, a adj. **1** AMÉR Relativo a la chacra. ◆ s. **2** AMÉR Dueño o trabajador de una chacra.
chacha f. **1** *Fam.* Criada, sirvienta. **2** GUAT Ave gallinácea de plumaje pardo y liso.
cháchara f. *Fam.* Conversación intrascendente.
chacina f. Embutido o fiambre elaborado con carne de cerdo.
chacolí m. Vino ligero y agrio elaborado en el País Vasco.
chacra f. AMÉR Granja.
chafar tr. ESP Aplastar o estropear algo.
chaflán m. ESP Fachada que sustituye una esquina de un edificio.
chal m. Pañuelo que se lleva sobre los hombros.
chala f. AMÉR SUR Hoja que envuelve la mazorca del maíz.
chalado, a adj./s. **1** *Fam.* ESP Loco, chiflado. **2** *Fam.* ESP Muy enamorado.
chalán, na adj./s. **1** Que negocia con ganado. ◆ m. **2** COL, PERÚ Picador.
chalé o **chalet** m. Vivienda unifamiliar con jardín.
chaleco m. Prenda sin mangas que cubre el cuerpo hasta la cintura.
chalina f. **1** Corbata ancha que se ata con una lazada grande. **2** ARG, BOL, URUG Bufanda.
chalupa f. ESP Embarcación pequeña, con cubierta y dos palos.
chamaco, a s. AMÉR CENTRAL, MÉX Niño, joven.
chamán m. Hombre que, en algunas culturas, se considera que

tiene el poder de comunicar con los dioses y curar enfermedades.

chamba f. *Fam.* Suerte.

chamiza f. Planta gramínea, silvestre y medicinal.

chamizo m. **1** Árbol o madero medio quemado. **2** Choza cubierta de chamiza.

champán m. **1** Vino blanco espumoso. **2** Embarcación grande de fondo plano.

champaña m. Champán (vino).

champiñón m. Hongo comestible con forma de sombrero redondeado con un pie.

champú m. Jabón líquido para lavar el pelo.

chamuchina f. *Fam. y desp.* CH, CUBA, ECUAD, HOND, PERÚ Populacho.

chamuscar tr. **1** Quemar la parte superficial de algo. ◆ prnl. **2** COL Enfadarse.

chamusquina f. Acción de chamuscar. ◇ **oler a ~** *Fam.* ESP Causar una cosa sospechas de que va a acabar mal.

chancaca f. **1** AMÉR Pasta de maíz o trigo tostado molido con miel o azúcar moreno. **2** AMÉR CENTRAL, CH, PERÚ Dulce elaborado con melaza de caña de azúcar y cacahuete molido.

chancar tr. **1** AMÉR Triturar, machacar. **2** CH, PERÚ Vencer, derrotar. **3** CH, ECUAD Realizar mal una cosa. **4** PERÚ Estudiar con ahínco.

chance m. **1** Oportunidad para intervenir en una actividad. ◆ m. o f. **2** AMÉR Oportunidad para conseguir algo.

chancho, a s. **1** AMÉR Cerdo (animal). ◆ adj./s. **2** *Desp.* AMÉR Se dice de la persona muy sucia. **3** *Fam. y desp.* AMÉR Se dice de la persona gorda.

chanchullo m. *Fam.* Acción ilícita para obtener provecho.

chancillería f. Tribunal superior de justicia del antiguo reino de Castilla.

chancla f. Chancleta.

chancleta f. **1** Calzado sin talón o con el talón doblado. **2** AMÉR Mujer.

chanclo m. Zapato usado para pisar sobre el barro.

chándal m. ESP Prenda de vestir deportiva.

chanquete m. Pez marino, pequeño y comestible.

chantaje m. Presión o amenaza que se hace a una persona para sacar un provecho.

chanza f. Dicho o burla graciosos.

chapa f. **1** Superficie delgada y lisa, generalmente de madera o metal. **2** Carrocería del automóvil. **3** Tapón metálico.

chapado, a adj. Cubierto con chapas.

chaparro, a adj./s. Se dice de la persona gruesa y baja.

chaparrón m. Lluvia muy intensa y de corta duración.

chapata f. ESP Barra de pan ancha y aplanada, de corteza muy crujiente.

chapear tr. **1** Cubrir con chapa. ◆ prnl. **2** CH Enriquecerse.
chapela f. Boina típica del País Vasco.
chapistería f. **1** Taller donde se trabaja la chapa metálica. **2** Arte de trabajarla.
chapitel m. Remate piramidal de una torre.
chapotear intr. Agitar los pies o las manos en el agua produciendo ruido.
chapurrear tr./intr. *Fam.* Hablar mal una lengua.
chapuza f. **1** *Fam.* ESP Trabajo mal hecho. **2** *Fam.* ESP Trabajo ocasional.
chapuzón m. Baño breve.
chaqué m. Prenda masculina parecida a la chaqueta, con dos faldones.
chaqueta f. Prenda exterior de vestir, con mangas largas, abierta por delante, que se ajusta al cuerpo y llega a las caderas.
chaquetero, a adj./s. *Fam. y desp.* ESP Que cambia de partido o ideología por interés.
chaquetón m. Prenda de abrigo más larga que la chaqueta.
charada f. Pasatiempo en el que se tiene que adivinar una palabra a partir de las pistas que se dan sobre su significado.
charanga f. Banda de música formada por instrumentos de viento.
charca f. Charco grande de agua.
charco m. Pequeña cantidad de un líquido, generalmente de agua, detenida en una cavidad del suelo.
charcutería f. ESP Establecimiento donde se venden embutidos y fiambres.
charla f. **1** *Fam.* Conversación intrascendente. **2** Conferencia poco solemne o formal.
charlar intr. *Fam.* Conversar.
charlatán, na adj./s. **1** Que habla mucho. **2** Que engaña a alguien aprovechándose de su ingenuidad.
charlestón m. Baile de ritmo rápido.
charnela f. Bisagra de puertas, ventanas, etc.
charol m. Barniz muy lustroso y permanente.
charqui m. AMÉR Cecina.
charro, a adj./s. **1** Aldeano de Salamanca. ◆ adj./s. **2** Se dice del jinete mexicano que viste un traje compuesto de chaqueta con bordados, pantalón ajustado, camisa blanca y sombrero de ala ancha y copa alta y cónica.
chárter adj./m. **1** Se dice del vuelo que ha sido contratado para un determinado viaje al margen de los vuelos regulares. ◆ m. **2** Avión que realiza estos vuelos.
chascar tr./intr. Dar chasquidos.
chascarrillo m. Cuento breve o frase de sentido equívoco y gracioso.
chasco m. **1** Decepción. **2** Burla o engaño.
chasis m. Armazón que sostiene una estructura o mecanismo.

chasquear tr./intr. **1** Dar chasquidos. ◆ tr. **2** Dar un chasco.
chasqui o **chasque** o **chaski** m. AMÉR SUR Entre los incas, mensajero o correo.
chasquido m. **1** Sonido seco y repentino. **2** Sonido producido con la lengua al separarla con rapidez del paladar.
chat m. Comunicación en tiempo real que se realiza entre varios usuarios cuyos ordenadores están conectados a una red.
chatarra f. **1** Conjunto de objetos de metal viejo. **2** *Fam.* ESP Conjunto de monedas de poco valor.
chato, a adj. **1** Se dice de la nariz que es pequeña y aplastada. ◆ adj./s. **2** Se dice de la persona que tiene la nariz así. ◆ adj. **3** Aplanado y bajo. ◆ m. **4** ESP Vaso bajo y ancho.
chaucha f. AMÉR SUR Judía (vaina).
chauvinismo o **chovinismo** m. Preferencia excesiva por todo lo nacional.
chaval, la s. *Fam.* ESP Muchacho.
chaveta f. Clavija de acero.
chavo m. **1** Antigua moneda de cobre. **2** *Fam.* ESP Dinero.
che f. Nombre del dígrafo ch. ◆ interj. Se emplea en Valencia, Argentina, Bolivia, Paraguay y Uruguay para llamar a una persona o pedir su atención.
chécheres m.pl. COL, C RICA Trastos.
checo, a adj./s. **1** De la República Checa. ◆ m./adj. **2** Lengua hablada en este país.
checoslovaco, a adj./s. De Checoslovaquia.
chef m. Jefe de cocina.
cheli m. **1** *Fam.* ESP Jerga que utiliza palabras y expresiones castizas y marginales. ◆ adj. **2** ESP Relativo a esta jerga.
chelín m. **1** Antigua moneda inglesa. **2** Unidad monetaria de Austria (hasta su sustitución por el euro en el año 2002) y de algunos países africanos.
chepa f. *Fam.* ESP Joroba.
cheque m. Documento con el que se puede retirar del banco una cantidad de dinero.
chequeo m. Reconocimiento médico completo.
cherokee adj./m. y f. De una tribu india que vivía en los estados de Tennessee y Carolina del Norte.
chévere adj. **1** CUBA, VENEZ Benévolo, indulgente. **2** ECUAD, P RICO, VENEZ Bonito, gracioso.
chibcha adj./m. y f. **1** Relativo a un antiguo pueblo precolombino habitante de las sierras de Colombia y Ecuador. ◆ m. **2** Conjunto de lenguas de este pueblo.
chic adj. Elegante, distinguido y a la moda.
chicano, a adj./s. De la comunidad mexicana que vive en Estados Unidos.
chicha f. *Fam.* ESP **1** Carne co-

mestible. **2** Bebida alcohólica obtenida de la fermentación de maíz en agua azucarada. **3** CH Bebida obtenida del zumo de la uva o de la manzana.

chicharra f. **1** Insecto que produce un sonido estridente. **2** *Fam.* Persona muy habladora.

chicharrón m. **1** Residuo que queda después de derretir la manteca del cerdo y de otros animales. ◆ m.pl. **2** Fiambre elaborado con trozos de carne de distintas partes del cerdo prensados en moldes.

chiche m. **1** AMÉR Juguete infantil. **2** AMÉR Alhaja que se regala en bautizos, cumpleaños u otras fiestas infantiles. ◆ m. o f. **3** *Fam.* AMÉR CENTRAL Pecho de la mujer.

chichón m. Bulto que sale en la cabeza a causa de un golpe.

chicle m. Goma de mascar aromatizada.

chico, a adj. **1** Pequeño. ◆ adj./s. **2** Se dice de la persona de poca edad.

chicote m. **1** Pedazo o extremo de cuerda. **2** AMÉR Látigo.

chiflar intr. **1** Silbar. **2** *Fam.* Gustar mucho. ◆ prnl. **3** *Fam.* Querer mucho. **4** *Fam.* Volverse loco.

chifonier m. Mueble alto con cajones.

chihuahua m. y f./adj. Perro pequeño, de grandes orejas y sin pelo.

chií o **chiita** adj./m. y f. De una de las dos grandes divisiones del mundo islámico.

chilaba f. Túnica con capucha que usan los árabes.

chile m. Variedad de pimiento pequeño y muy picante.

chileno, a adj./s. De Chile.

chillar intr. Dar chillidos o hablar muy alto.

chillido m. Grito agudo y molesto.

chillón, na adj./s. Que chilla.

chimenea f. **1** Espacio de una casa donde se hace fuego. **2** Conducto por el que salen los humos. **3** Conducto por el que un volcán expulsa lava.

chimpancé m. Mono de brazos largos y cabeza grande.

china f. **1** ESP Piedra pequeña y generalmente redondeada. **2** *Argot.* ESP Trozo de hachís prensado.

chinchar tr. **1** *Fam.* Molestar. ◆ prnl. **2** *Fam.* Aguantarse.

chinche f. **1** Insecto pequeño que produce irritantes picadas. ◆ adj./m. y f. **2** *Fam.* Se dice de la persona molesta y pesada. ◆ f. **3** Chincheta.

chincheta f. Clavo corto de cabeza grande y circular y punta afilada.

chinchilla f. Mamífero roedor parecido a la ardilla, de pelo gris y muy suave.

chingar tr. **1** *Fam.* Molestar. **2** *Fam.* Hacer fracasar un proyecto. **3** *Vulg.* Realizar el acto sexual.

chino, a adj./s. **1** De China. **2** AMÉR *Vulg.* Mestizo. ◆ m./adj. **3** Lengua hablada en China. **4** Colador en forma de embudo. ◆ s. **5** AMÉR Calificativo cariñoso. **6** AMÉR SUR Criado, sirviente.

chip Pieza de silicio pequeña en cuyo interior hay un circuito integrado con millones de componentes.

chipa m. **1** AMÉR Cesto de paja para transportar cosas delicadas. **2** COL Rodete para sostener en la cabeza una vasija redonda.

chipirón m. ESP Calamar de pequeño tamaño.

chipriota adj./m. y f. De Chipre.

chiquero m. Compartimiento del toril.

chiquillo, a adj./s. Que tiene poca edad.

chiribita f. **1** Chispa o brillo. ◆ f.pl. **2** *Fam.* Conjunto de puntos muy pequeños de luz que impiden ver con claridad.

chirigota f. **1** *Fam.* Dicho o burla sin mala intención. **2** ESP Comparsa de carnaval.

chirimbolo m. **1** *Fam.* Objeto de forma extraña que no se sabe cómo nombrar. **2** *Fam.* Objeto redondo.

chirimía f. Instrumento músico de viento, con diez agujeros y boquilla con lengüeta de caña.

chirimoya f. Fruto comestible de pulpa blanca, sabor dulce y semillas de color negro.

chiringuito m. ESP Quiosco de bebidas y comidas al aire libre.

chiripa f. *Fam.* Suerte.

chirla f. Molusco con dos valvas.

chirona f. *Fam.* ESP Cárcel, prisión.

chirriar intr. Producir un sonido agudo y molesto.

chisme m. **1** *Fam.* ESP, MÉX Objeto pequeño y de poco valor. **2** *Fam.* ESP, MÉX Objeto de forma extraña que no se sabe cómo nombrar. **3** *Fam.* Noticia sobre la que se murmura.

chismorrear intr. *Fam.* Contar chismes.

chispa f. **1** Partícula encendida que salta. **2** Descarga de luz entre dos cuerpos con carga eléctrica. ◇ **echar chispas** *Fam.* Estar muy enfadado.

chispear impers. **1** Llover gotas pequeñas. ◆ intr. **2** Brillar intensamente. **3** Echar chispas.

chistar intr. Llamar la atención con un sonido parecido a **¡chist!**

chiste m. **1** Historia breve, narrada o dibujada, para hacer reír. **2** Situación graciosa.

chistera f. Sombrero de ala estrecha y copa alta.

chistorra f. Embutido de origen navarro, más delgado que el chorizo.

chistu m. Flauta de madera, típica del País Vasco.

chivar tr. **1** *Fam.* ESP Delatar. **2** AMÉR Fastidiar, molestar. **3** AMÉR Engañar. ◆ prnl. **4** *Fam.* ESP Contar una cosa de una persona para perjudicarla. **5** AMÉR SUR, GUAT Enfadarse.

chivato, a s. **1** ESP Soplón, delator. ◆ m. **2** ESP Dispositivo que avisa de cualquier anormalidad.

chivo, a s. **1** Cría de la cabra. **2** CUBA, GUAT, P RICO, R DOM Papelito con apuntes que los estudiantes ocultan para copiar en un examen.

chocante adj. Que produce extrañeza.

chocar intr. **1** Encontrarse violentamente dos o más cosas. **2** Enfrentarse, indisponerse. **3** Resultar extraño.

chocarrero, a adj. De mal gusto.

chocha f. Ave zancuda, parecida a la perdiz.

chochear intr. *Fam.* Hacer o decir cosas sin sentido, por tener disminuidas las facultades mentales a causa de la edad.

chocho, a adj. **1** Que chochea. **2** *Fam.* Atontado a causa del cariño. ◆ m. **3** Semilla del altramuz. **4** *Vulg.* ESP Vulva.

choclo m. AMÉR SUR Mazorca tierna de maíz.

choco, a adj./s. **1** AMÉR Que tiene el cuerpo mutilado. **2** CH Que tiene el pelo crespo. **3** COL Que tiene la cara muy morena. ◆ m. **4** AMÉR SUR Perro de aguas. **5** ESP Sepia pequeña. **6** PERÚ Mono (animal).

chocolate m. **1** Pasta comestible de color marrón hecha de cacao y azúcar. **2** *Argot.* Hachís.

chófer o **chofer** m. Conductor de automóvil.

chollo m. *Fam.* ESP Ganga o ventaja que se consigue con poco esfuerzo.

cholo, a adj./s. **1** AMÉR Mestizo de sangre blanca e india. **2** AMÉR Indio que adopta las costumbres occidentales.

chompipe m. AMÉR CENTRAL Pavo.

chopo m. Álamo.

choque m. Acción de chocar.

chorizo, a s. **1** *Fam.* ESP Ladrón. ◆ m. **2** Embutido hecho con carne de cerdo picada y pimentón.

chorlito m. Ave zancuda, acuática y corredora.

chorrada f. *Fam.* ESP Tontería, estupidez.

chorrear tr./intr. **1** Soltar una cosa el líquido que contiene. ◆ intr. **2** Caer un líquido a chorro.

chorro m. **1** Líquido o gas que sale por una abertura estrecha. **2** Salida abundante e impetuosa de algo.

chotacabras m. Pájaro de color gris con rayas negras.

chotearse prnl. *Fam.* Burlarse.

chotis m. Baile y música de ritmo lento, típico de Madrid.

choto, a s. ESP Cabrito (cría de la cabra).

chovinismo m. Chauvinismo.

choza f. Casa de campo pequeña y tosca.

chubasco m. Lluvia fuerte, repentina y de corta duración, acompañada de mucho viento.

chubasquero m. ESP Impermeable corto.

chúcaro, a adj./s. **1** AMÉR Se dice del ganado salvaje, arisco o bravío. **2** AMÉR Se dice de la persona huraña, arisca o poco comunicativa.

chuchería f. **1** Golosina. **2** Objeto de poca importancia.

chucho, a s. *Fam. y desp.* **1** Perro. ◆ m. **2** CUBA Aguja, pincho. **3** CUBA Conmutador, llave de la luz.

chueco, a adj./s. AMÉR Se dice de la persona que tiene las piernas torcidas.

chufa f. Planta de tubérculos comestibles con los que se prepara horchata.

chuleta adj./m. y f. **1** *Fam.* ESP Chulo, presuntuoso. ◆ f. **2** Costilla con carne de ternera, buey, cerdo o cordero. **3** C RICA, ESP, P RICO, VENEZ Papelito con apuntes que los estudiantes ocultan para copiar en un examen.

chulo, a adj./s. **1** *Fam.* ESP Que es insolente y presuntuoso. ◆ adj. **2** *Fam.* ESP, MÉX Bonito y vistoso. ◆ m. **3** *Fam.* ESP Hombre que vive de las ganancias de las prostitutas. ◆ s. **4** ESP Madrileño castizo.

chumbera f. Nopal.

chungo, a adj. *Fam.* ESP Que tiene mal aspecto o está estropeado o en mal estado.

chuño m. AMÉR SUR Patata deshidratada que conserva sus cualidades.

chupa f. *Fam.* ESP Cazadora de piel.

chupada f. Acción de chupar.

chupado, a adj. **1** *Fam.* Muy flaco y con aspecto enfermizo. **2** *Fam.* ESP Muy fácil.

chupar tr. **1** Extraer con los labios y la lengua el jugo de una cosa. **2** Lamer una superficie. **3** Absorber un líquido o la humedad. ◆ prnl. **4** Quedarse muy flaco.

chupete m. Objeto de goma que se da a los niños para que chupen.

chupinazo m. **1** Disparo potente en los fuegos artificiales. **2** *Fam.* Chut potente.

chupito m. ESP Sorbo pequeño de vino o licor.

churrasco m. Carne asada a la brasa.

churrete m. *Fam.* ESP Mancha de un alimento o líquido que chorrea.

churrigueresco, a adj. Se dice de un estilo arquitectónico muy recargado de adornos.

churro, a adj./s. **1** Se dice de la oveja que tiene la lana larga y basta. ◆ m. **2** Masa de harina alargada y cilíndrica que se fríe en aceite. **3** *Fam.* ESP Cosa mal hecha.

churruscar tr. Tostar o asar demasiado.

chusco, a adj. **1** *Fam.* Que tiene gracia y picardía. ◆ m. **2** Mendrugo de pan.

chusma f. **1** *Desp.* Grupo de gente vulgar y despreciable. **2** *Fam.* Diversión, juerga.

chuspa f. AMÉR SUR Bolsa.
chut m. En el fútbol, lanzamiento fuerte del balón con el pie.
chutar intr. **1** En el fútbol, lanzar el balón con el pie. ◆ prnl. **2** *Argot.* ESP Inyectarse droga.
chute m. *Argot.* ESP Inyección de una dosis de droga.
chuzo m. ESP Palo con un pincho de hierro que se usa como arma.
cianhídrico, a adj./m. Se dice de un ácido muy venenoso, volátil e incoloro.
cianuro m. Compuesto químico muy tóxico.
ciática f. Dolor muy fuerte causado por la inflamación del nervio ciático.
ciático, a adj. **1** Relativo a la ciática. ◆ adj./m. **2** Se dice del nervio que se distribuye en los músculos del muslo y la pierna.
cibernauta m. y f. Persona que a través de la red informática Internet accede a bases de datos.
cibernética f. Ciencia que estudia los mecanismos de comunicación, regulación y control de sistemas complejos.
cicatriz f. Señal que queda al curarse una herida.
cicatrizar intr./prnl. **1** Curarse una herida. ◆ tr. **2** Hacer que una herida se cure.
cicerone m. y f. Persona que muestra a otra las curiosidades de un lugar.
ciclamen m. Planta perenne, de flores blancas o rosadas.
ciclismo m. Deporte que se practica en bicicleta.
ciclo m. **1** Serie de etapas por los que pasa un acontecimiento o fenómeno, que se repiten en un orden determinado. **2** Serie de actos culturales relacionados entre sí. **3** Parte de un plan de estudios, formada por cursos y asignaturas.
ciclomotor m. Motocicleta de pequeña cilindrada.
ciclón m. Viento muy fuerte.
cíclope m. Gigante mitológico con un solo ojo en la frente.
cicuta f. **1** Planta silvestre, de flores blancas. **2** Veneno obtenido de esta planta.
cidra f. Fruto comestible del cidro.
cidro m. Árbol perenne, de flores rosadas.
ciego, a adj./s. **1** Privado del sentido de la vista. ◆ adj. **2** Incapaz de darse cuenta de una cosa evidente. **3** Dominado por un sentimiento muy fuerte. ◆ m. **4** Parte del intestino grueso comprendida entre el final del intestino delgado y el colon.
cielo m. **1** Espacio infinito que rodea la Tierra. **2** Morada de los bienaventurados.
ciempiés m. Artrópodo terrestre provisto de numerosas patas.
cien num.cardin. **1** Noventa más diez. ◆ num.ordin. **2** Que

ocupa el lugar número 100 en una serie ordenada. ◆ m. **3** Número 100.

ciénaga f. Terreno cenagoso.

ciencia f. **1** Conjunto de conocimientos sobre una materia determinada por sus causas y efectos. **2** Conjunto de conocimientos necesarios para desarrollar una actividad. ◆ f.pl. **3** Conjunto de conocimientos relacionados con cualquier materia que obedece a leyes matemáticas y físicas.

cieno m. Barro blando del fondo de un lago o estanque.

científico, a adj. **1** Relativo a la ciencia. ◆ s./adj. **2** Persona que se dedica a la ciencia.

ciento num.cardin. **1** Noventa más diez. ◆ num.ordin. **2** Que ocupa el lugar número 100 en una serie ordenada. ◆ m. **3** Número 100. **4** Conjunto formado por 100 unidades.

cierne o **ciernes** ◇ **en** ~ Que está en sus comienzos.

cierre m. **1** Acción de cerrar. **2** Cosa con que se cierra algo.

cierto, a det. **1** Que es verdadero. **2** Alguno.

ciervo, a s. Mamífero rumiante salvaje, de patas largas y pelo marrón o gris.

cierzo m. Viento frío que sopla del norte.

cifra f. **1** Cada uno de los signos con los que se representan los números. **2** Número. **3** Escritura para escribir en clave.

cifrar tr. **1** Escribir en clave. **2** Valorar cuantitativamente.

cigala f. Crustáceo marino comestible, de color rojo y con un caparazón duro.

cigarra f. Insecto de color verde oscuro, con cuatro alas transparentes, que emite un sonido estridente.

cigarrería f. AMÉR Establecimiento donde se venden cigarros.

cigarrillo m. Cilindro pequeño y delgado hecho con tabaco picado.

cigarro m. Rollo de hojas de tabaco para fumar.

cigoto o **zigoto** m. Célula resultante de la unión de dos gametos.

cigüeña f. Ave zancuda de cuello largo y con el pico y las patas largos y rojos.

cigüeñal m. Pieza del motor que transforma el movimiento rectilíneo de los pistones en rotativo.

cilantro m. Hierba de tallo largo y flores rojas.

ciliado, a adj./m. Se dice del protozoo provisto de cilios.

cilicio m. Cinturón o faja con pinchos que se ajusta al cuerpo para mortificarse.

cilindrada f. Combustible que cabe en el cilindro de un motor.

cilindro m. **1** Cuerpo geométrico formado por una superficie lateral curva y cerrada y dos planos paralelos que forman sus bases. **2** Pieza de un motor donde se mezcla y se quema el combustible.

cilio m. Filamento vibrátil corto que recubre algunas células.

cima f. **1** Parte más alta de una montaña, un árbol, etc. **2** Apogeo.

cimarrón, na adj. **1** Se dice del animal doméstico que se ha hecho salvaje. ◆ adj./s. **2** Se dice de los antiguos esclavos americanos que se refugiaban en las montañas para ser libres. ◆ adj./m. **3** ARG, BOL, PAR, URUG Se dice del mate sin azúcar.

címbalo m. Instrumento musical de percusión, con dos platillos de metal.

cimborrio o **cimborio** m. Construcción de planta poligonal situada sobre el crucero de algunas iglesias.

cimiento m. **1** Parte sobre la que se asienta un edificio. **2** Principio o fundamento de algo.

cinabrio m. Mineral compuesto de mercurio y azufre.

cinc o **zinc** m. Elemento químico (metal) de símbolo Zn.

cincel m. Herramienta para labrar piedra o metal a golpe de martillo.

cincha f. Faja con que se asegura la silla sobre la cabalgadura.

cinchar tr. **1** Apretar la cincha. ◆ prnl. **2** ARG, URUG Empeñarse en que algo se haga de cierta manera.

cincho m. **1** Aro de hierro de los toneles, los maderos ensamblados, etc. **2** Faja o cinturón.

cinco num.cardin. **1** Cuatro más uno. ◆ num.ordin. **2** Que ocupa el lugar número 5 en una serie ordenada. ◆ m. **3** Número 5.

cincuenta num.cardin. **1** Cuarenta más diez. ◆ num.ordin. **2** Que ocupa el lugar número 50 en una serie ordenada. ◆ m. **3** Número 50.

cine m. **1** Establecimiento donde se proyectan películas. **2** Cinematografía.

cinegética f. Arte de la caza.

cinemática f. Parte de la mecánica que estudia el movimiento sin tener en cuenta las causas que lo producen.

cinematografía f. Arte y técnica de proyectar imágenes en movimiento en una pantalla a partir de fotogramas o imágenes fijas.

cinética f. **1** Parte de la física que estudia el movimiento producido por las fuerzas. **2** Parte de la química que se ocupa de las características mecánicas que influyen en los procesos químicos.

cíngaro, a adj./s. Zíngaro.

cínico, a adj./s. **1** Que miente o comete actos vergonzosos con descaro. ◆ adj. **2** Impúdico, inmoral.

cinta f. **1** Tira larga y estrecha de material flexible. **2** Caja pequeña de plástico que contiene una banda magnética en la que se puede grabar imagen o sonido.

cinto m. Cinturón.

cintura f. **1** Parte del cuerpo humano entre las costillas y la cadera. **2** Parte de la prenda de vestir que cubre esta zona del cuerpo.

cinturón m. Tira larga y estrecha que ciñe una prenda de vestir a la cintura.

cipote m. **1** *Vulg.* ESP Pene. **2** AMÉR CENTRAL Chiquillo.

ciprés m. Árbol de tronco derecho y copa espesa y cónica.

circo m. **1** Espectáculo en el que intervienen payasos, acróbatas, domadores, etc. **2** Lugar donde se celebraban ciertos espectáculos en la antigua Roma.

circonio o **zirconio** m. Elemento químico (metal) de símbolo Zr.

circuito m. **1** Espacio limitado que recorre una cosa y que termina en el mismo punto en el que empieza. **2** Conjunto de conductores, resistencias y otros elementos por el que circula la corriente eléctrica.

1. **circular** adj. **1** Que tiene forma de círculo. ◆ f. **2** Escrito dirigido a varias personas para comunicarles algo.

2. **circular** intr. **1** Desplazarse por un lugar siguiendo una dirección determinada. **2** Pasar una información de una persona a otra.

círculo m. **1** Figura geométrica delimitada por una circunferencia. **2** Circunferencia. **3** Asociación de personas que comparten alguna afición. **4** Lugar donde se reúnen estas personas.

circuncisión f. Escisión del prepucio.

circundar tr. Rodear una cosa a otra.

circunferencia f. Línea curva cerrada cuyos puntos están siempre a la misma distancia de otro punto llamado centro.

circunflejo adj. Se dice del acento gráfico que tiene forma de ángulo con el vértice hacia arriba (^).

circunloquio m. Manera de explicar algo por medio de rodeos.

circunscribir tr. **1** Reducir a ciertos límites o términos. **2** Trazar una figura geométrica de manera que quede otra dentro de ella.

circunspecto, a adj. Prudente.

circunstancia f. **1** Condición que causa o determina a una persona, cosa o hecho. **2** Situación concreta.

circunvalación f. Rodeo de un lugar.

cirílico, a adj./m. Se dice del alfabeto utilizado en ruso y otras lenguas eslavas.

cirio m. **1** Vela de cera larga y gruesa. **2** *Fam.* ESP Alboroto.

cirro m. Nube blanca en forma de filamentos estrechos.

cirrosis f. Enfermedad degenerativa del hígado.

ciruela f. Fruto comestible del ciruelo.

ciruelo m. Árbol frutal de tronco robusto y flores blancas o rojizas.

cirugía f. Parte de la medicina que se ocupa de curar mediante operaciones quirúrgicas.

cirujano, a s. Médico especialista en cirugía.

cisco m. **1** Carbón vegetal pequeño. **2** *Fam.* ESP Alboroto.

cisma m. Escisión en el seno de una Iglesia.

cisne m. **1** Ave palmípeda acuática de cuello largo y curvo. **2** ARG, BOL, PERÚ, URUG Brocha para aplicar polvos cosméticos. ◆ adj. **3** VENEZ Se dice del caballo de pelaje pardusco.

cisterciense adj./m. **1** Relativo al Cister ◆ adj./m. y f. **2** Se dice del religioso que pertenece a la orden del Cister.

cisterna f. **1** Depósito de agua de un retrete. **2** Tanque o depósito destinado al transporte de líquidos.

cistitis f. Inflamación de la vejiga urinaria.

cisura f. Hendidura muy fina.

cita f. **1** Encuentro acordado entre dos o más personas. **2** Reproducción de lo dicho o escrito por otra persona.

citar tr. **1** Dar cita. **2** Mencionar.

cítara f. Instrumento musical de cuerda originario de la antigua Grecia.

citología f. **1** Parte de la biología que estudia la célula. **2** Análisis de un conjunto de células.

citoplasma m. Parte de la célula que contiene el núcleo.

cítrico, a adj. **1** Relativo a los cítricos o al ácido cítrico. ◆ adj./m. **2** Se dice del ácido que se obtiene del limón. ◆ m.pl. **3** Conjunto de frutas de sabor ácido o agridulce.

ciudad f. Núcleo urbano de población generalmente densa.

ciudadano, a adj. **1** Relativo a la ciudad o la ciudadanía. ◆ s. **2** Persona que vive en una ciudad.

ciudadela f. Recinto fortificado de una ciudad.

cívico, a adj. **1** Que actúa con civismo. **2** Propio de los buenos ciudadanos.

civil adj. **1** Relativo a los ciudadanos. ◆ adj./m. y f. **2** Que no es militar ni eclesiástico. ◆ m. y f. **3** *Fam.* ESP Miembro de la Guardia Civil.

civilización f. **1** Conjunto de costumbres, cultura y conocimientos que caracterizan a un pueblo. **2** Acción de civilizar.

civilizar tr. **1** Llevar a un país o pueblo la civilización de otro más adelantado. **2** Educar.

civismo m. Comportamiento de la persona que cumple con sus deberes de ciudadano y contribuye al bienestar de su comunidad.

cizalla f. Herramienta para cortar planchas de metal.

cizaña f. Planta gramínea que daña los cereales. ◇ **meter,** o **sembrar,** ~ Crear discordia.

clamar intr. **1** Gritar o dar voces quejándose. ◆ tr. **2** Exigir con vehemencia algo.

clamor m. **1** Grito de una multitud. **2** Grito fuerte o lastimero.

clan m. **1** Grupo social formado por un número de familias que descienden de un antepasado común y que reconocen la autoridad de un jefe. **2** Grupo cerrado de personas unidas por algún interés o idea.

clandestino, a adj. Que se hace de espaldas a la ley.

claqué m. Baile en el que se repiquetea con la punta y el tacón de los zapatos.

claqueta f. Pizarra utilizada en cinematografía.

clara f. Sustancia transparente que rodea la yema del huevo.

claraboya f. Ventana acristalada en un techo o en la parte alta de una pared.

clarear impers. **1** Aparecer la claridad del día al amanecer. **2** Desencapotarse el cielo. ◆ intr./prnl. **3** Transparentarse un tejido. ◆ intr. **4** Amanecer. **5** Hacerse menos espeso.

claridad f. **1** Cualidad de claro. **2** Manera clara de expresarse. **3** Luz tenue. **4** Lucidez mental.

clarificar tr. **1** Hacer que algo sea más fácil de entender. **2** Hacer que una sustancia sea menos espesa.

clarín m. Instrumento musical de viento de la familia del metal.

clarinete m. Instrumento musical de viento compuesto de llaves, boquilla y lengüeta sencilla.

clarividencia f. **1** Facultad paranormal de adivinar el futuro. **2** Lucidez mental.

claro, a adj. **1** Que recibe o tiene mucha luz. **2** Despejado, sin nubes. **3** Transparente y sin impurezas. **4** Se dice del color poco subido. **5** Fácil de comprender. **6** Poco espeso. ◆ m. **7** Espacio despejado dentro de un conjunto de cosas. ◆ adv. **8** De manera clara, definida o precisa.

claroscuro m. Contraste de luces y sombras en pintura, fotografía, etc.

clase f. **1** Conjunto de elementos con características comunes que resulta de una clasificación basada en criterios como la calidad, condición, etc. **2** Conjunto de personas que tienen la misma condición social. **3** Refinamiento o distinción. **4** Categoría taxonómica inferior a la de filo y superior a la de orden. **5** Conjunto de alumnos que tienen el mismo nivel de estudios y asisten a la misma aula. **6** Sesión en la que se imparte una lección. **7** Sala de un centro de enseñanza.

clasicismo m. **1** Estilo artístico y literario que toma como modelo las formas propias de la tradición grecorromana. **2** Cualidad de clásico.

clásico, a adj./m. **1** Se dice del autor u obra que es considerado como modelo digno de imitación. ◆ adj. **2** Relativo a la historia o la cultura de la Antigüedad grecolatina. **3** Sobrio, poco llamativo y de corte tradicional.

clasificar tr. **1** Ordenar por clases. ◆ prnl. **2** Conseguir determinado puesto en una competición.

clasista adj./m. y f. **1** Que es partidario de la diferencia de clases.

◆ adj. **2** Relativo a la diferencia de clases.

claudicar intr. Ceder o rendirse.

claustro m. **1** Galería soportada por columnas alrededor de un patio interior de un monasterio. **2** Reunión de profesores.

claustrofobia f. Miedo a los lugares cerrados muy pequeños.

cláusula f. Apartado de ciertos documentos.

clausura f. **1** Acción y efecto de clausurar. **2** Vida retirada de algunas comunidades religiosas.

clausurar tr. **1** Poner fin con un acto solemne. **2** Cerrar un edificio o establecimiento.

clavado, a adj. **1** Fijo, inmóvil. **2** Exacto. **3** *Fam.* Muy parecido.

clavar tr. **1** Introducir una cosa puntiaguda en otra. **2** Sujetar con clavos.

clave f. **1** Conjunto de signos para escribir y leer mensajes secretos. **2** Conjunto de reglas y correspondencias para descifrar estos signos. **3** Información para entender bien algo.

clavel m. **1** Planta de tallos nudosos y flores muy aromáticas y de colores vivos. **2** Flor de esta planta.

clavicémbalo m. Instrumento musical de cuerda y teclado.

clavicordio m. Instrumento musical de cuerda percutida.

clavícula f. Hueso que une el omóplato con el esternón.

clavija f. Pieza que se introduce en un agujero para ensamblar, sujetar o conectar una cosa.

clavo m. **1** Pieza pequeña de metal, larga, delgada, con cabeza y punta, para sujetar o fijar una cosa a otra.

claxon m. Bocina de un automóvil.

clemencia f. Benevolencia al castigar o juzgar.

clementina f. Variedad de mandarina.

cleptómano, a adj./s. Que padece un trastorno patológico que le impulsa a robar.

clerecía f. **1** Clero. **2** Condición de clérigo.

clerical adj. **1** Relativo al clero. **2** Partidario del clero.

clérigo m. Hombre que ha recibido alguna de las órdenes sagradas del cristianismo.

clero m. Conjunto de los clérigos.

clic m. Palabra que representa el sonido de un golpecito seco.

cliché o **clisé** m. **1** Plancha para reproducir un texto o una fotografía en papel. **2** Idea o expresión muy repetidas.

cliente, a s. Persona que utiliza los servicios de un profesional o una empresa.

clima m. **1** Conjunto de condiciones atmosféricas de una región. **2** Conjunto de circunstancias que rodean a una persona o situación.

climatizar tr. Dar a un recinto cerrado la temperatura, presión y humedad necesarias.

climatología f. **1** Ciencia que estudia el clima. **2** Clima de un lugar.

clímax m. Punto o momento culminante.

clínico, a adj. **1** Relativo a la medicina clínica. ◆ s. **2** Médico.

clip m. **1** Grapa para sujetar papeles. **2** Horquilla de cabello.

clítoris m. Órgano eréctil situado en la vulva.

cloaca f. **1** Conducto subterráneo para recoger el agua de lluvia y las aguas residuales. **2** Parte del intestino de los peces, anfibios, reptiles, aves y ciertos mamíferos.

clon m. y f. Payaso con la cara pintada de blanco. ◆ m. Acción y efecto de clonar.

clonación f. Reproducción de un organismo a partir de una célula originaria.

cloro m. Elemento químico (gas) de símbolo Cl.

clorofila f. Pigmento lipídico de plantas, algas y numerosas bacterias.

cloroformo m. Líquido de olor dulce y muy fuerte, usado como disolvente y anestésico.

cloroplasto m. Orgánulo de las células vegetales que contiene la clorofila.

cloruro m. **1** Compuesto químico binario de cloro y un metal. **2** Anión de esta sal.

closet m. AMÉR Armario.

club o **clube** m. **1** Asociación de personas que realizan actividades recreativas, deportivas o culturales. **2** Bar donde se sirven bebidas y se pone música.

clueca adj./f. Se dice del ave que está empollando.

cluniacense adj. **1** Relativo a la orden religiosa de Cluny. ◆ adj./m. **2** Se dice del clérigo que pertenecía a esta orden.

cnidario adj./m. Se dice del invertebrado cuyo cuerpo consta de una única cavidad comunicada con el exterior.

coacción f. Fuerza física o presión psicológica ejercida sobre una persona para obligarla a hacer algo.

coagular tr. Poner semisólido.

coalición f. Unión de diferentes partidos políticos o instituciones económicas o sociales.

coartada f. Prueba que presenta un acusado para demostrar que no se encontraba en el lugar del delito a la hora en que sucedió.

coartar tr. Limitar o restringir.

coaxial adj. Que tiene un eje común.

coba f. ESP Halago, adulación.

cobalto m. Elemento químico (metal) de símbolo Co.

cobardía f. Cualidad de cobarde.

cobaya m. o f. **1** Mamífero roedor, de cuerpo grueso y pelaje espeso. **2** Persona o animal sometidos a observación o experimentación.

cobertizo m. **1** Construcción tosca para resguardar personas, animales o cosas. **2** Parte del tejado que sobresale de la pared.

cobertura f. **1** Acción de cubrir. **2** Cosa que cubre otra.

cobija f. AMÉR Pieza de tejido grueso y tupido que abriga.

cobijar tr./prnl. Dar refugio o protección a alguien.

cobra f. Serpiente venenosa de gran longitud.

cobrar tr. **1** Recibir una cosa como pago. **2** Tomar o adquirir una cosa no material. **3** Causar víctimas. ◆ **intr. 4** *Fam.* Recibir un castigo corporal. ◆ **prnl. 5** Recibir algo en compensación de un favor o daño.

cobre m. **1** Elemento químico (metal) de símbolo Cu. **2** Conjunto de objetos de cobre. ◆ **adj./m. 3** Cobrizo.

cobrizo, a adj./m. Se dice del color rojo amarronado semejante al del cobre.

coca f. **1** Arbusto de cuyas hojas se extrae la cocaína. **2** Hoja de este arbusto. **3** Cocaína.

cocaína f. Alcaloide extraído de las hojas de la coca.

cocción f. Acción de cocer.

cóccix m. Coxis.

cocer tr. **1** Someter un alimento a la acción de un líquido que hierve. **2** Someter el barro a la acción del calor de un horno. ◆ **intr. 3** Hervir un líquido. ◆ **prnl. 4** *Fam.* Tramarse algo sin que se manifieste.

cochambroso, a adj. Muy sucio, viejo o estropeado.

coche m. **1** Vehículo automóvil de cuatro ruedas destinado al transporte de personas. **2** Cabina de un tren. **3** Vehículo tirado por caballos.

cochinilla f. Insecto cuya hembra constituye una grave plaga para las plantas.

cochino, a s. **1** Cerdo (animal). ◆ **adj./s. 2** Que no cuida su aseo personal. ◆ **adj./s. 3** Que actúa de forma deshonesta o indecente.

cocido m. Guiso de carne troceada, hortalizas, garbanzos y tocino hervidos en agua.

cociente m. Resultado que se obtiene al dividir una cantidad por otra.

cocina f. **1** Lugar donde se cocina. **2** Aparato para cocinar alimentos. **3** Arte de elaborar alimentos para comerlos.

cocinar tr. Preparar alimentos para ser comidos.

cocinero, a s. Persona que cocina.

coco m. **1** Fruto del cocotero. **2** Cocotero. **3** *Fam.* Cabeza. **4** Bacteria esférica. **5** Personaje imaginario con que se asusta a los niños.

cocodrilo m. Reptil acuático grande, cubierto de escamas muy duras.

cocotero m. Árbol tropical de gran altura, cuyo fruto (coco) es comestible.

cóctel o **coctel** m. **1** Bebida elaborada con licores y zumos. **2** Celebración en la que se sirven bebidas y canapés.

cocuyo m. **1** Insecto parecido a la luciérnaga. **2** CUBA Árbol de madera dura.

codear intr. **1** Mover los codos o golpear con ellos. ◆ tr. **2** AMÉR SUR Pedir algo con insistencia y maña. ◆ prnl. **3** Tratarse de igual a igual con otra persona.

codera f. Remiendo o adorno que cubre la parte del codo en una prenda de vestir.

códice m. Libro manuscrito anterior a la invención de la imprenta.

codicia f. Deseo excesivo de poder.

codificar tr. **1** Reunir leyes o normas en un código. **2** Enunciar un mensaje mediante un código determinado.

código m. **1** Conjunto ordenado de leyes. **2** Sistema de signos y reglas que permite componer y comprender un mensaje.

codillo m. Parte superior de las patas delanteras de los cuadrúpedos.

codo m. Parte posterior y prominente de la articulación del brazo con el antebrazo.

codorniz f. Ave de la familia de los faisanes, más pequeña que la perdiz.

coeficiente m. **1** Número que indica la cantidad de veces por las que debe multiplicarse una expresión matemática. **2** Factor numérico de un monomio.

coercitivo, a adj. Que impide hacer algo.

coetáneo, a adj. **1** Que coincide en un mismo tiempo con otra cosa. ◆ adj./s. **2** Se dice de la persona que es de la misma época que otra.

coexistir intr. Existir una persona o cosa al mismo tiempo que otra.

cofia f. Prenda femenina de vestir para sujetar parcialmente el cabello.

cofradía f. Congregación o hermandad.

cofre m. Caja de metal o madera, con tapa y cerradura.

coger tr. **1** Rodear con la mano o con otro órgano prensil algo para retenerlo o sujetarlo. **2** Recoger o recolectar. **3** Pasar a tener una cosa que es de otra persona. **4** Usar un medio de transporte. **5** *Fam.* Contratar. **6** *Fam.* Ocupar cierto espacio. **7** Sorprender a una persona cometiendo una falta, o desprevenida. **8** Capturar o apresar. **9** *Fam.* Contraer o padecer. **10** *Fam.* Entender o comprender. ◆ **tr./intr. 11** *Fam.* Tomar una determinada dirección. ◆ **intr. 12** Hallarse, encontrarse.

cognitivo, a adj. *Formal.* Relativo al conocimiento.

cogollo m. Parte interior de la lechuga y otras hortalizas.

cogorza f. *Fam.* ESP Borrachera.

cogote m. Parte superior y posterior del cuello.

cohabitar intr. Vivir juntas dos o más personas.
cohecho m. Soborno a un juez o funcionario público.
coherencia f. **1** Relación lógica y adecuada de las partes que forman un todo. **2** Relación lógica entre la forma de pensar y actuar de una persona.
cohesión f. Unión íntima entre los elementos de algo.
cohete m. **1** Artificio pirotécnico que estalla en el aire. **2** Proyectil que vuela por propulsión a chorro.
cohibir tr. Refrenar, reprimir.
cohorte f. **1** Conjunto de personas que acompañan a otra. **2** Décima parte de una legión romana.
coima f. AMÉR Dinero con que se soborna a un funcionario.
coincidir intr. **1** Ajustarse una cosa con otra. **2** Encontrarse de forma casual en un lugar. **3** Estar una persona de acuerdo con otra. **4** Ocurrir dos o más cosas al mismo tiempo.
coito m. Acción de introducir el pene en la vagina para eyacular.
cojear intr. Andar con dificultad.
cojín m. Almohadón.
cojinete m. Pieza en que se apoya y gira el eje de un mecanismo.
cojo, a adj./s. **1** Que cojea. ◆ adj. **2** Se dice del razonamiento que está incompleto.
cojón m. **1** *Vulg.* ESP Testículo. ◆ m.pl. **2** *Vulg.* ESP Valor o atrevimiento.
cojonudo, a adj. *Vulg.* ESP Estupendo.
cok m. Coque.
col f. ESP, MÉX Hortaliza comestible de hojas verdes muy anchas y arrugadas.
cola f. **1** Apéndice en la parte posterior del cuerpo de algunos animales, o prolongación de la columna vertebral en los vertebrados. **2** Parte posterior o última de una cosa. **3** Fila de personas que guardan turno. **4** Coleta (peinado). **5** Pasta adhesiva. **6** Árbol de hojas perennes, flores sin corola en espigas, fruto verde y semillas en receptáculos semejantes a vainas.
colaborar intr. **1** Trabajar con otros en una tarea común. **2** Dar una ayuda para financiar una obra benéfica.
colación f. *Formal.* Comida ligera. ◇ **sacar,** o **traer, a ~** *Fam.* Mencionar.
colada f. **1** ESP Lavado de la ropa sucia. **2** ESP Ropa lavada. **3** Masa de lava incandescente.
colador m. Utensilio para separar las partes sólidas de un líquido.
colágeno m. Proteína que se encuentra en los tejidos conjuntivo, cartilaginoso y óseo de los animales.
colapso m. Debilitación extrema y brusca de las actividades vitales.
colar tr. **1** Separar las partículas sólidas de un líquido con un colador. ◆ intr. **2** *Fam.* Hacer creer

algo con engaño. ◆ **prnl. 3** *Fam.* Introducirse una persona en un lugar a escondidas o sin permiso. **4** *Fam.* ESP Enamorarse.

colateral adj. Situado a ambos lados de un elemento.

colcha f. Cobertura de la cama.

colchón m. Parte de la cama sobre la que se acuestan las personas.

colchoneta f. Colchón delgado.

colear intr. **1** Mover un animal la cola. **2** Durar un asunto o sus consecuencias.

colección f. Conjunto de cosas de la misma clase reunidas y clasificadas.

colecta f. Recaudación de donativos.

colectividad f. Conjunto de individuos agrupados.

colectivo, a adj. **1** Que pertenece a una colectividad. ◆ m. **2** Grupo de personas asociadas con intereses laborales o profesionales comunes. **3** ARG, BOL, CH, PERÚ Autobús.

colector, ra adj. **1** Que colecta. ◆ m./adj. **2** Conducto subterráneo que recoge los residuos de otros conductos.

colega m. y f. **1** Persona que tiene la misma profesión que otra. **2** *Fam.* ESP Amigo.

colegiado, a adj./s. **1** Que pertenece a un colegio profesional. ◆ s. **2** Árbitro.

colegiata f. Iglesia que no llega a ser catedral.

colegio m. **1** Centro de enseñanza primaria o secundaria. **2** Corporación oficial de personas con la misma profesión.

colegir tr. Sacar una conclusión a partir de una situación anterior o de un principio general.

coleóptero adj./m. Se dice del insecto con un aparato bucal masticador y un par de alas duras.

cólera f. **1** Enfado muy grande y violento. ◆ m. **2** Enfermedad producida por bacterias del género Vibrio.

colesterol m. Lípido de las células eucariotas.

coleta f. Peinado que se hace recogiendo todo el cabello o un mechón con una goma.

coletilla f. *Fam.* Comentario breve que se añade a lo dicho o escrito.

colgador m. Utensilio para colgar la ropa.

colgar tr. **1** Poner una cosa suspendida de otra sin que apoye o descanse la parte inferior. **2** Ahorcar. **3** *Fam.* Abandonar una profesión o actividad. ◆ tr./intr. **4** Cortar una conversación telefónica. ◆ intr. **5** Estar sostenido por encima del suelo sujeto solamente por su parte superior. ◆ prnl. **6** Agarrarse a una persona o una cosa dejando caer el peso del cuerpo sobre ella. **7** ESP Adquirir dependencia de una persona o cosa.

colibrí m. Ave pequeña con el plumaje de colores vivos y el pico largo y estrecho.

cólico m. Dolor agudo en un órgano interno acompañado de sudores, retortijones y vómitos.
coliflor f. Variedad de col.
coligarse prnl. Asociarse.
colilla f. ESP Resto de un cigarro o cigarrillo.
colín m. Pieza pequeña de pan sin miga y crujiente.
colina f. Elevación natural del terreno, de poca altura.
colindante adj. Que colinda.
colirio m. Medicamento líquido para los ojos.
coliseo m. Sala de espectáculos con mucha capacidad.
colisión f. **1** Choque de dos o más cuerpos en movimiento. **2** Conflicto.
colista adj./m. y f. ESP Que ocupa alguno de los últimos puestos en una competición.
colitis f. Inflamación del colon.
collado m. Elevación natural del terreno, de poca altura y bordes suaves.
collage o **colage** m. Obra y técnica pictórica que consiste en pegar materiales diversos sobre un lienzo.
collar m. **1** Adorno que se lleva alrededor del cuello. **2** Correa de un animal. **3** Pelaje o plumaje del cuello de un animal.
collarín m. Aparato ortopédico que se coloca alrededor del cuello.
colmado m. ESP Tienda donde se venden comestibles y productos de limpieza.
colmar tr. **1** Llenar un recipiente hasta el borde. **2** Dar algo en abundancia. **3** Satisfacer completamente.
colmena f. Receptáculo donde las abejas forman panales.
colmillo m. **1** Diente puntiagudo situado entre los incisivos y los molares. **2** Diente alargado y en forma de cuerno de los elefantes.
colmo m. **1** Grado máximo al que puede llegar algo que se expresa. **2** Porción del contenido de un recipiente que sobrepasa sus bordes.
colocar tr. **1** Poner en un lugar, posición u orden determinados. **2** Proporcionar un puesto de trabajo. **3** Vender un producto o mercancía. ◆ prnl. **4** *Fam.* ESP Sentir los efectos de una droga.
colofón m. **1** Nota final de un libro en que se indica los datos relacionados con su impresión. **2** Frase o acto que pone fin a algo.
coloide m./adj. Sustancia de partículas muy pequeñas dispersas en un medio continuo sin llegar a formar una auténtica disolución.
colombiano, a adj./s. De Colombia.
colombino, a adj. Relativo a Cristóbal Colón.
colon m. Parte del intestino grueso comprendida entre el ciego y el recto.
colón m. Unidad monetaria de Costa Rica y El Salvador.
colonia f. **1** Grupo de personas del mismo origen geográfico, etnia

o religión que se establecen en un lugar. **2** Territorio ocupado y dominado por una potencia extranjera. **3** Conjunto de viviendas construidas al mismo tiempo y según un plan urbanístico común. **4** Conjunto de animales que vive en un lugar concreto durante un período limitado. **5** Líquido usado como perfume.

coloniaje m. AMÉR Sistema de gobierno aplicado por España en sus colonias de América.

colonialismo m. Sistema político que defiende las colonias (territorios).

colonizar tr. Convertir un país o un territorio en colonia.

colono m. **1** Persona que se establece en una colonia. **2** Persona que arrienda y cultiva una finca de labor.

coloquial adj. **1** Se dice del lenguaje, palabra o expresión propios de la conversación cotidiana. **2** Relativo al coloquio.

coloquio m. **1** Conversación. **2** Reunión en que se debate sobre un tema delante de un público. **3** Género literario no teatral en forma de diálogo.

color m. **1** Impresión que producen en la retina los rayos de luz reflejados y absorbidos por un objeto. **2** Sustancia para pintar o teñir. **3** Color distinto al blanco, negro o gris. **4** Lápiz con mina de color. **5** Tono de la cara. **6** Carácter peculiar. **7** Tendencia. **8** Cualidad de un sonido.

colorado, a adj. De color más o menos rojo.

colorante m./adj. Sustancia usada para dar color o teñir.

colorear tr. **1** Dar color. **2** Animar o alegrar.

colorete m. Cosmético para dar color a las mejillas.

colorido m. **1** Distribución y combinación de colores. **2** Color, carácter peculiar.

colosal adj. **1** De proporciones extraordinarias. **2** De gran calidad.

coloso m. **1** Escultura gigantesca con figura humana. **2** Persona, grupo social o país muy importantes o influyentes.

columna f. **1** Elemento arquitectónico que soporta la estructura horizontal de un edificio, arco u otra construcción. **2** Montón de cosas colocadas unas sobre otras a modo de columna. **3** Sección vertical de una página impresa separada de otra por un espacio en blanco. **4** Escrito que ocupa esta sección.

columnata f. Serie de columnas dispuestas en fila que sirven de adorno o como elemento de soporte.

columnista m. y f. Periodista que escribe regularmente una columna.

columpio m. Asiento suspendido de unas cuerdas.

colza f. Variedad de nabo de cuyas semillas se obtiene aceite.

coma f. **1** Signo ortográfico de puntuación (,). **2** Signo matemático que separa los decimales de un número entero. ◆ m. **3** Estado patológico en que se pierde la conciencia, sensibilidad y movilidad.

comadre f. **1** Madrina de un niño. **2** Mujer que chismorrea con otras.

comadreja f. Mamífero carnívoro de cabeza pequeña con ojos brillantes.

comadrón, na s. Auxiliar médico que ayuda en los partos.

comanche adj./m. y f. **1** Relativo a una tribu india que habitó el actual territorio de Texas y Nuevo México. ◆ m./adj. **2** Lengua de esta tribu.

comandante m. y f. **1** Oficial de los ejércitos de Tierra y Aire. **2** Persona que está al mando de un avión o barco.

comando m. **1** Grupo de soldados especializados en misiones peligrosas. **2** Grupo de personas que pertenecen a una organización armada.

comarca f. Territorio pequeño, con características homogéneas, que abarca varias poblaciones.

comba f. **1** ESP Juego de niños que consiste en saltar una cuerda en movimiento. **2** ESP Cuerda usada en este juego. **3** Forma curvada que adquiere una plancha, lámina o un objeto delgado de material rígido por efecto de la presión.

combar tr. Dar forma curvada a una plancha, lámina o un objeto delgado de material rígido.

combate m. Lucha.

combatir intr. **1** Luchar. ◆ tr. **2** Acometer, embestir. **3** Oponerse con argumentos. **4** Atacar una enfermedad o mal.

combinación f. **1** Acción de combinar. **2** Conjunto de cosas combinadas para un fin. **3** Conjunto limitado de números o elementos que pueden disponerse de distinta manera. **4** Clave o código para hacer funcionar un mecanismo, un proceso, etc. **5** Prenda de vestir femenina que se pone debajo de un vestido o una falda.

combinar tr. **1** Unir o mezclar dos o más cosas con un fin determinado. **2** Organizar o disponer para favorecer el funcionamiento o desarrollo de algo. ◆ intr. **3** Formar dos o más cosas un conjunto armónico.

combustible adj. **1** Que arde con facilidad. ◆ m./adj. **2** Sustancia que al arder produce calor o energía aprovechables.

combustión f. Acción de arder o quemarse una materia.

comecocos m. *Fam.* Persona o cosa que anula la capacidad de pensar y decidir.

comedia f. **1** Obra de teatro o película con elementos divertidos y desenlace feliz. **2** Fingimiento.

comedido, a adj. Que actúa con moderación.

comediógrafo, a s. Que escribe comedias.

comedor, ra adj. **1** Que come mucho. ◆ m. **2** Sala destinada a comer. **3** Conjunto de muebles de esta sala.

comendador m. **1** Miembro de una orden civil que tiene dignidad superior a la de caballero. **2** Miembro de una orden militar que tenía bajo su cargo una casa o convento.

comensal m. y f. Persona que come con otras en la misma mesa.

comentar tr. Hacer comentarios.

comentario m. Exposición oral o escrita de algo en que se describe lo que se entiende o se emite una opinión.

comenzar tr. **1** Iniciar una acción. ◆ intr. **2** Tener principio en un tiempo o lugar.

comer tr./intr. **1** Masticar y tragar el alimento. **2** Tomar la comida principal del día. ◆ tr./prnl. **3** Gastar o consumir completamente. ◆ tr. **4** En ciertos juegos de tablero, hacer retirar una ficha a un jugador. **5** *Fam.* Producir un sentimiento negativo gran desazón. ◆ prnl. **6** *Fam.* Omitir una palabra o parte de ella al hablar o escribir. **7** *Fam.* Chocar violentamente contra algo.

comercial adj. **1** Relativo al comercio. **2** Se dice del producto de fácil aceptación en el mercado.

comerciar intr. Comprar, vender o cambiar productos con fin económico.

comercio m. **1** Establecimiento donde se venden productos. **2** Actividad de comerciar con productos.

comestible adj. **1** Que puede ser comido. ◆ m. **2** Alimento.

cometa f. **1** Juguete que se sujeta mediante un cordel y se echa al aire para que las corrientes lo eleven. ◆ m. **2** Astro con un pequeño núcleo sólido y una cola brillante.

cometer tr. Realizar un delito, una falta, etc.

cometido m. Obligación o encargo.

comezón f. **1** Picor intenso. **2** Desazón.

cómic m. Secuencia de viñetas acompañadas por texto.

comicios m.pl. *Formal.* Elecciones.

cómico, a adj. **1** Relativo a la comedia. **2** Que hace reír. ◆ s./adj. **3** Actor.

comida f. **1** Alimento. **2** Acción de tomar alimentos a una hora determinada del día. **3** Alimento que se toma a mediodía.

comidilla f. *Fam.* ESP Tema de murmuración.

comienzo m. Principio de algo.

comillas f.pl. Signo ortográfico con que se encierran las citas o expresiones a destacar; pueden ser simples (‘ ’) o dobles (« », “ ”).

comilón, na adj./s. Que come mucho o disfruta comiendo.

comilona f. *Fam.* Comida abundante.

comino m. **1** Planta cuya semilla se usa como condimento y en medicina. **2** Semilla de esta planta, de olor intenso y sabor amargo.

comisaría f. **1** Oficina de un comisario. **2** Cargo de comisario.

comisario, a s. **1** Persona que desempeña un cargo especial por encargo de una autoridad superior. **2** Oficial de policía de rango superior.

comisión f. **1** Conjunto de personas elegidas para realizar una labor determinada. **2** Porcentaje del precio de un producto vendido que percibe el vendedor. **3** Acción de cometer un delito o error.

comiso m. Cosa confiscada.

comisura f. Unión de los bordes de algunos órganos del cuerpo.

comité m. Conjunto de personas elegidas para desempeñar una labor determinada.

comitiva f. Conjunto de personas que acompaña a un personaje importante.

como adv. **1** Introduce el segundo término de una comparación de igualdad. **2** Indica el modo de ser o suceder algo. **3** Indica aproximación o semejanza. ◆ **conj. 4** Indica causa o motivo por el cual sucede una cosa. ◆ **prep. 5** Indica función o condición. **6** Introduce un ejemplo.

cómo adv. **1** Introduce una pregunta sobre el modo de suceder o ser algo. **2** Introduce una pregunta sobre la causa o razón de algo. ◆ m. **3** Introduce una oración exclamativa que expresa sorpresa o admiración. **4** Modo, manera.

cómoda f. Mueble con cajones.

comodín m. En algunos juegos de naipes, carta que puede tomar distintos valores según convenga.

cómodo, a adj. **1** Que proporciona bienestar físico y descanso. **2** Que es fácil o no exige excesivo esfuerzo. **3** Que se encuentra a gusto.

comoquiera o **como quiera** adv. De cualquier manera.

compacto, a adj. **1** Que está muy apretado. **2** Que actúa de forma coordinada. m. **3** Disco que reproduce sonido por medio de un rayo láser.

compadecer tr./prnl. Sentir compasión.

compadre m. **1** Padrino de un niño. **2** *Fam.* Amigo.

compaginar tr. Hacer compatibles varias cosas.

compañerismo m. Actitud leal y solidaria.

compañero, a s. **1** Persona que comparte con otra u otras los estudios, un trabajo, un deporte u otra actividad. **2** Pareja con la que se convive sin estar casada con ella. **3** Objeto que forma pareja con otro.

compañía f. **1** Hecho de estar con alguien. **2** Persona o conjunto de personas que acompañan. **3** Empresa o sociedad mercantil. **4** Grupo que representa un espectáculo artístico. **5** Unidad militar mandada por un capitán.

comparar tr. **1** Examinar dos o más cosas para encontrar parecidos y diferencias. **2** Establecer una relación de equivalencia entre dos o más cosas.

comparativo, a adj. **1** Que compara o sirve para comparar. ◆ adj./m. **2** Se dice del adjetivo o del adverbio que expresan comparación. ◆ adj./f. **3** Se dice de la oración que expresa una comparación.

comparecer intr. Presentarse una persona en un lugar al que había sido convocada.

comparsa f. **1** Conjunto de personas disfrazadas que participan en una celebración popular. **2** Conjunto de personas que representan papeles de poca importancia en una obra de teatro o cinematográfica. ◆ m. y f. **3** Persona que forma parte de este conjunto.

compartir tr. **1** Poseer en común. **2** Dividir en partes. **3** Comunicar ideas o sentimientos.

compás m. **1** Instrumento de dibujo y medición. **2** Brújula. **3** Unidad de tiempo de una pieza musical.

compasión f. Sentimiento de lástima que produce el dolor ajeno.

compatible adj. Que puede existir, ocurrir o hacerse al mismo tiempo que otra cosa.

compatriota m. y f. Que es de la misma patria que otra.

compendio m. Resumen de una materia.

compenetrarse prnl. Haber compenetración entre dos o más personas.

compensar tr. **1** Anular o igualar los efectos de una cosa con una acción contraria. **2** Dar una cosa o hacer algo para disminuir un daño causado.

competencia f. **1** Rivalidad. **2** Empresa que compite con otra por fabricar o vender el mismo producto. **3** Capacidad, aptitud. **4** Responsabilidad u obligación de un cargo.

competente adj. Experto, apto.

competer intr. Corresponder a una persona una obligación o responsabilidad.

competir intr. Luchar con otros para conseguir un mismo fin.

competitivo, a adj. Que compite.

compilar tr. Reunir en una misma obra extractos de diferentes libros.

compinche m. y f. *Fam.* Amigo, compañero.

complacer tr. **1** Satisfacer los deseos o gustos de otro. **2** Causar satisfacción o placer. ◆ prnl. **3** Sentir alegría o satisfacción.

complejo, a adj. **1** Que se compone de distintos elementos o partes. **2** Difícil de entender o explicar. **3** Se dice del número formado por la suma de un número real con uno imaginario. ◆ m. **4** Conjunto de varios elementos. **5** Conjunto de edificios en los que se desarrolla una misma actividad. **6** Sentimiento inconsciente y desfavorable que una persona tiene con relación a sí misma.

complemento m. Cosa que se añade a otra para completarla.

completar tr. Añadir a una cosa una o más partes que le faltan.

completo, a adj. **1** Que tiene todos sus elementos o partes. **2** Que está acabado o perfeccionado. **3** Que tiene todas sus plazas ocupadas.

complexión f. Constitución física de una persona o animal.

complicar tr. **1** Hacer difícil o más difícil. **2** Implicar a una persona en un asunto difícil.

cómplice adj. **1** Que muestra colaboración. ◆ m. y f. **2** Persona que ayuda a cometer un delito.

complot m. Acuerdo secreto entre varias personas para realizar una acción contra alguien.

componente adj./m. **1** Se dice del elemento que forma parte de una cosa. ◆ m. y f. **2** Miembro de un grupo o equipo.

componer tr. **1** Formar una cosa ordenando sus diversas partes. **2** Formar diversas personas o elementos un grupo o conjunto. **3** Escribir una obra musical o literaria. **4** Formar varias sustancias una mezcla o disolución. **5** AMÉR Arreglar los huesos dislocados.

comportar tr. **1** Implicar. ◆ prnl. **2** Portarse.

composición f. **1** Acción y efecto de componer. **2** Disposición de los elementos que forman una obra artística.

compositor, ra s. Persona que compone obras musicales.

compost m. Fertilizante procedente de residuos agrícolas y de la jardinería.

compostelano, a adj./s. De Santiago de Compostela.

compostura f. Moderación al hablar o actuar.

compota f. Dulce elaborado con fruta cocida en agua y azúcar.

compra f. Acción y efecto de comprar.

comprar tr. **1** Obtener una cosa a cambio de dinero. **2** Sobornar.

comprender tr. **1** Entender. **2** Incluir, contener.

compresa f. Tejido para cubrir heridas, contener hemorragias o empapar líquidos.

compresor m. Aparato para comprimir un líquido o gas.

comprimido m. Porción pequeña y sólida de una sustancia medicinal, de forma generalmente redonda.

comprimir tr. Reducir a menor volumen.

comprobar tr. Confirmar mediante pruebas o demostraciones.

comprometer tr. **1** Poner a una persona o cosa en una situación difícil o peligrosa. ◆ **prnl. 2** Aceptar una responsabilidad u obligación.

compromisario, a adj./s. Se dice de la persona que representa a otras para realizar o resolver un asunto.

compromiso m. Acción y efecto de comprometerse.

compuerta f. Mecanismo para controlar el paso del agua de un canal, presa, etc.

compuesto, a adj. **1** Que se compone de distintos elementos o partes. ◆ **adj./m. 2** Se dice de la palabra que está formada por la unión de dos o más palabras. ◆ **m. 3** Sustancia formada por dos o más elementos químicos.

compulsar tr. Certificar una copia legal de un original.

compungido, a adj. Triste.

computador m. Computadora.

computadora f. Máquina capaz de tratar información mediante operaciones matemáticas y lógicas realizadas con mucha rapidez y controladas por programas informáticos.

computar tr. **1** Contar o calcular con números una cantidad. **2** Considerar un dato como equivalente de otro.

cómputo m. Cálculo de una cantidad.

comulgar intr. **1** Tomar la comunión. **2** Estar de acuerdo.

común adj. **1** Compartido por dos o más personas o cosas. **2** Habitual o normal. **3** Se dice del nombre que designa a personas o cosas pertenecientes a conjuntos que tienen las mismas características.

comuna f. **1** Comunidad de personas que comparte las propiedades y el poder. **2** AMÉR Municipio o ayuntamiento.

comunicación f. Acción y efecto de comunicar o comunicarse.

comunicar tr. **1** Hacer saber una cosa a alguien. **2** Transmitir y recibir información por medio de un código común a emisor y receptor. **3** Unir dos espacios. ◆ **intr. 4** ESP Dar el teléfono una señal que indica que la línea está ocupada.

comunidad f. **1** Conjunto de personas que viven juntas o que tienen los mismos intereses. **2** Conjunto de las distintas especies que comparten un mismo espacio físico.

comunión f. **1** Sacramento de la Eucaristía. **2** Ceremonia cristiana en la que se recibe este sacramento. **3** Unión o acuerdo en las ideas o los sentimientos.

comunismo m. Sistema de organización social en el que se establece la abolición de la propiedad privada, la comunidad de bienes y la supresión de las clases sociales.

comunitario, a adj. **1** Relativo a la comunidad. ◆ **adj./s. 2** De la Unión Europea.

con prep. **1** Indica el instrumento, medio o modo de hacer o producirse una cosa. **2** Indica que se está junto a otra persona, animal o cosa o en su compañía. **3** Indica relación o comunicación. **4** Indica que una cosa se produce a pesar de otra.

conato m. Acción que se inicia pero no continúa.

concatenar tr. Enlazar hechos o ideas en serie o cadena.

cóncavo, a adj. Que tiene forma curva y está hundido en la parte central.

concebir tr./intr. **1** Empezar a gestar la hembra en su útero a un hijo. **2** Formar en la mente una opinión o idea. ◆ tr. **3** Empezar a sentir un afecto o deseo. **4** Comprender.

conceder tr. **1** Dar una cosa a una persona quien tiene autoridad o poder para ello. **2** Atribuir una cualidad.

concejal, la s. Miembro del gobierno de un ayuntamiento.

concejo m. **1** Ayuntamiento. **2** Municipio.

concentrar tr. **1** Reunir en un solo punto. **2** Hacer más denso. ◆ prnl. **3** Fijar la atención.

concéntrico, a adj. Se dice de la figura o el sólido que comparte el mismo centro que otro.

concepción f. Acción y efecto de concebir.

conceptismo m. Estilo literario caracterizado por la complicación conceptual.

concepto m. **1** Representación abstracta que se forma en la mente de una persona. **2** Opinión o juicio.

concernir intr. Afectar, interesar.

concertar tr. **1** Pactar, acordar. ◆ intr. **2** Coincidir o concordar una cosa con otra.

concesión f. Acción y efecto de conceder.

concesionario, a s./adj. Que recibe o transfiere una concesión.

concesiva adj./f. Se dice de la proposición subordinada que expresa una objeción para el cumplimiento de lo que se dice en la oración principal, sin que este obstáculo impida su realización.

concha f. Cubierta o caparazón de algunos invertebrados.

conchabar tr. **1** AMÉR SUR Contratar como sirviente. ◆ prnl. **2** Ponerse de acuerdo.

conciencia f. **1** Conocimiento que el ser humano tiene de su propia existencia, del estado en que se encuentra y de lo que hace. **2** Facultad del ser humano para elaborar juicios sobre lo que está bien y lo que está mal.

concierto m. **1** Espectáculo en el que se interpretan obras musicales. **2** Composición musical para diversos instrumentos. **3** Acuerdo.

conciliar tr. **1** Poner de acuerdo. **2** Hacer compatible.

concilio m. Reunión de autoridades de la Iglesia católica.

conciso, a adj. Que expresa las ideas con claridad y en pocas palabras.

conciudadano, a s. Ciudadano con respecto a las demás personas de la misma ciudad.

cónclave m. Reunión de cardenales.

concluir tr./intr. **1** Hacer que una cosa llegue a su fin. **2** Llegar a una decisión o solución.

conclusión f. **1** Fin de una cosa. **2** Decisión o solución a las que se llega tras haber reflexionado.

concomerse prnl. Sentir comezón o desazón.

concomitancia f. Característica de una cosa que se produce acompañada de esta o conjuntamente con ella.

concordar intr. Coincidir, ajustarse correctamente.

concordia f. Relación pacífica.

concreción f. Acción y efecto de concretar.

concretar tr. Señalar o establecer de modo concreto o específico.

concreto, a adj. **1** Considerado en sí mismo, de modo particular. **2** Preciso, específico. ◆ m. **3** AMÉR Hormigón armado.

concubina f. *Desp.* Mujer que convive y mantiene relaciones sexuales con un hombre sin estar casada con él.

conculcar tr. Quebrantar una ley.

concuñado, a s. **1** Hermano del cónyuge del hermano de una persona. **2** Cónyuge del hermano del cónyuge de una persona.

concupiscencia f. *Formal.* Deseo exagerado de bienes y placeres materiales.

concurrir intr. **1** Juntarse en un mismo lugar muchas personas. **2** Coincidir cualidades o circunstancias en una misma persona o cosa. **3** Tomar parte en un concurso, una competición, etc.

concurso m. **1** Prueba o competición en la que se disputa un premio. **2** Proceso de selección de un organismo oficial para otorgar un empleo o contrato.

conde, esa s. Título nobiliario inferior al de marqués.

condecorar tr. Conceder una condecoración.

condena f. Pena o castigo que se impone a quien ha cometido una falta.

condenar tr. **1** Decidir una autoridad que una persona es culpable de una falta e imponerle una pena. **2** Desaprobar y rechazar una cosa que se considera mala o perjudicial. ◆ prnl. **3** Causar una persona su propia perdición o condena por sus pecados.

condensar tr. **1** Convertir un gas en líquido o sólido. **2** Hacer que una materia o sustancia pase a un estado más denso. **3** Reducir el contenido de un escrito o discurso conservando lo esencial.

condescendiente adj. Que se acomoda fácilmente a la voluntad de los demás.

condición f. **1** Requisito o circunstancia necesarios para que sea posible una cosa. **2** Característica del modo de ser de una persona. **3** Clase social. ◆ f.pl. **4** Estado o situación de una persona o cosa.

condicional adj. **1** Que depende de una o más condiciones o requisitos. ◆ adj./f. **2** Se dice de la proposición subordinada que expresa una condición para que se efectúe lo expresado en la oración principal. ◆ m./adj. **3** Tiempo verbal que expresa una acción futura en relación con el pasado.

condimentar tr. Añadir condimento a una comida.

condimento m. Sustancia empleada para hacer más sabrosos los alimentos.

condolencia f. Manifestación del pesar por una pena ajena.

condón m. Preservativo masculino.

condonar tr. Perdonar una pena o deuda.

cóndor m. Ave rapaz diurna, de gran tamaño, plumaje negro azulado y un collar blanco.

conducir tr. **1** ESP, MÉX Manejar un vehículo. **2** Guiar o dirigir. **3** Llevar una cosa a otra como consecuencia. **4** Transmitir una corriente eléctrica, radiación, etc. ◆ prnl. **5** Comportarse.

conducta f. Comportamiento.

conductismo m. Doctrina psicológica basada en la observación del comportamiento.

conductividad f. Propiedad de los cuerpos o materiales que permiten a través de sí el paso del calor o la electricidad.

conducto m. **1** Tubo para conducir líquidos o gases. **2** Medio a través del cual se lleva a cabo un fin.

conductor, ra adj./s. **1** Que conduce. **2** Se dice del cuerpo o material que permite a través de sí el paso del calor o la electricidad.

conectar tr. Poner en contacto, unir.

conejo, a s. Mamífero roedor de orejas largas y carne comestible.

conexión f. **1** Acción de conectar. **2** Relación entre personas, ideas, cosas, etc.

confabularse prnl. Ponerse de acuerdo dos o más personas para actuar en contra de otra.

confección f. **1** Acción de confeccionar. **2** Prenda de vestir que se vende hecha, a diferencia de la que se encarga a medida.

confeccionar tr. **1** Hacer o fabricar una cosa a partir de la combinación de sus componentes. **2** Preparar un documento o una obra reuniendo y ordenando datos diversos.

confederación f. Unión o pacto entre personas, grupos sociales o estados para un fin común.

conferencia f. **1** Exposición pública sobre un tema. **2** Reunión internacional para tratar un tema.

3 Comunicación telefónica entre provincias o países distintos.

conferir tr. **1** Conceder un derecho, cargo o poder importante una autoridad. **2** Otorgar una cualidad no material.

confesar tr. **1** Decir o revelar una persona sus actos, ideas o sentimientos ocultos. **2** Reconocer un error o una falta ya conocidos. **3** Declarar los pecados al sacerdote. **4** Escuchar el sacerdote los pecados.

confesionario m. Mueble en cuyo interior el sacerdote escucha la confesión.

confeso, a adj. Que reconoce ser autor del delito atribuido.

confesor m. Sacerdote que confiesa a los fieles.

confeti m. Conjunto de pedacitos de papel que se arrojan en las fiestas.

confianza f. **1** Impresión u opinión firme que se tiene de que una persona o cosa será o se desarrollará según las expectativas que se tenían de ella. **2** Cercanía y sinceridad en el trato entre personas.

confiar intr. **1** Tener una persona la impresión u opinión firme de que alguien o algo será o se desarrollará según sus expectativas. ◆ tr. **2** Poner una cosa o persona bajo el cuidado o la custodia de alguien fiable. ◆ prnl. **3** Tener seguridad en algo.

confidencia f. Revelación secreta.

confidencial adj. Se dice de la información que se confía a otra persona de modo reservado para que no sea divulgada.

configurar tr. Dar o adquirir determinada forma.

confín m. Límite o frontera de un territorio, país o accidente geográfico.

confinar tr. Destinar a confinamiento.

confirmación f. **1** Acción y efecto de confirmar. **2** Sacramento de la religión católica.

confirmar tr. **1** Hacer que una creencia u opinión se den como ciertas de modo claro y firme. **2** Asegurar, hacer firme y definitivo. **3** Administrar el sacramento de la confirmación.

confiscar tr. Privar el estado a alguien de sus bienes.

confitería f. Establecimiento donde se elaboran y venden dulces.

confitura f. Dulce elaborado con frutas confitadas o en mermelada.

conflicto m. **1** Oposición. **2** Asunto de difícil solución. **3** Guerra o enfrentamiento armado.

confluir intr. **1** Juntarse en un punto varios ríos o caminos. **2** Coincidir en un mismo lugar o momento.

conformar tr. **1** Dar a una cosa el aspecto, la estructura o el conjunto de rasgos que la caracterizan. **2** Ajustar una cosa con otra. ◆

prnl. **3** Aceptar algo que no satisface completamente.

conforme adj. **1** Se dice de la persona o cosa que está de acuerdo o en correspondencia con otra. ◆ adv. **2** Denota una relación de conformidad o correspondencia.

confort m. Comodidad o bienestar físicos.

confortar tr. **1** Dar ánimos, apoyo y consuelo. **2** Renovar las fuerzas y el vigor.

confraternizar intr. Tratarse con gran afecto, amistad y confianza.

confrontar tr. **1** Cotejar. **2** Enfrentar a dos personas para que defiendan sus afirmaciones.

confundir tr. **1** Mezclar cosas o personas. **2** Tomar por equivocación una cosa por otra. **3** Dejar confuso.

confuso, a adj. **1** Que está falto de claridad y orden y es difícil de entender. **2** Que no sabe claramente qué hacer o decir.

conga f. **1** Baile y música de origen cubano. **2** Instrumento musical de percusión muy alargado.

congelar tr. **1** Pasar un líquido al estado sólido al bajar su temperatura. **2** Pasar un alimento o una parte del cuerpo de su estado normal a estar duro y rígido por haber sido sometido a una temperatura igual o inferior a los 0 °C. ◆ prnl. **3** Pasar mucho frío.

congénere adj./m. y f. Que comparte con otro el mismo origen genético.

congeniar intr. Llevarse bien dos personas.

congénito, a adj. Que se engendra juntamente con otra cosa.

congestión f. **1** Acumulación excesiva de personas o vehículos en un lugar. **2** Acumulación excesiva de sangre u otro fluido en una parte del cuerpo.

conglomerado m. **1** Mezcla de personas o cosas de naturaleza distinta. **2** Material compacto compuesto por pequeños fragmentos o partículas de distintos materiales.

congoja f. Sufrimiento y preocupación intensos.

congraciar tr. Conseguir la benevolencia o el afecto de una persona.

congratular tr. **1** Causar alegría un hecho feliz. ◆ prnl. **2** Alegrarse o complacerse por un hecho feliz.

congregación f. **1** Acción de congregar varias personas que generalmente tienen algún rasgo en común. **2** Comunidad formada por religiosos seculares. **3** Grupo de personas devotas con unos mismos fines piadosos.

congreso m. **1** Reunión de personas que pertenecen un mismo grupo, asociación o partido, para estudiar y debatir asuntos de interés común. **2** Asamblea legislativa nacional.

congrio m. Pez marino comestible de gran tamaño.

congruencia f. Relación lógica y coherente entre varias cosas.

cónico, a adj. **1** De forma de cono. **2** Relativo al cono.

conífero, a adj./f. Se dice de la planta gimnosperma con hojas en forma de escamas o agujas, y frutos en forma de piña.

conjetura f. Juicio formado con datos incompletos o supuestos.

conjugación f. **1** Conjunto de las distintas formas del verbo. **2** Unión de elementos distintos que forman un conjunto lógico o armonioso.

conjugar tr. **1** Enunciar las distintas formas de un verbo. **2** Conjuntar.

conjunción f. **1** Unión de elementos distintos que forman un conjunto lógico o armonioso. **2** Parte invariable de la oración que une palabras o proposiciones. **3** En astronomía, situación relativa de dos planetas u otros cuerpos celestes que se ven alineados y superpuestos.

conjuntiva adj./f. Se dice de la membrana mucosa que cubre la parte interior del párpado.

conjuntivitis f. Inflamación de la conjuntiva.

conjuntivo, a adj. **1** Que junta y une. ◆ adj./m. **2** Se dice del tejido del un organismo animal que une y da estructura a las diferentes partes del cuerpo.

conjunto, a adj. **1** Que se hace a la vez o con un fin común. **2** Contiguo. ◆ m. **3** Grupo de elementos considerados como un todo homogéneo. **4** En matemáticas, total de elementos que tienen una característica que los distingue de otros.

conjura f. Acuerdo secreto entre varias personas para realizar una acción contra alguien.

conjurar tr. **1** Evitar un daño con exorcismos. **2** Tomar juramento. ◆ intr./prnl. **3** Conspirar.

conjuro m. **1** Serie de palabras mágicas que se pronuncian para conjurar. **2** Acto mediante el cual se conjura o exorciza el mal.

conllevar tr. **1** Tener como resultado. **2** Soportar los defectos o penas de otra persona.

conmemorar tr. Recordar a una persona o hecho con una ceremonia o fiesta.

conmigo pron. Forma del pronombre personal de primera persona **mí** cuando va acompañado por la preposición **con**.

conminar tr. Amenazar con un castigo.

conmiseración f. Sentimiento de pena por la desgracia ajena.

conmoción f. Alteración violenta del ánimo.

conmover tr. Producir un emoción intensa.

conmutador m. **1** Interruptor que actúa sobre dos circuitos eléctricos abriendo uno de ellos y cerrando el otro. **2** AMÉR Centralita telefónica.

conmutar tr. Cambiar o sustituir una cosa por otra.
conmutativo, a adj. Se dice de la propiedad de una operación matemática que permite el cambio de orden de las cantidades que la integran sin alterar el resultado.
connatural adj. Propio de la naturaleza de un ser viviente.
connivencia f. **1** *Formal.* Acuerdo para realizar algo ilícito. **2** *Formal.* Tolerancia de un superior con sus subordinados.
connotar tr. **1** Establecer relaciones entre varias cosas. **2** Tener una palabra, además de su significado específico, otro secundario y subjetivo.
cono m. Cuerpo geométrico limitado por una base circular y la superficie generada por segmentos que parten de la base y se unen en un punto llamado vértice.
conocer tr. **1** Comprender por medio de la razón la naturaleza, cualidades y relaciones de las cosas. **2** Tener trato con una persona. **3** Distinguir una cosa de otra. **4** Tener informaciones y conocimientos sobre algo.
conocido, a adj. **1** Distinguido, ilustre, acreditado. ◆ s. **2** Persona con la que se tiene trato, pero no amistad.
conocimiento m. **1** Capacidad del ser humano para comprender por medio de la razón la naturaleza, cualidades y relaciones de las cosas. **2** Conjunto de datos o noticias relativos a una persona o cosa. **3** Facultad humana de aprender, comprender y razonar. **4** Capacidad para razonar y ser consciente del mundo exterior. ◆ m.pl. **5** Conjunto de datos e ideas que se conocen acerca de algo.
conque conj. Introduce una oración que es consecuencia de la oración anterior.
conquense adj./m. y f. De Cuenca.
conquistar tr. **1** Dominar y controlar un territorio a través de las armas. **2** Conseguir el amor, la confianza o la simpatía de una persona.
consabido, a adj. **1** Conocido por todos. **2** Que se hace a menudo o por costumbre.
consagrar tr. **1** Dar fama o prestigio. **2** Dedicar esfuerzo a un fin. **3** Dedicar algo a Dios, a la Virgen o a un santo. **4** Pronunciar el sacerdote en la misa las palabras por las que el pan y el vino se convierten en el cuerpo y la sangre de Cristo.
consanguinidad f. Parentesco entre descendientes de los mismos antepasados.
consciencia f. Conocimiento que el ser humano tiene de su propia existencia, del estado en que se encuentra y de lo que hace.
consciente adj. **1** Que siente, piensa y actúa con conocimiento de lo que hace. **2** Que se realiza

con conocimiento. **3** Que tiene capacidad para comprender lo que sucede.

consecuencia f. Hecho o acontecimiento que resulta de otro.

consecutivo, a adj. **1** Que sigue o sucede sin interrupción a otra cosa. ◆ adj./f. **2** Se dice de la proposición subordinada adverbial que expresa una acción, proceso o estado que sigue o resulta de otro anterior.

conseguir tr. Obtener algo que se merece o pretende.

consejero, a s. **1** Persona que aconseja. **2** Miembro de un consejo.

consejo m. **1** Opinión que se da sobre lo que se debe hacer. **2** Organismo de consulta, administración o gobierno. **3** Reunión celebrada por este organismo.

consenso m. Consentimiento.

consentir tr./intr. **1** Permitir que se haga una cosa. ◆ tr. **2** Ser indulgente con una persona.

conserje m. y f. Persona que cuida, vigila y limpia un establecimiento o edificio público.

conserva f. Alimento envasado herméticamente para mantenerlo comestible durante mucho tiempo.

conservador, ra adj./s. **1** Se dice de la persona, organismo o gobierno que es partidario de mantener los valores políticos, sociales y morales tradicionales. ◆ s. **2** Persona encargada de la conservación de los fondos documentales de un museo o archivo.

conservar tr. **1** Cuidar una cosa para que no pierda sus propiedades con el tiempo. **2** Guardar con cuidado. **3** Mantener costumbres, virtudes o defectos. **4** Hacer conservas. ◆ prnl. **5** Mantener un determinado aspecto.

conservatorio, a m. **1** Escuela oficial donde se imparte música, canto, etc. ◆ adj. **2** Que conserva.

considerable adj. **1** Que es muy grande, numeroso o importante. **2** Digno de consideración.

consideración f. **1** Reflexión que se hace con atención y cuidado. **2** Opinión que se forma tras esta reflexión. **3** Respeto, atención.

considerar tr. **1** Reflexionar con atención y cuidado sobre una cuestión. **2** Formar una opinión razonada. **3** Tratar con respeto.

consigna f. **1** Orden dada a un subordinado o a los miembros de una agrupación política o sindical. **2** ESP Dependencias de una estación, aeropuerto, etc., para guardar el equipaje.

consigo pron. Forma del pronombre personal reflexivo de tercera persona **sí** cuando va acompañado por la preposición **con**.

consiguiente adj. Que depende o resulta de otra cosa.

consistencia f. **1** Cualidad de la materia que resiste sin romperse ni deformarse fácilmente. **2** Unión y relación adecuada de todas las partes de un todo.

consistir intr. **1** Estar fundada un cosa en otra. **2** Estar formado por varios elementos.

consistorio m. **1** ESP Ayuntamiento. **2** Reunión que el Papa celebra con los cardenales.

consola f. **1** Tablero desde el que se controla una máquina. **2** Mesa alargada y estrecha que sirve de adorno.

consolar tr. Dar consuelo.

consolidar tr. **1** Dar a una cosa firmeza, solidez y estabilidad. **2** Volver a juntar lo que se había roto. **3** Dar carácter perpetuo a una deuda pública.

consomé m. Caldo de carne concentrado.

consonancia f. **1** Relación de acuerdo o de correspondencia. **2** Relación armoniosa entre sonidos.

consonante adj./f. **1** Se dice del sonido que se produce por el choque o roce del aire con los órganos de la articulación. **2** Se dice de la letra que representa este sonido. ◆ adj. **3** Se dice de la rima conseguida entre dos palabras por la igualdad de los sonidos vocálicos y consonánticos a partir de la última vocal acentuada. **4** Que tiene una relación de consonancia.

consorcio m. Asociación de personas o empresas para participar en negocios importantes.

consorte m. y f. *Formal.* Cónyuge.

conspicuo, a adj. Ilustre, sobresaliente.

conspirar intr. Llegar a un acuerdo varias personas para hacer algo contra alguien.

constancia f. **1** Dedicación y firmeza del ánimo. **2** Certeza. **3** Registro, prueba.

constante adj. **1** Que consta. **2** Que tiene constancia. **3** Que se prolonga durante largo tiempo sin interrupción.

constar intr. **1** Ser verdadero y exacto. **2** Aparecer registrado en un escrito. **3** Estar formado por varios elementos.

constatar tr. Comprobar un hecho.

constelación f. Grupo de estrellas que presentan una figura convencional determinada.

consternar tr. Producir consternación.

constiparse prnl. ESP Acatarrarse, resfriarse.

constitución f. **1** Manera en que está compuesto algo. **2** Naturaleza de un organismo vivo en relación con el desarrollo, estructura y funcionamiento de su cuerpo. **3** Conjunto de leyes que fija la organización política de un estado.

constituir tr. **1** Formar, componer. **2** Ser, suponer. **3** Establecer. ◆ prnl. **4** Aceptar una obligación o un cargo.

constituyente adj./m. **1** Que forma parte de un todo. **2** Se dice de las Cortes, congreso o asamblea convocados para elaborar o reformar la Constitución de un estado. ◆ m. y f. **3** Miembro de esta asamblea.

constreñir tr. **1** Disminuir o reducir a límites menores. **2** Cerrar parcial o totalmente un conducto. **3** Obligar.

construcción f. **1** Acción y efecto de construir. **2** Obra construida. **3** Disposición sintáctica de las palabras y las oraciones.

constructivismo m. Corriente artística surgida en la Unión Soviética en la segunda década del s. XX.

constructor, ra adj./s. Que construye.

construir tr. **1** Fabricar una obra de acuerdo con una técnica compleja y usando muchos elementos. **2** Elaborar una teoría o proyecto. **3** Unir y ordenar las palabras o las oraciones.

consuegro, a s. Suegro o suegra del hijo o de la hija de una persona.

consuelo m. Ayuda o motivo que disminuye una pena.

consuetudinario, a adj. Basado en la costumbre.

cónsul m. y f. **1** Diplomático que representa a una nación en un estado extranjero. ◆ m. **2** Hombre que recibía por un año la máxima autoridad en la antigua República romana.

consultar tr. **1** Pedir opinión o consejo. **2** Buscar información en un libro, fichero, etc.

consultorio m. Establecimiento donde se presta atención médica.

consumar tr. Acabar por completo una acción o proceso.

consumir tr. **1** Comprar o usar un producto. **2** Destruir, gastar. **3** Causar o sentir desasosiego.

consumo m. **1** Compra o uso de un producto. **2** Gasto de las cosas que con el uso se extinguen.

contabilidad f. Control y registro de los gastos e ingresos de una empresa.

contabilizar tr. Registrar una operación económica en un libro de cuentas.

contable adj. **1** Que puede ser contado. **2** Relativo a la contabilidad económica. **3** Se dice del sustantivo que designa una realidad que se puede contar. ◆ m. y f. **4** Persona que lleva la contabilidad de una empresa.

contacto m. **1** Proximidad entre cosas que se tocan. **2** Trato personal. **3** Unión entre las dos partes de un circuito. ◆ m.pl. **4** *Fam.* Personas con las que se mantienen relaciones sociales o económicas.

contado, a adj. Escaso o poco frecuente. ◇ **al** ~ Con dinero en efectivo.

contagiar tr. **1** Transmitir por contacto una enfermedad. **2** Transmitir una idea o sentimiento. ◆ prnl. **3** Contraer una enfermedad por contacto.

contáiner m. Contenedor (recipiente).

contaminar tr./intr. **1** Transmitir al agua, la atmósfera u otra cosa sustancias nocivas. ◆ tr. **2** Transmitir por contacto una enfermedad. ◆ prnl. **3** Contraer una enfermedad por contacto.

contante ◇ **~ y sonante** Se dice del pago realizado al contado.

contar tr. **1** Enumerar consecutivamente los elementos de un conjunto. **2** Expresar los números por orden. **3** Tener una edad. **4** Explicar una historia. ◆ intr. **5** Considerar a una persona o cosa útil o de confianza para algo. **6** Tener una cualidad.

contemplar tr. **1** Mirar con interés, atención y detenimiento. **2** Reflexionar con atención y cuidado sobre una cosa. **3** Ser condescendiente con una persona.

contemporáneo, a adj. **1** Que existe en la época actual. ◆ adj./s. **2** Se dice de la persona que pertenece a la misma época que otra.

contemporizar intr. Adaptarse al gusto y voluntad de los demás.

contencioso, a adj./m. Que es motivo de reclamación legal.

contender intr. **1** Luchar. **2** Competir. **3** Discutir.

contenedor, ra adj. **1** Que contiene. ◆ m. **2** Recipiente que se usa para meter la basura. **3** Recipiente para el transporte de mercancías.

contener tr. **1** Tener o incluir una cosa dentro de otra. **2** Hacer referencia a un asunto en una exposición. **3** Detener, sujetar o reprimir.

contenido, a adj. **1** Se dice del sentimiento o impulso que no se expresa abiertamente. ◆ m. **2** Materia incluida en un espacio. **3** Tema o asunto sobre el que se trata.

contento, a adj. **1** Que está alegre, feliz y satisfecho. **2** *Fam.* Embriagado por el alcohol. ◆ m. **3** Alegría, felicidad o satisfacción.

contertulio, a s. Persona que participa en una tertulia.

contesta f. AMÉR Respuesta, contestación.

contestar tr. **1** Responder a lo que se pregunta, se habla o se escribe. ◆ intr. **2** Replicar bruscamente.

contexto m. Conjunto de circunstancias que condicionan un hecho.

contextura f. **1** Disposición y unión de las partes que componen un todo. **2** Contexto que rodea un hecho. **3** Naturaleza de un organismo vivo en relación con el desarrollo, estructura y funcionamiento de su cuerpo.

contienda f. Lucha o discusión.

contigo pron. Forma del pronombre personal de segunda persona del singular ti cuando va acompañado por la preposición con.

contiguo, a adj. Que linda con otra cosa.

continente adj. **1** Que contiene. **2** Que practica la continencia. ◆ m. **3** Gran extensión de tierra firme separada por los océanos. **4** Cosa que contiene dentro de sí a otra.

contingencia f. **1** Posibilidad de que una cosa suceda o no suceda. **2** Cosa que puede suceder o no.

contingente adj. **1** Que puede suceder o no. **2** Que depende de otro. ◆ m. **3** Suceso posible. **4** Conjunto de soldados. **5** Parte proporcional con que cada uno contribuye a un fin.

continuar tr./intr. **1** Seguir con lo empezado. ◆ intr. **2** Existir durante un tiempo. ◆ intr./prnl. **3** Extender a lo largo de una superficie.

continuo, a adj. **1** Que no se interrumpe durante largo tiempo. **2** Que se repite con cierta frecuencia. **3** Que está formado por partes unidas entre sí.

contonearse prnl. Mover exageradamente los hombros y las caderas al andar.

contorno m. **1** Conjunto de líneas que limitan una figura. **2** Zona que rodea un territorio.

contorsión f. Contracción extraña de una parte del cuerpo.

contra prep. **1** Indica oposición o acción contraria. **2** Indica contacto o apoyo. **3** Indica cambio de una cosa por otra. ◆ m. **4** Dificultad.

contraalmirante o **contralmirante** m. Militar de la Armada con categoría inmediatamente superior a la de capitán de navío.

contraataque m. Reacción que responde al ataque de un enemigo.

contrabajo m. **1** Instrumento musical de cuerda, más grande que el violín. ◆ m. y f. **2** Persona que toca este instrumento.

contrabando m. **1** Producción, transporte o comercio ilegal de productos. **2** Mercancía introducida de forma fraudulenta.

contracción f. **1** Acción y efecto de contraer o contraerse. **2** Unión de dos palabras o dos sílabas.

contraceptivo, a adj./m. Que impide el embarazo.

contráctil adj. Capaz de contraerse por sí mismo.

contractual adj. Relativo al contrato.

contractura f. Contracción de un músculo.

contradecir tr. **1** Decir o hacer lo contrario que otra persona. ◆ prnl. **2** Decir lo contrario de lo que antes se había dicho.

contradicción f. **1** Afirmación que expresa lo contrario de lo dicho. **2** Comportamiento contrario a lo dicho.

contraer tr. **1** Encoger o reducir a menor tamaño. **2** Desarrollar una enfermedad por contacto. **3** Adquirir una costumbre o vicio. **4** Aceptar una obligación o compromiso.

contrafuerte m. **1** Parte que sobresale de un muro para reforzarlo. **2** Pieza con que se refuerza el talón del calzado.

contrahecho, a adj./s. Deformado.

contraindicación f. Efecto perjudicial de un medicamento.

contralmirante m. Contraalmirante.
contralto m. **1** Voz femenina más grave. ◆ m. y f. **2** Persona con esta voz.
contraluz m. o f. Aspecto de una cosa desde el lado opuesto a la luz.
contramaestre m. **1** Suboficial de la Armada que dirige a los marineros bajo las órdenes del oficial. **2** Jefe o encargado en algunos talleres o fábricas.
contraorden f. Orden que invalida otra anterior.
contrapartida f. **1** Compensación. **2** Anotación hecha en un libro de contabilidad para corregir un error.
contrapelo ◇ **a ~** En sentido contrario a la inclinación natural del pelo.
contrapeso m. **1** Peso que equilibra a otro. **2** Cosa que compensa a otra.
contraponer tr. **1** Comparar, cotejar. **2** Oponer.
contraportada f. **1** Página anterior a la portada. **2** Última página de un periódico o revista.
contraproducente adj. De efectos opuestos a los que se pretende.
contrapunto m. **1** Arte de combinar varias líneas melódicas superpuestas. **2** Contraste.
contrariedad f. **1** Oposición. **2** Contratiempo.
contrario, a adj. **1** Que tiene un sentido completamente diferente. **2** Opuesto. **3** Nocivo, perjudicial. ◆ s./adj. **4** Competidor. **5** Enemigo.
contrarreforma f. Movimiento religioso, cultural y político que se opuso a la reforma luterana.
contrarreloj f./adj. Prueba ciclista en la que se debe recorrer una distancia en el menor tiempo posible.
contrarrestar tr. **1** Hacer frente a un ataque. **2** Disminuir el efecto de una cosa con una acción contraria.
contrasentido m. Acción, actitud o razonamiento sin lógica.
contraseña f. Palabra, frase o señal secreta para acceder a un lugar.
contrastar intr. **1** Mostrar características muy distintas u opuestas dos cosas. ◆ tr. **2** Comprobar la exactitud, autenticidad o calidad de una cosa.
contrata f. ESP Contrato para ejecutar obras o prestar un servicio.
contratar tr. Acordar las condiciones para realizar un trabajo o prestar un servicio.
contratenor m. **1** Voz masculina más aguda que la de tenor. **2** Hombre con esta voz.
contratiempo m. **1** Suceso imprevisto que impide hacer lo que se desea. **2** En música, valor rítmico que se ataca en el tiempo débil de un compás.
contratista m. y f. Persona o empresa que realiza una obra por contrato.

contrato m. Acuerdo, generalmente escrito, por el que dos partes se comprometen a respetar y cumplir una serie de condiciones.
contravenir tr. Actuar en contra de una ley o pacto.
contrayente m. y f. Persona que contrae un compromiso.
contribuir intr. **1** Pagar un impuesto. **2** Ayudar o colaborar en el logro de un fin.
contribuyente adj. **1** Que contribuye. ◆ m. y f. **2** Persona obligada a pagar impuestos estatales.
contrición f. Arrepentimiento por los pecados.
contrincante m. y f. Persona que compite con otra.
control m. **1** Dirección o dominio de una organización o sistema. **2** Dominio de las emociones o actos. **3** Examen u observación cuidadosa para una comprobación.
controlar tr. **1** Dirigir o dominar una organización o sistema. **2** Examinar y observar con atención para una comprobación. ◆ tr./prnl. **3** Dominar las emociones o actos.
controversia f. Discusión larga y reiterada.
contubernio m. **1** Acuerdo entre varias personas para hacer algo contra otra. **2** Convivencia con otra persona, con fines malintencionados.
contumaz adj. *Formal.* Que se mantiene firme en su comportamiento, ideas o intenciones.
contundente adj. Que se caracteriza por su contundencia.
contusión f. Lesión sin herida exterior.
convalecencia f. **1** Recuperación después de una enfermedad. **2** Período que dura esta recuperación.
convalidar tr. Confirmar, ratificar o dar valor a lo aprobado.
convección f. Forma de transferencia del calor en un fluido.
convencer tr. **1** Conseguir que una persona actúe o piense de un modo determinado. **2** Agradar.
convención f. **1** Acuerdo entre personas, empresas, instituciones o países. **2** Norma o práctica aceptada socialmente. **3** Reunión de muchas personas para tratar un asunto.
convencional adj. Establecido por costumbre.
conveniente adj. **1** Que conviene. **2** Beneficioso y útil para un fin.
convenio m. **1** Acuerdo, pacto. **2** Documento legal en que figura este acuerdo.
convenir intr. **1** Ser beneficioso para un fin. **2** Ser provechoso o útil. **3** Corresponder una cosa a otra. ◆ tr. **4** Llegar a un acuerdo.
convento m. **1** Edificio donde vive una comunidad de religiosos. **2** Comunidad que vive en este edificio.
converger intr. **1** Reunirse varias líneas en un punto. **2** Coincidir varias ideas o acciones en un mismo objetivo.

conversar intr. Hablar dos o más personas entre ellas.

conversión f. **1** Transformación, cambio. **2** Aceptación de una doctrina religiosa o una ideología.

converso, a adj./s. Que ha aceptado una doctrina religiosa o una ideología.

convertir tr. **1** Cambiar una persona o cosa en otra distinta. **2** Hacer que alguien adquiera una doctrina religiosa o una ideología.

convexo, a adj. Que presenta una curvatura más saliente en el centro que en los bordes.

convicción f. **1** Seguridad, certeza. **2** Capacidad para convencer a los demás. ◆ f.pl. **3** Ideas religiosas, éticas o políticas de una persona.

convicto, a adj./s. Se dice del acusado cuyo delito ha sido probado.

convidar tr. **1** Pedir a una persona que participe en un acontecimiento o celebración. **2** Pagar lo que otra persona consume.

convincente adj. Que convence.

convite m. Banquete o celebración a que uno es convidado.

convivir intr. Vivir en compañía de otro u otros.

convocar tr. Citar a un acto o encuentro.

convocatoria f. Anuncio o escrito con que se convoca.

convoy m. **1** Conjunto de vehículos terrestres o marítimos que acompañan a otros para protegerlos. **2** Conjunto de vehículos protegidos.

convulsión f. **1** Contorsión involuntaria, violenta y repetida de una parte del cuerpo. **2** Agitación política, social o económica de carácter violento.

cónyuge m. y f. *Formal.* Esposo o esposa.

coña f. **1** *Fam.* ESP Broma. **2** *Fam.* ESP Cosa molesta o desagradable.

coñac m. Bebida alcohólica de alta graduación obtenida por destilación del vino.

coñazo m. *Vulg.* ESP Cosa muy molesta o pesada. ◇ **dar el ~** *Vulg.* ESP Molestar.

coño m. **1** *Vulg.* ESP Parte externa del aparato genital femenino. ◆ interj. **2** *Vulg.* ESP Expresión que indica sorpresa o disgusto.

cooperar intr. Trabajar con otras personas en una tarea común.

cooperativa f. Sociedad de productores, vendedores o consumidores con intereses comunes.

coordenada f./adj. Línea que determina la posición de un punto, y eje o plano a que aquella línea se refiere.

coordinar tr. Combinar personas, medios técnicos y trabajos para una acción común.

copa f. **1** Vaso con pie para tomar líquidos. **2** Líquido que contiene este vaso. **3** Trofeo de metal. **4** Competición deportiva en la que se disputa este trofeo. **5** Conjunto de ramas y hojas de un árbol. **6** Parte hueca del sombrero. **7** Carta de la baraja española. ◆ **f.pl. 8** Palo de la baraja española.

copar tr. **1** Conseguir en un concurso, elección o clasificación la mayor parte de los premios. **2** Ocupar por completo la atención o el tiempo de una persona.

copete m. **1** Mechón de pelo levantado que se lleva sobre la frente. **2** Porción de contenido que desborda un recipiente. ◇ **de alto ~** Muy lujoso.

copia f. **1** Reproducción por escrito y con exactitud de lo mismo que se lee o escucha. **2** Papel o conjunto de papeles escritos por este medio. **3** Reproducción instantánea sobre papel mediante un sistema fotoeléctrico. **4** Reproducción exacta de una obra artística.

copiar tr. **1** Hacer una copia. ◆ tr./intr. **2** Reproducir por fraude.

copioso, a adj. Que es numeroso.

copla f. **1** Canción popular española. **2** Estrofa de cuatro versos octosílabos.

copo m. Pequeña formación de nieve que cae de las nubes.

copón m. Copa en la que se guardan las hostias consagradas.

coproducción f. Producción hecha conjuntamente con varias personas o empresas.

cópula f. Penetración del órgano genital del macho en el de la hembra.

copulativo, a adj. **1** Que une dos cosas. ◆ **adj./m. 2** Se dice del verbo con un significado mínimo cuya función es unir el sujeto con un atributo. ◆ **adj./f. 3** Se dice de la oración que tiene como núcleo del predicado un verbo copulativo.

coque m. Combustible sólido obtenido del carbón mineral.

coqueto, a adj./s. **1** Que trata de agradar con medios estudiados. **2** Que se arregla y viste bien.

coraje m. **1** Valor, energía y voluntad para afrontar situaciones difíciles. **2** *Fam.* Rabia, irritación.

coral m. **1** Animal marino invertebrado que está fijo a las rocas del fondo del mar. **2** Material que se obtiene de este animal. ◆ **adj. 3** Relativo al coro. ◆ **f. 4** Agrupación de cantantes.

corán m. Libro de la religión musulmana.

coraza f. **1** Cubierta de metal que protege el pecho y la espalda. **2** Cubierta dura con que protegen las partes blandas del cuerpo algunas clases de animales.

corazón m. **1** Órgano muscular que impulsa la sangre a todo el cuerpo a través del sistema circulatorio. **2** Capacidad de sentir afecto, pena o compasión. **3** Parte central, interior o más importante de algo. ◆ **adj./m. 4** Se dice del dedo de la mano situado entre el índice y el anular. ◆ **m.pl. 5** Palo de la baraja francesa que se representa con uno o varios dibujos en forma de corazón.

corazonada f. Sensación que tiene una persona de que una cosa va a ocurrir.
corbata f. Pieza de tela estrecha y alargada que se anuda alrededor del cuello.
corbeta f. Embarcación de guerra para escoltar otros barcos.
corcel m. *Formal.* Caballo esbelto y de gran alzada.
corchea f. Nota musical equivalente a la mitad de una negra.
corchete m. **1** ESP Cierre de metal formado por dos piezas que se enganchan. **2** Signo de ortografía con forma de paréntesis rectangular.
corcho m. **1** Tejido vegetal que recubre el tronco y las ramas de algunos árboles. **2** Tapón de este material.
cordada f. Grupo de alpinistas sujetos por una misma cuerda.
cordado, a adj./m. Se dice del animal que tiene un cordón central en el esqueleto o columna vertebral.
cordel m. Cuerda delgada.
cordero, a s. Cría de la oveja de menos de un año.
cordial adj. Que muestra amabilidad y amistad.
cordillera f. Cadena de montañas.
córdoba m. Unidad monetaria de Nicaragua.
cordón m. **1** Cuerda de fibra o hilo fino. **2** Hilo metálico para conducir la energía eléctrica. **3** Órgano de forma delgada, alargada y flexible. **4** ARG, CH, CUBA Bordillo de la acera.
cordura f. Capacidad de pensar y obrar con prudencia y juicio.
corea m. Enfermedad nerviosa caracterizada por movimientos involuntarios, rápidos y violentos.
corear tr. **1** Cantar o recitar varias personas a la vez. **2** Vitorear.
coreografía f. **1** Arte de componer y dirigir danzas. **2** Conjunto de pasos y figuras de una danza.
corintio, a adj. **1** Se dice del estilo arquitectónico clásico caracterizado por un capitel adornado con hojas de acanto. ◆ adj./s. **2** De Corinto.
corista f. **1** Mujer que baila y canta en un espectáculo musical. ◆ m. y f. **2** Miembro de un coro.
cormofito, a o **cormófito, a** adj./s. Se dice del vegetal cuyo aparato vegetativo tiene fibras y vasos.
cormorán m. Ave palmípeda parecida al ganso.
cornada f. Golpe o herida producidos con la punta del cuerno.
cornamenta f. Conjunto de cuernos de un animal.
cornamusa f. **1** Instrumento musical de viento formado por una bolsa unida a una flauta y un tubo largo y grueso. **2** Trompeta larga de metal de pabellón muy ancho.
córnea f. Tejido transparente de la parte anterior del globo del ojo.
cornear tr. Dar cornadas.

corneja f. **1** Ave parecida al cuervo, pero más pequeña. **2** Ave rapaz nocturna parecida al búho, pero más pequeña.

córneo, a adj. Que tiene forma de cuerno.

córner m. En fútbol, jugada en la que la pelota sale del campo cruzando una de las líneas de meta, tras ser tocada por un contrario.

corneta f. **1** Instrumento musical de viento, de menor tamaño que la trompeta. ◆ m. y f. **2** Persona que toca este instrumento.

cornete m. Pequeño hueso de las fosas nasales.

cornetín m. **1** Instrumento musical de viento con tres pistones. **2** Instrumento musical de viento sin llaves.

cornezuelo m. Hongo parásito del centeno.

cornisa f. **1** Saliente con molduras que remata el borde superior de la pared. **2** Saliente rocoso de una montaña.

cornudo, a adj. **1** Que tiene cuernos. **2** Que ha sufrido una infidelidad amorosa.

coro m. **1** Grupo de personas que cantan simultáneamente. **2** Pieza musical compuesta para este grupo. **3** Lugar de la iglesia destinado a este grupo. **4** Conjunto de actores que comentan la acción en una tragedia clásica.

coroides f. Membrana del ojo, entre la esclerótica y la retina.

corola f. Conjunto de pétalos del interior del cáliz de la flor.

corolario m. Razonamiento, juicio o hecho que es consecuencia lógica de lo demostrado o sucedido anteriormente.

corona f. **1** Cerco que se coloca sobre la cabeza en señal de premio o dignidad. **2** Aro cubierto de flores o ramas que se ofrece a los muertos. **3** Reino o monarquía. **4** Unidad monetaria de Dinamarca, Suecia, Noruega, Islandia y otros países. **5** Círculo luminoso de algunos astros.

coronar tr. **1** Colocar una corona a una persona. **2** Llegar al punto más alto, de mayor intensidad, grandeza o calidad.

coronario, a adj. **1** Se dice de la vena o arteria que distribuye la sangre por el corazón. **2** Relativo al sistema circulatorio del corazón. **3** Dispuesto en forma de corona.

coronel m. y f. Militar de los ejércitos de Tierra y Aire con categoría inmediatamente superior a la de teniente coronel.

coronilla f. Parte superior y posterior de la cabeza humana.

corpiño m. Prenda de vestir femenina sin mangas que se ajusta al cuerpo por debajo del pecho hasta la cintura.

corporación f. Entidad pública.

corporal adj. Relativo al cuerpo.

corpóreo, a adj. **1** Que tiene cuerpo. **2** Relativo al cuerpo.

corpulento, a adj. Robusto.

corpus m. Conjunto de textos ordenados y clasificados que sirven como base de una investigación.

corpúsculo m. Cuerpo muy pequeño.

corral m. Lugar donde se guarda el ganado.

correa f. Tira larga y estrecha de cuero.

corrección f. **1** Acción y efecto de corregir. **2** Comportamiento que está conforme con las normas sociales.

correccional m. **1** Establecimiento penitenciario para menores de edad. ◆ adj. **2** Que lleva a la corrección.

correctivo, a adj./s. **1** Que enmienda una falta, defecto o problema. ◆ m. **2** Castigo.

correcto, a adj. **1** Que no tiene faltas, errores o defectos. **2** Acertado, adecuado. **3** Educado.

corredera f. **1** Ranura por donde se desliza un mecanismo. **2** Pieza que se desliza.

corredor, ra adj./s. **1** Que corre a gran velocidad. ◆ s. **2** Deportista que participa en una carrera. **3** Intermediario en operaciones financieras. ◆ m. **4** Espacio largo y estrecho de una casa o un edificio.

corregir tr. Señalar una falta, error o defecto con la intención de enmendarlo.

correlación f. Correspondencia o relación que mantienen dos o más cosas.

correligionario, a adj./s. Que comparte una misma doctrina religiosa, política o ideológica.

correntoso, a adj. AMÉR Se dice del curso de agua de corrientes muy rápidas e impetuosas.

correo m. **1** Servicio público encargado del transporte y la entrega de cartas y paquetes. **2** Conjunto de cartas y paquetes que se envían o reciben. ◆ m.pl. **3** Organismo encargado del transporte y entrega de cartas y paquetes.

correoso, a adj. **1** Que se puede doblar y estirar sin que se rompa. **2** Se dice del alimento difícil de masticar.

correr intr. **1** Moverse de un lugar a otro de forma rápida, de manera que los pies o las patas se separen del suelo a la vez durante un momento. **2** Hacer algo rápidamente. **3** Fluir una corriente de agua por su cauce. **4** Soplar el viento. **5** Transcurrir el tiempo. **6** Dar a conocer. **7** Corresponder un cometido. ◆ tr. **8** Estar expuesto a un peligro. **9** Mover algo de un lugar a otro. **10** Participar en una carrera. ◆ prnl. **11** Extenderse tinta por una superficie. **12** Moverse hacia un lado. **13** *Vulg.* ESP Tener un orgasmo.

correría f. **1** Viaje corto. **2** Incursión en tierra enemiga.

correspondencia f. **1** Conjunto de cartas y paquetes que se transportan, envían, entregan o reciben.

2 Dependencia y unión que existe entre varias cosas.

corresponder intr. **1** Tener relación de dependencia dos o más cosas. **2** Estar a cargo de un cometido. **3** Sentir el mismo amor que se recibe.

corresponsal adj./m. y f. Se dice del periodista que informa desde otra población o el extranjero.

corretear intr. **1** Correr en varias direcciones. **2** Vagar.

correvedile o **correveidile** m. y f. *Fam.* Persona que se dedica a informar de noticias y rumores que afectan a otros.

corrida f. **1** Marcha rápida en la que los pies o las patas se separan del suelo a la vez durante un momento. **2** Espectáculo público que consiste en torear toros en una plaza cerrada.

corrido, a adj. **1** Que ha viajado mucho o tiene mucha experiencia. **2** Avergonzado, confundido. **3** Se dice de la parte de un edificio que está contigua a otra.

corriente adj. **1** Que es muy común. **2** Que sucede a menudo. **3** Se dice del período que va transcurriendo. ◆ f. **4** Desplazamiento de un fluido por un conducto o cauce. **5** Fluido que se desplaza así. **6** Circulación de cargas eléctricas a través de un conductor.

corrillo m. Corro de personas que hablan entre sí separadas del resto.

corro m. **1** Círculo formado por personas. **2** Espacio más o menos circular.

corroborar tr. Confirmar una creencia u opinión con nuevos datos.

corroer tr. **1** Desgastar o destruir lentamente. **2** Causar malestar de manera continuada.

corromper tr. **1** Descomponer o deteriorar una sustancia. **2** Dar dinero o regalos para conseguir un beneficio. **3** Pervertir.

corrosión f. Desgaste lento y progresivo.

corrupción f. Acción y efecto de corromper.

corrusco m. Pedazo de pan duro.

corsario, a adj./s. **1** Se dice del barco que se asaltaba las naves piratas y enemigas con la autorización del gobierno de su nación. **2** Miembro de la tripulación de este barco.

corsé m. Prenda interior femenina sin mangas que se ajusta al cuerpo desde el pecho hasta más abajo de la cintura.

corso, a adj./s. De Córcega.

cortado, a adj./s. **1** Tímido. **2** Se dice de la persona que queda aturdida ante un hecho inesperado. ◆ m. **3** Café con un poco de leche.

cortafuego o **cortafuegos** m. **1** Franja sin vegetación que se hace en un bosque para impedir el avance de un incendio. **2** Pared para evitar la propagación de un incendio.

cortapisa f. Condición que limita.

cortar tr. **1** Dividir una cosa o separar una de sus partes con un instrumento afilado. **2** Cruzar dos o más líneas o superficies entre sí. **3** Interrumpir. **4** Dividir un montón de cartas. ◆ intr. **5** Tener un filo bueno o malo. **6** Hacer el camino más corto entre dos puntos. ◆ prnl. **7** Separarse las sustancias que integran la leche, una salsa o una crema. **8** Sentir vergüenza o excesivo respeto.

corte m. **1** Filo de un instrumento afilado. **2** Acción y efecto de cortar. **3** Arte de cortar prendas de vestir. **4** Apariencia. ◆ f. **5** Población donde reside el soberano. **6** Conjunto de personas que componen la familia y la comitiva del soberano. **7** Tribunal de justicia.

cortejar tr. Tratar de enamorar a una persona.

cortejo m. **1** Acompañamiento. **2** Acción de cortejar.

cortés adj. Que demuestra cortesía.

cortesano, a adj. **1** Relativo a la corte del soberano. ◆ m. **2** Hombre que servía en la corte del soberano.

cortesía f. **1** Comportamiento o acto atento y afable. **2** Regalo de poca importancia.

corteza f. **1** Fibra vegetal que cubre los tallos y las frutas de algunas plantas y árboles. **2** Parte exterior. **3** Capa más externa de la Tierra.

cortijo m. Hacienda y casa de labor de Andalucía.

cortina f. **1** Trozo de tela u otro material que se cuelga para cubrir una puerta, ventana o hueco. **2** Masa densa de una sustancia o material que se despliega como este trozo de tela.

cortisona f. **1** Hormona segregada por las glándulas suprarrenales. **2** Sustancia corticoide empleada como medicina.

corto, a adj. **1** Que tiene longitud, extensión o duración menor de la normal y necesaria. **2** Que no entiende las cosas con facilidad. ◆ m. **3** Cortometraje.

cortocircuito o **corto circuito** m. Aumento brusco de la intensidad de una corriente eléctrica producido por la unión directa de dos conductores de distinta fase.

cortometraje m. Película de duración inferior a 35 minutos.

corva f. Parte de la pierna opuesta a la rodilla.

corzo, a s. Mamífero rumiante parecido al ciervo.

cosa f. **1** Hecho, cualidad, idea u objeto sobre el que se puede pensar o hablar. **2** Objeto sin vida. **3** Asunto, tema.

cosaco, a adj./s. **1** De un antiguo pueblo del sur de Rusia. ◆ m. **2** Soldado ruso de un cuerpo de caballería ligera.

coscorrón m. Golpe fuerte en la cabeza.

cosecante f. Razón trigonométrica de un ángulo equivalente a la inversa del seno.

cosecha f. **1** Conjunto de frutos que se recogen de la tierra cuando están maduros. **2** Recogida de estos frutos. **3** Época del año en que se recogen.

cosechar tr./intr. Recoger la cosecha.

coseno m. Cociente entre el cateto contiguo de un ángulo y la hipotenusa.

coser tr. **1** Unir con hilo dos piezas de tela o un objeto a una pieza de tejido. **2** Unir con grapas. **3** Producir heridas con un arma. ◇ **~ y cantar** *Fam.* Ser muy fácil.

cosmético, a adj./m. Se dice del producto usado para limpiar y cuidar el pelo o la piel.

cósmico, a adj. Relativo al cosmos.

cosmología f. Parte de la astronomía que estudia el universo.

cosmonauta m. y f. Piloto o tripulante de una nave espacial.

cosmopolita adj./m. y f. **1** Se dice de la persona a la que le gusta conocer diversos países y culturas. ◆ adj. **2** Se dice del lugar que es frecuentado por personas de países, culturas y características sociales diferentes.

cosmos m. Universo.

coso m. **1** Plaza de toros. **2** Calle principal.

cosquillas f.pl. Excitación nerviosa producida sobre algunas partes del cuerpo que produce risa.

costa f. **1** Tierra o territorio que está junto a una gran extensión de agua. **2** Parte de esta gran extensión de agua más próxima a la tierra. **3** Cantidad que se paga por una cosa. ◆ f.pl. **4** Gastos de un proceso judicial.

costado m. **1** Parte lateral del cuerpo humano. **2** Parte izquierda o derecha de un objeto. ◆ m.pl. **3** Líneas genealógicas de los abuelos paternos y maternos.

costal adj. **1** Relativo a las costillas. ◆ m. **2** Saco grande.

costar intr. **1** Tener un precio. **2** Causar un desgaste, esfuerzo o sacrificio.

costarricense adj./m. y f. De Costa Rica.

coste m. **1** Cantidad de dinero que vale una cosa. **2** Desgaste, esfuerzo o sacrificio.

costear tr. **1** Pagar el coste total. **2** Navegar cerca de la costa.

costero, a adj. Relativo a la costa.

costilla f. **1** Hueso largo y delgado que sale de la columna vertebral y se curva hacia el pecho. **2** *Fam.* Esposa.

costo m. **1** Coste. **2** *Argot.* Hachís.

costoso, a adj. **1** De precio elevado. **2** Que causa un gran desgaste, esfuerzo o sacrificio.

costra f. Capa de una sustancia que se pone dura o se seca sobre una superficie.

costumbre f. **1** Manera de actuar que se repite con regularidad. ◆ f.pl. **2** Conjunto de elementos que caracterizan la conducta de una persona o grupo social.

costumbrismo m. Tendencia artística y literaria que expone las costumbres típicas de un lugar.

costura f. **1** Unión con hilo de dos piezas de tejido o un objeto y una pieza de tejido. **2** Porción de hilo con la que se lleva a cabo esta unión. **3** Técnica de confeccionar prendas de vestir.

cota f. **1** Número que señala la altura de un punto sobre el nivel del mar en un plano. **2** Altura sobre el nivel del mar de un punto de la Tierra. **3** Armadura.

cotangente f. Razón trigonométrica de un ángulo equivalente a la inversa de la tangente.

cotarro m. **1** *Fam.* Conjunto de personas reunidas que se hallan excitadas o inquietas. **2** *Fam.* Ambiente social. **3** *Fam.* Actividad o negocio de una persona.

cotejar tr. Comparar una cosa con otra para encontrar parecidos o diferencias.

cotidiano, a adj. Que se repite todos los días.

cotiledón m. Hoja primera que se forma en el embrión de una planta fanerógama.

cotilla m. y f. *Fam.* ESP Persona que cuenta chismes.

cotillón m. Baile y fiesta que se celebra en una fecha señalada.

cotizar tr./intr. **1** Pagar una cantidad de dinero fija por pertenecer a un grupo u organización. ◆ tr. **2** Valorar social o económicamente. ◆ intr. **3** Hacer público el precio de una acción o de un valor que cotiza en bolsa.

coto m. Terreno cercado, reservado para un uso.

cotorra f. **1** Ave parecida al papagayo, pero de menor tamaño. **2** *Fam.* Persona que habla mucho.

coulomb o **culombio** m. Unidad de carga eléctrica del Sistema Internacional, de símbolo C.

country m. Música y baile popular originado en Estados Unidos.

coxal adj. **1** Relativo a la cadera. ◆ m./adj. **2** Hueso plano que junto con otro forma la pelvis.

coxis m. Hueso final de la columna vertebral.

coyote m. Mamífero carnívoro de pelo marrón amarillento, de menor tamaño que el lobo.

coyuntura f. **1** Combinación de elementos y circunstancias que caracterizan una situación. **2** Momento oportuno. **3** Unión de un hueso con otro.

coz f. Movimiento violento de las patas traseras de un cuadrúpedo.

CPU f. Sigla de **Central Processing Unit**, unidad central de proceso.

crack m. **1** Deportista extraordinario. **2** Droga derivada de la cocaína. **3** Crash.

cracker m. y f. Persona que accede a un sistema informático sin autorización.

crampón m. Pieza metálica que se fija a la suela del calzado para no resbalar sobre el hielo.
cráneo m. Caja ósea que encierra y protege el cerebro, el cerebelo y el bulbo raquídeo.
crápula m. Hombre de vida licenciosa.
craqueo m. Tratamiento de los productos procedentes de la destilación fraccionada del petróleo.
crash m. Quiebra financiera.
craso, a adj. Se dice del disparate o ignorancia que es muy grande.
cráter m. **1** Boca de volcán. **2** Agujero en la tierra provocado por una explosión. **3** Depresión circular en la superficie de la Luna.
crear tr. **1** Producir una cosa a partir de la nada. **2** Producir una obra a partir de la capacidad artística o intelectual. **3** Hacer que una cosa comience a existir por primera vez.
crecepelo m. Sustancia para hacer crecer el pelo.
crecer intr. **1** Aumentar el tamaño del organismo de un ser vivo. **2** Aumentar la cantidad, el tamaño o la importancia de algo. ◆ prnl. **3** Tomar mayor autoridad o importancia.
creces ◇ **con ~** De manera abundante y generosa.
crecida f. Aumento brusco del nivel de agua de un arroyo, río u otra corriente.
crecido, a adj. **1** De gran estatura, valor o cuantía. **2** Que tiene mucho ánimo y confianza.
creciente adj. **1** Que crece. **2** Se dice de la fase de la Luna que está entre la luna nueva y la luna llena.
credencial adj. **1** Que autoriza a una persona para representar a otras. ◆ f. **2** Documento que acredita.
crédito m. **1** Dinero que presta una entidad bancaria. **2** Aceptación de una cosa como verdadera. **3** Buena fama.
credo m. Oración que contiene los principios fundamentales de la fe católica.
crédulo, a adj./s. Que cree con facilidad.
creencia f. **1** Idea o pensamiento que se cree verdadero. **2** Conjunto de principios ideológicos o religiosos.
creer tr. **1** Considerar posible o probable una cosa. ◆ tr./intr. **2** Tener fe religiosa. **3** Considerar una cosa como verdadera o segura.
creído, a adj./s. Que muestra orgullo excesivo por las cualidades propias.
crema f. **1** Pasta hecha con leche, huevos, azúcar y otros ingredientes, que se emplea en pastelería. **2** Puré que se toma como sopa. **3** Sustancia espesa que se forma en la superficie de la leche. **4** Preparación cosmética o terapéutica para el cuerpo. ◆ adj. **5** Que tiene un tono entre el blanco y el amarillo.
cremación f. Incineración de cadáveres.
cremallera f. **1** ESP Cierre con

dos hileras de dientes que se engranan. ◆ m. **2** Tren con ruedas dentadas que encajan en un carril.

cremattístico, a adj. Relativo al dinero.

crematorio, a adj. **1** Relativo a la cremación. ◆ m. **2** Edificio destinado a la cremación.

crepado m. Técnica para conseguir volumen en el cabello.

crepe m. Torta fina hecha con leche, huevos y harina.

crepitar intr. Dar chasquidos.

crepúsculo m. **1** Claridad que hay al amanecer y al anochecer. **2** Tiempo que dura esta claridad. **3** Final, decadencia.

crescendo m. Aumento progresivo de la intensidad de una nota o un pasaje musical.

crespo, a adj. Se dice del pelo rizado.

crespón m. **1** Trozo de tela negra usado en señal de luto. **2** Tela o gasa fina y rugosa.

cresta f. **1** Carnosidad roja en la cabeza de algunas aves. **2** Conjunto de plumas levantadas en la cabeza de algunas aves. **3** Peinado levantado. **4** Cumbre de una montaña. **5** Parte más alta de una ola. **6** Intensidad máxima.

cretácico, a o **cretáceo, a** adj./m. Se dice del tercer período geológico de la era mesozoica o secundaria.

cretense adj./m. y f. **1** De Creta. **2** De una civilización que floreció en esta isla.

cretino, a adj./s. Que tiene poca inteligencia y entendimiento.

creyente adj./m. y f. Que cree.

cría f. **1** Alimentación y cuidado que recibe un animal o bebé recién nacido. **2** Niño o animal mientras se está criando. **3** Conjunto de animales nacidos en un parto.

criadilla f. Testículo de animal destinado al consumo humano.

criado, a s. Persona que sirve a otra.

crianza f. **1** Acción y efecto de criar. **2** Educación, cortesía, urbanidad. **3** Elaboración del vino.

criar tr. **1** Alimentar y cuidar a un animal o bebé recién nacido hasta que puede valerse por sí mismo. **2** Educar y cuidar a un niño o a un joven.

criatura f. **1** Niño recién nacido o de pocos años. **2** Ser vivo.

criba f. **1** Utensilio para separar lo menudo de lo grueso. **2** Selección.

crimen m. **1** Acción voluntaria de matar o herir de gravedad a una persona. **2** Acción de gran maldad.

criminal adj. **1** Relativo al crimen. ◆ adj./m. y f. **2** Que ha cometido un crimen.

crin f. Conjunto de cerdas del cuello, cerviz o cola de ciertos animales.

crío, a s. Niño que se está criando.

criollo, a adj./s. **1** Que desciende de padres europeos y ha nacido fuera de Europa. ◆ adj. **2** Característico de la cultura de un país hispanoamericano.

cripta f. Panteón o capilla subterráneos.
críptico, a adj. **1** Relativo a la criptografía. **2** Poco comprensible.
criptógamo, a adj./f. Se dice de la planta que no tiene visible los órganos de reproducción.
criptografía f. Arte de escribir en clave secreta.
criptón m. Kriptón.
críquet m. Juego de pelota practicado con bates de madera.
crisálida f. Fase larvaria intermedia del desarrollo de ciertos insectos, como la mariposa.
crisantemo m. **1** Flor de colores variados e intensos, con muchos pétalos. **2** Planta originaria de China que da esta flor.
crisis f. **1** Mutación considerable que se produce en una enfermedad. **2** Situación grave y difícil. **3** Escasez.
crisma f. **1** *Fam.* Cabeza de una persona. ◆ m. o f. **2** Óleo consagrado para unciones sacramentales.
crisol m. **1** Recipiente para fundir un metal a temperaturas muy altas. **2** Parte inferior de un alto horno.
crispar tr. *Fam.* Causar crispación.
cristal m. **1** Vidrio endurecido, frágil y transparente. **2** Objeto de esta materia. **3** Mineral que toma la forma de un sólido geométrico.
cristalino, a adj. **1** De cristal o semejante a él. **2** Que está estructurado en forma de cristales. ◆ m. **3** Parte del ojo situada detrás del iris del ojo.
cristalizar intr. **1** Adquirir un mineral la forma y estructura cristalina. **2** Tomar forma clara y definida un asunto o idea. ◆ tr. **3** Hacer que una sustancia tome la forma y la estructura del cristal.
cristalografía f. Parte de la geología que estudia los cristales.
cristianismo m. Conjunto de las religiones fundadas en las enseñanzas de Jesucristo.
cristiano, a adj. **1** Relativo al cristianismo. ◆ adj./s. **2** Partidario de esta doctrina.
criterio m. **1** Regla o norma conforme a la que se establece un juicio o se toma una determinación. **2** Juicio o decisión adoptados.
crítica f. **1** Conjunto de opiniones o juicios que surgen al criticar algo. **2** Conjunto de profesionales que se dedican a emitir este tipo de opiniones o juicios.
criticar tr. **1** Examinar y juzgar algo. **2** Expresar opiniones o juicios negativos sobre algo o alguien.
crítico, a adj. **1** Relativo a la crítica. **2** Relativo a la crisis. ◆ s. **3** Persona que se dedica a la crítica de obras de arte o literatura.
croar intr. Emitir la rana su voz.
croata adj./m. y f. **1** De Croacia. ◆ m./adj. **2** Lengua eslava hablada en Croacia.
crocanti m. Pasta dura hecha con caramelo y trozos de almendra.

croissant m. Bollo de hojaldre con forma de media luna.
crol m. Estilo de natación.
cromático, a adj. **1** Relativo a los colores. **2** Se dice de la escala musical formada por doce semitonos.
cromátida f. Filamento de un cromosoma.
crómlech m. Monumento megalítico formado por menhires en círculo.
cromo m. **1** Estampa pequeña que suele coleccionarse. **2** Elemento químico (metal) de símbolo Cr.
cromosfera f. Zona exterior de la envoltura gaseosa del Sol.
cromosoma m. Corpúsculo de una célula que contiene los genes.
crónica f. **1** Texto histórico que recoge los hechos en el orden en que sucedieron. **2** Género periodístico.
crónico, a adj. **1** Que se padece a lo largo de mucho tiempo. **2** Que se repite con frecuencia desde tiempo atrás.
cronista m. y f. Autor de una crónica.
crono m. Tiempo que se tarda en completar una carrera.
cronología f. **1** Ciencia que determina el orden y la fecha de sucesos históricos. **2** Conjunto de hechos históricos ordenados de acuerdo con las fechas en que sucedieron.
cronómetro m. Reloj que mide fracciones de tiempo muy pequeñas.
cróquet m. Juego en que se golpea con un mazo una bola para que pase bajo unos aros.
croqueta f. Masa de alimentos picados y bechamel, que se reboza y fríe.
croquis m. Dibujo rápido, hecho sin precisión ni detalles.
cross m. Carrera realizada en el campo con obstáculos naturales.
crótalo m. **1** Serpiente muy venenosa que tiene al final de la cola un conjunto de anillos. **2** *Formal.* Castañuela.
cruasán m. Croissant.
cruce m. **1** Acción y efecto de cruzar o cruzarse. **2** Punto donde se cruzan dos líneas o caminos. **3** Paso de peatones. **4** Interferencia.
crucería f. Arcos o nervios que forman una bóveda.
crucero m. **1** Viaje turístico por mar. **2** Buque de guerra muy veloz. **3** Espacio de una iglesia donde se cruzan la nave central con la transversal.
crucial adj. Muy importante y decisivo.
crucificar tr. **1** Clavar en una cruz. **2** *Fam.* Perjudicar.
crucifijo m. Figura que representa a Jesucristo.
crucigrama m. Pasatiempo que consiste en rellenar un casillero con palabras cruzadas.
crudo, a adj. **1** Que no está cocinado. **2** Que se muestra de forma realista, desagradable y cruel. **3**

Que es frío y desapacible. **4** Se dice del color que tiene un tono entre blanco y amarillo. **5** *Fam.* Muy difícil de conseguir. ◆ **adj./m. 6** Se dice del petróleo sin refinar.

cruel adj. **1** Que se complace en hacer sufrir. **2** Que causa sufrimiento.

cruento, a adj. Cruel y violento.

crujir intr. Hacer cierto ruido algunas cosas al rozarse o romperse.

crustáceo, a adj./s. Se dice del animal invertebrado con el cuerpo cubierto por un caparazón.

cruz f. **1** Figura formada por dos líneas que se cortan perpendicularmente. **2** Condecoración con esta forma. **3** Símbolo del cristianismo. **4** Sufrimiento o dolor. **5** Reverso de una moneda.

cruzada f. Campaña hecha por los ejércitos cristianos contra los musulmanes.

cruzado, a adj./m. **1** Participante en una cruzada. ◆ **adj. 2** Que posee la cruz de una orden militar. **3** Se dice del animal nacido de distintas razas.

cruzar tr. **1** Pasar de un lado a otro. **2** Colocar una cosa sobre otra formando una cruz. **3** Intercambiar miradas, gestos o palabras. **4** Fecundar un animal macho a una hembra de una raza distinta. ◆ **prnl. 5** Pasar en dirección contraria. **6** Coincidir en un punto dos calles, caminos, etc.

cu f. Nombre de la letra **q**.

cuaderna f. Pieza curva del armazón de un barco.

cuaderno m. Conjunto de piezas de papel unidas en forma parecida a un libro.

cuadra f. **1** Instalación para la estancia de caballerías. **2** Conjunto de caballos de un mismo propietario. **3** Lugar muy sucio y desordenado. **4** AMÉR En una ciudad, distancia que hay entre una esquina y la siguiente. **5** AMÉR Unidad de longitud. **6** URUG Unidad de superficie.

cuadrada f. Nota musical que equivale a dos redondas.

cuadrado, a m./adj. **1** Figura geométrica de cuatro lados iguales y cuatro ángulos rectos. ◆ **adj. 2** De forma igual a esta figura. **3** *Fam.* Que posee un cuerpo fuerte y grande. ◆ **m. 4** Resultado de multiplicar un número por sí mismo.

cuadragésimo, a num.ordin. **1** Que ocupa el lugar número 40 en una serie ordenada. ◆ **num.partit. 2** Se dice de cada una de las partes que resultan de dividir un todo en cuarenta partes iguales.

cuadrangular Que tiene cuatro ángulos.

cuadrante m. **1** Cuarta parte del círculo o la circunferencia. **2** Cuarta parte de una herencia. **3** Instrumento para medir ángulos. **4** Reloj de sol.

cuadrar tr. **1** Dar forma de cuadrado. ◆ **tr./intr. 2** Hacer que coincida en una cuenta la cifra total resultante del debe y del haber. ◆ intr. **3** Corresponder lógicamente dos cosas. ◆ tr. **4** AMÉR Sentar bien o mal. **5** *Fam.* CH, ECUAD, P RICO, R DOM Aportar importantes beneficios materiales a una persona. ◆ tr./intr. **6** COL, PERÚ Estacionar un vehículo. ◆ prnl. **7** Mantenerse firme. **8** VENEZ Destacarse una persona.

cuádriceps o **cuadríceps** m./adj. Músculo del muslo.

cuadrícula f. Conjunto de cuadrados que resultan de cortarse perpendicularmente dos series de rectas paralelas.

cuadriga f. Carro tirado por cuatro caballos.

cuadrilátero, a adj. **1** Que tiene cuatro lados. ◆ m. **2** Figura geométrica de cuatro lados. **3** Tarima en la que se disputan combates de boxeo.

cuadrilla f. **1** Conjunto organizado de personas que realizan una actividad. **2** Conjunto de toreros que están bajo las órdenes de un matador.

cuadro m. **1** Figura plana que tiene cuatro lados iguales que forman cuatro ángulos rectos. **2** Objeto que tiene esta forma. **3** Dibujo o pintura que se cuelga en la pared. **4** Situación. **5** Parte en que se divide un acto en una obra de teatro.

cuadrumano, a o **cuadrúmano, a** adj./m. Se dice del mamífero con cuatro extremidades prensiles.

cuadrúpedo, a adj./s. Se dice del animal mamífero de cuatro patas.

cuádruple adj./m. **1** Que es cuatro veces mayor. ◆ adj. **2** Que está formado por cuatro elementos.

cuajada f. Sustancia que se extrae del suero de la leche.

1. **cuajar** tr. **1** Hacer más espeso o compacto un líquido. **2** Cubrir. ◆ intr./prnl. **3** Volverse un líquido más espeso o compacto. ◆ intr. **4** Obtener el resultado deseado.

2. **cuajar** m. Parte final del estómago de los rumiantes.

cuajo m. Fermento contenido en el estómago de las crías de los rumiantes, que permite cuajar la leche.

cual pron. **1** Designa a una persona, animal o cosa de la que se ha hablado antes. ◆ adv. **2** *Formal.* Del modo o manera que.

cuál pron. **1** Expresa pregunta por un elemento diferenciado de los que pertenecen a un conjunto. **2** Expresa admiración o sorpresa.

cualidad f. Conjunto de propiedades que se consideran particulares y distintivas.

cualificado, a adj. Que posee la cualificación necesaria para realizar un trabajo.

cualitativo, a adj. Relativo a la cualidad.

cualquier det. Cualquiera.

cualquiera det./pron. Designa a una persona o cosa indeterminada entre varias, sin preferencia por ninguna de ellas.

cuán adv. *Formal.* Sirve para ponderar el grado o intensidad de lo que se dice.

cuando conj. **1** Indica el tiempo o el momento de una acción. **2** Indica una condición. **3** Puesto que. **4** Aunque. ◆ adv. **5** En el tiempo o el momento en que ocurre una cosa. **6** Durante el momento que se especifica.

cuándo adv. **1** En qué tiempo o en qué momento ocurre una cosa. ◆ m. **2** Momento en que ocurre una cosa.

cuantía f. Cantidad.

cuantitativo, a adj. Relativo a la cantidad.

cuanto, a det. **1** Indica la totalidad de elementos que se expresan. **2** Indica una cantidad que depende de otra. ◆ adv. **3** Indica una cantidad o proporción que está en correlación con otra. ◆ m. **4** Cantidad más pequeña de energía que un sistema puede intercambiar con su entorno.

cuánto, a adj./pron. **1** Expresa interrogación o admiración relacionada con cantidad, número o intensidad. ◆ adv. **2** En qué grado, hasta qué punto.

cuarcita f. Roca muy dura formada por cuarzo.

cuarenta num.cardin. **1** Treinta más diez. ◆ num.ordin. **2** Que ocupa el lugar número 40 en una serie ordenada. ◆ m. **3** Número 40.

cuarentena f. **1** Conjunto formado por cuarenta unidades. **2** Período de aislamiento al que son sometidas las personas que pueden contagiar una enfermedad.

cuaresma f. Tiempo de la liturgia católica que dura 40 días.

cuarta f. Intervalo de la escala musical entre una nota y la cuarta superior o inferior a esta.

cuartear tr. **1** Partir en cuartos o partes. **2** MÉX Azotar. ◆ prnl. **3** Abrirse grietas en una superficie.

cuartel m. Edificio donde viven los soldados cuando están de servicio o en campaña.

cuarteta f. Estrofa de cuatro versos octosílabos.

cuarteto m. **1** Estrofa de cuatro versos endecasílabos. **2** Conjunto de cuatro músicos. **3** Composición musical que interpreta este conjunto.

cuartilla f. Cuarta parte de un pliego.

cuarto, a num.ordin. **1** Que ocupa el lugar número 4 en una serie ordenada. ◆ num.partit. **2** Se dice de cada una de las partes que resultan de dividir un todo en cuatro partes iguales. ◆ m. **3** Habitación o pieza de una casa. **4** Período de quince minutos. ◆ m.pl. **5** *Fam.* ESP Dinero.

cuarzo m. Mineral muy duro de aspecto cristalino.

cuate, a adj./s. **1** GUAT, MÉX Amigo, camarada. **2** MÉX Gemelo, mellizo. **3** MÉX Igual o muy semejante.

cuaternario, a adj. **1** Que consta de cuatro elementos. ◆ adj./m. **2** Se dice del período geológico que sigue al período terciario. ◆ adj. **3** Relativo a este período. **4** Se dice del compás musical de cuatro tiempos.

cuatrero, a adj./s. Que se dedica a robar animales.

cuatrimestre m. Período de cuatro meses.

cuatro num.cardin. **1** Tres más uno. **2** Se utiliza para indicar poca cantidad. ◆ num.ordin. **3** Que ocupa el lugar número 4 en una serie ordenada. ◆ m. **4** Número 4.

cuatrocientos, as num.cardin. **1** Trescientos más cien. ◆ num.ordin. **2** Que ocupa el lugar número 400 en una serie ordenada. ◆ m. **3** Número 400.

cuba f. Recipiente hecho de tablas curvas unidas con aros.

cubalibre m. Bebida compuesta de ron, ginebra o coñac y refresco de cola.

cubano, a adj./s. De Cuba.

cubata m. *Fam.* Cubalibre.

cubeta f. **1** Recipiente para contener soluciones químicas. **2** MÉX Balde (recipiente).

cubicar tr. **1** Determinar la capacidad o el volumen de un cuerpo. **2** Elevar un número al cubo.

cúbico, a adj. **1** Que tiene forma de cubo. **2** Se dice de las medidas de volumen.

cubículo m. Habitación muy pequeña.

cubierta f. **1** Cosa que se pone encima de otra para cubrirla. **2** Envoltura de un libro. **3** Banda exterior del neumático de una rueda. **4** Suelo de un barco.

cubierto, a m. **1** Instrumento para coger o cortar los alimentos del plato. **2** Servicio de mesa de la persona que va a comer. **3** Comida que se da por un precio fijo.

cubil m. Guarida de algunos animales salvajes.

cubilete m. Vaso ensanchado hacia la boca.

cubilote m. Horno de fundición para obtener hierro dulce.

cubismo m. Movimiento artístico de principios del s. XX.

cubito m. Trozo pequeño de hielo para enfriar bebidas.

cúbito m. Hueso más largo y grueso del antebrazo.

cubo m. **1** CUBA, ESP, MÉX, P RICO, R DOM Balde (recipiente). **2** Pieza en que encajan los radios de una rueda. **3** Poliedro regular limitado por seis caras cuadradas. **4** Resultado de multiplicar un número tres veces por sí mismo.

cubrecama m. Pieza de tela que cubre la cama.

cubrir tr. **1** Tapar una cosa con otra. **2** Proteger, resguardar. **3** Ocultar, disimular. **4** Recorrer una distancia. **5** Rellenar un hueco o un recipiente. **6** Seguir una actividad para informar sobre ella. **7** Ocupar un puesto de trabajo. **8** Unir sexualmente el macho con la hembra. ◆ prnl. **9** Ponerse algo en la cabeza. **10** Llenarse el cielo de nubes.

cucaña f. **1** Palo resbaladizo por el que se ha de trepar para coger un premio. **2** Juego que consiste en alcanzar este premio.

cucaracha f. Insecto alargado y aplanado, de color negro o pardo.

cuchara f. Instrumento cóncavo y oval, con mango, usado para comer.

cucharón m. Cuchara grande para servir la comida.

cuchichear intr. Hablar en voz baja o al oído de una persona.

cuchilla f. Hoja ancha y cortante, de un solo filo.

cuchillo m. Utensilio con una hoja de metal afilada y mango, usado para cortar.

cuchitril m. Habitación pequeña y miserable.

cuchufleta f. Dicho burlesco o gracioso.

cuclillas ◇ **de,** o **en,** ~ Con las piernas completamente flexionadas.

cuclillo m. Cuco.

cuco, a adj. **1** Astuto. **2** *Fam.* ESP Bonito. ◆ m. **3** Ave trepadora de plumaje gris.

cucú m. **1** Canto del cuco. **2** Reloj con un cuco mecánico.

cucuiza f. AMÉR Cuerda que se elabora con fibra de pita.

cucurbitáceo, a adj./f. Se dice de la planta rastrera o trepadora de tallo sarmentoso y flores unisexuales.

cucurucho m. **1** Hoja de papel en forma de cono. **2** Barquillo o galleta en forma de cono.

cuello m. **1** Parte del cuerpo que une cabeza y tronco. **2** Parte de una prenda de vestir que cubre la garganta. **3** Parte más estrecha de un recipiente.

cuenca f. **1** Territorio cuyas aguas afluyen al mismo río, lago o mar. **2** Cavidad del cráneo en que está el ojo.

cuenco m. Recipiente ancho, hondo, sin asas ni borde.

cuenta f. **1** Operación matemática necesaria para averiguar un resultado. **2** Papel en que consta esta operación. **3** Dinero que se tiene en el banco. **4** Explicación, justificación. **5** Obligación, responsabilidad. **6** Bola pequeña de un rosario o collar. ◆ f.pl. **7** Conjunto de cifras y datos acerca de los gastos, ingresos y demás operaciones económicas de una empresa.

cuentagotas m. Instrumento para verter un líquido gota a gota.

cuentakilómetros m. Aparato que en los vehículos registra el número de kilómetros recorridos.

cuentista adj./m. y f. **1** Que cuenta o escribe cuentos. **2** Mentiroso, exagerado.

cuento m. **1** Narración breve. **2** Género literario constituido por estas narraciones. **3** Relato falso o exagerado.

cuerda f. **1** Conjunto de hilos torcidos o entrelazados que forman un objeto delgado, alargado y flexible. **2** Hilo fino que se tensa sobre la caja armónica de un instrumento musical. **3** Pieza metálica y flexible que mueve un mecanismo mecánico. **4** Segmento que une dos puntos de una circunferencia. ◆ f.pl. **5** Conjunto de instrumentos musicales de cuerda. ◇ **cuerdas vocales** Fibras membranosas situadas en la cavidad laríngea.

cuerdo, a adj./s. Que está en su juicio.

cuerno m. **1** Protuberancia ósea puntiaguda que crece en la cabeza de algunos animales. **2** Objeto con forma parecida a esta prolongación. **3** Antena de ciertos animales. **4** Instrumento musical de viento, en forma de cuerno de toro. ◆ m.pl. **5** Representación simbólica de la infidelidad.

cuero m. Piel de algunos mamíferos terrestres; en especial, curada y preparada para fabricar productos. ◇ **~ cabelludo** Piel de la cabeza humana.

cuerpo m. **1** Conjunto de las partes que forman el organismo de los seres vivos. **2** Tronco, por oposición a la cabeza y las extremidades. **3** Persona o animal sin vida. **4** Trozo limitado de materia.

cuervo m. Pájaro omnívoro de color negro brillante y pico grueso y largo.

cuesco m. **1** *Fam.* Pedo ruidoso. **2** Hueso de una fruta.

cuesta f. Terreno en pendiente.

cuestión f. **1** Pregunta. **2** Asunto que atrae la atención general.

cuestionario m. Lista de preguntas.

cueva f. Cavidad subterránea o entre las rocas.

cuidado m. **1** Asistencia e interés que se le prestan a una persona o cosa. **2** Acción de cuidar. ◆ interj. **3** Expresión usada para avisar de un peligro.

cuidar tr./intr. **1** Vigilar con interés a una persona o cosa. ◆ tr. **2** Poner interés y atención en una actividad. ◆ prnl. **3** Preocuparse una persona por su salud.

culata f. **1** Parte posterior de un arma de fuego. **2** Pieza de metal que cierra los cilindros de un motor de explosión.

culé adj./m. y f. *Fam.* Relativo al FC Barcelona.

culebra f. Serpiente.

culebrón m. *Fam.* Telenovela.

culinario, a adj. Relativo a la culinaria.

culminante adj. Que representa el momento de mayor importancia, intensidad o calidad.

culminar intr. **1** Llegar al punto más alto, de mayor intensidad, grandeza o calidad. ◆ tr. **2** Terminar.

culo m. **1** Parte del cuerpo de un vertebrado constituida por el extremo superior y posterior de los muslos y la zona inferior de la espalda o el lomo. **2** Parte de una prenda de vestir que cubre esta zona del cuerpo. **3** *Fam.* Ano. **4** Extremo posterior de una cosa.

culombio m. Coulomb.

culpa f. **1** Falta cometida conscientemente. **2** Responsabilidad. **3** Causa de un daño o perjuicio.

culpable adj./m. y f. Que tiene la culpa.

culteranismo m. Estilo literario del Barroco caracterizado por el uso de expresiones artificiosas.

cultismo m. Palabra procedente de una lengua clásica.

cultivar tr. **1** Trabajar la tierra y cuidar las plantas para que den fruto. **2** Hacer que se desarrollen organismos microscópicos sobre una sustancia preparada. **3** Criar seres vivos con fines científicos o industriales. **4** Desarrollar una actividad intelectual con placer y dedicación. **5** Mantener y mejorar una relación de amistad o amor.

cultivo m. **1** Acción y efecto de cultivar. **2** Tierra o plantas cultivadas.

culto, a adj. **1** Que posee cultura. **2** Se dice de la lengua o variedad estándar de una lengua que se utiliza como vehículo de cultura. ◆ m. **3** Homenaje de veneración a un ser divino o sagrado. **4** Admiración.

cultura f. **1** Conjunto de conocimientos e ideas adquiridos gracias al desarrollo de las facultades intelectuales. **2** Conjunto de conocimientos, ideas, tradiciones y costumbres que caracterizan a un pueblo o a una época.

culturismo m. Conjunto de ejercicios y actividades para desarrollar los músculos del cuerpo.

cumbia f. Baile originario de Panamá, Colombia y otros países latinoamericanos.

cumbre f. **1** Punto más alto de una montaña. **2** Grado mayor de perfección. **3** Reunión de representantes políticos o militares de varias naciones.

cumpleaños m. Aniversario del nacimiento de una persona.

cumplido, a adj. **1** Que actúa de acuerdo a las normas sociales y de cortesía. ◆ m. **2** Halago.

cumplir tr./intr. **1** Actuar con rigor y seriedad de acuerdo con una obligación. ◆ tr. **2** Llegar a tener un tiempo determinado. **3** Llegar el momento en que termina una obligación o un período. ◆ prnl. **4** Producirse lo que se anticipa.

cúmulo m. **1** Coincidencia en tiempo y lugar de gran número de cosas. **2** Nube blanca y densa.

cuna f. **1** Cama de los bebés. **2** Lugar de nacimiento. **3** Estirpe.

cundir intr. **1** Progresar en el desarrollo de una actividad. **2** Hacer llegar una cosa a muchas personas. **3** Dar mucho de sí, extenderse. **4** Permitir un aprovechamiento grande.

cuneiforme adj. Se dice de la escritura que se representa con símbolos en forma de cuñas y clavos.

cuneta f. Zanja a los lados de un camino.

cuña f. **1** Pieza acabada en ángulo agudo que se emplea para inmovilizar o afirmar cosas. **2** Recipiente de plástico para recoger los excrementos de los enfermos. **3** Espacio publicitario en radio o televisión.

cuñado, a s. Hermano o hermana del cónyuge, o cónyuge del hermano o la hermana, o cónyuge del hermano o hermana del cónyuge.

cuño m. **1** Molde usado para grabar un objeto de metal. **2** Impresión o señal que deja este molde. **3** Conjunto de características de una cosa que revelan su procedencia.

cuota f. Dinero que se paga por pertenecer a un grupo u organización.

cuplé m. Canción ligera de letra satírica.

cupo m. Parte fija y proporcional de un todo.

cupón m. Parte con un valor fijo de un documento, que puede cortarse fácilmente.

cúprico, a adj. Relativo al cobre.

cúpula f. Cubierta con forma de media esfera que cierra un espacio de planta central poligonal o circular.

cura m. **1** Sacerdote. ◆ f. **2** Curación. **3** Tratamiento.

curandero, a s. Persona que ejerce la medicina sin tener título oficial.

curar intr./prnl. **1** Recuperar la salud. ◆ tr. **2** Aplicar los remedios necesarios para eliminar una enfermedad o herida. **3** Secar un alimento para su conservación. **4** Curtir pieles. ◆ prnl. **5** CH Emborracharse.

curare m. Veneno de origen vegetal que contiene alcaloides.

curia f. **1** Conjunto de funcionarios y rectores que forman parte de la administración y el gobierno de la Iglesia católica. **2** Conjunto de abogados, jueces y otros funcionarios de la administración de justicia.

curio m. Elemento químico (metal) de símbolo Cm.

curiosear tr./intr. **1** Procurar enterarse con disimulo de algo. ◆ intr. **2** Mirar sin gran interés.

curiosidad f. **1** Interés en conocer una cosa. **2** Circunstancia, hecho u objeto extraños.

currar intr. **1** *Fam.* ESP Trabajar. ◆ tr. **2** *Fam.* ESP Pegar, golpear. ◆ prnl. **3** *Fam.* ESP Esforzarse mucho para conseguir algo.

currículo m. **1** Plan de estudios. **2** Currículum.

currículum o **currículo** m. Relación de datos personales, títulos y trabajos de una persona.

curry m. Sustancia de origen hindú obtenida de la mezcla de diversas especias.

cursar tr. **1** Estudiar una asignatura en un centro de enseñanza. **2** Tramitar una orden o documento administrativo.

cursi adj./m. y f. Que intenta ser elegante o distinguido sin conseguirlo.

cursilería f. **1** Comportamiento propio de una persona cursi. **2** Obra o dicho cursi.

cursillo m. Curso de poca duración.

cursiva adj./f. Se dice del tipo de letra que tiene el trazo inclinado hacia la derecha.

curso m. **1** Parte del año dedicada a unas actividades. **2** Tratado o conjunto de lecciones para la enseñanza de una materia. **3** Conjunto de personas de un mismo grado de estudios. **4** Tramitación. **5** Desplazamiento de un líquido por un cauce.

cursor m. Señal que indica en una pantalla la posición en que se va a colocar, borrar o modificar el siguiente carácter.

curtir tr. **1** Preparar la piel de un animal para que no se pudra y pueda ser usada para confeccionar prendas de vestir y objetos. **2** Quedar rígida, tostada y arrugada la piel de las personas. **3** Hacer que una persona adquiera experiencia y madurez.

curva f. **1** Línea cuyos puntos cambian de dirección sin formar ángulo. **2** Objeto con esta forma.

curvar tr. Dar forma curva.

curvilíneo, a adj. Que está formado por líneas curvas.

curvo, a adj. Que no es recto y no forma ángulos.

cuscurro m. Parte del pan más dura y tostada.

cuscús m. Comida árabe elaborada con sémola de mijo u otro cereal, verduras y trozos de carne.

cúspide f. **1** Parte más alta de una montaña. **2** Punto más elevado, intenso o perfecto de un proceso.

custodia f. **1** Vigilancia que se hace de una persona o cosa. **2** Objeto de culto en el que se expone el Santísimo Sacramento. **3** Responsabilidad que se tiene sobre la educación y el bienestar de un menor de edad. **4** CH Consigna para las maletas.

custodiar tr. Guardar con vigilancia y cuidado.

cutáneo, a adj. Relativo a la piel.

cúter m. Instrumento para cortar papel, cartón, etc., en una superficie plana.

cutícula f. **1** Piel muy fina y delgada de la base de la uña. **2** Capa más externa de la concha de los moluscos. **3** Película de piel fina de las hojas y los tallos de los vegetales.

cutis m. Piel de una persona, especialmente de la cara.

cutre adj. ESP Pobre, barato, descuidado y de mala calidad.

cuyo, a pron. Indica que lo que se expresa pertenece a la persona o cosa que se indica anteriormente.

D

d f. **1** Cuarta letra del alfabeto español. **2** En la numeración romana, quinientos.

dactilar adj. Relativo a los dedos.

dactilografía f. Técnica de escribir a máquina.

dadá adj. **1** Relativo al dadaísmo. ◆ m. **2** Dadaísmo.

dadaísmo m. Movimiento artístico y literario iniciado por Tristan Tzara en 1916.

dádiva f. Regalo.

1. **dado** m. Pieza cúbica en cuyas caras hay dibujados puntos, de uno hasta seis, y que se usa en juegos de azar.

2. **dado, a** ◇ **~ que** Indica la causa por la que ocurre una cosa. ◇ **ser muy ~ a algo** Sentir gran inclinación a cierta cosa.

daga f. Arma blanca de hoja corta y ancha.

daguerrotipo m. Procedimiento para fijar las imágenes sobre una plancha metálica.

dalai-lama m. Dirigente espiritual y jefe de Estado en el Tíbet.

dalia f. **1** Planta herbácea de hojas ovaladas que da flores sin aroma. **2** Flor de esta planta.

dálmata adj./m. y f. **1** De Dalmacia. ◆ adj./m. **2** Perro de pelaje blanco con manchas negras o marrones.

daltonismo m. Defecto de la vista que consiste en no poder distinguir los colores rojo y verde.

dama f. **1** Mujer noble o distinguida. **2** Mujer que sirve a una reina, princesa o infanta. **3** Mujer galanteada por un caballero. **4** Pieza del ajedrez. **5** Carta de la baraja francesa que lleva la letra Q. ◆ f.pl. **6** Juego de tablero con 12 fichas blancas y 12 fichas negras.

damasco m. Tela de seda o lana, con dibujos formados por hilos de distinto color y grosor.

damasquinado m. Artesanía que consiste en incrustar oro o plata en hierro o acero.

damisela f. Muchacha que presume de ser una dama.

damnificado, a adj./s. Que ha sufrido una desgracia colectiva.

dandi o **dandy** m. Hombre muy elegante y refinado.

danés, sa adj./s. **1** De Dinamarca. ◆ m./adj. **2** Lengua hablada en Dinamarca.

dantesco, a adj. **1** Relativo al poeta Dante Alighieri o a su obra. **2** Que causa horror o impresiona enormemente.

danza f. Movimiento rítmico del cuerpo, generalmente acompañado de música.

danzar tr./intr. **1** Mover rítmicamente el cuerpo, generalmente acompañándose de música. ◆ intr. **2** Ir de un lado a otro sin hacer nada provechoso. **3** Meterse en un asunto.

daño m. **1** Efecto de dañar. **2** Dolor físico o moral. **3** AMÉR Mal de ojo.

dar tr. **1** Hacer pasar a poder de otra persona algo propio. **2** Poner en las manos o al alcance. **3** Hacer saber, comunicar alguna cosa. **4** Conceder un derecho, cargo o poder. **5** Pagar. **6** Producir frutos. **7** Ofrecer o celebrar un acto social. **8** Impartir una enseñanza o recibirla. **9** Abrir la llave de paso de un conducto. **10** Aplicar una sustancia. **11** Sonar la hora. ◆ intr. **12** Chocar con un objeto. **13** Estar situado hacia una parte. ◆ prnl. **14** Entregarse con interés.

dardo m. Arma arrojadiza puntiaguda que se arroja con una mano o con una cerbatana.

dársena f. Parte resguardada de un puerto para carga y descarga de las embarcaciones.

darvinismo o **darwinismo** m. Teoría biológica de la evolución propuesta por Charles Darwin en el s. XIX.

datar intr. **1** Existir desde un momento determinado. ◆ tr. **2** Poner o determinar la fecha.

dátil m. Fruto comestible de ciertas palmeras.

dativo m. Caso de la declinación que indica el complemento indirecto del verbo.

dato m. Información concreta sobre hechos, elementos, etc.

de f. **1** Nombre de la letra d. ◆ prep. **2** Indica posesión o pertenencia. **3** Indica origen o procedencia. **4** Indica contenido. **5** Indica materia. **6** Indica utilidad o fin. **7** Indica naturaleza, condición o carácter. **8** Indica causa o razón. **9** Indica modo. **10** Indica tiempo.

deambular intr. Ir de un lugar a otro sin un fin.

debacle f. Desgracia grande.

debajo adv. En un lugar inferior que otro.

debate m. Discusión.

debatir tr. **1** Discutir. ◆ prnl. **2** Luchar por salir de una situación.

debe m. Parte de una cuenta corriente en la que figura el dinero que tiene que pagar una persona u organismo.

1. **deber** tr. **1** Estar obligado a algo. **2** Tener obligación de pagar una deuda. ◆ aux. **3** Ser posible. ◆ prnl. **4** Tener por causa.

2. **deber** m. **1** Exigencia, obligación. ◆ m.pl. **2** Conjunto de trabajos escolares para realizar en casa.

debido, a adj. Conveniente, obligado o necesario. ◇ **~ a** Expresión que indica la causa por la que ocurre algo.
débil adj. **1** Deficiente en fuerza, resistencia o intensidad. ◆ adj./m. y f. **2** Que tiene poca resistencia moral. ◆ adj. **3** Se dice del sonido vocálico cerrado.
debilitar tr. Disminuir la fuerza.
débito m. Deuda, debe.
debut m. Primera actuación en público de una compañía teatral o un artista.
década f. Período de diez años.
decadencia f. **1** Pérdida de fuerza o importancia. **2** Período en que tiene lugar esta pérdida.
decaedro m. Cuerpo geométrico de diez caras.
decaer intr. Degradarse, debilitarse.
decágono m. Figura geométrica plana de diez lados.
decálogo m. Conjunto de reglas básicas de una actividad.
decámetro m. Medida de longitud que es igual a 10 metros.
decano, a s. **1** Persona más antigua en una corporación. **2** Persona que preside una facultad universitaria.
decantar tr. **1** Inclinar ligeramente un recipiente sobre otro para verter un líquido. ◆ prnl. **2** Inclinarse por una posibilidad.
decapitar tr. Cortar la cabeza.
decápodo, a adj./m. Se dice del crustáceo con cinco pares de patas, de las que el primer par son pinzas.
decatlón m. Competición formada por diez pruebas de atletismo.
decelerar tr./intr. Hacer menos rápido.
decena f. Conjunto formado por diez unidades.
decenio m. Período de diez años.
decente adj. **1** Que se comporta con decencia. **2** Moderadamente satisfactorio.
decepción f. Pesar causado por un desengaño.
deceso m. AMÉR *Formal.* Muerte natural.
dechado m. Modelo a imitar.
decibel o **decibelio** m. Medida de sonoridad que es igual a la décima parte de un bel.
decidido, a adj. Firme y seguro.
decidir tr. Tomar una determinación.
décima f. **1** Parte que, junto con otras nueve, forma un grado del termómetro clínico. **2** Estrofa de diez versos octosílabos.
decimal adj. **1** Se dice del sistema de numeración cuya base es diez. ◆ adj./m. **2** Se dice del número que es menor que un número entero. ◆ adj. **3** Se dice del sistema de pesas y medidas, cuyas unidades son múltiplos o divisores de diez.
decímetro m. Medida de longitud que es igual a la décima parte de un metro.

décimo, a num.ordin. **1** Que ocupa el lugar número 10 en una serie ordenada. ◆ **num.partit. 2** Se dice de cada una de las partes que resultan de dividir un todo en diez partes iguales. ◆ m. **3** Décima parte de un billete de lotería.

decimonónico, a adj. **1** Relativo al s. XIX. **2** *Fam. y desp.* Pasado de moda.

1. **decir** tr. **1** Expresar por medio de palabras. **2** Asegurar. **3** Mostrar, indicar. **4** Nombrar, llamar.

2. **decir** m. Dicho, sentencia.

decisión f. **1** Determinación. **2** Valor o firmeza. **3** Mandato, sentencia.

decisivo, a adj. **1** Que lleva a tomar una determinación. **2** Muy importante para el futuro.

declamar tr./intr. **1** Recitar en voz alta. ◆ intr. **2** Hablar en público.

declarar tr. **1** Explicar o decir públicamente. **2** Decidir un juez u otra autoridad sobre un asunto. **3** Dar a conocer a la administración pública los bienes que se poseen para pagar impuestos. ◆ **intr. 4** Exponer ante el juez u otra autoridad lo que se sabe sobre un asunto. ◆ prnl. **5** Darse a conocer o comenzar a producirse. **6** Expresar el amor a la persona amada.

declinación f. **1** Pérdida de fuerza o de importancia. **2** Conjunto de las variaciones morfológicas que pueden presentar las palabras con flexión nominal.

declinar intr. **1** Desviarse de una dirección. **2** Ir perdiendo fuerza o importancia. **3** Acercarse a su fin.

declive m. **1** Cuesta, inclinación. **2** Decadencia.

decodificar tr. Descodificar.

decolorar tr. Quitar o reducir el color.

decomisar tr. Retirar una mercancía por estar prohibida o por comerciar con ella de manera ilegal.

decorado m. Conjunto de elementos con que se ambienta una escena.

decorar tr. **1** Poner adornos. **2** Disponer los muebles y objetos de un lugar para embellecerlo.

decoro m. **1** Comportamiento respetuoso que merece una persona o situación. **2** Respeto a la moral.

decrecer intr. Reducirse la cantidad, el tamaño o la importancia.

decrépito, a adj. Que está en decadencia extrema.

decrescendo m. Disminución progresiva de la intensidad de una nota o un pasaje.

decretar tr. Decidir o determinar una autoridad.

decreto m. Decisión tomada por la autoridad competente.

decúbito m. Posición del cuerpo tendido sobre un plano horizontal.

décuplo, a adj./m. Que es diez veces el número o cantidad de cierta cosa.

decurso m. **1** Paso del tiempo.

2 Fase de descenso de una enfermedad.

dedal m. Utensilio que se encaja en el dedo para coser.

dedicar tr. **1** Destinar para un fin determinado. **2** Ofrecer un libro a una persona en especial. **3** Consagrar a un dios o santo. ◆ prnl. **4** Entregarse a una actividad.

dedillo ◇ **al ~** Con todo detalle.

dedo m. **1** Prolongación en que terminan la mano y el pie del hombre. **2** Porción de una cosa del ancho de un dedo.

deducir tr. **1** Sacar una conclusión a partir de una situación anterior o de un principio general. **2** Restar.

defecar intr. Expulsar excrementos por el ano.

defección f. Acción de separarse con deslealtad de una causa.

defectivo, a adj. Se dice del verbo que no se usa en todos los modos, tiempos o personas de la conjugación.

defecto m. Imperfección natural o moral.

defender tr. **1** Guardar, proteger. **2** Hablar favorablemente de una persona o cosa. **3** Apoyar una idea o teoría.

defenestrar tr. Arrojar a una persona por la ventana.

defensa f. **1** Protección. **2** Edificio o cosa para defenderse. **3** Abogado o conjunto de abogados que defienden al acusado. ◆ m. y f. **4** Jugador que protege la propia meta.

defeño, a adj./s. Del Distrito Federal de México.

deferencia f. Muestra de respeto y cortesía.

deferente adj. Que demuestra atención y cordialidad.

deficiencia f. Imperfección, carencia.

deficiente adj. **1** Que tiene alguna deficiencia. ◆ adj./m. y f. **2** Que tiene una capacidad mental inferior a la normal.

déficit m. Situación económica en que los gastos superan a los ingresos.

definición f. Acción y efecto de definir.

definir tr. **1** Exponer de manera exacta y clara el significado de una palabra. **2** Explicar una persona su opinión.

definitivo, a adj. **1** Que no se puede cambiar. **2** Que resuelve o decide.

deflación f. Bajada generalizada de los precios.

deflagrar intr. Arder rápidamente, con llama y sin explosión.

deforestación f. Destrucción de los árboles y plantas de un terreno.

deformar tr. **1** Alterar la forma de una cosa. **2** Alterar la intención o el significado de algo.

deforme adj. Que no tiene proporción y regularidad en la forma.

defraudar tr. **1** Perder la confianza o esperanza que se tenía en algo o en alguien. **2** Eludir el pago de impuestos.

defunción f. Muerte de una persona.

degenerar intr. **1** Evolucionar hacia un estado inferior o peor. **2** Perder cualidades.

deglutir tr. Tragar los alimentos.

degollar tr. Cortar el cuello.

degradar tr. **1** Privar del cargo u honor. **2** Hacer perder una cualidad o estado. **3** Humillar.

degustar tr. Probar un alimento o una bebida para examinar su sabor.

dehesa f. Terreno acotado para que el ganado paste.

deidad f. **1** En las religiones politeístas, ser sobrenatural que tiene poder sobre una parte concreta de lo existente. **2** Cualidad de divino.

deificar tr. Considerar como un dios.

deixis o **deíxis** f. Señalamiento que se realiza mediante ciertos elementos lingüísticos que indican una persona, lugar o tiempo.

dejar tr. **1** Permitir. ◆ intr. **2** Interrumpir una acción. ◆ tr. **3** Abandonar. **4** Prestar. **5** Hacer que alguien entre en posesión de una cosa o continúe con ella. **6** Colocar en un lugar. **7** Hacer que alguien o algo pase a un estado determinado. **8** Encargar, encomendar. **9** No molestar. ◆ prnl. **10** Descuidar el cuidado personal o las obligaciones.

deje m. Modo particular de hablar de una persona.

dejo m. **1** Deje. **2** Sabor que queda de la comida o bebida.

del Contracción de la preposición de y el artículo el.

delación f. Acusación, denuncia.

delantal m. Prenda que cubre la parte delantera del cuerpo para que no se manche la ropa.

delante adv. **1** En el lugar o la parte anterior o más visible de una cosa o persona. **2** En una serie o sucesión, más cerca del principio. **3** En presencia de la persona de la que se habla.

delantera f. Parte anterior de algo.

delantero, a adj. **1** Que está situado en la parte de delante de una cosa. ◆ s. **2** Jugador que forma parte de la línea de ataque.

delatar tr. **1** Denunciar. **2** Poner de manifiesto algo oculto o secreto.

delco m. Aparato eléctrico de los motores de explosión.

delegación f. **1** Acción de delegar. **2** Cargo de delegado. **3** Oficina de un delegado.

delegado, a adj./s. Que recibe poder para obrar u opinar en nombre de alguien.

delegar tr. Ceder una persona u organismo un poder, una función o una responsabilidad a otra persona.

deleite m. Placer.

deletrear tr. Pronunciar separadamente las letras o sílabas de una palabra.

deleznable adj. **1** Que merece ser despreciado. **2** Que se rompe fácilmente.

delfín, na m. **1** Heredero de la corona de Francia. **2** Mamífero acuático cetáceo, de hocico prolongado. ◆ s. **3** Sucesor de una persona importante.

delgado, a adj. **1** Que tiene poca grasa o carne. **2** Poco grueso.

deliberado, a adj. Que se hace de forma voluntaria e intencionada.

deliberar intr. Reflexionar antes de tomar una decisión.

delicadeza f. Cualidad de delicado.

delicado, a adj. **1** Suave, fino o débil. **2** Frágil. **3** Enfermizo. **4** Elegante, exquisito. **5** Amable, cortés. **6** Sensible, suspicaz.

delicia f. Placer.

delictivo, a adj. Que implica delito.

delicuescente adj. Se dice del cuerpo que absorbe la humedad atmosférica y se disuelve en ella.

delimitar tr. Marcar los límites.

delincuencia f. **1** Conjunto de delitos. **2** Hecho de cometer delitos.

delineante m. y f. Persona que traza planos.

delinquir intr. Cometer un delito.

delirar intr. Tener delirios.

delirio m. **1** Estado de alteración mental en el que se producen excitación, desorden de las ideas y alucinaciones. **2** Dicho o hecho que va en contra del sentido común.

delito m. Acción u omisión voluntaria castigada por la ley con pena grave.

delta f. **1** Letra del alfabeto griego (Δ/δ). ◆ m. **2** Terreno triangular formado por un río en su desembocadura.

deltoides m./adj. Músculo triangular del hombro.

demacrarse prnl. Quedarse muy delgado.

demagogia f. Manipulación de los sentimientos mediante halagos fáciles y promesas infundadas.

demanda f. **1** Petición, solicitud. **2** Pregunta. **3** Cantidad de mercancías o servicios solicitados por los consumidores. **4** Documento por el que se emprende una acción judicial contra alguien.

demandar tr. **1** Pedir, solicitar. **2** Emprender una acción judicial contra alguien. **3** *Formal.* Preguntar.

demarcación f. **1** Señalización de los límites de un terreno. **2** Terreno comprendido entre estos límites. **3** División administrativa en la que tiene poder una autoridad.

demarrar intr. ESP Acelerar un corredor repentinamente en una carrera.

demás det./pron. Designa a la parte no mencionada de un todo.

demasía ◇ **en ~** Más de lo normal, lo permitido o lo conveniente.

demasiado, a det./pron. **1** Que supera en cantidad o intensidad lo conveniente o necesario. ◆ adv. **2** Más de lo conveniente o necesario.

demencia f. Debilitamiento irreversible de las facultades mentales.

demente adj./m. y f. **1** Loco. **2** Que padece demencia.

demérito m. Falta de mérito o valor.

democracia f. **1** Sistema político en que el pueblo elige libremente a sus gobernantes. **2** País que se gobierna de esta manera.

demografía f. Ciencia que estudia estadísticamente la composición, estado y distribución de las poblaciones humanas.

demoler tr. **1** Hacer caer al suelo una construcción. **2** Destruir una cosa no material.

demonio m. **1** Ser sobrenatural que representa las fuerzas del mal. **2** Persona muy inquieta y revoltosa.

demora f. Acción y efecto de demorar.

demorar tr. **1** Retrasar un proceso o una actividad. ◆ intr./prnl. **2** Retrasarse por haberse entretenido.

demostración f. **1** Acción y efecto de demostrar. **2** Comprobación experimental de una teoría.

demostrar tr. **1** Probar algo con hechos evidentes. **2** Dar a conocer abiertamente una cosa sin dejar lugar a dudas.

demostrativo, a adj. **1** Que prueba que algo es verdad. ◆ adj./m. **2** Se dice del pronombre, adjetivo o determinante que señala a una persona o cosa, situándola en el espacio según la distancia a la que se encuentra del hablante.

demudar tr. **1** Cambiar, transformar. ◆ prnl. **2** Cambiarse repentinamente el color o la expresión de la cara.

denario m. Moneda romana de plata.

dendrita f. Prolongación de una neurona.

denegar tr. Responder negativamente a una petición.

dengue m. **1** Delicadeza y escrúpulo excesivos. ◆ **2** AMÉR Contoneo. **3** CH Planta herbácea ramosa, de flores blancas, amarillas o rojas. **4** CH Flor de esta planta. **5** MÉX Mueca. ◆ adj./m. y f. **6** *Fam.* CH Que es física y psíquicamente inestable.

denigrar tr. **1** Insultar, ofender. **2** Atacar la fama de una persona.

denodado, a adj. Que muestra valor, energía o decisión.

denominación f. Nombre con el que se denomina a las personas y cosas.

denominador, ra adj./s. **1** Que da un nombre concreto. ◆ m. **2** Número que indica las partes iguales en que se considera dividido un todo en una fracción.

denominar tr. Dar un nombre concreto a una persona o cosa.

denostar tr. Insultar, ofender.
denotar tr. Indicar, significar.
densidad f. **1** Acumulación de gran cantidad de elementos o individuos en un espacio determinado. **2** Relación entre la masa de un cuerpo y su volumen.
denso, a adj. **1** Se dice de la sustancia que tiene mucha materia en poco espacio. **2** Que tiene mucha materia o contenido y puede resultar confuso.
dentadura f. Conjunto de dientes, colmillos y muelas de una persona o animal.
dental adj. **1** Relativo a los dientes. **2** Se dice del sonido consonántico en cuyo punto de articulación la lengua toca la cara interna de los incisivos superiores. ◆ f./adj. **3** Consonante articulada en este punto.
dentellada f. Acción y efecto de clavar los dientes.
dentera f. Sensación desagradable en los dientes.
dentición f. Proceso de formación y desarrollo de los dientes.
dentífrico, a adj./m. Se dice del producto usado para limpiar los dientes.
dentista m. y f. Especialista en el estudio y tratamiento de las enfermedades de los dientes.
dentro adv. En la parte interior de algo. ◇ ~ **de** Durante un tiempo comprendido entre dos momentos o a su fin.
denuedo m. Valor, energía o decisión.
denunciar tr. **1** Dar noticia a una autoridad de una acción que va en contra de la ley. **2** Poner de manifiesto algo oculto o secreto. **3** Declarar públicamente una injusticia.
deontología f. Tratado de deberes y principios éticos que afectan a cada profesión.
deparar tr. Proporcionar, conceder.
departamento m. **1** Parte en que se divide un espacio. **2** Parte de una administración, de un ministerio o de una institución. **3** Cada una de las partes en que puede dividirse administrativamente un territorio. **4** AMÉR Vivienda en un edificio de varias plantas.
departir intr. *Formal.* Conversar por pasatiempo.
depauperar tr. Hacer pobre o más pobre.
dependencia f. **1** Subordinación de una persona o cosa respecto de otra u otras. **2** Necesidad física o psíquica de consumir algún producto. **3** Oficina, habitación.
depender intr. **1** Estar bajo el mando o la autoridad de una persona o institución. **2** Estar condicionada una cosa a otra. **3** Necesitar.
dependiente adj. **1** Que depende. ◆ s. **2** ESP Persona que atiende en una tienda.
depilar tr. Eliminar el vello de una parte del cuerpo.

deplorar tr. Sentir pena o disgusto.
deponer tr. Expulsar a una persona de su cargo.
deportar tr. Desterrar.
deporte m. Actividad o ejercicio físico.
deportista adj./m. y f. Que practica algún deporte.
deposición f. **1** Expulsión de un cargo. **2** *Formal.* Excremento.
depositar tr. **1** Poner bienes o cosas de valor bajo custodia. **2** Colocar. **3** Conceder o confiar.
depositario, a s. Persona o institución que cuida de los bienes o cosas de valor.
depósito m. **1** Recipiente grande para contener líquidos o gases. **2** Lugar destinado a contener cosas. **3** Sedimento.
depravar tr. Corromper o dañar las costumbres.
depreciar tr. Disminuir el precio de algo.
depredar tr. Cazar un animal a otro de distinta especie para alimentarse.
depresión f. **1** Estado psíquico caracterizado por una gran tristeza. **2** Hundimiento de un terreno. **3** Período de baja actividad económica.
deprimir tr. **1** Reducir el volumen de un cuerpo por medio de la presión. **2** Producir decaimiento del ánimo.
deprisa adv. Con rapidez y velocidad.
depurar tr. Limpiar de impurezas.
dequeísmo m. Uso incorrecto de la preposición **de** ante **que**.
derbi o **derby** m. Encuentro deportivo entre equipos de la misma localidad.
derecha f. **1** Situación de una cosa que se halla en el lado contrario al que corresponde al corazón en el ser humano. **2** Derechismo.
derechismo m. Tendencia política conservadora.
derecho, a adj. **1** Que está situado en el lado opuesto al que ocupa el corazón en el ser humano. **2** Recto. ◆ m. **3** Ciencia que estudia las leyes y su aplicación. ◆ adv. **4** De forma directa.
deriva f. Desvío del rumbo de una nave.
derivación f. Hecho o acontecimiento que resulta de otro.
derivada f. Límite hacia el cual tiende la razón entre el incremento de la función y el correspondiente a la variable cuando este último tiende a cero.
derivado, a adj./m. Que deriva de otro.
derivar intr./prnl. **1** Descender o proceder. ◆ tr. **2** Dirigir o conducir.
dermáptero adj./m. Se dice del insecto con las alas anteriores cortas y las posteriores grandes plegadas bajo las anteriores.
dermatitis f. Inflamación de la piel.

dermatología f. Parte de la medicina que se ocupa de las enfermedades de la piel.
dermis f. Capa más gruesa de la piel de los vertebrados.
derogar tr. Anular una ley.
derrama f. Distribución de un gasto entre varias personas.
derramar tr. Hacer que salga un líquido del recipiente que lo contiene.
derrame m. Acción de derramar.
derrapar intr. Deslizarse un vehículo desviándose lateralmente.
derrengado, a adj. Que está muy cansado.
derretir tr. Hacer que sólido se convierta en líquido por la acción del calor.
derribar tr. Hacer caer.
derrocar tr. Hacer caer a una persona de su cargo.
derrochar tr. Gastar sin necesidad.
derrota f. **1** Acción y efecto de derrotar. **2** Rumbo.
derrotar tr. Vencer a otro.
derrotero m. **1** Camino o medio. **2** Línea dibujada en un mapa para señalar el rumbo de una embarcación.
derrotista adj./m. y f. Que tiene tendencia a considerar las cosas en su aspecto más negativo.
derrubio m. Depósito natural de tierra o piedra.
derruir tr. Hacer caer un edificio.
derrumbar tr. Hacer que caiga una construcción.
desaborido, a adj. Que no tiene sabor.
desabrido, a adj. **1** Desaborido. **2** ESP Desapacible.
desabrigar tr. Quitar la ropa de abrigo.
desabrochar tr. Soltar los broches o botones.
desacato m. Falta de respeto a una autoridad.
desacierto m. Falta de acierto.
desaconsejar tr. Recomendar a alguien que no haga una cosa.
desacostumbrado, a adj. Poco frecuente.
desacreditar tr. Disminuir o quitar el crédito.
desactivar tr. Detener o anular el funcionamiento de una cosa.
desacuerdo m. Falta de acuerdo.
desafiar tr. **1** Provocar a una persona para enfrentarse a ella. **2** Enfrentarse con valor.
desafinar intr. Apartarse del tono adecuado al cantar o al tocar un instrumento.
desaforado, a adj. Que tiene un tamaño muy grande.
desafortunado, a adj. **1** Que tiene consecuencias negativas. ◆ adj./s. **2** Que tiene mala suerte.
desagradar tr. Causar disgusto o molestia.
desagradecido, a adj./s. Que no reconoce el valor de lo que se hace en su favor o beneficio.
desagraviar tr. Compensar a una persona por un agravio.

desaguar tr. Sacar el agua de un lugar.
desagüe m. Agujero o conducto por donde sale el agua.
desaguisado m. Destrozo que causa daño o desorden.
desahogar tr./prnl. Mostrar abiertamente un deseo, una opinión o una preocupación.
desahogo m. Comodidad o falta de preocupaciones.
desahuciar tr. Echar legalmente de una casa a la persona que la ocupa.
desaire m. Humillación que se le hace a una persona al no prestar atención a lo que dice o hace.
desajuste m. Alteración del funcionamiento de algo.
desalar tr. Quitar la sal a un alimento.
desalentar tr. Quitar el ánimo o la energía.
desaliñado, a adj. Que no cuida la forma de vestir ni el aseo personal.
desalmado, a adj./s. Que comete acciones crueles.
desalojar tr. Hacer salir a alguien de un lugar.
desamor m. Falta de amor.
desamortizar tr. Hacer posible que determinados bienes de la Iglesia, la nobleza o una colectividad puedan ser vendidos.
desamparo m. Falta de amparo.
desandar tr. Retroceder en el camino ya andado.
desangelado, a adj. Que es solitario, triste o poco acogedor.
desangrar tr. Hacer que una persona o animal pierda mucha o toda la sangre.
desanimar tr. Quitar el ánimo.
desapacible adj. Desagradable.
desaparecer intr. Dejar de percibirse una cosa por los sentidos.
desapego m. Falta de apego.
desapercibido, a adj. Que no se percibe.
desaprensivo, a adj./s. Que no actúa de acuerdo con la justicia o la moral.
desaprobar tr. Considerar que una persona actúa mal.
desaprovechar tr. Hacer mal uso de una cosa y no sacarle el máximo rendimiento.
desarmar tr. **1** Quitar las armas. **2** Separar las piezas que forman un objeto. **3** Confundir o sorprender.
desarme m. Acción de desarmar.
desarraigar tr. Apartar a una persona del lugar donde vive o de su familia.
desarrapado, a o **desharrapado, a** adj./s. Que viste con harapos.
desarreglado, a adj. Desordenado.
desarrollar tr. **1** Hacer crecer. **2** Realizar una idea o un proyecto. **3** Explicar con detalle.
desarrollo m. **1** Crecimiento o progreso. **2** Realización de una idea. **3** Explicación detallada.

desarticular tr. Destruir un plan o una organización ilegal.
desasir tr. Soltar lo que está sujeto.
desasistir tr. Dejar sin cuidado o protección a una persona o cosa que la necesita.
desasnar tr. *Fam.* Educar a una persona para quitarle la rudeza.
desasosiego m. Falta de sosiego.
desastrado, a adj./s. Que va sucio y mal vestido.
desastre m. Suceso que produce mucho daño o destrucción.
desatar tr. **1** Soltar algo que está atado. **2** Provocar algo que se manifiesta con intensidad o violencia.
desatascar tr. Quitar la obstrucción de algo.
desatender tr. No prestar atención o no cuidar algo o a alguien.
desatino m. Falta de acierto o de juicio.
desatornillar tr. Destornillar.
desautorizar tr. **1** Quitar autoridad. **2** Negar el permiso para hacer algo.
desavenencia f. Falta de acuerdo.
desayuno m. Primera comida del día.
desazón f. Sentimiento de disgusto o intranquilidad.
desbancar tr. Ocupar la posición privilegiada de otro.
desbandada f. Separación desordenada de un grupo.
desbarajuste m. Gran falta de orden.
desbaratar tr. **1** Deshacer o estropear algo. **2** Frustrar la realización de algo.
desbarrar intr. ESP Hablar o actuar sin lógica ni razón.
desbastar tr. Quitar las partes más bastas de una pieza.
desbloquear tr. **1** Dejar libre el paso o el movimiento. **2** Suprimir los obstáculos que impiden el desarrollo normal de una actividad.
desbocar tr. **1** Quitar o romper la boca a algo. ◆ **prnl. 2** Dejar de obedecer una caballería.
desbordar tr. **1** Exceder los límites o la capacidad de una persona o cosa. ◆ **prnl. 2** Salir el contenido de un recipiente por los bordes o una corriente de agua de su cauce.
desbravar tr. **1** Amansar y hacer dócil un animal salvaje. ◆ **prnl. 2** Perder una bebida alcohólica su fuerza.
desbrozar tr. Limpiar algo de hojas o ramas secas.
descabellado, a adj. Que va contra la razón o la lógica.
descabellar tr. Matar al toro clavándole el estoque en la cerviz.
descafeinado, a m./adj. Café al que se le ha extraído la cafeína.
descalabrar tr. Herir de un golpe.
descalificar tr. **1** Eliminar a un participante en un concurso o una competición. **2** Quitar autoridad.

descalzar tr. **1** Quitar el calzado a alguien. **2** Quitar las cuñas que inmovilizan un objeto.

descalzo, a adj. **1** Que no lleva o no tiene calzado. ◆ adj./s. **2** Se dice del religioso que lleva los pies descalzos.

descamisado, a adj. **1** Que no lleva camisa. ◆ adj./s. **2** *Desp.* Muy pobre.

descampado, a adj./m. Se dice del terreno que no tiene vegetación ni viviendas.

descansar intr. **1** Parar en una actividad para reponerse del cansancio. **2** Apoyarse una cosa en otra.

descansillo m. Superficie llana en que termina cada tramo de una escalera.

descanso m. Pausa en una actividad.

descapotable adj./m. Se dice del automóvil que tiene el techo plegable.

descarado, a adj./s. Que habla u obra con descaro.

descarga f. Acción y efecto de descargar.

descargar tr. **1** Sacar la carga o liberar de una carga. **2** Copiar o transferir información en la memoria de un ordenador desde la de otro. ◆ tr./intr. **3** Producir lluvia, granizo, etc. una nube o tormenta. ◆ prnl. **4** Anular o perder la carga eléctrica.

descarnado, a adj. Que presenta la realidad sin rodeos.

descaro m. Falta de vergüenza o de respeto.

descarriar tr. **1** Apartar a una persona de lo razonable. ◆ prnl. **2** Apartarse un animal del rebaño.

descarrilar intr. Salirse de los carriles un tren.

descartar tr. Rechazar una posibilidad.

descastado, a adj./s. Que muestra poco afecto por su familia y amigos.

descendencia f. Conjunto de las generaciones que descienden de una persona.

descender intr. **1** Pasar de un lugar a otro que está más bajo. **2** Bajar de un vehículo. **3** Pasar de una categoría o posición a otra inferior. **4** Proceder.

descendiente m. y f. Persona o cosa que desciende de otra.

descenso m. Acción y efecto de descender.

descentralizar tr. Hacer que una cosa deje de depender de un centro único.

descentrar tr. Desconcentrar.

deschavetado, a adj. AMÉR Chiflado, ido.

descifrar tr. Interpretar un mensaje o el significado de algo.

desclavar tr. Quitar un clavo.

descocado, a adj./s. *Fam.* Que habla o actúa con desparpajo y descaro.

descodificar tr. Comprender un mensaje codificado.

descojonarse prnl. *Vulg.* ESP Reírse mucho.
descolgar tr. **1** Soltar a alguien o algo que está colgado. **2** Levantar el auricular del teléfono.
descollar intr. Sobresalir.
descolocar tr. Dejar a una persona sin saber qué decir o cómo reaccionar.
descolonización f. Reconocimiento de la independencia de una colonia.
descolorido, a adj. Que tiene un color débil o que ha perdido color.
descomedido, a adj. Excesivo o desproporcionado.
descompasar tr. Hacer perder el compás.
descompensar tr. Hacer perder a una cosa la igualdad, armonía y equilibrio.
descomponer tr. **1** Separar las diversas partes o elementos que forman un compuesto. **2** Pudrir una sustancia muerta. **3** Poner enfermo.
descompresión f. Reducción de la presión a que ha estado sometido un cuerpo.
descomunal adj. Que se sale de lo común.
desconcentrar tr. Hacer que alguien deje de estar concentrado.
desconcertar tr. Causar confusión.
desconchar tr. ESP Descascarillar.
desconcierto m. Confusión o desorientación.
desconectar tr. **1** Hacer que un sistema deje de tener contacto con una fuente de energía. **2** Interrumpir la comunicación. **3** Separar las partes que integran un aparato o sistema.
desconfiar intr. No tener confianza.
descongelar tr. **1** Hacer que una cosa congelada vuelva a su estado primitivo. **2** Desbloquear una cuenta.
descongestionar tr. Disminuir o eliminar la congestión.
desconocer tr. No tener conocimiento de algo.
desconsideración f. Falta de respeto o atención hacia una persona o cosa.
desconsolar tr. Causar desconsuelo.
descontado ◇ **dar por ~** Dar un hecho o noticia por realizado o cierto e indiscutible. ◇ **por ~** Por supuesto.
descontar tr. **1** Restar una cantidad de otra. ◆ prnl. **2** Perder la cuenta.
descontento, a adj./s. **1** Que está disgustado. ◆ m. **2** Disgusto.
descontrol m. Pérdida del control.
desconvocar tr. Anular una convocatoria.
descorazonar tr. Quitar el ánimo o la esperanza.

descorchar tr. Quitar el corcho a una botella.
descorrer tr. Recoger lo que está estirado o corrido.
descortés adj. Que no demuestra atención, respeto o afecto hacia las personas.
descosido, a adj./m. Se dice de la pieza de tela a la que se le ha soltado el hilo que la mantenía unida a otra pieza.
descoyuntar tr. **1** Sacar un hueso de su articulación. **2** Cansar mucho.
descrédito m. Disminución o pérdida de la consideración, la buena fama o la estima.
descreído, a adj./s. Que no cree.
descremar tr. Quitar la crema o la nata.
describir tr. **1** Explicar, por medio del lenguaje, las características de una persona o una cosa. **2** Dibujar un cuerpo una línea del movimiento que realiza.
descripción f. Acción y efecto de describir.
descuajaringar o **descuajeringar** tr. **1** Estropear un objeto separando las partes que lo forman. ◆ prnl. **2** Cansarse mucho. **3** *Fam.* Reírse mucho.
descuajeringado, a adj. **1** *Fam.* AMÉR Desvencijado. **2** *Fam.* AMÉR Que es descuidado en el aseo personal y en el vestir. **3** *Fam.* AMÉR Afectado por agotamiento físico o por un accidente.
descuartizar tr. Dividir en cuartos o partes.
descubierto, a adj. Que no está cubierto.
descubrir tr. **1** Quitar lo que cubre una cosa. **2** Encontrar lo que no se conocía o lo que estaba oculto.
descuento m. Disminución o reducción en una cantidad o en un precio.
descuidar tr. No atender a una persona o cosa.
descuido m. Falta de cuidado.
desde prep. Indica el momento o el lugar en que comienza una acción.
desdecir intr. **1** Ser impropio de la condición de una persona. ◆ prnl. **2** Volverse atrás en una opinión.
desdén m. Actitud de indiferencia y desprecio.
desdentado, a adj. Que carece de dientes.
desdeñar tr. Mostrar una actitud indiferente y despectiva.
desdibujarse prnl. Perder nitidez los contornos de una figura o un paisaje.
desdicha f. **1** Hecho que causa gran dolor o infelicidad. **2** Suerte adversa y aciaga.
desdoblar tr. **1** Extender lo que está doblado. **2** Formar dos o más cosas mediante la separación de los elementos de otra.
desear tr. **1** Querer intensamente la posesión o la realización de

algo. **2** Querer tener relaciones sexuales con una persona.
desecar tr. Secar.
desechar tr. **1** Rechazar o no admitir una cosa. **2** Tirar o apartar una cosa que se considera inútil.
desecho m. **1** Cosa que sobra o resto inservible. **2** Persona vil y despreciable.
desembalar tr. Quitar una envoltura.
desembarazar tr. **1** Dejar sin obstáculos ni estorbos un espacio. ◆ prnl. **2** Librarse de una persona o cosa.
desembarcar intr. Bajar de un barco, un tren o un avión.
desembocadura f. Lugar por el que una corriente de agua desemboca en el mar.
desembocar intr. Entrar una corriente de agua en el mar.
desembolsar tr. Pagar o entregar una cantidad de dinero.
desembragar intr. Desconectar el embrague del eje del motor para el cambio de velocidades.
desembrollar tr. Deshacer un embrollo o enredo.
desembuchar tr./intr. *Fam.* Decir todo lo que se sabe sobre un asunto y se tenía callado.
desempatar tr./intr. Deshacer un empate.
desempeñar tr. **1** Realizar una persona las labores que le corresponden. **2** Recuperar una cosa empeñada.
desempleo m. Situación de la persona que está en condiciones de trabajar pero no tiene empleo.
desempolvar tr. **1** Quitar el polvo acumulado. **2** Volver a usar algo que estaba apartado.
desencadenar tr. **1** Provocar algo que se manifiesta con intensidad. **2** Soltar algo o a alguien encadenado.
desencajar tr. **1** Separar una cosa de otra a la que está ajustada. ◆ prnl. **2** Alterarse las facciones de la cara.
desencantar tr. **1** Desanimar. **2** Romper un encantamiento.
desenchufar tr. **1** Sacar el enchufe de un aparato. ◆ prnl. **2** *Fam.* ARG, CUBA, URUG Interrumpir el trabajo para descansar.
desenfadado, a adj. Que muestra soltura y gracia.
desenfado m. Soltura y falta de seriedad e inhibición.
desenfocar tr. Hacer perder la nitidez en una imagen.
desenfrenado, a adj. Que no tiene moderación.
desenfundar tr. Quitar la funda o sacar algo de su funda.
desenganchar tr. **1** Hacer que algo deje de estar sujeto. **2** *Fam.* Hacer que alguien abandone la dependencia de una cosa.
desengañar tr. Hacer saber a alguien que la idea que tiene sobre algo o alguien está equivocada.
desenlace m. Final.

desenmarañar tr. Deshacer una maraña.

desenmascarar tr. Hacer pública la realidad oculta de una persona o cosa.

desenredar tr. Deshacer un enredo.

desenrollar tr. Deshacer la forma de cilindro o rollo de algo que está arrollado.

desenroscar tr. Sacar una cosa de otra a la que se había ajustado dándole vueltas.

desentenderse prnl. Mantenerse voluntariamente al margen de un asunto.

desenterrar tr. **1** Sacar de la sepultura. **2** Traer a la memoria un recuerdo o una cosa olvidada.

desentonar intr. **1** No estar en armonía con cierto ambiente. **2** Desafinar.

desentrañar tr. Averiguar una cosa que es muy difícil de llegar a conocer.

desenvainar tr. Sacar de la vaina.

desenvoltura f. Facilidad para hablar, hacer una cosa o relacionarse.

desenvolver tr. **1** Quitar la envoltura a algo. ◆ prnl. **2** Tener facilidad para relacionarse.

deseo m. **1** Sentimiento intenso por conseguir una cosa. **2** Ganas de tener relaciones sexuales con una persona.

desequilibrar tr./prnl. Hacer perder el equilibrio.

desertar intr. **1** Abandonar el ejército. **2** Abandonar un deber.

desértico, a adj. **1** Relativo al desierto. **2** Despoblado.

desertor, ra adj./s. Que deserta.

desesperanzar tr. Hacer perder la esperanza.

desesperar intr./prnl. **1** Desesperanzar. ◆ tr. **2** Hacer perder la paciencia.

desestabilizar tr. Hacer perder la estabilidad.

desestimar tr. Responder negativamente a una petición.

desfachatez f. Falta de vergüenza o de respeto.

desfalco m. Robo de dinero o bienes que pertenecen a otro y se tenían en custodia.

desfallecer intr. Perder la fuerza.

desfasado, a adj. Que no está en correspondencia con las circunstancias de un momento determinado.

desfase m. Acción y efecto de desfasar.

desfavorable adj. Que perjudica.

desfigurar tr. **1** Deformar las facciones. **2** Contar una cosa cambiando su sentido real.

desfiladero m. Paso profundo y estrecho entre montañas.

desfilar intr. **1** Marchar una tropa en formación. **2** Pasar unas tras otras un conjunto de personas o cosas.

desfogar tr. Manifestar violentamente una pasión contenida.

desfondar tr. **1** Romper el fondo de un recipiente. **2** Hacer perder las fuerzas.

desforestación f. Eliminación o destrucción de árboles.

desgajar tr. Separar algo de un todo del que forma parte.

desgana f. Falta de ganas de hacer una cosa.

desgañitarse prnl. Hablar muy alto y con gran esfuerzo.

desgarbado, a adj. Que no tiene garbo o gracia.

desgarrar tr. Romper o hacer trozos.

desgarro m. **1** Rotura. **2** Descaro, provocación.

desgastar tr. Hacer que se pierda parte de la superficie de algo.

desglosar tr. Separar un todo en partes para estudiarlas de manera aislada.

desgracia f. **1** Hecho que causa gran dolor. **2** Suerte adversa y aciaga.

desgraciado, a adj./s. **1** Que padece desgracias. ◆ adj. **2** Que produce sufrimiento. ◆ s. **3** *Desp.* Persona que merece desprecio.

desgranar tr. Sacar los granos de un fruto.

desgravar tr. Restar cierta cantidad de dinero del importe inicial de un impuesto.

desguace m. **1** Lugar en el que se desmontan totalmente las piezas de aparatos y máquinas inservibles. **2** Proceso de desguazar.

desguazar tr. **1** Desmontar las piezas inservibles de un aparato. **2** AMÉR Romper una cosa rasgándola con fuerza.

deshabitado, a adj. Que ha sido abandonado por los habitantes.

deshacer tr. **1** Descomponer una cosa. **2** Hacer que una cosa en estado sólido pase al estado líquido. **3** Recorrer el camino ya recorrido. ◆ prnl. **4** Desprenderse.

desharrapado, a adj./s. Desarrapado.

deshecho, a adj. **1** Triste, preocupado o muy cansado. ◆ m. **2** CH, COL, VENEZ Atajo, senda.

desheredar tr. Excluir de la herencia.

deshidratar tr. Hacer que algo pierda el agua.

deshielo m. Fusión de la nieve o el hielo.

deshilachar tr. Sacar los hilos de un tejido.

deshilvanado, a adj. Inconexo.

deshinchar tr. **1** Hacer que disminuya el volumen de una cosa al sacar el aire de su interior. **2** Desanimar.

deshojar tr. Quitar los pétalos o las hojas.

deshollinador, ra s. Persona que limpia chimeneas.

deshonesto, a adj. Que no guarda las normas éticas.

deshonor m. Deshonra.
deshonrar tr. Dañar la dignidad de algo o alguien.
deshora ◇ **a ~** A destiempo.
deshuesar tr. Quitar los huesos a algo.
desiderativo, a adj. Que expresa un deseo.
desidia f. Falta de ánimo.
desierto, a adj. **1** Despoblado. **2** Se dice del premio que no es concedido a ningún participante. ◆ m. **3** Lugar árido de vegetación muy pobre.
designar tr. Elegir para un fin.
designio m. Intención o plan para realizar una cosa.
desigual adj. Que tiene diferencias o cambios.
desigualdad f. Cualidad de desigual.
desilusión f. Impresión negativa que experimenta alguien al comprobar que la realidad no responde a la ilusión puesta en ello.
desinencia f. Morfema flexivo.
desinfectar tr. Eliminar gérmenes contaminantes.
desinflar tr. **1** Hacer que disminuya el volumen de una cosa al sacar el aire de su interior. **2** Hacer perder el ánimo.
desinformar tr. Informar manipulando los datos.
desinhibir tr. Hacer que alguien se comporte de forma espontánea o natural.
desinstalar tr. Eliminar de un ordenador un programa y sus archivos asociados.
desintegrar tr. **1** Separar completamente los elementos de algo. **2** Transformar un núcleo atómico en otro.
desinterés m. Falta de interés.
desistir intr. Abandonar una acción o proyecto.
deslavazado, a adj. Desordenado o inconexo.
deslave m. AMÉR Erosión.
desleal adj./m. y f. Que no es leal.
desleír tr. Diluir.
deslenguado, a adj./s. Que habla con descaro.
desligar tr. **1** Separar una cosa de otra a la que está unida. **2** Desvincular de una obligación.
deslindar tr. Determinar los límites de algo.
desliz m. Error leve.
deslizar tr. **1** Mover suavemente sobre una superficie. **2** Meter con disimulo algo en algún lugar.
deslomar tr. **1** Fracturar la espalda o el lomo. ◆ prnl. **2** Quedar agotado o muy cansado.
deslucir tr. Quitar el brillo o el atractivo.
deslumbrar tr./intr. **1** Turbar momentáneamente la vista una luz muy intensa. ◆ tr. **2** Dejar a una persona impresionada o admirada.
desmadrar tr. **1** Destetar a una cría. ◆ prnl. **2** *Fam.* Comportarse sin moderación.
desmán m. **1** Mamífero insectí-

voro de la familia del topo. **2** Acción injusta o abusiva.

desmandarse prnl. Comportarse atropelladamente.

desmantelar tr. **1** Desarticular una actividad, negocio u organización. **2** Derribar o desmontar.

desmarcarse prnl. Apartarse alguien de la idea o la postura que mantiene otra persona o grupo afines.

desmayo m. Pérdida momentánea del sentido.

desmedido, a adj. Excesivo o desproporcionado.

desmejorar intr./prnl. Hacer perder la salud y la vitalidad.

desmemoriado, a adj./s. Que tiene poca o mala memoria.

desmentir tr. Decir o demostrar que lo que dice alguien es falso.

desmenuzar tr. Deshacer en partes muy pequeñas.

desmerecer intr. Perder alguien o algo una o más de las cualidades que la hacen digna de aprecio.

desmesurado, a adj. Exagerado o mayor de lo normal.

desmigajar tr. Desmenuzar en migajas.

desmilitarizar tr. **1** Hacer perder la condición militar. **2** Suprimir las tropas o las instalaciones militares.

desmirriado, a adj./s. Muy delgado, raquítico.

desmitificar tr. Hacer que alguien o algo deje de ser un mito.

desmontar tr. **1** Separar las piezas que forman un objeto. **2** Quitar algo del conjunto del que forma parte. ◆ intr. **3** Bajar de un animal o de un vehículo.

desmoralizar tr. Desanimar.

desmoronar tr. **1** Deshacer lentamente un material u otra cosa. **2** Desanimar.

desmotivar tr./intr. Hacer perder el ánimo o el interés.

desnatar tr. Quitar la crema o la nata.

desnaturalizado, a adj./s. Que falta a los deberes que tiene con sus familiares.

desnivel m. **1** Diferencia de altura. **2** Elevación o depresión.

desnucar tr. Matar a una persona o animal de un golpe en la nuca.

desnudo, a adj. **1** Que no lleva ropa puesta. **2** Desprovisto.

desnutrición f. Falta de una alimentación suficiente y adecuada.

desobedecer tr. No hacer lo que se ha mandado o está establecido.

desocupar tr. **1** Dejar algo libre o disponible. **2** Sacar lo que hay dentro de una cosa.

desodorante adj./m. Que hace desaparecer los malos olores.

desoír tr. No tener en cuenta las palabras o consejos de alguien.

desolar tr. **1** Destruir totalmente un territorio. **2** Causar un dolor muy intenso.

desollar tr. Quitar la piel a una persona o animal.

desorbitado, a adj. Que sobrepasa los límites de lo razonable o natural.

desorden m. **1** Falta de orden. **2** Alboroto callejero. **3** Alteración leve en el funcionamiento de un órgano corporal.

desorganización f. Falta de organización.

desorientar tr. **1** Hacer que alguien pierda la orientación. **2** Confundir.

desovar intr. Soltar sus huevos las hembras de los peces, anfibios e insectos.

despabilar tr. **1** Quitar a una vela o candil la parte de mecha ya quemada para que dé más luz. **2** Hacer que alguien despierte del todo.

despachar tr. **1** Terminar un negocio u otra cosa. **2** Solucionar un asunto. **3** Echar de un lugar. ◆ tr./intr. **4** Atender a los clientes.

despacho m. **1** Lugar destinado a resolver negocios o a estudiar. **2** Mensaje que se envía o recibe por una vía rápida.

despachurrar tr. *Fam.* Aplastar una cosa estrujándola o apretándola con fuerza.

despacio adv. **1** Poco a poco, sin prisa. **2** Con detenimiento.

despampanante adj. *Fam.* Que causa una gran impresión.

desparpajo m. **1** Facilidad para hablar o relacionarse. **2** AMÉR CENTRAL Desorden.

desparramar tr. Extender o esparcir algo que estaba amontonado o junto.

desparramo m. ARG, CH, CUBA, PAR, URUG Acción de dispersarse desordenadamente cosas o personas.

despavorido, a adj. Que tiene mucho miedo.

despecho m. Resentimiento o disgusto debido a un desengaño u ofensa.

despectivo, a adj. Que muestra desprecio.

despedazar tr. Hacer pedazos una cosa o a una persona.

despedida f. **1** Acción de despedirse. **2** Expresión o gesto empleados para despedirse.

despedir tr. **1** Lanzar o arrojar hacia fuera. **2** Desprender o echar fuera de sí. **3** Echar de un empleo. ◆ prnl. **4** Mostrar afecto o cortesía al separarse de alguien.

despegar tr. **1** Separar dos cosas que están unidas. ◆ intr. **2** Separarse un ave o un aparato de aviación del suelo. **3** Comenzar a desarrollarse una cosa.

despeinar tr. Deshacer un peinado o enredar el pelo.

despejar tr. **1** Dejar un lugar sin obstáculos ni estorbos. **2** Explicar una duda o una confusión.

despellejar tr. **1** Quitar la piel a una persona o un animal. **2** Criticar duramente.

despelote m. **1** *Fam.* Falta de

vestido. **2** *Fam.* Diversión disparatada, con risa continua, intensa y desmedida. **3** *Fam.* ARG, CH, CUBA, ECUAD, PAR, URUG Situación en la que impera el desorden o la confusión.
despensa f. Lugar de una casa donde se almacenan alimentos.
despeñadero m. Barranco.
despeñar tr./prnl. Arrojar desde un lugar alto.
desperdiciar tr. Usar de forma inadecuada, incorrecta o incompleta.
desperdicio m. **1** Acción de desperdiciar. **2** Cosa que sobra o resto inservible.
desperdigar tr. Dispersar en distintas direcciones sin orden.
desperezar tr./prnl. Estirar los miembros para desentumecerlos.
desperfecto m. Daño de poca importancia que sufre una cosa.
despertador m. Reloj que emite un sonido para interrumpir el sueño.
despertar intr. **1** Dejar de dormir. ◆ tr. **2** Interrumpir el sueño. **3** Provocar en alguien un deseo, una sensación, etc.
despiadado, a adj./s. Que no tiene piedad.
despido m. Expulsión de una persona de su empleo.
despiece m. División en piezas.
despierto, a adj. Que tiene agilidad mental.
despilfarrar tr. Gastar de forma incontrolada.
despistar tr./prnl. Hacer que alguien ponga poca atención en lo que hace.
desplante m. Dicho o hecho falto de consideración.
desplazar tr./prnl. Mover de un lugar a otro.
desplegar tr. **1** Extender lo que está plegado. **2** Distribuir por una superficie. **3** Hacer uso de una cualidad.
desplomar tr./prnl. Hacer caer algo.
desplumar tr. **1** Quitar las plumas a un ave. **2** *Fam.* Quitar o hacer perder los bienes.
despoblar tr. Abandonar un lugar sus habitantes.
despojar tr. Quitar a una persona lo que tiene.
despojo m. **1** Acción de despojar. **2** Parte del cuerpo de un animal que es de poco valor, como la molleja.
desportillar tr. Romper el borde de un objeto.
desposar tr. Unir en matrimonio.
desposeer tr. Quitar a una persona lo que tiene.
déspota m. **1** Soberano totalitario. ◆ adj./m. y f. **2** Que abusa de su superioridad.
despotismo m. **1** Gobierno absoluto. **2** Abuso de poder.
despotricar intr. *Fam.* Criticar sin respeto.
despreciar tr. No apreciar algo o a alguien o rechazarlo.
desprender tr. **1** Separar o despegar. **2** Echar de sí. ◆ prnl. **3**

Apartarse una persona de lo que le pertenece.

desprendido, a adj./s. Generoso.

despreocuparse prnl. Mantenerse al margen de un asunto.

desprestigiar tr. Hacer perder el prestigio.

desprevenido, a adj. Que no está preparado para una cosa.

desproporcionado, a adj. Que no tiene la proporción debida.

despropósito m. Dicho o hecho sin sentido.

desproteger tr. Quitar o descuidar la protección de alguien o de algo.

desprovisto, a adj. Que le falta lo necesario.

después adv. **1** En tiempo posterior. **2** Más lejos. ◆ adj. **3** Que va inmediatamente detrás.

despuntar tr. **1** Quitar, romper o gastar la punta. ◆ intr. **2** Mostrar habilidad para cierta actividad. **3** Empezar a aparecer el día.

desquiciar tr. Sacar de quicio.

desquitar tr. Compensar a alguien de una pérdida.

desriñonar tr. **1** Causar daño en los riñones. **2** *Fam.* Cansar mucho.

destacamento m. Parte de una tropa que se separa del resto.

destacar intr./prnl. Sobresalir. ◆ tr. **2** Llamar la atención sobre una cosa.

destajo m. Trabajo en que se cobra por la labor realizada.

destapar tr. **1** Quitar la tapa. **2** Descubrir lo que está oculto.

destape m. Acción de descubrirse y mostrar el cuerpo desnudo.

destartalado, a adj. Mal cuidado, viejo o roto.

destello m. **1** Ráfaga o rayo de luz. **2** Muestra pequeña o momentánea de una cualidad.

destemplado, a adj. **1** Que tiene malestar físico general. **2** Se dice del tiempo atmosférico que no es agradable.

destemplar tr./prnl. **1** Hacer que un instrumento se desafine. **2** Hacer perder la moderación. ◆ tr. **3** AMÉR Sentir dentera.

desteñir tr./intr. Perder los colores con los que está teñida una cosa.

desternillarse prnl. *Fam.* Reírse mucho y con ganas.

desterrar tr. **1** Expulsar a una persona de su país. **2** Hacer desaparecer un sentimiento o un pensamiento. **3** Abandonar un uso.

destetar tr. Hacer que deje de mamar un niño o una cría.

destiempo ◇ **a ~** Fuera de tiempo.

destierro m. Acción y efecto de desterrar.

destilar tr. **1** Separar una sustancia volátil de otra que no lo es. **2** Mostrar sutilmente una característica.

destilería f. Lugar donde se destila alcohol.

destinar tr. **1** Señalar una cosa para un uso. **2** Designar la ocupación de una persona. **3** Dirigir un envío a alguien.

destinatario, a s. Persona a quien se dirige una cosa.

destino m. **1** Finalidad. **2** Lugar adonde se dirige alguien o algo. **3** Fuerza supuesta y desconocida que determina lo que ha de ocurrir.

destituir tr. Expulsar a una persona del cargo que ocupa.

destornillador m. Herramienta para destornillar.

destornillar tr. Dar vueltas a un tornillo para sacarlo del lugar donde está.

destreza f. Capacidad para hacer algo bien.

destripar tr. **1** Sacar las tripas a una persona o animal. **2** Aplastar o reventar una cosa blanda.

destronar tr. **1** Expulsar del trono a un rey. **2** Quitar a alguien o algo de la situación de privilegio de que goza.

destrozar tr. **1** Romper, hacer trozos o estropear algo. **2** Causar un daño grande.

destructor, ra adj./s. Que destruye.

destruir tr. Romper o echar por tierra algo.

desunir tr. **1** Apartar o separar lo que estaba unido. **2** Hacer que se lleven mal entre sí dos o más personas.

desuso m. Falta de uso o de empleo.

desvaído, a adj. Se dice del color apagado.

desvalido, a adj./s. Que no tiene ayuda o protección.

desvalijar tr. Robar todas las cosas de valor de un lugar.

desván m. Último piso de una casa, debajo del tejado.

desvanecer tr./prnl. **1** Hacer desaparecer poco a poco. ◆ prnl. **2** Perder el sentido momentáneamente.

desvariar intr. Decir o hacer cosas que van en contra del sentido común.

desvelar tr. **1** Quitar o impedir el sueño. **2** Descubrir lo oculto. ◆ prnl. **3** Desvivirse.

desvencijar tr. Aflojar o separar las partes que forman una cosa.

desventaja f. Característica que hace que algo sea peor que otra cosa con la que se compara.

desventura f. **1** Hecho que causa gran dolor o infelicidad. **2** Suerte adversa y aciaga.

desvergüenza f. Falta de vergüenza.

desvestir tr. Desnudar.

desviar tr./prnl. **1** Separar o apartar de un camino o dirección. **2** Hacer que una persona cambie sus proyectos.

desvío m. **1** Acción de desviar. **2** Carretera que se separa de otra general.

desvirgar tr. Hacer perder la virginidad.

desvirtuar tr. Quitar las características esenciales de una cosa.

desvivirse prnl. Mostrar gran interés por algo o alguien.
detallar tr. Explicar con detalle.
detalle m. **1** Hecho o circunstancia secundaria que contribuye a formar una cosa. **2** Serie de cosas listadas de manera minuciosa.
detallista adj. Que cuida mucho los detalles.
detectar tr. Descubrir pruebas de la existencia de algo oculto.
detective m. y f. Persona que investiga determinados casos.
detener tr. **1** Parar o interrumpir un movimiento o una actividad. **2** Privar de libertad una autoridad a alguien. ◆ prnl. **3** Dedicar tiempo a algo.
detentar tr. Ocupar un cargo de manera ilegítima.
detergente m./adj. Producto que sirve para lavar o limpiar.
deteriorar tr. Hacer perder la calidad a una cosa.
determinación f. **1** Acción de determinar. **2** Valor o firmeza en la manera de actuar.
determinado, a adj. **1** Que es uno en particular. ◆ adj./m. **2** Se dice del artículo gramatical que hace referencia a algo conocido por los hablantes.
determinante m. Palabra que acompaña al sustantivo y limita o concreta su significado.
determinar tr. **1** Tomar una decisión. **2** Averiguar una cosa. **3** Fijar una cosa para algún fin.
detestar tr. Sentir aversión hacia algo o alguien.
detonar intr. Explotar haciendo ruido.
detrás adv. En una zona posterior.
detrimento m. Daño moral o material.
detrito o **detritus** m. Materia descompuesta.
deuda f. **1** Obligación de pagar o devolver una cosa. **2** Cantidad que se debe.
devaluar tr. Disminuir el valor o el precio de una moneda o de otra cosa.
devanar tr. **1** Enrollar un hilo alrededor de un eje formando un ovillo. ◆ prnl. **2** CUBA, GUAT, MÉX Retorcerse de risa o dolor.
devaneo m. **1** Relación amorosa superficial. **2** Pérdida de tiempo.
devastar tr. Destruir totalmente un territorio.
devengar tr. Tener derecho a una cantidad de dinero como pago por un trabajo o servicio.
devenir intr. **1** *Formal.* Ocurrir o producirse un hecho. **2** Transformarse una cosa o persona en otra. ◆ m. **3** Proceso mediante el cual ocurre o llega a ser una cosa.
devoción f. Sentimiento de profundo respeto hacia algo o alguien.
devolver tr. **1** Entregar a alguien lo que había prestado. **2** Hacer que una persona o cosa vuelva a estar donde o como estaba antes. ◆

tr./intr. **3** *Fam.* Vomitar. ◆ prnl. **4** AMÉR Regresar.

devónico, a o **devoniano, a** adj./m. Se dice del período geológico que es el cuarto de la era paleozoica o primaria.

devorar tr. **1** Comer con ansia y rapidez. **2** Comer un animal a otro. **3** Destruir el fuego una cosa por completo.

devoto, a adj./s. **1** Muy religioso. **2** Que siente afecto especial por algo o alguien.

deyección f. **1** Expulsión de excrementos por el ano. **2** Materia eliminada por el ano.

día m. **1** Tiempo que tarda la Tierra en dar una vuelta sobre sí misma. **2** Tiempo que dura la claridad del Sol sobre el horizonte.

diabetes f. Concentración muy alta de azúcar en la sangre.

diablo, blesa s. Ser sobrenatural que representa las fuerzas del mal.

diablura f. Acción mala de poca importancia, cometida sin malicia.

diabólico, a adj. **1** De gran maldad. **2** Endiablado. **3** Relativo al diablo.

diábolo m. Carrete formado por dos conos unidos por sus vértices con el que se juega.

diaclasa f. Grieta o hendidura de una roca.

diácono m. Clérigo católico que ha recibido la segunda de las órdenes mayores.

diacrítico, a adj. **1** Se dice del signo ortográfico que da un valor especial a una letra. **2** Se dice de la tilde que sirve para distinguir palabras con la misma forma.

diacronía f. Evolución de una cosa a través del tiempo.

diadema f. Adorno con forma de medio círculo o redonda que se pone en la cabeza.

diáfano, a adj. **1** Muy fácil de entender. **2** Que tiene una gran cantidad de luz.

diáfisis f. Parte tubular de un hueso largo.

diafragma m. **1** Músculo interior que separa el tórax del abdomen. **2** Dispositivo de una cámara fotográfica que deja pasar más o menos luz. **3** Anticonceptivo con forma de disco.

diagnosis o **diagnóstico** f. **1** Identificación de una enfermedad. **2** Examen de una cosa.

diagonal adj./f. Se dice del segmento rectilíneo que une dos vértices no consecutivos en una figura geométrica.

diagrama m. Representación gráfica de una serie de datos.

dial m. Superficie con letras o números para seleccionar el número de teléfono o la emisora de radio o televisión.

dialéctica f. **1** Técnica de dialogar y discutir. **2** Parte de la filosofía que trata de las reglas y formas de los razonamientos.

dialecto m. Modalidad de la lengua en un determinado territorio.

dialectología f. Parte de la lingüística que estudia el conjunto de dialectos de una lengua.

diálisis f. Técnica de purificación de la sangre.

dialogar intr. Hablar dos o más personas entre ellas.

diálogo m. **1** Conversación. **2** Discusión sobre un asunto.

diamante m. **1** Piedra preciosa incolora compuesta de carbono. ◆ m.pl. **2** Palo de la baraja francesa que se representa con uno o varios rombos.

diametralmente adv. De un extremo al opuesto.

diámetro m. Línea que une dos puntos de una circunferencia pasando por su centro.

diana f. **1** Punto central de un blanco de tiro. **2** Superficie redonda que se utiliza como blanco de tiro. **3** Toque militar para despertar a los soldados.

¡diantre! interj. Indica sorpresa, disgusto o admiración.

diapasón m. Instrumento que produce un sonido y sirve para afinar instrumentos.

diapositiva f. Fotografía que se proyecta mediante un aparato especial sobre una pantalla.

diario, a adj. **1** Que ocurre todos los días. ◆ m. **2** Libro o cuaderno en el que una persona va escribiendo hechos de su vida personal. **3** Periódico que se publica todos los días.

diarrea f. Expulsión frecuente de excrementos líquidos o semilíquidos.

diáspora f. Dispersión de un pueblo.

diástole f. Fase de relajación de las paredes ventriculares del corazón.

diatónico, a adj. Se dice de la escala musical formada por cinco tonos y dos semitonos.

diatriba f. Discurso ofensivo y violento.

dibujar tr. **1** Representar una figura mediante líneas trazadas. **2** Describir o contar con gran viveza y fidelidad la realidad. ◆ prnl. **3** Mostrarse de forma imprecisa.

dibujo m. **1** Técnica de dibujar. **2** Representación gráfica hecha por medio del trazo de líneas.

dicción f. **1** Manera de pronunciar de una persona. **2** Conjunto de características que definen la manera de hablar y escribir de una persona.

diccionario m. Libro de consulta en el que se recoge en orden alfabético un conjunto de palabras con información complementaria.

dicha f. Sentimiento de gran alegría, bienestar y satisfacción.

dicharachero, a adj./s. Que tiene una conversación amena y ocurrente.

dicho m. Palabra mediante la cual se dice algo.

dichoso, a adj. **1** Que siente o proporciona dicha. **2** *Fam. y desp.* Que desagrada, causa enfado o fastidio. **3** Poco acertado o afortunado.

diciembre m. Duodécimo y último mes del año.

dicotiledóneo, a adj./f. Se dice de la planta angiosperma cuyo embrión tiene dos cotiledones opuestos.

dicotomía f. División de una materia en dos partes.

dictado m. **1** Discurso hablado o lectura de un texto que hace una persona para que otra u otras lo copien por escrito. **2** Texto escrito que una persona ha copiado de lo que otra dijo.

dictador, ra s. Soberano que gobierna con poderes absolutos.

dictadura f. Sistema político del dictador.

dictáfono m. Aparato que graba y reproduce las palabras que se le dictan o las conversaciones.

dictamen m. **1** Opinión experta que se da sobre algo. **2** Juicio emitido sobre algo.

dictar tr. **1** Leer un texto para que otro lo copie. **2** Publicar una cosa de forma oficial. **3** Empujar una cosa a actuar de cierta manera.

dictatorial adj. Relativo a la dictadura o al dictador.

didáctica f. Parte de la pedagogía que se ocupa de los métodos y técnicas de la enseñanza.

didáctico, a adj. **1** Relativo a la didáctica. **2** Que enseña las cosas con mucha claridad y es útil para aprender.

diedro m. Cada una de las cuatro regiones que determinan dos planos al cortarse en una recta.

dieléctrico, a adj. Se dice del cuerpo o sustancia que es aislante o mal conductor de la electricidad.

diente m. **1** Pieza dura y blanca que crece con otras en la boca y sirve para cortar y masticar los alimentos. **2** Punta o saliente que tiene el borde de algo.

diéresis f. Signo ortográfico (¨) que se coloca sobre una vocal para indicar que esta suena de forma distinta a la habitual.

diésel o **diesel** m./adj. Motor de explosión que funciona con gasóleo inyectado.

diestra f. Mano o pierna derecha.

diestro, a adj. **1** Hábil en el desarrollo de una actividad. **2** *Formal.* Derecho. ◆ m. **3** Torero.

dieta f. Conjunto de comidas y bebidas que debe tomar una persona que tiene regulada su alimentación.

dietario m. Libro en el que se anotan las cantidades de dinero que se reciben y gastan cada día.

dietética f. Parte de la medicina que estudia los tipos y reglas de la alimentación.

diez num.cardin. **1** Nueve más uno. ◆ num.partit. **2** Que ocupa el lugar número 10 en una serie ordenada. ◆ m. **3** Número 10.

diezmar tr. Causar gran cantidad de muertos, heridos o enfermos.

diezmo m. Impuesto que se pagaba a la Iglesia, al rey o a un señor feudal.

difamar tr. Insultar ofendiendo el honor de alguien.

diferencia f. **1** Característica que hace que dos personas o cosas no sean iguales entre sí. **2** Falta de acuerdo. **3** Cantidad que resulta de restar otras dos.

diferencial adj. **1** Que hace que dos personas o cosas no sean iguales entre sí. ◆ m./adj. **2** Elemento de una instalación eléctrica que la protege de una sobrecarga.

diferenciar tr. **1** Determinar las diferencias entre cosas o personas. ◆ tr./prnl. **2** Hacer que una cosa o persona sea diferente de otras.

diferente adj. **1** Que no es igual. ◆ adj.pl. **2** Que son más de uno, que son varios. ◆ adv. **3** De un modo distinto.

diferido ◇ **en ~** Se dice de la transmisión de radio o televisión que se emite después de que haya sucedido.

diferir tr. **1** Retrasar o suspender la ejecución de una cosa. ◆ intr. **2** Ser diferente o distinguirse dos o varias cosas en algún aspecto. **3** No estar de acuerdo.

difícil adj. **1** Que no se puede hacer, entender o conseguir sin emplear mucha habilidad. **2** Que no es probable que suceda.

dificultad f. Obstáculo o inconveniente.

dificultar tr. Poner obstáculos o inconvenientes.

difracción f. Fenómeno físico por el cual un rayo de luz se desvía al interferir con otro.

difteria f. Infección de las vías respiratorias.

difuminar tr. Disminuir la claridad y exactitud de una cosa.

difundir tr. **1** Extender por el espacio en todas las direcciones. **2** Dar a conocer una cosa a un gran número de personas.

difunto, a adj./s. **1** Se dice de la persona que ha muerto. ◆ m. **2** Persona o animal sin vida.

difusión f. Acción y efecto de difundir.

difuso, a adj. Poco claro, exacto o concreto.

difusor, ra adj./s. Que difunde.

digerir tr. Asimilar el cuerpo los alimentos.

digestión f. Acción y efecto de digerir.

digestivo, a adj./m. Relativo a la digestión o que la facilita.

digital adj. **1** Relativo a los dedos. **2** Que suministra la información mediante dígitos.

digitígrado, a adj./s. Se dice del animal mamífero cuadrúpedo que, al caminar, apoya en el suelo solo los dedos de las manos y los pies.

dígito m./adj. Número expresado con un solo signo.

diglosia f. Coexistencia de dos lenguas en la que una de ellas goza de mayor prestigio.

dignarse prnl. Tener la consideración de hacer algo.

dignatario, a s. Persona que ocupa un cargo de mucha autoridad.

dignidad f. **1** Respeto que una persona merece que los demás tengan de ella. **2** Cargo de mucha autoridad.

digno, a adj. Que tiene dignidad.

dígrafo m. Agrupación de dos letras que representa un solo sonido.

digresión f. Parte de un discurso que supone un desvío del tema principal.

dilación f. Retraso en un proceso o una actividad.

dilapidar tr. Gastar sin orden ni cuidado.

dilatación f. Acción y efecto de dilatar.

dilatado, a adj. Que se extiende mucho en el espacio o en el tiempo.

dilatar tr. Hacer que una cosa ocupe más espacio o tiempo.

dilema m. Problema difícil de resolver.

diletante adj./m. y f. Que tiene afición por una o varias artes.

diligencia f. **1** Rapidez o cuidado. **2** Trámite. **3** Vehículo tirado por caballos.

dilucidar tr. Explicar o aclarar un asunto o materia.

diluir tr. Disolver.

diluvial adj./m. **1** Se dice del terreno constituido por materiales arenosos que han sido arrastrados por una corriente violenta de agua. ◆ adj. **2** Relativo al diluvio.

diluvio m. Lluvia muy abundante.

diluyente adj./m. Se dice de la sustancia líquida que sirve para diluir.

dimanar intr. Proceder una cosa de otra, tener su origen.

dimensión f. **1** Extensión de una cosa en una dirección determinada. **2** Magnitud que sirve para definir una cosa. **3** Propiedad no física de una cosa.

diminuendo m. Disminución progresiva de la intensidad de un pasaje musical.

diminutivo, a adj./m. Se dice del sufijo que indica o expresa pequeñez, afecto, falta de importancia u otros aspectos.

diminuto, a adj. De tamaño muy pequeño.

dimitir intr. Renunciar a un cargo o puesto que se ocupa.

dimorfismo m. Característica que poseen algunos seres vivos que presentan dos formas distintas.

dina f. Unidad de fuerza del sistema cegesimal, de símbolo **din**.

dinámica f. **1** Parte de la mecánica que estudia la relación del movimiento con las causas que lo producen. **2** Conjunto de hechos o fuerzas que actúan para un fin.

dinámico, a adj. Que tiene mucha energía para hacer cosas.
dinamita f. Sustancia explosiva.
dinamizador, ra s. Persona que dinamiza.
dinamo o **dínamo** f. Máquina que transforma la energía mecánica en eléctrica.
dinamómetro m. Aparato que sirve para medir fuerzas motrices.
dinar m. Unidad monetaria de varios países, casi todos los del mundo árabe.
dinastía f. Serie de soberanos de la misma familia.
dineral m. Cantidad grande de dinero.
dinero m. **1** Conjunto de monedas y billetes empleados para pagar. **2** Cantidad o valor de estas monedas y billetes.
dinosaurio adj./m. Se dice del reptil prehistórico.
dintel m. Elemento horizontal que cierra la parte superior de una abertura en un edificio.
diñar tr. *Argot.* ESP Dar u ofrecer.
diócesis f. Territorio que está bajo la jurisdicción religiosa de un obispo.
diodo m. Componente electrónico que solamente permite el paso de la corriente en un sentido.
dioico, a adj. Se dice de la especie vegetal que posee los órganos sexuales masculino y femenino en individuos distintos.
dioptría f. Unidad de medida que expresa el grado de defecto visual de un ojo.
dios, sa m. Ser eterno, sobrenatural y único.
dióxido m. Óxido cuya molécula contiene dos átomos de oxígeno.
diplodocus m. Dinosaurio de unos 25 metros de longitud, cabeza pequeña, cuerpo bajo, y cuello y cola muy largos.
diploide adj. Se dice de la célula que posee un par de juegos de cromosomas.
diploma m. Documento que acredita un grado académico, un premio o un título que tiene una persona o una acción realizada.
diplomacia f. Disciplina o conocimiento de las relaciones entre los estados.
diplomático, a adj./s. Relativo a la diplomacia.
díptero, a adj. **1** Que tiene dos alas. ◆ adj./m. **2** Se dice del insecto con aparato bucal chupador, como la mosca.
díptico m. **1** Cuadro o bajorrelieve formado por dos tablas. **2** Folleto formado por una hoja de papel doblada por la mitad.
diptongo m. Unión de una semiconsonante o una semivocal con una vocal que se pronuncian en una sola sílaba.
diputación f. Conjunto de diputados.
diputado, a s. Persona elegida para formar parte del Congreso de los Diputados.

dique m. **1** Muro grueso que se construye para contener las aguas. **2** Parte de un puerto donde se reparan los barcos.

dirección f. **1** Recorrido, camino o rumbo. **2** Nombre de la calle, número, población, provincia y país donde alguien tiene su domicilio. **3** Señas escritas en una carta o paquete postal. **4** Cargo o puesto de director.

directiva f. **1** Conjunto de directivos. **2** Directriz (norma). **3** Disposición de rango superior emanada de organismos internacionales.

directivo, a adj./s. **1** Relativo a la dirección. ◆ adj. **2** Que tiene la facultad y el poder de dirigir. ◆ adj./s. **3** Que forma parte de un conjunto de personas que gobiernan.

directo, a adj. **1** Que no se desvía de su recorrido, camino o rumbo. **2** Que no se para en su recorrido de un lugar a otro. **3** Sin rodeos.

director, ra s. Persona que dirige.

directorio m. Lista de nombres y direcciones de personas que guardan cierta relación entre sí.

directriz **1** Director. ◆ adj./f. **2** Se dice de la línea, figura o superficie que determina las condiciones de generación de otra. ◆ f. **3** Norma o conjunto de normas.

dirham m. Unidad monetaria de los Emiratos Árabes y de Marruecos.

dirigible adj. **1** Que puede ser dirigido. ◆ adj./m. **2** Se dice del globo aerostático ovalado.

dirigir tr. **1** Hacer que una persona, un grupo o una cosa vaya hacia un punto, lugar o término. **2** Gobernar, mandar. **3** Dedicar o encaminar un pensamiento o una acción a algo o alguien. **4** Orientar y guiar. **5** Marcar la actuación de los componentes de un coro, orquesta o espectáculo. ◆ tr./intr. **6** Realizar sus funciones un director de cine. ◆ prnl. **7** Ir hacia un lugar.

dirimir tr. **1** Acabar o resolver un desacuerdo o una discusión. **2** Deshacer un acuerdo.

discal adj. Relativo al disco intervertebral.

discapacidad f. Falta de alguna facultad física o mental en una persona.

discernir tr. Distinguir y diferenciar por medio de los sentidos o de la inteligencia una cosa de otra u otras.

disciplina f. **1** Conjunto de reglas para mantener el orden entre los miembros de un grupo. **2** Obediencia a estas reglas. **3** Materia, ciencia o técnica.

discípulo, a s. Persona que recibe enseñanzas de un maestro.

disco m. **1** Cuerpo cilíndrico cuya base es muy grande en relación con su altura. **2** Plancha circular en la que se graban datos que pueden reproducirse con un aparato.

discografía f. Conjunto de discos de un autor, un intérprete o un tema.

díscolo, a adj./s. Que suele desobedecer.

disconformidad f. Falta de acuerdo.

discontinuo, a adj. Que no es continuo.

discordante adj. Que no está de acuerdo.

discordia f. Situación de enfrentamiento.

discoteca f. **1** Establecimiento donde se baila. **2** Colección de discos musicales.

discreción f. Reserva o cautela.

discrepar intr. **1** No estar de acuerdo. **2** Ser diferente una cosa de otra.

discreto, a adj./s. **1** Que obra con discreción. ◆ **adj. 2** Que no es extraordinario o no se sale de lo normal.

discriminar tr. Dar un trato de inferioridad.

disculpa f. Razón que se da para explicar o justificar un fallo o error.

discurrir tr. **1** Considerar detenidamente una cosa. ◆ **intr. 2** Fluir una corriente.

discurso m. **1** Serie de palabras con coherencia lógica y gramatical. **2** Razonamiento pronunciado en público.

discusión f. Acción y efecto de discutir.

discutir tr. **1** Examinar y tratar entre varias personas un asunto para solucionarlo. ◆ **intr. 2** Defender dos personas opiniones opuestas. ◆ **tr. 3** Poner en duda.

disecar tr. Preparar un animal muerto para que no se descomponga y conservarlo.

disección f. **1** Corte o división de un cadáver o una planta para estudiarlo o examinarlo. **2** Examen o análisis minucioso y detallado.

diseminar tr. Extender los elementos de un conjunto sin orden y en diferentes direcciones.

disensión f. Falta de acuerdo o de aceptación, por parte de una persona, de una situación, una decisión o una opinión.

disentería f. Inflamación y ulceración del intestino.

disentir intr. No estar de acuerdo.

diseño m. **1** Actividad creativa que tiene por fin proyectar objetos, tipografías, logotipos, etc. **2** Dibujo que sirve de modelo para la realización de algo.

disertar intr. Exponer una materia de forma detenida.

disfraz m. **1** Conjunto de ropas y adornos con que una persona se viste para no ser reconocida. **2** Medio que se emplea para ocultar o disimular una verdad o una cosa.

disfrutar intr. **1** Sentir placer o alegría. ◆ **tr./intr. 2** Gozar de una condición o una circunstancia favorable. **3** Usar o poseer una cosa buena, útil o agradable.

disfunción f. Trastorno en el funcionamiento de un órgano u otra cosa.
disgregar tr. Separar o desunir los elementos que forman un conjunto o las partes de una cosa.
disgusto m. Sentimiento de tristeza o dolor provocado por una situación desagradable o una desgracia.
disidente adj./m. y f. Que se separa de una doctrina.
disimetría f. Falta de simetría.
disimilación f. Alteración de un sonido para diferenciarlo de otro de articulación similar.
disimular tr./intr. Ocultar o disfrazar.
disipar tr. **1** Hacer desaparecer. **2** Gastar los bienes.
dislalia f. Dificultad para pronunciar palabras.
dislate m. Obra o dicho que no tiene razón ni sentido.
dislexia f. Confusión de letras, sílabas o palabras al hablar o escribir.
dislocar tr. Sacar una cosa de su lugar.
disminuir tr./intr. Reducir la cantidad, tamaño, intensidad o importancia de una cosa.
disociar tr. **1** Separar una cosa de otra con la que estaba unida. **2** Separar los distintos componentes de una sustancia. **3** Romper una molécula o un ion en otras moléculas o iones más pequeños.
disolución f. Acción y efecto de disolver.
disoluto, a adj./s. Que se entrega al vicio y a la diversión.
disolvente adj./m. Que disuelve.
disolver tr. **1** Deshacer un cuerpo en un líquido. **2** Hacer que disminuya la concentración de un líquido. **3** Deshacer un acuerdo.
disonante adj. Discordante.
dispar adj. Que tiene una o más características que lo hacen diferente del resto.
disparada f. ARG, MÉX Carrera repentina, fuga.
disparar tr./intr. **1** Hacer que un arma lance su carga. ◆ prnl. **2** Crecer o aumentar una cosa sin control.
disparate m. **1** Obra o dicho que no tiene razón ni sentido. **2** Cosa que excede los límites de lo ordinario o de lo lícito.
dispendio m. Gasto de una cosa sin orden, sentido ni cuidado.
dispensar tr. **1** Dar o repartir. **2** Disculpar un error. **3** Autorizar o permitir el incumplimiento de una obligación.
dispensario m. Establecimiento donde se presta atención médica.
dispersar tr. **1** Separar, esparcir o extender. **2** Poner la atención en varias actividades. **3** Hacer desaparecer.
displicencia f. Indiferencia o falta de interés o aprecio hacia una persona o una cosa.
disponer tr. **1** Poner o colocar. **2** Preparar una cosa. **3** Establecer

un mandato. ◆ **intr. 4** Poder utilizar algo que se posee.

disposición f. Acción y efecto de disponer.

dispositivo m. Mecanismo o parte de él dispuestos para producir una acción prevista.

dispuesto, a adj. Que tiene el ánimo de hacer algo.

disputa f. Discusión, enfrentamiento o competición entre dos o más personas o grupos para conseguir una misma cosa.

disputar tr. Competir con otros para conseguir una misma cosa.

disquete m. Disco magnético y flexible para el almacenamiento de datos informáticos.

disquisición f. Examen o explicación sobre una materia.

distancia f. **1** Espacio o tiempo que hay entre dos cosas o acontecimientos. **2** Diferencia grande o importante. **3** Medida de la longitud del segmento que une dos puntos de una trayectoria.

distante adj. **1** Que está lejos en el espacio con referencia a un punto determinado. **2** Que no ofrece confianza y familiaridad.

distar tr./intr. **1** Estar apartada una cosa de otra por un espacio o un tiempo. ◆ **intr. 2** Ser diferentes dos personas o cosas entre sí.

distender tr. Hacer menos tensa una relación u otra cosa.

distinción f. **1** Diferencia que hace que dos o más cosas sean distintas. **2** Honor, gracia o trato especial que se concede a una persona. **3** Elegancia o buen gusto.

distinguido, a adj. Que tiene un conjunto de cualidades y virtudes que lo distinguen de los demás.

distinguir tr./intr. **1** Determinar aquello que hace que dos personas o cosas no sean iguales entre sí. ◆ **tr. 2** Conceder un honor.

distintivo, a adj./m. Que sirve para distinguir.

distinto, a adj. **1** Que no es igual. ◆ **adj.pl. 2** Que son más de uno, que son varios. ◆ **adv. 3** De un modo diferente.

distorsión f. **1** Acción y efecto de distorsionar. **2** *Formal.* Esguince o torcedura.

distraer tr. **1** Apartar o perder la atención en lo que se hace o se debe hacer. **2** Hacer pasar el tiempo de manera agradable.

distribuir tr. Dividir o repartir.

distributivo, a adj. **1** Relativo a la distribución. ◆ **adj./f. 2** Se dice de la proposición coordinada que alterna acciones que no se excluyen.

distritense adj./s. De México D. F.

distrito m. Parte de una población.

distrofia f. Pérdida del volumen o de las capacidades funcionales de un órgano o tejido.

disturbio m. Conflicto provocado por un grupo de personas.

disuadir tr. Conseguir que una persona cambie su manera de actuar, pensar o sentir.

disuasivo, a adj. Que disuade.

disyunción f. **1** *Formal.* Desunión o separación. **2** Relación entre varios elementos, uno de los cuales excluye a los demás.

disyuntiva f. Situación en la que hay que elegir.

disyuntivo, a adj. **1** Que tiene capacidad de desunir o separar. ◆ adj./f. **2** Se dice de la proposición que expresa una acción que excluye lo expresado por otra.

ditirambo m. Composición poética en honor de Dionisos.

diurético, a adj./m. Que facilita o aumenta la eliminación de orina.

diurno, a adj. **1** Relativo al día. **2** Se dice del animal que realiza su actividad durante el día.

divagar intr. **1** Separarse o apartarse del asunto principal del que se habla. **2** Pensar en varias cosas sin orden.

diván m. Asiento alargado y blando.

divergir intr. **1** Irse apartando dos o más líneas o superficies. **2** Discrepar.

diversidad f. **1** Diferencia o distinción. **2** Abundancia y unión de cosas o personas distintas.

diversión f. **1** Actividad o espectáculo que gusta y produce placer. **2** Cosa que hace pasar el tiempo de manera agradable.

diverso, a adj. **1** Distinto de otro. **2** Que está formado por partes de características diferentes. ◆ adj.pl. **3** Que son más de uno.

divertido, a adj. Que divierte.

divertir tr. Hacer pasar el tiempo de manera agradable.

dividendo m. **1** Cantidad que debe dividirse entre otra. **2** Parte de las ganancias de una sociedad que corresponde a sus accionistas.

dividir tr. **1** Separar en partes o grupos. **2** Repartir algo entre varios. **3** Crear enemistad y discordia. **4** Averiguar las veces que una cantidad está contenida en otra.

divinidad f. **1** Naturaleza de Dios. **2** Dios.

divino, a adj. **1** Relativo a Dios. **2** Que destaca o sobresale.

divisa f. Moneda extranjera manejada en el comercio internacional.

divisar tr. Ver o percibir desde lejos.

divisible adj. **1** Que puede ser dividido. **2** Se dice del número entero que al dividirlo entre otro da como resultado un número entero.

división f. **1** Acción y efecto de dividir. **2** Agrupación de equipos deportivos. **3** Categoría de clasificación de las plantas. **4** Unidad militar.

divisor, ra adj./m. **1** Cantidad que divide a otra. ◆ m. **2** Cada uno de los factores en los que se puede descomponer un número, y que lo dividen exactamente.

divo, a adj./s. Se dice del artista que tiene mucha fama y es muy admirado.

divorciar tr./prnl. Disolver un juez un matrimonio.

divorcio m. Acción y efecto de divorciar.

divulgar tr. Hacer que algo llegue a conocimiento de muchas personas.

DNA → ADN.

DNI m. Sigla de **documento nacional de identidad**.

do m. Primera nota de la escala musical.

dóberman o **doberman** adj./m. y f. Se dice del perro de estatura media, cuerpo musculoso y orejas pequeñas.

dobladillo m. Pliegue que se hace en los bordes de una tela, doblándola dos veces hacia adentro para coserla.

doblaje m. Acción y efecto de doblar actores.

doblar tr. **1** Plegar o juntar los extremos de un objeto flexible. **2** Dar forma curva. **3** Tener dos veces más. **4** Sustituir las voces de los actores de una película. ◆ intr. **5** Cambiar de dirección. **6** Sonar las campanas por la muerte de una persona.

doble adj./m. **1** Que es dos veces la cantidad, número o tamaño de cierta cosa. ◆ adj. **2** Que está formado por dos elementos o se repite dos veces. **3** Que es más grueso o consistente de lo normal. ◆ adj./m. **4** Que es dos veces la cantidad normal. ◆ adv. **5** Dos veces una cantidad.

doblegar tr. **1** Hacer desistir. **2** Doblar o torcer encorvando.

doblete m. **1** Representación de dos papeles distintos por un mismo actor en la misma obra o película. **2** Serie de dos éxitos o victorias en un corto período.

doblez m. **1** Parte que se dobla o se pliega en una cosa. ◆ m. o f. **2** Falsedad o hipocresía en la manera de actuar.

doblón m. Antigua moneda española de oro.

doce num.cardin. **1** Diez más dos. ◆ num.partit. **2** Que ocupa el lugar número 12 en una serie ordenada. ◆ m. **3** Número 12.

docena f. Conjunto formado por doce unidades.

docencia f. Actividad de la persona que se dedica a enseñar.

docente adj. **1** Relativo a la enseñanza (actividad profesional). ◆ adj./m. y f. **2** Que se dedica a la enseñanza.

dócil adj. **1** Fácil de educar o dirigir. **2** Que obedece o cumple lo que se le manda. **3** Que se puede labrar con facilidad.

docto, a adj./s. Que posee muchos conocimientos adquiridos a fuerza de estudio.

doctor, ra s. **1** Médico. **2** Persona que ha conseguido el doctorado.

doctorado m. Grado académico universitario más alto.
doctrina f. Conjunto de ideas que rigen la manera de pensar o de obrar.
documental adj. **1** Que se basa en documentos. ◆ adj./m. **2** Se dice de la película que trata de hechos y personajes reales con fines informativos o pedagógicos.
documento m. **1** Escrito con que se prueba o demuestra algo. **2** Escrito u otra cosa que sirve para ilustrar o comprobar una cosa. **3** Archivo electrónico.
dodecágono m. Figura geométrica plana de doce lados.
dogma m. **1** Punto principal de una religión o doctrina. **2** Verdad absoluta.
dogmático, a adj. **1** Relativo al dogma. ◆ adj./s. **2** Que expresa una opinión como si fuera una verdad absoluta.
dogmatismo m. Tendencia a pensar basándose en dogmas.
dogo, a adj./m. Se dice del perro de gran tamaño, con la cabeza grande, el hocico corto y los labios colgantes.
dólar m. Unidad monetaria de Estados Unidos y otros países.
dolencia f. Enfermedad.
doler intr. **1** Tener dolor en una parte del cuerpo. **2** Causar algo pena, tristeza o lástima. ◆ prnl. **3** Expresar con palabras una pena.
dolido, a adj. Que experimenta pena o lástima.
dolmen m. Monumento funerario del Neolítico.
dolo m. En derecho, engaño o fraude.
dolomita f. Mineral compuesto por carbonato cálcico y magnésico.
dolor m. **1** Sensación molesta y desagradable que se siente en una parte del cuerpo. **2** Sentimiento intenso de pena, tristeza o lástima.
doma f. Proceso de domar un animal.
domar tr. **1** Amansar y hacer dócil un animal salvaje. **2** Contener o frenar una pasión o una conducta.
domesticar tr. Acostumbrar a un animal a convivir con las personas.
doméstico, a adj. **1** Relativo a la casa (vivienda). **2** Se dice del animal que se cría en la compañía del ser humano.
domiciliar tr. **1** ESP Autorizar un pago o un cobro con cargo a una cuenta bancaria. **2** MÉX Poner la dirección de una carta.
domicilio m. **1** Casa en la que vive habitualmente una persona. **2** Lugar en el que legalmente está establecida una persona o sociedad.
dominar tr. **1** Tener bajo el poder o la autoridad. **2** Conocer bien una materia. **3** Sobresalir. ◆ tr./prnl. 4 Contener o frenar una pasión.
domingo m. Séptimo y último día de la semana.
dominguero, a adj. **1** Que se suele usar en domingo. ◆ s. **2**

Desp. Persona que acostumbra a arreglarse y divertirse solamente los domingos y días festivos.

dominical adj. **1** Relativo al domingo. ◆ adj./m. **2** Se dice de la revista que se vende los domingos.

dominicano, a adj./s. De la República Dominicana.

dominico, a adj./s. **1** Relativo a la orden religiosa fundada por santo Domingo de Guzmán. ◆ adj./m. **2** AMÉR CENTRAL, CUBA Se dice de una variedad de plátano pequeño.

dominio m. **1** Poder sobre lo que es propio o sobre otras personas. **2** Buen conocimiento de una materia. **3** Nombre mediante el cual una empresa se da a conocer en Internet.

dominó m. Juego de mesa en el que se usan 28 fichas rectangulares con una cara dividida en dos cuadrados iguales.

domo m. **1** Cúpula en forma de media esfera. **2** Pliegue del terreno en forma de elevación abombada.

don, doña s. **1** Tratamiento de respeto que se antepone al nombre propio. ◆ m. **2** Cualidad o habilidad para hacer una cosa. **3** Regalo.

donaire m. Gracia, discreción y viveza.

donar tr. Dar algo voluntariamente.

donativo m. Cosa que se dona.

doncel m. **1** *Formal.* Hombre joven. **2** Joven noble o paje que aún no había sido armado caballero.

doncella f. **1** *Formal.* Mujer joven. **2** Sirvienta.

donde adv. **1** Indica el lugar en el que ocurre cierta cosa o en el que se encuentra alguien o algo. ◆ prep. **2** Indica el lugar en el que está alguien o algo. **3** *Fam.* En casa de la persona que se indica.

dónde adv. En qué sitio o en qué lugar.

dondequiera adv. En cualquier parte.

dondiego m. Planta herbácea ornamental.

donjuán m. Hombre que tiene facilidad para seducir a las mujeres.

donoso, a adj. Que tiene gracia, discreción y viveza.

donostiarra adj./m. y f. De San Sebastián.

doña → don, doña.

dopaje o **doping** m. Acción y efecto de dopar.

dopar tr. Suministrar sustancias que mejoran el rendimiento deportivo. ◆ prnl. Consumir sustancias para mejorar el rendimiento.

doquier adv. En cualquier parte.

dorada f. Pez marino comestible de color plateado.

dorado, a m./adj. **1** Color como el del oro. ◆ adj. **2** Que es de este color. **3** Que está lleno de esplendor.

dorar tr. **1** Cubrir una superficie con oro o con una sustancia dorada. **2** Presentar una cosa como mejor o más agradable de lo que es en realidad. **3** Tostar o asar ligeramente.

dórico, a adj. Se dice del estilo arquitectónico clásico que tiene las columnas acanaladas, sin basa y sin molduras en el capitel.

dorio, a adj./s. De un pueblo indoeuropeo que llegó a Grecia a finales del s. XII a. C.

dormilón, na adj./s. *Fam.* Que duerme mucho.

dormir tr./intr. **1** Estar en un estado de reposo inconsciente en el que se pierden los movimientos voluntarios. ◆ tr. **2** Producir la pérdida temporal de la sensibilidad de una parte del cuerpo.

dormitar intr. Estar medio dormido o dormir con sueño poco profundo.

dormitorio m. Habitación de la vivienda que se usa para dormir.

dorsal adj. **1** Relativo al dorso. ◆ m. **2** Trozo de tela con un número que un deportista lleva en la espalda. ◆ f. **3** Cordillera en el fondo del mar.

dorso m. **1** Parte posterior del tronco de una persona o animal. **2** Parte superior y convexa de un órgano. **3** Parte posterior o contraria a la principal de una cosa laminar.

dos num.cardin. **1** Uno más uno. ◆ num.ordin. **2** Que ocupa el lugar número 2 en una serie ordenada. ◆ m. **3** Número 2.

doscientos, as num.cardin. **1** Cien más cien. ◆ num.ordin. **2** Que ocupa el lugar número 200 en una serie ordenada. ◆ m. **3** Número 200.

dosel m. Pieza de madera o de tela que se coloca a modo de techo y como adorno sobre un asiento, un trono, una imagen o una cama.

dosificar tr. Establecer una dosis.

dosis f. Cantidad de una sustancia que se ingiere en cada toma.

dossier m. Conjunto de documentos o papeles recopilados sobre alguien o algo.

dotación f. **1** Acción de dotar. **2** Cantidad de dinero con que se dota.

dotar tr. **1** Dar o conceder una cualidad o capacidad. **2** Dar o equipar una cosa con algo que la complete. **3** Asignar una cantidad de dinero.

dote f. Cualidad o capacidad de una persona.

dovela f. Piedra labrada en forma de cuña.

dracma m. o f. Antigua unidad monetaria de Grecia.

draconiano, a adj. Excesivamente severo.

dragar tr. Sacar barro, piedras o arena del fondo de un puerto de mar, de un río o de una corriente navegable para limpiarlo.

dragón m. **1** Animal fabuloso con forma de reptil gigante. **2** Reptil de cuerpo alargado, parecido al lagarto. **3** Embarcación de vela con aparejo de balandro.

drag queen m. y f. Travestí que se viste con zapatos de plataforma y peluca.

drama m. **1** Obra de teatro. **2** Subgénero de la literatura dramática similar a la tragedia pero sin un desenlace catastrófico. **3** Acontecimiento de la vida real capaz de emocionar y causar tristeza.

dramatizar tr. **1** Dar forma y características de drama como género literario. ◆ tr./intr. **2** Exagerar una cosa o un acontecimiento.

dramaturgo, a s. Autor de obras dramáticas.

drástico, a adj. Radical, riguroso o severo.

drenaje m. **1** Eliminación de líquido acumulado. **2** Material o procedimiento que se usa para eliminar este líquido.

driblar tr./intr. ESP, MÉX Engañar al contrario mediante un movimiento brusco para esquivarlo y no dejarse arrebatar el balón.

droga f. **1** Sustancia que elimina el dolor, tranquiliza, excita, o aumenta o disminuye el estado consciente, y cuyo consumo reiterado puede crear dependencia. **2** MÉX, PERÚ Deuda.

drogadicto, a s. Persona que tiene hábito y dependencia de alguna droga.

droguería f. ESP Establecimiento en el que se venden productos de limpieza y pinturas.

dromedario m. Mamífero rumiante parecido al camello.

druida m. Sacerdote de los antiguos celtas.

drupa f. Fruto carnoso con un único hueso.

dual adj. **1** Que tiene o reúne en sí dos caracteres o fenómenos distintos. **2** Que se emite en dos lenguas.

dubitativo, a adj. Que muestra o denota duda.

ducado m. **1** Título nobiliario de duque. **2** Estado o territorio gobernado por un duque. **3** Antigua moneda.

ducha f. Aplicación de agua que, en forma de chorro o lluvia, se hace caer o se dirige sobre el cuerpo para asearlo.

ducho, a adj. Experto en una actividad.

dúctil adj. Se dice del material que puede trabajarse con facilidad.

duda f. **1** Vacilación ante varias posibilidades de elección. **2** Cuestión que se propone para resolverla.

dudar intr. **1** Vacilar ante varias posibilidades de elección. ◆ tr. **2** No creer por completo en la veracidad de algo. **3** Desconfiar de la honradez de alguien.

duelo m. **1** Lucha o enfrentamiento entre dos personas. **2** Conjunto de demostraciones de pena y dolor por la muerte de alguien.

duende m. **1** Espíritu travieso que, según la tradición popular, habita en algunas casas. **2** Encanto o atractivo de una persona.

dueño, a s. Persona que tiene la propiedad de una cosa.

dueto m. **1** Composición musical para dos voces o dos instrumentos. **2** Conjunto musical formado por dos voces o dos instrumentos.

dulce adj. **1** Se dice del alimento que tiene un sabor suave y agradable, parecido al del azúcar o la miel. **2** Que no es salado, agrio ni amargo. ◆ m. **3** Alimento elaborado con azúcar.

dulzaina f. Instrumento musical de viento formado por un tubo ligeramente cónico.

dulzura f. Cualidad de dulce.

duna f. Forma de relieve producida por una acumulación de arena.

dúo m. **1** Dueto. **2** Conjunto de dos personas.

duodécimo, a num.ordin. **1** Que ocupa el lugar número 12 en una serie ordenada. ◆ num.partit. **2** Se dice de cada una de las partes que resultan de dividir un todo en doce partes iguales.

duodeno m. Parte inicial del intestino delgado.

dúplex m. Vivienda de un edificio que consta de dos pisos.

duplicar tr. **1** Multiplicar por dos una cantidad. **2** Hacer una copia o duplicado.

duplo, a adj./m. Que es dos veces el número o cantidad de cierta cosa.

duque, esa s. Miembro de la nobleza de categoría inferior a la de príncipe.

duramen m. Parte central del tronco y de las ramas gruesas.

durante prep. Indica el período que dura algo o en el que sucede.

durar intr. **1** Existir algo durante un período. **2** Mantenerse o conservar las propias cualidades.

durazno m. **1** AMÉR Fruta de piel amarillenta y aterciopelada y pulpa dulce. **2** AMÉR Árbol que da este fruto. **3** ESP Variedad de melocotonero.

dureza f. **1** Cualidad de duro. **2** Grado de resistencia que opone un mineral a ser rayado. **3** Capa de piel dura que se forma en algunas partes del cuerpo.

duro, a adj. **1** Se dice de la materia que ofrece una gran resistencia a ser doblada o rayada. **2** Fuerte y resistente. **3** Insensible, severo o muy riguroso. ◆ m. **4** Moneda de cinco pesetas. ◆ adv. **5** Con gran esfuerzo, fuerza o violencia.

dux m. Príncipe o magistrado supremo de las antiguas repúblicas de Génova y Venecia.

DVD m. **1** Disco digital similar a un CD-ROM pero con una capacidad de almacenamiento quince veces mayor. **2** Aparato o dispositivo que permite acceder a este disco.

E

e f. **1** Quinta letra del alfabeto español. ◆ conj. **2** Sustituye a la conjunción **y** cuando la palabra siguiente comienza por **i** o por **hi** (excepto cuando esa **i** o **hi** va seguida de vocal).

ebanista m. y f. Carpintero que trabaja maderas finas.

ébano m. **1** Árbol de tronco grueso y alto y hojas de color verde oscuro. **2** Madera de este árbol, de color negro, pesada y dura.

ebrio, a adj./s. **1** Borracho. ◆ adj. **2** Dominado por un sentimiento o una pasión fuertes.

ebullición f. **1** Movimiento violento del agua u otro líquido al hervir. **2** Estado de agitación.

ebúrneo, a adj. De marfil.

eccema o **eczema** m. Enfermedad de la piel que se caracteriza por la aparición de descamación, manchas rojas y picores.

echar tr. **1** Enviar un objeto dándole un impulso. **2** Dejar caer una cosa para que entre en un lugar. **3** Despedir de sí. **4** Expulsar. **5** Producir o empezar a tener un organismo algo propio de su naturaleza. **6** Tender o acostar un rato para descansar. **7** Mover o correr un mecanismo de una puerta o ventana para que se cierre. **8** Derribar o arruinar. ◆ prnl. **9** Inclinarse o moverse en cierta dirección.

eclecticismo m. Escuela filosófica o estilo artístico que escoge elementos de los distintos sistemas o estilos.

eclesiástico, a adj. **1** Relativo a la Iglesia. ◆ m. **2** Hombre que es miembro del clero.

eclipsar tr. **1** Causar un cuerpo celeste el eclipse de otro. **2** Hacer que algo sea menos importante o notorio.

eclipse m. Desaparición transitoria de un cuerpo celeste.

eclíptica f. Plano imaginario que contiene la trayectoria de la Tierra alrededor del Sol.

eclosión f. **1** Aparición o salida de un animal o un capullo de flor. **2** Aparición súbita de un movimiento cultural o de un hecho histórico.

eco m. **1** Fenómeno acústico consistente en la repetición de un sonido. **2** Sonido que se oye de manera débil y confusa. **3** Noticia o rumor vagos.

ecografía f. Técnica de exploración de los órganos internos del cuerpo.

ecología f. Ciencia que estudia las relaciones de los seres vivos entre sí y con el medio.

ecologista adj./m. y f. Que defiende la conservación del medio ambiente.

economato m. Supermercado donde pueden comprar más barato ciertas personas.

economía f. **1** Disciplina que estudia la manera de crear riqueza. **2** Sistema de comercio e industria mediante el cual se produce y usa la riqueza.

económico, a adj. **1** Relativo a la economía. **2** Que cuesta poco dinero o que gasta poco.

economizar tr. **1** Evitar el gasto de dinero o de otro producto. **2** Ahorrar.

ecosistema m. Sistema biológico que se compone de un conjunto de seres vivos y su medio natural.

ecu m. Antigua unidad monetaria europea.

ecuación f. Igualdad entre dos expresiones que contiene una o más incógnitas.

ecuador m. Círculo imaginario de la esfera terrestre, perpendicular al eje.

ecualizador m. Dispositivo que sirve para ajustar las frecuencias del sonido.

ecuánime adj. Imparcial o neutral.

ecuatoguineano, a adj./s. De Guinea Ecuatorial.

ecuatorial adj. Relativo al ecuador.

ecuatoriano, a adj./s. De Ecuador.

ecuestre adj. **1** Relativo al caballo. **2** Que se representa montado a caballo.

ecuménico, a adj. Se dice del concilio en el que están presentes todos los obispos del mundo.

eczema m. Eccema.

edad f. **1** Cantidad de años que un ser ha vivido desde su nacimiento. **2** Etapa de la vida de las personas. **3** Etapa de la prehistoria o de la historia.

edelweiss m. Planta herbácea de flores blancas que crece en zonas altas.

edema m. Acumulación excesiva de líquido en algún órgano o tejido del cuerpo.

edén m. **1** Paraíso terrenal. **2** Lugar muy agradable.

edición f. **1** Acción de editar. **2** Conjunto de ejemplares editados. **3** Celebración de un concurso o competición periódicamente.

edicto m. Cartel o aviso con una disposición oficial.

edificar tr. **1** Construir un edificio. **2** Infundir en los demás sentimientos de piedad y virtud.

edificio m. Construcción fabricada con materiales resistentes.

edil m. y f. Persona que forma parte del gobierno de un ayuntamiento.

editar tr. Preparar un texto, obra musical, etc. para ser publicado o emitido.

editor, ra adj./s. Que se dedica a editar.

editorial adj. **1** Relativo al editor o a la edición. ◆ m. **2** Artículo de periódico sin firma que recoge la opinión de la dirección. ◆ f. **3** Empresa que se dedica a la edición.

edredón m. ESP, MÉX Cobertor de cama relleno de algodón u otro material de abrigo.

educación f. **1** Formación destinada a desarrollar la capacidad intelectual y moral de las personas. **2** Comportamiento adecuado a las normas sociales.

educado, a adj. Que se comporta correctamente.

educar tr. **1** Desarrollar y perfeccionar las facultades intelectuales y morales de una persona. **2** Instruir en las normas de comportamiento social.

edulcorante m. Sustancia que se usa para dar gusto dulce a los alimentos.

efe f. Nombre de la letra f.

efebo m. *Formal.* Muchacho joven o adolescente.

efectivamente adv. En efecto.

efectivo, a adj. **1** Que produce el efecto esperado. **2** Real, verdadero o válido. ◆ m. **3** Dinero en monedas o en billetes.

efecto m. **1** Resultado de una causa. **2** Impresión producida en el ánimo. **3** Finalidad u objetivo.

efectuar tr. Hacer o realizar una acción.

efeméride f. Hecho importante que se recuerda en un aniversario.

eferente adj. Se dice de la formación anatómica que lleva algo desde el interior del cuerpo hacia su parte exterior.

efervescencia f. **1** Desprendimiento de burbujas gaseosas en un líquido. **2** Agitación o excitación grandes.

eficaz adj. Que produce el efecto esperado.

eficiencia f. Capacidad para realizar o cumplir adecuadamente una función.

efigie f. Imagen de una persona reproducida en una moneda, pintura, etc.

efímero, a adj. Que dura poco tiempo.

efluvio m. **1** Emisión de vapores o de partículas muy pequeñas. **2** Irradiación de algo inmaterial.

efusión f. **1** Muestra intensa de un sentimiento. **2** Derramamiento de un líquido.

egipcio, a adj./s. De Egipto.

egiptología f. Disciplina histórica que estudia la civilización del antiguo Egipto.

égloga f. Composición poética dialogada del género bucólico de larga extensión.

ego m. Valoración excesiva de uno mismo.

egocentrismo m. Actitud de la persona egocéntrica.

egoísmo m. Amor excesivo hacia uno mismo.

egolatría f. Actitud del ególatra.

egregio, a adj. Ilustre o de gran categoría.

egresar intr. AMÉR Salir de un centro académico tras haber terminado los estudios.

¡eh! interj. Expresión que se utiliza para llamar la atención de alguien o para preguntar.

einstenio m. Elemento químico de símbolo Es y número atómico 99.

eje m. **1** Barra cilíndrica que atraviesa un cuerpo giratorio. **2** Línea que atraviesa una figura o un cuerpo por su centro. **3** Elemento principal de algo.

ejecutar tr. **1** Realizar una cosa. **2** Matar a un condenado. **3** Realizar una acción.

ejecutivo, a adj. **1** Se dice del organismo que tiene el poder de ejecutar o hacer cumplir una cosa. ◆ s. **2** Persona que ocupa un cargo directivo en una empresa.

ejemplar adj. **1** Que sirve de modelo o escarmiento. ◆ m. **2** Reproducción de un mismo original o modelo. **3** Individuo de una especie o de un género.

ejemplo m. **1** Persona o cosa que sirve de modelo o muestra. **2** Frase, acción u objeto que se usa para explicar una cosa o aclararla.

ejercer tr. **1** Realizar las funciones propias de una profesión. **2** Hacer que una fuerza, una acción o un poder actúe sobre alguien o algo. **3** Hacer uso de un derecho o de un privilegio.

ejercicio m. **1** Práctica que sirve para desarrollar una habilidad. **2** Prueba en un examen. **3** Actividad física.

ejercitar tr. Hacer que alguien o algo practique una actividad.

ejército m. **1** Conjunto de las fuerzas armadas de un país. **2** Gran multitud de soldados y sus armas.

ejote m. AMÉR Judía (vaina).

el, la det. Artículo determinado en género masculino (**el**) y femenino (**la**) y número singular; indica que el sustantivo al que acompaña es conocido por el hablante y el oyente. (La forma masculina *[el]* se utiliza también ante sustantivos femeninos que empiecen por *a-* o *ha-* tónicas: *el arma, el hacha.*)

él, ella pron. Pronombre personal de primera persona de singular.

elaborar tr. **1** Preparar un producto a partir de la combinación de sus componentes. **2** Producir un organismo u órgano una sustancia. **3** Desarrollar una idea, teoría o proyecto.

elástico, a adj. **1** Que puede recuperar su forma cuando cesa la fuerza que la altera. **2** Que puede ajustarse a distintas circunstancias. **3** Que admite muchas interpretaciones. ◆ m. **4** Cinta de goma.

ele f. Nombre de la letra l.
elección f. **1** Acción y efecto de elegir. ◆ f.pl. **2** Emisión de votos para elegir cargos políticos o sindicales.
electo, a adj./s. Que ha sido elegido por votación pero que todavía no ha tomado posesión.
elector, ra adj./s. Que elige o tiene derecho a elegir.
electoral adj. Relativo a los electores o a las elecciones.
electricidad f. **1** Forma de energía que se deriva de las cargas positivas y negativas. **2** Parte de la física que estudia los fenómenos derivados de esta fuente energética. **3** Corriente eléctrica.
eléctrico, a adj. Relativo a la electricidad o que funciona con ella.
electrificar tr. Hacer que algo funcione con electricidad.
electrizar tr. **1** Producir electricidad en un cuerpo o comunicársela. **2** Producir entusiasmo o excitación.
electrocutar tr. Matar mediante descargas eléctricas.
electrodo m. Extremo de un circuito eléctrico en contacto con un medio, al que lleva o del que recibe una corriente eléctrica.
electrodoméstico m. Aparato eléctrico que se usa en el hogar con un fin determinado.
electroimán m. Barra de hierro dulce o de acero que es capaz de atraer materiales magnéticos debido al campo magnético que produce.
electrólisis o **electrolisis** f. Método que permite la separación de los elementos que forman un compuesto químico por el paso de la corriente eléctrica a través de él.
electrólito o **electrolito** m. Sustancia que se disocia en iones, por lo cual es conductora de la electricidad.
electrón m. Partícula elemental del átomo que se mueve a gran velocidad alrededor del núcleo y que tiene carga eléctrica negativa.
electrónica f. **1** Parte de la física que estudia los electrones. **2** Técnica basada en esta parte de la física.
electrónico, a adj. **1** Relativo a la electrónica o a los electrones. **2** Relacionado con la informática o con Internet.
electroscopio m. Aparato que sirve para detectar las cargas eléctricas de un cuerpo.
electroshock m. Aplicación terapéutica de corrientes eléctricas.
electrostática f. Parte de la física que estudia los fenómenos producidos por las cargas eléctricas en reposo.
elefante, a s. Mamífero de gran tamaño con la piel gruesa, nariz en forma de trompa y dos colmillos muy largos.
elegante adj. **1** Que va bien vestido y actúa y habla con distinción. **2** Que está hecho con calidad y buen gusto.

elegía f. Composición en la que se expresa un sentimiento de dolor por la muerte de alguien.
elegir tr. **1** Escoger o preferir entre varios. **2** Designar por votación a alguien para un puesto.
elemental adj. **1** Que es lo más importante y necesario. **2** Que es muy sencillo y se puede entender fácilmente.
elemento m. **1** Parte constitutiva de una cosa. **2** Fundamento o base de algo. **3** Medio en que vive un ser. **4** Cada uno de los cuatro principios fundamentales: tierra, agua, aire y fuego.
elenco m. **1** Compañía teatral. **2** Grupo representativo.
elevado, a adj. **1** Levantado a gran altitud. **2** De gran valor o importancia. **3** De grandes cualidades morales.
elevador, ra adj./s. **1** Que sirve para subir, bajar o transportar mercancías. ◆ m. **2** Transformador de voltaje. **3** AMÉR Ascensor.
elevalunas m. Mecanismo que sirve para subir y bajar las ventanillas de un automóvil.
elevar tr. **1** Poner en un lugar más alto. **2** Hacer que una cosa sea más intensa, más alta o tenga más valor.
elfo, fina s. Espíritu o genio con figura de enano y poderes mágicos.
elidir tr. Suprimir un fonema o palabra.
eliminar tr. **1** Hacer desaparecer. **2** Excluir o apartar. **3** Dejar fuera de una competición o concurso. **4** Expulsar del organismo. **5** Matar.
eliminatoria f. Parte de una competición o concurso en la que se compite para decidir quién pasará a la siguiente etapa.
eliminatorio, a adj. Que elimina.
elipse f. Figura geométrica curva con dos ejes diferentes que forman ángulo recto y que resulta de cortar un cono por un plano oblicuo.
elipsis f. Supresión de una o más palabras de una frase cuyo sentido puede sobrentenderse.
elipsoide m. Sólido cuyas secciones planas son todas elipses o círculos.
elisión f. **1** Acción de elidir. **2** Omisión.
élite o **elite** f. Grupo escogido de personas que destacan en un campo o una actividad.
elitista adj. **1** Relativo a la élite o al elitismo. ◆ adj./m. y f. **2** Que pertenece a una élite.
elixir o **elíxir** m. **1** Líquido compuesto de sustancias medicinales. **2** Medicamento o remedio que tiene un poder mágico.
ella → él, ella.
elle f. Nombre del dígrafo ll.
ello pron. Forma del pronombre de tercera persona en género neutro y número singular.
ellos, as pron. Pronombre personal de tercera persona de plural.

elocuencia f. Capacidad de hablar bien, de decir las cosas de manera correcta y efectiva para convencer al público.

elogio m. **1** Reconocimiento de los méritos o cualidades. **2** Expresión o discurso, oral o escrito, con que se elogia a una persona o cosa.

elote m. AMÉR CENTRAL, MÉX Mazorca de maíz tierno.

elucubrar tr. **1** Pensar con intensidad sobre un determinado problema para establecer conclusiones y soluciones. **2** Especular o imaginar.

eludir tr. Evitar una cosa con habilidad.

e-mail m. **1** Sistema que permite el intercambio de mensajes a través de Internet. **2** Mensaje transmitido de este modo.

emanar intr. **1** Proceder una cosa de otra, tener su origen. ◆ tr./intr. **2** Salir o desprenderse un olor, un vapor o una radiación de un cuerpo.

emancipar tr. Liberar respecto de una dependencia.

embadurnar tr. Extender una sustancia espesa o pegajosa sobre una superficie.

embajada f. **1** Lugar u oficina en la que se encuentra la representación diplomática del gobierno de un país en un estado extranjero. **2** Cargo de embajador.

embajador, ra s. Agente diplomático de máxima categoría.

embalar tr. **1** Envolver un objeto para transportarlo. **2** Hacer adquirir gran velocidad.

embaldosar tr. Cubrir de baldosas.

embalsamar tr. Tratar un cadáver para evitar que se corrompa.

embalse m. Gran depósito artificial de agua.

embarazada adj./f. Se dice de la mujer que va a tener un hijo.

embarazar tr. **1** Dejar un hombre embarazada a una mujer. **2** Hacer que alguien se sienta incómodo o avergonzado. **3** Impedir el movimiento o la actividad.

embarazo m. **1** Período comprendido entre la fecundación del óvulo y el parto. **2** Estado de la mujer embarazada. **3** Sensación de incomodidad o vergüenza.

embarazoso, a adj. Que hace sentir incómodo o avergonzado.

embarcación f. Construcción con el fondo cóncavo que sirve para navegar.

embarcadero m. Lugar destinado al embarque de mercancías y personas.

embarcar tr. **1** Subir o introducir personas o mercancías en un barco o avión para viajar. **2** Hacer que una persona participe o entre en una empresa difícil o peligrosa.

embargar tr. **1** Retener un bien por orden de una autoridad. **2** Adueñarse de una persona un sentimiento o una sensación.

embargo m. **1** Acción y efecto

de embargar. **2** Prohibición de comerciar y transportar una cosa decretada por un gobierno como sanción.

embarrancar intr./prnl. Quedar detenida una embarcación al tropezar con arena o piedras.

embarrar tr. **1** Manchar o cubrir de barro. **2** AMÉR Echar a perder una cosa que se estaba haciendo bien. **3** AMÉR Cometer algún delito o un desacierto grave. **4** AMÉR Desacreditar a una persona hablando mal de ella. **5** AMÉR CENTRAL Implicar a alguien en un asunto sucio.

embarullar tr. **1** Confundir o mezclar desordenadamente. **2** Complicar un asunto. ◆ **prnl. 3** Hablar de manera poco clara.

embate m. Golpe o acometida impetuosa.

embaucar tr. Engañar a una persona aprovechándose de su ingenuidad.

embeber tr. **1** Absorber un cuerpo sólido algún líquido. **2** Impregnar un cuerpo con algún líquido. **3** Impregnar un líquido algo. ◆ **intr./prnl. 4** Disminuir de tamaño.

embelesar tr. Causar un placer, una admiración o una sorpresa grandes.

embellecer tr. Hacer que una persona o cosa sea bella o más bella.

embestir tr./intr. Lanzarse de manera impetuosa y violenta contra una persona o cosa.

emblema m. **1** Figura o símbolo acompañado de una leyenda o lema. **2** Símbolo.

emblemático, a adj. **1** Relativo al emblema. **2** Característico.

embobar tr. Embelesar.

embocadura f. **1** Boca de un río, un puerto o un canal. **2** Boquilla de un instrumento de viento. **3** Gusto o sabor de un vino.

embolia f. Obstrucción de una vena o una arteria que impide la circulación de la sangre.

émbolo m. **1** Pieza cilíndrica de un cilindro o una bomba que se mueve impulsando un fluido o recibiendo su impulso. **2** Burbuja de aire o cuerpo extraño que produce una embolia.

embolsar tr./prnl. **1** Ganar una cantidad de dinero. ◆ **tr. 2** Guardar en una bolsa.

emborrachar tr. **1** Poner borracho a alguien. **2** Empapar en licor. ◆ **prnl. 3** Ponerse alguien borracho.

emborronar tr. **1** Llenar de borrones. **2** Escribir de prisa y mal o con poca meditación.

emboscada f. **1** Ataque por sorpresa. **2** Intriga o trampa para perjudicar a alguien.

embotar tr. **1** Debilitar los sentidos. **2** Quitar el filo o la punta a un instrumento cortante.

embotellamiento m. Acumulación excesiva de vehículos en la vía pública.

embotellar tr. **1** Introducir un líquido en botellas. **2** Congestionar el tráfico un lugar.

embozar tr. **1** Cubrir el rostro por la parte inferior con una prenda. **2** Disimular, disfrazar.

embozo m. **1** Doblez que se hace en la sábana por la parte que toca al rostro. **2** Parte de la capa y otras prendas de vestir que cubre la cara. **3** *Formal.* Cautela con que se hace o se dice algo.

embrague m. **1** Mecanismo que permite unir o separar el eje del cambio de velocidades de un vehículo al movimiento del motor. **2** Pedal que permite accionar este mecanismo.

embriagar tr. **1** Causar embriaguez. **2** Producir una sensación de placer.

embrión m. **1** Estadio del feto hasta la formación de los órganos. **2** Principio de una cosa.

embrollo m. **1** Asunto o situación difícil de resolver. **2** Mentira disfrazada. **3** Maraña.

embromar tr. **1** Gastar una broma a alguien. **2** AMÉR Fastidiar o perjudicar. **3** *Fam.* CH Hacer que una persona pierda el tiempo.

embrujar tr. **1** Trastornar el juicio o la salud con prácticas mágicas. ◆ tr./intr. **2** Atraer irresistiblemente.

embrutecer tr. Rebajar o entorpecer las facultades morales o intelectuales.

embuchado m. Embutido.

embudo m. **1** Instrumento hueco en forma de cono y acabado en un tubo, que sirve para trasvasar líquidos. **2** Lugar estrecho.

embuste m. Cosa que se dice y no es verdad.

embutido m. **1** Tripa de cerdo rellena de carne picada y condimentada. **2** AMÉR Tira de encaje cosida entre dos telas.

embutir tr. **1** Meter carne picada y condimentada dentro de una tripa. **2** Meter una cosa dentro de un espacio apretándola o encajándola. **3** Moldear una chapa. **4** *Fam.* Engullir.

eme f. Nombre de la letra m.

emergencia f. **1** Asunto o suceso imprevisto. **2** Acción de emerger.

emerger intr. Salir una cosa a la superficie del agua o de otro líquido.

emérito, a adj. Jubilado que disfruta de algún premio por sus servicios.

emigrar intr. **1** Dejar el lugar de origen para establecerse en otro país o región. **2** Dejar un lugar y dirigirse a otro aves, peces, etc.

eminencia f. **1** Persona eminente. **2** Tratamiento que se da a los cardenales y otros miembros de la jerarquía eclesiástica.

eminente adj. **1** Que es muy importante por sus méritos o por sus conocimientos. **2** Que destaca en altura, calidad o importancia.

emir m. Jefe político y militar en algunos países árabes.
emisario, a s. Mensajero.
emisor, ra adj. **1** Que emite. ◆ s. **2** Persona que emite. ◆ m. **3** Aparato que permite emitir.
emisora f. Conjunto de aparatos e instalaciones que permiten emitir.
emitir tr. **1** Producir y echar hacia fuera una cosa. **2** Lanzar ondas que transmiten sonidos e imágenes. **3** Poner en circulación billetes o monedas. **4** Expresar una opinión.
emmental m. Queso de leche de vaca con grandes agujeros.
emoción f. **1** Sentimiento muy fuerte. **2** Reacción afectiva grande. **3** Interés o intriga.
emoji m. Dibujo que se envía como mensaje de texto en teléfonos móviles o mediante correo electrónico.
emolumento m. Pago por un cargo.
emoticono o **emoticón** m. Símbolo formado por un conjunto de caracteres de un teclado.
emotivo, a adj. **1** Relativo a la emoción o que la causa. **2** Que se emociona fácilmente.
empacar tr./intr. **1** AMÉR Preparar el equipaje. **2** MÉX Poner un alimento en conserva. ◆ prnl. **3** *Fam.* AMÉR Quedarse plantado un animal. **4** AMÉR Enfadarse y obstinarse.
empachar tr. **1** Causar empacho. **2** Cansar o hartar.
empadronar tr. Inscribir en el padrón.
empalagar tr. Cansar un alimento por ser demasiado dulce o pesado.
empalar tr. **1** Atravesar a una persona o animal con un palo, introduciéndoselo por el ano. ◆ prnl. **2** CH Obstinarse.
empalizada f. Valla hecha con palos o estacas clavados en el suelo.
empalmar tr. **1** Unir dos cosas por sus extremos. ◆ tr./intr. **2** Relacionar una idea con otra. **3** Suceder una cosa después de otra. ◆ intr. **4** Combinarse un medio de transporte con otro. ◆ prnl. **5** *Vulg.* ESP Excitarse sexualmente un hombre.
empanada f. **1** Masa de harina cocida al horno y rellena de ingredientes. **2** AMÉR Pastel pequeño relleno que se hace doblando un trozo de masa de harina sobre sí misma y friéndolo después.
empanadilla f. ESP Pastel pequeño relleno que se hace doblando un trozo de masa de harina sobre sí misma y friéndolo después.
empanar tr. Rebozar un alimento.
empantanar tr. **1** Llenar de agua y barro un terreno. **2** Dejar una cosa sin acabar.
empañar tr. **1** Cubrir un cristal de vaho. **2** Quitar la belleza, la buena fama o el mérito.
empañetar tr. **1** AMÉR CENTRAL Embarrar (manchar o cubrir de barro). **2** COL, P RICO Enlucir o encalar una superficie.
empapar tr. **1** Mojar completamente. **2** Absorber y retener un lí-

quido. ◆ prnl. **3** Quedarse bien enterado de una cosa.

empapelar tr. **1** Cubrir con papel pintado. **2** Envolver algo en papel. **3** *Fam.* Someter a un proceso judicial.

empaque m. **1** Distinción y buena presencia. **2** AMÉR Desfachatez.

empaquetar tr. **1** Hacer un paquete. **2** Meter a mucha gente en un recinto pequeño.

emparedado m. Bocadillo hecho con dos rebanadas de pan de molde.

emparedar tr. **1** Encerrar a una persona entre paredes. **2** Ocultar algo entre paredes.

emparejar tr. Unir formando pareja.

emparentar intr. Establecer una relación de parentesco a través del matrimonio.

empastar tr. **1** Cubrir con pasta una caries. **2** Cubrir o llenar una cosa con pasta. **3** ARG, CH, MÉX, NIC Convertir en prado un terreno.

empatar tr./intr. **1** Tener el mismo número de puntos, de goles o de votos que otro. ◆ tr. **2** AMÉR Empalmar, unir.

empecinarse prnl. Mantenerse excesivamente firme en una idea, intención u opinión.

empedernido, a adj. **1** Que no puede abandonar un mal hábito. **2** Cruel o duro de corazón.

empedrar tr. Cubrir con piedras.

empeine m. **1** Parte superior del pie que va desde los dedos hasta la unión con la pierna. **2** Parte inferior del vientre, entre las ingles.

empellón m. Empujón fuerte.

empeñar tr. **1** Entregar algo de valor a cambio de dinero. **2** Comprometer el honor o la palabra. ◆ prnl. **3** Proponerse una cosa con obstinación.

empeño m. **1** Deseo intenso. **2** Esfuerzo, cuidado o interés en lo que se hace. **3** MÉX Casa de empeños.

empeorar tr. Poner peor.

empequeñecer tr. **1** Hacer más pequeño. **2** Quitar importancia.

emperador, ratriz s. **1** Persona que gobierna un imperio. **2** Pez marino comestible azul por el lomo y plateado en el vientre.

emperifollar tr. *Fam. y desp.* Adornar o arreglar con cuidado o en exceso.

emperrarse prnl. *Fam.* Obstinarse.

empezar tr. **1** Dar principio. **2** Comenzar a usar o consumir. ◆ intr. **3** Tener principio.

empinar tr. **1** Levantar o sostener en alto. **2** Inclinar un recipiente para beber. ◆ prnl. **3** Adquirir mucha pendiente un camino. **4** Ponerse el miembro viril en erección.

empírico, a adj. Que está basado en la experiencia y en la observación de los hechos.

empirismo m. Doctrina filosófica según la cual la fuente del conocimiento humano es solamente la experiencia.

empitonar tr. Alcanzar el toro al torero con los pitones.

emplasto m. **1** Preparado medicinal de consistencia espesa. **2** Cosa que tiene un aspecto espeso y pegajoso.

emplazar tr. **1** Colocar o situar en un lugar. **2** Citar a una persona en un lugar y un momento determinados.

emplear tr. **1** Usar. **2** Dar trabajo. **3** Gastar o consumir.

empleo m. **1** Puesto de trabajo. **2** Ocupación. **3** Uso o utilización.

emplomar tr. **1** Asegurar con plomo. **2** ARG, URUG Empastar un diente o una muela.

emplumar tr. **1** Cubrir a una persona con plumas y una materia pegajosa, como castigo o burla. **2** CUBA, GUAT Engañar. **3** ECUAD, VENEZ Enviar a un sitio de castigo. ◆ **intr. 4** AMÉR Huir, fugarse.

empobrecer tr. Hacer pobre.

empollar tr. **1** Mantener el embrión contenido en un huevo a temperatura constante. **2** *Fam.* ESP Estudiar mucho.

empolvar tr. Poner polvos o cubrir de polvo.

emponzoñar tr. **1** Poner veneno en una cosa. **2** Estropear las relaciones entre las personas.

emporio m. **1** Lugar de gran riqueza comercial o cultural. **2** AMÉR Almacén de calidad.

empotrar tr. **1** Meter una cosa en una pared o en el suelo, asegurándola con trabajos de albañilería. ◆ **prnl. 2** Chocar.

emprender tr. Empezar a hacer alguna cosa.

empresa f. **1** Entidad en la que intervienen el capital y el trabajo como factores de la producción. **2** Acción que entraña esfuerzo y trabajo.

empresario, a s. Persona que tiene o dirige una empresa.

empréstito m. **1** Préstamo que se hace al estado, a un organismo oficial o a una empresa. **2** Cantidad de dinero prestada de esa manera.

empujar tr. **1** Hacer fuerza contra una persona o cosa para moverla, sostenerla o rechazarla. **2** Presionar o influir sobre una persona.

empuje m. **1** Fuerza que se hace contra una persona o cosa. **2** Fuerza producida por el peso de una cubierta o de un arco sobre los elementos que lo sostienen. **3** Valor o decisión.

empujón m. **1** Golpe fuerte. **2** Avance rápido que se da a lo que se hace.

empuntar tr. **1** COL, ECUAD Encaminar, dirigir. ◆ **intr. 2** COL, ECUAD Irse, marcharse. ◆ **prnl. 3** VENEZ Obstinarse, empeñarse.

empuñadura f. **1** Parte por la que se sujetan las armas. **2** Comienzo de un cuento o un discurso con una fórmula tradicional.

empuñar tr. **1** Agarrar por el puño un arma. **2** CH Cerrar la mano para formar el puño.
emú m. Ave corredora similar al avestruz, pero de menor tamaño.
emular tr. Imitar algo hecho por otra persona.
émulo, a adj./s. Que emula.
emulsión f. **1** Líquido que contiene, sin disolverse, gotas de otro líquido. **2** Sustancia química que recubre las películas fotográficas.
en prep. **1** Indica posición o lugar. **2** Indica el momento en que ocurre una cosa. **3** Indica modo o manera.
enagua f. Prenda interior femenina semejante a una falda y que se lleva debajo de esta.
enajenación f. Estado del enajenado.
enajenar tr. **1** Vender un bien. **2** Turbar el uso de la razón.
enaltecer tr. **1** Dar mayor valor. **2** Alabar o mostrar admiración.
enamorar tr./prnl. Conseguir el amor de una persona.
enamoriscarse o **enamoricarse** prnl. *Fam. y desp.* Enamorarse.
enancarse prnl. **1** AMÉR Montarse a las ancas en una caballería. **2** AMÉR Entrometerse.
enanismo m. Trastorno del crecimiento caracterizado por una estatura inferior.
enano, a adj. **1** Muy pequeño. ◆ s. **2** Persona que tiene una altura mucho menor de lo normal. **3** Criatura de baja estatura con poderes mágicos. **4** *Fam.* Niño.
enarbolar tr. **1** Llevar en alto una bandera o un estandarte. **2** Llevar en alto un arma. **3** Defender una idea.
enarcar tr. **1** Dar forma de arco. ◆ prnl. **2** MÉX Encabritarse un caballo.
enardecer tr. Excitar o avivar una pasión, pugna o disputa.
encabalgamiento m. **1** Superposición de una cosa sobre otra. **2** En poesía, ruptura de la unidad sintáctica de un verso.
encabezamiento m. Fórmula fija con que se comienza un escrito.
encabezar tr. **1** Estar al comienzo de una lista. **2** Poner un encabezamiento. **3** Acaudillar o dirigir.
encabritarse prnl. Levantar el caballo las patas delanteras apoyándose en las traseras.
encadenar tr. **1** Sujetar con cadenas. **2** Impedir o quitar el movimiento. **3** Unir.
encajar tr./intr. **1** Meter una cosa dentro de otra de manera que quede bien ajustada. ◆ tr. **2** Aceptar una situación molesta o desagradable o reaccionar bien ante ella. **3** Recibir un golpe. ◆ intr. **4** Coincidir o estar de acuerdo. **5** Ser adecuado.
encaje m. **1** Tejido transparente hecho con calados que forman dibujos. **2** Introducción de una pieza en otra.

encajonar tr. **1** Meter una cosa en un sitio demasiado estrecho. ◆ prnl. **2** Correr un río por un lugar muy estrecho.

encalambrarse prnl. AMÉR Entumecerse.

encalar tr. **1** Aplicar cal. **2** Meter en cal.

encallar intr./prnl. Quedar detenida una embarcación al tropezar con arena o piedras.

encaminar tr. **1** Poner en camino. **2** Dirigir la intención hacia un fin determinado. ◆ **prnl. 3** Dirigirse hacia algo.

encamotarse prnl. AMÉR Enamorarse.

encandilar tr. **1** Deslumbrar, alucinar o cautivar los sentidos. **2** Despertar amor o deseo sexual en una persona. **3** Hacer que alguien conciba deseos o ilusiones.

encantado, a adj. **1** Que se encuentra muy contento. **2** Que sufre un encantamiento.

encantar tr. **1** Pronunciar un conjunto de palabras con poder mágico. **2** Gustar mucho.

encanto m. **1** Encantamiento. **2** Persona o cosa que atrae o embelesa.

encañonar tr. **1** Apuntar con un arma de fuego. **2** Hacer entrar un río por un cañón.

encapotarse prnl. Cubrirse el cielo con nubes tormentosas.

encapricharse prnl. **1** Empeñarse en un capricho. **2** Enamorarse de forma poco seria.

encapuchado, a adj./s. Que va cubierto con capucha.

encaramar tr. **1** Subir a alguien a un lugar alto. **2** *Fam.* Colocar a una persona en una situación social o en un puesto alto.

encarar tr. **1** Hacer frente. **2** Poner dos cosas una frente a otra. ◆ prnl. **3** Enfrentarse u oponerse.

encarcelar tr. Meter a alguien en la cárcel.

encarecer tr. **1** Hacer más caro. **2** Encomendar con empeño. **3** Alabar mucho.

encarecidamente adv. Con empeño.

encargado, a s. Persona que es el responsable de un establecimiento o negocio.

encargar tr. **1** Pedir a una persona que haga una cosa. **2** Pedir un producto en un establecimiento. ◆ prnl. **3** Tomar una persona bajo su cargo o responsabilidad la realización de una cosa.

encariñarse prnl. Coger cariño.

encarnación f. **1** Acción de encarnar. **2** Persona o cosa que encarna algo.

encarnado, a adj. Rojo o rojizo.

encarnar tr. **1** Simbolizar una idea, un tema, etc. **2** Representar un actor un personaje.

encarnizarse prnl. **1** Hacerse más violenta e intensa una lucha o discusión. **2** Dedicarse a hacer el mayor daño posible a una persona.

encarrilar tr. Hacer que una cosa vaya por el buen camino.

encarte m. Hoja que se incluye suelta entre las hojas de un libro, revista o periódico.

encasillar tr. Clasificar a una persona o cosa con criterios simplistas o poco flexibles.

encasquetar tr. **1** Poner bien encajado en la cabeza un gorro o sombrero. **2** *Fam.* Dar.

encasquillarse prnl. **1** Atascarse un arma o un mecanismo. **2** CUBA Acobardarse.

encausar tr. Proceder judicialmente contra una persona.

encausto m. **1** Técnica pictórica en la que los pigmentos se mezclan con cera derretida o resina. **2** Pintura que se hace sobre marfil.

encauzar tr. **1** Dirigir o introducir una corriente de agua por un cauce. **2** Hacer que una cosa vaya por el buen camino.

encéfalo m. Conjunto de órganos del sistema nervioso situados dentro del cráneo.

encenagar tr. Cubrir o ensuciar de cieno.

encendedor m. Aparato para encender.

encender tr. **1** Hacer que una cosa arda. **2** Conectar un aparato. **3** Hacer más intenso un sentimiento o una emoción.

encendido, a adj. **1** De color muy vivo. ◆ m. **2** Aparato de un motor de explosión que sirve para encenderlo.

encerado m. Pizarra para escribir.

encerar tr. Dar cera a una superficie.

encerrar tr./prnl. **1** Meter una persona o cosa en un lugar de donde no puede salir o de donde no pueden sacarla. **2** Contener o incluir una cosa dentro de otra.

encerrona f. Situación en la que se coloca a una persona para engañarla.

encestar tr. Meter la pelota de baloncesto en la canasta y obtener un tanto.

encharcar tr. **1** Cubrir de agua un terreno formando charcos. **2** Llenar de sangre u otro líquido un órgano del cuerpo.

enchilada f. Torta de maíz plana, doblada, rellena y condimentada con chile.

enchinchar tr. **1** GUAT, MÉX Molestar o fastidiar a una persona. ◆ prnl. **2** *Fam.* AMÉR Enojarse con facilidad.

enchironar tr. *Fam.* Encarcelar.

enchufar tr. **1** Conectar por medio de un enchufe. **2** Unir dos tubos. **3** Dirigir un chorro de agua o luz hacia un punto. **4** *Fam.* Colocar en un cargo o empleo a una persona por medio de influencias.

enchufe m. **1** Pieza que sirve para conectar un aparato a la red eléctrica. **2** *Fam.* Relación personal o influencia que sirve para obtener un empleo o cargo.

enchumbar tr. AMÉR Empapar de agua.
encía f. Carne que cubre interiormente las mandíbulas y protege la raíz de los dientes.
encíclica f. Carta escrita por el Papa o por un obispo sobre doctrina cristiana.
enciclopedia f. Obra en que se expone un conjunto de conocimientos.
encierro m. **1** Acción de encerrar o encerrarse. **2** Fiesta popular que consiste en conducir los toros a la plaza a través de un recorrido por las calles.
encima adv. **1** En un lugar superior o más alto que otra cosa. **2** En una posición, cargo o nivel superior. **3** Consigo. **4** Por si fuera poco, además.
encimera f. **1** ESP Pieza superior de un mueble, paralela a la base. **2** ESP Placa o fogón con los fuegos para cocinar.
encina f. **1** Árbol o arbusto de tronco fuerte y grueso cuyo fruto es la bellota. **2** Madera de este árbol.
encinta adj. Embarazada.
enclaustrar tr. **1** Encerrar a una persona en un convento. ◆ prnl. **2** Encerrarse para poder concentrarse.
enclavarse prnl. Estar enclavado.
enclave m. **1** Territorio de un estado situado dentro de otro. **2** Grupo étnico, político o ideológico inserto dentro de otro.
enclenque adj./m. y f. Muy débil.
encofrado m. Armazón en que se echa el cemento u hormigón para que tome forma.
encoger intr./prnl. **1** Disminuir de tamaño. ◆ tr. **2** Hacer que una cosa disminuya de tamaño. **3** Contraer. **4** Causar miedo.
encolar tr. Pegar con cola.
encolerizar tr. Enfadar mucho.
encomendar tr. **1** Pedir a alguien que se encargue de realizar un trabajo o una labor. ◆ prnl. **2** Ponerse bajo la protección de una autoridad superior.
encomiar tr. Alabar mucho.
encomienda f. **1** Cosa que se encarga o manda hacer. **2** Institución por la que se regulaban las relaciones con los indígenas americanos. **3** AMÉR SUR Paquete postal.
enconar tr. Hacer que un sentimiento de odio o rechazo se intensifique.
encono m. Sentimiento de odio o enemistad muy arraigado.
encontrado, a adj. Opuesto o contrario.
encontrar tr. **1** Conseguir ver o saber dónde está una cosa o persona que se quería obtener o recuperar. ◆ tr./prnl. **2** Coincidir con una persona en un lugar casualmente o toparse con una cosa sin haber hecho nada para ello. ◆ prnl. **3** Citarse. **4** Estar en un lugar determinado.

encontronazo m. **1** Choque violento. **2** Enfrentamiento o discusión violentos.
encorajinar tr. Encolerizar o hacer enfadar.
encorsetar tr. Limitar la libertad o someter una cosa a unas normas demasiado rígidas.
encorvar tr. Dar forma curva.
encrespar tr. **1** Rizar el cabello. **2** Erizar o levantar el pelo, el plumaje, las olas, etc.
encriptar tr. En informática, convertir un texto normal en un texto codificado.
encrucijada f. **1** Lugar en el que se cruzan dos o más calles o caminos. **2** Problema o situación de los que es difícil salir.
encuadernar tr. Coser o pegar las hojas que forman un libro y ponerles cubierta o tapas.
encuadrar tr. **1** Encerrar una cosa en un cuadro, entorno o límites. **2** Encajar dentro del campo visual del objetivo de una cámara.
encubrir tr. **1** Ocultar una cosa negativa. **2** Impedir que se descubra un delito cometido.
encuentro m. **1** Acción de encontrarse dos o más personas en un lugar o una persona con una cosa. **2** Coincidencia de dos o más cosas en un punto. **3** Competición deportiva.
encuesta f. Serie de preguntas recogidas en un cuestionario.
encumbrar tr. Colocar a una persona en una posición o puesto elevados.
encurtido m. Verdura, fruto o legumbre que se conserva en vinagre.
ende ◇ **por ~** *Formal.* Por tanto, por consiguiente.
endeble adj. Muy débil, de poca fuerza o resistencia.
endecasílabo, a adj./m. Se dice del verso que tiene once sílabas.
endecha f. **1** Estrofa formada por cuatro versos de arte menor. **2** Romance de versos heptasílabos y rima asonante en los pares.
endémico, a adj. Que se desarrolla habitualmente en cierta región o que está muy extendido.
endemoniado, a adj./s. **1** Poseído por el demonio. ◆ **adj. 2** Muy difícil de entender, resolver o dominar.
enderezar tr. **1** Poner derecho o recto lo que está inclinado o torcido. **2** Arreglar o corregir.
endeudar tr. Hacer que una persona contraiga deudas.
endiablado, a adj. Muy difícil de entender.
endibia o **endivia** f. Hortaliza parecida a la lechuga, de hojas blanquecinas.
endilgar tr. *Fam.* Endosar un trabajo.
endiñar tr. *Fam.* Atizar un golpe.
endiosar tr. **1** Elevar a una persona a la categoría de dios. ◆ **prnl. 2** Envanecerse.
endocarpio o **endocarpo** m.

Capa interna de las tres que forman el hueso de un fruto.

endocrino, a adj. **1** Se dice de la glándula que produce hormonas que van a parar directamente a la sangre. **2** Relativo a las hormonas. ◆ s. **3** Endocrinólogo.

endogamia f. **1** Costumbre u obligación de contraer matrimonio con personas de la misma casta, aldea, tribu u otro grupo social. **2** Cruce entre individuos emparentados genéticamente.

endógeno, a adj. **1** Que se forma o nace en el interior. **2** Que se origina por causas internas.

endosar tr. **1** Pasar a otra persona un trabajo o una responsabilidad. **2** Ceder un documento de crédito a favor de otra persona.

endoscopio m. Aparato óptico en forma de tubo para explorar el organismo.

endosfera f. Núcleo o capa central del globo terrestre.

endospermo m. Tejido del embrión de las plantas fanerógamas que le sirve de alimento.

endrina f. Fruto del endrino.

endrino m. Arbusto de ramas con espinas y flores blancas, cuyo fruto es la endrina.

endulzar tr. **1** Poner dulce o más dulce algo. **2** Hacer dulce o agradable una cosa.

endurecer tr. **1** Poner duro o más duro. **2** Hacer más fuerte. **3** Hacer más severa una cosa.

ene f. Nombre de la letra **n**.

enea f. **1** Planta de tallos altos y cilíndricos, con las hojas largas y las flores en forma de espiga. **2** Hoja seca de esta planta, que se usa para tejer asientos y otros objetos.

eneágono, a m. Figura geométrica de nueve lados.

enebro m. **1** Arbusto de la familia del ciprés cuyo fruto es la enebrina. **2** Madera de este arbusto.

enema m. Líquido que se introduce en el cuerpo a través del recto como tratamiento.

enemigo, a s./adj. **1** Persona o grupo de personas contra el que se lucha. **2** Persona que odia. ◆ s. **3** Persona que está en contra de algo. ◆ adj. **4** Relativo al enemigo.

enemistar tr. Hacer que dos o más personas se vuelvan enemigas o pierdan su amistad.

eneolítico, a adj./m. **1** Se dice del período prehistórico que es el primero de la Edad de los Metales. ◆ adj. **2** Relativo a este período.

energético, a adj. **1** Relativo a la energía (fuerza). **2** Que produce energía (fuerza).

energía f. **1** Capacidad que tiene un cuerpo o un sistema para realizar un trabajo o producir un cambio o una transformación. **2** Capacidad y fuerza de una persona para actuar.

energúmeno, a s./adj. Persona furiosa.

enero m. Primer mes del año.

enervar tr. **1** Restar fuerza a un argumento o razonamiento. **2** Poner nervioso.

enésimo, a adj. **1** Que se ha repetido un número elevado pero indeterminado de veces. **2** Que ocupa un lugar indeterminado en una serie.

enfadar tr./prnl. **1** Causar enfado. **2** Romper dos o más personas la buena relación que existía.

enfado m. Sentimiento del que se enfada.

énfasis m. **1** Fuerza en la expresión o en la entonación. **2** Importancia o relieve.

enfermedad f. **1** Alteración más o menos grave de la salud de un ser vivo. **2** Cosa que afecta o daña gravemente.

enfermero, a s. Persona que se dedica al cuidado de enfermos y ayuda al médico.

enfermizo, a adj. **1** Que enferma con frecuencia. **2** Propio de las personas enfermas.

enfermo, a adj./s. **1** Que padece una enfermedad. ◆ adj. **2** *Fam.* Que se altera.

enfervorizar tr. Provocar fervor.

enfilar tr./intr. **1** Comenzar a recorrer un camino. ◆ tr. **2** *Fam.* Coger manía.

enfocar tr. **1** Ajustar un mecanismo óptico para hacer que una imagen se vea con nitidez. **2** Dirigir el objetivo de una cámara o un foco de luz hacia un lugar.

enfrascarse prnl. Dedicarse con el mayor esfuerzo y atención al desarrollo de una actividad.

enfrentar tr. **1** Poner a dos personas en una posición opuesta o contraria, compitiendo. **2** Poner frente a frente cosas o personas. ◆ tr./prnl. **3** Hacer frente a un problema.

enfrente adv. **1** En la parte opuesta o delante de algo. **2** En contra.

enfriar tr. **1** Hacer que disminuya la temperatura de un cuerpo. **2** Hacer que disminuya la intensidad de un fenómeno. ◆ prnl. **3** Contraer un resfriado ligero.

enfundar tr. **1** Guardar una cosa dentro de su funda. **2** Poner una prenda de vestir.

enfurecer tr. **1** Poner furioso. ◆ prnl. **2** Agitarse o alborotarse.

enfurruñarse prnl. *Fam.* Coger un pequeño enfado por un motivo poco importante.

engalanar tr. Poner adornado y guarnecido un lugar, como una calle o casa.

enganchar tr./prnl. **1** Sujetar, unir o colgar de un gancho o de otra cosa parecida. ◆ tr./intr. **2** Sujetar uno o varios animales a un vehículo o instrumento para que tiren de él. ◆ tr. **3** Conseguir una cosa atraer el interés de una persona. ◆ prnl. **4** *Fam.* Llegar a tener una relación de adicción hacia una droga.

enganche m. **1** Sujeción o unión. **2** Conjunto de caballerías que tiran de un vehículo.

engañabobos m. *Desp.* Cosa que sirve para engañar a las personas ingenuas.

engañar tr. **1** Hacer creer a una persona una cosa que en realidad es mentira. **2** Mantener relaciones sexuales con una persona distinta de la pareja. ◆ intr. **3** Causar una impresión equivocada en los sentidos.

engaño m. **1** Acción de engañar. **2** Cosa que engaña.

engarzar tr. **1** Unir una cosa con otra formando una cadena. **2** Unir varias cosas entre sí. ◆ prnl. **3** AMÉR Enzarzarse.

engastar tr. Encajar firmemente una cosa en un soporte o sobre una superficie.

engatusar tr. Ganar la voluntad y la confianza de una persona mediante halagos.

engendrar tr. **1** Dar existencia a un nuevo ser por medio de la fecundación. **2** Producir o ser el origen.

engendro m. *Desp.* Ser vivo con un aspecto físico anormal y deforme.

englobar tr. Incluir o contener.

engolado, a adj. Se dice de la voz, la articulación o el acento que tiene resonancia en el fondo de la cavidad bucal o en la garganta.

engominar tr. Dar gomina al cabello.

engordar intr. **1** Aumentar de peso una persona o animal. ◆ tr./intr. **2** Aportar un alimento el exceso de grasas que hacen que una persona se ponga gorda.

engorro m. Cosa que resulta fastidiosa o molesta, que es un impedimento o una dificultad.

engranaje m. **1** Conjunto de ruedas dentadas y otras piezas que encajan entre sí. **2** Unión de varias ideas, palabras, etc.

engranar tr./intr. **1** Ajustar o ajustarse las ruedas dentadas de un mecanismo. **2** Unir varias ideas, palabras, pensamientos, etc.

engrandecer tr. **1** Dar mayor valor o grandeza. **2** Hacer grande o más grande.

engrasar tr. Aplicar grasa a una superficie para reducir el rozamiento.

engreído, a adj./s. Que muestra orgullo excesivo por sus cualidades.

engreír tr. **1** Hacer que una persona se vuelva engreída. **2** AMÉR Encariñar. **3** AMÉR SUR, COL, CUBA, MÉX, P RICO, R DOM Mimar. ◆ prnl. **4** Volverse engreído.

engrosar tr. **1** Aumentar el número o la cantidad de una cosa. **2** Hacer más gruesa o aumentar el volumen de una cosa.

engrudo m. Masa espesa y pegajosa hecha de harina o almidón cocidos en agua.

engullir tr. Tragar la comida con precipitación y casi sin masticar.

enharinar tr. **1** Rebozar un alimento con harina. **2** Cubrir o manchar de harina.
enhebrar tr. **1** Pasar un hilo a través del ojo de una aguja u otro objeto. **2** Unir palabras o frases.
enhiesto, a adj. *Formal.* Que está levantado en alto o derecho.
enhorabuena f. **1** Acción de felicitar. ◆ interj. **2** Se emplea para felicitar.
enigma m. **1** Frase o pregunta de significado oculto. **2** Cosa incomprensible.
enjabonar tr. Dar jabón y agua.
enjambre m. **1** Conjunto numeroso de abejas y otros insectos que vuelan en grupo. **2** Conjunto numeroso de personas.
enjaular tr. **1** Meter o encerrar a un animal en una jaula. **2** *Fam.* Encarcelar.
enjuagar tr. **1** Lavar con agua una cosa manchada o enjabonada. ◆ prnl. **2** Limpiarse los dientes o la boca con agua u otro líquido que luego se escupe.
enjugar tr. **1** Eliminar la humedad o el líquido de una cosa. **2** Hacer disminuir o eliminar una deuda.
enjuiciar tr. **1** Elaborar un juicio. **2** Someter a juicio.
enjundia f. Riqueza, importancia e interés.
enjuto, a adj. Flaco o seco.
enlace m. **1** Unión de varias ideas, palabras, etc. **2** Cosa que sirve para enlazar. **3** Unión matrimonial. **4** Texto o imagen sobre los cuales podemos pulsar para acceder a un documento de hipertexto.
enlatar tr. Meter un producto en una lata.
enlazar tr. **1** Unir varias cosas, ideas, palabras, etc. **2** Unir o atar con un lazo. ◆ intr. **3** Unirse dos medios de transporte.
enlodar tr. Cubrir o manchar de lodo.
enloquecer tr./intr. Volver o volverse loco.
enlosado m. Suelo cubierto con losas.
enlucir tr. **1** Cubrir con yeso, cemento, etc. **2** Limpiar y sacar brillo.
enlutar tr. Vestir de luto a una persona o cosa.
enmadrarse prnl. Encariñarse demasiado el hijo con la madre.
enmarañar tr. **1** Entrelazar de manera desordenada. **2** Complicar y dificultar.
enmarcar tr. **1** Poner un marco. **2** Encerrar una cosa en un entorno o límites determinados.
enmascarar tr. **1** Cubrir la cara con una máscara o un antifaz. **2** Ocultar o encubrir.
enmendar tr./prnl. **1** Corregir. ◆ tr. **2** Modificar una ley u otro texto legal.
enmienda f. **1** Corrección de un error o defecto. **2** Propuesta que se hace para enmendar una ley u otro texto legal.
enmohecer tr. **1** Cubrir de mo-

ho. **2** Dejar una cosa inútil o en desuso.

enmoquetar tr. ESP Cubrir con moqueta.

enmudecer intr. **1** Dejar de hablar. **2** Dejar de hacer ruido. ◆ tr. **3** Hacer callar.

ennegrecer tr. Poner oscuro o negro.

ennoblecer tr. **1** Hacer noble, honrado y bueno. **2** Dar mayor valor o grandeza.

enojar tr. Causar enojo.

enojo m. Enfado.

enología f. Conjunto de conocimientos relativos al vino.

enorgullecer tr. Hacer que una persona sienta orgullo por una cosa.

enorme adj. **1** Muy grande. **2** *Fam.* Que sobresale por sus excepcionales características.

enormidad f. Cualidad de enorme.

enquistarse prnl. **1** Desarrollar un quiste. **2** Convertirse en crónico un problema.

enraizar intr./prnl. **1** Echar raíces una planta. ◆ tr./intr. **2** Hacer o hacerse firme un sentimiento o costumbre. ◆ prnl. **3** Establecerse.

enrarecer tr. **1** Dilatar un gas haciéndolo menos denso. **2** Contaminar el aire.

enredadera adj./f. Se dice de la planta que crece sujetándose o apoyándose en muros, troncos, etc.

enredar tr. **1** Entrelazar de manera desordenada. **2** Complicar y dificultar un asunto. ◆ intr. **3** Molestar. ◆ prnl. **4** Equivocarse.

enredo m. **1** Conjunto de cosas enredadas. **2** Engaño o mentira. **3** Asunto o negocio poco lícito o ilegal. **4** Relación amorosa o sexual pasajera.

enrejado m. Reja.

enrevesado, a adj. Que tiene un contenido o unos rasgos confusos, poco claros.

enriquecer tr. **1** Hacer rico o más rico. **2** Dotar de mayor calidad o valor.

enrojecer tr. **1** Poner una cosa de color rojo o rojizo. ◆ intr. **2** Ponerse colorado el rostro.

enrolar tr. **1** Inscribir a una persona en una tripulación. **2** Inscribir a una persona en una sociedad, empresa, etc.

enrollar tr. **1** Dar a una cosa flexible forma de rollo o rosca. ◆ prnl. **2** *Fam.* ESP Extenderse demasiado al hablar o al escribir. **3** *Fam.* ESP Tener una relación amorosa o sexual pasajera.

enroque m. Jugada en que se enroca.

enroscar tr. **1** Dar a una cosa flexible y larga forma de rosca. **2** Ajustar una pieza con rosca dentro de otra.

ensaimada f. Bollo redondo y aplanado formado por una tira de pasta enroscada.

ensalada f. **1** Comida fría que se hace mezclando diversas hortalizas crudas. **2** Mezcla confusa de muchas cosas distintas. **3** Composición lírica.

ensaladilla f. Comida fría que se hace con patatas y hortalizas hervidas, huevo duro y atún.

ensalmo m. Rezo o medicina a los que se atribuyen poderes mágicos para sanar a los enfermos.

ensalzar tr. Elogiar mucho.

ensamblar tr. **1** Unir dos piezas que forman parte de una estructura. **2** Unir varias cosas que forman parte de una cosa compleja y organizada.

ensanchar tr. **1** Aumentar la anchura de una cosa. **2** Dotar una cosa de mayores posibilidades de desarrollo y progreso.

ensanche m. **1** Ensanchamiento. **2** Terreno situado en las afueras de una ciudad y destinado a nuevas edificaciones.

ensangrentar tr. Manchar de sangre.

ensañarse prnl. Atacar con saña.

ensartar tr. **1** Pasar un hilo a través del agujero de un objeto. **2** Atravesar un cuerpo con un objeto alargado acabado en punta. **3** Unir palabras o frases. ◆ **prnl. 4** ARG, BOL, PERÚ Caer en un engaño.

ensayar tr. **1** Ejecutar partes o la totalidad de un espectáculo musical o teatral para prepararlo y dejarlo listo para su ejecución en público. **2** Realizar varias veces un mismo acto o conjunto de actos de una actividad para perfeccionar su ejecución. **3** Probar una cosa antes de darla por buena.

ensayo m. **1** Ejecución de un espectáculo para dejarlo listo para ejecutarlo en público. **2** Realización de un mismo acto para perfeccionar su ejecución. **3** Prueba o análisis. **4** Obra literaria de carácter didáctico. **5** Ensayismo. **6** Jugada del rugby.

enseguida o **en seguida** adv. **1** Inmediatamente después. **2** Muy pronto. **3** Con gran facilidad.

ensenada f. Entrada de mar en la tierra.

enseña f. Objeto, señal o distintivo.

enseñanza f. **1** Acción y efecto de enseñar. **2** Cosa que se enseña.

enseñar tr. **1** Comunicar conocimientos, habilidades, etc. a una persona para que las comprenda. **2** Mostrar. ◆ **intr. 3** Dar clases.

enser m. Objeto, como una herramienta, un utensilio, un aparato, etc.

ensillar tr. Poner la silla a una caballería.

ensimismarse prnl. **1** Poner toda la atención en lo que se hace o piensa hasta llegar a aislarse de lo demás. **2** COL, CH Envanecerse.

ensombrecer tr. **1** Cubrir de sombras. **2** Causar pena o tristeza.

ensoñación f. Ensueño.

ensordecer tr./intr. **1** Hacer perder el sentido del oído; dejar sordo. ◆ **tr. 2** Impedir un sonido o ruido muy intenso que una persona oiga otra cosa.

ensortijado, a adj. Que tiene rizos.

ensuciar tr. **1** Poner sucio. **2** Dañar la dignidad de una persona o de una cosa.

ensueño m. **1** Imagen mental irreal fruto de la imaginación. **2** Cosa que se sueña.

entablamento m. Conjunto de molduras que forman el elemento arquitectónico que descansa sobre los capiteles de las columnas y sostiene el frontón y el techo del edificio.

entablar tr. **1** Cubrir, cerrar o asegurar con tablas. ◆ **intr. 2** AMÉR Empatar, hacer tablas. **3** PERÚ Fanfarronear. ◆ **prnl. 4** GUAT, MÉX Establecerse, afirmarse una cosa.

entablillar tr. Inmovilizar la extremidad de una persona o animal colocándola entre tablas.

entarimado m. Suelo de tablas de madera.

ente m. **1** Cosa o ser con existencia real o imaginaria. **2** Organismo, institución o empresa.

entelequia f. Cosa irreal.

entendederas f.pl. *Fam.* Entendimiento.

entender tr. **1** Tener idea clara del sentido de las cosas. **2** Conocer a una persona y el modo en que hay que tratarla. **3** Tener conocimientos sobre algo. ◆ **prnl. 4** Llevarse bien con una persona.

entendido, a adj./s. **1** Que tiene conocimientos de una rama determinada de la ciencia, la técnica o el arte. ◆ **interj. 2** Indica que algo se ha comprendido.

entendimiento m. **1** Capacidad de aprender, comprender, juzgar y tomar decisiones. **2** Relación amistosa. **3** Acuerdo.

entente f. Entendimiento, relación amistosa.

enterado, a adj./s. **1** *Fam.* ESP Que se cree más listo y con más conocimientos que los demás. **2** Que conoce bien una materia. **3** CH Orgulloso, estirado.

enterar tr. **1** Informar a una persona acerca de algo. **2** AMÉR Entregar dinero. **3** ARG, BOL, CH, PERÚ Completar una cantidad. ◆ **prnl. 4** Darse cuenta de algo. **5** Entender con claridad. **6** Informarse.

entereza f. **1** Capacidad de una persona para afrontar problemas con serenidad. **2** Fortaleza para mantener las propias ideas.

enternecer tr. Producir ternura.

entero, a adj. **1** Que está completo. **2** Que muestra entereza. **3** Que muestra buenas condiciones físicas. **4** Se dice del número que está formado solo por una o varias unidades completas. **5** AMÉR Entrega de dinero.

enterrar tr. **1** Depositar el cadáver de una persona en una fosa o en un nicho y cerrarlos con tierra o una lápida o losa. **2** Sobrevivir a alguien. **3** Poner bajo tierra. **4** Hacer desaparecer una cosa debajo de otra u otras. **5** Olvidar de manera definitiva una cosa para no volver a pensar en ella. **6** AMÉR Clavar.

entibar tr. Apuntalar con maderos o armazones metálicos una excavación, pozo o mina.

entidad f. **1** Valor o importancia de una cosa. **2** Asociación o empresa. **3** Ente o ser.

entierro m. **1** Acción de enterrar. **2** Conjunto de personas que acompañan el cadáver de una persona cuando lo llevan a enterrar.

entoldado m. **1** Conjunto de toldos. **2** Lugar cubierto por este conjunto de toldos.

entomología f. Estudio de los insectos.

entonar tr./intr. **1** Cantar o hablar con el tono adecuado. ◆ tr. **2** Devolver al cuerpo la buena forma.

entonces adv. **1** En aquel tiempo o en aquella ocasión. **2** En ese momento o instante. **3** En tal caso, siendo así.

entornar tr. **1** Cerrar parcialmente una puerta, una ventana o los ojos. **2** Desviar de la posición vertical u horizontal que ocupa una cosa.

entorno m. Conjunto de circunstancias que rodean a una persona o cosa.

entorpecer tr. **1** Poner los medios que impiden el desarrollo normal de una actividad o proceso. **2** Hacer perder agilidad, destreza o facilidad para hacer una cosa.

entrada f. **1** Paso de un sitio a otro. **2** Espacio por donde se entra a un lugar. **3** Billete pequeño de papel impreso que se compra y da derecho a entrar en un lugar. **4** Cantidad de dinero que se adelanta al comprar una cosa. **5** Parte frontal superior de la cabeza en la que ya se ha caído el pelo.

entradilla f. Primer párrafo de una noticia, en que se resume lo esencial de su contenido.

entramado m. **1** Conjunto de cosas relacionadas entre sí. **2** Conjunto de tiras entrecruzadas.

entrambos, as det./pron. *Formal.* Ambos.

entrante adj. **1** Se dice del período que está inmediatamente próximo en el futuro. ◆ m. **2** Plato de los que componen un almuerzo o cena que se come al inicio de la comida.

entraña f. Conjunto de los órgano contenidos en el interior del tronco del ser humano o del animal.

entrañable adj. Muy íntimo y afectuoso.

entrañar tr. **1** Tener como resultado o producir como consecuencia directa alguna cosa problemática o negativa. ◆ prnl. **2** Unirse íntimamente a una persona.

entrar intr. **1** Ir o pasar de un sitio a otro. **2** Penetrar. **3** Tener una cosa el tamaño necesario para poder colocarse o ajustarse alrededor de otra. ◆ tr. **4** Empezar a tener una sensación.

entre prep. **1** Indica situación o estado intermedio de dos o más personas o cosas. **2** Indica situación o estado en un período del que se señalan el principio y el fin. **3** Indica una calidad o estado intermedio. **4** Indica participación o colaboración. **5** Indica pertenencia.

entreabrir tr. Abrir una cosa un poco.

entreacto m. Intermedio de un espectáculo.

entrecejo m. Espacio que separa las dos cejas.

entrecerrar tr. Cerrar una cosa un poco.

entrecomillar tr. Escribir una palabra, frase o texto entre comillas.

entrecortado, a adj. Se dice del sonido que se emite con interrupciones muy breves.

entrecortar tr. Hacer entrecortado algo.

entrecot m. Filete grueso de carne.

entredicho m. **1** Duda sobre la honradez, veracidad o posibilidades de futuro de una persona o de una cosa. **2** Censura eclesiástica que prohíbe ciertas prácticas religiosas.

entrega f. **1** Acción y efecto de entregar o entregarse. **2** Publicación de una parte de un relato o de un libro completo que tiene una estrecha relación con otras partes u otras obras ya publicadas.

entregar tr. **1** Dar. ◆ prnl. **2** Dedicarse con gran esfuerzo a una cosa. **3** Dejarse dominar. **4** Rendirse.

entreguerras ◇ **de ~** Se dice del período de paz comprendido entre dos guerras consecutivas.

entrelazar tr. **1** Unir o atar una cosa con otra cruzándolas entre sí. **2** Relacionar dos o más cosas entre sí para formar un conjunto.

entremedias adv. Entre dos lugares, cosas o períodos.

entremés m. **1** Conjunto de alimentos ligeros que se toman antes del primer plato.

entremeter tr. **1** Doblar o meter hacia adentro una parte saliente de una tela o un papel. **2** Meter una cosa entre otras. ◆ prnl. **3** Entrometerse.

entrenar tr. Preparar o adiestrar a personas o animales para perfeccionar el desarrollo de una actividad o deporte.

entrepierna f. **1** Parte interior de los muslos próxima a las ingles. **2** Zona de una prenda de vestir que corresponde a esta parte del cuerpo. **3** Órganos genitales. **4** CH Taparrabos, traje de baño.

entresacar tr. Sacar una cosa que está colocada entre otras.

entresijo m. **1** Aspecto o característica poco conocida u oculta de una persona o cosa.

entresuelo m. **1** ESP Piso de un edificio situado entre el bajo y el principal. **2** ESP Piso bajo situado sobre el sótano que se levanta más de un metro sobre la calle. **3** ESP Planta de un cine o teatro situada sobre el patio de butacas.

entretanto o **entre tanto** adv. En el mismo período durante el que ocurre una cosa.

entretejer tr. **1** Mezclar hilos de texturas o colores diferentes para componer adornos en un tejido. **2** Relacionar dos o más cosas entre sí.

entretela f. **1** Tejido de algodón que se coloca entre la tela y el forro de las prendas de vestir para darles forma. ◆ f.pl. **2** *Fam.* Conjunto de circunstancias o sentimientos más ocultos e íntimos.

entretener tr. **1** Hacer pasar el tiempo de manera agradable. **2** Hacer perder el tiempo impidiendo la realización o continuación de una acción. **3** Hacer menos molesta o más agradable una cosa.

entretiempo m. Período de la primavera o del otoño que tiene temperatura suave.

entrever tr. **1** Ver con poca claridad por causa de algún obstáculo o de la distancia. **2** Sospechar, intuir o tener la esperanza de que una cosa puede suceder en el futuro.

entreverar tr. Colocar una cosa entre otras de distinta clase o naturaleza.

entrevista f. **1** Reunión mantenida por dos o más personas para tratar de un asunto. **2** Conversación que mantiene un periodista con otra persona que contesta una serie de preguntas.

entristecer tr./prnl. Causar pena o tristeza.

entrometerse prnl. Meterse una persona en un asunto que no le incumbe.

entromparse prnl. **1** *Fam.* Emborracharse. **2** AMÉR Enfadarse.

entroncar intr. **1** Tener o contraer una relación de parentesco con una familia o linaje. ◆ tr./intr. **2** Tener o contraer una relación de correspondencia o dependencia entre dos o más cosas, personas o ideas.

entronizar tr. **1** Sentar en un trono como símbolo de poder y autoridad. **2** Conceder a una persona el máximo cargo o dignidad.

entuerto m. Perjuicio o daño que se causa.

entumecer tr. Dejar sin flexibilidad o movimiento una parte del cuerpo.

enturbiar tr. **1** Quitar claridad o transparencia a un líquido poniéndolo turbio. **2** Hacer perder el orden, la costumbre o la tranquilidad.

entusiasmo m. **1** Estado de ánimo del que se siente muy alegre y excitado. **2** Atención y esfuerzo. **3** Adhesión fervorosa.

enumerar tr. Exponer de manera sucesiva y ordenada las partes que forman un conjunto.

enunciado m. **1** Conjunto de datos o elementos que forman parte de una pregunta o problema. **2**

Unidad mínima de comunicación con sentido completo.

enunciar tr. **1** Expresar con palabras una idea de manera breve y sencilla. **2** Expresar los datos o elementos que forman parte de una pregunta o problema.

envainar tr. Guardar en la vaina.

envalentonar tr. **1** Hacer que otra u otras personas se crean con fuerzas o ánimos suficientes para emprender una acción peligrosa o arriesgada. ◆ prnl. **2** Mostrarse valiente y desafiante.

envanecer tr./prnl. Hacer que una persona adquiera un sentimiento de orgullo o superioridad frente a los demás.

envarado, a adj./s. **1** Que se comporta de un modo soberbio y poco natural. ◆ m. **2** PERÚ Autoridad de las comunidades indígenas que ejerce funciones municipales.

envasar tr. Meter un producto en un envase.

envase m. Recipiente en el que se coloca un producto para facilitar su conservación.

envejecer tr./prnl. **1** Hacer vieja a una persona o cosa. ◆ tr. **2** Conservar el vino o el licor en toneles, barricas u otros recipientes.

envenenar tr. **1** Intoxicar o matar a un ser vivo con un veneno. **2** Poner veneno en una cosa. **3** Estropear las relaciones entre dos o más personas.

envergadura f. Tamaño o volumen de una persona o animal.

envés m. Cara posterior de una cosa plana y delgada.

enviar tr. **1** Hacer ir a una persona a un lugar. **2** Hacer llegar una cosa a un lugar.

enviciar tr./prnl. Hacer que una persona caiga en un vicio.

envidia f. **1** Sentimiento de tristeza o irritación producido en una persona por el deseo de la felicidad o alguna cosa de otra persona. **2** Deseo de algo que no se posee.

envilecer tr./prnl. Hacer que una persona se comporte de una manera vil y malvada.

envite m. **1** En algunos juegos de cartas, como el mus, apuesta que permite ganar tantos extraordinarios. **2** Empujón. **3** Provocación o incitación.

enviudar intr. Perder una persona a su pareja.

envoltorio m. **1** Material que sirve para envolver un objeto o un producto. **2** Objeto o producto envuelto en este material.

envoltura f. **1** Envoltorio (material). **2** Capa exterior que rodea o envuelve a una cosa.

envolver tr. **1** Cubrir una cosa rodeándola total o parcialmente. **2** Hacer que una persona participe en un negocio o asunto.

enyesar tr. **1** Cubrir una superficie o tapar un agujero con yeso. **2** Inmovilizar una parte del cuerpo envolviéndola en yeso o escayola.

enzarzar tr./prnl. **1** Enredar a dos o más personas en una disputa. **2** Poner zarzas o cubrir con ellas una cosa.

enzima m. o f. Proteína compleja sintetizada por las células vivas del organismo, que cataliza reacciones químicas del metabolismo.

eñe f. Nombre de la letra ñ.

eólico, a adj. **1** Relativo al viento. **2** Relativo a Eolia. ◆ m. **3** Grupo de dialectos de la lengua griega.

épica f. Subgénero literario que narra las hazañas de héroes legendarios o históricos o de un pueblo.

epicarpio o **epicarpo** m. Capa más externa de las tres que forman el hueso de un fruto.

epiceno adj./m. Se dice del género de un sustantivo que señala la diferencia de sexo mediante la oposición macho/hembra.

epicentro m. Punto de la superficie de la Tierra bajo el cual tiene origen un terremoto.

épico, a adj. **1** Relativo a la épica. ◆ adj. **2** Que causa admiración por su gran valentía.

epicúreo, a adj. Relativo a Epicuro.

epidemia f. **1** Enfermedad infecciosa que ataca a un gran número de personas del mismo lugar y durante un mismo período. **2** Daño o desgracia que está muy extendida.

epidermis f. **1** Capa más exterior de la piel de los vertebrados y de los invertebrados. **2** Capa continua de células que recubre el cuerpo de algunos vegetales.

epidural adj. **1** Que está situado encima o por fuera de la duramadre. ◆ adj./f. **2** Se dice del método anestésico que se aplica en el espacio epidural de la columna vertebral.

epifanía f. Fiesta de la religión católica en que se celebra la adoración de los Reyes Magos al niño Jesús.

epífisis f. **1** Pequeña glándula situada en el encéfalo. **2** Parte final de los huesos largos.

epiglotis f. Cartílago en forma de lengüeta situado sobre la laringe.

epígono m. Persona que continúa unas tendencias artísticas o científicas anteriores.

epígrafe m. **1** Título que aparece al comienzo de un escrito, o de cada una de sus partes. **2** Resumen breve que aparece al comienzo de un escrito. **3** Texto breve grabado.

epigrama m. **1** Texto breve grabado. **2** Poema breve e ingenioso.

epilepsia f. Enfermedad que provoca convulsiones violentas y pérdida del conocimiento.

epílogo m. **1** Parte última de una obra en la que se resume o resuelve la acción. **2** Conjunto de circunstancias que permanecen después de un proceso.

episcopal adj. Relativo al obispo.

episodio m. **1** Acción secundaria de la principal en un relato. **2** Capítulo de una serie de televisión o de radio. **3** Hecho o acontecimiento.

epistemología f. Estudio de los métodos y fundamentos del conocimiento científico.

epístola f. **1** *Formal.* Carta. **2** Composición literaria en forma de carta.

epitafio m. Texto dedicado a un difunto.

epitelio m. Tejido que recubre y protege las superficies internas y externas del cuerpo.

epíteto m. **1** Adjetivo calificativo que expresa una cualidad característica del nombre al que acompaña. **2** Adjetivo calificativo usado para emitir un juicio injurioso o insultante.

época f. Período o temporada larga.

epónimo, a adj. Que tiene un nombre propio que es tomado para designar algo.

epopeya f. **1** Poema del género épico, de gran extensión. **2** Acción o hecho que causa admiración por su gran valentía, heroísmo y esfuerzo.

épsilon f. Nombre de la quinta letra del alfabeto griego (Ε/ε).

equidad f. Igualdad o justicia en el reparto de una cosa entre varios.

equidistar intr. Estar dos o más puntos o cosas a la misma distancia de otra u otras cosas.

équido, a adj./m. Se dice del mamífero herbívoro, de patas largas adaptadas a la carrera, terminadas en pezuñas.

equilátero, a adj. Se dice de la figura geométrica que tiene los tres lados de igual longitud.

equilibrar tr. **1** Ajustar una cosa de modo que se igualen las fuerzas a las que está sometida. **2** Hacer que una cosa permanezca estable.

equilibrio m. **1** Estado de un cuerpo sometido a una serie de fuerzas que se contrarrestan entre sí. **2** Situación de un cuerpo que ocupa una posición en el espacio sin caerse. **3** Proporción y armonía.

equilibrista adj./m. y f. Que se dedica al equilibrismo.

equino, a adj. **1** Relativo al caballo. **2** Relativo a los équidos. ◆ m. **3** Animal doméstico que sirve para montar o para transportar cosas.

equinoccio m. Momento del año en que el Sol parece pasar sobre el ecuador y en que el día y la noche duran lo mismo.

equinodermo adj./m. Se dice del animal marino invertebrado con la piel gruesa dotada de placas y espinas calcáreas.

equipaje m. Conjunto de ropas y objetos de uso personal que una persona lleva consigo cuando viaja.

equipar tr. Proporcionar el equipo necesario para desarrollar una actividad o trabajo.

equiparar tr. Considerar dos o más cosas o personas como equivalentes al compararlas.

equipo m. **1** Conjunto de objetos y prendas necesarias para desarrollar una actividad o trabajo. **2** Conjunto de personas organizado para realizar una actividad o trabajo.

equis f. **1** Nombre de la letra x. **2** COL, PERÚ, URUG Serpiente venenosa.

equitación f. Técnica, actividad o deporte de montar a caballo.

equitativo, a adj. Justo e imparcial.

equivalente adj./m. y f. Que mantiene una relación de equivalencia.

equivaler intr. Mantener una cosa con otra una relación de igualdad.

equivocar tr./prnl. Cometer una equivocación.

equívoco, a adj. **1** Que puede entenderse de varias maneras. ◆ m. **2** Error.

era f. **1** Período extenso de la historia o la prehistoria. **2** Terreno descubierto donde se trilla el cereal.

erario m. **1** Conjunto de haberes, rentas e impuestos que recauda el Estado.

erasmismo m. Corriente de pensamiento surgida por las ideas de Erasmo de Rotterdam.

erbio m. Elemento químico de símbolo Er y número atómico 68; es metálico y sólido.

ere f. Nombre de la letra r en su sonido suave.

erección f. **1** Acción de erigir. **2** Levantamiento y endurecimiento de una cosa, especialmente del pene.

eréctil adj. Que puede ponerse erecto.

erecto, a adj. Que está levantado, derecho o rígido.

eremita m. y f. **1** Persona que vive sola en una ermita. **2** Ermitaño.

erg o **ergio** m. Unidad de trabajo en el sistema cegesimal que equivale al trabajo realizado por una dina de fuerza al desplazar su punto de aplicación un centímetro en su misma dirección y sentido.

ergonomía f. Estudio y adecuación de las condiciones del trabajo a las características del trabajador.

erguir tr. **1** Levantar y poner derecho el cuerpo o una parte de él. ◆ prnl. **2** Levantarse una cosa por encima del nivel del suelo.

erial adj./m. Se dice del terreno que no se cultiva ni se aprovecha para pastos ni labra.

erigir tr. **1** Construir o levantar una edificación o monumento por encima del nivel del suelo. **2** Otorgar a una persona o institución una función o categoría de especial importancia.

erisipela f. **1** Enfermedad infecciosa y contagiosa que afecta a la piel y al tejido subcutáneo. **2** AMÉR Enrojecimiento de la piel por una exposición solar.

eritrocito m. Célula más abundante de la sangre, de color rojo, que contiene hemoglobina y transporta el oxígeno.

erizar tr. **1** Levantar y poner rígido el pelo. **2** Llenar o rodear de obstáculos, asperezas, etc.
erizo m. Animal mamífero de pequeño tamaño, con la espalda cubierta de púas.
ermita f. Capilla o iglesia pequeña.
ermitaño, a s. **1** Persona que vive sola en una ermita. ◆ m. **2** Cangrejo que se introduce en la concha vacía de algún molusco.
erogar tr. **1** Distribuir bienes o caudales. **2** ARGENT, BOL, MÉX. Gastar el dinero, pagar.
erógeno, a adj. Que produce excitación sexual o es sensible a ella.
erosión f. **1** Alteración de la superficie de la Tierra por la acción de agentes externos. **2** Desgaste que se produce en la superficie de un cuerpo.
erótico, a adj. **1** Relativo al erotismo. **2** Que provoca deseo sexual.
erradicar tr. Eliminar o suprimir de manera completa una cosa que se considera mala o perjudicial.
errar tr./intr. **1** Cometer un error. ◆ intr. **2** Ir de un lugar a otro sin un fin o motivo determinado. **3** Divagar.
errata f. Alteración de la forma ortográfica correcta de una palabra escrita o impresa por un descuido o por un fallo mecánico.
erre f. Nombre de la letra r.
erróneo, a adj. Que no es correcto.
error m. **1** Idea u opinión que una persona tiene por buena, cuando, en realidad, es falsa. **2** Actuación de una persona que no obtiene los objetivos previstos o tiene consecuencias negativas para ella. **3** Diferencia entre el valor real o exacto de una magnitud y el que resulta del cálculo hecho por una persona o por una máquina.
eructar intr. Expulsar por la boca gases del estómago de manera sonora o ruidosa.
erudición f. Conocimiento extenso y profundo de una o varias materias.
erudito, a adj./s. Que tiene erudición.
erupción f. **1** Aparición brusca de granos o manchas en la piel. **2** Conjunto de granos o de manchas en la piel que aparecen de esta manera. **3** Expulsión al exterior de materias sólidas, líquidas o gaseosas a través de un volcán.
esbelto, a adj. Que tiene una figura alta, delgada y bien proporcionada.
esbirro m. Persona pagada por otra para amenazar o realizar las acciones violentas que se le ordenen.
esbozo m. **1** Primer diseño o proyecto de una obra artística, hecho de manera provisional. **2** Acción de esbozar.
escabeche m. **1** Salsa hecha de aceite, ajo, vinagre, pimienta y laurel, que sirve para condimentar y

conservar determinados alimentos. **2** Alimento que se conserva en esta salsa. **3** AMÉR Comestible conservado en vinagre.

escabechina f. **1** *Fam.* ESP Matanza de muchas personas o animales. **2** *Fam.* ESP Abundancia de suspensos en un examen.

escabroso, a adj. **1** Se dice del terreno difícil de atravesar. **2** Próximo a lo inmoral y obsceno. **3** Muy embarazoso.

escabullirse prnl. **1** Deslizarse o escaparse. **2** Evitar un trabajo.

escafandra f. **1** Traje ancho e impermeable de largos tubos que permiten la respiración, botas muy pesadas y un casco cerrado, que sirve para realizar trabajos bajo la superficie del agua. **2** Traje ancho y perfectamente aislado del exterior, con un casco cerrado, con el que los astronautas salen de la nave al espacio exterior.

escala f. **1** Serie de elementos de la misma especie. **2** Cociente entre las distancias medidas sobre un mapa o plano y las correspondientes distancias reales sobre el terreno. **3** Sucesión de notas.

escalada f. **1** Subida hasta una gran altura por un terreno muy pendiente. **2** Aumento rápido de la intensidad o el valor de una cosa.

escalafón m. Lista de las personas que forman parte de un organismo o profesión, clasificadas según su categoría.

escalar tr. **1** Ascender por un terreno muy pendiente. **2** Ascender por diversos puestos o categorías.

escaldar tr. **1** Bañar una cosa con agua hirviendo. **2** Quemar con fuego o con otra cosa. ◆ **prnl. 3** Escocerse la piel.

escaleno, a adj. **1** Se dice del triángulo que tiene distinta longitud en cada uno de sus tres lados. **2** Se dice del cono o pirámide cuyo eje es oblicuo a la base. ◆ **m./adj. 3** Músculo situado en el cuello.

escalera f. **1** Construcción o estructura inclinada formada por peldaños para que una persona pueda subir y bajar por ella. **2** Serie de tres o más naipes.

escalinata f. Escalera amplia

escalofrío m. Sensación intensa y repentina de frío acompañada de un ligero temblor del cuerpo.

escalón m. **1** Pequeña plataforma horizontal de una escalera donde se apoya el pie al subir o bajar. **2** Grado o rango.

escalonar tr. Distribuir una cosa en el tiempo o en el espacio de manera ordenada y sucesiva.

escalope m. Filete delgado de carne de ternera o de vaca, empanado y frito.

escalpelo m. Instrumento de cirugía que consiste en una hoja larga y estrecha de metal y un mango y que se usa para hacer incisiones.

escama f. **1** Placa pequeña, plana y dura, que, superpuesta a otras iguales, forma una capa que cubre y protege la piel de peces y reptiles. **2** Objeto que tiene una forma similar a la de esta escama.

escamar tr. **1** Hacer que una persona tenga sospecha o desconfianza de una cosa. **2** Quitar las escamas del cuerpo de un animal.

escamotear tr. **1** Hacer desaparecer un objeto a la vista de una persona. **2** Ocultar un dato o una información a una persona que tiene derecho a conocerla.

escampar impers. **1** Aclararse el cielo nublado o dejar de llover. ◆ intr. **2** Cesar en el intento de hacer algo. **3** AMÉR Guarecerse de la lluvia.

escanciar tr. Echar o servir vino o sidra en un vaso o en una copa.

escándalo m. **1** Alteración o pérdida de la tranquilidad, el silencio o el orden. **2** Hecho o dicho que causa gran asombro e indignación.

escandinavo, a adj./s. De Escandinavia.

escandio m. Elemento químico de símbolo Sc y número atómico 21; es un metal de color gris plata.

escanear tr. Pasar un objeto o un cuerpo a través de un escáner.

escáner m. **1** Aparato de rayos X que permite analizar el interior de un objeto o de un cuerpo. **2** Aparato o dispositivo conectado a un ordenador que permite convertir un texto o una imagen en un conjunto de datos en formato electrónico.

escaño m. **1** Asiento que ocupa un político en un parlamento o senado. **2** Cargo político de la persona que ha sido elegida para formar parte de un parlamento o senado.

escapar intr./prnl. **1** Salir precipitadamente de un lugar cerrado. **2** Librarse de un peligro o un daño. **3** Quedar un asunto o circunstancia fuera del alcance, la competencia o la influencia de una persona o institución. ◆ prnl. **4** Soltarse una persona, animal o cosa de donde estaba sujeta. **5** Alejarse un medio de transporte sin que pueda llegar a él la persona que quería tomarlo. **6** Decir una cosa que se quería o debía ocultar.

escaparate m. ESP Espacio cerrado con cristales que sirve para exponer los productos ante el público.

escape m. **1** Acción de escapar. **2** Salida imprevista de un líquido o un gas contenido en un recipiente. **3** Escapatoria.

escapismo m. Tendencia a eludir responsabilidades y a evadirse de los problemas.

escápula f. Hueso ancho, triangular y aplanado que forma la estructura del hombro.

escapulario m. **1** Prenda que forma parte del hábito de algunos religiosos que consiste en una pieza de tela que cuelga sobre el pecho y por la espalda. **2** Objeto formado por dos trozos de tela que llevan pintados, bordados o guardados una insignia, una imagen religiosa o un objeto de devoción que están unidos por dos cintas para poderlo llevar colgado al cuello (un trozo sobre el pecho y otro sobre la espalda).

escaquearse prnl. *Fam.* ESP Escabullirse (evitar una obligación).

escarabajo m. Insecto de cuerpo ovalado, patas cortas y diversos colores y tamaños según la especie.

escaramuza f. Enfrentamiento o riña de poca importancia entre dos grupos.

escarapela f. Adorno hecho con cintas de varios colores plisadas.

escarbar tr./intr. **1** Remover la tierra ahondando un poco en ella. **2** Indagar o investigar.

escarceo m. **1** Prueba que se realiza de una actividad antes de comenzar a desarrollarla. **2** Aventura amorosa breve. ◆ **m.pl. 3** Incursión en un campo o actividad no acostumbrada.

escarcha f. Vapor de agua que primero se transforma en gotas muy pequeñas y luego se congela en la superficie de los cuerpos expuestos al frío.

escardar tr. **1** Arrancar de un terreno las malas hierbas. **2** Separar lo bueno de lo malo.

escarlata m./adj. **1** Color rojo intenso, entre el carmesí y el grana. ◆ **adj. 2** Que es de este color.

escarlatina f. Enfermedad infecciosa caracterizada por fiebre alta, manchas de color rojo en la piel y dolor de garganta.

escarmentar intr. **1** Aprender de los errores o faltas propias o de los demás para evitar reincidir en ellas. ◆ tr. **2** Castigar.

escarnecer tr. Burlarse cruelmente.

escarnio m. Burla cruel y humillante.

escarola f. Hortaliza comestible parecida a la lechuga, que tiene las hojas rizadas.

escarpa f. **1** Escarpe. **2** Plano inclinado de un muro o de una muralla. **3** MÉX Acera.

escarpado, a adj. Se dice del terreno que es difícil de atravesar por estar lleno de rocas, cortes y pendientes muy pronunciadas.

escarpia f. Clavo con la cabeza doblada en ángulo recto que sirve para colgar cosas de él.

escaso, a adj. **1** Que es muy poco o insuficiente en número o cantidad. **2** Que tiene muy poca cantidad de una cosa.

escatimar tr. Dar la menor cantidad posible de lo que se especifica.

escatología f. **1** Conjunto de creencias y doctrinas relacionadas con la vida después de la muerte y el destino último del ser humano. **2** Conjunto de expresiones o alusiones relacionadas con los excrementos.

escayola f. **1** Masa hecha con yeso calcinado y agua. **2** ESP Vendaje hecho con esta masa, con el cual se envuelve una parte del cuerpo para que se mantenga inmovilizada.

escena f. **1** Parte de un teatro o local destinada a que los actores actúen y representen un espectáculo ante el público. **2** Fragmento de una pieza teatral que forma parte de un acto de la obra. **3** Fragmento de una película.

escenario m. **1** Parte de un teatro o local destinada a que los actores actúen. **2** Lugar en el que se desarrolla una acción o un suceso. **3** Conjunto de circunstancias o ambiente que rodean a una persona o situación.

escenificar tr. Representar una obra de teatro.

escenografía f. **1** Conjunto de elementos necesarios para representar y dotar del ambiente deseado a una obra de teatro, una película de cine o un programa de televisión. **2** Arte de preparar estos elementos.

escepticismo m. **1** Recelo. **2** Tendencia y doctrina filosófica que considera que la verdad no existe o que el ser humano no es capaz de conocerla en caso de que exista.

escindir tr. *Formal.* Dividir un conjunto en dos o más partes.

escisión f. *Formal.* Acción de escindir.

esclarecer tr. **1** Aclarar o resolver. **2** *Formal.* Ennoblecer. **3** *Formal.* Iluminar.

esclava f. Pulsera de una sola pieza.

esclavitud f. **1** Condición del esclavo. **2** Sometimiento a la voluntad de una persona.

esclavo, a adj./s. Que carece de libertad y derechos propios por estar sometido de manera absoluta a la voluntad y el dominio de otro.

esclerosis f. **1** Enfermedad que consiste en un aumento anormal del tejido conjuntivo de un órgano que provoca su endurecimiento anormal y progresivo. **2** *Formal.* Falta de evolución y adaptación a una nueva situación.

esclerótica f. Membrana blanca que constituye la capa exterior del globo del ojo.

esclusa f. Recinto dotado de grandes compuertas que se construye entre dos zonas de distinta altura en un canal.

escoba f. **1** Instrumento para barrer. **2** Planta cuyas ramas se usan para fabricar escobas. **3** AMÉR CENTRAL Planta de América Central.

escobilla f. **1** Instrumento formado por un cepillo de fibras flexibles que sirve para limpiar. **2** Pieza de un mecanismo eléctrico que sirve para establecer una conexión.

escobillar intr. AMÉR Realizar un escobilleo.

escocer intr./prnl. **1** Causar una sensación de picor intenso y doloroso, parecida a la que produce una quemadura. **2** Causar una sensación de malestar y amargura.

escocés, sa adj./s. **1** De Escocia. ◆ adj. **2** Se dice de la tela o prenda de vestir que tiene rayas que forman cuadros de diversos colores.

escofina f. Herramienta parecida a la lima que sirve para desbastar la madera.

escoger tr. Tomar o preferir una cosa o persona entre varias posibles.

escolanía f. Coro formado por niños educados en un monasterio para el canto.

escolapio, a adj./m. Relativo a la orden religiosa de las Escuelas Pías.

escolar adj. **1** Relativo a la escuela. ◆ m. y f. **2** Niño o joven que estudia en una escuela.

escolaridad f. Período que dura la estancia de un niño o joven en una escuela.

escolarizar tr. Proporcionar una escuela a un niño o joven para estudiar.

escolástica f. Doctrina filosófica, enseñada en las escuelas y universidades de la Edad Media.

escoliosis f. Desviación lateral de la columna vertebral.

escollar intr. ARG, CH Fracasar un proyecto por haber tropezado con algún inconveniente.

escollera f. Rompeolas o dique grande.

escollo m. **1** Roca poco visible en la superficie del agua y que constituye un grave peligro para la navegación. **2** Problema o dificultad.

escolopendra f. Animal invertebrado terrestre, parecido a un ciempiés grande.

escolta f. **1** Protección o custodia que se da a una persona o cosa que se escolta. **2** Grupo que escolta.

escoltar tr. Proteger o custodiar a una persona o cosa acompañándola a los lugares donde acude o es conducida.

escombro m. **1** Conjunto de desechos y materiales de construcción inservibles. **2** Residuos de una mina o cantera.

esconder tr. **1** Poner en un lugar retirado o secreto para no ser visto o encontrado. **2** Mostrar el comportamiento o las palabras de una persona una idea o sentimiento distinto u opuesto al que en realidad tiene.

escondite m. **1** Juego de niños que consiste en esconderse todos excepto uno que intenta encontrarlos. **2** Lugar donde se esconde algo.

escondrijo m. Escondite (lugar).

escopeta f. Arma de fuego portátil compuesta por uno o dos caños largos.

escopetado, a o **escopeteado, a** adj. *Fam.* ESP Que obra con mucha rapidez.

escoplo m. Herramienta de hierro con punta afilada que se golpea con un mazo para trabajar la madera o la piedra.

escorar tr. **1** Sujetar de pie y en

tierra una embarcación colocando escoras o palos a sus lados. ◆ intr./prnl. **2** Inclinarse una embarcación hacia uno de sus costados.

escorbuto m. Enfermedad producida por la carencia o escasez de vitamina C.

escoria f. **1** Sustancia de desecho que contiene las impurezas de los metales. **2** Lava poco densa y porosa que lanza un volcán.

escoriar tr. Excoriar.

escorpio adj./m. y f. Se dice de la persona que ha nacido entre el 24 de octubre y el 22 de noviembre.

escorpión m. **1** Invertebrado de la clase arácnidos con una cola terminada en un aguijón venenoso. ◆ adj./m. y f. **2** Escorpio.

escorrentía f. Corriente de agua de lluvia que circula libremente por un terreno.

escorzo m. Representación de una figura que se extiende oblicua o perpendicularmente al plano sobre el que se pinta.

escote m. **1** Corte o abertura hecho en una prenda de vestir que deja descubierta parte del pecho o de la espalda. **2** Parte del pecho o la espalda que queda descubierta.

escotilla f. Abertura en el armazón de un avión, de un barco u otra nave, que comunica con un espacio interior.

escozor m. **1** Sensación de picor intenso y doloroso. **2** Sentimiento de disgusto o pena.

escriba m. Persona que se dedicaba a copiar textos o a escribir al dictado.

escribanía f. **1** Mueble para escribir. **2** Juego de escritorio.

escribano m. **1** Escriba. **2** Ave de cuerpo pequeño y rechoncho, colores vivos y pico corto.

escribir tr. **1** Representar las palabras o las ideas mediante letras u otros signos gráficos convencionales. **2** Componer o crear un texto o una música. **3** Comunicar una cosa a alguien por escrito.

escrito, a m. Comunicación, papel o documento que se hace mediante la escritura.

escritor, ra s. Persona que se dedica a crear y escribir obras literarias o científicas.

escritorio m. Mueble para escribir.

escritura f. **1** Sistema de representación de palabras o ideas por medio de letras u otro conjunto de signos gráficos convencionales. **2** Modo o manera de escribir. **3** Documento público en el que se recoge un acuerdo o una obligación y que está firmado por las partes interesadas.

escriturar tr. Formalizar y dar carácter legal a un acuerdo o una obligación mediante una escritura o documento público que lo recoja.

escroto m. Bolsa de piel que cubre los testículos.

escrúpulo m. Duda o recelo que se tiene sobre si una acción es buena.

escrutar tr. **1** Reconocer y computar los votos en una elección o los boletos en una apuesta. **2** Examinar con mucha atención.

escrutinio m. Acción de escrutar.

escuadra f. **1** Instrumento de dibujo lineal con forma de triángulo rectángulo isósceles. **2** En el fútbol, rincón superior de la portería. **3** Pieza en forma de L o de triángulo rectángulo, usada para asegurar la unión de dos estructuras. **4** Conjunto de barcos de guerra. **5** Grupo de soldados mandados por un cabo.

escuadrilla f. **1** Grupo de aviones que vuelan juntos. **2** Escuadra de barcos de guerra de pequeño tamaño.

escuadrón m. **1** Unidad militar de caballería mandada por un capitán. **2** Unidad militar compuesta por muchos aviones.

escuálido, a adj. Flaco, delgado.

escualo m. Pez con una gran aleta triangular en la parte superior.

escucha f. **1** Acción de escuchar. ◆ m. **2** Centinela que espía de noche las posiciones enemigas.

escuchar tr. **1** Prestar atención a lo que se oye. **2** Hacer caso de un consejo. ◆ intr. **3** Aplicar el oído para oír algo.

escuchimizado, a adj. *Fam.* ESP Muy delgado y débil.

escudar tr. **1** Proteger de un peligro. **2** Defender con el escudo. ◆ prnl. **3** Valerse de algo como defensa o pretexto.

escudería f. Equipo de competición de coches o motos de carreras.

escudero m. Sirviente de un caballero.

escudo m. Arma de defensa que se sujeta con el brazo contrario al que maneja el arma de ataque.

escudriñar tr. Examinar con gran cuidado.

escuela f. **1** Establecimiento público donde se imparte enseñanza. **2** Método de enseñanza. **3** Conjunto de profesores, alumnos, etc. de una escuela.

escueto, a adj. Breve, conciso.

esculpir tr. **1** Hacer una obra de escultura. **2** Grabar en hueco o relieve.

escultismo m. Movimiento juvenil internacional que forma mediante actividades de grupo y la vida en contacto con la naturaleza.

escultor, ra s. Artista de la escultura.

escultura f. **1** Arte de modelar, tallar o vaciar objetos o figuras de bulto de diversos materiales. **2** Obra artística en la que se ha aplicado este arte.

escupir tr./intr. **1** Arrojar saliva u otra cosa por la boca. ◆ tr. **2** Despedir del interior de forma violenta. **3** *Fam.* Confesar.

escupitajo m. *Fam.* Saliva que se escupe por la boca de una vez.

escurridizo, a adj. Que se escurre o escabulle con facilidad.

escurrir tr. **1** Hacer que una cosa pierda el líquido que la empapa. **2** Apurar el contenido de un recipiente. ◆ **intr. 3** Soltar una cosa el líquido que contiene. **4** Deslizar o resbalar sobre una superficie. ◆ **prnl. 5** Salir o escaparse de un lugar sin que se note.

escusado o **excusado** m. *Formal.* Retrete (habitación).

esdrújulo, a adj./f. Se dice de la palabra que lleva el acento en la antepenúltima sílaba.

1. **ese** f. **1** Nombre de la letra s. **2** Eslabón de cadena que tiene forma de s.

2. **ese, a** det./pron. Indica o señala algo que está a una distancia media de la persona que habla.

esencia f. **1** Conjunto de características que determinan la naturaleza de un ser. **2** Característica principal o fundamental. **3** Extracto concentrado de una sustancia.

esencial adj. **1** Relativo a la esencia. **2** Que es lo más importante y necesario.

esfenoides adj./m. Se dice del hueso situado en la parte media de la base del cráneo.

esfera f. **1** Cuerpo geométrico limitado por una superficie curva cuyos puntos están todos a igual distancia del centro. **2** Círculo en que giran las agujas de un reloj. **3** Clase, condición social.

esfinge f. Animal fabuloso con cabeza y pecho de mujer, y cuerpo y pies de león.

esfínter m. Músculo en forma de anillo que cierra diversas aberturas naturales del cuerpo.

esfuerzo m. Empleo enérgico de la fuerza física o mental con un fin determinado.

esfumar tr. **1** Difuminar los trazos de un dibujo. ◆ **prnl. 2** Marcharse de un lugar con disimulo. **3** Desaparecer.

esgrafiar tr. Decorar un objeto superponiendo dos capas de pintura, esmalte o yeso de colores distintos y rascando la superficie para que se vea la capa de debajo.

esgrima f. Deporte que se practica con una espada, sable o florete.

esgrimir tr. **1** Manejar una espada u otra arma blanca con intención de atacar o defenderse. **2** Usar una cosa no material para atacar o defenderse.

esguince m. Lesión producida por rotura de las fibras musculares.

eslabón m. **1** Cada una de las piezas con forma de anillo que forman una cadena. **2** Elemento necesario para relacionar dos ideas o acciones.

eslalon o **eslálom** m. Slalom.

eslavo, a adj./s. **1** De un antiguo grupo indoeuropeo que habitó el norte y este de Europa. ◆ **adj./m. 2** Se dice de las diversas lenguas que se hablan en el norte y este de Europa.

eslogan o **slogan** m. Frase corta y fácil de recordar que se usa en publicidad.
eslora f. Longitud de una embarcación desde proa a popa.
eslovaco, a adj./s. **1** De Eslovaquia. ◆ m./adj. **2** Lengua hablada en Eslovaquia.
esloveno, a adj./s. **1** De Eslovenia. ◆ m./adj. **2** Lengua hablada en Eslovenia.
esmalte m. **1** Laca de secado rápido para colorear las uñas. **2** Barniz. **3** Objeto cubierto con este barniz. **4** Sustancia dura y brillante que cubre los dientes.
esmeralda f. **1** Piedra preciosa de color verde azulado. ◆ adj./m. **2** Se dice del color verde como el de esta piedra.
esmerarse prnl. Poner mucho cuidado y atención en algo.
esmeril m. Roca granulada de gran dureza.
esmero m. Sumo cuidado y especial atención al hacer una cosa.
esmirriado, a adj. *Fam.* Muy delgado.
esmoquin o **smoking** m. Traje masculino de etiqueta.
esnifar tr. Aspirar una droga por la nariz.
esnob adj./m. y f. Snob.
eso pron. **1** Indica o señala lo que está a una distancia media de las personas que hablan. **2** Indica o señala una cosa nombrada anteriormente.
esófago m. Conducto que va de la faringe al estómago.
espabilar tr. **1** Avivar la inteligencia, la agilidad mental y la capacidad de relación con las personas. **2** Despertar del todo a alguien. ◆ intr. **3** Darse prisa, apresurarse.
espaciar tr. **1** Separar dos o más cosas en el espacio o tiempo. **2** Separar las líneas, palabras o letras de un texto con espacios.
espacio m. **1** Extensión en la que están contenidos todos los cuerpos que existen. **2** Parte de esa extensión. **3** Parte de esa extensión situada más allá de la atmósfera terrestre. **4** Período de tiempo. **5** Separación entre líneas. **6** Extensión vacía en un escrito que equivale a la que ocupa una letra.
espada f. **1** Arma blanca larga, recta y cortante. **2** Carta de la baraja española. ◆ m. **3** Torero que mata con esa arma. ◆ f.pl. **4** Palo de la baraja española.
espadachín m. Persona que maneja bien la espada.
espadaña f. **1** Campanario con una sola pared y uno o más huecos para las campanas. **2** Planta de hojas largas y estrechas.
espagueti o **spaghetti** m. Pasta de harina de trigo en forma de cilindros largos y delgados.
espalda f. Parte posterior del cuerpo humano que va desde los hombros hasta la cintura.
espantada f. Huida repentina.

espantapájaros m. Muñeco que se pone en cultivos y árboles para ahuyentar a los pájaros.

espantar tr./prnl. Causar miedo o espanto.

espanto m. Miedo muy intenso. ◇ **de ~** *Fam.* Muy grande.

español, la adj./s. **1** De España. ◆ m./adj. **2** Lengua hablada en España, Hispanoamérica y otras zonas.

esparadrapo m. Tira adhesiva que se usa para sujetar un vendaje.

esparcir tr. **1** Extender lo que está junto. **2** Divulgar una noticia. ◆ prnl. **3** Divertirse, distraerse.

espárrago m. **1** Esparraguera. **2** Brote tierno comestible de la esparraguera.

esparraguera f. Planta de tallo recto y cilíndrico, frutos rojos pequeños y raíces rastreras de las que crecen los espárragos.

espartano, a adj./s. **1** De Esparta. ◆ adj. **2** *Formal.* Que es muy austero, duro y exigente.

esparto m. Planta herbácea cuyas hojas se usan para hacer cuerdas.

espasmo m. Contracción involuntaria de las fibras musculares.

espato m. Mineral cristalino, fácilmente exfoliable.

espátula f. **1** Utensilio en forma de paleta plana. **2** Ave zancuda con el pico largo y aplanado.

especia f. Sustancia vegetal usada para dar sabor a los alimentos.

especial adj. **1** Que se diferencia de lo que es normal, común o general. **2** Muy adecuado para un fin.

especialidad f. **1** Producto en cuya preparación destaca una persona, un establecimiento o una región. **2** Rama de una ciencia o arte.

especialista adj./m. y f. **1** Se dice de la persona que se dedica a una especialidad. ◆ m. y f. **2** Persona que sustituye a un actor en las escenas peligrosas.

especie f. **1** Conjunto de personas o de cosas que comparten características comunes. **2** Categoría básica de clasificación de los seres vivos.

especificar tr. Determinar, precisar.

específico, a adj. **1** Que es propio o peculiar de una persona o cosa. ◆ m. **2** Medicamento indicado para una enfermedad determinada.

espécimen m. Muestra, modelo, ejemplar.

espectáculo m. **1** Acto que se representa ante un público con el fin de divertir. **2** Acción que causa extrañeza o escándalo.

espectador, ra adj./s. Que presencia un espectáculo.

espectro m. **1** Figura irreal. **2** Serie de elementos que forman un todo. **3** Serie de frecuencias que resultan de la dispersión de un fenómeno formado por ondas.

1. **especular** intr. **1** Meditar, reflexionar. **2** Hacer suposiciones. **3** Comprar un bien cuyo precio se

espera que va a subir a corto plazo para obtener un beneficio.

2. **especular** adj. Relativo al espejo.

espejismo m. **1** Fenómeno que consiste en ver ciertos objetos lejanos a través de una imagen invertida. **2** Imagen o representación engañosa.

espejo m. Superficie pulida de cristal en que se reflejan la luz y las imágenes de los objetos.

espeleología f. **1** Ciencia que estudia las cavernas. **2** Actividad que consiste en la exploración de cuevas.

espeluznante adj. Que causa terror.

espera f. **1** Acción de esperar. **2** Tiempo durante el que se espera.

esperanto m. Idioma creado artificialmente para servir como lengua universal.

esperanza f. **1** Confianza en que ocurra o se logre algo que se desea. **2** Objeto de esa confianza.

esperar tr./intr. **1** Quedarse en un lugar hasta que llegue una persona u ocurra una cosa. ◆ tr. **2** Tener esperanza. ◆ intr. **3** Estar a punto de ocurrir algo inevitable.

esperma m. o f. Fluido que contiene los espermatozoides.

espermatozoide m. Célula sexual masculina.

espermatozoo m. Espermatozoide.

esperpento m. **1** Persona o cosa muy fea o ridícula. **2** Género literario en que se distorsiona la realidad.

espeso, a adj. **1** Se dice del líquido que fluye con dificultad. **2** Que está formado por elementos que están muy juntos o apretados. **3** Grueso, macizo. **4** Complicado, difícil de comprender. **5** VENEZ Pesado.

espesor m. **1** Densidad de un fluido. **2** Anchura, grosor.

espesura f. **1** Cualidad de espeso. **2** Paraje muy poblado de árboles y matorrales.

espetar tr. **1** *Fam.* Decir a alguien una cosa que causa sorpresa o fastidio. **2** Atravesar carnes o pescados con un instrumento puntiagudo. ◆ prnl. **3** GUAT, HOND *Fam.* Encajarse, afianzarse.

espía m. y f. Persona que se dedica a espiar.

espiar tr. Observar con atención y disimulo lo que otros hacen o dicen, en especial para conseguir información secreta.

espiga f. Conjunto de granos o flores dispuestos a lo largo de un tallo común.

espigado, a adj. Que es alto y delgado.

espigón m. Muro que protege la orilla de un río o puerto.

espina f. **1** Pincho o púa de algunas plantas. **2** Hueso de pez. **3** *Formal.* Cosa que inquieta y atormenta.

espinaca f. Hortaliza de tallo ramoso y hojas estrechas y suaves.

espinazo m. Columna vertebral.

espinela f. Estrofa de diez versos octosílabos.

espinilla f. **1** Grano que aparece en la piel por la obstrucción de los poros de las glándulas sebáceas. **2** Parte anterior del hueso de la pierna.

espino m. **1** Arbusto de ramas espinosas y flores blancas. **2** Alambre con pinchos para cercas.

espinoso, a adj. **1** Que tiene espinas. **2** Difícil, delicado.

espionaje m. Actividad del espía.

espira f. Cada una de las vueltas que da el hilo conductor en una bobina.

espiral f. **1** Línea curva que da vueltas alrededor de un punto, alejándose cada vez más de él. **2** Proceso que escapa de todo control. ◆ adj. **3** Que tiene la forma de esta línea curva.

espirar intr. **1** Expulsar el aire de los pulmones. ◆ tr. **2** Despedir cierto olor.

espirilo m. Bacteria de cuerpo fino, largo y ondulado.

espiritismo m. **1** Doctrina según la cual los espíritus de los muertos pueden comunicarse con los seres vivos. **2** Conjunto de prácticas realizadas para comunicarse con los espíritus.

espiritrompa f. Aparato bucal de algunos insectos en forma de espiral.

espíritu m. **1** Parte inmaterial del ser humano que es capaz de entender, querer y sentir. **2** Ser inmaterial dotado de voluntad y razón. **3** Alma de un muerto. **4** Valor, fuerza o ánimo. **5** Inclinación hacia un determinado comportamiento. **6** Signo ortográfico empleado en la lengua griega.

espita f. Tubo corto que se pone en el agujero por donde se vacía un tonel u otro recipiente, o en un conducto para regular el paso de un fluido.

espléndido, a adj. **1** Magnífico, estupendo. **2** Generoso.

esplendor m. **1** Grandeza, hermosura o riqueza. **2** Momento de mayor intensidad de un proceso o estado.

esplénico, a adj. Relativo al bazo.

espliego m. Romero.

espolear tr. **1** Picar con la espuela a la cabalgadura. **2** Animar, convencer.

espoleta f. Mecanismo para provocar la explosión de un artefacto.

espolón m. **1** Saliente óseo de las patas de algunas aves. **2** Muro para contener las aguas de un río o del mar. **3** Punta de la parte delantera del casco de una embarcación.

espolvorear tr. Esparcir una sustancia en polvo.

esponja f. **1** Invertebrado marino de cuerpo poroso. **2** Utensilio de higiene corporal.

esponsales m.pl. Promesa mutua de casamiento entre un hombre y una mujer.

espontáneo, a adj. **1** Que es natural y sincero. **2** Se dice de la planta que se desarrolla sin cultivo ni cuidado.

espora f. Célula vegetal reproductiva que no necesita ser fecundada.

esporádico, a adj. Que se da con poca frecuencia.

esposas f.pl. Anillas de metal para sujetar por las muñecas a los presos.

esposo, a s. **1** Persona con la que está casada otra persona. ◆ m. **2** AMÉR Anillo episcopal.

espuela f. **1** Arco de metal que se ajusta el jinete a los talones para picar al caballo. **2** Estímulo, acicate. **3** AMÉR Espolón de las aves.

espuerta f. ESP Capacho.

espulgar tr. Limpiar de pulgas o piojos.

espuma f. **1** Conjunto de burbujas que se forman en la superficie de un líquido. **2** Tejido muy ligero y elástico.

espumadera f. Utensilio para quitar la espuma del caldo o los fritos de la sartén.

espumillón m. Tira con flecos que se usa como adorno navideño.

espurio, a adj. Falso.

esputo m. Secreción que se escupe por la boca.

esqueje m. Brote de una planta que se planta en la tierra para su reproducción.

esquela f. Papel o anuncio en el que se comunica la muerte de una persona.

esqueleto m. **1** Conjunto de huesos que sostiene, da consistencia y protege los órganos internos del cuerpo de los vertebrados. **2** Piel muy dura que cubre y protege el cuerpo de los invertebrados. **3** Estructura, armazón.

esquema m. Conjunto de datos sobre una materia que se ordenan y relacionan con líneas o signos gráficos.

esquí m. **1** Tabla larga y estrecha para deslizarse por la nieve o el agua. **2** Deporte practicado sobre estas tablas.

esquilar tr. Cortar la lana a un animal.

esquilmar tr. **1** Agotar una fuente de riqueza. **2** Recoger el fruto de cosechas y ganados.

esquimal adj./m. y f. De un pueblo que habita en las tierras próximas al Polo Norte.

esquina f. Arista, en especial la formada por dos paredes de un edificio.

esquirla f. Astilla desprendida de un material duro.

esquirol m. y f. *Fam. y desp.* ESP, MÉX Persona que no sigue la orden de huelga.

esquisto m. Roca metamórfica de estructura laminar.

esquivar tr. Evitar, eludir.

esquivo, a adj. *Formal.* Que rehuye el trato de otras personas.

esquizofrenia f. Enfermedad mental.

estabilidad f. Cualidad de estable.

estable adj. Firme, permanente.

establecer tr. **1** Hacer que empiece a funcionar algo. **2** Disponer lo que debe hacerse. **3** Demostrar con firmeza una idea. ◆ **prnl. 4** Fijar la residencia en un lugar. **5** Crear un negocio por cuenta propia.

establecimiento m. **1** Lugar en el que se realiza una actividad comercial, industrial o de otro tipo. **2** Creación de algo.

establo m. Lugar cubierto donde se encierra el ganado.

estaca f. **1** Palo con punta en un extremo para ser clavado. **2** Palo grueso y fuerte.

estacada f. Serie de estacas clavadas en la tierra para cercar o defender un lugar. ◇ **dejar en la ~** Abandonar a una persona en una mala situación.

estacar tr. AMÉR Extender un objeto sujetándolo con estacas.

estación f. **1** Lugar o edificio donde se detiene habitualmente un vehículo que transporta viajeros. **2** Conjunto de aparatos e instalaciones destinados a realizar una actividad determinada. **3** Emisora de radio. **4** Período en que se divide el año según los solsticios y los equinoccios. **5** Temporada.

estacionar tr. **1** Aparcar un vehículo. ◆ **prnl. 2** Detenerse.

estacionario, a adj. Que no cambia.

estadio m. **1** Instalación pública con gradas en la que se practican distintos deportes. **2** Momento, período o fase de un proceso.

estadista m. y f. Persona especializada en asuntos de Estado.

estadística f. **1** Ciencia cuyo objetivo es reunir un conjunto de datos cuantitativos y analizarlos. **2** Conjunto de estos datos.

estado m. **1** Situación de algo o alguien. **2** Clase o condición de una persona. **3** Territorio o población de un país independiente.

estadounidense adj./m. y f. De Estados Unidos de América.

estafar tr. Robar con engaño.

estafeta f. Oficina de correos.

estafilococo m. Bacteria redonda que se presenta formando racimos con otras.

estalactita f. Formación calcárea que cuelga del techo de algunas cuevas.

estalagmita f. Formación calcárea que hay en el suelo de algunas cuevas.

estalinismo o **stalinismo** m. Conjunto de doctrinas y prácticas defendidas por Stalin.

estallar intr. **1** Reventarse una cosa de golpe y con gran ruido.

2 Romperse una cosa por efecto de la presión. **3** Ocurrir un suceso de forma repentina y violenta.

estambre m. **1** Órgano de reproducción masculino de algunas flores. **2** Lana de hilos muy largos.

estamento m. Estado, clase social.

estampa f. **1** Imagen impresa. **2** Cartulina en que está representada una imagen religiosa. **3** Persona que se parece mucho a otra.

estampar tr. **1** Imprimir. **2** Dejar huella o señal. **3** Lanzar con fuerza a una persona o cosa haciéndola chocar contra una superficie.

estampida f. Huida rápida.

estampido m. Ruido grande, fuerte y seco.

estampilla f. **1** Sello con algún letrero o firma que se puede estampar en documentos. **2** AMÉR Sello de correos o fiscal.

estancar tr. **1** Detener el curso de un líquido. **2** Parar la marcha de un proceso. **3** Prohibir la venta libre de un producto.

estancia f. **1** Aposento, habitación. **2** Permanencia en un lugar. **3** Estrofa de versos heptasílabos y endecasílabos con rima consonante. **4** AMÉR Hacienda dedicada a la agricultura y ganadería. **5** CUBA, VENEZ Casa de campo, quinta.

estanco, a adj. **1** Cerrado completamente. ◆ m. **2** ESP Establecimiento donde se vende tabaco, sellos y papel timbrado.

estándar o **standard** adj. **1** Que es lo más habitual o corriente. **2** Que ha sido fabricado en serie. ◆ m. **3** Modelo muy corriente de una cosa.

estandarte m. Bandera que usan ciertos organismos militares y religiosos.

estanque m. Depósito para recoger agua para el riego, criar peces o adornar.

estante m. **1** Tabla horizontal que se coloca en una pared o en un mueble para colocar objetos sobre ella. **2** Estantería. ◆ adj. **3** Que no se mueve.

estantería f. Mueble formado por estantes.

estaño m. Elemento químico (metal) de símbolo Sn.

estar cop. **1** Existir o encontrarse en un lugar, una situación o de un modo determinado. **2** Permanecer en un lugar, una situación o de un modo determinado. **3** Sentirse, encontrarse. **4** Sentar o quedar una prenda de vestir. **5** Costar. **6** Hacer un trabajo durante un período determinado. **7** Ser un día, mes o año determinado. **8** Vivir, trabajar o hacer algo con alguien. **9** Ser causa o razón y consistir o radicar una cosa en algo o alguien. **10** Encontrarse preparado. ◆ prnl. **11** Permanecer o quedarse.

estarcir tr. Estampar sobre una superficie el dibujo que queda en el hueco de una plantilla perforada.

estatal adj. Relativo al Estado.
estático, a adj. Que permanece en un mismo estado.
estatua f. Escultura de una figura humana o animal.
estatura f. Altura de una persona.
estatus o **status** m. Posición social que una persona ocupa dentro de un grupo.
estatuto m. Reglamento, ordenanza o conjunto de normas legales que regulan el funcionamiento de una entidad o colectividad.
1. **este** m. **1** Punto cardinal por donde nace el Sol. **2** Parte de un lugar situada hacia este punto.
2. **este, a** det./pron. Indica o señala algo que está cerca de la persona que habla.
estela f. **1** Señal que deja en el agua o el espacio un cuerpo en movimiento. **2** Huella que deja una suceso. **3** Monumento conmemorativo sobre el suelo.
estelar adj. **1** Relativo a la estrella (astro). **2** De mucha importancia.
estentóreo, a adj. Se dice del sonido muy fuerte y ruidoso.
estepa f. Extensión de terreno llano y con escasa vegetación.
éster m. Compuesto químico formado por reacción entre un ácido orgánico y un alcohol con desprendimiento de agua.
estera f. Pieza de tejido grueso que sirve para cubrir el suelo.
estercolero, a m. **1** Lugar donde se amontona el estiércol. **2** Lugar muy sucio. ◆ s. **3** Persona que recoge estiércol.
estéreo adj. **1** Que se graba y reproduce por medio de dos o más canales. ◆ m. **2** Equipo estereofónico.
estereofonía f. Técnica de grabación y reproducción del sonido en estéreo.
estereorradián m. Unidad de medida de ángulos sólidos del Sistema Internacional.
estereotipo m. Imagen o idea aceptada comúnmente por un grupo.
estéril adj. **1** Que no puede reproducirse. **2** Que no da fruto. **3** Que no tiene bacterias ni microbios.
esterilizar tr. Hacer estéril.
esterilla f. Alfombra o estera pequeña.
esternocleidomastoideo m./adj. Músculo del cuello.
esternón m. Hueso plano en que se unen los siete primeros pares de costillas.
estertor m. Respiración jadeante o dificultosa, propia de los moribundos o del afecto de vías respiratorias obstruidas.
estética f. **1** Aspecto exterior desde el punto de vista de lo bello. **2** Ciencia que estudia la belleza y la teoría fundamental del arte.
esteticista m. y f. Persona que se dedica a cuidar y mejorar el aspecto del cuerpo humano.

estético, a adj. **1** Relativo a la estética. **2** Que tiene un aspecto bello o artístico. **3** Se dice de la cirugía usada para embellecer.

estetoscopio m. Instrumento para explorar el pecho y el abdomen.

estiaje m. Caudal mínimo de un río.

estibar tr. Distribuir adecuadamente la carga de una embarcación.

estiércol m. Abono resultante de la mezcla de excrementos y restos vegetales.

estigma m. **1** Marca que se hace en el cuerpo. **2** Causa de mala fama. **3** Engrosamiento terminal del estilo de la flor.

estilarse prnl. Usarse o estar de moda.

estilete m. **1** Puñal de hoja muy estrecha y aguda. **2** Punzón para escribir. **3** Instrumento que usa el cirujano.

estilística f. Estudio del estilo.

estilizar tr. **1** Hacer que algo parezca más delgado. **2** Representar artísticamente algo destacando solo sus características.

estilo m. **1** Modo, manera o forma de hacer algo. **2** Costumbre o moda. **3** Conjunto de rasgos que caracterizan a un artista, un género, una obra o un período artístico. **4** Personalidad y elegancia. **5** Parte del órgano reproductor femenino de la flor.

estilográfico, a adj./f. Se dice de la pluma que lleva una carga de tinta en el mango.

estima f. Afecto, consideración.

estimar tr. **1** Sentir afecto por una persona o cosa. **2** Tener una opinión razonada sobre una cosa. **3** Calcular el valor de una cosa.

estimular tr. **1** Incitar a hacer algo o a hacerlo más rápido o mejor. **2** Avivar la actividad de un órgano.

estímulo m. Cosa que estimula.

estío m. *Formal.* Verano.

estipendio m. *Formal.* Salario, sueldo.

estipular tr. Determinar las condiciones de un trato.

estirado, a adj. Se dice de la persona que no se presta al trato llano con los demás.

estirar tr. **1** Alargar, extender. **2** Poner liso. ◆ **intr. 3** Crecer un niño. ◆ **prnl. 4** Extender los miembros.

estirpe f. Linaje.

estival adj. Relativo al estío.

esto pron. Esta cosa.

estocada f. Golpe que se da con la espada o el estoque.

estofa f. **1** *Desp.* Clase, condición. **2** Tela de seda con labores.

estofado, a adj. **1** Adornado, engalanado. ◆ m. **2** Guiso de carne y otros ingredientes.

estoicismo m. **1** Fortaleza y dominio sobre uno mismo. **2** Doctrina filosófica que preconizaba el autodominio de las pasiones.

estomacal adj. **1** Relativo al estómago. ◆ adj./m. **2** Se dice de la medicina o bebida que favorece la digestión.

estómago m. Órgano del aparato digestivo en el que se digieren los alimentos.

estomatología f. Parte de la medicina que se ocupa del estudio de las enfermedades de la boca.

estonio, a adj./s. **1** De Estonia. ◆ m./adj. **2** Lengua hablada en Estonia.

estopa f. Parte basta o gruesa del lino o del cáñamo.

estoque m. Espada estrecha afilada solamente en la punta.

estor m. Cortina de una sola pieza que se recoge verticalmente.

estorbar tr./intr. **1** Molestar. ◆ tr. **2** Obstaculizar la ejecución de una acción.

estornino m. Pájaro de pico amarillento y plumaje negro con pintas blancas.

estornudar intr. Expulsar de forma violenta por la nariz y la boca el aire de los pulmones.

estrabismo m. Desviación de la dirección normal de la mirada en uno o en ambos ojos.

estrado m. **1** Tarima sobre la que se pone un trono o la mesa principal de un acto solemne. ◆ m.pl. **2** Salas de los tribunales.

estrafalario, a adj./s. *Fam.* Extravagante.

estrago m. Destrozo.

estragón m. Planta herbácea que se usa como condimento.

estrambótico, a adj. *Fam.* Extravagante.

estramonio m. Planta de flores blancas en forma de embudo y fruto espinoso en forma de nuez.

estrangular tr. **1** Ahogar oprimiendo el cuello. **2** Impedir el paso por una vía o conducto.

estraperlo m. *Fam.* ESP Comercio ilegal de mercancías.

estratagema f. **1** Acción hábil y astuta para conseguir algo. **2** Operación militar muy hábil.

estrategia f. **1** Arte de dirigir operaciones militares. **2** Modo de dirigir un asunto para lograr un fin.

estrato m. **1** Capa paralela y superpuesta a otras que forma los terrenos sedimentarios. **2** Nube baja. **3** Nivel social.

estratocúmulo m. Nube de constitución física líquida.

estratonimbo m. Nube muy baja, densa y de color gris oscuro, que se presenta en forma de capa.

estratosfera f. Capa superior de la atmósfera terrestre.

estratosférico, a adj. **1** Relativo a la estratosfera. **2** Que es muy difícil de valorar por su calidad o importancia.

estrechar tr. **1** Reducir la anchura. **2** Hacer más íntima una relación. **3** Coger con fuerza con los brazos o las manos. ◆ prnl. **4** Juntarse mucho para dejar espacio. **5** Reducir los gastos.

estrechez f. **1** Falta de anchura y espacio. **2** Falta de las cosas más necesarias para vivir. **3** Falta de amplitud intelectual o moral.

estrecho, a adj. **1** Delgado o poco ancho. **2** Que aprieta. **3** Rígido, estricto. **4** Se dice de la relación que es muy intensa. ◆ adj./s. **5** *Desp.* Que tiene ideas muy conservadoras. ◆ m. **6** Paso angosto que comunica dos mares.

estregar tr. Frotar con fuerza.

estrella f. **1** Astro que brilla con luz propia. **2** Figura constituida por varias líneas que parten de un centro y forman picos. **3** Persona destacada o muy popular. **4** Suerte, destino.

estrellar tr. **1** Lanzar con violencia un objeto contra una superficie. ◆ prnl. **2** Chocar con violencia contra una superficie. **3** Fracasar.

estrellato m. Condición de una persona cuando se convierte en una estrella.

estremecer tr. **1** Hacer temblar. **2** Impresionar.

estrenar tr. **1** Usar por primera vez. **2** Representar por primera vez un espectáculo. ◆ prnl. **3** Empezar a desempeñar un trabajo.

estreñimiento m. Dificultad de eliminación de los excrementos.

estrépito m. Ruido muy grande.

estrepitoso, a adj. **1** Que causa estrépito. **2** Muy espectacular.

estreptococo m. Bacteria redondeada que se agrupa en forma de cadena.

estrés o **stress** m. Estado de gran tensión nerviosa.

estría f. **1** Surco en una superficie. **2** Línea que aparece en la piel cuando se ha estirado mucho y de forma rápida.

estribar intr. **1** Fundamentarse una cosa en otra. **2** Descansar una cosa sobre otra.

estribillo m. Verso o conjunto de versos que se repiten al final de una estrofa de un poema o pieza musical.

estribo m. **1** Pieza de la silla de montar en la que el jinete apoya los pies. **2** Escalón que sirve para subir o bajar de ciertos vehículos. **3** Hueso del oído medio. ◇ **perder los estribos** Perder la serenidad o la paciencia.

estribor m. Lado derecho de una embarcación.

estricto, a adj. Que se ajusta con exactitud a lo necesario o a lo establecido.

estridente adj. **1** Se dice del sonido que es agudo, fuerte y desapacible. **2** Que causa una sensación molesta por su exageración.

estrofa f. Conjunto de versos de un poema o una pieza musical que se ajustan a una medida y a un ritmo determinados.

estrógeno m. Hormona sexual femenina.

estroncio m. Elemento químico (metal) de símbolo Sr.

estropajo m. Utensilio de material áspero que se usa para fregar.
estropear tr. **1** Deteriorar. **2** Maltratar. **3** Echar a perder.
estropicio m. Destrozo o rotura con mucho ruido.
estructura f. **1** Conjunto de relaciones que mantienen entre sí las partes de un todo. **2** Modo de estar organizadas las partes de un todo. **3** Conjunto de piezas que sirve de soporte rígido de algo.
estructuralismo m. Doctrina que establece relaciones sistemáticas entre los elementos que estudia.
estruendo m. Ruido muy grande.
estrujar tr. **1** Apretar con fuerza algo que tiene líquido para sacárselo. **2** Apretar con fuerza a una persona. **3** Sacar todo el partido posible.
estuario m. Desembocadura de un río caudaloso en el mar.
estuche m. Caja o envoltura adecuada para guardar objetos.
estuco m. Masa de yeso blanco y agua de cola.
estudiante m. y f. Persona que estudia en un centro docente.
estudiar tr. **1** Ejercitar el entendimiento para comprender o aprender algo. ◆ **tr./intr. 2** Cursar estudios en un centro docente.
estudio m. **1** Esfuerzo del entendimiento para comprender o aprender algo. **2** Obra o trabajo en el que se estudia un asunto. **3** Vivienda compuesta generalmente por una sala y un baño. **4** Habitación o local donde un artista u otro profesional realiza su actividad. **5** Local o instalación donde se graban películas o discos, o se emiten programas. **6** Dibujo o pintura de prueba. ◆ **m.pl. 7** Conjunto de materias que se estudian para conseguir un título.
estufa f. Aparato para calentar un recinto.
estulticia f. *Formal.* Necedad, tontería.
estupefaciente m./adj. Sustancia que calma el dolor.
estupefacto, a adj. Asombrado, sin respuesta o reacción.
estupendo, a adj. **1** Muy bueno, extraordinario. ◆ **adv. 2** Muy bien.
estúpido, a adj./s. **1** Torpe de entendimiento. ◆ **adj. 2** Propio de las personas estúpidas.
estupor m. **1** Estupefacción. **2** Estado de la persona parcialmente inconsciente.
estupro m. Delito que consiste en tener relaciones sexuales con una persona menor de edad.
esturión m. Pez comestible cuyas huevas constituyen el caviar.
esvástica f. Cruz con los cuatro brazos doblados en ángulo recto.
eta f. Letra del alfabeto griego (Η/η).
etano m. Hidrocarburo gaseoso inflamable.

etanol m. Líquido inflamable que se obtiene de la destilación del vino.

etapa f. **1** Momento o período en que se divide un proceso. **2** Trayecto recorrido entre dos paradas.

etarra adj. **1** Relativo a la organización terrorista ETA. ◆ adj./m. y f. **2** Que pertenece a esta organización.

etcétera m. Se usa al final de una enumeración para sustituir otros elementos.

éter m. **1** Compuesto químico orgánico en cuya molécula existe un átomo de oxígeno unido a dos radicales de hidrocarburos. **2** *Formal.* Cielo. **3** Fluido invisible que se consideraba que llenaba todo el espacio.

etéreo, a adj. **1** Intangible y, a la vez, sutil o sublime. **2** Relativo al éter (compuesto químico).

eternidad f. **1** Espacio de tiempo sin principio ni fin. **2** *Fam.* Espacio de tiempo muy largo. **3** Vida después de la muerte.

eterno, a adj. **1** Que no tiene principio ni fin. **2** Que existe siempre. **3** Que dura mucho tiempo.

ética f. Parte de la filosofía que estudia el bien y el mal relacionado con el comportamiento humano y con la moral.

etílico, a adj. **1** Relativo al etanol. **2** Que se produce por la ingestión excesiva de alcohol.

etilo m. Radical formado de carbono e hidrógeno.

etimología f. **1** Origen de las palabras. **2** Parte de la lingüística que estudia el origen de las palabras.

etiología f. Estudio sobre las causas de las cosas.

etíope adj./m. y f. De Etiopía.

etiqueta f. **1** Pedazo de papel u otro material que se pone a una cosa para indicar su origen u otra información. **2** Conjunto de reglas que deben observarse en ciertos actos oficiales y solemnes. **3** Calificación que se aplica a una persona.

etmoides m./adj. Hueso impar que forma parte de la base del cráneo, las órbitas y las fosas nasales.

etnia f. Grupo de personas que pertenecen a la misma raza y que comparten la misma lengua y cultura.

etnografía f. Parte de la antropología que describe las razas y los pueblos.

etnología f. Parte de la antropología que realiza clasificaciones y estudios comparados de las distintas razas y pueblos.

etrusco, a adj./s. **1** De Etruria. **2** De un pueblo que vivía en la actual Toscana.

ETT f. Sigla de empresa de trabajo temporal.

eucalipto o **eucaliptus** m. **1** Árbol de gran altura, cuyas hojas tienen propiedades medicinales. **2** Madera de este árbol. **3** Esencia obtenida de las hojas de este árbol.

eucariota o **eucarionte** adj. **1**

Se dice de la célula que posee un núcleo delimitado por una membrana. ◆ adj./m. **2** Se dice del organismo constituido por una o varias de estas células.

eucaristía f. Sacramento de la religión cristiana que consiste en la conversión del pan y el vino en el cuerpo y la sangre de Cristo.

eufemismo m. Palabra o expresión que sustituye a otra considerada de mal gusto.

eufonía f. Cualidad de eufónico.

euforia f. Sensación intensa de alegría que se exterioriza.

eunuco m. Hombre castrado.

euro m. **1** *Formal.* Viento que sopla del este. **2** Unidad monetaria de la mayoría de los países de la Unión Europea.

europeísmo m. Movimiento que propugna la unión de todos los países de Europa.

europeo, a adj./s. De Europa.

euscaldún o **euskaldún** o **euscalduna** o **euskalduna** adj. **1** De lengua vasca. ◆ adj./m. y f. **2** Que habla esta lengua. **3** Del País Vasco.

euskera o **eusquera** m./adj. **1** Lengua hablada en el País Vasco, Navarra y el territorio vascofrancés. ◆ adj. **2** Relativo a la lengua vasca.

eutanasia f. Muerte provocada sin dolor.

evacuar tr. **1** Ayudar a abandonar un lugar en el que puede ocurrir una catástrofe. ◆ intr. **2** Expulsar los excrementos.

evadir tr. **1** Evitar una dificultad, un compromiso o un peligro con habilidad y astucia. **2** Sacar ilegalmente del país dinero u otros bienes. ◆ prnl. **3** Fugarse. **4** Distraerse.

evaluar tr. **1** Determinar el valor de una cosa. **2** Determinar el grado de conocimientos de un alumno.

evangelio m. **1** Cada uno de los cuatro relatos sobre la vida de Jesús contenidos en el Nuevo Testamento. **2** Conjunto de enseñanzas de Jesucristo.

evangelista m. Autor de un Evangelio.

evangelizar tr. Predicar el evangelio.

evaporar tr. **1** Convertir en gas o vapor. **2** Hacer desaparecer.

evasión f. Acción de evadir o evadirse.

evasiva f. Razón para eludir cierta dificultad, compromiso o peligro.

evento m. Suceso.

eventual adj. **1** Que no es fijo ni regular. ◆ adj./m. y f. **2** Se dice del trabajador que presta sus servicios temporalmente.

evidencia f. **1** Certeza absoluta de una cosa. **2** Cosa evidente.

evitar tr. **1** Impedir que ocurra algo perjudicial o molesto. **2** Impedir que una persona haga algo desagradable o molesto. **3** Rehuir.

evocar tr. Recordar.

evolución f. **1** Transformación gradual de algo. **2** Proceso gradual de cambios mediante el que los seres vivos han variado a lo largo de generaciones.

evolucionismo m. Teoría biológica que sostiene que todos los seres vivos actuales proceden por evolución de antecesores comunes.

ex 1 Se utiliza para indicar que determinada persona tuvo anteriormente determinado cargo o condición. ◆ m. y f. **2** *Fam.* Persona que fue anteriormente la pareja sentimental de otra.

exabrupto m. Dicho o gesto brusco e inesperado.

exacerbar tr. **1** Exasperar. **2** Hacer más fuerte un sentimiento o dolor.

exacto, a adj. **1** Que se ajusta completamente a algo. ◆ adv. **2** Se usa para responder afirmativamente o para indicar conformidad.

exagerar tr. Dar proporciones excesivas a algo.

exágono m. Hexágono.

exaltar tr. **1** Alabar mucho. **2** Conceder grandeza, honor o dignidad. ◆ prnl. **3** Emocionarse o perder la calma.

examen m. **1** Observación atenta y cuidadosa. **2** Prueba académica.

examinar tr. **1** Observar atenta y cuidadosamente algo. **2** Someter a alguien a un examen.

exangüe adj. **1** Falto de sangre. **2** Exánime.

exánime adj. **1** *Formal.* Muerto. **2** Que está sumamente debilitado.

exasperar tr. Causar gran irritación o enfado.

excarcelar tr. Liberar a un preso.

excavar tr. Hacer un hoyo en la tierra.

excedente adj. **1** Que excede. ◆ m. **2** Cantidad de algo que excede.

exceder tr./intr. Sobrepasar un límite, cantidad o valor determinados.

excelencia f. Tratamiento de cortesía que se da a determinadas personas por su cargo.

excelente adj. **1** Muy bueno. **2** Que destaca por sus buenas cualidades.

excelso, a adj. **1** *Formal.* Excelente. **2** *Formal.* Elevado, muy alto.

excéntrico, a adj./s. Que se comporta de forma rara o poco común.

excepción f. **1** Acción de exceptuar. **2** Persona o cosa que se aparta de la regla común.

excepcional adj. **1** Que constituye una excepción. **2** Muy bueno, extraordinario.

excepto prep. Indica que lo que se expresa a continuación constituye una excepción.

exceptuar tr. Excluir a alguien o algo de la regla común.

excesivo, a adj. Que excede.

exceso m. **1** Hecho de exceder cierto límite, cantidad o valor que se considera normal. **2** Acción abusiva. **3** Cantidad en que una cosa excede a otra.

excipiente m. Sustancia que se mezcla con los medicamentos.

excitar tr. **1** Hacer que una persona se ponga nerviosa o desee vivamente algo. **2** Hacer que un sentimiento, estado del ánimo o actividad se intensifiquen o se produzcan.

exclamación f. **1** Enunciado exclamativo. **2** Signo ortográfico (¡!).

excluir tr. **1** Apartar de un lugar o de un grupo. **2** Rechazar.

exclusiva f. **1** Privilegio por el que una entidad es la única autorizada para realizar algo. **2** Noticia publicada por un solo medio informativo.

exclusive adv. Indica que no se tiene en cuenta lo que se nombra.

exclusivo, a adj. Que es único.

excomulgar tr. Excluir la autoridad católica a uno de sus fieles de la comunidad religiosa.

excomunión f. Acción de excomulgar.

excoriar o **escoriar** tr. Causar una lesión en la piel o una mucosa por rozadura.

excrecencia f. Abultamiento anormal que crece en la piel de un animal o en la superficie de un vegetal.

excremento m. Residuo que elimina el organismo por el ano.

excretar intr. Expulsar del organismo el excremento, el sudor, la orina, etc.

exculpar tr. Descargar de culpa.

excursión f. Salida de corta duración.

excusa Argumento con que se justifica algo.

excusado, a adj. **1** Innecesario, superfluo. **2** Libre de pagar impuestos. ◆ m. **3** Escusado.

excusar tr. **1** Justificar con excusas. **2** Librar a una persona de una obligación o un compromiso.

execrable adj. Digno de ser condenado.

exegesis o **exégesis** f. Explicación, exposición y comentario crítico de textos antiguos.

exención f. Liberación de una obligación.

exento, a adj. **1** Que está libre de cargas u obligaciones. **2** Que está libre de algo perjudicial.

exequias f.pl. Ceremonia religiosa celebrada por un difunto.

exfoliación f. Acción de dividir una cosa en escamas o láminas.

exfoliador, ra adj. AMÉR Se dice del cuaderno cuyas hojas se desprenden fácilmente.

exhalar tr. **1** Desprender un gas, vapor u olor. **2** Lanzar quejas o suspiros.

exhaustivo, a adj. Muy completo.

exhausto, a adj. Que está agotado o muy cansado.

exhibicionismo m. Deseo de exhibirse.

exhibir tr. Mostrar algo a un gran número de personas.
exhortar tr. Incitar con razones o ruegos a actuar de cierta manera.
exhumar tr. Desenterrar un cadáver.
exigir tr. **1** Pedir una cosa enérgicamente por tener derecho o autoridad. **2** Necesitar una cosa para llevarse a cabo.
exiguo, a adj. *Formal.* Muy escaso o insuficiente.
exiliar o **exilar** tr./prnl. Obligar a una persona a salir de su país.
eximio, a adj. Ilustre.
eximir tr. Liberar de una obligación.
existencia f. **1** Hecho de existir. **2** Vida. ◆ f.pl. **3** Mercancías.
existencialismo m. Corriente filosófica que concede prioridad a la existencia del ser.
existir intr. **1** Tener realidad física o mental. **2** Tener vida. **3** Haber cierta cosa.
éxito m. **1** Resultado feliz. **2** Aceptación entre la gente.
éxodo m. Emigración en masa.
exogamia f. Costumbre u obligación de contraer matrimonio con personas de otra casta, tribu, etc.
exógeno, a adj. Que se forma u origina en el exterior.
exonerar tr. *Formal.* Eximir de pena u obligación.
exorbitante adj. Que es excesivo.
exorcismo m. Conjunto de ritos para expulsar un espíritu maligno.
exosfera f. Capa más exterior de la atmósfera terrestre.
exótico, a adj. De un lugar que es lejano y muy distinto al propio.
expandir tr. **1** Hacer que algo ocupe más espacio. **2** Hacer que algo llegue a un mayor número de personas. **3** Difundir.
expansión f. **1** Acción de expandir. **2** Manifestación efusiva de un sentimiento.
expatriar tr. Exiliar.
expectación f. Interés o inquietud con que se espera algo.
expectativa f. Esperanza de conseguir algo.
expectorar tr. Expulsar por la boca las secreciones de las vías respiratorias.
expedición f. **1** Viaje colectivo realizado con un fin científico, militar o deportivo. **2** Grupo de personas que realizan ese viaje. **3** Envío de una carta o mercancía.
expediente m. **1** Documentación correspondiente a un asunto o negocio. **2** Procedimiento para juzgar la actuación de un funcionario, empleado, estudiante o una empresa.
expedir tr. **1** Hacer un documento. **2** Enviar una carta o mercancía.
expeditivo, a adj. Que actúa con eficacia y rapidez en la resolución de un asunto.
expedito, a adj. **1** Libre de obstáculos. **2** *Formal.* Se dice de la persona expeditiva.

expeler tr. Despedir con fuerza una cosa que se tiene en el interior.
expendeduría f. ESP Estanco.
expender tr. **1** Vender al por menor. **2** Vender billetes o entradas.
experiencia f. **1** Conocimiento o habilidad que se adquiere con la práctica. **2** Suceso o circunstancia en que se adquiere ese conocimiento.
experimentar intr. **1** Realizar experimentos. ◆ tr. **2** Someter a experimento. **3** Percibir una sensación. **4** Sufrir un cambio.
experimento m. Prueba que consiste en provocar un fenómeno con el fin de analizar sus efectos o de verificar una hipótesis.
experto, a adj. **1** Que tiene mucha experiencia en una actividad. ◆ adj./s. **2** Que tiene muchos conocimientos en una materia.
expiar tr. Realizar un sacrificio o sufrir un castigo por una culpa o delito cometidos.
expirar intr. **1** Finalizar un período fijado. **2** *Formal.* Morir.
explanada f. Extensión de terreno llano.
explayar tr. **1** Extender la vista o el pensamiento. ◆ prnl. **2** Extenderse mucho al hablar. **3** Distraerse.
explicar tr. **1** Expresar algo de forma clara y detallada para que sea comprensible. **2** Hacer saber la causa de algo. ◆ prnl. **3** Expresar lo que se piensa o se siente. **4** Llegar a comprender.
explícito, a adj. Exacto y claro.
explorar tr. **1** Recorrer un lugar para conocerlo. **2** Examinar detenidamente el médico al paciente.
explosión f. **1** Ruptura violenta por la acción de un explosivo o de la presión. **2** Ruido que produce esa ruptura. **3** Manifestación efusiva de un sentimiento. **4** Desarrollo rápido y espectacular.
explosivo, a adj. **1** Que hace o puede hacer explosión. **2** Que es muy impactante. ◆ adj./f. **3** Se dice de la consonante oclusiva en cuya pronunciación hay una expulsión repentina del aire. ◆ m. **4** Producto químico para provocar explosiones.
explotar tr. **1** Sacar provecho de algo. **2** Abusar de una persona en beneficio propio. ◆ intr. **3** Romperse de forma violenta un cuerpo por la acción de un explosivo o la presión. **4** Manifestar efusivamente un sentimiento.
expoliar tr. Quitar una cosa con violencia o sin derecho.
exponente adj./m. **1** Se dice de la persona o cosa que reúne todas las características propias de un género. ◆ m. **2** Número o expresión matemática colocado en la parte superior y a la derecha de otro número.
exponer tr. **1** Poner a la vista de muchas personas. **2** Hablar de algo para hacerlo saber a otras personas. **3** Someter a la acción de un agente.

exportar tr. Vender mercancías a un país extranjero.
exposición f. Acción y efecto de exponer.
expósito, a adj./s. Se dice del recién nacido abandonado en un lugar público.
exprés adj. Rápido.
expresar tr./prnl. Manifestar lo que se piensa o siente.
expresión f. **1** Acción de expresar o expresarse. **2** Modo de expresarse. **3** Palabra o conjunto de palabras. **4** Gesto o acto que expresa un sentimiento. **5** Combinación de términos que representa una cantidad o magnitud.
expresionismo m. Tendencia artística de vanguardia caracterizada por la expresión subjetiva de la realidad.
expresivo, a adj. Que expresa con gran viveza y claridad los pensamientos o sentimientos.
expreso, a adj. **1** Claro y exacto. ◆ m./adj. **2** Tren de pasajeros que se detiene solo en las estaciones principales.
exprimir tr. Retorcer o apretar una cosa para sacarle todo el líquido o zumo que contiene.
expropiar tr. Quitar legalmente una propiedad a su dueño.
expuesto, a adj. Peligroso, arriesgado.
expugnar tr. Tomar por las armas un lugar.
expulsar tr. Hacer que una persona o cosa salgan de un lugar.
expurgar tr. **1** Limpiar o purificar una cosa. **2** Suprimir una autoridad párrafos de un libro u otro escrito.
exquisito, a adj. Refinado, de buen gusto.
extasiar tr. Producir un placer o admiración intensos.
éxtasis m. **1** Estado de la persona extasiada. **2** Unión mística con Dios. **3** Droga química.
extemporáneo, a adj. Inoportuno, impropio.
extender tr. **1** Hacer que una cosa ocupe más espacio. **2** Esparcir. **3** Hacer que algo sea conocido por muchas personas. **4** Poner un documento por escrito según ciertas fórmulas. **5** Ampliar la influencia o vigencia de algo. ◆ prnl. **6** Ocupar un determinado espacio o tiempo. **7** Hacer una explicación larga y detallada.
extensible adj. Que puede ser extendido.
extensión f. **1** Acción de extender o extenderse. **2** Superficie que ocupa algo.
extenso, a adj. Que tiene u ocupa mucha extensión.
extensor, ra adj. **1** Que extiende. ◆ m./adj. **2** Músculo cuya función es extender un miembro u órgano.
extenuar tr. Cansar mucho.
exterior adj. **1** Que está por la parte de fuera. **2** Que da a la calle. **3** Que se realiza en el extranjero o

con países extranjeros. ◆ m. **4** Superficie externa de una cosa. **5** Aspecto.

exteriorizar tr. Manifestar un sentimiento o estado físico.

exterminar tr. Destruir totalmente algo.

externo, a adj. **1** Que está por la parte de fuera de una cosa. **2** Que se manifiesta desde el exterior. ◆ adj./s. **3** Se dice del alumno que no reside donde estudia. **4** Se dice del trabajador de una empresa que no forma parte de la plantilla.

extinguir tr. **1** Apagar una fuente de energía. **2** Hacer que desaparezca algo poco a poco. ◆ prnl. **3** Finalizar un período fijado.

extintor m. Aparato portátil para apagar fuegos.

extirpar tr. Arrancar o destruir algo perjudicial o peligroso.

extorsión f. Presión o amenaza que se hace a alguien para obtener un beneficio.

extra adj. **1** De calidad superior. **2** Que se añade a lo normal. ◆ adj./m. **3** Se dice de la cantidad de dinero que se recibe como adicional. ◆ m. y f. **4** Figurante.

extracto m. **1** Resumen. **2** Sustancia muy concentrada.

extractor, ra adj. **1** Que extrae. ◆ m./adj. **2** Aparato para extraer el humo o los olores.

extradición f. Entrega de un detenido a las autoridades del país que lo solicita.

extradós m. Superficie exterior curva de un arco o bóveda.

extraer tr. **1** Sacar una cosa del lugar en que está. **2** Sacar una sustancia del cuerpo en que está contenida. **3** Averiguar el resultado de una raíz matemática. **4** Obtener conocimiento por deducción o inducción.

extralimitarse prnl. Excederse en sus funciones o atribuciones.

extramuros adv. Fuera del recinto de una población.

extranjero, a adj./s. **1** Que procede de otro país. ◆ m. **2** País o conjunto de países distintos del propio.

extrañar tr. **1** Causar extrañeza. **2** *Formal.* Echar de menos.

extraño, a adj. **1** Raro, muy distinto de lo normal. **2** Desconocido. ◆ adj./s. **3** Que es de otra nación, familia o profesión.

extraordinario, a adj. **1** Que destaca por sus buenas cualidades. ◆ adj./m. **2** Que sucede pocas veces.

extrapolar tr. Aplicar una cosa conocida a otro dominio para obtener consecuencias.

extrarradio m. Zona que rodea una población.

extraterrestre adj. **1** Relativo al espacio exterior a la Tierra. ◆ m. y f./adj. **2** Ser vivo procedente de otro planeta.

extravagante adj./m. y f. Extraordinariamente raro, poco común.

extravertido, a adj./s. Extrovertido.

extraviar tr. **1** Perder una cosa. **2** No fijar la vista. ◆ prnl. **3** Perderse, equivocarse de camino.

extremado, a adj. Se dice de la cualidad o el estado que se da en su grado máximo.

extremar tr. Llevar al extremo o grado máximo.

extremaunción f. Sacramento de la Iglesia católica que se administra a los moribundos.

extremeño, a adj./s. **1** De Extremadura. ◆ m./adj. **2** Variedad del español hablada en Extremadura.

extremidad f. **1** Apéndice móvil del cuerpo de muchos animales. **2** Pata, brazo o pierna, en oposición al tronco.

extremis ◇ **in ~** Expresión que indica que algo sucede en el último momento.

extremismo m. Tendencia a adoptar ideas extremadas.

extremo, a adj. **1** Que está muy distante en el espacio o tiempo. **2** Extremado. **3** Que es radical. ◆ m. **4** Punto opuesto a otro que se toma como referencia. **5** Grado máximo al que puede llegar algo. ◇ **en ~** Excesivamente.

extrínseco, a adj. Impropio de una cosa o exterior a ella.

extrovertido, a adj./s. Que manifiesta fácilmente sus sentimientos.

extrudir tr. Introducir un sólido dúctil por la abertura de un molde con una forma adecuada para fabricar barras, tubos, varillas, etc.

exuberancia f. Abundancia excesiva.

exudar tr./intr. Dejar salir un cuerpo o un recipiente el líquido que contiene.

exultar intr. Mostrar gran alegría.

exvoto m. Ofrenda hecha a Dios, a la Virgen o a los santos por un bien recibido.

eyacular tr. Expulsar con rapidez y fuerza el contenido de un órgano, cavidad o conducto.

eyección f. Expulsión de una cosa hacia el exterior.

F

f f. Sexta letra del alfabeto español.
fa m. Cuarta nota de la escala musical.
fabada f. Guiso de alubias, chorizo, tocino y morcilla.
fábrica f. **1** Establecimiento con la maquinaria y las instalaciones necesarias para fabricar un producto. **2** Obra hecha con ladrillos unidos con argamasa.
fabricar tr. **1** Hacer un producto por medios mecánicos. **2** Construir, elaborar.
fabril adj. Relativo a la fábrica.
fábula f. **1** Cuento con un fin didáctico. **2** Historia o relato inventados. ◇ **de ~** *Fam.* ESP Excelente.
fabuloso, a adj. **1** Inventado. **2** Extraordinario.
facción f. **1** Grupo de personas que se oponen a la mayoría. **2** Línea o forma del rostro humano.
faccioso, a adj./s. Que pertenece a una facción.
faceta f. **1** Aspecto. **2** Cara de un poliedro.
facha adj./m. y f. **1** *Fam. y desp.* Fascista. ◇ f. **2** *Fam.* Aspecto. **3** *Fam.* Adefesio.
fachada f. **1** Paramento exterior de un edificio. **2** Apariencia externa que no se corresponde con lo que es.
facial adj. Relativo a la faz.
fácil adj. **1** Que no supone gran esfuerzo. **2** Muy probable. **3** Que se deja seducir sin oponer resistencia.
facilidad f. **1** Cualidad de fácil. **2** Capacidad para hacer una cosa sin gran esfuerzo. ◆ f.pl. **3** Condiciones que permiten conseguir algo.
facineroso, a adj./s. Que comete delitos habitualmente.
facsímil m. Reproducción exacta de un escrito, dibujo, libro, etc.
factible adj. Que se puede hacer.
fáctico, a adj. **1** Relativo a los hechos. **2** Que está basado en los hechos.
factor m. **1** Elemento que contribuye a producir un resultado. **2** Cantidad que se multiplica por otra para hallar el producto. **3** Divisor (número).
factoría f. Fábrica (establecimiento).
factorial adj. **1** Relativo al factor matemático. ◆ m. **2** Cantidad que resulta de la multiplicación de de-

terminado número por todos los números que le anteceden.

factura f. **1** Cuenta detallada. **2** Manera de estar hecha una cosa. **3** ARG, URUG Pastel u otro producto de panadería.

facturar tr. **1** Detallar en una factura las mercancías compradas o los servicios recibidos por un cliente. **2** Entregar y registrar en una estación de transportes un equipaje o una mercancía.

facultad f. **1** Capacidad o aptitud física o moral. **2** Autoridad o derecho para hacer algo. **3** Sección de una universidad que corresponde a una rama del saber.

facultativo, a adj. **1** Voluntario. **2** Que puede desarrollarse pero no es sistemático. ◆ **adj./s. 3** Se dice de la persona con estudios superiores que trabaja como funcionario del Estado. ◆ **s. 4** Médico.

fado m. Canción popular portuguesa.

faena f. **1** Tarea, trabajo. **2** *Fam.* ESP Mala pasada. **3** GUAT, MÉX Trabajo hecho en horas extraordinarias.

fagocitar tr. Capturar y digerir un fagocito partículas nocivas o alimentos.

fagocito m. Célula de la sangre y otros líquidos orgánicos que realiza la fagocitosis.

fagot m. Instrumento musical de viento.

faisán m. Ave de plumas brillantes y carne apreciada.

faja f. **1** Tira ancha de tela que se lleva alrededor de la cintura. **2** Prenda interior femenina que ciñe el cuerpo.

fajo m. **1** Haz, paquete. **2** AMÉR Trago de licor.

fakir m. Faquir.

falacia f. *Formal.* Engaño, falsedad.

falange f. **1** Hueso pequeño y alargado de los dedos de la mano y el pie. **2** Cuerpo de tropas numeroso.

falangismo m. Ideología y movimiento político de Falange Española.

falaz adj. *Formal.* Engañoso, falso.

falda f. **1** Prenda de vestir que se ajusta a la cintura y cae sobre las piernas. **2** Carne comestible de la res situada en la región inferior del abdomen. **3** Parte inferior de la ladera de una montaña. **4** Regazo.

faldón m. **1** Parte inferior de una prenda de vestir que cubre por debajo de la cintura. **2** Desagüe triangular de un tejado.

falla f. **1** Defecto material. **2** Fractura de un estrato de la corteza terrestre que provoca un desplazamiento de los bloques. **3** AMÉR Acción equivocada. **4** AMÉR Avería, imperfección.

fallar tr./intr. **1** Tomar una decisión un tribunal o jurado. ◆ **intr. 2** Tener algún fallo. ◆ **tr. 3** Hacer una cosa incorrectamente. ◆ **intr. 4** Salir mal. **5** Decepcionar.

fallecer intr. Morir.
fallido, a adj. **1** Que no da el resultado esperado. **2** Se dice de la deuda imposible de cobrar.
fallo m. **1** Decisión de un tribunal o jurado. **2** ESP Acción equivocada. **3** ESP Avería, imperfección.
falo m. *Formal.* Pene.
falsar tr. Desmentir un enunciado o una teoría científica.
falsear tr. Adulterar o corromper una cosa.
falsedad f. **1** Falta de verdad, autenticidad o sinceridad. **2** Cosa falsa que se dice o explica.
falsete m. Voz más aguda que la natural.
falsificar tr. **1** Hacer una copia de una cosa para hacerla pasar por auténtica. **2** Falsear.
falso, a adj. **1** Que no es verdadero o auténtico. **2** Que conduce a engaño. **3** Que muestra unos sentimientos que no siente en realidad.
falta f. **1** Error en la expresión oral o escrita. **2** Carencia de una cosa. **3** Ausencia de una persona. **4** Incumplimiento de un deber. **5** Acción censurable. **6** Incumplimiento de una regla deportiva.
faltar intr. **1** No estar una persona o cosa en el lugar donde debería. **2** Tener que transcurrir cierto tiempo para llegar a cierto estado o situación. **3** Quedar todavía una cosa por hacer o suceder. **4** No haber una cosa o ser insuficiente. **5** No cumplir. ◆ tr./intr. **6** Tratar sin respeto.
falto, a adj. **1** Que carece de lo necesario o tiene poco de ello. **2** ARG Tonto.
faltriquera f. **1** Bolsa que se lleva atada a la cintura por debajo de la ropa. **2** *Formal.* Bolsillo.
fama f. **1** Circunstancia de ser una persona o cosa muy conocida. **2** Opinión sobre una persona o una cosa.
famélico, a adj. **1** *Formal.* Hambriento. **2** *Formal.* Muy delgado.
familia f. **1** Grupo de personas que tienen lazos de parentesco. **2** Hijo o conjunto de hijos de una persona. **3** Categoría de clasificación de los seres vivos inferior a la de orden.
familiar adj. **1** Relativo a la familia. ◆ m. **2** Persona que pertenece a la misma familia que otra. ◆ adj. **3** Muy conocido. **4** Sencillo, natural. **5** Coloquial.
famoso, a adj./s. Que tiene fama.
fan m. y f. Admirador.
fanático, a adj./s. **1** Que defiende una creencia con gran vehemencia y se muestra intolerante con el resto. **2** Que admira a una persona o cosa con entusiasmo desmesurado.
fancine m. ESP Fanzine.
fandango m. **1** Baile popular español. **2** Música de este baile. **3** *Fam.* Ruido, alboroto.

fanega f. ESP Medida de capacidad para áridos. ◇ **~ de tierra** ESP Medida agraria de superficie.
fanerógamo, a adj./f. Se dice de la planta vascular con semillas.
fanfarria f. Banda de música de carácter popular.
fanfarrón, na adj./s. Que presume de lo que en realidad no es.
fango m. Lodo blando y viscoso.
fantasía f. **1** Facultad de imaginar cosas que no existen. **2** Cosa imaginada.
fantasma m. **1** Espíritu que se aparece a los vivos. **2** Idea irreal, en especial la que atormenta. ◆ adj./m. y f. **3** *Fam.* ESP Fanfarrón.
fantasmagórico, a adj. Que es una ilusión de los sentidos.
fantástico, a adj. **1** Que es producto de la imaginación. **2** Relativo a la fantasía. **3** Que destaca por sus buenas cualidades. **4** Que se deja llevar por la imaginación. ◆ adv. **5** *Fam.* Muy bien.
fantoche m. **1** Marioneta. **2** Persona ridícula y grotesca.
fanzine o **fancine** m. ESP Publicación cultural de bajo coste y corta tirada.
faquir o **fakir** m. Religioso oriental que realiza actos de mortificación.
farad o **faradio** m. Unidad de capacidad eléctrica del Sistema Internacional, de símbolo F.
faralá m. **1** ESP Volante de algunos trajes populares. **2** ESP Adorno exagerado.
farallón m. Roca alta y afilada que sobresale en el mar.
farándula f. Profesión y ambiente de las gentes del espectáculo.
faraón m. Soberano del antiguo Egipto.
fardar intr. **1** *Fam.* ESP Presumir, alardear. **2** *Fam.* ESP Resultar muy vistoso.
fardo m. Paquete atado de forma que queda muy apretado.
farfullar tr. Hablar deprisa y atropelladamente.
faringe f. Conducto que comunica la boca con el esófago.
faringitis f. Inflamación de la faringe.
fariseo, a adj./s. **1** De la secta judía, surgida en el s. II a. C., que observaba con austeridad y rigor la Ley de Moisés. **2** Hipócrita.
farlopa f. *Argot.* ESP Cocaína.
farmacia f. **1** Establecimiento donde se venden medicamentos. **2** Ciencia que se ocupa de la preparación de medicamentos.
fármaco m. Sustancia para curar enfermedades.
faro m. **1** Torre alta que emite luz para orientar de noche a los navegantes. **2** Foco de luz que llevan los automóviles en la parte delantera.
farol m. **1** Luz para alumbrar protegida por una caja transparente. **2** Jugada falsa para desorientar al contrario. **3** Mentira que se dice para presumir o engañar.

farola f. Farol para alumbrar las calles.
farolillo m. **1** Farol de papel o plástico que se usa como adorno en las fiestas. **2** Planta de jardín con flores en forma de campanilla.
farra f. *Fam.* Juerga.
farragoso, a adj. Se dice del texto desordenado y confuso.
farruco, a adj. *Fam.* ESP Muy obstinado.
farsa f. **1** Obra de teatro breve, cómica o satírica. **2** Acción para engañar o aparentar.
fascículo m. Parte de un libro que se publica periódicamente en forma de cuadernillo.
fascinar tr. Causar fascinación.
fascismo m. Movimiento político y social de carácter nacionalista, totalitario, militarista y antimarxista.
fase f. **1** Estado diferenciado en un proceso. **2** Aspecto de un planeta desde un punto determinado.
fastidio m. Disgusto, molestia.
fasto, a adj. **1** Venturoso. ◆ m. **2** Lujo extraordinario.
fastuoso, a adj. Que está hecho con lujo extraordinario.
fatal adj. **1** Que es perjudicial o muy malo. **2** Inevitable. ◆ adv. **3** Muy mal.
fático, a adj. Se dice de la función del lenguaje por la que se mantiene abierta la comunicación.
fatídico, a adj. Que causa o anuncia desgracias.
fatiga f. **1** Sensación de cansancio después de un gran esfuerzo. **2** Dificultad al respirar. **3** *Fam.* Sufrimiento, penalidad.
fatuo, a adj./s. Engreído.
fauces f.pl. Parte posterior de la boca de los mamíferos.
fauna f. Conjunto de las especies animales.
fauno m. Divinidad romana con patas y cuernos de macho cabrío.
fauvismo m. Movimiento pictórico surgido en París a principios del s. XX.
favela f. Vivienda característica de los suburbios de Brasil.
favor m. **1** Ayuda, servicio. **2** Apoyo, privilegio.
favorable adj. Que favorece, ayuda o beneficia.
favorecer tr. **1** Ayudar, apoyar. **2** Tratar a una persona mejor que a otra sin valorar sus méritos o lo que es justo. **3** Sentar bien.
favorito, a adj. **1** Que es considerado el mejor. ◆ adj./s. **2** Que tiene más posibilidades de ganar una competición. ◆ s. **3** Persona que goza del apoyo de un rey o una autoridad.
fax m. **1** Sistema para enviar y recibir información gráfica a través de la línea telefónica. **2** Aparato usado en este sistema. **3** Mensaje transmitido mediante ese sistema.
faz f. **1** *Formal.* Cara, rostro. **2** *Formal.* Superficie.
fe f. **1** Confianza en alguien o algo. **2** Virtud teologal del cristianismo.

3 Conjunto de creencias y dogmas de una religión. **4** Intención de una persona. ◇ **dar ~** Certificar.
febrero m. Segundo mes del año.
febril adj. **1** Relativo a la fiebre. **2** Muy intenso.
fecal adj. Relativo a los excrementos.
fecha f. **1** Indicación del tiempo y a menudo el lugar en que se hace u ocurre una cosa. **2** Tiempo en que se hace u ocurre una cosa.
fechoría f. Acción mala.
fécula f. Polisacárido de ciertas plantas.
fecundar tr. Hacer que un gameto masculino se una a otro femenino para dar origen a un nuevo ser.
fecundo, a adj. **1** Que es capaz de fecundar. **2** Que produce o crea en abundancia.
federación f. **1** Unión entre personas, grupos sociales o estados para un fin común. **2** Organismo, entidad o estado resultante de esta unión. **3** Estado formado por territorios que se gobiernan por leyes propias.
federalismo m. Sistema político de una federación.
fehaciente adj. Que demuestra algo de forma clara e indudable.
feldespato m. Mineral compuesto de silicatos de aluminio.
felicidad f. Estado de ánimo de la persona que se encuentra plenamente satisfecha.
felicitar tr. **1** Manifestar alegría y satisfacción a una persona por algo que le ha ocurrido. **2** Manifestar a una persona el deseo de que sea feliz.
félido, a o **felino, a** adj./m. Se dice del mamífero carnívoro de cabeza redondeada, hocico corto y ancho, y uñas retráctiles.
feligrés, sa s. **1** Miembro de una parroquia. **2** *Fam.* Cliente de un establecimiento.
felino, a adj. **1** Relativo al gato. ◆ adj./m. **2** Félido.
feliz adj. **1** Que siente o causa felicidad. **2** Acertado, adecuado.
felonía f. *Formal.* Traición.
felpa f. Tejido absorbente con que se confeccionan toallas.
felpudo m. Alfombra para limpiarse los zapatos.
femenino, a adj. **1** Se dice del ser vivo que posee órganos para ser fecundado. **2** Relativo a estos seres vivos. **3** Relativo a la mujer o propio de ella. ◆ adj./m. **4** Se dice del género de los sustantivos que significan personas o animales de sexo femenino, así como de los adjetivos, determinantes y pronombres que concuerdan con ellos.
fémina f. *Formal.* Mujer.
feminismo m. Movimiento social que defiende la igualdad entre sexos.
femoral adj. Relativo al fémur.
fémur m. Hueso del muslo.
fenecer intr. *Formal.* Morir.
fenicio, a adj./s. **1** De Fenicia. ◆ m./adj. **2** Lengua hablada por

los fenicios. ◆ adj./s. **3** *Fam.* Que tiene habilidad para los negocios.

fénix m. Ave fabulosa que renacía de sus cenizas.

fenol m. Compuesto orgánico extraído del alquitrán de hulla.

fenomenal adj. **1** Muy grande o fuerte. **2** Estupendo, maravilloso. ◆ adv. **3** Muy bien.

fenómeno m. **1** Manifestación material o espiritual. ◆ adj./m. y f. **2** Se dice de la persona de cualidades destacables.

fenomenología f. **1** Escuela filosófica que analiza los fenómenos. **2** Conjunto de fenómenos que caracterizan algo.

fenotipo m. Conjunto de caracteres observables en un ser vivo en que se expresa un genotipo.

feo, a adj. **1** Que carece de belleza. **2** Que parece malo o poco favorable. ◆ m. **3** Desaire, desprecio.

féretro m. Ataúd.

feria f. **1** Mercado o exposición que se celebra en lugar y fecha determinados. **2** ESP Fiesta popular de una localidad. **3** ESP Lugar donde se montan diversas instalaciones con ocasión de esta fiesta. **4** MÉX Dinero suelto, cambio.

fermentación f. Acción de fermentar.

fermento m. **1** Sustancia que provoca la fermentación de otra sustancia. **2** Origen, o estímulo.

fermi m. Unidad de longitud utilizada en física nuclear.

fermio m. Elemento químico (metal) de símbolo Fm.

feromona m. Sustancia segregada por un animal que influye en el comportamiento de otros de la misma especie.

feroz adj. **1** Fiero, cruel. **2** *Fam.* Muy grande, intenso.

férreo, a adj. **1** De hierro. **2** Muy duro, firme o tenaz. **3** Relativo al ferrocarril.

ferretería f. Establecimiento donde se venden herramientas y otros objetos de metal.

ferrocarril m. **1** Tren. **2** Conjunto de instalaciones, equipos, y empleados que hacen funcionar este transporte.

ferrocarrilero, a adj. AMÉR Ferroviario.

ferroviario, a adj. **1** Relativo al ferrocarril. ◆ s. **2** Trabajador de una estación de ferrocarril o conductor de tren.

ferruginoso, a adj. Que contiene hierro.

ferry m. Embarcación de gran tamaño destinada al transporte de pasajeros, vehículos y cargas pesadas.

fértil adj. **1** Que es capaz de fecundar. **2** Que produce o crea en abundancia.

fertilizar tr. **1** Hacer fértil la tierra. **2** Fecundar.

fervor m. Entusiasmo, dedicación y respeto con que se hace algo.

festejar tr. **1** Celebrar con una fiesta. ◆ intr. **2** Tener un noviazgo. ◆ tr. **3** Hacer la corte. **4** MÉX Azotar.

festejo m. Acción y efecto de festejar.

festín m. Comida abundante.

festival m. Conjunto de actuaciones dedicadas a un arte o a un artista.

festividad f. **1** Día en que se celebra una fiesta. **2** Fiesta o acto solemne.

festón m. Bordado en forma de ondas o puntas.

fetiche m. Objeto al que se atribuyen cualidades mágicas.

fetichismo m. Culto y adoración a los fetiches.

fétido, a adj. Que despide un olor muy desagradable.

feto m. **1** Embrión de los mamíferos desde que adquiere la forma característica de su especie. **2** *Fam. y desp.* Persona muy fea.

feudalismo m. **1** Sistema de gobierno y de organización económica y social propio de la Edad Media. **2** Período de la Edad Media en que se impuso este sistema.

feudo m. **1** Contrato o relación que se establecía entre un soberano o gran señor y un noble. **2** Tierra, bien o derecho concedidos por el rey o gran señor a su vasallo.

fi f. Letra del alfabeto griego (Φ/φ).

fiador, ra s. **1** Persona que responde por otra en un pago. **2** Persona que vende sin exigir que se pague al contado.

fiambre m. **1** Carne preparada para ser conservada durante tiempo que se come fría. **2** *Fam.* Cadáver.

fiambrera f. Recipiente para conservar o llevar comida.

fianza f. **1** Dinero u objeto de valor que se da para asegurar el cumplimiento de un pago. **2** Obligación de hacer lo que corresponde a otra persona en caso de que esta no lo cumpla.

fiar tr. **1** Vender una cosa sin exigir un pago al contado. **2** Garantizar una persona que otra cumplirá la obligación que ha contraído. **3** Confiar. ◆ prnl. **4** Tener confianza en una persona o cosa.

fiasco m. Desengaño, decepción.

fibra f. **1** Filamento que constituye el tejido orgánico o textura que presentan algunos productos químicos y minerales. **2** Filamento flexible usado para confeccionar tejidos.

fibrilar adj. Relativo a la fibra.

ficción f. **1** Cosa, hecho o suceso inventado. **2** Clase de obras literarias que narran historias inventadas.

ficha f. **1** Pieza de plástico u otro material a la que se le asigna un valor convencional. **2** Pedazo de papel u otro material donde se consignan datos. **3** Cartulina u hoja con ejercicios o información escolar.

fichar tr. **1** Anotar en una ficha los datos identificativos de una persona o una cosa. **2** *Fam.* Poner a una persona entre las que no inspiran confianza y someterla a vigilancia. ◆ tr./intr. **3** ESP Contratar a alguien. ◆ intr. **4** Marcar en una ficha los horarios de trabajo.

fichero m. **1** Conjunto de fichas ordenadas. **2** Mueble para guardar fichas. **3** Conjunto de información organizado y grabado en un soporte informático.

ficticio, a adj. **1** Falso, fingido. **2** Inventado.

ficus m. Árbol de origen tropical, de hojas grandes, fuertes y ovaladas.

fidedigno, a adj. Digno de fe o confianza.

fideicomiso m. Disposición por la que una persona deja su herencia encomendada a otra para que, en situación y período determinados, la gestione del modo que se le indica.

fidelidad f. Cualidad de fiel.

fideo m. **1** Pasta italiana con forma de hilo corto. **2** *Fam.* Persona muy delgada.

fiduciario, a adj. Que depende del crédito o confianza que merece.

fiebre f. Aumento patológico de la temperatura normal del cuerpo.

fiel adj. **1** Que es firme y constante en sus afectos, ideas y obligaciones. ◆ adj./m. y f. **2** Creyente. ◆ adj. **3** Se dice del animal doméstico que muestra apego y sumisión a su dueño. **4** Exacto. ◆ m. Aguja que marca el peso en una balanza.

fieltro m. Tela hecha de borra, lana o pelo prensados y sin tejer.

fiera f. **1** Animal salvaje. **2** Persona violenta.

fiero, a adj. **1** Relativo a las fieras. **2** Cruel, violento.

fierro m. AMÉR Varilla metálica que se utiliza candente para marcar el ganado.

fiesta f. **1** Reunión de varias personas para celebrar un acontecimiento o para divertirse. **2** Día o conjunto de días en que se celebra una conmemoración religiosa o civil. **3** Muestra de afecto.

figura f. **1** Forma exterior. **2** Representación gráfica. **3** Espacio geométrico delimitado por líneas o planos. **4** Pieza del ajedrez y de otros juegos de mesa. **5** Naipe de una baraja que representa a una persona. **6** Cosa que representa otra. **7** Signo musical que representa la duración de cada sonido.

figurado, a adj. Se dice del significado de una palabra o expresión que se aparta del literal.

figurar intr. **1** Estar presente en un lugar o formar parte de algo. **2** Destacar, sobresalir.

figurativo, a adj. **1** Que representa algo. **2** Se dice del arte o artista que representa personas, animales y objetos reales y reconocibles.

fijación f. **1** Acción de fijar o fijarse. **2** Obsesión, manía.

fijador, ra adj. **1** Que fija. ◆ adj./s. **2** Se dice de la persona que fija carteles. ◆ m. **3** Utensilio para fijar cosas. **4** Sustancia para fijar cosas.

fijar tr. **1** Hacer que una cosa quede inmóvil. **2** Hacer estable. **3** Determinar una fecha. **4** Dirigir la atención, la mirada, etc., hacia un punto determinado. ◆ prnl. **5** Darse cuenta.

fijo, a adj. **1** Que está quieto, sujeto o asegurado. **2** Que está establecido. **3** Permanente.

fila f. **1** Serie de personas o cosas colocadas formando una línea. **2** Categoría. ◆ f.pl. **3** Colectivo de personas, en especial de carácter político.

filamento m. Cuerpo que tiene forma de hilo muy fino.

filantropía f. Amor al género humano.

filarmónica f. MÉX Acordeón.

filarmónico, a adj./s. **1** Que siente pasión y entusiasmo por la música. ◆ adj./f. **2** Se dice de la orquesta que puede incluir instrumentos e interpretar obras poco habituales en la sinfónica.

filatelia f. **1** Afición y arte de coleccionar sellos de correos. **2** Establecimiento donde se venden sellos para coleccionar.

filete m. **1** Loncha de carne, pescado o ave sin huesos o espinas. **2** Línea larga y fina de adorno.

filia f. Simpatía, afición.

filiación f. **1** Condición de ser hijo de unos padres. **2** Conjunto de datos personales. **3** Hecho de estar afiliado a una organización.

filial adj. **1** Relativo al hijo. ◆ adj./f. **2** Se dice de la empresa cuya actividad económica depende de otra que participa mayoritariamente en su capital. ◆ adj./m. **3** ESP Se dice del equipo que pertenece al mismo club que otro de categoría superior.

filibustero m. Pirata que en el s. XVII actuaba en las Antillas.

filigrana f. **1** Obra de orfebrería hecha con hilos de oro o plata. **2** Acción de gran perfección.

filípica f. Crítica, reprensión severa.

filipino, a adj./s. De Filipinas.

filisteo, a adj./s. **1** De un pueblo que habitó el sudoeste de Palestina hasta el s. VII a. C. **2** Que es vulgar y carece de sensibilidad artística.

film m. **1** Filme. **2** Capa muy fina de una sustancia.

filmar tr. Registrar con una cámara imágenes.

filme m. Película cinematográfica.

filmografía f. Conjunto de películas cinematográficas con una característica común.

filmoteca f. **1** Institución donde se guarda y conserva material cinematográfico. **2** Colección de películas.

filo m. **1** Borde afilado de un instrumento cortante. ◆ **2** Fílum.

filogenia f. Desarrollo y evolución general de una especie.

filología f. Ciencia que estudia la lengua, literatura y cultura de un pueblo a través de sus textos escritos.

filón m. **1** Masa mineral que llena una grieta de una formación mineral o rocosa más antigua. **2** Persona, cosa o situación de los que se puede obtener gran provecho.

filosofía f. **1** Conjunto de razonamientos sobre la esencia, las propiedades, las causas y los efectos de las cosas naturales, en especial sobre el ser humano y el universo. **2** Forma de pensar o de entender la vida.

filoxera f. Insecto que ataca la vid.

filtrar tr. **1** Hacer pasar por un filtro. **2** Dejar pasar un cuerpo sólido un fluido a través de sus poros. **3** Pasar una noticia de forma oculta. ◆ intr./prnl. **4** Penetrar un fluido en un cuerpo sólido a través de sus poros.

filtro m. **1** Objeto o material que contiene poros de determinado tamaño a través del cual se hace pasar un fluido para separar las partículas que tiene en suspensión. **2** Pantalla o cristal que refleja ciertos rayos de luz y deja pasar otros. **3** Procedimiento para seleccionar lo que se considera más importante. **4** Bebida a la que se atribuyen efectos mágicos.

fílum m. Categoría taxonómica de clasificación de los seres vivos inferior a la de reino.

fimosis f. Estrechez del prepucio que impide descubrir el glande.

fin m. **1** Momento o lugar en que termina algo. **2** Finalidad. ◇ **a ~ de** Para. ◇ **al ~ y al cabo** Después de todo. ◇ **~ de semana** Período que comprende el sábado y el domingo.

finado, a s. *Formal.* Persona muerta.

final adj. **1** Que es el último. **2** Que es definitivo. ◆ m. **3** Fin. ◆ f. **4** Último enfrentamiento de una competición deportiva. ◆ adj./f. **5** Se dice de la oración o proposición que expresa un fin o finalidad.

finalidad f. Motivo, objetivo o función.

finalista adj./m. y f. Se dice de la persona u obra que llega a la final de una competición o un concurso.

finalizar tr./intr. Hacer que algo llegue a su fin.

financiar tr. Dar dinero para fomentar una actividad.

financista adj./m. y f. AMÉR Que financia.

finanzas f.pl. **1** Conjunto de actividades relacionadas con el dinero. **2** Conjunto de bienes de una persona.

finca f. Propiedad inmueble.

finés, sa adj./s. **1** De un pueblo que invadió el norte de Europa y dio nombre a Finlandia. ◆ m./adj. **2** Finlandés.

fineza f. **1** Dicho o acto afectuoso. **2** Buena educación.

fingir tr. Hacer creer una cosa que no es verdad.

finiquitar tr. **1** Pagar completamente una deuda. **2** *Fam.* Acabar.

finisecular adj. Relativo al fin de un siglo.

finito, a adj. **1** Que tiene fin o límite. **2** Se dice del conjunto que tiene un número de elementos contables.

finlandés, sa o **finés, sa** adj./s. **1** De Finlandia. ◆ m./adj. **2** Lengua hablada en Finlandia.

fino, a adj. **1** Que tiene poco grosor. **2** Que se comporta con cortesía y delicadeza. **3** De buena calidad. **4** Suave, liso. **5** Se dice del metal que es muy puro. **6** Listo, astuto. ◆ m. **7** Vino blanco de Jerez.

finta f. En algunos deportes, movimiento rápido para despistar al contrario.

fiordo m. Valle de origen glaciar invadido por el mar.

firma f. **1** Autógrafo. **2** Acción de firmar. **3** Sociedad comercial.

firmamento m. Espacio en el que se mueven los astros.

firme adj. **1** Que es estable y seguro. **2** Duro, consistente. **3** Que es seguro. **4** Inalterable, definitivo. **5** Que está convencido de lo que piensa y hace. ◆ m. **6** Capa de terreno sobre el que se puede construir. ◆ adv. **7** Con valor, energía y constancia.

firmeza f. **1** Cualidad de firme. **2** ARG Baile popular ejecutado siguiendo el estribillo.

firulete m. ARG, BOL, CH, PERÚ, URUG Adorno ridículo y exagerado.

fiscal adj. **1** Relativo al fisco, al fiscal o a la fiscalía. ◆ m. y f. **2** Representante del estado en un tribunal de justicia que se encarga de sostener la acusación pública.

fisco m. **1** Administración de los bienes de un estado. **2** Conjunto de bienes de un estado.

fisgar tr./intr. Procurar enterarse con disimulo de un asunto.

fisgonear tr./intr. Fisgar.

física f. Ciencia que estudia las propiedades de la materia y de la energía y establece las leyes que explican los fenómenos naturales.

físico, a adj. **1** Relativo a la física. **2** Relativo al cuerpo humano o animal. ◆ s. **3** Persona que se dedica a la física. ◆ m. **4** Aspecto exterior de una persona.

fisiología f. Parte de la biología que estudia las células y los tejidos de los organismos vivos.

fisión f. Fragmentación del núcleo de un átomo pesado de uranio, plutonio o torio.

fisioterapia f. Tratamiento de ciertas enfermedades y lesiones físicas a través de masajes o ejercicios físicos controlados.

fisonomía f. **1** Aspecto particular de la cara de una persona. **2** Aspecto exterior.

fístula f. Conducto anormal que comunica un órgano interno con el exterior.

fisura f. Grieta, abertura.

fitófago, a adj./s. Se dice del animal que se alimenta de vegetales.

flácido, a o **fláccido, a** adj. Blando, de poca consistencia.

flaco, a adj. Que tiene poca grasa y carne.

flagelar tr. Azotar.

flagelo m. **1** Instrumento para azotar. **2** Calamidad. **3** Orgánulo en forma de filamento.

flagrante adj. **1** Que ocurre en el presente. **2** Muy claro y evidente.

flamante adj. Que llama la atención por tener buen aspecto o estar recién hecho.

flambear tr. Rociar un alimento con un licor y prenderle fuego para que quede el sabor.

flamear intr. **1** Despedir llamas. **2** Moverse en el aire una bandera o vela. ◆ tr. **3** Someter a la acción de una llama.

flamenco, a m./adj. **1** Estilo de cante y baile originado por la fusión de elementos andaluces, gitanos y orientales. ◆ adj./s. **2** Se dice de la persona que interpreta, canta o baila este estilo. **3** Arrogante. ◆ m. **4** Ave zancuda que tiene la cabeza, espalda y cola de color rosa. ◆ adj./s. **5** De Flandes. ◆ m./adj. **6** Lengua germánica hablada en algunas zonas de Bélgica y Francia.

flamígero, a adj. **1** Que arroja llamas o imita su forma. **2** Se dice del último período del estilo gótico.

flan m. Postre elaborado con yemas de huevo, leche y azúcar y cuajado al baño María.

flanco m. Parte lateral.

flanquear tr. Estar colocado a ambos flancos de algo.

flaquear intr. **1** Perder fuerza. **2** Mostrarse débil.

flaqueza f. **1** Debilidad, falta de entereza. **2** Estado de la persona flaca.

flash o **flas** m. **1** Dispositivo de una cámara fotográfica que emite una luz intensa al disparar. **2** Destello luminoso de este dispositivo. **3** Noticia breve y de última hora.

flato m. **1** Acumulación de gases en el aparato digestivo. **2** AMÉR Melancolía.

flatulencia f. Molestia debida a la acumulación de gases en el intestino.

flauta f. Instrumento musical de viento que consiste en un tubo con agujeros.

flebitis f. Inflamación de las venas.

flecha f. **1** Proyectil que consiste en una vara delgada, ligera y con una punta afilada triangular. **2** Signo con la forma de este proyectil.

flechazo m. **1** Lanzamiento de una flecha. **2** Herida que produce una flecha. **3** *Fam.* Enamoramiento repentino.

fleco m. **1** Hilo o cordoncillo que está unido a otros por un extremo y suelto por el otro, con que se adorna una tela o una prenda de vestir. **2** Problema poco importante que está pendiente de resolución.

flema f. **1** Mucosidad pegajosa de las vías respiratorias que se expulsa por la boca. **2** Apatía, calma.

flemático, a adj. Que actúa con mucha flema o calma.

flemón m. Inflamación del tejido conjuntivo.

flequillo m. Cabello que cae sobre la frente.

fletar tr. **1** Alquilar un vehículo para transportar mercancías o personas. **2** CH, PERÚ Hacer objeto a alguien de una acción o una palabra agresiva. ◆ **prnl. 3** CUBA, MÉX Marcharse de pronto.

flete m. **1** Precio del alquiler de una nave. **2** Carga de una nave. **3** AMÉR Carga. **4** ARG Caballo ligero.

fletero, a adj. **1** AMÉR Se dice del vehículo alquilado para transporte. ◆ s. **2** AMÉR Persona encargada de cobrar el precio del transporte. **3** AMÉR Persona que se dedica al transporte de mercancías. ◆ m. **4** CH, PERÚ Hombre que, en los puertos, se encarga de transportar personas o mercancías entre las naves y los muelles.

flexible adj. **1** Que puede doblarse fácilmente. **2** Que se adapta fácilmente a las circunstancias.

flexión f. **1** Movimiento que consiste en doblar el cuerpo o uno de sus miembros. **2** Cambio de forma que experimenta una palabra mediante un afijo. **3** Deformación, curvatura.

flexivo, a adj. **1** Se dice del morfema que, unido a un lexema, indica el género y número en el nombre y el adjetivo, y el número, persona, tiempo y modo en el verbo. **2** Se dice de la lengua que tiene flexión gramatical.

flexo m. ESP Lámpara de mesa con brazo flexible.

flexor, ra adj./m. Que produce un movimiento de flexión.

flipar intr. **1** *Fam.* ESP Tener alucinaciones. **2** *Fam.* ESP Producir una droga alucinaciones. **3** *Fam.* ESP Entusiasmar.

flirtear intr. Intentar agradar a una persona para establecer una relación amorosa.

flojo, a adj. **1** Que está poco apretado o ajustado. **2** Que tiene poca fuerza. **3** Que tiene diarrea. **4** Se dice de la risa que se produce por cualquier cosa. **5** Que no tiene mucha calidad. **6** Se dice del sonido que se articula con poca tensión muscular. ◆ **adv. 7** De forma floja.

flor f. **1** Parte de una planta, de colores vistosos, donde se encuentran sus órganos reproductores. **2** Parte más importante de algo. **3** Piropo. ◇ **~ y nata** Conjunto de personas o cosas que son lo mejor o más selecto.

flora f. Conjunto de las plantas de un medio.

florecer intr. **1** Echar flores. **2** Prosperar. ◆ prnl. **3** Formarse una capa de moho en la superficie de algo.

florentino, a adj./s. De Florencia.

florero m. Recipiente más ancho que alto que sirve para poner flores.

floresta f. Terreno frondoso poblado de árboles.

florete m. Espada para practicar esgrima con hoja de cuatro aristas sin filo.

floricultura f. Cultivo de flores.

florido, a adj. **1** Que tiene flores. **2** Que es lo mejor o más selecto en su género. **3** Se dice del lenguaje adornado con figuras retóricas. **4** Lucido.

florín m. Unidad monetaria de los Países Bajos (hasta su sustitución por el euro en el año 2002), Hungría y otros países.

floritura f. **1** Adorno complejo. **2** Conjunto de notas que se añade a la melodía.

flota f. **1** Conjunto de barcos u otros vehículos que realizan la misma actividad. **2** CH, ECUAD Multitud, caterva.

flotador m. Utensilio para flotar en el agua.

flotar intr. Mantenerse un cuerpo sobre la superficie de un líquido o suspendido en un medio gaseoso.

flote ◇ **a ~** Flotando en un líquido. ◇ **salir a ~** Superar una dificultad.

fluctuar intr. Experimentar una variación de valor, medida, intensidad o cualidad.

fluido, a m./adj. **1** Sustancia cuyas moléculas presentan gran movilidad y se desplazan libremente. ◆ adj. **2** Que tiene consistencia blanda y adapta su forma con facilidad. **3** Que se desarrolla sin interrupciones. **4** Se dice del lenguaje sencillo, claro y bien estructurado.

foliación f. **1** Aparición, desarrollo o disposición de las hojas en una planta. **2** Numeración de las páginas de un escrito.

folículo m. **1** Glándula en forma de saco de la piel o las mucosas. **2** Fruto sencillo y seco que se abre por una sutura.

folio m. **1** Hoja de papel, en especial la que equivale a dos cuartillas. **2** Hoja de un escrito o libro.

folíolo o **foliolo** m. Cada división primaria de una hoja compuesta.

folk m. Estilo musical que combina la música tradicional con el rock.

follaje m. **1** Conjunto de hojas y ramas de un árbol o planta. **2** Adorno de hojas y ramas.

follar intr. *Vulg.* ESP Copular.

folletín m. **1** Relato publicado en un periódico o revista por entregas. **2** Obra que presenta una historia sentimental con elementos conmovedores.

folleto m. Impreso informativo o publicitario de corta extensión.

follón m. **1** *Fam.* ESP Situación confusa o desordenada. **2** *Fam.* ESP Discusión.

fomentar tr. Estimular la actividad o intensidad de algo.

fon o **fonio** o **fono** m. Unidad de sonoridad o percepción sonora.

fonación f. Producción de la voz humana.

fonda f. Establecimiento de categoría inferior al hostal.

fondear tr./intr. **1** Asegurar una embarcación con un ancla o peso. ◆ tr. **2** Reconocer el fondo del agua. ◆ prnl. **3** AMÉR Enriquecerse.

fondo m. **1** Parte más baja de una cosa hueca. **2** Distancia entre esta parte y un punto tomado como referencia. **3** Parte opuesta a la entrada. **4** Suelo del mar, río, etc. **5** Parte principal de un asunto. **6** Carácter o parte íntima de una persona. **7** Parte de un cuadro sobre la que destacan los dibujos. **8** Resistencia física. ◆ m.pl. **9** Dinero disponible.

fonema m. Unidad fonológica mínima que se opone a otra para diferenciar significados.

fonendoscopio m. Instrumento para auscultar.

fonética f. **1** Parte de la lingüística que estudia los sonidos de las lenguas. **2** Conjunto de sonidos de una lengua.

fónico, a adj. Relativo a la voz o los sonidos.

fono m. AMÉR SUR Auricular del teléfono.

fonología f. Parte de la lingüística que estudia los fonemas.

fonoteca f. **1** Lugar donde se conservan documentos sonoros. **2** Conjunto de documentos sonoros.

fontanela f. Espacio membranoso del cráneo.

fontanero, a s. AMÉR CENTRAL, ESP, MÉX Persona que instala o repara conducciones de agua.

footing m. Ejercicio físico que consiste en correr a un ritmo moderado.

forajido, a adj./s. Que vive al margen de la ley y alejado de lugares poblados.

foral adj. **1** Relativo al fuero o los fueros. **2** Que tiene fueros propios.

foraminífero adj./m. Se dice del protozoo marino con una envoltura formada por quitina y carbonato cálcico.

foráneo, a adj. *Formal.* Forastero.

forastero, a adj./s. Que proviene de otro lugar.

forcejear intr. Hacer fuerza para vencer una resistencia.

fórceps m. Instrumento usado para ayudar a salir al bebé en un parto difícil.

forense adj. **1** Relativo a los tribunales de justicia. ◆ adj./m. y f. **2** Se dice del médico que por orden de un juez determina el origen de las lesiones o las causas de la muerte de una persona.

forestal adj. Relativo al bosque.

forja f. **1** Acción de forjar. **2** Taller donde se forja un metal. **3** Mezcla de cal, arena y agua.

forjar tr. **1** Trabajar un metal. **2** Crear o formar una cosa.

forma f. **1** Figura exterior. **2** Modo de ser o actuar. **3** Modo de manifestarse. **4** Hostia sagrada. **5** Aspecto de una palabra. ◆ f.pl. **6** Modales.

formación f. **1** Acción de formar. **2** Cosa que se ha formado. **3** Conjunto ordenado de personas o cosas. **4** Conjunto de rocas o minerales depositados en un lugar durante el mismo período geológico.

formal adj. **1** Que tiene formalidad. **2** Que cumple sus obligaciones. **3** Relativo a la forma.

formalidad f. **1** Requisito indispensable para alguna cosa. **2** Corrección, educación.

formalizar tr. **1** Dar seriedad y estabilidad. **2** Hacer que una cosa cumpla los requisitos necesarios.

formar tr. **1** Dar forma o aspecto exterior. **2** Crear. **3** Dar preparación intelectual o profesional. ◆ intr. **4** Colocarse en determinado orden varias personas.

formatear tr. En informática, preparar y optimizar un disco.

formato m. **1** Forma y tamaño de un libro, un impreso, una fotografía, etc. **2** Anchura de una película. **3** En informática, disposición para formalizar los datos de un documento.

formica f. Laminado plástico y brillante con que se forran algunas maderas.

fórmico, a adj. Se dice del ácido orgánico, incoloro e irritante, presente en ortigas, hormigas, abejas, etc.

formidable adj. Que destaca entre otros de su misma clase.

formol m. Líquido desinfectante que se usa para conservar seres orgánicos muertos.

fórmula f. **1** Escrito en que se describe la composición y preparación de un producto. **2** Forma establecida para hacer algo. **3** Expresión simbólica de la relación entre variables matemáticas o de la composición química de una sustancia. **4** Categoría de automovilismo.

formular tr. **1** Expresar mediante una fórmula. **2** Expresar con palabras.

formulario, a adj. **1** Relativo al modo establecido para hacer algo. ◆ m. **2** Impreso con espacios para anotar los datos solicitados.

fornicar intr. Realizar el acto sexual fuera del matrimonio.

fornido, a adj. Fuerte, de gran corpulencia.
foro m. **1** Plaza de las ciudades de la antigua Roma, que era el centro cívico, administrativo y judicial. **2** Coloquio, debate. **3** Fondo del escenario. **4** Espacio de Internet en el que varias personas debaten o resuelven dudas.
forofo, a s. ESP Persona a la que le gusta mucho una actividad determinada.
forraje m. Hierba para alimentar el ganado.
forrar tr. **1** Poner un forro. ◆ prnl. **2** *Fam.* Ganar mucho dinero.
forro m. **1** Pieza con que se cubre un objeto para protegerlo. **2** Tela que se cose en el interior de una prenda de vestir.
fortachón, na adj. *Fam.* Fuerte, corpulento.
fortalecer tr. Hacer más fuerte.
fortaleza f. **1** Fuerza física o moral. **2** Recinto fortificado.
fortificar tr. **1** Hacer más fuerte. **2** Proteger un lugar con construcciones defensivas.
fortín m. Fuerte pequeño.
fortuito, a adj. Que sucede por casualidad.
fortuna f. **1** Causa que supuestamente hace que ocurra una cosa no condicionada por la relación de causa y efecto ni por la intervención humana o divina. **2** Suerte favorable. **3** Cantidad de dinero o bienes.
fórum m. Debate.
forúnculo m. Furúnculo.
forzar tr. **1** Obligar a una persona a hacer algo. **2** Abusar sexualmente. **3** Aplicar a algo un esfuerzo mayor del habitual. **4** Abrir mediante la fuerza. **5** Hacer que algo se produzca de un modo no natural.
forzudo, a adj./s. Que tiene mucha fuerza.
fosa f. **1** Hoyo hecho en la tierra, en especial para enterrar a los muertos. **2** Cavidad del cuerpo. **3** Estructura geológica alargada de la corteza terrestre o del fondo de los océanos.
fosfatina ◇ **hacer ~** *Fam.* ESP Destrozar.
fosfato m. Sal formada a partir del ácido fosfórico.
fosforescencia f. Propiedad de reflejar luz durante un largo tiempo después de la exposición a ella.
fosforito adj. *Fam.* ESP Que tiene fosforescencia.
fósforo m. **1** Elemento químico (no metal) de símbolo P. **2** Cerilla.
fósil m./adj. Vestigio, impresión o molde de una planta o animal preservados en una roca.
foso m. **1** Hoyo profundo, en especial el que rodea una fortaleza. **2** Piso inferior de un escenario. **3** Lugar con arena sobre el que caen los atletas de salto.
foto f. *Fam.* Fotografía.
fotocopia f. Copia fotográfica instantánea sobre papel de un escrito o dibujo.

fotodepilación f. Depilación mediante rayos láser.

fotofobia f. Intolerancia anormal a la luz.

fotogénico, a adj. Adecuado para la reproducción fotográfica.

fotografía f. **1** Técnica de obtención de imágenes por la acción química de la luz sobre una superficie. **2** Imagen obtenida por esta técnica.

fotograma m. Cada una de las imágenes de una película.

fotomatón m. ESP Cabina fotográfica pública.

fotómetro m. Aparato para medir la intensidad de una luz.

fotón m. Fracción mínima de luz.

fotonovela f. Serie de viñetas fotográficas acompañadas de textos o diálogos cortos.

fotosfera f. Capa más interna de la envoltura gaseosa del Sol.

fotosíntesis f. Proceso metabólico que tiene lugar en las células con clorofila.

fototropismo m. Reacción a la luz de ciertos seres vivos fijos al sustrato.

fotovoltaico, a adj. Que convierte la energía luminosa en energía eléctrica.

foxterrier m. y f./adj. Perro mediano, de orejas caídas, cola corta y pelo blanco con manchas oscuras.

fox-trot o **foxtrot** m. Baile y música de ritmo rápido que se puso de moda a partir de 1920.

foz m. Paso estrecho de un valle profundo.

frac m. Traje masculino de etiqueta, con dos faldones largos por detrás.

fracasar intr. Salir mal.

fracción f. **1** Parte dividida de un todo considerada por separado. **2** Operador formado por dos números enteros. **3** Grupo de personas que pertenecen a una asociación, en especial a un partido político.

fracturar tr. Romper violentamente, en especial un hueso.

fragancia f. Olor suave y muy agradable.

fraganti ◇ **in ~** o **infraganti** Expresión que indica que alguien es sorprendido en el preciso instante de cometer un delito o una falta.

fragata f. Barco de guerra menor que un destructor.

frágil adj. **1** Que se rompe o deteriora con facilidad. **2** Débil.

fragmento m. **1** Trozo de algo roto. **2** Parte de una obra literaria, artística, etc.

fragor m. Ruido muy fuerte y prolongado.

fragua f. **1** Horno para calentar metales. **2** Taller donde se forjan metales.

fraguar tr. **1** Trabajar un metal. ◆ intr. **2** Llegar a endurecerse el cemento. **3** Conseguir el efecto deseado una idea.

fraile m. Hombre que pertenece a una orden religiosa.

frailecillo m. Ave palmípeda del ártico.

frambuesa f. **1** Fruto del frambueso. ◆ adj./m. **2** Se dice del color rojo como el de este fruto.

frambueso m. Árbol parecido a la zarzamora.

francés, sa adj./s. **1** De Francia ◆ m./adj. **2** Lengua hablada en Francia.

francio m. Elemento químico (metal) de símbolo Fr.

franciscano, a adj./s. Se dice del religioso que pertenece a la orden fundada por san Francisco de Asís.

francmasonería f. Sociedad secreta internacional cuyos miembros se agrupan en logias.

franco, a adj. **1** Sincero. **2** Que no ofrece duda alguna. **3** Que no presenta obstáculos. **4** Que está libre de un pago. ◆ adj./s. **5** De un pueblo germánico que invadió la Galia romana en el s. V. ◆ m./adj. **6** Lengua hablada por este pueblo. ◆ adj./s. **7** *Formal.* Francés. ◆ m. **8** Unidad monetaria de Francia, Bélgica y Luxemburgo (hasta su sustitución por el euro en el año 2002) y de Suiza y otros países.

francotirador, ra s. Persona que dispara desde un lugar oculto.

franela f. Tejido fino de lana o algodón.

franja f. **1** Tira alargada de color que se distingue en una superficie. **2** Porción de algo.

franquear tr. **1** Apartar los obstáculos para poder pasar. **2** Pasar de un lado a otro. **3** Poner sellos a un envío.

franqueza f. Sinceridad.

franquicia f. Privilegio concedido para no pagar impuestos.

franquismo m. **1** Régimen político del general Francisco Franco. **2** Período histórico en que hubo este régimen.

frasco m. Recipiente pequeño de cristal, con cuello estrecho.

frase f. **1** Unidad lingüística compuesta de sujeto y predicado. **2** Conjunto de palabras con sentido que no llega a formar una oración. ◇ **~ hecha** Frase con significado convencional, que se reproduce siempre igual.

fraseología f. Conjunto de expresiones propias de una lengua.

fraternal adj. Propio de hermanos.

fraternidad f. Relación de afecto y confianza propia de hermanos.

fraterno, a adj. Fraternal.

fratricidio m. Asesinato de un hermano.

fraude m. Engaño para sacar un beneficio.

fray m. Tratamiento que se antepone al nombre propio de los frailes.

freático, a adj. Se dice del agua que se acumula bajo tierra sobre una capa impermeable.

frecuencia f. **1** Repetición habitual de un acto o suceso. **2** Número de veces que se repite un suceso en un intervalo. **3** Número de vibraciones, ondas o ciclos por unidad de tiempo determinada.

frecuentar tr. **1** Ir a un mismo lugar a menudo. **2** Tratar a una persona habitualmente.

fregadero m. Pila para fregar los utensilios de cocina.

fregado, a m. **1** Acción de fregar. **2** *Fam.* Asunto difícil o complicado. **3** AMÉR Mala persona. **4** *Fam. y desp.* AMÉR Majadero. **5** C RICA, COL, ECUAD, PAN Persona exigente y severa. ◆ **adj./s. 6** COL, PAN, PERÚ Terco. **7** EL SALV, MÉX Que está física, económica o moralmente mal. ◆ **adj./m. 8** AMÉR SUR Loco. ◆ **adj./s. 9** C RICA, ECUAD, MÉX Perverso.

fregar tr. **1** Limpiar una cosa frotándola con un estropajo u otro utensilio empapados en agua y jabón. **2** AMÉR Molestar.

fregona f. ESP Mocho para fregar.

freír tr. **1** Cocinar un alimento en aceite hirviendo. **2** *Fam.* Matar a tiros. ◆ **prnl. 3** Pasar mucho calor.

fréjol m. Fríjol.

frenar tr./intr. **1** Parar o reducir la velocidad con el freno. **2** Hacer que alguien se detenga. **3** Disminuir la intensidad de algo.

frenesí m. **1** Exaltación violenta del ánimo. **2** Manifestación exaltada de un sentimiento.

frenético, a adj. Que muestra frenesí.

frenillo m. **1** Membrana que sujeta la lengua al suelo de la cavidad bucal. **2** Ligamento que sujeta el prepucio al glande del pene. **3** AMÉR CENTRAL, CUBA, MÉX, P RICO, R DOM, VENEZ Tirante de la cometa.

freno m. **1** Mecanismo para disminuir o detener el movimiento de un vehículo o una máquina. **2** Cosa que modera un proceso. **3** Pieza de hierro que se coloca en la boca de los caballos para dirigirlos.

frenopático m. Hospital que se dedica al tratamiento de las enfermedades mentales.

frente f. **1** Parte superior de la cara. ◆ **m. 2** Parte delantera. **3** Zona de combate. **4** Organización política en la que se agrupan partidos con un interés común. **5** Frontera de separación entre dos masas de aire de propiedades diferentes. ◇ **hacer ~** Enfrentarse.

fresa f. **1** Planta de flores blancas o amarillentas. **2** Fruto comestible de esa planta, de color rojo con pequeñas semillas negras o amarillas. **3** Herramienta para labrar metales. ◆ **adj./m. 4** Se dice del color rojo intenso.

fresar tr. Labrar metales con la fresa.

fresca f. Fresco (temperatura).

fresco, a adj. **1** Que tiene una temperatura moderadamente fría. **2** Reciente. **3** Que se mantiene joven y sano. **4** Que está descansado o lo parece. **5** Que no produce calor. ◆ adj./s. 6 *Fam. y desp.* Que habla u obra sin vergüenza ni respeto. ◆ m. 7 Temperatura moderadamente fría. 8 Pintura realizada sobre un muro aún húmedo. 9 AMÉR Refresco, bebida.

fresno m. 1 Árbol de tronco grueso, madera clara y corteza gris. 2 Madera de este árbol.

fresón m. Variedad de fresa (planta y fruto), de tamaño mayor.

freza f. Desove.

frialdad f. 1 Sensación de frío. 2 Indiferencia.

fricativo, a adj. 1 Se dice del sonido y el fonema consonántico en cuya articulación los órganos que intervienen no obstruyen por completo el canal vocal. ◆ adj./f. 2 Se dice de la consonante articulada de este modo.

fricción f. 1 Rozamiento de dos superficies. 2 Acción de friccionar una parte del cuerpo. 3 Falta de acuerdo.

friccionar tr. Frotar una parte del cuerpo para dar calor o aliviar una dolencia.

friega f. 1 Fricción de una parte del cuerpo. 2 AMÉR Fastidio.

frigidez f. Falta de deseo sexual.

frigoría f. Unidad de medida del frío.

frigorífico, a adj. 1 Que produce frío. ◆ m. 2 Electrodoméstico que sirve para enfriar alimentos.

frijol m. AMÉR Fríjol.

fríjol m. 1 Planta leguminosa de tallo delgado y espiral, y fruto en vaina. 2 Semilla comestible contenida en esta vaina.

frío, a adj. 1 Que tiene una temperatura baja o más baja de lo normal, o la produce. 2 Que muestra indiferencia. 3 Se dice del color que produce una sensación de sosiego. ◆ m. 4 Temperatura baja del ambiente. 5 Sensación que se experimenta al entrar en contacto con un cuerpo de temperatura baja.

friolera f. *Fam.* Gran cantidad.

friolero, a adj. Se dice de la persona que tiende a sentir frío.

friso m. 1 Banda horizontal con que se adorna la parte inferior de las paredes. 2 Franja horizontal decorativa de los edificios clásicos.

frisón, na adj./s. Se dice del caballo que tiene los pies y las patas anchos y fuertes.

frito, a adj. 1 *Fam.* Profundamente dormido. 2 *Fam.* Muerto. 3 *Fam.* Harto, cansado. ◆ m. 4 Alimento que se fríe.

frívolo, a adj. Poco serio o profundo.

fronda f. 1 Conjunto espeso de hojas y ramas. 2 *Formal.* Hoja de una planta.

frondoso, a adj. Abundante en fronda.

frontal adj. 1 Relativo a la frente. 2 Relativo a la parte delantera. ◆ adj./m. 3 Se dice del hueso que forma la parte anterior y superior del cráneo.

frontenis m. Deporte parecido al frontón que se juega con pelota y raqueta de tenis.

frontera f. **1** Línea o límite que separa un estado de otro. **2** Límite imaginario entre dos cosas muy próximas.

frontis m. Fachada o parte delantera de algo.

frontispicio m. **1** Fachada delantera de un edificio. **2** Página de un libro anterior a la portada.

frontón m. **1** Deporte que consiste en golpear una pelota lanzándola contra una pared principal. **2** Pared principal sobre la que se lanza esta pelota. **3** Remate de una fachada, puerta, ventana, etc.

frotar tr. Pasar repetidamente una cosa sobre otra con fuerza.

fructífero, a adj. Que produce fruto.

fructificar intr. Dar fruto.

fructosa f. Glúcido monosacárido presente en las plantas verdes, la miel y muchas frutas.

frugal adj. Se dice de la comida que es sencilla y escasa.

frugívoro, a adj. Que se alimenta de frutos.

fruición f. Goce intenso.

fruncir tr. Arrugar la frente o las cejas.

fruslería f. Cosa de poco valor.

frustrar tr. **1** Impedir que una persona logre satisfacer una necesidad o un deseo. **2** Impedir que una idea salga bien.

fruta f. Fruto comestible de ciertas plantas y árboles.

fruticultura f. Cultivo de plantas o árboles que producen fruta.

frutilla f. **1** AMÉR SUR Planta americana, variedad de la fresa. **2** AMÉR SUR Fruto de esta planta.

fruto m. **1** Parte de la planta procedente del desarrollo del ovario de la flor tras la fecundación que protege las semillas y ayuda a su dispersión. **2** Producto de la tierra o del mar que sirve para el consumo. **3** Producto del trabajo humano. **4** Hijo.

fucsia f. **1** Planta tropical de flores rosa fuerte. ◆ adj./m. **2** Se dice del color rosa fuerte.

fuego m. **1** Emisión de luz y calor producida por la combustión de una materia. **2** Materia combustible. **3** Dispositivo que regula la salida de combustible en una cocina. **4** Incendio. **5** Disparo o conjunto de disparos.

fuel m. Combustible obtenido de la destilación del petróleo.

fuelle m. Instrumento para soplar aire.

fuelóleo m. Fuel.

fuente f. **1** Corriente de agua que brota de la tierra. **2** Lugar donde brota esta corriente. **3** Construcción con surtidores por los que sale agua. **4** Origen, principio. **5** Recipiente grande para servir alimentos.

fuera adv. **1** En la parte exterior. **2** En un lugar distinto del que se vive. ◆ m. **3** En algunos deportes, lance que se produce al salir la pelota de los límites del terreno de juego. ◆ **interj. 4** Se usa para echar a alguien de un lugar. — Indica desagrado o desaprobación. ◇ **~ de** Introduce una excepción.

fueraborda m. Motor de gasolina instalado en la parte trasera y exterior de una embarcación.

fuero m. **1** Conjunto de leyes, normas o privilegios concedidos a un territorio, una comunidad o una persona. **2** Libro que contiene el conjunto de leyes o normas de un territorio. **3** Poder o autoridad para juzgar. **4** Orgullo excesivo.

fuerte adj. **1** Que tiene fuerza y resistencia. **2** Que tiene gran intensidad. **3** Que tiene poder o solidez. **4** Que sabe mucho de algo. **5** Que causa gran impacto. **6** Irritable. ◆ m. **7** Actividad en que destaca una persona. **8** Lugar protegido por construcciones de defensa. ◆ adj. **9** Se dice del sonido vocálico que se percibe más y es abierto. **10** Se dice de la sílaba acentuada. ◆ adv. **11** En abundancia o con mucha intensidad.

fuerza f. **1** Capacidad física para hacer un trabajo o un movimiento. **2** Causa capaz de modificar el estado de un cuerpo. **3** Capacidad moral para hacer o soportar algo. **4** Violencia física. **5** Capacidad para producir un efecto. **6** Intensidad. **7** Capacidad para sostener un cuerpo o resistir un empuje.

fuet m. Embutido más estrecho que el salchichón.

fuete m. AMÉR Látigo.

fuga f. **1** Acción de fugarse. **2** Salida accidental de un líquido o gas por una abertura. **3** Composición musical originada en la música barroca.

fugarse prnl. Huir o escapar de un lugar.

fugaz adj. **1** Que dura poco. **2** Que se aleja y desaparece rápidamente.

fugitivo, a adj./s. Que se fuga.

fulana f. *Desp.* Prostituta.

fulano, a s. *Fam.* Se usa para designar a una persona cuyo nombre se desconoce o no se quiere expresar.

fular m. Pañuelo largo y fino que se pone en el cuello.

fulcro m. Punto de apoyo de la palanca.

fulgor m. Brillo muy intenso.

fullero, a adj./s. Tramposo.

fulminante adj. **1** Que fulmina. ◆ m. **2** Materia usada para estallar explosivos.

fulminar tr. **1** Causar la muerte de forma rápida. **2** Dejar impresionada a una persona.

fumar tr./intr. Aspirar y espirar el humo del tabaco o de otras sustancias herbáceas.

fumarola f. Emisión de gases o vapores de origen volcánico.

fumata f. Columna de humo que sale de una chimenea de la capilla

Sixtina para anunciar la elección del nuevo Papa.

fumigar tr. Hacer que desaparezcan plagas u organismos dañinos con productos químicos.

funambulista m. y f. Equilibrista que hace ejercicios sobre una cuerda a cierta altura del suelo.

funámbulo, a s. Funambulista.

función f. **1** Actividad propia de un organismo, un órgano o una célula. **2** Destino, utilidad. **3** Ejercicio de un cargo o empleo. **4** Representación de un espectáculo. **5** Relación entre los elementos de una estructura gramatical.

funcional adj. **1** Relativo a la función biológica o psíquica. **2** Que responde a una función determinada.

funcionalismo m. Tendencia arquitectónica y de las artes decorativas del s. XX, según la cual la forma debe estar determinada por la función.

funcionar intr. Realizar alguien o algo la función que le es propia.

funcionario, a s. Persona que trabaja en la Administración Pública.

funda f. Cubierta para proteger algo.

fundación f. **1** Establecimiento de una ciudad, un edificio, una empresa o una institución. **2** Organización cuyos miembros se dedican a hacer obras sociales, culturales o humanitarias sin fin lucrativo.

fundamental adj. **1** Que sirve de base. **2** Que es lo más importante.

fundamentalismo m. Movimiento religioso, social y político, basado en la interpretación literal de los textos sagrados y en el estricto cumplimiento de sus leyes.

fundamentar tr. **1** Poner una base para construir sobre ella. **2** Partir de una serie de principios para elaborar o establecer algo.

fundamento m. Parte de una construcción que está bajo tierra y le sirve de apoyo.

fundar tr. **1** Establecer una ciudad, una empresa, un edificio o una institución. **2** Establecer la base de algo.

fundido m. **1** Acción y efecto de fundir. **2** Aparición o desaparición lenta y gradual de una imagen o un sonido.

fundir tr./intr. **1** Convertir una sustancia sólida en líquida por la acción del calor. ◆ tr. **2** Dar forma en un molde a un metal derretido. **3** Reducir varias cosas a una sola. **4** *Fam.* Gastar el dinero con gran rapidez. ◆ prnl. **5** Dejar de funcionar un aparato o una instalación eléctricos por exceso de corriente. **6** AMÉR Arruinarse.

fúnebre adj. **1** Relativo a los difuntos. **2** Muy triste, sombrío.

funeral adj. **1** Fúnebre. ◆ m. **2** Ceremonia religiosa que se celebra por un difunto.

funeraria f. Empresa que se encarga del funeral y entierro de los muertos.

funerario, a adj. Relativo al entierro.
funesto, a adj. **1** Que causa desgracia. **2** Muy triste, desgraciado.
fungible adj. *Formal.* Que se consume con el uso.
fungicida m./adj. Sustancia que combate los hongos.
funicular adj./m. Se dice del vehículo que funciona mediante la tracción de un cable.
funk m. Estilo musical derivado del soul nacido en Estados Unidos en la década de 1970.
furcia f. *Desp.* ESP Prostituta.
furgón m. **1** Vehículo de cuatro ruedas que sirve para transportar mercancías. **2** Vagón de mercancías.
furgoneta f. Vehículo de cuatro ruedas que sirve para transportar mercancías pequeñas.
furia f. **1** Ira, violencia. **2** Persona muy enfadada. **3** Fuerza, energía. **4** Momento de mayor intensidad de algo.
furibundo, a adj. **1** Que muestra furia. **2** Que se enfada con facilidad. **3** Apasionado.
furor m. Furia.
furtivo, a adj. **1** Que se hace a escondidas o disimuladamente. ◆ adj./s. **2** Se dice de la persona que caza o pesca sin permiso.
furúnculo o **forúnculo** m. Inflamación de la piel debida a la infección de un folículo piloso.
fusa f. Nota musical que equivale a la mitad de una semicorchea.
fuselaje m. Cuerpo central del avión.
fusible m. Dispositivo que se coloca en una instalación eléctrica para evitar el paso de una intensidad excesiva.
fusiforme adj. Que tiene forma de huso.
fusil m. Arma de fuego automática compuesta por un cañón largo, con un cargador de balas y una culata triangular.
fusilar tr. **1** Ejecutar a una persona con una descarga de fusil. **2** *Fam.* Copiar la obra de un autor.
fusión f. **1** Paso de una sustancia sólida a líquida. **2** Reducción de varias cosas a una sola.
fusta f. Vara flexible que se usa para dirigir al caballo.
fustán m. **1** Tela gruesa de algodón con pelo por una cara. **2** AMÉR Refajo, enaguas.
fuste m. **1** Parte de la columna comprendida entre la basa y el capitel. **2** Madera del árbol sin considerar la corteza. **3** Pieza de madera de la silla de montar. **4** Importancia, valor. **5** Fundamento.
fustigar tr. **1** Golpear a un animal con un látigo. **2** Reprender con dureza, criticar.
futbito m. Deporte similar al fútbol que se juega entre dos equipos de cinco o seis jugadores en un campo pequeño y descubierto.
fútbol o **futbol** m. Deporte que se juega entre dos equipos de once

jugadores y que consiste en meter un balón en la portería del contrario, utilizando los pies o la cabeza. <> **~ americano** Rugby. <> **~ sala** Futbito.

futbolín m. **1** Juego mecánico que imita un partido de fútbol. **2** Mesa con figuras usada para este juego.

fútil adj. Que tiene poco valor e importancia.

futón m. Colchón elaborado según la técnica tradicional japonesa.

futurismo m. **1** Actitud favorable hacia el futuro. **2** Movimiento artístico y literario desarrollado en Italia a principios del s. xx e inspirado por el poeta Giuseppe Tommaso Marinetti.

futuro, a adj. **1** Que todavía no ha sucedido. ◆ **adj./m. 2** Se dice del tiempo verbal que expresa una acción que todavía no ha sucedido. ◆ **s. 3** Prometido. ◆ **m. 4** Tiempo que todavía no ha llegado.

futurología f. Conjunto de estudios para predecir el futuro.

G

g f. Séptima letra del alfabeto español.

gabacho, a adj./s. *Fam.* De Francia.

gabán m. **1** Abrigo. **2** P RICO Saco, chaqueta.

gabardina f. Prenda larga y con mangas, de tela impermeable.

gabarra f. Embarcación para la carga y descarga de los barcos.

gabinete m. **1** Habitación para estudiar o recibir visitas. **2** Local destinado al ejercicio de una profesión. **3** Conjunto de ministros de un gobierno.

gacela f. Animal mamífero rumiante muy veloz y ágil.

gaceta f. Publicación periódica de carácter cultural o científico.

gachas f.pl. **1** Comida elaborada con harina cocida con agua y sal. **2** Mezcla de tierra y agua.

gacho, a adj. **1** Inclinado hacia tierra. **2** Se dice de la res con los cuernos curvados hacia abajo.

gaditano, a adj./s. De Cádiz.

gadolinio m. Elemento químico (metal) de símbolo **Gd**.

gaélico, a adj./s. **1** De un pueblo céltico que se instaló en Irlanda y Escocia en el primer milenio a. C. ◆ adj./m. **2** Se dice del grupo de dialectos célticos hablados en Irlanda y Escocia.

gafas f.pl. Conjunto de dos cristales colocados en una montura que se apoya en la nariz y se sujeta con unas patillas.

gafe adj./m. y f. Que trae mala suerte.

gag m. Escena ridícula y cómica.

gaita f. Instrumento musical de viento formado por una bolsa a la que se une una flauta y otro tubo largo y grueso.

gaje m. Dinero percibido por un empleo. ◇ **gajes del oficio** Inconvenientes de una actividad.

gajo m. Parte diferenciada en que se dividen algunas frutas.

gala f. Vestido o adornos elegantes.

galáctico, a adj. Relativo a la galaxia.

galaico, a adj./s. **1** De un pueblo prerromano que habitaba en Galicia y en el norte de Portugal. ◆ adj./s. **2** *Formal.* Gallego.

galán m. Hombre agradable, elegante y educado. ◇ **~ de noche** ESP Mueble para colgar la ropa.

galante adj. Se dice de la persona muy educada y atenta.

galápago m. Reptil adaptado a la vida acuática, muy parecido a la tortuga.

galardón m. Premio.

galaxia f. Conjunto de estrellas que giran en torno a un centro.

galena f. Mineral de color gris azulado y brillo metálico.

galeno m. *Fam.* Médico.

galeón m. Barco militar antiguo de vela.

galeote m. Hombre condenado a remar en galeras.

galera f. **1** Embarcación grande de vela y remo usada en las guerras. **2** Crustáceo carnívoro, con el primer par de patas muy desarrollado. **3** AMÉR SUR Sombrero de copa redonda. **4** HOND, MÉX Cobertizo.

galería f. **1** Habitación larga y amplia. **2** Pasillo abierto o con cristales. **3** Local donde se exponen obras de arte. **4** Parte más alta de un teatro o cine. **5** Paso subterráneo, largo y estrecho. ◆ **f.pl. 6** Centro comercial.

galerna f. Viento frío que sopla en la costa del norte de España.

galés, sa adj./s. **1** De Gales. ◆ m./adj. **2** Lengua hablada en Gales.

galgo, a s./adj. Perro de figura delgada y cabeza larga y estrecha.

gálibo m. Marca que señala las dimensiones máximas permitidas a un vehículo para pasar por un túnel o puente.

galicismo m. Palabra, giro o expresión propios de la lengua francesa que se usan en otro idioma.

galimatías m. **1** *Fam.* Lenguaje difícil de entender. **2** Cosa confusa.

galio m. Elemento químico (metal) de símbolo Ga.

gallardete m. Bandera pequeña usada como insignia.

gallardo, a adj. Que tiene gallardía.

gallego, a adj./s. **1** De Galicia. ◆ m./adj. **2** Lengua hablada en Galicia. ◆ s. **3** AMÉR Español emigrado a América.

galleta f. **1** Dulce seco con formas y tamaños diferentes. **2** *Fam.* ESP Bofetada.

galliforme adj./f. Se dice del ave de cuerpo grueso, pico y alas cortos y patas fuertes.

gallina → gallo.

gallináceo, a adj./f. Relativo a la gallina.

gallinero m. **1** Lugar destinado a la cría de gallinas. **2** *Fam.* Lugar ruidoso. **3** Conjunto de asientos de la parte más alta de un teatro.

gallineta f. Ave zancuda.

gallito m. **1** Hombre que presume excesivamente de sus cualidades. **2** CUBA Ave zancuda de color rojo oscuro y negro. **3** ARG Pájaro de plumaje anaranjado o amarillento.

gallo, llina m. **1** Ave doméstica de corral, con una cresta roja sobre la cabeza. **2** Pez marino de cuerpo aplanado, con los dos ojos en uno de los lados. **3** *Fam.* Hombre que presume excesivamente de sus cualidades. **4** *Fam.* Voz aguda y chillona. ◆ f. **5** *Fam.* Miedoso, cobarde.

galo, a adj./s. **1** De Francia. **2** De un pueblo celta que invadió los actuales territorios de Francia, Gran Bretaña y el norte de Italia en el primer milenio a. C. ◆ m./adj. **3** Lengua celta hablada en la antigua Galia.

galón m. Distintivo del uniforme militar que sirve para distinguir las graduaciones.

galope m. Marcha del caballo, más rápida que el trote.

galvanismo m. **1** Corriente eléctrica producida por el contacto de dos metales diferentes sumergidos en un líquido. **2** Propiedad de la corriente eléctrica de provocar contracciones en los nervios y músculos.

galvanizar tr. Depositar una capa de un metal sobre otro mediante galvanismo.

gama f. **1** Escala de colores. **2** Serie de cosas de la misma clase pero con alguna característica distinta.

gamba f. **1** Crustáceo marino comestible, más pequeño que el langostino. **2** *Fam.* Pierna. **3** ARG, BOL, URUG Billete de cien pesos.

gamberro, a adj./s. ESP Se dice de la persona que se divierte haciendo actos incívicos.

gambeta f. **1** AMÉR CENTRAL, AMÉR SUR En fútbol y otros deportes, movimiento brusco para esquivar al contrario. **2** *Fam.* ARG, URUG Justificación, excusa.

gameto m. Célula reproductora de los seres vivos con reproducción sexual.

gamma f. **1** Letra del alfabeto griego (Γ/γ). **2** Unidad de masa equivalente a la millonésima parte de un gramo.

gamo, a s. Mamífero rumiante de pelo rojo oscuro con pequeñas manchas blancas.

gamonal m. AMÉR Cacique rural.

gamopétalo, a adj. Se dice de la flor que tiene los pétalos unidos lateralmente formando una corola de una sola pieza.

gamosépalo, a adj. Se dice de la flor que tiene los sépalos unidos lateralmente formando un cáliz de una sola pieza.

gamuza f. **1** Mamífero rumiante parecido a la cabra. **2** Piel curtida de este animal. **3** Paño para limpiar.

gana f. Deseo o voluntad de hacer algo.

ganadería f. **1** Cría de ganado para su explotación. **2** Raza de ganado. **3** Ganado.

ganado m. **1** Conjunto de animales de cuatro patas que son criados para su explotación. **2** *Fam.* Conjunto numeroso de personas.

ganancia f. Acción de ganar.

ganar tr. **1** Conseguir un beneficio con el trabajo, el esfuerzo o por suerte. **2** Conseguir algo por lo que se mantiene un enfrentamiento o disputa. **3** Llegar al lugar que se intenta alcanzar. **4** Superar a otra persona en algo. ◆ tr./intr. **5** Conseguir la victoria en un enfrentamiento o disputa. ◆ tr. **6** Conseguir la confianza o el afecto de otras personas. ◆ intr. **7** Llegar a tener unas cualidades mejores. ◆ prnl. **8** Merecerse.

ganchillo m. **1** Aguja acabada en forma de gancho para hacer labores. **2** Labor hecha con esta aguja.

gancho m. **1** Instrumento de forma curva que sirve para sostener, colgar o sujetar una cosa. **2** *Fam.* Capacidad para gustar o atraer. **3** En baloncesto, tiro a canasta que se realiza arqueando el brazo por encima de la cabeza. **4** AMÉR Percha. **5** AMÉR Horquilla para el cabello. **6** AMÉR SUR Pinza. **7** ARG, GUAT Protección, ayuda.

gandul, la adj./s. Vago, perezoso.

ganga f. **1** Cosa de buena calidad o de valor que se consigue a bajo precio. **2** Materia inútil que se separa de los minerales.

ganglio m. Abultamiento de un nervio o una vía linfática.

gangoso, a adj. Se dice de la voz que tiene resonancia nasal.

gangrena f. Muerte de un tejido de una persona o animal.

gángster o **gánster** m. y f. Persona que pertenece a una banda organizada de delincuentes.

ganso, a s. **1** Ave palmípeda de plumaje gris y pico anaranjado. ◆ adj./s. **2** Tonto. ◆ adj. **3** *Argot.* ESP Muy grande o importante.

ganzúa f. Alambre que sirve para abrir cerraduras.

gañán m. Hombre poco cortés y educado.

gañir intr. **1** Dar gritos agudos y repetidos un animal al ser maltratado. **2** Emitir graznidos un ave.

garabato m. Trazo mal formado e ininteligible.

garaje m. **1** Lugar donde se guardan vehículos. **2** Taller de reparación de vehículos.

garantía f. Seguridad que se ofrece de que una cosa va a funcionar.

garantizar tr. Dar garantía.

garbanzo m. **1** Planta herbácea de tallo duro y ramoso. **2** Legumbre de esta planta.

garbeo m. *Fam.* Paseo breve.

garbo m. Gracia, desenvoltura.

gardenia f. **1** Arbusto de tallos espinosos, hojas grandes y flores blancas y olorosas. **2** Flor de este arbusto.

garduña f. Mamífero carnívoro de pelaje marrón grisáceo que vive en los bosques.

garete ◇ **al ~** Indica que una embarcación navega sin rumbo ni dirección. ◇ **irse al ~** *Fam.* Estropearse, no llegar a realizarse.

garfio m. Instrumento curvo y puntiagudo que sirve para sujetar cosas.

gargajo m. *Fam.* Mucosidad que se expulsa por la boca.

garganta f. **1** Parte delantera del cuello. **2** Zona interna del cuello. **3** Valle entre montañas.

gargantilla f. Collar que se ajusta al cuello.

gárgara f. Acción que consiste en mantener un líquido en la garganta, sin tragarlo, poniendo la boca abierta hacia arriba y expulsando el aire para que el líquido se mueva.

gárgola f. Remate del caño o canal por donde se vierte el agua de los tejados o las fuentes.

garita f. Caseta que sirve para resguardo de un centinela o vigilante.

garito m. **1** Casa de juego clandestina. **2** *Fam.* Establecimiento público de diversión, generalmente pequeño y de mala reputación.

garra f. **1** Pata de animal, de uñas fuertes, curvas y afiladas. **2** Cada una de estas uñas. **3** *Fam. y desp.* Mano.

garrafa f. **1** ESP Recipiente con el cuerpo ancho y el cuello largo y estrecho. **2** AMÉR Bombona de gas.

garrafal adj. Se dice del error que es muy grave.

garrapata f. Ácaro que vive como parásito de ciertos mamíferos y aves.

garrapatea f. Nota musical que equivale a la mitad de una semifusa.

garrapiñar tr. Bañar un fruto seco en azúcar hecho caramelo.

garrido, a adj. Joven, fuerte y apuesto.

garriga f. Formación vegetal formada por matorrales propia del Mediterráneo.

garrocha f. **1** Vara larga con una punta de hierro cortante usada por los picadores. **2** AMÉR Pértiga de los atletas de salto.

garrote m. **1** Palo grueso y fuerte. **2** Instrumento con el que se ajusticiaba a los condenados.

garrulo, a adj./s. *Fam.* ESP Se dice de la persona basta y maleducada.

garúa f. AMÉR Llovizna.

garza f. Ave acuática, de patas y cuello muy largos, y pico muy puntiagudo.

gas m. **1** Estado de la materia que se caracteriza por una gran separación y libertad de movimiento de sus moléculas. **2** Combustible en este estado. ◆ m.pl. **3** Aire acumulado en el aparato digestivo.

gasa f. **1** Tejido de hilo o seda, muy delgado y sutil. **2** Tejido estéril y suave que se usa para fines médicos.

gascón, na adj./s. **1** De Gascuña. ◆ m./adj. **2** Variedad dialectal del occitano hablada en esta zona.

gaseosa f. ESP Refresco elaborado con agua y ácido carbónico.

gaseoso, a adj. **1** Que se encuentra en estado de gas. **2** Que contiene gas.

gasificar tr. **1** Convertir un líquido o un sólido en gas. **2** Añadir gas a un líquido.

gasoducto m. Conducto de gran longitud para transportar gas combustible.
gasógeno m. **1** Aparato que transforma en gas combustible ciertos materiales sólidos o líquidos. **2** Aparato que produce un gas carburante.
gasoil o **gas-oil** m. Gasóleo.
gasóleo m. Mezcla de hidrocarburos que se obtiene del petróleo crudo y se usa como combustible.
gasolina f. Mezcla de hidrocarburos que se obtiene en el proceso de refino del petróleo y se usa como combustible.
gasolinera f. Establecimiento en que se suministra gasolina y otros combustibles.
gastar tr. **1** Consumir. **2** Usar el dinero para comprar. **3** Desgastar por el uso. **4** Emplear o llevar habitualmente. **5** Tener cierta actitud habitualmente. **6** Hacer una broma.
gasterópodo adj./m. Se dice del molusco de cuerpo blando y cabeza diferenciada y provista de tentáculos sensoriales.
gástrico, a adj. Relativo al estómago.
gastritis f. Inflamación de la mucosa estomacal.
gastroenteritis f. Inflamación de las mucosas del estómago y del intestino.
gastronomía f. **1** Arte de preparar una buena comida. **2** Afición a la buena comida.
gástrula f. Etapa del desarrollo embrionario que sigue a la blástula.
gatear intr. **1** Andar una persona apoyando las manos y rodillas en el suelo. **2** Trepar con la ayuda de brazos y piernas.
gatera f. **1** Agujero de una puerta o pared para que puedan pasar los gatos. **2** BOL, ECUAD, PERÚ Vendedora de un mercado.
gatillo m. Pieza que pone en movimiento la palanca de disparo de un arma de fuego.
gato, a s. **1** Mamífero carnívoro doméstico, de cola larga y pelaje suave. ◆ m. **2** Instrumento para levantar pesos. **3** Utensilio de carpintería para sujetar las piezas que se trabajan. **4** PERÚ Mercado al aire libre.
gaucho, a adj. **1** Relativo al gaucho. ◆ m. **2** Jinete de las pampas de América del Sur. **3** AMÉR SUR Jinete hábil y experto.
gaveta f. **1** Cajón corredizo de algunos muebles. **2** Mueble con estos cajones.
gavilán m. Ave rapaz de pequeño tamaño y plumaje gris azulado.
gavilla f. **1** Conjunto de ramas o tallos atados por su centro. **2** Conjunto numeroso de personas, animales o cosas.
gaviota f. Ave marina, de largas patas y plumaje gris en la espalda y blanco en el resto del cuerpo.
gay adj. **1** Relativo al hombre que es homosexual. ◆ adj./m. **2** Se

dice del hombre que es homosexual.

gayumbos m.pl. *Fam.* ESP Calzoncillos.

gazapo m. **1** Error al escribir o hablar. **2** Cría del conejo.

gazmoño, a adj./s. Que finge ser muy virtuoso.

gaznápiro, a adj./s. Torpe, simple.

gaznate m. *Fam.* Parte interior de la garganta.

gazpacho m. Sopa fría elaborada con tomates, cebolla, pimiento, ajo, etc.

ge f. Nombre de la letra g.

géiser m. Surtidor de agua caliente, de origen volcánico.

geisha f. Joven japonesa instruida para entretener a los hombres.

gel m. **1** Jabón líquido para el aseo personal. **2** Coloide obtenido de la dispersión de un sólido en un medio líquido. **3** Producto de consistencia viscosa.

gelatina f. **1** Sustancia sólida y transparente que se obtiene al cocer huesos y otros tejidos de animales. **2** Dulce hecho con esta sustancia.

gélido, a adj. Muy frío.

gema f. **1** Piedra preciosa. **2** Brote de los vegetales.

gemación f. **1** Forma de reproducción de una célula en que esta se divide en diversas partes desiguales. **2** Forma de reproducción asexual propia de algunos animales y de las plantas cormofitas.

gemelo, a adj. **1** Se dice de la cosa que es igual a otra. ◆ adj./s. **2** Que ha nacido en un mismo parto y se ha desarrollado a partir del mismo óvulo. ◆ m./adj. **3** Músculo situado en la parte inferior de la pierna. ◆ m. **4** Adorno para cerrar el puño de la camisa. ◆ m.pl. **5** Aparato óptico para ver a distancia.

gemido m. Sonido o voz con que se expresa dolor, pena o placer.

geminado, a adj. **1** Se dice de las cosas que aparecen divididas en dos o colocadas por parejas. ◆ adj./f. **2** Se dice de la consonante que se pronuncia en dos momentos sucesivos de tensión.

géminis adj./m. y f. Se dice de la persona que ha nacido bajo el signo zodiacal de Géminis.

gemir intr. **1** Emitir gemidos. **2** Aullar.

gemología f. Ciencia que estudia las gemas.

gen m. Unidad del material genético hereditario que se corresponde con un segmento determinado de ADN.

gendarme m. Agente de policía de algunos países.

genealogía f. Conjunto de antepasados de una persona.

generación f. **1** Acción de generar. **2** Conjunto de personas nacidas en una misma época. **3** Conjunto de personas nacidas en una misma época y cuya obra tiene características comunes.

generador, ra adj./s. **1** Que genera. ◆ m. **2** Aparato que produce energía eléctrica.

general adj. **1** Común a todos o a la mayor parte. **2** Que no entra en detalles. **3** Muy frecuente. ◆ m. y f. **4** Militar que pertenece a la categoría más alta.

generalidad f. **1** Conjunto que incluye a la mayoría. **2** Vaguedad. **3** Idea general.

generalizar tr. **1** Hacer general. ◆ intr. **2** Aplicar a un conjunto una característica observada en un número limitado de casos. **3** Tratar un asunto o cuestión sin hacer referencia a ningún caso concreto.

generar tr. Producir, crear.

generativismo m. Disciplina lingüística que trata de formular las reglas capaces de producir todas las oraciones posibles y aceptables de una lengua.

generatriz → generador, ra.

genérico, a adj. **1** Que es común a un conjunto de elementos del mismo género. **2** Relativo al género gramatical.

género m. **1** Conjunto de personas o cosas con unas características comunes. **2** Clase de tela o tejido. **3** Accidente gramatical del sustantivo, adjetivo, pronombre y artículo, que indica si son masculinos, femeninos o neutros. **4** Mercancía, producto. **5** Categoría de clasificación de los seres vivos inferior a la de familia.

generoso, a adj. **1** Que ayuda y da lo que tiene sin esperar nada a cambio. **2** Que es propio de la persona generosa. **3** Abundante.

génesis f. Principio, origen.

genética f. Parte de la biología que estudia los mecanismos que regulan la transmisión de los caracteres hereditarios.

genético, a adj. **1** Relativo a los genes. **2** Relativo a la genética. **3** Relativo a la génesis.

genial adj. **1** Propio de un genio. **2** *Fam.* Extraordinario. ◆ adv. **3** *Fam.* Muy bien.

genio m. **1** Carácter de una persona. **2** Persona muy inteligente o con gran capacidad para crear. **3** Inteligencia o gran capacidad para crear o inventar. **4** Personaje ficticio con poderes mágicos.

genital adj. **1** Relativo a los órganos reproductores. ◆ m.pl. **2** Órganos sexuales externos.

genitivo, a m./adj. Caso de la declinación que expresa posesión, pertenencia o materia.

genocidio m. Exterminio sistemático y deliberado de un grupo social.

genoma m. Conjunto de genes de una célula.

genotipo m. Conjunto de genes que existen en cada núcleo celular de los individuos de una determinada especie.

gente f. Conjunto de personas.

gentil adj. **1** Se dice de la persona amable, educada y atenta. **2** *Formal.* Que tiene buena presencia.

◆ adj./m. y f. **3** Que no profesa la religión cristiana o judía.

gentileza f. Cortesía.

gentilicio, a adj./m. **1** Se dice del sustantivo o adjetivo que sirve para indicar de qué lugar es originaria una persona. ◆ adj. **2** Relativo al pueblo, linaje o la familia.

gentío m. Gran cantidad de personas.

genuflexión f. Movimiento que consiste en doblar una o ambas rodillas en señal de reverencia.

genuino, a adj. Que conserva sus características propias o naturales.

geocéntrico, a adj. Relativo al geocentrismo.

geodesia f. Ciencia matemática que tiene por objeto determinar la posición concreta de puntos en la superficie de la Tierra.

geodinámica f. Parte de la geología que estudia las alteraciones de la corteza terrestre.

geofísica f. Parte de la geología que estudia la estructura y composición de la Tierra.

geografía f. **1** Ciencia que estudia y describe la Tierra en su aspecto físico o humano. **2** Conjunto de características que conforman la realidad física y humana de una zona o de un territorio.

geología f. Ciencia que estudia la historia de la Tierra y los materiales que la componen.

geometría f. Parte de las matemáticas que estudia las características, relaciones y medidas de los puntos, líneas, ángulos, planos y figuras que figuran en el espacio.

geosinclinal m. Depresión de la corteza terrestre.

geranio m. Planta de jardín con flores de vivos colores.

gerente m. y f. Persona que dirige o gestiona una empresa mercantil.

geriatría f. Parte de la medicina que se ocupa de las enfermedades de la vejez.

gerifalte m. **1** Halcón grande. **2** ESP Persona destacada o influyente.

germánico, a adj. **1** De Alemania. **2** Germano. **3** Se dice de la lengua que deriva del antiguo germánico. ◆ m./adj. **4** Lengua indoeuropea hablada por los antiguos pueblos germanos.

germanio m. Elemento químico (semimetal) de símbolo Ge.

germano, a adj./s. **1** De un conjunto de pueblos indoeuropeos que ocuparon el lado derecho del Rin. **2** De Alemania.

germen m. **1** Organismo unicelular causante de enfermedades. **2** Célula o parte de una semilla que dan origen a un ser vivo. **3** Origen, principio.

germinal adj. **1** Relativo al germen de la semilla. **2** Relativo al germen u origen.

germinar intr. Empezar a desarrollarse una semilla.

gerontología f. Parte de la medicina que se ocupa del envejecimiento humano.

gerundense adj./m. y f. De Gerona.
gerundio m. Forma no personal del verbo que expresa duración de la acción verbal.
gesta f. Hecho o conjunto de hechos dignos de ser recordados.
gestación f. Período durante el cual se desarrolla el feto en el interior de la madre.
gesticular intr. Hacer gestos.
gestión f. **1** Acción o trámite que debe realizarse para conseguir o resolver algo. **2** Dirección y administración de una empresa.
gesto m. **1** Movimiento de la cara o las manos con el que se expresa algo. **2** Expresión habitual del rostro.
gestor, ra s. Persona que se dedica a la gestión.
giba f. **1** Protuberancia en el lomo de ciertos animales. **2** Abultamiento anormal en la espalda de una persona.
gigante adj. **1** De gran tamaño. ◆ m. **2** Personaje imaginario extremadamente alto y fuerte.
gigantismo m. Trastorno del crecimiento caracterizado por un desarrollo excesivo del cuerpo.
gilipollas adj./m. y f. *Vulg.* ESP Tonto, estúpido.
gimnasia f. Práctica que sirve para desarrollar el cuerpo y darle flexibilidad mediante el ejercicio físico.
gimnospermo, a adj./f. Se dice de la planta leñosa que tiene las semillas al descubierto.
gimotear intr. Llorar o gemir de forma débil.
ginebra f. Bebida alcohólica aromatizada con bayas de enebro.
gineceo m. Conjunto de los órganos femeninos de la flor.
ginecología f. Parte de la medicina que se ocupa de las enfermedades de los órganos de reproducción femeninos.
gineta f. Mamífero carnívoro de cuerpo delgado y pelo marrón con bandas negras.
ginseng m. Planta herbácea originaria de China.
gira f. Serie de actuaciones que un artista o un grupo hacen por distintas poblaciones.
girar tr./intr. **1** Dar vueltas sobre un eje. ◆ intr. **2** Cambiar de dirección. **3** Desarrollarse tomando como punto central una materia o tema. ◆ tr. **4** Enviar una cantidad de dinero por medio del servicio de correos.
girasol m. Planta de tallo grueso y flor grande y amarilla con muchas semillas comestibles.
giro, a adj. **1** AMÉR Se dice del ave gallinácea de plumaje oscuro con matices amarillos, rojos y negros. ◆ m. **2** Acción y efecto de girar. **3** Expresión, frase.
girola f. Pasillo semicircular que rodea el altar mayor.
gitano, a adj./s. De un pueblo nómada probablemente originario

de la India, que se extendió por todo el mundo.

glaciación f. Etapa climática que atraviesa la Tierra periódicamente, en la que la temperatura media desciende notablemente y los hielos polares se extienden hacia latitudes más ecuatoriales.

glacial adj. Muy frío.

glaciar m. **1** Masa grande de hielo. ◆ adj. **2** Relativo a esta masa de hielo.

gladiador m. Luchador que batallaba a muerte en espectáculos romanos.

gladíolo o **gladiolo** m. **1** Planta bulbosa de hojas alargadas y estrechas. **2** Flor de esta planta.

glande m. Parte final y más abultada del pene.

glándula f. Órgano encargado de elaborar y segregar sustancias necesarias para el organismo.

glasear tr. Dar brillo a la superficie de determinadas cosas, como un papel, una tela o un alimento.

gleba f. **1** Tierra levantada con el arado. **2** Tierra de cultivo.

glicerina f. Alcohol obtenido de grasas y aceites animales y vegetales, muy usado en farmacia y perfumería.

glíptica f. **1** Técnica de grabar en piedras duras. **2** Técnica de grabar en acero los cuños para monedas, medallas, etc.

global adj. Que se refiere a todo un conjunto.

globalización f. Proceso de interdependencia económica entre los estados del mundo.

globo m. **1** Cuerpo de forma esférica. **2** Objeto de goma que se llena de aire o gas y se usa para jugar o como adorno. **3** *Fam.* ESP Trastorno temporal de las capacidades físicas y mentales por el consumo de drogas. ◇ ~ **aerostático** Aerostato sin motor compuesto de una bolsa redonda rellena de gas y una barquilla.

glóbulo m. **1** Célula presente en diversos líquidos del cuerpo. **2** Cuerpo pequeño y esférico. ◇ ~ **blanco** Célula incolora de la sangre que actúa de defensa ante las infecciones. ◇ ~ **rojo** Eritrocito.

gloria f. **1** En el cristianismo, estado de felicidad y gracia eterna que produce estar en el Cielo cerca de Dios. **2** Esplendor, grandeza. **3** Honor, prestigio. ◆ m. **4** Oración y canto de la misa católica.

gloriarse prnl. Presumir en exceso de las virtudes o bienes propios.

glorieta f. **1** Plaza en la que desembocan varias calles. **2** Espacio cerrado por un enrejado y adornado con plantas.

glorificar tr. **1** Dar gloria. **2** Alabar.

glosa f. **1** Nota o comentario que se añade a un texto para aclararlo. **2** Composición poética elaborada a partir de unos versos iniciales.

glosario m. Catálogo alfabetizado de palabras y expresiones de un texto.

glotis f. Abertura superior de la laringe.

glotón, na adj./s. Que come de manera excesiva y con ansia.

glucemia f. Concentración de glucosa en la sangre.

glúcido m. Compuesto orgánico de carbono, hidrógeno y oxígeno.

glucógeno m. Glúcido polisacárido almacenado por los animales y los hongos.

glucosa f. Glúcido monosacárido de 6 átomos de carbono.

gluten m. Sustancia formada por proteínas presentes en la semilla del trigo y de otras gramíneas.

glúteo, a m./adj. **1** Músculo de la nalga. ◆ m. **2** Parte carnosa y redondeada del extremo superior y posterior del muslo. ◆ adj. **3** Relativo a esta parte del cuerpo.

gneis m. Roca metamórfica formada por cristales de cuarzo, feldespato y mica.

gnomo m. Ser fantástico enano, con poderes mágicos.

gnosticismo m. Doctrina religiosa esotérica de los primeros siglos de la Iglesia.

gobernación f. **1** Acción de gobernar un Estado. **2** Territorio dependiente de un gobierno nacional.

gobernador, ra s. Jefe superior de un territorio o provincia.

gobernante adj./m. y f. Que gobierna.

gobernar tr./intr. **1** Ejercer la dirección, la administración y el control de un Estado, ciudad o colectividad. ◆ tr. **2** Conducir un vehículo. **3** Guiar, dirigir. ◆ prnl. **4** Desenvolverse.

gobierno m. **1** Acción de gobernar. **2** Conjunto de personas que gobiernan un Estado.

gobio m. Pez con las aletas abdominales unidas.

goce m. Sentimiento muy intenso de placer, satisfacción y alegría.

godo, a adj./s. **1** De un pueblo germánico que invadió el Imperio romano a partir del s. III. ◆ adj. **2** AMÉR *Desp.* Español.

gofio m. **1** Harina de cereales tostados. **2** AMÉR Pasta dulce hecha con harina de maíz.

gofre m. Dulce hecho con harina y miel, con aspecto de panal.

gogó f. ESP Mujer que baila para animar al público.

gol m. Acto de introducir la pelota en la portería contraria.

goleador, ra s. Persona que mete más goles.

goleta f. Embarcación de vela ligera, con dos o tres palos.

golf m. Deporte que se practica en un campo cubierto de césped con hoyos.

golfo, a adj./s. **1** ESP Se dice de la persona que es poco formal y solo se preocupa de divertirse. ◆ m. **2** Porción de mar de gran extensión que entra en la tierra.

golilla f. Adorno formando pliegues que se ponía alrededor del cuello.

golondrina f. **1** Pájaro pequeño de color negro azulado por encima y blanco por el pecho y el vientre. **2** Barca pequeña de motor, usada para trayectos cortos.

golosina f. Comestible de pequeño tamaño y sabor dulce.

goloso, a adj./s. **1** Aficionado a comer dulces. **2** Que es deseado o codiciado.

golpe m. **1** Choque repentino entre dos cuerpos. **2** Señal que deja este choque. **3** Suceso repentino que causa impresión o dolor. **4** *Fam.* Ocurrencia divertida. **5** Robo. **6** Aparición repentina de una cosa. ◇ **~ de Estado** Toma del gobierno de un país por medio de las armas o la violencia y de forma ilegal.

golpear tr./intr. Dar uno o varios golpes.

golpista adj. **1** Relativo al golpe de Estado. ◆ adj./m. y f. **2** Que participa en un golpe de Estado.

golpiza f. AMÉR Paliza.

goma f. **1** Sustancia viscosa de ciertas plantas tropicales, con la que se elaboran colas y barnices. **2** Material elástico y resistente que se obtiene de esta sustancia. **3** Tira elástica para sujetar cosas. **4** Utensilio para borrar.

gomaespuma f. Caucho muy esponjoso y elástico.

gomera f. Tirachinas.

gomero, a adj./s. De la isla de La Gomera.

gomina f. Producto viscoso para fijar el cabello.

gominola f. ESP Caramelo blando recubierto de azúcar.

gónada f. Órgano reproductor que forma las células sexuales de los animales.

góndola f. Embarcación ligera, larga y estrecha, movida por un solo remo.

gong m. Instrumento musical que consiste en un disco de metal que está colgado de un soporte.

gongorismo m. Estilo literario cultivado por Luis de Góngora.

gonococo m. Bacteria que causa la gonorrea o la blenorragia.

gordo, a adj./s. **1** Que tiene mucha carne. ◆ adj. **2** Más grueso o grande de lo normal. ◆ m. **3** Primer premio de la lotería.

gorgojo m. Insecto coleóptero con la cabeza prolongada en un pico.

gorgorito m. *Fam.* Quiebro que se hace en la garganta con la voz.

gorgoteo m. Ruido producido por el movimiento de un líquido o un gas.

gorguera f. Adorno del cuello que se doblaba formando pliegues.

gorila m. **1** Primate de gran tamaño. **2** *Fam.* Guardaespaldas.

gorjeo m. Sonido corto y agudo que emiten algunos pájaros.

gorra f. Prenda que cubre la cabeza, sin copas ni alas, y generalmente con visera. ◇ **de ~** Gratis.

gorrino, a s. **1** Cerdo, en especial el que tiene menos de cuatro meses. ◆ adj./s. **2** Se dice de la persona sucia.

gorrión, na s. Pájaro de pequeño tamaño y plumaje marrón.

gorro m. Prenda para cubrir y abrigar la cabeza.

gorrón, na adj./s. Se dice de la persona que consume o utiliza habitualmente una cosa sin pagar por ella.

gospel m. Estilo de música popular religiosa propia de la comunidad negra de Estados Unidos.

gota f. **1** Partícula de un líquido que adopta una forma esférica al caer. **2** Cantidad pequeña. **3** Enfermedad muy dolorosa de algunas articulaciones.

gotear intr. **1** Caer un líquido gota a gota. ◆ impers. **2** Empezar a llover.

gotera f. **1** Filtración del agua a través del techo o la pared. **2** Agujero o grieta por donde se filtra el agua. ◆ f.pl. **3** AMÉR Alrededores.

gótico, a adj. **1** Relativo a los godos. ◆ m./adj. **2** Lengua hablada por los godos. ◆ adj./m. **3** Se dice del estilo artístico de origen francés que se desarrolló en Europa occidental entre los ss. XII y XVI.

gozada f. *Fam.* ESP Gozo.

gozar intr. **1** Sentir placer, satisfacción o alegría. **2** Tener una cosa de la que se saca algún provecho o satisfacción.

gozne m. Bisagra de puertas y ventanas.

gozo m. Placer, satisfacción, alegría.

grabado m. **1** Arte o técnica de grabar sobre una superficie. **2** Estampa grabada.

grabar tr. **1** Tallar o labrar sobre metal, madera, piedra o cualquier superficie dura una figura, un dibujo o un texto. **2** Recoger imágenes, sonidos o informaciones en un soporte. **3** Fijar fuertemente en la memoria.

gracejo m. Gracia, desenvoltura.

gracia f. **1** Capacidad para divertir o hacer reír. **2** Hecho o dicho divertido. **3** Conjunto de cualidades que hacen atractiva a una persona o cosa. **4** Elegancia, garbo. **5** En el cristianismo, ayuda sobrenatural que Dios da a una persona para su salvación. ◆ f.pl. **6** Se usa para agradecer alguna cosa.

grácil adj. *Formal.* Delgado, delicado o ligero.

grada f. **1** Asiento para muchas personas que suele haber en teatros, estadios, etc. **2** Superficie elevada sobre la que está el altar.

graderío m. **1** Conjunto de gradas. **2** Público que ocupa este conjunto de gradas.

gradiente f. **1** Variación de una magnitud en cantidad y dirección. **2** AMÉR Desnivel.

grado m. **1** Unidad de medida de la temperatura en distintas escalas.

2 Unidad de medida de la cantidad de alcohol de una bebida. **3** Parte que resulta de dividir la circunferencia en 360 partes iguales. **4** Voluntad, disposición.

graduado, a adj. **1** Dividido en grados. ◆ adj./s. **2** Se dice de la persona que ha alcanzado un grado determinado de estudios. ◆ m. **3** Título académico que se consigue al completar algunos estudios.

gradual adj. Que se desarrolla en etapas sucesivas y continuas.

graduar tr. **1** Dar a una cosa un grado, una calidad o intensidad determinados. **2** Medir la intensidad, la calidad o el valor de una cosa en grados. **3** Conceder a una persona un título o grado.

graffiti m. Escrito o dibujo realizados en las paredes de lugares públicos.

grafía f. Letra o signo gráfico con que se representa un sonido.

gráfico, a adj. **1** Relativo a la escritura o la imprenta. **2** Que describe claramente la idea que se desea expresar. **3** Que se representa por medio de signos o dibujos. ◆ s. **4** Representación de datos numéricos por medio de dibujos, esquemas, etc.

grafismo m. **1** Actividad que tiene como objeto el cuidado de la tipografía y de los dibujos y fotografías que aparecen en libros, revistas, etc. **2** Modo particular de escribir a mano.

grafito m. Mineral de color negro o gris oscuro, compuesto de carbono.

grafología f. Técnica que estudia la psicología humana a través de la escritura.

gragea f. Medicamento en forma de píldora o tableta.

grajo, a s. Ave parecida al cuervo.

grama f. Hierba silvestre medicinal.

gramática f. **1** Ciencia que estudia y describe una lengua como sistema. **2** Conjunto de normas y reglas para hablar y escribir correctamente una lengua.

gramíneo, a adj./f. Se dice de la planta que tiene las flores en espiga y el fruto formado por un solo cotiledón.

gramo m. Medida de masa, de símbolo g.

gramófono m. Aparato que reproduce sonidos grabados en un disco mediante una aguja de metal.

gramola f. Gramófono eléctrico colocado en un mueble cerrado que hace sonar el disco seleccionado.

gran adj. Apócope de **grande**.

grana adj./m. **1** Se dice del color rojo oscuro. ◆ f. **2** Cochinilla. **3** Colorante obtenido de la cochinilla.

granada f. **1** Fruto del granado. **2** Proyectil de mano provisto de un dispositivo que al arrancarlo provoca la explosión de la carga.

granadino, a adj./s. De Granada.

granado, a adj. **1** Que se considera lo mejor de su especie. ◆ m. **2** Árbol de grandes flores rojas y fruto comestible.

granar intr. Formarse y crecer el grano de los frutos.

granate adj./m. **1** Se dice del color rojo oscuro. ◆ m. **2** Mineral compuesto de hierro, aluminio y silicio, cuyo color más frecuente es el rojo oscuro.

grande adj. **1** Que tiene un tamaño mayor de lo normal. **2** Muy intenso o fuerte. **3** Que destaca por alguna cualidad. ◆ adj./m. y f. **4** Se dice de la persona adulta.

grandilocuente adj. Que se caracteriza por emplear palabras y construcciones demasiado cultas y rebuscadas.

grandullón, na adj./s. ESP Se dice del niño o joven que está muy crecido para su edad.

granel ◇ **a ~ 1** Sin envasar. **2** En gran cantidad.

granero m. Lugar donde se guarda el grano.

granito m. Roca muy dura que está formada por cuarzo, feldespato y mica.

granívoro, a adj. Se dice del animal que se alimenta de grano.

granizado, a adj./m. Se dice de la bebida elaborada con hielo picado y zumo de fruta o café.

granizo m. Agua congelada que cae en forma de bolas.

granja f. **1** Casa de campo con terreno para cultivar y edificios para la cría de animales. **2** Lugar dedicado a la cría de aves y otros animales.

granjear tr. Atraer la atención, la voluntad o el afecto de una persona.

grano m. **1** Semilla y fruto de un cereal y otras plantas. **2** Parte pequeña y redonda de alguna cosa. **3** Bulto pequeño en la piel.

granuja adj./m. y f. Que engaña a los demás en su provecho.

1. **granular** adj. Granuloso.

2. **granular** tr. Desmenuzar en granos.

grapa f. Pieza de metal pequeña y delgada que se clava para sujetar papeles, tejidos, etc.

grapadora f. ESP Instrumento para grapas.

grapar tr. Sujetar con grapas.

grasa f. **1** Sustancia animal o vegetal de los tejidos orgánicos que forma las reservas de energía de los seres vivos. **2** Sustancia para engrasar. **3** Manteca.

graso, a adj. Que tiene grasa.

gratificar tr. Recompensar con dinero u otra cosa.

gratinar tr. Tostar en el horno una comida para que se dore por encima.

gratis adv. **1** Sin pagar o sin cobrar dinero. ◆ adj. **2** Que no cuesta dinero.

gratitud f. Sentimiento de agradecimiento y reconocimiento que se tiene hacia una persona.

grato, a adj. Muy agradable.

gratuito, a adj. **1** Que no cuesta dinero. **2** Arbitrario.

grava f. Conjunto de materiales procedentes de minerales y rocas fragmentados.

gravamen m. Impuesto.

gravar tr. Imponer un impuesto.

grave adj. **1** Que tiene mucha importancia o dificultad. **2** Que está muy enfermo. **3** De gran seriedad. **4** Que pesa. **5** Se dice del sonido que tiene una frecuencia de vibraciones menor de la normal. **6** Se dice del acento gráfico llano (`).

gravedad f. **1** Importancia, dificultad. **2** Seriedad. **3** Manifestación de la fuerza de gravitación en las proximidades de un objeto.

gravilla f. Grava de pequeño tamaño.

gravitar intr. Obedecer a la atracción universal un cuerpo celeste.

gravoso, a adj. **1** Que ocasiona mucho gasto. **2** Molesto, pesado.

graznido m. Voz de ciertas aves.

greca f. Franja decorativa en que se repite la misma combinación de elementos.

grecolatino, a adj. Relativo a la Grecia y la Roma antiguas.

grecorromano, a adj. Grecolatino.

greda f. Arcilla arenosa de color blanquecino.

gregario, a adj. **1** Se dice del animal que vive en grupo. **2** Se dice de la asociación de individuos que se unen con diferentes fines. ◆ adj./s. **3** Que no tiene iniciativa propia y sigue las ideas del resto.

gregoriano, a adj. **1** Relativo a algunos de los papas llamados Gregorio. **2** Se dice del calendario instaurado por el papa Gregorio XIII en el s. XIV. ◆ adj./m. **3** Se dice del canto religioso que se canta en latín a una sola voz.

greguería f. Agudeza o imagen en prosa que presenta una visión personal, sorprendente y a veces humorística.

gremio m. Asociación o conjunto de personas que tienen el mismo oficio.

greña f. **1** Pelo mal peinado. **2** MÉX Parte de mies que se pone en la era.

gres m. Pasta cerámica vitrificada.

gresite m. Azulejo pequeño.

grey f. **1** *Formal.* Rebaño, manada. **2** Conjunto de personas que comparten alguna característica.

grial m. Copa que, según una leyenda medieval, fue usada por Jesucristo durante la última cena.

griego, a adj./s. **1** De Grecia. ◆ m./adj. **2** Lengua hablada en Grecia.

grieta f. Abertura estrecha, larga e irregular, que se hace en la tierra o en otra superficie.

grifo, a m. **1** Mecanismo para abrir o cerrar el paso de un líquido. **2** Animal fabuloso con la parte superior del cuerpo en forma de águila y la inferior en forma de león. ◆ adj. 3 MÉX Borracho.

grill m. **1** Rejilla con mango que se pone sobre el fuego para asar o tostar los alimentos. **2** Barra metálica del horno que sirve para gratinar o dorar.

grillete m. Arco de hierro que sujeta los pies de los presos.

grillo m. Insecto de color negro, cabeza gruesa, ojos salientes y patas posteriores adaptadas para saltar.

grima f. Sensación desagradable que se produce en los dientes al comer sustancias agrias, oír sonidos chirriantes o tocar ciertos objetos.

gringo, a s. **1** Persona que es de los Estados Unidos. ◆ adj./s. **2** *Fam. y desp.* AMÉR De origen extranjero, en especial norteamericano o de rasgos anglosajones.

gripe f. Enfermedad vírica contagiosa que produce fiebre, dolor de cabeza y malestar.

gris adj./m. **1** Se dice del color que resulta de la mezcla del blanco y el negro o azul. ◆ adj. **2** Nublado, frío o lluvioso. **3** Que no se destaca del resto.

grisalla f. Pintura realizada en tonos grises que imita el relieve escultórico.

grisú m. Gas inflamable que se desprende en las minas de carbón.

gritar tr./intr. Hablar levantando mucho la voz.

griterío m. Confusión de voces altas y poco claras.

grito m. **1** Sonido que se emite en voz muy alta y de manera fuerte o violenta. **2** Palabra o expresión que se emite en voz muy alta.

grogui adj. Aturdido.

grosella f. **1** Fruto en baya de color rojo vivo y sabor agridulce. ◆ adj. **2** De color rojo vivo.

grosero, a adj./s. **1** Que se comporta con poca educación y delicadeza. **2** Basto, ordinario.

grosor m. Espesor de un cuerpo.

grotesco, a adj. Que produce risa o burla por ser extraño, ridículo o absurdo.

grúa f. **1** Máquina con un brazo móvil horizontal que sirve para elevar pesos. **2** Camión para remolcar automóviles averiados.

grueso, a adj. **1** Se dice de la persona gorda. **2** Que tiene mucho grosor. **3** Muy grande. ◆ m. **4** Espesor de un cuerpo. **5** Parte principal.

grulla f. Ave zancuda de 1 m de altura, de plumaje gris y alas grandes.

grumete m. Muchacho que ayuda en las tareas de un barco.

grumo m. Parte más espesa de una sustancia disuelta en un líquido.

gruñido m. **1** Voz del cerdo. **2** Voz amenazadora del perro y otros animales. **3** Sonido no articulado.

grupa f. Parte posterior del lomo de una caballería.

grupo m. **1** Conjunto de personas, animales o cosas que forman un conjunto. **2** Palabra o conjunto de palabras que constituyen una unidad de sentido y que cumplen una función determinada. **3** Columna del sistema periódico que contiene elementos de propiedades semejantes.

gruta f. Cavidad natural que es profunda.

gruyer m. Queso suave con agujeros en su interior.

guaca o **huaca** f. **1** Sepulcro de los antiguos indios americanos. **2** AMÉR Tesoro escondido. **3** C RICA, CUBA Hoyo donde se depositan frutas verdes para que maduren.

guacal o **huacal** m. **1** AMÉR Especie de jaula que se usa para transportar loza, frutas, etc. **2** AMÉR CENTRAL Árbol americano cuyos frutos se usan como vasijas.

guacamayo m. Ave parecida al papagayo de cola muy larga.

guache o **gouache** m. Técnica pictórica que emplea colores diluidos en agua y mezclados con goma árabiga.

guacho, a adj. **1** ARG, CH, COL, ECUAD Se dice de la cría que se ha quedado sin madre. **2** ARG, CH, URUG Huérfano. **3** CH Desparejado.

guaco m. **1** Ave gallinácea propia de América del Sur, de carne muy apreciada. **2** AMÉR Planta que se usa para curar picaduras.

guadalajarense adj./m. y f. **1** Guadalajareño. **2** De Guadalajara (ciudad de México).

guadalajareño, a adj./s. De Guadalajara (ciudad de España).

guadaña f. Herramienta para segar a ras de tierra.

guagua f. **1** CUBA, ESP, P RICO, R DOM Autobús. **2** CUBA, R DOM Insecto que destruye los naranjos y limoneros. **3** COL Roedor de carne muy apreciada. **4** CUBA Cosa sin valor. ◆ m. y f. **5** AMÉR SUR Niño.

guajiro, a s. Campesino de Cuba.

guajolote m. **1** EL SALV, HOND, MÉX Pavo. **2** MÉX Tonto.

gualdo, a adj. *Formal.* Amarillo.

guanaco, a m. **1** Mamífero rumiante de pelaje oscuro o rojizo, que vive en los Andes. **2** CH Camión policial que dispara agua a presión. ◆ adj./s. **3** AMÉR Torpe, tonto. **4** *Fam. y desp.* ARG, COL, CH Sucio y maleducado.

guanche adj./m. y f. **1** De un pueblo que habitó las islas Canarias. ◆ m./adj. **2** Lengua hablada por este pueblo.

guano m. Abono formado por los excrementos de las aves marinas.

guantazo m. Bofetada.

guante m. Prenda que cubre la mano adaptándose a su forma.

guantera f. Compartimento del salpicadero de un automóvil.

guapo, a adj./s. **1** Que tiene rasgos físicos bellos. **2** Que va bien vestido. ◆ adj. **3** *Fam.* Que es bonito o de calidad.

guaraca f. **1** AMÉR SUR Honda

para tirar piedras. **2** AMÉR SUR Zurriago, látigo.

guaraní adj./m. y f. **1** De un pueblo indígena sudamericano que habitó el centro y sur del continente. ◆ m./adj. **2** Lengua hablada por este pueblo. ◆ m. **3** Unidad monetaria de Paraguay.

guarda m. y f. **1** Persona que se encarga de la vigilancia y el cuidado de una cosa o lugar. ◆ f. **2** Acción de guardar o cuidar.

guardabarros m. Pieza larga y curva que protege las ruedas de un vehículo de las salpicaduras.

guardabosques o **guardabosque** m. y f. Persona que se dedica a vigilar y cuidar bosques.

guardacostas m. Barco destinado a la vigilancia de las costas.

guardaespaldas m. y f. Persona que se dedica a acompañar a otra para protegerla.

guardagujas m. y f. Ferroviario que maneja las agujas de las vías.

guardameta m. y f. Portero.

guardamuebles m. Local para guardar muebles.

guardapolvo m. Prenda de vestir larga, ancha y de tela ligera, usada para proteger la ropa.

guardar tr. **1** Poner una cosa en un sitio adecuado para que no se pierda o para que se conserve en buen estado. **2** Vigilar a una persona o una cosa para protegerla y cuidarla. **3** Cumplir una norma. **4** Conservar una cosa. ◆ prnl. **5** Prevenirse de un daño.

guardarropa m. Lugar de un establecimiento para dejar abrigos, bolsos y cosas parecidas.

guardavalla m. y f. *Fam.* AMÉR Guardameta.

guardería f. Establecimiento donde se cuida a los niños que no tienen edad de ir a la escuela.

guardia f. **1** Conjunto de personas armadas que vigilan y custodian a una persona o cosa. ◆ m. y f. **2** Persona que pertenece a cualquiera de los cuerpos del estado que se encargan de mantener el orden. ◆ f. **3** Protección, cuidado. **4** Servicio especial y obligatorio que se realiza por turnos en algunas profesiones. **5** Servicio de vigilancia que hacen los soldados. ◇ **en ~** En actitud de defensa o de desconfianza.

guardián, na s. Persona que se encarga de la vigilancia y el cuidado de una persona o cosa.

guarecer tr. Servir de refugio.

guarida f. Lugar donde se refugia un animal salvaje.

guarismo m. Cifra arábiga que expresa una cantidad.

guarnecer tr. **1** Poner adornos. **2** Proveer un lugar de soldados y armas para defenderlo.

guarnición f. **1** Adorno. **2** Alimento que acompaña el plato principal. **3** Conjunto de soldados que están en un lugar para defenderlo.

guarro, a adj. **1** *Fam.* Que está sucio. ◆ adj./s. **2** *Fam.* Se dice de

la persona sucia. ◆ s. **3** Cerdo (animal).
guasa f. Broma.
guasca f. AMÉR SUR, CUBA, P RICO, R DOM Cuerda de cuero que se utiliza como rienda o látigo.
guaso, a adj./s. **1** AMÉR SUR Se dice del indígena chileno que vive en el campo. **2** AMÉR SUR Maleducado, malhablado. **3** CH Campesino.
guate m. **1** ARG, BOL Tira delgada que se utiliza para sujetar los zapatos. **2** GUAT, HOND Gemelo o mellizo.
guatemalteco, a adj./s. De Guatemala.
guateque m. Fiesta que se celebra en una casa particular.
guay adj. **1** *Fam.* ESP Muy bueno. **2** *Fam.* ESP Simpático. ◆ adv. **3** *Fam.* ESP Muy bien.
guayaba f. **1** Fruto del guayabo. **2** AMÉR Mentira.
guayabera f. Camisa de hombre de tela ligera que se lleva por fuera.
guayabo m. Árbol de la América tropical, de unos 5 m de altura.
guayanés, sa adj./s. De Guayana.
gubernamental adj. **1** Relativo al gobierno de un estado. **2** Partidario del gobierno de un estado.
gubia f. Herramienta de carpintería para labrar superficies curvas.
guepardo m. Mamífero carnívoro de cuerpo esbelto y pelaje amarillento con manchas negras.
guerra f. Enfrentamiento continuado entre dos o más ejércitos.
guerrera f. ESP Chaqueta militar ajustada y abrochada hasta el cuello.
guerrilla f. Grupo de personas armadas que luchan contra un enemigo mediante ataques por sorpresa, emboscadas, etc.
gueto o **guetto** m. **1** Barrio cerrado o aislado en que eran obligados a vivir los judíos. **2** Barrio o parte de una ciudad en que viven personas de una misma cultura, etnia o procedencia.
guía m. y f. **1** Persona que enseña y dirige a otras. **2** Persona que se dedica a acompañar a otras en un recorrido o viaje. **3** Persona que se dedica a informar a los visitantes de un lugar, un museo o una exposición. ◆ f. **4** Cosa que orienta. **5** Libro de consulta donde se puede encontrar una serie de datos e informaciones acerca de un país, servicio, actividad, etc. **6** Carril de un mecanismo por el que se desliza una pieza, impidiendo que se desvíe. **7** Tallo o rama principal de una planta o árbol.
guijarro m. Piedra pequeña erosionada por el agua.
guillotina f. **1** Mecanismo usado para cortar la cabeza a los condenados. **2** Máquina para cortar papel.
guinda f. Fruto del guindo.
guindilla f. ESP Variedad de pimiento pequeño que pica mucho.
guindo m. Árbol parecido al cerezo, de hojas ovaladas y dentadas.

guineano, a adj./s. De Guinea Ecuatorial, de Guinea-Bissau o de Guinea.

guiñapo m. **1** Prenda de vestir rota, sucia o desgastada. **2** Persona muy débil o decaída. **3** AMÉR SUR Harina de maíz una vez germinado.

guiñar tr. Cerrar y abrir con rapidez un ojo dejando el otro abierto.

guiñol m. Representación teatral con títeres o muñecos.

guion m. **1** Signo gráfico de puntuación (-). **2** Esquema que sirve como guía para desarrollar una exposición. **3** Texto de una película o un programa.

guiri m. y f. *Fam.* ESP Turista extranjero.

guirigay m. Griterío y confusión.

guirlache m. Dulce elaborado con almendras tostadas y caramelo.

guirnalda f. Tira de flores, papel, etc. que se cuelga como adorno.

güiro m. Instrumento musical de percusión hecho con una calabaza hueca.

guisa f. *Fam.* Modo, manera.

guisante m. **1** ESP Planta de tallo trepador, flores blancas y fruto en vaina. **2** ESP Semilla comestible de esta planta.

guisar tr./intr. Cocinar un alimento sometiéndolo a la acción del fuego.

güisqui m. Whisky.

guitarra f. Instrumento musical de cuerda formado por una caja y un mástil con seis cuerdas.

gula f. Tendencia a comer y beber en exceso.

gurú m. Maestro o guía espiritual hindú.

gusanillo m. **1** Alambre doblado que sirve para colgar cortinas. **2** *Fam.* Inquietud, curiosidad.

gusano m. **1** Animal invertebrado de cuerpo alargado, blando y sin extremidades. **2** *Fam. y desp.* Persona insignificante.

gusarapo m. Animal acuático con aspecto de gusano.

gustar intr. **1** Producir una sensación agradable. **2** Atraer físicamente. **3** *Formal.* Sentir afición por una cosa. ◆ tr. **4** *Formal.* Probar o tomar un alimento o bebida.

gusto m. **1** Sentido corporal mediante el cual se perciben y se reconocen los sabores. **2** Sabor. **3** Satisfacción, placer. **4** Forma propia que tiene cada persona de valorar una cosa. **5** Inclinación o interés hacia algo.

gutural adj. **1** Relativo a la garganta. **2** Se dice del sonido consonántico que se articula en la parte posterior de la boca. ◆ f./adj. **3** Letra que representa este sonido.

guyanés, sa adj./s. De Guyana.

H

h f. Octava letra del alfabeto español.

haba f. **1** Planta herbácea leguminosa de flores blancas o rosadas con manchas negras y fruto en vaina. **2** Vaina y semilla comestibles de esta planta.

habanera f. Canción y baile originario de Cuba.

habanero, a adj./s. De La Habana.

habano adj./m. Se dice del cigarro puro elaborado en Cuba.

1. **haber** aux. **1** Se usa para formar los tiempos compuestos e indica que la acción, el proceso o el estado expresado por el verbo ha terminado. ◆ impers. **2** Existir o estar presente en un lugar. **3** Tener lugar o suceder una cosa. ◇ **~ de + infinitivo** Estar obligado. ◇ **~ que + infinitivo** Ser necesario.

2. **haber** m. Conjunto de bienes o dinero.

habichuela f. Judía.

hábil adj. **1** Se dice de la persona que hace una cosa bien con facilidad. **2** Apto legalmente. **3** Se dice del período en el que una oficina funciona.

habilitar tr. **1** Dar a una cosa las condiciones necesarias para que desempeñe una función que no es la que tiene habitualmente. **2** Dar capacidad legal a una persona para hacer algo.

habitación f. Parte del espacio de una casa o edificio separada de las demás por paredes.

habitáculo m. Vivienda.

habitante m. Persona que forma parte de la población de un lugar determinado.

habitar intr. **1** Desarrollarse un ser vivo o un grupo de personas en un hábitat, clima o lugar determinado. ◆ tr. **2** Tener una casa, un edificio, etc., como residencia.

hábitat m. Conjunto de biotopos en el que puede vivir una especie de seres vivos.

hábito m. **1** Manera de actuar adquirida por la repetición regular. **2** Vestimenta de los religiosos.

habitual adj. **1** Que se hace a menudo o que es frecuente. **2** Se dice de la persona que va a menudo a un lugar.

habituar tr. Hacer que una persona adquiera una costumbre o un hábito.

habla f. **1** Capacidad natural de una persona para hablar o comunicarse con palabras. **2** Lengua, idioma. **3** Variedad lingüística propia de una región. **4** Acto particular e individual que cada hablante hace del sistema lingüístico.

hablador, ra adj. Que habla mucho.

habladuría f. Rumor falso o sin fundamento.

hablar intr. **1** Expresarse o comunicarse una persona mediante palabras u otros signos. **2** Pronunciar o articular palabras. **3** Conversar. **4** Pronunciar un discurso. **5** Murmurar, criticar. **6** Decir lo que se sabe acerca de un asunto. **7** Tratar de un tema de palabra o por escrito. ◆ tr. **8** Conocer y poder usar un idioma. ◆ prnl. **9** Relacionarse, tratarse.

habón m. Bulto pequeño de forma parecida a la de un haba, que sale en la piel.

hacendado, a adj./s. Que tiene muchos bienes en forma de tierras.

hacendoso, a adj. Que hace con cuidado y esmero las tareas de la casa.

hacer tr. **1** Crear. **2** Construir, fabricar. **3** Preparar una cosa. **4** Causar. **5** Realizar una acción. **6** Actuar de una determinada manera. **7** Obligar a realizar una acción. **8** Dar dos o más cifras sumadas un resultado. **9** Ocupar un lugar en una serie o fila. **10** Dar una cosa un determinado aspecto a una persona. **11** Alcanzar un vehículo cierta velocidad. **12** Recorrer una distancia. **13** *Fam.* Emitir un sonido. **14** Adaptar a una situación o costumbre. **15** Fingir. ◆ intr. **16** Representar a un personaje. **17** Convenir, ser apropiado. **18** Desempeñar un cargo o empleo. ◆ aux. **19** Sustituye a un verbo aparecido anteriormente e indica que se ejecuta la acción señalada por él. ◆ impers. **20** Estar el tiempo atmosférico de una determinada forma. **21** Transcurrir un cierto período. ◆ prnl. **22** Convertirse en algo diferente. **23** Conseguir un fin. **24** Tener una impresión. **25** Apartarse de un sitio. **26** Fingir.

hacha f. Herramienta para cortar madera.

hachazo m. Golpe dado con un hacha.

hache f. Nombre de la letra **h**.

hachís m. Marihuana.

hacia prep. **1** Indica dirección o destino. **2** Indica el tiempo o el lugar aproximado.

hacienda f. **1** Finca dedicada a la agricultura. **2** Ministerio encargado de administrar los bienes de un estado.

hacinar tr. Amontonar.

hacker m. y f. Persona que accede ilegalmente a sistemas informáticos ajenos y los manipula.

hada f. Ser fantástico con poderes mágicos representado por una mujer.

hado m. Divinidad o fuerza desconocida que determina lo que ha de ocurrir.

haitiano, a adj./s. De Haití.

¡hala! interj. **1** *Fam.* Se utiliza para meter prisa a una persona. **2** *Fam.* Se utiliza para mostrar sorpresa.

halagar tr. Adular.

halagüeño, a adj. **1** Que halaga. **2** Se dice de la cosa que da muestras o indicios de que tendrá éxito o causará satisfacción.

halcón m. Ave rapaz diurna de 20 a 50 cm de alto con las alas largas y puntiagudas.

halitosis f. Mal aliento.

hallar tr. **1** Encontrar. **2** Coincidir con una persona en un lugar o toparse con una cosa casualmente. **3** Tener una opinión determinada. **4** Notar una cualidad o circunstancia con los sentidos o la mente. ◆ prnl. **5** Tener conciencia una persona de que está de una determinada manera. **6** Estar en un lugar determinado.

hallazgo m. **1** Acción de hallar o encontrar. **2** Cosa o persona halladas.

halo m. **1** Círculo luminoso que se ve alrededor de un astro. **2** Círculo luminoso que se representa en la cabeza de ciertas figuras cristianas. **3** *Formal.* Conjunto de características espirituales que surgen de una persona.

halógeno, a adj./m. **1** Se dice del elemento químico no metal de electronegatividad elevada que forma sales minerales al unirse directamente con un metal. **2** Se dice del faro o lámpara que, por medio de alguno de estos elementos, produce una luz clara e intensa.

halterofilia f. Deporte que consiste en levantar pesos.

haluro m. Sal binaria que forman los halógenos en combinación con los metales.

hamaca f. **1** Pieza alargada de red o tela resistente que se cuelga por los extremos y sirve para echarse en ella. **2** ARG, URUG Mecedora.

hamaquear tr. **1** Mecer en una hamaca. **2** CUBA Marear a una persona.

hambre f. **1** Apetito o necesidad de comer. **2** Escasez de alimentos. **3** Deseo fuerte o intenso.

hamburguesa f. **1** Filete que se hace con carne picada. **2** Bocadillo que se elabora con este filete.

hampa f. Conjunto de personas que viven al margen de la ley.

hámster m. Mamífero roedor parecido al ratón, pero de pelo más largo y suave.

hándicap o **handicap** m. Inconveniente, desventaja.

hangar m. Recinto cubierto donde se guardan aviones.

haploide adj. Se dice de la célula o del organismo cuya dotación genética consta de un solo juego de cromosomas en el núcleo celular.

haragán, na adj./s. Perezoso, holgazán.

harakiri m. Suicidio ritual japonés que consiste en abrirse el vientre con un arma blanca.
harapo m. Pedazo de tela muy vieja.
hardware m. Conjunto de elementos físicos del sistema de un ordenador.
harén m. **1** Conjunto de mujeres musulmanas que dependen de un mismo jefe de familia. **2** Lugar de una casa musulmana donde viven solo las mujeres.
harina f. Polvo que se obtiene al moler trigo u otros cereales.
harmonía f. Armonía.
hartar tr. **1** Saciar el apetito de comer o beber. **2** *Fam.* Molestar o cansar mucho una cosa o persona. **3** *Fam.* Dar una cosa en abundancia. ◆ **prnl. 4** Quedarse satisfecho o cansado tras realizar algo que se hacía por necesidad o gusto.
harto, a adj. **1** Saciado de comida o bebida. **2** Molesto o cansado por culpa de algo. ◆ **adv. 3** *Formal.* Bastante o muy.
hasta prep. **1** Indica el término o límite de tiempo, espacio o cantidad. **2** Introduce una dificultad, a pesar de la cual puede ser, ocurrir o hacerse una cosa. ◆ **adv. 3** Expresa encarecimiento o ponderación.
hastío m. Aburrimiento, tedio.
hatajo o **atajo** m. **1** Grupo pequeño de ganado. **2** *Desp.* Conjunto de personas o cosas.
hato m. **1** Hatajo. **2** AMÉR Hacienda rural donde se cría ganado.
haya f. Árbol caducifolio de tronco gris y hojas esmeralda.
haz m. **1** Conjunto de cosas alargadas atadas con una cuerda. **2** Conjunto de rayos de luz con una misma fuente de origen. **3** Conjunto de fibras musculares o nerviosas con un mismo punto de origen. ◆ **f. 4** Cara principal o superior de una cosa.
hazaña f. Acción heroica o remarcable.
hazmerreír m. Persona que provoca la burla de los demás.
he Se usa, ante los adverbios **aquí** o **ahí** o ante un pronombre personal átono, para señalar la persona o cosa de la que se está hablando.
heavy m. **1** Estilo musical derivado del rock duro. ◆ **adj./m. y f. 2** Aficionado a este estilo. ◆ **adj. 3** *Fam.* ESP Que produce impresión o asombro.
hebilla f. Pieza que une los dos extremos de un cinturón, una correa de un zapato, etc.
hebra f. **1** Trozo de hilo que se mete por el agujero de la aguja para coser. **2** Fibra o filamento de una materia con forma de hilo. **3** Estigma de la flor del azafrán.
hebreo, a adj./s. **1** De un antiguo pueblo semítico que habitó Mesopotamia y emigró a las tierras de Canaán. ◆ **m./adj. 2** Lengua de este pueblo. ◆ **adj./s. 3** Que practica el judaísmo.

hecatombe f. **1** Catástrofe o desastre que causa un gran número de víctimas. **2** Sacrificio, ritual.

hechizar tr. **1** Controlar mediante un hechizo. **2** Atraer de una forma irresistible.

hechizo, a m. **1** Acto u objeto con poder mágico y maléfico. **2** Atracción irresistible que produce una persona o cosa. ◆ adj. **3** AMÉR Que ha sido hecho por un particular, de modo artesanal o manual.

hecho, a adj. **1** Acabado o terminado. ◆ m. **2** Cosa que se produce o sucede. **3** Acción, obra. **4** Asunto o materia sobre la que se trata. ◇ **de ~** Verdaderamente.

hechura f. **1** Confección de una prenda de vestir. **2** Figura o forma exterior de una cosa. **3** ESP Forma del cuerpo de una persona.

hectárea f. Medida de superficie, de símbolo **ha**, igual a 100 áreas.

hectómetro m. Medida de longitud, de símbolo **hm**, igual a 100 metros.

heder intr. *Formal.* Despedir hedor.

hediondo, a adj. *Formal.* Que hiede.

hedonismo m. Doctrina que identifica el bien con el placer.

hedor m. *Formal.* Olor muy intenso y desagradable.

hegemonía f. Supremacía.

hégira o **héjira** f. Huida de Mahoma de La Meca a Medina en el año 622.

helada f. Congelación del agua, especialmente de la lluvia o el rocío.

heladera f. ARG, BOL, CH, PERÚ, URUG Frigorífico, refrigerador.

helado, a adj. **1** Que se ha convertido en hielo. **2** Muy frío. **3** Atónito, impresionado por algo. ◆ m. **4** Alimento dulce parcialmente congelado.

helar tr. **1** Congelar. ◆ impers. **2** Producirse heladas. ◆ prnl. **3** Pasar mucho frío.

helecho m. Planta sin flores que se reproduce por esporas.

helénico, a adj. Griego.

heleno, a adj./s. Griego.

hélice f. **1** Pieza compuesta por varias palas que giran alrededor de un eje. **2** Línea en forma cónica que da vueltas sin cerrarse.

helicoidal adj. Que tiene forma de hélice.

helicóptero m. Vehículo aéreo con una hélice horizontal de dos palas muy largas.

helio m. Elemento químico (gas noble) de símbolo **He**.

heliotropismo m. Movimiento de un organismo como respuesta al estímulo de la luz.

helvético, a adj./s. De Suiza.

hematíe m. Célula que contiene hemoglobina.

hematoma m. Acumulación de sangre bajo la piel a consecuencia de un golpe u otra causa.

hembra f. **1** Persona o animal de sexo femenino. **2** Pieza con un hueco que encaja en otra.

hemeroteca f. Biblioteca de publicaciones periódicas.

hemiciclo m. **1** Salón con asientos colocados en forma de medio círculo. **2** Mitad de un círculo.

hemiplejia o **hemiplejía** f. Parálisis del lado izquierdo o derecho del cuerpo.

hemíptero, a adj./m. Se dice del insecto con trompa chupadora.

hemisferio m. **1** Mitad del globo terrestre. **2** Mitad lateral del cerebro o el cerebelo.

hemistiquio m. Cada una de las mitades en que la cesura divide un verso.

hemofilia f. Enfermedad que se caracteriza por la dificultad de la sangre para coagular.

hemoglobina f. Pigmento de la sangre que lleva el oxígeno a las células del organismo.

hemorragia f. Salida de sangre de las vías por donde circula.

hemorroide f. Variz que se forma en las inmediaciones del ano.

henchir tr. *Formal.* Llenar.

hender tr. **1** *Formal.* Producir una hendidura. **2** *Formal.* Atravesar un fluido.

hendidura f. Abertura estrecha y poco profunda.

hendir tr. Hender.

heno m. **1** Hierba cortada y seca para alimentar al ganado. **2** Planta herbácea que sirve como forraje.

henry o **henrio** m. Unidad de inductancia del Sistema Internacional, de símbolo H.

hepático, a adj. Relativo al hígado.

hepatitis f. Enfermedad que provoca la inflamación del hígado.

heptaedro m. Poliedro de siete caras.

heptágono m. Polígono de siete lados.

heptasílabo, a adj. Que tiene siete sílabas.

heráldica f. Disciplina que estudia los escudos de armas.

heraldo m. **1** Oficial medieval que transmitía mensajes, organizaba fiestas, etc. **2** *Formal.* Mensajero.

herbáceo, a adj. Se dice de la planta que tiene ciertas características propias de la hierba.

herbívoro, a adj./s. Que se alimenta solamente de vegetales.

herbolario, a s. **1** Persona que recoge o vende plantas medicinales. ◆ m. **2** Herboristería.

herboristería f. Establecimiento donde se venden plantas medicinales.

herciano, a adj. Hertziano.

hercio m. Hertz.

heredad f. **1** Terreno cultivado que tiene un solo dueño. **2** Conjunto de tierras de una persona.

heredar tr. **1** Recibir los bienes de una persona cuando esta muere. **2** Recibir un hijo una característica biológica de sus padres. **3** *Fam.* Recibir una cosa de otra persona cuando esta ya no hace uso de ella.

herejía f. Idea contraria a la doctrina de una religión.

herencia f. **1** Acción y efecto de heredar. **2** Conjunto de ideas o características que se recibe de una circunstancia o persona precedente.

herético, a adj. Relativo a la herejía.

herida f. Daño o lesión en la piel provocado por un corte o golpe.

herir tr. **1** Causar una herida en los tejidos del cuerpo. **2** Producir un daño moral a causa de una ofensa. **3** Producir una impresión desagradable para la vista o el oído.

hermafrodita adj./m. y f. Que tiene órganos sexuales masculinos y femeninos.

hermanar tr. **1** Juntar cosas haciéndolas compatibles. **2** Establecer un vínculo afectivo o espiritual entre personas que no son familiares. **3** CH Unir de dos en dos.

hermanastro, a s. Hermano de una persona por parte de uno solo de los padres.

hermandad f. **1** Relación de parentesco entre hermanos. **2** Relación de afecto o amistad entre personas sin vínculos familiares. **3** Asociación de fieles de una religión que organizan actividades piadosas. **4** Asociación de personas con los mismos intereses profesionales.

hermano, a s. **1** Persona o animal que ha nacido del mismo padre y de la misma madre que otro. **2** Persona que pertenece a una hermandad. **3** Persona que está unida a otra por tener los mismos sentimientos u opiniones. **4** *Fam.* AMÉR Tratamiento para dirigirse a una persona con la que se tiene confianza y amistad.

hermenéutica f. Estudio e interpretación de los textos.

hermético, a adj. **1** Que cierra perfectamente. **2** Impenetrable, oscuro.

hermoso, a adj. **1** Que es bello, agradable o atractivo. **2** Se dice del tiempo atmosférico agradable. **3** Que está fuerte, sano o gordo. **4** *Fam.* Que tiene un tamaño grande.

hernia f. Bulto blando que aparece cuando un órgano del cuerpo sale de su cavidad natural.

héroe, oína m. **1** Persona admirada por haber realizado una hazaña extraordinaria. **2** *Formal.* Protagonista de una obra literaria o cinematográfica. **3** En la mitología griega y romana, hijo de un dios y un ser humano.

heroico, a adj. **1** Relativo a los héroes. **2** Que relata las hazañas de los héroes. **3** Se dice del romance de versos endecasílabos.

heroína f. Droga derivada de la morfina.

herpes o **herpe** m. o f. Enfermedad de la piel causada por un virus.

herradura f. Pieza de hierro que se clava en los cascos de las caballerías.

herramienta f. **1** Instrumento que sirve para realizar una actividad o un trabajo manual. **2** Recurso que se utiliza para realizar un trabajo.

herrar tr. **1** Clavar herraduras. **2** Marcar a un animal en la piel.

herrerillo m. Pájaro insectívoro pequeño de plumaje variado.

herrero, a s. Persona que tiene por oficio fabricar o trabajar objetos de hierro.

herrumbre f. **1** Capa de óxido que se forma en el hierro y otros metales. **2** Hongo parásito de cereales.

hertz o **hercio** m. Unidad de frecuencia del Sistema Internacional, de símbolo Hz.

hertziano, a o **herciano, a** adj. Relativo a las ondas electromagnéticas.

hervidero m. Lugar con una gran cantidad de personas o cosas en movimiento.

hervir intr. **1** Moverse un líquido formando burbujas, generalmente por estar sometido a una temperatura determinada. ◆ tr. **2** Hacer que un líquido entre en ebullición. ◆ intr. **3** Estar una cosa muy caliente.

heterodoxo, a adj./s. Que se separa de lo establecido por una religión o doctrina.

heterogéneo, a adj. Que está formado por elementos de distinta clase.

heterosexual adj./m. y f. Que siente atracción sexual hacia el sexo contrario.

heterótrofo, a adj./s. **1** Se dice del organismo que se nutre de sustancias elaboradas por otros seres vivos. ◆ adj. **2** Se dice de la forma de alimentación propia de estos organismos.

hexaedro m. Poliedro regular de seis caras cuadradas.

hexágono o **exágono** m. Polígono de seis lados.

hez f. Sedimento o residuo de un líquido.

hiato m. **1** Pronunciación de dos vocales contiguas en sílabas distintas. **2** Espacio o abertura entre componentes anatómicos.

hibernación f. Letargo de un animal o una persona en invierno.

híbrido, a adj./m. **1** Que procede de la unión de dos individuos de especies diferentes. **2** Originado a partir de elementos de distinta naturaleza.

hidalgo, a s. Persona que pertenecía a la pequeña nobleza y estaba exenta de pagar tributos.

hidra f. **1** Invertebrado acuático de numerosos tentáculos. **2** Monstruo con siete cabezas de la mitología griega.

hidratar tr. **1** Restablecer el grado de humedad normal de la piel. **2** Añadir agua a un cuerpo o una sustancia.

hidrato m. Sustancia química que tiene agua en su composición. ◇ **~ de carbono** Compuesto or-

gánico que contiene carbono, hidrógeno y oxígeno.
hidráulico, a adj. Que funciona gracias a la acción del agua.
hídrico, a adj. Relativo al agua.
hidroavión m. Avión provisto de unos flotadores que le permiten posarse en el agua.
hidrocarburo m. Compuesto químico formado por carbono e hidrógeno.
hidroelectricidad f. Electricidad obtenida con la fuerza del agua.
hidrófilo, a adj. Se dice del ser vivo que vive en ambientes húmedos.
hidrofobia f. Miedo al agua.
hidrófugo, a adj. Que no deja pasar la humedad o el agua.
hidrógeno m. Elemento químico (gas) de símbolo H.
hidrólisis f. Descomposición de una sustancia por acción del agua.
hidrología f. Ciencia que estudia el agua.
hidropesía f. Acumulación anómala de líquido en el organismo.
hidrosfera f. Conjunto de aguas continentales y oceánicas de la corteza terrestre.
hidrostática f. Parte de la física que estudia los líquidos en equilibrio.
hidróxido m. Compuesto químico compuesto por el grupo hidroxilo.
hidroxilo m. Grupo químico compuesto por un átomo de hidrógeno y otro de oxígeno (–OH).
hiedra o **yedra** f. Planta trepadora que crece agarrándose a paredes y árboles.
hiel f. **1** Bilis. **2** Amargura.
hielo m. **1** Agua en estado sólido cuando la temperatura es igual o inferior a 0 grados centígrados. **2** Trozo pequeño de hielo.
hiena f. **1** Mamífero carroñero parecido al perro, de pelo áspero y pardo. **2** Persona cobarde y sin escrúpulos.
hierático, a adj. **1** Se dice de la figura que es inexpresiva como señal de solemnidad. **2** Se dice de la persona que no exterioriza sus sentimientos.
hierba o **yerba** f. **1** Planta de tallos finos y flexibles, generalmente cortos. **2** Conjunto de estas plantas en un terreno. **3** Planta que se usa con fines medicinales o se toma como infusión. **4** *Argot.* Marihuana.
hierbabuena o **yerbabuena** f. Planta herbácea muy aromática y medicinal.
hierbaluisa o **hierba luisa** o **yerbaluisa** o **yerba luisa** f. Arbusto de hojas alargadas y flores pequeñas y violáceas.
hierra o **yerra** f. **1** AMÉR Operación de marcar el ganado con hierro candente. **2** AMÉR Temporada en la que se marca el ganado. **3** AMÉR Fiesta que se celebra con motivo de esta operación.
hierro m. **1** Elemento químico

(metal) de símbolo Fe. **2** Objeto o pieza hechos con este metal.

hígado m. Órgano de los animales vertebrados que interviene en la digestión y segrega la bilis.

higiene f. **1** Limpieza o aseo para prevenir enfermedades. **2** Parte de la medicina que se ocupa de la conservación de la salud.

higo m. Fruto comestible de la higuera, dulce y con muchas semillas. ◇ **~ chumbo** Fruto de la chumbera.

higrometría f. Parte de la física que determina la humedad de la atmósfera.

higuera f. Árbol frutal de hojas grandes y madera muy blanda; su fruto es el higo.

hijastro, a s. Hijo o hija de un cónyuge anterior de su padre o madre, con respecto al actual cónyuge de esta persona.

hijo, a s. **1** Persona o animal considerados en relación con sus padres. **2** Persona considerada en relación con el lugar en el que ha nacido. **3** Yema o tallo nuevo de una planta. **4** Tratamiento que se da normalmente a una persona más joven e inexperta.

hilandero, a s. Persona que tiene por oficio hilar o hacer hilos.

hilar tr. **1** Transformar las fibras textiles en hilo para coser o fabricar tejidos. **2** Tejer un gusano su capullo o una araña su tela. **3** Relacionar varias ideas entre sí.

hilarante adj. *Formal.* Que provoca risa.

hilatura f. **1** Industria del hilo o materia textil. **2** Arte de hilar.

hilera f. **1** Conjunto de personas o cosas colocadas en línea. **2** Instrumento con el que se obtienen hilos o alambres de un metal.

hilo m. **1** Cuerpo delgado, largo y flexible que se obtiene a partir de fibras textiles. **2** Tejido que se hace con lino. **3** Fibra que segregan algunos gusanos o arañas para construir sus capullos o telas. **4** Cable, especialmente en una red eléctrica, telefónica o de otro tipo. **5** Continuidad lógica de una acción, narración o argumentación.

hilván m. **1** Costura hecha con puntadas largas y poco apretadas. **2** Hilo que se usa para hacer esta costura.

hilvanar tr. **1** Unir con un hilván dos telas. **2** Relacionar o enlazar varias cosas entre sí, especialmente ideas.

himen m. Membrana que cierra parcialmente el orificio externo de la vagina.

himenóptero adj./m. Se dice del insecto que tiene dos pares de alas membranosas y transparentes.

himno m. Composición poética o musical de alabanza, de tono solemne.

hincapié ◇ **hacer ~** Remarcar o poner énfasis en algo.

hincar tr. **1** Clavar o meter una cosa con punta en otra. **2** Apoyar firmemente una cosa en una superficie. ◆ prnl. **3** Arrodillarse.

hincha m. y f. Seguidor de un equipo deportivo.

hinchada f. Conjunto de hinchas.

hinchar tr. **1** Llenar el interior de un cuerpo con un gas u otra sustancia. **2** Exagerar la importancia de una noticia o suceso. ◆ prnl. **3** *Fam.* Hartarse. **4** *Fam.* Mostrar un orgullo excesivo.

hindú adj./m. y f. **1** De la India. ◆ adj. **2** Que profesa el hinduismo.

hinduismo m. Religión politeísta de la India.

hinojo m. Planta de flores amarillas y aroma intenso.

híper m. *Fam.* Hipermercado.

hipérbaton m. Figura retórica que consiste en alterar el orden lógico de las palabras.

hipérbola f. Cónica formada por los puntos cuya diferencia de distancias a dos puntos fijos o focos es constante.

hipérbole f. Figura retórica que consiste en exagerar lo que se expresa.

hiperenlace m. Enlace o vínculo entre dos documentos de hipertexto.

hiperespacio m. Supuesto espacio de más de tres dimensiones.

hipermercado m. Establecimiento comercial de autoservicio muy grande, en el que se venden toda clase de productos.

hipermetropía f. Defecto de la visión que impide ver con claridad los objetos cercanos.

hipertensión f. Presión excesivamente alta de la sangre.

hipertexto m. Sistema informático de organización de datos que se basa en la vinculación de fragmentos textuales o gráficos a otros fragmentos.

hipervínculo m. Vínculo de hipertexto.

hip-hop o **hip hop** m. Estilo de música derivado del funk de ritmo monótono y sincopado.

hípico, a adj. Relativo al deporte de montar a caballo.

hipnosis f. Estado de inconsciencia provocado mediante técnicas de sugestión.

hipnotizar tr. **1** Producir hipnosis. **2** Fascinar una cosa o persona a alguien.

hipo m. Serie de movimientos involuntarios del diafragma que fuerza a los pulmones a expulsar aire de manera brusca.

hipocalórico, a adj. Que contiene un número bajo de calorías.

hipocampo m. Pez marino con el cuerpo en forma de S, cuya cabeza recuerda a la de un caballo.

hipocentro m. Punto del interior de la Tierra donde se origina un movimiento sísmico.

hipocondría f. Preocupación excesiva por la propia salud.

hipocorístico, a adj./s. Se dice

del nombre de persona que procede de la forma diminutiva o abreviada de otro, y que se usa de modo afectivo.

hipocresía f. Actitud de fingir ideas o sentimientos que no se tienen.

hipócrita adj./m. y f. Que actúa con hipocresía.

hipodermis f. Capa más profunda de la piel de los vertebrados.

hipódromo m. Recinto en el que se practican deportes hípicos.

hipófisis f. Glándula de secreción interna situada en el encéfalo.

hipopótamo m. **1** Mamífero herbívoro grande y muy grueso, de patas robustas y boca muy grande. **2** *Fam. y desp.* Persona muy gorda.

hipotálamo m. Parte del encéfalo que controla el sistema nervioso.

hipoteca f. **1** Derecho de propiedad sobre un bien inmueble que su dueño da a otra persona, a un banco o a una sociedad, para avalar una deuda. **2** Cantidad de dinero que constituye esta deuda.

hipotenusa f. Lado opuesto al ángulo recto de un triángulo rectángulo.

hipótesis f. **1** Afirmación creíble en la que se basa una teoría o argumentación. **2** Proposición subordinada en un oración condicional.

hippie o **hippy** adj. **1** Se dice del movimiento pacifista surgido en la década de 1960. ◆ m. y f./adj. **2** Seguidor de este movimiento.

hirsuto, a adj. *Formal.* Se dice del pelo áspero y duro.

hisopo m. **1** Planta aromática de tallo leñoso y flores en espiga. **2** Utensilio que usan los sacerdotes para esparcir agua bendita.

hispalense adj. *Formal.* Sevillano.

hispánico, a adj. **1** De lengua o cultura españolas. **2** De Hispania. **3** *Formal.* Español.

hispanidad f. Conjunto de países o pueblos hispánicos.

hispano, a adj./s. **1** De España o Hispanoamérica. **2** Persona hispanoamericana que reside en Estados Unidos. ◆ adj. **3** Hispánico (de Hispania). **4** *Formal.* Español.

hispanoamericano, a adj./s. **1** De Hispanoamérica (conjunto de países y pueblos de América cuya lengua oficial o más hablada es el español). ◆ adj. **2** Español y americano.

hispanohablante adj./m. y f. **1** Que habla español. ◆ adj. **2** Se dice del territorio en que se habla español.

histeria f. **1** Trastorno nervioso que se produce en una persona que sufre desequilibrios emocionales y ansiedad. **2** Estado de intensa excitación nerviosa.

histérico, a adj./s. **1** Que padece histeria (trastorno). **2** Que se encuentra en un estado de histeria. ◆ adj. **3** Relativo a la histeria.

histología f. Parte de la biología que estudia los tejidos de los seres vivos.

historia f. **1** Disciplina que estudia los hechos y acontecimientos relativos al pasado de la humanidad. **2** Narración inventada.

historial m. Conjunto de datos e informaciones referidas a las actividades desarrolladas por una persona, una empresa o una institución.

histórico, a adj. **1** Relativo a la historia (disciplina). **2** Que ha ocurrido o existido realmente. **3** Que merece pasar a la historia por su gran importancia.

historieta f. **1** Cómic. **2** Relato breve y gracioso.

histrión m. **1** Actor del antiguo teatro grecolatino que salía a escena con una máscara. **2** Persona que gesticula de manera exagerada.

hito m. **1** Poste o señal que marca el límite de un terreno o indica algo en una vía. **2** Acontecimiento muy importante en el desarrollo de algo.

hobby m. Afición, pasatiempo.

hocico m. Parte saliente de la cabeza de algunos animales en la que está situada la boca y los orificios nasales.

hockey m. Deporte que se juega entre dos equipos y consiste en meter un disco o bola pequeños en la portería contraria con un stick o bastón largo.

hogar m. **1** Lugar de una casa donde se enciende fuego o se hace lumbre. **2** Domicilio habitual de una persona. **3** Edificio o recinto en que se reunen personas con alguna característica común.

hogaza f. Pan redondo grande.

hoguera f. Fuego con mucha llama que se hace al aire libre.

hoja f. **1** Órgano de las plantas especializado en la fotosíntesis que crece en las ramas o el tallo, generalmente de color verde. **2** Lámina lisa y delgada de un material. **3** Lámina lisa, delgada y rectangular de papel. **4** Lámina de metal y cortante de un instrumento o de un arma blanca. **5** Parte de una puerta o ventana que se abre y se cierra.

hojalata f. Lámina de hierro o acero cubierta por una capa de estaño.

hojaldre m. **1** Masa de harina, agua y manteca que se hornea y forma hojas muy finas superpuestas. **2** Dulce hecho con esta masa.

hojarasca f. **1** Conjunto de hojas secas caídas de una planta o árbol. **2** Conjunto de elementos superfluos de un discurso o texto.

hojear tr. Pasar las hojas de un periódico, una revista o un libro de manera rápida, leyendo su contenido de modo superficial.

¡hola! interj. **1** Expresión que se usa para saludar. **2** *Formal.* Expresión que indica sorpresa.

holandés, sa adj./s. **1** De Holanda. ◆ m./adj. **2** Lengua hablada en Holanda.

holandesa f. Hoja de papel más pequeña que el folio.

holding m. Compañía financiera

que se forma cuando una empresa compra o controla la mayoría de las acciones de otras empresas.

holgado, a adj. **1** Se dice de la prenda de vestir ancha. **2** Que tiene una ventaja superior a la necesaria. **3** Que tiene bienestar económico.

holgar intr. **1** Estar una persona ociosa, sin obligaciones. **2** *Formal.* Ser una cosa innecesaria o estar de sobra.

holgazán, na adj./s. Vago, perezoso.

holgura f. **1** Amplitud o anchura de una cosa superior a la necesaria. **2** Desahogo o bienestar económico.

hollejo m. Piel de algunas frutas y de algunas legumbres.

hollín m. Polvo grasiento que deja el humo.

holocausto m. Genocidio o exterminio sistemático y deliberado de un grupo social por motivos de raza o religión.

holoceno, a adj./m. **1** Se dice de la época geológica que es la segunda y última de la era cuaternaria o neozoica. ◆ **adj. 2** Relativo a esta época geológica.

holograma m. Imagen tridimensional obtenida con una técnica fotográfica.

holoturia f. Animal invertebrado marino, con forma alargada y cilíndrica, que se alimenta principalmente de materia en descomposición.

hombre m. **1** Persona de sexo masculino, especialmente adulto. **2** Individuo de la especie humana. **3** *Fam.* Marido o pareja estable de una mujer. ◆ **interj. 4** ESP Expresión que indica admiración, sorpresa, extrañeza o disgusto.

hombrera f. Pieza que se coloca sobre los hombros como adorno o protección.

hombro m. **1** Parte del cuerpo del ser humano donde se unen el brazo y el tronco. **2** Parte de una prenda de vestir que cubre esta parte del cuerpo.

homenaje m. **1** Muestra de respeto y estima hacia una persona. **2** Celebración pública que se hace en señal de este respeto y estima.

homeopatía f. Técnica de tratamiento de enfermedades por medio de pequeñas cantidades de sustancias que, aplicadas en grandes proporciones, producirían el mismo mal que el que padece un individuo.

homicidio m. Muerte que una persona causa a otra.

homilía f. Discurso pronunciado por el sacerdote en la misa para orientar a los feligreses sobre temas morales y religiosos.

homínido adj./m. Se dice del mamífero primate que anda sobre dos pies en posición erguida, con gran desarrollo cerebral.

homófono, a adj./m. Se dice de la palabra que se pronuncia igual que otra pero tiene distinto significado.

homogéneo, a adj. Que está formado por elementos con una serie de características comunes referidas a su clase o naturaleza que permiten establecer entre ellos una relación de semejanza.

homógrafo, a adj./m. Se dice de la palabra que se escribe igual que otra pero tiene distinto significado.

homologar tr. **1** Considerar que dos cosas se corresponden por tener una característica común o ejercer la misma función. **2** Verificar de manera oficial que las características de una cosa se ajustan a unas normas. **3** Registrar de manera oficial el resultado de una prueba deportiva.

homólogo, a adj./s. Que se corresponde con algo similar o igual.

homónimo, a adj./m. **1** Se dice de la palabra que coincide con otra en la escritura o la pronunciación, pero tiene distinto significado. ◆ adj./s. **2** Se dice de la persona o cosa que tiene el mismo nombre que otra.

homosexual adj./m. y f. Que siente atracción sexual hacia alguien de su mismo sexo.

honda f. Tira de material flexible que se hace girar para lanzar piedras a distancia.

hondo, a adj. **1** Que tiene mucha profundidad. **2** Se dice de la cosa que penetra mucho o va hasta muy adentro de otra. **3** Se dice de la sensación muy intensa. **4** Complejo y difícil de comprender.

hondonada f. Parte de un terreno más baja u honda que las zonas que la rodean.

hondureño, a adj./s. De Honduras.

honesto, a adj. Que actúa conforme a las normas morales.

hongo m. **1** Organismo pluricelular heterótrofo que vive fijo en la superficie en la que crece. **2** Seta. **3** Sombrero de fieltro de copa redondeada.

honor m. **1** Cualidad moral de la persona que actúa de acuerdo con las normas establecidas, de forma justa y diciendo la verdad. **2** Buena reputación. **3** Cosa por la que una persona se siente muy halagada o enaltecida. ◆ m.pl. **4** Manifestación pública de respeto y estima que se ofrece a una persona.

honorable adj. **1** Que actúa con honradez. **2** Respetable, digno.

honorario, a adj. **1** Honorífico. ◆ m.pl. **2** Sueldo o cantidad de dinero que cobra un profesional liberal.

honorífico, a adj. Se dice del cargo o título que se otorga simbólicamente a una persona como muestra pública de respeto y estima.

honra f. **1** Buena reputación que tiene una persona. **2** Manifestación de respeto y estima hacia una persona. **3** Honor (cosa).

honrado, a adj. Que se comporta conforme a las normas morales.

honrar tr. **1** Mostrar respeto y estima hacia una persona. **2** Reconocer la dignidad de una persona.

hora f. **1** Medida de tiempo que resulta de dividir el día solar en 24 partes. **2** Momento del día determinado, especialmente en el que se hace u ocurre una cosa. **3** Momento oportuno y determinado para hacer una cosa.

horadar tr. Agujerear una cosa.

horario, a adj. **1** Relativo al tiempo que marca un reloj. ◆ m. **2** Distribución de los días y las horas en que se presta un servicio o se debe realizar una actividad. **3** Hoja o publicación que recoge esta distribución.

horca f. **1** Armazón de madera del que cuelga una cuerda para ejecutar a una persona colgándola por el cuello. **2** Pena de muerte que se ejecuta colgando a la persona por el cuello. **3** Instrumento de labranza formado por un palo largo terminado en dos o más puntas.

horcajadas ◇ **a ~** Indica que una persona se sienta sobre una cosa con una pierna a cada lado de esta.

horchata f. Bebida dulce que se hace machacando chufas.

horda f. Grupo de gente armada que no pertenece a un ejército regular.

horizontal adj. **1** Paralelo a la línea del horizonte. ◆ adj./f. **2** Que está trazado de izquierda a derecha o viceversa.

horizonte m. **1** Línea imaginaria que parece separar el cielo de la tierra o el mar. **2** Espacio limitado por esa línea. **3** Conjunto de posibilidades que ofrece una cosa.

horma f. Molde con que se fabrica o se da forma a una cosa, especialmente el calzado.

hormiga f. Insecto pequeño y alargado, dotado de antenas y fuertes mandíbulas; vive en colonias subterráneas o los árboles.

hormigón m. Material de construcción formado por una mezcla de grava, arena y cal o cemento.

hormigueo m. **1** Sensación parecida a las cosquillas o al picor que se tiene en una parte del cuerpo. **2** Movimiento de una gran cantidad de personas con rapidez.

hormona f. Sustancia que segregan algunas glándulas animales y vegetales y que sirve para regular determinadas funciones de un organismo.

hornacina f. Hueco de un muro que alberga una estatua o un elemento decorativo.

hornero, a s. Persona que tiene por oficio cocer pan en el horno.

hornillo m. Aparato portátil para cocinar.

horno m. **1** Construcción de obra o aparato que sirve para cocer las cosas que se colocan en su interior. **2** Electrodoméstico que sirve para cocer o calentar alimentos.

horóscopo m. **1** Predicción de los hechos futuros a partir de la situación de los planetas y de su relación con los signos del zodiaco. **2** Escrito que recoge esta predicción. **3** Signo del zodiaco al que pertenece una persona.

horqueta f. Parte de un árbol donde se juntan el tronco y una rama gruesa.

horquilla f. **1** Pieza pequeña y alargada que se usa para sujetar el pelo. **2** Pieza u objeto que tiene forma de Y y sirve generalmente para sujetar o sostener.

horrendo, a adj. Horrible.

hórreo m. Construcción levantada sobre cuatro pilares que sirve para aislar de la humedad el grano.

horrible adj. **1** Que produce horror. **2** *Fam.* Muy feo. **3** *Fam.* Muy grande o intenso.

horripilante adj. **1** Que produce horror. **2** *Fam.* Muy feo.

horror m. **1** Miedo muy intenso. **2** Sentimiento de repulsión causado por una cosa que repugna a los sentidos o a la moral. **3** Acción que produce repulsión.

horroroso, a adj. **1** Que produce horror. **2** *Fam.* Muy feo. **3** *Fam.* Muy grande o intenso.

hortaliza f. Planta de huerto.

hortelano, a adj. **1** Hortense. ◆ s. **2** Persona que cultiva y cuida una huerta.

hortense adj. Relativo a la huerta.

hortensia f. **1** Arbusto de jardín con las flores grandes y vistosas. **2** Flor de esta planta.

hortera adj./m. y f. *Fam.* ESP Que pretende ser elegante pero en realidad es vulgar.

horticultura f. Cultivo y técnica de cultivar huertas y huertos.

hosco, a adj. **1** Que tiene malos modos o es poco amable. **2** Se dice del lugar o tiempo atmosférico que resulta desagradable o amenazador.

hospedar tr./prnl. Proporcionar a alguien un lugar para que resida en él temporalmente.

hospicio m. Asilo que acoge a huérfanos y a pobres.

hospital m. Establecimiento dotado de habitaciones con camas para personas enfermas o heridas, y de dependencias acondicionadas para el tratamiento de los pacientes.

hospitalario, a adj. **1** Relativo al hospital. **2** Amable con los visitantes o extranjeros.

hostal m. Establecimiento de hostelería de categoría inferior al hotel.

hostelería f. **1** Actividad económica que consiste en ofrecer servicios relacionados con el alojamiento y las comidas. **2** Conjunto de establecimientos que ofrecen este tipo de servicios.

hostería f. Hostal.

hostia f. **1** Hoja redonda y fina hecha de una masa de harina y agua que el sacerdote consagra durante la misa. **2** *Vulg.* ESP Golpe violento y fuerte.

hostigar tr. **1** Acosar con acciones o ataques leves pero continuados. **2** Molestar un grupo armado al enemigo con ataques de baja intensidad. **3** Azotar a un caballo para que acelere el paso.

hostil adj. Que muestra hostilidad.

hostilidad f. **1** Enemistad o aversión que muestra una persona hacia otra. **2** Ataque o acción militar de un ejército o grupo armado contra otro.

hotel m. Establecimiento en el que se hospeda a los huéspedes que pagan por su alojamiento y por la comida y otros servicios.

hoy adv. **1** En el día actual. **2** En la actualidad. ◆ m. **3** Tiempo o época actual.

hoya f. **1** Hoyo grande en la tierra. **2** Llanura rodeada de montañas. **3** AMÉR Curso de un río, sus afluentes y el territorio que baña.

hoyo m. **1** Agujero hecho en una superficie. **2** En el golf, agujero pequeño y circular en el que hay que introducir la pelota. **3** *Fam.* Sepultura, fosa.

hoyuelo m. Concavidad en mitad de la barbilla o en las mejillas.

hoz f. **1** Herramienta formada con una hoja de metal alargada y curva que sirve para segar. **2** Valle estrecho limitado por paredes de roca.

hozar tr. Escarbar un animal con el hocico en la tierra.

huaca f. Guaca.

huacal m. Guacal.

hucha f. **1** ESP Alcancía. **2** *Fam.* ESP Dinero que se tiene ahorrado.

hueco, a adj. **1** Que está vacío por dentro. **2** Mullido y esponjoso. **3** Vacío de contenido, superficial. **4** Se dice del sonido que es profundo y retumba. ◆ m. **5** Agujero o abertura en una superficie. **6** Porción de espacio vacío. **7** Tiempo libre en el horario de una persona para realizar una cosa.

huecograbado m. **1** Procedimiento de impresión con grabados en hueco. **2** Impresión obtenida de este modo.

huelga f. Forma de protesta que consiste en el cese del trabajo por un período.

huella f. **1** Señal que queda en una superficie por una pisada o por el paso de un vehículo. **2** Señal o impresión que deja una cosa o persona tras su contacto con alguien o algo.

huérfano, a adj./s. **1** Que no tiene padre, madre o ninguno de los dos, porque han muerto. ◆ adj. **2** Que no tiene una cualidad o característica necesaria.

huerta f. **1** Terreno de regadío mayor que el huerto. **2** Zona agrícola compuesta en su mayoría por este tipo de terrenos. **3** ECUAD Terreno plantado de cacao.

huerto m. Terreno de regadío de pequeña extensión destinado al cultivo de verduras, legumbres y árboles frutales.

hueso m. **1** Pieza dura y resistente que, con otras muchas, constituye el esqueleto de los vertebrados. **2** Parte dura dentro del fruto de algunas plantas o árboles que contiene la semilla. **3** *Fam.* Persona exigente y difícil de tratar. **4** *Fam.* Problema o dificultad.

huésped, da s. **1** Persona que se aloja en un establecimiento de hostelería o en casa de otra. **2** Persona que aloja a otra en su casa. **3** Animal o vegetal a cuya costa vive un organismo parásito.

hueste f. **1** *Formal.* Ejército o tropa armada. **2** Conjunto de seguidores de una persona o de una causa.

hueva f. Masa compacta que forman los huevos de algunos peces.

huevo m. **1** Cuerpo ovalado con una membrana o cáscara exterior que contiene el embrión de la cría de un animal. **2** Sustancia contenida dentro de la cáscara de este cuerpo. **3** Óvulo. **4** *Vulg.* Testículo. ◆ m.pl. **5** *Vulg.* Coraje, valentía.

huevón, na adj./s. *Desp.* **1** Despreocupado. **2** AMÉR SUR, MÉX Tonto, estúpido.

huida f. Acción de huir.

huir intr. **1** Alejarse de un lugar o una situación para evitar un daño. **2** Escaparse una persona de un lugar donde estaba privada de libertad.

hule m. **1** Tela con una de sus superficies cubierta de una capa de material plástico. **2** Mantel hecho con esta tela.

hulla f. Carbón mineral fósil que se usa como combustible.

humanidad f. Conjunto de todos los seres humanos.

humanismo m. Movimiento cultural desarrollado en Europa durante los siglos XIV y XV que considera al hombre centro de la filosofía y medida de todas las cosas.

humanitario, a adj. **1** Que siente afecto, comprensión o compasión hacia los demás y es solidario con ellos. **2** Que presta auxilio a personas necesitadas.

humanizar tr. Hacer que una cosa o persona tenga un aspecto o carácter más humano.

humano, a adj. **1** Relativo al hombre (individuo de la especie humana). **2** Propio de los defectos de la persona. **3** Humanitario. ◆ m. **4** Persona, individuo de la especie humana.

humareda f. Cantidad grande de humo.

humear intr. **1** Despedir humo o vapor. ◆ tr. **2** AMÉR Desinfectar una cosa con humo o vapores.

humedad f. Agua u otro líquido que impregna la superficie o el interior de un cuerpo, o está presente en el aire en forma de vapor.

húmedo, a adj. **1** Que tiene humedad. **2** Se dice del clima de lluvias frecuentes o del lugar que tiene este tipo de clima.

húmero m. Hueso largo de la parte superior del brazo.

humildad f. **1** Cualidad de una persona que le hace restar importancia a sus logros y virtudes. **2** Condición de la persona con pocos recursos económicos.

humillar tr. **1** Herir u ofender a una persona atentando contra su orgullo o dignidad. ◆ prnl. **2** Ponerse de rodillas. **3** Adoptar una actitud de humildad o sumisión.

humo m. **1** Conjunto de gases y polvo que desprende una cosa cuando se quema. **2** Vapor que despide un líquido al sufrir una reacción química. ◆ m.pl. **3** *Fam.* Arrogancia.

humor m. **1** Estado de ánimo que se manifiesta ante los acontecimientos de la vida. **2** Cualidad de divertido o cómico.

humorista m. y f. Persona que se dedica a divertir y hacer reír a los demás.

humus m. Capa superior del suelo de un terreno.

hundir tr. **1** Meter completamente una cosa en otra. **2** Introducir parte de un cuerpo en el interior de otro. **3** Deformar una superficie provocando un hoyo o una concavidad. **4** Destruir moralmente a una persona. **5** Hacer fracasar un proyecto, una relación u otra cosa.

húngaro, a adj./s. **1** De Hungría. ◆ m./adj. **2** Lengua hablada en Hungría.

huno, a adj./s. De un pueblo bárbaro que invadió el Imperio romano en el siglo IV a. C.

huracán m. **1** Viento extremadamente fuerte acompañado de lluvia torrencial que avanza girando sobre sí mismo a gran velocidad. **2** Viento muy fuerte.

huraño, a adj. Que es poco sociable.

hurgar tr./intr. **1** Remover o menear una cosa en un hueco o cavidad. **2** Procurar enterarse con disimulo de una información.

hurí f. En la religión islámica, mujer bella que habita en el paraíso que hay después de la muerte.

hurón m. Mamífero carnívoro pequeño, de cuerpo alargado, y pelo áspero.

¡hurra! interj. Expresión que indica alegría, usada para celebrar una cosa.

hurtadillas ◇ **a ~** Secretamente.

hurto m. Robo sin violencia.

húsar m. Soldado de un antiguo cuerpo de caballería.

husky m. y f./adj. Perro nórdico de pelo suave y muy espeso de color blanco con manchas oscuras.

husmear tr./intr. **1** Aspirar aire un animal para percibir un olor. ◆ intr. **2** *Fam.* Fisgonear o indagar algo.

huso m. **1** Instrumento cilíndrico y alargado que sirve para torcer y enrollar el hilo de la rueca. **2** Pieza de hierro de ciertas máquinas de hilar en la que se coloca la bobina de hilo.

I

i f. **1** Novena letra del alfabeto español. **2** En la numeración romana, número uno.

ibérico, a adj. **1** De Iberia (antigua denominación de la Península Ibérica). ◆ **m./adj. 2** Lengua hablada por los iberos. ◆ **adj. 3** De la Península Ibérica.

ibero, a o **íbero, a** adj. **1** De Iberia (antigua denominación de la Península Ibérica). **2** De un pueblo que habitó el este y sur de Iberia. ◆ **m./adj. 3** Lengua hablada por este pueblo.

iberoamericano, a adj./s. **1** De Iberoamérica (conjunto de países de América que fueron colonias de España y Portugal). ◆ **adj. 2** Relativo a la colectividad formada por España, Portugal e Iberoamérica.

ibicenco, a adj./s. De Ibiza.

ibis m. Ave de pico largo y plumaje blanco, negro o rojo.

iceberg m. Bloque grande de hielo desprendido de una costa helada.

icono o **ícono** m. **1** Imagen religiosa de Cristo, la Virgen o un santo. **2** Signo que mantiene una relación de semejanza formal con la idea o el objeto que representa. **3** Pequeña imagen en la pantalla de una computadora que representa una opción que puede ser elegida por el usuario.

iconoclasta adj. **1** Relativo al movimiento cristiano que rechazaba la adoración de imágenes sagradas. ◆ **m. y f./adj. 2** Partidario de este movimiento. ◆ **adj. 3** Que no respeta los valores, las normas o las formas tradicionales de una actividad.

icosaedro m. Poliedro de veinte caras triangulares.

ictericia f. Color amarillento que toman la piel y los ojos como síntoma de una enfermedad.

ictiología f. Parte de la zoología que estudia los peces.

ida f. Acción de ir hacia un punto o término.

idea f. **1** Representación mental de una cosa. **2** Opinión o juicio acerca de una persona o cosa. **3** Proyecto o plan. **4** Conocimiento elemental de una cosa.

ideal adj. **1** Perfecto o excelente en su clase. **2** Relativo a las ideas. ◆ **m. 3** Ejemplo o modelo que se considera perfecto en su clase. **4** Aspiración, pretensión.

idealismo m. **1** Tendencia a considerar el mundo según unos ideales o modelos de perfección. **2** Sistema filosófico que niega la existencia de las cosas en sí mismas.

idealizar tr. Elevar a una categoría superior de perfección que no se corresponde con la realidad.

idear tr. Formar en la mente una idea.

ídem adv. Lo mismo.

idéntico, a adj. Exactamente igual.

identidad f. **1** Conjunto de características o informaciones propias de una persona o un grupo. **2** Hecho de ser una persona o cosa la misma que se supone o se busca. **3** Cualidad de idéntico.

identificar tr. **1** Reconocer o probar la identidad de una persona o cosa. **2** Demostrar o reconocer que dos cosas son idénticas o equiparables. ◆ prnl. **3** Estar de acuerdo una persona con la manera de pensar o vivir de otra. **4** Manifestar una persona su identidad.

ideograma m. Signo escrito que representa una idea.

ideología f. Conjunto de ideas de una persona o grupo.

ideoso, a adj. **1** AMÉR Extravagante y maniático. **2** GUAT Que tiene ingenio.

idílico, a adj. Que es perfecto, hermoso y produce bienestar.

idilio m. Relación amorosa breve e intensa.

idiolecto m. Manera particular de hablar la propia lengua.

idioma m. Sistema de signos que utiliza una comunidad de hablantes para comunicarse.

idiosincrasia f. Manera característica de pensar, sentir o actuar.

idiota adj./m. y f. Que es poco inteligente, o que es molesto.

ido, a adj. Loco.

idolatrar tr. **1** Adorar a un ídolo. **2** Amar y admirar con exceso.

ídolo m. **1** Imagen a la que se rinde culto como una divinidad en sí. **2** Persona o cosa a la que se ama y admira en exceso.

idóneo, a adj. Adecuado, conveniente.

iglesia f. **1** Edificio destinado al culto cristiano. **2** Conjunto de personas que profesan la doctrina cristiana. **3** Jerarquía eclesiástica.

iglú m. **1** Habitáculo construido con bloques de nieve. ◆ f. **2** Tienda de campaña de forma parecida a este habitáculo.

ígneo, a adj. *Formal.* Relativo al fuego.

ignífugo, a adj. Que protege contra el fuego.

ignominia f. Ofensa pública contra el honor de una persona.

ignorancia f. **1** Falta general de cultura o instrucción. **2** Falta de conocimiento sobre algo.

ignoto, a adj. *Formal.* Desconocido.

igual adj. **1** Que tiene las mismas características que otro. **2** Que se corresponde con otro. **3** Que no varía. ◆ adj./m. y f. **4** Se dice de la persona que es de la misma clase social que otra. ◆ m. **5** Signo matemático (=) que representa la equivalencia entre dos cantidades o funciones. ◆ adv. **6** De la misma manera. **7** La misma cantidad. **8** *Fam.* Quizá.

igualar tr. **1** Hacer que dos o más cosas o personas sean iguales. **2** Hacer que una cosa sea constante o uniforme. ◆ intr./prnl. **3** Ser una cosa o persona igual a otra.

igualdad f. **1** Cualidad de dos cosas o personas iguales. **2** Expresión matemática que indica que dos cantidades o funciones tienen el mismo valor.

iguana f. **1** Reptil de color verde o pardo, cola larga y una hilera de espinas en su dorso. **2** MÉX Instrumento musical de cuerda que forma parte de los conjuntos de mariachis.

ijada f. Cavidad situada entre las costillas falsas y los huesos de las caderas.

ijar m. Ijada.

ikurriña f. ESP Bandera oficial del País Vasco.

ilación f. Nexo o relación que se establece entre las partes de un discurso.

ilativo, a adj./f. Que expresa o establece ilación.

ilegal adj. Contrario a la ley.

ilegible adj. Que no puede leerse o resulta incomprensible.

ilegítimo, a adj. **1** Que no está permitido por la ley o por la moral. **2** Se dice del hijo que no es reconocido legalmente.

íleon m. **1** Parte final del intestino delgado. **2** Ilion.

ilerdense adj./m. y f. De Lérida.

ileso, a adj. Que no ha recibido ningún daño físico tras un peligro o accidente.

iletrado, a adj./s. *Formal.* Que no sabe leer ni escribir.

ilíaco, a o **iliaco, a** adj. **1** Relativo al ilion. ◆ adj./m. **2** Se dice del hueso plano que junto con otro forma la pelvis.

ilícito, a adj. Que no está permitido por la ley o la moral.

ilimitado, a adj. Que no tiene límites.

ilion m. Hueso saliente de forma ancha y curvada que forma parte de la pelvis.

ilógico, a adj. Que no es lógico.

iluminado, a adj./s. **1** Que cree estar en posesión de la verdad absoluta. **2** Se dice del miembro de una secta basada en la espiritualidad franciscana.

iluminar tr./intr. **1** Proporcionar luz o claridad. ◆ tr. **2** Poner una o varias luces en un lugar. **3** Proporcionar los conocimientos necesarios para que una persona entienda una cosa.

ilusión f. **1** Esperanza puesta en una cosa positiva. **2** Sentimiento de alegría que produce una cosa positiva. **3** Imagen mental engañosa provocada por la imaginación.

ilusionismo m. Conjunto de técnicas y trucos con los que se hacen cosas sorprendentes y extraordinarias.

iluso, a adj./s. Que se hace ilusiones o se deja engañar con facilidad.

ilustración f. **1** Acción de ilustrar. **2** Dibujo, fotografía o lámina. **3** Movimiento intelectual racionalista que se desarrolló durante el siglo XVIII.

ilustrar tr. **1** Colocar fotografías, láminas o dibujos en una publicación o un impreso. **2** Explicar algo por medio de ejemplos, dibujos u otra información complementaria. **3** Enseñar.

ilustre adj. **1** Que es de origen noble o distinguido. **2** Muy conocido por su labor o por sus virtudes dignas de reconocimiento. **3** Se aplica como tratamiento a personas e instituciones de especial importancia.

imagen f. **1** Reproducción de la figura de una cosa o persona captada por el ojo, por un espejo o por un aparato óptico. **2** Representación mental de algo. **3** Representación material, en forma de estatua, pintura, fotografía, etc., de una cosa o persona. **4** Aspecto físico.

imaginación f. **1** Capacidad de imaginar. **2** Cosa que se imagina.

imaginar tr./prnl. **1** Representar en la mente. **2** Considerar posible o probable una cosa.

imaginaria f. Guardia que se hace por turnos en el cuartel durante la noche.

imaginería f. Arte y técnica de tallar o pintar imágenes religiosas.

imam o **imán** m. Musulmán que dirige y preside la oración.

imán m. **1** Cuerpo que tiene la propiedad de atraer el hierro y otros cuerpos metálicos. **2** Capacidad de atracción de una persona o cosa.

imantar tr. Comunicar a un cuerpo las propiedades de un imán.

imbatido, a adj. Que no ha sido batido o vencido nunca.

imbécil adj./m. y f. Que es poco o nada inteligente.

imberbe adj./m. Que todavía no tiene barba.

imborrable adj. Que no se puede borrar.

imbricar tr. Colocar una serie de cosas de manera que se superpongan parcialmente formando capas sucesivas.

imbuir tr. Hacer que alguien tenga un determinado sentimiento o sensación.

imitar tr. **1** Actuar una persona del mismo modo que otra. **2** Reproducir en una cosa las características de algo tomado como modelo.

3 Presentar una cosa características iguales a otra.

impacientar tr. Causar la pérdida de paciencia.

impacto m. **1** Choque violento de una cosa con otra. **2** Impresión emocional intensa. **3** Conjunto de consecuencias provocadas por un hecho que afecta a un entorno o ambiente.

impago m. Falta de pago de una deuda.

impala m. Mamífero rumiante parecido al antílope.

impar adj./m. **1** Se dice del número que no se puede dividir exactamente por dos. ◆ adj. **2** *Formal.* Que no tiene igual o parecido con nada.

imparcial adj. **1** Que no se inclina en favor o en contra de una persona o cosa en un conflicto. **2** Que no denota parcialidad o pasión.

impartir tr. Dar o comunicar conocimientos o ideas.

impasible adj. Se dice de la persona que no experimenta o no muestra ningún sentimiento.

impávido, a adj. **1** Impasible, imperturbable. **2** ARG, BOL, CH, PERÚ Insolente, descarado.

impecable adj. Que no tiene ningún fallo o defecto.

impedancia f. Resistencia de un circuito eléctrico al paso de una corriente alterna.

impedimento m. Obstáculo, cosa que impide.

impedir tr. Hacer que una actividad o proceso no ocurra o sea difícil de realizar.

impeler tr. *Formal.* Impulsar a una persona o cosa para moverla.

impenetrable adj. **1** Que no puede ser penetrado. **2** Se dice de la persona que no muestra ningún sentimiento o emoción.

impensable adj. **1** Que no se puede pensar o considerar desde un punto de vista lógico. **2** Difícil o casi imposible.

impepinable adj. *Fam.* ESP Que es seguro y no admite duda.

imperar intr. **1** Mandar, ordenar. **2** Tener predominio una cosa sobre las demás.

imperativo, a adj. **1** Que supone una exigencia u orden. ◆ adj./m. **2** Se dice del modo verbal que expresa orden o ruego.

imperceptible adj. Que apenas se puede percibir.

imperdible adj. **1** Que no se puede perder. ◆ m. **2** Alfiler doblado sobre sí mismo que se abrocha encajando el extremo en un cierre.

imperdonable adj. Que no se puede o no se debe perdonar.

imperecedero, a adj. Que es eterno.

imperfecto, a adj. **1** Que no es perfecto. **2** Se dice del tiempo verbal que expresa la acción en su transcurso.

imperialismo m. Sistema por el

cual un país extiende su dominio sobre otro u otros.

impericia f. Falta de pericia.

imperio m. **1** Estado que impone su autoridad por la fuerza sobre otras naciones. **2** Período durante el que gobierna un emperador.

imperioso, a adj. **1** Muy necesario y urgente. **2** Autoritario, despótico.

impermeable adj. **1** Que no permite el paso de la humedad o de un líquido. ◆ m. **2** Prenda de vestir que no deja pasar la lluvia o el agua.

impersonal adj. **1** Que no tiene personalidad. **2** Se dice de la oración o el verbo que no tiene un sujeto explícito determinado.

impertérrito, a adj. Impasible, imperturbable.

impertinente adj. **1** Que resulta inoportuno e inadecuado. ◆ adj./m. y f. **2** Que resulta molesto por lo que hace o dice. ◆ m.pl. **3** Anteojos con mango.

imperturbable adj. Impasible, impertérrito.

ímpetu m. **1** Fuerza intensa con la que una persona o cosa se mueve. **2** Energía o resolución con que se actúa.

impío, a adj. **1** Irrespetuoso con la religión. **2** Cruel, que carece de piedad.

implacable adj. **1** Que no puede ser aplacado o calmado. **2** Riguroso, inflexible.

implantar tr. **1** Establecer algo nuevo en un lugar. **2** Colocar una pieza artificial en un organismo.

implicación f. Acción y efecto de implicar.

implicar tr. **1** Tener como resultado o como consecuencia. **2** Comprometer o involucrar a alguien en un asunto.

implícito, a adj. Que se sobrentiende.

implorar tr. Rogar una cosa.

impoluto, a adj. *Formal.* Muy limpio.

imponderable adj. **1** Que tiene un valor extraordinario o incalculable. ◆ adj./m. **2** Que es inesperado e inevitable.

imponente adj. Que causa mucha admiración, sorpresa, respeto o miedo.

imponer tr. **1** Obligar a cumplir o a aceptar una cosa. ◆ tr./intr. **2** Causar una intensa impresión algo imponente. ◆ tr. **3** Poner a una persona una condecoración u otro símbolo de manera solemne. **4** Poner dinero a rédito o en depósito. ◆ prnl. **5** Hacerse obedecer o respetar. **6** Superar a los demás en una prueba. **7** Hacerse popular una costumbre. **8** Ser necesaria una acción o decisión.

importante adj. Que tiene mucho valor o interés.

importar intr. **1** Ser importante. **2** Ser motivo de preocupación o molestia. ◆ tr. **3** Introducir en un país productos extranjeros.

importe m. Cantidad de dinero que se debe pagar.

importunar tr. Molestar con insistencia.

imposibilitado, a adj./s. Paralítico, discapacitado.

imposibilitar tr. **1** Impedir que algo sea posible. **2** Hacer que una persona no tenga capacidad para realizar algo.

imposible adj. **1** Que no puede existir, ocurrir o realizarse. **2** Que tiene un carácter o comportamiento que no se puede soportar. **3** *Fam.* Que está en mal estado. ◆ adj./m. **4** Cosa muy difícil de conseguir.

imposición f. Acción y efecto de imponer o imponerse.

impostar tr. Controlar la voz para poder emitir un sonido uniforme y natural.

impostor, ra adj./s. Se dice de la persona que se hace pasar por quien no es.

impotente adj. **1** Que carece de la fuerza o potencia necesaria para algo. ◆ adj./m. **2** Se dice del hombre incapaz de mantener el pene erecto.

impracticable adj. **1** Que no puede ocurrir o realizarse. **2** Intransitable.

imprecación f. Expresión con la que se desea que alguien reciba un un daño.

impreciso, a adj. Que no es exacto o detallado.

impregnar tr. **1** Mojar un cuerpo con un líquido o una sustancia espesa. **2** Mojar completamente. **3** Transmitir una forma de pensar o sentir particular.

imprenta f. Taller o lugar donde se imprime.

imprescindible adj. Que no se puede prescindir de ello.

impresión f. **1** Alteración del ánimo causada por un estímulo externo. **2** Idea u opinión general y poco precisa sobre un asunto. **3** Acción de imprimir.

impresionar tr./prnl. **1** Causar una gran alteración en el ánimo de alguien. ◆ tr. **2** Hacer que una imagen o sonido quede recogido en una superficie especial para poder luego reproducirlos por medios fotográficos o eléctricos.

impresionismo m. Movimiento artístico del s. XIX que pretende reflejar las impresiones experimentadas por el artista.

impreso, a m. **1** Escrito reproducido mediante la técnica de la impresión. **2** Documento con espacios en blanco que hay que rellenar para realizar un trámite.

impresora f. Periférico de un ordenador que sirve para imprimir.

imprevisible adj. Que no puede ser previsto.

imprevisto, a adj./m. Que no ha sido previsto.

imprimar tr. **1** Preparar las superficies que se han de pintar. **2** COLOMB, PERÚ Cubrir una carretera no pavimentada con material asfáltico.

imprimir tr. **1** Reproducir un texto escrito o dibujo en un papel mediante procedimientos mecánicos o eléctricos. **2** Fijar en el carácter de una persona un modo de ser. **3** Transmitir una fuerza o impulso. (Doble participio: **imprimido** e **impreso.**)

improbable adj. Que es poco probable.

improcedente adj. **1** Que no es adecuado u oportuno. **2** Que no se ajusta al procedimiento judicial.

impronta f. **1** Conjunto de características que deja el contacto con una persona o grupo social. **2** Reproducción de una imagen en hueco o en relieve sobre una materia blanda.

improperio m. Palabra o expresión con la que se insulta.

impropio, a adj. **1** Que no se corresponde con las características propias de una persona o cosa. **2** Que no es adecuado u oportuno.

improvisar tr. Hacer una cosa que no estaba prevista o preparada.

improviso ◇ **de ~** De manera repentina o inesperada.

imprudencia f. **1** Falta de prudencia. **2** Acción que se realiza con esta falta de prudencia.

impúber adj./m. y f. Que aún no ha alcanzado la pubertad.

impúdico, a adj. Que no tiene pudor.

impuesto m. Cantidad de dinero que pagan los ciudadanos por un concepto determinado para hacer frente al gasto público.

impugnar tr. Negar la legalidad de una opinión o decisión.

impulsar tr. **1** Aplicar un impulso. **2** Dotar de la fuerza o ayuda necesaria para que una cosa se desarrolle y tenga éxito. **3** Animar a una persona para que haga una cosa.

impulsivo, a adj./s. Que se deja llevar por sus emociones o impulsos.

impulso m. **1** Fuerza que aplicada a una cosa hace que se mueva. **2** Fuerza o ayuda que se le presta a una cosa para que se desarrolle y tenga éxito. **3** Deseo intenso que lleva a hacer una cosa inesperada. **4** Emisión de corriente o de ondas.

impune adj. Se dice del delito o el autor de un delito que queda sin castigo.

impureza f. **1** Sustancia extraña a un cuerpo o materia que están mezcladas con él. **2** Falta de virtudes morales.

impuro, a adj. **1** Que tiene mezcla de sustancias extrañas que alteran su pureza. **2** Que va contra la moral establecida.

imputar tr. **1** Atribuir a una persona la responsabilidad de una cosa negativa. **2** Dar un destino determinado a una cantidad de dinero.

inaccesible adj. **1** Se dice del lugar que no tiene acceso o al que no se puede acceder con facilidad. **2** Se dice de la persona de trato difícil.

inaceptable adj. Que no puede ser aceptado.

inactivo, a adj. Que no desarrolla ninguna acción o actividad.

inadaptado, a adj./s. Que no se adapta al entorno o a las circunstancias que le rodean.

inadecuado, a adj. Que no es adecuado.

inadmisible adj. Que no puede ser admitido.

inadvertido, a adj. Que no ha sido percibido o advertido.

inagotable adj. Que no se puede acabar o agotar.

inalámbrico, a adj./m. Se dice del medio de comunicación eléctrico sin hilos o cables conductores.

inalienable adj. **1** Se dice del derecho que no puede ser negado a una persona. **2** Se dice de la propiedad que no puede ser vendida o cedida.

inalterable adj. **1** Que no puede ser alterado o cambiado. **2** Impasible, imperturbable.

inamovible adj. Que no se puede mover o cambiar.

inanición f. Extrema debilidad provocada por la falta de alimento.

inanimado, a adj. Que no tiene vida.

inapelable adj. **1** Que no se puede apelar. **2** Que no se puede evitar.

inapetencia f. Falta de ganas de comer.

inapreciable adj. **1** Que tiene un valor tan grande que es imposible calcularlo. **2** Muy difícil o imposible de apreciar.

inaudito, a adj. **1** Que es tan poco habitual que causa sorpresa y extrañeza. **2** Que no puede ser tolerado.

inaugurar tr. **1** Dar principio a una cosa. **2** Celebrar con solemnidad el estreno de algo.

inca adj./m. y f. De un antiguo pueblo amerindio que creó un vasto imperio.

incaico, a adj. Relativo al pueblo inca.

incalculable adj. Que no se puede calcular.

incandescente adj. Se dice del metal que ha adquirido color rojo o blanco luminoso a causa del calor.

incansable adj. Que no se cansa o que resiste mucho sin descansar.

incapacidad f. Falta de capacidad.

incapacitar tr. Hacer que una persona sea incapaz.

incapaz adj. Que no tiene capacidad para hacer una cosa.

incautarse prnl. Tomar posesión legal la autoridad de un bien propiedad de una persona.

incauto, a adj./s. **1** Que es poco cauto o sensato en sus acciones. **2** Ingenuo, inocente.

incendio m. Fuego grande en el que resulta destruido algo.

incensario m. Recipiente para quemar incienso.

incentivar tr. Animar, estimular.

incertidumbre f. Falta de conocimiento seguro sobre algo.

incesto m. Relación sexual entre familiares directos.

incidencia f. **1** Influencia o efecto de una cosa sobre otra. **2** Incidente. **3** Proporción de casos en una situación o estadística.

incidente m. **1** Suceso inesperado que afecta al desarrollo de algo. **2** Enfrentamiento entre dos o más personas.

incidir intr. **1** Caer en un error o falta. **2** Influir. **3** Resaltar el interés de una cosa para llamar la atención sobre su importancia.

incienso m. Mezcla de resinas vegetales que al arder despiden olor.

incierto, a adj. **1** Que no es verdadero. **2** Dudoso, impreciso.

incinerar tr. Quemar una cosa hasta reducirla a cenizas.

incipiente adj. Que empieza a desarrollarse.

incisión f. Corte poco profundo hecho con un instrumento cortante.

incisivo, a adj. **1** Punzante, mordaz. ◆ adj./m. **2** Se dice del diente que es cortante y tiene una sola raíz.

inciso m. Pausa o comentario que se intercala en un discurso o conversación.

incitar tr. Estimular a una persona para que haga una cosa.

inclemencia f. Fenómeno atmosférico duro y desagradable.

inclinar tr. **1** Desviar una cosa de su posición vertical u horizontal. **2** Influir sobre una persona para que haga o diga una cosa. ◆ prnl. **3** Tender a hacer o pensar una cosa.

ínclito, a adj. Ilustre, célebre.

incluir tr. **1** Poner una cosa dentro de otra. **2** Contener una cosa a otra.

inclusa f. ESP Hospicio, orfanato.

inclusive adv. Indica que se incluyen los límites que se nombran en el conjunto total.

incluso adv. **1** Expresa encarecimiento o ponderación. ◆ conj. **2** Introduce una dificultad real o posible, a pesar de la cual puede ser, ocurrir o hacerse una cosa. ◆ prep. **3** Incluido lo que se expresa a continuación.

incoar tr. Comenzar una cosa.

incoativo, a adj. Se dice del verbo o locución que indica el principio de una cosa o acción.

incógnita f. **1** En una ecuación matemática, cantidad que no se conoce y se debe averiguar. **2** Cosa que se desconoce.

incógnito, a adj. *Formal.* Desconocido.

incoherencia f. **1** Falta total de coherencia. **2** Cosa que contradice a otra, o no guarda con ella una relación lógica.

incoherente adj. Que no es coherente.

incoloro, a adj. Que no tiene color.

incólume adj. Sano, sin lesión.
incombustible adj. **1** Que no es combustible. **2** Que no se ve afectado por el paso del tiempo o por problemas.
incómodo, a adj. **1** Que provoca malestar y cansancio. **2** Molesto por alguna causa.
incomparable adj. **1** Que no puede ser comparado. **2** Muy bueno.
incompatibilidad f. Cualidad de lo que no es compatible.
incompetencia f. Falta de aptitud o preparación para desarrollar una actividad.
incompleto, a adj. Que no está completo.
incomprendido, a adj./s. Que no es comprendido por los demás.
incomprensible adj. **1** Que no puede ser comprendido. **2** Que no puede ser justificado.
incomunicar tr. Dejar a una persona o cosa sin comunicación.
inconcebible adj. **1** Que no se puede concebir. **2** Que es muy difícil que suceda.
inconcluso adj. Que no ha sido concluido.
incondicional adj. **1** Que no tiene limitaciones ni condiciones. ◆ adj./m. y f. **2** Partidario convencido.
inconexo, a adj. Que no tiene una conexión adecuada entre sus partes.
inconfesable adj. Que no se puede confesar por causar vergüenza.
inconfeso, a adj. Que no reconoce ser culpable de un delito del que se la acusa.
inconfundible adj. Que no puede ser confundido.
incongruente adj. Incoherente, ilógico.
inconmensurable adj. Que no puede ser medido o valorado.
inconsciente adj. **1** Se dice de la persona que ha perdido el conocimiento. ◆ adj./m. y f. **2** Se dice de la persona que muestra una falta de juicio y sensatez. ◆ m. **3** Conjunto de procesos mentales de los que no es consciente la persona que los tiene.
inconsecuente adj./m. y f. Que no mantiene una correspondencia lógica entre las ideas y el comportamiento.
inconstante adj. **1** Que no tiene una voluntad firme y continuada. **2** Que no es continuado.
incontable adj. **1** Que no puede ser contado. **2** Muy numeroso.
incontenible adj. Que no puede ser contenido o frenado.
incontinencia f. **1** Expulsión involuntaria de la orina o los excrementos. **2** Falta de control sobre un sentimiento o impulso.
inconveniente adj. **1** Que no resulta conveniente o adecuado. ◆ m. **2** Obstáculo que dificulta hacer una cosa.
incordiar tr. *Fam.* Molestar.
incorporar tr. **1** Sumar o unir

una parte a un todo. **2** Levantar y poner derecho el cuerpo. ◆ prnl. **3** Presentarse en un lugar para comenzar una actividad.

incorrecto, a adj. **1** Que tiene errores o defectos. **2** Que no es acertado.

incorregible adj. Que no se puede corregir o enmendar.

incorrupto, a adj. **1** Que no se descompone ni se deteriora. **2** Que no se deja corromper.

incrédulo, a adj./s. Que tiene dificultades para creer.

increíble adj. **1** Que causa admiración o sorpresa. **2** Que parece mentira.

incrementar tr. Aumentar.

increpar tr. **1** Reprender con dureza. **2** Insultar.

incriminatorio, a adj. Que acusa a una persona de un delito o falta grave.

incrustar tr. Introducir y fijar pequeñas partes o elementos de algo en la superficie de una materia hasta quedar unidas.

incubadora f. Cámara donde se mantiene a los recién nacidos prematuros para aislarlos del exterior.

incubar tr. **1** Desarrollar el organismo una enfermedad desde el contagio hasta la aparición de los primeros síntomas. **2** Mantener a una temperatura constante un huevo puesto por un animal. ◆ prnl. **3** Desarrollarse de manera oculta.

inculcar tr. Infundir a una persona una idea o pensamiento.

inculpar tr. Atribuir a una persona la culpa de un delito.

inculto, a adj. **1** Que no tiene cultura. **2** Se dice del terreno que no ha sido cultivado.

incumbir intr. Tocar a una persona una responsabilidad, o una cosa que tiene interés para ella.

incumplir tr. No cumplir con una obligación.

incunable adj./m. Se dice del texto impreso antes del año 1500.

incurable adj. Que no puede ser curado.

incurrir intr. Cometer un error o falta.

incursión f. **1** Ataque rápido cuyo propósito principal es causar daño. **2** Entrada rápida en un lugar.

indagar tr. Preguntar e investigar.

indebido, a adj. **1** Que no se debe hacer. **2** Que no es obligatorio.

indecente adj. Se aplica a lo que no es decente.

indecible adj. Que no puede ser dicho o expresado.

indeciso, a adj. **1** Que aún no se ha decidido. **2** Se dice de la persona a la que le cuesta tomar decisiones por sí misma.

indecoroso, a adj. Que falta al respeto.

indefectible adj. Que no puede faltar o dejar de ser u ocurrir.

indefenso, a adj. Que carece de defensa o protección.

indefinido, a adj. **1** Que no está definido o precisado. **2** Que no tiene límite determinado. **3** Se dice del adjetivo o pronombre que aporta una idea de imprecisión.

indeleble adj. Que no puede ser borrado.

indemne adj. Que no ha recibido ningún daño tras un peligro o un accidente.

indemnizar tr. Compensar por un daño o perjuicio.

independencia f. **1** Capacidad para elegir y actuar con libertad. **2** Gobierno propio de un pueblo o nación en oposición al gobierno impuesto por otro pueblo o nación.

independentismo m. Movimiento político que propugna la independencia de un territorio.

indescriptible adj. Que se no puede describir.

indeseable adj./m. y f. **1** Se dice de la persona que es indigna de trato. ◆ adj. **2** Rechazable o indigno de ser deseado.

indestructible adj. Que no puede ser destruido.

indeterminado, a adj. **1** Que no está determinado o precisado. **2** Se dice del artículo que presenta un concepto de forma general. **3** Se dice de la ecuación o problema matemático con infinitas soluciones.

indiada f. **1** AMÉR Grupo de indios. **2** *Fam. y desp.* AMÉR Forma de hablar de los indios.

indiano, a adj. **1** De los territorios que formaron las colonias españolas en América. ◆ adj./s. **2** Se dice de la persona que emigró a América y se hizo rica.

indicación f. **1** Acción de indicar. **2** Consejo, orden o instrucción.

indicado, a adj. Adecuado, conveniente.

indicar tr. **1** Mostrar por medio de señales, indicios o palabras. **2** Asesorar, aconsejar.

indicativo, a adj. **1** Que indica o sirve para indicar. ◆ adj./m. **2** Se dice del modo verbal que expresa una acción o un estado como algo real. ◆ m. **3** Señal que sirve para aportar un dato o información.

índice m. **1** Lista de las materias o de las partes de un libro o una publicación. **2** Catálogo o lista ordenada de una serie de personas o elementos con algún punto en común. **3** Indicio o señal que expresa la importancia de algo. ◆ adj./m. **4** Se dice del dedo de la mano situado entre los dedos corazón y pulgar.

indicio m. **1** Conjetura o señal que posibilita el conocimiento de algo. **2** Signo en que hay una relación de contigüidad con el objeto representado.

indiferente adj. **1** Que no muestra interés hacia nada. **2** Que carece de interés o importancia.

indígena adj./m. y f. Que es un habitante nativo del territorio en que vive.

indigencia f. Miseria, extrema pobreza.

indigestión f. Alteración del aparato digestivo por una mala digestión.

indignar tr. **1** Producir indignación. ◆ prnl. **2** Sentir indignación.

indigno, a adj. **1** Que no es merecedor de algo o de alguien. **2** Que tiene una calidad inferior, que no corresponde a la categoría de alguien o de algo. **3** Despreciable, infame.

indigo m. Añil.

indio, a adj./s **1** De la India. **2** De alguno de los pueblos que originariamente habitaban el continente americano antes de la llegada de los europeos. ◆ m. **3** Elemento químico (metal) de símbolo In.

indirecta f. Insinuación hecha con una intención que no se expresa de forma clara.

indirecto, a adj. **1** Que no se dirige a un fin o un destino de forma directa. **2** Se dice del estilo en que las palabras de otra persona se reproducen con oraciones subordinadas.

indisciplinado, a adj./s. Que no tiene disciplina.

indiscreto, a adj./s. Que no es discreto.

indiscriminado, a adj. Que no distingue unas personas o cosas de otras.

indiscutible adj. Que es tan claro que no se puede cuestionar.

indisoluble adj. **1** Que no puede ser desunido o separado. **2** Se dice de la sustancia que no puede ser disuelta.

indispensable adj. Imprescindible, necesario.

indisponer tr. **1** Hacer que dos o más personas se enfaden. **2** Sufrir una alteración de salud ligera e inesperada. ◆ prnl. **3** Enemistarse.

indistinto, a adj. **1** Que no se distingue de otra cosa. **2** Que no se percibe claramente.

individual adj. **1** Relativo al individuo. **2** Que es para un solo individuo o de un solo individuo.

individualismo m. **1** Tendencia a obrar con independencia de un grupo o colectividad. **2** Tendencia a obrar según su propio interés. **3** Doctrina filosófica que considera al individuo por encima de los de la colectividad o el estado.

individualizar tr. Señalar las particularidades de un individuo.

individuo m. **1** Persona de una clase o grupo, considerada independientemente de las demás. **2** Persona cuya identidad se desconoce o no se expresa. **3** Ser vivo perteneciente a una especie, considerado independientemente de los demás.

indivisible adj. Que no puede ser dividido.

indocumentado, a adj. **1** Se dice de la persona que carece de los documentos legales de identifica-

ción. **2** Se dice de la información que carece de testimonios válidos que lo demuestren.
indoeuropeo, a adj./s. **1** De un antiguo pueblo que se extendió desde la India hasta Europa a partir del año 2000 a. C. ◆ m./adj. **2** Lengua hablada por este pueblo. ◆ adj. **3** Se dice de la lengua que procede de aquella.
indogermánico, a adj./s. Indoeuropeo.
índole f. **1** Manera de ser. **2** Naturaleza particular de una cosa.
indolente adj. Que no tiene voluntad, energía o ánimo.
indoloro, a adj. Que no causa dolor.
indomable adj. Que no puede ser sometido o controlado.
indómito, a adj. **1** Indomable. **2** Que no puede ser contenido o reprimido.
inducción f. Acción y efecto de inducir.
inducir tr. **1** Influir en una persona para que realice una acción. **2** Establecer una ley general a partir del conocimiento de unos hechos particulares por medio de un razonamiento. **3** Producir un cuerpo electrizado fenómenos eléctricos en otro situado a cierta distancia.
inductivo, a adj. Relativo a la inducción.
indudable adj. Que es tan claro que no se puede cuestionar.
indulgencia f. **1** Tendencia a juzgar con benevolencia y castigar sin demasiado rigor. **2** Perdón por los pecados cometidos que concede la Iglesia.
indultar tr. Conceder un indulto a alguien.
indulto m. Perdón total o parcial del cumplimiento de una pena.
indumentaria f. Ropa que se lleva puesta.
industria f. **1** Actividad económica y técnica que se desarrolla para transformar o transportar productos naturales. **2** Fábrica o empresa. **3** Conjunto de fábricas o empresas que se dedican a la realización de los mismos productos o de sus componentes.
industrializar tr. **1** Desarrollar la industria en un territorio. **2** Someter una cosa a un proceso industrial.
industrioso, a adj. **1** Hábil, mañoso. **2** Que es muy aplicado en el trabajo.
inecuación f. Desigualdad entre dos expresiones matemáticas, en la que figuran una o más incógnitas, y que solo se verifica para algunos valores.
inédito, a adj./s. **1** Que no ha sido nunca publicado. ◆ adj. **2** Nuevo y desconocido.
inefable adj. Que no se puede explicar con palabras.
ineficaz adj. Que no es eficaz.
ineludible adj. Que no puede ser eludido.
inenarrable adj. Que es tan extraordinario que no se puede explicar o describir.

inepto, a adj./s. Que no posee las aptitudes necesarias para algo.
inequívoco, a adj. Que no da lugar a duda o a equivocación.
inercia f. **1** Tendencia de los cuerpos a oponerse a modificar su estado. **2** Falta de energía para alterar una costumbre.
inerme adj. Que no dispone de medios o armas para defenderse.
inerte adj. **1** Que no tiene vida. **2** Se dice de la sustancia que carece de la capacidad de provocar reacciones químicas.
inescrutable adj. Que no se puede saber o averiguar.
inesperado, a adj. Que ocurre sin haberlo esperado o previsto.
inestable adj. **1** Que no es estable. **2** Que sufre constantes o frecuentes alteraciones de carácter. **3** Se dice del elemento o sustancia que tiende a alterarse.
inestimable adj. Que tiene un valor incalculable.
inevitable adj. **1** Que no puede ser evitado. **2** Que no puede faltar o dejar de ser.
inexacto, a adj. **1** Que no es preciso o exacto. **2** Que no se ajusta totalmente a la verdad.
inexcusable adj. **1** Que no tiene excusa. **2** Se dice de la obligación o problema que no puede ser evitado.
inexorable adj. **1** Que no puede ser evitado o detenido. **2** Que no se deja convencer por ruegos.
inexperiencia f. Falta de experiencia.
inexplicable adj. Que no tiene explicación.
inexpresivo, a adj. Que no revela lo que siente o piensa.
inexpugnable adj. Se dice del lugar que no se puede conquistar por la fuerza.
inextricable adj. Difícil de desenredar o resolver.
infalible adj. Que no falla.
infame adj./m. y f. Que es muy malo en su especie.
infancia f. **1** Período de la vida humana entre el nacimiento y la adolescencia. **2** Conjunto de niños que se hallan en este período.
infante, a s. **1** Niño que aún no tiene siete años. **2** En España, hijo de un rey que no es heredero de la corona. ◆ m. **3** Soldado de infantería.
infantería f. Sección del ejército de tierra integrada por tropas de a pie.
infanticidio m. Asesinato de un niño.
infantil adj. **1** Relativo a la infancia. **2** Característico del comportamiento y la sensibilidad propia de un niño.
infarto m. Obstrucción de los tejidos que forman parte de un órgano, a causa de la interrupción del riego sanguíneo.
infatigable adj. Que no se cansa o que resiste mucho sin descansar.

infección f. **1** Invasión de gérmenes o virus que causan una enfermedad. **2** Enfermedad causada por esta invasión.

infectar tr./prnl. Transmitir una enfermedad a un ser vivo por contacto con el germen o virus que la causa.

infeliz adj. **1** Se dice de la cosa que es desafortunada o desacertada. ◆ adj./m. y f. **2** Desgraciado, desdichado.

inferior adj. **1** Que está debajo o más bajo. **2** Menor en cantidad, calidad o importancia. ◆ adj./m. y f. **3** Que trabaja a las órdenes de otro.

inferioridad f. Estado o situación de algo o alguien inferior.

inferir tr. **1** Deducir, sacar una conclusión. **2** *Formal.* Causar un grave daño u ofensa.

infernal adj. **1** Relativo al infierno. **2** Que es muy malo o desagradable.

infestar tr. **1** Llenar un lugar con exceso de personas o cosas. **2** Invadir un lugar algo negativo.

infiel adj. **1** Que ha incumplido un juramento. **2** Que engaña a su pareja al tener relaciones sexuales con otra persona. ◆ adj./m. y f. **3** Que defiende ideas religiosas contrarias a una religión.

infierno m. **1** Lugar donde iban las almas de los muertos, según algunas culturas antiguas. **2** Lugar al que van las almas de los que mueren en pecado según algunas religiones. **3** Lugar en el que es insoportable permanecer por mucho tiempo.

infijo, a m./adj. Afijo introducido en el interior de una palabra.

infiltrar tr. **1** Introducir un líquido por los poros de un cuerpo sólido. ◆ prnl. **2** Introducirse secretamente en una organización.

ínfimo, a adj. Que es lo más bajo o lo último en cantidad, calidad o importancia.

infinidad f. Número o cantidad muy grande.

infinitesimal adj. Se dice de la cantidad que es tan pequeña que está muy próxima al 0.

infinitivo m. Forma no personal del verbo que expresa una idea verbal de forma abstracta.

infinito, a adj. **1** Que no tiene límites ni fin. **2** Muy numeroso o grande. ◆ m. **3** Espacio sin límites. **4** Signo en forma de un ocho tendido que expresa un valor mayor que cualquier cantidad.

inflación f. Subida continuada de los precios.

inflamación f. Alteración anormal de una parte del cuerpo caracterizada por el enrojecimiento de la zona y el aumento de su volumen.

inflamar tr. **1** Hacer arder con llamas una materia. **2** Excitar los ánimos o las pasiones. ◆ prnl. **3** Producirse una inflamación.

inflar tr. **1** Hinchar un cuerpo con un gas. **2** Exagerar la importancia de una cosa. ◆ prnl. **3** *Fam.* Realizar algo mucho tiempo con gran intensidad o dedicación. **4** Hincharse de orgullo.

inflexible adj. **1** Se dice de la persona que no se aparta de su punto de vista. **2** Que no puede doblarse o ser doblado.

inflexión f. **1** Curvatura o cambio de dirección de una cosa. **2** Cambio de tono de la voz. **3** Inclinación de la cabeza o de una parte del cuerpo.

infligir tr. **1** Causar un daño. **2** Imponer o aplicar un castigo.

inflorescencia f. Conjunto de flores agrupadas en un mismo tallo.

influenciar intr. Influir (determinar).

influir intr. **1** Determinar una persona la forma de pensar o de actuar de otra. **2** Producir una cosa un determinado efecto en otra.

influjo m. Acción y efecto de influir.

infografía f. Técnica de obtención de imágenes mediante la informática.

información f. **1** Acción de informar. **2** Noticia o conjunto de noticias. **3** Lugar donde se informa al público de alguna cosa.

informal adj. **1** Que no acostumbra a cumplir con sus obligaciones o compromisos. **2** Que no se somete a normas por existir confianza en el trato con otras personas. **3** Se dice de la prenda que se viste más por comodidad que por elegancia.

informar tr. Comunicar una noticia o un conjunto de noticias.

informática f. Conjunto de conocimientos sobre el tratamiento automático de la información por medio de ordenadores.

informe m. **1** Comunicación en la que se dan informaciones y opiniones sobre algo. **2** Noticia o conjunto de datos que se conocen sobre alguien o algo. ◆ adj. **3** Que no tiene una forma determinada.

infortunio m. **1** Mala suerte. **2** Desgracia provocada por la mala suerte.

infracción f. Acción u omisión que va en contra de una norma o ley.

infractor, ra adj./s. Que comete una infracción.

infraestructura f. Conjunto de medios, servicios e instalaciones necesarios para el desarrollo de una actividad.

infraganti o **in fraganti** adv. En el momento que se está cometiendo un delito o falta.

infrahumano, a adj. Inferior a lo humano.

infranqueable adj. Se dice del obstáculo que no puede ser superado o vencido.

infrarrojo, a adj. Se dice de la radiación emitida por una fuente no visible por el ojo humano.

infravalorar tr. Valorar una cosa o a una persona en menos de lo que vale.

infringir tr. Actuar en contra de una ley o norma.
infructuoso, a adj. Que no produce ningún provecho o resultado.
infrutescencia f. Conjunto de frutos procedentes de una inflorescencia.
ínfulas f.pl. Muestra excesiva de orgullo.
infumable adj. **1** Se dice del tabaco que es muy malo. **2** *Fam.* ESP De muy mala calidad.
infundado, a adj. Que carece de fundamento.
infundir tr. Provocar alguien un sentimiento, una idea o un comportamiento distinto al habitual.
infusión f. **1** Bebida hecha con agua hirviendo y plantas aromáticas. **2** Acción de infundir.
ingeniar tr. Crear con ingenio.
ingeniería f. Conjunto de conocimientos que permiten el uso de las fuentes de energía y el trabajo para modificar la materia y adaptarla a ciertas necesidades.
ingenio m. **1** Capacidad de imaginar o crear cosas útiles. **2** Talento para inventar o contar cosas. **3** Aparato que desarrolla un trabajo o una función práctica. **4** Fábrica de azúcar.
ingente adj. Muy grande o numeroso.
ingenuo, a adj./s. Sincero, que actúa sin malicia.
ingerir tr. Tragar un alimento.
ingesta f. Ingestión.
ingestión f. Proceso por el que una cosa va de la boca al estómago.
ingle f. Parte del cuerpo en la que se une la pierna con el vientre.
inglés, sa adj./s. **1** De Inglaterra. ◆ m./adj. **2** Lengua hablada en Gran Bretaña, Estados Unidos, Australia y otros países.
ingrato, a adj./s. **1** Desagradecido. ◆ adj. **2** Desagradable, que produce disgusto.
ingrávido, a adj. Se dice del cuerpo que no está sometido a la fuerza de gravedad.
ingrediente m. Componente o sustancia que se combina con otras en una mezcla.
ingresar intr. **1** Comenzar a formar parte de un grupo o institución. **2** ESP Entrar en un hospital para someterse a un tratamiento médico. ◆ tr. **3** ESP Entregar a un banco dinero para que lo guarde.
inhabilitar tr. **1** Impedir que una cosa exista u ocurra. **2** Prohibir a una persona el ejercicio de un cargo.
inhalar tr. Aspirar un gas o vapor.
inherente adj. Que es esencial y permanente en un ser o una cosa.
inhibir tr. **1** Impedir o reprimir el ejercicio de facultades o hábitos. **2** Disminuir o suspender las funciones de una parte del organismo por medio de estímulos. ◆ prnl. **3** Renunciar a intervenir en un asunto.
inhóspito, a adj. Se dice del lugar poco agradable y acogedor.

inhumano, a adj. Cruel, despiadado.

inhumar tr. Enterrar un cadáver.

inicial adj. **1** Relativo al principio u origen de una cosa. ◆ adj./f. **2** Se dice de la primera letra de una palabra.

iniciar tr. **1** Comenzar a hacer algo. **2** Proporcionar a alguien los primeros conocimientos sobre algo que desconoce. ◆ prnl. **3** Adquirir los primeros conocimientos sobre algo. **4** Entrar una persona en un grupo.

iniciativa f. **1** Proposición que sirve para iniciar alguna cosa. **2** Capacidad para emprender cosas.

inicio m. Principio u origen de una cosa.

inicuo, a adj. **1** *Formal.* Injusto. **2** *Formal.* Malvado o cruel.

ininteligible adj. Que no puede ser entendido o comprendido.

injerto m. **1** Unión de un trozo de planta a la rama o tronco de otra para que brote. **2** Fragmento de una planta que se une a otra para que brote. **3** Implantación de un trozo de tejido vivo en una parte del cuerpo. **4** Trozo de tejido vivo destinado a la implantación.

injuria f. Insulto u ofensa grandes.

injusticia f. **1** Acción contraria a la justicia. **2** Falta de justicia.

injusto, a adj. Que no es justo.

inmaculado, a adj. Que no tiene ninguna mancha.

inmaduro, a adj. **1** Se dice de la fruta que no tiene la maduración suficiente. **2** Se dice del proyecto que no está completamente desarrollado. ◆ adj./s. **3** Que no ha alcanzado la madurez.

inmaterial adj. No material.

inmediación f. **1** Cualidad de inmediato. ◆ f.pl. **2** Alrededores.

inmediato, a adj. **1** Próximo. **2** Que ocurre en seguida.

inmenso, a adj. Muy grande y muy difícil de medir.

inmersión f. Acción de sumergir o sumergirse.

inmigrar intr. Establecerse en un territorio diferente del lugar de origen.

inminente adj. Que está a punto de ocurrir.

inmiscuirse prnl. Entrometerse en un asunto ajeno.

inmobiliaria f. Sociedad o empresa que construye, vende, alquila y administra viviendas.

inmobiliario, a adj. Relativo a los bienes inmuebles.

inmolar tr. Sacrificar una víctima a un dios.

inmoral adj. Que se opone a la moral.

inmortal adj. Que no puede morir.

inmóvil adj. Que no se mueve.

inmueble adj. **1** Se dice de la propiedad que no puede separarse del lugar en el que está. ◆ m. **2** Construcción que se destina a vivienda y otros usos.

inmundo, a adj. **1** *Formal.* Asqueroso, muy sucio. **2** *Formal.* Indecente y deshonesto.

inmune adj. **1** Que no puede ser atacado por cierta enfermedad. **2** Que no se altera ante un ataque o algo negativo.

inmunidad f. **1** Cualidad de inmune. **2** Privilegio ante algunas leyes.

inmutar tr./prnl. Alterar el ánimo de alguien.

innato, a adj. Que pertenece a la naturaleza de un ser desde su origen.

innovar tr. Introducir novedades.

innumerable adj. Incontable.

inocencia f. **1** Ausencia de culpabilidad. **2** Simplicidad o falta de malicia.

inocentada f. Broma en los que uno cae por descuido o por falta de malicia.

inocente adj. **1** Que no daña o que no tiene malicia. ◆ adj./m. y f. **2** Libre de culpa o de pecado. **3** Ingenuo.

inocular tr. Introducir en el organismo el virus o la bacteria de una enfermedad contagiosa.

inocuo, a o **innocuo, a** adj. Que no hace daño.

inodoro, a adj. **1** Que no tiene olor. ◆ m. **2** Recipiente que sirve para orinar y evacuar excrementos.

inofensivo, a adj. Que no puede causar daño.

inolvidable adj. Que no puede ser olvidado.

inoperante adj. Que no produce efecto.

inopia f. *Formal.* Pobreza. ◇ **estar en la ~** *Fam.* Estar distraído.

inoportuno, a adj./s. Que no es oportuno.

inorgánico, a adj. **1** Se dice del elemento que no tiene vida ni puede tenerla. **2** Que no está organizado. **3** Se dice de la sustancia que no tiene como componente el carbono.

inoxidable adj. Resistente a la oxidación.

inquietar tr. Causar preocupación o alterar los nervios.

inquieto, a adj. **1** Que no puede estar quieto. **2** Preocupado. **3** Que siempre está dispuesto a emprender cosas nuevas.

inquilino, a s. **1** Persona que alquila una vivienda para habitarla. ◆ m. **2** Organismo animal o vegetal que vive aprovechádose de otro sin perjudicarlo.

inquina f. Antipatía o mala voluntad.

inquirir tr. Indagar, investigar.

inquisición f. **1** Acción de inquirir. **2** Tribunal eclesiástico medieval.

insaciable adj. Que no puede ser saciado.

insalubre adj. Malo para la salud.

insatisfecho, a adj. Que no está satisfecho.

inscribir tr. **1** Apuntar algo en una lista o registro. **2** Grabar o dejar marcado.

inscripción f. Acción y efecto de inscribir.

insecticida m./adj. Sustancia para matar insectos.

insectívoro, a adj./s. Se dice del animal o planta que se alimenta de insectos.

insecto adj./m. Se dice del animal invertebrado con un cuerpo dividido en cabeza, tórax y abdomen, y que tiene tres pares de patas, dos antenas y dos o cuatro alas.

inseguro, a adj. **1** Que no está libre de peligro o daño. **2** Que tiene dudas sobre su propia capacidad.

inseminación f. Depósito de semen en las vías genitales de una hembra.

insensato, a adj./s. Que no muestra buen juicio o madurez en sus actos.

insensible adj. **1** Que ha perdido la sensibilidad. **2** Que no tiene sentimientos. **3** Imperceptible.

inseparable adj. **1** Imposible o difícil de separar. **2** Se dice de la persona que está muy unida a otra.

inserción f. Acción y efecto de insertar.

insertar tr. **1** Incluir o meter una cosa en otra. **2** Intercalar un texto dentro de otro. ◆ **prnl. 3** Introducirse un elemento anatómico o un órgano entre las partes de otro.

inservible adj. Que no sirve o no está en condiciones para ser usado.

insidia f. Engaño oculto para perjudicar.

insigne adj. **1** Célebre, famoso. **2** Se dice del disparate o tontería que es muy grande.

insignia f. **1** Señal o figura distintiva de alguien o algo. **2** Bandera que es el distintivo de una asociación o grupo.

insignificante adj. Que es muy pequeño o poco importante.

insinuar tr./prnl. Dar a entender una cosa de manera sutil.

insípido, a adj. **1** Que tiene poco o ningún sabor. **2** Sin gracia o interés.

insistir intr. **1** Repetir varias veces una petición o una acción. **2** Persistir o mantenerse firme en una cosa.

insociable adj./m. y f. Que rehuye el trato social.

insolación f. Trastorno producido por una exposición prolongada al sol.

insolencia f. Atrevimiento o falta de respeto en el trato.

insólito, a adj. Muy particular o poco frecuente.

insoluble adj. **1** Que no puede ser disuelto. **2** Que no tiene solución.

insolvencia f. **1** Incapacidad para hacer frente a un pago. **2** Incapacidad para garantizar el cumplimiento de un cargo o una misión.

insomnio m. Dificultad para conciliar el sueño.

insondable adj. **1** Que es tan difícil, que no se puede llegar a conocer o comprender. **2** Que es tan profundo, que no se puede alcanzar su fondo.

insonorizar tr. **1** Acondicionar un lugar para aislarlo de ruidos. **2** Atenuar el ruido de una máquina o motor.

insoportable adj. Que no se puede soportar.

insoslayable adj. Que no puede ser evitado o rehuido.

inspeccionar tr. Examinar con atención y cuidado.

inspector, ra adj. **1** Que inspecciona. ◆ s. **2** Persona que controla y vigila las actividades que se realizan en el campo al que pertenece.

inspiración f. **1** Acción de inspirar. **2** Estímulo que favorece la creación de obras de arte.

inspirar tr. **1** Atraer el aire exterior e introducirlo en los pulmones. **2** Causar un sentimiento, una sensación o una idea. ◆ prnl. **3** Tomar ideas de una persona o cosa para la producción artística.

instalar tr. **1** Colocar en el lugar y la forma adecuados las cosas necesarias para un servicio. **2** Establecer o acomodar a una persona en un lugar. ◆ prnl. **3** Establecerse una persona en un lugar.

instancia f. **1** Solicitud oficial por escrito. **2** Cada uno de los grados jurisdiccionales establecidos para solucionar asuntos legales.

instantánea f. Fotografía que se impresiona y se obtiene en el momento.

instantáneo, a adj. **1** Que solamente dura un instante. **2** Que se produce o se consigue en un instante.

instante m. **1** Período muy breve. **2** Tiempo puntual en el que se hace u ocurre una cosa.

instar tr. Obligar a hacer algo con rapidez.

instaurar tr. Establecer o fundar una cosa que no existía.

instigar tr. Inducir a realizar una acción o pensar de cierto modo.

instinto m. **1** Conducta innata de un ser vivo que determina su reacción ante una serie de estímulos. **2** Impulso natural e interior que provoca una acción o un sentimiento.

institución f. **1** Acción de instituir. **2** Organismo fundado para un fin, especialmente de interés público. **3** Ley u organización fundamental de un estado o una sociedad.

instituir tr. **1** Fundar o establecer una cosa que no existía. **2** Nombrar a alguien encargado de una función. **3** Establecer que una renta sea pagada periódicamente a una persona.

instituto m. **1** Centro estatal de enseñanza secundaria. **2** Organización científica, social o cultural. **3** AMÉR Centro de enseñanza superior no universitaria o de profesiones medias.

institutor m. COL Maestro de escuela.

institutriz f. Mujer que educa a uno o más niños en la casa de estos.

instrucción f. **1** Acción de instruir. **2** Conjunto de conocimientos adquiridos. **3** Desarrollo de un proceso judicial. ◆ **f.pl. 4** Conjunto de reglas o indicaciones.

instruir tr. **1** Comunicar conocimientos o experiencias a una persona con la intención de que las aprenda. **2** Realizar las acciones necesarias para ejecutar un proceso.

instrumento m. **1** Objeto utilizado para un uso concreto, especialmente el que se usa para operaciones manuales. **2** Objeto que se usa para producir música. **3** Medio que sirve para alcanzar un fin.

insubordinación f. Desobediencia o negativa a subordinarse.

insubstancial → insustancial.

insuficiente adj. **1** Que no es suficiente. ◆ m. **2** Calificación académica que indica que no se llega al aprobado.

insufrible adj. Que no puede ser soportado o sufrido.

ínsula f. *Formal.* Isla.

insular adj./m. y f. De una isla.

insulina f. **1** Hormona producida por el páncreas y encargada de regular la cantidad de glucosa en la sangre. **2** Medicamento hecho con esta hormona.

insulso, a adj. **1** Que tiene poco o ningún sabor. **2** Que no tiene gracia o interés.

insultar tr. Ofender con palabras agresivas.

insumiso, a adj. **1** Que no obedece o no se somete. ◆ adj./m. **2** ESP Que se niega a hacer el servicio militar.

insuperable adj. **1** Que no puede ser superado o salvado. **2** Muy bueno.

insurrección f. Sublevación.

insustancial o **insubstancial** adj. **1** Insípido, soso. **2** Que no tiene importancia o interés.

intachable adj. Que es perfecto y sin tacha.

intacto, a adj. **1** Que no se ha tocado. **2** Que no ha sufrido alteración o daño.

intangible adj. Que no tiene realidad física.

integral adj. **1** Que está completo o es global. **2** Se dice del alimento que conserva todos sus componentes. ◆ f. **3** Función que se obtiene por una operación a partir de la derivada.

integrar tr. **1** Formar o componer un conjunto. **2** Incorporar totalmente a una persona en un grupo.

integrismo m. Tendencia al mantenimiento estricto de una tradición o religión.

íntegro, a adj. **1** Que está completo o tiene todas sus partes. **2** Honrado.

intelecto m. Facultad humana de comprender y razonar.

intelectual adj. **1** Relativo al intelecto. ◆ adj./m. y f. **2** Se dice de la persona que se dedica a una actividad que requiere el empleo de la inteligencia.

inteligencia f. **1** Facultad humana de comprender y razonar. **2** Habilidad o destreza para realizar cualquier cosa.

inteligible adj. Que puede ser comprendido o entendido.

intemperie f. Ambiente atmosférico considerado como las variaciones del tiempo.

intempestivo, a adj. Que se hace u ocurre fuera de tiempo.

intemporal adj. Que no depende del paso del tiempo.

intención f. Determinación o voluntad de hacer cierta cosa.

intendencia f. Control y administración de algún servicio o del abastecimiento de alguna colectividad.

intensidad f. **1** Grado de fuerza o de energía con que se manifiesta un fenómeno o se realiza una acción. **2** Fuerza o vehemencia con que se manifiestan los sentimientos.

intensificar tr./prnl. Aumentar la intensidad de algo.

intensivo, a adj. Que se hace de forma intensa, en un tiempo inferior al normal.

intenso, a adj. Que se manifiesta o se realiza con mucha fuerza o energía.

intentar tr. Hacer el esfuerzo o las acciones necesarias para realizar una cosa.

intento m. **1** Propósito o voluntad de hacer algo. **2** Acción de intentar una cosa.

intentona f. Intento temerario.

interacción f. Acción, relación o influencia recíproca entre dos o más personas o cosas.

intercalar tr. Colocar una cosa entre otras.

intercambio m. Cambio mutuo o recíproco.

interceder intr. Hablar o intervenir en favor de otra persona.

interceptar tr. **1** Detener o apoderarse de una cosa antes de que llegue a su destino. **2** Obstruir o dificultar el paso.

interdental adj./f. Se dice del sonido o fonema que se articula poniendo la lengua entre los dientes incisivos superiores e inferiores.

interdisciplinar o **interdisciplinario, a** adj. Que se compone de varias disciplinas.

interés m. **1** Provecho o bien buscado. **2** Valor que en sí tiene una cosa. **3** Atracción o inclinación hacia algo. **4** Cantidad que da un banco por tener el dinero depositado en él.

interesar tr. **1** Producir interés. **2** Ser útil o bueno. **3** Dar o hacer tomar parte en un negocio.

interfaz o **interface** f. **1** En electricidad, dispositivo que conecta dos aparatos o circuitos. **2** En electrónica e informática, dispositivo que transforma las señales generadas por un aparato en señales comprensibles por otro.

interferencia f. **1** Alteración o

perturbación. **2** Alteración en la recepción de una señal.

interferir intr./prnl. **1** Entrometerse. ◆ tr. **2** Causar interferencias.

interfijo m./adj. Infijo.

interfono m. Aparato empleado para comunicaciones internas.

ínterin m. Intervalo de tiempo entre dos acciones o etapas.

interino, a adj./s. Que desempeña un cargo o una función por cierto tiempo en sustitución de otra.

interior adj. **1** Que está o queda dentro. **2** Relativo al país del que se habla. **3** Que pertenece a los pensamientos o sentimientos íntimos. ◆ m. **4** Parte de dentro de una cosa. **5** Parte de un país o región situada en el centro.

interjección f. Palabra o expresión exclamativa que expresa un estado de ánimo o capta la atención del oyente.

interlineado m. Conjunto de espacios blancos que hay entre las líneas de un texto.

interlocutor, ra s. Persona que toma parte en una conversación.

interludio m. Obra musical corta que sirve de intermedio.

intermediario, a adj./s. Que media.

intermedio, a adj. **1** Que está entre dos o más puntos, en el espacio o en el tiempo. ◆ m. **2** Período que hay entre dos acciones o dos momentos.

interminable adj. Que no se acaba nunca o que así lo parece.

intermitente adj. **1** Que se interrumpe y prosigue cada cierto tiempo. ◆ m. **2** Dispositivo luminoso que se enciende y apaga.

internacional adj. **1** Relativo a dos o más naciones. ◆ f. **2** Organización formada por obreros durante los ss. XIX y XX.

internado m. **1** Conjunto de estudiantes internos de un centro educativo. **2** Estado y régimen de la persona interna en un centro educativo, sanitario o benéfico. **3** Edificio en el que viven personas internadas.

internar tr. **1** Meter o dejar a una persona en un lugar para que permanezca en él o para someterla a un tratamiento. **2** Trasladar o llevar al interior de un lugar.

internauta m. y f. Persona que navega por Internet.

internet f. Red mundial de comunicación compuesta por miles de redes telefónicas e informáticas conectadas entre sí.

interno, a adj. **1** Interior. ◆ adj./s. **2** Que está internado en un lugar.

interpelar tr. **1** Exigir explicaciones sobre un asunto. **2** Plantear un diputado o un senador al gobierno una discusión ajena a los proyectos de ley y a las proposiciones.

interponer tr. **1** Poner entre dos cosas, personas o grupos. **2** Hacer que una persona actúe como mediadora entre otras. **3** Presentar un recurso ante el juez.

interpretar tr. **1** Explicar el significado de algo. **2** Dar a una cosa un significado determinado. **3** Representar un papel dramático. **4** Ejecutar una pieza musical o un baile.

intérprete m. y f. **1** Persona que traduce una conversación entre personas de lenguas diferentes. **2** Persona que interpreta papeles o piezas musicales.

interrogación f. **1** Acción de interrogar. **2** Signo de ortografía que se pone al principio (¿) y al final (?) de un enunciado interrogativo.

interrogante m. o f. **1** Pregunta. ◆ m. **2** Interrogación (signo de ortografía).

interrogar tr. Hacer preguntas.

interrogatorio m. Serie de preguntas que una autoridad hace a una persona.

interrumpir tr. **1** Detener la continuidad de una cosa. **2** Cortar a una persona que está hablando, generalmente diciendo algo.

interrupción f. Detenimiento de una cosa.

interruptor m. Dispositivo para abrir o cerrar el paso de corriente eléctrica.

intersección f. **1** Encuentro de dos líneas, dos superficies o dos sólidos que se cortan. **2** En matemáticas, conjunto integrado por los elementos comunes a dos o más conjuntos.

intersticio m. Espacio pequeño entre dos cuerpos o entre dos partes de un cuerpo.

intervalo m. **1** Espacio o distancia que hay entre dos momentos o dos puntos. **2** Conjunto de valores entre dos límites determinados. **3** Distancia entre dos notas musicales.

intervenir intr. **1** Tomar parte en un asunto. ◆ tr. **2** Operar quirúrgicamente. **3** Controlar una autoridad la comunicación privada de alguien.

interviú m. o f. Entrevista.

intervocálico, a adj. Que se halla entre vocales.

intestino, a adj. **1** Se dice de la lucha que se produce en el interior del país. ◆ m. **2** Conducto membranoso del aparato digestivo que va del estómago al ano.

intimar intr. Establecer una amistad íntima.

intimidad f. **1** Amistad íntima. **2** Parcela privada de la vida de una persona. **3** Carácter íntimo. ◆ f.pl. **4** Asuntos de la vida privada de una persona.

intimidar tr. Causar miedo.

íntimo, a adj. **1** Privado, reservado o profundo. ◆ adj./s. **2** Se dice del amigo que es de mucha confianza.

intocable adj. **1** Que no puede ser tocado. **2** Que no puede ser comentado o criticado. ◆ m. y f./adj. **3** Persona de la casta más baja de la India.

intolerancia f. Falta de tolerancia.

intoxicar tr. Causar una intoxicación.

intradós m. Superficie o cara interior de un arco o una bóveda.

intranet f. Red de ordenadores de una empresa u organización conectados entre sí.

intranquilo, a adj. Agitado o nervioso.

intranscendente ➜ intrascendente.

intransigente adj. Que no tolera o acepta la opinión o deseos de otra persona.

intransitable adj. Se dice del lugar o camino por donde no se puede transitar.

intransitivo, a adj./s. Se dice del verbo u oración que no lleva complemento directo.

intrascendente o **intranscendente** adj. Que carece de gravedad o importancia.

intratable adj. Que no puede ser tratado o es muy difícil de tratar.

intrépido, a adj. Decidido y valiente.

intriga f. **1** Acción o plan secreto y astuto para conseguir un fin. **2** Curiosidad intensa por conocer una cosa. **3** Enredo o lío.

intrigar intr. **1** Actuar con astucia y en secreto para conseguir un fin. ◆ tr. **2** Excitar la curiosidad o el interés de alguien.

intrincado, a adj. **1** Complicado, confuso. **2** Se dice de la cosa de estructura lineal que presenta rodeos, torceduras o cruzamientos.

intríngulis m. **1** *Fam.* Razón oculta de algo. **2** Dificultad que tiene una cosa.

intrínseco, a adj. Propio o característico de una cosa por sí misma.

introducción f. **1** Acción y efecto de introducir. **2** Prólogo de un discurso o un escrito.

introducir tr. **1** Meter en el interior de algo o entre varias cosas. **2** Hacer que una persona entre dentro de un lugar. **3** Hacer que una persona entre a formar parte de una sociedad o comunidad. **4** Poner en uso algo nuevo o que no se conocía.

intromisión f. Intervención de una persona en asuntos ajenos.

introspección f. Examen que uno hace de sus propias ideas.

introvertido, a adj./s. Que no suele manifestar sus sentimientos y se relaciona poco con los demás.

intruso, a adj./s. Que se ha introducido en un lugar, asunto o actividad sin derecho o autorización.

intubar tr. Introducir un tubo en un conducto del organismo por razones médicas.

intuición f. **1** Habilidad para comprender algo rápidamente. **2** Percepción inmediata de una realidad o una idea.

inundar tr. **1** Cubrir el agua u otro líquido un lugar. **2** Llenar algo completamente un lugar.
inusitado, a adj. Poco frecuente.
inusual adj. Inusitado.
inútil adj. **1** Que no sirve para nada. ◆ adj./m. y f. **2** Que hace mal una cosa fácil.
invadir tr. **1** Entrar por la fuerza en un lugar para ocuparlo. **2** Llenar un lugar una cosa que resulta perjudicial o molesta.
invalidar tr. Dejar sin validez.
inválido, a adj. **1** Que no tiene validez. ◆ adj./s. **2** Que tiene una deficiencia física o psíquica.
invariable adj. Que no varía.
invasión f. Acción y efecto de invadir.
inventar tr. **1** Crear una cosa nueva. **2** Crear una historia imaginaria.
inventario m. Lista ordenada de los bienes de alguien.
inventiva f. Facilidad para inventar o crear.
invento m. **1** Acción de inventar. **2** Cosa inventada.
invernadero m. Lugar cubierto y acondicionado para el cultivo de plantas fuera de su ámbito natural.
invernal adj. Relativo al invierno.
invernar intr. Pasar el invierno en cierto lugar.
invernazo m. P RICO, R DOM Época de lluvias, que va de julio a septiembre.
inverosímil adj. Que no parece verdad.
inversión f. Acción y efecto de invertir.
inverso, a adj. Opuesto, contrario.
invertebrado, a adj./s. Se dice del animal que no tiene columna vertebral.
invertido adj./m. *Desp.* Homosexual.
invertir tr. **1** Cambiar el orden, la dirección o la posición de algo por sus opuestos. **2** Emplear dinero en una cosa para conseguir ganancias. **3** Dedicar tiempo o esfuerzo a algo.
investidura f. Acción y efecto de investir.
investigar tr. **1** Tratar de llegar a saber o conocer una cosa. **2** Estudiar una materia o ciencia para aumentar los conocimientos sobre ella.
investir tr. Conceder un cargo importante o de honor.
inveterado, a adj. Antiguo y arraigado.
inviable adj. Que no puede ser llevado a cabo.
invicto, a adj./s. Que no ha sido vencido.
invidente adj./m. y f. Se dice de la persona que está privada de la vista.
invierno m. Estación del año comprendida entre el otoño y la primavera.
inviolable adj. Que no debe o no puede ser violado.
invisible adj. Que no puede ser visto.

invitar tr. **1** Pedir a una persona que participe en un acontecimiento u otra cosa. **2** Pagar lo que otra persona consume. ◆ intr. **3** Incitar, animar.

invocar tr. **1** Apelar a un poder superior como ayuda en una mala situación. **2** Alegar algo para justificar una acción.

involución f. Retroceso en la marcha de un proceso.

involucrar tr. Mezclar a alguien en un asunto.

involuntario, a adj. Que no se hace de manera voluntaria.

inyectar tr. Introducir un gas o un líquido en el interior de un cuerpo.

ion m. Átomo o conjunto de átomos con carga eléctrica.

ionizar tr. Convertir los átomos neutros en iones.

ionosfera f. Capa de la atmósfera situada entre los 80 y los 500 km de altitud.

iota f. Letra del alfabeto griego (Ι/ι).

ípsilon f. Letra del alfabeto griego (Υ/υ).

ipso facto Inmediatamente.

ir intr. **1** Moverse de un sitio a otro. **2** Asistir a un lugar. **3** Andar, circular. **4** Funcionar o marchar. **5** Actuar o desenvolverse. **6** Convenir, combinar. **7** Importar, gustar o concernir. **8** Existir diferencia entre dos términos. **9** Extenderse desde un punto a otro. **10** En forma negativa, indica temor o extrañeza. ◆ prnl. **11** Abandonar un lugar, marcharse.

ira f. **1** Enfado muy violento. **2** *Formal.* Furia o violencia de los elementos de la naturaleza.

iracundo, a adj./s. Que siente ira con facilidad.

irascible adj. Que se enfada fácilmente.

iridio m. Elemento químico (metal) de símbolo Ir.

iris m. Disco muscular del ojo en cuyo centro está la pupila.

irisado, a adj. Que brilla con los colores del arco iris.

irlandés, sa adj./s. **1** De Irlanda o la República de Irlanda. ◆ m./adj. **2** Lengua hablada en Irlanda.

ironía f. **1** Modo de expresión que consiste en decir lo contrario de lo que se quiere dar a entender. **2** Situación o hecho inesperado, opuesto o muy diferente al que se esperaba.

irracional adj. **1** Que no es racional. **2** Se dice del número que no puede expresarse exactamente con un número entero o fraccionario.

irradiar tr. **1** Despedir o emitir un cuerpo rayos de luz, calor u otro tipo de energía. **2** Transmitir una cosa o persona su influjo o sentimientos.

irreal adj. Que no es real.

irrebatible adj. Que no se puede rebatir.

irreconocible adj. Que no se puede reconocer.

irreductible adj. Que no puede ser reducido.
irreflexivo, a adj. **1** Que se hace sin reflexionar. ◆ adj./s. **2** Que no reflexiona.
irrefrenable adj. Que no puede ser contenido o reprimido.
irrefutable adj. Que no se puede refutar.
irregular adj. **1** Que no es regular. **2** Que no se ajusta a la ley, a las reglas o a lo que se espera normalmente.
irrelevante adj. Que no es importante.
irremediable adj. Que no se puede remediar.
irremisible adj. Que no se puede perdonar.
irreparable adj. Que no se puede reparar.
irrepetible adj. Que no puede ser repetido.
irreprimible adj. Que no se puede reprimir.
irreprochable adj. Que no merece reproche.
irresistible adj. **1** Que no puede ser rechazado o evitado. **2** Que no puede ser resistido.
irresoluble adj. Que no se puede resolver.
irresponsable adj./m. y f. Que no es responsable.
irreverente adj./m. y f. Que no muestra el respeto debido.
irreversible adj. Que no puede volver a un estado o situación anterior.
irrevocable adj. Que no se puede revocar.
irrigar tr. **1** Regar. **2** Llevar la sangre a todo el cuerpo a través de los vasos sanguíneos. **3** Introducir un líquido en una cavidad.
irrisorio, a adj. Muy pequeño o insignificante.
irritar tr. **1** Causar un enfado muy grande. **2** Causar algo enrojecimiento o dolor en una parte del cuerpo.
irrompible adj. Que no se rompe o puede romper.
irrumpir intr. **1** Entrar violentamente en un lugar. **2** Aparecer con fuerza o de pronto.
isba f. Vivienda típica del norte de Europa y de Asia.
isla f. **1** Porción de tierra rodeada de agua por todas partes. **2** Zona aislada.
islam m. **1** Doctrina religiosa expuesta por Mahoma en el s. VI d.C. **2** Conjunto de los pueblos musulmanes.
islamismo m. Islam (doctrina religiosa).
islandés, sa adj./s. **1** De Islandia. ◆ m./adj. **2** Lengua de Islandia.
isleño, a adj./s. Insular.
isleta f. Espacio señalado en una calzada que separa los vehículos que van en diferentes direcciones.
islote m. Isla pequeña y desierta.
isobara o **isóbara** f./adj. Línea imaginaria que une puntos que pre-

sentan la misma presión atmosférica.

isómero, a adj. Se dice del compuesto químico que tiene la misma composición que otro, pero distintas propiedades.

isósceles adj. Se dice del triángulo con solo dos lados iguales.

isotérmico, a adj. Que mantiene una temperatura constante.

isótopo o **isotopo** m. Átomo que tiene el mismo número atómico que otro pero distinto número de masa atómica.

isquion m. Hueso que forma la parte inferior de la cadera.

israelí o **israelita** adj./m. y f. De Israel.

israelita adj. **1** Relativo a un antiguo pueblo semítico que en el s. XIII a. C. emigró a las tierras de Canaán. ◆ m. y f./adj. **2** Persona de este pueblo. ◆ adj. **3** Relativo al judaísmo. ◆ adj./m. y f. **4** Que practica el judaísmo. **5** Israelí.

istmo m. Franja estrecha de tierra que une dos continentes o una península y un continente.

italiano, a adj. y s. **1** De Italia. ◆ m./adj. **2** Lengua hablada en Italia, San Marino, Mónaco y parte de Suiza.

itálica adj./f. Se dice del tipo de letra de imprenta de trazo inclinado.

itálico, a adj./s. **1** De los pueblos que habitaban la Italia antigua. ◆ adj. **2** *Formal.* Italiano.

ítem m. Unidad de un conjunto.

iterativo, a adj. **1** Que se repite. ◆ adj./m. **2** Se dice de la palabra que denota una acción que se repite.

itinerario m. **1** Camino previsto de un recorrido o viaje. **2** Descripción de las características principales de este camino.

itrio m. Elemento químico (metal) de símbolo Y.

izar tr. Subir una bandera o la vela de una embarcación a lo largo del palo.

izquierda f. **1** Lado izquierdo. **2** Conjunto de los representantes de los partidos progresistas en las asambleas parlamentarias.

izquierdismo m. Tendencia política de la izquierda.

izquierdo, a adj. **1** Se dice de la parte del cuerpo que está situada en el lado que ocupa el corazón en el ser humano. **2** Que está situado, en relación con la posición de una persona, en el mismo lado en el que esta tiene el corazón. **3** Se dice del lugar u objeto que está situado en el mismo lado que correspondería al del corazón de una persona. ◆ adj./f. **4** Se dice de la mano situada en el lado que ocupa el corazón en el ser humano.

J-K

j f. Décima letra del alfabeto español.

jabalí, ina s. Mamífero parecido al cerdo, con dos colmillos curvos que le sobresalen de la boca.

jabalina f. **1** Antigua arma similar a la lanza. **2** Vara para lanzamientos empleada en atletismo.

jabato, a s. Cría del jabalí.

jabón m. Sustancia que se mezcla con agua para limpiar.

jaca f. Hembra del caballo.

jácara f. Romance alegre, escrito con jerga de delincuentes.

jachalí m. AMÉR Árbol de fruto aromático y madera muy apreciada en ebanistería.

jacinto m. **1** Planta bulbosa de jardín. **2** Flor de esta planta, olorosa y de forma acampanada.

jacobeo, a adj. Relativo al apóstol Santiago.

jacobino, a adj. **1** Relativo a la doctrina política más radical surgida durante la Revolución francesa. ◆ adj./s. **2** Partidario de esta doctrina.

jactarse prnl. Presumir en exceso de algo propio.

jacuzzi o **yacuzzi** m. Piscina o bañera dotada de un sistema que masajea con agua en movimiento.

jade m. Piedra semipreciosa muy dura, de aspecto jabonoso, usada en joyería.

jadear intr. Respirar con dificultad y entrecortadamente.

jaguar m. Félido de color amarillo con pequeñas manchas oscuras.

jaiba f. CH, CUBA, MÉX, P RICO, R DOM Crustáceo que se consume como marisco.

jalar tr. **1** Tirar de un cabo, una lona o un remo. ◆ intr. **2** *Fam.* AMÉR Irse de un lugar. **3** *Fam.* AMÉR Correr o andar muy deprisa. **4** *Fam.* ESP Comer. ◆ prnl. **5** AMÉR Emborracharse.

jalea f. Conserva transparente y dulce que se hace con gelatina, azúcar y zumo de frutas.

jalear tr. Animar con voces o palmadas.

jaleo m. Ruido, alboroto.

jalón m. **1** Palo que se clava en la tierra para determinar puntos fijos. **2** Acontecimiento muy importante y significativo. **3** *Fam.* AMÉR Tirón (acción de tirar). **4** AMÉR CENTRAL Trago largo de una bebida alcohólica. **5** AMÉR CENTRAL, COL, VENEZ Distancia entre dos lugares. **6** MÉX Calada (bocanada de humo).

jamaicano, a adj./s. De Jamaica.

jamás adv. **1** Nunca. **2** Se usa después de **nunca** o de **siempre** para reforzar el sentido de estas palabras.

jamba f. Pieza que sostiene un arco o dintel.

jamelgo m. *Fam. y desp.* Caballo flaco y desgarbado.

jamón m. **1** Pata trasera del cerdo. **2** Carne de la pata trasera del cerdo curada con sal.

jansenismo m. Doctrina religiosa del teólogo Cornelio Jansen.

japonés, sa adj./s. **1** De Japón. ◆ m./adj. **2** Lengua hablada en Japón.

jaque m. Jugada del ajedrez en la que el rey o la reina está amenazado.

jaqueca f. Dolor de cabeza muy fuerte.

jarabe m. **1** Medicina líquida. **2** Bebida hecha con agua hervida, azúcar y algún jugo. **3** MÉX Baile popular similar al zapateado.

jarana f. **1** *Fam.* Juerga. **2** *Fam.* Pelea, riña.

jarcha f. Estrofa final que constituía el estribillo de algunos romances mozárabes.

jarcia f. Conjunto de los aparejos y cabos de una embarcación.

jardín m. Terreno con plantas y flores ornamentales.

jardinera f. Recipiente en el que se siembran plantas o se colocan macetas.

jardinero, a s. Persona que cuida un jardín.

jarra f. Recipiente para contener líquidos de boca ancha y con una o dos asas.

jarro m. Jarra de una sola asa.

jarrón m. Vasija de adorno.

jaspe m. Piedra de colores vivos que se usa como piedra preciosa.

jauja f. Lugar o situación de prosperidad y abundancia.

jaula f. **1** Caja hecha con barrotes para encerrar animales. **2** *Fam.* Cárcel.

jauría f. Conjunto de perros de caza.

jazmín m. **1** Arbusto de tallos trepadores y muy flexibles con flores muy olorosas. **2** Flor de este arbusto, pequeña, blanca o amarilla y muy olorosa.

jazz m. Estilo musical nacido en las comunidades negras de Estados Unidos.

jeans m.pl. Pantalones vaqueros.

jefe, a s. **1** Persona que tiene a otras a sus órdenes. **2** Líder de un grupo. **3** Militar con categoría inmediatamente superior a la de los oficiales.

jengibre m. **1** Planta herbácea de tallo subterráneo carnoso, oloroso y picante. **2** Sustancia picante que se saca de esa planta.

jeque m. Jefe de un territorio en algunos países musulmanes.

jerarquía f. **1** Organización o clasificación de categorías o poderes. **2** Grupo de personas que ocupan el mismo rango en una organización.

jerez m. Vino blanco muy seco y de alta graduación.

jerga f. **1** Lengua que utilizan las personas de un mismo oficio o grupo social. **2** Jerigonza.

jergón m. Colchón de paja, hierba u otros materiales.

jerigonza f. Lenguaje difícil de entender.

jeringa f. Instrumento que consiste en un tubo hueco con un émbolo y sirve para expulsar o aspirar líquidos.

jeringuilla f. Jeringa pequeña que se usa para poner inyecciones.

jeroglífico, a adj. **1** Se dice de la escritura que emplea signos que representan seres y objetos. ◆ m. **2** Cosa, especialmente figura o texto, difícil de entender.

jerónimo, a adj./s. Se dice del religioso de una orden surgida en los ss. IV-V, basada en la doctrina de San Jerónimo.

jersey m. Suéter.

jesuita adj./m. Se dice del religioso que pertenece a la Compañía de Jesús.

jeta f. **1** *Fam.* Cara de una persona. **2** Hocico del cerdo. **3** *Fam.* Desfachatez, descaro. ◆ adj./m. y f. **4** *Fam.* ESP Caradura.

ji f. Letra del alfabeto griego (Χ/χ).

jíbaro, a adj./s. **1** De un pueblo indígena que habita en Ecuador. **2** AMÉR Campesino, rústico.

jibia f. Sepia.

jícara f. **1** Taza pequeña para tomar chocolate. **2** AMÉR Vasija hecha con la corteza de cierto fruto tropical.

jienense o **jiennense** adj./m. y f. De Jaén.

jijona m. Turrón blando fabricado con almendra molida.

jilguero m. Pájaro de color marrón, negro, amarillo y con una mancha roja en la cara.

jineta f. **1** Mamífero carnívoro de cuerpo alargado y pelo marrón con bandas negras. **2** AMÉR Mujer que monta a caballo.

jinete m. Hombre que monta a caballo.

jinetear tr. **1** AMÉR Domar un caballo. **2** MÉX Andar a caballo alardeando de elegancia y destreza. **3** MÉX Tardar en pagar un dinero para sacar rendimiento. ◆ intr. **4** CUBA Ejercer la prostitución con extranjeros.

jirafa f. Mamífero rumiante muy alto, de cabeza pequeña con dos cuernos y cuello muy largo.

jirón m. Trozo desgarrado de una tela.

jo interj. *Fam.* ESP Expresión de sorpresa, admiración o fastidio.

jockey m. Persona que monta profesionalmente caballos de carreras.

jocoso, a adj. Gracioso y divertido.

joder intr. **1** *Vulg.* ESP Realizar el acto sexual. ◆ tr./intr. **2** *Vulg.* Molestar. ◆ tr. **3** *Vulg.* Estropear una cosa. ◆ interj. **4** *Vulg.* Expresión de sorpresa, admiración o fastidio.

jofaina f. Recipiente circular, ancho y poco profundo, usado para lavarse.

jogging m. Ejercicio físico consistente en correr a poca velocidad.

jolgorio m. Diversión muy animada.

jolín o **jolines** interj. ESP Expresión de sorpresa, admiración o fastidio.

jondo adj. Se dice de un tipo de cante que tiene tono de queja.

jónico, a adj. **1** Se dice del orden arquitectónico en el que se adorna la parte superior de las columnas con volutas. ◆ adj./s. **2** De Jonia (región de la antigua Grecia).

jonio, a adj./s. Jónico (de Jonia).

¡jopé! o **¡jope!** interj. *Fam.* ESP Expresión de enfado o sorpresa.

jornada f. **1** Día. **2** Duración del trabajo diario de los asalariados. **3** Distancia que se recorre en un día de viaje.

jornal m. Cantidad de dinero que se paga por cada día de trabajo.

jornalero, a s. Persona que trabaja a jornal.

joroba f. **1** Bulto dorsal de ciertos animales, formado por acumulación de grasa. **2** Deformación anómala de la espalda.

jorobar tr. **1** *Fam.* Molestar o fastidiar. **2** *Fam.* Estropear una cosa.

josefino, a adj./s. De San José (Costa Rica).

jota f. **1** Nombre de la letra j. **2** Baile y canción popular de origen aragonés.

joule o **julio** m. Unidad de trabajo y energía del Sistema Internacional, de símbolo J.

joven adj./m. y f. **1** Se dice de la persona que está entre la adolescencia y la edad adulta. ◆ adj. **2** Relativo a la juventud. **3** Que está en las primeras etapas de su desarrollo.

jovial adj. Alegre, divertido.

joya f. **1** Adorno de metal noble, que puede llevar piedras preciosas. **2** Persona o cosa de gran valía.

joyero, a s. **1** Persona que fabrica o vende joyas. ◆ m. **2** Caja para guardar joyas.

juanete m. Hueso sobresaliente en el dedo gordo del pie.

jubilar tr. **1** Retirar a una persona de su trabajo por tener una edad determinada o por enfermedad. **2** *Fam.* Dejar de usar una cosa por vieja o inútil.

jubileo m. En la religión católica, indulgencia plenaria concedida por el Papa.

júbilo m. Alegría grande.

jubón m. Antigua prenda de vestir que cubría desde los hombros hasta la cintura.

judaísmo m. Religión de los judíos.
judas m. Traidor.
judeoespañol, la adj./s. De la comunidad de judíos expulsada de España en 1492 o sus descendientes.
judería f. En la Edad Media, barrio habitado por judíos.
judía f. **1** ESP Planta leguminosa de hojas grandes, flores blancas o amarillas y fruto en vaina. **2** ESP Fruto comestible de esta planta, con forma de vaina alargada. **3** ESP Semilla comestible contenida en esta vaina, de forma arriñonada.
judicial adj. Relativo al juicio o a la administración de justicia.
judío, a adj./s. **1** Del pueblo descendiente de los hebreos y los israelitas. ◆ adj. **2** Relativo al judaísmo. ◆ adj./s. **3** Que practica el judaísmo. **4** De Judea.
judo o **yudo** m. Deporte de origen japonés que consiste en luchar cuerpo a cuerpo dos personas.
juego m. **1** Acción de jugar. **2** Actividad recreativa sujeta a unas reglas preestablecidas. **3** Práctica de actividades recreativas en las que se apuesta dinero. **4** Conjunto de cartas que se reparten a cada jugador. **5** Actuación de un equipo en una competición deportiva. **6** Conjunto de cosas que sirven para un mismo fin. **7** Intriga o actividad que persigue un fin. ◆ m.pl. **8** Conjunto de competiciones deportivas.
juerga f. Fiesta o diversión muy animada y ruidosa.
jueves m. Cuarto día de la semana.
juez, za s. **1** Persona que tiene autoridad para juzgar y sentenciar en un tribunal. **2** Persona que tiene autoridad para juzgar algo.
jugada f. **1** Intervención de un jugador en un juego. **2** *Fam.* Mala pasada.
jugar intr. **1** Realizar una actividad para divertirse. **2** Utilizar una cosa como juguete. **3** Participar en un juego o sorteo con reglas. **4** Intervenir en un juego cuando llega el turno. **5** Tomar parte en un asunto o negocio. **6** Utilizar a una persona para un fin. ◆ tr. **7** Llevar a cabo una partida o juego. ◆ tr./prnl. **8** Apostar. ◆ prnl. **9** Arriesgar una cosa.
jugarreta f. Faena, mala pasada.
juglar m. **1** Artista medieval itinerante que recitaba o cantaba composiciones de los trovadores. **2** Artista medieval que cantaba, bailaba y hacía acrobacias.
jugo m. **1** Líquido que se extrae de sustancias animales y vegetales. **2** Utilidad o provecho que se saca de una cosa.
juguete m. Objeto que sirve a los niños para jugar.
juicio m. **1** Proceso legal por el que se tramita un pleito ante un juez o tribunal. **2** Facultad de juzgar algo para distinguir lo positivo

de lo negativo. **3** Opinión razonada sobre alguien o algo. **4** Sensatez en la manera de actuar.

julio m. **1** Séptimo mes del año. **2** Joule.

jumento, a s. Asno, burro.

junco m. **1** Planta herbácea de tallo recto, largo y flexible, que crece en sitios húmedos. **2** Tallo de esta planta. **3** Embarcación ligera de vela usada en Oriente.

jungla f. Bosque tropical de vegetación espesa y exuberante y fauna muy variada.

junio m. Sexto mes del año.

júnior adj. **1** Se aplica a una persona más joven que otra de la misma familia que tiene el mismo nombre. ◆ adj./m. y f. **2** Se dice del deportista entre los 18 y 21 años.

junta f. **1** Reunión de personas en la que se tratan diferentes asuntos. **2** Conjunto de personas que dirigen y gobiernan a una colectividad. **3** Juntura.

juntar tr. **1** Reunir o formar un grupo de cosas o personas. **2** Acercar una cosa a otra. ◆ prnl. **3** Acercarse, aproximarse personas o cosas o pasar de no estar juntas a estarlo.

junto, a adj. **1** Que está cercano o muy unido. **2** Acompañado, uno con otro. ◆ adv. **3** Al lado del lugar que se expresa. **4** Al mismo tiempo o a la vez.

juntura f. **1** Parte por donde se unen dos o más cosas. **2** Pieza de goma que se coloca en la unión de dos tubos o partes de un aparato para asegurar su unión.

jura f. **1** Juramento. **2** Hecho y ceremonia en la que una persona se compromete a cumplir un cargo o servicio.

jurado, a adj. **1** Que ha prestado juramento. **2** Se dice de la declaración que se hace bajo juramento. ◆ m. **3** Tribunal que tiene la función de juzgar.

juramento m. Acto y expresión con los que una persona jura.

jurar tr. Afirmar o negar una cosa poniendo por testigo a Dios o a personas o cosas muy respetadas.

jurásico, a adj./m. **1** Se dice del período geológico que es el segundo de la era mesozoica o secundaria. ◆ adj. **2** Relativo a este período.

jurel m. Pez marino comestible, de cuerpo carnoso, de color azul en la parte superior.

jurídico, a adj. Relativo al derecho o a sus leyes.

jurisconsulto, a s. Persona especializada en la ciencia del derecho.

jurisdicción f. **1** Autoridad para gobernar y ejecutar las leyes. **2** Territorio en el que se ejerce esta autoridad.

jurisprudencia f. **1** Ciencia del derecho. **2** Conjunto de juicios que señalan los principios que se siguen en materia de derecho.

jurista m. y f. Profesional del derecho.

justa f. En la Edad Media, combate a caballo y con lanza.

justamente adv. **1** De manera justa. **2** Exactamente. **3** Precisamente.

justicia f. **1** Cualidad o virtud de proceder o juzgar respetando la verdad y de poner en práctica el derecho que asiste a toda persona a que se respeten sus derechos. **2** Aplicación de un castigo o pena tras un juicio. **3** Organismo oficial que aplica las leyes.

justificar tr. **1** Hacer que una cosa resulte aceptable. **2** Demostrar una cosa. **3** Igualar la longitud de las líneas de un texto impreso.

justo, a adj./s. **1** Que actúa con objetividad y justicia. **2** Que vive según la ley de Dios. ◆ adj. **3** Que respeta la ley. **4** Exacto. **5** Que está apretado o ajustado. ◆ adv. **6** Exactamente. **7** Precisamente, en el momento que se expresa.

juvenil adj. **1** Relativo a la juventud. ◆ adj./m. y f. **2** Se dice del deportista de entre 15 y 18 años de edad.

juventud f. **1** Período de la vida entre la adolescencia y la edad madura. **2** Conjunto de personas jóvenes.

juzgado m. **1** Lugar donde se juzga o se celebran juicios. **2** Conjunto de jueces que forman la administración de justicia. **3** Territorio que es jurisdicción de un juez.

juzgar tr. **1** Deliberar y sentenciar una causa el que tiene autoridad para ello. **2** Determinar el valor positivo o negativo de alguien o algo. **3** Interpretar o entender.

k f. **1** Undécima letra del alfabeto español. ◆ m. **2** Abreviatura de **kilobyte**.

ka f. Nombre de la letra **k**.

káiser m. Nombre de los emperadores del II Reich.

kamikaze o **camicace** m. **1** Piloto suicida japonés de la Segunda Guerra Mundial. ◆ m. y f. **2** Persona temeraria.

kappa o **cappa** f. Letra del alfabeto griego (Κ/κ).

karaoke m. Aparato audiovisual que reproduce la música de una canción y, a la vez, la letra escrita de esta, para que sea cantada.

kárate o **karate** m. Arte marcial que consiste en derribar al contrario mediante golpes secos.

karma m. En el budismo y el hinduismo, ley que rige las sucesivas reencarnaciones de una persona.

karst m. Carst.

katiuska f. Catiusca.

kayak o **kayac** m. Embarcación parecida a una canoa.

kéfir m. **1** Leche fermentada artificialmente, de fuerte sabor agridulce. **2** Hongo que fermenta esta leche.

kelvin o **kelvinio** m. Unidad de temperatura del Sistema Internacional, de símbolo K.

keniano, a adj./s. De Kenia.

keniata adj./m. y f. Keniano.

keroseno m. Queroseno.

kétchup o **ketchup** m. Salsa de tomate y otros condimentos.

kiko o **quico** m. ESP Grano de maíz tostado y salado.

kilo o **quilo** m. **1** Kilogramo. **2** *Fam.* ESP Millón de pesetas. **3** *Fam.* CUBA Moneda de un centavo cubana. **4** *Fam.* URUG Gran cantidad de cosas.

kilogramo o **quilogramo** m. Unidad de masa del Sistema Internacional, de símbolo kg.

kilómetro o **quilómetro** m. Medida de longitud, de símbolo km, igual a 1 000 metros.

kilopondio m. Unidad de fuerza, de símbolo kp.

kilovatio o **kilowatt** m. Medida de potencia, de símbolo kw.

kimono o **quimono** m. Prenda de vestir japonesa, amplia, que llega hasta los pies y ceñida a la cintura.

kiosco o **kiosko** m. Quiosco.

kirie o **quirie** m. Invocación que el sacerdote pronuncia al principio de la misa.

kirsch m. Aguardiente de cerezas.

kit m. **1** Conjunto de las piezas de un objeto que se montan con facilidad. **2** Conjunto de objetos para un mismo uso.

kiwi o **quivi** m. **1** Arbusto trepador de flores blancas o amarillas, cuyo fruto es comestible. **2** Fruto de este arbusto, de piel marrón cubierta de pelillos y con el interior verde o amarillo. **3** Ave no voladora, de plumas parduscas, patas gruesas y pico largo.

koala m. Mamífero marsupial parecido a un oso pequeño, con el pelo gris.

koljós o **koljoz** m. Granja colectiva del régimen soviético.

krausismo m. Movimiento filosófico basado en el pensamiento de Friedrich Krause.

kril o **krill** m. Conjunto de varias especies de pequeños crustáceos marinos.

kriptón o **criptón** m. Elemento químico (gas noble) de símbolo Kr.

kung-fu o **kungfú** m. Técnica de lucha basada en los golpes con manos y pies y en la concentración mental.

kurdo, a o **curdo, a** adj./s. **1** Del Kurdistán. ◆ m./adj. **2** Lengua hablada en esta región.

L

l f. **1** Duodécima letra del alfabeto español. **2** En la numeración romana, cincuenta.

la det. **1** Forma femenina singular del artículo determinado; véase **el, la**. ◆ pron. **2** Forma femenina singular del pronombre de tercera persona en función de complemento directo; véase **lo**. ◆ m. **3** Sexta nota de la escala musical.

laberinto m. **1** Lugar formado de caminos entrecruzados en el que es difícil encontrar la salida. **2** Cosa confusa o muy complicada.

labia f. Facilidad de palabra y gracia al hablar.

labiado, a adj. **1** Se dice de la flor con pétalos unidos en forma de labios. ◆ adj./f. **2** Se dice de la planta con flores de este tipo.

labial adj. **1** Relativo a los labios. ◆ adj./f. **2** Se dice del sonido consonántico articulado con los labios.

labio m. **1** Cada una de las dos partes externas, carnosas y movibles de la boca. **2** Borde exterior de algunas cosas.

labiodental adj./f. Se dice del sonido articulado con los dientes superiores y el labio inferior.

labor f. **1** Trabajo o actividad. **2** Operación agrícola. **3** Trabajo de costura, bordado, etc.

laborable adj. **1** Se dice del día en que se trabaja. **2** Que se puede trabajar o laborar.

laboral adj. Relativo al trabajo o a los trabajadores.

laboratorio m. Lugar equipado para realizar investigaciones, experimentos científicos o trabajos técnicos.

laborioso, a adj. **1** Que trabaja mucho. **2** Se dice del trabajo que exige mucha dedicación.

laborismo m. En Gran Bretaña, movimiento reformista y moderado del Partido Laborista.

labrador, ra adj./s. Que labra o cultiva la tierra.

labranza f. Cultivo de los campos.

labrar tr. **1** Cultivar la tierra. **2** Preparar la tierra para el cultivo. **3** Trabajar un material para elaborar un producto o hacer adornos en relieve. **4** Trabajar para conseguir una cosa.

labriego, a s. Persona que cultiva los campos y vive en el medio rural.

laca f. **1** Spray para fijar el cabello. **2** Sustancia resinosa vegetal que se utiliza en la fabricación de barnices. **3** Barniz hecho con esta resina o con productos sintéticos.

lacayo m. **1** Criado vestido con librea. **2** *Desp.* Persona aduladora y servil. ◆ adj. **3** AMÉR Se dice de la persona servil a la que le gusta hacerse ver junto a una persona importante.

lacerante adj. **1** Que provoca una ofensa u otro daño moral. **2** Se dice del dolor agudo o intenso.

lacio, a adj. **1** Se dice del cabello liso. **2** Marchito, ajado. **3** Que no tiene fuerza.

lacón m. Pata delantera del cerdo curada y salada.

lacónico, a adj. Conciso, breve.

lacra f. **1** Huella que deja una enfermedad o un daño físico. **2** Defecto o vicio.

lacrar tr. Sellar con lacre.

lacre m. **1** Pasta de color rojo que, derretida, se utiliza para cerrar y sellar una carta. ◆ adj. **2** AMÉR De color rojo oscuro.

lacrimal adj. **1** Relativo a las lágrimas. ◆ m. **2** Ángulo del ojo próximo a la nariz.

lacrimógeno, a adj. Que produce lágrimas.

lactancia f. **1** Alimentación a base de leche materna. **2** Período inicial de la vida de un mamfero durante el cual se alimenta así.

lácteo, a adj. Relativo a la leche o parecido a ella.

lactosa f. Glúcido presente en la leche de los mamíferos.

lacustre adj. Relativo a los lagos.

ladear tr. **1** Torcer hacia un lado. **2** Desviar hacia un lado.

ladera f. Declive lateral de un monte.

ladilla f. Insecto pequeño que parasita en el vello de los genitales humanos.

ladino, a adj. **1** Que actúa con astucia y disimulo. ◆ m./adj. **2** Variedad del español de los judeoespañoles. ◆ adj./s. **3** AMÉR CENTRAL Mestizo que solamente habla castellano. ◆ adj. **4** AMÉR CENTRAL, MÉX Mestizo.

lado m. **1** Parte izquierda o derecha de alguien o algo. **2** Parte izquierda o derecha de un cuerpo u objeto. **3** Parte de un espacio próxima a los bordes. **4** Cara o superficie de un objeto. **5** Lugar o sitio inconcreto en un espacio. **6** Aspecto de un asunto al que se hace referencia en oposición a otro. **7** Segmento que limita un polígono.

ladrar intr. Dar ladridos.

ladrido m. **1** Voz del perro. **2** *Fam.* Grito o expresión desagradable.

ladrillo m. **1** Pieza de arcilla cocida, generalmente rectangular, que se usa en la construcción. ◆ adj./m. **2** *Fam.* Cosa pesada y aburrida.

ladrón, na adj./s. **1** Que roba. ◆ m. **2** Pieza para conectar varios aparatos a la vez en un mismo enchufe.

lagar m. Lugar donde se pisa, prensa o tritura la uva, la aceituna o la manzana.

lagartija f. Reptil terrestre pequeño, de color verde o pardo.

lagarto, a s. **1** Reptil saurio terrestre, de cuerpo fuerte y alargado, con cuatro patas cortas, cola larga y piel recubierta de escamas. ◆ adj./s. **2** *Fam. y desp.* ESP, MÉX Pícaro, astuto. ◆ interj. **3** Expresión para ahuyentar la mala suerte.

lago m. Masa grande de agua, generalmente dulce, depositada en una depresión del terreno.

lágrima f. Cada una de las gotas vertidas por las glándulas lagrimales.

lagrimal adj. **1** Se dice del órgano que segrega lágrimas. ◆ m. **2** Lacrimal.

laguna f. **1** Lago de poca extensión y profundidad. **2** En un escrito o exposición, parte que falta o que se omite. **3** Vacío, cosa que se desconoce o que se ha olvidado.

laico, a adj./s. **1** Se dice del cristiano que no pertenece al clero. **2** Que no está relacionado con la religión.

laísmo m. Uso incorrecto de las formas la y las del pronombre personal, en lugar de le y les.

laja f. Piedra grande y plana.

lama f. **1** Sacerdote budista del Tíbet. **2** Cieno blando que hay en fondos acuáticos. **3** Tira de materia dura que, con otras, se utiliza para dejar pasar más o menos luz o aire. **4** AMÉR Musgo. **5** AMÉR Moho, cardenillo.

lambda f. Letra del alfabeto griego (Λ/λ).

lambiscón, na adj./s. **1** *Fam.* AMÉR CENTRAL Adulador. **2** HOND, MÉX Soplón.

lamelibranquio adj./m. Se dice del molusco cuya concha tiene dos valvas simétricas.

lamentar tr. **1** Sentir pena o disgusto por algo. ◆ intr./prnl. **2** Quejarse.

lamer tr. Pasar la lengua por una cosa.

lametón m. Roce de la lengua al lamer.

lámina f. **1** Pieza plana y delgada de cualquier materia. **2** Imagen o figura impresa en un papel. **3** Parte ancha de las hojas de las plantas.

lampa f. **1** ARG, BOL Pala o azada. **2** C RICA, CH, ECUAD, PERÚ Azada.

lámpara f. **1** Utensilio que produce luz. **2** Bombilla o foco eléctrico. **3** Lamparón.

lamparón m. Mancha en la ropa.

lampazo m. Planta de flores de color púrpura o rosa, con el cáliz espinoso.

lampiño, a adj. **1** Que no tiene barba o que todavía no le ha salido. **2** Que tiene poco pelo o vello.

lamprea f. Pez de cuerpo en forma de serpiente y con la boca sin mandíbulas.

lana f. **1** Pelo de las ovejas o de otros animales que lo tienen parecido. **2** Hilo y tela elaborados con este pelo.

lanar adj./m. Se dice del ganado que tiene lana.

lance m. **1** Suceso real o imaginario. **2** Momento o situación crítica. **3** Enfrentamiento, riña. **4** En cualquier juego, jugada destacada. **5** Acción de lanzar.

lancero m. Soldado armado con una lanza.

lancha f. **1** Embarcación pequeña sin mástil ni velas. **2** Embarcación auxiliar que va a bordo de un buque. **3** Barca grande de vela y remo usada en servicios auxiliares. **4** Laja.

landa f. Formación vegetal formada por una capa baja y densa de arbustos.

langosta f. **1** Crustáceo marino de cuerpo cilíndrico, cola gruesa y dos pares de antenas. **2** Insecto saltador que se reproduce con gran rapidez.

langostino m. Crustáceo similar a la gamba, pero más grande.

lánguido, a adj. **1** Que no tiene fuerza. **2** Que muestra poco ánimo, decaído.

lanolina f. Sustancia grasa obtenida de la lana.

lantánido adj./m. Se dice del elemento químico cuyo número atómico está comprendido entre el 57 y el 71.

lanza f. **1** Arma compuesta por un palo largo y un hierro puntiagudo y cortante en el extremo. **2** Vara de un carruaje a la que van sujetos los animales de tiro.

lanzadera f. **1** Pieza del telar que lleva un carrete de hilo en su interior. **2** Vehículo que transporta un misil o un satélite al espacio.

lanzado, a adj. **1** *Fam.* Decidido, que se atreve a todo. **2** Muy rápido.

lanzamiento m. Acción y efecto de lanzar.

lanzar tr. **1** Impulsar con fuerza a una cosa para enviarla o proyectarla en una dirección. **2** Emitir sonidos o palabras, generalmente con violencia o súbitamente. **3** Dar a conocer un producto mediante una campaña publicitaria. **4** Hacer pública una cosa. ◆ **prnl. 5** Dirigirse o precipitarse con rapidez o violencia contra alguien o algo. **6** Decidirse a emprender una acción o actividad con energía.

lapa f. **1** Molusco marino con una concha en forma de cono, que vive adherido a las rocas. **2** Persona muy insistente y pesada.

lapicero m. ESP Lápiz.

lápida f. Losa con una inscripción conmemorativa.

lapidar tr. **1** Matar a pedradas. **2** Apedrear.

lapidario, a adj. **1** Relativo a las lápidas. **2** Se dice de la expresión o el escrito que es digno de ser esculpido en una lápida. **3** Relativo a las piedras preciosas.

lapislázuli m. Mineral de color azul intenso y duro como el acero.

lápiz m. **1** Instrumento para escribir o dibujar, que puede ser una mina de grafito embutida en un cilindro de madera, o bien un tubo que hace de soporte de una mina. **2** Barrita para maquillar los ojos o los labios.

lapón, na adj./s. **1** De Laponia. ◆ m./adj. **2** Lengua hablada en Laponia.

lapso m. **1** Período de tiempo. **2** Lapsus.

lapsus m. Error que se comete sin querer.

lar m. **1** En la antigua Roma, divinidad protectora de la casa.

largar tr. **1** Soltar, dejar libre. **2** En actividades marineras, echar o soltar poco a poco una cuerda o un cable. **3** Desplegar. **4** *Fam.* Echar a una persona de un lugar o de un empleo. **5** Hablar o confesar una cosa. ◆ prnl. **6** *Fam.* Irse, marcharse.

largo, a adj. **1** Que tiene más longitud o extensión en una de las direcciones del plano. **2** Que tiene una longitud o duración superior a la que se considera normal. **3** Se dice del tiempo o la medida que pasa de lo justo. **4** Se dice del tiempo o el período que es muy grande o dilatado. ◆ m. **5** Pieza o fragmento musical que se interpreta con un tempo muy lento.

largometraje m. Película cinematográfica de más de 60 minutos.

larguero m. **1** En algunos deportes, palo superior y horizontal de la portería. **2** Palo que se pone a lo largo de un mueble o de otra obra de carpintería.

larguirucho, a adj./s. *Fam. y desp.* Se dice de la persona alta, delgada y desgarbada.

laringe f. Órgano del aparato respiratorio, situado en la parte superior de la tráquea.

laringitis f. Inflamación de la laringe.

larva f. En un proceso de metamorfosis, estado posterior a la salida del huevo y anterior al estado adulto.

larvado, a adj. **1** Se dice del fenómeno que no se manifiesta abierta y claramente. **2** Se dice de la enfermedad cuyos síntomas ocultan su verdadera naturaleza.

las det. **1** Forma femenina plural del artículo determinado; véase **el, la.** ◆ pron. **2** Forma femenina plural del pronombre de tercera persona en función de complemento directo; véase **lo.**

lasaña f. Plato de origen italiano, formado por capas de pasta cuadrada y carne picada.

lasca f. Fragmento plano y delgado desprendido de una piedra.

lascivia f. Inclinación exagerada al placer sexual.

láser m. **1** Aparato electrónico que produce haces de luz intensa de un solo color y gran energía por emisión de radiación. ◆ adj./m. **2** Se dice del rayo de luz generado o producido por este aparato.

lasitud f. Estado de gran debilidad y cansancio.

lástima f. **1** Sentimiento de pena o dolor por alguien o por algo. ◆ interj. **2** Exclamación de pesar ante algo que no sucede como se esperaba.

lastimar tr. **1** Herir o hacer daño. **2** Ofender.

lastre m. **1** Peso que se pone en una embarcación para darle estabilidad. **2** Inconveniente, impedimento.

lata f. **1** Hojalata. **2** Recipiente hecho de este material. **3** Cosa que cansa o molesta.

latente adj. Que existe sin manifestarse exteriormente.

lateral adj. **1** Que está situado en un lado. **2** Que no es principal. ◆ adj./f. **3** Se dice del sonido y el fonema consonánticos en cuya articulación el aire sale por ambos lados de la lengua.

látex m. Jugo vegetal que se emplea en la fabricación de gomas y resinas.

latido m. **1** Cada uno de los movimientos rítmicos que hace el corazón al contraerse y dilatarse. **2** Sensación intermitente y punzante de dolor.

latifundio m. Propiedad agraria de gran extensión que pertenece a una sola persona.

látigo m. Instrumento que consiste en un mango del que sale una cuerda o correa larga y flexible.

latiguillo m. Palabra o expresión que una persona repite constantemente.

latín m. Lengua antigua hablada por todo el Imperio romano.

latinismo m. Palabra o expresión latina que se usa en otra lengua.

latino, a adj. **1** Relativo al latín. **2** Se dice de la persona o pueblo cuya lengua y cultura derivan del latín. **3** Se dice de la Iglesia romana. ◆ adj./s. **4** De la región italiana del Lacio. ◆ adj. **5** Se dice de una vela de forma triangular.

latinoamericano, a adj./s. De Latinoamérica.

latir intr. Dar latidos el corazón o las arterias.

latitud f. **1** Distancia angular que hay desde un punto de la superficie de la Tierra hasta el paralelo del ecuador. ◆ f.pl. **2** *Fam.* Lugar desacostumbrado o alejado.

latón m. Aleación de cobre y cinc.

latrocinio m. Hurto o robo, especialmente el que se comete contra bienes públicos.

laúd m. Instrumento musical de cuerda antiguo con una caja de resonancia ovalada y seis pares de cuerdas.

láudano m. Preparación farmacéutica elaborada con opio.

laurear tr. **1** Coronar con laurel. **2** Premiar o galardonar.

laurel m. **1** Árbol de hojas lanceoladas de color verde oscuro y de olor agradable. **2** Hoja de este árbol, usada como condimento. **3** Gloria, fama.

laurisilva f. Bosque de árboles de hoja perenne propio de climas subtropicales.

lava f. **1** Materia pastosa de origen magmático, que emite un volcán en erupción. **2** Operación de lavar metales.

lavabo m. **1** Pila fija con uno o más grifos y un desagüe, que suele estar en el cuarto de baño. **2** Habitación destinada al aseo personal.

lavadero m. **1** Lugar donde se lava la ropa. **2** Pila para lavar ropa. **3** AMÉR Paraje de un río donde se se lavan las arenas auríferas.

lavanda f. **1** Planta arbustiva de flores azules muy aromáticas. **2** Flor de esta planta, con la que se elabora el agua de lavanda.

lavandería f. Establecimiento en el que se lava ropa.

lavaplatos m. y f. **1** En un restaurante, persona que lava platos. ◆ m. **2** Lavavajillas (máquina).

lavar tr. **1** Limpiar una cosa con agua, o con agua y jabón. **2** Limpiar con agua los minerales. **3** Purificar, limpiar un defecto o mancha moral.

lavativa f. **1** Líquido que se inyecta en el intestino introduciéndolo por el ano, utilizado con fines terapéuticos. **2** Instrumento para inyectar este líquido.

lavavajillas m. **1** Máquina automática para lavar platos y otros utensilios de cocina. ◆ adj./m. **2** Se dice del producto para lavar la vajilla.

laxante adj./m. Se dice del medicamento o alimento que facilita la evacuación.

laxo, a adj. **1** Que está flojo. **2** Se dice de la moral o la conducta poco firme o estricta.

lazada f. Nudo que se deshace fácilmente tirando de una de las puntas.

lazarillo m. Persona o perro que guía a un ciego.

lazo m. **1** Nudo que se deshace fácilmente tirando de una de las puntas. **2** Adorno de cinta que imita este nudo. **3** Unión o relación con una persona o cosa. **4** Cuerda gruesa con un nudo corredizo para cazar o sujetar animales.

le pron. **1** Forma átona del pronombre de tercera persona, en género masculino y femenino y en número singular, que realiza la función de complemento indirecto. **2** Forma átona del pronombre de tercera persona, en género masculino y número singular, con función de complemento directo y aplicado a una persona.

leal adj. **1** Que es fiel y noble. ◆ adj./m. y f. **2** Partidario fiel de una persona, grupo o institución.

lealtad f. Cualidad de leal.

lebrel adj./m. Galgo.

lección f. **1** Conjunto de conocimientos o explicaciones que se puede enseñar sobre una materia determinada. **2** Parte de una asignatura o materia de estudio. **3** Experiencia que sirve de enseñanza o de escarmiento.

lechal adj./m. Se dice del animal que todavía mama.

lechazo m. Cordero lechal.

leche f. **1** Sustancia líquida de color blanco que se crea en las mamas de las hembras de los mamíferos, y que sirve para alimentar a sus hijos. **2** Líquido blanco que segregan algunos vegetales. **3** Crema líquida utilizada como cosmético. **4** *Fam.* ESP Golpe que recibe o da una persona. **5** *Fam.* ESP Cosa molesta o fastidiosa.

lecho m. **1** *Formal.* Cama para dormir o descansar. **2** Cauce de un río, o depresión del terreno por donde corre un curso de agua. **3** Fondo del mar o de un lago. **4** Masa mineral o estrato geológico.

lechón, na m. **1** Cerdo que todavía mama. ◆ s. **2** Cerdo de cualquier edad.

lechoso, a adj. **1** Que se parece a la leche, o tiene alguna de sus propiedades. **2** Se dice del vegetal que contiene un jugo blanco similar a la leche.

lechuga f. Planta hortense, de hojas grandes, verdes y comestibles.

lechuguino, a adj./s. *Desp.* Joven presumido y afectado.

lechuza f. Ave rapaz nocturna de cara redonda, ojos grandes y plumaje blanco y leonado.

lectivo, a adj. Se dice del día o el período que se destina a la actividad docente.

lector, ra adj./s. **1** Que lee. ◆ s. **2** Profesor adjunto a una universidad o escuela extranjeras para la enseñanza de su lengua materna. ◆ m. **3** Aparato electrónico que reproduce o transforma las señales grabadas en bandas o discos magnéticos. **4** Aparato electrónico que proyecta en una pantalla lo que está escrito en microfilmes o microfichas.

lectorado m. Cargo de lector universitario.

lectura f. **1** Acción de leer. **2** Texto u obra que se lee. **3** Interpretación del sentido de un texto o de un hecho concreto. **4** Operación que realiza un lector electrónico para extraer una información almacenada en un soporte.

leer tr./intr. **1** Interpretar el significado de una serie de signos escritos. **2** Descifrar e interpretar cualquier tipo de signo. **3** Interpretar el sentido de una cosa de una manera determinada.

legación f. **1** Representación de un gobierno ejercida en el extranjero. **2** Edificio de la representación diplomática. **3** Misión o mensaje que lleva un legado.

legado m. **1** Bien material que se deja en testamento a una persona. **2** Cosa espiritual o material, especialmente cultura, ideas o tradiciones, que se transmite a alguien. **3** Persona enviada por una autoridad para que actúe en su nombre.

legajo m. Conjunto de papeles, generalmente atados.

legal adj. **1** Relativo a la ley o al derecho. **2** Que se ajusta a la ley. **3** *Fam.* Se dice de la persona que merece confianza.

legalizar tr. **1** Hacer legal una cosa. **2** Confirmar la autenticidad de una cosa.

legaña f. Secreción sebácea de las glándulas de los párpados.

legar tr. **1** Dejar un legado. **2** Enviar a una persona en representación de otra.

legendario, a adj. **1** Relativo a las leyendas. **2** Famoso, muy conocido.

legible adj. Que se puede leer.

legión f. **1** Cuerpo principal del ejército de la Roma antigua. **2** Cuerpo especial de tropa. **3** Muchedumbre.

legionela f. **1** Bacteria que provoca fiebre y procesos respiratorios graves. **2** Enfermedad contagiosa causada por esta bacteria.

legislación f. **1** Conjunto de leyes por las cuales se gobierna un estado o se regula una materia determinada. **2** Ciencia de las leyes. **3** Acción de legislar.

legislar intr. Hacer o establecer leyes.

legislativo, a adj. **1** Se dice del organismo que puede hacer leyes. **2** Relativo a la legislación.

legislatura f. **1** Tiempo durante el que funcionan los cuerpos legislativos de un estado. **2** Conjunto de órganos legislativos que actúan durante este tiempo.

legítima f. Parte de la herencia para los herederos forzosos.

legitimar tr. **1** Convertir en legítima a una persona o una cosa. **2** Confirmar la autenticidad o validez de un documento. **3** Autorizar a una persona para ejercer una función o un cargo.

legítimo, a adj. **1** Conforme a la ley. **2** Auténtico o verdadero.

lego, a adj. **1** Que no tiene experiencia o conocimientos de una materia. ◆ adj./s. **2** Laico. **3** En un convento, religioso que no ha recibido las órdenes sagradas.

legrado m. Operación quirúrgica que consiste en raspar un órgano o algo que está adherido a él.

legua f. Medida de longitud que equivale a 5 572 metros.

leguleyo, a s. *Desp.* Persona que se dedica a cuestiones legales.

legumbre f. **1** Fruto o semilla que crece en el interior de una vaina. **2** Hortaliza.

leguminoso, a adj./f. Se dice de la planta que tiene frutos en vaina.

leído, a adj. Que tiene gran cultura por haber leído mucho.

leísmo m. Uso incorrecto de las formas le y les del pronombre personal, en lugar de lo y los.

lejano, a adj. **1** Que está lejos. **2** Se dice del parentesco sin vínculos directos.

lejía f. Líquido de olor fuerte que se usa para poner blanca la ropa y para desinfectar.

lejos adv. A gran distancia en el espacio o en el tiempo.

lelo, a adj./s. Que tiene poca capacidad de entendimiento y se comporta torpemente.

lema m. **1** Frase que expresa un pensamiento que rige una conducta. **2** Palabra que encabeza un artículo de diccionario. **3** Frase de un escudo o emblema.

lemming m. Roedor de orejas y cola muy cortas, que habita en el norte de Europa.

lemosín, na adj./s. **1** De Lemosín o de Limoges. ◆ m./adj. **2** Variedad dialectal del provenzal hablada en Lemosín. ◆ m. **3** En la Edad Media, conjunto de las lenguas provenzal, catalán, valenciano y mallorquín.

lempira m. Unidad monetaria de Honduras.

lémur o **lemur** m. Nombre de varios mamíferos primates arborícolas de larga cola y extremidades terminadas en manos.

lencería f. **1** Ropa interior y ropa para dormir femenina. **2** Establecimiento en el que se hace o se vende este tipo de ropa.

lengua f. **1** Órgano muscular carnoso y movible que se encuentra en el interior de la boca de los vertebrados. **2** Cosa estrecha y larga, de forma similar a la de este órgano. **3** Sistema de signos orales y escritos que utiliza una comunidad para comunicarse. **4** Capacidad de hablar o de escribir característica de un grupo, un autor, una región o un período determinados.

lenguado m. Pez marino de cuerpo ovalado y muy aplanado.

lenguaje m. **1** Capacidad para expresarse por medio de un sistema de signos orales y escritos. **2** Lengua (sistema). **3** Manera de hablar o de expresarse característica de una persona o un grupo. **4** Medio que sirve para transmitir algo. **5** Conjunto de caracteres, símbolos y reglas que permite crear programas informáticos.

lenguaraz adj./m. y f. Que habla con descaro e insolencia.

lengüeta f. **1** Objeto o pieza que tiene forma de lengua. **2** Lámina pequeña situada en la embocadura de algunos instrumentos musicales de viento.

lenificar tr. Suavizar o moderar algo.

leninismo m. Doctrina política y económica basada en el pensamiento de Lenin.

lente m. o f. **1** Pieza de cristal u otro material transparente, con las caras cóncavas o convexas. ◆ m.pl. **2** Conjunto de dos cristales colocados en una montura, que se apoya en la nariz y que sirve para corregir algún defecto de la vista. ◇ **~ de contacto** Lente muy pequeña que se coloca sobre la córnea y sirve para corregir algún defecto de la vista.

lenteja f. **1** Planta leguminosa de tallos ramosos, hojas compuestas y flores blancas. **2** Semilla comestible de esta planta, redonda, aplanada y de color marrón.

lentejuela f. Laminilla redonda y brillante, que se cose como adorno en vestidos.

lenticular adj. Que tiene forma de lenteja.

lentilla f. Lente de contacto.

lentisco m. Arbusto de hojas perennes, flores pequeñas, fruto esférico y madera rojiza.

lento, a adj. **1** Que va despacio o que invierte mucho tiempo en realizar algo. **2** Se dice de la persona que no es rápida para comprender. ◆ m. **3** Composición musical que se ejecuta despacio. ◆ adv. **4** *Fam.* De manera lenta.

leña f. **1** Conjunto de troncos, ramas y madera seca para hacer fuego. **2** *Fam.* Paliza, serie de golpes.

leñador, ra s. Persona que corta o vende leña.

¡leñe! interj. *Fam.* ESP Expresión de enojo o disgusto.

leño m. **1** Trozo grueso de árbol, cortado y sin ramas. **2** Tejido vegetal formado por el conjunto de los vasos leñosos de una planta. **3** *Fam.* Persona de poco talento y torpe.

leñoso, a adj. Se dice del arbusto, planta o fruto que tiene la dureza y consistencia propias de la madera.

leo adj./m. y f. Se dice de la persona nacida entre el 23 de julio y el 22 de agosto.

león, na s. **1** Mamífero felino, carnívoro, de cabeza grande y pelo marrón rojizo. **2** Persona valiente y decidida. ◇ **~ de montaña** CH Puma. ◇ **~ marino** Mamífero marino, similar a una foca, pero más grande.

leonado, a adj. Que es rubio oscuro o marrón rojizo.

leonés, sa adj./s. **1** De la ciudad o provincia de León. ◆ m./adj. **2** Variedad del español hablado en León, y parte de Asturias, Cantabria, Zamora y Salamanca. ◆ adj./s. **3** Del antiguo reino de León.

leopardo m. Mamífero felino, carnívoro, de pelo amarillento con manchas negras.

leotardo m. **1** ESP Prenda de vestir femenina, parecida a unas medias pero de un tejido más grueso.

lépero, a adj./s. **1** AMÉR CENTRAL, MÉX Ordinario, soez. ◆ adj. **2** CUBA Astuto, sagaz.

lepidóptero adj./m. Se dice del insecto con dos pares de alas membranosas, aparato bucal chupador, y que realiza una metamorfosis.

leporino, a adj. **1** Relativo a la liebre. **2** Se dice del labio hendido.

lepra f. **1** Enfermedad infecciosa caracterizada por lesiones en la piel, nervios y vísceras. **2** Mal moral que se extiende con rapidez.

lerdo, a adj./s. Que es lento y torpe para hacer o comprender una cosa.

les pron. Forma átona del pronombre de tercera persona, en género masculino y femenino y en número plural, que realiza la función de objeto indirecto.

lesbiano, a adj. **1** Lésbico. ◆ f./adj. **2** Mujer que siente atracción sexual hacia otra mujer.

lésbico, a adj. Relativo al lesbianismo.

lesión f. **1** Daño físico. **2** Perjuicio, ofensa o daño moral.

leso, a adj. **1** *Formal.* Que ha sido dañado o perjudicado.

letal adj. Mortal.

letanía f. **1** Serie de plegarias recitadas o cantadas por una persona y repetidas, contestadas o completadas por otras. **2** Enumeración larga y aburrida.

letargo m. **1** Estado de adormecimiento e inactividad en que se quedan algunos animales en las épocas frías del año. **2** Sueño muy profundo.

letón, na adj./s. **1** De Letonia. ◆ m./adj. **2** Lengua hablada en Letonia.

letra f. **1** Signo gráfico con el que se representa en la escritura un fonema. **2** Forma o estilo de escritura propio de una persona, época o lugar. **3** Texto de una pieza musical cantada. **4** Documento por el que una persona se compromete a pagar una cantidad de dinero en una fecha determinada.

letrado, a adj. **1** Culto o instruido. ◆ s. **2** Abogado.

letrero m. Escrito que sirve para dar una indicación, aviso o noticia.

letrilla f. Poema satírico de versos octosílabos o hexasílabos.

letrina f. Lugar destinado a la defecación.

leucemia f. Enfermedad caracterizada por un exceso de leucocitos en la sangre.

leucocito m. Célula de la sangre que forma parte de los sistemas de defensa celular e inmunológico de los vertebrados.

leva f. **1** Pieza que gira con un eje, al que está unida, y que al girar comunica su movimiento a otro mecanismo. **2** Reclutamiento para un servicio. **3** Salida de un barco del puerto. **4** *Fam.* AMÉR CENTRAL, CUBA Engaño o treta. **5** CUBA Chaqueta de vestir con solapas, abierta por delante y con botones.

levadizo, a adj. Que se puede levantar mediante un dispositivo.

levadura f. **1** Hongo que provoca la fermentación alcohólica de los hidratos de carbono. **2** Sustancia que hace fermentar los cuerpos con los que se mezcla.

levantamiento m. **1** Acción de levantar o levantarse. **2** Rebelión de un grupo numeroso.

levantar tr. **1** Mover de abajo hacia arriba. **2** Poner en un lugar más alto. **3** Dirigir una cosa hacia arriba, especialmente la vista, la mirada o los ojos. **4** Poner en posición vertical. **5** Edificar. **6** Aumentar la intensidad o el volumen de la voz. **7** Desmontar y recoger lo que estaba montado en un lugar. **8** Fortalecer o dar vigor a una cosa, especialmente el ánimo. **9** Hacer que se separe una cosa de una superficie. **10** Ocasionar o producir una cosa. **11** Poner fin a una pena, castigo o prohibición. **12** Dar por finalizada una reunión. ◆ prnl. **13** Dejar la cama. **14** Ponerse en pie. **15** Sublevarse.

levante m. Este (punto cardinal).

levantino, a adj./s. Del Levante español.

levar tr. Levantar el ancla del fondo del mar para hacerse a la mar.

leve adj. **1** Que tiene poca importancia. **2** Que pesa poco. **3** Que es poco intenso.

levita m./adj. **1** Israelita de la tribu de Leví. ◆ f. **2** Prenda masculina con mangas y faldones cruzados que llegan hasta la rodilla.

levitar intr. Elevarse o mantenerse en el aire una persona o cosa sin que intervenga ningún fenómeno físico conocido.

lexema m. Elemento de la palabra de significación plena.

lexicalizar tr. Convertir una interjección, una onomatopeya o un sintagma en unidad léxica.

léxico, a adj. **1** Relativo al léxico o vocabulario. ◆ m. **2** Conjunto de las palabras de una lengua, una región, una actividad, un período determinado o una persona. **3** *Formal.* Diccionario.

lexicografía f. **1** Técnica de elaborar diccionarios. **2** Parte de la lingüística que estudia la elaboración de diccionarios.

lexicología f. Parte de la lingüística que estudia el léxico, sus unidades y las relaciones entre ellas.

ley f. **1** Regla o norma establecida por una autoridad para regular algo. **2** Conjunto de las leyes o normas establecidas. **3** Regla invariable que rige las relaciones entre fenómenos de la naturaleza. **4** Cantidad de metal puro contenido en una aleación.

leyenda f. **1** Relato fantástico o parcialmente histórico que la tradición ha ido elaborando. **2** Composición literaria que recrea una narración popular de este tipo. **3** Texto explicativo donde aparecen los símbolos, colores y sombreados utilizados en un mapa. **4** Persona convertida en ídolo.

lezna f. Punzón que utilizan los zapateros para perforar o coser.

liana f. Planta de tallo largo y leñoso que crece verticalmente sujetándose a los árboles.

liar tr. **1** Atar y asegurar un fardo o un paquete. **2** Envolver una cosa y atarla. **3** Hacer un cigarrillo. **4** ESP Complicar un asunto o una situación. **5** ESP Confundir a alguien. ◆ prnl. **6** ESP Entretenerse, hablar mucho. **7** *Fam.* ESP Establecer una relación amorosa o sexual con otra persona sin estar casados.

libar tr. **1** Chupar un insecto el néctar de las flores. **2** *Formal.* Probar un vino o licor.

libelo m. Escrito difamatorio.

libélula f. Insecto de abdomen alargado y cuatro alas largas.

líber m. Tejido que transporta y reparte las sustancias sintetizadas en la fotosíntesis.

liberal adj./m. y f. **1** Relativo al liberalismo. **2** Se dice de la persona que es abierta y respetuosa con otras opiniones y costumbres. ◆ adj. **3** Generoso. **4** Se dice de la profesión intelectual e independiente. ◆ adj./m. y f. **5** Se dice de la persona que ejerce una profesión intelectual e independiente.

liberalismo m. **1** Doctrina política, económica y social que defiende la libertad individual y una intervención mínima del Estado. **2** Actitud de la persona liberal.

liberar tr. **1** Poner en libertad. **2** Quitar una obligación, una carga o un compromiso.

líbero m. En fútbol, jugador que ayuda a la línea de defensa y colabora en el contraataque.

libertad f. **1** Facultad de una persona para actuar según su propio deseo en el seno de una sociedad organizada. **2** Derecho que tienen las personas para hacer una cosa sin que intervenga una autoridad. **3** Estado de quien no está preso ni sometido a la voluntad de otro. **4** Confianza para tratar con las personas.

libertar tr. Poner en libertad.

libertario, a adj. Anarquista, ácrata.

libertinaje m. **1** Abuso de libertad, desenfreno. **2** Comportamiento inmoral y vicioso.

liberto, a s. En la antigua Roma, esclavo liberado.

libidinoso, a adj./s. Que muestra un deseo sexual exagerado.

libido f. Deseo de placer sexual.

libra f. **1** Unidad monetaria de Irlanda (hasta su sustitución por el euro en el año 2002), Reino Unido, Egipto y otros países. **2** Medida de peso que equivale a unos 500 gramos. ◆ adj./m. y f. **3** Se dice de la persona que ha nacido entre el 23 de septiembre y el 23 de octubre.

librar tr. **1** Dejar libre a alguien de algo desagradable. **2** Expedir una letra de cambio, cheque u otro documento de orden de pago. **3** Dar a conocer una sentencia o una comunicación oficial. **4** Sostener una lucha. ◆ **intr. 5** Disponer un trabajador del día libre que le corresponde.

libre adj. **1** Que goza de libertad. **2** Se dice del lugar que no está ocupado. **3** Que no tiene ante sí obstáculos o impedimentos. **4** Se dice de la persona exenta de daño o riesgo. **5** Se dice del espacio de tiempo que no se dedica al trabajo. **6** Que no tiene limitaciones ni restricciones.

librea f. Uniforme de gala que usan algunos trabajadores.

librecambio m. Sistema económico basado en la libre circulación de mercancías y la desaparición de aduanas.

librepensador, ra adj./s. Partidario de la tolerancia ante cualquier dogma.

librería f. **1** Establecimiento en que se venden libros. **2** Mueble para colocar libros.

librero, a s. Persona que vende libros.

libreta f. Cuaderno pequeño que se usa para apuntes o anotaciones.

libreto m. Texto de una obra de teatro al que se le pone música.

libro m. **1** Conjunto de hojas impresas o escritas unidas por uno de sus lados y cubiertas con unas tapas. **2** Texto o conjunto de textos o de imágenes que forman un libro. **3** Conjunto de hojas en que se anotan los datos de determinadas personas. **4** Cada una de las partes de una obra larga. **5** Parte en que se divide el estómago de los rumiantes. **6** Libreto.

licencia f. **1** Permiso o autorización para hacer algo. **2** Documento en que consta esta autorización. **3** Autorización que se concede a un militar para ausentarse del cuartel temporalmente. **4** Abuso de libertad.

licenciado, a s. **1** Persona que ha obtenido una licenciatura. **2** Persona que ha cumplido el servicio militar.

licenciatura f. **1** Grado de licenciado o título académico que se obtiene al acabar una carrera universitaria de más de tres años. **2** Conjunto de estudios necesarios para conseguir este grado.

licencioso, a adj. Que tiene un comportamiento amoral, especialmente en el terreno sexual.

liceo m. **1** Sociedad o institución literaria o artística con fines recreativos. **2** Centro de enseñanza media de algunos países.

lichi m. Fruta jugosa de forma redondeada, cubierta por una corteza roja y algo rugosa.

licitar intr. Ofrecer dinero por una cosa en una subasta.

lícito, a adj. Permitido por la ley o por la moral.

licor m. **1** Bebida alcohólica destilada. **2** Líquido, especialmente el usado en farmacología.

licra o **lycra** f. Fibra sintética y elástica que se utiliza para fabricar tejidos transpirables.

licuar tr. Convertir en líquido una sustancia sólida o un gas.
lid f. **1** *Formal.* Lucha, pelea. ◆ f. pl. **2** Actividad que requiere habilidad o conocimiento.
líder m. y f. **1** Jefe de un grupo, sociedad o partido. **2** Persona o grupo de personas que ocupa el primer lugar entre las de su grupo.
liderato m. Liderazgo.
liderazgo m. **1** Condición de líder. **2** Primer lugar en una clasificación o competición deportiva.
lidiar tr. **1** Torear. ◆ intr. **2** *Formal.* Combatir o pelear.
liebre f. **1** Mamífero roedor parecido al conejo pero más grande.
liendre f. Huevo de piojo.
lienzo m. **1** Tela fuerte preparada para pintar sobre ella. **2** Pintura hecha sobre esta tela. **3** Tejido fino de lino, cáñamo o algodón.
lifting m. Operación de cirugía estética que consiste en el estiramiento de la piel para eliminar arrugas.
liga f. **1** Cinta elástica que sujeta la media o el calcetín. **2** Competición deportiva en la que participan equipos de una misma categoría. **3** Acuerdo entre dos o más países para conseguir intereses comunes.
ligadura f. **1** Acción y efecto de ligar. **2** Operación quirúrgica que consiste en obstruir un vaso sanguíneo u otro conducto mediante un nudo.
ligamento m. Cordón resistente de tejido conjuntivo que une los huesos de las articulaciones.
ligar tr. **1** Atar, sujetar. **2** Unir, enlazar. **3** Atar o comprometer un documento legal a alguien. **4** Unir dos o más sustancias batiéndolas. **5** Mezclar dos o más metales fundidos para conseguir una aleación. **6** *Fam.* ESP Entablar una relación amorosa o sexual pasajera.
ligereza f. **1** Cualidad de ligero. **2** Obra o dicho imprudente e irreflexivo.
ligero, a adj. **1** Que pesa poco. **2** Poco fuerte, poco intenso, poco importante o poco consistente. **3** Rápido, veloz y ágil. **4** Se dice de la prenda de vestir que abriga poco. **5** Se dice de la conversación que no es seria o profunda.
lignina f. Materia que forma la madera.
lignito m. Carbón mineral, procedente de la madera.
ligón, na adj./s. *Fam.* ESP Que establece relaciones amorosas o sexuales fácilmente.
ligue m. **1** *Fam.* ESP Relación amorosa o sexual pasajera. **2** *Fam.* ESP Persona con la que se establece esta relación.
liguero, a adj. **1** Relativo a la liga deportiva. ◆ m. **2** Prenda de ropa interior femenina, que se usa para sujetar las medias.
lija f. **1** Papel que sirve para pulir madera o metales.
lijar tr. Pulir con lija una superficie.

lila f. **1** Arbusto muy ramoso, de flores olorosas de color morado claro. **2** Flor de este arbusto. ◆ adj./m. **3** Que es de color morado claro.

liliáceo, a adj./f. Se dice de la planta con bulbo y fruto con forma de cápsula.

liliputiense adj./m. y f. Se dice de la persona muy baja.

lima f. **1** Herramienta de acero, con la superficie rugosa, que se usa para desgastar o alisar materias duras. **2** Limero. **3** Fruto del limero, parecido al limón pero más pequeño.

limaco m. Molusco terrestre parecido al caracol, pero carente de concha.

limar tr. **1** Pulir con una lima. **2** Corregir, perfeccionar o pulir una cosa.

limbo m. **1** Parte más ancha y aplanada de las hojas de las plantas. **2** Según el cristianismo, lugar al que van las almas de los niños muertos sin bautizar. **3** En astronomía, círculo brillante alrededor de un astro.

limeño, a adj./s. De Lima.

limero m. Árbol de tronco liso y flores blancas y olorosas, y fruto comestible.

limitar tr. **1** Poner límites a una cosa. **2** Reducir algo poniendo límites. ◆ intr. **3** Tener un límite común dos o más zonas. ◆ prnl. **4** Hacer únicamente una cosa.

límite m. **1** Línea real o imaginaria que marca un territorio y lo separa de otros. **2** Fin o grado máximo de una cosa.

limítrofe adj. Que limita o linda.

limo m. Barro arcilloso que se deposita en el fondo de las aguas cuando llueve.

limón m. **1** Fruto del limonero, de forma ovoide, con corteza de color amarillo claro, comestible y de sabor ácido. **2** Limonero (árbol). ◆ adj./m. **3** Que es de color amarillo como el de este fruto.

limonada f. Bebida hecha con zumo de limón, agua y azúcar.

limonero, a m. **1** Árbol cuyo fruto es el limón. ◆ s. **2** Persona que vende limones.

limosna f. Donativo que se da al necesitado.

limpiabotas m. y f. Persona que limpia el calzado de otras personas.

limpiacristales m. y f. **1** Persona que limpia cristales. ◆ m. **2** Líquido para limpiar cristales.

limpiador, ra adj./s. Que limpia.

limpiaparabrisas m. Varilla articulada que limpia los cristales de un vehículo.

limpiar tr. **1** Eliminar la suciedad o una mancha. **2** Quitar o eliminar lo que molesta, daña o no sirve. **3** *Fam.* Hurtar o dejar sin dinero a una persona.

límpido, a adj. *Formal.* Limpio y puro.

limpieza f. **1** Cualidad de limpio. **2** Acción y efecto de limpiar.

limpio, a adj. **1** Que no tiene suciedad. **2** Que está libre de impurezas o despojado de lo superfluo. **3** Que no tiene mezclas consideradas dañinas. **4** Se dice de la persona o el animal que cuida de su higiene y su aspecto exterior. **5** Se dice del dinero que resulta una vez que se han restado los gastos o los impuestos. **6** *Fam.* Que se ha quedado sin dinero. ◆ **adv. 7** De manera honrada y sin trampas.

limusina f. Automóvil lujoso y muy largo.

linaje m. **1** Línea de antepasados y descendientes de una persona. **2** Calidad de una cosa.

linaza f. Semilla del lino.

lince m. **1** Mamífero carnívoro felino parecido al gato, pero de mayor tamaño, de color pardo. **2** Persona muy perspicaz. **3** Persona que tiene la vista aguda.

linchar tr. Matar una muchedumbre a una persona sospechosa de un crimen sin hacer antes un juicio.

lindar intr. **1** Tener la misma frontera o límite dos superficies o territorios. **2** Estar muy cerca de lo que se expresa.

linde m. o f. Límite de un territorio o finca contiguo a otro.

lindo, a adj. Bello y agradable.

línea f. **1** Sucesión continua de puntos en el espacio. **2** Señal o marca larga y estrecha trazada en un plano o superficie. **3** Serie de letras dispuestas horizontalmente en una página. **4** Dirección que sigue una cosa. **5** Conducta o comportamiento que sigue una determinada dirección. **6** Servicio regular de transporte que recorre un itinerario determinado. **7** Figura armoniosa de una persona o cosa. **8** Serie de los miembros de una familia, y que constituye la relación de parentesco entre ellas. **9** Comunicación telefónica.

lineal adj. **1** Relativo a la línea. **2** Que sigue un desarrollo constante.

linfa f. Líquido que circula por los vasos linfáticos y que solo contiene glóbulos blancos.

linfático, a adj. Relativo a la linfa.

linfocito m. Leucocito que reconoce a los antígenos y sintetiza anticuerpos.

lingotazo m. ESP Copa o trago de una bebida alcohólica.

lingote m. Barra o trozo de metal en bruto, generalmente de hierro o de un metal noble.

lingüística f. Ciencia que estudia el lenguaje en general y las lenguas en particular.

linier m. En algunos deportes, árbitro auxiliar que vigila las bandas del campo.

linimento m. Preparado farmacéutico que se aplica con fricciones.

link m. Texto o imagen que en una página web da acceso a otro documento de hipertexto.

lino m. **1** Planta herbácea de cuyo tallo se saca una fibra para hacer tejidos. **2** Fibra obtenida de esta planta. **3** Tejido hecho con esta fibra.

linóleo m. Tela impermeable cubierta con una capa de corcho y aceite de linaza.

linotipia f. **1** Máquina de componer textos tipográficos. **2** Técnica de componer textos con esta máquina.

linterna f. **1** Aparato portátil que sirve para proyectar luz. **2** Faro.

lío m. **1** Conjunto de cosas atadas. **2** *Fam.* Desorden o confusión. **3** Asunto o situación difícil de resolver. **4** ESP Aventura amorosa o sexual.

liofilizar tr. Deshidratar una sustancia o alimento para conservarlos.

lípido m. Grasa, sustancia orgánica insoluble en agua.

lipotimia f. Desmayo repentino y pasajero.

liquen m. Organismo formado por la simbiosis de un hongo y un alga.

liquidar tr. **1** Pagar completamente una deuda. **2** Dar fin a una cosa o asunto. **3** *Fam.* Matar a una persona.

líquido, a adj. **1** Se dice del estado de la materia que se caracteriza porque la cohesión entre las moléculas es menor que en un sólido y mayor que en un gas y porque se adapta a la forma del recipiente que la contiene. ◆ adj./m. **2** Se dice de la sustancia que tiene este estado. **3** Se dice del saldo positivo de una cuenta. **4** Se dice del activo financiero fácilmente transformable en dinero. ◆ adj./f. **5** Se dice de las consonantes l y r.

lira f. **1** Instrumento musical antiguo de cuerda. **2** Estrofa de cinco versos de rima consonante. **3** Unidad de moneda de Italia (hasta su sustitución por el euro en el año 2002), Turquía y otros países.

lírica f. **1** Género poético en que el autor expresa sus ideas y sentimientos. **2** Género literario de las obras en verso.

lírico, a adj./s. **1** Relativo a la lírica. ◆ adj. **2** Se dice de la obra de teatro cantada parcial o totalmente.

lirio m. Planta herbácea de hojas lanceoladas, con flores grandes azuladas o blancas.

lirón m. **1** Mamífero roedor de color marrón, con grandes orejas y cola larga. **2** Persona que duerme mucho.

lis m. **1** Lirio. **2** Representación heráldica de la flor del lirio.

lisboeta adj./m. y f. De Lisboa.

lisiado, a adj./s. Que tiene una lesión permanente.

liso, a adj. **1** Que no tiene asperezas, ni arrugas. **2** Que no tiene adornos o variaciones. **3** Se dice del pelo que no tiene rizos. **4** Se dice del terreno sin obstáculos.

lisonjear tr. **1** Alabar de manera

hipócrita. ◆ prnl. **2** Sentirse orgulloso o satisfecho.

lista f. **1** Relación o enumeración de personas o cosas. **2** Franja o línea larga y delgada que decora una tela o un tejido. **3** Tira delgada de cualquier material.

listado, a adj. **1** Se dice del tejido que tiene listas. ◆ m. **2** Lista (enumeración).

listín m. ESP Guía de telefónos.

listo, a adj. **1** Que entiende las cosas con facilidad y rapidez. **2** Ingenioso, astuto. **3** Que está dispuesto o preparado para algo.

listón m. **1** Pieza de madera larga y estrecha. **2** En el deporte de salto de altura, barra horizontal que se debe superar. **3** Límite o cualidad máxima, muy difícil de superar.

litera f. **1** Mueble formado por dos o más camas superpuestas. **2** Cada una de las camas que forman este mueble.

literal adj. Se dice del sentido que sigue fielmente el significado exacto de las palabras.

literario, a adj. Relativo a la literatura.

literatura f. **1** Arte cuyo medio de expresión es la palabra oral o escrita. **2** Estudio de las teorías que tratan de este arte, sus obras y sus autores. **3** Conjunto de las obras literarias de un género, un país o un período determinados.

litigio m. **1** Pleito, juicio. **2** Discusión o enfrentamiento.

litio m. Elemento químico (metal) de símbolo Li.

litografía f. **1** Arte de reproducir o de imprimir dibujos o escritos grabados previamente en piedra o en planchas de metal. **2** Reproducción así obtenida.

litología f. Parte de la geología que estudia las rocas.

litoral adj. **1** Relativo a la costa del mar. ◆ m. **2** Franja de tierra junto al mar.

litosfera f. Capa de la Tierra integrada por la corteza y la parte más superficial del manto.

lítotes o **litotes** o **litote** f. Figura retórica que consiste en atenuar una opinión o afirmación, dando a entender lo contrario de lo que se quiere afirmar.

litro m. Unidad de volumen del Sistema Internacional, de símbolo l o L.

lituano, a adj./s. **1** De Lituania. ◆ m./adj. **2** Lengua hablada en Lituania.

liturgia f. Conjunto de prácticas y reglas establecidas para las ceremonias religiosas.

liviano, a adj. **1** Que pesa poco. **2** Poco importante o serio. **3** Que supone poco esfuerzo o molestia. **4** Que cambia de ideas o de comportamiento con facilidad.

lívido, a adj. **1** Que tiene un tono morado. **2** Pálido.

liza f. **1** *Formal.* Lucha, pelea. **2** Antiguamente, terreno para el combate de caballeros.

ll f. Dígrafo que en español representa el sonido consonántico lateral, palatal y sonoro.

llaga f. **1** Herida abierta en alguna parte interior o exterior del cuerpo. **2** Pena que se siente por una desgracia.

llama f. **1** Masa de gas en combustión. **2** Fuerza o intensidad de una pasión. **3** Mamífero rumiante de pelo largo y marrón y orejas largas y erguidas.

llamada f. **1** Acción de llamar. **2** Señal de un texto escrito que remite a otra parte del texto. **3** Impulso o atracción que ejerce una cosa sobre una persona.

llamamiento m. Invitación o convocatoria que hace una persona a un grupo para que este actúe del modo más conveniente.

llamar tr. **1** Emitir sonidos o palabras, o hacer gestos para captar la atención de una persona o un animal. **2** Comunicarse por teléfono. **3** Dar un nombre a una persona, animal o cosa. **4** Gustar o atraer una cosa a una persona. **5** Dar a una persona un tratamiento determinado. **6** Citar a una persona con alguna finalidad. ◆ **intr. 7** Golpear una puerta o hacer sonar un timbre. ◆ **prnl. 8** Tener el nombre o título que se expresa.

llamarada f. Llama grande y breve.

llamativo, a adj. Que llama mucho la atención.

llana f. Herramienta para extender y alisar una masa.

llaneza f. **1** Sencillez, naturalidad. **2** Falta de dificultad o de complicación.

llano, a adj. **1** Se dice de la superficie que tiene el mismo nivel en todas sus partes. **2** Sencillo, claro y comprensible. **3** Que tiene un comportamiento sencillo y natural. **4** Se dice de la persona o pueblo que no pertenece a las clases sociales importantes o privilegiadas. **5** Se dice de la palabra que lleva el acento de intensidad en la penúltima sílaba. ◆ m. **6** Llanura.

llanta f. **1** Pieza circular de metal de una rueda. **2** Aro de metal que protege la parte exterior de una rueda. **3** AMÉR Neumático. **4** COL *Fam.* Michelín (acumulación de grasa).

llantén m. Hierba de hojas gruesas y ovaladas que crece en lugares húmedos.

llanto m. Derramamiento de lágrimas.

llanura f. Extensión grande de terreno muy plano y de escasa altitud.

llave f. **1** Objeto que sirve para abrir o cerrar una cerradura. **2** Dispositivo que regula el paso de un fluido. **3** Herramienta que sirve para apretar o aflojar una tuerca. **4** Signo de ortografía {} que sirve para encerrar un conjunto de números o de letras. **5** En algunos deportes de lucha, movimiento que sirve para sujetar al contrario y tirarlo al suelo o inmovilizarlo.

llavero m. Objeto para llevar juntas las llaves.

llegar intr. **1** Pasar a estar en un lugar al cual se va desde otro lugar. **2** Alcanzar una etapa tras haber pasado otras. **3** Alcanzar un objetivo determinado. **4** Alcanzar el final de un recorrido. **5** Conseguir que se produzca la acción que se expresa. **6** Durar hasta un tiempo determinado.

llenar tr. **1** Ocupar por completo un espacio. **2** Poner en un lugar una gran cantidad de cosas. **3** Dedicar un tiempo determinado a una actividad. ◆ **tr./intr. 4** Conseguir que el público abarrote un recinto.

lleno, a adj. **1** Se dice del recipiente que contiene todo lo que su capacidad permite. **2** Que está cubierto total o parcialmente por una cosa. **3** Harto de comida o bebida. **4** Que está un poco gordo. ◆ **m. 5** ESP Ocupación total del aforo en un espectáculo.

llevar tr. **1** Trasladar una cosa de un lugar a otro. **2** Conducir o guiar un medio de transporte. **3** Vestir una prenda o transportar un objeto consigo. **4** Ser necesario invertir un tiempo o esfuerzo en la realización de algo. **5** Hacer que alguien actúe como uno quiere. **6** Acompañar a una persona a un lugar. **7** Encargarse de un asunto o actividad. ◆ **tr./intr. 8** Dirigir o conducir hacia un destino o fin. ◆ **prnl. 9** Entenderse, en una relación o trato, del modo que se expresa. **10** Estar de moda una cosa. **11** Obtener o conseguir una cosa.

llorar intr. **1** Derramar lágrimas. ◆ **tr./intr. 2** Quejarse de las penas o las necesidades propias. ◆ **tr. 3** Sentir profundamente una desgracia.

llorera f. Llanto fuerte y continuado.

lloriquear intr. Llorar o gemir de forma débil.

llover impers. **1** Caer agua de las nubes en forma de gotas. ◆ **intr. 2** Producirse una cosa en gran abundancia.

llovizna f. Lluvia muy fina.

lluvia f. **1** Caída de agua de las nubes en forma de gotas. **2** Agua que cae al llover. **3** Gran cantidad de una cosa.

lo det. **1** Artículo determinado en género neutro. **2** Se usa delante de pronombres posesivos para indicar la actividad o característica en la que destaca una persona. ◆ **pron. 3** Forma átona del pronombre de tercera persona en función de complemento directo.

loa f. **1** *Formal.* Alabanza, elogio. **2** Poema dramático de alabanza.

loar tr. *Formal.* Alabar, elogiar.

lobato m. Lobezno.

lobezno m. Cría o cachorro de lobo.

lobo, a s. Mamífero carnívoro parecido al perro, de pelo gris oscuro, orejas derechas y cola larga.

lobotomía f. Incisión practicada dentro de un lóbulo cerebral o en uno o más haces nerviosos del mismo.

lóbrego, a adj. **1** Oscuro, sombrío. **2** Triste, melancólico.

lóbulo m. **1** Parte inferior y carnosa de la oreja. **2** Parte saliente del borde de una cosa.

local adj. **1** Relativo a un territorio o región. **2** Que solo afecta a una parte de un todo. ◆ m. **3** Lugar o espacio cubierto y cerrado.

localidad f. **1** Pueblo o ciudad. **2** Asiento de un lugar de espectáculos. **3** Entrada que da derecho a ocupar este asiento.

localizar tr. **1** Determinar el lugar en el que se encuentra una persona o cosa. **2** Situar una cosa dentro de unos límites.

locativo, a adj. **1** Que expresa lugar. ◆ adj./m. **2** En algunas lenguas, se dice del caso de la declinación que expresa el lugar en que ocurre la acción.

loción f. **1** Producto medicinal o cosmético para cuidar la piel o el cabello. **2** Fricción que se hace con este producto.

loco, a adj./s. **1** Que ha perdido la razón. **2** *Desp.* Que tiene poco juicio o se comporta de forma imprudente. **3** Que experimenta un sentimiento de una forma muy intensa. ◆ adj. **4** *Fam.* Muy agitado y movido.

locomoción f. Acción de trasladarse de un lugar a otro.

locomotor, ra adj. Que sirve para mover una cosa o para moverse de un lugar a otro.

locomotora f. Máquina que mueve y arrastra los vagones de un tren.

locomotriz → locomotor, ra.

locuaz adj. Que habla mucho.

locución f. **1** Expresión cuyo sentido unitario no responde siempre a la suma de significados de sus componentes. **2** Acción de hablar.

locura f. **1** Trastorno o perturbación de las facultades mentales. **2** Acción irreflexiva e imprudente. **3** Entusiasmo o amor excesivos.

locutor, ra s. Persona que se dirige a un auditorio por radio o televisión.

locutorio m. **1** En un convento o en una cárcel, sala de visitas. **2** Local en el que hay varios teléfonos públicos de uso individual.

lodo m. Barro blando que se forma en lugares donde hay agua o cuando llueve.

loft m. Vivienda adaptada a partir de un espacio industrial.

logaritmo m. Exponente de una potencia al que hay que elevar la base (a) para hallar el número considerado ($\log_a$).

logia f. **1** Asamblea de la sociedad de los masones, o conjunto de quienes la componen. **2** AMÉR Sociedad secreta.

lógica f. **1** Ciencia que estudia las formas y las leyes generales que rigen el pensamiento humano y científico. **2** Correspondencia con lo razonable.

lógico, a adj. **1** Relativo a la lógica. **2** Esperable, por ser una consecuencia natural y justificada por sus antecedentes, o por responder a la razón o al sentido común. ◆ adj./s. **3** Se dice de la persona que estudia lógica.

logística f. **1** Técnica militar que se ocupa del movimiento de los ejércitos y de su mantenimiento. **2** Organización para llevar a cabo un fin determinado.

logo m. Logotipo.

logopedia f. Estudio y tratamiento de los trastornos del lenguaje.

logotipo m. Dibujo o símbolo que distingue a una empresa, institución o sociedad.

lograr tr. Obtener algo que se pretende.

logro m. **1** Obtención de una cosa que se intenta o se desea. **2** Éxito. **3** Lucro, ganancia.

loísmo m. Uso incorrecto de las formas **lo** y **los** del pronombre personal en función de complemento indirecto en lugar de **le** y **les**.

loma f. Elevación natural de poca altura y alargada.

lombarda f. Variedad de col de color morado.

lombriz f. Gusano de cuerpo blando, muy alargado y con anillos.

lomo m. **1** Parte superior del cuerpo de los cuadrúpedos desde el cuello hasta las patas traseras. **2** Carne de esta parte de un animal. **3** Parte superior de los peces y cetáceos. **4** *Fam.* Parte inferior y central de la espalda de una persona. **5** Parte del libro opuesta al corte de las hojas.

lona f. **1** Tela resistente, fuerte e impermeable, de algodón o cáñamo. **2** Suelo de esta tela sobre el que se disputan combates de boxeo o lucha libre.

loncha f. **1** Trozo plano y delgado que se corta de un alimento. **2** Piedra plana y lisa.

londinense adj./m. y f. De Londres.

longaniza f. Embutido de forma larga elaborado con carne de cerdo.

longevo, a adj. **1** Que tiene mucha edad. **2** Que vive mucho tiempo.

longitud f. **1** Dimensión máxima de un cuerpo o figura plana. **2** Distancia angular de un punto de la superficie terrestre al meridiano de Greenwich. **3** Magnitud que expresa la distancia entre dos puntos.

longitudinal adj. **1** Relativo a la longitud. **2** Que está colocado en el sentido de la longitud.

lonja f. **1** Loncha de un alimento. **2** Edificio público donde se compran y venden mercancías en grandes cantidades. **3** Atrio que hay a la entrada de algunos edificios.

lontananza f. **1** Estado o situación de un lugar que está lejos. **2** Parte de un cuadro que está más alejada del plano principal.

loor m. *Formal.* Alabanza y elogio públicos.

lord m. Título nobiliario inglés.

loriga f. Coraza de laminillas metálicas, sobrepuestas a modo de escamas.

loro m. **1** Ave de pico curvo y plumas de vistosos y variados colores. **2** *Fam.* Persona que habla mucho. **3** *Fam.* Persona que es muy fea. **4** *Fam.* ESP Aparato de radio o radiocasete.

los det. **1** Forma masculina plural del artículo determinado; véase el, la. ◆ pron. **2** Forma masculina plural del pronombre de tercera persona en función de complemento directo; véase lo.

losa f. **1** Piedra lisa y delgada para pavimentar suelos, alicatar paredes o cubrir una tumba. **2** *Fam.* Cosa o persona que resulta una carga difícil de soportar.

lote m. **1** Conjunto de cosas con características comunes y que se agrupan con un fin determinado. **2** Cada una de las partes en que se divide o se reparte una cosa.

lotería f. **1** Juego público de azar en que se premian unos boletos con números después de haber hecho un sorteo. **2** *Fam.* Asunto en el que interviene la suerte o el azar.

loto m. **1** Planta acuática, de flores blancas y olorosas y hojas muy grandes. **2** Flor y fruto de esta planta.

loza f. **1** Barro fino, cocido y barnizado. **2** Conjunto de objetos hechos con este barro.

lozano, a adj. **1** Que tiene salud y buen aspecto. **2** Se dice de la planta verde y frondosa.

lubina f. Pez marino de color gris metálico y carne muy apreciada.

lubricar tr. Aplicar una sustancia grasa a un mecanismo para que el rozamiento sea más suave.

lubrificar tr. Lubricar.

lucense adj./m. y f. De Lugo.

lucerna f. Claraboya.

lucero m. Astro que brilla de noche de forma intensa.

lucha f. **1** Acción de luchar. **2** Disputa o polémica verbal. **3** Deporte en el que dos personas se enfrentan cuerpo a cuerpo.

luchar intr. **1** Combatir usando la fuerza física o las armas. **2** Trabajar o esforzarse para conseguir una cosa.

lúcido, a adj. **1** Que piensa o se expresa con precisión y claridad. **2** Inteligente.

luciérnaga f. Insecto cuya hembra tiene el abdomen formado por anillos que desprenden una luz fosforescente.

lucio m. Pez de agua dulce, de cuerpo alargado y cabeza en forma de punta.

lucir intr. **1** Dar o producir luz. **2** Brillar o resplandecer una cosa. **3** Aparecer o mostrarse el resultado de un trabajo o esfuerzo. ◆ intr./prnl. **4** Sobresalir o destacar. ◆ tr.

5 Mostrar o exhibir una cosa presumiendo de ella. ◆ prnl. **6** Hacer una cosa muy bien.

lucro m. Ganancia o beneficio que se consigue en un asunto.

luctuoso, a adj. Que produce tristeza y dolor.

lúdico, a adj. *Formal.* Relativo al juego.

ludopatía f. Inclinación patológica a los juegos de azar.

luego adv. **1** Después o más adelante. ◆ conj. **2** Introduce una oración que es resultado o consecuencia de otra oración anterior. ◇ **desde ~** Expresión que indica afirmación o entendimiento. — Expresión usada para dar énfasis. ◇ **hasta ~** *Fam.* Fórmula de despedida.

lugar m. **1** Parte o punto de un espacio. **2** Posición que tiene una persona o una cosa en una serie o conjunto. **3** Espacio libre o disponible. **4** Población pequeña. ◇ **en ~ de** En sustitución de, en vez de. ◇ **tener ~** Ocurrir una cosa.

lugareño, a adj./s. De un lugar o población pequeños.

lugarteniente m. y f. Persona que puede sustituir a otra en su cargo.

lúgubre adj. **1** Triste y oscuro. **2** Fúnebre.

lujo m. **1** Abundancia u ostentación de riqueza. **2** Gasto excesivo y superfluo.

lujuria f. Deseo sexual desenfrenado.

lumbago m. Dolor reumático en la zona lumbar.

lumbalgia f. Lumbago.

lumbar adj. Relativo a la zona del cuerpo situada entre la última costilla y los glúteos.

lumbre f. **1** Fuego encendido que da luz y calor. **2** Materia combustible encendida.

lumbrera f. **1** *Fam.* Persona muy inteligente y culta. **2** Abertura en un techo o en la parte alta de una pared para que entren el aire y la luz.

lumen m. Unidad de flujo luminoso del Sistema Internacional, de símbolo lm.

luminaria f. **1** Luz que se pone como adorno en los balcones, calles y monumentos. ◆ m. y f. **2** MÉX Actor muy famoso.

luminiscencia f. Propiedad de un cuerpo de emitir luz débil, sin aumento apreciable de temperatura.

luminoso, a adj. **1** Que emite luz. **2** Que está bien iluminado. ◆ adj./m. **3** Se dice del cartel que emite luz artificial.

luminotecnia f. Técnica de la iluminación artificial.

lumpen m. Grupo social formado por los individuos más marginados.

luna f. Satélite de la Tierra que gira alrededor de ella.

lunar adj. **1** Relativo a la Luna. ◆ m. **2** Mancha redondeada marrón que sale en la piel.

lunático, a adj./s. Se dice de la persona que tiene cambios bruscos de carácter o humor.

lunes m. Primer día de la semana.

luneta f. **1** ESP Cristal trasero de un automóvil. **2** ESP Cristal de las gafas.

lunfardo m. Jerga que hablaba la gente de clase baja de Buenos Aires y sus alrededores.

lupa f. Lente de aumento generalmente sujeta a un mango.

lupanar m. *Formal.* Prostíbulo.

lúpulo m. Planta herbácea trepadora, cuyo fruto se usa en la elaboración de la cerveza.

lusitano, a adj./s. **1** De Portugal. **2** De un pueblo ibero que habitaba en la parte occidental de la Península Ibérica.

luso, a adj./s. Lusitano.

lustrabotas m. y f. AMÉR SUR Limpiabotas.

lustrador, ra s. AMÉR SUR, GUAT, MÉX, NIC Limpiabotas.

lustrar tr. Dar brillo a una cosa.

lustre m. **1** Brillo que tiene una cosa después de frotarla con fuerza. **2** Prestigio, fama.

lustro m. Período de cinco años.

luteranismo m. Doctrina protestante de Martín Lutero que sostiene que la fe justifica al ser humano.

luto m. **1** Dolor por la muerte de una persona. **2** Período que dura esta muestra de dolor.

lux m. Unidad de intensidad de iluminación del Sistema Internacional, de símbolo **lx**.

luxación f. Dislocación de un hueso.

luxemburgués, sa adj./s. De Luxemburgo.

luz f. **1** Forma de energía que ilumina las cosas y las hace visibles. **2** Aparato que sirve para alumbrar. **3** Corriente eléctrica. **4** Claridad que desprende un cuerpo en combustión. ◆ f.pl. **5** Inteligencia, entendimiento. ◇ **dar a ~** Parir una mujer.

lycra f. → Licra.

M

m f. **1** Decimotercera letra del alfabeto español. **2** En la numeración romana, mil.

macabro, a adj. Relativo al aspecto más desagradable y repulsivo de la muerte.

macaco m. **1** Mamífero pequeño de hocico saliente y callosidades glúteas. **2** Persona pequeña y poco importante.

macana f. **1** AMÉR Garrote grueso de madera. **2** AMÉR SUR Chal o manteleta que usan algunas mujeres. **3** ARG Regalo poco importante. **4** *Fam.* ARG, PAR, URUG Dicho sin fundamentos o disparatado. **5** *Fam.* ARG, PERÚ, URUG Dicho o hecho equivocado. ◇ **¡qué ~!** *Fam.* ARG, URUG Exclamación que expresa contrariedad.

macanudo, a adj. **1** AMÉR *Fam.* Que destaca por sus buenas cualidades. ◆ adj./s. **2** *Fam.* AMÉR Amable y agradable.

macarra adj. **1** *Fam. y desp.* ESP Que pretende ser elegante y es de mal gusto. ◆ adj./m. y f. **2** ESP Que se comporta de manera vulgar y agresiva. ◆ m. **3** ESP Chulo, proxeneta.

macarrón m. Pasta de harina de trigo con forma de tubo hueco.

macarrónico, a adj. Se dice de la lengua que se usa incorrectamente.

macedonia f. ESP Postre que consiste en trozos de frutas aliñados con zumo.

macedonio, a adj./s. **1** De Macedonia. ◆ m./adj. **2** Lengua hablada en Macedonia.

macerar tr. Poner blanda una cosa dándole golpes o dejándola un tiempo en un líquido.

maceta f. **1** Martillo para golpear el cincel. **2** Recipiente que se usa para cultivar plantas.

macetero m. Soporte o recipiente para colocar macetas con plantas.

machaca m. y f. Trabajador encargado de los trabajos más pesados.

machacar tr. **1** Golpear una cosa hasta triturarla o reducirla a trozos muy pequeños. **2** Trabajar o estudiar algo a fondo. **3** Ganar o vencer con facilidad. ◆ intr. **4** Insistir mucho.

machacón, na adj./s. *Fam.* Que repite mucho una cosa hasta molestar.

machamartillo ◇ **A ~** Con firmeza.

machete m. **1** Cuchillo grande con una hoja de un solo filo. **2** ARG Papelito con apuntes que se oculta para copiar en los exámenes.

machismo m. Actitud que considera que el hombre es superior a la mujer.

macho m. **1** Persona o animal de sexo masculino. **2** Pieza que se introduce o encaja en otra. **3** *Fam.* Se usa para referirse amistosamente a un amigo.

machote, a adj./s. *Fam.* Se dice del hombre fuerte o valiente.

macilento, a adj. Flaco, pálido.

macizo, a adj. **1** Se dice del cuerpo o materia que está comprimido de modo que queden los menos huecos posibles. **2** Fuerte, grueso o robusto. ◆ m. **3** Grupo de montañas o elevación rocosa del terreno. **4** Conjunto de plantas ornamentales en un jardín o parque.

macramé m. Tejido de hilos y cuerdas entrelazados con nudos.

macro f. Programa informático que origina una secuencia de operaciones.

macrobiótica f. Forma de alimentación basada en el consumo de productos vegetales no manipulados industrialmente.

macrocéfalo, a adj./s. Se dice del animal que tiene la cabeza muy grande con relación al cuerpo.

macroconcierto m. Concierto al que pueden asistir muchos espectadores.

macrocosmo o **macrocosmos** m. Universo o conjunto de todo lo que existe en la Tierra y fuera de ella.

macroeconomía f. Estudio de la economía de una zona, país o grupo de países.

macruro adj./m. Se dice del crustáceo de abdomen largo que le sirve para nadar.

macsura f. Espacio de las mezquitas reservado al califa, al imán.

mácula f. *Formal.* Mancha.

macuto m. Mochila.

madeja f. Hilo recogido en vueltas iguales y grandes.

madera f. **1** Material duro y fibroso que forma el tronco y las ramas de los árboles. **2** Trozo de este material cuando está labrado.

madero m. **1** Tabla larga de madera. **2** Árbol cortado y sin ramas. ◆ m. y f. **3** *Fam.* ESP Agente de policía.

madona m. Representación artística de la Virgen María.

madrastra f. Esposa del padre de una persona, con respecto a los hijos que este tiene de un matrimonio anterior.

madre f. **1** Mujer o animal hembra que ha parido algún hijo. **2** Tratamiento que se da a las religiosas de algunas órdenes o a las superioras. **3** Causa, origen. **4** Cauce de un río.

madreperla f. Molusco de concha rugosa que vive en el fondo de los mares tropicales.

madrépora f. Invertebrado que vive en colonias formando barreras de coral o atolones.

madreselva f. Arbusto trepador de tallos nudosos, hojas ovaladas y flores olorosas.

madrigal m. Poema o composición musical breve, generalmente de tema amoroso.

madriguera f. **1** Cueva o túnel que utilizan algunos animales como refugio. **2** Escondrijo de uno o varios delincuentes.

madrileño, a adj./s. De Madrid.

madrina f. **1** Mujer que presenta o acompaña a una persona cuando esta recibe un sacramento o va a participar en una competición o desafío. **2** Mujer que protege y favorece a una persona para que esta consiga sus pretensiones. **3** AMÉR SUR Ganado manso que sirve para conducir al bravío.

madroño m. **1** Arbusto de flores blancas y hojas perennes. **2** Fruto comestible de este árbol, de color rojizo.

madrugada f. **1** Parte del día que va desde las doce de la noche hasta el amanecer. **2** Amanecer, alba.

madrugar intr. Levantarse muy pronto.

madurar tr. **1** Hacer que algo se vuelva maduro. ◆ **intr. 2** Alcanzar un fruto su desarrollo completo. **3** Crecer y desarrollarse una persona.

maduro, a adj. **1** Se dice del fruto que ha alcanzado su desarrollo completo. **2** Que obra y toma decisiones con buen juicio y prudencia. **3** Que tiene una edad avanzada pero que todavía no ha entrado en la vejez. **4** Se dice de la idea o proyecto que está meditado y preparado por completo.

maestre m. Persona que ocupaba el cargo superior de una orden militar.

maestría f. **1** *Formal.* Gran habilidad y perfección para hacer una cosa. **2** Oficio y título de maestro.

maestro, a adj. **1** Excelente o perfecto en su clase. ◆ **s. 2** Persona que se dedica a la enseñanza. **3** Persona de gran experiencia en una materia. **4** Persona que dirige las actividades de un servicio. **5** Tratamiento que se da a directores de orquesta, compositores y otros músicos.

mafia f. Organización criminal que ejerce su poder a través de la fuerza y el chantaje.

magacín o **magazín** m. **1** Programa televisivo o radiofónico de reportajes, entrevistas y actuaciones artísticas. **2** Revista periódica ilustrada con artículos de información general.

magdalena f. Bollo pequeño que se cuece al horno en un molde de papel.

magenta m./adj. **1** Color rosa oscuro. ◆ adj. **2** Que es de este color.

magia f. **1** Conjunto de trucos y técnicas con los que se hacen cosas que parecen reales aunque no lo son. **2** Conjunto de conocimientos y técnicas con que se intenta conseguir algo extraordinario con ayuda de fuerzas sobrenaturales. **3** Encanto de una persona o cosa.

magiar adj./m. y f. **1** De un pueblo que habitó en Hungría y Transilvania a partir del siglo IX d. C. **2** De Hungría. ◆ m./adj. **3** Húngaro (lengua).

magisterio m. **1** Carrera universitaria que debe cursarse para conseguir el título de maestro. **2** Título universitario del maestro. **3** Actividad del maestro.

magistrado, a s. **1** Superior en el orden civil. **2** Juez que forma parte de un tribunal o del Tribunal Supremo.

magistral adj. **1** Hecho con perfección y maestría. **2** Relativo al magisterio.

magistratura f. **1** Cargo o profesión de magistrado. **2** Tiempo durante el cual un magistrado ejerce su cargo.

magma m. Masa ígnea del interior de la Tierra.

magnánimo, a adj. *Formal.* Que es bondadoso, comprensivo y causa respeto.

magnate m. y f. Persona importante en el mundo de los negocios o la industria.

magnesia f. Óxido de magnesio.

magnesio m. Elemento químico (metal) de símbolo Mg.

magnetismo m. **1** Propiedad que tienen los imanes para atraer el hierro. **2** Parte de la física que estudia las propiedades de los imanes. **3** Capacidad de una persona o cosa para atraer la voluntad y el interés.

magnetita f. Mineral que atrae el hierro y el acero.

magnetizar tr. **1** Transmitir a un metal las propiedades que tiene el imán de atraer el hierro y otros cuerpos. **2** Despertar el interés o la voluntad de una persona.

magnetófono o **magnetofón** m. Aparato que graba y reproduce sonidos en una cinta magnética.

magnetosfera f. Parte de la atmósfera terrestre donde son frecuentes los fenómenos magnéticos.

magnicidio m. Asesinato de una persona muy importante por su cargo o poder.

magnificar tr. **1** *Formal.* Resaltar las cualidades de una persona o cosa. **2** *Formal.* Exagerar la importancia de algo.

magnificencia f. Cualidad de magnífico.

magnífico, a adj. **1** Que destaca por sus buenas cualidades. **2** Que causa admiración.

magnitud f. **1** Característica de

un cuerpo que puede ser medida. **2** Importancia o extensión de una cosa. **3** Tamaño de un cuerpo. **4** Intensidad luminosa de un astro.

magno, a adj. *Formal.* Grande o importante.

magnolia f. **1** Árbol de tronco liso y hojas brillantes y alargadas. **2** Flor de este árbol, blanca y de olor intenso.

mago, a s. **1** Persona que se dedica a la magia. **2** Persona muy capacitada para una actividad determinada.

magrear tr. *Fam.* ESP Sobar una persona a otra con lascivia.

magrebí adj./m. y f. Del Magreb.

magro, a adj. **1** Que no tiene grasa. **2** Delgado y sin grasa. ◆ m. **3** ESP Carne de cerdo que tiene poca grasa.

maguey m. Planta de hojas bordeadas de pinchos y flores amarillas.

magullar tr. Causar a un cuerpo lesiones sin provocar herida exterior.

maharajá o **marajá** m. Título de muchos príncipes de la India.

mahometano, a adj. **1** Relativo a Mahoma o al mahometismo. ◆ adj./s. **2** Que profesa el mahometismo.

mahometismo m. Islamismo.

mahonesa f./adj. ESP, MÉX Mayonesa.

maicena f. Harina fina de maíz.

maillot m. Prenda de vestir deportiva de tela fina y elástica que se ajusta al cuerpo.

maíz m. **1** Semilla de color amarillo que crece agrupada en una mazorca. **2** Planta que da esta semilla.

majadero, a adj./s. *Desp.* Imprudente, necio.

majar tr. Aplastar con golpes.

majareta adj./m. y f. *Fam.* Chalado, chiflado.

majestad f. **1** Cualidad de majestuoso. **2** Tratamiento que se da a Dios, un rey o un emperador.

majestuoso, a adj. **1** Que impresiona por su solemnidad o elegancia. **2** Que manifiesta majestad.

majo, a adj. **1** ESP Simpático, agradable en el trato. **2** ESP Guapo, hermoso. ◆ s. **3** ESP Se usa como apelativo afectivo.

mal adv. **1** De un modo que no es adecuado o correcto. **2** De manera incompleta o insatisfactoria. **3** En un estado de enfermedad o incomodidad física. **4** Contrariamente a lo que se espera o desea. ◆ m. **5** Cosa que produce un daño físico o moral. **6** Alteración de la salud. **7** Idea de todo lo que se aparta de lo bueno o justo. ◆ adj. **8** Apócope de malo. ◇ **menos ~** Indica que hay que alegrarse de que suceda lo que a continuación se expresa.

malabarismo m. Ejercicio de equilibrio y habilidad.

malacitano, a adj./s. Que es de Málaga.

malacostumbrar tr. **1** Permitir que una persona haga su voluntad sin corregirla. **2** Hacer que una persona tenga malos hábitos.

malagueño, a adj./s. De Málaga.

malandrín, na adj./s. Malvado, perverso.

malaquita f. Mineral de cobre verde, usado en joyería.

malaria f. Enfermedad caracterizada por ataques intermitentes de fiebre muy alta.

malasombra m. y f. Persona que intenta ser graciosa sin conseguirlo.

malayo, a adj./s. **1** Que pertenece a una raza de Oceanía occidental. ◆ m./adj. **2** Lengua hablada en Malasia y otras zonas.

malcarado, a adj. Que tiene o pone cara de enojo.

malcriar tr. Educar mal a un niño permitiendo que haga siempre su voluntad.

maldad f. **1** Característica principal de la persona mala. **2** Acción mala.

maldecir tr. **1** Pedir y desear que le ocurra un mal a alguien. ◆ tr./intr. **2** Hablar mal de algo o alguien.

maldición f. **1** Expresión con la que una persona maldice. **2** Castigo producido por una fuerza sobrenatural. ◆ interj. **3** Indica disgusto o enfado.

maldito, a adj./s. **1** Que ha sido castigado o condenado por Dios o por una maldición. **2** Malvado, perverso. ◆ adj. **3** Indica que algo causa enfado o contrariedad.

maleable adj. **1** Se dice del metal que puede descomponerse en láminas. **2** Se dice del material que puede trabajarse con facilidad. **3** Que se adapta a diferentes situaciones o se deja influir por los demás.

maleante adj./m. y f. Delincuente.

malecón m. Pared que protege de la fuerza de las aguas.

maleducado, a adj./s. Que se comporta de forma molesta y no muestra respeto.

maleficio m. **1** Daño provocado por medio de la magia. **2** Conjunto de palabras o acciones mágicas que se dicen o hacen para causar daño.

malentendido m. Error que alguien comete por interpretar incorrectamente algo.

malestar m. **1** Sensación física de encontrarse mal. **2** Sensación de intranquilidad o disgusto.

maleta f. **1** Caja rectangular con un asa que sirve para llevar la ropa y otros objetos necesarios en un viaje. ◆ m. y f. **2** *Fam.* ESP Persona que hace con torpeza el trabajo a que se dedica.

maletero m. Portaequipaje.

maletilla m. y f. Joven que aspira a abrirse camino como torero.

maletín m. Cartera de mano o maleta pequeña.

malévolo, a adj. **1** Que implica maldad. **2** Malvado.

maleza f. **1** Conjunto de plantas que crecen muy juntas y de forma salvaje. **2** Conjunto de malas hierbas.

malformación f. Deformidad o defecto físico congénito.

malgache adj./m. y f. **1** De Madagascar. ◆ m./adj. **2** Lengua hablada en Madagascar.

malgastar tr. Gastar una cosa sin necesidad.

malhablado, a adj./s. Que usa expresiones malsonantes.

malhechor, ra adj./s. Que comete robos y otros delitos.

malherir tr. Herir gravemente.

malhumor o **mal humor** m. Estado de enojo e irritación.

malhumorado, a o **mal humorado, a** adj. Que está de mal humor.

malicia f. **1** Mala intención. **2** Predisposición a pensar mal. **3** Astucia, picardía.

maligno, a adj. **1** Que hace el mal o piensa mal. **2** Que tiene intención de perjudicar o hacer daño. **3** Se dice de la enfermedad grave que tiene pocas esperanzas de curación. ◆ m. **4** Ser sobrenatural que representa las fuerzas del mal.

malinterpretar tr. Interpretar de forma incorrecta.

malla f. **1** Cuadrilátero que forma el tejido de la red. **2** Tejido parecido a una red. **3** Prenda de vestir elástica, que se ajusta mucho al cuerpo. **4** ARG, CH, PAR, PERÚ, URUG Traje de baño femenino.

mallorquín, na adj./s. **1** De Mallorca. ◆ m./adj. **2** Variedad del catalán balear hablada en Mallorca.

malnacido, a o **mal nacido, a** adj./s. *Desp.* Malvado y miserable.

malnutrición f. Consumo insuficiente de proteínas.

malo, a adj./s. **1** Que hace el mal o piensa mal. **2** Que es muy revoltoso. ◆ adj. **3** Molesto, desagradable. **4** Que causa o puede causar un daño. **5** Que no es hábil o no realiza sus tareas tal como se exige. **6** Que no tiene calidad. **7** Que tiene un efecto negativo. **8** Que está enfermo.

malograr tr. **1** Impedir que un proyecto salga bien. **2** Echar a perder un asunto o un proyecto.

maloliente adj. Que desprende mal olor.

malparado, a adj. Que ha resultado perjudicado.

malparido, a adj./s. *Vulg.* Que actúa con mala intención o que perjudica.

malpensado, a o **mal pensado, a** adj./s. Que piensa mal de los demás.

malsano, a adj. **1** Que hace daño a la salud. **2** Opuesto a la moral.

malsonante adj. **1** Se dice de la expresión que es vulgar y grosera. **2** Que suena mal.

malta f. Cebada tostada que se usa para hacer cerveza o alcohol.
maltés, sa adj./s. **1** De Malta. ◆ m./adj. **2** Lengua hablada en Malta.
maltratar tr. Causar daño físico o moral.
maltrecho, a adj. Que ha resultado perjudicado o dañado en algún asunto.
malva f. **1** Planta de tallo ramoso y flores grandes de color morado. ◆ adj./m. **2** Que es de color morado claro.
malvado, a adj./s. Que obra con mucha maldad.
malvasía f. **1** Uva muy dulce y de olor suave. **2** Vino dulce que se elabora con esta uva.
malvavisco m. Planta herbácea de flores de color rosa.
malvender tr. Vender una cosa por un precio más bajo del que le corresponde.
malversar tr. Usar ilegalmente dinero ajeno o del estado.
malvivir intr. Vivir pobremente.
mama f. **1** Órgano glandular de las hembras de los mamíferos que produce la leche para alimentar a las crías. **2** Mamá.
mamá o **mama** f. *Fam.* Madre.
mamada f. **1** Acción de mamar. **2** ARG, URUG Borrachera. **3** MÉX Cosa absurda.
mamadera f. **1** AMÉR Biberón. **2** CUBA, P RICO Tetilla del biberón.
mamado, a adj. *Fam.* Borracho.
mamar tr./intr. **1** Chupar la leche de las mamas. **2** *Fam.* Tomar bebidas alcohólicas en abundancia. ◆ tr. **3** Aprender algo desde niño por estar en contacto con ello.
mamarracho m. **1** *Fam.* Persona que viste o se comporta de forma ridícula. **2** Persona despreciable. **3** Cosa fea o mal hecha.
mambo m. **1** Composición musical originaria de Cuba, de ritmo rápido. **2** Danza que se baila con esta música.
mameluco m. **1** Soldado egipcio al servicio personal del sultán. **2** Hombre torpe y poco inteligente.
mami f. *Fam.* Mamá.
mamífero, a adj./m. Se dice del animal vertebrado con pelo que cubre su cuerpo o parte de él y cuyo embrión se desarrolla dentro de la madre.
mamografía f. Radiografía de una mama.
mamón, na adj./s. **1** Que todavía mama. **2** *Fam. y desp.* Se dice de la persona despreciable.
mamotreto m. Libro o conjunto de papeles muy abultado.
mampara f. Plancha movible que se coloca para aislar un espacio.
mamporro m. *Fam.* Golpe dado con el puño.
mampostería f. Aparejo de un muro realizado con piedras sin labrar.

mamut m. Mamífero prehistórico, parecido al elefante, pero más grande y con pelo largo.
maná m. **1** Alimento que Yahvé hizo llover del cielo para alimentar a los hebreos en el desierto. **2** Cosa buena que se obtiene sin trabajo alguno y de manera inesperada.
manada f. Conjunto de animales de la misma especie que andan reunidos.
mánager m. y f. **1** Persona que dirige o administra una sociedad o empresa. **2** Persona que se ocupa de los intereses de un deportista o un artista.
managüense adj./m. y f. De Managua.
manantial m. Corriente de agua que brota de la tierra.
manar intr. **1** Brotar o salir un líquido. **2** Aparecer o surgir una cosa con facilidad.
manazas adj./m. y f. *Fam.* ESP Que es torpe con las manos.
mancebo m. *Formal.* Hombre joven.
mancha f. **1** Señal o marca, especialmente de suciedad. **2** Zona oscura que se observa en el disco del Sol.
manchar tr. **1** Ensuciar algo dejando una señal o una marca. **2** Dañar la honra o el honor.
manchego, a adj./s. **1** De La Mancha. ◆ adj./m. **2** Se dice del queso de oveja que se hace en esta zona.
mancillar tr. Dañar el honor.
manco, a adj./s. **1** Se dice de la persona o animal a quien falta un brazo o una mano. ◆ adj. **2** Que está incompleto o es defectuoso.
mancomunidad f. **1** *Formal.* Unión de personas o empresas para conseguir un fin común. **2** Asociación de varios municipios.
mancuerna f. Pareja de animales o cosas.
mandado, a s. **1** Persona a la que se encarga un trabajo especial. ◆ m. **2** Mandato, orden.
mandamás m. y f. *Fam.* Persona que desempeña una función de mando.
mandamiento m. **1** Orden que da un superior a sus subordinados. **2** Ley o precepto religioso de los judíos y los cristianos. **3** Orden de un juez.
mandanga f. **1** Pereza o falta de rapidez y de energía. ◆ f.pl. **2** *Fam.* Excusas o comentarios que no interesan.
mandar tr. **1** Obligar a hacer una cosa dando una orden. **2** Enviar una cosa a un lugar o a una persona. **3** Hacer que una persona se traslade a otro lugar. ◆ tr./intr. **4** Ejercer el mando o autoridad.
mandarín m. **1** Funcionario de la antigua China. **2** Variedad del chino hablada en la mayor parte de China.
mandarina f. Fruto parecido a la naranja, pero más pequeño.

mandatario, a s. **1** Persona que acepta de otra el encargo de representarla. **2** Persona que desempeña un alto cargo político.

mandato m. **1** Orden que da un superior a sus subordinados. **2** Período durante el cual una autoridad manda o gobierna.

mandíbula f. Cada una de las piezas óseas o cartilaginosas que forman la boca de los vertebrados.

mandil m. Delantal.

mandinga adj./m. y f. **1** De un pueblo africano de Costa de Marfil, Guinea, Malí y Senegal. ◆ m. **2** AMÉR Nombre que los campesinos dan al diablo. **3** ARG Muchacho travieso.

mandioca f. **1** Arbusto tropical con una raíz muy grande y carnosa. **2** Harina blanca que se saca de la raíz de esta planta.

mando m. **1** Autoridad o poder de una persona o un organismo para dirigir o gobernar. **2** Dispositivo que controla el funcionamiento de un aparato o una máquina.

mandoble m. **1** Golpe o corte de arma blanca que se da agarrándola con las dos manos. **2** Espada grande.

mandolina f. Instrumento musical de cuerda con una caja de resonancia ovalada y cuatro o seis pares de cuerdas.

mandrágora f. Planta sin tallo, de flores malolientes con figura de campanilla y fruto en baya.

mandril m. **1** Mamífero del orden primates con pelo espeso marrón y trasero rojo. **2** Pieza cilíndrica en la que se asegura el objeto que se ha de tornear. **3** Herramienta para agrandar los agujeros en las piezas de metal.

manecilla f. Varilla delgada y larga que señala las medidas en algunos instrumentos de medición.

manejar tr. **1** Usar o mover una cosa con las manos. **2** Usar o emplear una cosa con un fin determinado. **3** Dirigir o administrar un asunto. **4** AMÉR Dirigir un vehículo utilizando los mandos necesarios para que marche. ◆ **prnl. 5** Tener facilidad para hacer una cosa o relacionarse en una situación o en un ambiente.

manera f. **1** Forma o modo de ser, realizar o suceder una cosa. ◆ m.pl. **2** Modo de comportarse ante los demás.

maneta f. Pieza estrecha con la que se acciona manualmente un mecanismo.

manga f. **1** Parte de la prenda de vestir que cubre el brazo. **2** Manguera, tubo largo y flexible. **3** Parte de una competición deportiva. **4** AMÉR Espacio comprendido entre dos estacas que marcan el acceso a un corral o a un embarcadero.

manganeso m. Elemento químico (metal) de símbolo Mn.

mangar tr. *Fam. y desp.* ESP Robar una cosa con engaño.

manglar m. Vegetación propia de zonas tropicales cubiertas de agua por las mareas.
mango m. **1** Parte estrecha y alargada de un objeto por donde se agarra con la mano. **2** Árbol grande, de tronco recto y corteza negra. **3** Fruto de este árbol, aromático y carnoso.
mangonear tr. *Fam. y desp.* Intervenir una persona en un asunto de otra, tratando de dirigirlo.
mangosta f. Mamífero carnívoro pequeño de pelo rojizo, cola larga y patas cortas.
manguera f. Tubo largo y flexible que conduce un líquido expulsándolo por un extremo.
mangui m. y f. *Fam.* ESP Ladrón.
manguito m. **1** Prenda en forma de tubo para abrigar las manos. **2** Pieza para acoplar o reforzar tubos.
maní m. Cacahuete.
manía f. **1** Trastorno mental que se caracteriza por la presencia obsesiva de una idea fija. **2** Costumbre o comportamiento raro. **3** Sentimiento de rechazo hacia alguien o algo. **4** Afición exagerada hacia una cosa.
maniatar tr. Atar las manos.
maniático, a adj./s. **1** Que tiene comportamientos raros o poco corrientes. **2** Que padece manía.
manicomio m. Hospital para enfermos mentales.
manicura f. Cuidado y arreglo de las manos.
manido, a adj. **1** Se dice del asunto que es tan conocido que es poco original. **2** Muy gastado por el uso.
manierismo m. Estilo artístico del siglo XVI que se caracteriza por su refinamiento y excentricidad.
manifestación f. **1** Acción y efecto de manifestar o manifestarse. **2** Concentración pública de personas que recorren las calles para reclamar algo o protestar por alguna cosa.
manifestar tr. **1** Dar a conocer una opinión o un sentimiento. ◆ prnl. **2** Hacer una manifestación o participar en ella.
manifiesto, a adj. **1** Evidente, patente. ◆ m. **2** Escrito en que se expone una ideología.
manija f. **1** Manilla de una cerradura. **2** Asa.
manilla f. **1** Manecilla del reloj. **2** Palanca pequeña que acciona la cerradura de una puerta o una ventana. **3** Adorno o joya que se pone en la muñeca. **4** Aro de hierro que se pone en las muñecas para inmovilizar las manos.
manillar m. Parte delantera de la bicicleta o la motocicleta en la que se apoyan las manos para controlar la dirección.
maniobra f. **1** Conjunto de operaciones para dirigir la marcha de un vehículo. **2** Operación para dirigir el funcionamiento de una máquina. **3** Operación hábil y astuta

para conseguir un fin determinado. **4** Ejercicio militar para adiestrar a los soldados.

manipular tr. **1** Manejar una cosa con las manos. **2** Influir en una persona o intervenir en un asunto para conseguir un fin determinado.

maniqueísmo m. **1** Doctrina religiosa basada en la lucha entre el bien y el mal. **2** Actitud que tiende a valorar las cosas como buenas o malas.

maniquí m. **1** Figura con forma humana que sirve para mostrar o exhibir prendas de vestir. **2** Persona que siempre va muy bien vestida. ◆ m. y f. **3** Persona que se dedica a mostrar o exhibir prendas de vestir.

manirroto, a adj./s. Que derrocha el dinero.

manitas m. y f. *Fam.* ESP Persona con habilidad para hacer un trabajo manual.

manivela f. Pieza que se usa para dar vueltas al eje de un mecanismo.

manjar m. Alimento, especialmente el que resulta exquisito.

mano f. **1** Parte del cuerpo humano que va desde la muñeca hasta la punta de los dedos. **2** Pata delantera de un animal cuadrúpedo. **3** Lado en el que está situada una cosa. **4** Capa de pintura. **5** Habilidad para hacer una cosa o resolver un asunto. **6** Partida de cartas. ◇ **echar una ~** Ayudar a una persona. ◇ **~ de obra** Conjunto de obreros.

manojo m. Conjunto de cosas que se pueden coger de una vez con la mano.

manómetro m. Aparato para medir la presión de un líquido o gas.

manopla f. **1** Guante sin separaciones para los dedos. **2** AMÉR Pieza metálica que se coloca en los dedos de la mano para golpear más fuerte.

manosear tr. Acariciar o toquetear repetidamente con las manos.

manotazo m. Golpe dado con la mano.

mansalva ◇ **a ~** En abundancia o en gran cantidad.

mansedumbre f. Docilidad, tranquilidad.

mansión f. Vivienda muy grande y lujosa.

manso, a adj. **1** Se dice del animal que no es agresivo. **2** Sosegado, tranquilo.

manta f. **1** Pieza rectangular de tejido grueso que sirve para abrigar. **2** Pez marino de cuerpo muy plano y cola larga. **3** Cantidad grande de golpes. ◆ m. y f. **4** *Fam.* ESP Persona perezosa.

mantear tr. Lanzar repetidamente al aire a una persona impulsándola con una manta.

manteca f. **1** Grasa del cerdo o de otros animales. **2** Sustancia grasa de la leche y de la semilla de algunos frutos.

mantecado m. **1** Bollo pequeño hecho con manteca, harina y azúcar. **2** Helado o sorbete preparado con leche, huevos y azúcar.

mantel m. Pieza de tela, papel o plástico que se coloca sobre la mesa para comer.

mantelería f. Conjunto formado por un mantel y varias servilletas.

mantener tr. **1** Conservar una cosa en su estado óptimo. **2** Dar a una persona lo necesario para vivir. **3** Sostener o sujetar una cosa para que no se caiga o no se tuerza. **4** Defender una idea u opinión. **5** Realizar una acción a lo largo de un período. **6** Continuar alguien o algo en un estado o actitud determinado.

mantequería f. Establecimiento en el que se venden productos derivados de la leche.

mantequilla f. **1** Alimento graso que se obtiene batiendo la nata de la leche de vaca. **2** Manteca o nata de la leche.

mantilla f. Prenda femenina que cubre la cabeza.

mantillo m. **1** Capa superior del suelo formada por tierra y materia orgánica en descomposición. **2** Estiércol fermentado.

mantis f. Insecto de cuerpo largo y patas delanteras largas y con espinas.

manto m. **1** Prenda de vestir parecida a la capa, que cubre desde los hombros o la cabeza hasta los pies. **2** Capa sólida de la Tierra situada entre el núcleo y la corteza.

mantón m. Prenda de vestir femenina que se lleva sobre los hombros.

manual adj. **1** Que se hace con las manos. ◆ m. **2** Libro que recoge lo más importante de una materia.

manubrio m. **1** Manivela. **2** Conducto de la parte ventral de una medusa. **3** AMÉR Manillar.

manufactura f. **1** Fabricación de un producto con las manos o con ayuda de máquinas. **2** Producto elaborado en esta fabricación. **3** Fábrica donde se elaboran estos productos.

manumitir tr. Conceder la libertad a un esclavo.

manuscrito, a adj. **1** Escrito a mano. ◆ m. **2** Texto o libro escrito a mano.

manutención f. Acción de mantener a una persona.

manzana f. **1** Fruto del manzano, de forma redondeada. **2** Grupo de casas contiguas limitado por calles por todos sus lados. **3** AMÉR Nuez de la garganta.

manzanilla f. **1** Planta herbácea de hojas pequeñas y abundantes. **2** Flor de esta planta, blanca y olorosa. **3** Bebida que se hace hirviendo en agua estas flores secas. **4** Vino blanco, seco y muy aromático.

manzano m. Árbol de flores blancas cuyo fruto es la manzana.

maña f. **1** Destreza, habilidad. **2** Medio que se emplea con astucia para conseguir algo.

mañana f. **1** Parte del día que va desde el amanecer hasta el mediodía. **2** Parte del día que va desde las doce de la noche hasta el amanecer. ◆ m. **3** Tiempo futuro que no está muy lejano. ◆ adv. **4** En el día que sigue inmediatamente al de hoy.

mañanita f. **1** Capa corta femenina que se pone sobre el camisón. ◆ f.pl. **2** MÉX Canción popular mexicana que se dedica a alguien con motivo de su santo o cumpleaños.

maño, a adj./s. *Fam.* Aragonés.

mañoso, a adj. Diestro, hábil.

maoísmo m. Doctrina política socialista basada en las ideas de Mao Zedong.

maorí adj./m. y f. **1** De un pueblo polinesio que habita en Nueva Zelanda. ◆ m./adj. **2** Lengua hablada por este pueblo.

mapa m. Representación de la superficie de la Tierra o de parte de ella en un plano.

mapache m. Mamífero de pelo fino gris, con unos círculos negros alrededor de los ojos.

mapamundi m. Mapa que representa la superficie completa de la Tierra.

mapuche adj./m. y f. **1** De Arauco. ◆ m./adj. **2** Lengua hablada por los indios de Arauco.

maqueta f. **1** Proyecto o reproducción de un edificio u otra construcción hecho en tamaño reducido. **2** Composición de una página que se debe imprimir. **3** Grabación musical de prueba.

maqui m. y f. Maquis, persona.

maquiavélico, a adj. **1** Que actúa con astucia y engaños. **2** Se dice de la acción o actitud planeada con astucia y engaños.

maquillar tr. **1** Aplicar productos cosméticos sobre la piel. **2** Cambiar la apariencia de algo para disimular o engañar.

máquina f. **1** Conjunto de piezas acopladas entre sí que transforma una forma de energía en otra para hacer un trabajo. **2** Locomotora.

maquinal adj. Se dice del acto o movimiento involuntario o inconsciente.

maquinar tr. Tramar algo con astucia y en secreto.

maquinaria f. **1** Conjunto de máquinas. **2** Conjunto de piezas que componen un mecanismo.

maquinilla f. Instrumento para afeitar que tiene una pieza con una o varias hojas de metal afiladas.

maquinista m. y f. **1** Persona que maneja una máquina de tren. **2** Persona que arregla máquinas y controla su funcionamiento.

maquis m. y f. **1** Organización guerrillera francesa que luchó contra la ocupación nazi. ◆ m. **2** Organización guerrillera antifranquista. ◆ m. y f. **3** Persona perteneciente a una de estas organizaciones.

mar m. o f. **1** Masa de agua salada que cubre las tres cuartas partes de la superficie de la Tierra. **2** Parte en que se divide esta masa de agua salada. ◆ m. **3** Gran cantidad de una cosa.

marabú m. Ave zancuda similar a la cigüeña, de color blanco y gris.

marabunta f. **1** Enjambre de hormigas carnívoras propias de América del Sur. **2** *Fam.* Alteración de la tranquilidad o el orden.

maraca f. Instrumento musical de percusión formado por una bola hueca llena de pequeñas piedras o semillas unida a un mango.

maracuyá m. **1** Planta trepadora de tallos ramosos y fruto comestible. **2** Fruto de esta planta de pulpa amarilla y forma de huevo.

marajá m. Maharajá.

maraña f. **1** Conjunto de hilos, cabellos, cuerdas, cables o cosas de forma semejante que están muy enredados. **2** Maleza, espesura. **3** Conjunto de engaños y maniobras secretas para conseguir una cosa.

maratón m. o f. **1** Prueba deportiva que consiste en correr a pie un recorrido de 42 km y 195 m. **2** Actividad muy larga que se realiza sin descansos.

maravedí m. Antigua moneda española.

maravilla f. **1** Persona, cosa o suceso que produce admiración y asombro. **2** Admiración, asombro ante alguien o algo extraordinario. **3** Caléndula. **4** Planta de jardín con las flores azules.

maravillar tr. Causar admiración o asombro.

marca f. **1** Señal que se hace sobre una cosa. **2** Señal o huella que deja un golpe, una herida o una presión. **3** Nombre comercial de un producto. **4** Resultado máximo que consigue un deportista en una competición.

marcado, a adj. Que destaca y se percibe con claridad.

marcador m. **1** Tablero en el que se anotan los puntos que consigue un jugador o un equipo deportivo. **2** AMÉR Útil de escritura que funciona con tinta especial y con un trazo grueso.

marcapasos m. Aparato que se coloca junto al corazón para mantener el ritmo cardíaco.

marcar tr. **1** Hacer o poner una señal sobre algo. **2** Indicar un aparato de medición una cantidad o una medida. **3** Pulsar las teclas del teléfono para indicar el número telefónico con el que se desea comunicar. **4** Conseguir un gol o un tanto. **5** Dejar algo un recuerdo o una huella. **6** Hacer que se note el ritmo o el orden de un movimiento o una acción.

marcha f. **1** Acción de marchar o marcharse. **2** Posición del cambio de velocidades del motor de un automóvil o una máquina. **3** Grado de velocidad con que se hace una cosa. **4** Pieza musical con que se acompañan desfiles y actos solemnes. **5** Prueba deportiva de atletismo que se realiza caminando muy deprisa. **6** *Fam.* ESP Diversión, animación.

marchamo m. Marca que se pone en un objeto o un producto después de haber sido revisado en una aduana.

marchante m. y f. **1** Persona que comercia con obras de arte. **2** AMÉR Cliente habitual de una tienda. **3** MÉX Vendedor al que se suele comprar habitualmente.

marchar intr. **1** Caminar o moverse avanzando a pie. **2** Funcionar o desarrollarse una cosa o un mecanismo. ◆ **intr./prnl. 3** Ir de un lugar a otro o partir de un lugar.

marchitar tr. **1** Hacer que las plantas y las flores pierdan frescura y verdor. **2** Hacer que una persona pierda la belleza, la fuerza y la vitalidad.

marcial adj. **1** Relativo a la guerra o al ejército. **2** Que camina muy erguido y con firmeza.

marciano, a adj. **1** De Marte. ◆ s. **2** Habitante imaginario de Marte u otro planeta.

marco m. **1** Cerco o moldura que rodea los bordes de una cosa. **2** Unidad monetaria de Alemania y Finlandia hasta su sustitución por el euro en el año 2002. **3** Entorno que rodea a alguna cosa.

marea f. **1** Movimiento alternativo y periódico de ascenso y descenso de las aguas del mar. **2** Cantidad grande de personas que se encuentran en un lugar.

marear tr. **1** Causar aturdimiento, molestia o fastidio. **2** Dirigir un barco. ◆ prnl. **3** Experimentar mareo.

marejada f. Estado de la mar cuando hay olas de entre 3 y 4 metros.

maremagno o **maremágnum** o **mare mágnum** m. **1** Abundancia de cosas desordenadas y confusas. **2** Multitud de personas que causan alboroto.

maremoto m. Movimiento sísmico que se produce en el fondo del mar y que ocasiona una agitación violenta de las aguas.

marengo m./adj. Color gris muy oscuro.

mareo m. **1** Sensación de malestar que generalmente provoca vómitos y pérdida del equilibrio. **2** Estado de aturdimiento que se produce por una situación molesta.

marfil m. **1** Material duro del que están formados los dientes de los mamíferos. ◆ adj./m. **2** Se dice del color blanco amarillento, como el de este material.

marfileño, a adj. **1** Relativo al marfil. ◆ adj./s. **2** De Costa de Marfil.

marga f. Roca sedimentaria compuesta de arcilla y caliza.

margarina f. Sustancia alimenticia grasa de color amarillento.

margarita f. **1** Flor con el centro amarillo y los pétalos blancos. **2** Planta herbácea que da esta flor. **3** Pieza en forma de disco de una máquina de escribir o una impresora. ◆ m. **4** Bebida refrescante hecha con tequila, zumo de lima y licor de naranja.

margen m. o f. **1** Zona límite entre la tierra y una masa de agua o entre dos zonas de tierra. ◆ m. **2** Espacio en blanco que queda entre los bordes de una página y el texto escrito. **3** Tiempo que queda hasta que se dé un acto o suceso. **4** Oportunidad que se da a una persona para hacer una cosa. **5** Diferencia que se calcula entre un resultado previsto y el real. ◇ **al ~** Sin participar en un asunto.

marginal adj. **1** Secundario o poco importante. **2** Que ha sido marginado. **3** Que vive o actúa fuera de las normas sociales establecidas.

marginar tr. **1** Dejar a una persona en una situación de aislamiento y rechazo. **2** Dejar de lado una cosa.

maría f. **1** *Argot.* Marihuana. **2** *Fam.* ESP Asignatura fácil de aprobar.

mariachi m. **1** Música popular mexicana de carácter alegre y bullicioso. **2** Orquesta que ejecuta esta música. **3** Miembro de esta orquesta.

mariano, a adj. Relativo a la Virgen María.

marica m. **1** *Fam.* Hombre afeminado. **2** *Fam.* Hombre homosexual.

maricón m. **1** *Vulg.* Hombre afeminado. **2** *Vulg.* Hombre homosexual.

maridaje m. Enlace y conformidad de los casados.

marido m. Hombre con el que está casada una mujer.

marihuana f. Cáñamo índico cuyas hojas al fumarse producen un efecto narcótico.

marimacho m. o f. *Fam. y desp.* Mujer hombruna.

marimandón, na adj./s. *Fam.* Que tiene tendencia exagerada a mandar.

marimba f. Xilófono de sonido poco intenso y suave.

marimorena f. *Fam.* ESP Enfrentamiento o discusión violenta.

marina f. **1** Conjunto de barcos de un país, una nación o una compañía. **2** Técnica de la navegación. **3** Pintura que representa un paisaje marítimo.

marinar tr. Dejar durante un tiempo un alimento en adobo para condimentarlo o conservarlo.

marine m. Soldado de infantería de marina de Estados Unidos o del Reino Unido.

marinero, a adj. **1** Relativo a la marina. ◆ s. **2** Persona que trabaja en las tareas de un barco.

marino, a adj. **1** Relativo al mar. ◆ m. **2** Hombre que tiene una profesión que se desarrolla en el mar.

marioneta f. **1** Muñeco que puede ser movido mediante unos hilos atados a su cuerpo o bien metiendo la mano en su interior. **2** Persona que se deja manejar por los demás.

mariposa f. **1** Insecto volador con cuatro alas grandes de colores muy vistosos. **2** Estilo de natación en que se mueven los dos brazos a la vez. **3** Tuerca que tiene una aleta a cada lado para poder enroscarla manualmente.

mariquita f. **1** Insecto de forma ovalada y alas protegidas por unas placas de color rojo o amarillo con puntos negros. ◆ m. **2** *Fam.* Marica.

mariscal m. En algunos países, persona con la más alta graduación militar.

marisco m. Invertebrado marino provisto de esqueleto externo.

marisma f. Terreno bajo y pantanoso que ha sido invadido por el agua del mar o de un río.

marista adj./m. Que pertenece a una congregación devota de la Virgen María.

marital adj. Relativo al matrimonio.

marítimo, a adj. Relativo al mar.

marketing m. Conjunto de técnicas para vender mejor un producto o un servicio.

marmita f. Olla de metal con tapadera ajustada.

mármol m. Roca metamórfica caliza con vetas de distintos colores.

marmota f. **1** Roedor con cola larga y pelo espeso de color rojizo y blanco. **2** Persona que duerme mucho.

maroma f. **1** Cuerda gruesa. **2** Voltereta o pirueta de una acrobacia. **3** AMÉR Cambio oportunista en política.

marqués, sa s. Persona que tiene un título nobiliario de categoría inmediatamente superior al de conde.

marquesina f. Alero o cubierta que resguarda del sol, de la lluvia y del viento.

marquetería f. Técnica que consiste en recortar una lámina de madera formando dibujos.

marrano, a s. **1** Cerdo (animal). ◆ adj./s. **2** *Fam.* Que no cuida su aseo personal.

marras ◇ **De ~** Consabido.

marrón adj./m. **1** Se dice del color como el del chocolate. ◆ m. **2** *Fam.* ESP Cosa muy molesta o desagradable.

marroquí adj./m. y f. De Marruecos.

marroquinería f. Industria o fabricación de artículos de piel o cuero.

marrullería f. ESP Trampa o engaño.

marsopa f. Mamífero marino similar al delfín, pero más pequeño.

marsupial adj./m. Se dice del mamífero cuya hembra tiene una bolsa en el vientre en la que mantiene y alimenta a sus crías.

marta f. Mamífero con cabeza pequeña, cola larga y pelo suave de color marrón.

martes m. Segundo día de la semana.

martillo m. **1** Herramienta en forma de T que sirve para golpear. **2** Huesecillo del oído medio de los mamíferos. **3** Esfera de hierro con la que se realiza una de las pruebas atléticas de lanzamiento.

martinete m. **1** Ave zancuda parecida a la garza, con un penacho de plumas blancas. **2** Martillo o mazo mecánico.

martiniqués, sa adj./s. De Martinica.

martín pescador m. Pájaro de plumaje verde o azul en el dorso y rojizo en el vientre.

mártir m. y f. Persona que sufre martirio.

martirio m. **1** Muerte o sufrimientos que se padecen por creer en una doctrina. **2** Sufrimiento intenso.

maruja f. *Fam. y desp.* ESP Mujer dedicada a las tareas domésticas y al cuidado de la familia.

marxismo m. Doctrina filosófica de Karl Marx que defiende una sociedad sin clases.

marzo m. Tercer mes del año.

mas conj. *Formal.* Pero.

más adv. **1** Indica mayor cantidad o intensidad. **2** En oraciones negativas, indica otra cosa igual a la que se menciona o de la misma clase. **3** Indica preferencia. ◆ **conj. 4** Indica suma o adición. ◆ **m. 5** Signo aritmético (+) de la suma. ◇ **de ~** De sobra. ◇ **es ~** Se usa para añadir un comentario que refuerza lo que se ha dicho antes. ◇ **~ bien** Se usa para precisar algo que se ha dicho. ◇ **no ~** AMÉR Solo, únicamente.

masa f. **1** Mezcla espesa y blanda de sustancias sólidas machacadas con sustancias líquidas. **2** Conjunto numeroso de personas o cosas muy juntas. **3** Cantidad de materia de un cuerpo.

masacre f. Matanza indiscriminada de personas.

masai adj./m. y f. **1** De un pueblo que habita en zonas de Kenia y Tanzania. ◆ **m./adj. 2** Lengua hablada por este pueblo.

masaje m. Presión o frotamiento de determinadas zonas del cuerpo con fines terapéuticos.

mascar tr. **1** Partir y triturar con los dientes. **2** Hacer que una cosa sea más comprensible.

máscara f. **1** Objeto que cubre la cara o parte de ella. **2** Fingimiento, disimulo.

mascarilla f. **1** Máscara que cubre la nariz y la boca por motivos de higiene o para facilitar la aspiración de gases. **2** Producto cosmético para embellecer la cara o el pelo.

mascarón m. Adorno arquitectónico con forma de cara grotesca o deforme.

mascota f. **1** Persona, animal o cosa que atrae la buena suerte. **2** Animal de compañía.

masculino, a adj. **1** Relativo al hombre o varón. **2** Se dice del ser vivo que tiene órganos para fecundar. ◆ **adj./m. 3** Se dice del género de los sustantivos referidos a personas o animales de sexo masculino, y a ciertos seres inanimados.

mascullar tr. Hablar entre dientes, sin pronunciar claramente las palabras, y en voz baja.

masetero m. Músculo situado en la parte posterior de cada mejilla.

masía f. Casa de campo típica de Cataluña y Aragón.

masificar tr. Dar carácter de masa uniforme a un grupo de personas.

masilla f. Masa blanda usada para tapar agujeros o sujetar cristales.

masivo, a adj. Que se hace en gran cantidad.

masoca adj./m. y f. Masoquista.

masonería f. Sociedad secreta internacional basada en la fraternidad entre sus miembros, que se agrupan en logias.

masoquista adj./m. y f. Que disfruta sexualmente con el propio dolor.

mastaba f. Tumba egipcia en forma de pirámide truncada.

máster m. Curso de especialización en determinada materia.

masticar tr. Partir y triturar con los dientes, generalmente un alimento.

mástil m. **1** Palo largo de una embarcación para sostener las velas. **2** Palo que sostiene una cosa. **3** Parte estrecha y larga de un instrumento de cuerda.

mastín, na adj./s. Se dice del perro de una raza de gran tamaño y fuerza.

mastodonte m. **1** Mamífero prehistórico, parecido al elefante. **2** *Fam.* Persona o cosa enorme.

masturbar tr. Estimular los órganos genitales de una persona para dar placer sexual.

mata f. **1** Planta o arbusto bajo y muy espeso. **2** Cantidad grande de pelo.

matadero m. Lugar donde se matan y descuartizan animales.

matador, ra s. **1** Torero. ◆ **adj. 2** *Fam.* ESP Que es vulgar y de mal gusto.

matanza f. **1** Acción de matar a muchas personas o animales. **2** ESP Acción de matar un cerdo y preparar su carne para que sirva de alimento.

matar tr. **1** Quitar la vida. **2** Causar dolor o sufrimiento. **3** Molestar, fastidiar. **4** Calmar la sensación de hambre o sed. **5** Destruir una cosa inmaterial. ◆ **prnl. 6** Perder o quitarse la vida.

matarife m. Persona que se dedica a matar y descuartizar el ganado.

matasellos m. Utensilio para marcar los sellos de las cartas y paquetes.

matasuegras m. Tubo de papel enrollado que al soplar por un extremo se alarga.

mate adj. **1** Que no tiene brillo. ◆ m. **2** Planta de flores blanquecinas y fruto rojo. **3** Bebida que se prepara hirviendo en agua las hojas secas y tostadas de esta planta. **4** Jugada de ajedrez en la que se amenaza al rey y este no puede salvarse. **5** En el baloncesto, canasta que se consigue introduciendo la pelota con fuerza en el aro.

matemática f. Ciencia que estudia las propiedades de entes abstractos, como números, figuras geométricas, etc.

materia f. **1** Sustancia primaria de la que está hecha una cosa. **2** Cuerpo de la persona en oposición a su espíritu. **3** Tema principal sobre el que se habla, escribe o piensa. **4** Parte de un plan de estudios que trata un tema específico.

material adj. **1** Relativo a la materia. **2** Que pertenece al mundo físico. ◆ m. **3** Sustancia de la que está hecha una cosa. **4** Elemento que sirve para elaborar una cosa. **5** Conjunto de herramientas u objetos necesarios en un trabajo.

materialismo m. **1** Doctrina filosófica que considera que solo existe la materia. **2** Actitud de la persona que da excesivo valor a las cosas materiales.

materialista adj. **1** Relativo al materialismo. ◆ adj./m. y f. **2** Que da excesivo valor a las cosas materiales.

materializar tr. Hacer real y concreto un proyecto, una idea o un deseo.

maternal adj. Materno.

maternidad f. **1** Condición de madre. **2** Hospital o servicio de un hospital preparado para que las mujeres den a luz.

materno, a adj. Relativo a la madre.

matinal adj. **1** Relativo a la mañana. ◆ adj./f. **2** Se dice del espectáculo que tiene lugar por la mañana.

matiz m. **1** Tono de un color o sonido. **2** Característica sutil que da un valor determinado a algo.

matizar tr. **1** Combinar adecuadamente distintos colores y tonos. **2** Dar un matiz determinado a algo.

matojo m. Arbusto bajo y muy espeso.

matón m. Hombre que obliga a hacer algo mediante la fuerza o amenazas.

matorral m. **1** Conjunto de matas. **2** Terreno donde abundan las matas.

matraca f. **1** Instrumento formado por una rueda de tablas que al girar producen un ruido seco e intenso. **2** *Fam.* Insistencia que molesta.

matraz m. Recipiente esférico y con un cuello estrecho que se usa en los laboratorios.
matriarcado m. Organización social en la que la mujer tiene el mando.
matricidio m. Asesinato de la propia madre.
matrícula f. **1** Inscripción de una persona en un registro o lista oficial. **2** Conjunto de personas o cosas inscritas en un registro o lista oficial. **3** Placa que llevan los vehículos donde se indica el número con el que están registrados. ◇ **~ de honor** Calificación máxima concedida en algunas pruebas o exámenes.
matrimonio m. **1** Unión civil o religiosa de un hombre y una mujer reconocida por la ley. **2** Pareja formada por dos personas casadas entre sí.
matritense adj./m. y f. Madrileño.
matriz f. **1** Útero. **2** Molde que da forma a una cosa. **3** Conjunto de números colocados en líneas horizontales y verticales.
matrona f. **1** Comadrona. **2** *Fam.* Mujer madura que está un poco gruesa.
matutino, a adj. Relativo a la mañana.
maullido m. Voz del gato.
mausoleo m. Monumento que cubre una tumba.
maxilar adj. **1** Relativo a la mandíbula. ◆ m. **2** Hueso que forma parte de la mandíbula.
máxima f. Sentencia o frase corta que expresa un contenido moral o resume algún conocimiento esencial.
máxime adv. *Formal.* Refuerza una afirmación dada una determinada circunstancia.
máximo, a adj. **1** Que es el mayor o superior en grado. ◆ m. **2** Límite superior o extremo al que puede llegar una cosa.
maxwell o **maxvelio** m. Unidad de flujo magnético en el sistema cegesimal.
maya adj./m. y f. **1** De un pueblo que desarrolló una importante civilización en zonas de México, Guatemala y Honduras. ◆ m./adj. **2** Lengua hablada por este pueblo.
mayestático, a adj. Majestuoso.
mayo m. Quinto mes del año.
mayonesa f./adj. Salsa que se hace con huevo, aceite, vinagre o limón y sal.
mayor adj. **1** Se dice de la persona que tiene más edad en comparación con otra. **2** Más grande. **3** Que tiene mucha edad. ◆ adj./m. y f. **4** Adulto.
mayoral m. Persona con autoridad sobre un grupo de trabajadores del campo.
mayorazgo m. **1** Derecho que tiene el hijo mayor a heredar los bienes de sus padres. **2** Conjunto

de estos bienes. **3** Heredero de estos bienes.

mayordomo, a s. Sirviente principal de una casa.

mayoría f. **1** Parte mayor de las personas o cosas de un conjunto. **2** Número mayor de votos.

mayorista adj./m. y f. Que se dedica a comprar o vender mercancías en grandes cantidades.

mayúsculo, a adj. **1** *Fam.* Muy grande o más grande de lo normal. ◆ f./adj. **2** Letra de mayor tamaño que la minúscula y de forma distinta.

maza f. **1** Herramienta parecida a un martillo, pero con una cabeza más pesada. **2** Instrumento para tocar el tambor formado por una bola unida a un mango.

mazacote m. **1** Cosa densa y pesada. **2** Obra de arte tosca.

mazamorra f. **1** AMÉR Guiso parecido a las gachas, a base de maíz hervido. **2** AMÉR Cosa desmenuzada.

mazapán f. Dulce de almendras y azúcar.

mazmorra f. Prisión subterránea.

mazo m. **1** Martillo grande y pesado. **2** Conjunto de cosas agrupadas, especialmente papeles y naipes.

mazorca f. Fruto en forma de espiga de algunas plantas, como el maíz.

mazurca f. **1** Composición musical de ritmo moderado y compás ternario. **2** Baile que acompaña a esta música.

me pron. **1** Forma átona del pronombre de primera persona, en género masculino y femenino y en número singular, que realiza la función de complemento directo e indirecto. **2** Forma átona de primera persona del singular en las construcciones pronominales.

meandro m. Curva pronunciada de un río.

meapilas m. y f. *Fam. y desp.* Persona que se muestra exagerada y fingidamente devota.

mear intr./prnl. **1** *Fam.* Orinar. ◆ tr. **2** *Fam.* Expulsar un líquido o una piedra por la uretra. ◆ prnl. **3** *Fam.* Reírse mucho.

mecánica f. **1** Parte de la física que estudia el movimiento y el equilibrio de los cuerpos, así como las fuerzas que los producen. **2** Técnica de construir o manejar máquinas. **3** Manera de producirse o de realizar una actividad.

mecánico, a adj. **1** Relativo a la mecánica. **2** Relativo a las máquinas. **3** Que se hace con una máquina. **4** Que se hace o practica por rutina. **5** Maquinal. ◆ adj./s. **6** Se dice de la persona que se dedica a un trabajo manual. ◆ s. **7** Persona que maneja y arregla máquinas.

mecanismo m. **1** Conjunto de piezas que hacen un trabajo. **2** Manera de producirse o de realizar una actividad.

mecanizar tr. **1** Utilizar máquinas para realizar una actividad. **2** Automatizar los actos o movimientos humanos.

mecano m. Juguete formado por piezas para construir objetos articulados.

mecanografía f. Técnica de escribir a máquina.

mecate m. **1** AMÉR Cuerda de pita. **2** AMÉR Cordel o bramante.

mecedora f. Asiento para mecerse.

mecenas m. y f. Persona o institución que promociona económicamente las actividades culturales de letras y artes.

mecer tr. **1** Mover con suavidad de un lado a otro. **2** Agitar un líquido para que se mezcle.

mecha f. **1** Cuerda de hilos retorcidos que se queman con facilidad. **2** Tubo de papel o algodón relleno de pólvora que se utiliza para dar fuego a las minas o barrenas. **3** Conjunto de pelos de la cabeza que destacan del resto.

mechar tr. Rellenar la carne o las aves con trozos de tocino, jamón u otros ingredientes.

mechero m. **1** Encendedor. **2** Aparato con mecha que da luz o calor.

mechón m. Conjunto de pelos o hilos.

medalla f. **1** Placa de metal plana que lleva grabada una imagen. **2** Placa de metal que se recibe como premio.

medallón m. **1** Joya en forma de caja pequeña y plana, que se cuelga al cuello. **2** Medalla grande.

media f. **1** Prenda de vestir femenina de tejido elástico fino, de lana o de algodón con la que se cubre la pierna. **2** Cantidad que representa de manera proporcional otras cantidades. **3** Mitad de una hora. ◆ f.pl. **4** Prenda de vestir de tejido elástico, que cubre cada pierna desde los pies a la cintura.

mediado, a adj. Que solo contiene la mitad de su capacidad.

mediana f. **1** Pared pequeña que divide los sentidos de la circulación en una vía. **2** Línea recta que une el vértice de un triángulo con el punto medio del lado opuesto.

mediano, a adj. De calidad, cantidad o tamaño intermedios.

medianoche f. Hora que señala el fin de un día.

mediante prep. Por medio de.

mediar intr. **1** Interceder por alguien. **2** Intervenir en una discusión o enfrentamiento para encontrar una solución. **3** Pasar el tiempo entre dos o más sucesos. **4** Llegar a la mitad de una cosa.

mediatizar tr. Influir de modo decisivo en el comportamiento de alguien.

mediatriz f. Recta perpendicular a un segmento que se traza por su punto medio.

medicamento m. Sustancia que sirve para curar o prevenir una enfermedad, o para aliviar un dolor físico.

medicina f. **1** Ciencia que se ocupa de curar, calmar o prevenir enfermedades. **2** Medicamento.

medicinal adj. Que tiene un efecto curativo.

médico, a adj. **1** Relativo a la medicina. ◆ s. **2** Persona que ejerce profesionalmente la medicina.

medida f. **1** Acción de medir. **2** Cantidad que resulta de determinar una magnitud. **3** Unidad usada para medir. **4** Acción para conseguir o evitar una cosa. **5** Grado o intensidad.

medidor m. Utensilio para medir.

medieval adj. Relativo a la Edad Media.

medievo m. Período histórico europeo que va desde el siglo V hasta el siglo XV.

medina f. Casco antiguo de las ciudades árabes del norte de África.

medio, a adj. **1** Que es igual a la mitad de una cosa. **2** Que está entre dos extremos más o menos equidistantes. **3** Que representa las características más comunes de un grupo. ◆ m. **4** Punto que está a la misma distancia de dos extremos de una cosa. **5** Elemento o sistema que tiene un fin determinado. **6** Elemento o conjunto de circunstancias comunes que rodean a un ser vivo. ◆ m./adj. **7** Tercer dedo de la mano. ◆ m.pl. **8** Conjunto de instrumentos y bienes necesarios para un fin determinado. ◆ adv. **9** No completamente, pero bastante. ◇ **~ ambiente** Conjunto de condiciones físicas y químicas que rodean a los seres vivos. ◇ **por ~ de** Indica que una cosa se hace a través de otra o con la ayuda de una persona.

medioambiental adj. Relativo al medio ambiente.

mediocre adj. **1** De calidad regular o más bien mala. ◆ adj./m. y f. **2** Que no tiene talento o la suficiente capacidad para hacer bien algo.

mediodía m. **1** Hora en la que el Sol está en el punto más alto de su elevación sobre el horizonte. **2** Período alrededor de las doce horas de la mañana. **3** Sur.

medioevo m. Medievo.

medir tr. **1** Determinar el valor de una magnitud. **2** Considerar y calibrar las ventajas o inconvenientes de algo. **3** Comprobar una habilidad, fuerza o actividad comparándola con otra. **4** Moderar los actos o las palabras.

meditabundo, a adj. Que medita en silencio.

meditar tr. **1** Pensar y considerar un asunto con detenimiento. ◆ intr. **2** Rezar en silencio.

mediterráneo, a adj. Relativo al mar Mediterráneo.

médium m. y f. Persona que supuestamente puede comunicarse con los espíritus.

medrar intr. **1** Mejorar la posición social y económica. **2** Crecer un ser vivo.
médula o **medula** f. Sustancia blanda situada en el interior de los huesos de los vertebrados.
medusa f. Invertebrado marino con el cuerpo en forma de sombrilla y tentáculos.
mega m. Megabyte.
megabyte m. Medida que es igual a un millón de bytes.
megáfono m. Aparato para aumentar el volumen de la voz u otro sonido.
megalito m. Monumento neolítico construido con grandes bloques de piedra.
megalomanía f. Deseo excesivo de grandeza que tiene una persona.
meiosis f. Proceso de división celular en el que se forman células con la mitad del número de cromosomas de la célula madre.
mejicano, a adj./s. Mexicano.
mejilla f. Parte carnosa de la cara que se encuentra bajo los ojos.
mejillón m. Molusco cuyas conchas son de color negro.
mejor adj. **1** Superior en calidad respecto de otra cosa. **2** Preferible. ◆ adv. **3** Indica que una cosa está o se hace más bien respecto de otra. ◇ **a lo ~** Quizá.
mejora f. **1** Acción y efecto de mejorar. **2** Porción de bienes que el testador deja a uno o varios de sus descendientes además de la herencia.
mejorana f. Planta herbácea muy aromática, usada en medicina.
mejorar tr. **1** Hacer que una cosa sea mejor de lo que era. **2** Hacer que una cosa sea mejor que otra. **3** Hacer que un enfermo se ponga mejor de salud. ◆ **intr. 4** Ponerse una cosa mejor de lo que estaba. ◆ **intr./prnl. 5** Restablecerse un enfermo.
mejoría f. **1** Mejora. **2** Disminución de una dolencia o alivio en una enfermedad.
mejunje m. Sustancia líquida o pastosa de aspecto desagradable.
melamina f. Material que se emplea en el revestimiento de muebles.
melancolía f. Sentimiento de tristeza sin causa definida.
melanina f. Pigmento que da color a la piel, el pelo y los ojos.
melaza f. Líquido extraído del azúcar de caña que al destilarlo produce ron.
melé f. Jugada de rugby que consiste en empujarse jugadores de ambos equipos, mientras otro jugador intenta coger el balón del suelo.
melena f. **1** Cabello largo y abundante. **2** Pelo grueso del león macho.
melifluo, a adj. Meloso.
melillense adj./m. y f. De Melilla.
melindre m. **1** ESP Melindro. **2**

Rosquilla de mazapán. **3** Delicadeza excesiva.

melindro o **melindre** m. ESP Dulce alargado hecho con masa de bizcocho.

mella f. **1** Rotura o grieta pequeña causada en el borde de un objeto. **2** Hueco que queda al descubierto cuando falta algo.

mellado, a adj. Que carece de uno o varios dientes.

mellar tr. **1** Romper el filo o agrietar el borde de un objeto. **2** Deteriorar algo.

mellizo, a adj./s. Se dice de la persona o animal que ha nacido a la vez que otro u otros en un mismo parto.

melocotón m. **1** ESP Fruta esférica de piel amarillenta y aterciopelada y pulpa jugosa. **2** ESP Árbol que da este fruto.

melocotonero m. Melocotón (árbol).

melodía f. **1** Sucesión de sonidos que por su manera de combinarse resulta musical. **2** Pieza musical.

melodrama m. **1** Drama acompañado de música. **2** Género y obra de teatro, cine o televisión en el que se exageran los sentimientos.

melómano, a adj./s. Que siente pasión por la música.

melón m. **1** Fruta comestible de gran tamaño, corteza gruesa y pulpa jugosa. **2** Planta que da este fruto. **3** *Fam.* Cabeza de una persona.

meloncillo m. Mangosta.

melopea f. **1** *Fam.* ESP Borrachera. **2** Poema de ritmo monótono.

meloso, a adj. **1** Que contiene miel o una característica propia de la miel. **2** Que es dulce y suave.

membrana f. **1** Lámina muy delgada de tejido orgánico, generalmente flexible y resistente. **2** Lámina fina de material elástico.

membrete m. Estampación con el nombre de una persona o entidad que figura en un impreso.

membrillo m. **1** Arbusto muy ramoso, de flores blancas o rosadas. **2** Fruto de este arbusto. **3** Dulce elaborado con este fruto.

memo, a adj./s. Necio, tonto.

memorable adj. Que merece ser recordado.

memorando o **memorándum** m. **1** Libreta donde se anotan cosas que uno quiere recordar. **2** Comunicación diplomática en la que se resumen hechos para que se tengan presentes en un asunto.

memoria f. **1** Capacidad de recordar. **2** Informe del estado de una actividad. **3** Exposición escrita. **4** Parte de un ordenador donde se almacenan datos. ◆ **f.pl. 5** Narración autobiográfica.

memorial m. **1** Libro o cuaderno en el que se apunta una cosa. **2** Acto público en memoria y honor de una persona.

memorizar tr. Aprender de memoria.

mena f. Mineral sin limpiar.

menaje m. Conjunto de muebles, utensilios y demás objetos necesarios en una casa.

menchevique adj./m. y f. Se dice del miembro de la facción moderada minoritaria del Partido Obrero Socialdemócrata ruso.

mencionar tr. Nombrar o hacer referencia a una persona o cosa.

menda m. y f. *Fam.* ESP Persona.

mendacidad f. Costumbre de mentir.

mendelismo m. Teoría de la herencia biológica establecida por Mendel.

mendicidad f. **1** Condición de mendigo. **2** Acción de pedir limosna.

mendigo, a s. Persona que vive de limosnas.

mendrugo m. **1** Pedazo de pan duro. ◆ adj./m. **2** *Fam.* ESP Tonto, zoquete.

menear tr. Mover, agitar.

menester m. **1** Necesidad de algo. **2** *Formal.* Ocupación, trabajo.

menesteroso, a adj./s. Pobre, necesitado.

menestra f. Guiso de hortalizas y verduras variadas, acompañadas de trozos de carne.

mengano, a s. *Fam.* Se usa para designar a una persona cuyo nombre se desconoce o no se quiere expresar, especialmente la que va en segundo lugar, después de haber nombrado a otra con la palabra fulano.

menguar intr. **1** Disminuir el tamaño, cantidad o valor de una cosa. **2** Disminuir la parte iluminada de la Luna.

menhir m. Monolito prehistórico consistente en una gran piedra clavada en el suelo en posición vertical.

meninge f. Membrana que envuelve el encéfalo y la médula espinal.

meningitis f. Inflamación de las meninges.

menino, a s. Miembro de la nobleza que desde pequeño servía a la familia real.

menisco m. **1** Cartílago que facilita la articulación de algunos huesos. **2** Vidrio con una cara cóncava y otra convexa.

menopausia f. Desaparición natural de la menstruación.

menor adj. **1** Se dice de la persona que tiene menos edad en comparación con otra. **2** Más pequeño en tamaño o importancia. ◆ adj./m. y f. **3** Se dice de la persona que no ha llegado a la edad adulta legal.

menorquín, na adj./s. **1** De Menorca. ◆ m./adj. **2** Variedad del catalán balear hablada en Menorca.

menos adv. **1** Indica menor cantidad o intensidad. **2** Indica que una persona o cosa no está incluida en lo que se dice. ◆ conj. **3** Indica resta o sustracción. ◆ m. **4** Signo aritmético (–) de la resta o que se antepone a un número para indicar que es negativo. ◇ **al ~** o **por lo ~** Indica el límite mínimo en el cálculo de una cantidad. — Expresa una salvedad respecto de algo que se ha dicho. ◇ **a ~ que** A no ser que.

menoscabar tr. Hacer perder calidad o valor a una cosa.

menospreciar tr. Conceder a algo o a alguien menor importancia de la que merecen.

mensaje m. **1** Noticia que una persona comunica a otra u otras. **2** Contenido ideológico o moral de una obra literaria o artística. **3** Información que un emisor transmite a un receptor.

mensajero, a adj./s. Que lleva un mensaje.

menstruación f. **1** Proceso fisiológico por el que las mujeres y las hembras de ciertos animales expulsan el óvulo maduro no fecundado. **2** Flujo sanguíneo evacuado en este proceso.

mensual adj. **1** Que se repite cada mes. **2** Que dura un mes.

mensualidad f. Dinero que se paga o se cobra cada mes.

ménsula f. Elemento arquitectónico que sobresale del plano vertical.

mensurable adj. *Formal.* Que se puede medir.

menta f. **1** Planta herbácea con las hojas verdes y aromáticas. **2** Producto elaborado con las hojas de esta planta.

mental adj. Relativo a la mente.

mentalidad f. **1** Capacidad intelectual. **2** Modo de pensar de alguien.

mentar tr. **1** Mencionar. ◆ intr. **2** AMÉR Poner un apodo a alguien.

mente f. Conjunto de las facultades intelectuales de una persona.

mentecato, a adj./s. Necio, tonto.

mentir intr. **1** Decir algo que no es verdad. **2** Inducir a error.

mentira f. **1** Expresión contraria a la verdad. **2** Cosa ilusoria, sin fundamento.

mentís m. Declaración con que se desmiente una cosa que se ha dicho.

mentol m. Compuesto soluble que se extrae de la menta.

mentón m. Barbilla.

mentor, ra s. Persona que aconseja o guía a otra.

menú m. **1** Conjunto de platos que componen una comida. **2** Lista de los platos que se sirven en un restaurante. **3** Lista de las funciones que puede ejecutar un equipo informático.

menudear tr. **1** Hacer una cosa frecuentemente. ◆ intr. **2** Ocurrir una cosa frecuentemente.

menudencia f. **1** Cosa sin importancia o valor. ◆ f.pl. **2** Despojos del cerdo o las aves.

menudo adj. **1** Pequeño. **2** Que tiene poca importancia. **3** En frases exclamativas, intensifica el valor del sustantivo que le sigue. ◆ m.pl. **4** Vísceras, patas y sangre de las reses o las aves. ◇ **a ~** Con frecuencia.

meñique adj./m. Se dice del dedo más pequeño de la mano.

meollo m. **1** Parte esencial de algo. **2** Masa encefálica.

mequetrefe m. y f. *Desp.* Persona débil y poco importante.

mercader m. Persona que vende mercancías.

mercadería f. Mercancía.

mercado m. **1** Lugar o edificio público donde se compra y vende. **2** Actividad de compra y venta de mercancías y servicios. **3** Conjunto de compradores potenciales.

mercadotecnia f. Marketing.

mercancía f. Producto con el que se comercia.

mercancías m. Tren que transporta solo productos.

mercante adj. **1** Que comercia. ◆ adj./m. **2** Se dice de la embarcación que transporta pasajeros y mercancías.

mercantil adj. Relativo al comercio.

merced f. Favor concedido por una persona. ◇ **a ~ de** Bajo el poder de una persona o cosa.

mercedario, a adj./s. Se dice del religioso que pertenece a la orden religiosa de Nuestra Señora de la Merced.

mercenario, a adj./s. **1** Se dice del soldado que solo lucha a cambio de dinero o un favor. **2** Que solo trabaja para ganar dinero.

mercería f. Tienda donde se venden artículos de costura.

mercromina f. Líquido que se usa para desinfectar heridas.

mercurio m. Elemento químico (metal) de símbolo Hg.

merecer tr. Ser alguien o algo digno de recibir o tener lo que le corresponde.

merecido m. Castigo que merece alguien.

merendar tr./intr. **1** Tomar la merienda. ◆ prnl. **2** *Fam.* ESP Vencer con superioridad.

merengue m. **1** Dulce hecho con clara de huevo batida y azúcar. **2** Música de origen dominicano, de ritmo rápido. **3** Baile que acompaña a esta música. **4** Persona delicada y débil. ◆ adj./m. y f. **5** *Fam.* Del Real Madrid CF.

meretriz f. Prostituta.

meridiano, a adj. **1** Relativo al mediodía. **2** Muy claro y manifiesto. ◆ m. **3** Círculo máximo de la esfera de la Tierra que pasa por los polos.

meridional adj./m. y f. Relativo al Sur.

merienda f. Alimento que se toma por la tarde.

merino, a adj. Se dice de una raza de ovejas de lana fina y rizada.

mérito m. **1** Derecho a recibir un premio. **2** Valor o importancia de algo.

merluza f. Pez marino de color gris y el vientre blanco.
mermar intr./prnl. **1** Disminuir el número o el tamaño de algo. ◆ tr. **2** Reducir una parte de algo.
mermelada f. Confitura de frutas y azúcar.
mero, a adj. **1** Que es simplemente lo que indica el sustantivo. ◆ m. **2** Pez marino de carne fina de color rojizo.
merodear intr. Andar por un lugar con malas intenciones.
merovingio, a adj./s. Se dice de la persona que pertenecía a la primera dinastía de reyes francos.
mes m. **1** Período que, junto con otros once, forma un año. **2** Período de treinta días.
mesa f. **1** Mueble formado por una tabla horizontal, sostenida por uno o varios pies. **2** Comida o arte de la cocina. **3** Conjunto de personas que dirigen una reunión o un acto. **4** Terreno elevado, llano y extenso.
mesar tr. Arrancar o estrujar el cabello o la barba con las manos.
mesenterio m. Repliegue del peritoneo que une el intestino con el abdomen.
mesero, a s. CH, COL, ECUAD, GUAT, MÉX Camarero.
meseta f. Llanura elevada respecto al nivel del mar.
mesianismo m. Creencia en la llegada de un mesías.
mesías m. **1** Salvador enviado por Dios para liberar al pueblo de Israel. **2** Persona en quien se confía para la salvación de algo.
mesilla f. ESP Mesita.
mesita f. Mesa pequeña que se pone junto a la cama.
mesnada f. Conjunto de hombres armados a las órdenes de un rey o un noble.
mesocarpio o **mesocarpo** m. Capa intermedia del hueso o pericarpio de un fruto.
mesocracia f. **1** Gobierno de la clase media o la burguesía. **2** Clase media o burguesía.
mesolítico, a adj./m. Se dice del período prehistórico posterior al paleolítico y anterior al neolítico.
mesón m. **1** Establecimiento rústico donde se sirven comidas y bebidas. **2** Establecimiento que hospeda a los viajeros. **3** Partícula elemental obtenida con ciertas reacciones nucleares.
mesosfera f. **1** Capa de la atmósfera terrestre que se extiende entre los 50 y los 80 km de altitud. **2** Capa del interior de la Tierra situada bajo la astenosfera.
mesozoico, a adj./m. **1** Se dice de la era geológica que sigue a la era paleozoica o primaria. ◆ adj. **2** Relativo a esta era geológica.
mesta f. Asociación de pastores y ganaderos castellanos, surgida en el siglo XIII.
mester m. Antiguamente, arte u oficio. ◇ **~ de clerecía** Escuela poética medieval formada por cléri-

gos y personas cultas. ◇ ~ **de juglaría** Escuela poética medieval de los juglares.

mestizo, a adj./s. Nacido de dos individuos de razas diferentes.

mesura f. Moderación, comedimiento.

meta f. **1** Lugar en el que termina una carrera. **2** Fin al que se dirige una acción. **3** En diversos deportes, portería.

metabolismo m. Conjunto de reacciones que se producen en las células vivas.

metacarpo m. Conjunto de huesos entre la muñeca y los dedos.

metacrilato m. Material plástico transparente, rígido y resistente.

metadona f. Producto analgésico semejante a la morfina.

metafísica f. Disciplina filosófica que estudia la esencia del ser.

metáfora f. Figura retórica que consiste en identificar un término real con uno imaginario con el que existe una semejanza.

metal m. **1** Elemento químico buen conductor del calor y de la electricidad. **2** Conjunto de instrumentos de viento de una orquesta.

metalenguaje m. Lenguaje usado para hablar de aspectos propios de la lengua.

metálico, a adj. **1** Relativo al metal. ◆ m. **2** Dinero en monedas o en billetes.

metaloide m. Elemento químico que puede comportarse como un metal o un no metal.

metalurgia f. Conjunto de técnicas para extraer los metales contenidos en los minerales para elaborarlos.

metamorfismo m. Conjunto de transformaciones que sufre una roca al sufrir presiones y temperaturas altas.

metamorfosis f. **1** Transformación de una cosa en otra. **2** Estadio del ciclo vital de algunos seres vivos durante el cual varían su morfología y hábitos.

metano m. Gas muy inflamable que es el principal componente del gas natural.

metástasis f. Reproducción y extensión de una enfermedad o un tumor.

metatarso m. Conjunto de huesos entre el tarso y los dedos de los pies.

metátesis f. Cambio de lugar de uno o más sonidos dentro de una palabra.

metazoo adj./m. Se dice del animal con muchas células diferenciadas agrupadas en tejidos que forman órganos y aparatos.

metedura ◇ ~ **de pata** *Fam.* Acción o dicho inconveniente e inoportuno.

meteórico, a adj. **1** Relativo a los meteoros. **2** Muy rápido.

meteorito m. Cuerpo del espacio exterior que entra en la atmósfera terrestre.

meteoro o **metéoro** m. Fenómeno natural que se produce en la atmósfera.

meteorología f. Disciplina que estudia los fenómenos de la atmósfera.

meter tr. **1** Introducir a alguien o algo en un sitio. **2** Proporcionar un empleo a una persona. **3** Depositar dinero en el banco o invertirlo en un negocio. **4** *Fam.* Propinar. ◆ prnl. **5** Entrometerse o inmiscuirse en un asunto. **6** Molestar o insultar a una persona.

meticuloso, a adj. Que se ocupa hasta de los detalles más insignificantes.

metido, a adj. **1** Que abunda en una cosa. **2** AMÉR Entrometido.

metódico, a adj. **1** Que se hace con método y orden. **2** Que actúa con método y orden.

metodismo m. Doctrina religiosa anglicana basada en las ideas de John Wesley.

método m. **1** Modo ordenado y sistemático de proceder para llegar a un resultado determinado. **2** Conjunto de normas y ejercicios destinados a enseñar algo.

metodología f. Conjunto de métodos que se siguen en una disciplina o estudio.

metomentodo adj./m. y f. *Fam. y desp.* ESP Entrometido.

metonimia f. Figura retórica que consiste en designar una cosa con el nombre de otra con la que está en relación.

metraje m. Longitud de una película cinematográfica.

metralla f. Conjunto de pedazos de metal con que se cargan ciertos artefactos explosivos.

metralleta f. Ametralladora portátil.

métrica f. Ciencia que trata de la medida y propiedades de los versos.

métrico, a adj. **1** Que está basado en el metro como unidad de medida. **2** Relativo a la métrica.

metro m. **1** Unidad de longitud del Sistema Internacional, de símbolo m. **2** Instrumento para medir que consiste en una regla o cinta graduada. **3** Estructura rítmica de un verso o un poema. **4** Tren eléctrico total o parcialmente subterráneo destinado al transporte público en grandes ciudades. **5** Conjunto de instalaciones y estaciones donde para ese tren. ◇ **~ cuadrado** Unidad de superficie del Sistema Internacional, de símbolo m^2. ◇ **~ cúbico** Unidad de volumen del Sistema Internacional, de símbolo m^3.

metrónomo m. Instrumento para medir o marcar el tempo de una composición musical.

metrópoli o **metrópolis** f. **1** Ciudad principal. **2** Ciudad o nación, con respecto de sus colonias.

metropolitano, a adj. **1** Relativo a la metrópoli. ◆ m. **2** Ferrocarril eléctrico, total o parcialmente subterráneo.

mexicano, a o **mejicano, a** adj./s. De México.

mezcla f. **1** Acción de mezclar o mezclarse. **2** Sustancia que resulta de la unión de dos o más componentes. **3** Argamasa.

mezclar tr. **1** Juntar varias cosas distintas. **2** Alterar el orden de algo revolviéndolo. ◆ **prnl. 3** Introducirse alguien entre otras personas.

mezcolanza f. Mezcla extraña y confusa.

mezquino, a adj./s. **1** Despreciable, ruin. **2** Avaro. ◆ **adj. 3** Escaso.

mezquita f. Edificio donde los musulmanes se reúnen para rezar.

mezzosoprano o **mezzo-soprano** m. Voz femenina más grave que la de soprano.

mi det. **1** Forma del determinante posesivo en primera persona del singular. ◆ **m. 2** Tercera nota de la escala musical. ◆ **f. 3** My.

mí pron. Forma del pronombre personal de la primera persona del singular que se emplea en los complementos con preposición.

miasma m. Efluvio maligno de la materia en descomposición.

mica f. Mineral compuesto de varias láminas.

micción f. *Formal.* Acción de orinar.

micelio m. Aparato vegetativo de los hongos.

michelín m. *Fam.* ESP Acumulación de grasa alrededor de la cintura.

mico, a s. Mono pequeño de cola larga.

micología f. Parte de la botánica que estudia los hongos.

micra f. Medida de longitud, de símbolo μ, que es la millonésima parte de un metro.

micro m. **1** *Fam.* Micrófono. **2** ARG, BOL, CH, PERÚ Autobús.

microbio m. Organismo unicelular microscópico.

microclima m. Clima de un espacio reducido.

microcosmo o **microcosmos** m. El ser humano considerado como reflejo y resumen del universo o macrocosmo.

microeconomía f. Estudio de la economía de una zona, país o grupo de países considerada individualmente.

microfilm m. Microfilme.

microfilme o **microfilm** m. Película para fijar en ella imágenes y textos en tamaño muy reducido.

micrófono m. Aparato para transformar las ondas sonoras en energía eléctrica y en procesos de grabación y reproducción de sonido.

micrón m. Micra.

microondas adj./m. Se dice del horno que funciona con radiaciones electromagnéticas.

microorganismo m. Organismo unicelular, animal o vegetal.

microprocesador m. Procesador en el que todos los elementos están en un solo circuito integrado.

microscopio m. Instrumento óptico para observar seres y objetos que no se pueden ver a simple vista.

miedo m. **1** Sensación de angustia provocada por la presencia de un peligro. **2** Sentimiento de desconfianza ante algo que se cree que será lo contrario de lo que se desea.

miel f. Sustancia que elaboran las abejas con el néctar de las flores.

miembro m. **1** Extremidad del cuerpo humano o animal. **2** Órgano sexual masculino. ◆ m. y f. **3** Individuo de una colectividad.

mientras adv. **1** Indica que dos o más acciones son simultáneas. ◆ conj. **2** Indica que dos o más acciones son simultáneas.

miércoles m. Tercer día de la semana.

mierda f. **1** *Fam.* Excremento. **2** *Fam.* Porquería, suciedad. **3** *Fam.* Birria, chapuza.

mies f. **1** Cereal maduro. ◆ f.pl. **2** Terrenos en los que se cultivan cereales.

miga f. **1** Parte blanda del pan. **2** Migaja. **3** Contenido importante de algo que se dice o se escribe.

migaja f. **1** Trozo muy pequeño de pan o de otro alimento. **2** Cantidad muy pequeña de una cosa.

migración f. **1** Movimiento de población que consiste en desplazarse de un lugar a otro para establecerse. **2** Desplazamiento masivo de algunos animales.

migraña f. Dolor de cabeza muy fuerte e intenso.

migrar intr. Realizar migraciones.

mihrab m. En una mezquita, nicho abierto en el muro de la quibla.

mijo m. **1** Planta de tallo fuerte y hojas largas. **2** Semilla de esta planta.

mikado m. Emperador de Japón.

mil num.cardin. **1** Diez veces cien. **2** *Fam.* Se utiliza para expresar una cantidad muy grande. ◆ num.ordin. **3** Milésimo. ◆ m. **4** Número 1 000.

milagro m. **1** Hecho que se considera producido por la intervención divina. **2** Hecho extraordinario.

milano m. Ave rapaz diurna que se alimenta de pequeños animales.

mildiu o **mildeu** m. Enfermedad de la vid producida por un hongo microscópico.

milenio m. Período de mil años.

milésimo, a num.ordin. **1** Que ocupa el lugar número 1 000 en una serie ordenada. ◆ num.partit. **2** Se dice de cada una de las partes que resultan de dividir un todo en mil partes iguales.

milhojas m. **1** Pastel de hojaldre con merengue. ◆ f. **2** Planta compuesta, cuyas flores se usan como tónico y astringente.

mili f. *Fam.* Servicio militar.

milibar o **milibaro** m. Medida de presión de la atmósfera, de símbolo **mb**.

milicia f. **1** Técnica de hacer la guerra. **2** Profesión militar. **3** Tropa de gente armada.

milico m. **1** *Desp.* Militar, soldado. ◆ adj./m. **2** AMÉR SUR Que lleva uniforme.

milímetro m. Medida de longitud, de símbolo **mm**.

1. **militar** adj. **1** Relativo a la milicia o la guerra. ◆ m. y f. **2** Miembro de un ejército.

2. **militar** intr. **1** Servir en la milicia. **2** Formar parte de un grupo u organización.

militarismo m. Poder excesivo de los militares en el gobierno.

militarizar tr. **1** Imbuir el espíritu militar. **2** Someter a alguien al régimen militar.

milla f. Medida de longitud que equivale a 1 852 metros.

millar m. **1** Conjunto de 1 000 unidades. **2** Guarismo que indica esta cantidad. **3** Cantidad muy grande.

millón m. **1** Conjunto de 1 000 000 de unidades. **2** *Fam.* Cantidad muy grande.

millonario, a adj./s. **1** Que tiene una fortuna monetaria. ◆ adj. **2** Se dice de la cantidad que supera el millón.

milonga f. **1** Composición musical originaria de Argentina que se canta acompañada de guitarra. **2** Baile que acompaña a esta música. **3** *Fam.* Mentira o engaño.

milpa f. AMÉR CENTRAL, MÉX Plantación de maíz.

milpiés m. Invertebrado terrestre con numerosos pares de patas.

mimar tr. **1** Tratar con mucho cariño. **2** Malcriar.

mimbar m. Púlpito de una mezquita.

mimbre m. o f. **1** Arbusto de cuyo tronco nacen muchas ramas. **2** Rama larga y flexible de ese arbusto que se utiliza en cestería.

mímesis o **mimesis** f. **1** *Formal.* Imitación que hace una persona de otra. **2** *Formal.* Imitación de la naturaleza que se hace en la poética clásica.

mimetismo m. Propiedad de algunos organismos para imitar la forma o el color de los seres o cosas de su entorno.

mímica f. Representación de algo por medio de gestos y movimientos corporales.

mimo m. **1** Expresión y señal de amor o afecto. **2** Mímica. ◆ **m. y f.** **3** Actor de mímica.

mimosa f. Árbol de hojas muy pequeñas y flores amarillas.

mina f. **1** Yacimiento de minerales o rocas útiles. **2** Instalación subterránea para extraer esos minerales o rocas. **3** Barra fina de grafito del interior de los lápices. **4** Aparato que explota cuando se toca o se roza. **5** Cosa o persona que puede proporcionar mucha utilidad.

minar tr. **1** Colocar minas explosivas. **2** Debilitar una cosa. **3** Abrir minas subterráneas.

minarete m. Torre de una mezquita.
mineral adj./m. Se dice del compuesto natural inorgánico.
mineralogía f. Ciencia que estudia los minerales.
minería f. Actividad de extracción de minerales de las minas.
mini adj. Pequeño, breve.
miniatura f. **1** Objeto artístico pequeño. **2** Dibujo pequeño que ilustra manuscritos antiguos.
minifalda f. Falda muy corta.
minifundio m. Propiedad agraria de poca extensión.
mínima f. Temperatura más baja de la atmósfera en un período determinado.
minimalismo m. Tendencia artística que recurre a elementos representativos muy simples.
minimizar tr. Reducir mucho el valor o importancia de algo.
mínimo, a adj. **1** Que es el menor o inferior en grado. **2** Muy pequeño. ◆ m. **3** Límite inferior al que puede llegar una cosa.
minino, a s. *Fam.* Gato.
minio m. Mineral rojo que se emplea en pintura.
ministerio m. **1** Departamento que, junto con otros, es el responsable de la administración de un país. **2** Cargo de ministro. **3** Cargo, oficio.
ministro, a s. **1** Persona responsable de un ministerio. **2** Persona que ejerce un ministerio.
minoico, a adj./s. De la antigua Creta.
minoría f. **1** Parte menor de una cantidad o conjunto. **2** Conjunto de votos contrarios a lo que opina la mayoría. **3** Parte pequeña de una colectividad con alguna característica diferente al resto.
minorista adj./m. y f. Que se dedica a comprar o vender mercancías en pequeñas cantidades.
minucia f. Cosa sin demasiada importancia ni valor.
minucioso, a adj. Meticuloso.
minué m. **1** Antiguo baile de pareja originario de Francia. **2** Música con que se acompañaba este baile.
minuendo m. Cantidad a la que se le resta otra.
minueto m. **1** Baile francés del siglo XVIII. **2** Música con que se acompaña este baile.
minúsculo, a adj. **1** De tamaño muy pequeño. ◆ f./adj. **2** Letra de tamaño pequeño empleada generalmente para escribir.
minusválido, a adj./s. Que tiene una falta o limitación física o mental.
minuta f. **1** Anotación que se hace de algo para recordarlo. **2** Borrador que se hace de un escrito. **3** Factura. **4** Menú de un restaurante.
minutero m. Aguja del reloj que marca los minutos.
minuto m. **1** Unidad de tiempo que equivale a 60 segundos. **2** Uni-

dad de medida de ángulos, que equivale a la sexagésima parte de un grado.

mío, a det. Forma del determinante y pronombre posesivo de primera persona del singular.

miocardio m. Tejido muscular del corazón de los vertebrados.

miopía f. Defecto del ojo que produce una visión poco clara de las cosas que están alejadas.

mira f. **1** Pieza que permite dirigir y fijar la vista en un punto determinado. **2** Objetivo, finalidad.

mirado, a adj. Muy prudente y considerado.

mirador m. **1** Lugar alto para contemplar un paisaje. **2** Balcón cubierto y cerrado.

miramiento m. Atención y consideración con que se actúa.

mirar tr. **1** Dirigir y fijar la vista en algo. **2** Pensar y considerar con cuidado una cosa antes de hacerla. **3** Tener un objetivo determinado. ◆ intr. **4** Estar orientado hacia una dirección determinada. ◆ tr./intr. **5** Buscar una cosa.

miriápodo o **miriópodo** m. Artrópodo de cuerpo alargado dividido en segmentos, con uno o dos pares de patas cada uno.

mirilla f. Agujero pequeño que hay en algunas puertas para mirar al otro lado.

miriñaque m. Armazón de tela rígida que se ponía debajo de las faldas para abombarlas.

miriópodo m. Miriápodo.

mirlo m. Pájaro de color oscuro con las patas y el pico rojos o amarillos.

mirra f. Sustancia pegajosa de olor intenso.

mirto m. Arbusto oloroso, de flores blancas.

misa f. Ceremonia religiosa católica en la que se celebra el sacramento de la eucaristía.

misal m. Libro litúrgico usado en la misa.

misántropo, a s. *Formal.* Persona que huye del trato con otras personas.

miscelánea f. **1** Mezcla. **2** Obra en que se tratan diversas materias.

miserable adj./m. y f. **1** Desgraciado e infeliz. **2** Que intenta gastar menos de lo que podría permitirse. **3** Despreciable, innoble. **4** Muy pobre. ◆ adj. **5** Se dice de la cantidad escasa.

miseria f. **1** Pobreza extrema. **2** Desgracia, pena. **3** Cantidad demasiado pequeña o insignificante. **4** Avaricia.

misericordia f. Inclinación a perdonar o solucionar las desgracias ajenas.

mísero, a adj. Miserable.

misil o **mísil** m. Proyectil autopropulsado que suele llevar una carga explosiva.

misión f. **1** Trabajo o encargo que una persona o un grupo debe hacer. **2** Obra o función moral que se debe realizar por el bien de alguien.

3 Evangelización de pueblos no cristianos.

misionero, a adj. **1** Relativo a la misión. ◆ s. **2** Persona dedicada a evangelizar pueblos no cristianos.

misiva f. *Formal.* Carta, escrito que se envía.

mismo, a adj. **1** Indica que la persona o la cosa que se presenta es una sola en distintas circunstancias. **2** Muy parecido o casi igual.

misná f. Colección de reglas promulgadas por los rabinos.

misoginia f. Odio o rechazo hacia las mujeres.

miss f. Ganadora de un concurso de belleza.

míster m. **1** En algunos deportes, entrenador. **2** Ganador de un concurso de belleza masculina.

misterio m. **1** Hecho que no tiene una explicación racional. **2** Asunto secreto. **3** Momento de la vida, pasión y muerte de Jesucristo.

mística f. Parte de la teología que trata de la unión del ser humano con Dios.

mistral m./adj. Viento frío del noroeste que sopla en el mar Mediterráneo.

mitad f. **1** Parte que, junto con otra igual, forma un todo. **2** Punto equidistante de ambos extremos.

mítico, a adj. Relativo al mito.

mitigar tr. Atenuar, suavizar.

mitin m. Reunión en donde se pronuncian discursos políticos.

mito m. **1** Historia fantástica que narra acciones de dioses y héroes de la Antigüedad. **2** Cosa fantástica e irreal. **3** Persona o cosa que se convierte en modelo a imitar.

mitocondria f. Orgánulo respiratorio de una célula eucariota.

mitología f. Conjunto de mitos de un pueblo.

mitomanía f. Tendencia a crear y desarrollar mitos.

mitón m. Guante de punto que cubre la mano y deja los dedos al descubierto.

mitosis f. División de una célula en dos partes con idéntica información genética.

mitra f. Gorro muy alto que llevan los religiosos importantes en las ceremonias oficiales.

mixto, a adj. **1** Compuesto por dos o más cosas distintas mezcladas. ◆ m. **2** ESP Fósforo, cerilla.

mnemotecnia o **nemotecnia** f. Método para desarrollar la memoria.

moaxaja f. Poema árabe o hebreo medieval, de tradición culta.

mobbing m. Acoso psicológico para inducir a alguien a hacer algo que no quiere.

mobiliario m. Conjunto de muebles.

moca m. o f. Moka.

mocárabe m. Elemento decorativo geométrico del arte islámico.

mocasín m. Zapato de piel, flexible y sin cordones.

mocedad f. Juventud.

mochila f. Bolsa de tela que se lleva sujeta a los hombros.

mocho, a adj. **1** Que no tiene punta. **2** Que tiene el pelo muy rapado. ◆ m. **3** Utensilio para fregar formado por un palo largo y una pieza de material absorbente.

mochuelo m. Ave nocturna, de menor tamaño que el búho.

moción f. Propuesta que se hace en una reunión de personas.

moco m. Humor o líquido que sale por la nariz.

mocoso, a adj. **1** Que tiene mocos. ◆ s. **2** *Fam.* Persona muy joven o inexperta.

moda f. **1** Conjunto de gustos y costumbres propios de un período y un lugar determinados. **2** En estadística, dato que se presenta con mayor frecuencia.

modal adj. **1** Relativo al modo. ◆ m.pl. **2** Manera de comportarse en sociedad.

modalidad f. Variante específica de algo.

modelar tr. **1** Dar la forma deseada a un material blando. **2** Formar a una persona.

modelo m. **1** Representación que se sigue como pauta en la realización de algo. **2** Persona que merece ser imitada.

módem m. Dispositivo que permite la transmisión de señales digitales o analógicas por vía telefónica.

moderador, ra s. Persona que modera una reunión.

moderar tr. **1** Disminuir la intensidad o evitar el exceso de una cosa. **2** Dirigir una reunión en la que se discute sobre un tema.

modernismo m. **1** Movimiento literario y arquitectónico de finales del siglo XIX y principios del XX. **2** Gusto por las cosas modernas.

moderno, a adj. **1** Que pertenece al presente. **2** Que existe o se usa desde hace poco tiempo. **3** Que sigue la moda del momento actual.

modesto, a adj. **1** Que resta importancia a las propias virtudes. **2** Que tiene pocos recursos económicos.

módico, a adj. Se dice de la cantidad que no es excesiva.

modificar tr. **1** Alterar una cosa sin transformar sus características principales. **2** Limitar el sentido de una palabra.

modismo m. Expresión característica de una lengua.

modisto, a s. Persona que diseña y confecciona prendas de vestir.

modo m. **1** Forma de ser o de hacer una cosa. **2** Categoría gramatical que indica cómo concibe la acción verbal el que habla. **3** Forma de ordenarse los sonidos en la escala musical. ◆ m.pl. **4** Modales.

modorra f. Somnolencia, sopor.

modoso, a adj. Que se comporta con respeto y buena educación.

1. **modular** tr. **1** Variar el tono de una voz o de un instrumento. **2** Modificar las características de las ondas.

2. **modular** adj. Se dice del obje-

to que está formado por varios módulos.

módulo m. **1** Unidad de medida que se toma como modelo de las demás partes de un objeto. **2** Pieza de un conjunto que también puede considerarse por separado.

mofa f. Burla, escarnio.

mofeta f. Mamífero de color negro con bandas blancas, que lanza un líquido de olor muy desagradable.

moflete m. Mejilla gruesa y carnosa.

mogol, la adj./s. Mongol.

mogollón m. **1** *Fam.* Cantidad grande de una cosa. **2** *Fam.* Confusión, desorden. ◆ adv. **3** *Fam.* En gran cantidad.

mohicano, a adj./s. **1** De un pueblo amerindio que habitaba en el valle del río Hudson. ◆ m./adj. **2** Lengua hablada por este pueblo.

mohín m. Gesto gracioso que expresa desagrado o enojo.

mohíno, a adj. Triste, melancólico.

moho m. **1** Hongo que crece en la superficie de algunas materias orgánicas. **2** Capa de óxido que se forma sobre el metal.

moisés m. Cuna de mimbre portátil.

mojama f. Carne de atún curada y salada.

mojar tr. **1** Humedecer algo con un líquido o embeberlo en él. **2** P RICO, R DOM Sobornar. ◆ prnl. **3** *Fam.* Comprometerse.

mojigato, a adj./s. Que se escandaliza con facilidad.

mojón m. **1** Poste o señal que señala el límite de un terreno o indica la dirección en un camino. **2** Porción de excremento humano.

moka o **moca** m. o f. **1** Variedad de café de Arabia. **2** Crema dulce hecha con café.

mol m. Unidad de cantidad de sustancia del Sistema Internacional, de símbolo **mol**.

1. **molar** adj. **1** Relativo a la muela. **2** Relativo a la molaridad. ◆ adj./m. **3** Se dice del diente que tritura los alimentos.

2. **molar** tr./intr. *Fam.* ESP Gustar, agradar.

molaridad f. En química, concentración de una solución.

molde m. **1** Recipiente o pieza hueca para dar forma a una masa líquida o blanda. **2** Conjunto de letras dispuestas para imprimir.

moldura f. Banda saliente y continua que se usa de adorno o refuerzo en arquitectura, ebanistería, etc.

mole f. **1** Cuerpo de gran tamaño y pesado. ◆ m. **2** MÉX Guiso de carne con salsa de chiles.

molécula f. Parte más pequeña de una sustancia que conserva todas sus propiedades.

moler tr. **1** Triturar algo hasta reducirlo a trozos pequeños o a polvo. ◆ tr./intr. **2** Cansar mucho físicamente.

molestar tr. **1** Causar molestia. ◆ prnl. **2** Esforzarse en hacer una cosa.

molestia f. **1** Perturbación del bienestar. **2** Dolor ligero o poco importante.

molibdeno m. Elemento químico (metal) de símbolo Mo.

molinillo m. **1** Instrumento doméstico para moler. **2** Juguete que consiste en una vara con una estrella de papel que gira con el viento.

molino m. **1** Máquina para moler. **2** Edificio donde está instalada esta máquina.

molla f. **1** Carne sin grasa. **2** ESP Parte blanda del pan. **3** *Fam.* ESP Acumulación de carne o de grasa en una parte del cuerpo.

molleja f. **1** Estómago de las aves. **2** Parte de las glándulas de algunos animales.

mollera f. **1** Parte más alta de la cabeza. **2** *Fam.* Seso, inteligencia.

molote m. **1** AMÉR CENTRAL Empanada o tortilla de maíz frita y enrollada, con un relleno. **2** AMÉR CENTRAL, COL, CUBA, R DOM Alboroto, tumulto, bullicio. **3** CUBA Grupo de personas concentradas en un lugar. **4** MÉX Moño que se hacen las mujeres. **5** MÉX Lío o envoltura alargada.

molusco adj./m. Se dice del animal invertebrado de cuerpo blando, dividido en tres partes y generalmente protegido por una concha.

momento m. **1** Período muy breve. **2** Período que se singulariza por algún motivo. **3** Tiempo presente. **4** Tiempo oportuno para que ocurra una cosa.

momia f. **1** Cadáver desecado que no se descompone. **2** *Fam.* Persona envejecida.

mona f. **1** Mono de pelo gris amarillento y nalgas desnudas. **2** *Fam.* Borrachera. **3** Tipo de bollo que en algunas zonas de España se come el día de Pascua.

monacal adj. Relativo al monasterio o a los monjes.

monada f. **1** Acción propia de los monos. **2** Gesto o acción graciosa. **3** Persona, animal o cosa bonita o graciosa.

monaguillo m. Niño que ayuda al sacerdote en la misa.

monarca m. y f. Soberano de una monarquía.

monarquía f. **1** Forma de gobierno en la que el poder supremo reside en una sola persona de forma hereditaria y vitalicia. **2** Estado regido por un monarca.

monasterio m. Edificio en el que vive una comunidad de religiosos.

monda f. Piel o cáscara de las hortalizas y las frutas.

mondadientes m. Palo de madera pequeño para pinchar alimentos o para limpiarse los dientes.

mondar tr. **1** Quitar la piel o la cáscara a las hortalizas y las frutas. ◆ prnl. **2** ESP Reírse mucho y con ganas.

mondongo m. Estómago y tripas de un animal.

moneda f. **1** Unidad aceptada en uno o más países como medida común para el intercambio comercial. **2** Pieza de metal, acuñada, a la que se da un valor económico determinado.

monegasco, a adj./s. De Mónaco.

monema f. **1** Cada uno de los términos que integran un sintagma. **2** Mínima unidad lingüística portadora de significado.

mónera adj./f. Se dice del organismo constituido por una única célula procariota.

monetario, a adj. Relativo a la moneda.

mongol, la o **mogol, la** adj./s. **1** De Mongolia. **2** De un pueblo diseminado por Mongolia, China y Rusia. ◆ m./adj. **3** Lengua hablada en Mongolia.

mongólico, a adj./s. **1** Mongol. **2** Que padece mongolismo.

mongolismo m. Malformación genética que provoca retraso mental y físico.

monigote m. **1** Muñeco o figura ridícula. **2** *Fam.* Persona que se deja manejar.

monitor, ra s. **1** Persona que enseña a realizar una actividad. ◆ m. **2** Dispositivo que proporciona datos visuales o sonoros. **3** Pantalla de algunos aparatos electrónicos.

monja f. Mujer de una orden religiosa.

monje m. Hombre de una orden religiosa.

mono, a adj. **1** *Fam.* Bonito, gracioso. ◆ s. **2** Primate del suborden de los antropoides. ◆ m. **3** Prenda de vestir de una pieza que cubre piernas y torso. **4** *Fam.* Síndrome de abstinencia.

monocorde adj. **1** Se dice del instrumento musical que tiene una sola cuerda. **2** Se dice de la sucesión de sonidos que repiten una misma nota. **3** Monótono.

monocotiledóneo, a adj./f. Se dice de la planta de un solo cotiledón.

monóculo m. Lente o parche para un solo ojo.

monodia o **monodía** f. Composición cantada a una sola voz.

monofásico, a adj. Se dice de la corriente eléctrica alterna que solo tiene una fase.

monofónico, a adj. Se dice del sistema de grabación y reproducción de sonidos que se lleva a cabo por medio de un solo canal.

monogamia f. *Formal.***1** Estado o situación de quien está casado solo con una persona. **2** Estado del animal que se aparea con un solo individuo de su especie.

monografía f. Estudio sobre un tema particular.

monolingüe adj./m. y f. **1** Que habla una sola lengua. ◆ adj. **2**

Que está escrito en una sola lengua.

monolito m. Monumento de piedra de una sola pieza.

monólogo m. **1** Discurso que mantiene una persona consigo misma. **2** Obra o parte de una obra en que habla un solo personaje.

monómero m. Molécula simple que forma cadenas de varias unidades.

monomio m. Expresión algebraica de un solo término.

monopatín m. **1** ESP Patín compuesto de una tabla y cuatro ruedas. **2** ARG, URUG Patinete.

monopolio m. Derecho legal para explotar en exclusiva un negocio o producto.

monosabio m. Ayudante del picador en la plaza de toros.

monosílabo, a adj./m. Que tiene una sola sílaba.

monoteísmo m. Religión que admite un solo dios.

monotonía f. **1** Uniformidad de tono. **2** Falta de variación.

monovalente adj. Que tiene una sola valencia.

monóxido m. Compuesto químico que posee un átomo de oxígeno.

monseñor m. Tratamiento que se da a los altos cargos católicos.

monserga f. ESP Petición o explicación confusa y fastidiosa.

monstruo m. **1** Ser fantástico y espantoso. **2** Ser vivo o cosa que es muy anormal en su especie. **3** Persona o cosa de características extraordinarias.

monta f. **1** Arte de montar a caballo. **2** Valor de una cosa.

montacargas m. Ascensor para mercancías.

montaje m. **1** Acción de montar. **2** Objeto ya construido y terminado. **3** Selección y unión en una cinta de escenas o sonidos grabados. **4** *Fam.* Situación preparada para hacer parecer verdadero lo que es falso.

montante m. **1** Importe o cantidad total. **2** Pieza vertical que sostiene o refuerza una estructura.

montaña f. **1** Elevación natural del terreno de gran altura. **2** Terreno en el que abundan estas elevaciones. **3** Gran cantidad, número o acumulación de una cosa.

montañismo m. Deporte que consiste en escalar montañas.

montar intr./prnl. **1** Subir encima de una cosa que está en un lugar más alto. ◆ tr./intr. **2** Cabalgar sobre un animal o guiar un vehículo. ◆ tr. **3** Juntar las piezas de un aparato u otra cosa y ajustarlas entre sí. **4** Organizar una representación teatral u otro espectáculo. **5** Disponer o preparar lo necesario para una actividad. **6** ESP Batir la nata de la leche o la clara de huevo hasta que quede esponjosa. **7** Unir sexualmente un animal macho a la hembra. **8** Seleccionar y unir en una sola cinta diferentes escenas o sonidos.

montaraz adj. **1** Silvestre. **2** Rudo.

monte m. **1** Elevación natural del terreno de gran altura. **2** Terreno sin cultivar en el que hay vegetación.

montenegrino, a adj./s. De Montenegro.

montepío m. Establecimiento donde existe un fondo monetario para pensiones y ayudas.

montera f. Gorra negra que lleva el torero.

montería f. Caza de animales de gran tamaño.

montés, sa adj. Que anda o se cría en el monte.

montevideano, a adj./s. De Montevideo.

montículo m. Elevación del terreno pequeña y aislada.

monto m. Suma final.

montón m. **1** Conjunto de cosas puestas sin orden unas sobre otras. **2** Cantidad considerable de cosas.

montuno, a adj. AMÉR Montaraz, rústico.

montura f. **1** Armazón sobre el que se monta algo. **2** Animal sobre el que se monta. **3** Conjunto de arreos de una caballería.

monumento m. **1** Obra arquitectónica o escultórica que conmemora algo. **2** Edificio u obra pública de gran valor. **3** Obra científica, artística o literaria de gran valor.

monzón m. Viento del océano Índico.

moño m. Cabello enrollado a la cabeza.

mopa f. ESP Utensilio que se utiliza para barrer y abrillantar suelos.

moqueta f. Tela gruesa para cubrir suelos o tapizar paredes.

moquillo m. Enfermedad catarral de algunos animales.

mora f. **1** Fruto de la morera, formado por granos blancos o rosados. **2** Fruto del moral, formado por granos morados. **3** Fruto de la zarzamora, de forma redondeada.

morada f. *Formal.* Lugar donde se mora.

morado, a adj./m. Se dice del color violeta oscuro.

moral adj. **1** Relativo a los valores o costumbres que se consideran buenos. **2** Que atañe al fuero interno, en oposición al cuerpo. ◆ f. **3** Conjunto de reglas que se consideran buenas para dirigir o juzgar el comportamiento en una comunidad. **4** Estado de ánimo o de confianza. ◆ m. **5** Árbol de tronco grueso y recto.

moraleja f. Enseñanza que se extrae de un cuento, una fábula o un suceso.

moralidad f. **1** Cualidad de las acciones humanas que se ajustan a ciertas normas de conducta. **2** Grado de adecuación de los actos de una persona con sus principios.

morar intr. *Formal.* Vivir en un lugar.

moratón m. *Fam.* Mancha morada que sale en la piel tras un golpe.

moratoria f. Ampliación del plazo para hacer una cosa.

mórbido, a adj. **1** Blando o suave. **2** Que produce o padece una enfermedad.

morbilidad f. Cantidad de enfermos existentes en un lugar y período determinados.

morbo m. **1** *Fam.* Atracción por lo desagradable o prohibido. **2** *Formal.* Enfermedad.

morboso, a adj. **1** Que produce o siente morbo. **2** *Formal.* Relativo a la enfermedad.

morcilla f. **1** Embutido hecho con sangre de cerdo. **2** *Fam.* ESP Improvisación que un actor introduce en su papel.

mordaz adj. Irónico, cruel.

mordaza f. Trozo de tela u otro material con el que se tapa la boca a alguien.

morder tr. **1** Clavar los dientes en algo. **2** Gastar poco a poco una cosa. **3** Corroer un ácido.

mordisco m. **1** Acción y efecto de morder con los dientes. **2** Trozo que se arranca de una cosa al morderla.

moreno, a adj./s. **1** Que tiene el pelo o la piel de color oscuro o negro. ◆ adj. **2** Que tiene la piel más oscura por exponerse al sol. **3** Se dice del alimento que tiene un color más oscuro de lo normal. ◆ adj./s. **4** Mulato o de raza negra.

morera f. Árbol de tronco ancho y fruto blanco.

morería f. Barrio o territorio habitado por moros.

morfema m. Elemento lingüístico más pequeño con significado gramatical o léxico.

morfina f. Sustancia narcótica que se extrae del opio.

morfología f. **1** Estudio de la forma o estructura de alguna cosa. **2** Parte de la biología que trata de la forma de los seres vivos. **3** Parte de la lingüística que estudia la flexión, composición y derivación de las palabras.

moribundo, a adj./s. Que se está muriendo.

morir intr./prnl. **1** Dejar de estar vivo. **2** Terminar alguna cosa del todo. ◆ prnl. **3** Sentir intensamente una sensación o un sentimiento.

morisco, a adj./s. **1** Se dice del musulmán convertido al cristianismo tras la Reconquista. **2** MÉX Se dice del descendiente de mulato y europeo.

mormonismo m. Doctrina religiosa fundada en Estados Unidos en el siglo XIX.

moro, a adj./s. Se dice de la persona que sigue la religión de Mahoma.

morocho, a adj. **1** AMÉR Muy moreno. ◆ adj./s. **2** AMÉR Se usa como apelativo cariñoso. **3** *Fam.* AMÉR Sano y robusto. **4** ARG, PERÚ,

URUG Que es de piel blanca y cabello oscuro. **5** VENEZ Que es gemelo de alguien. ◆ **adj. 6** VENEZ Se dice de la sensación muy intensa.

moroso, a adj./s. **1** Que se retrasa en el pago de una cantidad debida. **2** Lento.

morral m. **1** Bolsa que usan los pastores y cazadores. **2** Saco con hierba o pienso que se cuelga de la cabeza de algunos animales para que coman.

morralla f. Conjunto de cosas o personas de escaso valor.

morrear tr./intr. *Fam.* ESP Besar en la boca.

morrena f. Acumulación de partículas y bloques rocosos arrastrados por un glaciar.

morriña f. Tristeza, especialmente al sentir nostalgia.

morro m. **1** Parte saliente de algunos animales donde se encuentra la nariz y la boca. **2** *Fam.* Labios de una persona. **3** Extremo delantero de algunos objetos. **4** *Fam.* ESP Desfachatez, descaro.

morrocotudo, a adj. *Fam.* Muy importante, grande o difícil.

morrón adj. Se dice de una variedad de pimiento rojo y carnoso.

morsa f. Mamífero similar a la foca pero de mayor tamaño.

morse m. Sistema telegráfico de señales basado en un alfabeto.

mortadela f. Embutido suave de color rosa.

mortaja f. **1** Sábana en la que se envuelve un cadáver para enterrarlo. ◆ m. **2** AMÉR Papel de fumar.

mortal adj. **1** Que ha de morir. **2** Que causa la muerte. **3** Que produce cansancio, fatiga o angustia. **4** Muy fuerte o intenso. ◆ m. **5** Ser humano.

mortandad f. Gran cantidad de muertes causadas por una desgracia.

mortecino, a adj. Que no tiene vida o fuerza.

mortero m. **1** Utensilio compuesto de un recipiente con forma de vaso ancho y un pequeño mazo que sirve para moler o machacar. **2** Mezcla de cal o cemento, arena y agua que se usa en la construcción. **3** Arma de artillería de gran calibre.

mortífero, a adj. Que puede causar la muerte.

mortificar tr. **1** Castigar el cuerpo como penitencia. **2** Producir dolor o remordimiento.

mosaico, a adj. **1** Relativo a Moisés. ◆ m. **2** Obra que consiste en la yuxtaposición sobre un fondo de cemento de pequeñas piezas de diversos colores.

mosca f. **1** Insecto de cuerpo negro con dos alas transparentes y tres pares de patas. **2** Barba pequeña que crece entre el labio inferior y la barbilla.

moscardón m. **1** Insecto similar a la mosca pero de mayor tamaño, muy velloso. **2** *Fam.* Persona molesta.

moscatel adj. **1** Se dice de la uva que es muy dulce y olorosa. ◆

adj./m. **2** Se dice del vino elaborado con esta uva.

moscovita adj./m. y f. De Moscú.

mosquear tr. **1** *Fam.* ESP Hacer que una persona tenga sospechas. **2** *Fam.* ESP Hacer enfadar a una persona.

mosquete m. Antigua arma de fuego parecida al fusil.

mosquetón m. **1** Arma larga de fuego más corta y ligera que el fusil. **2** Anilla que se abre o se cierra mediante un resorte.

mosquitera f. Mosquitero.

mosquitero m. Tela que impide el paso de los mosquitos.

mosquito m. Insecto más pequeño que la mosca, con dos alas estrechas y transparentes y patas alargadas.

mostacho m. Bigote.

mostaza f. **1** Planta de flores amarillas y semillas negras. **2** Semilla de esta planta. **3** Salsa fuerte y picante hecha con estas semillas.

mosto m. Zumo de la uva antes de fermentar.

mostrador m. Mesa de un establecimiento para mostrar o servir los productos a los clientes.

mostrar tr. **1** Exponer una cosa a la vista. **2** Manifestar una cualidad, sentimiento o estado. **3** Dar a conocer una cosa mediante una explicación o una indicación. ◆ prnl. **4** Darse a conocer una persona.

mota f. **1** Partícula de cualquier cosa, de un tamaño muy pequeño. **2** Mancha o dibujo pequeño de forma redondeada. **3** Defecto.

mote m. **1** Apodo. **2** AMÉR Maíz desgranado y cocido.

motel m. Hotel situado cerca de una carretera.

motín m. Acto de rebelión contra una autoridad.

motivar tr. **1** Ser una cosa la razón de que otra suceda. **2** Despertar el interés por algo.

motivo m. **1** Causa o razón que justifica algo. **2** Figura que se repite en un dibujo o adorno. **3** Figura musical breve que se va repitiendo y desarrollando a lo largo de la pieza.

moto f. Motocicleta.

motocicleta f. Vehículo automóvil de dos ruedas.

motocross m. Deporte de motocicleta que consiste en circular por terrenos accidentados.

motor, ra adj. Que produce movimiento.

motora f. Embarcación pequeña de motor.

motorizar tr. Dotar de motor o de vehículos de motor.

motosierra m. y f. Máquina de motor para cortar madera.

motricidad f. Acción del sistema nervioso central que determina la contracción muscular.

motriz → motor, ra.

mousse m. o f. Crema dulce de textura muy esponjosa.

mover tr. **1** Hacer que un cuerpo deje el lugar que ocupa y pase a ocupar otro. **2** Agitar, menear. **3** Incitar a alguien a que realice una cosa. **4** Hacer lo necesario para que un asunto se resuelva bien. ◆ prnl. **5** *Fam.* Darse prisa.

movida f. *Fam.* Situación de alboroto y confusión en la que hay mucha agitación.

movido, a adj. **1** Muy activo, agitado y ajetreado. **2** Activo, inquieto. **3** Se dice de la música de ritmo rápido y alegre.

móvil adj. **1** Que puede moverse. **2** Inestable. ◆ m. **3** Causa o razón que se tiene para realizar una cosa. **4** Cuerpo en movimiento. ◆ m./adj. **5** Teléfono portátil.

movilizar tr. **1** Poner en marcha una actividad. **2** Poner en movimiento a las tropas de un ejército.

movimiento m. **1** Acción de mover o moverse. **2** Estado de un cuerpo mientras cambia de lugar o de posición. **3** Circulación, agitación o tráfico de muchas personas o cosas. **4** Conjunto de manifestaciones artísticas o ideológicas con características en común. **5** Conjunto de alteraciones o novedades que ocurren durante un período determinado. **6** Parte autónoma de ciertas composiciones musicales.

mozalbete m. ESP Chico joven.

mozárabe adj./m. y f. **1** Se dice del cristiano que vivía en el territorio musulmán de la Península Ibérica. ◆ m. **2** Grupo de dialectos románicos hablados por estas personas.

mozo, a adj./s. **1** *Fam.* Joven. ◆ s. **2** Persona que trabaja en un oficio no especializado. **3** *Fam.* Camarero.

mozzarella f. Queso blanco de sabor muy suave.

muchacho, a s. **1** Adolescente, joven. ◆ f. **2** Criada doméstica.

muchedumbre f. Gran cantidad de gente.

mucho, a det. **1** Indica que el sustantivo al que acompaña está en gran cantidad o número. ◆ pron. **2** Indica que el sustantivo al cual sustituye está en gran cantidad o número. ◆ adv. **3** En gran cantidad. **4** Añade intensidad a ciertos adverbios. **5** Gran cantidad de tiempo. ◇ **ni ~ menos** Expresión que se utiliza para negar rotundamente. ◇ **por ~ que** Aunque.

mucílago o **mucilago** m. Sustancia viscosa derivada de algunas plantas.

mucosa adj./f. Membrana del organismo que elabora una sustancia densa y pegajosa para proteger un órgano.

mucoso, a adj. **1** Que tiene aspecto de moco. **2** Que segrega mucosidad.

muda f. **1** Acción de mudar. **2** Conjunto de ropa interior que se cambia de una vez.

mudanza f. **1** Cambio de una vivienda a otra. **2** Cambio de unas ideas o unas actitudes.

mudar tr./intr. **1** Cambiar el aspecto, la naturaleza o el estado de una cosa. ◆ tr. **2** Cambiar un animal la pluma, el pelo o la piel. ◆ tr./intr. **3** Cambiar una persona sus ideas o su actitud. ◆ prnl. **4** Cambiarse de vivienda. **5** Cambiarse de ropa.

mudéjar adj./m. y f. **1** De la población musulmana que vivía en el territorio cristiano de la Península Ibérica durante la Edad Media. ◆ adj./m. **2** Se dice del estilo arquitectónico cristiano medieval que utilizaba elementos islámicos.

mudo, a adj./s. **1** Que no puede hablar. ◆ adj. **2** Que no tiene voz o sonido. **3** Que está callado. **4** Se dice de la letra que no se pronuncia.

mueble m. Objeto fabricado con el que se equipa o se decora una casa, una oficina u otros locales.

mueca f. Gesto o movimiento de la cara que expresa un estado de ánimo.

muecín o **muezín** m. Musulmán que llama a los fieles para que acudan a rezar.

muela f. **1** Diente situado en la parte posterior de las mandíbulas. **2** Piedra redonda de un molino que tritura grano. **3** Cerro escarpado de cima plana.

muelle m. **1** Pieza elástica en espiral que es capaz de recuperar su forma inicial después de presionarla. **2** Obra construida en un puerto de mar o río para facilitar las tareas de carga y descarga o para atracar los barcos.

muérdago m. Planta parásita de fruto blanco.

muermo m. **1** *Fam.* ESP Estado de aburrimiento. **2** *Fam.* ESP Persona o cosa aburrida.

muerte f. **1** Fin de la vida. **2** Figura imaginaria que personifica la muerte. **3** Asesinato.

muerto, a adj./s. **1** Se dice del ser que ha perdido la vida. ◆ adj. **2** Que está apagado o poco activo. ◆ m. **3** Trabajo o cosa molesta.

muesca f. **1** Hueco estrecho que se hace en una cosa para introducir o encajar otra. **2** Corte que se hace al ganado en la oreja para señalarlo.

muestra f. **1** Parte que se considera representativa de una cosa. **2** Cosa que se toma como modelo. **3** Prueba o manifestación que da a conocer una actitud, un sentimiento o una situación determinada. **4** Exposición artística.

muflón m. Mamífero rumiante similar al carnero.

mugido m. Voz del toro o de la vaca.

mugre f. Suciedad grasienta.

mujer f. **1** Persona adulta de sexo femenino. **2** Esposa.

mujeriego, a adj./m. **1** Aficionado a relacionarse con las mujeres. ◆ adj. **2** Relativo a la mujer.

mújol m. Pez marino de cabeza aplastada y labios gruesos.

muladar m. **1** Lugar donde se echa estiércol o basura. **2** Lugar muy sucio.

mulato, a adj./s. **1** Que ha nacido de padre blanco y madre negra o viceversa. ◆ adj. **2** De color oscuro, moreno. ◆ m. **3** AMÉR Mineral de plata de color oscuro.

muleta f. **1** Bastón largo que se utiliza para apoyarse al andar. **2** Paño rojo sujeto a un palo que se usa para torear.

muletilla f. Expresión que se repite mucho al hablar.

mullir tr. Ahuecar una cosa para que esté blanda y esponjosa.

mulo, a s. Mamífero nacido del cruce entre un caballo y una burra o de una yegua y un burro.

multa f. Sanción económica que se impone por haber cometido una falta o delito.

multimedia adj./m. Se dice de la tecnología o aparato que utiliza distintos medios de comunicación combinados.

multinacional adj. **1** De muchas naciones. ◆ adj./f. **2** Se dice de la empresa que tiene negocios en varios países.

múltiple adj. **1** Que está formado por varios elementos o partes. ◆ det.pl. **2** Muchos o varios.

multiplicación f. **1** Operación matemática que consiste en sumar un número tantas veces como indica otro número. **2** Aumento de la cantidad o el número de una cosa.

multiplicador, ra adj./s. **1** Que hace crecer la cantidad de una cosa. ◆ adj./m. **2** Se dice del número de una multiplicación que indica cuántas veces ha de sumarse otro número para obtener el producto.

multiplicando adj./m. Se dice del número de una multiplicación que debe ser sumado tantas veces como indica el multiplicador.

multiplicar tr. **1** Realizar una multiplicación. **2** Aumentar la cantidad o el número de una cosa. ◆ prnl. **3** Reproducirse los seres vivos.

múltiplo adj./m. Se dice del número que contiene a otro varias veces exactamente.

multitud f. **1** Cantidad abundante de personas o cosas. **2** Gente.

mundanal adj. Mundano.

mundano, a adj. Propio del mundo humano.

mundial adj. **1** Que abarca o se refiere al mundo entero. ◆ m. **2** Competición deportiva en la que participan deportistas de muchos países.

mundo m. **1** Planeta en el que viven los seres humanos. **2** Conjunto de todas las cosas que existen. **3** Parte en que se divide el conjunto de todas las cosas que existen. **4** Conjunto de personas que forman la humanidad o parte de una sociedad determinada.

munición f. Carga de un arma de fuego.

municipal adj. **1** Relativo al municipio. ◆ adj./m. y f. **2** Se dice del miembro de la policía de un municipio.

municipio m. División territorial administrativa gobernada por el ayuntamiento.

muñeco, a s. **1** Juguete que tiene forma o figura humana. ◆ m. **2** Persona que se deja manipular.

muñeira f. Composición musical y baile populares de Galicia.

muñón m. Parte de un miembro que permanece unida al cuerpo después de haber sido amputado.

mural adj. **1** Que se coloca o se hace sobre un muro. ◆ adj./m. **2** Se dice de la pintura realizada sobre un muro o una pared.

muralla f. Muro defensivo.

murciélago m. Mamífero volador nocturno con alas membranosas.

murga f. **1** Conjunto de músicos callejeros. **2** Cosa que molesta.

murmullo m. Sonido confuso, continuo y poco perceptible.

murmurar tr./intr. **1** Hablar en voz baja o entre dientes. ◆ intr. **2** Hablar mal de una persona. **3** Hacer una cosa un murmullo.

muro m. Construcción vertical hecha de piedra, ladrillo u otro material que cierra un espacio o separa un lugar de otro.

mus m. Juego de cartas de envite formado por cuatro jugadas.

musa f. **1** Deidad de la mitología griega que protegía las ciencias o las artes. **2** Inspiración que siente el artista.

musaraña f. Mamífero nocturno parecido al ratón, de pelo corto y rojo oscuro.

musculatura f. Conjunto y disposición de los músculos del cuerpo.

músculo m. Órgano formado por tejido compuesto por fibras que permiten el movimiento de las diversas partes del cuerpo.

museo m. **1** Lugar destinado a la conservación, estudio y exposición de objetos de valor para la ciencia, el arte o la cultura. **2** Edificio utilizado para el estudio de las letras, las ciencias y las artes liberales.

musgo m. Planta sin flores, con tallo y hojas falsos y con pequeñas raíces.

música f. **1** Arte de combinar los sonidos en una secuencia temporal atendiendo a las leyes de la armonía, la melodía y el ritmo. **2** Conjunto de sonidos sucesivos combinados según este arte. **3** Conjunto de las obras musicales de un autor, un estilo, un país o un período determinados.

músico, a s. **1** Persona que toca un instrumento musical o compone música. ◆ adj. **2** Relativo a la musica.

musicología f. Estudio de la teoría y la historia de la música.

musitar tr./intr. *Formal.* Hablar en voz muy baja.

muslo m. Parte de la pierna que va desde la cadera hasta la rodilla.

mustio, a adj. **1** Se dice de la flor o planta que ha perdido el frescor, el verdor y la tersura. **2** Triste, melancólico.

musulmán, na adj. **1** Relativo al islamismo. ◆ adj./s. **2** Que profesa esta religión.

mutación f. **1** Cambio o transformación. **2** Alteración de la estructura genética o cromosómica de la célula de un ser vivo.

mutar tr. **1** *Formal.* Mudar, cambiar. **2** Experimentar una célula una mutación.

mutilar tr. Cortar un miembro o una parte del cuerpo.

mutis m. En teatro, salida de la escena de un actor.

mutismo m. *Formal.* Silencio voluntario u obligado.

mutualidad f. Asociación de personas, que pagan una cantidad de dinero, destinada a ayudarse mutuamente.

mutualismo m. Relación de simbiosis en la que los dos organismos salen beneficiados.

mutuo, a adj. Recíproco.

muy adv. Indica el grado más alto de lo que se expresa, ante adjetivos, participios, adverbios y locuciones adverbiales.

my o **mi** f. Letra del alfabeto griego (M/μ).

N-Ñ

n f. **1** Decimocuarta letra del alfabeto español. **2** Signo matemático que representa un número no determinado.

nabo, a m. **1** Planta de hojas grandes con una raíz blanca y comestible. **2** *Vulg.* Pene. ◆ adj./s. **3** *Fam.* ARG, URUG Tonto, necio.

nácar m. Sustancia dura y blanca que se forma en el interior de las conchas de algunos moluscos.

nacer intr. **1** Salir una persona o un animal vivíparo del vientre de la madre. **2** Salir un animal ovíparo del huevo. **3** Salir una planta de su semilla o brotar del suelo. **4** Comenzar a tener existencia una cosa. **5** Aparecer por el horizonte un cuerpo celeste.

naciente adj. **1** Que es nuevo o empieza a desarrollarse. ◆ m. **2** *Formal.* Este, punto cardinal.

nacimiento m. **1** Hecho de nacer. **2** Origen, principio. **3** Rrepresentación del momento en que nació Jesucristo.

nación f. **1** Conjunto de habitantes de un país regidos por un mismo gobierno. **2** Territorio que abarca este país.

nacional adj. **1** Propio de una nación. **2** Que pertenece a la propia nación. ◆ adj./m. **3** Se dice del partidario del general Franco durante la Guerra Civil española.

nacionalidad f. Condición de las personas que pertenecen a una nación.

nacionalismo m. **1** Movimiento político que defiende la reafirmación de la personalidad de un pueblo y su derecho a una nacionalidad. **2** Apego a la propia nación.

nacionalizar tr. **1** Conceder la nacionalidad de un país. **2** Hacer que una actividad o entidad privada se transforme en pública. **3** Dar un carácter nacional.

nacionalsocialismo m. Doctrina política e ideología totalitarias, propugnadas por Hitler.

naco, a m. **1** AMÉR Pedazo de tabaco para mascar. **2** COL Puré de patatas. ◆ s. **3** *Fam. y desp.* MÉX Indígena mexicano. **4** *Fam. y desp.* MÉX Persona maleducada e ignorante.

nada pron. **1** Ninguna cosa. ◆ adv. **2** Indica negación total. **3** De ninguna manera. ◆ f. **4** Falta total de cualquier ser o de cualquier cosa. **5** Cosa de muy pequeña cantidad. ◇ **de ~** Expresión con la que se responde a un agradecimiento. ◇ **por ~** Por cualquier cosa. — AMÉR De nada, expresión de agradecimiento.

nadar intr. **1** Trasladarse dentro del agua sin tocar el suelo. **2** Flotar en un líquido.

nadería f. Cosa poco importante.

nadie pron. Ninguna persona.

nadir m. Punto de la esfera celeste opuesto al cenit.

nado ◇ **a ~** Indica que un movimiento se efectúa nadando.

nafta f. **1** Líquido obtenido de la destilación del petróleo crudo. **2** AMÉR Gasolina.

naftalina f. Hidrocarburo sólido de color blanco.

nahua o **náhuatl** adj./m. y f. **1** Del pueblo indígena que habitó en la altiplanicie de México y de América Central. ◆ m./adj. **2** Lengua precolombina que todavía se habla en México.

naíf o **naif** adj./m. Relativo al estilo de pintura que se caracteriza por la búsqueda de la espontaneidad e ingenuidad formales.

nailon m. Fibra artificial elástica usada para fabricar tejidos.

naipe m. Cartulina rectangular que junto a otras forma parte de una baraja.

nalga f. Parte carnosa entre el extremo superior del muslo y el final de la espalda.

nana f. **1** Canción para dormir o arrullar a los niños. **2** Nodriza. **3** *Fam.* Abuela. **4** AMÉR CENTRAL Niñera. **5** AMÉR CENTRAL Madre. **6** ARG, CH Daño leve que se hacen los niños. ◆ f.pl. **7** *Fam.* AMÉR SUR Alteraciones de la salud leves.

nao f. *Formal.* Embarcación o nave.

napa f. Piel de algunos animales tratada industrialmente.

napalm m. Sustancia inflamable utilizada para cargar bombas incendiarias.

napolitana f. ESP Dulce rectangular relleno de crema.

napolitano, a adj./s. De Nápoles.

naranja f. **1** Fruto redondo, de cáscara gruesa y pulpa agridulce, muy jugosa. ◆ adj./m. **2** Se dice del color de este fruto.

naranjo m. Árbol de tronco liso, flores blancas y olorosas, y fruto comestible (naranja).

narcisismo m. Admiración excesiva por uno mismo.

narciso m. **1** Planta herbácea con raíz en forma de bulbo. **2** Flor de esta planta, muy olorosa y de color blanco o amarillo. **3** Que siente narcisismo.

narcótico, a adj./m. Se dice de la sustancia que produce sueño y pérdida de la sensibilidad.

narcotráfico m. Comercio de drogas a gran escala.

nardo m. **1** Flor blanca y muy olorosa. **2** Planta que da esa flor.

nariz f. **1** Parte saliente en el rostro humano situada entre los ojos y la boca que comunica con el aparato respiratorio y con el órgano del olfato. **2** Cada uno de los dos orificios que se encuentra en esta parte del cuerpo. **3** Parte de los animales vertebrados que sirve para oler y tomar aire.

narración f. **1** Acción de narrar. **2** Exposición de unos hechos y acontecimientos.

narrar tr. Contar o relatar una historia.

narrativa f. **1** Género literario en prosa compuesto por las obras que narran una historia. **2** Conjunto de obras literarias en prosa de un autor, época o lugar.

narrativo, a adj. Relativo a la narración o a la narrativa.

narval m. Mamífero marino similar al delfín, de color blanco con manchas pardas.

nasa f. Cesto cilíndrico usado para pescar.

nasal adj. **1** Relativo a la nariz. **2** Se dice del sonido y el fonema que se pronuncian haciendo salir el aire por la nariz. ◆ **f./adj. 3** Consonante que se articula de este modo.

nata f. **1** Sustancia espesa que se forma en la superficie de la leche. **2** Crema blanca y dulce que se hace mezclando y batiendo esta sustancia con azúcar.

natación f. Deporte o ejercicio que consiste en nadar.

natal adj. Relativo al nacimiento.

natalicio, a adj. **1** Relativo al día del nacimiento. ◆ **m. 2** Día de nacimiento.

natalidad f. Número de nacimientos en un lugar y un período determinados.

natatorio, a adj. **1** Relativo a la natación. **2** Que sirve para nadar.

natillas f.pl. Dulce hecho con yema de huevo, azúcar y leche.

natividad f. Nacimiento de Jesucristo, la Virgen María o san Juan Bautista.

nativo, a adj. **1** Relativo al lugar donde se ha nacido. ◆ **adj./s. 2** Se dice de la persona que ha nacido en un lugar determinado.

nato, a adj. **1** Que se tiene desde que se nace. **2** Se dice de la persona que tiene una capacidad, una cualidad o un defecto desde que nace.

natural adj. **1** De la naturaleza. **2** Que está elaborado sin mezclar elementos artificiales. **3** Se dice de la cualidad característica de una cosa. **4** Se dice del hecho que es predecible, lógico o razonable. **5** Se dice de la persona o acción que es sencilla, no forzada. **6** Que se produce por las fuerzas de la naturaleza. ◆ **adj./m. y f. 7** Nativo. ◆ **adj. 8** Se dice del número entero positivo. ◆ **m.pl. 9** Ciencia que estudia lo relativo a la naturaleza.

naturaleza f. **1** Conjunto de las cosas y de las fuerzas que componen el universo y que no han sido hechas por el ser humano. **2** Principio universal que se considera que gobierna y dispone todas las cosas. **3** Propiedad o conjunto de propiedades características de un ser o de una cosa.

naturalidad f. **1** Calidad de natural. **2** Modo de actuar una persona mostrándose tal y como es en realidad.

naturalismo m. Movimiento literario que intentaba describir la realidad de modo objetivo.

naufragar intr. **1** Hundirse una embarcación. **2** Estar en una embarcación que se hunde. **3** Fracasar.

náufrago, a adj./s. Que ha naufragado.

náusea f. **1** Sensación de malestar que produce ganas de vomitar. **2** Repugnancia, asco.

nauseabundo, a adj. Que produce náuseas.

náutico, a adj. *Formal.* Relativo a la navegación.

navaja f. **1** Instrumento parecido al cuchillo, cuya hoja puede guardarse dentro del mango. **2** Molusco de cuerpo alargado y conchas casi rectangulares.

navajo, a adj./s. De un pueblo amerindio de las montañas Rocosas.

naval adj. Relativo a la navegación o a las embarcaciones.

nave f. **1** Embarcación de cubierta y con velas. **2** Vehículo para viajar por el aire. **3** Edificio grande, de una sola planta. **4** Espacio alargado de una iglesia u otro edificio de gran tamaño.

navegar intr. **1** Desplazarse o viajar por el agua o el aire. **2** Desplazarse de una página o documento a otro en una red informática, como Internet.

naveta f. Monumento megalítico de las islas Baleares.

navidad f. Fiesta cristiana para conmemorar el nacimiento de Jesucristo.

naviero, a adj. **1** Naval. ◆ adj./s. **2** Propietario de uno o más navíos.

navío m. Embarcación de gran tamaño.

nazareno, a adj./s. **1** De Nazaret. ◆ s. **2** Persona que desfila como penitente en las procesiones de Semana Santa.

nazarí adj./m. y f. De una antigua dinastía musulmana.

nazismo m. Nacionalsocialismo.

neblina f. Niebla baja y poco espesa.

neblinear intr. CH Lloviznar.

nebulosa f. Acumulación de polvo y gas interestelar.

necedad f. **1** Cualidad de necio. **2** Hecho o dicho necio.

necesario, a adj. Que es obligatorio o indispensable para algo.

neceser m. Caja o bolsa para los objetos del aseo personal.

necesidad f. **1** Hecho de que sea necesaria una cosa. **2** Cosa necesaria para un fin. **3** Deseo o impulso de hacer una cosa. **4** Situación de pobreza.

necesitar tr./intr. Tener necesidad.

necio, a adj./s. **1** Se dice de la persona tonta o torpe. ◆ adj. **2** Se dice de la acción o expresión torpe o imprudente.

nécora f. Crustáceo similar al cangrejo, con una concha elíptica y diez patas.

necrófago, a adj./m. Que se alimenta de animales muertos.

necrofilia f. **1** Atracción de una persona hacia la muerte. **2** Atracción sexual hacia los cadáveres humanos.

necrología f. **1** Biografía breve de una persona que ha muerto recientemente. **2** Notificación de la muerte de una persona.

necrópolis f. Cementerio extenso.

necrosis f. Muerte de las células y los tejidos de una zona del organismo.

néctar m. **1** Jugo azucarado del interior de las flores. **2** Bebida dulce y agradable. **3** Licor de los dioses, según la mitología clásica.

nectarina f. ESP Fruta de piel lisa y sin pelusa.

neerlandés, sa adj./s. **1** De los Países Bajos. ◆ m./adj. **2** Lengua hablada en los Países Bajos y el norte de Bélgica.

nefasto, a adj. **1** Que causa desgracia. **2** De muy mala calidad.

nefrítico, a adj. *Formal.* Relativo al riñón.

negación f. **1** Acción y efecto de negar. **2** Negativa. **3** Expresión o elemento gramatical que sirve para negar.

negado, a adj./s. Inepto, incapaz.

negar tr. **1** Decir que no es verdad una cosa. **2** Decir que no a lo que se pide o pretende. **3** Prohibir una cosa. **4** No reconocer una persona la relación que la une con otra. ◆ prnl. **5** No querer hacer una cosa.

negativa f. Rechazo, oposición o respuesta negativa.

negativo, a adj. **1** Que indica o expresa negación. **2** Que produce algún daño o perjuicio o no está a favor de una cosa. **3** Se dice del polo o carga eléctrica que tiene el potencial eléctrico más bajo. **4** Se dice del número o expresión matemática menor que cero. ◆ adj./m. **5** Se dice de la imagen fotográfica que reproduce invertidos los colores de la realidad.

negligencia f. Falta de cuidado.

negociado m. **1** ESP Sección de una organización que se ocupa de un asunto. **2** AMÉR SUR Negocio ilícito.

negociar intr. **1** Realizar operaciones comerciales para conseguir ganancias. ◆ tr./intr. **2** Tratar o gestionar un asunto para llegar a un acuerdo.

negocio m. **1** Ocupación o actividad que se realiza para obtener un beneficio. **2** Ganancia conseguida en una actividad comercial o de otro tipo. **3** Establecimiento comercial.

negra f. Nota musical cuya duración equivale a la mitad de una blanca.

negrero, a s. **1** Persona que comerciaba con esclavos negros. **2** Persona que explota a sus subordinados.

negrilla adj./f. Negrita.

negrita adj./f. Se dice del tipo de letra de imprenta que tiene el trazo más grueso.

negro, a adj./m. **1** Se dice del color como el del carbón o el de la oscuridad total. ◆ adj. **2** *Fam.* Que está muy sucio. **3** *Fam.* Que está bronceado por el sol. **4** Triste, desafortunado. **5** Se dice del cine o novela que pertenece al género policiaco. ◆ adj./s. **6** Se dice de la persona de la raza de piel oscura. ◆ adj./m. **7** Se dice del tabaco de olor y sabor fuertes. ◆ s. **8** Persona que trabaja para que otra se atribuya los méritos. **9** AMÉR Se usa como apelativo cariñoso.

nematelminto adj./m. Se dice del gusano de cuerpo no segmentado y generalmente parásito.

nemotecnia f. Mnemotecnia.

nene, a s. Niño pequeño.

nenúfar m. Planta acuática de hojas redondas que flotan en la superficie del agua.

neocelandés, sa adj./s. Neozelandés, sa.

neoclasicismo m. Corriente literaria y artística del siglo XVIII que recuperaba modelos y reglas de la antigüedad clásica griega y latina.

neodimio m. Elemento químico (metal) de símbolo Nd.

neófito, a s. Persona que acaba de unirse a una opinión o una causa.

neógeno, a adj./m. **1** Se dice del período geológico que es el segundo de la era cenozoica. ◆ adj. **2** Relativo a este período geológico.

neolítico, a adj./m. **1** Se dice del período prehistórico que se caracteriza por el inicio de la agricultura y la ganadería. ◆ adj. **2** Relativo a este período prehistórico.

neologismo m. Palabra o expresión recién introducidas en una lengua.

neón m. **1** Elemento químico (gas noble) de símbolo Ne. **2** Tubo delgado lleno de este gas que produce una luz blanca.

neonato, a s./adj. Bebé recién nacido.

neoyorquino, a adj./s. De Nueva York.

neozelandés, sa o **neocelandés, sa** adj./s. De Nueva Zelanda.

neozoico, a adj./m. **1** Se dice de la era geológica que sigue a la era terciaria. ◆ adj. **2** Relativo a esta era geológica.

neperiano, a adj. Se dice del logaritmo que tiene como base el número e.

nepotismo m. Trato de favor hacia familiares o amigos, a los que se otorgan cargos o premios.

neptunio m. Elemento químico (metal) de símbolo **Np.**

nereida f. Ninfa marina con cola de pez y cuerpo de mujer.

nervadura f. **1** Conjunto de los nervios de una hoja o del ala de un insecto. **2** Arco que se cruza con otros para formar una bóveda.

nervio m. **1** Filamento compuesto por muchas fibras que es la vía de transmisión de los impulsos motores y sensitivos. **2** Fibra con forma de hilo que tienen las hojas de las plantas. **3** Fibra con forma de hilo de las alas de algunos insectos. **4** *Fam.* Fuerza, energía o vigor para hacer las cosas. **5** Moldura o banda saliente que recorre un arco o una bóveda. ◆ m.pl. **6** Estado pasajero de excitación nerviosa, inquietud o falta de tranquilidad.

nervioso, a adj. **1** Relativo al nervio o que tiene nervios. **2** Excitado, inquieto. **3** Que se excita y pierde la tranquilidad fácilmente.

neto, a adj. **1** Claro, bien definido o delimitado. **2** Limpio, puro. **3** Se dice de la cantidad de dinero exenta de deducciones. **4** Se dice del peso de algo después de haber descontado el peso de lo que contiene.

neumático, a adj. **1** Se dice del instrumento que funciona mediante la acción del aire. ◆ m. **2** Cubierta de caucho que se monta sobre la llanta de la rueda de algunos vehículos.

neumonía f. Pulmonía.

neura f. **1** *Fam.* Manía, obsesión. **2** *Fam.* Estado de excitación nerviosa.

neuralgia f. Dolor intenso a lo largo de un nervio.

neurastenia f. Enfermedad nerviosa que provoca una falta de vigor mental y físico.

neurita f. Prolongación alargada del cuerpo de la neurona.

neurología f. Parte de la medicina que se ocupa del sistema nervioso.

neurona f. Célula del sistema nervioso.

neurosis f. Enfermedad mental que consiste en un trastorno nervioso.

neutral adj./m. y f. Que no se inclina a favor de ninguna de las partes enfrentadas.

neutralizar tr. **1** Hacer que disminuya o quede anulado el efecto de una acción. **2** Hacer que una sustancia o un compuesto químico sea neutro.

neutro, a adj. **1** Que no presenta ninguna característica de las dos opuestas que podría presentar. **2** Que no está determinado o definido. **3** Neutral. **4** Se dice de la sustancia o compuesto químico que no es ácido ni básico. **5** Que pertenece a un género gramatical que no es masculino ni femenino. **6** Se dice del elemento que en las operaciones matemáticas al operar con cualquier otro elemento se obtiene este último.

neutrón m. Partícula elemental del átomo que no tiene carga eléctrica.

nevada f. **1** Acción y efecto de nevar. **2** Cantidad de nieve que cae de una vez.

nevar impers. Caer nieve.

nevera f. ESP Frigorífico, refrigerador.

newton m. Unidad de fuerza del Sistema Internacional, de símbolo N.

nexo m. **1** Relación entre dos o más elementos. **2** Elemento lingüístico que une dos o más términos.

ni conj. **1** Se utiliza para enlazar oraciones negativas o partes de una oración negativa. **2** Se utiliza para añadir intensidad a algo que se niega. ◆ f. **3** Ny.

nicaragüense adj./m. y f. De Nicaragua.

nicho m. Hueco o cavidad alargada para colocar el ataúd o las cenizas de una persona.

nicotina f. Sustancia excitante de las hojas del tabaco.

nido m. **1** Refugio construido por las aves para poner sus huevos. **2** Zona de un hospital donde se encuentran los recién nacidos. **3** Hogar de una persona.

niebla f. Suspensión espesa de gotas de agua de la atmósfera que limitan la visibilidad horizontal.

nieto, a s. Hijo o hija del hijo o de la hija de una persona.

nieve f. **1** Agua helada que cae de las nubes en cristales muy pequeños. **2** *Argot.* Cocaína.

nigromancia o **nigromancía** f. Adivinación del futuro mediante la invocación a los muertos.

nigua f. Insecto similar a la pulga pero más pequeño.

nihilismo m. Negación de toda creencia.

nilón m. Nailon.

nimbo m. **1** Aureola de una imagen divina o de santos. **2** Círculo luminoso de algunos astros. **3** Nimboestrato.

nimboestrato m. Capa de nubes espesa.

nimio, a adj. Que tiene muy poca o ninguna importancia.

ninfa f. **1** Diosa menor de la mitología clásica, que habitaba en fuentes, bosques, montañas o ríos. **2** Mujer joven y bella. **3** Estado intermedio en la metamorfosis de algunos insectos.

ninfomanía f. Deseo sexual exagerado en la mujer.

ningún adj. Apócope de ninguno.

ninguno, a det./pron. **1** Ni una sola persona o ni una sola cosa de las que se mencionan. ◆ det. **2** Pospuesto al sustantivo, sirve para reforzar una frase negativa.

niña f. Círculo pequeño y negro que hay en el ojo.

niñero, a adj. **1** Que le gustan los niños. ◆ s. **2** Persona que se dedica a cuidar niños.

niñez f. Primer período de la vida humana, que llega hasta la adolescencia.

niño, a s. **1** Persona que tiene pocos años de vida. ◆ adj./s. **2** Se dice de la persona que se comporta de forma infantil.

nipón, na adj./s. De Japón.

níquel m. **1** Elemento químico (metal) de símbolo Ni. **2** AMÉR Moneda fraccionaria. **3** URUG Dinero.

nirvana m. En el budismo, estado de ausencia de sufrimiento y desaparición de todos los apegos materiales.

níscalo m. Hongo comestible, con el sombrero de color rojizo.

níspero m. **1** Árbol de tronco delgado y de flores blancas. **2** Fruto comestible de este árbol, de color amarillo o naranja. **3** AMÉR Zapote.

nítido, a adj. **1** Limpio, claro y transparente. **2** Que no presenta confusión.

nitrato m. Sal que se forma a partir del ácido nítrico.

nítrico, a adj. **1** Relativo al nitrógeno. **2** Se dice del ácido que se obtiene por la acción del ácido sulfúrico sobre el nitrato de un metal alcalino.

nitro m. Nitrato potásico que se forma en terrenos húmedos.

nitrógeno m. Elemento químico (gas) de símbolo N.

nitroglicerina f. Líquido graso de color amarillo que arde y explota con facilidad.

nivel m. **1** Altura a la que llega algo o altura a la que está situada una cosa. **2** Piso o planta de una construcción. **3** Grado de calidad al que puede llegar una persona o cosa. **4** Instrumento para comprobar la horizontalidad o verticalidad de una línea o un plano.

nivelar tr. **1** Hacer que una superficie esté completamente horizontal. **2** Comprobar la horizontalidad o verticalidad de algo con la ayuda del nivel. **3** Allanar un terreno o una superficie. **4** Poner a igual altura varias cosas. **5** Igualar o poner al mismo nivel.

níveo, a adj. *Formal.* Semejante a la nieve.

no adv. **1** Expresa negación. **2** Indica que lo que se dice es incorrecto o falso. **3** Indica prohibición, oposición o rechazo. **4** Antepuesto a sustantivos y adjetivos, expresa el significado opuesto de lo que expresa la palabra a la que acompaña. **5** Indica extrañeza o duda en preguntas, a las que se espera la confirmación de algo. ◆ m. **6** Respuesta negativa.

nobiliario, a adj. Relativo a la nobleza.

noble adj. **1** Que es generoso y digno de estimación. **2** Se dice del animal que es fiel a las personas. **3** Que tiene gran calidad o valor. **4** Se dice del cuerpo o sustancia que es químicamente inactivo. ◆ adj./m. y f. **5** Se dice de la persona que posee un título concedido por el rey o heredado de sus antepasados.

nobleza f. **1** Clase o grupo social formado por los nobles de un territorio. **2** Generosidad, honradez. **3** Cualidad de noble.

nobuc o **nobuk** o **nubuc** o **nubuk** m. Piel de vaca u oveja, adobada y curtida.

noche f. Período desde que se pone el Sol hasta que vuelve a salir.

nochebuena f. Noche del día 24 de diciembre, vigilia del nacimiento de Jesucristo.

nochevieja o **noche vieja** f. Noche del día 31 de diciembre, última del año.

noción f. Conocimiento o idea de algo.

nocivo, a adj. Que hace daño, perjudicial.

noctámbulo, a adj./s. Que desarrolla su actividad principal durante la noche.

nocturno, a adj. **1** Relativo a la noche. **2** Se dice del animal que desarrolla su actividad vital durante la noche. **3** Se dice de la planta que solo tiene sus flores abiertas durante la noche. ◆ m. **4** Composición musical breve, melancólica y dulce.

nodo m. En física, cada uno de los puntos de un cuerpo vibrante que permanecen fijos.

nodriza f. **1** Mujer que amamanta a un niño que no es su hijo. **2** Nave que abastece de combustible a otros vehículos.

nódulo m. **1** Masa mineral que se encuentra en el interior de algunas rocas. **2** Acumulación de células o fibras orgánicas.

nogal m. **1** Árbol de tronco alto y fuerte, de madera dura. **2** Madera de este árbol.

nómada adj./m. y f. Que va de un lugar a otro y nunca se establece en un sitio de forma permanente.

nomás adv. **1** AMÉR Solamente. **2** AMÉR Indica que la acción de la que se trata puede ser ejecutada con confianza. **3** AMÉR Apenas.

nombrar tr. **1** Decir el nombre de una persona o cosa. **2** Elegir a una persona para desempeñar un cargo o función.

nombre m. **1** Palabra o conjunto de palabras con las que se designan personas, objetos y cualidades para distinguirlos de otros. **2** Palabra o conjunto de palabras con las que se distingue a las personas. **3** Buena fama. **4** Sustantivo.

nomenclatura f. Conjunto de los términos técnicos propios de una ciencia.

nomeolvides f. **1** Planta herbácea de tallos tendidos y hojas ásperas. **2** Flor de esta planta. ◆ m. **3** Pulsera que lleva una placa con un nombre grabado.

nómina f. **1** Lista de nombres de personas o cosas. **2** Conjunto de personas que trabajan en un lugar y cobran un sueldo. **3** Sueldo.

nominal adj. **1** Relativo al nombre. **2** Se dice del valor o cargo que solo existe de nombre. **3** Se dice del sintagma que tiene como núcleo un sustantivo.

nominar tr. **1** Proponer a una persona como candidata para un posible cargo o premio. **2** Nombrar.

nominativo, a adj. **1** Se dice del documento que debe llevar el nombre de la persona que lo posee. ◆ m. **2** Caso de la declinación de algunas lenguas en que se pone la palabra que designa el sujeto de la oración.

non adj./m. Impar.

nona f. Oficio católico que se celebra hacia las tres de la tarde.

nonagésimo, a num.ordin. **1** Que ocupa el lugar número 90 en una serie ordenada. ◆ num.partit. **2** Se dice de cada una de las partes que resultan de dividir un todo en noventa partes iguales.

noquear tr. Dejar fuera de combate a un boxeador.

nordeste o **noreste** m. Punto cardinal situado entre el norte y el este.

nórdico, a adj./s. **1** Del norte de Europa. ◆ m. **2** Grupo de lenguas del grupo germano septentrional.

noria f. **1** Máquina que se utiliza para sacar agua de un pozo o de otro lugar. **2** Atracción de feria que consiste en una gran rueda que gira verticalmente.

norma f. **1** Regla o conjunto de reglas que hay que seguir. **2** Regla jurídica.

normal adj. **1** Que es corriente, habitual y no llama la atención. **2** Que presenta un estado natural. **3** Que está de acuerdo con una norma. **4** Que sirve de norma o regla. ◆ f. **5** Recta perpendicular.

normalizar tr. **1** Poner en orden una cosa. **2** Hacer que algo se ajuste a una norma.

normando, a adj./s. **1** De Normandía. **2** De los pueblos germánicos procedentes de Escandinavia.

normativa f. Conjunto de normas que regulan una materia o actividad.

normativo, a adj. **1** Que sirve de norma. **2** Se dice de la gramática que define los usos correctos de la lengua.

noroeste m. Punto cardinal situado entre el norte y el oeste.

norte m. Punto cardinal situado frente a una persona a cuya derecha está el lado por el que sale el Sol.

norteamericano, a adj./s. **1** De América del Norte. **2** De Estados Unidos.

norteño, a adj. **1** Se dice del lugar que está situado en la parte norte de un territorio. **2** Relativo al Norte.

noruego, a adj./s. **1** De Noruega. ◆ m./adj. **2** Lengua hablada en Noruega.

nos pron. **1** Forma átona del pronombre de primera persona, en género masculino y femenino y en número plural, que realiza la función de complemento directo e indirecto. **2** Forma átona de primera persona del plural en las construcciones pronominales. **3** Forma átona de primera persona del singular usada por personas de elevada jerarquía, especialmente reyes o papas.

nosotros, as pron. Pronombre personal de primera persona del plural.

nostalgia f. **1** Sentimiento de tristeza que causa el estar lejos de personas o lugares queridos. **2** Sentimiento de pena que causa recordar el pasado.

nota f. **1** Escrito breve para comentar, aclarar o completar algo. **2** Apunte que se toma sobre una materia para después ampliarla o recordarla. **3** Papel en el que se anota algo que ha de recordarse o que se quiere decir a otra persona. **4** Factura de un establecimiento de hostelería. **5** Calificación de un examen o prueba. **6** Sonido de la escala musical.

notable adj. **1** Que destaca por su importancia. ◆ m. **2** Calificación inmediatamente inferior a la de sobresaliente.

notar tr. **1** Percibir una sensación. **2** Observar o advertir algo.

notario, a s. Funcionario público que tiene autoridad para asegurar que un documento es verdadero y legal.

noticia f. **1** Comunicación de un suceso reciente. **2** Información, conocimiento o idea de una cosa. ◆ f.pl. **3** Noticiario.

noticiario m. Programa de radio o televisión en el que se transmiten noticias.

notificar tr. **1** Comunicar de forma oficial una conclusión o determinación a la que se ha llegado. **2** Hacer saber una cosa siguiendo ciertas formalidades.

notorio, a adj. **1** Que es muy conocido por todo el mundo. **2** Evidente, patente.

novatada f. Broma que se gasta a una persona novata en un lugar.

novato, a adj./s. *Fam.* Que lleva poco tiempo en un lugar y tiene poca experiencia.

novecentismo m. Movimiento artístico de principios del siglo XX que se caracteriza por una voluntad de rigor y racionalidad.

novecientos, as num.cardin. **1** Ochocientos más cien. ◆ num. ordin. **2** Que ocupa el lugar número 900 en una serie ordenada. ◆ m. **3** Número 900.

novedad f. **1** Cualidad de nuevo. **2** Cosa que es nueva. **3** Noticia o información sobre un hecho reciente. ◆ f.pl. **4** Artículos de venta que acaban de salir al mercado.

novel adj./m. y f. Principiante e inexperto.

novela f. Obra literaria extensa en prosa de contenido real o ficticio.

novelista m. y f. Persona que escribe novelas.

novena f. Serie de actos devotos que se repiten durante nueve días seguidos.

noveno, a num.ordin. **1** Que ocupa el lugar número 9 en una serie ordenada. ◆ num.partit. **2** Se dice de cada una de las partes que resultan de dividir un todo en nueve partes iguales.

noventa num.cardin. **1** Ochenta más diez. ◆ num.ordin. **2** Que ocupa el lugar número 90 en una serie ordenada. ◆ m. **3** Número 90.

noventayochista adj. Relativo al grupo literario de la Generación del 98.

novicio, a s. Persona que se prepara para entrar en una orden religiosa pero todavía no ha hecho los votos.

noviembre m. Undécimo mes del año.

novillero, a s. Persona que lidia novillos.

novillo, a s. Cría de vaca de entre dos y tres años. ◇ **hacer novillos** ESP, MÉX Faltar a clase.

novilunio m. Fase lunar en la que la Luna no refleja luz.

novio, a s. Persona que mantiene una relación de amor con otra con la que tiene intención de casarse o de vivir en pareja.

nubarrón m. Nube grande y oscura.

nube f. **1** Masa visible de vapor de agua que está suspendida en la atmósfera. **2** Acumulación de partículas de polvo, humo u otras sustancias.

nublar tr. **1** Ocultar las nubes el cielo. **2** Dificultar el sentido de la visión. **3** Alterar y confundir la razón.

nubuc o **nubuk** m. Nobuk.

nuca f. Parte superior y posterior del cuello.

nuclear adj. **1** Relativo al núcleo de una célula o átomo. **2** Que es lo principal y lo más importante de una cosa.

nucleico, a adj. Se dice del ácido que constituye el núcleo fundamental de una célula.

núcleo m. **1** Parte que está en el centro de algo. **2** Parte más importante de algo. **3** Parte de una célula eucariota que contiene el material genético o ADN. **4** Parte central de un átomo. **5** Elemento principal en un sintagma o grupo de palabras.

nucléolo o **nucleolo** m. Orgánulo de una célula eucariota.

nudillo m. Articulación de cada uno de los dedos de la mano.

nudismo m. Actividad o práctica de estar desnudo en público.

nudo m. **1** Lazo que se hace en un hilo, una cuerda u otra cosa parecida. **2** Sentimiento muy fuerte que une a dos personas. **3** Parte de una obra literaria o cinematográfica en que tiene lugar el desarrollo de la acción. **4** Bulto pequeño que destaca en una superficie. **5** Unidad para medir la velocidad que alcanza cualquier tipo de embarcación.

nuera f. Esposa de un hijo, con respecto a los padres de este.

nuestro, a det./pron. Forma del determinante y pronombre posesivo de primera persona del plural.

nueva f. Noticia reciente.

nueve num.cardin. **1** Ocho más uno. ◆ num.ordin. **2** Que ocupa el lugar número 9 en una serie ordenada. ◆ m. **3** Número 9.

nuevo, a adj. **1** Que acaba de aparecer, de formarse o de ser hecho. **2** Que se ve o se oye por primera vez. **3** Que se añade a un conjunto o a una clase. **4** Diferente de lo que existía o se conocía antes. **5** Que sustituye a una cosa de su misma clase. ◇ **de ~** Otra vez o una vez más.

nuez f. **1** Fruto del nogal, de cáscara dura. **2** Bulto pequeño de la laringe de los hombres adultos.

nulo, a adj. **1** Que no tiene valor. **2** Que no tiene efecto. **3** Que no tiene capacidad para una cosa determinada.

numantino, a adj./s. **1** De Numancia, antigua ciudad hispánica. ◆ adj. **2** Muy fuerte y resistente.

numeración f. **1** Acción y efecto de numerar. **2** Sistema para expresar todos los números.

numerador m. Número que indica las partes iguales del todo o de la unidad que se toman en una división.

numeral adj. **1** Relativo al número. ◆ adj./m. **2** Se dice del determinante o pronombre que indica cantidad, orden, partición o multiplicación.

numerar tr. **1** Contar los elementos que componen una serie siguiendo el orden establecido de los números. **2** Marcar con números. **3** Expresar con números.

numérico, a adj. Relativo al número.

número m. **1** Signo con que se representa una cantidad o un valor. **2** Valor o expresión de la cantidad, con relación a la unidad. **3** Cantidad no determinada de personas o cosas. **4** Puesto que se ocupa en una fila u otra serie ordenada. **5** Fascículo o cuaderno que aparece periódicamente y que forma parte de una serie. **6** Parte o acto de un espectáculo. **7** Categoría gramatical que expresa si la palabra se refiere a un elemento o a un conjunto (singular y plural). ◇ **~ primo** Número que solo se puede dividir por él mismo y por la unidad. ◇ ~ **romano** Letra del alfabeto latino que se usa para representar una cantidad.

numeroso, a adj. Que comprende un gran número de personas o cosas.

numismática f. Ciencia que estudia las monedas y medallas.

nunca adv. En ningún tiempo o ninguna vez.

nuncio m. **1** Representante diplomático del Papa en un país o estado. **2** Mensajero.

nupcias f.pl. *Formal.* Boda.

nutria f. Mamífero nadador de cuerpo largo y delgado, pelo marrón y patas cortas.

nutrición f. Acción de nutrir o nutrirse.

nutrido, a adj. Que incluye gran cantidad de algo.

nutrir tr. Proporcionar las sustancias que necesita el organismo para vivir.

ny o **ni** f. Letra del alfabeto griego (N/ν).

nylon m. Nailon.

ñ f. Decimoquinta letra del alfabeto español.

ñame m. **1** Planta trepadora de hojas grandes y flores verdosas. **2** Raíz comestible de esta planta.

ñandú m. Ave de color gris, con patas y cuello largos y fuertes.

ñandutí m. AMÉR Encaje muy fino.

ñaño, a s. **1** ARG, ECUAD Hermano mayor. **2** ARG, ECUAD Amigo entrañable.

ñato, a adj. AMÉR Chato, romo.

ñoño, a adj./s. **1** *Desp.* Que es muy simple, tímido y apocado. **2** ARG, MÉX, PAR, URUG Cursi, pasado de moda. **3** *Fam.* CUBA Mimoso, cariñoso. ◆ adj. **4** Que no tiene gracia ni interés.

ñu m. Antílope con cuernos curvos y el cuerpo parecido al de los caballos.

O

o f. **1** Decimosexta letra del alfabeto español. ◆ **conj. 2** Se usa para unir dos elementos de un mismo nivel gramatical y expresa alternativa o exclusión de uno de ellos. **3** Se usa para explicar, de una manera equivalente, lo dicho anteriormente. **4** Se usa entre dos números para delimitar de manera aproximada una cantidad.

oasis m. **1** Lugar con agua y vegetación en medio de una zona árida. **2** Lugar o momento de descanso en medio de dificultades.

obcecar tr./prnl. Cegar, ofuscar.

obedecer tr. **1** Cumplir la voluntad de quien manda. **2** Ceder una cosa ante el esfuerzo que se hace para cambiar su forma o estado. ◆ **intr. 3** Tener origen una cosa.

obediente adj. Que hace lo que se le manda.

obelisco m. Monumento en forma de pilar con remate piramidal.

obertura f. Composición instrumental que da inicio a ciertas obras musicales.

obeso, a adj. Que tiene exceso de grasa en el cuerpo.

óbice m. Dificultad, obstáculo.

obispo m. Sacerdote cristiano que gobierna una diócesis.

óbito m. *Formal.* Fallecimiento.

objeción f. Razón o argumento que se presenta para rechazar una idea o una propuesta.

objetar tr. Exponer una objeción.

objetivo, a adj. **1** Que no está determinado por sentimientos o intereses personales. **2** Relativo al objeto. ◆ **m. 3** Fin al que se dirige una acción u operación. **4** Lente o sistema de lentes que aumenta la visión en los instrumentos ópticos. **5** Punto que se ha de atacar u ocupar militarmente.

objeto m. **1** Cosa material e inanimada. **2** Materia o asunto sobre el cual se piensa. **3** Materia de que se ocupa una ciencia. **4** Objetivo (fin). **5** Palabra o sintagma que complementa al verbo en una oración.

objetor, ra adj./s. Que hace objeciones.

oblea f. **1** Hoja muy delgada de harina y agua. **2** Hoja muy delgada de goma arábiga.

oblicuo, a adj. Que está en una posición media entre la vertical y la horizontal.

obligación f. **1** Exigencia establecida por la moral, la ley o la autoridad. **2** Cosa que se debe hacer. **3** Título que representa una cantidad de dinero prestada que debe ser devuelta en un plazo determinado.

obligar tr. **1** Mover o impulsar con autoridad a hacer una cosa. **2** Tener suficiente autoridad para hacer cumplir lo que se ordena. **3** Hacer fuerza en una cosa para conseguir un efecto de ella. ◆ prnl. **4** Comprometerse a cumplir una cosa.

oblongo, a adj. *Formal.* Más largo que ancho.

obnubilar tr. **1** *Formal.* Ofuscar. **2** *Formal.* Dejar admirada a una persona.

oboe m. Instrumento de viento formado por un tubo de madera cónico.

obra f. **1** Cosa hecha o producida por un agente. **2** Producción del pensamiento humano en la ciencia, la cultura o el arte. **3** Construcción o arreglo de un edificio, una vía, etc. **4** Actividad o trabajo hecho por una o varias personas.

obrar intr. **1** Comportarse una persona de una manera determinada. **2** Estar una cosa en un lugar determinado. **3** *Formal.* Defecar. ◆ tr. **4** Someter una materia a una acción continua para darle forma. **5** Causar un efecto determinado.

obrero, a s. **1** Persona que tiene por oficio hacer un trabajo manual o que requiere esfuerzo físico. ◆ adj. **2** Relativo a los trabajadores. ◆ adj./f. **3** Se dice del insecto social que abastece a la colonia.

obsceno, a adj. Que va contra la moral.

obscurecer → oscurecer.

obscuro, a → oscuro, a.

obsequio m. Objeto o cosa que se da como muestra de afecto o de consideración.

observación f. **1** Acción y efecto de observar. **2** Razón que se propone para rechazar, cambiar o mejorar una idea o propuesta.

observancia f. Cumplimiento riguroso de lo que se manda.

observar tr. **1** Mirar o examinar con atención. **2** Darse cuenta de un hecho. **3** Cumplir exactamente lo que se manda.

observatorio m. **1** Edificio equipado para observar el cielo o el espacio. **2** Lugar apropiado para observar.

obsesión f. Idea fija que ocupa la mente.

obsidiana f. Roca volcánica vítrea y compacta.

obsoleto, a adj. *Formal.* Anticuado.

obstáculo m. **1** Cosa que impide pasar o avanzar. **2** Situación o hecho que impide el desarrollo de una acción.

obstante ◇ **no ~** Indica que aquello de que se ha hablado no es obstáculo para lo que sigue.

obstetricia f. Parte de la medicina que se ocupa del embarazo, el parto y el posparto.

obstinarse prnl. Mantenerse firme en una idea, intención u opinión.

obstruir tr. **1** Cerrar o impedir el paso de una cosa por una vía o conducto. **2** Impedir o hacer difícil el desarrollo de una actividad.

obtener tr. **1** Lograr, conseguir algo que se quiere o se solicita. **2** Producir o sacar determinada cosa.

obturar tr. Cerrar o tapar una abertura o un orificio.

obtusángulo adj. Se dice del triángulo que tiene un ángulo obtuso.

obtuso, a adj. **1** Que no tiene punta. **2** Que comprende con dificultad o lentitud. **3** Se dice del ángulo que tiene más de 90 grados.

obús m. **1** Arma pesada de fuego formada por un tubo de menor tamaño y diámetro que el de un cañón. **2** Proyectil de esta arma.

obvio, a adj. Claro, evidente.

oca f. **1** Ganso, ave palmípeda con el pico de color naranja. **2** ESP Juego de mesa que consiste en un tablero de casillas numeradas por las que se avanza al tirar un dado.

ocarina f. Instrumento musical de viento de forma ovalada.

ocasión f. **1** Lugar o momento más oportuno para hacer o conseguir una cosa. **2** Momento y lugar en los que se sitúa un hecho o una circunstancia. **3** Causa o motivo de una cosa.

ocasional adj. **1** Que ocurre por accidente. **2** Que ocurre en alguna ocasión.

ocasionar tr. Ser causa u origen de un suceso.

ocaso m. **1** *Formal.* Puesta del Sol o de otro cuerpo celeste por el horizonte. **2** Oeste (punto cardinal). **3** Decadencia, declive.

occidente m. **1** Oeste (punto cardinal). **2** Conjunto de países, cuyas lenguas y culturas son de origen europeo.

occipital m./adj. Hueso situado en la parte posterior e inferior de la cabeza.

occitano, a adj./s. **1** De Occitania, en el sur de Francia. ◆ m./adj. **2** Lengua hablada en Occitania.

océano m. **1** Masa de agua salada que cubre las tres cuartas partes de la Tierra. **2** Parte en que se considera dividida esta masa.

oceanografía f. Ciencia que estudia los mares, sus fenómenos, su flora y fauna.

ocelo m. Ojo simple de los animales invertebrados.

ocelote m. Mamífero carnívoro felino, algo mayor que un gato.

ochenta num.cardin. **1** Setenta más diez. ◆ num.ordin. **2** Que ocupa el lugar número 80 en una serie ordenada. ◆ m. **3** Número 80.

ocho num.cardin. **1** Siete más uno. ◆ num.ordin. **2** Que ocupa el lugar número 8 en una serie ordenada. ◆ m. **3** Número 8.

ochocientos, as num.cardin. **1** Setecientos más cien. ◆ num. ordin. **2** Que ocupa el lugar número 800 en una serie ordenada. ◆ m. **3** Número 800.

ocio m. **1** Tiempo libre. **2** Diversión u ocupación que se elige para el tiempo libre.

ocioso, a adj./s. **1** Que no está realizando ninguna actividad. ◆ adj. **2** Que es inútil o innecesario.

oclusión f. Cierre o estrechamiento de una vía o conducto del organismo.

oclusivo, a adj. **1** Que cierra un conducto del organismo. **2** Se dice del sonido consonántico que se pronuncia impidiendo por un instante la salida del aire. ◆ f./adj. **3** Consonante articulada en este punto.

ocote m. EL SALV, GUAT, MÉX Pino.

ocre adj./m. **1** Se dice del color amarillo oscuro. ◆ m. **2** Mineral terroso de color amarillo.

octaedro m. Poliedro regular formado por ocho caras que son triángulos equiláteros.

octágono m. Octógono.

octano m. **1** Hidrocarburo saturado que se obtiene del petróleo. **2** Porcentaje de este líquido en un carburante.

octava f. **1** Estrofa de ocho versos de arte mayor. **2** Intervalo de siete notas musicales que constituyen una escala. **3** Última nota de este intervalo.

octavilla f. **1** Hoja pequeña de papel impresa con publicidad o propaganda. **2** Octava parte de un pliego de papel.

octavo, a num.ordin. **1** Que ocupa el lugar número 8 en una serie ordenada. ◆ num.partit. **2** Se dice de cada una de las partes que resultan de dividir un todo en ocho partes iguales.

octogésimo, a num.ordin. **1** Que ocupa el lugar número 80 en una serie ordenada. ◆ num.partit. **2** Se dice de cada una de las partes que resultan de dividir un todo en ochenta partes iguales.

octógono m. Polígono de ocho lados.

octópodo adj./m. Se dice del molusco que tiene ocho brazos o tentáculos.

octosílabo, a adj./m. Que tiene ocho sílabas.

octubre m. Décimo mes del año.

ocular adj. Relativo al ojo.

oculista m. y f. Médico que se dedica a la oftalmología.

ocultar tr. **1** Impedir que alguien o algo sea encontrado o advertido. **2** Callar lo que se debe decir. ◆ prnl. **3** Ponerse el Sol o la Luna.

ocultismo m. Práctica de ciertos fenómenos que carecen de explicación científica.

oculto, a adj. Que no se deja ver o conocer.

ocupación f. **1** Acción de ocupar. **2** Trabajo o actividad en el que se ocupa el tiempo.

ocupar tr. **1** Llenar un espacio. **2** Entrar en un lugar, invadirlo o instalarse en él. **3** Obtener o desempeñar un empleo o cargo. **4** Dar trabajo o empleo. ◆ **prnl. 5** Encargarse de un asunto.

ocurrencia f. Idea, dicho o hecho inesperado y original.

ocurrir intr. **1** Producirse un hecho. ◆ **prnl. 2** Venir a la imaginación una idea.

oda f. Composición poética de tema lírico.

odalisca f. Mujer que forma parte de un harén.

odeón m. En la antigua Grecia, edificio en el que se representaban espectáculos musicales.

odio m. Sentimiento fuerte de rechazo o antipatía.

odisea f. Viaje o conjunto de sucesos adversos y penosos.

odontología f. Parte de la medicina que se ocupa de los dientes.

odre m. Saco de cuero para contener líquidos.

oeste m. Punto cardinal situado en el lado por donde se oculta el Sol.

ofender tr. **1** Hacer o decir algo que humilla a alguien. **2** Molestar. ◆ **prnl. 3** Sentirse molesto por considerarse humillado.

ofensa f. Acción y efecto de ofender.

ofensiva f. Ataque.

ofensivo, a adj. Que se hace para ofender o atacar.

oferta f. **1** Ofrecimiento para hacer o cumplir una cosa. **2** Acción de ofrecer mercancías. **3** Mercancía que se ofrece a un precio rebajado.

ofertar tr. **1** Ofrecer mercancías a un precio rebajado. **2** AMÉR Prometer algo. **3** AMÉR Dar u ofrecer voluntariamente una cosa.

oficial adj. **1** Que depende o procede de una autoridad estatal o local. **2** Reconocido por la autoridad estatal o local. ◆ **m. y f. 3** Militar con categoría superior a la de los suboficiales. **4** Persona que ha terminado de aprender un oficio pero todavía no tiene el cargo de maestro.

oficiala → oficial.

oficiar tr. **1** Celebrar un oficio religioso. ◆ **intr. 2** Actuar en calidad de algo.

oficina f. Local donde se llevan a cabo trabajos administrativos o de gestión.

oficio m. **1** Profesión mecánica o manual. **2** Ocupación habitual. **3** Función propia de una cosa. **4** Ceremonia de la Iglesia.

oficioso, a adj. Que no tiene carácter oficial.

ofidio adj./m. Se dice del reptil de cuerpo largo y estrecho que carece de extremidades.

ofimática f. Aplicación de la informática a trabajos de oficina.

ofrecer tr. **1** Poner una cosa a disposición de alguien. **2** Prometer, dar o entregar algo. **3** Decir la cantidad que se está dispuesto a pagar por una cosa.

ofrenda f. Cosa que se ofrece en señal de gratitud o respeto.

oftalmología f. Parte de la medicina que se ocupa de los ojos.

ofuscar tr. **1** Perder momentáneamente la capacidad de razonar. **2** *Formal.* Deslumbrar. ◆ prnl. **3** Obsesionarse con algo y no poder pensar con claridad.

ogro, ogresa m. **1** Gigante imaginario que se alimenta de carne humana. **2** *Fam.* Persona de mal carácter.

¡oh! interj. Expresa un sentimiento intenso o repentino.

oído m. **1** Órgano con el que se perciben los sonidos. **2** Sentido del cuerpo con el que se perciben los sonidos. **3** Capacidad de una persona para percibir bien sonidos musicales.

oír tr. **1** Percibir los sonidos mediante el oído. **2** Atender ruegos o peticiones.

ojal m. **1** Abertura redonda y rematada con hilo que se hace en una tela para pasar por ella un botón. **2** Orificio que atraviesa una cosa de parte a parte.

¡ojalá! interj. Indica deseo de que suceda una cosa.

ojear tr. **1** Dirigir los ojos y mirar superficialmente. **2** Buscar personas o cosas necesarias para un fin. **3** Asustar y perseguir la caza.

ojera f. Mancha oscura que se forma bajo el párpado inferior.

ojeriza f. *Fam.* Antipatía hacia alguien o algo.

ojete m. **1** Ojal de una tela. **2** *Fam.* Ano.

ojiva f. **1** Figura formada por dos arcos que se cortan en uno de los extremos. **2** Arco que forma esta figura.

ojival adj. Que tiene forma de ojiva.

ojo m. **1** Órgano de la vista que capta estímulos luminosos. **2** Parte de este órgano que es visible en la cara. **3** Atención y cuidado que se pone al hacer una cosa. **4** Agujero de la aguja de coser. **5** Agujero de una cerradura. **6** Centro de algo. ◆ interj. **7** Expresión con la que se llama la atención ante un peligro. ◇ **no pegar ~** *Fam.* No dormir.

ojota f. AMÉR SUR Sandalia usada por los campesinos.

okapi m. Mamífero parecido a la jirafa, pero de cuello más corto y con rayas negras y blancas en las patas.

ola f. **1** Ondulación que se forma en la superficie de las aguas. **2** Variación térmica pronunciada y súbita en una región.

oleáceo, a adj./f. Se dice de la planta de flores hermafroditas agrupadas en racimo.

oleada f. Afluencia de gran cantidad de personas o cosas.

oleaginoso, a adj. *Formal.* Que tiene aceite o es graso.

oleaje m. Movimiento continuo de las olas.

óleo m. **1** Técnica pictórica que consiste en diluir los colores en un aglutinante graso. **2** Cuadro pintado con esta técnica. **3** Aceite usado en ciertas ceremonias religiosas.

oleoducto m. Tubería para llevar petróleo de un lugar a otro.

oler tr. **1** Percibir los olores. **2** Adivinar o sospechar una cosa oculta. ◆ intr. **3** Despedir olor. **4** *Fam.* Tener un aspecto determinado, generalmente malo.

olfatear tr. **1** Aspirar el aire por la nariz para percibir los olores. **2** *Fam.* Indagar.

olfato m. **1** Sentido que permite percibir los olores. **2** Capacidad para descubrir lo que no es evidente.

oligarquía f. **1** Forma de gobierno en la que el poder está en manos de unas pocas personas. **2** Estado gobernado de esta forma.

oligoelemento m. Elemento químico que aparece en pequeñas cantidades en los seres vivos.

oligofrenia f. Discapacidad mental caracterizada por una deficiencia en el desarrollo intelectual y alteraciones nerviosas.

olimpo m. Punto más alto de perfección, intensidad o grandeza.

olisquear tr. Olfatear.

oliva f. **1** Fruto del olivo, de forma ovalada, color verde o negro y con hueso duro en su interior. **2** Olivo, árbol.

olivino m. Mineral compuesto de silicato de hierro y magnesio.

olivo m. **1** Árbol de tronco corto cuyo fruto es la oliva. **2** Madera de este árbol.

olla f. **1** Recipiente redondo y hondo que se usa para cocinar. **2** Guiso o cocido hecho con carne, legumbres y hortalizas.

olmo m. Árbol de tronco fuerte y derecho, copa ancha y flores de color blanco rosado.

olor m. Emanación de ciertos cuerpos o sustancias que percibe el olfato.

oloroso, a adj. **1** Que despide olor. ◆ m./adj. **2** Vino de Jerez muy aromático.

olvidar tr./prnl. **1** Perder la memoria o el recuerdo de una cosa. **2** Perder el trato con una persona. **3** No tener en cuenta.

ombligo m. **1** Cicatriz que queda al cortar el cordón umbilical. **2** Cordón umbilical.

omega f. Letra del alfabeto griego (Ω/ω).

omicrón f. Letra del alfabeto griego (Ο/ο).

omisión f. Acción y efecto de omitir.

omitir tr. Dejar de decir o hacer algo voluntaria o involuntariamente.

ómnibus m. Vehículo de gran capacidad para transportar personas.
omnipotente adj. Que tiene un poder muy grande.
omnisciente adj. Que conoce todas las cosas.
omnívoro, a adj./m. Que se alimenta de toda clase de sustancias orgánicas.
once num.cardin. **1** Diez más uno. ◆ num.ordin. **2** Que ocupa el lugar número 11 en una serie ordenada. ◆ m. **3** Número 11.
onceavo, a num.partit. Undécimo.
oncología f. Parte de la medicina que se ocupa de los tumores.
onda f. **1** Círculo concéntrico que se forma en la superficie de una masa líquida a causa de una agitación. **2** Curva con forma de ola en un cuerpo no líquido. **3** Vibración periódica a través de un medio o del vacío. **4** *Fam.* Moda. **5** *Fam.* MÉX Asunto, tema.
ondear intr. **1** Moverse formando ondas. ◆ tr. **2** Agitar algo en el aire de manera que haga ondas.
ondular tr. **1** Hacer ondas. ◆ intr. **2** Moverse formando ondas.
ONG f. Sigla de **organización no gubernamental**.
ónice m. Variedad de ágata.
onírico, a adj. *Formal.* Relativo a los sueños.
onomástica f. **1** *Formal.* Día del santo de una persona. **2** Disciplina que estudia los nombres propios.
onomatopeya f. **1** Imitación de un sonido por medio del lenguaje. **2** Palabra formada mediante esta imitación.
ontogénesis f. Ontogenia.
ontogenia f. Formación y desarrollo de un organismo individual durante el período embrionario.
ontología f. Parte de la metafísica que trata del ser en general.
onubense adj./m. y f. De Huelva.
onza f. Medida de masa que equivale a 28,70 gramos.
opa adj./m. y f. *Fam.* ARG, BOL, CH, PAR, PERÚ, URUG Tonto, idiota.
opacar tr. CUBA, MÉX, PERÚ Hacer que las virtudes de alguien no destaquen.
opaco, a adj. **1** Que no deja pasar la luz. **2** Que no tiene brillo.
ópalo m. Mineraloide compuesto por sílice.
opción f. **1** Posibilidad de elegir entre varias cosas. **2** Posibilidad que se elige en un caso determinado.
open m. Competición deportiva con jugadores profesionales y aficionados.
ópera f. **1** Obra dramática y musical en la que los actores se expresan mediante el canto. **2** Género constituido por este tipo de obras. **3** Teatro donde se representa este tipo de obras. ◇ **ópera prima** Primera obra de un autor.
operación f. Acción y efecto de operar.

operar tr. **1** Intervenir quirúrgicamente a un enfermo. ◆ intr. **2** Combinar números o expresiones matemáticas aplicando unas reglas para obtener un resultado. **3** Ejecutar acciones. **4** *Formal.* Producir un efecto.

operario, a s. Persona que hace un trabajo de tipo manual.

operativo, a adj. **1** Que produce el resultado esperado. **2** Que funciona.

opereta f. Ópera corta y de historia festiva.

opinión f. **1** Forma propia de pensar. **2** Fama, reputación.

opio m. **1** Sustancia narcótica obtenida de la adormidera. **2** *Fam.* ARG, URUG Persona o cosa muy aburrida.

opíparo, a adj. *Formal.* Se dice de la comida que es muy abundante y muy buena.

oponer tr. **1** Exponer razones contrarias. **2** Poner un obstáculo. ◆ prnl. **3** Ser contrario o manifestar desacuerdo. **4** Estar una cosa colocada frente a otra.

oporto m. Vino dulce elaborado en Oporto.

oportunidad f. **1** Circunstancia favorable u oportuna. **2** Cualidad de oportuno.

oportuno, a adj. **1** Que se hace u ocurre en un momento adecuado. **2** Ingenioso.

oposición f. **1** Acción y efecto de oponer u oponerse. **2** Grupo político o social que representa las opiniones contrarias a las de los dirigentes. **3** ESP, MÉX Procedimiento de selección para un puesto de trabajo que consiste en una serie de exámenes.

opresión f. **1** Acción de oprimir. **2** Sensación de presión sobre el pecho que dificulta la respiración.

oprimir tr. **1** Ejercer presión sobre algo. **2** Mandar con autoridad excesiva o injusta. **3** Producir algo angustia.

optar intr. **1** Escoger una posibilidad de un conjunto. **2** Aspirar a algo.

óptica f. **1** Establecimiento donde se venden instrumentos ópticos. **2** Parte de la física que estudia las leyes y los fenómenos de la luz. **3** Punto de vista.

óptico, a adj. **1** Relativo a la óptica o a la vista. ◆ s. **2** Persona que fabrica o vende instrumentos ópticos.

optimismo m. Tendencia a juzgar las cosas o a las personas en su aspecto más positivo.

óptimo, a adj. Que es extraordinariamente bueno.

opuesto, a adj. **1** Que es totalmente diferente a algo o alguien. **2** Que es contrario a algo. **3** Que está enfrente de algo.

opulencia f. Abundancia o riqueza grande.

opúsculo m. Publicación breve dedicada generalmente a un único tema.

oquedad f. Espacio hueco en el interior de un cuerpo.

ora conj. *Formal.* Indica que dos o más acciones alternan o se oponen.

oración f. **1** Conjunto de enunciados con que el creyente ora. **2** Máxima unidad lingüística con sentido completo.

oráculo m. **1** Respuesta divina a una consulta. **2** Representación de la deidad a la que se ruega o pregunta. **3** Persona sabia cuya opinión se considera verdadera.

orador, ra s. Persona que habla en público.

oral adj. **1** Relativo a la lengua hablada. **2** Relativo a la boca. **3** Se dice de la medicina que se toma por la boca. **4** Se dice de la articulación cuya resonancia se produce en la cavidad bucal.

orangután m. Mamífero primate de tamaño similar al gorila y pelo marrón o rojizo.

orar intr. **1** Rogar a Dios o a los santos. **2** Hablar en público.

oratoria f. Arte de saber hablar bien en público.

oratorio, a adj. **1** Relativo a la oratoria. ◆ m. **2** Lugar donde se acude para rezar. **3** Composición musical religiosa para coro, solistas y orquesta.

orbe m. **1** *Formal.* Mundo o universo. **2** *Formal.* Esfera terrestre o celeste.

órbita f. **1** Trayectoria que describe un cuerpo alrededor de otro en el espacio. **2** Trayectoria que recorre un electrón alrededor del núcleo del átomo. **3** Cavidad del cráneo en la que se encuentra el ojo. **4** Ámbito de influencia de una cosa sobre otra.

orca f. Mamífero cetáceo marino con el lomo negro y el vientre blanco.

órdago m. Jugada del mus. ◇ ~ *Fam.* ESP Muy bueno, grande o intenso.

orden m. **1** Organización y disposición regular de las cosas, personas o hechos, según un determinado criterio. **2** Estado de normalidad y tranquilidad. **3** Clase, tipo o categoría. **4** Cada uno de los estilos de la arquitectura clásica. **5** Categoría de clasificación de los seres vivos superior a la de familia. ◆ f. **6** Aquello que un superior manda realizar. ◆ m. **7** Sacramento de la Iglesia en virtud del cual un cristiano es nombrado sacerdote, diácono u obispo. ◆ f. **8** Comunidad de religiosos. **9** Antigua organización civil o militar.

ordenada f. **1** Distancia que hay, en un plano, entre un punto y un eje horizontal, medida en la dirección de un eje vertical. **2** Segunda coordenada de un punto.

ordenador m. ESP Computadora.

ordenanza f. Conjunto de normas que regulan el funcionamiento de algo.

ordenar tr. **1** Poner en orden. **2** Mandar. ◆ tr./prnl. **3** Conferir órdenes sagradas.

ordeñar tr. Sacar la leche de los animales.

ordinal adj. **1** Relativo al orden. ◆ adj./m. **2** Se dice del adjetivo o pronombre numeral que indica orden de sucesión o colocación.

ordinario, a adj. **1** Habitual, común. **2** Que pertenece a la justicia civil. ◆ adj./s. **3** Se dice de la persona vulgar o basta.

ordovícico, a adj./m. Se dice del segundo período geológico de la era paleozoica.

orear tr. **1** Dejar que el aire dé en una cosa para enfriarla, secarla o quitarle el olor. ◆ prnl. **2** *Fam.* Salir a tomar el aire.

orégano m. Hierba aromática usada como condimento.

oreja f. **1** Formación cutánea que forma la parte exterior del oído. **2** Parte de un objeto que se parece a ese órgano.

orejera f. **1** Pieza de una gorra que cubre la oreja. **2** Oreja del respaldo de un sillón.

orejón, na adj. **1** Que tiene las orejas muy grandes. ◆ m. **2** Trozo de melocotón o albaricoque desecado que se toma como dulce. **3** Saliente de un baluarte. ◆ adj./s. **4** Se dice de ciertas tribus indias de América.

orfanato m. Establecimiento donde se cría y educa a niños huérfanos.

orfanatorio m. MÉX Orfanato.

orfandad f. **1** Condición de huérfano. **2** Pensión asignada a algunos huérfanos.

orfebrería f. Arte de trabajar objetos de oro, plata u otros metales preciosos.

orfelinato m. Orfanato.

orfeón m. Asociación coral.

orgánico, a adj. **1** Que tiene vida. **2** Relativo al organismo o a los órganos. **3** Relativo a la constitución y las funciones de una entidad pública. **4** Se dice de la sustancia que se compone principalmente de compuestos de carbono.

organigrama m. Representación gráfica de la estructura de una empresa o institución.

organillo m. Instrumento musical en forma de pequeño piano u órgano con una manivela.

organismo m. **1** Conjunto de los órganos que forman un ser vivo. **2** Ser vivo. **3** Conjunto de oficinas o empleos dedicados a un fin determinado.

organista m. y f. Persona que toca el órgano.

organización f. **1** Acción y efecto de organizar u organizarse. **2** Grupo de personas y medios organizados con un fin determinado.

organizar tr. **1** Preparar una cosa pensando en todos sus detalles. **2** Disponer un conjunto de personas y medios para un fin determinado. **3** *Fam.* Poner en orden.

4 Formar una cosa. ◆ prnl. **5** *Fam.* Imponerse uno mismo un orden.

órgano m. **1** Conjunto de tejidos que forman una estructura y tienen una función determinada. **2** Parte de un conjunto organizado que puede considerarse separadamente. **3** Instrumento musical de viento formado por una serie de tubos de diferente tamaño y uno o más teclados.

orgánulo m. Estructura celular con una función determinada.

orgasmo m. Momento de mayor satisfacción en la excitación sexual.

orgía f. Fiesta desenfrenada en que los asistentes se entregan a todo tipo de placeres, especialmente sexuales.

orgullo m. **1** Exceso de valoración propia. **2** Satisfacción por un comportamiento bueno o por una obra bien hecha.

orientar tr. **1** Colocar en una posición determinada respecto a los puntos cardinales. **2** Determinar una posición para situar todos los puntos cardinales. **3** Informar sobre un asunto. **4** Dirigir hacia un fin determinado.

oriente m. **1** Este, punto cardinal situado en el lado donde nace el Sol. **2** Parte de un lugar situada hacia este punto. **3** Viento que sopla desde este punto. **4** Conjunto de países de Asia o parte de este conjunto.

orificio m. Abertura, agujero.

origen m. **1** Principio o causa de una cosa. **2** Lugar de donde procede una persona o cosa. **3** Clase social de la familia a la que se pertenece.

original adj. **1** Que no ha sido copiado ni imitado de otro. ◆ adj./m. y f. **2** Singular, poco corriente. ◆ adj. **3** Se dice de la persona que produce obras o ideas nuevas y diferentes. ◆ adj./m. **4** Se dice de la obra o el documento que ha sido producido directamente por su autor. ◆ m. **5** Texto que se da a la imprenta para que con arreglo a él se haga la impresión de una obra. **6** Cosa que sirve de modelo para una copia.

originar tr. **1** Ser causa u origen de algo. ◆ prnl. **2** Tener origen o principio una cosa.

originario, a adj. **1** Que da origen o principio a una cosa. **2** Que procede de un lugar determinado. **3** Se dice del lugar que es el de origen o procedencia de una persona o cosa.

orilla f. **1** Parte de la tierra que está tocando a una masa de agua. **2** Borde de una superficie. **3** En las calles sin acera, camino destinado a los peatones. ◆ f.pl. **4** ARG, MÉX Arrabales.

orillero, a adj./s. *Fam. y desp.* AMÉR CENTRAL, ARG, CUBA, URUG, VENEZ Arrabalero.

orín m. **1** Capa de color rojizo en

la superficie del hierro y otros metales. **2** Orina.

orina f. Líquido de color amarillo que se expulsa por la uretra.

orinal m. Recipiente portátil para recoger la orina o los excrementos.

oriundo, a adj. Originario.

orla f. **1** Adorno que figura alrededor de un papel o una tela. **2** Banda que se coloca en el borde de un vestido, cortina, etc. **3** ESP Cuadro en el que se reúnen las fotografías de los estudiantes de una misma promoción.

ornitología f. Parte de la zoología que estudia las aves.

ornitorrinco m. Mamífero ovíparo de hocico similar al pico del pato, pies palmeados y cola muy ancha y aplanada.

oro m. **1** Elemento químico (metal) de símbolo Au. **2** Moneda de este metal. **3** Caudal. **4** Cosa que tiene mucho valor o mérito. **5** Primer premio en una competición. **6** Carta de la baraja española en la que aparecen representadas una o varias monedas de oro. ◆ m./adj. **7** Color amarillo como el del oro. ◆ m.pl. **8** Palo de la baraja española.

orogénesis f. Proceso de formación de las montañas.

orogenia f. **1** Orogénesis. **2** Parte de la geología que estudia la formación de las montañas.

orografía f. **1** Parte de la geografía que se ocupa de las formas de la superficie terrestre. **2** Conjunto de montañas de un territorio.

orondo, a adj. **1** Muy gordo o redondo. **2** *Fam.* Muy satisfecho de sí mismo.

oropéndola f. Ave de plumaje amarillo o verde con las alas y la cola negras.

orquesta f. **1** Conjunto de músicos instrumentistas que tocan una pieza musical siguiendo las indicaciones de un director. **2** Lugar de un teatro donde se coloca este conjunto de músicos.

orquídea f. **1** Flor de colores vistosos que tiene un pétalo más desarrollado que los otros. **2** Planta que da esta flor.

ortiga f. Planta silvestre cuyas hojas segregan un líquido que irrita la piel.

ortodoncia f. **1** Parte de la odontología que se ocupa de tratar y corregir la posición de los dientes. **2** Tratamiento que consiste en corregir la posición de los dientes.

ortodoxo, a adj./s. **1** Que sigue fielmente los principios de una doctrina o que cumple unas normas tradicionales y generalizadas. **2** Que sigue los principios de la doctrina de la Iglesia católica. ◆ adj. **3** Relativo a la ortodoxia cristiana. ◆ adj./s. **4** Que sigue esta doctrina religiosa.

ortogonal adj. Que forma ángulo recto.

ortografía f. **1** Parte de la gramática que estudia las reglas de uso de las letras y los signos auxiliares de la escritura para escribir correctamente. **2** Forma correcta de escribir las palabras y de utilizar los signos auxiliares de una lengua.

ortopedia f. **1** Parte de la medicina que se ocupa de prevenir o corregir las deformaciones del cuerpo. **2** Establecimiento donde se pueden adquirir aparatos y accesorios para corregir las deformaciones del cuerpo.

ortóptero, a adj./m. Se dice del insecto con aparato bucal masticador, patas posteriores adaptadas al salto y dos pares de alas.

oruga f. **1** Larva de los lepidópteros con forma de gusano. **2** Cadena o cinta articulada que rodea las ruedas de un vehículo y permite que este se pueda desplazar por terrenos irregulares. **3** Vehículo con esta cadena o cinta.

orujo m. **1** Residuo de la uva o de la aceituna después de prensadas. **2** Licor transparente y de alta graduación obtenido por destilación de la piel de la uva prensada.

orzuelo m. Bulto pequeño que nace en el borde del párpado debido a una infección.

os pron. **1** Forma átona del pronombre de segunda persona, en número plural, que realiza la función de complemento directo e indirecto. **2** Forma átona de segunda persona del plural en las construcciones pronominales.

osadía f. **1** *Formal.* Capacidad para enfrentarse sin miedo a situaciones difíciles o peligrosas. **2** *Formal.* Descaro, insolencia.

osamenta f. Conjunto de huesos de los vertebrados.

osar tr./intr. *Formal.* Atreverse.

oscense adj./m. y f. De Huesca.

oscilar intr. **1** Moverse alternativamente un cuerpo primero hacia un lado y luego hacia el contrario. **2** Variar en sentidos opuestos y alternativamente.

oscuro, a u **obscuro, a** adj. **1** Que no tiene luz o que tiene poca. **2** Se dice del color que se acerca más al negro que otro más claro de su misma tonalidad. **3** Difícil de entender. **4** Se dice del suceso o asunto que parece contener algo sospechoso o delictivo.

óseo, a adj. Que está hecho de hueso o que es parecido al hueso.

osezno m. Cría del oso.

osmio m. Elemento químico (metal) de símbolo Os.

oso, a s. **1** Mamífero de gran tamaño, pelaje espeso y patas cortas y provistas de fuertes garras. ◆ adj./m. y f. **2** *Fam.* CUBA Se dice de la persona que hace bravuconadas. ◆ m. **3** *Fam.* CUBA Guardaespaldas de un político. **4** *Fam.* MÉX Acción o actitud ridícula y vergonzosa. ◇ ~ **hormiguero** Mamífero sin dientes, de pelo áspero, cola larga y lengua larga que usa para atrapar hormigas.

osteíctio, a adj./m. Se dice del pez que tiene parte del esqueleto osificado.

ostensible adj. Que se ve o comprueba con facilidad.

ostentar tr. **1** Exhibir abiertamente y con orgullo una cosa. **2** Ocupar un cargo o poseer una cosa ventajosa.

osteoporosis f. Fragilidad anormal de los huesos.

ostra f. Molusco con dos valvas rugosas que vive en aguas poco profundas. ◇ **aburrirse como una ~** *Fam.* Estar muy aburrido.

ostracismo m. *Formal.* Aislamiento que sufre una persona por parte de una colectividad.

ostrogodo, a adj./s. De un pueblo germánico de origen godo que se estableció al noroeste del mar Negro y finalmente en Italia.

otear tr. **1** Mirar desde un lugar alto. **2** Mirar con cuidado para descubrir algo.

otero m. Elevación del terreno aislada.

otitis f. Inflamación del oído.

otomano, a adj./s. **1** De la dinastía turca de los Otomanos. **2** Turco.

otoño m. Estación del año comprendida entre el verano y el invierno.

otorgar tr. Dar una cosa a una persona quien tiene autoridad o poder para ello.

otorrinolaringología f. Parte de la medicina que se ocupa de oído, nariz y garganta.

otro, a det./pron. **1** Indica que una persona o cosa es diferente de la que se habla pero de la misma clase. **2** Indica una cosa más de la misma clase. **3** Indica que una persona o cosa parece reproducir algo o a alguien a quien se asemeja. ◆ adj. **4** Indica un pasado cercano. **5** Indica el tiempo futuro que sigue inmediatamente.

otrora adv. *Formal.* En otros tiempos.

ovación f. Aplauso sostenido, fuerte y entusiasta del público.

oval adj. Ovalado.

ovalado, a adj. Que tiene forma de óvalo.

óvalo m. Curva cerrada y alargada con dos ejes diferentes que forman ángulo recto.

ovario m. **1** Órgano del aparato reproductor femenino que produce los óvulos. **2** Órgano sexual de la flor.

oveja f. Mamífero rumiante hembra que tiene el cuerpo cubierto de lana. ◇ **~ negra** Persona cuya conducta o cuyas ideas se apartan de las aceptadas por un grupo.

overol m. AMÉR Ropa de una pieza que se usa para trabajar en diversos oficios manuales.

ovetense adj./m. y f. Que es de Oviedo.

óvido, a adj./m. Ovino.

oviducto m. Conducto que conduce los óvulos desde los ovarios hasta el útero.

ovillo m. Bola que se forma enrollando un hilo sobre sí mismo.

ovino, a adj. **1** Relativo al ganado que tiene lana. ◆ adj./m. **2** Se dice del rumiante de pequeño tamaño, hocico peludo y cuernos en los machos y en las hembras.

ovíparo, a adj./m. Se dice del animal que nace de un huevo.

ovni m. Objeto volador de origen desconocido.

ovovivíparo, a adj. Se dice del animal que pasa el proceso de gestación en un huevo que permanece en el cuerpo de la madre hasta después de abrirse la cáscara.

ovulación f. Desprendimiento natural del óvulo en el ovario.

óvulo m. **1** Célula sexual femenina que se forma en el ovario. **2** Célula que se forma en el interior del ovario de la flor.

oxácido m. Ácido que contiene oxígeno.

oxidar tr. **1** Cubrir de óxido un metal. **2** Transformar un cuerpo mediante la acción del oxígeno.

óxido m. **1** Capa de color rojizo que se forma en la superficie del hierro y otros metales. **2** Compuesto formado por oxígeno y otro elemento químico.

oxigenar tr. **1** Dejar que aire limpio entre en un lugar. **2** Combinar el oxígeno con otro elemento químico. ◆ prnl. **3** Respirar aire limpio.

oxígeno m. Elemento químico (gas) de símbolo O.

oyente adj./m. y f. **1** Que escucha, especialmente un programa de radio. **2** Que asiste a un curso sin estar matriculado.

ozono m. Gas incoloro que protege la Tierra de la acción de los rayos ultravioletas del Sol.

ozonosfera f. Capa de la atmósfera en la que se concentra el ozono.

P-Q

p f. Decimoséptima letra del alfabeto español.
pabellón m. **1** Edificio aislado que forma parte de un conjunto. **2** Dosel. **3** Bandera nacional. **4** Nacionalidad de un barco de mercancías. **5** Extremo ensanchado de un tubo o de algunos instrumentos de viento. ◇ **~ auditivo** Parte visible del oído externo.
pabilo o **pábilo** m. Mecha de una vela.
pacense adj./m. y f. De Badajoz.
paceño, a adj./s. De La Paz (capital de Bolivia).
pacer tr./intr. **1** Comer el ganado la hierba en el campo. ◆ tr. **2** Dar pasto al ganado.
pachá m. En la antigua Turquía, funcionario con un cargo equivalente al de gobernador.
pachanga f. **1** *Fam.* Fiesta o reunión festiva. **2** *Fam.* CUBA Intercambio de bromas y de chistes.
pacharán m. Licor dulce que se obtiene de la destilación de la endrina.
pachón, na adj./m. **1** Se dice del perro con el hocico cuadrado y el pelo amarillo con manchas marrones. ◆ adj./s. **2** *Fam.* Se dice de la persona excesivamente tranquila. ◆ adj. **3** AMÉR Peludo, lanudo. ◆ m. **4** AMÉR *Fam.* Hombre flemático.
pachorra f. *Fam.* Calma, tranquilidad.
pachucho, a adj. **1** ESP Se dice de la fruta, flor o planta que no está fresca. **2** ESP Que se encuentra mal de salud.
paciencia f. **1** Capacidad de soportar adversidades o trabajos difíciles con fortaleza y resignación. **2** Capacidad de esperar con tranquilidad una cosa que tarda.
paciente adj. **1** Que tiene paciencia. **2** Se dice del sujeto que en una oración pasiva recibe la acción realizada por el complemento agente. ◆ m. y f. **3** Enfermo que sigue un tratamiento.
pacífico, a adj. Que no es violento o conflictivo.
pacifismo m. Movimiento que defiende la paz.
pacotilla f. Mercancía que los tripulantes de un barco pueden embarcar sin pagar por ello. ◇ **de ~** *Fam.* De escaso valor.

pacto m. Acuerdo entre dos o más personas.

padecer tr. **1** Sufrir un daño. **2** Aguantar, soportar. ◆ intr. **3** Sufrir dolor.

pádel m. Deporte parecido al tenis que se practica con raqueta de madera en una pista limitada por paredes altas.

padrastro m. **1** Marido de la madre de una persona, con respecto a los hijos que esta tiene de un matrimonio anterior. **2** Trozo pequeño de piel junto a las uñas, roto y levantado.

padre m. Hombre o animal macho que ha engendrado algún hijo.

padrenuestro o **padre nuestro** m. Oración cristiana que, según el Evangelio, Jesucristo enseñó a sus discípulos.

padrino m. **1** Hombre que presenta o acompaña a una persona en un sacramento u otros actos. **2** Hombre que protege y favorece a una persona para que esta consiga sus pretensiones.

padrón m. Lista oficial en que figuran los datos personales de los habitantes de determinado término municipal.

paella f. **1** Comida elaborada con arroz, al que se añaden otros ingredientes como marisco, carne, pescado, verduras, etc. **2** Recipiente para cocinar esta comida.

paga f. **1** Acción de pagar. **2** Cantidad de dinero que se paga o cobra. **3** Cantidad asignada a los niños o jóvenes para sus gastos.

pagano, a adj./s. **1** Que adora a varios dioses, especialmente en Grecia y Roma. **2** Que no cree en la doctrina cristiana.

pagar tr./intr. **1** Dar una cantidad de dinero a cambio de una cosa, un servicio o un trabajo. **2** Dar una cantidad de dinero para cubrir una deuda o una carga pública. **3** Cumplir una pena o castigo. **4** Sufrir las consecuencias de una equivocación. ◆ v.pr. **5** Presumir.

pagaré m. Documento con el que alguien se compromete a pagar una cantidad de dinero en un tiempo determinado.

pagel o **pajel** m. Breca, pez.

página f. **1** Cara de la hoja de un libro o escrito. **2** Texto escrito o impreso en esta cara de la hoja. ◇ **~ web** Documento de Internet que puede contener texto, gráficos, sonidos o animaciones.

pago m. **1** Acción de pagar. **2** Cantidad de dinero que se paga. **3** Premio, recompensa.

pagoda f. Edificio religioso oriental, especialmente budista.

paipay m. Abanico plano, de forma redondeada y con mango.

país m. **1** Estado independiente. **2** Territorio que constituye una unidad geográfica o política.

paisaje m. **1** Extensión de terreno que se ve desde un lugar determinado. **2** Cuadro o fotografía que representa esta extensión.

paisano, a adj./s. **1** Se dice de la persona que ha nacido en el mismo lugar que otra. ◆ s. **2** Persona que vive y trabaja en el campo. ◆ m. **3** Hombre que no es militar ni religioso.

paja f. **1** Tallo del cereal, una vez seco y separado del grano. **2** Conjunto de estos tallos secos. **3** Tubo muy delgado de plástico que sirve para sorber líquidos. **4** Parte poco importante de un escrito, una conversación o un asunto. ◆ adj. **5** De color pajizo. ◆ f. **6** AMÉR CENTRAL, COL Grifo, llave del agua.

pajar m. Lugar donde se guarda la paja.

pájara f. ESP Pérdida de fuerzas que sufren algunos deportistas al hacer un gran esfuerzo.

pajarita f. **1** Figura de papel que recuerda la forma de un pájaro. **2** Lazo de tela que se pone alrededor del cuello de una camisa.

pájaro, a m. **1** Ave voladora. ◆ s. **2** *Fam. y desp.* ESP Persona astuta que provoca desconfianza. ◇ ~ **bobo** Ave palmípeda marina, de plumaje negro y blanco, que no puede volar.

pajarraco, a m. **1** *Fam.* Pájaro cuyo nombre se desconoce, especialmente el que es grande y feo. ◆ s. **2** *Fam. y desp.* Persona astuta que provoca desconfianza.

paje m. **1** Hombre joven que servía a un caballero. **2** Aprendiz de marinero.

pajizo, a adj. **1** De color amarillo claro, como el de la paja. **2** Hecho de paja.

pala f. **1** Herramienta para cavar o para recoger materiales. **2** Utensilio para coger y servir ciertos alimentos. **3** Instrumento para golpear la pelota en ciertos juegos o deportes, que tiene una parte ancha y un mango. **4** Parte ancha y plana de ciertas herramientas o utensilios.

palabra f. **1** Sonido o conjunto de sonidos articulados que representan una idea. **2** Unidad lingüística constituida por uno o más monemas que, en la escritura, aparece entre dos espacios blancos. **3** Capacidad de expresar el pensamiento por medio del lenguaje articulado. **4** Acto o derecho de hablar a alguien. **5** Promesa.

palabrota f. Palabra o expresión que se considera ofensiva.

palacete m. Mansión lujosa más pequeña que un palacio.

palacio m. **1** Mansión grande y lujosa en que residen reyes, aristócratas o personajes importantes. **2** Edificio monumental destinado a celebrar actos públicos.

paladar m. **1** Parte interior y superior de la boca. **2** Capacidad para percibir el sabor de los alimentos.

paladear tr. Saborear.

paladín m. **1** Caballero que en la guerra se distinguía por sus hazañas valientes y nobles. **2** *Formal.*

Persona que defiende con fervor una causa.

paladio m. Elemento químico (metal) de símbolo **Pd**.

palanca f. **1** Máquina simple que consiste en una barra que se apoya en un punto o puede girar sobre él y sirve para vencer una fuerza mediante la aplicación de otra fuerza. **2** Manecilla que sirve para poner en funcionamiento un aparato. **3** *Fam.* Influencia que permite conseguir un beneficio.

palangana f. Recipiente circular, ancho y poco profundo, usado para lavarse.

palangre m. Aparejo de pesca.

palanquear tr. **1** *Fam.* ARG, BOL, CUBA, URUG Emplear una persona su influencia en beneficio de alguien. **2** ARG, URUG Sujetar un animal a un poste.

palatal adj. **1** Relativo al paladar. **2** Se dice del sonido o fonema que se articula acercando la lengua al paladar. ◆ f./adj. **3** Consonante que se articula en este punto.

palatino, a adj. **1** Del paladar. **2** Relativo al palacio. ◆ adj./s. **3** Se aplica al hueso que forma el paladar. **4** Se dice de la persona que ocupaba un cargo destacado en palacio.

palco m. Departamento independiente en un teatro, plaza de toros, sala de espectáculos, etc.

palé o **palet** m. Plataforma de madera sobre la que se apila mercancía pesada.

palenque m. **1** Valla de madera con que se delimita un terreno. **2** Terreno cercado con esta valla. **3** AMÉR. SUR. Poste al que se atan los caballos.

palentino, a adj./s. De Palencia.

paleógeno, a adj./m. Se dice del primer período geológico de la era cenozoica.

paleografía f. Técnica de interpretar documentos e inscripciones antiguos.

paleolítico, a adj./m. Se dice del período más antiguo de los períodos prehistóricos.

paleontología f. Ciencia que estudia los seres vivos extinguidos a partir de los fósiles.

paleozoico, a adj./m. Se dice de la era geológica que sigue a la era precámbrica y precede a la era mesozoica o secundaria.

palestra f. **1** Lugar donde se celebraban justas y torneos. **2** Lugar donde se celebran ejercicios literarios públicos o desde donde se habla al público.

paleta f. **1** Plancha triangular metálica unida a un mango usada en albañilería. **2** Utensilio de cocina para coger y servir alimentos. **3** Pala usada en ciertos deportes. **4** Plancha que gira alrededor de un eje. **5** Tabla para mezclar las pinturas al óleo.

paletilla f. Omóplato.

paleto, a adj./s. **1** *Fam. y desp.* ESP Que ha nacido en un pueblo pequeño o en el campo. **2** *Fam.* ESP Palurdo.

paliar tr. **1** Hacer menos intenso un dolor, pesar, etc. **2** Disimular.
paliativo, a adj./m. Que palia.
pálido, a adj. **1** Que ha perdido el color natural de la piel. **2** Se dice del color poco intenso.
palillo m. **1** Mondadientes. **2** Palo delgado que se usa, junto con otro igual, para coger los alimentos en algunos países orientales. **3** Palo para tocar el tambor.
palíndromo m. Palabra o conjunto de palabras que se leen igual de izquierda a derecha que de derecha a izquierda.
palio m. Pieza de tela lujosa colocada sobre un armazón de cuatro o más barras bajo la cual va el Santo Sacramento, una imagen religiosa o una persona importante en una ceremonia.
palique m. **1** *Fam.* ESP Conversación larga e intrascendente. **2** *Fam.* ESP Facilidad para conversar.
paliza f. **1** Serie numerosa de golpes que se dan a una persona. **2** *Fam.* Derrota contundente. **3** *Fam.* ESP Trabajo que produce gran cansancio. ◆ m. y f. **4** *Fam.* ESP Persona muy pesada.
palma f. **1** Parte interior de la mano. **2** Parte inferior de la pata de las caballerías. **3** Palmera. **4** Hoja de la palmera. **5** Victoria, triunfo. **6** Palmada.
palmada f. **1** Golpe dado con la palma de la mano. **2** Golpe que se da chocando las palmas de las manos. ◆ f.pl. **3** Ruido que produce este golpe.
palmar intr. *Fam.* ESP Morir.
palmarés m. **1** Conjunto de éxitos, victorias o méritos conseguidos. **2** Lista de ganadores de una competición.
palmatoria f. Utensilio para sostener una vela.
palmeado, a adj. **1** Que tiene forma semejante a una palmera. **2** Se dice de la hoja que tiene forma de mano abierta. **3** Que tiene los dedos unidos por una membrana.
palmense adj./m. y f. De Las Palmas de Gran Canaria.
palmera f. **1** Árbol de tronco recto y alto, con la copa formada por hojas muy grandes en penacho. **2** Dulce de hojaldre.
palmero, a adj./s. **1** De La Palma. ◆ s. **2** Persona que acompaña el cante o baile flamenco tocando las palmas.
palmesano, a adj./s. De Palma de Mallorca.
palmípedo, a adj./f. Se dice del ave acuática que tiene los dedos unidos por una membrana.
palmito m. **1** Árbol de tronco subterráneo o poco saliente y hojas en abanico. **2** Tallo comestible de este árbol. **3** *Fam.* Talle esbelto.
palmo m. Medida de longitud que equivale a 21 centímetros.
palo m. **1** Trozo de madera más largo que grueso. **2** Golpe dado con este trozo de madera. **3** Madero largo que sujeta las velas de una

embarcación. **4** Poste de una portería. **5** Trazo de una letra escrita. **6** Cada una de las cuatro series de cartas que forma una baraja. **7** Modalidad del cante flamenco. **8** *Fam.* ESP Experiencia desagradable o situación difícil que causa molestias o daños.

paloma ➜ palomo, a.

palometa f. Pez marino cuya carne es comestible.

palomilla f. **1** Mariposa pequeña. **2** Tuerca con dos aletas u orejas para poder enroscarla con la mano.

palomita f. Grano de maíz reventado por la acción del calor y convertido en una masa esponjosa y blanca.

palomo, a s. Ave de cuello corto y cabeza pequeña, cuello, patas y pico cortos, y alas largas y afiladas.

palote m. Trazo de escritura que se hace cuando se está aprendiendo a escribir.

palpable adj. Que se puede palpar.

palpar tr. **1** Tocar una cosa con las manos para reconocerla. **2** Percibir cierto estado de ánimo o cierta situación.

palpitar intr. **1** Contraerse y dilatarse alternativamente el corazón para bombear la sangre. **2** Moverse o agitarse un órgano del cuerpo de forma involuntaria, rápida y repetida. **3** Manifestarse un sentimiento con vehemencia.

pálpito m. **1** Sensación que tiene una persona de que una cosa va a ocurrir. **2** Acción y efecto de palpitar.

palpo m. Apéndice articulado que tienen cerca de la boca los insectos y otros animales.

palta f. AMÉR SUR Aguacate, fruto y árbol.

paludismo m. Enfermedad infecciosa transmitida por el mosquito anofeles.

palurdo, a adj./s. *Fam.* Que se comporta de forma grosera y demuestra poca educación o cultura.

palustre adj. **1** Relativo a los pantanos, lagos o lagunas. ◆ m. **2** Paleta de albañilería.

pamela f. Sombrero femenino de ala ancha.

pampa f. Llanura extensa sin vegetación arbórea, propia de América del Sur.

pamplina f. *Fam.* ESP Cosa banal.

pan m. **1** Masa de harina, agua, sal y levadura, cocida al horno. **2** Alimento necesario para vivir.

pana f. Tela gruesa de algodón, que en la superficie presenta acanaladuras.

panacea f. Remedio para cualquier mal.

panadería f. **1** Establecimiento donde se elabora y vende pan. **2** Oficio de panadero.

panadizo m. Inflamación aguda de un dedo.

panal m. Estructura de cera en el interior de una colmena.

panameño, a adj./s. Que es de Panamá.

panamericanismo m. Doctrina política que propugna la cooperación entre todos los países americanos.

pancarta f. Papel, cartulina o tela con texto escrito que se muestra en una manifestación.

panceta f. Tocino con vetas de carne magra del cerdo.

pancho, a adj. *Fam.* Se dice de la persona que está tranquila.

páncreas m. Órgano que segrega la insulina y el glucagón.

panda m. y f. **1** Mamífero de pelaje blanco con manchas negras, parecido al oso. ◆ m. **2** Pandilla.

pandereta f. Instrumento musical de percusión formado por un parche de cuero tensado sobre un marco con sonajas.

pandero m. **1** Instrumento musical de percusión semejante a la pandereta, pero de mayor tamaño. **2** *Fam.* Nalgas.

pandilla f. **1** Grupo de amigos que se reúnen habitualmente para divertirse. **2** *Fam. y desp.* Grupo de personas que realizan acciones moralmente negativas.

panecillo m. Pan pequeño y esponjoso.

panegírico, a adj./m. Se dice del discurso o composición poética de tono solemne en el que se alaba a una persona.

panel m. **1** Porción de una pared, puerta u otra superficie, que tiene forma geométrica y está limitada por molduras o franjas de distinto color. **2** Plancha o tablero que se coloca en un lugar público para colgar anuncios, avisos, etc. **3** Superficie en la que se encuentran los mandos y los interruptores de una máquina o aparato.

panera f. **1** Recipiente para guardar el pan. **2** Lugar donde se guarda el pan, la harina o el grano.

pánfilo, a adj./s. **1** *Fam.* Pausado, lento. **2** *Fam.* Bobo.

panfleto m. Escrito breve de carácter crítico o satírico cuyo fin es difamar, hacer propaganda política o crear polémica.

pangolín m. Mamífero desdentado, de cuerpo cubierto de escamas duras y lengua larga que le permite comer hormigas y termitas.

pánico, a m./adj. Miedo intenso.

panificadora f. Fábrica donde se hace pan.

panizo m. **1** Planta de tallos rectos, con las hojas grandes y las flores en racimo. **2** Grano comestible de esta planta.

panocha f. Fruto de algunas plantas, especialmente del maíz.

panoli adj./m. y f. *Fam.* ESP Tonto.

panorama m. **1** Vista de una gran extensión de terreno desde un lugar determinado. **2** Aspecto general de un asunto o situación.

panqué m. MÉX Bizcocho, generalmente alargado.

pantagruélico, a adj. Se dice de la comida abundante o excesiva.

pantaleta f. COL, MÉX, VENEZ Prenda interior femenina que cubre desde la cintura hasta la ingle, con dos aberturas por donde pasan las piernas.

pantalla f. **1** Superficie sobre la que se proyectan imágenes cinematográficas o fotográficas. **2** Superficie de vidrio de un televisor, ordenador, etc. **3** Lámina que se coloca ante una fuente de luz. **4** AMÉR Paipay.

pantalón m. Prenda de vestir que se ajusta a la cintura, cubriendo cada pierna por separado.

pantano m. **1** Depresión del terreno en la que se acumula y estanca agua de forma natural. **2** Embalse.

panteísmo m. Conjunto de doctrinas que identifican a Dios con el universo.

panteón m. **1** Monumento funerario destinado a enterrar a varias personas. **2** En la antigüedad griega y romana, templo dedicado a todos los dioses. **3** AMÉR Cementerio.

pantera f. Mamífero felino de color totalmente negro o rojizo amarillento con manchas anilladas oscuras.

pantocrátor m. Representación de Cristo triunfante sentado en su trono.

pantógrafo m. Instrumento para ampliar o reducir planos y dibujos.

pantomima f. **1** Representación en la que los actores se expresan por medio de gestos en lugar de palabras. **2** Comedia, farsa.

pantorrilla f. Parte posterior de la pierna, por debajo de la rodilla y hasta el tobillo.

pantufla f. Zapatilla sin talón para estar en casa.

panty m. Prenda de vestir femenina, de tejido elástico, que cubre cada una de las piernas desde los pies hasta la cintura.

panza f. **1** *Fam.* Barriga, vientre. **2** Parte convexa de un objeto. **3** Primera de las cuatro cavidades del estómago de los rumiantes.

panzada f. **1** *Fam.* Hartazgo de comida. **2** *Fam.* Acción que se realiza en exceso. **3** *Fam.* Golpe dado con la panza.

pañal m. Tira o braga que se coloca entre las piernas para retener la orina o los excrementos.

paño m. **1** Tejido tupido de lana, generalmente gruesa. **2** Pieza de tela que se usa para limpiar, secar o cubrir algo. **3** Lienzo de tela que se cuelga en la pared o un balcón como adorno. ◆ **m.pl. 4** Ropa que lleva una persona.

pañoleta f. **1** Pieza de tela triangular que se lleva en la cabeza, sobre los hombros, etc., como adorno o abrigo. **2** Corbata estrecha y corta de los toreros.

pañuelo m. **1** Pieza de tela fina o de papel, pequeña y cuadrada. **2** Pañoleta de adorno o abrigo.

papa m. **1** Representante máximo de la Iglesia católica. ◆ f. **2** Paparrucha, tontería. **3** AMÉR Planta de tallos ramosos y fruto en baya carnosa. **4** AMÉR Tubérculo de esta planta, de forma redonda o alargada, y de color marrón por fuera y blanco o amarillento por dentro. **5** *Fam.* ARG, CH, PAR, URUG Problema de fácil solución. **6** *Fam.* ARG, CH, PAR, PERÚ, URUG Agujero de una media o un calcetín. **7** *Fam.* CH Mentira.

papá o **papa** m. *Fam.* Padre.

papada f. Abultamiento carnoso debajo de la barbilla de una persona o de la barba de un animal.

papagayo m. **1** Ave de pico fuerte y curvo, y plumaje de colores vistosos. **2** *Fam.* Persona que habla mucho.

papanatas m. y f. *Fam. y desp.* Persona muy simple o crédula.

paparrucha f. *Fam.* ESP Tontería.

papaya f. Fruto comestible de pulpa semejante a la del melón, de color naranja.

papel m. **1** Lámina delgada hecha con pasta de fibras vegetales que se utiliza para escribir en ella, envolver objetos, etc. **2** Trozo de esta lámina. **3** Documento, carta o certificado que se necesita para solucionar un asunto. **4** Documentación con que se identifica una persona o una cosa.

papeleo m. Conjunto de trámites y documentos necesarios para llevar a cabo una gestión.

papelera f. Recipiente que sirve para tirar el papel y las cosas que no sirven.

papeleta f. **1** Hoja pequeña de papel en la que se acreditan derechos u obligaciones, o en la que consta algún dato de interés. **2** *Fam.* ESP Asunto difícil de resolver.

papelina f. ESP Paquete pequeño de papel que contiene una dosis de droga.

papera f. **1** Desarrollo excesivo de la glándula tiroides que causa un aumento del tamaño de la parte anterior e inferior del cuello. **2** Tumor inflamatorio y contagioso que se forma en la primera parte del aparato respiratorio de los équidos jóvenes. ◆ **f.pl. 3** Enfermedad vírica que causa la inflamación de las glándulas salivales situadas en la parte posterior de la boca; afecta principalmente a los niños y a los adolescentes.

papi m. *Fam.* Papá.

papiamento m. Lengua criolla hablada en las islas de Curazao, Oruba y Buen Aire.

papila f. **1** Pequeña prominencia de forma cónica en que terminan las ramificaciones nerviosas y vasculares de debajo de la epidermis y de las membranas mucosas. **2** Pequeña prominencia cónica que hay en ciertos órganos de algunos vegetales.

papilla f. Alimento triturado para niños y personas que no pueden masticar.

papiro m. **1** Planta de tallo alto, hueco y liso, hojas estrechas y flores pequeñas y verdosas. **2** Lámina flexible obtenida del tallo de esta planta y utilizada para escribir o dibujar en ella.

papiroflexia f. Arte y técnica de realizar figuras doblando papel.

papista adj./m. y f. **1** *Desp.* Denominación que aplican los protestantes y los cismáticos a los católicos. **2** Defensor de las disposiciones del Papa.

papo m. **1** Parte del aparato digestivo de las aves donde se depositan los alimentos antes de ser triturados. **2** Papada de algunos animales. **3** *Fam.* Mejilla. **4** *Fam.* Desfachatez.

paquebote m. Embarcación que transporta viajeros y lleva correo.

paquete m. **1** Objeto o conjunto de objetos que están atados o envueltos. **2** Envoltorio de este objeto o conjunto de objetos. **3** *Fam.* ESP Persona que acompaña al conductor de un vehículo, especialmente en una motocicleta. **4** *Fam.* ESP Castigo, bronca o multa. **5** *Fam.* ESP Persona torpe o poco eficiente.

paquidermo adj./m. Se dice del mamífero herbívoro de gran tamaño y peso, que tiene la piel muy gruesa y dura.

paquistaní adj./m. y f. De Paquistán.

par m. **1** Conjunto de dos personas, animales o cosas que tienen alguna característica en común. **2** Cosa que es igual a otra y con la cual se complementa. ◆ adj. **3** Se dice del número que puede ser dividido por dos un número exacto de veces. **4** Se dice del órgano que es igual a otro y ocupa una posición simétrica. **5** Igual o muy parecido a otro. ◇ **a la ~** A la vez o además. ◇ **de ~ en ~** Completamente abierto. ◇ **sin ~** Que es único en su especie.

para prep. **1** Indica la utilidad o función de alguien o algo. **2** Indica la finalidad de una acción. **3** Introduce la persona o cosa a la que se destina algo. **4** Indica la dirección de un movimiento. **5** Indica el tiempo aproximado en el que se ejecutará una acción. **6** Expresa contraposición, comparación o relación de cantidades o ideas. **7** Indica causa o razón de una acción. ◇ **~ con** Con respecto a.

parabién m. Palabra o expresión que indica alegría y satisfacción ante un hecho positivo que le ha ocurrido a una persona.

parábola f. **1** Narración alegórica que encierra una enseñanza moral. **2** En geometría, curva abierta formada por dos líneas simétricas respecto de un eje y en que todos sus puntos están a la misma distancia tanto del foco como de la directriz.

parabrisas m. Cristal de la parte delantera del automóvil.

paracaídas m. Aparato para moderar la velocidad de caída de los cuerpos.

parachoques m. Pieza de un vehículo automóvil que sirve para proteger la carrocería de pequeños choques o impactos.

parada f. **1** Interrupción o finalización de un movimiento, acción o actividad. **2** Lugar donde se detienen los vehículos de transporte público. **3** Acción de detener el balón un portero.

paradero m. **1** Lugar donde está, vive o ha ido a parar alguien o algo. **2** AMÉR Parada de algunos transportes públicos.

paradigma m. **1** Ejemplo, modelo. **2** Conjunto de formas que sirven de modelo de flexión. **3** Conjunto de elementos de la misma categoría gramatical que pueden aparecer en un mismo contexto.

paradisíaco, a o **paradisiaco, a** adj. Que recuerda al paraíso por su belleza.

parado, a adj./s. **1** ESP Que no tiene trabajo. **2** Tímido y con poca iniciativa. ◆ adj. **3** *Fam.* Sorprendido. **4** AMÉR Que está de pie, derecho. **5** CH, P RICO, PERÚ Orgulloso, engreído.

paradoja f. Hecho o dicho que es contrario a la opinión general de la gente o que encierra una contradicción.

parador m. ESP Establecimiento de hostelería que depende de algún organismo oficial.

parafernalia f. Conjunto aparatoso de ritos o de cosas que acompañan a una persona o un acto importante.

parafina f. Sustancia sólida, obtenida de la destilación del petróleo crudo, que se funde fácilmente.

paráfrasis f. Interpretación que se hace de un texto para aclarar su significado.

paraguas m. Utensilio portátil que sirve para protegerse de la lluvia.

paraguaya f. ESP Fruto comestible del paraguayo.

paraguayo, a adj./s. **1** De Paraguay. ◆ m. **2** ESP Variedad de melocotonero.

paraíso m. Lugar maravilloso donde Dios puso a vivir a Adán y Eva, según el Antiguo Testamento.

paraje m. Lugar al aire libre, generalmente alejado de la civilización.

paralela f. Línea geométrica cuyos puntos están a la misma distancia que los que forman otra.

paralelepípedo m. Cuerpo geométrico constituido por seis paralelogramos, de los cuales son iguales y paralelos los opuestos entre sí.

paralelismo m. **1** Cualidad de paralelo. **2** Figura retórica que consiste en la repetición de una estructura gramatical o un pensamiento, con una leve variación final.

paralelo, a adj. **1** Se dice de la línea o el plano que no corta nunca otra línea u otro plano porque todos los puntos que los componen están a la misma distancia. **2** Semejante, similar. **3** Se dice de la acción simultánea a otra. ◆ m. **4** Paralelismo. **5** Cada una de las circunferencias imaginarias paralelas al Ecuador que rodean la superficie terrestre.

paralelogramo m. Figura geométrica de cuatro lados, de los cuales son iguales y paralelos los opuestos entre sí.

parálisis f. **1** Pérdida total o parcial del movimiento. **2** Cese de una actividad.

paralítico, a adj./s. Se dice de la persona que padece parálisis, especialmente de las piernas.

paralizar tr. Causar parálisis.

paramecio m. Protozoo ciliado, de forma ovalada.

parámetro m. **1** Elemento o constante que debe considerarse al realizar un estudio o análisis. **2** En estadística, magnitud medible que permite presentar de forma más simple las características principales de un conjunto estadístico.

páramo m. **1** Terreno llano, pedregoso y sin vegetación. **2** Llanura elevada, árida y fría. **3** AMÉR SUR Llovizna.

parangón m. Comparación, correspondencia.

paraninfo m. Sala para actos públicos de una universidad u otro centro de enseñanza.

paranoia f. Enfermedad psíquica que se caracteriza por tener ideas fijas y obsesivas.

paranomasia f. Paronomasia.

paranormal adj. Que no tiene explicación científica.

paraolimpiada o **paraolimpíada** o **paralimpiada** o **paralimpíada** f. Competición paralela a los Juegos Olímpicos cuyos participantes son disminuidos físicos.

parapente m. **1** Actividad deportiva que consiste en lanzarse corriendo desde una pendiente pronunciada con un paracaídas. **2** Paracaídas con que se practica este deporte.

parapeto m. Valla o barandilla que cierra un lugar alto para evitar caídas.

paraplejía o **paraplejia** f. Parálisis que afecta a la mitad inferior del cuerpo.

parapsicología o **parasicología** f. Estudio de los fenómenos psicológicos que no tienen todavía una explicación científica.

parar intr./prnl. **1** Dejar de moverse o avanzar. ◆ intr. **2** Tener cierto medio de transporte parada en determinado lugar. **3** Llegar a un lugar o circunstancia determinados. **4** Estar durante un tiempo en un lugar. ◆ tr. **5** Hacer que una cosa o una persona dejen de moverse o avanzar. **6** Hacer que una cosa deje de funcionar. **7** AMÉR Poner en posición vertical. ◆ prnl. **8** AMÉR Ponerse de pie. **9** MÉX Despertarse una persona.

pararrayos m. Aparato para proteger los edificios de los rayos.

parasicología → parapsicología.

parasimpático, a adj. Se dice del componente del sistema nervioso que estimula o retarda la actividad de los órganos.

parasíntesis f. Procedimiento para la formación de palabras mediante la combinación de composición y derivación.

parásito, a adj./m. Se dice del organismo que vive en el interior o en la superficie de otro organismo, del que obtiene el alimento, causándole un daño.

parasol m. **1** Utensilio para dar sombra que se fija en el suelo. **2** Visera de un automóvil. **3** Seta comestible muy común en los claros de bosque en otoño. **4** Umbela.

parcela f. **1** Parte de un terreno destinada al cultivo o a la construcción de una vivienda. **2** Parte de una cosa inmaterial.

parche m. **1** Pedazo de tela u otro material flexible que se pega sobre una superficie para tapar una rotura. **2** Pieza de tela o plástico empapada de una sustancia medicamentosa que se pega en el cuerpo como remedio. **3** Arreglo provisional. **4** Piel del tambor.

parchís m. Juego de mesa cuyo tablero está dividido en casillas y en que cada jugador tiene cuatro fichas del mismo color y un dado.

parcial adj. **1** Que solo afecta a una parte. **2** Que se inclina por alguien o algo sin ser objetivo. ◆ adj./m. **3** Se dice del examen que solo trata una parte de la materia.

parco, a adj. **1** Que hace algo sin excederse. **2** Escaso aunque suficiente.

pardillo, a adj./s. **1** *Fam.* ESP Incauto, ingenuo. ◆ m. **2** Pájaro cantor con el plumaje marrón rojizo.

pardo, a adj./m. **1** Se dice del color marrón como el de la tierra. ◆ adj. **2** AMÉR Mulato.

pareado, a adj. **1** Se dice de la columna doble o geminada. ◆ m. **2** Estrofa constituida por dos versos que riman entre sí.

1. **parecer** cop. **1** Tener un aspecto determinado. ◆ intr. **2** Opinar o creer una cosa. **3** Dar motivos para creer una cosa. ◆ tr. **4** Causar una impresión determinada. ◆ prnl. **5** Tener una persona o una cosa características iguales a otra.

2. **parecer** m. **1** Opinión. **2** Aspecto físico de una persona.

parecido, a adj. **1** Que se parece a otra persona o a otra cosa. ◆ m. **2** Conjunto de características comunes que tienen dos cosas o personas que se parecen.

pared f. **1** Construcción perpendicular al suelo que sirve para dividir un espacio, sostener un techo o proteger algo. **2** Vertiente de una montaña que presenta una pendiente vertical.

paredón m. **1** Pared que queda en pie en unas ruinas. **2** Pared muy gruesa. **3** Pared junto a la que se fusila a los condenados.

pareja f. **1** Conjunto de dos personas, animales o cosas que tienen alguna relación entre sí. **2** Cosa que es igual a otra y con la cual se complementa.

parejo, a adj. Igual o muy parecido.

parénquima m. **1** Tejido celular de relleno, de apariencia esponjosa. **2** Tejido conjuntivo de ciertos órganos glandulares.

parentela f. Conjunto de parientes de una persona.

parentesco m. **1** Relación entre personas por consanguinidad o matrimonio. **2** Relación entre cosas que tienen un origen común.

paréntesis m. **1** Signo ortográfico [()] en que suele encerrarse una aclaración. **2** Interrupción.

pareo m. Pañuelo grande que se ciñe alrededor del cuerpo.

paria m. y f. **1** Persona que pertenece a la casta más baja en la India. **2** Persona considerada inferior, a la que se le niega el trato y las ventajas de que gozan las demás.

parida f. *Fam.* ESP Tontería que se dice sin reflexionar.

paridad f. **1** *Formal.* Relación de igualdad o semejanza entre cosas. **2** Valor que tiene una moneda con relación a otra.

pariente adj./s. **1** Que tiene parentesco con alguien. ◆ s. **2** *Fam.* ESP Esposo o compañero sentimental de una persona.

parietal m./adj. Hueso plano que forma, junto con otro igual, la parte central superior del cráneo.

parihuela f. Utensilio formado por dos varas con unas tablas atravesadas para llevar una carga entre dos.

paripé m. *Fam.* Engaño, fingimiento.

parir tr./intr. **1** Expulsar una hembra vivípara el feto que tiene en su vientre. ◆ tr. **2** *Fam.* Producir, crear.

parisino, a adj./s. De París.

parka f. Prenda de abrigo con capucha y a menudo de tejido impermeable.

parking m. Aparcamiento o estacionamiento.

párkinson m. Enfermedad crónica y degenerativa del sistema nervioso.

parlamento m. **1** Asamblea legislativa. **2** Edificio donde se realiza esta asamblea. **3** Conversación, diálogo. **4** Intervención larga que hace un actor en una obra de teatro.

parlanchín, na adj./s. *Fam.* Que habla mucho.

parmesano, a adj./s. **1** De Parma. ◆ m./adj. **2** Queso de vaca de pasta granulosa y olor y sabor fuerte.

parnasianismo m. Movimiento poético francés de la segunda mitad del s. XIX que se caracteriza por una tendencia a la objetividad en el fondo y una perfección clásica formal.

parnaso m. **1** *Formal.* Grupo de poetas representativo de una época, lugar o género. **2** *Formal.* Conjunto de poemas de un autor, época, lugar o género.

paro m. **1** Acción y efecto de parar. **2** ESP Desempleo. **3** ESP Conjunto de personas desempleadas. **4** ESP Subsidio que recibe la persona desempleada.

parodia f. Imitación burlesca o irónica.

paronomasia o **paranomasia** f. **1** Semejanza fonética entre dos o más vocablos. **2** Conjunto de vocablos entre los que hay semejanza fonética.

parótida f. Glándula salival situada en la parte lateral y posterior de la boca.

paroxismo m. **1** Exaltación extrema de un sentimiento. **2** Período de máxima intensidad de un fenómeno natural u orgánico.

parpadear intr. **1** Abrir y cerrar los párpados rápida y repetidamente. **2** Apagarse y encenderse una luz de forma intermitente.

párpado m. Membrana movible de la piel que cubre y protege el ojo.

parque m. **1** Terreno acotado de gran extensión, con plantas y árboles, destinado a usos diversos. **2** Conjunto de medios, instrumentos y materiales destinados a un servicio público.

parqué o **parquet** m. Pavimento de madera formado por una serie de tablillas ensambladas.

parquear tr. AMÉR Aparcar un vehículo.

parra f. Planta de vid cuyos tallos crecen en alto al sujetarlos en un soporte pegado a la pared.

párrafo m. Parte de un escrito comprendida entre dos puntos y aparte.

parranda f. *Fam.* Juerga muy animada y ruidosa.

parricida adj./m. y f. Que mata a un familiar.

parrilla f. Utensilio para asar o tostar alimentos a la brasa que consiste en una rejilla provista de un mango.

parrillada f. Comida que consiste en un surtido de alimentos asados a la parrilla.

párroco m. Sacerdote encargado de una parroquia.

parroquia f. **1** Territorio que está bajo la jurisdicción espiritual de un párroco. **2** Iglesia principal de este territorio. **3** Conjunto de fieles de esta iglesia. **4** ESP Clientela.

parsimonia f. Calma, flema.

parte f. **1** Elemento independiente o determinado que puede considerarse en un todo. **2** Cantidad de una cosa que corresponde a cada uno en un reparto. **3** Aspecto que puede considerarse en algo. **4** Persona o grupo que se opone a otro en una discusión o en lucha armada, o que interviene en un negocio. **5** Lugar cualquiera. ◆ m. **6** Informe o comunicación breve. ◆ f.pl. **7** Órganos sexuales externos.

parteluz m. Columna delgada que divide en dos el vano o hueco de una puerta o ventana.

partero, a s. Persona que asiste a las mujeres en el parto.

parterre m. Zona de un jardín en la que se ha plantado césped.

participación f. **1** Intervención, junto con otros, en un suceso o actividad. **2** Comunicación, notificación. **3** Inversión que una persona hace en una empresa o negocio.

participar intr. **1** Intervenir, junto con otros, en un suceso o actividad. **2** Recibir una parte proporcional de un todo. **3** Compartir con alguien un sentimiento, opinión, cualidad, etc. ◆ tr. **4** Comunicar una noticia.

participio m. Forma no personal del verbo que presenta el proceso verbal como acabado y participa a la vez de la esencia del verbo y del adjetivo.

partícula f. **1** Parte o cuerpo muy pequeños. **2** En gramática, elemento invariable de la oración que puede funcionar como una palabra o como afijo. ◇ **~ elemental** En física, partícula de la materia que no puede dividirse en otras más pequeñas.

particular adj. **1** Propio o característico de una persona o cosa. **2** Extraordinario, raro o poco corriente. **3** Que pertenece únicamente a una persona o es utilizado de forma exclusiva por ella. **4** Concreto, determinado. **5** Que se tiene o se realiza de manera privada o no oficial. ◆ adj./m. y f. **6** Que no tiene título o cargo oficial. ◆ m. **7** Asunto de que se trata.

partida f. **1** Acción de partir de un lugar. **2** *Formal.* Muerte. **3** Cantidad de una mercancía que se entrega, se envía o se recibe de una vez. **4** Mano o conjunto de manos de un juego. **5** Anotación de ciertos hechos o circunstancias referentes a un persona en el libro oficial de una parroquia o registro civil. **6** Documento certificado en el que consta este registro. **7** Grupo pequeño de personas armadas.

partidario, a adj./s. Que sigue o defiende una idea, una tendencia, un movimiento, etc.

partidismo m. Tendencia exagerada en favor de una ideología, una opinión o una persona.

partido m. **1** Conjunto de personas agrupadas en una institución política. **2** Prueba deportiva en la que se enfrentan dos equipos o dos jugadores.

partir tr. **1** Dividir o separar en partes. **2** Rajar una cosa o romperla en pedazos. **3** *Fam.* Causar un perjuicio o contrariedad. ◆ intr. **4** Salir de un lugar para dirigirse a otro lejano. **5** Tener origen una cosa en un punto determinado. ◆ prnl. **6** *Fam.* ESP Reírse mucho.

partisano, a s. Miembro de un grupo civil organizado para la resistencia clandestina contra la autoridad o el ejército invasor.

partitivo, a adj. En gramática, se dice del elemento que expresa una parte determinada de un todo.

partitura f. Representación gráfica de una composición musical.

parto m. Acción de parir.

parturienta adj./f. Que está pariendo o acaba de hacerlo.

parvulario m. ESP Centro donde se cuida y educa a los niños en edad preescolar.

párvulo, a adj./s. ESP Se dice del niño que asiste a un parvulario.

pasa adj./f. Se dice del grano de uva desecado.

pasacalle m. Composición musical de ritmo muy vivo que tocan las bandas de música en las fiestas populares.

pasada f. **1** Acción de pasar de una parte a otra. **2** Acción de aplicar una cosa sobre otra. **3** Repaso. **4** Serie de puntadas que se hacen en una prenda antes de coserla definitivamente. **5** *Fam.* ESP Cosa o acción extraordinarias o poco comunes.

pasadizo m. Pasillo estrecho.

pasado, a adj. **1** Se dice del período anterior al presente. **2** Que ha existido o sucedido en un período anterior al presente. **3** Se dice del alimento que está estropeado. **4** Que está anticuado. ◆ m. **5** Época o tiempo anterior al presente. **6** Conjunto de vivencias pasadas de una persona. **7** Forma verbal que expresa una acción anterior al presente o a otra acción.

pasador m. **1** Horquilla para sujetar el pelo. **2** Joya o adorno para sujetar la corbata a la camisa. **3** Barra de metal del cerrojo o pestillo de una ventana o puerta.

pasaje m. **1** Acción de pasar de un lugar a otro. **2** Calle estrecha y corta o paso entre dos calles. **3** Lugar por donde se pasa, en especial el que está situado entre montañas, entre dos islas o entre una isla y la tierra. **4** Documento o billete que da derecho a viajar. **5** Conjunto de personas que viajan en un medio de transporte. **6** Fragmento de un discurso o una obra literaria o musical.

pasajero, a adj. **1** Que pasa pronto o dura poco tiempo. ◆ s. **2** Persona que viaja en un vehículo sin conducirlo.

pasamano o **pasamanos** m. Barra que une los balaustres de una barandilla.

pasamontañas m. Gorro que cubre toda la cabeza hasta el cuello y deja libre la cara o los ojos y la nariz.

pasaporte m. Documento personal que permite ir a otros países.

pasapurés m. Utensilio de cocina para deshacer o colar alimentos.

pasar intr. **1** Entrar en un lugar. **2** Ir de un sitio a otro. **3** Cambiar de estado o condición. ◆ tr./intr. **4** Atravesar, cruzar. ◆ intr./prnl. **5** Andar, moverse o ir por un lugar determinado. ◆ tr. **6** Trasladar de un lugar a otro. **7** Dar una cosa que se tiene a otra persona. **8** Sufrir, padecer. **9** Tolerar o consentir algo. **10** Introducir una cosa por el hueco de otra. **11** Deslizar una cosa por una superficie. **12** Colar o filtrar un líquido. **13** Contagiar una enfermedad. **14** Superar a alguien o algo en una característica determinada o en cierta actividad. **15** Superar un examen o una prueba. **16** Ocupar el tiempo en una actividad. **17** Proyectar una película. ◆ intr. **18** Ocurrir, suceder. **19** Transcurrir el tiempo. **20** *Fam.* Mostrar desinterés. **21** Conformarse con algo. **22** Venir un pensamiento a la imaginación. ◆ prnl. **23** Estropearse o pudrirse un alimento. **24** *Fam.* Excederse una persona en sus funciones o mostrar excesivo atrevimiento.

pasarela f. **1** Puente pequeño, a menudo provisional, hecho de materiales ligeros que sirve para salvar un espacio. **2** Prolongación alargada y estrecha de un escenario por la que los modelos desfilan o los artistas se aproximan al público.

pasatiempo m. Entretenimiento, diversión.

pascal m. Unidad de presión atmosférica del Sistema Internacional, de símbolo Pa.

pascua f. Fiesta solemne en que la Iglesia católica celebra la resurrección de Jesucristo.

pase m. **1** Acción de pasar a otro lugar. **2** Hecho de pasar de un estado a otro. **3** Documento para acceder a un lugar. **4** Proyección de una película. **5** Desfile de modas. **6** Lance en el que el toro pasa por debajo del capote. **7** AMÉR Pasaporte.

pasear intr./prnl. **1** Andar por placer o para hacer ejercicio, generalmente despacio. **2** Ir montado en un vehículo, un caballo u otro animal por placer o para hacer ejercicio. ◆ tr. **3** Llevar a andar a una persona, en especial a un niño o un anciano. **4** Llevar a un perro a la calle para que haga ejercicio o sus necesidades.

paseo m. **1** Acción de pasear o pasearse. **2** Lugar por donde se puede pasear. **3** Distancia corta que se recorre en poco tiempo.

paseriforme adj./m. Se dice del ave de alas bien desarrolladas y patas provistas de cuatro dedos.

pasillo m. Pieza larga y estrecha de una casa o un edificio que comunica las estancias.

pasión f. **1** Sentimiento muy intenso que domina la voluntad. **2** Sentimiento de amor muy intenso manifestado con gran deseo sexual. **3** Afición o inclinación viva por alguien o algo. **4** Persona o cosa por las que se muestra afición o inclinación viva.

pasionaria f. **1** Planta trepadora cuyo fruto es el maracuyá. **2** Flor de esta planta.

pasivo, a adj. **1** Que recibe o padece el efecto de una acción sin intervenir en ella. **2** Se dice de la persona que no actúa cuando debería hacerlo. **3** Se dice de la pensión que recibe un funcionario por jubilación, retiro, viudedad u orfandad. **4** En gramática, se dice de la oración formada por un verbo en voz pasiva y, explícitos o implícitos, un sujeto paciente y un complemento agente. ◆ adj./f. **5** Se dice de la voz o categoría verbal que expresa que el sujeto recibe la acción o el proceso ejecutado por otro. ◆ m. **6** Conjunto de las deudas y obligaciones de una persona, empresa o institución. ◇ **pasiva refleja** Construcción que expresa la voz pasiva mediante el pronombre **se** y el verbo en voz activa.

pasmar tr. **1** Causar pasmo. ◆ prnl. **2** *Fam.* Resfriarse.

pasmarote m. *Fam.* ESP Persona pasmada.

pasmo m. **1** Asombro, sorpresa. **2** ESP Parálisis general o de una parte del cuerpo.

paso m. **1** Movimiento que se hace con cada uno de los pies al caminar. **2** Espacio que se recorre en cada uno de estos movimientos. **3** Acción de pasar por un lugar. **4** Manera de moverse o andar. **5** Lugar por donde se pasa. **6** Movimiento de los que componen una danza. **7** Progreso, avance. **8** Gestión, trámite. **9** Escultura o grupo escultórico que representa una escena de la Pasión de Jesucristo. ◆ m.pl. **10** En baloncesto y balonmano, falta que comete el jugador que da más de un número determinado de pasos sin botar la pelota.

pasodoble m. **1** Baile español de ritmo rápido y vivo. **2** Composición musical con la que se acompaña este baile.

pasota adj./m. y f. *Fam.* ESP Que muestra indiferencia por todo.

paspartú m. Recuadro de cartón o tela que se coloca alrededor de un objeto, por la parte interior del marco.

pasta f. **1** Masa blanda y maleable. **2** Masa elaborada con harina, manteca o aceite y otros ingredientes para hacer pasteles, hojaldre, etc. **3** Alimento elaborado con una masa no fermentada de harina de trigo y agua que se deja secar.

pastar intr. Comer el ganado pasto en el campo.

pastel m. **1** Dulce elaborado con una masa de harina, azúcar, aceite o mantequilla cocida al horno, que se rellena o se cubre de chocolate, nata, etc. **2** Alimento consistente en una masa de harina, huevos y mantequilla que se rellena de carne, pescado o verduras. **3** Lápiz de color aglutinado con una pasta acuosa de caolín, carbonato cálcico, yeso o goma arábiga. ◆ adj. **4** Se dice del color que es suave y pálido.

pasteurización o **pasteurización** f. Acción de pasteurizar.

pasteurizar tr. Someter la leche u otro líquido a una temperatura aproximada inferior a la de ebullición para esterilizarlo.

pastiche m. **1** *Desp.* Imitación en que se combinan diversos elementos para que parezca una creación original. **2** Mezcla desordenada de distintos objetos, colores o ideas.

pastilla f. **1** Pequeña porción de alguna sustancia dura o endurecida y de forma cuadrada o redonda. **2** Porción pequeña y sólida de una sustancia medicinal que se ingiere.

pasto m. **1** Hierba que come el ganado en el campo. **2** Terreno donde pasta el ganado.

pastor, ra s. **1** Persona que cuida, guía y apacienta el ganado. ◆ adj. **2** Se dice del perro que cuida del rebaño. ◆ m. **3** Ministro de una iglesia, especialmente protestante.

pastoril adj. Relativo a los pastores de ganado.

pastoso, a adj. **1** Que tiene la blandura y maleabilidad propias de la pasta. **2** Espeso y pegajoso. **3** Se dice de la voz timbrada y agradable. **4** AMÉR Se dice del campo de buenos pastos.

pata f. **1** Pie o pierna de un animal. **2** Pieza que soporta un mueble u otro objeto. **3** *Fam.* Pierna de una persona. ◇ **estirar la ~** *Fam.* Morirse. ◇ **mala ~** *Fam.* Mala suerte.

patada f. Golpe dado con el pie. ◇ **a patadas** *Fam.* En abundancia o exceso.

patalear intr. **1** Mover las piernas o las patas repetidamente y con fuerza. **2** Dar patadas en el suelo.

pataleta f. *Fam.* Manifestación breve y violenta de un enfado.

patán adj./m. **1** *Fam.* Maleducado, grosero. ◆ m. **2** Hombre que vive y trabaja en el campo.

patata f. **1** ESP Planta de tallos ramosos y fruto en baya carnosa. **2** ESP Tubérculo de esta planta, de forma redonda o alargada, y de color marrón por fuera y blanco o amarillento por dentro. **3** *Fam.* ESP Cosa mal hecha.

patatús m. *Fam.* Desmayo o ataque de nervios.

paté m. Pasta hecha de carne o hígado picados.

patena f. Plato de metal en que se coloca la hostia durante la misa.

patentar tr. Registrar oficialmente un invento.

patente adj. **1** Que se percibe con claridad. ◆ f. **2** Documento oficial en que se reconoce la propiedad sobre un invento.

patera f. ESP Embarcación elemental de quilla plana y poco calado.

paternalismo m. Actitud paternal.

paterno, a adj. Relativo al padre.

patético, a adj. **1** Que causa una gran impresión y mueve a compasión. **2** Que es despreciable por sus cualidades negativas.

patíbulo m. Lugar en que se ejecuta a los condenados a muerte.

patidifuso, a adj. *Fam.* Sorprendido, atónito.

patilla f. **1** Franja de pelo que crece delante de las orejas. **2** Varilla lateral de las gafas. **3** COL, P RICO, R DOM, VENEZ Sandía.

patín m. **1** Plataforma ajustable a la suela del calzado para deslizarse sobre el hielo o una superficie dura y lisa. **2** Patinete. **3** Embarcación de recreo con dos flotadores unidos con travesaños.

pátina f. **1** Capa fina de óxido que se forma en el bronce y otros metales por la humedad. **2** Pérdida del color por el paso del tiempo.

patinar intr. **1** Deslizarse con patines. **2** Resbalar. **3** *Fam.* Cometer un error.

patinete m. Plataforma alargada con ruedas y un manillar para deslizarse sobre una superficie lisa.

patio m. Espacio descubierto en el interior de un edificio.

patitieso, a adj. **1** *Fam.* Patidifuso. **2** *Fam.* Que tiene las piernas o las patas inmovilizadas.

patizambo, a adj./s. Que tiene las piernas torcidas hacia afuera.

pato, a s. **1** Ave acuática de pico ancho y aplanado, cuello y patas cortos, cuyos dedos están unidos por una membrana. ◆ m. **2** *Fam.* Persona torpe o sin gracia en los movimientos. **3** ARG Deporte en el que dos equipos de cuatro jugadores intentan introducir en un aro una pelota de seis asas. **4** ARG Pelota usada en este deporte. **5** *Fam.* COL, CUBA, MÉX Orinal que suelen usar los hombres enfermos. **6** *Fam.* CUBA, P RICO, VENEZ Hombre afeminado.

patógeno, a adj. Que produce una enfermedad.

patología f. **1** Parte de la medicina que estudia la naturaleza de las enfermedades. **2** Conjunto de enfermedades de una persona.

patoso, a adj./s. Se dice de la persona torpe.

patraña f. Mentira complicada que se explica a alguien.

patria f. Lugar o país en el que una persona ha nacido o al que se siente vinculada.

patriarca m. **1** Personaje del Antiguo Testamento que fue jefe o cabeza de una numerosa descendencia. **2** Hombre que goza de la mayor autoridad y respeto en una gran familia o comunidad. **3** Título de dignidad concedido a algunos obispos.

patricio, a adj./s. Se dice de la persona que pertenecía en la antigua Roma a la clase social con más privilegios.

patrimonio m. Conjunto de bienes adquiridos o heredados.
patriota adj./m. y f. Que ama a su patria y procura su prosperidad.
patriotismo m. Amor a la patria.
patrocinar tr. **1** Pagar los gastos de una actividad deportiva o cultural a cambio de publicidad. **2** Ayudar, proteger o promover.
patrón, na s. **1** Persona que emplea obreros o trabajadores en su negocio. **2** Jefe. **3** Propietario de una pensión, casa de huéspedes o establecimiento similar. **4** Santo que en un lugar se ha adoptado como protector.
patronato m. **1** Sociedad u organización dedicada a fines benéficos. **2** Junta que dirige o vigila los asuntos de un organismo social o cultural para que cumpla sus fines. **3** Patronazgo.
patronímico, a adj./m. Se dice del apellido que se ha formado por derivación del nombre del padre.
patrono, a s. Patrón.
patrulla f. **1** Grupo pequeño de personas armadas que vigilan una zona. **2** ARG, CH, CUBA, MÉX, PAR, URUG Automóvil en el que patrullan los policías.
paulatino, a adj. Que se produce de forma lenta o gradual.
paupérrimo, a adj. *Formal.* Muy pobre.
pausa f. **1** Interrupción breve. **2** Lentitud.
pauta f. **1** Norma, modelo. **2** Conjunto de rayas paralelas hechas en un papel para no torcerse al escribir.
pavada f. *Fam.* ARG, PERÚ, URUG Tontería, estupidez.
pavimento m. Capa de asfalto, cemento, madera, adoquines u otros materiales, lisa, dura y resistente, con que se recubre el suelo para que esté firme y llano.
pavo, a s. **1** Ave gallinácea con carnosidades rojas en el cuello y la cabeza. ◆ adj./s. **2** *Fam.* Se dice de la persona con poca gracia o desenvoltura. ◇ **~ real** Ave gallinácea, cuyo macho posee una cola que abre en forma de abanico.
pavor m. Miedo muy intenso.
payaso, a m. **1** Artista de circo que cuenta chistes o hace mímica para divertir al público. ◆ adj./s. **2** *Fam.* Se dice de la persona que hace reír a los demás.
payés, sa s. Campesino de Cataluña o de las islas Baleares.
payo, a adj./s. Entre los gitanos, se dice de la persona que no pertenece a su raza.
paz f. **1** Situación en la que no hay guerra ni enfrentamientos. **2** Acuerdo para poner fin a la guerra. **3** Tranquilidad, sosiego.
pazguato, a adj./s. **1** Que se extraña o se escandaliza por cualquier cosa. **2** ARG, COL, CUBA, PAR, URUG, VENEZ Tonto.
pazo m. Casa antigua y señorial característica de Galicia.

PC m. Sigla de la expresión **personal computer**, 'ordenador personal'.

pe f. Nombre de la letra **p.** ◇ **de ~ a pa** *Fam.* Desde el principio hasta el fin.

peaje m. **1** Pago obligatorio para transitar por un lugar. **2** Lugar donde se realiza este pago.

peana f. Base sobre la que se coloca una escultura u otro objeto.

peatón, na s. Persona que va a pie.

pebetero m. **1** Recipiente para quemar sustancias aromáticas. **2** Recipiente en que arde la llama olímpica.

peca f. Mancha pequeña de color marrón en la piel.

pecado m. **1** Falta cometida con conciencia contra la ley de Dios. **2** Acto que se aparta de lo que es recto y justo.

pecar intr. Cometer un pecado u otra falta.

pecarí o **pécari** m. Mamífero omnívoro parecido al jabalí.

pecera f. Recipiente de agua acondicionado para tener peces.

pechar intr. **1** Asumir una carga o responsabilidad. ◆ tr. **2** AMÉR Sablear, estafar. **3** AMÉR Empujar.

pechina f. **1** Concha vacía de los moluscos bivalvos. **2** Triángulo sobre el que se sostiene una cúpula.

pecho m. **1** Parte superior del cuerpo que va desde el cuello hasta el abdomen. **2** Zona externa que corresponde a esta parte del cuerpo. **3** Conjunto de órganos que forman el aparato respiratorio. **4** Órgano de la mujer que produce leche.

pechuga f. **1** Pecho de las aves. **2** *Fam.* Pecho de una persona, especialmente de una mujer.

pecíolo o **peciolo** m. Pedúnculo de la hoja de una planta.

pécora f. Persona muy mala que disfruta haciendo daño.

pectoral adj. **1** Relativo al pecho. ◆ m./adj. **2** Medicamento que alivia las molestias del pecho. **3** Músculo situado en la parte anterior del pecho. ◆ m.pl. **4** *Fam.* Pechos de la mujer.

peculiar adj. **1** Propio y único de una persona o cosa. **2** Extraño, raro.

pecuniario, a adj. Relativo al dinero.

pedagogía f. **1** Ciencia que se ocupa de la educación de los niños y jóvenes. **2** Manera de enseñar o educar.

pedal m. Pieza de una máquina o un aparato que se acciona mediante el pie.

pedante adj./m. y f. Que presume de manera inoportuna de ser un erudito.

pedazo m. Parte de un todo.

pederastia f. Abuso sexual de un niño.

pedernal m. Piedra muy dura, compuesta principalmente de sílice.

pedestal m. Cuerpo sólido sobre el que se apoya una columna, una estatua u otro objeto.

pediatría f. Parte de la medicina que se ocupa del desarrollo y cuidado de los niños.

pedicura f. Cuidado o tratamiento de los pies.

pedido m. Encargo de mercancías o materiales a un fabricante o vendedor.

pedigrí m. **1** Conjunto de los antepasados de un animal con un origen de calidad. **2** Calidad extraordinaria de una persona o cosa.

pedigüeño, a adj./s. Que pide cosas con frecuencia.

pedir tr. **1** Decir una persona a otra que le dé o le deje una cosa, o que haga algo por ella. ◆ **tr./intr. 2** Decir una persona a la gente que le dé una cantidad de dinero para poder vivir o para colaborar en una causa. ◆ **tr./intr. 3** Rogar a Dios o a otra divinidad. ◆ **tr. 4** Necesitar o requerir una cosa.

pedo m. **1** *Fam.* Ventosidad expulsada por el ano. **2** *Fam.* Estado de embriaguez.

pedofilia o **paidofilia** f. Conducta sexual de la persona que tiene relaciones sexuales con niños o siente atracción hacia ellos.

pedrada f. **1** Acción de lanzar con impulso una piedra. **2** Golpe o señal de una piedra lanzada.

pedrea f. **1** ESP Conjunto de números premiados con una cantidad pequeña en la lotería nacional. **2** Lucha a pedradas.

pedregal m. Terreno con muchas piedras sueltas.

pedrería f. Conjunto de piedras preciosas.

pedrusco m. Trozo de piedra grande.

pedúnculo m. **1** Tallo por el que una hoja, flor o fruto se une a la planta. **2** Prolongación de algunos animales por la cual se fijan a una superficie.

pega f. **1** ESP Obstáculo, dificultad o inconveniente. **2** *Fam.* Pegamento. **3** AMÉR Trabajo, empleo.

pegajoso, a adj. **1** Que se pega fácilmente. **2** Que se contagia fácilmente. **3** Se dice de la persona excesivamente afectuosa. **4** Se dice del calor que provoca un sudor espeso y continuo.

pegamento m. Sustancia para pegar o adherir.

pegar tr. **1** Unir con una sustancia adhesiva. **2** Unir una cosa a otra cosiéndola, atándola o de otro modo parecido. **3** Colocar una cosa o a una persona junto a otra de manera que estén en contacto. ◆ **intr. 4** *Fam.* Estar una cosa junto a otra. ◆ **tr. 5** *Fam.* Contagiar una enfermedad, costumbre, cualidad, etc. ◆ **tr./intr. 6** Dar una persona golpes a alguien o algo. ◆ **intr. 7** Chocar con fuerza. ◆ **intr. 8** *Fam.* Armonizar. ◆ **prnl. 9** Quedar un guiso adherido al recipiente en que se cocina.

pegatina f. ESP Adhesivo.
pego m. ◇ **dar el ~** ESP Aparentar una cosa lo que no es en realidad.
peinado m. **1** Acción de peinar. **2** Modo de llevar arreglado el pelo.
peinar tr. **1** Arreglar o colocar de una forma determinada el pelo. **2** Examinar con mucho cuidado una zona.
peine m. Utensilio para peinar el pelo.
peineta f. Peine curvado que se utiliza para sujetar o adornar el pelo.
pekinés, sa → pequinés, sa.
peladilla f. Almendra recubierta con un baño de azúcar.
pelado, a adj. **1** Que no tiene una cosa o una característica que habitualmente lo adorna, cubre o rodea. **2** Que no tiene dinero. **3** Se dice del número o cantidad que consta de decenas, centenas, millares, etc., justos. **4** Con el pelo muy corto o totalmente rapado. ◆ adj./s. **5** *Fam.* ARG, CH, ECUAD, PAR, URUG Calvo. **6** ECUAD Joven. **7** MÉX De la clase social más humilde. **8** MÉX Maleducado, grosero.
pelagatos m. y f. *Fam. y desp.* Persona de baja posición social o económica.
pelágico, a adj. **1** Relativo al piélago. **2** Se dice de la zona de alta mar.
pelaje m. Pelo o lana de un animal.
pelandusca f. *Fam.* ESP Prostituta.
pelar tr. **1** Quitar o cortar el pelo. **2** Quitar la piel, cáscara o corteza de un fruto o tubérculo. **3** Despellejar o desplumar un animal. **4** *Fam.* Quitar todo el dinero o los bienes con violencia o engaños. **5** Criticar, murmurar. **6** *Fam.* ARG, COL, CUBA Desenvainar un arma. ◆ prnl. **7** Desprenderse la piel poco a poco. **8** *Fam.* GUAT, MÉX Morirse. **9** MÉX Irse de un lugar.
peldaño m. Cada una de las pequeñas plataformas horizontales de una escalera.
pelear intr. **1** Emplear la fuerza o las armas para hacer daño, matar o imponer la voluntad. **2** Mantener una discusión. **3** Realizar un esfuerzo grande y continuado para conseguir algo. ◆ prnl. **4** Enemistarse.
pelele m. **1** Muñeco de figura humana hecho de paja o trapos. **2** Persona de poco carácter.
peleón, na adj. **1** *Fam.* Muy aficionado a pelear o discutir. **2** ESP Se dice del vino que es de mala calidad.
peletería f. **1** Establecimiento donde se venden o confeccionan prendas de piel. **2** Industria de la piel de animales.
peliagudo, a adj. *Fam.* Muy difícil de resolver.
pelícano m. Ave acuática palmípeda cuyo pico, largo y ancho, tie-

ne una membrana en su parte inferior en forma de bolsa.

película f. **1** Conjunto de imágenes cinematográficas que componen un asunto o una historia. **2** Cinta de material sensible a la luz, usada en fotografía y cinematografía. **3** Piel delgada o capa muy fina que cubre una cosa.

peligro m. **1** Situación en la que es posible que ocurra un daño o un mal. **2** Persona o cosa que puede suponer un daño.

pelirrojo, a adj./s. Que tiene el pelo de color tirando a rojo.

pellejo m. **1** Piel. **2** Recipiente hecho de piel animal que se usa para contener líquidos.

pelliza f. ESP Prenda de vestir de abrigo hecha o forrada de piel.

pellizcar tr. **1** Apretar o retorcer con dos dedos una porción de piel y carne. **2** Coger con dos dedos una porción de algo.

pelmazo, a adj./s. *Fam.* Pesado, molesto.

pelo m. **1** Filamento que nace de la piel de los mamíferos y otros animales. **2** Conjunto de estos filamentos que cubren el cuerpo. **3** Conjunto de estos filamentos de la cabeza humana. **4** Filamento muy fino que hay en la cáscara o la piel de algunos frutos y en algunas partes de las plantas. **5** Conjunto de fibras que forman parte de ciertos utensilios, como el cepillo. ◇ **al ~** Oportunamente. ◇ **a ~** Sin ningún tipo de protección. ◇ **por los pelos** Por poco. ◇ **tomar el ~** *Fam.* Burlarse de una persona.

pelón, na adj./s. **1** Que no tiene pelo o tiene muy poco. **2** Que lleva el pelo muy corto o rapado. **3** Pobre.

pelota f. **1** Bola de cuero, goma u otro material flexible que se utiliza para jugar o practicar deportes. **2** Juego que se practica con esta bola. ◆ **adj./m. y f. 3** *Fam.* ESP Se dice de la persona que alaba a alguien para conseguir un beneficio. ◆ f.pl. **4** *Vulg.* Testículos. ◇ **~ vasca** Juego que se practica lanzando una pelota contra una pared para que rebote.

pelotear intr. Jugar con una pelota.

pelotera f. *Fam.* Disputa, pelea.

pelotón m. **1** Grupo numeroso de personas que van juntas. **2** Conjunto de ciclistas que circulan al mismo ritmo. **3** Unidad militar comandada por un sargento o un cabo.

peluca f. Cabellera postiza.

peluche m. **1** Tejido muy suave, con pelo largo por una de sus caras. **2** Muñeco hecho de este tejido.

peludo, a adj. Que tiene mucho pelo.

peluquero, a s. Persona que se dedica a peinar, cortar y cuidar el pelo.

peluquín m. Peluca que solo cubre una parte de la cabeza.

pelusa f. **1** Vello de ciertas frutas

y plantas. **2** Vello de una persona. **3** Pelo fino que sueltan algunos tejidos. **4** ESP Envidia.

pelvis f. Parte del esqueleto situada en la zona inferior del tronco de los mamíferos.

pena f. **1** Castigo impuesto. **2** Sufrimiento, tristeza. **3** Dificultad, trabajo. **4** AMÉR CENTRAL, COL, CUBA, R DOM, VENEZ Vergüenza.

penacho m. Conjunto de plumas levantadas que tienen algunas aves en la cabeza.

penal adj. **1** Relativo a los delitos o a las penas con que estos se castigan. ◆ m. **2** Lugar donde cumplen pena los condenados.

penalidad f. Sufrimiento, adversidad.

penalti m. **1** Falta que en el fútbol y otros deportes comete un jugador dentro del área de gol de su propio equipo. **2** Lanzamiento que debe efectuar el equipo contrario al que ha cometido esta falta.

penca f. **1** Nervio central carnoso de las hojas de algunas plantas. **2** Hoja tierna y carnosa de ciertas plantas.

penco m. **1** Caballo flaco, débil y de poco valor. **2** Persona torpe o despreciable.

pendejo, a s. **1** *Fam.* ESP Persona que lleva una vida desordenada. ◆ adj./s. **2** ECUAD, HOND, MÉX, NIC Tonto, torpe.

pendencia f. Pelea, riña.

pender intr. **1** Estar colgada, suspendida o inclinada una cosa. **2** Estar sin resolver o terminar un juicio o asunto.

pendiente adj. **1** Que todavía está sin resolver o sin terminar. **2** Que pone mucha atención en una persona o una cosa. **3** Que está inclinado. ◆ m. **4** ESP Adorno que se pone en alguna parte del cuerpo, generalmente el lóbulo de la oreja. ◆ f. **5** Terreno inclinado.

pendón m. **1** Bandera más larga que ancha que se usaba como insignia distintiva. **2** *Fam.* ESP Pendejo.

péndulo m. Cuerpo sólido que pende de un punto fijo y puede oscilar libremente hacia los lados.

pene m. Órgano del aparato reproductor masculino.

penetrar tr./intr. **1** Introducirse una cosa en otra cosa. **2** Hacerse sentir con intensidad algo. ◆ intr. **3** Introducirse en el interior de un recinto o dentro de un grupo de personas. ◆ tr./prnl. **4** Comprender bien algo.

penicilina f. Sustancia antibiótica extraída de los cultivos de un hongo.

penillanura f. Llanura con escasos desniveles, formada por erosión.

península f. Extensión de tierra que está rodeada de agua por todas partes menos por una.

penique m. Centésima parte de una libra esterlina.

penitencia f. **1** Sacramento de la Iglesia católica en virtud del cual se perdonan los pecados. **2** Acción sacrificada que una persona realiza como manifestación exterior de su devoción. **3** *Fam.* Cosa muy molesta que una persona debe hacer o soportar.

penitenciaría f. Cárcel, prisión.

penoso, a adj. **1** Que produce pena. **2** Que exige mucho esfuerzo. **3** De muy mala calidad. **4** AMÉR CENTRAL, COL, CUBA, MÉX, R DOM, VENEZ Vergonzoso.

pensador, ra adj. **1** Que piensa. ◆ s. **2** Persona que se dedica a estudios muy elevados y profundiza mucho en ellos.

pensamiento m. **1** Capacidad de pensar. **2** Sitio imaginario en el que se guardan las ideas formadas por la mente. **3** Idea o representación mental. **4** Deseo, propósito. **5** Planta de flores aterciopeladas y tricolores. **6** Flor de esta planta.

pensar tr./intr. **1** Formar ideas y representaciones de la realidad en la mente. **2** Examinar con mucho cuidado un asunto o una cuestión. **3** Tomar una decisión. **4** Tener una intención o propósito. **5** Usar la inteligencia para inventar algo útil o beneficioso. **6** Tener una determinada opinión.

pensión f. **1** Establecimiento público de categoría inferior al hostal. **2** Cantidad de dinero que se entrega a una persona periódicamente como ayuda económica.

pensionista m. y f. **1** Persona que recibe una pensión. **2** Persona que vive en una pensión.

pentaedro m. Cuerpo geométrico de cinco caras.

pentágono m. Figura geométrica de cinco lados.

pentagrama o **pentágrama** m. Serie de cinco líneas paralelas sobre las que se escribe las notas musicales.

Pentecostés m. Fiesta cristiana que conmemora la venida del Espíritu Santo sobre los apóstoles.

penúltimo, a adj./s. Que ocupa el lugar inmediatamente anterior al último.

penumbra f. Estado o situación en que hay poca luz.

penuria f. Falta o escasez de lo necesario.

peña f. **1** Piedra grande que se encuentra en estado natural. **2** Monte o altitud en que hay muchas rocas grandes. **3** Asociación deportiva, recreativa o cultural. **4** *Fam.* ESP Grupo de amigos. **5** *Fam.* ESP Gente.

peñasco m. Roca grande y elevada.

peñón m. Monte o montaña en que hay muchos peñascos.

peón m. **1** Obrero no especializado. **2** Pieza del ajedrez u otros juegos de tablero. **3** ESP Peonza, trompo.

peonza f. ESP Trompo.

peor adj. **1** Más malo o de inferior calidad respecto de otra cosa. **2** Que no es preferible. ◆ **adv. 3** Se utiliza para indicar que una cosa está o se hace más mal respecto de otra cosa.

pepinillo m. Variedad de pepino, de pequeño tamaño.

pepino m. **1** Planta de tallos largos, blandos y rastreros. **2** Fruto comestible de esta planta, de forma cilíndrica con una corteza rugosa, verde o amarilla. ◆ adj./m. **3** Se dice del melón que está poco maduro.

pepita f. **1** Semilla de las frutas y hortalizas carnosas. **2** Trozo pulido de oro u otro metal.

pepito m. **1** ESP Bollo de forma alargada relleno de crema o chocolate. **2** ESP Bocadillo que tiene en su interior un filete de carne.

pepsina f. Enzima que interviene en la digestión de las proteínas.

pequeñez f. **1** Cualidad de pequeño. **2** Cosa insignificante.

pequeño, a adj. **1** Que tiene un tamaño reducido. **2** Que tiene poca altura o estatura. **3** De poca importancia, duración o intensidad. ◆ adj./m. **4** Se dice de la persona que tiene muy poca edad.

pequinés, sa o **pekinés, sa** adj./s. **1** De Pekín. **2** Se dice del perro pequeño, de ojos prominentes y morro corto y aplastado.

pera f. **1** Fruto comestible del peral, de color verde o amarillo. **2** Recipiente de goma usado para impulsar un líquido o un gas. **3** ESP Interruptor para llamar a un timbre o para encender y apagar la luz.

peral m. **1** Árbol de tronco recto y liso, cuyo fruto es la pera. **2** Madera de este árbol.

peralte m. En una carretera o vía, mayor elevación que tiene la parte exterior de una curva.

perca f. Pez comestible de agua dulce, con el vientre plateado y los costados dorados.

percal m. Tejido de algodón, de poco precio y calidad.

percance m. Contratiempo de poca gravedad.

percatarse prnl. Darse cuenta de algo.

percebe m. **1** Crustáceo con un pedúnculo carnoso comestible. **2** *Fam.* Persona torpe o ignorante.

percepción f. Acción y efecto de percibir.

percha f. **1** Utensilio para mantener colgadas prendas de vestir. **2** Perchero. **3** *Fam.* Tipo o figura de una persona.

perchero m. Mueble con unos ganchos para colgar la ropa.

percherón, na adj./s. Se dice del caballo o yegua que es de una raza de origen francés, de gran fuerza y corpulencia.

percibir tr. **1** Tener conocimiento del mundo exterior por medio de las impresiones que comunican los sentidos. **2** Recibir una persona una cosa material, especialmente dinero.

percusión f. **1** Acción de percutir. **2** Conjunto de instrumentos que producen música al ser golpeados con una baqueta u otro objeto, o al ser golpeados entre sí.

percutir tr. **1** Dar uno o varios golpes. **2** Explorar una parte del cuerpo dando golpes secos con los dedos.

percutor m. Pieza que golpea en alguna máquina, en especial la que provoca la explosión en las armas de fuego.

perder tr. **1** Dejar de tener una persona algo que poseía, o no saber dónde está. **2** Resultar vencido en un lucha o competición. **3** Verse privado de la compañía de una persona a causa de su muerte. **4** Dejar de tener un sentimiento o una actitud. **5** Desperdiciar una cosa. ◆ intr. **6** Tener una cosa peor calidad o aspecto de los que tenía. ◆ tr. **7** Disminuir poco a poco el contenido de un recipiente. ◆ prnl. **8** Equivocarse de camino. **9** Distraerse una persona y no poder seguir el hilo de lo que estaba diciendo, leyendo o escuchando. **10** Dejarse llevar por los vicios.

perdición f. **1** Caída de una persona en la ruina, deshonra o destrucción moral. **2** Persona o cosa que provoca un daño o un perjuicio grave. **3** Amor apasionado. **4** Condenación eterna.

pérdida f. **1** Acción de perder lo que se poseía. **2** Daño grave que se produce en una cosa. **3** Cantidad o cosa que se pierde. **4** Escape o fuga de un fluido.

perdido, a adj. **1** Que no tiene o no lleva un destino determinado. **2** Se utiliza para aumentar y reforzar el sentido de ciertos adjetivos peyorativos. ◆ adj./s. **3** Se dice de la persona que vive entregada a los vicios.

perdigón m. **1** Bola pequeña de plomo usada como munición de un arma de caza. **2** Cría de la perdiz.

perdiguero, a adj. **1** Se dice del animal que caza perdices. **2** Relativo a la perdiz o a su caza.

perdiz f. Ave gallinácea de plumaje ceniciento y el pico y las patas rojas.

perdón m. Acción y efecto de perdonar.

perdonar tr. **1** Olvidar una persona la falta que ha cometido otra y no guardarle rencor. **2** Librar a una persona de una deuda, un castigo o una obligación.

perdurar intr. Durar o mantenerse de manera indefinida una cosa.

perecer intr. **1** Perder la vida en un accidente, una catástrofe o una acción violenta. **2** Dejar de existir una cosa.

peregrinar intr. **1** Ir a visitar un lugar sagrado por motivos religiosos. **2** Andar por tierras extrañas.

peregrino, a adj./s. **1** Que peregrina. ◆ adj. **2** Se dice del ave que emigra. **3** Extraño, raro o sorprendente.

perejil m. Planta de color verde oscuro usada como condimento.

perenne adj. **1** Que dura indefinidamente o se mantiene con vida durante un período muy largo. **2** Se dice de la planta u órgano vegetal que vive más de dos años.

perentorio, a adj. **1** Se dice del plazo que es el último que se concede. **2** Que es determinante, decisivo o definitivo. **3** Urgente.

pereza f. **1** Falta de ánimo o de disposición para hacer cierta cosa. **2** Flojedad o tardanza en las acciones o movimientos.

perezoso, a adj./s. **1** Que tiene pereza. ◆ adj. **2** Lento o torpe. ◆ m. **3** Mamífero desdentado, de pelaje espeso, que se desplaza lentamente.

perfección f. **1** Ausencia total de defectos o errores. **2** Cosa perfecta.

perfeccionar tr. **1** Acabar algo dándole el mayor grado de perfección. **2** Hacer más perfecto algo.

perfecto, a adj. **1** Que tiene todas las cualidades deseables o que no posee defectos. **2** Antepuesto a un calificativo negativo, completo o total. **3** Se dice del tiempo verbal que expresa la acción como acabada.

pérfido, a adj./s. *Formal.* Desleal o que no guarda fidelidad.

perfil m. **1** Línea que marca el límite de una cosa mirada desde un punto determinado. **2** Vista lateral de una persona o cosa. **3** Contorno de una figura representado en un plano por líneas que determinan su forma. **4** Conjunto de rasgos propios de una persona o cosa.

perfilar tr. **1** Dibujar o marcar un perfil. **2** Completar algo para dejarlo perfecto. ◆ prnl. **3** Empezar una cosa a tomar forma.

perforar tr. Hacer un agujero en una superficie.

perfume m. **1** Sustancia que se usa para dar buen olor. **2** Olor muy agradable.

perfumería f. **1** Establecimiento donde se venden perfumes. **2** Industria del perfume.

pergamino m. **1** Piel de las reses convenientemente preparada que se usaba para escribir. **2** Documento escrito en esta piel.

pérgola f. Armazón que sostiene un enrejado por donde trepan plantas ornamentales.

periantio m. Conjunto de hojas que rodean los órganos reproductores de una planta.

pericardio m. Tejido membranoso que recubre el corazón.

pericarpio o **pericarpo** m. Parte exterior del fruto que envuelve la semilla.

pericia f. Habilidad para resolver una cosa de cierta dificultad.

perico m. **1** Periquito. **2** Abanico antiguo.

peridoto m. Mineral que suele encontrarse en las rocas volcánicas.

periferia f. Zona que rodea un espacio geográfico considerado como centro o núcleo.

perifollo m. **1** Planta de hojas muy recortadas y olorosas, y flores blancas. ◆ m.pl. **2** *Fam.* Adornos excesivos y de mal gusto.

perífrasis f. **1** Figura retórica que consiste en expresar mediante un rodeo un concepto único. **2** Construcción constituida por un verbo en forma personal seguido de un infinitivo, un gerundio o un participio.

perihelio m. Punto más próximo al Sol en la órbita elíptica de un planeta.

perilla f. Barba formada con los pelos que crecen en la barbilla.

perímetro m. Segmento o conjunto de segmentos que forman el contorno de una superficie o figura.

periné o **perineo** m. Parte del cuerpo situada entre el ano y los órganos genitales.

periódico, a adj. **1** Que ocurre o se hace con intervalos regulares de tiempo. **2** Se dice de la fracción decimal en la que se repite una cifra o conjunto de ellas de forma indefinida. ◆ m. **3** Publicación de información general de aparición regular.

periodismo m. Profesión que comprende el conjunto de actividades relacionadas con la recogida, elaboración y difusión de la información que se transmite al público a través de la prensa, la radio o la televisión..

periodo o **período** m. **1** Espacio de tiempo durante el que se realiza una acción o se desarrolla algo. **2** Espacio de tiempo que tarda una cosa en volver al estado o posición que tenía. **3** Menstruación. **4** Cifra o conjunto de cifras decimales que se repiten indefinidamente en el cociente de una división no exacta. **5** Espacio de tiempo en que se dividen las eras geológicas. **6** Cada una de las filas de elementos de la tabla periódica.

periostio m. Membrana conjuntiva que rodea los huesos.

peripecia f. Suceso imprevisto y repentino.

periplo m. **1** Viaje largo por numerosos países. **2** Navegación alrededor de un lugar.

periquete m. ◇ **en un ~** *Fam.* En un tiempo muy breve.

periquito m. Ave de tamaño pequeño, plumaje de colores vistosos y pico fuerte y curvo.

periscopio m. Instrumento óptico que, por medio de un sistema de espejos, permite observar un objeto situado por encima del alcance de la visión directa.

perisodáctilo, a adj./s. Se dice del mamífero que tiene un número impar de dedos y con el dedo central más desarrollado.

perito, a adj./s. **1** Que tiene experiencia, práctica o habilidad en determinada ciencia o arte. ◆ s. **2** Persona que tiene el título de técnico de grado medio en ingeniería.

peritoneo m. Membrana que cubre el interior del abdomen.

peritonitis f. Inflamación del peritoneo.

perjudicar tr. Causar un daño.

perjudicial adj. Que perjudica o puede perjudicar.

perjuicio m. Daño.

perjurar intr. **1** Jurar con falsedad. ◆ tr. **2** Jurar con mucha frecuencia por costumbre. ◆ intr. **3** Incumplir un juramento.

perla f. **1** Bola pequeña de nácar que se forma en el interior de algunos moluscos. **2** Persona o cosa muy apreciada.

permanecer intr. **1** Estar en un lugar durante un tiempo. **2** Mantenerse sin cambios en un determinado estado, condición, etc.

permanente adj. **1** Que permanece. ◆ f. **2** *Fam.* Rizado artificial del pelo.

permeable adj. **1** Que puede ser atravesado por un líquido o una radiación. **2** Que se deja influir por los demás.

pérmico, a adj./m. Se dice del sexto y último período geológico de la era paleozoica.

permiso m. **1** Acción y efecto de permitir. **2** Autorización para abandonar por un tiempo una obligación. **3** Tiempo que dura esta autorización.

permitir tr. **1** Autorizar algo quien tiene autoridad para ello. **2** No impedir algo. **3** Hacer posible algo. ◆ prnl. **4** Tomarse la libertad de decir o hacer algo.

permutar tr. **1** Cambiar una cosa por otra. **2** Variar el orden o la colocación en que estaban varias cosas.

pernera f. Parte del pantalón que cubre la pierna.

pernicioso, a adj. Que es muy perjudicial.

pernil m. Pata posterior del cerdo.

perno m. Pieza metálica cilíndrica que sirve para afirmar piezas de gran volumen.

pernoctar intr. Pasar la noche fuera de la vivienda habitual.

pero conj. **1** Indica que el significado del enunciado al que precede es opuesto o contrario al significado de otro anterior. **2** Indica que el significado del enunciado al que precede restringe o matiza el significado de otro anterior. **3** Se utiliza siempre al inicio de la frase para expresar con más fuerza e intensidad lo que se dice. ◆ m. **4** *Fam.* Inconveniente, dificultad.

perogrullada f. Verdad tan clara que resulta tonto decirla.

perol m. Recipiente de metal semiesférico para cocinar.

peroné m. Hueso largo y delgado, situado junto a la tibia.

perorata f. Discurso largo e inoportuno que resulta aburrido.

perpendicular adj./f. Se dice de la recta o plano que forma un ángulo recto con otra recta o plano.

perpetrar tr. Cometer un delito o falta.

perpetuar tr. Hacer perpetuo.
perpetuo, a adj. **1** Que dura mucho tiempo o para siempre. **2** Que dura toda la vida.
perplejidad f. Asombro, confusión.
perra f. **1** *Fam.* ESP Rabieta, berrinche. **2** *Fam.* ESP Deseo exagerado o idea fija. **3** *Fam.* ESP Dinero o moneda.
perrera f. Lugar donde se encierran perros sin dueño.
perrería f. *Fam.* Mala pasada.
perrito m. Panecillo blando y alargado con una salchicha alemana dentro.
perro, a s. **1** Mamífero carnívoro de gran diversidad de tamaños, formas y pelajes. **2** Persona despreciable y malvada.
persa adj./m. y f. **1** De Persia. ◆ m./adj. **2** Antigua lengua indoeuropea hablada en Persia y lengua moderna derivada de esta.
persecución f. Acción de perseguir.
perseguir tr. **1** Seguir a una persona o animal que huye para alcanzarlo. **2** Tratar de conseguir o alcanzar algo. **3** Acompañar una cosa que produce malestar a una persona sin abandonarla nunca.
perseverancia f. Dedicación y firmeza en la manera de pensar o actuar.
perseverar intr. Mantenerse firme y constante en una manera de ser o de obrar.
persiana f. Cierre formado por láminas estrechas que se coloca en las ventanas, balcones o puertas exteriores.
persignar tr./prnl. Hacer la señal de la cruz con los dedos tres veces.
persistir intr. Perseverar.
persona f. **1** Individuo de la especie humana. **2** Categoría que comparten el verbo y el pronombre mediante la cual se señala el ejecutor de la acción verbal o el objeto de la conversación.
personaje m. **1** Persona que destaca en una actividad o ambiente social. **2** Ser ficticio, inventado por un autor.
personal adj. **1** Relativo a la persona. **2** De una sola persona. **3** Que pertenece a la vida privada. **4** Característico de la personalidad de un individuo. **5** Se dice del pronombre que tiene la misión especial de representar a las tres personas que intervienen en la comunicación y de sustituir palabras e incluso oraciones o proposiciones enteras. ◆ m. **6** Conjunto de las personas que trabajan en el mismo lugar. **7** *Fam.* ESP Grupo indeterminado de personas. ◆ adj./f. **8** Se dice de la falta que comete un jugador de baloncesto.
personalidad f. **1** Conjunto de rasgos y cualidades que configuran la manera de ser de una persona. **2** Persona que destaca en una actividad o ambiente social.

personalizar tr. **1** Referirse a una persona en particular. **2** Adaptar algo a una persona.

personarse prnl. Presentarse en un lugar.

personificar tr. **1** Atribuir vida, acciones o cualidades propias de las personas a los animales o a las cosas. **2** Servir de ejemplo de algo una persona.

perspectiva f. **1** Sistema de representación espacial sobre una superficie plana. **2** Representación ejecutada con esta técnica. **3** Paisaje o conjunto de cosas vistas desde un punto determinado. **4** Punto de vista. **5** Circunstancia que puede preverse en un asunto o un negocio. **6** Distancia desde la que se observa y considera un hecho o una situación.

perspicaz adj. **1** Que tiene perspicacia. **2** Que es agudo y rápido. **3** Que percibe las cosas con gran detalle.

persuadir tr. Conseguir con razones que una persona piense o actúe de una manera determinada.

pertenecer intr. **1** Ser algo propiedad de una persona. **2** Ser una cosa obligación de una persona. **3** Formar parte de un conjunto.

pértiga f. Vara larga, en especial la usada por los atletas de salto de altura.

pertinaz adj. **1** Obstinado, terco. **2** Que dura mucho tiempo o se mantiene sin cambios.

pertinente adj. **1** Relacionado con lo que se habla. **2** Que atañe a lo que se expresa a continuación.

pertrechos m.pl. Útiles necesarios para un fin.

perturbado, a adj./s. Que tiene trastornadas sus facultades mentales.

perturbar tr. **1** Producir desorden o intranquilidad. **2** Hacer perder el juicio.

peruano, a adj./s. De Perú.

perversión f. Acción y efecto de pervertir.

perverso, a adj./s. Que obra con mucha maldad por placer.

pervertir (45) tr. Corromper.

pervivir intr. Durar, permanecer o seguir viviendo algo.

pesa f. **1** Pieza de metal que se usa en una balanza para determinar el peso de una cosa. **2** Pieza de mucho peso que se cuelga en el extremo de una cuerda o cadena como contrapeso. **3** Aparato gimnástico formado por una barra de metal con una o más piezas pesadas en cada extremo.

pesadez f. **1** Lentitud o torpeza de movimiento. **2** Cosa aburrida. **3** Cosa que resulta trabajosa. **4** Sensación de molestia, fatiga o cansancio que se experimenta en alguna parte del cuerpo.

pesadilla f. **1** Sueño angustioso. **2** Preocupación grave.

pesado, a adj. **1** Que pesa mucho. **2** Que cuesta mucho esfuerzo.

3 Que molesta o aburre. **4** Que ofende o enfada. **5** Se dice del órgano que produce una sensación de molestia, fatiga o cansancio. **6** Se dice de la comida que puede sentar mal. ◆ **adj./s. 7** Se dice de la persona que es latosa, molesta o difícil de soportar.

pesadumbre f. Pena, disgusto.

pésame m. Expresión con la que se muestra a una persona allegada a un difunto que se participa de su dolor y de su pena.

1. **pesar** tr. **1** Tener un peso determinado. ◆ **intr. 2** Tener mucho peso. **3** Tener mucha influencia. **4** Constituir una cosa una carga moral o física. **5** Producir a una persona arrepentimiento, pena o dolor un dicho o hecho. ◆ **tr. 6** Determinar el peso o la masa de una persona o cosa por medio de ciertos aparatos.

2. **pesar** m. **1** Sentimiento de pena o dolor. **2** Arrepentimiento.

pesca f. **1** Conjunto de técnicas y actividades para pescar peces, moluscos, crustáceos y otros animales. **2** Conjunto de peces y animales que se pescan o se pueden pescar.

pescadilla f. ESP Cría de la merluza.

pescado m. Pez comestible una vez sacado del agua.

pescar tr. **1** Coger peces y otros animales que viven en el mar o en aguas dulces con redes, cañas u otros instrumentos. **2** *Fam.* Coger o agarrar una enfermedad. **3** *Fam.* Conseguir una cosa que se deseaba. **4** *Fam.* Captar con rapidez el significado de algo. **5** *Fam.* Sorprender a una persona haciendo una cosa a escondidas.

pescuezo m. **1** Parte del cuerpo de un animal entre la cabeza y el tronco. **2** *Fam.* Cuello de las personas.

pesebre m. **1** Especie de cajón donde se pone de comer al ganado y a las caballerías. **2** Lugar donde se coloca este cajón. **3** Conjunto de figuras y objetos que representan escenas del nacimiento de Jesucristo.

peseta f. **1** Unidad monetaria de España desde 1868 hasta su sustitución por el euro. ◆ **f.pl. 2** *Fam.* ESP Dinero, riqueza.

pesimismo m. Tendencia a ver y a juzgar las cosas en su aspecto más negativo.

pésimo, a adj. Extraordinariamente malo.

peso m. **1** Fuerza con la que los cuerpos son atraídos hacia el centro de la Tierra por acción de la gravedad. **2** Valor que tiene esta fuerza. **3** Instrumento para pesar. **4** Cosa pesada. **5** Unidad monetaria de distintos países americanos, de Filipinas y de Guinea-Bissau. **6** Preocupación, obligación. **7** Influencia o valor. **8** Categoría deportiva del boxeo. **9** Bola o esfera metálica usada en atletismo.

pespunte m. Labor que consiste en dar una serie de puntadas seguidas e iguales.

pesquero, a adj. **1** Relativo a la pesca. ◆ m. **2** Barco de pesca.

pesquisa f. Indagación, investigación.

pestaña f. Pelo que crece en el borde de los párpados.

peste f. **1** Enfermedad infecciosa y contagiosa que causa muchas muertes. **2** Pestilencia. **3** *Fam.* Abundancia de una cosa que molesta o es perjudicial.

pesticida m. Sustancia que evita la acción perjudicial de insectos, hierbas u hongos en los cultivos.

pestilencia f. Mal olor.

pestillo m. Barra de hierro con la que se cierran puertas y ventanas.

pestiño m. **1** ESP Dulce que se fríe en aceite y luego se baña en miel o azúcar. **2** *Fam.* ESP Persona o cosa que aburre o molesta.

petaca f. **1** Estuche para cigarros o tabaco picado. **2** Botella plana y pequeña para llevar alcohol.

pétalo m. Cada una de las hojas que constituyen la corola de una flor.

petanca f. ESP Juego en el que cada jugador tira por turno unas bolas procurando acercarse todo lo posible a una bolita.

petardo m. **1** Tubo lleno de pólvora que explota produciendo un ruido muy fuerte. **2** *Fam.* ESP Persona o cosa muy aburrida, pesada o de escasas cualidades. **3** ESP Persona o cosa fea. **4** *Argot.* ESP Porro.

petate m. **1** Lío o paquete grande de ropa que llevan los marineros, los soldados o los presos. **2** Estera de hojas de palmera, usada como colchón en lugares tropicales.

petenera f. Cante flamenco de gran intensidad dramática.

petición f. **1** Acción de pedir. **2** Palabras o escrito en que se pide algo.

petimetre, a s. Persona que se preocupa en exceso de su aspecto.

petirrojo m. Pájaro con el cuello, la garganta y el pecho rojos.

peto m. **1** Parte de una prenda de vestir que cubre el pecho. **2** Pantalones con una pieza de tela que cubre el pecho.

pétreo, a adj. **1** De piedra o parecido a la piedra. **2** Cubierto de piedras.

petrificar tr. **1** Convertir en piedra. **2** Dejar a una persona inmóvil por el asombro.

petróleo m. Mezcla de hidrocarburos de color oscuro, que se encuentra en estado natural en yacimientos subterráneos.

petroquímica f. **1** Ciencia y técnica que estudia los productos químicos derivados del petróleo y del gas natural. **2** Industria de los productos químicos derivados del petróleo o del gas natural.

petulancia f. Cualidad de petulante.

petunia f. **1** Planta muy ramosa y de hojas ovaladas. **2** Flor de esta planta, en forma de campanilla, muy grande y olorosa.

peúco m. Calzado hecho de punto o de tela que se pone a los bebés.

peyorativo, a adj. Se dice de la palabra o expresión que se usa o se entiende en el valor más negativo de los que tiene.

pez m. **1** Animal vertebrado acuático, de cuerpo alargado y con escamas, con las extremidades en forma de aletas, que respira por branquias. ◆ f. **2** Sustancia de color oscuro, muy espesa y pegajosa, que se obtiene del alquitrán.

pezón m. **1** Parte que sobresale más en los pechos. **2** Tallo fino que sostiene la hoja, la flor o el fruto de las plantas.

pezuña f. **1** Conjunto de dedos de una misma pata de algunos animales. **2** *Fam. y desp.* Mano o pie de las personas.

pH m. Índice del grado de acidez de una disolución acuosa.

phi f. Letra del alfabeto griego (Φ/φ).

pi f. Letra del alfabeto griego (Π/π).

piadoso, a adj. **1** Que siente pena o dolor hacia quienes sufren. **2** Que es muy religioso.

piano m. **1** Instrumento musical de cuerdas percutidas mediante unos martillos accionados por unas teclas. ◆ adv. **2** En música, se emplea como acotación interpretativa para indicar que una pieza debe ejecutarse con poca intensidad. **3** *Fam.* Poco a poco, sin precipitación.

pianola f. Piano pequeño que se acciona mediante pedales o la corriente eléctrica.

piar intr. **1** Emitir los pollos y otras aves su voz. **2** *Fam.* Pedir algo con insistencia.

piara f. Manada de cerdos.

piastra f. Moneda fraccionaria usada en varios países, como Turquía o Egipto.

pibe, a s. ARG *Fam.* Chico o muchacho.

pica f. **1** Lanza larga con una punta de hierro cortante en su extremo. **2** Vara del picador de toros. ◆ f.pl. **3** Palo de la baraja francesa con dibujos de color negro con forma de corazón invertido.

picada f. **1** Picadura de un reptil, insecto o ave. **2** Acción de picar el pez. **3** AMÉR Senda o vereda estrecha de un bosque o monte. **4** AMÉR CENTRAL, ARG, BOL, PAR, URUG Carrera ilegal de automotores. **5** ARG, URUG Conjunto de porciones de alimentos que se sirven como acompañamiento de una bebida. **6** *Fam.* COL Punzada o dolor agudo.

picadero m. **1** Lugar donde se doman los caballos. **2** *Fam.* ESP Casa que se utiliza solo para tener relaciones sexuales.

picadillo m. **1** Comida hecha con carne, tocino, verduras y ajos picados. **2** Carne de cerdo que se pica.

picado, a adj. **1** Que tiene agujeros, señales o marcas. **2** Que está cortado a trozos pequeños. **3** *Fam.* Enojado, disgustado. ◆ m. **4** Toma que la cámara realiza desde arriba hacia abajo. ◆ adj. **5** AMÉR Que está ligeramente ebrio. ◇ **en ~** Con mucha rapidez.

picador, ra s. **1** Jinete que se dedica a picar a los toros. **2** Persona que doma caballos. **3** Persona que se dedica a sacar minerales picando en una mina.

picadura f. **1** Mordedura de un ave o reptil o punzada de un insecto. **2** Señal que deja esta morderdura o punzada. **3** Conjunto de señales que se forman en los dientes por la caries. **4** Tabaco desmenuzado en hebras. **5** Agujero que se produce en un metal a causa de la herrumbre.

picante adj./m. **1** Se dice del alimento que produce picor en el paladar. ◆ adj. **2** Se dice del chiste o historia maliciosos, normalmente relacionados con el sexo.

picapleitos m. y f. *Fam. y desp.* Abogado.

picaporte m. **1** Dispositivo de una puerta o ventana que sirve para abrirla o cerrarla. **2** Aldaba.

picar tr. **1** Cortar un alimento en trozos muy pequeños. **2** Tomar las aves su comida con el pico. **3** Morder un pez el cebo del anzuelo. **4** Morder las aves y los reptiles o pinchar un insecto. **5** Hacer agujeros en algún material. **6** Golpear una superficie con un pico o herramienta con punta. **7** Comer trozos pequeños de alimento. **8** Escribir un texto mediante un teclado. **9** Golpear con las espuelas al caballo. **10** Herir al toro con la pica. **11** *Fam.* Causar disgusto. **12** Producir caries. ◆ intr. **13** Causar picor o escozor. **14** Producir un alimento picor en el paladar. **15** Caer en un engaño o trampa. **16** Descender un pájaro o un avión en línea casi perpendicular al suelo. ◆ prnl. **17** Tener o empezar a tener agujeros. **18** Empezar a estropearse un alimento o bebida. **19** *Argot.* Inyectarse droga.

picardía f. **1** Cualidad de pícaro. **2** Acción o dicho pícaros.

picaresco, a adj. **1** Relativo al pícaro. **2** Se dice de la obra literaria que narra las aventuras de un pícaro.

pícaro, a adj./s. **1** Que se comporta con astucia o habilidad. ◆ adj. **2** Ligeramente erótico. ◆ s. **3** Personaje literario que representa al antihéroe desgraciado y de mal vivir.

picatoste m. ESP Rebanada de pan tostada o frita.

picazón f. Sensación molesta en una parte del cuerpo que provoca las ganas de rascarse.

picha f. *Fam.* ESP Pene.

pichi m. ESP Vestido sin mangas y con escote.

pichichi m. **1** Futbolista que más goles ha marcado en el campeonato nacional español. **2** Trofeo que recibe este futbolista.

pichincha f. *Fam.* AMÉR SUR Ganga, mercancía.

pichón, na m. **1** Cría de la paloma doméstica. ◆ s. **2** Apelativo cariñoso.

pícnic m. Comida o merienda al aire libre.

pico m. **1** Parte saliente de la cabeza de las aves, formada por dos piezas duras. **2** *Fam.* Boca de una persona. **3** *Argot.* Inyección de droga. **4** Parte puntiaguda que sale de la superficie o del borde de un objeto. **5** Herramienta para picar consistente en una pieza de metal terminada en dos puntas y un mango. **6** Cima de una montaña. **7** Montaña de cumbre puntiaguda.

picor m. **1** Picazón. **2** Sensación molesta en la lengua o el paladar por comer una cosa picante.

picota f. **1** Columna que se utilizaba para exponer a los reos. **2** ESP Variedad de cereza.

picotazo m. **1** Golpe o mordisco que dan las aves con el pico. **2** Picadura de un insecto.

picotear tr. **1** Herir o golpear repetidamente las aves con el pico. **2** Comer cosas distintas y en pequeñas cantidades.

pictograma m. Dibujo con un significado en un lenguaje de símbolos.

pictórico, a adj. **1** Relativo a la pintura. **2** Adecuado para ser representado en pintura.

pidgin m. Lengua híbrida o criolla.

pie m. **1** Parte del cuerpo del ser humano o de algunos animales donde terminan las extremidades inferiores. **2** Parte de un calcetín, media o calzado que cubre esta parte del cuerpo. **3** Parte inferior o base de una cosa. **4** Parte de una cosa que se opone a la principal o cabecera. **5** Parte inferior de un escrito y espacio en blanco que queda al final de un papel. **6** Texto corto que aparece debajo de un dibujo, una pintura o una fotografía. **7** Medida de longitud de valor variable según el lugar en que se usa. **8** Unidad rítmica con que se mide un verso en las poesías que atienden a la cantidad silábica, como la latina y la griega. ◇ **a ~** Andando.

piedad f. **1** Sentimiento de pena o dolor que se tiene hacia quienes sufren. **2** Devoción o fervor religioso.

piedra f. **1** Materia mineral muy dura y de estructura compacta. **2** Trozo de esta materia mineral dura. **3** Acumulación anormal de restos minerales u orgánicos que se forma en algunos órganos huecos del cuerpo. **4** Objeto grande de forma circular que gira sobre un eje y sirve para moler. **5** Granizo de gran tamaño. ◇ **de ~** Muy sorprendido o impresionado ante un hecho inesperado.

piel f. **1** Tejido flexible que cubre y protege el cuerpo de muchos animales. **2** Cuero curtido. **3** Capa delgada que cubre la carne de ciertos frutos. <> **~ de gallina** Piel de las personas cuando, por el frío o el miedo, toma un aspecto parecido al de las aves sin plumas.

pienso m. Alimento seco que se da al ganado.

pierna f. **1** Miembro inferior del cuerpo que une el tronco con el pie. **2** Muslo de algunos animales.

pieza f. **1** Cada una de las partes de un todo. **2** Elemento que forma parte de un mecanismo. **3** Trozo de tela. **4** Animal que se caza o se pesca. **5** Obra de teatro de un solo acto. **6** Composición musical. **7** Figura o ficha que se utiliza en ciertos juegos de mesa. **8** Habitación de una casa. **9** ARG BOL, CH, COL, MÉX, PAR, PERÚ, URUG Dormitorio.

pifia f. **1** *Fam.* Obra o dicho equivocado o sin acierto. **2** Golpe malo dado a la bola de billar.

pigmento m. **1** Sustancia que se encuentra en las células de los seres vivos y que da color. **2** Sustancia que da color y que se usa en la fabricación de pinturas.

pigmeo, a adj./s. De un grupo étnico de personas de estatura muy baja y piel oscura.

pijama m. Prenda de ropa de dos piezas que se usa para dormir.

pijo, a adj./s. **1** *Fam. y desp.* ESP Se dice de la persona adinerada que se comporta de manera superficial y presumida. ◆ m. **2** *Vulg.* ESP Pene. <> **un ~** *Vulg.* ESP Nada absolutamente o poquísimo.

pila f. **1** Dispositivo que suministra una corriente eléctrica continua. **2** Recipiente cóncavo donde cae o se echa el agua. **3** Conjunto de cosas puestas unas sobre otras. **4** *Fam.* Cantidad grande de una cosa.

pilar m. **1** Elemento vertical de soporte que sirve para aguantar una estructura. **2** Persona o cosa que sirve de apoyo o base.

pilastra f. Pilar adosado a un muro.

píldora f. Pastilla pequeña de medicamento.

pileta f. **1** Recipiente pequeño que contiene agua bendita. **2** ARG, COL, MÉX Piscina.

pillaje m. Robo, rapiña.

pillar tr. **1** *Fam.* Atrapar o alcanzar una cosa o a una persona. **2** *Fam.* Atropellar. **3** *Fam.* Sorprender a alguien que está desprevenido. **4** *Fam.* Contraer una enfermedad. **5** *Fam.* Entender algo que es difícil. **6** Robar. **7** Sujetar o aprisionar una cosa.

pillastre m. *Fam.* Chico astuto, que sabe cómo engañar.

pillo, a adj./s. **1** Que es hábil para engañar y aprovecharse de alguien o algo. **2** Pícaro, que actúa sin honradez.

píloro m. Orificio del estómago que comunica con el intestino delgado.

piloso, a adj. Relativo al pelo o que lo tiene.

pilotar tr. Dirigir o conducir un barco, una aeronave o un vehículo de competición.

pilote m. Pieza gruesa y larga que se clava en la tierra para asegurar los cimientos de una construcción.

piloto m. y f. **1** Persona que conduce un barco, una aeronave o un vehículo de competición. ◆ m. **2** Luz de un vehículo que marca la posición. **3** Luz en un aparato eléctrico que indica si está en funcionamiento. **4** Muestra o modelo que sirve de experimento.

piltrafa f. **1** Trozo de carne con muchos nervios y con pellejo. **2** Persona muy delgada y débil. **3** Cosa con mal aspecto o que no se puede aprovechar.

pimentero m. **1** Arbusto de flores en espiga y fruto comestible. **2** Recipiente que contiene pimienta.

pimentón m. Condimento que se obtiene al moler pimientos rojos secos.

pimienta f. Fruto del pimentero, comestible, de sabor muy picante.

pimiento m. **1** Planta herbácea de flores blancas y fruto comestible. **2** Fruto comestible de esta planta, alargado y de color verde, rojo o amarillo.

pimpollo m. **1** Árbol pequeño que está creciendo. **2** Brote, yema o tallo nuevo de una planta. **3** Persona joven que llama la atención por ser bella o graciosa.

pin m. **1** Adorno pequeño que se pincha en una prenda de vestir. **2** Clavija pequeña terminal de un circuito eléctrico.

pinacoteca f. Museo o galería de pinturas.

pináculo m. **1** Remate puntiagudo de algunos edificios. **2** Punto culminante de algo inmaterial.

pinar m. Lugar poblado de pinos.

pincel m. Instrumento para pintar formado por un mango con un conjunto de pelos en un extremo.

pinchar tr. **1** Clavar en una superficie un objeto puntiagudo. **2** Poner una inyección. **3** Molestar o provocar a una persona para que se enfade. **4** Intervenir una línea telefónica para espiar conversaciones. **5** Poner música variada para que la escuchen varias personas. ◆ intr. **6** Sufrir un pinchazo en la rueda de un vehículo. **7** ESP Fracasar en algo. ◆ prnl. **8** *Argot.* Inyectarse droga.

pinchazo m. **1** Acción de pinchar o pincharse. **2** Herida o señal que deja un instrumento que pincha. **3** Sensación dolorosa y aguda en alguna parte del cuerpo.

pinche m. y f. Ayudante de cocina.

pinchito m. Comida ligera hecha con trozos pequeños de alimentos que se suele tomar como aperitivo.

pincho m. **1** Punta afilada. **2** Pinchito.

pingajo m. Trozo de tela roto o viejo que cuelga de un sitio.

pingo m. **1** Pingajo. **2** Prenda de vestir rota o vieja. **3** ESP Persona que sale mucho a divertirse.

ping-pong m. Deporte parecido al tenis que se juega sobre una mesa rectangular.

pingüe adj. Muy abundante.

pingüino m. Ave de las zonas polares, con el dorso de color negro y el vientre blanco, que nada muy bien y no puede volar.

pinitos m.pl. **1** Primeros pasos que da un niño que aprende a andar. **2** Primeros pasos en la práctica de una actividad.

pino m. **1** Árbol resinoso de tronco rugoso y con hojas en forma de aguja. **2** Madera de este árbol. ◆ m.pl. **3** Pinitos.

pinrel m. *Fam.* ESP Pie de una persona.

pinta f. **1** Mancha redondeada en la piel, el pelo o las plumas de los animales, y en las alas de ciertos insectos. **2** Dibujo de una tela en forma de mancha redondeada pequeña. **3** Aspecto exterior de una persona o cosa. **4** Medida anglosajona de capacidad para líquidos o áridos.

pintada f. **1** Escrito de gran tamaño hecho a mano sobre una superficie. **2** Ave gallinácea con plumas negras y manchas blancas.

pintalabios m. Barra pequeña que se usa para dar color a los labios.

pintar tr./intr. **1** Representar algo en una superficie por medio de colores y líneas. ◆ tr. **2** Cubrir una superficie con pintura. **3** Describir con palabras el aspecto o carácter de algo o alguien. **4** Maquillar el rostro. ◆ intr. **5** Tener importancia o una determinada función.

pintarrajar o **pintarrajear** tr./intr. **1** Pintar sin arte ni cuidado. ◆ tr. **2** Maquillar de forma excesiva.

pintarroja f. Pez marino comestible, de cuerpo alargado y piel áspera.

pintaúñas m. Laca que se usa para dar color y brillo a las uñas.

pintor, ra s. **1** Persona que se dedica a la pintura artística. **2** Persona que se dedica a pintar puertas, paredes y superficies en general.

pintoresco, a adj. **1** Que presenta una imagen bella, agradable y única. **2** Peculiar, extraño.

pintura f. **1** Arte de pintar. **2** Obra que se hace aplicando este arte. **3** Conjunto de obras pintadas de un autor, un estilo, un país o un período determinados. **4** Producto que se usa para pintar. **5** Técnica o procedimiento para pintar. **6** Descripción de personas o cosas por medio de palabras.

pinza f. **1** Instrumento para sujetar cosas formado por dos piezas alargadas que hacen presión por uno de sus extremos. **2** Apéndice articulado de algunos animales, que está dividido en dos partes que se cierran para agarrar algo. **3** Pliegue cosido de una prenda de vestir.

pinzón m. Pájaro pequeño de pico cónico.

piña f. **1** Fruto del pino y otras coníferas, que tiene forma ovalada o de cono. **2** Planta originaria de América con hojas rígidas acabadas en punta. **3** Fruto de esta planta, grande, de corteza rugosa y carne amarilla y jugosa. **4** Conjunto de personas muy unidas. **5** *Fam.* Golpe muy fuerte.

piñata f. **1** Juego que consiste en tratar de romper con un palo y los ojos tapados un recipiente lleno de dulces o regalos. **2** Recipiente que se usa en este juego.

piñón m. **1** Semilla del pino. **2** Rueda pequeña y con dientes en el borde, que ajusta con otra en una máquina para transmitir movimiento.

pío m. **1** Voz del pollo o de los pájaros. ◆ adj./s. **2** Devoto, piadoso.

piojo m. Insecto muy pequeño que vive fijado al pelo de los seres humanos y otros animales.

piolet m. Pico metálico que utilizan los alpinistas cuando escalan sobre nieve o hielo.

pionero, a adj./s. **1** Se dice de la persona que realiza los primeros descubrimientos o trabajos en una actividad determinada. ◆ s. **2** Persona que inicia la exploración o colonización de nuevas tierras.

piorrea f. Aparición de pus en las encías.

pipa f. **1** Utensilio para fumar consistente en un pequeño recipiente, unido a un tubo, en el que se quema tabaco. **2** *Argot.* Pistola. **3** Pepita, semilla. **4** Semilla comestible del girasol.

pipeta f. Tubo de cristal alargado y estrecho que se usa en los laboratorios.

pipí m. *Fam.* Orina.

pique m. **1** Enfado pasajero provocado por un enfrentamiento. **2** Empeño en hacer una cosa por amor propio o para demostrar la superioridad con respecto a otras personas.

piqueta f. **1** Herramienta formada por una cabeza de metal, plana por un extremo y acabada en punta por el otro, y un mango. **2** Objeto puntiagudo que se clava en la tierra.

piquete m. **1** Grupo de personas que intentan impedir que se trabaje cuando se ha declarado una huelga. **2** Grupo de soldados que hacen un servicio extraordinario.

pira f. Hoguera, especialmente para hacer sacrificios o quemar cadáveres.

piragua f. Embarcación de remos muy ligera, estrecha y alargada.

pirámide f. **1** Cuerpo geométrico que tiene como base un polígono y cuyas caras laterales son triángulos que se juntan en un vértice. **2** Construcción que tiene esta forma.

piraña f. Pez tropical carnívoro de agua dulce, con dientes muy afilados.

pirarse prnl. **1** *Fam.* Irse de un sitio. **2** *Fam.* Volverse loco.

pirata m. y f. **1** Persona que navega sin licencia y se dedica a asaltar los barcos en alta mar o en las costas. **2** Persona que se aprovecha del trabajo o las obras de otros. ◆ adj. **3** Relativo a estas personas. **4** Que va contra la ley.

pirca f. AMÉR SUR Pared hecha de piedras en seco, sin argamasa.

pirenaico, a adj. Relativo a los Pirineos.

piripi adj. *Fam.* ESP Que está ligeramente ebrio.

pirita f. Mineral muy duro de color dorado.

pirómano, a s. Persona que tiene una tendencia a provocar incendios.

piropo m. Palabra o frase que se dirige una persona para expresar admiración hacia ella.

pirotecnia f. Técnica de fabricación de fuegos artificiales y explosivos.

piroxeno m. Mineral compuesto de silicato y calcio y magnesio o hierro.

pirrar tr. **1** *Fam.* ESP Gustar mucho una cosa. ◆ prnl. **2** *Fam.* ESP Sentir agrado o pasión por una cosa.

pirueta f. **1** Movimiento rápido que se hace con el cuerpo sobre una superficie o en el aire. **2** Giro completo de una persona sobre sí misma. **3** Acción con la que se resuelve una situación difícil.

pirula f. *Fam.* ESP Acción que molesta o causa un daño.

piruleta f. Caramelo de forma plana y circular que va unido a un palito.

pirulí m. Caramelo, generalmente en forma de cono, con un palo muy fino para sujetarlo.

pis m. *Fam.* Orina.

pisada f. **1** Colocación de un pie sobre algo. **2** Huella que deja un pie al pisar.

pisapapeles m. Objeto pesado que se pone sobre los papeles para sujetarlos.

pisar tr. **1** Poner el pie sobre una persona o cosa. **2** Estrujar o apretar con el pie o con un instrumento adecuado. **3** Pisotear, maltratar. **4** Adelantarse a otra persona en lograr un objetivo o proyecto. ◆ intr. **5** Poner los pies en el suelo al andar.

piscicultura f. Técnica de criar peces y mariscos.

piscifactoría f. Conjunto de instalaciones donde se crían peces y mariscos.

piscina f. **1** Recipiente de grandes dimensiones que se llena de agua para poder bañarse en él. **2** Recipiente de gran tamaño que se llena de agua para tener peces u otros animales.

piscis adj./m. y f. Se dice de la persona nacida entre el 19 de febrero y el 20 de marzo.

piscívoro, a adj./s. Que se alimenta de peces.

pisco m. **1** AMÉR Aguardiente de uva. **2** COL, VENEZ Pavo, ave gallinácea.

piscolabis m. *Fam.* Comida ligera que se toma entre horas.

piso m. **1** Planta de un edificio o medio de transporte. **2** Capa o estrato de un terreno o de una roca. **3** Pavimento, suelo. **4** ESP Vivienda en un edificio de varias plantas.

pisotear tr. **1** Pisar repetidamente a una persona o cosa. **2** Maltratar o despreciar a una persona.

pispás o **pis-pas** o **pis pas** ◇ **en un ~** *Fam.* En un momento, con gran rapidez.

pista f. **1** Señal que queda al pasar por un lugar una persona o un animal. **2** Señal que sirve para descubrir una cosa o para llegar a una conclusión. **3** Superficie donde despegan y toman tierra los aviones. **4** Superficie para practicar deportes o hacer carreras. **5** Superficie para bailar. **6** Superficie lineal en que se divide un disco o una cinta magnética y que sirve para grabar información.

pistacho m. **1** Fruto seco comestible de cáscara dura y semilla verde. ◆ **m./adj. 2** Se dice del color verde claro.

pistilo m. Órgano reproductor femenino de las plantas fanerógamas.

pisto m. **1** ESP Comida hecha con hortalizas picadas. **2** AMÉR CENTRAL, MÉX Dinero.

pistola f. **1** Arma de fuego de cañón corto. **2** Utensilio que permite esparcir un líquido a presión.

pistolera f. **1** Funda para guardar un arma. **2** *Fam.* ESP Gordura en las caderas.

pistón m. **1** Pieza de un cilindro o una bomba que se mueve de arriba abajo impulsando un fluido o recibiendo su impulso. **2** Llave de algunos instrumentos musicales de viento.

pita f. **1** Planta de hojas grandes bordeadas de pinchos. **2** Cuerda o hilo que se hace con la fibra de esta planta. **3** Torta redondeada con forma de bolsa en la que se introducen alimentos para comerla. **4** *Fam.* Gallina.

pitar intr. **1** Hacer sonar un pito. **2** Producir un sonido agudo y continuo. **3** Hacer de árbitro en una competición deportiva. **4** *Fam.* ESP Funcionar o dar rendimiento. ◆ **tr./intr. 5** *Fam.* AMÉR SUR Fumar. ◆ **tr. 6** Señalar una falta en una competición deportiva.

pitbull m. y f./adj. Perro de cuerpo musculoso, cabeza ovalada y ojos pequeños.

pitecántropo m. Homínido que vivió en el pleistoceno.

pitido m. **1** Sonido producido por un pito. **2** Sonido agudo y continuo.

pitillo m. Cilindro pequeño y delgado de tabaco envuelto en un papel muy fino, que se fuma.

pitiminí m. **1** Rosal de tallos trepadores. **2** Rosa pequeña de este rosal.

pito m. **1** Silbato. **2** Instrumento que tienen algunos vehículos y que produce un sonido fuerte. **3** Voz o sonido muy agudo. **4** *Fam.* Pitillo. **5** *Fam.* Pene.

pitón m. **1** Punta del cuerno de algunos animales. **2** Pitorro. ◆ tr. **3** f. Serpiente no venenosa de gran tamaño que mata por asfixia.

pitonisa f. Mujer que predice el futuro o adivina cosas.

pitorrearse prnl. *Fam.* ESP Reírse o burlarse de una persona o cosa.

pitorro m. Pieza saliente de un objeto, con un agujero por donde sale un fluido.

pívot m. Jugador de baloncesto que se ocupa de recoger los rebotes y encestar a corta distancia.

pivote m. **1** Extremo de una pieza en el que se apoya otra pieza para poder girar. **2** Poste que se clava en el suelo para impedir el paso.

píxel m. Unidad básica de una imagen digitalizada en pantalla.

piyama m. AMÉR Pijama.

pizarra f. **1** Roca metamórfica de color negro. **2** Superficie rectangular para escribir o dibujar en ella.

pizca f. Cantidad muy pequeña de una cosa.

pizza f. Masa de harina plana y redonda sobre la que se ponen ingredientes y que se cocina al horno.

pizzicato m. Modo de producir el sonido en los instrumentos de arco pellizcando las cuerdas.

placa f. **1** Pieza plana y delgada en la que se graba un texto. **2** Capa rígida que se forma sobre una cosa. **3** Distintivo que llevan los policías. **4** Parte de la capa exterior de la Tierra.

placar tr. En rugby, detener con las manos al jugador contrario.

placebo m. Sustancia sin acción curativa pero que al darlo al enfermo puede producir un efecto terapéutico.

placenta f. Órgano a través del cual el embrión recibe de la madre oxígeno y sustancias nutritivas.

placentero, a adj. Que es muy agradable.

placer m. Sensación muy agradable.

plácido, a adj. Tranquilo.

plafón m. Lámpara plana traslúcida que se coloca pegada al techo o a una pared.

plaga f. **1** Enfermedad o desgracia que afecta a gran parte de una población. **2** Cantidad grande de personas, animales o cosas dañinos.

plagar tr. Llenar de algo desagradable o nocivo.

plagiar tr. Copiar una idea o texto presentándolo como propio.

plaguicida adj./m. Que destruye las plagas.

plan m. **1** Proyecto o idea. **2** Programa detallado de la realización de una cosa. **3** *Fam.* Situación.

plana f. **1** Cara de una hoja de papel. **2** Conjunto de jefes de una empresa.

plancha f. **1** Electrodoméstico que sirve para eliminar las arrugas de la ropa. **2** Lámina lisa y delgada. **3** Pieza de metal, plana y delgada, que se usa para cocinar.

planchar tr. Pasar una plancha sobre una prenda de ropa.

plancton m. Conjunto de microorganismos que flotan en aguas dulces o saladas.

planeador m. Aeronave que vuela aprovechando las corrientes.

planear tr. **1** Pensar un plan. ◆ **intr. 2** Volar un ave con las alas quietas y extendidas. **3** Volar una aeronave sin motor.

planeta m. Astro que gira alrededor de una estrella y no emite luz propia.

planicie f. Extensión grande y llana.

planificar tr. Elaborar un plan.

planilla f. Impreso o formulario con espacios en blanco para rellenar.

planisferio m. Mapa de la esfera terrestre o la celeste.

plano, a adj. **1** Llano y liso. ◆ m. **2** Representación gráfica y a escala de un edificio, población, etc. **3** Punto de vista. **4** Superficie en la que puede haber una línea recta en cualquier posición. **5** Fragmento de una película con unas características determinadas.

planta f. **1** Ser vivo que produce su alimento mediante la fotosíntesis. **2** Parte inferior del pie. **3** División horizontal de un edificio. **4** Instalación industrial.

plantación f. Gran extensión de tierra cultivada.

plantar tr. **1** Poner en tierra una planta. **2** Poblar de plantas. **3** Fijar un objeto verticalmente en un lugar. **4** Colocar una cosa en un lugar determinado. **5** No acudir a una cita con una persona. ◆ **prnl. 6** Ponerse en un determinado lugar sin moverse. **7** En ciertos juegos, no querer más cartas de las que se tienen.

plantear tr. **1** Proponer problemas o cuestiones. ◆ **prnl. 2** Examinar o considerar un asunto.

plantel m. Conjunto de personas destacadas.

plantígrado, a adj./s. Se dice del animal mamífero de cuatro patas que al andar apoya en el suelo toda la planta de los pies y manos.

plantilla f. **1** Pieza flexible que se introduce en el interior del calzado. **2** Pieza rígida que sirve de modelo para dibujar o recortar. **3** ESP Conjunto de personas que trabajan en una empresa. **4** ESP Conjunto de jugadores de un equipo.

plantío m. Terreno plantado recientemente de vegetales.

plantón m. **1** Acción de plantar a alguien. **2** Planta nueva preparada para plantarse.

plañidera f. Mujer que llora en los entierros a cambio de dinero.

plaqueta f. Célula de la sangre que interviene en la coagulación.

plasma m. Parte líquida de la sangre.

plasmar tr. Representar una cosa mediante una obra artística, explicación, etc.

plasta f. **1** Cosa blanda y espesa que debería estar suelta. ◆ adj./m. y f. **2** Fastidioso o pesado.

plástica f. Arte de plasmar o modelar objetos.

plástico, a adj./m. **1** Se dice del material sintético que forma estructuras resistentes. ◆ adj. **2** Que se puede moldear con facilidad. **3** Que consigue crear una representación clara.

plastilina o **plastelina** f. Material blando que se moldea con facilidad, que no se seca y que se presenta en diferentes colores.

plasto m. Orgánulo de la célula vegetal en el que se acumulan sustancias orgánicas.

plata f. **1** Elemento químico (metal) de símbolo Ag. **2** Medalla de este metal. **3** *Fam.* Dinero o riqueza. ◆ adj. **4** De un color parecido al de la plata.

plataforma f. **1** Superficie horizontal a cierta altura sobre el suelo, donde se colocan personas o cosas. **2** Instalación sobre una superficie elevada a cierta distancia del suelo o del mar.

plátano m. **1** Platanero. **2** Fruto del platanero, comestible, amarillo y alargado. **3** Árbol de tronco cilíndrico y hojas anchas y palmeadas.

platea f. Planta baja de un cine o teatro frente al escenario.

plateado, a adj. Que tiene un color parecido al de la plata.

platelminto, a adj./m. Se dice del gusano de cuerpo aplanado, como la duela y la tenia.

plateresco, a adj./m. Relativo a un estilo de la arquitectura española de finales del s. XV y principios del XVI.

plática f. Conversación amistosa y relajada.

platija f. Pez marino comestible de cuerpo plano, parecido al lenguado.

platillo m. **1** Objeto plano y redondo, que tiene forma parecida a un plato. **2** Disco de metal que forma parte de algunos instrumentos de percusión.

platina f. **1** Parte del microscopio en la que se coloca el objeto que se quiere observar. **2** Parte de una cadena de música donde puede reproducirse o grabarse el sonido.

platino m. **1** Elemento químico (metal) de símbolo Pt. ◆ m./adj. **2** Color rubio muy claro, casi blanco.

plato m. **1** Recipiente bajo, hundido por el centro, que se usa para poner alimentos u otras cosas. **2** Cantidad de alimento que cabe en uno de estos recipientes.

plató m. Recinto cubierto en un estudio de cine o televisión que sirve de escenario para filmar o grabar.

platónico, a adj. **1** Se dice del amor puro e imposible. ◆ adj./s. **2** Relativo a Platón o seguidor de su doctrina.

platonismo m. Doctrina filosófica de Platón.

plausible adj. Que merece elogio o aprobación.

playa f. Extensión de arena o piedras en la orilla del mar.

playera f. Calzado ligero de tela fuerte y suela de goma.

plaza f. **1** Lugar espacioso dentro de una población al que van a parar varias calles. **2** Lugar o espacio que puede ocupar una persona o cosa. **3** Puesto o empleo. **4** ESP, MÉX Mercado, edificio público.

plazo m. **1** Período en que se puede o se debe hacer una cosa. **2** Parte en que se divide una cantidad de dinero que hay que pagar por una cosa.

plazoleta f. Plaza de extensión reducida.

pleamar f. Nivel más alto que alcanza el agua del mar durante la marea alta.

plebe f. Pueblo, populacho.

plebeyo, a adj./s. Relativo a la plebe.

plebiscito m. Referéndum.

plegamiento m. Fenómeno geológico por el que las capas horizontales de la corteza terrestre se deforman o se pliegan.

plegar tr. **1** Doblar una cosa sobre sí misma de manera que una parte se junte con la otra. **2** Doblar sobre sí mismo un objeto articulado.

plegaria f. Rezo dirigido a Dios o a un santo.

pleistoceno, a adj./m. Se dice de la época geológica que es la primera de la era cuaternaria.

pleito m. Discusión y resolución en juicio de un problema o diferencia entre dos personas.

plenario, a adj. **1** Completo o entero. ◆ m. **2** Reunión general.

plenilunio m. Fase de la luna durante la cual se ve entera o llena.

plenitud f. Momento de mayor importancia o intensidad.

pleno, a adj. **1** Total o completo. **2** Que ocurre en el momento central o de mayor intensidad.

pleonasmo m. Figura retórica que consiste en emplear más palabras de las necesarias.

pletina f. Platina de la cadena de música.

pletórico, a adj. Que está llena de alegría o de otra característica positiva.

pleura f. Bolsa de tejido conjuntivo que recubre los pulmones.

pliego m. Hoja de papel de forma

cuadrada o rectangular y doblada por la mitad.

pliegue m. **1** Parte que se dobla o se pliega. **2** Señal que queda al doblar algo. **3** Plegamiento.

plinto m. **1** Aparato de gimnasia para hacer saltos sobre él. **2** Pieza cuadrada o rectangular que se coloca como base de una columna.

plisar tr. Formar pliegues de adorno en una tela u otro material flexible.

plomada f. Pesa de metal que, colgada de una cuerda, sirve para señalar una línea vertical.

plomero, a s. AMÉR Persona que se dedica a instalar o reparar conducciones de agua.

plomizo, a adj. Que tiene un color gris azulado parecido al del plomo.

plomo m. **1** Elemento químico (metal) de símbolo Pb. **2** Persona o cosa pesada y molesta.

plóter o **plotter** m. Impresora para trazar gráficos.

pluma f. **1** Pieza que cubre el cuerpo de las aves, con un eje central del que salen unos pelillos muy suaves. **2** Instrumento de metal para escribir. **3** Rasgo propio de una mujer adoptado por un hombre. **4** MÉX Bolígrafo.

plumaje m. Conjunto de plumas.

plúmbeo, a adj. *Formal.* Que es de plomo.

plumero m. Utensilio que sirve para quitar el polvo.

plumier m. Estuche o caja en el que se guardan utensilios de escritura.

plumífero, a adj./m. Que tiene plumas.

plumilla f. Plumín.

plumón m. **1** Pluma suave de las aves. **2** CH, CUBA, EL SALV, MÉX, PERÚ Útil de escritura que funciona con tinta especial y tiene una punta que permite dibujar con un trazo más grueso que el habitual.

plural adj./m. **1** Se dice del número gramatical que denota la existencia de dos o más seres. ◆ adj. **2** Que presenta varios aspectos o varias características a la vez.

pluralismo m. Sistema por el cual se acepta o reconoce la pluralidad de doctrinas o métodos.

pluricelular adj. Se dice del organismo vivo que está formado por un conjunto de células.

pluriempleo m. Desempeño de dos o más empleos por parte de una misma persona.

plurinacional adj. Que está compuesto por varias naciones.

plus m. **1** Sobresueldo. **2** Característica o cualidad suplementaria.

plusmarca f. Mejor resultado conseguido por un deportista.

plusvalía f. Aumento del valor de una cosa sin que se produzcan cambios en ella.

plutónico, a adj. Se dice de la roca que se forma por la solidificación del magma en el interior de la corteza terrestre.

plutonio m. Elemento químico (metal) de símbolo Pu.

pluvial adj. Relativo a la lluvia.

pluviómetro m. Aparato que sirve para medir la cantidad de lluvia que cae.

pluviosidad f. Cantidad de lluvia que cae en un lugar y en un período determinados.

población f. **1** Conjunto de personas que habitan en la Tierra. **2** Lugar con edificios, calles, etc. donde habita un conjunto de personas.

poblado, a adj. **1** Habitado por personas o lleno de determinados animales o plantas. **2** Se dice de la barba que es muy espesa y abundante. ◆ m. **3** Población.

poblar tr. **1** Ocupar un lugar y establecerse en él. **2** Ocupar un lugar con personas u otros seres vivos para que habiten en él. **3** Estar alguna cosa en gran número en un lugar determinado.

pobre adj./m. y f. **1** Se dice de la persona que no tiene lo necesario para vivir o que lo tiene con escasez. ◆ adj. **2** Escaso o incompleto. **3** Que tiene poco valor o calidad. **4** Desgraciado.

pobreza f. Falta o escasez.

pocho, a adj. **1** Que no está fresco y tiene un aspecto feo. **2** Débil, un poco enfermo.

pocilga f. **1** Lugar cubierto en el que se encierra a los cerdos. **2** Lugar muy sucio o desordenado.

pócima f. Bebida con virtudes medicinales y curativas.

poción f. Bebida mágica o medicinal.

poco, a det. **1** Indica una cantidad o número pequeño de personas o cosas. ◆ pron. **2** Cantidad o número pequeño de personas o cosas. ◆ adv. **3** En una cantidad o grado pequeño. **4** Se usa para expresar escasez. **5** Se usa para expresar un corto espacio de tiempo.

poda f. Acción de podar.

podar tr. Cortar o quitar las ramas innecesarias a las plantas.

podenco, a adj./s. Se dice del perro de cabeza redonda, orejas tiesas, cola enroscada y patas fuertes y largas.

poder tr. **1** Tener una persona o cosa capacidad para hacer algo. **2** Tener una persona facilidad o tiempo para hacer una cosa. **3** Tener autorización o permiso para hacer una cosa. ◆ impers. **4** Ser posible que ocurra una cosa. ◆ intr. **5** Tener fuerza para vencer o derrotar a otro. ◆ m. **6** Autoridad para mandar, dominar o influir sobre los demás. **7** Cada una de las tres funciones básicas del gobierno de un país. **8** Capacidad, fuerza o eficacia. **9** Autorización que da una persona a otra para que haga alguna cosa en su lugar.

poderío m. **1** Influencia o autoridad para dominar a una persona o una cosa. **2** Fuerza o energía grandes.

poderoso, a adj./s. Que tiene poder.

podio m. Plataforma en la que se sube el deportista que ha ganado una competición.
pódium m. Podio.
podología f. Parte de la medicina que se ocupa del cuidado de los pies.
podredumbre f. Descomposición de la materia.
podrido, a adj. Descompuesto por la acción de las bacterias.
podrir ➜ pudrir. (Solo se usa en infinitivo o en participio; las demás formas verbales se obtienen de **pudrir**.)
poema m. Obra literaria escrita en verso.
poesía f. **1** Arte del lenguaje cuyo fin inmediato es expresar o sugerir por medio de la palabra, el ritmo, la armonía y la imagen. **2** Poema.
poeta, tisa s. Persona que se dedica a componer poesía.
poética f. Ciencia que estudia el lenguaje literario.
poético, a adj. Relativo a la poesía.
poetisa ➜ poeta.
pointer m. y f./adj. Perro que se caracteriza por tener la cabeza alargada, las orejas caídas y el pelo corto y de color variable.
póker m. Póquer.
polaco, a adj./s. **1** De Polonia. ◆ m./adj. **2** Lengua eslava que se habla en Polonia.
polaina f. Prenda de paño o cuero, que cubre la pierna desde el pie a la rodilla y que se abrocha por fuera o se ajusta al pie con una tira.
polar adj. Relativo a los polos de la Tierra.
polaridad f. Propiedad que tiene un cuerpo magnético de orientarse en dirección norte o sur dentro de un campo magnético.
polarizar tr. **1** Modificar los rayos luminosos por medio de la refracción o la reflexión. **2** Acumular en dos partes determinadas de un cuerpo cargas eléctricas opuestas.
polca f. Baile de pareja originario del centro de Europa.
pólder m. Terreno pantanoso que se ha ganado al mar y que se dedica al cultivo.
polea f. Rueda giratoria que tiene en el borde un canal por el que se hace pasar una cuerda o un cable y que sirve para levantar cuerpos con facilidad.
polémica f. Discusión o enfrentamiento por escrito entre dos o más personas.
polen m. Conjunto de granos contenidos en los estambres de la flor.
poleo m. Planta aromática cuyas hojas se emplean en infusión.
poliamida f. Compuesto químico que se utiliza en la industria textil.
poliandria f. Estado de la mujer que está casada con más de un hombre.
polichinela m. Personaje burlesco de teatro que tiene la nariz gran-

de y arqueada, y una joroba por delante y por detrás.

policía f. **1** Conjunto de personas y medios que vigila el mantenimiento del orden, la seguridad y las leyes. ◆ m. y f. **2** Persona que pertenece a este cuerpo.

policlínica f. Centro médico privado que ofrece el servicio de distintas especialidades.

policromo, a o **polícromo, a** adj. Que tiene varios colores.

polideportivo, a adj./m. Se dice de la instalación que está acondicionada para practicar distintos deportes.

poliedro m. Cuerpo geométrico limitado por polígonos llamados caras.

poliéster m. Resina plástica muy resistente a la humedad y a los productos químicos.

polifacético, a adj. **1** Se dice de la persona que realiza varias actividades distintas. **2** Que tiene varias facetas o aspectos.

polifonía f. Música que combina armónicamente los sonidos de dos o más voces o instrumentos de diferente altura.

poligamia f. Estado civil o situación de la persona que está casada o convive con dos o más personas.

polígloto, a o **poligloto, a** adj./s. Que habla varias lenguas.

polígono m. **1** Figura geométrica plana y cerrada limitada por tres o más segmentos llamados lados. **2** Superficie de terreno limitada y destinada a ciertos fines.

polilla f. Mariposa pequeña y grisácea que vuela por la noche.

polimerización f. Reacción química en la que varias moléculas se combinan para formar otra, de elevado peso molecular.

polímero m. Compuesto químico formado por polimerización.

polinización f. Proceso por el cual el polen es transportado desde el estambre de una flor hasta el estigma de otra para que se produzca la fecundación.

polinomio m. Expresión algebraica formada por dos o más monomios.

polio f. *Fam.* Poliomielitis.

poliomielitis f. Enfermedad infecciosa producida por un virus que ataca la médula espinal.

polipasto m. Polispasto.

pólipo m. **1** Masa de células que se forma y crece en algunos conductos del cuerpo. **2** Animal invertebrado que posee tentáculos y vive sujeto al fondo del mar.

polis f. En la Antigüedad, comunidad independiente formada por una ciudad y su territorio.

polisacárido m. Glúcido formado por la unión de varios monosacáridos.

polisemia f. Fenómeno del lenguaje que consiste en que una misma palabra tenga varios significados.

polisílabo, a adj./m. Se dice de la palabra que tiene más de una sílaba.

polispasto o **polipasto** m. Sistema formado por dos grupos de poleas.

politécnico, a adj. Se dice del centro de enseñanza que engloba y trata varias ramas de la ciencia o de la técnica.

politeísmo m. Creencia religiosa que admite la existencia de varios dioses.

política f. **1** Ciencia que trata del gobierno o la dirección de las colectividades. **2** Conjunto de acciones encaminadas a gobernar un estado, autonomía, ciudad, etc. **3** Modo que tiene una entidad o una persona de llevar o dirigir sus asuntos.

político, a adj./s. **1** Se dice de la persona que se dedica a la política. ◆ adj. **2** Relativo a la política. **3** Se dice del parentesco por afinidad y no por consanguinidad.

polivalente adj. **1** Que puede ser usado con distintos fines. **2** Que puede actuar con varias valencias.

póliza f. Documento que sirve para demostrar la validez de un contrato.

polizón m. Persona que sube a un barco o un avión de forma clandestina.

polizonte m. *Fam. y desp.* Agente de policía.

polla f. **1** Gallina joven. **2** *Vulg.* ESP Pene.

pollería f. Establecimiento donde se venden huevos y aves comestibles.

pollino, a s. **1** Asno joven. ◆ adj./s. **2** Ignorante.

pollo, a s. **1** Cría de la gallina u otra ave. ◆ m. **2** Gallo o gallina joven. **3** Saliva o mucosidad que se escupe.

polluelo, a s. Cría de un ave.

polo m. **1** Extremo del eje alrededor del cual gira una esfera. **2** Zona cercana a cada uno de los extremos del eje imaginario alrededor del cual gira la Tierra. **3** ESP Helado hecho con agua, colorante y azúcar. **4** Parte extrema de un cuerpo magnético, en la que se acumula gran energía. **5** Lugar, cosa o persona que atrae la atención. ◆ m. **6** Deporte en el que se enfrentan dos equipos de jinetes y que tiene como objetivo meter una pelota en la meta del equipo contrario con mazos. **7** ESP Prenda de vestir parecida a una camiseta pero con cuello y botones.

polonesa f. Baile cortesano de Polonia.

poltrona f. Asiento bajo con brazos, ancho y cómodo.

polución f. **1** Contaminación intensa y dañina del agua, del aire o del medio ambiente. **2** Expulsión involuntaria de semen.

polvareda f. **1** Cantidad de polvo que se levanta de la tierra. **2** Alboroto de la opinión pública.

polvo m. **1** Conjunto de partículas muy pequeñas que se levantan del suelo y flotan en el aire o caen sobre los objetos formando una capa de suciedad. **2** Conjunto de partes muy pequeñas que resultan de moler un sólido. **3** *Vulg.* Acto sexual. **4** *Argot.* Droga en forma de partículas muy pequeñas.

pólvora f. Mezcla explosiva que se enciende a una determinada temperatura y arde desprendiendo una gran cantidad de gases.

polvorín m. **1** Lugar preparado para guardar pólvora. **2** Lugar muy conflictivo.

polvorón m. Dulce de forma redonda hecho con harina, manteca y azúcar, que se deshace en polvo al comerlo.

pomada f. Mezcla hecha con grasa y otras sustancias, que se emplea como cosmético o como medicina de uso exterior.

pomelo m. **1** Árbol de tronco recto y copa redonda. **2** Fruto de este árbol, similar a la naranja.

pomo m. Tirador redondo de una puerta.

pompa f. **1** Burbuja de aire. **2** Gran despliegue de medios que acompañan un acto importante.

pompi o **pompis** m. *Fam.* ESP Culo, trasero.

pompón m. Borla.

pomposo, a adj. **1** Que muestra un lujo y una riqueza excesivos. **2** Demasiado rebuscado.

pómulo m. Hueso saliente de la cara, situado bajo los ojos y a ambos lados de la nariz.

ponchada f. **1** ARG, BOL, CH, PERÚ, URUG Gran cantidad de una cosa. **2** ARG, BOL, CH, PERÚ, URUG Cantidad de ponche.

ponche m. **1** Bebida alcohólica hecha con ron u otro licor, agua, limón y azúcar. **2** Bebida caliente hecha con leche, huevo, azúcar o frutas y ron u otro licor.

poncho m. Prenda de vestir de abrigo que consiste en una manta con una abertura en el centro para pasar la cabeza.

ponderar tr. **1** Considerar o examinar con cuidado un asunto. **2** Alabar de forma exagerada.

ponedor, ra adj. Se aplica al ave que pone huevos.

ponente adj./m. y f. Se dice de la persona que realiza una ponencia.

poner tr. **1** Colocar o situar. **2** Añadir para completar. **3** Disponer o preparar. **4** Adoptar un gesto o una expresión. **5** Representar una obra o proyectar una película o un programa. **6** Exponer algo a la acción de un agente. **7** Dar un nombre o apodo. **8** Dar una nota o calificación. **9** Aportar una cosa o una cantidad de dinero. ◆ **impers. 10** Haber una cosa escrita en algún lugar. ◆ **tr. 11** Soltar un ave sus huevos. **12** Colocar o ajustar una prenda u adorno en el cuerpo de una persona. **13** Untar o aplicar una sustancia. ◆ **prnl. 14** Mancharse con algo. **15** Hartarse de comer. **16** Ocultarse un astro.

póney m. Poni.

poni m. Caballo de poca alzada y pelo largo.

poniente m. Punto cardinal situado en el lado por donde se oculta el Sol.

pontífice m. Sacerdote cristiano de grado más elevado que gobierna una diócesis.

ponzoña f. **1** Sustancia venenosa. **2** Doctrina que se considera un veneno moral para la sociedad.

pop m. Estilo musical que tiene elementos de la música rock y de la música popular británica.

pop art m. Tendencia artística caracterizada por la representación de imágenes relacionadas con los medios de masas.

popa f. Parte trasera de una embarcación.

pope m. Sacerdote de la Iglesia ortodoxa.

popular adj. **1** Del pueblo. **2** De las clases sociales más bajas. **3** Barato. ◆ adj./m. y f. **4** Seguidor del Partido Popular.

popularidad f. Aceptación y fama que tiene una persona o una cosa entre la mayoría de la gente.

popurrí m. **1** Conjunto de fragmentos de varias piezas musicales enlazadas entre sí formando una sola composición. **2** Mezcla de cosas.

póquer o **póker** m. **1** Juego de cartas o dados que consiste en combinar de diversas formas cinco cartas o dados del mismo valor o color. **2** En este juego, combinación de cuatro cartas o dados del mismo valor.

por prep. **1** Indica el lugar a través del cual se pasa. **2** Indica un lugar concreto. **3** Indica el espacio de tiempo en que sucede una cosa. **4** Indica la causa o razón de algo. **5** Indica medio, modo o instrumento. **6** Indica finalidad. **7** Se usa para multiplicar cantidades. **8** Introduce el complemento agente de una oración pasiva. **9** Indica la persona o cosa en favor de la cual se hace algo. ◆ m. **10** Signo que indica multiplicación de cantidades; se representa x. ◇ ~ **qué** Se usa para preguntar la causa o razón de algo.

porcelana f. Loza fina usada para hacer objetos de adorno.

porcentaje m. Proporción de una cantidad respecto de otra, evaluada sobre cien.

porche m. Espacio exterior cubierto que hay a la entrada de algunos edificios.

porcino, a adj. Relativo al cerdo.

porción f. Cantidad separada de otra mayor.

pordiosero, a s. Mendigo.

porexpán m. Material artificial parecido al corcho.

porfiar intr. **1** Discutir de manera obstinada. **2** Insistir hasta molestar.

porífero adj./m. Se dice del invertebrado acuático en forma de saco, con el cuerpo cubierto por poros.

pormenor m. **1** Detalle o circunstancia particular de un asunto. **2** Detalle poco importante de un asunto.

pornografía f. Estilo de obra artística que presenta o describe actos sexuales con realismo.

poro m. Agujero muy pequeño de la piel.

poroso, a adj. Que tiene poros.

poroto m. **1** AMÉR SUR Planta leguminosa de tallo delgado y en espiral y fruto en vaina. **2** AMÉR SUR Vaina comestible de esta planta. **3** AMÉR SUR Semilla comestible de esta planta, de color blanco o rojizo y forma arriñonada.

porque conj. **1** Se usa para introducir la causa o razón que explica una determinada acción. **2** Se usa para indicar finalidad.

porqué m. Motivo o razón.

porquería f. **1** Suciedad o basura. **2** Cosa sucia o que mancha. **3** Cosa mal hecha.

porra f. **1** Palo que se usa para golpear. **2** ESP Masa de harina similar a la de los churros. **3** ESP Apuesta entre varias personas.

porrazo m. **1** Golpe dado con una porra. **2** Golpe fuerte.

porro m. Cigarro que contiene droga mezclada con tabaco.

porrón m. Recipiente de cristal con el cuello estrecho que sirve para beber a chorro.

portaaviones o **portaviones** m. Buque de grandes dimensiones cuya cubierta está preparada para que puedan despegar y aterrizar aviones.

portada f. **1** Primera página de un periódico o revista. **2** Página inicial de un libro.

portaequipaje o **portaequipajes** m. Espacio de un automóvil destinado a llevar maletas.

portafolio o **portafolios** m. Cartera o carpeta de forma rectangular y plana que se usa para guardar y llevar papeles.

portal m. **1** Parte de un edificio que está a continuación de la puerta principal. **2** Conjunto de arcos y columnas a lo largo de un muro.

portalámpara o **portalámparas** m. Pieza metálica en la que se enrosca el casquillo de una bombilla para conectarla a la electricidad.

portaminas m. Lápiz de mina recambiable.

portaobjeto o **portaobjetos** m. Plaquilla de cristal sobre la que se pone un objeto para observarlo con el microscopio.

portátil adj. **1** Que es fácil de transportar. ◆ m. **2** Ordenador portátil.

portaviones m. Portaaviones.

portavoz m. y f. Persona que es elegida para representar a un grupo y hablar en su nombre.

portazo m. Golpe fuerte que da una puerta al cerrarse.

porte m. Transporte de una mercancía y cantidad que se paga por ello.

portear tr. Llevar o transportar.
portento m. **1** Cosa o hecho extraordinario. **2** Persona sobresaliente.
porteño, a adj./s. Bonaerense.
portería f. **1** Parte inmediata a la puerta principal de una casa o edificio. **2** Vivienda o garita del portero. **3** Armazón en el que debe entrar la pelota para marcar un tanto.
portero, a s. **1** Persona que se dedica a la vigilancia y mantenimiento de la parte no habitable de un edificio. **2** Persona de un equipo deportivo que defiende la portería.
pórtico m. **1** Espacio exterior cubierto y con columnas que se construye en la parte delantera de un edificio. **2** Portal.
portorriqueño, a adj./s. De Puerto Rico.
portuario, a adj. Relativo al puerto de mar.
portugués, sa adj./s. **1** De Portugal. ◆ m./adj. **2** Lengua que se habla principalmente en Portugal y en Brasil.
porvenir m. **1** Tiempo o suceso futuro. **2** Situación o desenvolvimiento profesional de una persona en el futuro.
posada f. Establecimiento que hospeda a las personas que viajan o van de paso.
posar intr. **1** Colocarse una persona en una posición determinada para retratarse o servir de modelo a un fotógrafo, un pintor, etc. ◆ tr./prnl. **2** Poner suavemente una cosa sobre otra. ◆ prnl. **3** Detenerse en un lugar las aves, los insectos, etc.
posavasos m. Objeto plano que se pone debajo de un vaso para evitar que se manche la mesa o el mantel.
posdata o **postdata** f. Frase o mensaje que se añade al final de una carta ya firmada.
pose f. **1** Postura o posición que adopta una persona que va ser fotografiada, retratada o pintada. **2** Actitud fingida o exagerada.
poseer tr. Tener una cosa.
poseído, a adj./s. Dominado por un fuerte impulso o sentimiento o por un espíritu maligno.
posesión f. **1** Hecho o acto de poseer. **2** Cosa que tiene o posee una persona.
posesivo, a adj. **1** Que pretende tener siempre cerca a las personas que quiere. ◆ adj./m. **2** Se dice del adjetivo y pronombre que expresan posesión o pertenencia.
poseso, a adj./s. Se dice de la persona que está dominada por un espíritu maligno.
posgrado m. Estudios universitarios posteriores a la licenciatura.
posguerra o **postguerra** f. Período inmediatamente posterior al final de una guerra.
posible adj. Que puede ser o suceder.
posición f. **1** Manera de estar o colocarse físicamente algo o al-

guien. **2** Lugar o situación que ocupa una persona o una cosa. **3** Condición social o económica.

posimpresionismo m. Postimpresionismo.

positivismo m. **1** Actitud realista y práctica de una persona ante la vida. **2** Doctrina que considera que el único medio de conocimiento es la experiencia.

positivo, a adj. **1** Que indica o expresa afirmación. **2** Que es cierto, real o que no ofrece duda alguna. **3** Útil, práctico o favorable. **4** Que tiende a ver y juzgar las cosas en su aspecto mejor o más agradable. **5** Se dice del polo de un generador que atrae los electrones. **6** Se dice del número que es mayor que cero.

positrón m. Partícula que tiene igual masa eléctrica que el electrón y carga positiva.

poso m. Sedimento de un líquido.

posología f. Parte de la medicina que se ocupa de las dosis en que deben administrarse los medicamentos.

posoperatorio, a ➜ postoperatorio, a.

posponer tr. **1** Aplazar algo. **2** Poner una cosa detrás de otra.

posta f. **1** Lugar o casa donde estaban las caballerías de refresco. **2** Bala pequeña de plomo. ◇ **a ~** Adrede.

postal adj. **1** Relativo al servicio de correos. ◆ adj./f. **2** Se dice de la tarjeta que se envía por correo sin sobre.

postdata f. Posdata.

poste m. **1** Madero, piedra o columna alargado que se coloca de forma vertical para servir de apoyo o señal. **2** Palo vertical a los lados de una portería en algunos deportes.

póster m. Cartel con una imagen o una fotografía que se cuelga en una pared.

postergar tr. **1** *Formal.* Dejar para después. **2** Colocar en un lugar inferior.

posteridad f. **1** Conjunto de personas que pertenecen a las generaciones futuras. **2** Fama que se tiene después de la muerte.

posterior adj. Que está después en el tiempo o el espacio.

posteriori ◇ **a ~** Expresión que se usa para indicar que una cosa se juzga después de haber sucedido.

postguerra f. Posguerra.

postigo m. Puerta de madera que se coloca en una ventana o balcón para resguardar de la luz, el agua, etc.

postimpresionismo o **posimpresionismo** m. Movimiento de finales del s. XIX que rechaza los postulados del impresionismo.

postín m. **1** Elegancia y distinción. **2** Actitud arrogante y afectada. ◇ **de ~** Rico, lujoso y elegante.

postizo, a adj. **1** Que es añadido o imitado. ◆ m. **2** Pelo o cabellera que sirve para aumentar el volumen de un peinado.

postoperatorio, a o **posoperatorio, a** adj. **1** Posterior a una operación quirúrgica. ◆ m. **2** Período que sigue a una intervención quirúrgica.

postor, ra s. Persona que puja por un objeto en una subasta.

postrar tr. **1** Quitar a una persona la energía y la fuerza física y moral. ◆ prnl. **2** Ponerse de rodillas ante alguien.

postre m. Alimento que se toma al final de una comida.

postrimería f. Último período de la vida de alguien o de una época histórica.

postulado m. Principio que se admite como cierto sin necesidad de ser demostrado.

postular tr. Defender una idea o un principio de interés general.

póstumo, a adj. Que nace o sale a la luz después de la muerte del padre o del autor.

postura f. **1** Manera de estar o colocarse físicamente algo o alguien. **2** Manera de pensar o de actuar.

potable adj. **1** Se dice del agua que se puede beber. **2** *Fam.* Que puede ser admitido o aceptado como bueno.

potaje m. **1** Guiso de caldo, verduras y legumbres. **2** Mezcla de cosas distintas.

potasa f. Hidróxido de potasio.

potasio m. Elemento químico (metal) de símbolo K.

pote m. **1** Recipiente redondo de pequeño tamaño que sirve para beber o contener diferentes sustancias. **2** *Fam.* Olla.

potencia f. **1** Capacidad para realizar una acción o producir un efecto determinado. **2** País con un gran poder. **3** Trabajo realizado por una fuerza en cierta unidad de tiempo. **4** Producto que resulta de multiplicar un número por sí mismo una o varias veces.

potencial adj. **1** Que no es o no existe, pero puede ser o existir. ◆ m. **2** Fuerza o poder. **3** Energía de un cuerpo situado en un campo de fuerzas.

potenciar tr. **1** Aumentar la fuerza o el poder de una cosa. **2** Impulsar algo.

potentado, a s. Persona rica y poderosa.

potente adj. Que tiene mucha potencia.

potestad f. *Formal.* Poder o autoridad que se tiene sobre una persona o una cosa.

potingue m. Medicamento oral o ungüento.

potito m. Pote de cristal que contiene alimentos para niños pequeños.

poto m. Planta trepadora que tiene las hojas en forma de corazón.

potosí m. Riqueza extraordinaria o muy grande.

potra f. *Fam.* ESP Suerte favorable que tiene una persona.

potro, a s. **1** Cría de la yegua. ◆ m. **2** Plinto. **3** Aparato antiguo de tortura.

poyo m. ESP Banco de piedra u otro material pegado a una pared o junto a la puerta.

pozo m. **1** Agujero profundo que se hace en la tierra para sacar agua. **2** Agujero que se hace en la tierra para bajar a una mina. **3** Persona que posee en abundancia una cualidad.

práctica f. **1** Acción y efecto de practicar. **2** Aplicación de una idea, teoría o doctrina. **3** Ejercicio o prueba académica para conseguir habilidad o experiencia en una actividad.

practicante adj./m. y f. **1** Que profesa y practica una religión. ◆ m. y f. **2** Persona titulada para ejercer operaciones de cirugía menor.

practicar tr. **1** Realizar de forma continuada una actividad para adquirir habilidad. **2** Hacer o realizar. **3** Profesar y aplicar los principios de una religión.

práctico, a adj. **1** Muy útil. **2** Relativo a la práctica. **3** Que tiene mucha práctica en algo. **4** Que tiene un concepto de la vida muy realista.

pradera f. Campo extenso, llano y con hierba.

prado m. Terreno llano y muy húmedo donde crece o se cultiva la hierba.

pragmática f. Parte de la lingüística que estudia la relación del lenguaje con sus usuarios y con el contexto en que se realiza la comunicación.

pragmático, a adj. Relativo a la práctica, la pragmática o el pragmatismo.

pragmatismo m. Doctrina filosófica que considera que el único medio de juzgar la verdad de algo es considerar sus efectos prácticos.

praliné m. Crema elaborada con chocolate y almendra o avellana molida.

praxis f. Actividad práctica.

preámbulo m. Introducción a un discurso o escrito.

prebenda f. **1** Dinero o favor que se recibe por algunos cargos u oficios. **2** Oficio o empleo en el que se gana mucho y se trabaja poco.

precámbrico, a adj./m. Se dice de la era geológica más antigua.

precario, a adj. **1** Poco estable, seguro o duradero. **2** Que no tiene los medios o recursos necesarios o suficientes.

precaución f. Medida de seguridad o de prevención.

precavido, a adj. Que actúa o se comporta con cautela y precaución.

precedente adj. **1** Que está o va delante en el tiempo o en el espacio. ◆ m. **2** Cosa, dicho o circunstancia del pasado que influye en hechos posteriores.

preceder tr. **1** Estar o ir delante en el tiempo o en el espacio. **2** Tener una persona o una cosa más importancia o superioridad que otra.

preceptivo, a adj. Que debe ser cumplido o acatado de manera obligatoria.

precepto m. Orden o mandato relativo a una conducta y establecido por una autoridad.

preciado, a adj. **1** Muy estimado o querido. **2** Que tiene mucho valor.

precinto m. Cuerda, tira de papel o de plástico u otro material que sirve para mantener cerrado algo.

precio m. **1** Cantidad de dinero que hay que pagar por una cosa. **2** Esfuerzo o sufrimiento que cuesta conseguir una cosa.

preciosidad f. *Fam.* Persona, animal o cosa precioso.

precioso, a adj. **1** Que tiene mucho valor. **2** *Fam.* Muy bello y agradable a la vista.

precipicio m. **1** Corte vertical y profundo de un terreno. **2** Ruina espiritual o material.

precipitación f. **1** Acción de precipitar o precipitarse. **2** Caída de agua en forma de partículas líquidas o sólidas que alcanzan el suelo.

precipitado, a adj. **1** Que se hace o se dice con precipitación. **2** Que obra o habla con precipitación.

precipitar tr. **1** Lanzar desde un lugar alto. **2** Hacer que una cosa se haga o suceda de una manera más rápida. ◆ prnl. **3** Hacer o decir una cosa de manera rápida y apresurada.

precisar tr./intr. **1** Necesitar. ◆ tr. **2** Expresar una cosa de un modo exacto y completo.

precisión f. Exactitud o determinación.

preciso, a adj. **1** Necesario o indispensable para un fin determinado. **2** Exacto o riguroso. **3** Fijo, puntual o determinado.

precolombino, a adj. Relativo a la América anterior a la llegada de Colón.

preconcebir tr. Pensar o proyectar una acción con anterioridad a su realización.

preconizar tr. Defender o apoyar una cosa que se considera buena o recomendable.

precoz adj. **1** Se dice del niño que destaca por tener cualidades morales o físicas superiores a las de su edad. **2** Que se da antes del tiempo habitual.

precursor, ra adj./s. Que precede o va delante en el tiempo o en el espacio.

predecesor, ra s. Persona que precedió en un puesto o cargo a determinada persona.

predecir tr. Anunciar un hecho que va a ocurrir en el futuro.

predestinar tr. Decidir con anticipación el destino de una persona o de una cosa.

predicado m. **1** Cosa que se afirma o se niega de un sujeto en una proposición. **2** Función que desempeña el sintagma verbal como constituyente inmediato de la oración.

predicar tr./intr. **1** Pronunciar un discurso o un sermón. **2** Propagar unas ideas o una doctrina.

predicativo, a adj. **1** Perteneciente al predicado. ◆ adj./m. **2** Se dice del complemento que funciona a la vez como atributo del sujeto y complemento del verbo.

predicción f. Acción de predecir o anunciar un hecho del futuro que va a ocurrir.

predilección f. Preferencia o favoritismo que se muestra hacia una persona o cosa.

predilecto, a adj. Preferido de manera especial y preferente sobre otras personas o cosas.

predisponer tr. **1** Influir en el ánimo de una persona para conseguir que tenga una actitud determinada ante algo. **2** Preparar con anticipación una cosa para conseguir un fin determinado.

predominar intr. Existir en mayor número un tipo de personas o cosas dentro de un grupo.

predominio m. Hecho de predominar.

preescolar adj./m. Se dice de la etapa educativa que precede a la enseñanza primaria.

prefabricado, a adj. Se dice de la construcción o elemento constructivo que ya está fabricado total o parcialmente antes de su instalación.

prefacio m. Introducción, prólogo.

prefecto m. **1** Persona que dirige y gobierna una comunidad eclesiástica. **2** Jefe de la policía de París. **3** Jefe militar y civil de la antigua Roma.

preferencia f. **1** Ventaja que una persona o cosa tiene sobre otra. **2** Inclinación favorable hacia una persona o cosa.

preferir tr. Considerar a una persona o cosa mejor, más adecuada o más conveniente que otra u otras.

prefijo, a adj./m. **1** Afijo que se añade al comienzo de una palabra para formar otra nueva. ◆ m. **2** Combinación de cifras anterior al número de teléfono.

pregón m. **1** Discurso público con que se da comienzo a una fiesta o un acontecimiento. **2** Publicación o aviso oficial en voz alta.

pregonar tr. **1** Anunciar mediante un pregón. **2** Hacer público.

pregunta f. **1** Acción de preguntar. **2** Enunciado que se formula en un ejercicio, una prueba o un examen y que debe ser contestado.

preguntar tr./intr. **1** Pedir cierta información acerca de una cosa que despeje una duda o que niegue o afirme algo. **2** Exponer una cuestión en forma interrogativa.

prehistoria f. **1** Período de la historia que abarca desde la aparición del hombre hasta los primeros documentos escritos. **2** Disciplina histórica que estudia este período.

prejuicio m. Juicio u opinión preconcebida que muestra rechazo hacia un individuo, un grupo o una actitud social.

prelado, a m. Hombre que tiene un cargo o una dignidad superior dentro de la Iglesia católica.

preliminar adj. **1** Que sirve de introducción para tratar un tema o una materia. ◆ **adj./m. 2** Que sirve como preparación para una cosa.

preludio m. **1** Cosa o acción que precede a otra. **2** Composición que introduce una obra musical.

premamá adj. Relativo a la mujer embarazada.

prematuro, a adj. **1** Que se da, ocurre o sucede antes del tiempo debido o conveniente. **2** Que no está maduro.

premeditar tr. Pensar una cosa detenida y cuidadosamente antes de hacerla.

premio m. **1** Cosa que se da a una persona como reconocimiento por una obra, una actividad o una cualidad. **2** Objeto o dinero que se gana en un juego de azar.

premisa f. **1** Afirmación o idea probada que se da como cierta. **2** Cada una de las dos primeras proposiciones del silogismo.

premolar adj./m. Se dice del diente que está situado entre el colmillo y los molares.

premonición f. Presentimiento.

premura f. *Formal.* Prisa o urgencia.

prenda f. **1** Objeto que forma parte del vestido o del calzado de una persona. **2** Cosa que se deja como garantía del cumplimiento de una obligación.

prendar tr./prnl. Gustar o agradar mucho una persona a otra.

prender tr. **1** Sujetar dos cosas o una cosa a otra mediante un objeto adecuado. **2** Detener a una persona. **3** Encender un fuego o una luz. ◆ **intr. 4** Empezar a arder.

prensa f. **1** Máquina que sirve para prensar o para imprimir. **2** Conjunto de publicaciones periódicas. **3** Conjunto de personas que se dedican al periodismo.

prensar tr. Aplastar o reducir el volumen de una materia sometiéndola a presión.

prensil adj. Que sirve para agarrar o sujetar.

prensor, ra adj. **1** Prensil. ◆ **adj./f. 2** Se dice del ave de pico robusto y dos de los dedos de las patas dirigidos hacia atrás.

preñar tr. Fecundar a una hembra.

preocupar tr. **1** Hacer que una persona tenga un sentimiento de inquietud, temor o intranquilidad por alguien o algo. ◆ **prnl. 2** Dedicar atención y cuidados a alguien o algo.

preparado, a m. **1** Sustancia que se elabora de manera industrial para un fin determinado. **2** Medicamento.

preparar tr. **1** Disponer a una persona o cosa para un fin. **2** Entrenar a una persona. **3** Disponer a una persona para afrontar una cosa.

preparativo, a adj. **1** Preparatorio. ◆ m. **2** Acción de disponer una cosa para un fin determinado.

preponderancia f. Superioridad que tiene una cosa frente a otra.

preposición f. Palabra invariable que se utiliza para unir o relacionar términos o sintagmas dentro de una oración.

prepotencia f. Abuso o alarde de poder.

prepucio m. Piel móvil que recubre el glande.

prerrogativa f. Privilegio o derecho de que disfruta una persona o una autoridad.

presa f. **1** Animal que es cazado. **2** Dique hecho en una corriente de agua para retenerla o desviarla.

presagio m. Señal o signo que anuncia un hecho futuro.

presbiterianismo m. Doctrina religiosa calvinista que tuvo su origen en Escocia en el s. XVI.

presbiterio m. Parte de la iglesia donde está situado el altar mayor, que suele estar cercada por una reja o barandilla.

presbítero m. Hombre que ha sido ordenado para administrar los sacramentos y decir misa.

prescindir intr. **1** Dejar de tener en cuenta a una persona o cosa. **2** Renunciar a una persona o una cosa o privarse de ella.

prescribir tr. **1** Mandar u ordenar. **2** Recetar. ◆ **intr. 3** Perder efectividad una cosa por haber transcurrido el tiempo fijado por la ley.

presencia f. **1** Circunstancia de estar presente o de existir una persona, un animal o una cosa en un lugar determinado. **2** Apariencia o aspecto externo de una persona.

presenciar tr. Ver una persona un hecho o un acontecimiento estando presente durante su desarrollo.

presentar tr. **1** Poner a la vista una cosa para que pueda ser examinada con detenimiento. **2** Mostrar una cosa unas características o rasgos determinados. **3** Dar a conocer a una persona indicando su nombre. **4** Dar a conocer una cosa al público. **5** Conducir un programa o espectáculo. ◆ **prnl. 6** Aparecer una persona en un lugar de forma inesperada.

presente adj./m. y f. **1** Que está en un lugar al mismo tiempo que otra persona o en el momento en que sucede alguna cosa. ◆ **adj. 2** Que está o existe en un lugar determinado. **3** Que ocurre o existe actualmente. ◆ **m./adj. 4** Tiempo verbal que indica que la acción del verbo se realiza en el momento en que se emite el mensaje. ◆ **m. 5** Tiempo en que se está cuando se habla. **6** Regalo.

presentir (45) tr. Tener un presentimiento.

preservar tr. Proteger de un daño o peligro.

preservativo, a adj. **1** Que protege o resguarda. ◆ m. **2** Funda plástica muy fina que se coloca en el pene como anticonceptivo.

presidencia f. **1** Cargo y oficina de presidente. **2** Tiempo que dura este cargo.

presidencialismo m. Sistema político propio de los estados republicanos en el que el presidente es también jefe del Gobierno.

presidente, a s. Persona que preside o dirige un gobierno, una reunión, una empresa o un tribunal.

presidiario, a s. Persona que está en la cárcel cumpliendo una condena judicial que le priva de libertad.

presidio m. Cárcel, prisión.

presidir tr. **1** Ocupar una persona el primer puesto o cargo en un gobierno, reunión, etc. **2** Predominar o destacar.

presilla f. Anilla que se cose en el borde de una prenda para pasar por ella un botón o enganchar un cierre.

presión f. **1** Fuerza o empuje que se ejerce sobre una cosa. **2** Influencia que se ejerce sobre una persona.

preso, a s./adj. **1** Persona que está encerrada o recluida en una cárcel. ◆ adj. **2** Dominado por un sentimiento o una pasión.

prestación f. Característica técnica que una máquina ofrece al usuario.

préstamo m. **1** Acción de prestar. **2** Cantidad de dinero o cosa que se presta. **3** Elemento lingüístico que una lengua toma de otra.

prestancia f. **1** Aspecto distinguido y elegante. **2** Excelencia o superioridad de una persona o cosa entre otras de su misma clase.

prestar tr. **1** Dejar una cosa a una persona para que la use y después la devuelva. ◆ prnl. **2** Ofrecerse para hacer algo.

prestidigitación f. Arte, técnica o habilidad para hacer juegos de manos y otros trucos.

prestigio m. Influencia, autoridad, valor o buena fama que tiene una persona o una cosa.

presto, a adj. Muy rápido en actuar.

presumir intr. **1** Mostrarse una persona orgullosa de sí misma y alardear de sus propias cualidades. ◆ tr. **2** Sospechar o suponer.

presunción f. **1** Acción y efecto de presumir. **2** Hecho que según la ley se tiene como verdadero hasta que no se demuestre lo contrario.

presunto, a adj. Que se supone o se sospecha.

presuntuoso, a adj./s. **1** Se dice de la persona que muestra presunción, vanidad u orgullo. ◆ adj. **2** Que quiere aparentar lujo y elegancia.

presuponer tr. Dar por cierta o conocida una cosa sin que haya pruebas o indicios que lo demuestren.

presupuesto m. **1** Cálculo anticipado de lo que va a costar una cosa. **2** Cantidad de dinero que se destina para algo.

presuroso, a adj. Que tiene prisa o implica prisa.

pretemporada f. Tiempo que transcurre antes de una temporada deportiva y durante el cual se realizan torneos y pequeñas ligas.

pretencioso, a adj./s. Que pretende ser más de lo que en realidad es.

pretender tr. **1** Querer una cosa que se considera difícil o exagerada. **2** Querer una cosa sobre la que se cree tener derecho.

pretensión f. **1** Acción de pretender. **2** Cosa que se pretende conseguir.

pretérito, a adj. **1** *Formal.* Que existió, se dio u ocurrió en el pasado. ◆ m./adj. **2** Tiempo verbal que expresa una acción anterior al presente.

pretexto m. Razón o causa que se expone para justificar un comportamiento, un fallo o un error.

pretil m. Muro o barandilla construida en un puente o en un lugar alto para impedir que las personas puedan caerse.

pretor m. Magistrado o alto funcionario que administraba justicia o gobernaba una de las provincias del Imperio romano.

prevalecer intr. **1** Sobresalir o imponerse. **2** Continuar existiendo una cosa no material.

prevaricar intr. Incumplir sus obligaciones un funcionario, juez o abogado.

prevención f. Acción y efecto de prevenir.

prevenir (51) tr. **1** Tratar de evitar o impedir que se produzca un daño o peligro que se conoce con anterioridad. **2** Avisar o informar. **3** Influir en una persona poniéndola en contra de otra.

prever (52) tr. **1** Conocer o suponer por medio de señales una cosa que va a ocurrir. **2** Preparar o disponer los medios necesarios para evitar algo.

previo, a adj. Que es anterior a una cosa o la precede.

previsión f. Acción y efecto de prever.

prieto, a adj. **1** Que está muy apretado, ajustado o ceñido. **2** Duro o denso.

prima f. **1** Cantidad de dinero que se concede como estímulo para animar a una persona en su trabajo. **2** Oficio religioso diario del clero católico, posterior a laudes y anterior a la tercia.

primacía f. Superioridad o ventaja.

primar intr. Destacar, sobresalir o distinguirse una persona o cosa entre otras.

primario, a adj. **1** Que es el primero en orden o importancia. **2** Necesario, principal o esencial. **3**

Primitivo o rudimentario. **4** Se dice del color puro. ◆ **adj./f. 5** Se dice de la enseñanza o educación que proporciona conocimientos básicos. ◆ **adj./m. 6** Paleozoico.

primate adj./m. Se dice del mamífero plantígrado que presenta extremidades terminadas en cinco dedos, ojos frontales y un cerebro altamente desarrollado.

primavera f. **1** Estación templada del año comprendida entre el invierno y el verano. **2** Planta herbácea y perenne de flores amarillas.

primer Apócope de **primero.**

primera f. adj./f. Se dice de la clase que, en los medios de transporte donde se hace distinción de clases o categorías, se caracteriza por ser la de categoría superior por la comodidad de sus equipamientos o el lujo y por tener el precio más alto.

primero, a num.ordin. **1** Que ocupa el lugar número 1 en una serie ordenada. ◆ **adj. 2** Que es la más importante o mejor dentro de un grupo. **3** Antiguo o anterior. ◆ **adv. 4** En primer lugar.

primicia f. Noticia que se hace pública por primera vez.

primigenio, a adj. Primitivo, originario o primero en el tiempo.

primitiva f. ESP Juego público de azar en el que los participantes intentan acertar seis números de un boleto con los números del 1 al 49.

primitivo, a adj. **1** Que pertenece a los orígenes de una cosa. **2** Muy elemental y poco desarrollado. **3** Rudo, sin educación. ◆ **adj./s. 4** Se dice del pueblo o civilización que tiene un desarrollo y una cultura poco avanzados.

primo, a s. **1** Hijo o hija de los tíos de una persona. ◆ **adj./s. 2** *Fam.* ESP Que se deja engañar fácilmente. ◆ **adj. 3** Se dice del número que solo es divisible por sí mismo y por la unidad.

primogénito, a adj./s. Se dice del hijo que nace primero.

primor m. Habilidad, cuidado o delicadeza al hacer o decir una cosa.

primordial adj. Fundamental, necesario.

primoroso, a adj. Bello y hecho con habilidad, cuidado o delicadeza.

principado m. **1** Título o dignidad de príncipe. **2** Territorios que pertenecen a un príncipe.

principal adj. **1** Básico o fundamental. **2** Que es el primero en estimación o importancia. ◆ **adj./m. 3** ESP Se dice del piso que está encima del bajo o del entresuelo de un edificio. **4** Se dice de la oración o proposición que rige o subordina a otra.

príncipe, cesa s. **1** Hijo del rey o del príncipe de un principado. **2** Jefe de Estado de un principado.

principeño, a adj./s. De Puerto Príncipe.

principiante adj./m. y f. Se dice de la persona que empieza a ejercer una profesión o un oficio y no tiene demasiada experiencia.

principio m. **1** Primer momento o primera parte de la existencia de una cosa. **2** Origen o causa de una cosa. **3** Idea básica de un razonamiento o una doctrina.

pringado, a adj./s. **1** *Fam.* ESP Primo. **2** *Fam.* ESP Que paga las culpas de otros.

pringar tr. **1** ESP Manchar una cosa con una materia grasa. **2** *Fam.* ESP Comprometer en un asunto que puede traer problemas. ◆ intr. **3** *Fam.* ESP Trabajar más que los demás. **4** *Fam.* ESP Pagar una persona las culpas de una falta de otra.

pringue m. o f. **1** ESP Grasa que suelta el tocino. **2** ESP Suciedad grasienta.

prior, ra s. Superior de un convento o monasterio de rango inmediatamente inferior al del abad o la abadesa.

priori ◇ **a ~** Expresión que se usa para indicar que una cosa que afecta a un determinado hecho o asunto se decide o se hace antes de conocer su resultado o fin.

prioridad f. **1** Ventaja o preferencia que una persona o cosa tiene sobre otra. **2** Cosa que es más importante que otra.

prisa f. Rapidez o diligencia con que ocurre o se hace una cosa.

prisión f. **1** Edificio en el que están las personas que cumplen una condena judicial que les priva de libertad. **2** Pena de privación de libertad.

prisionero, a s. **1** Persona que está privada de libertad a causa de un secuestro, una captura u otras causas. **2** Persona que está dominada por una pasión o una emoción.

prisma m. Poliedro que tiene dos caras iguales y paralelas (bases) y, como caras laterales, tantos paralelogramos como lados tiene cada base.

prismático, a adj. **1** Que tiene forma de prisma. ◆ m.pl. **2** Aparato óptico para ver a distancia con los dos ojos.

privado, a adj. **1** Que se realiza en presencia de muy poca gente. **2** Íntimo, personal o particular. **3** Que se tiene o se realiza de manera particular, fuera de una actividad, un cargo o un empleo públicos.

privar tr. **1** Dejar a una persona sin una cosa que le pertenece. ◆ intr. **2** ESP Gustar mucho. ◆ prnl. **3** Renunciar a algo agradable o útil.

privatizar tr. Hacer pasar al sector privado bienes y entidades públicas.

privilegio m. Ventaja, derecho o exención de que disfruta una persona.

pro m. Ventaja y provecho en alguna cosa.

proa f. Parte delantera de una embarcación.

probable adj. **1** Que es muy posible que se cumpla o suceda. **2** Que puede ser probado o demostrado.

probador m. Cuarto o cabina para probarse prendas de vestir.

probar tr. **1** Poner a prueba una cosa. **2** Tomar una pequeña cantidad de comida o bebida para comprobar el sabor o la calidad. **3** Demostrar mediante pruebas. ◆ **intr.** **4** Intentar hacer una cosa.

probeta f. Tubo de vidrio con pie que se usa en los laboratorios.

problema m. **1** Obstáculo o inconveniente. **2** Enunciado que plantea unos datos y una pregunta. **3** Asunto de difícil solución.

problemática f. Conjunto de problemas relativos a una ciencia o actividad determinada.

problemático, a adj. Que supone o causa un problema.

proboscidio, a adj./m. Se dice del animal mamífero con trompa prensil e incisivos muy desarrollados.

procariota o **procarionte** adj. **1** Se dice de la célula que carece de estructuras internas especializadas u orgánulos. ◆ **adj./m.** **2** Se dice del organismo que está constituido por una de estas células.

procaz adj. Desvergonzado, grosero.

procedencia f. Lugar, cosa o persona del que procede alguien o algo.

proceder intr. **1** Tener origen una persona o cosa en el lugar, persona o cosa que se expresa. **2** Comportarse una persona de cierta manera. **3** Ser una cosa conforme a la moral, a la razón o al derecho. **4** Iniciar una serie de acciones según lo dispuesto.

procedimiento m. Método o trámite.

procesado, a s. Persona a quien el juez imputa un delito.

procesador m. **1** Componente electrónico de un ordenador donde se realizan cálculos, se controlan procesos y se gestionan datos. **2** Programa informático que procesa la información introducida en el ordenador.

procesar tr. **1** Someter a una persona a un juicio o proceso judicial mediante el cual un juez decide si es responsable de un delito. **2** Someter una cosa a un proceso de elaboración o de transformación. **3** Someter un conjunto de datos a un determinado programa informático.

procesión f. **1** Marcha de personas que caminan en orden por la calle con un fin devoto. **2** Sucesión de personas, animales o vehículos que van de un lugar a otro formando una hilera.

procesionaria f. Oruga de algunas mariposas que está cubierta de pelo.

proceso m. **1** Conjunto de las diferentes fases o etapas sucesivas que tiene una acción o un fenómeno complejos. **2** Procesamiento. **3** Conjunto de actuaciones que realiza un tribunal de justicia en un procedimiento.

proclamar tr. **1** Decir una cosa públicamente. **2** Hacer público el comienzo de un gobierno de una manera solemne.

proclive adj. Que tiene inclinación o propensión natural a una cosa.

procrear tr./intr. Tener descendencia mediante la reproducción sexual.

procurador, ra s. Persona autorizada legalmente para representar a otra ante los tribunales en un juicio.

procurar tr. **1** Intentar. **2** Proporcionar una cosa necesaria.

prodigar tr. **1** Dar una cosa con profusión o en gran abundancia. ◆ prnl. **2** ESP Aparecer en público de forma muy frecuente.

prodigio m. **1** Hecho extraordinario y maravilloso que no puede explicarse por causas naturales. **2** Persona, cosa o hecho extraordinario.

pródigo, a adj. **1** Muy generoso. **2** Que produce algo en abundancia.

producción f. **1** Acción de producir. **2** Conjunto de las cosas que se han producido.

producir tr. **1** Dar fruto. **2** Fabricar o elaborar un producto. **3** Causar u ocasionar. **4** Financiar los gastos de realización de una película, programa, etc. **5** Dar una cosa ganancias o beneficios. ◆ prnl. **6** Ocurrir o suceder.

productivo, a adj. **1** Que produce o es capaz de producir. **2** Que resulta rentable.

producto m. **1** Cosa que es producida. **2** Resultado o consecuencia. **3** Cantidad que resulta de multiplicar un número por otro.

proemio m. Prólogo.

proeza f. Acción de gran esfuerzo y valor.

profanar tr. Tratar sin el debido respeto una cosa que se considera sagrada.

profano, a adj. **1** Que no es sagrado ni está relacionado con la religión. ◆ adj./s. **2** Que no tiene conocimientos sobre determinada materia.

profecía f. Predicción o anuncio de un hecho futuro.

proferir (45) tr. Pronunciar o decir palabras o sonidos.

profesar tr. **1** Aceptar y seguir una religión, doctrina o creencia. **2** Tener una persona una determinada inclinación o un sentimiento hacia alguien. **3** Ejercer una profesión, arte u oficio. ◆ intr. **4** Ingresar en una orden religiosa.

profesión f. **1** Empleo, oficio o trabajo. **2** Conjunto de profesionales de un ámbito.

profesional adj. **1** Relativo a la profesión. ◆ adj./m. y f. **2** Que realiza una actividad que constituye su profesión.

profesor, ra s. Persona que se dedica a enseñar.

profeta, tisa s. Persona que tiene el don, inspirado por Dios, de predecir hechos que van a suceder.

profiláctico, a adj. **1** Que sirve para proteger de una enfermedad. ◆ m. **2** Preservativo.

profilaxis f. Conjunto de medidas que se toman para proteger de las enfermedades.

prófugo, a adj./s. **1** Que ha escapado de la justicia. ◆ m. **2** Desertor.

profundizar intr. Estudiar o examinar un tema, una idea o un asunto con gran atención y cuidado.

profundo, a adj. **1** Que tiene el fondo a mucha distancia del punto tomado como referencia. **2** Fuerte o intenso. **3** Que ahonda hasta lo más íntimo u oculto y no se detiene en lo superficial.

profusión f. Abundancia o cantidad excesiva.

progenitor, ra s. Padre o madre biológicos de una persona.

progesterona f. Hormona sexual producida por el ovario durante la segunda parte del ciclo menstrual y durante el embarazo.

programa m. **1** Proyecto ordenado de las distintas partes o actividades que componen una cosa. **2** Emisión con un tema propio que retransmite una cadena de radio o de televisión. **3** Conjunto de operaciones que realizan algunas máquinas. **4** Conjunto de instrucciones que se dan a un ordenador.

progre m. y f./adj. *Fam.* Progresista.

progresar intr. Pasar alguien o algo a un estado mejor.

progresión f. **1** Avance, evolución o mejora de una cosa. **2** Serie o sucesión no interrumpida.

progresista adj./m. y f. Relativo al progresismo o partidario de él.

progresivo, a adj. Que avanza o progresa de forma continuada.

progreso m. **1** Cambio que se experimenta a un estado mejor. **2** Desarrollo de una sociedad.

prohibir tr. Imponer quien tiene autoridad para ello que no se haga cierta cosa.

prohombre m. Hombre famoso e ilustre.

prójimo, a m. Persona considerada en relación con cualquier otra.

prole f. Conjunto de hijos que tiene una persona.

prolegómeno m. **1** Tratado preliminar de una obra. ◆ m.pl. **2** Momentos inmediatamente anteriores a un acontecimiento.

proletariado m. Clase social formada por los proletarios.

proletario, a adj. **1** Relativo al proletariado. ◆ s. **2** Persona que vende su fuerza de trabajo a cambio de un sueldo o salario.

proliferar intr. Aumentar una cosa de manera rápida en cantidad o en número.

prolífico, a adj. **1** Que tiene facilidad para reproducirse abundante y rápidamente. **2** Que tiene una extensa producción artística o científica.

prolijo, a adj. Demasiado largo o extenso.

prólogo m. **1** Escrito que precede a la obra y sirve de justificación o presentación. **2** Exordio o principio para hacer algo.

prolongar tr. **1** Hacer que una cosa tenga más longitud. **2** Hacer que una cosa dure más tiempo de lo normal.

promedio m. Resultado que se obtiene al dividir la suma de varias cantidades por el número de sumandos.

promesa f. **1** Acción de prometer. **2** Persona que promete por sus buenas cualidades.

prometer tr. **1** Decir una persona que va a hacer o decir una cosa, obligándose a ello. **2** Asegurar la verdad de lo que se dice. ◆ tr./prnl. **3** Comprometer a una persona con otra para que se casen. ◆ intr. **4** Dar muestras de éxito una persona o cosa.

prometido, a s. Persona que está comprometida para casarse con otra.

prominencia f. Elevación o abultamiento.

prominente adj. **1** Que se eleva o sobresale. **2** Iustre o famoso.

promiscuo, a adj. Que cambia de pareja sexual con frecuencia.

promoción f. **1** Acción de promocionar. **2** Conjunto de personas que consiguen un grado o título al mismo tiempo.

promocionar tr. **1** Dar publicidad a un producto, un servicio, etc. ◆ tr./prnl. **2** Ayudar a una persona a subir de categoría social o profesional.

promontorio m. Elevación del terreno o monte de poca altura.

promotor, ra adj./s. Que realiza las acciones necesarias para promocionar algo o a alguien.

promover tr. **1** Impulsar la realización o el desarrollo de una actividad. **2** Producir o causar una cosa.

promulgar tr. Publicar una cosa de forma oficial.

pronombre m. Categoría gramatical de las palabras que pueden sustituir a un nombre o a un sintagma nominal.

pronominal adj. **1** Relativo al pronombre. **2** Se dice del verbo que se conjuga en todas sus formas con pronombres reflexivos sin tener necesariamente significado reflexivo.

pronóstico m. Anuncio de un hecho futuro o de la evolución de un proceso a partir de criterios lógicos o científicos.

prontitud f. Velocidad o rapidez con la que se realiza una cosa.

pronto, a adj. **1** Que se produce, actúa o reacciona con rapidez. **2** Que está dispuesto o preparado para hacer una cosa. ◆ m. **3** *Fam.* Reacción o impulso inesperado. ◆ adv. **4** En un breve espacio de tiempo. **5** Antes de lo acostumbrado, o con anticipación al tiempo previsto. ◇ **de ~** Sin que nadie se lo espere.

pronunciado, a adj. Que se nota o sobresale mucho.

pronunciamiento m. **1** Declaración de la decisión o sentencia emitida por un juez o un tribunal. **2** Golpe de Estado. **3** Declaración pública de una opinión.

pronunciar tr. **1** Emitir y articular sonidos al hablar. **2** Decir una cosa en voz alta y ante un público. **3** Hacer pública una sentencia un juez o un tribunal. ◆ prnl. **4** Declararse a favor o en contra de algo.

propaganda f. **1** Acción que consiste en dar a conocer al público un producto, una opinión, una idea, etc., con un fin determinado. **2** Conjunto de medios o materiales para publicitar un producto, una opinión o a una persona.

propagar tr. Extender o hacer llegar una cosa a muchos lugares y en todas las direcciones.

propano m. Gas incoloro que se emplea como combustible.

propasarse prnl. **1** Hacer o decir una cosa que va más allá de lo debido o permitido. **2** Faltar al respeto.

propensión f. Tendencia o inclinación.

propenso, a adj. Que tiene inclinación o disposición natural hacia una cosa.

propiciar tr. Hacer que algo sea propicio.

propicio, a adj. Oportuno o favorable.

propiedad f. **1** Derecho o poder que tiene una persona de poseer una cosa y poder disponer de ella dentro de los límites legales. **2** Cosa que pertenece a una persona. **3** Cualidad esencial y característica.

propietario, a adj./s. Que tiene derecho de propiedad sobre una cosa.

propina f. Cantidad de dinero que se da voluntariamente para agradecer un servicio.

propinar tr. Dar un golpe o una paliza.

propio, a adj. **1** Que pertenece a una persona, un animal o una cosa. **2** Característico de una persona, un animal o una cosa. **3** Conveniente y adecuado para un fin.

proponer tr. **1** Exponer un proyecto o una idea. **2** Presentar o recomendar a una persona para determinado cargo o empleo. ◆ prnl. **3** Decidirse a conseguir o a realizar una cosa.

proporción f. **1** Relación de correspondencia y equilibrio entre las partes y el todo. ◆ f.pl. **2** Importancia, extensión o intensidad que tiene una cosa.

proporcional adj. Que guarda o respeta una proporción.

proporcionar tr. **1** Dar a una persona o cosa lo que necesita o le conviene para un fin determinado. **2** Producir un determinado sentimiento.

proposición f. **1** Ofrecimiento o invitación para hacer una cosa determinada. **2** Entidad gramatical con estructura oracional. **3** Enunciado susceptible de ser verdadero.

propósito m. **1** Voluntad o intención de hacer una cosa. **2** Objetivo que tiene una cosa o una acción. ◇ **a ~** De forma deliberada.

propuesta f. **1** Ofrecimiento o invitación. **2** Idea o proyecto que se presenta para ser aprobado o rechazado.

propugnar tr. Defender una idea u otra cosa que se considera útil o adecuada.

propulsar tr. Aplicar la fuerza necesaria para que una cosa se mueva.

prorrogar tr. **1** Alargar o prolongar la duración de una cosa por un período determinado. **2** Aplazar o suspender la ejecución de una cosa.

prorrumpir intr. **1** Mostrar un sentimiento de forma repentina e intensa. **2** Salir con fuerza.

prosa f. Forma de expresión del lenguaje oral o escrito que no está sujeta a una rima o a una medida.

prosaico, a adj. Que resulta vulgar y no tiene ninguna emoción o interés especial.

proscenio m. **1** Lugar de un antiguo teatro griego o latino que está situado entre la escena y la orquesta. **2** Parte del escenario situada más cerca del público.

proscrito, a adj./s. Que ha sido expulsado de su patria.

proseguir tr./intr. Continuar.

proselitismo m. Empeño exagerado en ganar prosélitos.

prosista m. y f. Persona que escribe prosa.

prosodia f. Parte de la gramática que enseña la pronunciación y acentuación correctas.

prosopopeya f. Figura retórica que consiste en atribuir a un animal o a una cosa cualidades propias de los seres humanos.

prospección f. **1** Exploración del terreno para descubrir minerales, agua, etc. **2** Estudio de las posibilidades futuras de un negocio. **3** CUBA Reconocimiento médico.

prospecto m. Papel en el que están escritas las características de un determinado producto.

prosperar intr. **1** Mejorar de situación. **2** Tener éxito o imponerse una idea, una opinión o una iniciativa.

prosperidad f. Condición de próspero.

próspero, a adj. Que es favorable y que tiene o conlleva éxito o felicidad.

próstata f. Glándula del aparato genital masculino de los mamíferos.

prosternarse prnl. Arrodillarse o inclinarse por respeto.

prostíbulo m. Establecimiento en el que trabajan personas que se prostituyen.

prostitución f. Actividad de la persona que mantiene relaciones sexuales a cambio de dinero.

prostituto, a s. Persona que mantiene relaciones sexuales a cambio de dinero.

protactinio m. Elemento químico (metal) de símbolo Pa.

protagonismo m. Condición de protagonista.

protagonista m. y f. Personaje principal de una obra artística o un acontecimiento.

protección f. **1** Acción de proteger. **2** Cosa que protege.

proteccionismo m. Sistema económico que favorece la producción nacional.

protectorado m. **1** Soberanía que un estado ejerce sobre un territorio que no está incorporado por completo a esa nación. **2** Territorio en el que se ejerce esta soberanía.

proteger tr. **1** Hacer que una persona o cosa no sufra daño o no esté en peligro. **2** Favorecer, ayudar.

proteico, a adj. Relativo a las proteínas.

proteína f. Principio inmediato formado por una o varias cadenas polipeptídicas que desempeña multitud de funciones.

prótesis f. **1** Pieza o aparato artificial que se coloca en el cuerpo de un ser vivo para sustituir un órgano o un miembro. **2** Operación en la que se lleva a cabo esta sustitución. **3** Adición de una o más letras o sonidos al principio de una palabra.

protestantismo m. Movimiento religioso surgido de la reforma planteada por Martín Lutero.

protestar intr. Mostrar disconformidad, oposición o queja.

prótido m. Sustancia orgánica compuesta de nitrógeno y otros elementos.

protista → protoctista.

protocolo m. **1** Conjunto de reglas que se siguen en determinados actos oficiales o formales. **2** Conjunto de escrituras y documentos que una persona autorizada guarda siguiendo ciertas formalidades. **3** Documento en el que se recoge un acuerdo.

protoctista adj./m. Se dice del organismo eucariota que no forma tejidos diferenciados ni órganos.

protón m. Partícula elemental del núcleo del átomo, con carga eléctrica positiva.

prototipo m. **1** Primer ejemplar que se fabrica de algo, que sirve de modelo. **2** Persona o cosa que reúne en grado máximo una cualidad.

protozoo m./adj. Microorganismo heterótrofo formado por una sola célula o por una colonia de células.

protuberancia f. Abultamiento.

provecho m. **1** Efecto beneficioso o positivo. **2** Utilidad. **3** Eructo.

proveer tr. **1** Proporcionar o reunir lo necesario para un fin. **2** Resolver. **3** Dar un cargo o empleo.

provenir (51) intr. Proceder, tener su origen.

provenzal adj./m. y f. **1** De Provenza. ◆ m. **2** Forma literaria de la lengua de oc, utilizada entre los ss. XI y XV. ◆ m./adj. **3** Conjunto de dialectos procedentes de la lengua de oc hablados en el sudeste francés.

proverbio m. Refrán o sentencia de origen popular.

providencia f. Previsión y cuidado que tiene Dios del mundo y de los seres humanos.

provincia f. **1** División territorial y administrativa de algunos países. ◆ f.pl. **2** ESP Territorio de un país o autonomía, por oposición a la capital.

provinciano, a adj./s. **1** Que ha nacido o vive en una provincia. **2** Que tiene una mentalidad cerrada y unas ideas atrasadas.

provisión f. **1** Acción de proveer. **2** Conjunto de cosas se reservan para un fin determinado.

provisional adj. Que no es definitivo.

provocar tr. **1** Hacer una cosa que ocurra otra como reacción o respuesta. **2** Hacer enfadar a alguien mediante palabras o acciones. ◆ tr./intr. **3** Despertar el deseo sexual.

proxeneta m. y f. Persona que induce a la prostitución y se beneficia de las ganancias obtenidas.

próximo, a adj. **1** Que está cerca de algo en el espacio o tiempo. ◆ adj./s. **2** Que está inmediatamente después.

proyección f. **1** Acción de proyectar una cosa con fuerza. **2** Influencia de una cosa en otra. **3** Acción y efecto de proyectar una imagen. **4** Representación de un cuerpo en un plano que se consigue trazando líneas rectas desde todos los puntos del cuerpo.

proyectar tr. **1** Lanzar una cosa con fuerza para que llegue a gran distancia. **2** Planear. **3** Reflejar una imagen sobre una pantalla. **4** Enviar rayos de luz o radiaciones sobre una cosa. **5** Hacer que algo llegue o se extienda a otra cosa, o que se manifieste en ella. **6** Reflejar un sentimiento, una idea o una pasión en una cosa. ◆ prnl. Hacerse visible una figura o sombra sobre una superficie.

proyectil m. Cuerpo que se lanza con fuerza a distancia.

proyecto m. **1** Idea de una cosa que se piensa hacer. **2** Conjunto de cálculos, análisis e investigaciones realizados para llevar a cabo una actividad. **3** Redacción provisional que se hace de un tratado, ley o reglamento.

proyector m. **1** Aparato que sirve para proyectar imágenes. **2** Aparato que concentra y orienta la luz de un foco.

prudencia f. **1** Cautela. **2** Sensatez.

prueba f. **1** Acción que consiste en usar una cosa para ver cómo funciona. **2** Examen para demostrar unos conocimientos o unas cualidades. **3** Razón o testimonio que demuestra la verdad o la falsedad de una cosa. **4** Cantidad muy pequeña que se extrae de una cosa para examinar su calidad. **5** Análisis médico. **6** Muestra provisional de un texto escrito. **7** Operación que sirve para comprobar la exactitud de otra que ya está hecha. **8** Competición deportiva.

prurito m. **1** Picor que se siente en el cuerpo. **2** Deseo constante de hacer algo lo mejor posible.

pseudónimo → seudónimo.

pseudópodo → seudópodo.

psi f. Letra del alfabeto griego (Ψ/ψ).

psicoanálisis o **sicoanálisis** m. Tratamiento de enfermedades mentales a partir del análisis de los impulsos reprimidos por la conciencia.

psicodelia o **sicodelia** f. **1** Excitación sensorial producida por el consumo de alucinógenos. **2** Movimiento artístico, especialmente musical, que intenta plasmar o crear este tipo de experiencia sensorial.

psicología o **sicología** f. **1** Ciencia que estudia los fenómenos y procesos psíquicos. **2** Manera de sentir, pensar y comportarse de una persona. **3** *Fam.* Capacidad para comprender a las personas.

psicomotricidad o **sicomotricidad** f. Relación que se establece entre la actividad psíquica y la capacidad de movimiento.

psicopatía o **sicopatía** f. Trastorno mental que se caracteriza por una alteración de la personalidad en cuanto a las relaciones personales.

psicosis o **sicosis** f. **1** Enfermedad mental grave que se caracteriza por una alteración global de la personalidad. **2** Miedo irracional.

psicoterapia o **sicoterapia** f. Tratamiento de ciertas enfermedades mediante procedimientos psicológicos.

psique o **sique** f. *Formal.* Conjunto de procesos conscientes e inconscientes propios de la mente humana.

psiquiatría o **siquiatría** f. Parte de la medicina que estudia y trata las enfermedades mentales.

psíquico, a o **síquico, a** adj. Relativo a la mente.

pteridofito, a adj./f. Se dice de la planta con tallos, hojas, raíces y un sistema vascular bien desarrollado, aunque carente de cámbium.

púa f. **1** Cuerpo pequeño, delgado, firme y afilado. **2** Plectro de un instrumento de cuerda.

pub m. Establecimiento donde se toman bebidas y se escucha música.

pubertad f. Primera fase de la adolescencia.

pubis m. **1** Parte inferior del vientre. **2** Hueso de los dos que componen la pelvis.

publicar tr. **1** Dar a conocer a mucha gente una información o una noticia. **2** Imprimir o editar una obra.

publicidad f. **1** Acción que consiste en dar a conocer al público un producto, una opinión, una noticia o a una persona, con un fin determinado. **2** Conjunto de medios usados para realizar esta acción.

publicista m. y f. Persona que se dedica a la publicidad.

público, a adj. **1** Sabido o conocido por mucha gente. **2** Que se realiza ante un grupo de personas. **3** Que está a disposición de todos los ciudadanos. **4** Que pertenece al Estado. ◆ m. **5** Conjunto de personas que contemplan un espectáculo. **6** Colectividad indefinida.

pucherazo m. Fraude electoral.

puchero m. **1** ESP Recipiente redondo, alto y un poco abombado que sirve para cocinar. **2** *Fam.* Guiso. **3** Gesto de la cara que precede al llanto.

pucho m. **1** *Fam.* AMÉR SUR Resto de un cigarro. **2** AMÉR SUR Cigarrillo.

pudibundo, a adj. Muy pudoroso.

púdico, a adj. Pudoroso.

pudiente adj./m. y f. Que tiene poder y riqueza.

pudin o **pudín** m. **1** Dulce elaborado con pan o bizcocho mojados en leche. **2** Alimento elaborado con ingredientes variados que se cocina en un molde alargado.

pudor m. Vergüenza, timidez.

pudrir tr./prnl. **1** Descomponer una sustancia orgánica. ◆ tr. **2** Causar degradación o corrupción. ◆ prnl. **3** Permanecer encerrado en un lugar.

pueblerino, a adj./s. **1** Del pueblo. ◆ adj./s. **2** *Desp.* Se dice de la persona que es poco refinada.

pueblo m. **1** Población más pequeña y con menos habitantes que una ciudad. **2** Conjunto de personas que viven en una región o país. **3** Conjunto de personas que forman una comunidad. **4** Conjunto de personas de nivel humilde.

puente m. **1** Construcción que se hace sobre un río, foso, etc., para pasar de un lado a otro. **2** Día en que no se trabaja por estar entre dos festivos. **3** Pieza de metal que sujeta los dientes artificiales a los naturales. **4** Conexión eléctrica entre dos cables. **5** Curvatura de la planta del pie. **6** Pieza central de las gafas. **7** Parte de una embarcación desde la que los oficiales comunican las órdenes. **8** Pieza curva de madera que se coloca en un instrumento de cuerda para sujetar las cuerdas y transmitir el sonido a la caja de resonancia.

puerco, a s. **1** Cerdo (animal). ◆ adj./s. **2** Se dice de la persona que no cuida su aseo personal.

puericultura f. Estudio y práctica de la crianza y cuidado de los niños durante los primeros años de vida.

pueril adj. **1** Propio de los niños pequeños. **2** Que tiene poco valor o poca importancia.

puerro m. Hortaliza de tallo largo, grueso, blanco y comestible.

puerta f. **1** Abertura que hay en una pared para poder entrar y salir por ella. **2** Plancha movible que se coloca en esta abertura. **3** Portería, en un deporte.

puerto m. **1** Lugar de la costa o de un río que sirve de refugio a las embarcaciones. **2** Paso alto y estrecho entre montañas.

puertorriqueño, a adj./s. Portorriqueño.

pues conj. **1** Sirve de enlace gramatical con valor ilativo o consecutivo. **2** Sirve de enlace gramatical con valor causal. **3** Sirve de enlace gramatical con valor condicional.

puesta f. **1** Acción de ocultarse tras el horizonte el sol u otro cuerpo celeste. **2** Acción de poner en marcha una cosa. **3** Acción y efecto de poner huevos las aves.

puesto, a adj. **1** *Fam.* Que va muy bien vestido o muy arreglado. **2** *Fam.* Que tiene muchos conocimientos sobre una materia. ◆ m. **3** Lugar o espacio que ocupa a una persona o cosa. **4** Cargo, trabajo. **5** Establecimiento comercial que se coloca en lugares públicos. ◇ **~ que** Introduce una oración subordinada causal.

puf m. Asiento bajo y blando, sin respaldo, brazos ni patas.

púgil m. Persona que practica el boxeo.

pugnar intr. **1** *Formal.* Luchar, combatir. **2** Insistir con esfuerzo para lograr una cosa.

pujanza f. Fuerza con que se desarrolla algo.

pujar tr. Ofrecer una cantidad de dinero mayor que las ofrecidas en una subasta.

pulcro, a adj. **1** Limpio, aseado. **2** Esmerado, cuidado.

pulga f. Insecto parásito que se alimenta de la sangre de los mamíferos y las aves.

pulgada f. Medida de longitud de valor variable.

pulgar m./adj. Dedo más grueso de la mano.

pulgón m. Insecto parásito que vive sobre ciertos vegetales.

pulimento m. **1** Acción de pulir una superficie. **2** Sustancia usada para pulir una superficie.

pulir tr. **1** Alisar una superficie para que quede suave y brillante. **2** Perfeccionar algo. **3** *Fam.* Robar, hurtar. ◆ prnl. **4** *Fam.* Gastarse una cantidad de dinero sin orden ni cuidado.

pulla f. Expresión irónica con la que se pretende herir u ofender.

pulmón m. **1** Cada uno de los dos órganos principales del aparato respiratorio de la mayoría de los vertebrados. **2** Órgano respiratorio de los moluscos terrestres.

pulmonía f. Inflamación y congestión de los pulmones.

pulpa f. **1** Parte blanda y carnosa de la fruta. **2** Carne de los animales limpia de huesos y ternilla.

pulpería f. AMÉR Tienda de comestibles.

púlpito m. Plataforma con antepecho desde donde predica el sacerdote.

pulpo m. **1** Molusco marino comestible, con ocho largos tentáculos dotados de ventosas. ◆ m. y f. **2** *Fam.* Persona que soba.

pulsar tr. Presionar suavemente con la yema de los dedos.

púlsar m. Estrella de neutrones que resulta de la explosión de una supernova.

pulsera f. **1** Adorno o joya que se pone en la muñeca. **2** Correa del reloj.

pulso m. **1** Conjunto de latidos producidos por el movimiento de la sangre en las arterias. **2** Firmeza en la mano para ejecutar una acción delicada. **3** Habilidad o cuidado para tratar un asunto.

pulular intr. Abundar y moverse mucho en un lugar personas, animales o cosas.

pulverizar tr. **1** Reducir a polvo. **2** Esparcir un líquido en forma de gotas muy pequeñas. **3** Destruir por completo.

puma m. Animal felino de pelaje marrón claro.

puna f. **1** Terreno seco, llano y con escasa vegetación, propio de los Andes. **2** AMÉR CENTRAL Malestar que se siente en las grandes alturas.

punción f. Introducción de un instrumento punzante en el organismo para obtener muestras de tejido.

pundonor m. Sentimiento que empuja a una persona a cuidar de su fama y honra personal.

punible adj. Que merece castigo.

púnico, a adj./s. **1** De Cartago. ◆ m./adj. **2** Lengua fenicia hablada por los cartagineses.

punk m./adj. **1** Movimiento juvenil y musical que surgió como protesta ante el convencionalismo de la sociedad y la crisis económica. ◆ adj./m. y f. **2** Seguidor de este movimiento.

punta f. **1** Extremo agudo de un objeto que corta o pincha. **2** Parte final o extremo de algo. **3** Clavo pequeño. **4** Lengua de tierra que entra en el mar. **5** Grado máximo de desarrollo.

puntada f. **1** Pasada que se da con aguja e hilo al coser. **2** Porción de hilo que queda visible tras esta pasada.

puntal m. **1** Madero o barra que sirve para sostener un muro u otra estructura. **2** Elemento principal de un sistema o un asunto. **3** Altura de una embarcación. **4** AMÉR Refrigerio, piscolabis.

puntapié m. Golpe dado con el pie.

puntear tr. **1** Dibujar, pintar o grabar con puntos. **2** Pulsar por separado las cuerdas de un instrumento de cuerda. **3** Comprobar que estén todos los elementos de una lista o de una cuenta.

puntera f. **1** Parte del calzado,

del calcetín o de la media que cubre la punta del pie. **2** Pieza que adorna o refuerza esta parte del calzado.

puntería f. **1** Habilidad para dar en el blanco. **2** Acción de apuntar con un arma.

puntero, a adj. **1** Que destaca dentro de su género, especie o categoría. ◆ m. **2** Vara acabada en punta que sirve para señalar. **3** Cincel puntiagudo de cabeza plana. **4** Señal que se mueve sobre la pantalla del ordenador mediante el ratón.

puntiagudo, a adj. Que tiene la punta aguda.

puntilla f. **1** Encaje estrecho con ondas o puntas. **2** Cuchillo corto para rematar a las reses.

puntillismo m. Técnica pictórica que se caracteriza por pinceladas yuxtapuestas semejantes a pequeños puntos.

puntillo m. Amor propio muy exagerado y basado en cosas sin importancia.

puntilloso, a adj. **1** Quisquilloso. **2** Exigente, cuidadoso.

punto m. **1** Señal circular de pequeño tamaño que destaca sobre una superficie. **2** Signo de puntuación (.) que indica una pausa. **3** Posición o lugar preciso y concreto. **4** Extremo, grado. **5** Parte de un escrito o asunto. **6** Unidad para calificar en algunos juegos o ejercicios. **7** Instante, momento o fase de un proceso. **8** Grado de temperatura necesario para que ocurra un determinado fenómeno físico. **9** Parte de una recta o plano que no posee ninguna de las dimensiones posibles. **10** Puntada. **11** Tejido elástico fabricado mecánicamente con todo tipo de fibras. ◇ **a ~** Preparado.

puntuación f. **1** Conjunto de puntos que se dan en un ejercicio o una prueba. **2** Conjunto de signos de ortografía que sirven para puntuar un texto.

puntual adj. **1** Que llega a un lugar a la hora convenida. **2** Que hace las cosas a tiempo. **3** Concreto, específico. **4** Exacto, detallado.

puntualizar tr. Especificar una cosa que se ha dicho para que no quede incompleta o imprecisa.

puntuar tr. **1** Poner los signos de ortografía necesarios para la comprensión correcta de un período gramatical. **2** Calificar con puntos. ◆ tr./intr. **3** Ganar puntos en una competición deportiva.

punzar tr. **1** Pinchar. **2** Provocar a una persona para que se enfade. ◆ intr. **3** Avivarse un dolor dando pinchazos.

punzón m. Instrumento para hacer agujeros en las telas y para grabar metales.

puñado m. **1** Cantidad de cualquier cosa que se puede contener en un puño. **2** Conjunto pequeño de algo. ◇ **a puñados** En grandes cantidades.

puñal m. Arma de acero de hoja corta y puntiaguda.

puñeta f. **1** Adorno de bordados y puntillas que se pone en el puño de una toga. **2** *Fam.* ESP Cosa o persona que molesta. ◆ **interj. 3** ESP Se usa para expresar enfado, desagrado o mal humor.

puñetazo m. Golpe dado con el puño.

puñetero, a adj. **1** *Fam.* ESP Que molesta, fastidia o incordia. **2** *Fam.* ESP Difícil y complicado de hacer.

puño m. **1** Mano cerrada. **2** Parte de la manga de una prenda de vestir que rodea la muñeca. **3** Parte por donde se cogen con la mano algunos utensilios o armas de filo.

pupa f. **1** Erupción en cualquier parte del cuerpo. **2** Costra de una herida. **3** *Fam.* ESP Daño.

pupila f. Abertura circular, de color negro, situada en el centro del iris.

pupilo, a s. **1** Huérfano menor de edad que es educado por un tutor. **2** Huésped. **3** Alumno de un maestro.

pupitre m. Mueble parecido a una mesa, con una tapa inclinada para escribir sobre él.

purasangre adj./m. Se dice del caballo que es de una raza pura.

puré m. Crema espesa elaborada con hortalizas, legumbres o verduras cocidas y trituradas.

purgante adj. **1** Que purga, limpia o purifica. ◆ **adj./m. 2** Que sirve para evacuar el vientre.

purgar tr. **1** Limpiar, purificar. **2** Evacuar el vientre mediante un purgante. **3** Sufrir un castigo por haber cometido una falta.

purgatorio m. **1** En el catolicismo, lugar en el que las almas purgan sus faltas. **2** Lugar donde se sufren penalidades.

purificar tr. **1** Quitar los elementos malos o extraños a una cosa para dejarla pura. **2** Hacer perfecta o mejor una cosa no material.

purismo m. Corriente ideológica que pretende mantener un arte, una técnica o una práctica dentro de la más estricta ortodoxia.

puritano, a adj./s. **1** Se dice de la persona que profesaba una doctrina religiosa próxima al calvinismo. **2** Se dice de la persona que profesa una moral muy estricta.

puro, a adj. **1** Que no tiene mezcla ni impurezas. **2** Moralmente recto, honesto y respetuoso. **3** Que es solo lo que se expresa.

púrpura adj./m. Se dice del color rojo fuerte, casi morado.

purpurina f. Polvo muy fino que se extrae del bronce o de un metal blanco.

purulento, a adj. Que tiene pus.

pus m. Líquido espeso que se forma en los tejidos infectados.

pusilánime adj./m. y f. Que no tiene ánimo, valor o energía.

pústula f. Ampolla llena de pus.

putada f. *Vulg.* ESP Acción perjudicial.

putativo, a adj. Se dice del familiar que se tiene como propio o legítimo sin serlo.

putear tr. *Vulg.* Fastidiar, perjudicar.

puticlub m. *Fam.* Establecimiento donde se ejerce la prostitución.

puto, a adj. **1** *Vulg.* Se dice de las cosas para denigrarlas. ◆ s. **2** *Desp.* Prostituto.

putrefacción f. Descomposición de una materia orgánica.

puya f. Punta de hierro de la garrocha del picador.

puzle m. Juego que consiste en recomponer una figura combinando unas determinadas piezas.

pyme o **PYME** f. Empresa pequeña o mediana.

q f. Decimoctava letra del alfabeto español.

quark m. Partícula elemental de la materia atómica.

quásar m. Fuente de radiación celeste muy intensa.

que pron. **1** Introduce una proposición de relativo en la que se indican ciertas características del sustantivo al que complementa. ◆ conj. **2** Introduce una proposición subordinada sustantiva y la une con la principal. **3** En correlación con **más** y **menos**, introduce el segundo término de una comparación de superioridad o inferioridad. **4** Introduce una explicación. **5** *Fam.* Introduce una proposición causal. **6** *Fam.* Introduce la consecuencia de lo que se expresa. **7** *Fam.* Introduce una finalidad y equivale a **para**. **8** Introduce una condición y equivale a **si**.

qué adj./pron. **1** Introduce preguntas. **2** Con un sustantivo, adjetivo o adverbio, introduce oraciones exclamativas. ◇ **¿por ~?** Se utiliza para preguntar la causa o razón de algo.

quebracho m. Árbol americano de gran altura y madera muy dura.

quebrado, a adj. **1** Que está roto. **2** Desigual, tortuoso. **3** AMÉR Que no tiene dinero. **4** COL Que está bajo los efectos de alguna droga. **5** *Fam.* VENEZ Jorobado. **6** VENEZ Que ha suspendido un examen. ◆ adj./m. **7** Se dice del número que expresa una o varias porciones de un todo dividido en partes iguales.

quebrantahuesos m. Ave rapaz de gran tamaño, de plumaje gris negruzco y blanco.

quebrantar tr. **1** Romper de forma violenta una cosa sin que lleguen a separarse del todo sus partes. **2** No cumplir una ley, una palabra dada o una obligación. **3** Debilitar la fuerza, la salud o el ánimo de una persona.

quebrar tr. **1** Romper de forma violenta una cosa sin que lleguen a separarse del todo sus partes. **2** Interrumpir la continuación de una cosa no material. ◆ intr. **3** Fracasar un negocio por tener deudas.

quechua o **quichua** adj./m. y f. **1** De un pueblo amerindio descendiente de los antiguos incas. ◆ m./adj. **2** Lengua hablada por este pueblo.

queda f. Hora a partir de la cual la población civil tiene prohibida la libre circulación.
quedar intr. **1** Estar en un sitio durante un tiempo determinado. **2** Mantenerse en el mismo estado o situación. **3** Pasar a un estado final determinado. **4** Haber, estar o existir todavía. **5** Terminar, acabar. **6** Citarse con una persona. **7** Estar situado en un sitio determinado. **8** Producir una impresión determinada. **9** Ponerse de acuerdo en algo. ◆ **prnl. 10** Coger alguien una cosa y retenerla en su poder. **11** *Fam.* MÉX Llegar a la edad madura una mujer sin casarse.
quehacer m. Ocupación, tarea.
queja f. Acción y efecto de quejarse.
quejarse prnl. **1** Expresar dolor o pena. **2** Mostrar disconformidad o desacuerdo.
quejido m. Expresión de dolor, pena, descontento o enfado.
quelonio adj./m. Se dice del reptil que tiene el cuerpo protegido por un caparazón duro, cuatro extremidades cortas y mandíbulas sin dientes.
quema f. Acción de quemar o quemarse.
quemadura f. Herida en la piel producida por el fuego, las sustancias corrosivas, la radiación solar, etc.
quemar tr. **1** Destruir con fuego o una sustancia corrosiva. **2** Hacer que una cosa caliente mucho por estar expuesta a una temperatura elevada. **3** Causar una sensación de ardor o escozor. **4** Secar una planta el calor o el frío excesivos. **5** Derrochar, malgastar. **6** Consumir un elemento orgánico en el organismo. ◆ **intr. 7** Estar muy caliente. ◆ **prnl. 8** Experimentar un sentimiento con mucha intensidad. **9** Desgastarse una persona por el ejercicio continuado de una actividad.
quemarropa ◇ **a ~ 1** Se dice del disparo que se hace desde muy cerca. **2** Se usa para indicar que una cosa se hace o se dice de forma directa y brusca.
quemazón f. **1** Sensación desagradable de calor o picor. **2** Disgusto, tristeza o incomodidad.
quena f. Flauta utilizada por pueblos andinos.
queratina f. Proteína de la epidermis y de órganos como las uñas, el pelo, las plumas, las escamas, las pezuñas o los cuernos.
querella f. **1** Acusación presentada ante un juez o tribunal. **2** Disputa.
querer tr. **1** Tener el deseo, la voluntad o la intención de hacer o conseguir algo. **2** Sentir afecto, cariño o amor. **3** Se usa para pedir educadamente a una persona lo que se expresa.
querido, a s. *Fam.* Amante.
queroseno o **keroseno** m. Líquido inflamable obtenido de la destilación del petróleo.
querubín m. **1** Ángel que tiene

un grado jerárquico inferior al serafín. **2** Persona de delicada belleza.

quesito m. Porción de queso empaquetada individualmente.

queso m. **1** Alimento que se obtiene de la leche cuajada y salada. **2** *Fam.* Pie.

quetzal m. **1** Ave trepadora de plumaje verde y rojo. **2** Unidad monetaria de Guatemala.

quevedos m.pl. Lentes que se sujetan únicamente a la nariz.

quiasmo m. Figura retórica que consiste en intercambiar los elementos de dos secuencias paralelas.

quibla f. Muro de la mezquita que está orientado hacia La Meca.

quichua → quechua.

quicio m. Parte de una puerta o ventana en la que están los goznes y las bisagras.

quid m. Punto más importante o esencial de algo.

quiebra f. **1** Cese de la actividad de un negocio por no poder pagar sus deudas. **2** Separación de una cosa en varias partes. **3** Abertura o hendidura en un terreno. **4** Pérdida, ruptura o disminución.

quiebro m. **1** Movimiento que se hace al doblar el cuerpo por la cintura. **2** Elevación del tono de la voz al cantar.

quien pron. **1** Introduce una proposición de relativo y tiene como antecedente a una persona. **2** Sin antecedente expreso, designa a personas de forma indeterminada.

quién pron. **1** Introduce oraciones en las que se pregunta por la identidad de una persona. **2** Introduce oraciones exclamativas que expresan deseo o admiración.

quienquiera det./pron. Cualquier persona indeterminada.

quieto, a adj. **1** Que no se mueve. **2** Tranquilo, lleno de paz.

quietud f. **1** Falta de movimiento. **2** Sosiego, ausencia de agitación y ruido.

quijada f. Cada uno de los huesos en los que se alberga la dentadura de los mamíferos vertebrados.

quijote m./adj. **1** Persona que defiende causas nobles y justas de forma desinteresada. ◆ **m. 2** Pieza de una armadura que protege el muslo.

quilate m. **1** Unidad de masa de las perlas y piedras preciosas. **2** Unidad que expresa la cantidad de oro puro contenida en una aleación.

quilla f. **1** Pieza en que se asienta el armazón de una embarcación de proa a popa. **2** Saliente del esternón de las aves.

quilo m. **1** Kilo. **2** Líquido procedente de la transformación del quimo en el intestino. **3 m.** CH Arbusto de fruto comestible.

quimera f. **1** Creación imaginaria que se toma como real. **2** Animal imaginario con cabeza de león, vientre de cabra y cola de dragón.

química f. Ciencia que estudia la composición, las propiedades y las transformaciones de la materia.

químico, a adj. **1** Relativo a la química. ◆ s. **2** Persona que se dedica a la química.

quimioterapia f. Tratamiento de ciertas enfermedades por medio de sustancias químicas.

quimo m. Pasta blanquecina, homogénea y ácida, en que se transforman los alimentos dentro del estómago.

quimono m. Kimono.

quina f. **1** Corteza del quino. **2** Sustancia medicinal extraída de esta corteza.

quincalla f. Conjunto de objetos de escaso valor, generalmente de metal.

quince num.cardin. **1** Diez más cinco. ◆ **num.ordin. 2** Que ocupa el lugar número 15 en una serie ordenada. ◆ m. **3** Número 15.

quinceavo, a num.partit. Se dice de cada una de las partes que resultan de dividir un todo en quince partes iguales.

quincena f. **1** Conjunto formado por quince unidades. **2** Período de quince días.

quincuagésimo, a num.ordin. **1** Que ocupa el lugar número 50 en una serie ordenada. ◆ **num. partit. 2** Se dice de cada una de las partes que resultan de dividir un todo en cincuenta partes iguales.

quiniela f. **1** ESP Sistema de apuestas que consiste en pronosticar los resultados de una determinada competición deportiva. **2** ARG, PAR, R DOM, URUG Juego que consiste en apostar a la terminación del número premiado en la lotería.

quinientos, as num.cardin. **1** Cuatrocientos más cien. ◆ **num. ordin. 2** Que ocupa el lugar número 500 en una serie ordenada. ◆ m. **3** Número 500.

quinina f. Sustancia alcaloide obtenida de la quina, que se utiliza en el tratamiento de la malaria.

quino m. **1** Árbol tropical de origen americano, de fruto seco en forma de cápsula. **2** Quina (sustancia).

quinqué m. Lámpara de aceite o petróleo.

quinquenio m. Período de cinco años.

quinqui m. y f. *Fam.* ESP Persona, generalmente de origen marginal, que comete actos delictivos.

quinta f. **1** Casa de campo o de veraneo. **2** ESP Conjunto de soldados que ingresan cada año en el ejército. **3** ESP Conjunto de personas que tienen la misma edad.

quintaesencia o **quinta esencia** f. Sentido último o cualidad más pura y elevada de una cosa.

quintal m. **1** Medida de masa antigua. **2** Medida de masa que equivale a 100 kilogramos.

quinteto m. **1** Conjunto de cinco instrumentistas o cantantes. **2** Composición musical escrita para este conjunto. **3** Estrofa de cinco versos de arte mayor.

quinto num.ordin. **1** Que ocupa el lugar número 5 en una serie ordenada. ◆ num.partit. **2** Se dice de cada una de las partes que resultan de dividir un todo en cinco partes iguales. ◆ m. **3** ESP Joven que ha sido llamado para hacer el servicio militar. **4** Botella de cerveza de 20 centilitros.

quíntuplo, a adj./m. Que es cinco veces el número o cantidad de cierta cosa.

quiosco o **kiosco** o **kiosko** m. **1** Construcción destinada a la venta de periódicos, revistas, golosinas y otros artículos. **2** Templete que se instala en parques y jardines.

quirófano m. Sala donde se realizan operaciones quirúrgicas.

quiromancia o **quiromancía** f. Adivinación del futuro por la interpretación de las rayas de la mano.

quiróptero, a adj./m. Se dice del animal mamífero volador, de hábitos nocturnos, como el murciélago.

quirquincho m. AMÉR SUR Armadillo con muchas cerdas en su caparazón.

quirúrgico, a adj. Relativo a la cirugía.

quisco m. CH Nombre genérico con el que se conocen varios cactos.

quisque o **quisqui** m. *Fam.* ESP Individuo.

quisqueyano, a adj./s. De Santo Domingo.

quisquilloso, a adj./s. **1** Se dice de la persona muy susceptible. **2** Que da demasiada importancia a cosas que no la tienen.

quiste m. Bolsa que se forma en los tejidos del cuerpo y que puede contener un líquido perjudicial.

quitamanchas m./adj. Sustancia para quitar las manchas.

quitamiedos m. Parapeto que se coloca en lugares en los que hay peligro de caer.

quitar tr. **1** Coger una cosa y apartarla del lugar en que estaba. **2** Hacer desaparecer. **3** Impedir, prohibir. **4** Liberar de una obligación, pena, cargo, etc. **5** Arrebatarle a alguien algo que le pertenece. ◆ prnl. **6** *Fam.* Dejar una cosa.

quite m. Movimiento con que se evita una acometida o ataque.

quiteño, a adj./s. De Quito.

quitina f. Polisacárido que constituye el esqueleto externo de los artrópodos.

quizá o **quizás** adv. Expresa posibilidad o duda.

quórum m. Número de personas necesario para que una votación o deliberación sea válida.

R

r f. Decimonovena letra del alfabeto español.

rabadilla f. Extremo inferior de la columna vertebral.

rábano m. **1** Planta herbácea de tallo ramoso y hojas ásperas y grandes. **2** Raíz comestible de esta planta, de color blanco por dentro y rojo por fuera.

rabia f. **1** Enfermedad infecciosa que se transmite por la mordedura de algunos animales. **2** Enfado grande y violento.

rabiar intr. **1** Dar muestras de gran enfado. **2** Padecer un dolor muy fuerte.

rabieta f. *Fam.* Enfado o llanto grande y de poca duración.

rabillo m. Rabo fino y delgado que une una hoja, un fruto o una flor al tallo.

rabino m. Jefe espiritual de la religión hebrea.

rabo m. **1** Cola de ciertos animales. **2** Rabillo. **3** *Vulg.* Pene.

rabón, na adj. **1** Se dice del animal sin rabo o de rabo corto. **2** *Fam.* ARG, MÉX Se dice de la prenda de vestir muy corta.

rácano, a adj./s. **1** *Fam.* Avaro. **2** Vago.

racha f. **1** Período corto de buena o mala suerte. **2** Golpe de viento violento y corto.

racial adj. Relativo a la raza.

racimo m. **1** Conjunto de frutos dispuestos sobre un tallo principal. **2** Conjunto de flores dispuestas sobre un eje principal.

raciocinio m. Facultad de pensar o razonar.

ración f. Cantidad de alimento que se da a una persona o animal.

racional adj./m. y f. **1** Dotado de razón. ◆ adj. **2** Relativo a la razón. **3** Se dice del número que puede ser expresado en forma de fracción.

racionalismo m. Doctrina filosófica que considera que la razón es la principal o única fuente de conocimiento.

racionar tr. **1** Distribuir en raciones. **2** Limitar una cosa y someterla a una distribución ordenada.

racismo m. Actitud de rechazo y desprecio hacia una raza o etnia distinta de la propia.

radar m. **1** Sistema para localizar la presencia y la posición de objetos mediante ondas electromagnéticas. **2** Aparato que utiliza este sistema.

radiación f. **1** Transmisión de un suceso por radio. **2** Emisión de luz, calor u otra energía. **3** Elemento de una onda electromagnética o luminosa.

radiactivo, a o **radioactivo, a** adj. Que emite radiaciones de energía.

radiador m. **1** Aparato de calefacción. **2** Aparato para enfriar el motor de un automóvil.

radial adj. **1** Relativo al radio. **2** Dispuesto como los radios de una circunferencia.

radián m. Unidad de medida de ángulos del Sistema Internacional, de símbolo **rad**.

radiante adj. **1** Que brilla o emite mucha luz. **2** Que expresa gozo o alegría.

radiar tr. **1** Transmitir un suceso por radio. **2** Despedir un cuerpo radiaciones. **3** Tratar una patología con radiación.

radical adj. **1** Relativo a la raíz. **2** Fundamental. ◆ adj./m. y f. **3** Partidario de políticas extremas. ◆ m. **4** Parte de una palabra que se mantiene fija en todas sus formas. **5** Signo de la raíz cuadrada. **6** Grupo de átomos libre o integrado como una unidad en un compuesto químico y que pasa inalterado de unas combinaciones a otras.

radicar intr. **1** Echar raíces, arraigar en un lugar. **2** Estar en un lugar. **3** Consistir, tener origen.

radio f. **1** Aparato eléctrico que recibe ondas y las transforma en sonidos. **2** Radiodifusión. ◆ m. **3** Segmento que une el centro de un círculo con cualquier punto del borde. **4** Vara que une el centro de una rueda con la llanta. **5** Espacio que cubre la influencia de una cosa. **6** Hueso más externo y fino del antebrazo. **7** Elemento químico (metal) de símbolo **Ra**.

radiocomunicación f. Comunicación realizada por medio de ondas de radio.

radiocontrol m. Control a distancia por medio de ondas de radio.

radiodifusión f. **1** Emisión de noticias, música o programas a través de ondas de radio. **2** Conjunto de personas y medios destinados a llevar a cabo esta emisión.

radiofonía f. Técnica de emisión de ondas que pueden recibirse y transformarse en sonidos.

radiografía f. **1** Procedimiento que permite hacer fotografías por medio de rayos X. **2** Imagen obtenida con este procedimiento.

radiología f. Parte de la medicina que estudia las aplicaciones de las sustancias radiactivas y las radiaciones.

radiotelefonía f. Sistema de comunicación telefónica por medio de ondas hertzianas.

radiotelegrafía f. Sistema de comunicación telegráfica que utiliza las ondas hertzianas.

radioterapia f. Tratamiento de enfermedades mediante radiaciones.

radiotransmisor o **radiotrasmisor** m. Aparato usado en radiotelegrafía y radiotelefonía.

radón m. Elemento químico (gas) de símbolo Rn.

raer tr. Raspar.

ráfaga f. **1** Golpe de viento corto y violento. **2** Golpe de luz vivo e instantáneo. **3** Serie de disparos de un arma automática.

rafia f. Fibra muy resistente y flexible obtenida de las hojas de distintas palmeras.

raído, a adj. Se dice de la tela o el vestido que está muy gastado.

raigambre f. **1** Conjunto de antecedentes, intereses, hábitos, creencias o afectos que ligan a una persona a un lugar. **2** Serie de raíces unidas entre sí.

raíl o **rail** m. **1** Carril de las vías férreas. **2** Guía sobre la que se desplaza una cosa.

raíz f. **1** Órgano de una planta que crece en sentido contrario al tallo y le sirve como sostén. **2** Origen, principio o causa de una cosa. **3** Parte de los dientes que queda inserta en los alvéolos. **4** Parte de una palabra que se mantiene fija en todas sus formas. **5** Cantidad que, multiplicada por sí misma una o más veces, da un número determinado.

raja f. **1** Abertura, corte o hendidura. **2** Trozo delgado y alargado que se corta de un alimento. **3** *Vulg.* Vulva.

rajá m. Soberano indio.

rajar tr. **1** Producir una abertura en una superficie. **2** Producir una herida con arma blanca. **3** *Fam.* AMÉR Desacreditar a una persona. **4** *Fam.* CH, COL, P. RICO Reprobar a un alumno en un examen. **5** *Fam.* MÉX Delatar. ◆ **intr. 6** *Fam.* Hablar mucho. ◆ **intr./prnl. 7** *Fam.* ARG, BOL, URUG Abandonar precipitadamente un lugar. ◆ **prnl. 8** *Fam.* Desistir de algo a última hora.

rajatabla ◇ **a ~** *Fam.* Rigurosamente.

ralea f. *Desp.* Clase, condición o género.

ralentí m. **1** Número mínimo de revoluciones por minuto del motor de un vehículo cuando no está acelerado. **2** Cámara lenta.

rallar tr. Desmenuzar un cuerpo con un rallador.

rally m. Prueba deportiva de velocidad y resistencia para automóviles.

ralo, a adj. Muy separado, poco espeso.

RAM f. Memoria del ordenador sobre la que se pueden efectuar operaciones de lectura y escritura.

rama f. **1** Parte que crece a partir del tallo o del tronco de las plantas. **2** Conjunto de personas con un origen común. **3** Cada una de las partes de una ciencia, arte o actividad.

ramadán m. Noveno mes del calendario musulmán, durante el que se guarda ayuno.
ramal m. **1** Parte que arranca de algo principal y que se bifurca. **2** Cada uno de los hilos o cabos de una soga o cuerda. **3** Cuerda que se sujeta a la cabeza de una caballería.
ramalazo m. **1** *Fam.* Aparición brusca y pasajera de un dolor o emoción. **2** *Fam.* Pérdida pasajera del juicio. **3** *Fam.* Actitud afeminada en un hombre.
rambla f. **1** Cauce con fondo plano y paredes abruptas que forman las aguas pluviales. **2** Avenida, paseo.
ramera f. *Fam. y desp.* Prostituta.
ramificarse prnl. **1** Dividirse en ramas. **2** Ampliarse, difundirse.
ramillete m. Ramo pequeño de flores.
ramo m. **1** Conjunto de flores, ramas o hierbas arreglado de forma bonita y agradable. **2** Rama que nace de otra rama principal. **3** Rama de una ciencia, arte o actividad.
rampa f. **1** Plano inclinado entre dos superficies de diferente nivel. **2** Contracción involuntaria y dolorosa de un músculo.
ramplón, na adj. **1** Que no tiene buen gusto. **2** Aburrido.
rana f. Anfibio sin cola en la edad adulta, de piel lisa y húmeda y patas posteriores muy desarrolladas.
ranchera f. **1** Canción popular mexicana. **2** Automóvil con gran espacio en la parte posterior.
ranchero, a s. Dueño o trabajador de un rancho.
rancho m. **1** Comida para muchas personas. **2** Granja americana en la que se cría ganado.
rancio, a adj. **1** Se dice del vino o alimento que con el tiempo toma un sabor y olor más fuertes. **2** Que es muy antiguo. **3** Antipático.
rango m. **1** Clase, índole o categoría. **2** AMÉR Rumbo, esplendidez.
ranking m. Lista en que se clasifican una serie de elementos.
ranura f. Hendidura larga y estrecha de un cuerpo.
rap m. Música de ritmo muy sincopado, con largos textos que se cantan casi recitándolos.
rapapolvo m. *Fam.* Reprimenda severa.
rapar tr. **1** Cortar el pelo al rape. **2** Afeitar la barba.
1. **rapaz** adj./f. Se dice del ave dotada de pico robusto, vista aguda, alas fuertes y garras muy afiladas.
2. **rapaz, za** s. **1** Muchacho.
rape m. **1** Pez marino comestible de cabeza muy grande y aplanada. **2** Corte excesivo del pelo.
rapé m. Tabaco en polvo que se aspira por la nariz.
rápido, a adj. **1** Que se mueve, actúa o se hace muy deprisa. ◆ m. **2** Parte de un río en la que el agua corre de forma violenta. **3** ESP Tren de viajeros que solo se detiene en

las estaciones principales. ◆ adv. **4** A gran velocidad.

rapiña f. Robo, saqueo.

raposo, a s. ESP Zorro (animal y persona).

rapsoda m. y f. Persona que recita poesías.

rapsodia f. Composición instrumental de forma libre constituida por fragmentos de otras obras.

raptar tr. Llevarse y retener a una persona contra su voluntad con el fin de exigir algo.

raqueta f. Instrumento ovalado con mango que sirve para golpear una pelota.

raquídeo, a adj. Relativo al raquis (columna vertebral).

raquis m. **1** Columna vertebral. **2** Eje de una pluma de ave. **3** Nervio de una hoja, un racimo o una espiga.

raquítico, a adj. **1** Que es pequeño y débil. ◆ adj./s. **2** Que padece raquitismo.

raquitismo m. Enfermedad propia de la infancia, producida por la falta de vitamina D y caracterizada por la deformación de los huesos y un estado general de debilidad.

rareza f. **1** Cualidad de raro. **2** Objeto extraño o poco común.

raro, a adj. **1** Poco común o frecuente. **2** Extraordinario. ◆ adj./s. **3** Que tiene una conducta extravagante.

ras m. Igualdad en la altura de la superficie de las cosas. ◇ **a ~ de** Al mismo nivel, casi rozando.

rasante adj. **1** Que pasa rozando una superficie. ◆ f. **2** Línea de una calle o camino en relación con el plano horizontal.

rasca f. **1** *Fam.* ESP Frío. **2** *Fam.* AMÉR Borrachera. ◆ adj./m. y f. **3** *Fam.* ARG, CH Vulgar.

rascacielos m. Edificio con más altura y pisos de lo habitual.

rascar tr. **1** Hacer rayas en una superficie con un objeto áspero o cortante. **2** Frotar la piel o arañar. ◆ intr. **3** Producir una sensación desagradable en la piel un tejido.

rasero ◇ **por el mismo ~** Con igualdad o sin hacer la menor diferencia.

rasgar tr. Romper o hacer pedazos el papel, la tela, etc.

rasgo m. **1** Línea trazada con un instrumento de escritura. **2** Forma o línea del rostro de una persona.

rasguear tr. Tocar un instrumento musical rozando varias cuerdas a la vez con los dedos.

rasguño m. Herida o señal hecha con las uñas o algo cortante.

raso, a adj. **1** Plano, liso. **2** Despejado, sin nubes. **3** Lleno hasta el borde. **4** Que pasa rozando el suelo. ◆ m. **5** Tela de seda muy brillante. ◇ **al ~** Sin resguardo alguno.

raspa f. **1** Espina del pescado. **2** AMÉR Rapapolvo. **3** AMÉR CENTRAL Burla.

raspado m. **1** Acción de raspar una superficie. **2** Operación quirúrgica que consiste en raer ciertos tejidos enfermos.

raspar tr. **1** Frotar una superficie con otra rugosa o con un objeto cortante. **2** Producir arañazos, roces o sensación de picor.

rasta f. **1** Mechón de cabello cardado. **2** Rastafari.

rastafari o **rasta** adj./m. y f. De un movimiento religioso, social y cultural de origen jamaicano que defiende la libertad de las personas de origen africano y que cree en la divinidad de Ras Tafari.

rastra ◇ **a rastras** Arrastrándose; por obligación.

rastrear tr. Buscar siguiendo el rastro.

rastrero, a adj. **1** Mezquino, ruin. **2** Se dice del tallo que está extendido sobre el suelo, o de la planta con este tipo de tallo.

rastrillo m. Instrumento con púas o dientes para recoger hierba, paja o plantas secas.

rastro m. **1** Señal o huella que queda al pasar por un lugar. **2** ESP Mercado al aire libre de objetos usados. **3** Rastrillo.

rastrojo m. **1** Resto de las cañas de la mies segadas. **2** Terreno después de segar la mies.

rasurar tr. Cortar el pelo del cuerpo con una cuchilla.

rata f. **1** Mamífero roedor de cola larga, cabeza pequeña, hocico puntiagudo y orejas tiesas. **2** *Fam.* Persona despreciable. ◆ m. y f. **3** *Fam.* Persona muy tacaña. ◆ adj./m. y f. **4** *Fam.* MÉX Ladrón, ratero.

ratero, a adj./s. Se dice de la persona que roba cosas de poco valor.

ratificar tr. Aprobar y confirmar la validez de algo.

ratio f. Relación entre dos cantidades que expresa en qué medida es mayor una que otra.

rato m. Espacio breve de tiempo. ◇ **a ratos** En unos momentos sí y en otros no.

ratón m. **1** Mamífero roedor más pequeño que la rata. **2** Dispositivo externo de un ordenador que se arrastra con la mano sobre una superficie.

raudal m. **1** Masa abundante de agua que corre con fuerza. **2** Abundancia. ◇ **a raudales** En gran cantidad.

raudo, a adj. Muy rápido.

raviolis o **ravioles** m.pl. Pasta de forma cuadrada rellena de carne picada, queso, etc.

raya f. **1** Línea larga y delgada en un cuerpo o superficie. **2** Línea que resulta al separar el pelo con un peine. **3** Signo ortográfico (—) que se usa para separar oraciones o indicar el diálogo. **4** Límite físico o moral. **5** *Fam.* Dosis de cocaína o de otra droga en polvo. **6** Pez marino de cuerpo aplastado, cola larga y aletas pectorales muy grandes.

rayar tr. **1** Hacer rayas o líneas. ◆ intr. **2** Lindar.

rayo m. **1** Línea de luz procedente de un cuerpo luminoso. **2** Chispa eléctrica producida entre dos nubes o entre una nube y la tierra. **3** *Fam.* Persona o cosa que actúa con gran fuerza y rapidez. ◇ **rayos X** Radiación electromagnética muy energética y con un gran poder de penetración, usada en medicina.

rayuela f. **1** Juego que consiste en tocar una raya con monedas o piedras lanzadas a cierta distancia. **2** Juego que consiste en llevar un tejo, saltando con un solo pie sobre varios cuadros dibujados en el suelo y procurando no pisar las rayas.

raza f. **1** Grupo de la especie humana constituido por personas con unas mismas características físicas transmitidas por herencia. **2** Grupo en que están subdivididas algunas especies de animales y plantas.

razón f. **1** Facultad de pensar. **2** Motivo, causa. **3** Acierto en lo que se dice o se hace. **4** Argumento, explicación. **5** Conjunto de palabras con que se expresa una idea o pensamiento.

razonable adj. **1** Que está de acuerdo con la razón, la lógica o la justicia. **2** Suficiente. **3** Se dice de la persona sensata.

razonamiento m. **1** Acción de razonar. **2** Demostración de una cosa mediante ideas y razones.

razonar intr. **1** Usar la capacidad de pensar y unir de manera lógica una serie de ideas o razones. ◆ tr. **2** Dar una serie de razones para demostrar algo.

re m. Segunda nota de la escala musical.

reacción f. **1** Acción provocada por otra y de efectos contrarios a ella. **2** Respuesta a un estímulo externo. **3** Cambio de un estado físico, provocado por una enfermedad, medicamento o vacuna. **4** Proceso por el cual unas sustancias químicas se transforman en otras nuevas. **5** Oposición ante las innovaciones.

reaccionar intr. **1** Responder o actuar de una manera determinada como respuesta a un estímulo. **2** Mejorar una persona en su salud o en sus funciones vitales, o volver una cosa a su actividad normal. **3** Combinarse dos o más sustancias químicas para producir otra nueva.

reaccionario, a adj./s. Que defiende la tradición y se opone a las reformas.

reacio, a adj. Que se opone a algo.

reactivar tr. **1** Volver a activar. **2** Dar más actividad.

reactor m. **1** Motor de reacción cuyo movimiento se origina mediante la expulsión de una corriente de gases. **2** Avión con este tipo de motor.

reafirmar tr. **1** Volver a afirmar, ratificar. **2** Hacer más firme.

reajustar tr. **1** Volver a ajustar. **2** Aumentar o disminuir los precios, salarios o impuestos en función de las circunstancias.

real adj. **1** Que existe, que es verdadero y auténtico. **2** Relativo al rey, la reina o la realeza. **3** Se dice del número que es racional o irracional. ◆ m. **4** Antigua moneda española. **5** Campo abierto donde se celebra una feria.

realce m. Adorno o labor que sobresale de la superficie.

realidad f. **1** Existencia verdadera y efectiva de una cosa. **2** Conjunto formado por todo lo existente en el mundo real. **3** Verdad o hecho que ocurre verdaderamente, por oposición a lo imaginado.

realismo m. **1** Forma de ver las cosas tal como son en realidad. **2** Tendencia artística y literaria basada en la representación objetiva de la realidad. **3** Doctrina que afirma la existencia de una verdad previa e independiente del conocimiento de la misma. ◆ m. **4** Opinión favorable a la monarquía.

realizar tr. **1** Ejecutar una acción o llevar a cabo una cosa. ◆ prnl. **2** Conseguir una persona cumplir o desarrollar sus aspiraciones, deseos o posibilidades y sentirse satisfecha por ello.

realzar tr. Destacar o poner de relieve la importancia o las cualidades de una persona o cosa.

reanimar tr. **1** Devolver las fuerzas. **2** Hacer recuperar las funciones vitales. **3** Dar ánimo.

reanudar tr. Continuar una actividad interrumpida.

reavivar tr. Volver a avivar una cosa.

rebaba f. Porción de materia sobresaliente en los bordes o las junturas de un objeto.

rebaja f. **1** Descuento de una cosa, especialmente un precio. ◆ f.pl. **2** Venta de productos a precios reducidos. **3** Período en que se establece esta venta.

rebajar tr. **1** Disminuir la cantidad o el precio de algo. **2** Disminuir el nivel o la altura de algo. **3** Disminuir la intensidad, la fuerza o el brillo de algo. **4** Disminuir el sabor, el color o el grado de una bebida. **5** Humillar, despreciar.

rebanada f. Porción delgada y ancha de una cosa, especialmente de pan.

rebanar tr. **1** Hacer rebanadas. **2** Cortar una cosa de un extremo a otro.

rebañar tr. ESP Apurar los restos de una cosa, especialmente de una comida.

rebaño m. **1** Conjunto grande de cabezas de ganado. **2** Grupo de personas que se dejan manejar o dirigir.

rebasar tr. **1** Pasar o superar cierto límite. **2** Adelantar o dejar atrás.

rebatir tr. Refutar.

rebeca f. ESP Chaqueta femenina de lana o algodón, sin cuello.

rebeco m. Mamífero rumiante, parecido a una cabra.

rebelarse prnl. **1** Negarse a obedecer. **2** Oponer total resistencia.

rebelde adj./m. y f. **1** Que se rebela o subleva. ◆ adj. **2** Que es difícil de educar, dirigir o controlar. **3** Que es difícil de dominar o manejar.
rebelión f. Acción de rebelarse.
reblandecer tr. Poner blando.
rebobinar tr. Enrollar hacia atrás un hilo, cinta o película fotográfica.
reborde m. Saliente curvado y estrecho del borde de un objeto o superficie.
rebosar intr. **1** Salirse por los bordes. **2** Estar lleno hasta los bordes. **3** Mostrar con energía un sentimiento.
rebotar intr. **1** Botar repetidamente un cuerpo contra otro. **2** Cambiar de dirección un cuerpo tras chocar contra un obstáculo. ◆ prnl. **3** *Fam.* ESP Molestarse, enfadarse.
rebotica f. ESP Pieza o habitación trasera en una botica o farmacia.
rebozar tr. **1** Cubrir un alimento con harina, huevo batido y pan rallado para freírlo. **2** Cubrir la cara hasta los ojos.
rebullir intr./prnl. Empezar a moverse lo que estaba quieto.
rebuscado, a adj. Demasiado complicado o raro.
rebuscar tr. Buscar una cosa repetidamente y con mucho cuidado.
rebuzno m. Voz del asno.
recabar tr. Alcanzar o conseguir lo que se desea insistiendo mucho o suplicando.
recado m. **1** Mensaje que se da o se envía de palabra. **2** Quehacer que requiere que una persona salga a la calle.
recaer (8) intr. **1** Volver a caer enfermo. **2** Volver a caer en el mismo error o vicio. **3** Ir a parar una cosa sobre alguien o algo.
recalar tr. **1** Penetrar poco a poco un líquido en un cuerpo seco. ◆ intr. **2** Llegar una embarcación a un punto de la costa.
recalcar tr. Hablar lentamente e insistiendo en lo que se quiere decir.
recalcitrante adj. Obstinado.
recámara f. **1** Parte del cañón de un arma de fuego donde se coloca el proyectil. **2** Habitación situada detrás de la habitación principal. **3** AMÉR Alcoba, dormitorio.
recambio m. Pieza destinada a sustituir a otra igual que se ha estropeado.
recapacitar intr. Pensar o reflexionar con detenimiento y atención.
recapitular tr. Resumir ordenadamente un asunto ya explicado.
recargar tr. **1** Volver a cargar. **2** Aumentar la carga. **3** Adornar excesivamente. **4** Aumentar una cantidad que se debe pagar.
recato m. Cautela, reserva.
recaudar tr. Reunir o cobrar una cantidad de dinero.
recaudo ◇ **a buen ~** Custodiado o vigilado con mucha atención.

recelo m. Sospecha, falta de confianza.

recensión f. Reseña o comentario de una obra literaria, artística o científica.

recepción f. **1** Acción de recibir. **2** Captación a través de un receptor de ondas radioeléctricas. **3** Oficina o dependencia donde se recibe o informa al público. **4** Fiesta de sociedad.

receptáculo m. Cavidad en la que se contiene algo.

receptor, ra adj./s. **1** Que acepta o recibe. ◆ adj./m. **2** Se dice del aparato que recibe señales eléctricas, telegráficas, telefónicas o radiofónicas y las convierte en señales que se pueden oír o ver.

recesión f. **1** Disminución de la actividad económica, generalmente pasajera. **2** Movimiento de un planeta cuando se aleja del Sol.

receso m. **1** Interrupción o pausa temporal en una actividad. **2** AMÉR Suspensión temporal de actividades en los cuerpos colegiados, asambleas, instituciones educativas, etc.

receta f. **1** Nota en la que se indican los componentes de una cosa y el modo de prepararla. **2** Prescripción médica escrita.

recetar tr. Prescribir una medicina.

rechazar tr. **1** No admitir lo que se propone u ofrece. **2** Reaccionar un organismo contra una sustancia, un tejido o contra un órgano trasplantado. **3** Resistir el ataque del enemigo.

rechinar intr. Producir un sonido desagradable el roce de dos cuerpos.

rechistar intr. Decir algo o emitir un sonido como para empezar a hablar.

rechoncho, a adj. Se dice de la persona o animal gruesos y de poca altura.

rechupete ◇ **de ~** *Fam.* Muy bueno o muy bien.

recibidor m. Parte de una casa situada junto a la entrada principal.

recibir tr. **1** Tomar una persona lo que se le da o envía. **2** Salir al encuentro de una persona que llega. **3** Experimentar o sufrir una acción. **4** Admitir, recoger dentro de sí. **5** Hacer frente a un ataque o peligro. **6** Captar un aparato las ondas radioeléctricas.

recibo m. Documento firmado que justifica la recepción de dinero, una mercancía o un servicio.

reciclar tr. **1** Someter materiales usados a un proceso para que puedan ser nuevamente utilizables. **2** Ofrecer una nueva preparación o una formación complementaria a técnicos o profesionales.

recién adv. Desde hace muy poco tiempo, o inmediatamente antes del momento en que se expresa.

reciente adj. **1** Acabado de hacer. **2** Que ha sucedido hace poco tiempo.

recinto m. Espacio cerrado y comprendido dentro de unos límites.
recio, a adj. **1** Fuerte, grueso o robusto. **2** Difícil de soportar.
recipiente m. Utensilio hueco para contener o conservar una cosa en su interior.
recíproco, a adj. **1** Igual en la correspondencia de uno a otro. ◆ adj./s. **2** Se dice de la oración o verbo que expresan una acción que es intercambiada entre dos o más sujetos y que recae sobre todos ellos.
recital m. **1** Concierto dado por un solo instrumentista o cantante. **2** Lectura de poesía.
recitar tr. Decir en voz alta un texto literario o una cosa que se sabe de memoria.
reclamar intr. **1** Protestar contra algo. ◆ tr. **2** Pedir o exigir con derecho.
reclamo m. **1** Ave amaestrada que se lleva a la caza para que con su canto atraiga a otras de su especie. **2** Instrumento usado en la caza que imita la voz de las aves. **3** Voz con la que un ave llama a otras de su especie. **4** Procedimiento para atraer la atención de una persona.
reclinar tr. Inclinar y apoyar el cuerpo o una cosa sobre algo.
recluir tr. Encerrar en un lugar.
recluso, a s. Preso.
recluta m. Soldado recién alistado en el servicio militar.
reclutar tr. **1** Alistar reclutas. **2** Reunir personas para un fin determinado.
recobrar tr. **1** Volver a tener lo que se poseía. ◆ prnl. **2** Recuperarse de una enfermedad, impresión fuerte, daño, etc.
recochineo m. ESP Burla hecha a costa de una desgracia ajena.
recodo m. Ángulo o curva que forman las calles, caminos o ríos.
recoger tr. **1** Coger una cosa que se ha caído. **2** Ir a buscar a una persona o cosa al lugar en que se encuentra. **3** Guardar y poner de forma ordenada una cosa en su sitio. **4** Guardar o juntar poco a poco una cosa, especialmente dinero. **5** Volver a plegar o enrollar una cosa que se había desenvuelto. **6** Juntar cosas dispersas. **7** Acoger, dar asilo. **8** Recolectar. ◆ prnl. **9** Retirarse una persona o animal a su casa o guarida.
recogimiento m. Estado y actitud de la persona que se aísla.
recolectar tr. Recoger los frutos de la tierra.
recoleto, a adj. **1** Se dice del lugar tranquilo, solitario y apartado. **2** Se dice de la persona que vive con retiro y austeridad.
recomendar tr. **1** Aconsejar. **2** Dar buenas referencias de una persona.
recompensar tr. **1** Premiar un servicio o una buena acción. **2** Compensar un daño o perjuicio.

reconciliar tr. Restablecer la concordia o amistad entre dos o más personas.

reconcomerse prnl. Sentir un profundo descontento o impaciencia que se mantiene oculto.

recóndito, a adj. Que está muy escondido, reservado y oculto.

reconfortar tr. **1** Dar ánimos, apoyo y consuelo en una situación adversa. **2** Renovar la fuerza y el vigor físicos.

reconocer tr. **1** Distinguir a una persona o cosa entre varias por sus características propias. **2** Examinar detenidamente. **3** Mostrar agradecimiento por un bien recibido. **4** Admitir, aceptar.

reconocimiento m. **1** Examen u observación cuidadosa. **2** Muestra de agradecimiento por los bienes recibidos.

reconquista f. Acción de reconquistar.

reconquistar tr. **1** Recuperar una cosa querida que se había perdido. **2** Conquistar un territorio que se había perdido.

reconstituyente m./adj. Medicamento que reconstituye al organismo.

reconstruir tr. **1** Volver a construir. **2** Reproducir o reorganizar las circunstancias de un suceso.

reconvertir (45) tr. **1** Hacer que vuelva a su estado normal una cosa que había sufrido un cambio. **2** Transformar una empresa o sector empresarial con el fin de mejorar su rendimiento.

recopilar tr. Juntar o reunir varias cosas dispersas bajo un criterio que dé unidad al conjunto.

récord m. Resultado máximo conseguido hasta un momento determinado en una actividad.

recordar tr. **1** Traer a la memoria o retener en la mente. **2** Hacer que una persona tenga presente algo que debe hacer. **3** Parecerse una cosa a otra.

recorrer tr. Atravesar un espacio en toda su extensión o longitud.

recorrido m. Espacio que se recorre o se ha de recorrer.

recortar tr. **1** Cortar de una cosa la parte que sobresale. **2** Cortar un trozo de papel u otra materia para separarlo de la superficie en que está. **3** Disminuir. ◆ **prnl. 4** Dibujarse claramente el perfil de una cosa sobre otra.

recorte m. **1** Trozo que sobra de una materia que se ha recortado. **2** Parte de un papel que ha sido recortada. **3** Disminución, reducción.

recostar tr. Inclinar y apoyar el cuerpo o una cosa sobre algo.

recoveco m. **1** Curva pronunciada de una calle, vía, río o conducto. **2** Lugar escondido. **3** Aspecto poco claro o complicado.

recrear tr. **1** Crear o producir una cosa a partir de otra ya existente. **2** Divertir, deleitar. ◆ **prnl. 3** Disfrutar con una cosa.

recreo m. **1** Diversión, distracción. **2** Tiempo entre las clases en que los alumnos descansan o juegan.

recriminar tr. **1** Censurar un comportamiento. **2** Responder a unas acusaciones con otras similares.

recrudecerse prnl. Aumentar la intensidad o los efectos de algo negativo.

recta ➜ recto, a.

rectángulo adj. **1** Que tiene uno o más ángulos rectos. ◆ m. **2** Paralelogramo con los cuatro ángulos rectos.

rectificar tr. **1** Corregir, enmendar o perfeccionar. **2** Poner recto.

rectilíneo, a adj. Que está formado por líneas rectas o se desarrolla en línea recta.

recto, a adj./f. **1** Se dice de la línea que está formada por una serie continua de puntos en una misma dirección. ◆ adj. **2** Que no se tuerce o desvía. **3** Que se comporta de manera justa y firme. **4** De significado literal y primitivo que tiene una palabra o frase. **5** Se aplica al ángulo que tiene 90°. ◆ m. **6** Parte final del intestino grueso. ◆ adv. **7** En línea recta.

rector, ra adj. **1** Que marca o dirige. ◆ s. **2** Autoridad máxima de una universidad. ◆ m. **3** Sacerdote encargado de una parroquia.

recua f. Conjunto de animales de carga para transportar mercancías.

recuadro m. Línea o división en forma de cuadrado o rectángulo, y superficie limitada por esta línea.

recubrir tr. Cubrir una cosa del todo.

recuento m. Cuenta hecha por segunda vez.

recuerdo m. **1** Acción y efecto de recordar. **2** Objeto que recuerda un lugar, situación o a una persona. ◆ m.pl. **3** Saludo afectuoso que se envía por escrito o a través de un intermediario.

recular intr. **1** Retroceder. **2** *Fam.* Ceder.

recuperar tr. **1** Volver a tener lo que se había perdido. **2** Volver a poner en servicio. **3** Trabajar un tiempo determinado para compensar el que se ha perdido. **4** Aprobar una asignatura suspendida anteriormente. ◆ prnl. **5** Volver una persona o cosa a su estado normal.

recurrir intr. **1** Acudir en busca de la ayuda o el favor de una persona o cosa. ◆ tr. **2** Interponer un recurso.

recurso m. **1** Ayuda o medio al que se puede recurrir. **2** Reclamación escrita contra una resolución judicial o administrativa. ◆ m.pl. **3** Bienes, riquezas. **4** Elementos que se poseen para afrontar una situación.

recusación f. Oposición a admitir una cosa por no considerarla propia.

red f. **1** Tejido de malla hecho con

hilos, cuerdas o alambres unidos y cruzados entre sí. **2** Conjunto organizado de calles, vías, cañerías o hilos conductores. **3** Conjunto organizado de personas, establecimientos o servicios de una empresa distribuidos por varios lugares. **4** Conjunto de ordenadores conectados entre sí.

redacción f. **1** Expresión que se hace por escrito. **2** Lugar donde se redacta una publicación periódica. **3** Conjunto de redactores de una publicación periódica.

redactar tr. Expresar por escrito ideas o pensamientos, o relatar unos hechos.

redada f. **1** Lanzamiento de la red para pescar. **2** Conjunto de animales capturados de una vez. **3** Operación policial consistente en detener de una sola vez a un grupo de personas.

redecilla f. **1** Bolsa de malla muy fina que se usa para sujetar el pelo. **2** Segunda de las cuatro cavidades en que se divide el estómago de los rumiantes.

rededor m. Zona que rodea un lugar. ◇ **al** ~ o **en** ~ *Formal.* Alrededor de alguien o algo.

redención f. **1** Acción de redimir. **2** Salvación y liberación del género humano que, según el cristianismo, hizo Jesucristo dando su vida.

redentor, ra adj./s. Que redime, referido especialmente a Jesucristo.

redil m. Terreno cercado donde se guarda el ganado.

redimir tr. Librar a una persona de una obligación, dolor o situación penosa.

rédito m. Cantidad de dinero que produce periódicamente un capital.

redoble m. Toque vivo y sostenido que se produce golpeando un tambor.

redoma f. Recipiente de cristal de fondo ancho, que se va estrechando hacia la parte superior.

redomado, a adj. Que tiene en alto grado la cualidad negativa que se le aplica.

redonda f. **1** Nota musical que equivale a dos blancas. ◆ adj./f. **2** Se dice del tipo de letra de forma derecha y circular.

redondear tr. Hacer redondo.

redondel m. **1** *Fam.* Círculo, circunferencia. **2** Ruedo.

redondilla f. **1** Estrofa formada por cuatro versos octosílabos con rima consonante. ◆ adj./f. **2** Redonda (tipo de letra).

redondo, a adj. **1** De forma circular o esférica. **2** *Fam.* Perfecto, completo, bien logrado. **3** Se dice de la cifra a la que se le ha restado o sumado una cantidad para calcular con más facilidad. ◆ m. **4** ESP Pieza de carne de la parte trasera de las reses.

reducir tr. **1** Disminuir la cantidad, el tamaño, la intensidad o la importancia. **2** Someter, dominar.

reducto m. **1** País, lugar o grupo que conserva unas ideas, unas tradiciones u otros elementos antiguos o a punto de desaparecer. **2** Territorio natural en el que se conservan especies raras o que están a punto de desaparecer.

redundancia f. **1** Exceso de algo. **2** Repetición innecesaria.

redundar intr. Tener una cosa un resultado o consecuencia.

reduplicar tr. Aumentar al doble.

reelegir tr. Volver a elegir.

reembolso o **rembolso** m. Devolución de una cantidad de dinero a la persona que la había pagado. ◇ **a ~** o **contra ~** Se dice del envío de un objeto que la persona receptora ha de pagar en el momento de la entrega.

reemplazar o **remplazar** tr. Sustituir una persona o cosa por otra.

reemprender tr. Reanudar una actividad interrumpida.

reencarnarse prnl. Volver a encarnarse el alma en un cuerpo nuevo, tras la muerte.

reencontrarse prnl. Coincidir en un lugar personas que no se veían desde hacía tiempo.

reengancharse prnl. **1** Permanecer en el ejército una vez terminado el servicio militar. **2** Seguir participando en una partida de cartas, una vez eliminado de ella.

reestreno m. Presentación de un espectáculo con las características de estreno, aunque no lo sea.

refajo m. Falda corta de paño que usaban las mujeres como prenda de abrigo.

refectorio m. Comedor de monasterios, conventos y algunos colegios.

referencia f. **1** Explicación oral o escrita de un acontecimiento. **2** Nota que remite a otra parte de un escrito o a otro escrito. **3** Dato o información sobre algo. **4** Informe acerca de las cualidades de una persona. **5** Modelo, punto de comparación.

referéndum o **referendo** m. Procedimiento por el que se somete a votación popular una ley o asunto.

referir (45) tr. **1** Contar un acontecimiento. ◆ prnl. **2** Aludir.

refilón ◇ **de ~ 1** *Fam.* De lado o de forma oblicua. **2** De pasada, sin profundizar.

refinado, a adj. **1** Que tiene educación y buenos modales. **2** Que es resultado de mucha elaboración. **3** Que ha sido purificado en un proceso industrial. ◆ m. **4** Refino.

refinar tr. Hacer más fina o pura una sustancia.

refinería f. Fábrica donde se refina un producto.

reflectar tr. Reflejar la luz u otra radiación.

reflejar tr. **1** Formarse en una superficie lisa y brillante la imagen de algo. **2** Rechazar o hacer cambiar de dirección la luz, el calor, el sonido u otra radiación oponiéndoles una superficie lisa. **3** Expresar o mostrar de manera clara un estado o una cualidad.

reflejo, a adj./m. **1** Se dice del sentimiento, acto o movimiento involuntario. ◆ m. **2** Luz reflejada. **3** Imagen reflejada. ◆ m.pl. **4** Capacidad de reacción rápida y eficaz ante un imprevisto.

reflexión f. **1** Acción y efecto de reflexionar. **2** Acción y efecto de reflejar.

reflexionar intr. Pensar o considerar una cosa con detenimiento y cuidado.

reflexivo, a adj. **1** Que reflexiona. **2** Que refleja. **3** Se dice de la oración o del verbo que expresa una acción que es realizada y recibida a la vez por el sujeto.

reflujo m. **1** Movimiento de descenso de la marea. **2** Retroceso de una actividad o tendencia.

reforestar tr. Plantar árboles en un lugar del que habían desaparecido.

reformar tr. **1** Arreglar o cambiar una cosa con el fin mejorarla. **2** Corregir la conducta.

reformatorio m. Establecimiento penitenciario donde se trata de reformar a delincuentes menores de edad.

reformismo m. Doctrina que propone cambios y mejoras políticas, sociales, religiosas, etc.

reforzar tr. Hacer más fuerte o resistente.

refracción f. Fenómeno físico por el cual una onda cambia de dirección cuando pasa de un medio a otro de diferente densidad.

refractar tr. Producir refracción.

refractario, a adj. **1** Que resiste la acción del fuego. **2** Que se opone a aceptar una idea, opinión o costumbre.

refrán m. Frase o dicho de uso común que encierra una enseñanza moral.

refregar tr. Frotar una cosa con otra.

refrenar tr. Contener o sujetar la fuerza o la violencia de algo.

refrendar tr. **1** Dar validez a un documento con la firma de la persona que tiene capacidad legal para ello. **2** Manifestar públicamente aprobación.

refrescar tr. **1** Hacer que baje la temperatura o el calor de alguien o de algo. **2** Recordar un sentimiento, recuerdo o acción. ◆ intr. **3** Disminuir el calor del aire.

refresco m. **1** Bebida sin alcohol que suele tomarse fría. **2** Refrigerio.

refriega f. **1** Combate de poca importancia. **2** Riña, disputa.

refrigerar tr. Refrescar o enfriar un lugar o un cuerpo mediante métodos artificiales.

refrigerio m. Alimento ligero.

refuerzo m. **1** Acción de reforzar. **2** Pieza que se pone a una cosa para reforzarla. **3** Conjunto de personas que acuden a un lugar para socorrer o ayudar a otras.

refugiado, a s. Persona que ha de buscar refugio por razones políticas, sociales, etc.

refugio m. **1** Acogida que se da a una persona en un lugar seguro. **2** Lugar apropiado para defenderse de un peligro.

refulgir intr. Resplandecer.

refunfuñar intr. Hablar entre dientes.

refutar tr. Contradecir las razones de alguien.

regadera f. **1** Recipiente portátil para regar. **2** AMÉR CENTRAL, ARG, BOL, COL, MÉX, VENEZ Ducha.

regadío m. Terreno dedicado a cultivos que se fertilizan con riego.

regalar tr. **1** Dar u ofrecer una cosa como muestra de afecto o consideración. **2** Dar toda clase de comodidades y placeres. **3** Halagar.

regaliz m. **1** Planta de tallos gruesos de raíz medicinal. **2** Raíz de esta planta, que se chupa como golosina.

regalo m. **1** Cosa que una persona regala. **2** Comodidad con que vive una persona.

regañadientes ◇ **a ~** A disgusto, de mala gana.

regañar tr. **1** Reñir, reprender. ◆ intr. **2** Enfrentarse dos personas.

regar tr. **1** Esparcir agua sobre una superficie o una planta. **2** Atravesar un río o canal un territorio.

regata f. **1** Arroyo de un huerto o jardín. **2** Competición deportiva hecha con embarcaciones ligeras.

regate m. ESP En algunos deportes, movimiento brusco para esquivar al contrario.

regatear tr. **1** Discutir el comprador y el vendedor el precio de una mercancía. **2** Dar lo menos posible. ◆ intr. **3** ESP En algunos deportes, hacer un regate. **4** Competir en una regata.

regazo m. **1** Hueco que se forma entre la cintura y las rodillas de una persona sentada. **2** *Formal.* Refugio o consuelo.

regencia f. **1** Gobierno del regente, ejercido mientras el rey o la reina no pueden gobernar. **2** Período en que gobierna un regente.

regeneracionismo m. Movimiento ideológico originado en España como consecuencia de la pérdida de las colonias en 1898.

regenerar tr. **1** Dar nuevo ser, reformar o mejorar algo que se degeneró. **2** Generar o producir de nuevo una cosa. **3** Hacer que una persona abandone un modo de vida que se considera perjudicial desde un punto de vista moral. **4** Aplicar un tratamiento a materiales usados o a desperdicios para que puedan ser nuevamente utilizables.

regentar tr. Dirigir un negocio.

regente adj./m. y f. **1** Que gobierna un estado mientras el rey le-

gítimo no puede gobernar. **2** Que dirige un negocio sin ser el dueño.
reggae m. Estilo musical de origen jamaicano derivado del rock.
regidor, ra adj./s. **1** Que dirige o gobierna. ◆ s. **2** Persona que en el teatro, el cine y la televisión se encarga del orden y realización de los movimientos y efectos escénicos dispuestos por el director. **3** Concejal de un ayuntamiento.
régimen m. **1** Conjunto de normas que dirigen una cosa, un estado o una entidad. **2** Sistema político por el que se rige una nación. **3** Conjunto de normas que limitan el consumo de determinados alimentos por motivos de salud o de peso. **4** Relación de dependencia que guardan entre sí algunas palabras dentro de una oración.
regimiento m. **1** Unidad militar compuesta por varios batallones y mandada por un coronel. **2** Conjunto muy numeroso de personas.
regio, a adj. **1** Propio del rey o de la realeza. **2** Magnífico, suntuoso.
región f. **1** Territorio con características geográficas, políticas, climáticas o sociales comunes. **2** Cada una de las partes en que se divide el cuerpo.
regionalismo m. **1** Doctrina que defiende que el gobierno de un estado debe considerar y ratificar las aspiraciones y el carácter propios de cada región. **2** Amor a la propia región. **3** Palabra o modo de expresión propios de una región.
regir tr. **1** Dirigir o gobernar un asunto o lugar. **2** Exigir una palabra la presencia de otra determinada. ◆ **intr. 3** Estar vigente una ley o norma. **4** Estar en plenas facultades la mente de una persona.
registrar tr. **1** Examinar con detenimiento para encontrar algo. **2** Anotar en una lista, relación o registro. **3** Grabar un sonido o una imagen. **4** Indicar un aparato una determinada cantidad o magnitud.
registro m. **1** Acción y efecto de registrar. **2** Libro en que se anotan regularmente hechos o informaciones. **3** Oficina donde se inscriben hechos o informaciones pertenecientes a la administración pública. **4** Modalidad expresiva que adopta el hablante según el contexto comunicativo.
regla f. **1** Instrumento delgado y plano para medir y trazar líneas rectas. **2** Norma, principio o precepto. **3** Método para hacer una operación matemática. **4** Conjunto de normas que rigen una orden religiosa. **5** Menstruación.
reglamentación f. **1** Sometimiento de una actividad o un proceso a determinadas normas o leyes. **2** Reglamento.
reglamento m. Conjunto de normas o leyes creadas por una autoridad para regir una actividad o un organismo.
regocijo m. Alegría o satisfacción muy intensas.

regodearse prnl. Deleitarse.
regordete, a adj. *Fam.* Se dice de la persona pequeña y gruesa.
regresar intr. **1** Volver al lugar de donde se partió. ◆ tr. **2** AMÉR Devolver una cosa a su dueño. ◆ prnl. **3** AMÉR Regresar.
regresión f. Retroceso.
regreso m. Vuelta al lugar de donde se partió.
reguero m. **1** Arroyo pequeño. **2** Chorro fino de agua. **3** Señal que queda de una cosa que se va derramando.
1. **regular** adj. **1** Que no sufre grandes cambios o alteraciones. **2** Mediano, intermedio. **3** Que vive sometido a la regla de una comunidad religiosa. **4** Que tiene todos los lados y ángulos iguales. **5** Se dice de la palabra que se forma a partir de una regla morfológica general. ◆ adv. **6** Ni bien ni mal.
2. **regular** tr. **1** Someter a una norma o regla. **2** Ajustar el funcionamiento de un mecanismo.
regularidad f. Uniformidad en la manera de desarrollarse algo.
regurgitar tr. Volver la comida no digerida del estómago a la boca sin vomitarla.
regusto m. **1** Gusto o sabor que queda en la boca. **2** Sensación que permanece tras haber tenido una experiencia.
rehabilitar tr. **1** Devolver un empleo o cargo. **2** Recuperar una función o actividad del cuerpo.
rehacer tr. **1** Volver a hacer. **2** Arreglar, reparar. ◆ prnl. **3** Recuperarse.
rehén m. y f. Persona detenida ilegalmente para obligar a alguien a cumplir unas condiciones.
rehogar tr. Freír un alimento a fuego lento en aceite, mantequilla u otra grasa.
rehuir tr. Evitar, eludir.
rehusar tr. Rechazar o no aceptar algo.
reina → rey, reina.
reinado m. **1** Período en que un rey o una reina ejercen su mandato. **2** Período de auge de una cosa.
reinar intr. **1** Gobernar un rey o una reina un estado. **2** Prevalecer una cosa de manera general.
reincidir intr. Incurrir en el mismo error o falta.
reino m. **1** Estado en el que el jefe de gobierno es un rey o una reina. **2** Categoría taxonómica de rango más alto.
reinsertar tr. Volver a integrar a una persona en la sociedad después de haber estado al margen de ella.
reintegrar tr. **1** Restituir, satisfacer o devolver íntegramente una cosa a una persona. **2** Hacer que una persona vuelva a un determinado lugar o situación.
reintegro m. **1** Restitución o devolución de una cantidad de dinero que se debe. **2** ESP En la lotería, premio igual a la cantidad jugada.
reír intr. **1** Manifestar alegría con

determinados sonidos y movimientos del rostro. ◆ **prnl. 2** Burlarse.

reiterar tr. **1** Volver a hacer o decir algo. ◆ **prnl. 2** Reafirmarse en una idea, opinión o actitud.

reivindicar tr. **1** Reclamar una cosa a la que se tiene derecho. **2** Reclamar como propia la autoría de una acción.

reja f. **1** Estructura formada por barras de hierro que se coloca en ventanas y puertas. **2** Pieza de hierro del arado que sirve para surcar y levantar la tierra.

rejilla f. **1** Tela metálica o lámina calada. **2** Tejido delgado y fuerte hecho con tiras entrecruzadas de fibras vegetales.

rejón m. Asta de madera con punta de lanza para rejonear.

rejonear tr. **1** Pinchar al toro con rejones dejando la punta clavada en el lomo. **2** Torear a caballo.

rejuvenecer tr. **1** Dar un aspecto más joven. ◆ **intr./prnl. 2** Tomar un aspecto más joven o actual.

relación f. **1** Correspondencia o conexión entre dos o más cosas. **2** Relato oral o escrito de un hecho. **3** Lista. **4** Trato o unión entre dos o más personas. ◆ **f.pl. 5** Trato amoroso o sexual.

relacionar tr. **1** Establecer una relación o correspondencia. **2** Relatar un hecho de palabra o por escrito. ◆ **prnl. 3** Tener trato una persona con otra.

relajar tr. **1** Disminuir la tensión, presión o fuerza a que está sometida una cosa. **2** Disminuir la fuerza, actividad o tensión de una parte del cuerpo. **3** Hacer menos rígido el cumplimiento de ciertas normas.

relamer tr. **1** Chupar con la lengua repetidamente. ◆ **prnl. 2** Pasarse la lengua por los labios repetidamente. **3** Sentir mucha satisfacción pensando en algo.

relamido, a adj. Excesivamente aseado o adornado.

relámpago m. **1** Resplandor vivo que se produce por una descarga eléctrica. **2** Persona o cosa muy rápida y fugaz.

relatar tr. Contar un hecho.

relatividad f. **1** Cualidad de las cosas que no se consideran de una manera absoluta sino dependiendo de una serie de factores. **2** Teoría según la cual las leyes físicas se transforman cuando se cambia el sistema de referencia.

relativismo m. Doctrina basada en la relatividad.

relativo, a adj. **1** Que tiene relación con una persona o cosa o hace referencia a ello. **2** Que depende de una serie de factores. **3** Que existe en poca cantidad o intensidad. ◆ **adj./m. 4** Se dice del pronombre, adjetivo o adverbio que hace referencia a elementos aparecidos anteriormente en el discurso e introduce una oración subordinada adjetiva. ◆ **adj./f. 5** Se dice de la oración subordinada que funciona dentro de la oración compuesta como un adjetivo.

relato m. **1** Narración literaria breve. **2** Acción de relatar.
relax m. Relajación física o psíquica.
relegar tr. Apartar, dejar de lado.
relente m. Humedad que hay en la atmósfera en las noches serenas.
relevante adj. Significativo, importante.
relevar tr. **1** Destituir de un puesto o cargo. **2** Librar de un peso o carga. **3** Sustituir a una persona en una actividad.
relicario m. Lugar o caja en que se guardan reliquias.
relieve m. **1** Obra escultórica en una superficie plana. **2** Conjunto de accidentes geográficos que configuran una superficie. **3** Importancia, influencia. ◇ **poner de ~** Destacar.
religión f. Conjunto de creencias y prácticas que relacionan al ser humano con la divinidad.
religioso, a adj. **1** Relativo a la religión. **2** Que practica una religión. ◆ adj./s. **3** Que ha ingresado en una orden religiosa.
relinchar intr. Emitir el caballo su voz.
reliquia f. **1** Parte del cuerpo de un santo u objeto relacionado con él que se venera. **2** Resto de una época o cosa pasada. **3** Objeto antiguo que se tiene en gran aprecio.
rellano m. Superficie llana entre tramos de escalera.
rellenar tr. **1** Llenar de nuevo. **2** Llenar una cosa hueca metiendo algo en ella.
relleno, a adj. **1** Que está lleno en su interior de alguna cosa. **2** Que está algo grueso. ◆ m. **3** Cosa con la que se rellena algo.
reloj m. Aparato para medir el tiempo.
relucir intr. **1** Despedir o reflejar luz. **2** Destacar.
remachar tr. **1** Golpear la punta de un clavo. **2** Sujetar con piezas de metal.
remanente m. Residuo que queda de algo.
remanso m. Lugar donde se detiene el agua de una corriente.
remar intr. Mover los remos para impulsar una embarcación.
remarcar tr. Poner de relieve.
rematado, a adj. Total, absoluto.
rematar tr. **1** Concluir, finalizar. **2** Asegurar las últimas puntadas de una costura. **3** Acabar de matar. **4** Vender las últimas mercancías a un precio rebajado. **5** En fútbol, lanzar el balón contra la portería contraria. ◆ intr. **6** Terminar de cierta manera.
remate m. **1** Fin, conclusión. **2** Elemento que constituye el final de una cosa. **3** Adorno que se pone en el extremo de una cosa. **4** Acción de rematar mercancías. **5** En el fútbol, lanzamiento a portería.
rembolso m. Reembolso.
remedar tr. *Fam.* Imitar.
remediar tr. **1** Poner un remedio o dar una solución. **2** Evitar que suceda una cosa negativa.

remedio m. **1** Medida que se toma para reparar un daño o para evitar un inconveniente. **2** Medio o sustancia que sirve para curar.

rememorar tr. Recordar un hecho pasado.

remendar tr. Poner un remiendo.

remesa f. **1** Envío. **2** Conjunto de cosas enviadas de una vez.

remezón m. **1** AMÉR Temblor de tierra de menor intensidad que un terremoto. **2** AMÉR Movimiento brusco y breve.

remiendo m. **1** Trozo de tela que se cose a una cosa vieja o rota. **2** Reparación de un desperfecto.

remilgo m. Delicadeza o escrúpulo excesivos.

reminiscencia f. **1** Recuerdo impreciso de un hecho o una imagen pasados. **2** Característica de una obra de arte que influye en la creación de otra.

remisión f. **1** Indicación que se hace en un escrito para que el lector consulte otra parte de la obra. **2** Disminución de intensidad.

remitir tr. **1** Enviar una cosa o a una persona de un sitio a otro. **2** Perdonar una culpa o condena. ◆ intr. **3** Perder intensidad o fuerza. ◆ prnl. **4** Atenerse una persona a lo dicho o hecho por ella misma o por otro.

remo m. **1** Instrumento de madera para impulsar una embarcación. **2** Deporte que se practica con embarcaciones impulsadas por remos.

remojar tr. Introducir una cosa en un líquido para mojarlo completamente.

remolacha f. **1** Planta de tallo derecho, grueso y ramoso, hojas ovaladas y flores pequeñas **2** Raíz comestible de esta planta.

remolcar tr. Arrastrar un vehículo o embarcación con un cable o cadena.

remolino m. **1** Movimiento rápido y giratorio de una masa de aire, agua, polvo o humo. **2** Conjunto de pelos que crecen en diferente dirección.

remolón, na adj./s. *Fam.* Que intenta eludir cualquier trabajo u obligación.

remolque m. **1** Vehículo sin motor que se lleva remolcado. **2** Acción de remolcar.

remontar tr. **1** Subir una pendiente para alcanzar su parte superior. **2** Navegar aguas arriba. **3** Superar un obstáculo o dificultad. ◆ prnl. **4** Retroceder en el tiempo. **5** Situarse en una época lejana en el tiempo.

rémora f. **1** Pez marino tropical que se pega fuertemente a los objetos flotantes o a otros peces. **2** Cosa que detiene o dificulta un proceso o proyecto.

remorder tr. Inquietar interiormente una cosa por sentimiento de culpa.

remordimiento m. Sentimiento de culpa por una acción censurable.

remoto, a adj. **1** Muy lejos o muy apartado en el tiempo o el espacio. **2** Poco probable.
remover tr. **1** Agitar o mover repetidamente una cosa dándole vueltas. **2** Tratar de nuevo un asunto que se consideraba olvidado. ◆ **prnl. 3** Moverse mucho una persona sentada o acostada.
remplazar tr. Reemplazar.
remunerar tr. Pagar por un trabajo o servicio.
renacentista adj. **1** Relativo al Renacimiento. ◆ **adj./m. y f. 2** Seguidor del Renacimiento.
renacer intr. **1** Volver a nacer. **2** Recuperar la fuerza, energía o importancia.
renacimiento m. **1** Circunstancia de volver a nacer. **2** Movimiento cultural y artístico desarrollado en Europa en los ss. XV y XVI.
renacuajo m. **1** Cría o larva de la rana y de otros animales anfibios. **2** *Fam.* Niño pequeño muy vivaracho.
renal adj. Relativo a los riñones.
rencilla f. Riña de la que queda algún rencor.
rencor m. Sentimiento de hostilidad o enemistad hacia una persona por una ofensa o daño.
rendido, a adj. **1** Sumiso, galante. **2** Muy cansado.
rendija f. Abertura o raja estrecha y alargada.
rendimiento m. Producto o utilidad que da una persona o cosa.
rendir tr. **1** Vencer o someter un bando a otro en una guerra. **2** Someter una cosa inmaterial al dominio de algo o alguien. **3** Cansar mucho. ◆ **intr. 4** Dar fruto o ser de utilidad. ◆ **prnl. 5** Darse por vencido.
renegar intr. **1** Abandonar una creencia o religión para seguir otra. **2** Proferir insultos o juramentos. **3** Rechazar con desprecio. **4** *Fam.* Refunfuñar. ◆ **tr. 5** Negar con mucha insistencia.
renglón m. **1** Serie de letras o palabras escritas en una misma línea horizontal. ◆ **m.pl. 2** Carta o escrito breve.
reno m. Animal mamífero rumiante con dos cuernos divididos en ramas.
renombre m. Fama, reconocimiento público.
renovar tr. **1** Restablecer algo que se había interrumpido. **2** Sustituir una cosa por otra nueva.
renquear intr. **1** Andar con dificultad inclinando el cuerpo a un lado más que a otro. **2** Marchar una empresa o actividad con dificultad.
renta f. **1** Cantidad de dinero que rinde. **2** Cantidad de dinero que se paga o recibe por un arrendamiento. **3** Beneficio.
rentable adj. Que produce ganancias.
renuevo m. Tallo que echa un árbol después de podado o cortado.
renunciar intr. **1** Abandonar voluntariamente una posesión o dere-

cho. **2** Desistir de hacer lo que se deseaba hacer.

reñir (9) tr. **1** Reprender. ◆ **intr.** **2** Discutir. **3** ESP Romper las relaciones de amistad.

reo, a s. Persona declarada culpable y condenada a una pena.

reojo ◇ **mirar,** o **ver, de ~** Mirar o ver de forma disimulada.

reóstato m. Dispositivo para variar a voluntad la resistencia dentro de un circuito eléctrico.

repanchigarse prnl. Repantigarse.

repanocha ◇ **ser la ~** *Fam.* ESP Ser extraordinario.

repantigarse o **repantingarse** prnl. *Fam.* Sentarse extendiendo y recostando el cuerpo.

reparar tr. **1** Arreglar una cosa estropeada. **2** Remediar un daño. **3** Restablecer las fuerzas perdidas. ◆ **intr.** **4** Considerar una acción antes de llevarla a cabo. **5** Darse cuenta.

reparo m. **1** Observación o advertencia sobre una cosa. **2** Dificultad, inconveniente.

repartición f. División y entrega por partes de una cosa.

repartir tr. **1** Distribuir entre varios. **2** Entregar a su destinatario. **3** Extender uniformemente una materia sobre una superficie.

repasar tr. **1** Hacer otra vez una cosa para corregir imperfecciones. **2** Examinar de nuevo. **3** Leer otra vez lo estudiado.

repatriar tr. Devolver a una persona o cosa a su patria o país de origen.

repecho m. Cuesta del terreno pronunciada y no muy larga.

repeler tr. **1** Echar o arrojar una cosa con impulso o violencia. **2** Tender a separarse un cuerpo de otro. ◆ **intr.** **3** Causar repulsión o repugnancia.

repelús m. Escalofrío producido por miedo, desagrado o asco.

repente m. Movimiento o impulso inesperado y brusco. ◇ **de ~** De manera inesperada y brusca.

repentino, a adj. Que se produce u ocurre de repente.

repercutir intr. **1** Causar un efecto una cosa en otra o en una persona. **2** Rebotar un sonido en una superficie y producir eco.

repertorio m. Conjunto de obras que una persona o compañía tiene preparadas para representar o ejecutar.

repesca f. ESP Segunda oportunidad de conseguir un fin, generalmente en un examen o competición.

repetir tr. **1** Volver a decir o a hacer una cosa ya dicha o hecha. ◆ **intr.** **2** Volver a estudiar un curso o una asignatura que no se ha aprobado. **3** Volver a la boca el sabor de lo que se ha comido o bebido. **4** Tomar una nueva ración de un alimento. ◆ **prnl.** **5** Usar siempre una misma idea o actitud. **6** Volver a suceder una cosa de manera regular.

repicar intr. Producir una campana u otro instrumento un sonido repetido y continuado.

repipi adj./m. y f. *Fam.* ESP Que habla con perfección fingida y afectación, o empleando términos demasiado cultos o impropios de su edad.

repisa f. **1** Estante horizontal en la pared. **2** Saliente de un muro que soporta un peso.

replegar tr. **1** Plegar muchas veces. **2** Retirar ordenadamente a posiciones defensivas las tropas o jugadores de un equipo.

repleto, a adj. Muy lleno.

réplica f. **1** Acción y efecto de replicar. **2** Copia exacta de una obra artística.

replicar tr./intr. Responder con impertinencia o poniendo inconvenientes a lo que se indica u ordena.

repliegue m. **1** Pliegue muy marcado. **2** Retirada ordenada a posiciones defensivas de las tropas o los jugadores de un equipo.

repoblar tr. Volver a poblar un territorio con habitantes, flora o fauna.

repollo m. Variedad de col, de hojas grandes y firmes, unidas por la base.

reponer tr. **1** Volver a poner o a adquirir lo perdido. **2** Repetir una representación teatral o la proyección de una película. ◆ **prnl. 3** Recuperarse de una enfermedad o de un malestar.

reportaje m. Género periodístico de carácter informativo.

reportero, a adj./s. Que elabora reportajes o recoge noticias.

reposar intr. **1** Descansar. ◆ **intr. 2** Estar un cuerpo sin vida en la tumba. **3** Dejar sin actividad una mezcla, masa o guiso para que espese o se consuma el líquido que contiene.

reposo m. **1** Descanso. **2** Falta de agitación, movimiento o ruido. **3** Inmovilidad de un cuerpo.

repostar tr. Volver a abastecerse de provisiones, combustible, etc.

repostería f. Oficio y técnica de hacer pasteles y otros dulces.

reprender tr. Expresar severamente a una persona la desaprobación por lo que ha hecho.

represalia f. Daño hecho para vengar un agravio.

representación f. **1** Signo, símbolo o imitación que hace pensar en una persona o cosa. **2** Signo o imagen que sustituye a la realidad. **3** Ejecución en público de una obra de teatro. **4** Conjunto de personas que representan a una entidad.

representar tr. **1** Hacer presente una cosa en la mente por medio de signos o imágenes. **2** Interpretar una obra teatral. **3** Actuar en nombre de alguien. **4** Aparentar determinada edad. **5** Tener importancia.

represión f. **1** Moderación o freno de los impulsos o sentimientos. **2** Uso de la fuerza para controlar las acciones de un grupo.

reprimenda f. Expresión muy severa de desaprobación por un comportamiento.

reprimir tr./prnl. **1** No dejar que un sentimiento o impulso se exprese abiertamente. ◆ tr. **2** Usar la fuerza para controlar las acciones de un grupo.

reprobar tr. Desaprobar.

reprochar tr. Echarle en cara a una persona algo.

reproducir tr. **1** Volver a producir algo. **2** Hacer una copia de una cosa. **3** Ser copia o representación de una cosa. ◆ prnl. **4** Producir los seres vivos descendencia.

reptar intr. Desplazarse arrastrándose por el suelo.

reptil adj./m. Se dice del animal vertebrado con respiración pulmonar, con la piel recubierta por escamas o un caparazón.

república f. **1** Forma de gobierno representativo en que el poder reside en el pueblo, personificado en un presidente que es el jefe del estado y se elige por votación. **2** País que se gobierna de esta manera.

repudiar tr. **1** Rechazar por razones morales. **2** Rechazar legalmente al propio cónyuge.

repuesto m. Recambio.

repugnancia f. Asco, aversión.

repujar tr. Labrar objetos de metal o cuero con un martillo o cincel.

repulsa f. Condena enérgica.

reputación f. **1** Opinión que se tiene sobre alguien. **2** Buena fama.

reputado, a adj. Que es muy conocido y admirado.

requerir tr. **1** Necesitar una persona o cosa que se le dedique tiempo, atención, etc. **2** Notificar algo con autoridad pública.

requesón m. Masa blanca y mantecosa que se hace cuajando la leche.

réquiem m. **1** Misa que se celebra en recuerdo de un difunto. **2** Oración que se reza al comienzo de esta misa. **3** Composición musical que tiene como texto las partes de esta misa.

requisar tr. Tomar el Estado una propiedad de una persona o empresa.

requisito m. Condición necesaria para algo.

res f. Animal cuadrúpedo de ciertas especies domésticas, como las vacas o las ovejas, o de las especies salvajes como los jabalíes o los ciervos.

resabio m. **1** Mala costumbre. **2** Sabor desagradable.

resaca f. **1** Fuerza de las olas al retirarse de la orilla. **2** Malestar que se sufre al día siguiente de haber bebido mucho alcohol.

resaltar tr./intr. **1** Destacar. ◆ intr. **2** Sobresalir de una superficie.

resarcir tr. Compensar por un daño.

resbalar intr./prnl. **1** Desplazarse sobre una superficie deslizante. ◆ intr. **2** *Fam.* No importar nada una cosa a una persona.

rescatar tr. **1** Recuperar a cambio de dinero o por la fuerza a una persona o cosa que está en poder ajeno. **2** Librar de un trabajo, un mal o una situación desagradable.

rescindir tr. Dejar sin efecto un contrato u otra obligación legal.

rescoldo m. **1** Brasa pequeña que se conserva entre la ceniza. **2** Resto de un sentimiento.

reseco, a adj. **1** Que está demasiado seco. **2** Que está demasiado flaco.

resentirse (45) prnl. **1** Empezar a estropearse una cosa por la acción de otra. **2** Sentir dolor o molestia por una dolencia pasada. **3** Sentir disgusto o enfado por una ofensa o daño.

reseña f. **1** Escrito breve en el que se da noticia y comenta una obra de reciente publicación. **2** Noticia breve de un acto reciente.

reserva f. **1** Acción de reservar una plaza en un hotel, tren u otro servicio. **2** Prudencia. **3** Ejército de una nación que terminó su servicio activo pero que puede ser movilizado. **4** Territorio destinado a una comunidad indígena y sometido a un régimen especial. **5** Zona de la naturaleza protegida para preservar su ecosistema. **6** Provisión.

reservado, a adj. **1** Que no exterioriza los sentimientos. **2** Que es privado o confidencial. ◆ m. **3** Habitación destinada a usos privados.

reservar tr. **1** Guardar algo para más adelante. **2** Tomar con anterioridad plaza en un hotel, tren, u otro servicio. **3** Separar o apartar una cosa que se reparte reteniéndola para sí o para otro. **4** Ocultar alguna cosa. ◆ prnl. **5** Conservarse o dejar de actuar esperando una mejor ocasión.

resfriado m. Malestar físico caracterizado por la inflamación de las membranas mucosas del aparato respiratorio.

resguardar tr. **1** Proteger, amparar. ◆ prnl. **2** Prevenirse contra un daño.

resguardo m. **1** Documento que garantiza que se ha hecho una entrega o un pago. **2** Lugar para proteger o defender.

residencia f. **1** Lugar en que se reside. **2** Edificio en el que conviven personas con características comunes que se sujetan a unas normas. **3** Hospital. **4** Casa grande y lujosa. **5** Establecimiento de menor categoría que un hotel.

residir intr. **1** Vivir habitualmente en un lugar. **2** Radicar en un punto o cosa el aspecto importante de aquello de que se trata.

residuo m. **1** Restos que quedan tras la descomposición o destrucción de una cosa. **2** Resto que queda de un todo.

resignación f. Aceptación con paciencia y conformidad de una adversidad.

resina f. Sustancia sólida o pastosa de origen vegetal.

resistencia f. **1** Oposición a la acción de una fuerza. **2** Capacidad para resistir, soportar o sufrir. **3** Fuerza que se opone al movimiento de una máquina. **4** Elemento que se intercala en un circuito para dificultar el paso de la corriente eléctrica o para que esta se transforme en calor.

resistir tr./intr. **1** Mantener las cualidades propias a pesar del paso del tiempo o de otros agentes perjudiciales. **2** Oponerse un cuerpo a la acción de otro. ◆ tr. **3** Resistir, soportar o sufrir. ◆ prnl. **4** Rechazar con fuerza una idea o una situación.

resol m. ESP **1** Reflejo del sol. **2** Luz y calor que produce este reflejo.

resolana f. AMÉR Luz y calor producidos por la reverberación del sol.

resolución f. **1** Decisión que se toma después de considerar todos los factores de un problema. **2** Determinación y seguridad para hacer una cosa. **3** Claridad en la reproducción de una imagen.

resolver tr. **1** Hallar la solución a un problema. **2** Decidir.

resonancia f. **1** Prolongación de un sonido en el espacio una vez ha sido producido. **2** Sonido que se produce por esta prolongación. **3** Gran divulgación que adquiere un hecho.

resoplar intr. Respirar fuertemente haciendo ruido.

resorte m. **1** Muelle, pieza elástica. **2** Medio del que una persona se vale para lograr un fin determinado.

respaldar tr. Ayudar a conseguir algo.

respaldo m. **1** Parte de un asiento en la que descansa la espalda. **2** Protección, apoyo.

respectar intr. Referirse, atañer.

respectivo, a adj. Se dice del miembro de una serie que tiene correspondencia con un miembro de un conjunto diferente.

respecto ◇ **al ~** En relación con lo que se trata. ◇ **con ~ a** o **~ a** o **~ de** Por lo que se refiere a.

respetar tr. Sentir o mostrar respeto por una persona o cosa.

respeto m. **1** Consideración y reconocimiento del valor de una persona o cosa. **2** Temor o recelo que infunde una persona o cosa. ◆ m.pl. **3** *Formal.* Saludos de cortesía.

respetuoso, a adj. Que guarda respeto.

respingo m. **1** Sacudida violenta del cuerpo por un sobresalto. **2** Gesto con que se manifiesta enfado o desagrado.

respingón, na adj. *Fam.* Se dice de la nariz que tiene la punta un poco levantada.

respirar intr. **1** Absorber y expulsar el aire los seres vivos. **2** Tener entrada y salida de aire un lugar cerrado. **3** Descansar o recobrar el aliento.

respiro m. Descanso en el trabajo.

resplandecer intr. **1** Brillar con resplandor. **2** Sobresalir, destacar. **3** Reflejar gran alegría el rostro.

resplandor m. **1** Luz que emite un cuerpo luminoso. **2** Brillo muy intenso.

responder tr./intr. **1** Dar una contestación a lo que se pregunta. ◆ tr. **2** Contestar a quien llama. **3** Contestar con viveza oponiéndose a una cosa. ◆ intr. **4** Corresponder con una acción a la acción de otra persona. **5** Tener una cosa un efecto que se desea. **6** Garantizar.

responsable adj. **1** Que cumple con lo que se ha comprometido. ◆ adj./m. y f. **2** Que se encarga de algo. **3** Autor. **4** Que responde de algo.

responso m. Oración que, separada del rezo, se dice por los que han muerto.

respuesta f. **1** Acción y efecto de responder. **2** Acto provocado por un estímulo.

resquebrajar tr. Hacer o causar grietas en un cuerpo.

resquemor m. Sentimiento de desasosiego o malestar.

resquicio m. **1** Abertura pequeña y estrecha, especialmente entre el quicio y la puerta. **2** Ocasión oportuna.

resta f. **1** Operación que consiste en quitar una cantidad de otra y averiguar la diferencia. **2** Cantidad que resulta de esta operación.

restablecer tr. **1** Volver a establecer en un estado anterior. ◆ prnl. **2** Recuperarse de una enfermedad.

restar tr. **1** Sacar una parte de un todo. **2** Hallar la diferencia entre dos cantidades. ◆ intr. **3** Faltar, quedar.

restaurante m. Establecimiento público donde se sirven comidas.

restaurar tr. **1** Arreglar los desperfectos de una obra de arte. **2** Volver a poner una cosa en el estado que antes tenía.

restituir tr. **1** Dar una cosa a quien la tenía antes. **2** Volver a poner una cosa en el estado que antes tenía.

resto m. **1** Parte que queda de un todo. **2** Resultado de una resta. ◆ m.pl. **3** Parte que queda de una cosa después de consumirla.

restregar tr. Frotar con fuerza dos superficies.

restricción f. Acción y efecto de restringir.

restringir tr. Disminuir, limitar.

resucitar tr./intr. **1** Devolver la vida a un muerto. ◆ tr. **2** Dar vigencia a algo pasado.

resuelto, a adj. Que actúa con decisión.

resultado m. **1** Efecto o consecuencia de algo. **2** Solución de una operación matemática.

resultar intr. **1** Nacer, originarse o ser consecuencia de algo. **2** Parecer, manifestarse o comprobarse

una cosa. **3** Llegar a ser o a obtener un resultado.
resultas ◇ **a ~** o **de ~** Como consecuencia de lo que se expresa.
resumen m. Explicación corta que se reduce a lo principal de un asunto o materia.
resumir tr. Hacer un resumen.
resurgir intr. Volver a surgir.
resurrección f. Acción de resucitar.
retablo m. Conjunto de pinturas o esculturas que representa una historia o hecho, generalmente de tema religioso.
retaco m. *Fam.* Persona baja y más bien gorda.
retaguardia f. **1** Parte del ejército que avanza en último lugar. **2** Parte final de algo.
retahíla f. Serie larga de cosas que están o se suceden una tras otra.
retal m. ESP Retazo (trozo de tela).
retama f. Arbusto de ramas largas y flores amarillas.
retar tr. **1** Provocar a una persona para tener un enfrentamiento con ella. **2** AMÉR SUR Reprender, regañar.
retardar tr. Retrasar.
retazo m. **1** Trozo de tela o de otro material que sobra después de cortar una pieza mayor. **2** Fragmento o parte breve de algo.
retén m. Grupo de personas preparado para actuar en caso de necesidad.
retener (48) tr. **1** Conservar o guardar para sí. **2** Descontar un dinero en un pago o cobro. **3** Conservar en la memoria. **4** Impedir que una persona se vaya o se aleje de un lugar.
reticencia f. Reserva o falta de confianza.
retícula f. Conjunto de hilos o líneas en el foco de instrumentos ópticos para ajustar la visión.
retículo m. **1** Tejido en forma de red. **2** Retícula. **3** Cavidad del estómago de los rumiantes.
retina f. Membrana interior del ojo.
retintín m. Tono y modo de hablar malicioso o irónico.
retirada f. Acción de retirar o retirarse.
retirar tr. **1** Apartar o separar de un sitio. **2** Hacer abandonar una actividad. **3** Apartar de la vista. **4** Declarar que no se mantiene algo dicho. **5** Negar o dejar de dar. ◆ prnl. **6** Abandonar un trabajo o una profesión. **7** Apartarse del trato social. **8** Irse a descansar. **9** Retroceder ordenadamente un ejército.
retiro m. **1** Abandono de un lugar o de una ocupación habitual. **2** Retirada definitiva de un trabajo. **3** Lugar tranquilo y apartado.
reto m. **1** Acción de retar. **2** Objetivo difícil de conseguir.
retocar tr. Modificar algo ligeramente para mejorarlo.
retomar tr. Reanudar algo interrumpido.

retoño m. **1** Tallo nuevo de una planta. **2** *Fam.* Hijo de corta edad.

retorcer tr. **1** Torcer mucho una cosa dándole vueltas. ◆ prnl. **2** Hacer movimientos exagerados con el cuerpo.

retorcido, a adj. **1** Que tiene mala intención. **2** Que usa un lenguaje difícil de entender.

retórica f. **1** Arte y técnica de hablar y escribir con eficacia y elocuencia. **2** *Desp.* Manera de expresarse artificiosa.

retornar intr. **1** Volver a un lugar, situación o estado anterior. ◆ tr. **2** Devolver, restituir.

retortijón m. Dolor agudo que se siente en el abdomen.

retozar intr. **1** Jugar dando saltos. **2** Realizar juegos amorosos.

retractar tr./prnl. Retirar algo dicho.

retráctil adj. Que puede adelantarse y esconderse por sí mismo.

retraer (49) tr. **1** Disuadir a una persona. **2** Ocultar un órgano o miembro retráctil.

retraído, a adj. Que es tímido y solitario.

retransmitir o **retrasmitir** tr. Transmitir una información a través de un medio de comunicación desde el lugar donde se produce.

retrasar tr. **1** Hacer que una cosa ocurra después del tiempo previsto. **2** Hacer que un reloj señale una hora anterior a la actual. **3** Echar o llevar hacia atrás. ◆ prnl. **4** Llegar tarde.

retrasmitir → retransmitir.

retrato m. **1** Representación de una persona en pintura, escultura, dibujo, fotografía, etc. **2** Descripción de una persona.

retrete m. **1** Recipiente con un desagüe para orinar y evacuar los excrementos. **2** Habitación en la que está el váter y el lavabo.

retribuir tr. Pagar por un trabajo.

retro adj. *Fam.* Que imita un tiempo pasado.

retroactivo, a adj. Que tiene efecto sobre lo pasado.

retroceder intr. Volver hacia atrás en el tiempo o el espacio.

retroceso m. **1** Movimiento hacia atrás en el tiempo o el espacio. **2** Reavivamiento de una enfermedad.

retrógrado, a adj./s. Partidario de ideas, situaciones o instituciones propias del pasado.

retroproyector m. Proyector que reproduce una imagen mediante un foco que incide sobre una base en la que esta se coloca.

retrospectivo, a adj. Relativo a un tiempo pasado.

retrotraer (49) tr./prnl. Retroceder con la memoria a una época pasada.

retrovisor adj./m. Se dice del espejo de un automóvil para ver lo que está detrás.

retumbar intr. Hacer una cosa un sonido fuerte y grave.

reuma o **reúma** m. o f. Enfermedad en la que se inflaman las articulaciones o los músculos.

reumatismo m. Reuma.

reunión f. **1** Acción y efecto de reunir o reunirse. **2** Conjunto de personas reunidas.

reunir tr. **1** Congregar a varias personas. **2** Juntar cosas.

revancha f. Venganza.

revelación f. Descubrimiento de algo desconocido.

revelado m. Conjunto de operaciones para revelar una imagen fotográfica.

revelar tr. **1** Mostrar algo desconocido. **2** Proporcionar muestra de algo. **3** Realizar un revelado.

revenirse prnl. Ponerse blando y correoso un alimento.

reventar tr./intr. **1** Romperse algo a causa de una presión interior. ◆ intr. **2** Tener un deseo muy fuerte. **3** *Fam.* Molestar o provocar enfado. ◆ tr. **4** Cansar mucho.

reverberar intr. Reflejar las ondas luminosas o sonoras un cuerpo.

reverencia f. **1** Inclinación del cuerpo en señal de respeto. **2** Respeto hacia una persona.

reverendo, a adj./s. Se aplica como tratamiento a sacerdotes o a miembros de una orden religiosa.

reversible adj. **1** Que puede volver a un estado o situación anterior. **2** Que se puede usar por el derecho y por el revés.

reverso m. Cara opuesta al anverso.

revertir (45) intr. **1** Volver una cosa a su dueño. **2** *Formal.* Volver una cosa a un estado anterior.

revés m. **1** Lado opuesto a la parte principal. **2** Golpe que se da con la mano vuelta. **3** Situación difícil o desgraciada. **4** En deporte, golpe que se da con la raqueta cruzando el brazo por delante del cuerpo. ◇ **al ~** De manera contraria.

revestir tr. **1** Cubrir una superficie con una capa de material. **2** *Formal.* Presentar un determinado aspecto, cualidad o carácter.

revisar tr. **1** Examinar algo con atención. **2** Examinar algo para comprobar su funcionamiento.

revisión f. Acción de revisar.

revisor, ra s. Persona que revisa algo.

revista f. **1** Publicación periódica en forma de cuaderno. **2** Espectáculo teatral de carácter ligero. **3** Reconocimiento que un jefe hace de las personas o cosas que están bajo su autoridad.

revitalizar tr. Dar a algo nueva energía.

revivir intr. **1** Volver a vivir. **2** Volver en sí un ser vivo. **3** Resurgir una sensación que parecía extinguida.

revocar tr. Dejar sin valor o efecto una ley o una orden.

revolcar tr. **1** Derribar a alguien y darle vueltas por el suelo. ◆

prnl. **2** Echarse sobre una superficie y refregarse sobre ella.

revolotear intr. Volar o moverse algo dando vueltas en un espacio reducido.

revoltijo m. Conjunto de cosas desordenadas.

revoltillo m. Revuelto (plato).

revoltoso, a adj./s. Se dice del niño travieso.

revolución f. **1** Cambio político y social radical. **2** Cambio brusco en la manera de tratarse o hacerse algo. **3** Movimiento de un cuerpo alrededor de un eje.

revolucionario, a adj. **1** Relativo a la revolución. ◆ adj./s. **2** Partidario de la revolución. **3** Que constituye un cambio profundo.

revolver tr. **1** Remover algo dándole vueltas. **2** Desordenar las cosas de un lugar. ◆ prnl. **3** Moverse de un lado a otro con inquietud. **4** Enfrentarse a una persona o cosa.

revólver m. Arma corta de fuego con un tambor giratorio.

revuelo m. Alboroto, agitación.

revuelta f. Alteración del orden público que provoca un grupo que reivindica algo.

revuelto, a adj. **1** Que está desordenado. **2** Agitado o intranquilo. **3** Se dice del tiempo atmosférico muy variable. ◆ m. **4** Plato que se elabora con un alimento frito o rehogado en aceite y mezclado con huevos.

revulsivo, a adj./m. Que produce un cambio importante.

rey, reina s. Soberano de una monarquía o reino.

reyerta f. Enfrentamiento violento.

rezagar tr. Dejar atrás algo.

rezar tr. **1** Decir una oración dirigida a una divinidad o un santo. **2** Decir algo un escrito.

rezongar intr. Emitir palabras mal articuladas en señal de desagrado.

rezumar tr. **1** Transpirar un líquido a través de un cuerpo. **2** Dejar translucir claramente una cualidad.

rho f. Letra del alfabeto griego (Ρ/ρ).

ría f. Valle fluvial invadido por el mar.

riachuelo m. Río pequeño con poca agua.

riada f. **1** Crecida impetuosa de las aguas de un río. **2** Inundación provocada por esta crecida. **3** Cantidad grande de gente.

ribazo m. Parte de terreno que tiene una elevación o inclinación.

ribera f. **1** Orilla del mar o del río. **2** Terreno cercano al río.

ribete m. **1** Cinta que refuerza o adorna el borde de una cosa. ◆ m.pl. **2** Indicio.

ricino m. Árbol de cuyas semillas se saca un aceite medicinal.

rico, a adj./s. **1** Que tiene mucho dinero o bienes. **2** Que tiene gran cantidad de una cosa. **3** De sabor agradable. **4** *Fam.* Se utiliza aplicado como expresión de cariño.

rictus m. **1** Contracción de los labios que da a la boca un aspecto parecido a la sonrisa. **2** Gesto que manifiesta un sentimiento.

ridículo, a adj. **1** Que provoca risa por resultar extraño o extravagante. **2** De poca consideración. ◆ m. **3** Situación o hecho que provoca risa o burla.

riego m. Acción de regar.

riel m. **1** Pieza metálica alargada sobre la que se desliza algo. **2** Barra de hierro sobre la que van los trenes.

rienda f. **1** Correa para gobernar las caballerías. ◆ f.pl. **2** Gobierno o dirección de algo.

riesgo m. Posibilidad de que ocurra un peligro.

riesgoso, a adj. AMÉR Arriesgado, peligroso.

rifa f. Sorteo de una cosa.

rifar tr. **1** Sortear una cosa. ◆ prnl. **2** *Fam.* Disputarse algo o a alguien.

rifle m. Arma de fuego de cañón largo con estrías en su interior.

rígido, a adj. **1** Que no se puede doblar ni torcer. **2** Severo, riguroso.

rigor m. **1** Dureza, severidad. **2** Punto de mayor intensidad del frío o del calor en el clima. **3** Cualidad de exacto o fiel.

riguroso, a adj. **1** Extremado o duro. **2** Que cumple o hace cumplir las normas con exactitud. **3** Exacto, preciso.

rima f. **1** Semejanza o igualdad de sonidos finales de verso, a partir de la última sílaba acentuada. **2** Poema.

rimar intr. **1** Tener rima una palabra con otra u otras. **2** Componer en verso. ◆ tr. **3** Hacer que dos o más palabras rimen.

rimbombante adj. Aparatoso, ostentoso.

rincón m. **1** Ángulo entrante formado por dos superficies. **2** Espacio pequeño.

ring m. Tarima elevada en que se disputan los combates de boxeo.

rinoceronte m. Mamífero grande de cabeza puntiaguda y uno o dos cuernos en el hocico.

riña f. **1** Enfrentamiento entre personas. **2** Acción de reñir a alguien.

riñón m. **1** Órgano que purifica la sangre y produce la orina. ◆ m.pl. **2** Zona del cuerpo que se encuentra en la parte baja de la espalda.

riñonera f. **1** Faja que se coloca en la zona de los riñones. **2** Bolsa pequeña que se lleva atada a la cintura.

río m. Corriente de agua que fluye por un cauce natural y desemboca en otra corriente, un lago o el mar.

rioja m. Vino que se elabora en La Rioja.

riojano, a adj./s. De La Rioja.

rioplatense adj./m. y f. Del Río de la Plata.

ripio m. **1** Palabra superflua que completa un verso o produce una rima fácil. **2** AMÉR SUR Piedra pequeña para pavimentar.

riqueza f. **1** Abundancia de dinero o de bienes. **2** Gran cantidad o calidad de algo.

risa f. **1** Acción de reír. **2** Situación o acción que induce a reír.

risco m. Roca alta y escarpada.

ristra f. **1** Conjunto de ajos o cebollas unidos por los tallos. **2** Hilera, fila.

risueño, a adj. **1** Que muestra una cara sonriente. **2** De aspecto agradable. **3** Favorable, prometedor.

ritmo m. **1** Periodicidad en la sucesión de algo. **2** En música, proporción entre el tiempo de dos movimientos. **3** Forma de distribuirse una serie de sonidos, acentos y pausas.

rito m. **1** Costumbre o ceremonia que se repite siempre igual. **2** Conjunto de reglas para el culto y ceremonias religiosas.

ritual adj. **1** Relativo al rito. ◆ m. **2** Rito.

rival adj./m. y f. Que compite con otros para conseguir un mismo fin.

rizar tr. Formar rizos.

rizo m. Conjunto de pelos que forman ondas o bucles.

rizoma m. Tallo subterráneo de ciertas plantas.

RNA → ARN.

róbalo m. Pez marino de color gris y aletas espinosas.

robar tr. **1** Despojar a otro de lo que le pertenece. **2** Atraer la atención o los sentimientos de alguien.

roble m. **1** Árbol de tronco alto y fuerte con la copa ancha, cuyo fruto es un tipo de bellota. **2** Madera de ese árbol. **3** *Fam.* Persona fuerte y sana.

robo m. **1** Acción de robar. **2** Abuso en el precio de un producto.

robot m. **1** Máquina que realiza automáticamente movimientos y acciones propios de un ser animado. **2** Persona que actúa sin pensar.

robótica f. Ciencia que estudia el diseño y construcción de robots.

robusto, a adj. Fuerte, resistente.

roca f. **1** Materia mineral que forma parte de la corteza terrestre. **2** Trozo de materia mineral sólida y dura.

rocambolesco, a adj. Inverosímil, extraordinario.

roce m. **1** Efecto que se produce al tocarse dos superficies en movimiento. **2** Desgaste que se produce al tocarse dos superficies en movimiento. **3** Trato frecuente entre personas. **4** *Fam.* Enfrentamiento ligero entre dos personas.

rociar tr. **1** Esparcir un líquido en forma de gotas pequeñas. **2** Lanzar una cosa para esparcirla sobre una superficie.

rocín m. **1** Caballo de mala raza y de poca altura. **2** Caballo de trabajo. **3** *Desp.* Hombre torpe y de poca formación cultural.

rocío m. **1** Gotas de agua muy pequeñas que se forman en la tierra y en las plantas al condensarse el vapor de la atmósfera a causa del frío de la noche. **2** Lluvia fina y pasajera.

rock m. Estilo musical de ritmo rápido derivado del blues.

rococó m. Estilo arquitectónico surgido en Francia en el s. XVIII.

rodaballo m. Pez marino de cuerpo plano y casi circular.

rodada f. Señal de una rueda en una superficie.

rodado, a adj. Se dice del transporte sobre vehículos con ruedas.

rodaja f. Trozo delgado y circular que se corta de un alimento.

rodaje m. **1** Filmación de una película. **2** Período de ajuste de un automóvil nuevo. **3** *Fam.* Período en que se aprende algo.

rodamiento m. Dispositivo mecánico para reducir el rozamiento entre dos piezas que giran.

rodapié m. Banda que se coloca en la parte baja de la pared.

rodar intr. **1** Dar vueltas un cuerpo alrededor de su eje. **2** Caer dando vueltas. **3** Moverse por medio de ruedas. ◆ tr. **4** Grabar una película.

rodear tr. **1** Estar algo alrededor de una persona o cosa. **2** Colocar algo alrededor de algo o de alguien. **3** AMÉR Reunir el ganado disperso. ◆ tr./intr. **4** Andar o ir alrededor de un lugar. ◆ prnl. **5** Llegar a tener determinadas personas o cosas a su alrededor.

rodeo m. **1** Camino que no es el directo y resulta más largo. **2** Explicación poco clara o directa. **3** Espectáculo en que se montan caballos y toros salvajes.

rodilla f. Parte de la pierna constituida por la articulación que une el fémur y la tibia.

rodillo m. **1** Utensilio de cocina cilíndrico que sirve para extender una masa. **2** Instrumento cilíndrico de distintos mecanismos.

rododendro m. Arbusto de flores sonrosadas o purpúreas.

rodríguez m. *Fam.* ESP Hombre que trabaja mientras su mujer e hijos se han ido de vacaciones.

roedor, ra adj./m. Se dice del mamífero pequeño con incisivos preparados para roer.

roer (41) tr. **1** Raspar con los dientes una cosa arrancando parte de ella. **2** Gastar poco a poco.

rogar tr. Solicitar o pedir por favor.

rojo, a adj./m. **1** Se dice del color como el de la sangre. ◆ adj./s. **2** *Fam.* Que tiene una ideología de izquierdas.

rol m. **1** Papel que representa un actor. **2** Función de una persona en una situación.

rollizo, a adj. Grueso, robusto.

rollo m. **1** Objeto cilíndrico. **2** Película fotográfica o de película enrollada. **3** *Fam.* ESP Persona o cosa pesada o desagradable.

ROM f. Sigla de Read Only Memory, memoria de un ordenador que se puede leer pero no modificar.

romana f. Balanza de brazos desiguales.

romance m. **1** Estrofa característica de versos octosílabos con rima asonante en los pares. **2** Relación amorosa pasajera. ◆ adj./m. **3** Se dice de la lengua que deriva del latín.

romancero, a m. Colección de romances.

romaní adj. **1** *Argot.* Gitano. ◆ m./adj. **2** Lengua del pueblo gitano español.

románico, a m. **1** Estilo artístico europeo de los ss. XI al XIII. ◆ adj. **2** Se dice de la lengua romance.

romanización f. Difusión o adopción de la civilización romana o de su lengua.

romano, a adj./s. **1** De Roma. **2** De la antigua Roma. ◆ adj. **3** Relativo a la religión católica.

romanó m. Romaní.

romanticismo m. Movimiento artístico desarrollado entre fines del s. XVIII y mediados del XIX.

romántico, a adj. **1** Relativo al Romanticismo. ◆ adj./s. **2** Que sigue las tendencias del Romanticismo. ◆ adj. **3** Que da excesiva importancia a los sentimientos y la imaginación.

romanza f. Composición musical sencilla y tierna.

rombo m. **1** Paralelogramo con ángulos opuestos iguales. ◆ m.pl. **2** Palo de la baraja francesa que se representa con rombos rojos.

romboide m. Paralelogramo cuyos lados opuestos son iguales, pero no son perpendiculares.

romería f. **1** Peregrinación para visitar un lugar donde hay un santo o una virgen. **2** Fiesta popular en torno a una ermita o santuario.

romero m. Planta muy olorosa de hojas pequeñas. ◆ adj./s. Participante en una romería.

romo, a adj. **1** Que no tiene punta. **2** De nariz pequeña y achatada.

rompecabezas m. **1** Juego que consiste en componer una figura dividida en piezas pequeñas. **2** Acertijo difícil.

rompeolas m. Muro que protege un puerto de la fuerza del agua.

romper tr. **1** Partir violentamente una cosa en trozos irregulares. **2** Separar violentamente cosas que estaban unidas. **3** Estropear algo. **4** Interrumpir la continuidad de algo. **5** Ir contra una ley o norma. ◆ tr./intr. **6** Dejar un compromiso o una relación.

ron m. Bebida alcohólica obtenida por destilación de la caña de azúcar.

roncar intr. Hacer un ruido bronco al respirar mientras se duerme.

roncha f. Bulto rojo en la piel.

ronco, a adj. **1** Se dice del sonido áspero y bronco. **2** Que padece ronquera.

ronda f. **1** Recorrido fijo que sigue un grupo de personas que vigila un lugar. **2** Grupo de personas que realiza este recorrido. **3** Distribución de tabaco o bebida a un grupo de personas. **4** Conjunto de personas que por la noche tocan y cantan por las calles. **5** CH Juego del corro.

rondalla f. ESP, MÉX Ronda (personas que cantan).

rondar tr./intr. **1** Circular por un lugar para vigilarlo. **2** Pasear de noche por las calles. ◆ **intr. 3** Estar cerca o alrededor.

ronquera f. Afección en la laringe que hace tener una voz ronca.

ronquido m. Ruido ronco que se produce mientras se duerme.

ronronear intr. Emitir un sonido ronco, suave y constante.

roña f. **1** Suciedad grasienta. **2** Orín de los metales. ◆ **adj./m. y f. 3** *Fam.* Avaro, tacaño. **4** *Fam.* CUBA Irritación, enojo. **5** *Fam.* VENEZ Pereza para hacer un trabajo. **6** *Fam.* VENEZ Erupción cutánea. **7** *Fam.* VENEZ Avería o desperfecto.

ropa f. Conjunto de prendas de tela.

ropero m. Armario o habitación donde se guarda la ropa.

roque adj. *Fam.* ESP Que está dormido.

roquefort m. Queso blanco y verdoso de sabor fuerte.

rosa f. **1** Flor del rosal. ◆ **adj./m. 2** Se dice del color que resulta de mezclar el rojo con el blanco.

rosal m. Planta espinosa que produce rosas.

rosario m. **1** Sarta de cuentas separadas de diez en diez para rezar. **2** Oración de los cristianos que se reza con ese objeto. **3** Serie larga de cosas o personas.

rosbif m. Carne de vaca asada ligeramente.

rosca f. **1** Objeto redondo con un agujero en el centro. **2** Relieve helicoidal del tornillo, la tuerca y otros objetos. **3** Figura formada por un círculo con un agujero en el centro.

rosco m. ESP Bollo redondo con un agujero central.

roscón m. Bollo grande y redondo con un agujero en el centro.

rosetón m. **1** Ventana o vano circular con una vidriera calada y adornada. **2** Adorno en forma de flor.

rosquilla f. Dulce pequeño y redondo con un agujero en el centro.

rostro m. **1** Parte anterior de la cabeza humana en la que están la boca, la nariz y los ojos. **2** Pico del ave.

rotación f. **1** Alternancia de personas o cosas en un trabajo, acción o lugar. **2** Movimiento giratorio alrededor de un eje.

rotar intr. **1** Rodar, dar vueltas. ◆ tr./intr. **2** Alternar sucesivamente un trabajo o una función con otra.

rotativa f. Máquina que imprime periódicos a gran velocidad.

roto, a adj. **1** Partido en trozos irregulares. **2** Que no sirve o no funciona. ◆ m. **3** ESP Desgarrón en la ropa. **4** CH Persona de la clase social más baja. **5** MÉX Petimetre.

rotonda f. **1** Plaza redonda alrededor de la cual circulan los vehículos. **2** Construcción de planta circular.

rótula f. Hueso de la parte anterior de la rodilla.

rotulador m. ESP Útil de escritura con tinta especial y punta generalmente de fieltro.

rótulo m. **1** Cartel, letrero. **2** Título de un capítulo o escrito.

rotundo, a adj. **1** Definitivo, seguro. **2** Claro y sonoro.

rotura f. **1** Separación de una cosa en trozos irregulares. **2** Abertura, grieta o agujero.

roturar tr. Arar las tierras por primera vez.

roulotte f. ESP Vehículo acondicionado para vivir en él, con motor propio o remolcado por un automóvil.

royalty m. Derecho que se debe pagar por usar una patente.

rozamiento m. Acción de rozar o rozarse.

rozar tr./intr. **1** Tocarse dos cosas cuando una de ellas o ambas están en movimiento. ◆ tr. **2** Desgastar al juntar dos superficies.

rúa f. ESP Calle de un pueblo o una población.

ruana f. AMÉR SUR Poncho abierto por delante.

rubeola o **rubéola** f. Enfermedad vírica que provoca la aparición de granos rojos.

rubí m. Piedra preciosa de color rojo.

rubicundo, a adj. Rojizo, especialmente referido a persona.

rubidio m. Elemento químico (metal) de símbolo Rb.

rubio, a adj./m. **1** Que es de color amarillo parecido al oro. ◆ adj./s. **2** Que tiene el cabello de este color. ◆ adj./m. **3** Se dice del tabaco de sabor suave.

rublo m. Unidad monetaria de Rusia.

rubor m. **1** Color rojo que aparece en la cara en determinadas circunstancias. **2** Vergüenza. **3** ARG, MÉX Maquillaje para avivar el color de las mejillas.

rúbrica f. Trazo que forma parte de una firma.

rubricar tr. **1** Poner la firma. **2** *Formal.* Asegurar o certificar una cosa.

rudimentario, a adj. Sencillo, elemental.

rudo, a adj. **1** Poco delicado en el trato. **2** Que tiene escasa formación cultural. **3** Violento, duro.

rueca f. Instrumento para hilar con una rueda y una vara.

rueda f. **1** Objeto circular que gira sobre un eje. **2** Corro de personas.

ruedo m. **1** Zona de la plaza de toros en la que se torea. **2** Círculo de personas o cosas. **3** Contorno de una cosa redonda.

ruego m. Súplica, petición.

rufián m. Hombre que engaña, granuja.
rugby m. Deporte de equipo que consiste en llevar un balón ovalado más allá de una línea protegida por el contrario.
rugir intr. **1** Emitir un sonido intenso un animal salvaje. **2** Dar gritos.
rugoso, a adj. Que tiene arrugas o asperezas.
ruibarbo m. **1** Planta herbácea de flores amarillas y fruto seco. **2** Raíz de esta planta.
ruido m. **1** Sonido confuso y desagradable. **2** Sonido que rompe la tranquilidad.
ruin adj./m. y f. **1** *Desp.* Vil, despreciable. **2** *Desp.* Avaro, tacaño.
ruina f. **1** Pérdida total o casi total de bienes o dinero. ◆ **f.pl. 2** Restos de un edificio destruido.
ruiseñor m. Pájaro cantor marrón con la cola roja.
ruleta f. Juego de azar que consiste en lanzar una bola pequeña sobre una rueda horizontal que gira y que está dividida en 36 casillas.
rulo m. **1** Cilindro pequeño para dar forma al pelo. **2** Cilindro que gira alrededor de un eje.
rumano, a adj./s. **1** De Rumanía. ◆ m./adj. **2** Lengua hablada en Rumanía.
rumba f. **1** Baile y música típicos de Cuba, de procedencia africana. **2** Estilo musical que mezcla el flamenco y los ritmos afrocubanos.
rumbo m. **1** Dirección que se sigue para llegar a un lugar. **2** Línea en un mapa que señala la dirección que debe seguir una embarcación.
rumiante adj./m. Se dice del mamífero que rumia los vegetales con los que se alimenta.
rumiar tr. **1** Masticar por segunda vez un alimento que vuelve desde el estómago. **2** *Fam.* Considerar o pensar con cuidado.
rumor m. **1** Comentario o noticia no verificada. **2** Ruido sordo y continuado.
runrún m. **1** Murmullo continuado. **2** *Fam.* Noticia o rumor.
rupestre adj. Se dice del arte prehistórico surgido en el paleolítico superior.
rupia f. Unidad monetaria de la India, Pakistán y otros países.
ruptura f. Fin o interrupción.
rural adj. **1** Relativo al campo. **2** Que muestra gustos o costumbres del campo.
ruso, a adj./s. **1** De Rusia. ◆ m./adj. **2** Lengua hablada en Rusia.
rústico, a adj. **1** Rural. **2** Basto, poco delicado. ◆ m. **3** Hombre del campo.
ruta f. Camino establecido para un viaje.
rutina f. **1** Hábito de hacer algo maquinalmente. **2** Habilidad aprendida por la práctica.

S

s f. Vigésima letra del alfabeto español.
sábado m. Sexto día de la semana.
sabana f. Llanura extensa cuya vegetación está compuesta por arbustos, hierbas altas y árboles aislados.
sábana f. Pieza de tela fina que se pone en la cama.
sabandija f. **1** Reptil o insecto pequeño. **2** Persona despreciable.
sabañón m. Bulto rojo que sale a causa del frío.
sabático, a adj. **1** Relativo al sábado. **2** Se dice del año que se dedica al descanso.
sabelotodo adj./m. y f. *Fam. y desp.* Que presume de sabio sin serlo.
1. **saber** tr. **1** Tener conocimiento o información de una cosa. **2** Tener capacidad para hacer una cosa. ◆ intr. **3** Tener sabor. **4** Ser muy inteligente.
2. **saber** m. **1** Conocimiento profundo de una materia. **2** Conjunto de conocimientos.
sabiduría f. **1** Capacidad de pensar y actuar con prudencia y sensatez. **2** Conocimiento profundo de una materia.
sabiendas ◇ **a ~** Con conocimiento de las consecuencias.
sabihondo, a o **sabiondo, a** adj./s. *Fam. y desp.* Sabelotodo.
sabina f. Arbusto de hojas pequeñas y fruto negro o rojizo.
sabio, a adj./s. **1** Que posee muchos conocimientos. **2** Que demuestra o tiene sabiduría.
sablazo m. **1** Corte hecho con un sable. **2** *Fam.* Acción de conseguir dinero pidiéndolo con habilidad.
sable m. Arma blanca parecida a la espada, afilada solo por un lado.
sabor m. **1** Propiedad de un cuerpo de producir sensaciones en el órgano del gusto. **2** Impresión que una cosa produce en el ánimo.
saborear tr. **1** Reconocer con agrado el sabor de algo. **2** Disfrutar con detenimiento de una cosa que agrada.
sabotaje m. Daño que se hace en servicios como forma de lucha.
sabroso, a adj. **1** Que tiene un sabor agradable. **2** Interesante o sustancioso.
sabueso adj./m. **1** Se dice del

perro grande que es adecuado para la caza. ◆ m. **2** Persona que investiga o que tiene especial capacidad para ello.

saca f. Saco grande de tela fuerte.

sacacorchos m. Utensilio para sacar el corcho de una botella.

sacapuntas m. Utensilio para sacar punta a los lápices.

sacar tr. **1** Extraer una cosa del interior de otra. **2** Conseguir una cosa con esfuerzo o con violencia. **3** Echar hacia adelante. **4** Poner en circulación algo o darlo a conocer. **5** Comprar una entrada o billete. **6** En algunos deportes, poner en juego la pelota.

sacarina f. Sustancia dulce que se usa en sustitución del azúcar.

sacarosa f. Glúcido formado por glucosa y fructosa.

sacerdote m. **1** Hombre que dirige las ceremonias de una religión. **2** Hombre que administra los sacramentos y dice misa, en la religión cristiana.

sacerdotisa f. Mujer que dirige las ceremonias de una religión.

saciar tr. Satisfacer un deseo o apetito.

saco m. **1** Bolsa generalmente grande abierta por uno de los extremos. **2** Material contenido en una bolsa de ese tipo. **3** AMÉR Chaqueta de vestir con solapas, abierta por delante y con botones. ◇ **~ de pingüino** CH, MÉX, P RICO, PAN Frac. ◇ **~ leva** COL Frac.

sacralizar tr. Dar carácter sagrado.

sacramento m. Rito cristiano que simboliza la relación entre una persona y Jesucristo.

sacrificar tr. **1** Ofrecer sacrificios. **2** Matar las reses en el matadero. **3** Perjudicar algo o a alguien para conseguir un beneficio. ◆ prnl. **4** Hacer algo que no gusta para obtener algo.

sacrificio m. **1** Ofrecimiento a un dios en señal de obediencia o para pedir su favor. **2** Acción que se hace por obligación, necesidad o altruismo. **3** Esfuerzo que se sufre por un ideal o un sentimiento.

sacrilegio m. Falta de respeto hacia una persona, cosa o lugar sagrados.

sacristán, na s. Persona que ayuda al sacerdote y cuida la iglesia.

sacristía f. Lugar de una iglesia donde se guardan los objetos de las ceremonias religiosas.

sacro, a adj. **1** *Formal.* Sagrado. ◆ adj./m. **2** Ser dice del hueso que forma la parte posterior de la pelvis.

sacrosanto adj. *Formal.* Que reúne las cualidades de sagrado y santo.

sacudir tr. **1** Mover violentamente algo de un lado a otro. **2** Golpear o agitar en el aire una cosa. **3** *Fam.* Golpear, pegar. ◆ prnl. **4** Quitarse de encima a una persona o cosa pesada.

sadismo m. **1** Práctica sexual en la que se experimenta placer causando dolor físico. **2** Crueldad con la que se trata a alguien.

sadomasoquismo m. Tendencia sexual que consiste en obtener placer mediante el dolor y el sufrimiento físico o psíquico.

saeta f. **1** *Formal.* Flecha (proyectil). **2** Manecilla de un reloj. **3** Canción religiosa de tono triste que se canta sin acompañamiento.

safari m. Expedición de caza mayor, especialmente en África.

saga f. **1** Narración de la historia de diferentes generaciones de una familia. **2** Dinastía familiar. **3** Leyenda basada en antiguas tradiciones heroicas y mitológicas.

sagaz adj. Que es hábil y astuto.

sagitario adj./m. y f. Nacido entre el 23 de noviembre y el 21 de diciembre.

sagrado, a adj. **1** Que está dedicado al culto religioso. **2** Digno de respeto y adoración.

sagrario m. **1** Urna o mueble donde se guardan las hostias consagradas. **2** Lugar de una iglesia donde se guardan las cosas sagradas.

sahumar tr. Esparcir humo aromático.

sainete m. Pieza dramática en un acto, de carácter satírico y popular.

sajar tr. Hacer un corte como forma de curación.

sajón, na adj./s. **1** De un antiguo pueblo germánico. **2** De Sajonia.

sake m. Bebida alcohólica que se obtiene a partir del arroz.

sal f. Sustancia cristalina soluble en agua que se usa como condimento.

sala f. **1** Habitación principal de una casa. **2** Habitación de grandes dimensiones. **3** Habitación o local destinado a un uso determinado. **4** Local donde se reúne un tribunal de justicia.

salacot m. Sombrero ligero de copa semiesférica y rígida.

salado, a adj. **1** Se dice del alimento que tiene sal. **2** Se dice del alimento que tiene demasiada sal. **3** Agudo, que tiene gracia. **4** AMÉR Que tiene mala suerte. **5** *Fam.* ARG, CH, PAR, URUG Que es muy caro. **6** MÉX Que es víctima de un maleficio.

salamandra f. Anfibio parecido a la lagartija que habita en bosques húmedos.

salamanquesa f. Reptil pequeño y gris, con ojos grandes, cuatro patas y cola larga.

salami m. Embutido parecido al salchichón, elaborado con carne de vaca y cerdo.

salar tr. **1** Poner sal a los alimentos. **2** Echar más sal de la necesaria. **3** C RICA, COL Provocar mala suerte. **4** C RICA, GUAT, NIC, P RICO, PERÚ Echar a perder a una persona o cosa.

salario m. Dinero que se recibe por un servicio o un trabajo.

salazón f. **1** Operación de poner sal a un alimento para su conservación. **2** *Fam.* AMÉR CENTRAL, CUBA Mala suerte.

salchicha f. Embutido alargado hecho con carne picada y especias.

salchichón m. Embutido alargado hecho con carne, tocino y pimienta.

saldar tr. **1** Pagar completamente una deuda. **2** Dar algo por terminado. **3** Vender saldos.

saldo m. **1** Acción de saldar mercancías. **2** Conjunto de mercancías que se venden a un precio más bajo de lo normal.

salero m. **1** Recipiente para guardar la sal o servirla. **2** *Fam.* ESP Gracia en el movimiento.

salesiano, a adj./s. Relativo a las congregaciones religiosas fundadas por san Juan Bosco.

salicílico, a adj. Se dice del ácido desinfectante extraído de la corteza del sauce.

salida f. **1** Acción de salir. **2** Parte por donde se pasa del interior de un lugar al exterior. **3** Excursión o viaje. **4** Lugar o punto en el que comienza una carrera. **5** Solución o medio para vencer una adversidad. **6** Cosa ocurrente y oportuna.

salido, a adj. **1** Que sobresale. **2** ESP Se dice de la hembra en celo.

saliente adj./m. Que sobresale.

salino, a adj. **1** Que contiene sal. **2** Que tiene una característica propia de la sal.

salir intr./prnl. **1** Pasar del interior de un lugar al exterior. **2** Sobresalir una cosa de otra. ◆ intr. **3** Aparecer o dejarse ver. **4** Nacer o brotar algo. **5** Borrar o desaparecer una mancha. **6** Terminar bien o mal una cosa. **7** Partir o irse de un lugar a otro. **8** Ir a divertirse con una persona o en grupo. **9** Obtener un resultado de una operación. **10** Iniciar un juego. ◆ prnl. **11** Escaparse un líquido de un recipiente.

salitre m. **1** Sustancia que contiene sal. **2** Nitro. **3** CH Nitrato de sodio.

saliva f. Líquido acuoso que segregan las glándulas salivales.

salmantino, a adj./s. De Salamanca.

salmo m. Poema o canto religioso de los hebreos.

salmodia f. **1** Música con que se acompañan los salmos. **2** *Fam.* Canto monótono.

salmón m. **1** Pez comestible que vive cerca de las costas y remonta los ríos en el período de la cría. ◆ adj./m. **2** Se dice del color entre rosa y naranja.

salmonella f. Bacteria que se desarrolla en algunos alimentos.

salmonelosis f. Intoxicación o infección que se produce por consumir alimentos con salmonella.

salmonete m. Pez marino con unas barbas en la mandíbula inferior.

salmuera f. **1** Agua con mucha sal. **2** Líquido con sal y otros condimentos en el que se conservan alimentos.

salobre adj. Que contiene sal.
salomónico, a adj. **1** Relativo al rey Salomón. **2** Se dice de la decisión justa, sabia y equilibrada.
salón m. **1** Habitación principal de una casa. **2** Local grande donde se celebran actos. **3** Establecimiento donde se proporcionan ciertos servicios al público. **4** ARG, MÉX Aula de un centro de enseñanza. **5** ECUAD Lugar en el que se venden bebidas alcohólicas y se escucha música.
salpicadero m. ESP Tablero de mandos de un automóvil.
salpicar tr./intr. **1** Saltar un líquido en forma de gotas pequeñas. **2** Manchar o mojar con gotas pequeñas. ◆ tr. **3** Esparcir sobre algo.
salpimentar tr. Aderezar con sal y pimienta.
salsa f. **1** Sustancia líquida o espesa que acompaña y da sabor a las comidas. **2** Cosa que hace gracia. **3** Baile y música populares originarios del Caribe, de ritmo rápido y alegre.
saltamontes m. Insecto con unas patas posteriores muy largas que le sirven para saltar.
saltar intr. **1** Levantarse de una superficie con un impulso. **2** Tirarse desde una altura. **3** Levantarse o desprenderse algo con un impulso fuerte. **4** Romperse o explotar violentamente. **5** Decir o hacer una cosa inesperada. ◆ **intr./prnl. 6** Desprenderse una cosa. ◆ **tr./prnl. 7** Pasar de una cosa a otra sin orden. ◆ **prnl. 8** Omitir una parte de algo.
saltear tr. Freír ligeramente un alimento.
saltimbanqui m. y f. Persona que realiza acrobacias.
salto m. **1** Movimiento realizado al saltar. **2** Paso brusco de un lugar a otro o de una parte a otra. **3** Avance o progreso importante. **4** Omisión de una parte de algo.
saltón, na adj. Se dice del ojo o diente que sobresale más de lo normal.
salubre adj. Que es bueno para la salud.
salud f. **1** Estado del ser vivo que ejerce con normalidad todas sus funciones orgánicas. **2** Estado físico o psíquico de un ser vivo.
saludable adj. **1** Que sirve para conservar o recuperar la salud. **2** Que tiene buena salud.
saludar tr. **1** Dar muestras de afecto o cortesía mediante expresiones o gestos al encontrarse con una persona. **2** Expresar un militar respeto hacia algo o alguien.
salva f. Disparo al aire que se hace en señal de saludo o como un honor.
salvado m. Cáscara del grano del cereal molida.
salvadoreño, a adj./s. De El Salvador.
salvaguardar tr. Defender, proteger.
salvaje adj. **1** Se dice del animal o planta que crece y se desarrolla de

forma natural. **2** Se dice del terreno no transformado por el ser humano. **3** Se dice de la acción cruel y violenta. ◆ adj./m. y f. **4** Se dice de la persona que vive y se comporta de forma primitiva. **5** Que comete actos crueles.

salvamanteles m. ESP Pieza que se pone en la mesa debajo de recipientes muy calientes.

salvapantallas m. Programa informático que evita que los píxeles de un monitor se quemen.

salvar tr. **1** Librar de un peligro o daño. **2** Solucionar un problema. **3** Entre los católicos, perdonar los pecados y obtener la gloria eterna. **4** Vencer un obstáculo.

salvavidas m. Flotador de emergencia en una embarcación.

salve f. Oración que se reza a la Virgen María.

salvedad f. Excepción de una cosa o advertencia que limita lo que se dice o hace.

salvia f. Planta herbácea de flores azuladas.

salvo, a adj. **1** Que ha salido ileso de un peligro. ◆ prep. **2** Indica que determinada persona o cosa no está incluida en lo que se dice.

salvoconducto m. Permiso extendido por una autoridad para poder viajar por un lugar sin ser detenido.

samba f. Baile y canción populares típicos de Brasil, de ritmo rápido y tono alegre.

sambenito m. Calificativo de connotaciones negativas.

sámpler m. Dispositivo electrónico para grabar o manipular sonidos y usarlos para tocar o componer música.

samuray o **samurái** m. Guerrero de la antigua sociedad feudal japonesa.

san adj. Apócope de santo.

sanar intr. **1** Recuperar alguien la salud. ◆ tr. **2** Hacer recuperar la salud.

sanatorio m. Establecimiento sanitario donde determinados enfermos o heridos son ingresados para recibir atención médica.

sanción f. **1** Pena para el que infringe la ley. **2** *Formal.* Autorización o aprobación de un acto o costumbre.

sandalia f. Calzado formado por una suela que se asegura al pie con correas o cuerdas.

sándalo m. **1** Árbol con las hojas verdes y gruesas. **2** Madera de este árbol. **3** Esencia que se extrae de esta madera.

sandez f. Tontería.

sandía f. **1** Fruta redonda de gran tamaño, corteza verde y carne roja. **2** Planta herbácea que produce esta fruta.

sándwich m. Conjunto de dos rebanadas de pan de molde entre las que se pone un alimento.

sanear tr. **1** Dar condiciones de sanidad. **2** Remediar un problema o una pérdida.

sangrar intr. **1** Echar sangre. ◆ tr. **2** Quitar sangre a una persona o animal. **3** Empezar una línea de texto más hacia dentro que las demás.

sangre f. **1** Líquido rojo compuesto por plasma y células que recorre el cuerpo de los animales. **2** Raza, familia o condición social de una persona.

sangría f. **1** Acción y efecto de sangrar. **2** Bebida hecha con vino tinto, limonada, azúcar y frutas. **3** Gasto de dinero paulatino y continuo.

sanguijuela f. **1** Gusano parásito que se adhiere a sus víctimas. **2** *Fam.* Persona que va apoderándose del dinero de otra.

sanguinario, a adj./s. Que es cruel y goza con el derramamiento de sangre.

sanguíneo, a adj. Relativo a la sangre.

sanidad f. **1** Conjunto de servicios que cuidan de la salud pública. **2** Cualidad de sano.

sanitario, a adj. **1** Relativo a la sanidad. ◆ s. **2** Persona que trabaja en los servicios de sanidad. ◆ m.pl. **3** Conjunto de los aparatos de higiene del cuarto de baño.

sanjuanero, a adj./s. De San Juan de Puerto Rico.

sano, a adj. **1** Que goza de salud. **2** Que sirve para conservar o recuperar la salud. **3** Que está en buen estado. **4** Que no tiene vicios. ◇ **~ y salvo** En buen estado, sin ningún daño.

sánscrito, a m./adj. Lengua asiática conservada en los textos sagrados del brahmanismo.

¡sanseacabó! interj. *Fam.* Se usa para dar por terminado un asunto.

santateresa f. Mantis.

santiaguino, a adj./s. De Santiago de Chile.

santiamén ◇ **en un ~** *Fam.* En muy poco tiempo.

santidad f. **1** Cualidad de santo. **2** Tratamiento que se da al Papa.

santificar tr. **1** Declarar la Iglesia santa a una persona. **2** Consagrar o dedicar algo a Dios.

santiguar tr. Hacer la señal de la cruz.

santo, a adj./s. **1** Que ha sido canonizado por la Iglesia y recibe culto. ◆ adj. **2** Tratamiento que se da a la persona canonizada.

santoral m. **1** Libro que narra la vida de los santos. **2** Lista de los santos cuya fiesta se celebra en cada uno de los días del año.

santuario m. **1** Templo o lugar sagrado. **2** Lugar que se usa como refugio.

saña f. **1** Violencia y crueldad con la que se trata a una persona o cosa. **2** Insistencia cruel en un daño.

sapo m. Anfibio parecido a la rana, pero de cuerpo más grueso.

saprofito, a o **saprófito, a** adj. Se dice del hongo o vegetal que se alimenta de materias orgánicas en descomposición.

saque m. **1** Impulso que se da a la pelota para ponerla en movimiento en un juego o deporte. **2** *Fam.* ESP Capacidad para comer o beber mucho.
saquear tr./intr. **1** Robar por la fuerza las cosas que se encuentran en un lugar. ◆ tr. **2** *Fam.* Tomar todo o casi todo lo que hay en un lugar.
sarampión m. Enfermedad vírica infecciosa que provoca la aparición de granos rojos.
sarao m. Fiesta nocturna.
sarape m. Manta mexicana de vivos colores usada como poncho o capote.
sarasa m. *Fam. y desp.* ESP Hombre afeminado.
sarcasmo m. Dicho irónico y cruel.
sarcófago m. Sepulcro levantado sobre el suelo.
sardana f. Baile popular catalán que ejecutan varias personas que forman un círculo.
sardina f. Pez marino de color azul y plateado, que vive en las zonas costeras.
sardo, a adj./s. **1** De Cerdeña. ◆ m./adj. **2** Lengua hablada en Cerdeña.
sardónico, a adj. Sarcástico.
sargazo m. Alga propia de mares templados.
sargento, a s. Militar de categoría inmediatamente superior a la de cabo primero.
sari m. **1** Traje largo femenino usado en la India y otros países. **2** Tela de este traje.
sarmiento m. Tallo largo y nudoso de la vid.
sarna f. Enfermedad de la piel que se manifiesta por una multitud de vesículas que producen picor.
sarpullido m. Conjunto de granos o manchas que salen temporalmente en la piel.
sarraceno, a adj./s. Musulmán, árabe.
sarro m. **1** Capa amarillenta que cubre los dientes. **2** Sustancia que dejan algunos líquidos en un recipiente.
sarta f. **1** Serie de cosas metidas por orden en un hilo o cuerda. **2** Serie de personas o cosas dispuestas una tras otra.
sartén f. Recipiente de cocina redondo, poco profundo y con un mango largo.
sartorio m./adj. Músculo del muslo.
sastre, a s. Persona que corta y cose prendas de vestir masculinas.
satélite m. **1** Cuerpo celeste que gira alrededor de un planeta. ◆ adj./m. **2** Se dice del estado que está dominado política y económicamente por otro. ◆ m. **3** Vehículo que se coloca en órbita alrededor de un astro.
satén m. Tela de seda brillante.
satinar tr. Abrillantar y alisar la tela o el papel.

sátira f. **1** Dicho corrosivo con el que se critica algo o a alguien. **2** Obra con intención crítica y mordaz.

sátiro m. **1** Ser mitológico con cuernos y patas de macho cabrío. **2** Hombre lascivo.

satisfacer tr. **1** Cubrir una necesidad, conceder un deseo o realizar aspiraciones. **2** Dar respuesta o solución a una cosa. **3** Pagar o dar lo que se debe. **4** Cumplir una cosa ciertas condiciones o exigencias. ◆ tr./intr. **5** Gustar o agradar a alguien.

satisfecho, a adj. **1** Complacido, contento. **2** Que ha comido y bebido lo suficiente. **3** Orgulloso de uno mismo.

saturar tr. **1** Llenar, ocupar o usar por completo o en exceso. **2** Satisfacer por completo o en exceso. **3** Combinar o mezclar dos sustancias en las proporciones máximas.

sauce m. Árbol de ramas finas y hojas estrechas y largas.

saúco m. Arbusto de corteza agrietada y flores olorosas.

saudí adj./m. y f. De Arabia Saudí.

sauna f. **1** Baño de vapor a muy alta temperatura. **2** Habitación donde se toma este baño.

saurio adj./m. Se dice del reptil que posee escamas, cola larga, cuatro patas y ojos con párpados móviles, como el lagarto.

savia f. **1** Líquido que circula por los conductos de las plantas. **2** Elemento que da energía y vitalidad.

saxofón o **saxo** m. Instrumento musical de viento, de metal, formado por un tubo cónico y varios pistones.

sayo m. Prenda de vestir ancha y sin botones que llega hasta la rodilla.

sazón f. **1** Punto de madurez de una cosa. **2** Ocasión o tiempo oportuno o adecuado. **3** Sabor de una comida.

sazonar tr. **1** Aderezar, condimentar una comida. **2** Poner las cosas en su punto de madurez.

se pron. **1** Forma átona de tercera persona de construcciones pronominales, pasivo-reflejas e impersonales. **2** Forma átona del pronombre de tercera persona que realiza la función de complemento indirecto cuando va acompañado de un pronombre personal de tercera persona con función de objeto directo.

sebáceo, a adj. **1** Relativo al sebo. **2** Se dice de la glándula que segrega sebo.

sebo m. **1** Grasa saturada y sólida que se saca de los animales herbívoros. **2** Grasa que segrega un organismo para proteger la piel.

seborrea f. Secreción excesiva de grasa.

secano m. Terreno de cultivo que no es necesario regar.

secante adj./m. **1** Que seca o puede secar. ◆ adj./f. **2** Se dice de la línea o superficie que corta a otra. ◆ f. **3** Razón inversa del coseno.

secar tr./prnl. **1** Quitar la humedad o el líquido de una cosa. **2** Consumir el jugo. **3** Cerrar o cicatrizar una herida. ◆ prnl. **4** Perder una planta su aspecto verde y fresco.

sección f. **1** Cada una de las partes en que se divide una cosa o un conjunto de personas. **2** Cada una de las unidades de trabajo en que se divide una empresa, organismo, etc. **3** Figura que resultaría si se cortara un cuerpo por un plano.

seccionar tr. **1** Hacer un corte en un cuerpo geométrico para obtener un plano. **2** Cortar una materia vegetal o animal.

secesión f. Separación de una parte del pueblo o del territorio de un país.

seco, a adj. **1** Que no tiene agua o humedad. **2** Que no tiene o no recibe lluvia o que no tiene humedad atmosférica. **3** Se dice del vegetal que no tiene lozanía o que está muerto. **4** Se dice del fruto de cáscara dura que no tiene jugo. **5** Se dice del alimento que está duro o que no es reciente. **6** *Fam.* Que está muy delgado. **7** Brusco y poco cariñoso en el trato. **8** Se dice del sonido grave o áspero. **9** Se dice del golpe fuerte y rápido.

secoya m. Secuoya.

secreción f. **1** Expulsión de una sustancia elaborada por una glándula. **2** Sustancia secretada.

secretar tr. Elaborar y expulsar una glándula una sustancia que el organismo utiliza.

secretario, a s. **1** Persona empleada en una oficina o al cargo de otra para escribir la correspondencia, tramitar asuntos y realizar otros trabajos administrativos. **2** Dirigente de un grupo, organismo o partido político.

secreter m. Mueble con un tablero para escribir y muchos cajones pequeños.

secreto, a adj. **1** Que está oculto o no se conoce. **2** Que no se dice a todo el mundo. ◆ m. **3** Conocimiento que exclusivamente tiene alguien de una cosa.

secta f. **1** Grupo de personas seguidor de una doctrina religiosa que se separa de la considerada ortodoxa. **2** Grupo de personas bajo la dirección de un líder religioso que en realidad esconde fines lucrativos.

sectario, a adj./s. **1** Que defiende con fanatismo una idea o doctrina. **2** Que pertenece a una secta.

sector m. **1** Parte de una clase o grupo que presenta caracteres particulares. **2** Distrito de una ciudad o departamento de una empresa. **3** Ámbito en el que se desarrolla una actividad económica. **4** Porción de un círculo comprendida entre dos radios y el arco que los une.

secuaz adj./m. y f. *Desp.* Que sigue las ideas, opiniones y tendencias de otra persona.

secuela f. **1** Consecuencia de un hecho, generalmente negativo. **2** Obra literaria o audiovisual posterior a otra obra de referencia y que evoca hechos posteriores a esta.

secuencia f. **1** Sucesión ordenada de cosas. **2** Sucesión de imágenes o escenas que son una unidad.

secuestrar tr. Retener a una persona contra su voluntad o apoderarse del control de un vehículo con violencia con el fin de exigir dinero o el cumplimiento de determinadas condiciones para su rescate.

secular adj. **1** Que dura un siglo o más. **2** Que ocurre o se repite cada siglo. ◆ adj./m. **3** Se dice del sacerdote o religioso que no vive sujeto a una regla monástica en un convento o monasterio. ◆ adj. **4** Seglar.

secundar tr. Ayudar o apoyar una cosa o a una persona.

secundario, a adj. **1** Menos importante que otra cosa principal. **2** Que deriva o depende de lo principal. **3** Que es el segundo en orden o importancia. ◆ adj./f. **4** Se dice de la enseñanza que sigue a la primaria y proporciona un mayor grado de especialización. ◆ adj./m. **5** Se dice de la era geológica que sigue a la era primaria. ◆ adj. **6** Relativo a esta era geológica.

secuoya o **secoya** m. Árbol de tronco recto que puede sobrepasar los 100 m de altura.

sed f. **1** Necesidad o deseo de beber. **2** Deseo o necesidad muy fuerte de una cosa.

seda f. **1** Hilo flexible que segregan ciertas larvas. **2** Fibra fina formada por varios de estos hilos. **3** Tela hecha con esos hilos.

sedal m. Hilo de caña de pescar.

sedar tr. **1** Disminuir o hacer desaparecer la excitación nerviosa. **2** Dar un sedante.

sede f. Lugar donde se encuentra la dirección o el domicilio de un grupo, organismo o actividad.

sedentario, a adj. **1** Que se establece a vivir permanentemente en un sitio. **2** Se dice de la costumbre o modo de vida que conlleva poco movimiento.

sedición f. Acción violenta y colectiva para levantar al pueblo contra el poder establecido.

sediento, a adj./s. **1** Que tiene sed. **2** Que necesita o desea una cosa con mucha fuerza.

sedimento m. Materia sólida que después de haber estado flotando en un líquido se queda en el fondo del recipiente.

sedoso, a adj. Que tiene parecido con la seda.

seducir tr. **1** Cautivar o atraer la voluntad. **2** Conseguir tener relaciones sexuales con una persona. **3** Gustar mucho, atraer.

seductor, ra adj./s. Que seduce.

sefardí o **sefardita** adj./m. y f. De la comunidad de judíos españoles antes de ser expulsados en 1492 y de sus descendientes.

segar tr. Cortar la hierba o una planta.

seglar adj. **1** Que no está relacionado con la religión. ◆ adj./m. y f. **2** Que no es sacerdote ni pertenece a una orden religiosa.

segmento m. **1** Trozo cortado de una cosa. **2** Parte de una clase o grupo que presenta caracteres particulares. **3** Parte del cuerpo de ciertos insectos o crustáceos que es igual a otras con las que se articula. **4** Parte de una recta comprendida entre dos puntos.

segregacionismo m. Doctrina que propugna la separación de un grupo de personas por su etnia, religión o cultura.

segregar tr. **1** Secretar. **2** Separar una cosa de otra de la que forma parte. **3** Separar y excluir de la sociedad a un grupo de personas de otra etnia, religión o cultura.

seguida f. Acción de seguir algo o a alguien. ◇ **en ~** Enseguida.

seguidilla f. **1** Estrofa popular de cuatro versos de 5 y 7 sílabas. **2** Canción y baile folclóricos basados en esta composición.

seguido, a adj. **1** Que sigue a otra cosa o está inmediatamente a continuación de ella. **2** Que no está interrumpido en el tiempo. **3** Que está dispuesto uno al lado del otro. ◆ adv. **4** Sin cambiar de dirección. **5** A continuación.

seguir tr. **1** Ir después o detrás de una persona o cosa. **2** Perseguir algo o a alguien allá donde vaya. **3** Mantener la vista sobre una cosa o persona que se mueve. **4** Observar el desarrollo de un hecho. **5** Actuar según la opinión de otra persona. ◆ tr./intr. **6** Ir por un camino o dirección. **7** Continuar un proceso o una situación. ◆ intr. **8** Continuar con una situación.

según prep. **1** Expresa el origen de cierto conocimiento o de cierta opinión o quién tiene esa opinión. **2** Expresa conformidad entre una cosa y el sustantivo al cual precede. ◆ adv. **3** Indica que una cosa depende de lo que viene a continuación. **4** Indica que lo que se hará o se decidirá dependerá de las circunstancias. **5** Indica que las acciones van progresando simultáneamente. **6** Introduce una frase que expresa el modo en que sucede una cosa.

segundero m. Aguja del reloj que señala los segundos.

segundo, a num.ordin. **1** Que ocupa el lugar número 2 en una serie ordenada. ◆ s. **2** Persona que sigue a la principal en una jerarquía. ◆ m. **3** Unidad de tiempo en el Sistema Internacional, de símbolo s. **4** Parte que resulta de dividir un minuto en 60 partes iguales. **5** *Fam.* Período muy breve.

segurata m. y f. *Fam.* Guardia de seguridad.

seguridad f. **1** Ausencia de peligro. **2** Confianza en una cosa. **3** Certeza o conocimiento de una cosa.

seguro, a adj. **1** Que está libre de peligro o daño. **2** Que es cierto y no admite duda. **3** Que confía en algo. **4** Que no es probable que falle. ◆ m. **5** Contrato por el cual una compañía se compromete a pagar a alguien una cantidad de dinero en caso de que se produzca un daño o una pérdida. **6** Mecanismo que impide que un objeto se abra o que una máquina funcione. ◆ adv. **7** Con toda certeza.

seis num.cardin. **1** Cinco más uno. ◆ num.ordin. **2** Que ocupa el lugar número 6 en una serie ordenada. ◆ m. **3** Número 6.

seiscientos, as num.cardin. **1** Quinientos más cien. ◆ num.ordin. **2** Que ocupa el lugar número 600 en una serie ordenada. ◆ m. **3** Número 600.

seísmo m. Movimiento en la superficie de la Tierra producido por fuerzas internas.

selección f. **1** Elección de una persona o cosa entre otras. **2** Conjunto de personas o cosas escogidas.

selectividad f. **1** Cualidad de selectivo. **2** Conjunto de pruebas que se hacen en España para determinar el acceso a la universidad.

selecto, a adj. **1** Que es el mejor en su especie. **2** Exquisito, destinado a personas entendidas o con gusto refinado.

selenio m. Elemento químico (no metal) de símbolo Se.

sellar tr. **1** Imprimir o poner un sello. **2** Cerrar, tapar. **3** Concluir o poner fin.

sello m. **1** Papel pequeño emitido por el gobierno que se usa en las cartas y paquetes para enviarlos por correo o para dar validez a ciertos documentos. **2** Instrumento que sirve para estampar figuras y signos. **3** Conjunto de figuras y signos estampados con ese instrumento. **4** Marca comercial.

selva f. Ecosistema sin cultivar, muy poblado de árboles y con un sotobosque impenetrable.

semáforo m. Dispositivo de señalización luminoso para la regulación del tráfico.

semana f. **1** Período de siete días, de lunes a domingo. **2** Período de siete días consecutivos.

semanario m. Publicación que aparece cada semana.

semántica f. Parte de la lingüística que estudia el significado de las palabras.

semántico, a adj. **1** Relativo al significado. **2** Relativo a la semántica.

semblante m. **1** Cara de una persona. **2** Aspecto, apariencia.

semblanza f. Descripción física o moral de una persona.

sembrar tr. **1** Esparcir semillas en un terreno preparado para que germinen. **2** Motivar una opinión o causar una sensación con palabras o acciones.

semejante adj. **1** Parecido o casi igual que otra persona u otra cosa. **2** Se dice de la figura geométrica que tiene la misma forma que otra, pero es de diferente tamaño. ◆ m. **3** Persona cualquiera con respecto a otra.

semejanza f. Conjunto de características que hace que dos o más cosas o personas sean parecidas.

semejar tr. Ser parecida una persona o cosa a otra.

semen m. Líquido espeso y blanquecino producido por los órganos de reproducción masculinos.

semental adj./m. **1** Se dice del animal macho que se destina a la reproducción. **2** *Fam.* Hombre de gran potencia sexual.

semestre m. Período de seis meses.

semicírculo m. Mitad de un círculo.

semicorchea f. Nota musical que equivale a la mitad de una corchea.

semifinal f. Cada uno de los encuentros o pruebas de una competición o concurso para determinar los finalistas.

semifusa f. Nota musical que equivale a la mitad de una fusa.

semilla f. **1** Parte del fruto que contiene el embrión de una nueva planta. **2** Causa u origen de otra cosa.

seminal adj. **1** Relativo al semen. **2** Relativo a la semilla.

seminario m. **1** Centro de enseñanza en el que se educan y se forman los futuros sacerdotes. **2** Conjunto de actividades que realizan en común un profesor y sus discípulos, para encaminarlos a la práctica e investigación de una disciplina.

semiótica f. Ciencia que estudia los signos como instrumentos de comunicación en sociedad.

semiplano m. Superficie que resulta de dividir un plano geométrico en dos.

semirrecta f. Cada una de las dos partes en que un punto divide a una recta.

semita adj./m. y f. De los pueblos que se establecieron en Mesopotamia y el Próximo Oriente y que tenían lenguas con un origen común.

semitono m. Mitad de un tono musical.

sémola f. Pasta alimenticia con forma de granos muy pequeños de harina de arroz, trigo u otros cereales.

sempiterno, a adj. *Formal.* Que perdura eternamente o durante largo tiempo.

senado m. **1** Órgano político que se encarga de aceptar o rechazar los proyectos de ley. **2** Edificio en el que se reúnen los miembros de este órgano. **3** Asamblea del Imperio romano que asesoraba al gobernante.

senador, ra s. Miembro del senado.

sencillo, a adj. **1** Formado por un solo elemento. **2** Que no presenta dificultad ni complicación. **3** Que no tiene lujos ni adornos excesivos. **4** Que tiene un carácter natural y espontáneo. **5** Se dice del estilo o lenguaje claro y natural.

senda f. **1** Camino estrecho. **2** Plan de actuación o procedimiento.

sendero m. Senda.

sendos, as det. Establece una relación de uno a uno entre los miembros de un conjunto y los de otro conjunto.

senectud f. *Formal.* Último período de la vida de una persona.

senil adj. **1** Relativo a la vejez. **2** Se dice de la persona de edad avanzada que presenta señales de decadencia física o psíquica.

sénior adj. **1** Se aplica a la persona que tiene el mismo nombre que otra pero es de mayor edad. ◆ adj./m. y f. **2** Se dice del deportista que compite en la categoría superior a la de júnior.

seno m. **1** *Formal.* Pecho o mama de la mujer. **2** Agujero o hueco. **3** Matriz de las hembras de los mamíferos. **4** Cociente entre el cateto opuesto a un ángulo agudo de un triángulo rectángulo y la hipotenusa.

sensación f. **1** Impresión recogida por los sentidos. **2** Impresión producida por una cosa importante o novedosa.

sensacionalismo m. Tendencia a destacar los aspectos más llamativos de una información.

sensato, a adj. Que muestra buen juicio, prudencia y madurez.

sensibilidad f. **1** Capacidad para percibir sensaciones a través de los sentidos. **2** Tendencia a dejarse llevar por los sentimientos de compasión y amor. **3** Tendencia a apreciar lo bello.

sensible adj. **1** Capaz de percibir una realidad a través de los sentidos. **2** Que se deja llevar por determinados sentimientos. **3** Capaz de distinguir la belleza y los valores artísticos. **4** Se dice de la sustancia que reacciona fácilmente a ciertos agentes naturales.

sensitivo, a adj. **1** Relativo a los sentidos corporales. **2** Que estimula la sensibilidad.

sensor m. Dispositivo que capta variaciones de luz, temperatura o sonido en su entorno.

sensorial adj. Relativo a los sentidos.

sensual adj. **1** Relativo a los sentidos corporales. **2** Que provoca placer al ser percibido por los sentidos. **3** Que provoca excitación sexual.

sentar tr. **1** Colocar a una persona en un asiento apoyada sobre las nalgas. **2** Fundamentar una teoría o doctrina. ◆ intr. **3** Producir una cosa un efecto bueno o malo en una persona.

sentencia f. **1** Frase o dicho con un contenido moral. **2** Decisión de un tribunal que pone fin a un juicio o un proceso.

sentido, a adj. **1** Que expresa un sentimiento intenso. ◆ m. **2** Capacidad de percibir un tipo de estímulos del mundo exterior mediante ciertos órganos del cuerpo. **3** Capacidad para razonar y ser consciente del mundo exterior. **4** Razón de ser, finalidad o lógica que tiene una cosa. **5** Significado de una palabra o conjunto de palabras. **6** Cada una de las dos formas opuestas de recorrer una línea o un camino. **7** AMÉR Sien.

sentimental adj. **1** Que contiene elementos que emocionan o conmueven. **2** Relacionado con los sentimientos. ◆ adj./m. y f. **3** Sensible, que se emociona con facilidad.

sentimiento m. **1** Estado de ánimo o disposición emocional. **2** Estado de ánimo triste o afectado. **3** Parte afectiva o emotiva del ser humano.

1. **sentir** tr. **1** Percibir una sensación a través de los sentidos. **2** Percibir un sonido a través del oído. **3** Experimentar un sentimiento. **4** Lamentar una cosa. ◆ prnl. **5** Encontrarse en cierto estado físico o moral.

2. **sentir** m. **1** Opinión o sentimiento sobre una cosa. **2** Sentimiento.

seña f. **1** Señal, gesto para indicar una cosa. **2** Convención establecida entre varias personas para comunicarse. **3** Característica que permite identificar una cosa o persona. **4** Signo utilizado para recordar algo. ◆ f.pl. **5** Conjunto de datos que indican donde vive una persona.

señal f. **1** Marca o característica que distingue a una persona o cosa de las demás. **2** Huella o marca que queda en una superficie. **3** Indicio que demuestra alguna cosa. **4** Gesto con el que se quiere decir o indicar una cosa. **5** Signo o símbolo convenido entre varias personas.

señalar tr. **1** Poner una marca o una señal. **2** Indicar o mostrar una cosa o persona. **3** Ser señal o indicio de una cosa. **4** Dejar una marca en una superficie.

señalizar tr. Colocar indicaciones en un lugar.

señero, a adj. Que sobresale por sus cualidades únicas.

señor, ra s. **1** Tratamiento de respeto que se da a una persona adulta. **2** Dueño de una cosa, especialmente tierras. **3** Persona para la que trabaja un criado.

señoría f. Tratamiento que se da a ciertas personas por su cargo o dignidad.

señorío m. **1** Autoridad o mando sobre una cosa. **2** Territorio perteneciente a un señor. **3** Distinción, elegancia.

señorito, a s. **1** Hijo o hija de un señor o de una señora importante. **2** Tratamiento que da un criado a los amos jóvenes. ◆ f. **3** Tratamiento que se da a las mujeres solteras. **4** Tratamiento que se da a las mujeres que desempeñan ciertos trabajos.

señuelo m. **1** Objeto para atraer a las aves que se quiere cazar. **2** Incentivo para atraer o convencer a una persona con engaño. **3** ARG, BOL Grupo de cabestros o mansos que guían al ganado.

seo f. Catedral en algunas regiones españolas.

sépalo m. Hoja que envuelve y protege los estambres y el ovario de la flor.

separación f. **1** Acción de separar. **2** Espacio o distancia entre dos cosas. **3** Interrupción de la vida en común de dos personas casadas.

separar tr. **1** Hacer que una cosa o persona deje de estar junto a otra o cerca de ella. **2** Considerar individualmente. **3** Formar grupos con elementos iguales o parecidos que antes estaban mezclados. ◆ prnl. **4** Distanciar sus posiciones dos personas o cosas al tomar caminos o tendencias diferentes. **5** Dejar de vivir juntas dos personas que formaban una pareja.

separata f. Artículo de una publicación que se edita por separado.

separatismo m. Doctrina política que defiende la separación de un territorio de su Estado.

sepelio m. Acto de enterrar un cadáver y celebrar las ceremonias correspondientes.

sepia f. **1** Invertebrado marino parecido al calamar pero con la cabeza más grande. ◆ m./adj. **2** Se dice del color marrón amarillento.

septentrional adj. Relativo al Norte.

septiembre o **setiembre** m. Noveno mes del año.

séptimo, a num.ordin. **1** Que ocupa el lugar número 7 en una serie ordenada. ◆ num.partit. **2** Se dice de cada parte que resulta de dividir un todo en siete partes iguales.

septuagenario, a adj./s. *Formal.* Que tiene entre setenta y setenta y nueve años.

septuagésimo, a num.ordin. **1** Que ocupa el lugar número 70 en una serie ordenada. ◆ num.partit. **2** Se dice de cada una de las partes que resultan de dividir un todo en setenta partes iguales.

sepulcro m. **1** Construcción funeraria para enterrar cadáveres. **2** Hueco de un altar en el que se guardan reliquias.

sepultar tr. Enterrar un cadáver o introducirlo en una sepultura.

sepultura f. **1** Acción de enterrar un cadáver. **2** Lugar en el que se entierra un cadáver.

sequedad f. **1** Falta de líquido o de humedad. **2** Falta de amabilidad o cariño en un comportamiento, especialmente al hablar.

sequía f. Déficit de lluvia prolongado.

séquito m. Conjunto de personas que acompañan a alguien ilustre.

1. **ser** cop. **1** Tener una cualidad intrínseca o natural, o poseerla de modo permanente. **2** Tener un oficio o profesión. **3** Estar hecho de un material. **4** Pertenecer a una persona o cosa. **5** Haber nacido en un lugar determinado. **6** Formar parte de una comunidad. ◆ aux. **7** Seguido de un participio forma la voz pasiva de los verbos. ◆ intr. **8** Ocurrir o tener lugar un acontecimiento. **9** Valer dinero. **10** Expresa el resultado de una operación matemática. **11** Existir o haber. ◆ impers. **12** Se usa para indicar tiempo.

2. **ser** m. **1** Persona, animal o cosa que existe. **2** Conjunto de características esenciales de una persona, animal o cosa. **3** Vida, existencia.

serbio, a o **servio, a** adj./s. **1** De Serbia. ◆ m./adj. **2** Lengua hablada en Serbia.

serenar tr. Volver alguien o algo a un estado de calma.

serenata f. Composición musical que se canta al aire libre y durante la noche.

sereno, a adj. **1** Claro y despejado. **2** Sosegado, tranquilo. **3** Que no está borracho. ◆ m. **4** Humedad nocturna.

serie f. **1** Conjunto de cosas que tienen una relación entre sí y se suceden siguiendo un orden. **2** Conjunto de cosas o personas que tienen algo en común, aunque no estén ordenadas. **3** Obra que se emite por capítulos en radio o televisión.

serigrafía f. Técnica de grabado por filtración del color a través de una trama.

serio, a adj. **1** De aspecto severo y sobrio. **2** Que es responsable y riguroso. **3** Que muestra preocupación o disgusto. **4** Grave o importante.

sermón m. **1** Discurso pronunciado por el sacerdote durante la misa. **2** Conjunto de consejos morales destinados a corregir un comportamiento.

seropositivo, a adj./s. Que tiene anticuerpos en el suero sanguíneo, especialmente si son del sida.

serpentear intr. Moverse en zigzag.

serpentín m. Tubo hueco en espiral para enfriar líquidos o gases.

serpentina f. **1** Tira de papel enrollada en forma de disco que se lanza sujetándola por un extremo. **2** Mineral verde con manchas oscuras.

serpiente f. Reptil sin extremidades, de cuerpo largo y cilíndrico y cabeza aplastada.

serrano, a adj./s. Relativo a la sierra o que vive en ella.

serrar tr. Cortar con sierra.

serrín m. Polvo o conjunto de partículas que se desprenden de la madera al serrarla.

serrucho m. Sierra de hoja ancha.

servicial adj. **1** Que sirve con atención y rapidez. **2** Que siempre está dispuesto a satisfacer a alguien.

servicio m. **1** Trabajo que se hace para otra persona. **2** Utilidad o función de una cosa. **3** Favor o beneficio que se le hace a una persona. **4** Organización que satisface determinadas necesidades de una comunidad. **5** Conjunto de criados de una casa. **6** Habitación en la que está el váter y el lavabo.

servidor, ra s. **1** Criado, sirviente. **2** Computadora conectada a una red informática que ofrece servicios a otros equipos informáticos conectados a ella.

servidumbre f. **1** Conjunto de criados de una casa. **2** Condición y trabajo propios del sirviente.

servil adj. **1** Que muestra una actitud exageradamente humilde y servicial. **2** Relativo a los criados.

servilleta f. Pieza de tela o papel que sirve para limpiarse durante las comidas.

servio, a ➜ serbio, a.

servir intr. **1** Ser útil para un fin determinado. **2** Tener un utensilio un fin determinado. ◆ **tr./intr. 3** Trabajar para una persona. **4** Trabajar para el ejército. **5** Llevar a la mesa la comida o la bebida. ◆ **tr. 6** Atender a los clientes en un comercio. **7** Obrar con entrega y lealtad al servicio de una persona o de una cosa.

sésamo m. **1** Planta de flores blancas o rosas. **2** Semilla de esta planta.

sesear intr. Pronunciar la **c** y la **z** como una s.

sesenta num.cardin. **1** Cincuenta más diez. ◆ **num.ordin. 2** Que ocupa el lugar número 60 en una serie ordenada. ◆ **m. 3** Número 60.

sesera f. **1** Parte de la cabeza de los animales en la que se encuentran los sesos. **2** *Fam.* Cabeza de las personas y de los animales. **3** *Fam.* Inteligencia, juicio.

sesgado, a adj. **1** Cortado de manera inclinada. **2** Que se presenta condicionado por determinados intereses.

sesgo m. **1** Orientación o dirección que toma un asunto. **2** Inclinación de algo hacia un lado.

sesión f. **1** Reunión para realizar una actividad o tratar un asunto que se desarrolla sin interrupciones. **2** Fase de una actividad que se desarrolla en un intervalo temporal determinado. **3** Representación teatral o proyección de una película que se celebra en un día.

seso m. Masa de tejido nervioso en el interior del cráneo y que se encarga de las funciones cognitivas.
set m. **1** Parte de un partido en ciertos deportes, como el tenis y el voleibol. **2** Conjunto de varios utensilios con una finalidad común.
seta f. Hongo con forma de sombrero sostenido por un pie.
setecientos, as num.cardin. **1** Seiscientos más cien. ◆ num.ordin. **2** Que ocupa el lugar número 700 en una serie ordenada. ◆ m. **3** Número 700.
setenta num.cardin. **1** Sesenta más diez. ◆ num.ordin. **2** Que ocupa el lugar número 70 en una serie ordenada. ◆ m. **3** Número 70.
setiembre m. Septiembre.
seto m. Valla hecha con palos o ramas entretejidas.
setter adj./m. y f. Se dice del perro de una raza de pelo ondulado y hocico alargado.
seudónimo o **pseudónimo** m. Nombre falso que usa una persona para ocultar su identidad.
severo, a adj. **1** Riguroso o intransigente con las faltas de los demás o las propias. **2** Estricto y riguroso al aplicar una ley o una regla.
sevillana f. **1** Baile popular de ritmo rápido o moderado, que se baila en pareja o en grupo. **2** Canción que acompaña este baile.
sevillano, a adj./s. De Sevilla.
sexagenario, a adj./s. *Formal.* Que tiene entre sesenta y sesenta y nueve años de edad.
sexagésimo, a num.ordin. **1** Que ocupa el lugar número 60 en una serie ordenada. ◆ num.partit. **2** Se dice de cada una de las partes que resultan de dividir un todo en sesenta partes iguales.
sexismo m. Actitud discriminatoria por razón del sexo.
sexo m. **1** Conjunto de características de un ser vivo por las que se distingue entre individuos machos y hembras. **2** Conjunto de los individuos de una especie que comparten una de estas dos características. **3** Órganos sexuales o reproductores. **4** Actividad física relacionada con la reproducción y el placer sexual.
sexología f. Parte de la medicina que estudia la sexualidad.
sexta f. Oficio religioso que se celebra hacia el mediodía.
sexto, a num.ordin. **1** Que ocupa el lugar número 6 en una serie ordenada. ◆ num.partit. **2** Se dice de cada una de las partes que resultan de dividir un todo en seis partes iguales.
sexuado, a adj. Se dice del ser vivo que tiene órganos sexuales.
sexualidad f. **1** Conjunto de características físicas y psicólogicas propias de cada sexo. **2** Sexo (actividad).
sexy o **sexi** adj. Que es atractivo y despierta el deseo sexual.
sherpa adj./m. y f. De un pueblo de la cordillera del Himalaya.

shock m. Impresión intensa que altera profundamente el estado mental o los sentimientos.

show m. Espectáculo de variedades.

si conj. **1** Introduce una oración condicional. **2** Introduce oraciones interrogativas indirectas. **3** Expresa énfasis en oraciones exclamativas. **4** Introduce una oración que expresa sorpresa o protesta. **5** *Formal.* Introduce una oración concesiva. ◆ m. **6** Séptima nota de la escala musical.

sí adv. **1** Expresa afirmación, especialmente como respuesta a una pregunta. ◆ m. **2** Permiso, consentimiento o respuesta afirmativa a una petición o pregunta. ◆ pron. **3** Forma del pronombre personal de la segunda persona del singular y del plural que se emplea en los complementos con preposición.

sial m. Capa superior de la corteza terrestre.

siamés, sa adj./s. **1** Se dice de la persona que ha nacido unido a su hermano gemelo. **2** Se dice del gato de color pardo o grisáceo con el pelo más oscuro en la cara, orejas y cola. **3** De Siam (antiguo país de Asia). ◆ m./adj. **4** Lengua hablada en Tailandia.

sibarita adj./m. y f. Aficionado a los placeres refinados.

siberiano, a adj./s. De Siberia.

sibila f. Mujer de la Antigüedad que predecía el futuro.

sibilante adj. Se dice del sonido que es como un silbido suave.

sic Palabra latina que indica que una palabra o expresión es una transcripción o copia textual.

sicario m. Asesino a sueldo.

sicoanálisis → psicoanálisis.

sicodelia → psicodelia.

sicología → psicología.

sicomotricidad → psicomotricidad.

sicopatía → psicopatía.

sicosis → psicosis.

sicoterapia → psicoterapia.

sida m. Enfermedad producida por un virus que hace disminuir las defensas del organismo y que se transmite por la sangre o por vía sexual.

sidecar m. Vehículo de un solo asiento y una rueda lateral que va acoplado a una motocicleta.

sideral adj. Relativo a las estrellas.

siderurgia f. Sector de la metalurgia que se ocupa de extraer hierro y elaborar derivados de él.

sidra f. Bebida alcohólica hecha a partir del jugo de las manzanas.

siega f. **1** Actividad agrícola que consiste en segar. **2** Conjunto de hierbas o cereales segados.

siembra f. **1** Acción de sembrar. **2** Tierra en la que se han puesto semillas.

siempre adv. **1** Todo el tiempo. **2** En todo caso, por lo menos.

sien f. Cada una de las dos partes de la cabeza situadas entre la frente, la oreja y la mejilla.

sierra f. **1** Herramienta para cortar materiales duros formada por una hoja de acero con dientes unida a un mango. **2** Alineación de montañas de pocos kilómetros de longitud.

siervo, a s. **1** Persona que sirve a otra. **2** Persona enteramente sometida o entregada al servicio de otra.

siesta f. Sueño corto que se echa después de comer.

siete num.cardin. **1** Seis más uno. ◆ num.ordin. **2** Que ocupa el lugar número 7 en una serie ordenada. ◆ m. **3** Número 7.

sietemesino, a adj./s. Nacido a los siete meses de ser engendrado.

sífilis f. Enfermedad infecciosa que se contagia por vía sexual.

sifón m. **1** Botella con un mecanismo en su parte superior que abre y cierra la salida del agua con gas. **2** Agua carbónica que hay en el interior de esa botella. **3** Tubo curvo que se utiliza para que circulen líquidos salvando algún desnivel, o para obstruir la salida de gases en algunas cañerías.

sigilo m. **1** Secreto con que se hace una cosa. **2** Silencio cuidadoso.

sigla f. **1** Letra inicial de una palabra que se usa como abreviatura. **2** Palabra formada por las iniciales de otras palabras.

siglo m. **1** Período de cien años. **2** *Fam.* Período que se considera muy largo.

sigma f. Letra del alfabeto griego (Σ/σ).

significación f. **1** Acción y efecto de significar. **2** Importancia, valor de un hecho.

significado m. **1** Sentido de una cosa, especialmente el de un signo, una palabra o una oración. **2** Concepto que se evoca en la mente cuando se oye o se lee un signo lingüístico. ◆ adj. **3** Importante o conocido.

significante m. Elemento del signo lingüístico que aporta la imagen acústica o visual.

significar tr. **1** Representar una cosa, fenómeno o hecho, o ser señal de ello. **2** Ser una palabra u oración signo o expresión de una idea. **3** Manifestar una idea o un sentimiento. ◆ prnl. **4** ESP, MÉX Llamar la atención o distinguirse por una cualidad o circunstancia.

significativo, a adj. **1** Importante por lo que representa. **2** Que es señal de una cosa.

signo m. **1** Cosa perceptible por los sentidos que se emplea para representar algo. **2** Indicio o señal que da a conocer algo. **3** Gesto o movimiento que se hace con una parte del cuerpo para expresar algo. **4** Señal, marca o dibujo que se emplea en la escritura, en la música y en matemáticas. **5** Cada una de las doce partes iguales que forman el zodiaco.

siguiente adj. Que va inmediatamente después de otra cosa.

sílaba f. Grupo fonético de uno o varios sonidos que se pronuncian en una sola emisión de voz.

silbar tr./intr. **1** Producir un silbido soplando con los labios muy juntos. ◆ intr. **2** Producir un silbido el viento o una cosa que agita el aire.

silbato m. Instrumento sonoro pequeño que se sopla y produce un sonido agudo.

silbido m. Sonido agudo que se produce cuando el aire roza con algo a mucha velocidad.

silencio m. **1** Estado en el que no hay ningún ruido. **2** Ausencia de noticias o palabras sobre un asunto.

sílex m. Piedra dura formada principalmente por sílice.

sílfide f. **1** Mujer esbelta y guapa. **2** Ninfa del aire.

silicato m. Sal formada a partir de un ácido del silicio.

sílice f. Óxido no metálico de silicio.

silicio m. Elemento químico (no metal) de símbolo Si.

silicona f. Producto químico elástico, resistente y aislante.

silla f. **1** Asiento para una sola persona, con respaldo y patas. **2** Armazón para montar sobre el lomo de un animal.

sillar m. Piedra labrada destinada a la edificación o construcción.

sillería f. Obra hecha con sillares asentados unos sobre otros.

sillín m. ESP Asiento individual pequeño, especialmente el de la bicicleta.

sillón m. Asiento para una sola persona generalmente acolchado y forrado con tela.

silo m. **1** Lugar seco y preparado para guardar el trigo u otras semillas. **2** Cualquier lugar subterráneo profundo y oscuro.

silogismo m. Razonamiento lógico formado por dos premisas y una conclusión.

silueta f. **1** Línea exterior que delimita el dibujo de una figura. **2** Contorno de un objeto.

silvestre adj. Que crece o se cría sin la intervención del ser humano.

sima f. **1** Grieta o pozo muy profundo que se abre en el terreno. ◆ m. **2** Capa interior de la corteza terrestre situada bajo el sial.

simbiosis f. **1** Asociación en la que dos organismos de especies diferentes se benefician mutuamente. **2** Relación de ayuda mutua entre dos personas o entidades.

simbolismo m. **1** Conjunto de símbolos utilizados para representar una cosa. **2** Significado de lo que se expresa con símbolos. **3** Tendencia artística que utiliza símbolos e imágenes.

símbolo m. **1** Signo que representa un objeto sin tener ningún parecido o relación con él. **2** Cualquier representación de algo.

simetría f. Correspondencia entre los puntos del plano o del espacio situados a uno y otro lado del centro, eje o plano y a la misma distancia de él.

simiente f. Semilla.

símil m. **1** Figura retórica mediante la cual se comparan dos cosas para resaltar una de ellas. **2** Semejanza entre dos cosas.

similar adj. *Formal.* Parecido, semejante.

simio, a s. Nombre genérico de los primates antropoides, de hocico reducido y ojos en posición frontal.

simpatía f. **1** Modo de ser de una persona que la hace agradable. **2** Sentimiento de afecto hacia alguien o algo.

simpático, a adj. Que inspira simpatía.

simple adj. **1** Formado por un solo elemento. **2** Que no tiene complicación.

simplificar tr. Hacer más sencilla o fácil una cosa.

simposio m. Reunión de especialistas que se proponen estudiar o exponer un tema.

simulacro m. Acción que se realiza imitando un suceso real.

simular tr. **1** Presentar como cierto o real algo que no lo es. **2** Presentar una cosa haciendo que parezca real.

simultáneo, a adj. Que se hace u ocurre al mismo tiempo que otra cosa.

sin prep. **1** Indica falta o carencia de una cosa. **2** Indica que lo que se dice a continuación no queda incluido dentro de lo dicho antes.

sinagoga f. Edificio donde una comunidad judía reza y realiza ceremonias religiosas.

sinalefa f. Fusión en una sola sílaba de la vocal final de una palabra con la vocal inicial de la palabra siguiente.

sincero, a adj. **1** Que habla y se expresa abiertamente. **2** Que actúa sin fingimiento.

sinclinal adj./m. En geología, se dice del plegamiento en forma de U.

síncopa f. Supresión de una o más letras en medio de una palabra.

síncope m. **1** Paralización momentánea de los movimientos del corazón y de la respiración. **2** Síncopa.

sincronía f. Coincidencia en el tiempo de varios hechos o circunstancias.

sindicalismo m. Movimiento que defiende el establecimiento de sindicatos.

sindicato m. Unión o agrupación de trabajadores destinada a la defensa de sus intereses.

síndico, a m. **1** Persona elegida por un grupo o comunidad para cuidar de sus intereses. **2** Persona encargada de pagar los bienes de un deudor en quiebra.

síndrome m. Conjunto de signos que caracterizan una enfermedad o trastorno.

sinécdoque f. Figura retórica consistente en dar al todo el nombre de una de sus partes o viceversa.

sinfín m. Cantidad imposible de calcular o limitar de una cosa.

sinfonía f. **1** Composición musical para orquesta que consta de varios movimientos o partes. **2** Conjunto de elementos combinados entre sí de manera armónica y bella.

sinfónica f. Orquesta formada por unos cien músicos que tocan instrumentos de cuerda, madera, metal y percusión.

singladura f. **1** Distancia recorrida por una nave en 24 horas. **2** Dirección seguida por algo o alguien.

singular adj./m. **1** Se dice de la categoría gramatical de número que indica una sola persona o cosa. ◆ adj. **2** Raro o extravagante. **3** Extraordinario o muy bueno.

siniestra f. Mano o pierna situada en el lado que corresponde al corazón en el ser humano.

siniestro, a adj. **1** Hecho con mala intención. **2** Desgraciado o causado por la mala suerte. **3** Que causa temor o angustia por su carácter sombrío o macabro. **4** *Formal.* Izquierdo. ◆ m. **5** Daño o pérdida importante de propiedades o personas a causa de una desgracia.

sinnúmero m. Infinidad, sinfín.

sino conj. **1** Indica que lo que se dice a continuación queda excluido del conjunto que se ha dicho antes. **2** Se usa para añadir un elemento nuevo a otro que se ha dicho antes. ◆ m. **3** Destino, fuerza que determina el futuro.

sínodo m. **1** Reunión de eclesiásticos católicos para tratar asuntos de una diócesis o de toda la Iglesia. **2** Reunión de delegados protestantes.

sinónimo, a adj./m. Se dice de la palabra que posee el mismo significado que otra.

sinopsis f. **1** Esquema o exposición de los puntos generales de un tema o materia. **2** Resumen muy breve de una cosa.

sinovia f. Líquido que lubrica las articulaciones de los huesos.

sinrazón f. Acción o cosa que está fuera de lo que se considera razonable.

sinsabor m. Disgusto, pesar.

sintagma m. Grupo de palabras que, en una oración, poseen sentido unitario.

sintaxis f. Parte de la gramática que estudia la oración.

síntesis f. **1** Resumen, compendio. **2** Formación de un todo mediante la unión de varios elementos. **3** Proceso por el que se obtiene una sustancia a partir de la combinación de elementos químicos o de sustancias más simples. **4** Método deductivo que parte de lo más simple para llegar a lo más complejo.

sintético, a adj. **1** Relativo a la síntesis. **2** Se dice del material que se obtiene mediante procedimientos industriales y que imita una materia natural.

sintetizador m. Aparato electrónico que imita un gran número de sonidos de intrumentos musicales, efectos sonoros, etc.

sintoísmo m. Religión basada en la adoración de las fuerzas naturales y el culto a los antepasados.

síntoma m. **1** Manifestación de una enfermedad que no es observable por el médico. **2** Señal de que una cosa ocurre o va a ocurrir.

sintonía f. **1** Música que marca el comienzo o el fin de un espacio de radio o de televisión. **2** Igualdad de frecuencia entre un aparato receptor y otro emisor. **3** Relación de acuerdo o de correspondencia entre varias personas o cosas.

sintonizar tr. **1** Poner en sintonía un aparato receptor. ◆ **intr. 2** Entenderse bien dos o más personas o cosas.

sinuoso, a adj. **1** Que tiene curvas y ondulaciones. **2** Que es poco claro y pretende ocultar la verdadera intención.

sinusitis f. Enfermedad que consiste en una inflamación de las membranas que cubren los huesos de la frente a ambos lados de la nariz.

sinvergüenza adj./m. y f. Que habla u obra sin vergüenza ni respeto.

sionismo m. Movimiento judío que defiende la colonización de los territorios árabes de Palestina.

sique → psique.

siquiatría → psiquiatría.

síquico, a → psíquico, a.

siquiera adv. **1** Indica que lo que se dice a continuación es lo mínimo que se espera de una cosa solicitada o dada. ◆ **conj. 2** Sirve para unir oraciones e indica que lo que se dice a continuación es lo mínimo que se espera sobre lo dicho antes. ◇ **ni ~** o **ni tan ~** Se usa para reforzar una negación de manera que lo que se dice a continuación representa lo más básico de una totalidad que tampoco se cumple.

sirena f. **1** Ser mitológico con cuerpo de mujer y cola de pez. **2** Aparato que emite un sonido fuerte y que sirve para avisar de alguna cosa.

sirio, a adj./s. De Siria.

siroco m. Viento caliente y seco que sopla del desierto del Sáhara.

sirope m. Sustancia líquida y espesa con la que se hacen refrescos o se endulzan postres.

sirtaki m. Danza típica griega que se baila generalmente en grupo.

sirviente, a s. Persona que se dedica al servicio doméstico en una casa.

sisa f. **1** Corte curvo hecho en el cuerpo de una prenda de vestir que corresponde a la parte de la axila. **2** ESP Cantidad pequeña de dinero que se hurta.

sismo m. Seísmo.

sismógrafo m. Instrumento para registrar la intensidad y duración de los seísmos.

sismología f. Parte de la geología que estudia los seísmos.
sistema m. **1** Conjunto ordenado de normas y procedimientos que regula el funcionamiento de una colectividad. **2** Conjunto de reglas, principios o medidas que tienen relación entre sí. **3** Conjunto de elementos que forman un todo. **4** Conjunto de órganos que intervienen en una función principal dentro del cuerpo. **5** Medio o manera de hacer una cosa. ◇ **~ métrico (decimal)** Sistema de pesos y medidas que tiene por unidades básicas el metro, el kilogramo y el segundo. ◇ **~ planetario** o **~ solar** Conjunto formado por el Sol y los demás cuerpos celestes que giran a su alrededor.
sistemático, a adj. Que sigue o se ajusta a un sistema.
sístole m. Movimiento de contracción del corazón.
sitiar tr. **1** Cercar, asediar. **2** Acosar a una persona para que acepte lo que se le propone.
sitio m. **1** Acción y efecto de sitiar. **2** Parte o punto de un espacio. **3** Puesto que corresponde a una persona o cosa en determinado momento. ◇ **~ web** Lugar de Internet compuesto por un conjunto de páginas web con una dirección común.
situación f. **1** Colocación o posición de una persona, animal o cosa en un lugar. **2** Estado o condición en que se halla una persona, animal o cosa.
situar tr. **1** Poner en un lugar o espacio determinado. ◆ **prnl. 2** Lograr una buena posición social, económica o profesional.
sketch m. Escena de corta duración y de tono humorístico.
slalom o **eslálom** o **eslalon** m. Competición de esquí en la que los deportistas siguen un trazado con pasos obligados.
slip m. Prenda íntima masculina que cubre desde la cintura hasta las ingles.
slogan m. Eslogan.
smoking m. Esmoquin.
snob adj./m. y f. Esnob.
so prep. Indica que alguna cosa está bajo otra. ◆ **adv. 2** Se usa para enfatizar el valor despectivo de una cualidad que se expresa. ◆ **interj. 3** Se usa para detener una caballería.
sobaco m. Axila.
sobado, a adj. **1** Muy gastado o estropeado por el uso. **2** Se dice del tema o asunto que se ha tratado mucho.
sobar tr. **1** Tocar mucho una cosa. **2** Acariciar o toquetear repetidamente con las manos. ◆ **intr. 3** *Fam.* ESP Dormir.
soberano, a adj./s. **1** Se dice de la persona que posee y ejerce la autoridad más elevada sobre los asuntos de un pueblo o nación. ◆ **adj. 2** Se dice del pueblo o nación que se gobierna a sí mismo. **3** *Fam.*

Muy grande o muy difícil de superar.

soberbia f. Sentimiento de superioridad que provoca un trato despectivo hacia los demás.

sobornar tr. Ofrecer dinero u objetos de valor para conseguir un favor o un beneficio injusto o ilegal.

sobra f. **1** Exceso de una cosa. ◆ f.pl. **2** Restos de una cosa.

sobrado, a adj. Que existe en gran cantidad o más de lo que es necesario.

sobrar intr. **1** Haber más cantidad de algo de la necesaria. **2** Molestar o no ser necesaria una persona o cosa. **3** Quedar alguna cosa después de su uso.

sobrasada f. ESP Embutido pastoso hecho con carne de cerdo, sal y mucho pimentón.

sobre prep. **1** Indica la posición más alta o en un lugar superior de una cosa. **2** Indica de qué asunto trata una cosa. **3** Indica que una cantidad es aproximada. **4** Indica la proximidad y elevación de una cosa respecto a otra. **5** Indica superioridad de una persona en relación con otra en una jerarquía. ◆ m. **6** Envoltorio plano para meter en él cartas o papeles de cualquier tipo. **7** Envoltorio similar para contener líquidos, polvos y otras cosas.

sobrecarga f. **1** Exceso de carga. **2** Molestia que se produce por haber sometido una parte del cuerpo a un trabajo o un peso excesivos.

sobrecargo m. y f. **1** Persona que en un avión coordina y supervisa los miembros de la tripulación a su cargo. **2** Persona que se ocupa de la carga de un barco.

sobrecoger tr. Causar una impresión fuerte en el ánimo.

sobredosis f. Cantidad excesiva de una medicina o de una droga.

sobreentender tr. Sobrentender.

sobreesdrújulo, a adj./f. Sobresdrújulo.

sobrellevar tr. Soportar con resignación una situación o un hecho negativo.

sobremanera adv. De un modo extraordinario.

sobremesa f. Período posterior a la comida en que se continúa sentado alrededor de la mesa.

sobrenatural adj. Que no sigue las reglas conocidas de la naturaleza.

sobrenombre m. **1** Apodo, mote. **2** Nombre calificativo que se añade al propio de una persona.

sobrentender o **sobreentender** tr. Entender algo que no se expresa con palabras pero que se supone o se deduce.

sobrepasar tr. **1** Pasar o dejar atrás a una persona o cosa en movimiento. **2** Llegar a ser mejor que otra persona en una actividad. **3** Traspasar un límite. ◆ prnl. **4** Ir una persona más allá de lo que se considera correcto.

sobrepeso m. **1** Exceso de carga. **2** Exceso de peso.

sobreponer tr. **1** Poner una cosa encima de otra. ◆ prnl. **2** Superar un problema o no dejarse abatir por algo.

sobresaliente adj. **1** Que destaca o sobresale entre varias cosas. ◆ m. **2** Máxima calificación académica en una prueba o examen.

sobresalir intr. **1** Destacar una cosa entre otras por su anchura o su altura. **2** Destacarse una persona por una cualidad.

sobresalto m. Alarma o susto producidos por un ruido o hecho inesperado.

sobresdrújulo, a o **sobreesdrújulo, a** adj./f. Se dice de la palabra que lleva el acento de intensidad en la sílaba anterior a la antepenúltima.

sobreseer tr./intr. Suspender indefinidamente un proceso judicial.

sobrevenir intr. Ocurrir inesperadamente una cosa.

sobrevivir intr. **1** Seguir vivo después de un hecho. **2** Vivir con dificultades.

sobrevolar tr. Volar por encima de un lugar.

sobrino, a s. Hijo o hija de un hermano o hermana, o de un primo o prima.

sobrio, a adj. **1** Moderado en su forma de actuar. **2** Sencillo, sin adornos. **3** Que no se encuentra bajo los efectos de una bebida alcohólica.

socarrar tr. Quemar la parte superficial de una cosa.

socarrón, na adj./s. Que se burla de los demás de manera graciosa e irónica.

socavar tr. **1** Excavar algo por debajo. **2** Debilitar una ideología o la firmeza de un valor.

socavón m. Agujero producido al hundirse una superficie por haber debajo un hueco.

sociable adj. Que le gusta relacionarse con otros miembros de su especie.

social adj. **1** Relativo a la sociedad humana. **2** Se dice del animal que vive en grupo formando colonias.

socialismo m. Sistema político que propugna la propiedad pública de los medios de producción.

socializar tr. Transferir al Estado las propiedades particulares.

sociedad f. **1** Reunión permanente de personas, pueblos o naciones que conviven bajo unas leyes comunes. **2** Agrupación de personas para un fin. **3** Grupo de personas que aportan dinero o bienes en una actividad comercial o industrial para obtener beneficios.

socio, a s. **1** Persona que pertenece a un grupo con un fin determinado. **2** Miembro de una sociedad o asociación.

sociología f. Ciencia que estudia las sociedades humanas.

socorrer tr. Ayudar a alguien que está en peligro o tiene una necesidad urgente.

socorrismo m. Conjunto de primeros auxilios para la ayuda inmediata en un accidente.

socorro m. **1** Ayuda que se presta en una situación de peligro o necesidad. ◆ **interj. 2** Se usa para pedir ayuda.

soda f. Bebida gaseosa hecha con agua y ácido carbónico.

sodio m. Elemento químico (metal) de símbolo Na.

sodomía m. Coito anal.

soez adj. De mal gusto, grosero.

sofá m. Asiento blando, con respaldo y brazos, para varias personas.

sofisma m. Argumento falso, pero de apariencia verdadera, con que se pretende confundir a alguien.

sofisticado, a adj. **1** Que no es natural ni sencillo. **2** Se dice del aparato que es complicado y muy completo.

soflama f. ESP Discurso de tono encendido.

sofocar tr. **1** Dificultar la respiración. **2** Extinguir un fuego. **3** Avergonzar, sonrojar.

sofoco m. **1** Calor excesivo que dificulta la respiración. **2** Sentimiento de vergüenza o ridículo.

sofreír tr. Freír ligeramente.

software m. Conjunto de programas para ejecutar ciertas funciones en un ordenador.

soga f. Cuerda gruesa.

soja f. Planta de fruto en legumbre comestible y de cuyas semillas se obtiene aceite y harina.

sol m. **1** Estrella alrededor de la cual giran la Tierra y demás planetas del sistema solar. **2** Quinta nota de la escala musical.

solamente adv. Ninguna otra cosa más que lo que se expresa.

solana f. Lugar donde el sol da de lleno.

solano m. Viento del este.

solapa f. **1** Parte que, en una prenda de vestir, se dobla hacia afuera sobre el pecho. **2** Parte de la cubierta de un libro que se dobla hacia dentro.

solapar tr. **1** Ocultar o disimular una intención o deseo. **2** Colocar una cosa sobre otra cubriéndola parcialmente.

1. **solar** adj. Relativo al sol.

2. **solar** m. Terreno donde se ha construido o se ha de construir.

solariego, a adj. De linaje noble y antiguo.

solario o **solárium** m. Lugar preparado para tomar el sol.

solaz m. Esparcimiento, recreo.

soldado m. y f. Militar sin graduación.

soldar tr. Unir firmemente dos piezas metálicas mediante calor.

soledad f. **1** Falta de compañía. **2** Tristeza que se siente por la ausencia de alguien.

solemne adj. **1** Que se celebra públicamente y con gran ceremonia. **2** Se dice del compromiso que es formal y firme.

soler intr. **1** Tener costumbre o hábito de hacer una determinada cosa. **2** Suceder con frecuencia una cosa.

solera f. **1** Carácter tradicional de una cosa o costumbre. **2** Calidad que adquiere el vino con el paso de los años.

solfa f. **1** Sistema de signos con que se escribe la música. **2** Solfeo.

solfeo m. Técnica y práctica de leer una partitura cantando las notas con la melodía y el ritmo adecuados.

solicitar tr. **1** Pedir una cosa. **2** Tratar de enamorar a una persona.

solícito, a adj. Dispuesto a servir y satisfacer a los demás.

solicitud f. Documento en que se pide algo.

solidaridad f. Apoyo a una causa o al interés de otros.

solidificar tr. Convertir un líquido o gas en sólido.

sólido, a adj. **1** Firme, capaz de resistir. **2** Que se basa en razonamientos innegables. ◆ adj./m. **3** Se dice del cuerpo que presenta forma propia y opone resistencia a ser dividido. ◆ m. **4** Figura con longitud, altura y anchura.

soliloquio m. Discurso de una persona consigo misma.

solista adj./m. y f. Se dice del cantante o músico que interpreta un solo o que actúa en solitario.

solitaria f. Tenia.

solitario, a adj. **1** Desierto, no habitado. **2** Solo, sin compañía. ◆ adj./s. **3** Que prefiere la soledad. ◆ m. **4** Juego de cartas para una sola persona.

soliviantar tr. **1** Incitar a alguien a rebelarse. **2** Alterar el ánimo.

sollozar intr. Llorar con respiración entrecortada.

solo, a adj. **1** Que está sin compañía. **2** Que es único en su especie. ◆ adj./m. **3** ESP Se dice del café que se sirve sin leche. ◆ m. **4** Pieza musical interpretada por una sola persona. ◇ **a solas** Con la única asistencia de las personas implicadas en un asunto.

solo adv. Solamente.

solomillo m. Trozo alargado y muy tierno de carne de una res, entre las costillas y el lomo.

solsticio m. Cada uno de los dos momentos del año en que se da la máxima diferencia de duración entre el día y la noche.

soltar tr. **1** Dejar libre a la persona, animal o cosa que estaba atada o retenida. **2** Dejar en libertad. ◆ prnl. **3** Desarrollar desenvoltura para hacer una cosa.

soltero, a adj./s. Que no se ha casado.

soltura f. Facilidad y rapidez para hacer una cosa.

soluble adj. **1** Que se puede disolver. **2** Que se puede resolver.

solución f. **1** Resolución o respuesta a un problema o duda. **2** Resultado de un problema u operación matemática. **3** Mezcla homogénea de sustancias separables por métodos físicos sencillos. **4** Sustancia que resulta de disolver un cuerpo sólido en un líquido.

solucionar tr. Dar una solución a un problema o duda.

soluto m. Sustancia en disolución.

solventar tr. **1** Pagar una deuda. **2** Solucionar una dificultad.

solvente adj. Que dispone de recursos económicos para pagar una deuda.

somático, a adj. Relativo a la parte material o corpórea de un ser animado.

sombra f. **1** Oscuridad o falta de luz. **2** Imagen oscura que proyecta un cuerpo opaco sobre una superficie, al interceptar los rayos de luz. **3** Forma oscura que no se percibe con claridad. **4** Color oscuro con que se representa la oscuridad en un dibujo.

sombrear tr. Dar o producir sombra.

sombrero m. Prenda para cubrir la cabeza, con copa y ala.

sombrilla f. Objeto para dar sombra parecido a un paraguas.

sombrío, a adj. **1** Poco iluminado, con sombra. **2** Triste.

somero, a adj. Ligero o superficial.

someter tr. **1** Exponer a una acción determinada. **2** Obligar a una persona a aceptar una autoridad. ◆ prnl. **3** Actuar según la voluntad de otra persona sin oponer resistencia.

somier m. Soporte sobre el que se coloca el colchón en una cama.

somnífero, a adj./m. Se dice del fármaco empleado para producir sueño.

somnolencia f. Ganas de dormir.

son m. **1** Sonido agradable. **2** Modo de hacer una cosa.

sonajero m. Juguete para bebés formado por un mango con cascabeles.

sonambulismo m. Enfermedad del sueño que consiste en realizar actos automáticos, como andar, y no recordarlos al despertar.

sonámbulo, a adj./s. Que padece sonambulismo.

1. **sonar** intr. **1** Emitir un sonido o ruido. **2** *Fam.* Resultar una cosa o una persona vagamente conocida. ◆ tr. **3** Limpiar la nariz de una persona haciendo que suelte fuertemente el aire por ella.

2. **sonar** m. Aparato para descubrir y localizar objetos bajo el agua con vibraciones de alta frecuencia.

sonata f. Composición musical formada por varios movimientos o partes.

sonda f. **1** Cuerda con un peso en un extremo para medir la profundidad de las aguas. **2** Aparato usado para explorar cavidades. **3** Nave espacial que estudia la atmósfera o el espacio.

sondar tr. **1** Echar una sonda al agua para medir la profundidad. **2** Introducir una sonda en una parte del cuerpo.

sondear tr. **1** Sondar zonas inaccesibles. **2** Averiguar algo con discreción.

sondeo m. Encuesta de opinión.

soneto m. Composición poética formada por catorce versos endecasílabos distribuidos en dos cuartetos y dos tercetos.

sonido m. **1** Sensación o impresión producida en el oído por las vibraciones que se propagan por el aire. **2** Manera de sonar que tiene una cosa.

sonorizar tr. Convertir un sonido consonántico sordo en sonoro.

sonoro, a adj. **1** Que suena o puede sonar. **2** Relativo al sonido. ◆ adj./f. **3** Se dice del sonido consonántico que se emite con vibración de las cuerdas vocales.

sonreír intr. **1** Curvar la boca hacia arriba, sin llegar a reír, para mostrar alegría o felicidad. **2** Ser favorable para una persona cierta cosa.

sonrisa f. Gesto que se hace al sonreír.

sonrojar tr. Causar rubor.

sonrosado, a adj. De color rosa o similar.

sonsacar tr. Lograr con habilidad que una persona diga algo que sabe.

soñar tr./intr. **1** Representarse cosas o sucesos en la mente al dormir. **2** Creer que es cierta o posible una cosa que no lo es.

sopa f. Caldo con pasta, verdura u otros alimentos.

sopapo m. Golpe dado con la mano abierta sobre la cara.

sopesar tr. **1** Levantar una cosa para tantear su peso. **2** Considerar las ventajas e inconvenientes de una cosa.

sopetón ◇ **de ~** De repente.

soplar tr./intr. **1** Despedir aire con fuerza por la boca. **2** *Fam.* Chivar. **3** *Fam.* Robar disimuladamente. ◆ intr. **4** Correr el viento. **5** *Fam.* Beber alcohol.

soplete m. Instrumento que produce una llama para soldar piezas de metal.

soplido m. Soplo brusco.

soplo m. **1** Aire que se expulsa de una vez por la boca. **2** Movimiento del viento. **3** Instante breve. **4** *Fam.* Chivatazo. **5** Sonido anormal percibido por auscultación de un órgano.

soponcio m. *Fam.* Desmayo.

sopor m. Sensación de pesadez y torpeza provocada por el sueño.

soporífero, a adj. Que provoca ganas de dormir.

soportal m. Espacio exterior cubierto en la entrada principal de una casa.

soportar tr. **1** Sostener una carga o peso. **2** Aguantar con resignación algo desagradable.

soporte m. **1** Cosa que sostiene un peso. **2** Persona o cosa que sirve de apoyo.

soprano m. **1** Voz más aguda, propia de mujer o de niño. ◆ m. y f. **2** Persona que tiene esta voz.

sor f. Tratamiento que se usa ante el nombre propio de algunas religiosas.

sorber tr. **1** Beber aspirando con la boca o a través de un tubito hueco. **2** Empapar, absorber.

sorbete m. Refresco helado, dulce y pastoso, hecho con agua, zumo de frutas y azúcar.

sorbo m. Cantidad de líquido que se sorbe de una vez.

sórdido, a adj. **1** Se dice del lugar que es pobre y sucio. **2** Que va contra las normas morales, especialmente contra las de carácter sexual.

sordina f. Pieza que se ajusta a un instrumento musical para disminuir su sonoridad.

sordo, a adj./s. **1** Que no oye nada o no oye con claridad. **2** Que suena de forma apagada. ◆ adj./f. **3** Se dice del sonido consonántico que se emite sin vibración de las cuerdas vocales.

sordomudo, a adj./s. Sordo y mudo.

sorgo m. Planta de tallos largos, hojas planas, flores en racimos y semilla comestible.

soriasis f. Enfermedad crónica de la piel con enrojecimiento de algunas zonas y aparición de escamas.

sorna f. Tono irónico o burlón.

soroche m. AMÉR SUR Mal de altura, angustia que se siente en lugares muy elevados.

sorprender tr. **1** Pillar desprevenida a una persona. **2** Descubrir lo que alguien esconde. **3** Causar sorpresa.

sorpresa f. **1** Alteración emocional que causa algo extraño o imprevisto. **2** Cosa que sorprende o que se prepara para sorprender.

sorpresivo, a adj. AMÉR Que produce sorpresa.

sortear tr. **1** Someter algo a la decisión de la suerte. **2** Evitar un compromiso, peligro u obstáculo.

sorteo m. Acción de sortear.

sortija f. Aro que se lleva en el dedo.

sortilegio m. Acción que se consigue realizando determinados actos mágicos.

sosa f. Carbonato de sodio.

sosegar tr. Tranquilizar.

sosiego m. Tranquilidad, reposo.

soslayo ◇ **de ~** De costado.

soso, a adj. **1** Que tiene poca sal o poco sabor. **2** Que no tiene gracia ni atractivo.

sospechar tr. **1** Pensar algo a partir de una información o señal. ◆ intr. **2** Desconfiar de alguien.

sostén m. **1** Sujeción, apoyo o protección. **2** Prenda interior femenina para ajustar y sostener el pecho.

sostener tr. **1** Sujetar a alguien o algo para evitar que se caiga o se incline. **2** Defender algo con seguridad y confianza.

sostenible adj. **1** Que se puede sostener. **2** Se dice del desarrollo compatible con los recursos disponibles.

sota f. Carta de la baraja española que lleva el número 10 y representa a un paje de pie.

sotana f. Vestido largo y negro usado por algunos religiosos.
sótano m. Piso de un edificio que está bajo el nivel del suelo de la calle.
sotavento m. Parte opuesta al lado que recibe el viento en un barco, lugar, edificio, etc.
soto m. Lugar poblado de árboles a la orilla de un río.
soul m. Estilo musical nacido en la década de 1950 como derivación de diversas formas musicales afroamericanas.
soviético, a adj./s. De la desaparecida URSS.
soya f. AMÉR Soja.
spam m. Propaganda abusiva recibida por medios electrónicos.
spanglish m. Variedad lingüística estadounidense en que se mezclan elementos del español y el inglés.
sponsor m. Patrocinador.
sport ◇ **de ~** Se dice de la ropa cómoda e informal.
spot m. Anuncio publicitario que se emite en la televisión o el cine.
spray m. Recipiente que permite rociar el líquido que contiene.
sprint m. Esfuerzo momentáneo que hace un corredor para conseguir la máxima velocidad.
squash m. Deporte parecido al frontenis que se practica en un recinto cerrado y pequeño.
stalinismo m. Estalinismo.
stand m. Caseta o pabellón desmontable y provisional de una feria o mercado.
standard adj./m. Estándar.
status m. Estatus.
stick m. Bastón curvo usado en el hockey.
stock m. Provisión que un comercio tiene de un producto.
stop m. Señal de tráfico que obliga a detener el vehículo.
striptease m. Espectáculo en el que una persona se va quitando la ropa al ritmo de una música hasta quedar desnuda.
su det. Forma del determinante posesivo en tercera persona del singular o del plural.
suajili m./adj. Lengua bantú que se habla en el este de África.
suave adj. **1** Liso, blando y agradable al tacto. **2** Agradable, tranquilo.
suavizar tr. Hacer suave.
subalterno, a s. Persona que realiza trabajos que no requieren conocimientos técnicos.
subarrendar tr. Alquilar una cosa ya alquilada por otro.
subasta f. Forma de venta en que se adjudica una cosa a quien más dinero ofrece por ella.
subcampeón, na adj./s. Que queda en segunda posición en una competición.
subclase f. Categoría taxonómica entre la clase y el orden.
subconjunto m. Conjunto incluido dentro de otro conjunto.
subconsciencia f. Estado de la

conciencia psicológica en que, por la poca intensidad de las percepciones, la persona no advierte su actividad ni su realidad.

subconsciente adj. **1** Relativo a la subconsciencia. ◆ m. **2** Subconsciencia.

subcontratar tr. Contratar una persona a otra para que realice un trabajo para el que ella ha sido contratada.

subdelegado, a adj./s. Que está a las órdenes de un delegado o lo sustituye en sus funciones.

subdesarrollo m. **1** Desarrollo incompleto. **2** Situación de un territorio con un desarrollo muy bajo o pobre.

subdirector, ra s. Persona que está a las órdenes de un director o lo sustituye en sus funciones.

súbdito, a adj./s. **1** Se dice de la persona sujeta a la autoridad de otra. ◆ s. **2** Ciudadano de un país.

subdividir tr. Dividir en partes más pequeñas lo ya dividido.

subempleo m. Situación económica en que la mano de obra no está aprovechada en su totalidad.

subestimar tr. Valorar a alguien o algo en menos de lo que merece.

subida f. **1** Paso de un lugar a otro más alto. **2** Aumento de la cantidad o valor de una cosa. **3** Terreno inclinado, considerado de abajo arriba.

subíndice m. Pequeño número o letra situado en el lado derecho inferior de un símbolo, palabra, etc.

subir intr./prnl. **1** Pasar de un lugar a otro más alto. ◆ tr. **2** Poner en un lugar más alto. **3** Aumentar la cantidad, valor o intensidad de una cosa. **4** Recorrer un espacio hacia arriba. **5** Copiar o transferir información desde la memoria de una computadora a un servidor.

súbito, a adj. Repentino.

subjetivo, a adj. Que depende de sentimientos, vivencias o intereses personales.

subjuntivo, a adj./m. Se dice del modo verbal que expresa una acción, proceso o estado como dudoso, posible, deseado, etc.

sublevar tr. **1** Hacer que una persona se resista a obedecer a una autoridad. **2** Irritar o enfadar mucho.

sublimar tr. **1** Alabar, exaltar. **2** Hacer que un cuerpo sólido pase directamente al estado gaseoso.

sublime adj. Que destaca enormemente, excelente.

subliminal adj. Que se percibe a través del subconsciente.

submarinismo m. Actividad de bucear bajo el mar.

submarino, a adj. **1** Que está o se realiza bajo la superficie del mar. ◆ m. **2** Embarcación que puede navegar bajo el agua.

submúltiplo, a adj./m. Se dice de la cantidad que está contenida en otra un número exacto de veces.

subnormal adj./m. y f. *Fam.* Que tiene una capacidad mental inferior a la media o a la normal.

suboficial m. y f. Militar de categoría superior a la de la tropa e inferior a la de los oficiales.
subordinado, a adj./s. **1** Se dice de la persona que está sometida a la orden o voluntad de otra. ◆ adj./f. **2** Se dice de la proposición que depende de la oración principal.
subordinar tr. **1** Someter, sujetar. **2** Hacer que una proposición tenga una relación de dependencia con respecto a otra.
subrayar tr. **1** Señalar una letra, palabra, etc., con una raya por debajo. **2** Destacar, recalcar.
subrepticio, a adj. Que se hace de forma oculta.
subsanar tr. **1** Reparar un daño. **2** Resolver un problema o dificultad.
subscribir → suscribir.
subsidiario, a adj. Que se da como ayuda o apoyo.
subsidio m. Ayuda económica de un organismo oficial.
subsistir intr. Existir todavía una cosa o mantenerse en el mismo estado o situación.
substancia → sustancia.
substancial → sustancial.
substantivo, a → sustantivo, a.
substituir → sustituir.
substracción → sustracción.
substraendo → sustraendo.
substraer → sustraer.
substrato → sustrato.
subsuelo m. Terreno situado bajo una capa de tierra.
subteniente, a s. Militar con categoría inmediatamente superior a la de brigada.
subterfugio m. Pretexto o excusa fingida para librarse de algo.
subterráneo, a adj. **1** Que está por debajo de la superficie terrestre. ◆ m. **2** Espacio o conducto situado bajo tierra.
subtítulo m. **1** Título secundario de una obra. **2** Texto que traduce los diálogos de las películas en versión original.
suburbano, a adj. Que está cerca de una ciudad.
suburbio m. Barrio o zona pobre a las afueras de una ciudad.
subvención f. Ayuda económica otorgada por un organismo oficial.
subversivo, a adj. Que pretende alterar el orden público.
subyacer intr. Estar una cosa por debajo de otra u oculta tras ella.
subyugar tr. Someter o dominar por medio de la violencia.
succionar tr. **1** Extraer un líquido aspirándolo o sorbiéndolo. **2** Absorber un líquido o gas.
sucedáneo, a adj./m. Se dice de la sustancia que puede sustituir a otra por tener propiedades parecidas.
suceder tr. **1** Estar o ir detrás. ◆ intr. **2** Ocurrir o producirse un hecho. **3** Sustituir a una persona en su empleo o cargo.
sucesión f. **1** Serie de elementos

que se suceden unos a otros. **2** Sustitución de una persona por otra en un empleo o cargo.
sucesivo, a adj. Que va inmediatamente tras otra cosa.
suceso m. **1** Hecho que sucede. **2** Hecho lamentable, como un delito o un accidente.
sucesor, ra adj./s. Se dice de la persona que sustituye a otra en un puesto o cargo.
sucinto, a adj. Resumido, conciso.
sucio, a adj. **1** Que tiene manchas. **2** Que se mancha fácilmente. **3** Que no cuida su higiene personal. **4** Falto de ética, inmoral o innoble.
sucre m. Unidad monetaria de Ecuador.
suculento, a adj. **1** Sabroso, nutritivo. **2** Que tiene valor.
sucumbir intr. Rendirse o ceder ante una presión.
sucursal adj./f. Se dice del establecimiento que depende de otro central o principal.
sudafricano, a o **surafricano, a** adj./s. **1** Del sur de África. **2** De la República Sudafricana.
sudamericano, a o **suramericano, a** adj./s. De América del Sur.
sudar intr. Expulsar el sudor.
sudario m. Lienzo con que se cubre el cuerpo de un difunto.
sudeste o **sureste** m. Punto cardinal entre el sur y el este.
sudoeste o **suroeste** m. Punto cardinal entre el sur y el oeste.
sudor m. **1** Líquido transparente que producen las glándulas de la piel. **2** Líquido que expulsan ciertas cosas.
sudoríparo, a adj. Se dice de la glándula que segrega sudor.
sueco, a adj./s. **1** De Suecia. ◆ m./adj. **2** Lengua germánica que se habla en Suecia.
suegro, a s. Padre o madre del cónyuge de una persona.
suela f. Parte del calzado que toca el suelo.
sueldo m. Dinero que recibe una persona regularmente por su trabajo.
suelo m. **1** Superficie sobre la que se pisa. **2** Terreno destinado a un fin.
suelto, a adj. **1** Que no está pegado, unido o sujeto. **2** Que está separado de otras cosas con las que forma un conjunto. ◆ adj./m. **3** Se dice del dinero que está en forma de moneda fraccionaria.
sueño m. **1** Acto de dormir o de soñar. **2** Deseo o necesidad de dormir. **3** Fantasía, cosa irrealizable.
suero m. **1** Sustancia acuosa, rica en proteínas y sales, de algunos líquidos orgánicos. **2** Mezcla de agua y sales para alimentar los tejidos del organismo.
suerte f. **1** Causa que supuestamente hace que ocurra una cosa no condicionada por la relación de causa y efecto ni por la interven-

ción humana o divina. **2** Sucesos o circunstancias que se atribuyen a la acción del azar o la casualidad. **3** Condiciones de vida de una persona o grupo de personas. **4** Parte de una corrida de toros.

suertudo, a adj./s. *Fam.* Que tiene buena suerte.

suéter m. Prenda de vestir de punto, de manga larga, que cubre la parte superior del cuerpo.

suevo, a adj./s. De un antiguo pueblo germánico que en el siglo V se estableció en la Península Ibérica.

suficiente adj. **1** Que es bastante o llega a lo imprescindible. **2** Capacitado o adecuado. ◆ m. **4** Calificación académica de aprobado.

sufijo, a adj./m. Se dice del afijo o morfema derivativo que se añade al final de un lexema para formar palabras derivadas.

sufragar tr. **1** Pagar los gastos que ocasiona una cosa. ◆ intr. **2** AMÉR Votar a un candidato.

sufragio m. **1** Elección mediante votación. **2** Voto, opinión.

sufragismo m. Movimiento político que en el siglo XIX reivindicaba el derecho de las mujeres al voto.

sufrir tr. **1** Sentir con intensidad un dolor físico o moral. **2** Aguantar con paciencia, dolor o resignación.

sugerir tr. Proponer o inspirar una idea a alguien.

sugestionar tr. Influir en una persona de una forma determinada.

sugestivo, a adj. Emocionante y atrayente.

suicidarse prnl. Quitarse voluntariamente la vida.

suicidio m. Acción de suicidarse.

sui géneris Muy peculiar u original.

suite f. **1** Composición musical con piezas de ritmos variados que tienen carácter de danzas. **2** Selección de fragmentos de una obra extensa para un concierto. **3** Conjunto de habitaciones de un hotel que forman una unidad.

suizo, a adj./s. De Suiza.

sujetador m. ESP Sostén (prenda).

sujetar tr. **1** Coger o sostener con firmeza. **2** Dominar o someter.

sujeto, a adj. **1** Cogido o agarrado con firmeza, de modo que no se puede mover. **2** Que depende de otra persona o cosa. ◆ m. **3** Persona, sin especificar. **4** Función que desempeña el sintagma nominal que posee el significado estructural de persona, animal o cosa que realiza o experimenta el proceso indicado por el verbo.

sulfamida f. Compuesto químico que combate las enfermedades producidas por bacterias.

sulfato m. Sal del ácido sulfúrico.

sulfurar tr. Causar enojo o enfado.

sulfuro m. Sal del ácido sulfhídrico.

sultán m. **1** Emperador turco, en la antigüedad. **2** Príncipe o gobernador de algunos países islámicos.

suma f. **1** Operación matemática que consiste en reunir varias cantidades en una sola. **2** Cantidad que resulta de esa operación. **3** Conjunto homogéneo de cosas.
sumando m. Cada una de las cantidades que se operan en una suma.
sumar tr. **1** Efectuar la operación matemática de la suma. **2** Unir o juntar cosas. ◆ prnl. **3** Unirse una persona a una doctrina o grupo.
sumario, a adj. **1** Breve y conciso. ◆ m. **2** Conjunto de actuaciones que se llevan a cabo para preparar un juicio. **3** Compendio, resumen. **4** Índice temático de una obra.
sumergir tr. Introducir completamente algo en un líquido.
sumerio, a adj./s. De Sumeria.
sumidero m. Agujero y conducto por donde sale el agua del lugar en que está contenida.
suministrar tr. Dar o proporcionar a alguien una cosa que necesita.
sumir tr. Hacer caer a una persona en un estado negativo o de desgracia.
sumisión f. Actitud de la persona o animal sumisos.
sumiso, a adj. Dócil y obediente.
súmmum m. Grado más alto.
1. **sumo, a** adj. **1** Que tiene el grado más alto. **2** Muy grande en intensidad.
2. **sumo** m. Deporte de lucha de origen japonés.
suntuoso, a adj. Muy lujoso.
supeditar tr. Hacer depender una cosa de otra.
súper adj. **1** *Fam.* Que sobresale, estupendo. ◆ adj./f. **2** Se dice de la gasolina que es de 98 octanos. ◆ m. **3** *Fam.* Supermercado. ◆ adv. **4** *Fam.* Estupendamente.
superar tr. **1** Ser superior o mejor. **2** Vencer un obstáculo o dificultad. ◆ prnl. **3** Hacer algo mejor que en otras ocasiones.
superávit m. Situación en que los ingresos son mayores que los gastos.
superchería f. **1** Engaño, treta. **2** Superstición.
superdotado, a adj./s. Se dice de la persona que tiene cualidades muy por encima de lo normal, principalmente la inteligencia.
superficial adj. **1** Que está o se queda en la superficie sin entrar más hacia el fondo. **2** Poco serio o profundo en lo que se dice o se hace.
superficie f. **1** Parte externa de un cuerpo que lo limita o separa de lo que lo rodea. **2** Extensión de dos dimensiones.
superfluo, a adj. Que no es necesario.
superhéroe, oína s. Personaje de ficción con poderes extraordinarios.
superíndice m. Pequeño número o letra situado en el lado derecho superior de un símbolo, palabra, etc.

superintendente m. y f. Director superior de una empresa.

superior adj. **1** Que está más alto que otra cosa o encima de ella. **2** Mejor que otra persona o cosa. ◆ m. **3** Persona con poder o autoridad.

superlativo, a adj. **1** *Formal.* Que tiene alguna cualidad en su grado más alto. ◆ adj./m. **2** Se dice del adjetivo que indica el grado más alto de la cualidad que expresa.

supermercado m. Establecimiento comercial de grandes dimensiones.

superpoblado, a adj. Ocupado por un número excesivo de habitantes.

superponer tr. Añadir o poner una cosa encima de otra.

superrealismo m. Surrealismo.

supersónico, a adj. De velocidad superior a la del sonido.

superstición f. Creencia que atribuye carácter mágico o sobrenatural a ciertos acontecimientos.

supervisar tr. Inspeccionar el trabajo realizado por otro.

supervivencia f. **1** Conservación de la vida, especialmente en una situación difícil. **2** Continuación de la existencia de una cosa.

supino, a adj. **1** Acostado sobre la espalda. **2** Se dice de la cualidad negativa que está en su grado máximo.

suplantar tr. Ocupar ilegalmente el lugar de otra persona.

suplemento m. **1** Cosa que sirve para completar o aumentar otra. **2** Publicación independiente que se añade a un periódico o revista.

suplente adj./m. y f. Se dice de la persona que sustituye temporalmente a otra en un trabajo.

supletorio, a adj. **1** Suplementario. ◆ adj./m. **2** ESP Se dice del aparato telefónico que está conectado a un aparato principal.

suplicar tr. Pedir con gran humildad y sentimiento.

suplicio m. **1** Sufrimiento físico intenso. **2** Sufrimiento o dolor muy intenso.

suplir tr. **1** Completar o añadir algo que falta. **2** Sustituir a una persona para algo.

suponer tr. **1** Considerar posible o probable una cosa. **2** Tener como resultado o producir como consecuencia directa.

supositorio m. Medicamento sólido que se introduce por el ano.

suprarrenal adj. Se dice de las glándulas situadas por encima de los riñones.

supremacía f. **1** Superioridad sobre los demás. **2** Grado más alto en una jerarquía.

supremo, a adj. Que tiene el grado o categoría más altos.

supresión f. Acción de suprimir.

suprimir tr. Hacer que desaparezca una cosa o que algo que existía deje de existir.

supuesto, a adj. Que no es verdadero pero se pretende hacer pasar por cierto.
supurar intr. Echar pus una herida infectada.
sur m. Punto cardinal opuesto al norte.
surafricano, a adj./s. Sudafricano.
suramericano, a adj./s. Sudamericano.
surcar tr. **1** Atravesar el agua, el aire o el espacio. **2** Hacer surcos en la tierra.
surco m. Hendidura alargada que se hace en la tierra con el arado.
sureño, a adj./s. Que procede del sur o está en el sur de un territorio.
sureste m. Sudeste.
surf m. Deporte que consiste en deslizarse por el agua de pie sobre una tabla empujada por las olas.
surgir intr. **1** Salir una cosa desde el interior hacia la superficie. **2** Aparecer, presentarse o hacerse notar de repente.
surinamita adj./s. De Surinam.
suroeste m. Sudoeste.
surrealismo m. Movimiento artístico de vanguardia gestado en la década de 1920 que afirmó el poder creativo del subconsciente.
surtido, a adj./m. Se dice del producto o artículo que se ofrece como un conjunto de cosas variadas de la misma especie.
surtidor m. **1** Chorro de agua que sale hacia arriba. **2** Aparato para extraer combustible de un depósito y suministrarlo.
surtir tr. **1** Proporcionar a una persona algo que necesita. **2** Producir efecto.
susceptible adj. **1** Capaz de recibir modificación o impresión. **2** Que se enfada u ofende con facilidad.
suscitar tr. Provocar o causar una cosa.
suscribir o **subscribir** tr. **1** Inscribir a una persona para recibir una publicación o servicio periódicamente. **2** Estar de acuerdo con una opinión. **3** Firmar al pie de un documento.
susodicho, a adj./s. Mencionado anteriormente.
suspender tr. **1** Sostener una cosa en alto. **2** Detener durante un tiempo o indefinidamente el desarrollo de una acción. **3** Calificar a una persona con un suspenso. ◆ intr. **4** Obtener una persona un suspenso.
suspense m. Misterio, intriga.
suspensión f. **1** Detención del desarrollo de una acción durante un tiempo o indefinidamente. **2** Conjunto de mecanismos destinados a hacer más suave y elástico el apoyo de un automóvil sobre los ejes de las ruedas. **3** Mezcla formada por pequeñas partículas de una sustancia dispersas en un fluido en que no se disuelven.

suspenso, a adj. **1** Perplejo, admirado. ◆ adj./s. **2** Que ha suspendido un examen o prueba. ◆ m. **3** Calificación o nota inferior a la de aprobado.

suspicaz adj. Propenso a desconfiar o sospechar.

suspiro m. Aspiración fuerte y prolongada seguida de una espiración profunda.

sustancia o **substancia** f. **1** Materia de la que está formado un cuerpo. **2** Parte esencial de una cosa. **3** Valor o importancia de una cosa.

sustancial o **substancial** adj. **1** Relativo a la sustancia. **2** Fundamental.

sustantivo, a o **substantivo, a** adj. **1** Esencial, fundamental. ◆ m. **2** Palabra que designa una persona, animal o cosa que pueden ser sujetos u objetos de una acción o estado. ◆ adj. **3** Relativo al sustantivo.

sustentar tr. **1** Sujetar, sostener. **2** Basar, fundamentar. **3** Dar a una persona lo necesario para vivir.

sustento m. Alimento o elementos básicos para vivir.

sustituir o **substituir** tr. **1** Poner a una persona o cosa en lugar de otra. **2** Pasar una persona o cosa a ocupar el lugar de otra.

susto m. Impresión brusca y repentina, producida por el miedo o por una sorpresa.

sustracción o **substracción** f. **1** Acción de sustraer. **2** Resta (operación matemática).

sustraendo o **substraendo** m. En la resta, cantidad que se sustrae.

sustraer o **substraer** tr. **1** Robar sin violencia. **2** Apartar, separar. **3** Restar.

sustrato o **substrato** m. Capa de terreno situada debajo de otra.

susurrar tr./intr. Hablar una persona con voz muy baja.

sutil adj. **1** Fino y delicado. **2** Que tiene agudeza e ingenio.

sutura f. Cosido quirúrgico con que se cierra una herida y se unen tejidos.

suyo, a det./pron. Forma del determinante y pronombre posesivo de tercera persona del singular o del plural.

T

t f. Vigésima primera letra del alfabeto español.
taba f. Hueso corto del pie que se articula con la tibia y el peroné.
tabaco m. **1** Planta cuyas hojas se emplean para fabricar cigarros, cigarrillos, etc. **2** Producto elaborado con hojas secas y picadas de esa planta y que se fuma.
tábano m. Insecto parecido a una mosca grande y que se alimenta de la sangre que chupa.
tabardo m. Abrigo ancho y largo.
tabarra f. ESP Molestia, pesadez.
tabasco m. Salsa de guindillas muy picante.
taberna f. Establecimiento popular en que se venden bebidas alcohólicas y en algunos casos comidas.
tabernáculo m. Templo portátil donde los antiguos judíos guardaban el arca de la Alianza.
tabique m. **1** Pared delgada que separa habitaciones. **2** Membrana o cartílago que separa dos cavidades.
tabla f. **1** Pieza de madera plana y poco gruesa. **2** Pieza plana y poco gruesa de otro material. **3** Gráfico con datos dispuestos en listas o columnas. ◆ **f.pl. 4** En el ajedrez, situación final en que ningún jugador puede ganar la partida. **5** Soltura y facilidad que adquiere una persona con la experiencia. **6** Escenario de un teatro.
tablero m. **1** Plancha plana de madera formada por una o varias tablas. **2** Superficie cuadrada para jugar al ajedrez u otros juegos de mesa. **3** Plancha para fijar sobre ella carteles, papeles o anuncios. **4** Marcador deportivo.
tableta f. **1** Pieza de chocolate o turrón con forma plana y rectangular dividida en porciones. **2** Medicamento en forma de pastilla. **3** Computadora portátil plana y rectangular con pantalla táctil. **4** ARG Golosina.
tablilla f. Tabla pequeña en la que se cuelgan listas o anuncios.
tablón m. **1** Tabla gruesa. **2** AMÉR Faja de tierra preparada para la siembra.
tabú m. **1** Prohibición religiosa impuesta sobre ciertos objetos, personas o cualquier otra realidad, por considerarlos sagrados. **2** Cosa o palabra que no se puede decir, hacer o tratar.

tabulador m. Tecla de las máquinas de escribir y de los ordenadores para colocar un margen en un punto predeterminado.

taburete m. Asiento individual sin brazos ni respaldo.

tacaño, a adj./s. Se dice de la persona que valora el dinero en exceso y tiene un interés exagerado en gastar lo menos posible.

tacatá o **tacataca** m. ESP Andador.

tacha f. Falta o defecto.

tachar tr. **1** Trazar rayas o borrones sobre lo escrito para invalidarlo. **2** Atribuir a una persona una falta o defecto.

tacho m. **1** AMÉR SUR Cacerola, cazuela. **2** AMÉR SUR Recipiente de latón, hojalata o plástico. **3** *Fam.* ARG Taxi.

tachuela f. **1** Clavo corto y de cabeza grande. **2** COL Recipiente metálico para calentar alimentos. **3** *Fam.* MÉX Visita prolongada y aburrida. ◆ adj./m. y f. **4** *Fam.* MÉX Bajo y regordete.

tácito, a adj. Que no se expresa pero se supone o se sobreentiende.

taciturno, a adj. Que tiene un carácter melancólico y triste.

taco m. **1** Trozo corto y grueso de madera que se encaja en un hueco. **2** ESP Trozo en forma de dado que se corta de un alimento. **3** Palo del billar. **4** Pieza alargada, que se mete en un agujero hecho en una pared para introducir en ella un tornillo. **5** *Fam.* ESP Palabrota. **6** *Fam.* ESP Embrollo. **7** AMÉR Tacón del calzado. **8** MÉX Tortilla de maíz arrollada con algún ingrediente. ◆ m. pl. **9** *Fam.* ESP Años de edad.

tacómetro m. Aparato que indica las vueltas que da un eje o la velocidad de un mecanismo.

tacón m. Pieza de la suela del calzado correspondiente al talón.

táctica f. Procedimiento para conseguir un fin determinado.

táctil adj. Relativo al sentido del tacto.

tacto m. **1** Sentido corporal que permite apreciar la forma, tamaño, aspereza, temperatura, etc., de las cosas por contacto. **2** Habilidad para tratar con alguien o para llevar un asunto delicado.

tagalo, a adj./s. **1** De un pueblo indígena que habita en la isla de Luzón. ◆ m./adj. **2** Lengua indonesia que se habla en Filipinas.

tahona f. ESP Panadería.

tahúr, ra adj./s. **1** Muy aficionado a los juegos de azar. ◆ m. **2** Persona que engaña o hace trampas en el juego.

taichi o **tai-chi** m. Gimnasia china de movimientos coordinados lentos y precisos.

taifa f. División política y administrativa del territorio musulmán de la Península Ibérica tras la época del califato cordobés.

taiga f. Bosque de coníferas típico de los climas fríos y húmedos del norte.

taimado, a adj./s. Hábil para engañar.
tajada f. **1** Trozo que ha sido cortado de una cosa. **2** *Fam.* Borrachera.
tajamar m. CH, ECUAD Dique.
tajante adj. **1** Que no admite discusión. **2** Que no admite un término medio.
tajo m. **1** Corte hecho con un instrumento afilado. **2** Corte profundo y casi vertical en un terreno. **3** *Fam.* ESP Trabajo.
tal adj. **1** Conocido o ya mencionado. **2** Que no está determinado o especificado. **3** Tan grande. ◆ adv. **4** De esa manera, así. **5** En correlación con **cual**, forma subordinadas comparativas o de modo.
tala f. Acción de talar.
taladrar tr. Hacer un agujero con un taladro.
taladro m. Instrumento para hacer agujeros en la madera u otro material.
talante m. **1** Manera de ser de una persona. **2** Estado de ánimo o actitud.
talar tr. Cortar un árbol por la base.
talco m. **1** Silicato de magnesio. **2** Polvo blanco y suave que se extrae de este mineral.
talego m. **1** Saco grande de tela fuerte. **2** *Argot.* ESP Cárcel.
talento m. **1** Capacidad intelectual o habilidad para aprender o hacer algo. **2** Persona que posee esta habilidad.
talio m. Elemento químico (metal) de símbolo Tl.
talión m. Pena con que se castiga a alguien causándole el mismo daño que ha causado.
talismán m. Objeto al que se le atribuye suerte o poder sobrenatural.
talla f. **1** Obra escultórica. **2** Estatura de una persona. **3** Medida de una prenda de vestir. **4** Importancia o valor intelectual o moral de una persona. **5** Acción de tallar. ◇ **dar la ~** Tener las cualidades o aptitudes mínimas que exige una situación o tarea.
tallar tr. Dar forma a un cuerpo sólido y uniforme cortando o separando parte de él.
tallarín m. Tira delgada y larga hecha con pasta de harina de trigo y agua.
talle m. Cintura de una persona.
taller m. **1** Lugar en el que se hacen trabajos manuales o artísticos. **2** Escuela o lugar de formación en que se hacen ejercicios o trabajos prácticos. **3** Lugar en que se reparan máquinas, coches, etc.
tallo m. Parte de las plantas que crece en sentido contrario a la raíz y sirve de soporte a las hojas, flores y frutos.
talmud m. Libro religioso de los judíos.
talón m. **1** Parte posterior del pie humano. **2** Parte del calzado, calcetín o media que cubre esa zona del pie. **3** Cheque bancario.

talonario m. Cuadernillo de talones.

talud m. Inclinación de un muro o de un terreno.

tamal m. **1** AMÉR Empanada que se hace con harina gruesa de maíz y se rellena de carne, queso u otros ingredientes. **2** *Fam.* AMÉR Situación complicada.

tamaño, a m. **1** Conjunto de las dimensiones de una cosa. ◆ adj. **2** Semejante, tal.

tamarindo m. **1** Árbol de tronco grueso y copa amplia que se cultiva en zonas cálidas. **2** Fruto en legumbre que da este árbol.

tambalearse prnl. Moverse una persona o cosa de un lado a otro dando la impresión de estar a punto de caer.

también adv. De la misma manera, igualmente.

tambor m. **1** Instrumento musical de percusión formado por una caja cilíndrica cerrada por una parte o por las dos con un parche. **2** Pieza cilíndrica de una lavadora, un revólver y otros aparatos.

tamboril m. Tambor pequeño que se lleva colgado del brazo y se toca con una sola baqueta.

tamiz m. Cedazo muy tupido.

tampoco adv. Se usa para añadir una negación a otra anterior o para incluir un nuevo elemento en una negación.

tampón m. **1** Cajita plana con un material empapado con tinta que se utiliza para entintar los sellos antes de estamparlos. **2** Artículo alargado de material absorbente que, introducido en la vagina, absorbe el flujo menstrual.

tam-tam m. Tambor africano grande que se toca con las manos.

tan adv. **1** Delante de un adjetivo, un adverbio o una locución adverbial encarece o intensifica su significado. **2** En una comparación indica igualdad de grado o equivalencia.

tanatorio m. Edificio destinado a servicios funerarios.

tanda f. **1** ESP Turno, vez u orden. **2** Número no determinado de cosas de la misma clase que se dan o se hacen sin interrupción. **3** AMÉR Parte de una representación teatral. **5** ARG, URUG Sucesión de anuncios que se intercalan durante la emisión de un programa de televisión o radio.

tándem m. **1** Bicicleta para dos personas. **2** Unión de dos personas que combinan sus esfuerzos para hacer algo.

tanga m. Traje de baño, calzoncillo o braguita pequeño y que no tapa las nalgas.

tangente adj./f. **1** Se dice de la línea o superficie que se toca en un único punto con otra línea o superficie sin llegar a cortarla. ◆ f. **2** Resultado de dividir el cateto opuesto a un ángulo entre el cateto contiguo al mismo ángulo.

tangible adj. **1** Que se puede

percibir por medio del tacto. **2** Que se puede percibir claramente.

tango m. **1** Baile argentino de pareja con movimientos que varían de lento a rápido y variedad de pasos. **2** Composición musical con que se acompaña este baile.

tanque m. **1** Vehículo pesado de guerra fuertemente blindado y que se mueve sobre cadenas. **2** Recipiente grande para contener líquidos o gases.

tántalo m. Elemento químico (metal) de símbolo Ta.

tantear tr. **1** Calcular algo de manera aproximada. **2** Intentar descubrir con cuidado o disimuladamente las intenciones o la actitud de una persona. **3** Pensar, considerar.

tanto, a det./pron. **1** En correlación con **como** y con **cuanto**, establece comparaciones de igualdad. **2** En correlación con **que**, añade un significado ponderativo. ◆ adv. **3** Indica una cantidad muy grande o un grado muy elevado. ◆ m. **4** Punto que se consigue en un juego o competición. **5** Objeto con que se registran estos puntos. ◇ **en ~** o **entre ~** o **mientras ~** Mientras. ◇ **por ~** o **por lo ~** Como consecuencia de lo dicho o hecho. ◇ **~ por ciento** Porcentaje de un todo.

tantra m. Conjunto de textos sagrados y rituales religiosos esotéricos budistas e hindúes.

tañer tr. Tocar un instrumento de percusión o de cuerda.

taoísmo m. Doctrina religiosa y filosófica que defiende la unión del ser humano con la naturaleza y la no sumisión a los códigos sociales.

tapa f. **1** Pieza que cierra la abertura de un recipiente. **2** Cubierta de un libro. **3** ESP Alimento ligero que se toma como aperitivo o como acompañamiento de una bebida.

tapacubos m. Tapa de la cara exterior de la llanta de una rueda.

tapadera f. **1** Tapa de un recipiente. **2** Persona o cosa que encubre lo que alguien desea que se ignore.

tapado, a m. **1** AMÉR SUR Abrigo (prenda de vestir). **2** MÉX Candidato político cuyo nombre se mantiene oculto hasta poco antes de los comicios.

tapar tr. **1** Cerrar con una tapa u otra cosa. **2** Cubrir a una persona o una cosa poniendo algo delante o encima. **3** Ocultar o disimular las faltas de una persona.

taparrabo o **taparrabos** m. Pieza de tela u otro material con que los individuos de algunos pueblos se cubren los genitales.

tapete m. **1** Pieza de tela que se pone encima de un mueble como adorno o para protegerlo. **2** Paño grueso que se pone encima de las mesas de juego.

tapia f. Muro o pared que rodea un terreno y sirve como valla.

tapicería f. Tela o tejido con que se tapiza un mueble.

tapioca f. Harina blanca que se extrae de la raíz de la mandioca.
tapir m. Mamífero herbívoro de hocico prolongado en forma de pequeña trompa, propio de Asia y América.
tapiz m. Tejido de lana o seda en el que la trama recubre por completo la urdimbre.
tapizar tr. Forrar con tela u otro material un mueble o una pared.
tapón m. **1** Pieza o cosa que tapa un conducto, orificio o abertura. **2** Acumulación de vehículos en un punto de una vía. **3** Jugada de baloncesto en que se intercepta la pelota que va hacia la canasta.
taponar tr. Cerrar con un tapón.
tapujo m. Disimulo, engaño.
taquicardia f. Velocidad excesiva del ritmo de los latidos del corazón.
taquigrafía f. Técnica de escritura con signos y abreviaturas especiales para escribir a gran velocidad.
taquilla f. **1** Lugar donde se venden billetes o entradas. **2** Dinero que se recauda en una sesión de un espectáculo. **3** ESP Armario individual para guardar ropa u objetos personales.
taquímetro m. **1** Instrumento para medir sobre un terreno los ángulos verticales y horizontales y las distancias entre sus vértices. **2** Tacómetro.
tara f. **1** Defecto físico o psíquico. **2** Defecto o mancha que disminuye el valor de una cosa. **3** Peso que corresponde al recipiente, envase o vehículo que contiene o transporta una mercancía.
tarado, a adj./s. Que tiene un defecto físico o psíquico.
tarambana adj./m. y f. *Fam.* Que se comporta alocadamente.
tarántula f. Araña venenosa de cuerpo velloso y patas fuertes.
tararear tr. Cantar una melodía sin articular bien las palabras y en voz baja.
tardar intr. **1** Emplear un espacio de tiempo determinado en hacer una cosa. **2** Emplear más tiempo del previsto en hacer algo.
tarde f. **1** Período que va desde el mediodía hasta el anochecer. ◆ adv. **2** A una hora avanzada del día o la noche. **3** Después del momento adecuado o previsto.
tardío, a adj. **1** Se dice del fruto que tarda en madurar. **2** Que ocurre después de lo adecuado o previsto.
tarea f. **1** Trabajo, obra o actividad que realiza una persona o una máquina. **2** Trabajo que debe hacerse en un tiempo determinado.
tarifa f. **1** Precio fijado o establecido de forma oficial. **2** Tabla de precios o tasas.
tarima m. Plataforma hecha con tablas y colocada a poca altura del suelo.
tarjeta f. **1** Pequeña cartulina con datos de una persona o con un

uso determinado. **2** Placa de circuito impreso que se puede añadir a un ordenador para que realice funciones específicas.

tarot m. Baraja de cartas que se usa para adivinar el futuro.

tarraconense adj./m. y f. De Tarragona.

tarrina f. Recipiente pequeño de vidrio o cerámica que sirve para contener un alimento.

tarro m. **1** Recipiente cilíndrico de vidrio o porcelana y más alto que ancho. **2** *Fam.* ESP Mente o inteligencia de una persona.

tarso m. Conjunto de huesos cortos que forman la parte trasera del pie humano.

tarta f. Pastel grande, generalmente redondo y muy adornado.

tartaleta f. Pastel pequeño de base de hojaldre o galleta.

tartamudear intr. Hablar de manera entrecortada y repitiendo sílabas y sonidos.

tartana f. **1** Carruaje de dos ruedas tirado por un caballo, con asientos laterales. **2** *Fam.* Cosa vieja que funciona mal.

tártaro, a adj./s. **1** De un pueblo mongol que en el siglo XIII se estableció en el este de Europa. ◆ m./adj. **2** Lengua turca de este pueblo.

tartera f. ESP Fiambrera.

tarugo m. **1** Trozo de madera corto y grueso. **2** Pedazo de pan grueso e irregular. **3** *Fam. y desp.* Tonto, torpe.

tasa f. Pago o tributo que se exige por el uso o disfrute de determinados servicios.

tasar tr. **1** Poner precio o valor a una cosa oficialmente. **2** Valorar, evaluar.

tasca f. Taberna.

tata f. **1** *Fam.* ESP Niñera o sirvienta. ◆ m. **2** AMÉR *Fam.* Papá.

tatami m. Tapiz acolchado que sirve de pista para practicar artes marciales.

tatarabuelo, a s. Abuelo o abuela del abuelo o de la abuela de una persona.

tataranieto, a s. Nieto o nieta del nieto o de la nieta de una persona.

tatuaje m. Dibujo grabado en la piel.

tau m. Letra del alfabeto griego (Τ/τ).

taurino, a adj. Relativo al toro o al toreo.

tauro adj./m. y f. Se dice de la persona que ha nacido entre el 20 de abril y el 21 de mayo.

tauromaquia f. Arte y técnica de lidiar toros.

tautología f. Repetición de un mismo pensamiento o concepto con distintas palabras.

taxativo, a adj. Que no admite discusión o corta cualquier posibilidad de réplica.

taxi m. Automóvil con un conductor que transporta de un lugar a otro a las personas que lo solicitan a cambio de dinero.

taxidermia f. Arte de disecar animales.

taxímetro m. Contador que, en los taxis, va marcando la cantidad de dinero que se debe pagar por el trayecto recorrido.

taxonomía f. Ciencia que estudia la clasificación de los seres vivos.

taza f. **1** Recipiente pequeño con un asa usado para tomar ciertas bebidas. **2** Receptáculo del retrete.

tazón m. Taza grande con o sin asa.

1. **te** f. Nombre de la letra t.

2. **te** pron. Forma átona del pronombre de segunda persona, en género masculino y femenino y en número singular, que realiza la función de complemento directo e indirecto y se usa en las construcciones pronominales.

té m. **1** Arbusto originario del sureste de Asia, cuyas hojas, secadas y ligeramente tostadas, se toman en infusión. **2** Infusión que se prepara con estas hojas.

tea f. Palo de madera empapado en resina que se enciende para alumbrar.

teatral adj. **1** Relativo al teatro. **2** Que es exagerado y busca llamar la atención.

teatro m. **1** Género literario al que pertenecen las obras dramáticas compuestas para ser representadas en un escenario. **2** Edificio destinado a la representación de estas obras. **3** Fingimiento o exageración en la forma de actuar de una persona.

tebeo m. ESP Revista infantil con historietas.

teca f. **1** Árbol del Asia tropical. **2** Madera de este árbol.

techo m. **1** Parte superior que cubre y cierra un espacio o recinto. **2** Cara interior de esta parte. **3** Punto más alto a que un asunto o proceso puede llegar y del que no puede pasar.

techumbre f. Cubierta de un edificio.

tecla f. **1** Pieza de algunos instrumentos musicales que se presiona con el dedo para producir una nota. **2** Pieza de algunos aparatos y máquinas que se presiona con el dedo.

teclado m. Serie de teclas de un instrumento musical o de un aparato o máquina.

técnica f. **1** Conjunto de procedimientos o recursos que se usan en una ciencia o actividad determinada. **2** Aplicación práctica de los métodos y conocimientos relativos a las diversas ciencias.

tecnicismo m. Término propio del lenguaje de un oficio, ciencia, arte o industria.

técnico, a adj. **1** Relativo a la técnica. **2** Que es propio de un oficio, ciencia, arte o industria determinados. ◆ s. **3** Persona que posee conocimientos especializados en relación con una técnica.

tecno m. Estilo de música de baile caracterizado por el empleo de sintetizadores y otros instrumentos electrónicos.
tecnocracia f. Gobierno de los técnicos o especialistas.
tecnología f. **1** Conjunto de los conocimientos propios de una técnica. **2** Conjunto de instrumentos, recursos técnicos o procedimientos empleados en un determinado campo o sector.
tecolote m. AMÉR CENTRAL, MÉX Búho o lechuza.
tedio m. *Formal.* Aburrimiento.
teflón m. Material plástico antiadherente muy resistente al calor y la corrosión.
tegucigalpense adj./s. De Tegucigalpa.
tegumento m. Tejido orgánico que cubre ciertas partes de las plantas o animales.
teína f. Sustancia alcaloide presente en las hojas del té.
teja f. Pieza que forma parte de la cubierta de un tejado.
tejado m. Parte exterior de la cubierta superior de un edificio.
tejano, a adj. **1** ESP Se dice de la tela vaquera. ◆ m./adj. **2** ESP Pantalón vaquero.
tejedor, ra adj./s. **1** Que teje. **2** CH, PERÚ *Fam.* Intrigante, enredador.
tejemaneje m. *Fam.* Medio poco claro o sospechoso para conseguir una cosa.
tejer tr. Hacer un tejido cruzando y uniendo hilos.
tejido m. **1** Material que resulta de tejer hilos. **2** Estructura formada por células de la misma clase y ordenadas para desempeñar una misma función.
tejo m. Árbol muy longevo de hojas venenosas y corteza rojiza.
tejón m. Mamífero de pelo grisáceo espeso que vive en madrigueras profundas.
tela f. **1** Tejido hecho con hilos cruzados entre sí. **2** Lienzo pintado.
telar m. Máquina que sirve para tejer.
telaraña f. Tejido en forma de red que construyen las arañas.
tele f. *Fam.* Televisión.
telecomunicación f. Comunicación a distancia por medio de cables y ondas electromagnéticas.
teledirigir tr. Dirigir un vehículo o un aparato a distancia.
telefax m. **1** Sistema de comunicación que permite mandar y recibir información escrita a través del teléfono. **2** Aparato que lo permite. **3** Documento que se envía con este aparato.
teleférico m. Medio de transporte formado por uno o varios cables portantes de cabinas suspendidas en un carril.
teléfono m. **1** Aparato que recibe y emite comunicaciones a larga distancia. **2** Número que corres-

ponde a cada uno de esos aparatos.

telegrafía f. Sistema de comunicación para enviar mensajes a larga distancia por medio de impulsos eléctricos que siguen un código de signos.

telégrafo m. Aparato que emite y recibe mensajes mediante telegrafía.

telegrama m. Mensaje que se transmite por telégrafo.

telele m. *Fam.* Desmayo, soponcio.

telemática f. Industria que emplea ordenadores y sistemas informáticos conjuntamente con las telecomunicaciones.

teleobjetivo m. Objetivo fotográfico para captar objetos lejanos.

teleoperador, ra s. Persona que por teléfono atiende al público.

teleósteo adj./m. Se dice del pez de esqueleto completamente óseo, como la mayoría de los peces actuales.

telepatía f. Transmisión o coincidencia de pensamientos entre personas sin intervención de los sentidos o de agentes físicos conocidos.

telescopio m. Instrumento óptico para observar objetos lejanos, especialmente las estrellas y otros cuerpos celestes.

telesilla m. Sistema de transporte formado por una serie de asientos suspendidos de un cable.

telesquí m. Instalación para transportar a los esquiadores con los esquís puestos a la parte alta de las pistas.

teletexto m. Sistema de transmisión de información escrita a través de una pantalla de televisor.

teletipo m. **1** Sistema de recepción y envío de mensajes escritos por medio de un teclado que permite también la impresión. **2** Aparato que permite la recepción y envío de estos mensajes. **3** Mensaje que se envía con este aparato.

teletrabajo m. Trabajo realizado fuera de la empresa y comunicándose con ella por un sistema de telecomunicación.

televisión f. **1** Sistema de transmisión de imágenes y sonidos a distancia por medio de ondas hertzianas. **2** Televisor.

televisor m. Aparato eléctrico que recibe y reproduce imágenes y sonidos transmitidos por televisión.

telón m. Cortina grande del escenario de un teatro.

telonero, a adj./s. Se dice del cantante que, en un espectáculo, actúa antes que el cantante o grupo principal.

telúrico, a adj. *Formal.* Relativo a la Tierra.

tema m. **1** Asunto o materia que se trata en una conversación, discurso o escrito. **2** Parte de un manual o libro de texto que forma una unidad independiente. **3** Canción o composición musical.

temática f. Tema general o conjunto de temas parciales de una obra, autor o asunto.
temático, a adj. Relativo al tema.
temblar intr. Agitarse una persona con movimientos rápidos, continuos e involuntarios, por el frío, el miedo, etc.
temblor m. Agitación corporal al temblar.
temer tr. **1** Tener miedo de algo o alguien. **2** Recelar de algo, sospechar. ◆ intr. **3** Sentir temor.
temerario, a adj./s. **1** Atrevido o imprudente. ◆ adj. **2** Que no tiene fundamento y se hace sin pensar en las consecuencias.
temible adj. Que causa temor.
temor m. **1** Miedo. **2** Sospecha de que va a pasar o ha pasado algo negativo.
témpano m. Trozo de hielo plano y delgado que flota sobre el agua.
temperamento m. **1** Modo de ser de una persona. **2** Carácter fuerte y enérgico de una persona.
temperatura f. **1** Grado de calor de un cuerpo. **2** *Fam.* Fiebre (síntoma de enfermedad).
tempestad f. **1** Perturbación atmosférica con descargas eléctricas, viento y violentas precipitaciones. **2** Agitación violenta de las aguas del mar causada por vientos fuertes.
tempestuoso, a adj. **1** Relativo a la tempestad. **2** Que provoca tensión o implica problemas y discusiones.
templado, a adj. **1** Que tiene una temperatura media, ni frío ni caliente. **2** Tranquilo, sereno.
templar tr. **1** Calentar una cosa ligeramente. **2** Hacer menos intensa la fuerza o violencia de una cosa. **3** Afinar un instrumento musical. ◆ prnl. **4** AMÉR SUR Enamorarse.
templario, a adj. **1** Relativo a la orden del Temple. ◆ m./adj. **2** Hombre que pertenecía a esta orden.
temple m. **1** Carácter fuerte y tranquilo en las situaciones difíciles. **2** Estado de ánimo de una persona. **3** Técnica pictórica basada en la aplicación de pigmento diluido en agua con un aglutinante sobre muro, tabla o lienzo. **4** Tratamiento térmico que consiste en calentar un material y luego enfriarlo rápidamente para endurecerlo.
templete m. Construcción pequeña, en forma de templo, para cobijar una imagen.
templo m. Edificio o recinto público destinado al culto religioso.
tempo m. **1** Velocidad con que se ejecuta una composición musical. **2** Velocidad con que sucede la acción en una obra de ficción.
temporada f. **1** Espacio de tiempo indeterminado. **2** Tiempo durante el cual se realiza habitualmente alguna actividad.

temporal adj. **1** Que dura un tiempo determinado. **2** Relativo al tiempo. ◆ m. **3** Tempestad. ◆ m./adj. **4** Hueso del cráneo correspondiente a las sienes.

temporero, a adj./s. Que trabaja en el campo solamente durante los períodos de recogida.

temprano, a adj. **1** Que ocurre o se realiza pronto. ◆ adv. **2** En las primeras horas del día o de la noche. **3** En un tiempo anterior al señalado o acostumbrado.

tenaz adj. Que se mantiene firme en sus ideas o intenciones y no para hasta conseguir lo que desea.

tenaza f. Herramienta de metal compuesta por dos piezas unidas por un eje o por un muelle y que sirve para cortar, arrancar o sujetar con fuerza.

tendencia f. **1** Inclinación natural que una persona tiene hacia algo. **2** Idea u opinión que se orienta hacia una dirección determinada.

tendencioso, a adj. Que muestra parcialidad y se orienta hacia determinada tendencia.

tender tr. **1** Desdoblar o extender una cosa con un fin determinado. **2** Alargar una cosa y aproximarla a otra. **3** Colocar a una persona o cosa en posición horizontal. **4** Colgar la ropa mojada para que se seque. ◆ intr. **5** Mostrar una tendencia determinada.

tenderete m. ESP Puesto de venta callejero.

tendero, a s. Dueño o dependiente de una tienda.

tendido, a adj. **1** Se dice del galope o la carrera más veloces. ◆ m. **2** Graderío descubierto de una plaza de toros. **3** Conjunto de cables que conducen la electricidad.

tendinitis f. Inflamación de un tendón.

tendón m. Cordón de tejido resistente que une los músculos a los huesos o a otros músculos.

tenebroso, a adj. **1** Oscuro y cubierto de tinieblas. **2** Misterioso y oculto.

tenedor m. Instrumento de mesa para pinchar los alimentos sólidos.

tener tr. **1** Poseer o ser dueño de una cosa. **2** Sujetar con las manos. **3** Contener o comprender en sí una cosa. **4** Experimentar o padecer un sentimiento, enfermedad o sensación. **5** Con **que** y un infinitivo, expresa obligación. ◆ prnl. **6** Estar en posición vertical.

tenia f. Gusano largo y aplanado que vive parásito en el intestino de los vertebrados.

teniente, a s. **1** Militar de los ejércitos de Tierra y Aire con categoría inmediatamente superior a la de alférez. **2** Persona que ejerce el cargo o la función de otra de categoría superior y a la que sustituye. ◇ **~ coronel** Militar de los ejércitos de Tierra y Aire con categoría inmediatamente superior a la de comandante. ◇ **~ de navío** Militar de la Armada con categoría inmediatamente superior a la de alférez de navío. ◇ **~ general** Militar de los ejércitos de Tierra y Aire con categoría inmediatamente superior a la de general de división.

tenis m. Deporte en el que participan dos o cuatro jugadores y que consiste en impulsar una pelota con una raqueta por encima de una red e intentar que el contrario no la pueda devolver. ◇ **~ de mesa** Ping-pong.

tenor m. **1** Voz masculina más aguda. **2** Hombre que tiene esta voz. ◆ m. **3** Forma de ser de una cosa. ◇ **a ~ de** Teniendo en cuenta cierta cosa.

tensión f. **1** Estado en el que se encuentra un cuerpo sometido a la acción de fuerzas opuestas. **2** Situación de enfrentamiento que no se manifiesta abiertamente. **3** Estado emocional de la persona que está exaltada o nerviosa. **4** Diferencia de potencial eléctrico. **5** Presión que ejerce la sangre sobre la pared de las arterias.

tenso, a adj. Que se halla en tensión.

tentación f. Impulso o estímulo espontáneo que empuja a hacer algo.

tentáculo m. Miembro largo, blando y flexible que sirve a los pulpos y otros invertebrados para tocar, desplazarse y atrapar a sus presas.

tentar tr. **1** Inducir o a una persona a que haga cierta cosa. **2** Tocar una cosa para examinarla o reconocerla.

tentativa f. Acción de intentar o tantear una cosa.

tentempié m. **1** *Fam.* Alimento ligero que se toma entre horas. **2** Tentetieso.

tentetieso m. Muñeco con la base semiesférica y un peso que le permite tambalearse y volver siempre a la posición vertical.

tenue adj. **1** Fino, delgado. **2** Débil, suave.

teñir tr. Dar a una cosa un color distinto del que tenía.

teocracia f. Sistema de gobierno ejercido por la autoridad religiosa en nombre de Dios.

teología f. Ciencia que trata de Dios y del conocimiento que el ser humano tiene sobre Él.

teorema m. Afirmación que se hace dentro de un sistema lógico y que puede ser demostrada a partir de los axiomas.

teoría f. **1** Conocimiento que se tiene de una cosa y que está basado en lo que se supone y no en la experiencia. **2** Conjunto de conocimientos que forman la base de una ciencia, técnica o arte. **3** Conjunto de leyes o razonamientos que intentan explicar un fenómeno.

tequila m. Bebida alcohólica mexicana de sabor muy fuerte.

terapéutica f. Parte de la medicina que se ocupa del tratamiento de las enfermedades.

terapéutico, a adj. Relativo a la terapia.

terapia f. **1** Terapéutica. **2** Tratamiento que se pone en práctica para curar una enfermedad.

tercer Apócope de tercero.

tercera f. Intervalo de la escala musical entre una nota y la tercera superior o inferior a esta.

tercero, a num.ordin. **1** Que ocupa el lugar número 3 en una serie ordenada. ◆ num.partit. **2** Se dice de cada una de las partes que resultan de dividir un todo en tres partes iguales. ◆ s./adj. **3** Persona que no es ninguna de las que intervienen en un asunto.

terceto m. **1** Estrofa formada por tres versos de arte mayor. **2** Conjunto musical formado por tres voces o instrumentos.

tercia f. Oficio católico que se celebra hacia las nueve de la mañana.

terciar intr. **1** Intervenir en un asunto o enfrentamiento para intentar solucionarlo. ◆ prnl. **2** Presentarse la ocasión de hacer una cosa determinada.

terciario, a adj. Que es el tercero en orden o importancia.

tercio num.partit. Parte que resulta de dividir un todo en tres partes iguales.

terciopelo m. Tejido espeso y delicado, de pelo corto y muy suave.

terco, a adj. Que se mantiene firme en una opinión o actitud a pesar de todo.

tergal m. Tejido hecho de fibra sintética de poliéster.

tergiversar tr. Deformar el significado de algo y hacer que se entienda de forma equivocada.

termas f.pl. **1** Baños de aguas minerales que brotan de la tierra a temperatura superior a la del ambiente. **2** Baños públicos de los antiguos romanos.

termes m. Termita.

térmico, a adj. **1** Relativo al calor o a la temperatura. **2** Que conserva una temperatura.

terminación f. **1** Acción de terminar. **2** Extremo o parte final de una cosa.

terminal adj. **1** Que está al final o que pone fin. **2** Se dice de la enfermedad o persona que no se puede curar ni puede mejorar. ◆ f. **3** Instalación o lugar donde empieza o termina una línea de transporte público. ◆ m. **4** Dispositivo de entrada o salida de información que se comunica de manera remota con un ordenador central.

terminante adj. Que no admite discusión.

terminar tr. **1** Hacer que una cosa llegue a su fin. **2** Consumir completamente. ◆ intr. **3** Llegar una cosa a su fin. **4** Tener una cosa determinada en el extremo.

término m. **1** Fin o conclusión

de una cosa. **2** Línea que divide los territorios según su organización política. **3** Palabra de una lengua. ◆ m.pl. **4** Condiciones con las que se soluciona un asunto o se establece una relación.

terminología f. Conjunto de palabras propias de una profesión, ciencia o materia.

termita f. Insecto muy pequeño, social, que se alimenta de la madera.

termo m. Recipiente para mantener la temperatura del líquido que se guarda en su interior.

termodinámica f. Parte de la física que estudia la relación mecánica del calor con los otros tipos de energía.

termoelectricidad f. Electricidad producida por medio de la energía térmica.

termómetro m. Instrumento para medir la temperatura.

termosfera f. Capa de la atmósfera entre los 80 y los 500 km de altitud aproximadamente.

termostato m. Aparato que mantiene la temperatura constante de forma automática.

ternasco m. ESP Cordero que todavía mama o ha dejado de hacerlo recientemente.

ternera f. ESP Carne de ternero.

ternero, a s. Cría de la vaca.

ternura f. **1** Cualidad de la persona tierna. **2** Muestra de afecto, cariño y dulzura.

terracota f. **1** Arcilla modelada y endurecida al horno. **2** Pequeña escultura que se hace con esta arcilla.

terrado m. Cubierta plana de un edificio, sobre la cual se puede andar.

terraplén m. Desnivel del terreno que tiene una cierta inclinación.

terráqueo, a adj. Relativo a la Tierra.

terrario m. Instalación en que se mantienen artificialmente las condiciones de hábitat adecuadas para ciertos animales de tierra.

terrateniente m. y f. Dueño de tierras, especialmente de grandes extensiones de cultivo.

terraza f. **1** Balcón grande. **2** Terrado. **3** ESP Lugar al aire libre situado junto a un bar, donde los clientes se pueden sentar a tomar algo.

terremoto m. Movimiento violento de la superficie de la Tierra.

terrenal adj. Relativo a la tierra, en contraposición al cielo.

terreno, a adj. **1** Terrenal. ◆ m. **2** Espacio de tierra. **3** Campo o esfera de acción en que mejor se muestra una característica o cualidad.

terrestre adj. **1** Relativo a la Tierra. **2** Relativo a la tierra, en contraposición al aire y al mar.

terrible adj. **1** Que causa terror. **2** Muy grande o extraordinario.

terrícola m. y f. Habitante de la Tierra.

terrier adj./m. Se dice de un perro de tamaño mediano de origen inglés.

terrina f. **1** Tarrina. **2** Plato elaborado con ingredientes mezclados que se cuece al horno en un molde.

territorio m. Extensión de terreno delimitada.

terrón m. **1** Masa compacta de tierra. **2** Masa pequeña y compacta de azúcar en forma de cubo.

terror m. Miedo muy intenso.

terrorismo m. Forma violenta de lucha política que persigue destruir el orden establecido o provocar el terror.

terso, a adj. **1** Liso y sin arrugas. **2** Limpio, claro y brillante.

tertulia f. Reunión de personas que se juntan habitualmente para conversar.

tesela f. Pequeña pieza de las que se usan para confeccionar un mosaico.

tesina f. Trabajo de investigación escrito para conseguir un grado académico superior al de licenciado e inferior al de doctor.

tesis f. **1** Opinión o idea que se explica y se defiende con razonamientos. **2** Trabajo de investigación escrito para conseguir el grado académico de doctor.

tesón m. Firmeza, decisión y ganas que se ponen al hacer un trabajo o una actividad.

tesorero, a s. Persona encargada de guardar y administrar el dinero de un colectivo.

tesoro m. **1** Conjunto de dinero, joyas y otros objetos de valor. **2** Conjunto de bienes y rentas del estado de un país.

test m. Prueba escrita con preguntas breves.

testamento m. Declaración voluntaria en que una persona expresa cómo quiere distribuir sus bienes tras su muerte.

testar intr. Hacer testamento.

testarudo, a adj./s. Terco.

testículo m. Órgano del aparato reproductor masculino que produce los espermatozoides y secreta las hormonas masculinas.

testificar tr. **1** Declarar como testigo en un juicio. ◆ tr./intr. **2** Afirmar con seguridad una cosa, especialmente si se ha visto o se tienen testigos de ella.

testigo m. y f. **1** Persona que presencia una acción, especialmente la que habla en un juicio para explicar los hechos que ha presenciado. ◆ m. **2** Cosa que demuestra o atestigua la verdad o la existencia de algo. **3** Objeto que se pasan los corredores de relevos.

testimonio m. **1** Declaración de un testigo. **2** Prueba que sirve para confirmar la verdad o la existencia de una cosa. **3** Documento legalizado en que se da fe de algo.

testuz m. o f **1** Frente del caballo y otros animales. **2** Nuca de algunos animales, especialmente del toro, el buey o la vaca.

teta f. Órgano de las hembras de los mamíferos que produce leche.

tétano o **tétanos** m. Enfermedad grave que se produce por la infección de algunas heridas y que ataca al sistema nervioso.

tetera f. **1** Recipiente con una tapadera y un pitorro para preparar y servir el té. **2** AMÉR CENTRAL, COL, CUBA, R DOM, VENEZ Biberón. **3** R DOM Tetina.

tetilla f. **1** Teta no desarrollada de los mamíferos machos. **2** Tetina.

tetina f. Pieza de goma con un agujero en su extremo, que se pone en la boca de un biberón o en un vaso para que chupen los niños.

tetrabrik m. Envase de cartón opaco impermeabilizado con aluminio, usado para envasar líquidos.

tetraedro m. Cuerpo geométrico de cuatro caras.

tetrágono m. Poliedro de cuatro lados.

tetraplejia o **tetraplejía** f. Parálisis de las cuatro extremidades del cuerpo.

tétrico, a adj. Que es muy oscuro, triste y grave, y hace pensar en la muerte.

teutón, na adj./s. **1** De un antiguo pueblo germánico establecido en la costa báltica hacia el siglo II. **2** *Fam.* Alemán.

textil adj. **1** Relativo al tejido. **2** Se dice de la materia que puede tejerse y sirve para fabricar telas y tejidos.

texto m. Conjunto de palabras que componen un escrito.

textura f. **1** Disposición de los hilos en un tejido. **2** Sensación que produce al tacto una materia.

tez f. *Formal.* Piel de la cara.

theta f. Letra del alfabeto griego (Θ/θ).

ti pron. Forma del pronombre personal de la segunda persona del singular que se emplea en los complementos con preposición.

tiara f. Mitra alta usada por el Papa.

tibetano, a adj./s. **1** Del Tíbet. ◆ m./adj. **2** Lengua hablada en el Tíbet.

tibia f. Hueso anterior de la pierna que va desde el pie hasta la rodilla.

tibio, a adj. Que tiene una temperatura media entre el frío y el calor.

tiburón m. Pez marino depredador con una gran aleta dorsal triangular, una boca muy grande y dientes muy afilados.

tic m. Contracción brusca e involuntaria de uno o varios músculos.

tictac m. Sonido de los relojes al marcar los segundos.

tiempo m. **1** Magnitud con que se mide la duración. **2** Período determinado durante el cual sucede algo. **3** Parte en que se divide una actividad o proceso. **4** Estado de la atmósfera. **5** Accidente del verbo que sitúa lo que dice la oración en un tiempo simultáneo, anterior o posterior al momento en que se habla. **6** Parte de igual duración que otras en que se divide un compás musical. **7** Tempo.

tienda f. **1** Establecimiento comercial en el que se vende al por menor. **2** Armazón cubierto con tela o pieles que se utiliza como alojamiento al aire libre.

tientas ◇ **a ~** Palpando con las manos para conducirse cuando no se puede ver.

tiento m. Cuidado y prudencia ante una situación delicada.

tierno, a adj. **1** Blando, flexible o fácil de romper. **2** Afectuoso, cariñoso.

tierra f. **1** Tercer planeta del sistema solar, en el que habitamos. **2** Parte sólida de este planeta. **3** Materia inorgánica de que se compone el suelo natural. **4** Terreno cultivable.

tieso, a adj. **1** Duro, firme y difícil de doblar o romper. **2** Levantado, erguido. **3** Tenso o tirante. **4** Engreído, orgulloso.

tiesto m. Maceta para plantas.

tifoideo, a adj. Relativo al tifus.

tifón m. **1** Ciclón tropical con fuertes lluvias, propio del este de Asia. **2** Nube cónica que se eleva desde la tierra o el mar por efecto de un torbellino y gira rápidamente sobre sí misma.

tifus m. Enfermedad contagiosa que produce una fiebre muy alta y estados de delirios cerebrales.

tigre, esa s. Mamífero felino carnívoro de gran tamaño y pelo amarillo con rayas negras.

tijera f. Utensilio para cortar formado por dos hojas de un solo filo unidas en forma de aspa.

tijereta f. Insecto con dos piezas curvas en su parte posterior a modo de tijeras.

tila f. **1** Infusión que se prepara hirviendo las flores del tilo. **2** Tilo. **3** Flor del tilo.

tildar tr. Atribuir a una persona un defecto o característica negativa.

tilde f. Rasgo que forma parte de algunas letras (como la ñ) o que marca el acento gráfico.

tilo m. **1** Árbol alto, de hojas acorazonadas y flores blancas o amarillas. **2** AMÉR Tila (infusión y flor).

timar tr. **1** Quitar o robar con engaño. **2** Engañar a una persona en una venta o trato con promesas que no se van a cumplir.

timbal m. Tambor semiesférico con un solo parche.

timbre m. **1** Dispositivo electromagnético o mecánico que emite un sonido que sirve de llamada o de aviso. **2** Pulsador que acciona este dispositivo. **3** Cualidad de un sonido que lo hace propio y característico. **4** Sello.

tímido, a adj. Que siente vergüenza e inseguridad y tiene dificultades para relacionarse con los demás.

timo m. Acción y efecto de timar.
timón m. Pieza para controlar la dirección de un barco o avión.
timonel m. y f. Persona que maneja el timón de una embarcación.
timorato, a adj. **1** Indeciso y tímido. **2** Que se escandaliza con facilidad, mojigato.
tímpano m. Membrana del oído que vibra al recibir los sonidos.
tinaja f. Vasija grande de barro, más ancha por el centro que por el fondo y la boca.
tinerfeño, a adj./s. De Tenerife.
tinglado m. **1** ESP Asunto o situación que oculta una trama complicada. **2** ESP Situación confusa. **3** Lugar cubierto para almacenar mercancías temporalmente.
tiniebla f. Oscuridad, falta de luz.
tino m. **1** Habilidad o destreza al disparar. **2** Juicio o acierto para conducir un asunto delicado.
tinta f. **1** Líquido coloreado que se utiliza para escribir, dibujar o imprimir. **2** Líquido negro que producen el calamar y otros invertebrados marinos.
tinte m. **1** Color o sustancia que se aplica sobre una cosa o con la que se la cubre para teñirla. **2** Acción de teñir. **3** ESP Tintorería.
tintero m. Recipiente para la tinta de escribir.
tinto, a adj./m. **1** Se dice del vino obtenido de la uva negra. ◆ adj./m. **2** Se dice del color rojo muy oscuro, como el del vino.
tintorería f. Establecimiento donde se lavan o tiñen prendas.
tiña f. Enfermedad contagiosa de la piel que produce escamas, costras y la caída del pelo.
tío, a s. **1** Hermano o hermana del padre o de la madre de una persona, o cónyuge de uno de estos hermanos. **2** *Fam.* Individuo, persona en general.
tiovivo m. Atracción de feria en la que giran caballitos y otras figuras en que montan los niños.
típico, a adj. Propio, característico o representativo de algo o alguien.
tipificar tr. Clasificar u organizar en tipos o clases una realidad o un conjunto de cosas.
tiple m. **1** Instrumento musical de viento formado por un tubo de madera en forma de cono con llaves y agujeros. **2** Voz femenina más aguda. ◆ m. y f. **3** Persona que tiene esta voz.
tipo, a m. **1** Modelo o clase que reúne las características más representativas que distinguen a un grupo o conjunto. **2** Modelo ideal con las características principales que caracterizan a un conjunto.
tipografía f. **1** Técnica relacionada con los diferentes tipos de letra impresa. **2** Tipo concreto de letra impresa de un texto.
tipología f. Clasificación y estudio en tipos o clases de un conjunto de elementos.

tique o **tíquet** m. **1** Papel en que está anotado el precio que un cliente ha pagado por algo. **2** Billete que permite usar un medio de transporte o entrar en un lugar.

tiquismiquis m. y f. Persona excesivamente escrupulosa, que ve problemas o defectos en todo.

tira f. **1** Pedazo largo, estrecho y delgado de papel, tela u otro material. **2** Serie de viñetas o dibujos que narran una historia.

tirabuzón m. Rizo de pelo largo que cuelga en espiral.

tirachinas m. Tirador en forma de Y con una tira elástica sujeta a sus dos extremos que se usa para lanzar piedras.

tirada f. **1** Acción de tirar algo con la mano. **2** Número de ejemplares de una edición.

tirado, a adj. *Fam.* Muy fácil de conseguir.

tirador, ra s. **1** Persona que lanza una cosa o dispara un arma. ◆ m. **2** Asidero para abrir y cerrar puertas, cajones, etc.

tiralíneas m. Utensilio de dibujo para trazar líneas.

tiramisú m. Postre italiano de bizcocho con una crema de queso suave y otros ingredientes.

tiranía f. **1** Gobierno despótico. **2** Abuso de la superioridad o el poder.

tirante adj. **1** Estirado o tenso por estar expuesto a fuerzas opuestas. **2** Se dice de la relación que está próxima a romperse o complicarse. ◆ m. **3** Cada una de las dos tiras elásticas, que sostienen desde los hombros un pantalón o una falda.

tirar tr. **1** Lanzar o arrojar. **2** Derribar una cosa. **3** Desechar o desperdiciar. **4** Disparar proyectiles con un arma. **5** Lanzar una pieza de un juego, como una pelota un dado o una carta. **6** Reproducir un texto mediante impresión. ◆ intr. **7** Atraer, tentar. **8** Hacer fuerza para atraer o acercar una cosa. **9** Funcionar un mecanismo. **10** Avanzar caminando. ◆ prnl. **11** Lanzarse una persona desde una altura. **12** Pasar un tiempo haciendo determinada cosa. **13** *Vulg.* Realizar el acto sexual.

tirita f. Tira pequeña de esparadrapo u otro material que se pone sobre una herida pequeña para protegerla.

tiritar intr. Temblar de frío o de miedo.

tiro m. **1** Disparo hecho con un arma de fuego. **2** Deporte que consiste en derribar un blanco o acertar en él con un arma. **3** Conjunto de animales que tiran de un carruaje. **4** Lanzamiento de la pelota en los deportes. **5** Corriente de aire con la que se absorbe el humo en una chimenea o un horno.

tiroides adj./m. Se dice de la glándula que regula el metabolismo y el crecimiento.

tirolés, sa adj./s. Del Tirol.

tirón m. **1** Acción de tirar con

fuerza. **2** Agarrotamiento o contracción de un músculo. **3** ESP Atractivo especial o capacidad para conseguir seguidores que tiene una persona o una idea.

tirotear tr. Disparar repetidamente un arma de fuego contra alguien o algo.

tirria f. *Fam.* Odio o antipatía.

tisana f. Infusión de hierbas con propiedades medicinales.

tisis f. Tuberculosis que afecta a los pulmones.

tisú m. Pañuelo de papel suave.

titán m. Hombre excepcional en algo.

titanio m. Elemento químico (metal) de símbolo Ti.

títere m. **1** Muñeco articulado que puede ser movido por medio de hilos o con las manos. **2** Persona que se deja manejar por los demás.

tití m. Mono pequeño de color gris y cola muy larga.

titiritero, a s. Persona que maneja títeres o marionetas.

titubear intr. **1** Dudar al elegir las palabras que se han de decir o tropezar al pronunciarlas. **2** Dudar a la hora de tomar una decisión. **3** Tambalearse, oscilar.

titulado, a adj./s. Que tiene un título académico.

1. **titular** adj./m. y f. **1** Que ha sido nombrado para un cargo y posee el título o nombramiento correspondiente. ◆ m. **2** Encabezamiento de una publicación o noticia.

2. **titular** tr. **1** Poner título o nombre a una obra. ◆ prnl. **2** Obtener un título académico.

título m. **1** Nombre de una obra científica o artística. **2** Documento académico que acredita que se han cursado satisfactoriamente unos estudios. **3** Dignidad o categoría nobiliaria. **4** Parte de un texto jurídico. **5** Documento de propiedad.

tiza f. Barrita de arcilla blanca para escribir en una pizarra.

tizne m. o f. Ceniza y polvo negro producido por el fuego o el humo y que se pega a los objetos.

tizón m. **1** Trozo de madera a medio quemar. **2** Hongo parásito del trigo y otros cereales.

toalla f. Pieza de tejido suave y esponjoso que sirve para secarse. ◇ **arrojar,** o **tirar, la ~** Rendirse, darse por vencido.

tobillera f. Venda elástica para el tobillo.

tobillo m. Parte del cuerpo humano donde el pie se articula con la pierna.

tobogán m. Rampa artificial por la que se deslizan las personas para divertirse.

tocadiscos m. Aparato electrónico que reproduce los sonidos grabados en un disco de vinilo.

1. **tocado** m. **1** Peinado femenino. **2** Prenda o adorno que se lleva en la cabeza.

2. **tocado, a** adj. *Fam.* Trastornado mentalmente.

tocador m. Mesa con espejo para el aseo personal femenino.

tocar tr. **1** Palpar con las manos. **2** Poner en contacto la mano u otra parte del cuerpo con una persona o cosa. **3** Estar en contacto una cosa con otra. **4** Hacer sonar un instrumento musical. **5** Tratar un asunto. ◆ intr. **6** Haber llegado el momento de una cosa. **7** Corresponder a una persona algo que se reparte o se sortea. ◆ prnl. **8** Tener dos personas relación de parentesco entre sí.

1. **tocata** f. Composición musical breve para un instrumento de teclado.

2. **tocata** m. *Fam.* Tocadiscos.

tocateja ◇ **a ~** ESP Pagando al contado.

tocayo, a s. Persona que tiene el mismo nombre que otra.

tocho m. **1** Ladrillo basto y tosco. **2** *Fam.* ESP Libro grueso o de lectura pesada. **3** ARG, EL SALV Garrote.

tocino m. Capa de grasa que hay entre la piel y la carne del cerdo.

tocología f. Parte de la medicina especializada en la salud de las mujeres durante el embarazo, el parto y el período posterior a este.

todavía adv. **1** Hasta ahora. **2** Indica mayor fuerza o grado en una comparación. **3** A pesar de, sin embargo.

todo, a det./pron. **1** Indica que lo referido por el nombre se toma en su totalidad. **2** Indica intensificación o grado máximo. ◆ m. **3** Cosa entera o tomada en su integridad. ◆ adv. **4** Enteramente, por completo.

todopoderoso, a adj. Que lo puede todo.

todoterreno m./adj. Vehículo potente preparado para adaptarse a todo tipo de terrenos.

tofu m. Requesón de soja.

toga f. Prenda de vestir larga usada por jueces, abogados, etc.

tojo m. Arbusto de ramas espinosas y flores amarillas.

toldo m. Cubierta de tela gruesa o lona que se tiende para que dé sombra en un lugar.

tolerancia f. **1** Respeto a las ideas y actitudes de los demás. **2** Capacidad para resistir o admitir algo.

tolerar tr. **1** Soportar o permitir una cosa que no gusta. **2** Respetar las ideas y actitudes de los demás. **3** Resistir o admitir algo.

tolete m. **1** AMÉR CENTRAL, COL, CUBA, R DOM, VENEZ Garrote corto. ◆ adj./m. y f. **2** *Fam. y desp.* CUBA Lerdo, tonto.

toma f. **1** Acción de tomar. **2** Porción de una cosa que se ingiere de una vez. **3** Lugar por donde se deriva una corriente de fluido o de electricidad. **4** Fragmento de una película de cine que se graba de una vez. **5** Conquista de un lugar mediante las armas.

tomador, ra adj./s. *Fam.* AMÉR Aficionado a las bebidas alcohólicas.

tomar tr. **1** Coger o sujetar una cosa. **2** Comer o beber algo. **3** Conquistar un lugar mediante las armas. **4** Recibir o aceptar una cosa. **5** Entender o juzgar unas palabras en un sentido determinado. **6** Filmar o fotografiar. **7** Aceptar, admitir. ◆ **tr./intr. 8** Seguir un camino o dirección. **9** *Fam.* AMÉR Ingerir bebidas alcohólicas.

tomate m. **1** Fruto de la tomatera, rojo y carnoso. **2** Tomatera.

tomatera f. Planta herbácea cuyo fruto es el tomate.

tómbola f. **1** Rifa pública de objetos. **2** Local donde se celebra.

tómbolo m. Islote unido a la costa por un cordón de arena.

tomillo m. Planta silvestre aromática, con muchas ramas, hojas pequeñas y flores en espiga.

tomo m. Parte encuadernada de manera independiente y con paginación propia, que forma con otras una obra escrita muy extensa.

ton ◇ **sin ~ ni son** Sin razón o lógica alguna.

tonada f. Composición métrica para ser cantada.

tonadilla f. Canción ligera de carácter popular o folclórico.

tonalidad f. **1** Gradación de diferentes colores y tonos. **2** Entonación.

tonel m. Recipiente grande para líquidos, abombado, de madera y con base circular.

tonelada f. Unidad de masa, de símbolo t, igual a 1 000 kilogramos.

tóner m. Tinta en polvo de las impresoras láser, fotocopiadoras y faxes.

tongo m. Engaño o trampa, especialmente en deportes.

tónica f. **1** Tendencia general. **2** Bebida gaseosa sin alcohol ligeramente amarga.

tónico, a adj. **1** Se dice de la vocal o sílaba sobre la que recae el acento de la palabra. ◆ **adj./m. 2** Que da fuerza y energía al organismo. ◆ **m. 3** Cosmético para tonificar la piel o el cabello.

tonificar tr. Dar fuerza o vigor al organismo.

tono m. **1** Intensidad de un sonido o color. **2** Carácter o tónica de un escrito. **3** Buena forma corporal. **4** Intervalo musical formado por dos semitonos.

tonsura f. **1** Ceremonia católica en que se concedía el grado preparatorio para el sacerdocio. **2** Círculo rasurado que llevaban algunos religiosos en la coronilla.

tontería f. **1** Cualidad de tonto. **2** Hecho o dicho tonto. **3** Cosa poco importante.

tonto, a adj./s. **1** Torpe de entendimiento o poco inteligente. **2** *Fam.* Ingenuo y sin malicia. ◆ **adj. 3** Propio de un tonto.

topacio m. Silicato de aluminio y flúor.

topar intr. **1** Chocar o tropezar. **2** Encontrarse por azar con una persona.

tope m. **1** Parte saliente de una cosa que sirve para protegerla de los golpes. **2** Límite o punto máximo al que se puede llegar en una cosa.

tópico, a adj./m. **1** Se dice de la idea que, de tan repetido, no resulta original. ◆ adj. **2** Se dice del medicamento o tratamiento de uso externo.

topo m. **1** Pequeño mamífero insectívoro de ojos atrofiados y uñas fuertes con las que excava galerías bajo tierra. **2** Persona que se introduce de incógnito en una organización para averiguar sus actos y planes. **3** ESP Lunar de una tela.

topografía f. **1** Técnica para representar la superficie o relieve de un terreno. **2** Características de la superficie o relieve de un terreno.

topónimo m. Nombre propio de un lugar.

toque m. **1** Acción de tocar. **2** Golpe débil. **3** Sonido de ciertos instrumentos musicales. **4** Aviso o advertencia. **5** Matiz o detalle.

toquetear tr. Tocar algo insistentemente con las manos.

toquilla f. Pañuelo grande de punto para cubrirse los hombros y la espalda.

torá o **torah** f. Conjunto de las leyes religiosas del judaísmo.

torácico, a adj. Relativo al tórax.

tórax m. **1** Cavidad de los vertebrados en la cual están alojados el corazón, los pulmones y otros órganos. **2** Parte central, entre la cabeza y el abdomen, del cuerpo de los insectos y otros animales articulados.

torbellino m. Remolino de viento, polvo o agua.

torcer tr. **1** Doblar una cosa, darle forma curva. **2** Hacer cambiar una cosa de dirección o posición. **3** Hacer cambiar a una persona de conducta. ◆ prnl. **4** Hacerse difícil o imposible un asunto.

torcido, a adj. **1** Que no está recto. **2** Que no obra con rectitud.

tordo m. Ave de color oscuro y pico delgado y negro, como el mirlo o el ruiseñor.

torear tr./intr. **1** Provocar a un toro incitándolo con el movimiento de un capote o capa y esquivándolo cuando embiste. ◆ tr. **2** Conducir hábilmente un asunto.

torera f. Chaqueta corta y ceñida.

torero, a adj. **1** Relativo al toreo. ◆ s. **2** Persona que se dedica a torear.

toril m. Lugar de una plaza de toros donde se encierra a los toros antes de que salgan al ruedo.

tormenta f. Tempestad (fenómeno meteorológico).

tormento m. **1** Sufrimiento o dolor físico o moral. **2** Tortura.

tornado m. Torbellino gigantesco de viento que gira a gran velocidad.

tornasol m. **1** Brillo de una tela o una superficie que cambia de color con el reflejo de la luz. **2** Girasol.
torneo m. **1** Competición deportiva. **2** Competición medieval entre caballeros que luchaban a caballo.
tornillo m. Pieza cilíndrica metálica con un saliente helicoidal.
torniquete m. Medio con que se detiene la hemorragia de una herida presionando sobre un vaso sanguíneo.
torno m. **1** Máquina que hace girar un objeto para labrarlo, tallarlo, etc. **2** Aparato para la elevación de cargas por medio de un cable. ◇ **en ~ a** Alrededor de.
toro m. **1** Mamífero macho, adulto, rumiante, de pelo corto, ungulado, cola larga y cabeza gruesa provista de dos cuernos. **2** Moldura convexa de perfil semicircular.
torpe adj. **1** Que se mueve con poca agilidad. **2** Que tiene poca habilidad o destreza. **3** Que es lento en comprender.
torpedo m. **1** Proyectil explosivo submarino. **2** Pez marino de cuerpo aplanado y con dos órganos en la cabeza que producen descargas eléctricas.
torrar tr. Tostar un alimento.
torre f. **1** Construcción alta aislada o formando parte de un edificio. **2** ESP Pieza del ajedrez con figura de torre. **3** Estructura de metal muy alta para sostener cables eléctricos, antenas, etc. **4** Caja que protege los componentes internos de un ordenador.
torrefacto, a adj. ESP Se dice del café que está tostado al fuego con un poco de azúcar.
torrente m. Corriente de agua de fuerte pendiente y cauce corto que se origina cuando llueve mucho.
torreón m. Torre grande de defensa.
tórrido, a adj. Muy caluroso.
torrija f. Rebanada de pan mojada en leche o vino, rebozada en huevo, frita y cubierta de azúcar o miel.
torsión f. Acción de una fuerza en un cuerpo para retorcerlo sobre su eje central.
torso m. Tronco del cuerpo de una persona o animal.
torta f. **1** Masa cocida plana y redonda de harina, huevos, azúcar y otros ingredientes. **2** Bofetada.
tortícolis o **torticolis** f. Dolor de los músculos del cuello.
tortilla f. **1** Comida que se prepara con huevos batidos y otros ingredientes y luego se fríe con un poco de aceite. **2** AMÉR Pieza delgada y circular de masa de maíz cocida.
tortillera f. *Desp.* Lesbiana.
tórtolo, a s. Ave de la familia de la paloma, de cuerpo esbelto y plumaje gris o marrón.
tortuga f. Reptil de cuerpo protegido por un caparazón, patas cortas y boca sin dientes.

tortuoso, a adj. Que tiene muchas curvas, vueltas o rodeos.

tortura f. Castigo físico o psíquico que se realiza sobre una persona con el fin de mortificarla o para que confiese algo.

tos f. Expulsión violenta y ruidosa del aire de los pulmones.

tosco, a adj. **1** Elaborado con materiales de poca calidad y de manera poco cuidada. ◆ adj./s. **2** Poco educado o de escasa cultura.

tosedera f. AMÉR Tos persistente y continuada.

toser intr. Tener tos o provocarla de forma voluntaria.

tostada f. **1** Rebanada de pan tostado. **2** MÉX Tortilla de maíz que se cocina hasta alcanzar una consistencia rígida y luego se fríe.

tostar tr. **1** Poner un alimento al fuego o exponerlo a un calor intenso hasta que toma color sin llegar a quemarse. **2** Tomar color la piel de una persona.

tostón m. ESP Persona o cosa pesada o molesta.

total adj. **1** Que es completo, general o lo incluye todo. ◆ m. **2** Resultado de una suma. **3** Totalidad. ◆ adv. **4** *Fam.* En fin, en conclusión.

totalidad f. Conjunto de todas las personas o cosas que forman una clase o especie.

totalitario, a adj. **1** Que incluye todas las partes de una cosa. **2** Se dice del régimen político que concentra todo el poder en el Estado.

tótem m. Objeto de la naturaleza al que se otorga un valor protector y que se usa como objeto de culto.

tóxico, a adj./m. Que puede causar trastornos graves o la muerte de un ser vivo por envenenamiento.

toxicomanía f. Necesidad patológica de consumir drogas u otras sustancias.

toxina f. Sustancia venenosa producida por ciertos organismos.

tozudo, a adj./s. Terco.

traba f. **1** Cosa que sirve para sujetar o unir una cosa con otra. **2** Obstáculo, problema.

trabajar intr. **1** Realizar una actividad que requiere un esfuerzo físico o mental. **2** Ocuparse en un oficio o profesión a cambio de un salario. ◆ tr. **3** Someter una materia a una acción.

trabajo m. **1** Actividad que requiere un esfuerzo físico o mental. **2** Oficio o profesión. **3** Obra o resultado de una actividad. **4** Sufrimiento, penalidad.

trabajoso, a adj. Que exige mucho trabajo.

trabalenguas m. Palabra o frase difícil de pronunciar que se propone como juego.

trabar tr. **1** Juntar o unir dos o más cosas. **2** Comenzar una cosa. **3** Impedir o dificultar la realización de una cosa. **4** ESP Espesar un líquido o una masa. ◆ prnl. **5** Atascarse al hablar.

trabilla f. ESP Pequeña tira de tela por la que se pasa una correa.
trabuco m. Arma de fuego más corta y ancha que la escopeta.
traca f. Serie de petardos juntos que estallan uno tras otro.
tracción f. **1** Fuerza que arrastra a un vehículo sobre una superficie. **2** Acción de una fuerza o un par de fuerzas en un cuerpo para alargarlo.
tractor m. Vehículo de motor usado en los trabajos agrícolas.
tradición f. **1** Conjunto de ideas y costumbres que se transmiten de generación en generación. **2** Costumbre.
traducir tr. Expresar en un idioma lo que se ha dicho o escrito en otro.
traer tr. **1** Llevar una cosa hasta el lugar en que se encuentra el hablante. **2** Causar, tener como consecuencia.
traficar intr. Comerciar, especialmente con mercancías ilegales.
tráfico m. **1** Circulación de vehículos por una vía pública o una carretera. **2** Comercio, especialmente el que se hace con mercancías ilegales. **3** Comunicación y movimiento de personas, mercancías, etc.
tragaluz m. Ventana pequeña abierta en el techo o en la parte alta de una pared.
tragaperras f./adj. ESP Máquina de juego que funciona con monedas y da premios en dinero.
tragar tr. Hacer pasar un alimento o una cosa desde la boca al estómago.
tragedia f. **1** Hecho desgraciado. **2** Pieza literaria dramática elaborada en un estilo elevado y con desenlace generalmente funesto.
trágico, a adj. **1** Relativo a la tragedia. **2** Que es muy triste y produce sufrimiento moral.
tragicomedia f. Obra literaria con elementos trágicos y cómicos.
trago m. **1** Cantidad de líquido que se bebe de una vez. **2** Desgracia o situación difícil.
traición f. Falta que comete una persona que viola la fidelidad o lealtad debidas.
traidor, ra adj./s. Que comete traición.
tráiler m. **1** Remolque de un camión. **2** ESP Avance de una película.
trainera f. **1** Embarcación pequeña y larga para la pesca con red. **2** Embarcación de remos usada en competiciones deportivas.
traje m. Vestido exterior completo de una persona. ◇ **~ de baño** Prenda para bañarse.
trajinar tr. **1** Llevar mercancías de un lugar a otro. ◆ **intr. 2** Desarrollar una actividad intensa.
trama f. **1** Disposición interna de las partes de un asunto. **2** Argumento de una obra. **3** Treta, confabulación. **4** Conjunto de hilos que,

cruzados con los de la urdimbre, forman una tela.

tramar tr. Preparar o planear una cosa en secreto y con intriga.

tramitar tr. Hacer pasar un asunto por los trámites necesarios.

trámite m. Estado de un proceso administrativo por el que tiene que pasar un asunto para ser solucionado.

tramo m. **1** Parte de un camino o una vía. **2** Parte de una escalera situada entre dos rellanos.

tramontana f. Viento frío y seco del norte.

tramoya f. Máquina para hacer los cambios de decorado y los efectos especiales en el escenario de un teatro.

trampa f. **1** Artificio para cazar animales. **2** Plan o acción para engañar a una persona. **3** Trampilla. **4** Acción que va contra una regla o una ley y que se hace con disimulo para conseguir un beneficio.

trampilla f. Puerta en el suelo o en el techo que comunica una habitación con otra inferior o superior.

trampolín m. **1** Tabla flexible para saltar al agua o tomar impulso en un salto acrobático. **2** Medio utilizado para conseguir un beneficio.

tranca f. Palo grueso con que se aseguran puertas y ventanas. ◇ **a trancas y barrancas** Con grandes dificultades y obstáculos.

trancazo m. **1** *Fam.* Golpe dado con una tranca. **2** *Fam.* ESP Gripe o enfermedad.

trance m. **1** Momento muy difícil en la vida de una persona. **2** Estado en el que se suspenden las funciones mentales normales de una persona.

tranquera f. AMÉR Puerta rústica de un cercado que consta de travesaños de madera asegurados con alambre o con clavos.

tranquilizar tr. Calmar, poner tranquilo.

tranquillo m. Hábito o habilidad que se adquiere al ir repitiendo una acción.

tranquilo, a adj. **1** Que no presenta agitación, movimiento o ruido. **2** Que tiene un estado de ánimo sereno y sosegado.

transacción f. Trato o negocio comercial.

transatlántico, a o **trasatlántico, a** adj. **1** Que atraviesa el océano Atlántico. ◆ m. **2** Embarcación de gran tamaño destinada al transporte de pasajeros en largas travesías.

transbordador o **trasbordador** m. Vehículo espacial que despega como un cohete y vuelve a la Tierra aterrizando como un avión.

transbordo o **trasbordo** m. **1** Cambio o traslado de un tren a otro. **2** Cambio de línea de metro.

transcendencia ➜ trascendencia.

transcender ➜ trascender.

transcribir o **trascribir** tr. **1** Copiar un escrito con un sistema de escritura distinto. **2** Copiar por escrito lo que alguien dice.

transcurrir o **trascurrir** intr. Pasar o correr el tiempo.

transeúnte adj./m. y f. Se dice de la persona que pasa andando por un lugar.

transexual adj./m. y f. Se dice de la persona que adapta su anatomía y su comportamiento al sexo opuesto.

transferir o **trasferir** tr. **1** Cambiar dinero de una cuenta a otra. **2** Ceder una persona a otra un cargo, un poder o unos bienes.

transfigurar o **trasfigurar** tr. Cambiar radicalmente el aspecto de una cosa o de una persona.

transformar o **trasformar** tr. **1** Hacer cambiar de forma o de aspecto. **2** Hacer que una cosa cambie o sea distinta. ◆ tr./intr. **3** Hacer que un lanzamiento se convierta en un tanto en algunos deportes.

tránsfuga o **trásfuga** m. y f. **1** Persona que huye. **2** ESP Persona que pasa de un partido político a otro.

transfusión o **trasfusión** f. **1** Operación que consiste en pasar sangre de un donante a un receptor. **2** Transvase.

transgredir o **trasgredir** tr. Actuar en contra de una ley, norma o costumbre.

transición f. Situación intermedia entre un estado pasado y uno nuevo.

transigir intr. Aceptar una persona algo que no le gusta, para llegar a un acuerdo con otra.

transistor m. **1** Componente electrónico conectado a un circuito que amplifica las señales eléctricas. **2** Aparato de radio pequeño.

transitar tr./intr. Ir por una vía pública.

transitivo, a adj./s. Se dice del verbo que puede llevar un complemento directo.

tránsito m. **1** Acción de transitar. **2** Paso de vehículos por una vía pública. **3** Muerte considerada como un paso de una vida a otra.

transitorio, a adj. **1** Que dura poco tiempo. **2** Que dura un tiempo determinado y no eternamente.

translación → traslación.

translúcido, a → traslúcido, a.

transmigración o **trasmigración** f. **1** Emigración a otro país. **2** Creencia religiosa según la cual las almas pueden pasar, tras la muerte, a otro cuerpo humano o animal.

transmisión o **trasmisión** f. Acción de transmitir.

transmitir o **trasmitir** tr. **1** Hacer llegar a una persona un mensaje o información. **2** Emitir la radio o la televisión un programa. **3** Contagiar una enfermedad o un estado de ánimo.

transparente o **trasparente** adj. Se dice del cuerpo que deja pasar la luz y permite ver a través de su masa lo que hay detrás.

transpirar o **traspirar** tr./intr. **1** Sudar. **2** Dejar salir una prenda de vestir el sudor.
transplantar → trasplantar.
transportador o **trasportador** m. Semicírculo graduado para medir y dibujar ángulos.
transportar o **trasportar** tr. **1** Llevar o trasladar personas o cosas de un lugar a otro. **2** Extasiar, embelesar.
transvasar o **trasvasar** tr. Pasar un líquido de un recipiente a otro.
transversal o **trasversal** adj. Que atraviesa una cosa de un lado a otro perpendicularmente.
tranvía m. Vehículo de transporte público que circula por vías en las calles de una ciudad.
trapecio m. **1** Barra horizontal suspendida de dos cuerdas que se usa para hacer ejercicios físicos, gimnásticos o circenses. **2** Figura geométrica de cuatro lados, de los cuales solo dos son paralelos entre sí. **3** Músculo plano y triangular situado en la parte superior de la espalda.
trapecista m. y f. Acróbata que hace ejercicios en el trapecio.
trapezoide m. Figura geométrica de cuatro lados, de los cuales ninguno es paralelo a otro.
trapichear intr. **1** *Fam.* Utilizar medios poco lícitos o claros para conseguir algo. **2** Comerciar con pequeñas mercancías de modo ilegal.
trapo m. **1** Paño o trozo de tela usado para limpiar, secar, etc. **2** Velamen. **3** Capote, muleta.
tráquea f. Conducto que comunica la laringe con los bronquios.
traqueotomía f. Intervención quirúrgica en que se practica una abertura en la tráquea para comunicarla con el exterior.
traqueteo m. Movimiento repetitivo de una cosa que se mueve produciendo ruido.
tras prep. **1** A continuación de. **2** Detrás de. **3** En busca de.
trasatlántico, a → transatlántico, a.
trasbordador → transbordador.
trasbordo → transbordo.
trascendencia o **transcendencia** f. **1** Consecuencia o resultado grave o importante de una cosa. **2** Importancia.
trascender o **transcender** intr. **1** Empezar a ser conocida una cosa que estaba oculta. **2** Extenderse las consecuencias o los efectos de un hecho. **3** Sobrepasar una cosa un límite.
trascribir → transcribir.
trascurrir → transcurrir.
trasdós m. Cara exterior convexa de un arco o una bóveda.
trasero, a adj. **1** Situado en la parte de atrás de una cosa. ◆ m. **2** Nalgas.
trasferir → transferir.
trasfigurar → transfigurar.

trasformar → transformar.
trásfuga → tránsfuga.
trasfusión → transfusión.
trasgredir → transgredir.
trashumancia f. Traslado de los rebaños de ganado desde los pastos de las dehesas de verano a las de invierno y viceversa.
traslación o **translación** f. **1** Movimiento de la Tierra alrededor del Sol. **2** Transformación geométrica que mantiene la forma, el tamaño y la orientación de las figuras.
trasladar tr. **1** Cambiar a una persona o una cosa de lugar. **2** Cambiar a una persona de un puesto o cargo a otro.
traslúcido, a o **translúcido, a** adj. Se dice del cuerpo que deja pasar la luz pero no permite ver con nitidez a través de él.
trasluz m. Luz que pasa a través de un cuerpo traslúcido o transparente.
trasmigración → transmigración.
trasmisión → transmisión.
trasmitir → transmitir.
trasnochar intr. Pasar una persona la noche sin dormir o acostarse muy tarde.
traspapelar tr. Extraviar un documento que se encuentra en un lugar que no le corresponde.
trasparente → transparente.
traspasar tr. **1** Pasar una cosa de un lado a otro de un cuerpo. **2** Pasar más allá de un límite. **3** Trasladar una cosa. **4** Entregar el alquiler o la venta de un local a una persona a cambio de dinero. **5** Vender un club deportivo a alguno de sus jugadores.
traspatio m. AMÉR Patio interior de una casa, situado tras el patio principal.
traspié m. **1** Tropezón o resbalón al andar o al correr. **2** Equivocación, error.
traspirar → transpirar.
trasplantar o **transplantar** tr. **1** Trasladar una planta con sus raíces a otro lugar. **2** Introducir en el cuerpo de una persona una parte de tejido o un órgano sanos para sustituir los que estaban dañados.
trasportador → transportador.
trasportar → transportar.
trasquilar tr. **1** Cortar el pelo o la lana a ciertos animales. **2** Cortar mal el pelo a una persona.
trastada f. *Fam.* Travesura.
traste m. **1** Cada uno de los salientes colocados transversalmente a lo largo del mástil de la guitarra u otro instrumento de cuerda. **2** AMÉR Trasto, cacharro. **3** *Fam.* ARG, PAR, URUG Culo. **4** *Fam.* ARG, PAR, URUG Buena suerte de una persona. ◇ **dar al ~ con algo** ESP, MÉX Estropear algo, echarlo a perder.
trastear intr. **1** Revolver o mover cosas. **2** Hacer travesuras.
trastero m. Habitación para guardar trastos, muebles, etc.

trastienda f. Habitación situada detrás de la tienda.
trasto m. **1** Objeto inútil, sin valor o que estorba. **2** Máquina o aparato, especialmente el que está viejo o funciona mal. **3** ESP Niño inquieto.
trastocar tr. **1** Alterar el orden de ciertas cosas o el desarrollo normal de algo. ◆ **prnl. 2** Perder el juicio.
trastornar tr. **1** Trastocar. **2** Causar un problema o molestia. **3** Inquietar, intranquilizar. ◆ **prnl. 4** Trastocarse.
trastorno m. **1** Cambio en el orden de ciertas cosas o en el desarrollo normal de algo. **2** Molestia o problema que altera la vida de una persona. **3** Alteración leve de la salud.
trasvasar → transvasar.
trasversal → transversal.
trata f. Tráfico de seres humanos.
tratado m. **1** Acuerdo entre naciones. **2** Obra sobre una materia determinada.
tratamiento m. **1** Trato, manera de actuar. **2** Modo de dirigirse a una persona según su categoría, condición, edad, etc. **3** Conjunto de cuidados y remedios que se aplican a una persona para sanarla.
tratar tr. **1** Comportarse de una manera determinada en relación con los demás. **2** Dar a una persona un tratamiento determinado. **3** Someter a un paciente a una serie de cuidados y remedios para sanarlo. **4** Negociar o analizar un asunto. ◆ **tr./intr. 5** Tener relación una persona con otra. ◆ **intr. 6** Ocuparse o hablar de cierto asunto o materia. **7** Intentar lograr un objetivo.
trato m. **1** Manera de actuar una persona en su relación con los demás. **2** Relación de una persona con otra. **3** Acuerdo entre dos o más personas sobre un asunto.
trauma m. Choque emocional que produce una impresión intensa y duradera en el subconsciente de una persona.
traumatismo m. Daño de los tejidos orgánicos o de los huesos producido por un golpe, una torcedura u otra circunstancia.
traumatología f. Parte de la medicina que se ocupa de los traumatismos.
través ◇ **a ~ de** Pasando o cruzando por en medio o de un lado a otro de algo. — Mediante la utilización de algo o gracias a algo.
travesaño m. **1** Pieza alargada que atraviesa una cosa de una parte a otra. **2** Larguero de una portería.
travesía f. **1** Viaje por mar o por aire. **2** ESP Calle estrecha que va de una calle principal a otra. **3** ESP Parte de una carretera que atraviesa una población.
travesti o **travestí** m. y f. Persona que se viste con ropas propias del otro sexo.

travesura f. Acción mala de poca importancia, cometida sin malicia por un niño para divertirse o burlarse.

travieso, a adj. Que hace travesuras.

trayecto m. **1** Espacio que se recorre entre dos puntos o lugares. **2** Acción de recorrer este espacio.

trayectoria f. **1** Línea descrita en el espacio por un punto que se mueve. **2** Recorrido que sigue alguien o algo al desplazarse. **3** Evolución de alguien o algo a lo largo del tiempo.

traza f. **1** Aspecto, apariencia. **2** Diseño o proyecto de una obra de ingeniería o de arquitectura. **3** Habilidad para hacer una cosa determinada.

trazado m. **1** Traza (diseño o proyecto). **2** Recorrido o dirección que sigue sobre el terreno un camino o una vía.

trazar tr. **1** Dibujar una cosa mediante rayas o líneas. **2** Pensar un plan o un proyecto. **3** Describir con palabras los rasgos característicos de una persona o asunto.

trazo m. Línea o raya hecha al escribir o dibujar.

trébol m. **1** Planta herbácea de hojas agrupadas de tres en tres. ◆ m.pl. **2** Palo de la baraja francesa que se representa con tréboles de color negro.

trece num.cardin. **1** Diez más tres. ◆ num.ordin. **2** Que ocupa el lugar número 13 en una serie ordenada. ◆ m. **3** Número 13.

treceavo, a num.partit. Se dice de cada una de las partes que resultan de dividir un todo en trece partes iguales.

trecho m. Espacio o distancia entre dos puntos o lugares.

tregua f. **1** Suspensión temporal de una lucha o de una guerra. **2** Interrupción temporal de una actividad.

treinta num.cardin. **1** Veinte más diez. ◆ num.ordin. **2** Que ocupa el lugar número 30 en una serie ordenada. ◆ m. **3** Número 30.

tremebundo, a adj. **1** Que causa terror. **2** Muy grande o intenso.

tremendo, a adj. **1** Que produce un fuerte sentimiento de sobrecogimiento, miedo o terror. **2** Muy grande en tamaño o intensidad.

trementina f. Resina oleosa y pegajosa que desprenden algunos árboles.

trémulo, a adj. Que tiembla o se agita con movimientos rápidos y continuos.

tren m. **1** Medio de transporte formado por vagones enganchados y arrastrados sobre unos raíles por una locomotora. **2** Conjunto de aparatos empleados para una operación y colocados en serie uno tras otro.

trenca f. ESP Abrigo corto y con capucha.

trenza f. Conjunto de tres mechones de pelo cruzados alternativamente entre sí.

trepador, ra adj. **1** Se dice de la planta enredadera que asciende verticalmente apoyándose en cualquier saliente elevado. **2** Se dice del ave que tiene el dedo externo hacia atrás para trepar por los árboles.

trepanar tr. Perforar un hueso, especialmente el cráneo.

trepar intr. **1** Subir a un lugar alto valiéndose de los pies y las manos. **2** Crecer ciertas plantas agarrándose a los árboles u otras cosas. **3** *Fam.* ESP Ascender profesional o socialmente aprovechando cualquier circunstancia y sin importar los medios.

trepidante adj. Que se desarrolla de forma muy rápida y emocionante.

tres num.cardin. **1** Dos más uno. ◆ num.ordin. **2** Que ocupa el lugar número 3 en una serie ordenada. ◆ m. **3** Número 3.

trescientos, as num.cardin. **1** Doscientos más cien. ◆ num.ordin. **2** Que ocupa el lugar número 300 en una serie ordenada. ◆ m. **3** Número 300.

tresillo m. ESP Conjunto de un sofá y dos sillones a juego.

treta f. Medio engañoso que se emplea con astucia para conseguir algo.

trial m. Modalidad de motociclismo que se practica por terrenos accidentados y con obstáculos.

triángulo m. **1** Polígono de tres lados. **2** Instrumento musical de percusión formado por un triángulo metálico que se toca con una varilla.

tribu f. Organización social, política y económica propia de los pueblos primitivos, dirigida por un jefe.

tribulación f. **1** Pena o preocupación muy grande. **2** Situación adversa o desfavorable.

tribuna f. **1** Plataforma elevada desde donde un orador se dirige al público o donde se instalan las autoridades o los espectadores que contemplan un espectáculo. **2** Localidad preferente de algunos estadios deportivos.

tribunal m. **1** Conjunto de personas que administran justicia en un estado. **2** Edificio o lugar donde se administra justicia. **3** Conjunto de personas reunidas para emitir un juicio sobre algo.

tributar tr./intr. **1** Pagar un tributo. ◆ tr. **2** Manifestar agradecimiento o admiración.

tributo m. **1** Dinero que se paga al Estado para sostener el gasto público. **2** Dinero que el vasallo debía entregar a su señor. **3** Muestra de agradecimiento o admiración.

tríceps m./adj. Músculo formado por tres partes que se unen en un tendón.

triciclo m. Vehículo de tres ruedas, dos traseras y una delantera.

tricornio m. Sombrero negro de ala dura y doblada formando tres picos.

tricotar tr. Hacer labores de punto.

tridente m. Utensilio con tres puntas o dientes.

trienio m. **1** Período de tres años. **2** Incremento económico que se efectúa sobre un sueldo o salario por cada tres años de servicio.

trifulca f. *Fam.* Discusión o pelea con alboroto.

trigésimo, a num.ordin. **1** Que ocupa el lugar número 30 en una serie ordenada. ◆ num.partit. **2** Se dice de cada una de las partes que resultan de dividir un todo en treinta partes iguales.

triglifo o **tríglifo** m. Ornamento del friso de orden dórico.

trigo m. **1** Planta gramínea cuyo tallo termina en una espiga con cuatro o más hileras de granos, de los cuales se obtiene harina. **2** Grano de esta planta.

trigonometría f. Parte de las matemáticas que estudia las relaciones entre los lados de un triángulo rectángulo.

triguero, a adj. Se dice de la planta que crece entre el trigo.

trilita f. Trinitrotolueno.

trillado, a adj. Muy conocido o utilizado.

trillar tr. Triturar el cereal cortado para separar el grano de la paja.

trillizo, a adj./s. Se dice de cada uno de los tres hermanos nacidos en un mismo parto.

trillo m. Instrumento para trillar.

trilobites m. Artrópodo marino, actualmente extinguido, de cuerpo oval y aplanado, con un caparazón articulado formado por tres lóbulos.

trilogía f. Conjunto de tres obras de un mismo autor que forman una unidad.

trimestre m. Período de tres meses.

trinar intr. Emitir trinos un pájaro.

trincar tr. **1** *Fam.* Beber. **2** *Fam.* ESP Robar una cosa. **3** *Fam.* ESP Atrapar a una persona que ha cometido un delito.

trinchar tr. Cortar en trozos la comida para servirla.

trinchera f. Zanja excavada en la tierra donde se meten los soldados para protegerse del enemigo.

trineo m. Vehículo para deslizarse sobre la nieve y el hielo.

trinidad f. En el catolicismo, conjunto de las tres personas divinas (Padre, Hijo y Espíritu Santo) que forman un solo Dios.

trinitrotolueno m. Cierto explosivo muy potente.

trino m. Canto o sonido emitido por los pájaros.

trinquete m. **1** En un barco de vela, palo más cercano a la proa. **2** Frontón cerrado con doble pared lateral.

trío m. **1** Conjunto de tres personas o cosas. **2** Conjunto musical formado por tres voces o instrumentos.

tripa f. **1** Intestino. **2** *Fam.* ESP Vientre o barriga. **3** ESP Panza de una vasija.

tripartito, a adj. Formado por tres partes o miembros.

triple adj./m. **1** Que es tres veces la cantidad, número o tamaño de cierta cosa. ◆ adj. **2** Que está formado por tres elementos o se repite tres veces. ◆ m./adj. **3** En baloncesto, canasta con valor de tres puntos.

trípode m. Armazón de tres pies para sostener algo.

tríptico m. **1** Pintura o relieve realizado sobre tres tablas o lienzos articulados. **2** Libro o tratado que consta de tres partes. **3** Folleto doblado en tres partes.

triptongo m. Agrupación silábica formada por tres vocales.

tripulación f. Conjunto de personas al servicio de un barco o una aeronave.

tripular tr. Conducir o manejar un barco o una aeronave.

triquina f. Gusano parásito que vive en los músculos de algunos animales.

triquiñuela f. *Fam.* Treta.

tris ◇ **en un ~** Se utiliza para indicar que una cosa no sucede o se realiza por muy poco.

triste adj. **1** Que siente melancolía o pena. **2** Que expresa o produce melancolía o pena. **3** Insignificante, insuficiente o ineficaz.

tritón m. Anfibio similar a la salamandra.

triturar tr. Desmenuzar en trozos pequeños una materia sólida.

triunfar intr. **1** Conseguir la victoria en una competición. **2** Tener éxito o conseguir unos objetivos.

triunfo m. **1** Acción de triunfar. **2** Trofeo. **3** En algunos juegos de naipes, carta de la baraja con mayor valor que otras.

triunvirato m. **1** Gobierno de la antigua Roma formado por tres personas. **2** Grupo de tres personas que dirigen algo.

trivial adj. Que no tiene trascendencia o interés.

trizas ◇ **hacer ~ algo** *Fam.* Romper algo en trozos muy pequeños.

trocar tr. **1** Entregar una cosa y recibir otra a cambio. **2** Transformar una cosa en otra diferente.

trocear tr. Dividir en trozos.

trofeo m. Objeto que se da como premio a quien consigue una victoria.

troglodita adj./m. y f. Se dice de la persona primitiva que vivía en las cavernas.

trola f. *Fam.* ESP Mentira.

trolebús m. Autobús urbano que funciona con la corriente que toma de un cable suspendido en el aire.

tromba f. Lluvia muy intensa pero breve.

trombo m. Coágulo de sangre que se forma en el interior de una vena.

trombón m. Instrumento musical de viento similar a una trompeta con una pieza móvil en forma de U.

trombosis f. Formación de un coágulo de sangre en un vaso sanguíneo o en el corazón.

trompa f. **1** Prolongación de la nariz del elefante y el tapir. **2** Aparato chupador de algunos insectos. **3** Instrumento musical de viento formado por un tubo enroscado circularmente. **4** *Fam.* ESP Borrachera.

trompazo m. *Fam.* Golpe fuerte al caer o chocar contra algo.

trompeta f. Instrumento musical de viento formado por un tubo de metal doblado dos veces sobre sí mismo, con tres pistones, una boquilla en un extremo y una abertura cónica en el otro.

trompicón m. Tropezón o resbalón al andar o correr.

trompo m. **1** Peonza. **2** Giro que da un automóvil sobre sí mismo.

trompudo, a adj./s. **1** *Fam.* AMÉR Se dice de la persona que tiene los labios prominentes o gruesos. ◆ adj. **2** *Fam.* AMÉR SUR Se dice de la persona que está enojada.

trona f. Silla infantil de patas altas con reposabrazos y un tablero pequeño delante para dejar el plato de comida.

tronar impers. **1** Haber o sonar truenos. ◆ tr. **2** AMÉR CENTRAL Suspender a alguien. ◆ tr./prnl. **3** MÉX Matar a una persona. **4** *Fam.* MÉX Poseer sexualmente a una mujer.

troncal adj. Se dice de la asignatura que forma parte de las obligatorias en un ciclo de estudios.

tronchar tr. **1** Partir el tronco, el tallo o las ramas de una planta, o cosas de figura o consistencia parecidas. ◆ prnl. **2** *Fam.* ESP Reírse mucho y con ganas.

troncho m. Tallo de una hortaliza.

tronco m. **1** Tallo leñoso, fuerte y macizo de los árboles y arbustos. **2** Cuerpo de una persona o de un animal, considerado sin la cabeza y sin las extremidades.

tronera f. **1** Abertura estrecha en un barco, un muro u otro lugar para disparar con protección. **2** Ventana estrecha. **3** Agujero de las mesas de billar.

trono m. **1** Asiento elevado, con gradas y dosel, para reyes y otras personas de alta dignidad. **2** Cargo o dignidad de rey.

tropa f. **1** Grupo muy numeroso de personas. **2** Conjunto de militares sin grado (soldados rasos) o con grado de soldado de primera, cabo o cabo primero. **3** Conjunto de militares o de gente armada y organizada para la guerra. ◆ f.pl. **4** Cuerpos militares que componen un ejército, una división, etc.

tropel m. **1** Conjunto numeroso de personas, animales o cosas que avanzan de forma ruidosa y desordenada. **2** Conjunto de cosas desordenadas.

tropelía f. Acción violenta cometida por alguien que abusa de su poder.

tropezar intr. **1** Dar con los pies en un obstáculo al andar o correr. **2** Encontrar un obstáculo que impide avanzar en el desarrollo normal de algo. **3** Encontrar por azar e inesperadamente a una persona o una cosa.

tropezón m. **1** Traspié o resbalón al andar o correr. **2** ESP Trozo pequeño de un alimento que se encuentra en la sopa u otro guiso.

trópico m. **1** Círculo imaginario de los dos trazados en la esfera de la Tierra paralelos al Ecuador. **2** Región comprendida entre estos dos círculos.

tropiezo m. **1** Tropezón al andar o correr. **2** Contratiempo.

troposfera f. Capa de la atmósfera terrestre que está en contacto con la superficie de la Tierra.

troquel m. Molde usado para grabar una moneda o un objeto de metal.

trotamundos m. y f. Persona a la que le gusta viajar y recorrer países.

trote m. **1** Manera de caminar el caballo con paso ligero, levantando a la vez uno de los pies y la mano del lado contrario. **2** Trabajo o actividad intensa.

trovador, ra s. Poeta medieval de poesía amorosa dedicada a reyes y nobles.

troyano, a adj./s. De Troya.

trozo m. Parte de una cosa separada del todo.

trucar tr. **1** Falsificar una cosa. **2** Realizar trucos para conseguir que una cosa adquiera una apariencia real, especialmente en cinematografía.

trucha f. Pez comestible de agua dulce de color gris verdoso con manchas negras.

truco m. **1** Medio engañoso que se emplea con astucia y habilidad para conseguir una cosa. **2** Técnica o procedimiento para conseguir efectos que parecen reales.

truculento, a adj. Que produce horror por su excesiva crueldad o dramatismo.

trueno m. **1** Ruido del rayo. **2** Estampido, explosión.

trueque m. Acción de trocar.

trufa f. **1** Hongo comestible muy apreciado, que crece bajo tierra. **2** Bombón de crema de chocolate.

truhan, na adj./s. Granuja, sinvergüenza.

truncar tr. **1** Cortar una parte de una cosa. **2** Interrumpir y dejar incompleta una obra o una acción.

trusa f. **1** ARG, PERÚ, URUG Prenda interior femenina similar a la braga. **2** COL, MÉX Panty. **3** CUBA Bañador. **4** MÉX, PERÚ Calzoncillo.

trust m. Agrupación de empresas bajo una sola directiva para controlar los precios y dominar el mercado.

tsunami m. Ola marina de grandes dimensiones originada por un movimiento sísmico en alta mar.

tu det. Forma del determinante posesivo en segunda persona del singular.

tú pron. Pronombre personal de segunda persona del singular.

tuareg adj./m. y f. De un pueblo bereber del norte de África.

tubérculo m. **1** Parte de una raíz o de un tallo subterráneo que se desarrolla y engruesa considerablemente. **2** Pequeño tumor del interior de los tejidos.

tuberculosis f. Enfermedad infecciosa caracterizada por la formación de tubérculos, principalmente en los pulmones.

tubería f. Conducto para transportar líquidos o gases.

tubo m. **1** Objeto cilíndrico, alargado, hueco y abierto por sus dos extremos. **2** Recipiente flexible para sustancias blandas como crema o pasta dentífrica. **3** Recipiente cilíndrico con tapón. **4** Conducto animal o vegetal.

tubular adj. Que tiene tubos o forma de tubo.

tucán m. Ave trepadora de pico muy grueso, curvado y muy largo, de plumaje negro con manchas de colores vivos.

tuerca f. Pieza con un agujero en el centro cuya superficie tiene marcada una espiral que se ajusta a la rosca de un tornillo.

tuerto, a adj./s. Se dice de la persona o animal que no ve por un ojo.

tuétano m. Sustancia grasa y blanca del interior de los huesos largos.

tufo m. **1** Olor molesto y desagradable. **2** Emanación gaseosa procedente de las fermentaciones y combustiones imperfectas.

tugurio m. Lugar mal acondicionado para vivir.

tul m. Tejido fino, delicado y transparente de seda, algodón o hilo.

tulipán m. Planta bulbosa de tallo recto en cuyo extremo nace una única flor de forma acampanada y colores brillantes.

tullido, a adj./s. Se dice de la persona que ha perdido el movimiento del cuerpo o de algún miembro.

tumba f. **1** Agujero en la tierra para enterrar el cadáver de una persona. **2** Construcción funeraria que se construye levantada del suelo y sirve para guardar el cadáver de una persona.

tumbar tr. **1** Derribar o hacer caer una cosa o persona. **2** Poner en posición horizontal. ◆ prnl. **3** Echarse sobre una superficie horizontal para descansar o dormir.

tumbo m. Vaivén violento.

tumbona f. ESP Silla extensible y articulada para echarse o recostarse.

tumefacción f. Hinchazón o bulto en una parte del cuerpo.
tumor m. Tejido de una parte del organismo cuyas células sufren un crecimiento anormal.
túmulo m. **1** Elevación artificial del terreno que cubre una sepultura. **2** Armazón cubierto con tela negra que imita un sepulcro sobre el que se coloca el ataúd durante la celebración del entierro.
tumulto m. **1** Alboroto o agitación que produce una multitud. **2** Desorden o confusión.
tuna f. ESP Grupo de universitarios que tocan en un conjunto musical que representa la facultad en la que estudian.
tunante adj./m. y f. Granuja, pícaro.
tunda f. *Fam.* Serie de golpes.
tundra f. Formación vegetal propia de las regiones árticas y zonas montañosas muy altas.
túnel m. Paso subterráneo que se construye para ir por debajo de la tierra o del agua.
tungsteno m. Volframio.
túnica f. Prenda de vestir muy ancha, suelta y sin mangas.
tuntún ◇ **al ~** *Fam.* Sin reflexionar.
tupé m. Mechón de pelo levantado sobre la frente.
tupido, a adj. Que está formado por elementos muy juntos y apretados.
tupí-guaraní adj./s. **1** De un pueblo amerindio de la costa atlántica y la cuenca del Amazonas. ◆ **2** Familia de lenguas amerindias.
turba f. **1** Carbón de poco valor energético que se produce en lugares húmedos por la descomposición de restos vegetales. **2** Grupo grande y descontrolado de gente.
turbante m. Prenda de vestir oriental formada por una tira ancha y larga de tela que se enrolla a la cabeza.
turbar tr. **1** Alterar el estado o el curso normal de una cosa. **2** Alterar el ánimo de una persona confundiéndola o aturdiéndola.
turbina f. Máquina que transforma la energía cinética y potencial de un fluido para producir un movimiento de rotación que se transfiere a un eje.
turbio, a adj. **1** Se dice del líquido que no es claro ni transparente. **2** Falto de claridad y orden. **3** Sospechoso o confuso.
turbo adj./m. **1** Se dice del motor que tiene una turbina que aumenta su potencia. **2** Se dice del vehículo con este motor.
turbulento, a adj. **1** Se dice del líquido o gas que está turbio y agitado. **2** Que está en un estado de desorden o agitación.
turco, a adj./s. **1** De Turquía. ◆ m./adj. **2** Lengua que se habla en Turquía.
turismo m. **1** Actividad recreati-

va que consiste en viajar a un lugar por diversión o placer. **2** Automóvil de uso particular.

turnarse prnl. Alternarse varias personas en una actividad.

turno m. **1** Orden según el cual se alternan varias personas en la realización de una actividad. **2** Momento u ocasión en que a una persona le corresponde hacer, dar o recibir una cosa.

turolense adj./m. y f. De Teruel.

turón m. Pequeño mamífero carnívoro de color marrón, hocico puntiagudo y patas cortas.

turquesa f. **1** Piedra preciosa de color azul verdoso. ◆ adj./m. **2** Se dice del color azul verdoso como el de esta piedra preciosa.

turrón m. Dulce navideño de forma plana y rectangular elaborado con azúcar y frutos secos u otros ingredientes.

tute m. **1** Cierto juego de cartas. **2** *Fam.* Esfuerzo o trabajo duro y agotador.

tutear tr. Dirigirse a una persona usando el pronombre tú para indicar familiaridad o confianza.

tutela f. **1** Autoridad que se da por ley a un adulto para cuidar de un menor u otra persona que no puede hacerlo por sí misma. **2** Protección y cuidado de una cosa.

tutor, ra s. **1** Persona que se encarga de cuidar de otra persona que no puede hacerlo por sí misma. **2** Profesor particular que se encarga de la educación de un alumno. **3** Profesor encargado de orientar y aconsejar a un grupo de estudiantes.

tuyo, a det./pron. Forma del determinante y pronombre posesivo de segunda persona del singular.

twist m. Baile de ritmo rápido con balanceo de hombros, caderas y rodillas sin apenas mover los pies.

U

1. **u** f. Vigésima segunda letra del alfabeto español.

2. **u** conj. Sustituye a la conjunción **o** cuando la palabra siguiente comienza por **o-** o por **ho-**.

ubicar tr. **1** Situar en un espacio o lugar determinado. **2** ARG, CH, COL, CUBA, PAR, PERÚ, URUG Encontrar algo o a alguien después de haberlo buscado. **3** ARG, CH, CUBA, PAR, URUG, VENEZ Reconocer o identificar algo o a alguien. ◆ prnl. **4** Estar en un espacio o lugar determinado.

ubicuo, a adj. Que puede estar presente en varios lugares al mismo tiempo.

ubre f. Teta de un mamífero hembra.

ucraniano, a o **ucranio, a** adj./s. **1** De Ucrania. ◆ m./adj. **2** Lengua eslava que se habla en Ucrania.

ufano, a adj. **1** Que presume de sí mismo o se muestra orgulloso de poseer algo. **2** Alegre y satisfecho.

ufología f. Disciplina que estudia los ovnis.

ujier m. y f. **1** Portero de un palacio o tribunal. **2** Empleado subalterno de algunos organismos públicos o tribunales.

úlcera f. Herida abierta en la piel o en los tejidos que cubren los conductos del interior del cuerpo.

ulterior adj. Que se dice, se hace o sucede después de otra cosa.

ultimar tr. **1** Terminar una cosa. **2** AMÉR Matar a un ser vivo.

ultimátum m. Propuesta o decisión definitiva en que alguien da un plazo de tiempo para hacer algo.

último, a adj. **1** Que no tiene otra cosa detrás de él. **2** Que es lo más reciente en el tiempo. **3** Definitivo, decisivo.

ultra m. y f. Persona de ideas extremistas.

ultraísmo m. Movimiento poético surgido en 1918 que proponía técnicas renovadoras.

ultraje m. *Formal.* Insulto u ofensa.

ultramar m. País o territorio al otro lado del mar.

ultramarino, a adj. **1** Relativo a ultramar. ◆ m.pl. **2** Tienda de comestibles.

ultranza ◇ **a ~** Con total convencimiento y sin escatimar esfuerzos.

ultrarrojo, a adj./m. Se dice de la parte invisible del espectro luminoso, que está a continuación del color rojo.
ultrasonido m. Sonido que no puede ser percibido por el oído humano por tener una frecuencia de vibraciones muy alta.
ultratumba f. Mundo que se cree que existe tras la muerte.
ultravioleta adj./m. Se dice del espacio del espectro electromagnético que va desde la luz visible violeta hasta la región de los rayos X.
ulular intr. **1** Dar aullidos. **2** Producir el viento un sonido grave y largo.
umbela f. Conjunto de flores que se elevan a igual altura formando una especie de paraguas.
umbelífero, a adj. De una familia de plantas con umbelas, como la zanahoria.
umbilical adj. Relativo al ombligo.
umbral m. **1** Parte inferior de la puerta de una casa. **2** Comienzo o primer paso de un proceso. **3** Valor mínimo de un agente físico para que su efecto sea perceptible.
umbría f. Lugar donde casi nunca da el sol.
umbrío, a adj. Se dice del lugar que recibe poco sol.
un det. Apócope de **uno**.
unánime adj. Que tiene o expresa un mismo parecer o sentimiento.
unción f. Acción de ungir.
undécimo, a num.ordin. **1** Que ocupa el lugar número 11 en una serie ordenada. ◆ num.partit. **2** Se dice de cada una de las partes que resultan de dividir un todo en once partes iguales.
ungir tr. **1** Extender una sustancia grasa sobre algo. **2** Hacer la señal de la cruz con aceite sagrado sobre el cuerpo de una persona.
ungüento m. Sustancia curativa líquida o pastosa que se unta en el cuerpo.
ungulado, a adj./s. Se dice del mamífero cuyas patas están terminadas en pezuña.
unicelular adj. Formado por una sola célula.
único, a adj. **1** Que no hay otro igual en su especie. **2** Extraordinario, excepcional.
unicornio m. Animal imaginario con cuerpo de caballo y un cuerno en la frente.
unidad f. **1** Propiedad que tienen las cosas de no poder dividirse ni fragmentarse sin alterarse o destruirse. **2** Cosa completa y diferenciada dentro de un conjunto. **3** Cantidad que se toma como medida o como término de comparación.
unifamiliar adj. De una sola familia.
unificar tr. **1** Hacer que varias cosas o personas distintas formen un todo. **2** Hacer que varias cosas dis-

tintas sean iguales o semejantes entre sí.

uniforme adj. **1** Que no presenta variaciones en su conjunto o en su duración. **2** Que tiene la misma forma o las mismas características. ◆ m. **3** Traje especial distintivo de un cuerpo, equipo, etc.

unigénito, a adj. Hijo único.

unilateral adj. Que se refiere a una sola parte o aspecto de una cosa.

unión f. **1** Acción y efecto de unir. **2** Alianza, asociación.

unipersonal adj. De una sola persona.

unir tr. **1** Juntar dos o más elementos distintos para formar un todo o realizar una misma actividad. **2** Casar a dos personas. **3** Relacionar o comunicar dos cosas distintas. ◆ prnl. **4** Juntarse dos o más personas para un fin.

unisex adj. Que puede ser usado por personas de los dos sexos.

unísono, a adj. Que tiene el mismo tono o sonido que otra cosa. ◇ **al ~** Al mismo tiempo o de manera conjunta.

unitario, a adj. **1** Relativo a la unidad. **2** Formado por una sola unidad. **3** Que busca la unidad o desea conservarla.

universal adj. **1** Relativo al universo. **2** Que pertenece o se refiere a todos los países, a todas las personas o a todos los tiempos. **3** Conocido en todas partes.

universidad f. Institución que se dedica a la enseñanza superior.

universo m. Conjunto de todo lo que existe.

unívoco, a adj./s. Que solamente tiene un significado o una interpretación posible.

uno, a num.cardin. **1** Se emplea para designar la unidad. ◆ **num. ordin. 2** Que ocupa el lugar número 1 en una serie ordenada. ◆ m. **3** Número 1.

untar tr. **1** Cubrir algo con una sustancia grasa. **2** Extender sobre una superficie una sustancia grasa. **3** *Fam.* Sobornar.

unto m. **1** Sustancia líquida o pastosa para untar. **2** ARG, MÉX, URUG Soborno.

untuoso, a adj. Se dice de la sustancia que es grasa y pegajosa.

uña f. **1** Placa dura y delgada que cubre la parte superior de la punta de los dedos. **2** Pezuña.

uñero m. **1** Inflamación en la raíz de la uña. **2** Herida que sale en el dedo cuando la uña crece.

uperizar o **uperisar** tr. Someter un líquido a una inyección de vapor durante menos de un segundo, con el fin de destruir los gérmenes y prolongar su conservación.

uralita f. Mezcla de cemento y amianto con que se fabrican materiales de construcción.

uranio m. Elemento químico (metal) de símbolo U.

urbanidad f. Comportamiento correcto y con buenos modales.

urbanismo m. Ciencia que estudia la planificación y desarrollo de las poblaciones.

urbanita adj./m. y f. Se dice de la persona que ha nacido o que vive en una ciudad.

urbanizar tr. **1** Acondicionar un terreno para crear viviendas, calles, etc. **2** Hacer que una persona aprenda a comportarse con buenos modales.

urbano, a adj. **1** Relativo a la ciudad. **2** ESP Guardia de la ciudad que depende del ayuntamiento de esta.

urbe f. Ciudad grande.

urdimbre f. Conjunto de hilos colocados paralelamente en el telar para formar un tejido.

urdir tr. Preparar un plan contra alguien.

urea f. Sustancia orgánica que se forma en el hígado y se expulsa con la orina y el sudor.

uréter m. Conducto por el que desciende la orina desde el riñón a la vejiga.

uretra f. Conducto por el que se expulsa al exterior la orina contenida en la vejiga.

urgente adj. **1** Que necesita ser realizado o solucionado con mucha rapidez. **2** Que se cursa o se envía rápidamente o lo antes posible.

urgir intr. **1** Ser urgente una cosa. **2** Obligar una autoridad, ley o norma a hacer cierta cosa.

úrico, a adj. Se dice del ácido orgánico que se encuentra en la orina de los mamíferos.

urinario, a adj. **1** Relativo a la orina. ◆ m. **2** Local público donde se acude para orinar.

urna f. **1** Caja con una ranura que se usa para echar las papeletas en las votaciones. **2** Recipiente o caja para cosas de valor. **3** Vasija usada para guardar las cenizas de un difunto.

uro m. Especie de buey salvaje, ya extinguido.

urogallo m. Ave gallinácea europea de plumas y pico oscuros y patas con plumas.

urología f. Parte de la medicina que estudia y trata las enfermedades del aparato urinario.

urraca f. Pájaro de color negro brillante, con el vientre blanco y la cola larga.

urticaria f. Erupción cutánea que produce gran escozor.

uruguayo, a adj./s. De Uruguay.

usanza f. Costumbre o uso.

usar tr. **1** Utilizar. **2** Gastar o consumir un producto determinado. **3** Llevar o ponerse habitualmente una prenda de vestir.

usía pron. Tratamiento de respeto usado antiguamente y que hoy se da a algunos militares.

uso m. **1** Empleo o utilización de una cosa para un fin determinado. **2** Funcionamiento o forma de utilizar una cosa. **3** Moda, costumbre.

usted pron. Tratamiento de segunda persona que indica respeto o cortesía.

usual adj. Frecuente, habitual.
usuario, a adj./s. Se dice de la persona que usa habitualmente una cosa.
usufructo m. Derecho por el que una persona puede usar los bienes de otra persona con la obligación de conservarlos y cuidarlos como si fueran propios.
usura f. Préstamo de dinero con un interés excesivamente alto.
usurpar tr. Apropiarse injustamente del cargo, derecho o propiedad de otra persona.
utensilio m. Instrumento que se usa en una actividad.
útero m. Órgano interno del aparato reproductor de las hembras de los mamíferos en el que se desarrolla el embrión.
útil adj. **1** Que produce provecho, beneficio o interés. **2** Que puede servir para un fin determinado. ◆ m. **3** Utensilio.
utilidad f. **1** Capacidad que tiene una cosa de servir para un fin determinado. **2** Provecho o beneficio.
utilizar tr. Emplear o hacer funcionar una cosa para un fin determinado.
utillaje m. Conjunto de útiles necesarios para un trabajo o actividad.
utopía f. Proyecto ideal pero imposible de realizar.
uva f. Fruto comestible de la vid.
uve f. Nombre de la letra v. ◇ **~ doble** Nombre de la letra w.
úvula f. Masa carnosa situada en la entrada de la garganta que cuelga del velo del paladar.
uxoricidio m. Muerte causada de manera intencionada por un hombre a su esposa.
uy interj. Indica sorpresa, dolor o miedo.
uzbeco, a o **uzbeko, a** adj./s. De Uzbekistán.

V

v f. Vigésima tercera letra del alfabeto español.
vaca f. **1** Hembra del toro. **2** *Fam.* AMÉR Acción de reunir dinero entre dos o más personas para hacer una compra común. **3** *Fam.* MÉX Dinero que queda de una apuesta en la que no hay ganador.
vacación f. Período durante el cual se descansa y se dejan los trabajos o los estudios que se realizan normalmente.
vacante adj./f. Se dice del lugar o puesto que no está ocupado por nadie.
vaciar tr. Dejar vacía una cosa o hacer un hueco en ella.
vacilar intr. **1** Moverse una persona o cosa por falta de estabilidad. **2** Tener poca firmeza o seguridad al hablar o actuar. **3** *Fam.* Tomar el pelo a una persona. **4** *Fam.* Presumir o darse importancia. **5** AMÉR CENTRAL, CUBA Divertirse una persona mientras está de fiesta.
vacío, a adj. **1** Que no tiene nada dentro. **2** Que no está ocupado por nadie. **3** Insustancial o superficial. ◆ m. **4** Espacio hueco. **5** Falta o ausencia de una persona o cosa que se echa de menos. **6** Espacio que no contiene aire ni otra materia.
vacuna f. Sustancia que se introduce en el organismo para evitar que se desarrollen determinadas enfermedades.
vacuno, a adj. Relativo al ganado bovino.
vacuo, a adj. Insustancial o superficial.
vacuola f. Pequeña cavidad de las varias existentes en el citoplasma de una célula eucariota.
vadear tr. **1** Atravesar un río u otra corriente de agua por un sitio poco profundo. **2** Solucionar o evitar un problema.
vado m. **1** Parte de la acera que está rebajada al nivel de la calzada para facilitar el acceso de vehículos a locales situados en los edificios. **2** Parte de un río con fondo firme y de poca profundidad.
vagabundo, a adj./s. **1** Se dice de la persona que no tiene casa ni trabajo y va de un lugar a otro. ◆ adj. **2** Que anda errante.
vagar intr. Vagabundear, deambular.

vagina f. Conducto fibroso muscular del aparato reproductor de las hembras de los mamíferos que comunica el útero con el exterior.

vago, a adj./s. **1** Poco trabajador. ◆ adj. **2** Impreciso, poco detallado.

vagón m. Coche de un tren o metro.

vaguada f. Parte más profunda de un valle por donde corre el agua.

vahído m. Desmayo.

vaho m. **1** Vapor que despiden los cuerpos en determinadas circunstancias. **2** Aliento.

vaina f. **1** Envoltura flexible y alargada en que están las semillas de la judía y otras plantas. **2** Funda de un arma blanca. **3** AMÉR Contrariedad, molestia. **4** AMÉR Lío, situación o asunto confuso.

vainilla f. **1** Planta trepadora de tallos muy largos y verdes. **2** Fruto de esta planta, usado como condimento.

vaivén m. Movimiento alternativo de un cuerpo, primero hacia un lado y después hacia el contrario.

vajilla f. Conjunto de platos, tazas y otros objetos que se usan en el servicio de la mesa.

vale m. **1** Papel que se puede cambiar por una cantidad de dinero, un objeto o un servicio. **2** Comprobante que demuestra que se ha hecho una entrega. **3** ARG, CUBA, URUG Comprobante que se entrega como confirmación de pago. ◆ m. y f. **4** *Fam.* COL, MÉX, VENEZ Amigo o compinche. **interj. 5** *Fam.* ESP Indica acuerdo o conformidad.

valencia f. Número que expresa la capacidad de combinación de un átomo con otros para formar compuestos.

valenciano, a adj./s. **1** De la Comunidad Valenciana o de Valencia. ◆ m./adj. **2** Variedad del catalán que se habla en la Comunidad Valenciana.

valentía f. **1** Cualidad de valiente. **2** Hecho heroico.

valer tr. **1** Tener un precio o valor determinado. **2** Equivaler. **3** Ayudar o proteger a una persona. ◆ intr. **4** Ser útil o adecuada una cosa o persona para cierta función. **5** Ser válida o efectiva una cosa. ◆ prnl. **6** Usar algo o a alguien para un fin.

valeriana f. Planta herbácea cuya raíz tiene propiedades sedantes.

valeroso, a adj. Que tiene valor para enfrentarse a situaciones arriesgadas.

valía f. Cualidad de la persona o cosa que vale.

valido m. Persona que gozaba de la confianza de un rey y ejercía el poder político.

válido, a adj. **1** Que tiene valor o fuerza legal. **2** Que se puede dar por bueno.

valiente adj./m. y f. Que tiene valor y actúa con determinación ante situaciones arriesgadas.

valija f. **1** Saco de cuero para transportar correspondencia. **2** Maleta o cartera.

valla f. **1** Cerca para rodear, señalar o proteger un terreno. **2** Superficie para fijar anuncios publicitarios. **3** Obstáculo que se debe saltar en algunas carreras atléticas.

valle m. Depresión del terreno situada entre alturas montañosas y formada por la acción erosiva de un curso fluvial.

vallenato m. Estilo musical colombiano que se interpreta con acordeón e instrumentos tradicionales.

vallisoletano, a adj./s. De Valladolid.

valor m. **1** Cualidad por la que una persona o cosa merece consideración o aprecio. **2** Precio de una cosa. **3** Importancia de un dicho o un hecho. **4** Energía y voluntad para afrontar situaciones difíciles o adversas. **5** Cantidad o magnitud que se da a una variable. **6** Duración de una nota musical. ◆ m.pl. **7** Normas o principios morales que dirigen el comportamiento de una persona. **8** Títulos o acciones de una empresa o sociedad.

valorar tr. **1** Poner precio a una cosa. **2** Apreciar el valor de una persona o cosa.

vals m. Baile de pareja de ritmo moderado y movimientos giratorios suaves y elegantes.

valva f. Pieza dura que forma, sola o en pareja, la concha de los moluscos y otros invertebrados.

válvula f. **1** Dispositivo que abre o cierra el paso de un fluido por un conducto. **2** Pliegue membranoso que, en las venas y el corazón, permite el paso de la sangre en una sola dirección.

vampiresa f. **1** Vampiro. **2** Mujer guapa que se aprovecha de los hombres.

vampiro, a s. **1** Ser imaginario que sale de su tumba de noche y se alimenta con la sangre que chupa a las personas vivas. ◆ m. **2** Murciélago que se alimenta de la sangre de otros animales.

vanadio m. Elemento químico (metal) de símbolo V.

vanagloriarse prnl. Presumir de forma exagerada.

vándalo, a adj./s. **1** De un pueblo germánico que invadió el Imperio romano y llegó al norte de África. ◆ s. **2** Persona que hace gamberradas o provoca destrozos.

vanguardia f. **1** Conjunto de personas o ideas avanzadas a su tiempo. **2** Parte de un ejército que va delante del cuerpo principal.

vanguardismo m. Tendencia artística hacia nuevas formas de expresión con intención renovadora.

vanidad f. Orgullo o sentimiento de superioridad frente a los demás.

vano, a adj. **1** Que no tiene razón de ser o se basa en la imaginación. **2** Que no produce el resultado o interés que era de esperar. **3** Vacío, sin contenido. **4** Presuntuoso, frívolo. ◆ m. **5** Hueco abierto en un muro. ◇ **en ~** Sin efecto ni resultado.

vapor m. **1** Gas en que se transforma un cuerpo por acción del calor. **2** Embarcación que funciona con este gas.

vaporizar tr. **1** Transformar un líquido en vapor. **2** Esparcir un líquido en forma de gotas muy pequeñas.

vapulear tr. **1** Golpear o azotar con violencia. **2** Reprender duramente.

vaquería f. Lugar donde se tienen vacas o se vende su leche.

vaquero, a adj. **1** Se dice de la tela de algodón que es muy resistente, gruesa y generalmente de color azul. **2** Se dice de la ropa que está hecha con esta tela. ◆ **m.pl.** **3** Pantalones hechos con esta tela. ◆ **s.** **4** Persona que se dedica a cuidar ganado vacuno.

vaquilla f. **1** ESP Vaca joven. **2** CH, NIC Ternera de entre un año y medio y dos años.

vara f. **1** Palo delgado y largo. **2** Rama de árbol delgada, larga y sin hojas.

varadero m. Lugar en que se varan las embarcaciones.

varapalo m. ESP Crítica o reprensión muy dura.

varar tr. **1** Sacar una embarcación fuera del agua y colocarla sobre la playa para protegerla de la acción del mar o para limpiarla o arreglarla. ◆ **intr.** **2** Encallar una embarcación.

variable adj. **1** Que varía o puede variar. ◆ **f.** **2** Factor que puede variar en un grupo de individuos o hechos, cuando se analizan para una investigación. **3** En matemáticas, magnitud que puede tomar distintos valores dentro de un conjunto.

variante f. **1** Diferencia o variación. **2** Forma en que se puede presentar una cosa. **3** ESP Desvío de un tramo de un camino.

variar tr. **1** Hacer distinto de como era antes. **2** Dar variedad o diversidad a una cosa. ◆ **intr.** **3** Cambiar de forma, estado o cualidad. **4** Ser distinta un cosa de otra.

varicela f. Enfermedad caracterizada por la aparición de fiebre y erupciones en la piel.

variedad f. **1** Cualidad de las cosas que tienen características o partes diferentes. **2** Cada una de las distintas clases de algo. **3** Cada uno de los tipos que se establecen en algunas especies de plantas o animales. ◆ **f.pl.** **4** Espectáculo teatral ligero formado por diferentes números.

varilla f. Barra larga y delgada.

vario, a adj. **1** Diferente, distinto. **2** Que tiene variedad o que tiene características o elementos distintos. ◆ **det./pron.** **3** Más de uno, diversos.

variopinto, a adj. Que muestra distintos colores o aspectos.

variz f. Dilatación anormal y permanente de una vena.

varón m. Persona de sexo masculino.

vasallo, a adj./s. **1** Se dice de la persona que se ponía al servicio de un señor feudal. ◆ s. **2** Súbdito.

vasco, a adj./s. **1** Del País Vasco. ◆ m./adj. **2** Lengua que se habla en el País Vasco, Navarra y el territorio vasco francés.

vascón, na adj./s. De un antiguo pueblo prerromano que vivió entre los Pirineos y la cordillera Cantábrica.

vascuence m. Lengua vasca.

vascular adj. Relativo a los conductos circulatorios de animales o plantas.

vasectomía f. Operación quirúrgica a que se somete un hombre para quedar estéril.

vaselina f. **1** Sustancia lubricante que se extrae del petróleo. **2** En fútbol, elevación suave del balón para pasarlo por encima de un contrario.

vasija f. Recipiente para contener líquidos o alimentos.

vaso m. **1** Recipiente cilíndrico y cóncavo para beber. **2** Tubo o conducto por el que circulan la sangre y otros líquidos del organismo.

vástago m. **1** Tallo nuevo que brota de una planta. **2** Hijo o descendiente.

vasto, a adj. *Formal.* Muy extenso o grande.

váter m. **1** Recipiente conectado con una tubería de desagüe y dotado con una cisterna de agua en el que se orina y se hace de vientre. **2** Habitación en la que está este recipiente.

vaticano, a adj. **1** De la Ciudad del Vaticano. **2** Relativo al Papa o a la corte pontificia.

vaticinar tr. Adivinar o anunciar el futuro.

vatio m. Watt.

¡vaya! interj. *Fam.* Indica sorpresa, admiración o desagrado.

vecindad f. **1** Situación o condición de ser vecino de otras personas. **2** Vecindario.

vecindario m. Conjunto de los vecinos de un edificio, barrio o localidad.

vecino, a adj./s. **1** Se dice de la persona que vive en el mismo edificio, barrio o localidad que otras. **2** Que tiene casa en una población. ◆ adj. **3** Cercano o próximo.

vector m. Segmento de una recta que representa una magnitud física que puede ser medida.

veda f. **1** Prohibición de una cosa establecida por una ley. **2** Tiempo en que está prohibido cazar o pescar.

vedar tr. **1** Prohibir una cosa por ley o mandato. **2** Rechazar o impedir.

vedette f. Mujer que actúa como artista principal en espectáculos de variedades.

vega f. Terreno bajo, llano y apto para el cultivo.

vegano, a s./adj. Persona que se alimenta exclusivamente de alimentos de origen vegetal.

vegetación f. **1** Conjunto de plantas propias de una región o un clima. ◆ f.pl. **2** Crecimiento excesivo de las glándulas situadas en la parte posterior de las fosas nasales.

vegetal adj. **1** Relativo a las plantas. ◆ m./adj. **2** Ser orgánico pluricelular que vive y crece fijado al suelo y realiza la fotosíntesis.

vegetar intr. **1** Crecer las plantas. **2** Vivir una persona sin funciones emotivas ni intelectuales.

vegetariano, a s./adj. Persona que se alimenta parcial o totalmente de alimentos de origen vegetal.

vegetativo, a adj. **1** Que vegeta. **2** Que realiza todas las funciones vitales excepto la reproductiva.

vehemente adj. Que se manifiesta con fuerza, viveza y pasión.

vehículo m. **1** Medio de transporte, ya sea terrestre, aéreo o acuático. **2** Cosa que sirve para llevar o conducir algo.

veinte num.cardin. **1** Diez más diez. ◆ num.ordin. **2** Que ocupa el lugar número 20 en una serie ordenada. ◆ m. **3** Número 20.

vejación f. Maltrato o humillación.

vejestorio m. *Fam. y desp.* Persona muy vieja.

vejez f. **1** Estado natural de la persona que ha llegado a una edad avanzada. **2** Último período de la vida de una persona.

vejiga f. Órgano muscular en forma de bolsa en que se acumula la orina producida por los riñones.

vela f. **1** Cilindro de cera con una mecha que se enciende para dar luz. **2** Situación o estado del que está despierto en las horas destinadas al sueño. **3** Acción de velar a un muerto. **4** Pieza de lona que hace que una embarcación se mueva al recibir el empuje del viento. **5** Competición deportiva entre embarcaciones de vela. ◇ **a toda ~** Muy rápidamente.

velada f. **1** Reunión o tertulia nocturna. **2** Sesión musical, literaria o deportiva celebrada de noche.

velador, ra adj./s. **1** Se dice de la persona que vela o cuida algo. ◆ m. **2** AMÉR Mesilla de noche. **3** ARG, CUBA, ECUAD, MÉX, URUG Lámpara pequeña que suele colocarse en la mesilla de noche.

velamen m. Conjunto de las velas de una embarcación.

1. **velar** tr. **1** Acompañar por la noche a un muerto o a un enfermo. ◆ intr. **2** Estar sin dormir el tiempo normalmente destinado al sueño. **3** Cuidar con diligencia algo. ◆ tr. **4** Cubrir con un velo. **5** Borrar la imagen de una fotografía o película por la acción indebida de la luz. **6** Ocultar o disimular.

2. **velar** adj. **1** Relativo al velo del

paladar. **2** Se dice del sonido en cuya articulación la parte posterior de la lengua toca el velo del paladar.

velatorio m. Lugar preparado para velar a un difunto.

veleidad f. **1** Naturaleza inconstante y caprichosa. **2** Capricho pasajero.

velero m. Embarcación ligera que se mueve por medio de la vela.

veleta f. Objeto giratorio que se coloca en lugares altos y señala la dirección del viento.

vello m. **1** Pelo fino y suave que cubre ciertas partes del cuerpo humano. **2** Pelusa de ciertas frutas y plantas.

velo m. **1** Tela fina que cubre algo. **2** Cosa que encubre la verdad o impide que se vea con claridad. ◇ **~ del paladar** Tejido muscular delgado que separa la boca de la faringe.

velocidad f. **1** Rapidez o prontitud en el movimiento o en la acción. **2** Magnitud vectorial física que relaciona el desplazamiento que realiza un móvil entre dos posiciones con el tiempo que tarda en desplazarse. **3** Cada una de las combinaciones de engranaje de un motor de automóvil.

velocípedo m. Vehículo a pedales que constituyó el origen de la bicicleta.

velódromo m. Instalación donde se celebran carreras ciclistas.

veloz adj. Que se mueve o actúa de manera muy rápida.

vena f. **1** Vaso sanguíneo que conduce la sangre al corazón. **2** Nervio en la cara posterior de las hojas de una planta. **3** Masa mineral que rellena un agujero o una abertura de una formación rocosa.

venado m. Ciervo.

vencejo m. Pájaro insectívoro semejante a la golondrina pero de alas más estrechas.

vencer tr./intr. **1** Resultar ganador en una competición. **2** Derrotar al enemigo. ◆ **tr. 3** Superar con éxito un obstáculo o dificultad. **4** Controlar una persona sus pasiones. ◆ **intr. 5** Terminar el plazo fijado para una deuda u obligación.

vencimiento m. Cumplimiento de un plazo.

venda f. Tira de tela o gasa para cubrir una herida o inmovilizar una parte del cuerpo.

vendaje m. **1** Colocación de una venda. **2** Conjunto de vendas colocadas.

vendaval m. Viento muy fuerte.

vender tr. **1** Dar u ofrecer una cosa a cambio de una cantidad de dinero. **2** Traicionar la amistad o la confianza de una persona. ◆ **prnl. 3** Dejarse corromper.

vendimia f. **1** Recogida de la uva. **2** Tiempo en que esta se recoge.

veneno m. Sustancia que provoca trastornos graves o incluso la muerte.

venerar tr. **1** Demostrar respeto y devoción a una persona. **2** Rendir culto a Dios, a los santos o a las cosas sagradas.
venéreo, a adj. Se dice de la enfermedad que se contagia a través del acto sexual.
venezolano, a adj./s. De Venezuela.
venganza f. Acción y efecto de vengar o vengarse.
vengar tr./prnl. Responder a una ofensa o daño recibido con otra ofensa o daño dirigido a la persona que lo ha hecho.
venia f. Permiso o licencia que una autoridad concede para hacer algo.
venial adj. Se dice del pecado o falta que se opone ligeramente a una ley o precepto.
venir intr. **1** Ir hacia el lugar donde está el que habla. **2** Proceder de un lugar. **3** Adaptarse bien o mal una prenda de vestir.
venta f. **1** Acción y efecto de vender. **2** Posada.
ventaja f. **1** Hecho de ir o estar delante de otro en una actividad. **2** Circunstancia o condición a favor. **3** Provecho o ganancia.
ventana f. **1** Abertura en una pared para dar luz y ventilación al interior de una construcción. **2** Marco con una o varias hojas que cierran esta abertura.
ventanal m. Ventana grande en una pared.
ventilador m. Aparato con aspas giratorias que ventilan o refrigeran un lugar.
ventilar tr. **1** Hacer que entre o se renueve el aire en un lugar. **2** Sacar una cosa al aire libre para que se le vaya el olor o el polvo. **3** Tratar o resolver un asunto con rapidez. **4** Dar a conocer al público un asunto privado o íntimo.
ventisca f. Tormenta de viento o de viento y nieve.
ventosa f. **1** Pieza cóncava de material elástico que se adhiere a una superficie lisa por presión, al producirse el vacío en su interior. **2** Órgano que permite a algunos animales sujetarse o adherirse fuertemente a los objetos haciendo el vacío.
ventosidad f. Gas intestinal expulsado por el ano.
ventrículo m. Cada una de las dos cavidades del corazón que reciben la sangre procedente de las aurículas y la impulsan hacia las arterias.
ventrílocuo, a s./adj. Persona que puede hablar cambiando su voz natural sin mover los labios ni los músculos de la cara.
ventura f. **1** *Formal.* Dicha o felicidad. **2** Suerte o fortuna.
ver tr./intr. **1** Percibir a través del sentido de la vista. ◆ tr. **2** Darse cuenta de una cosa. **3** Tratar un asunto. **4** Observar o examinar con atención. **5** Asistir a un espectáculo o acontecimiento. **6** Sospechar o

presentir lo que va a pasar. **7** Juzgar o considerar de una manera determinada. **8** Visitar a una persona. ◆ prnl. **9** Encontrarse en una situación determinada.

vera f. Orilla de un camino o río. ◇ **a la ~** Muy cerca.

verano m. Estación del año comprendida entre la primavera y el otoño.

veras ◇ **de ~** De verdad, realmente.

veraz adj. **1** Que dice habitualmente la verdad. **2** Que es verdadero, de autenticidad comprobada.

verbal adj. **1** Relativo al habla. **2** Se dice del acuerdo que se hace de palabra y no por escrito. **3** Relativo al verbo.

verbena f. **1** ESP Fiesta popular que se celebra al aire libre y por la noche la víspera de algunas festividades. **2** Planta de tallo piloso, hojas ásperas y flores en espiga.

verbo m. **1** Categoría gramatical constituida por las palabras que expresan la acción, el estado, la existencia o el proceso de una persona o cosa en un tiempo determinado. **2** *Formal.* Palabra.

verborrea f. *Desp.* Gran locuacidad.

verdad f. **1** Conocimiento de lo que es o de lo que ha pasado realmente. **2** Expresión de este conocimiento. **3** Conformidad entre lo que se dice y lo que se piensa. **4** Existencia real de una cosa.

verdadero, a adj. **1** Que es conforme a la verdad. **2** Se dice del sentimiento que es real. **3** Que es realmente lo que se indica de algo.

verde adj./m. **1** Se dice del color como el de la hierba fresca o las hojas de los árboles. ◆ adj. **2** Se dice de la planta o leña que no está seca. **3** Se dice del fruto que todavía no está maduro. **4** *Fam.* Obsceno. **5** Se dice de la zona que se usa como parque o jardín. ◆ adj./m. y f. **6** Ecologista. ◇ **poner ~** Criticar.

verderón m. Pájaro cantor de plumaje verde amarillento.

verdor m. Color verde intenso propio de las plantas lozanas.

verdugo m. Persona que se encarga de ejecutar a los condenados a muerte.

verdulero, a s. Persona que se dedica a vender verduras.

verdura f. Hortaliza o planta comestible.

vereda f. **1** Camino estrecho. **2** AMÉR SUR, CUBA Acera (de la calle).

veredicto m. **1** Decisión final de un tribunal. **2** Opinión.

verga f. **1** Palo colocado perpendicularmente en un mástil para sujetar las velas. **2** Pene.

vergel m. **1** Huerto con flores y árboles frutales. **2** Lugar con muchas plantas y flores.

vergonzoso, a adj. **1** Que causa vergüenza. ◆ adj./s. **2** Se dice de la persona que siente vergüenza con facilidad.

vergüenza f. **1** Turbación que se siente ante los demás al cometer una falta o al hacer algo que se considera ridículo o humillante. **2** Timidez. **3** Acción claramente injusta. ◆ f.pl. **4** ESP Órganos genitales.
vericueto m. Camino estrecho y accidentado.
verídico, a adj. Que se ajusta a la verdad.
verificar tr. **1** Demostrar o comprobar que es verdadera una cosa de la que se dudaba. **2** Comprobar que un aparato funciona bien.
verja f. Reja de una puerta o ventana.
vermú o **vermut** m. **1** Licor compuesto de vino aromatizado con ajenjo. **2** Aperitivo.
vernáculo, a adj. Propio de un país o región.
verosímil adj. Que parece verdadero.
verruga f. Pequeño bulto rugoso que sale en la piel.
versado, a adj. Experto en una materia.
versal adj./f. Se dice de la letra mayúscula.
versalita adj./f. Se dice de la letra mayúscula que tiene el tamaño de las minúsculas.
versar intr. Tratar acerca de una materia o un tema determinado.
versátil adj. **1** Que es inconstante o cambia con facilidad. **2** Adaptable.
versículo m. Cada una de las divisiones breves de los capítulos de la Biblia, el Corán y otros libros sagrados.
versificar intr. **1** Componer versos. ◆ tr. **2** Poner en verso lo que está en prosa.
versión f. **1** Modo particular de entender o relatar un hecho. **2** Adaptación de una obra musical, literaria, etc. **3** Traducción de una obra escrita.
verso m. Conjunto de palabras que constituyen una unidad métrica sujeta a una rima y un ritmo.
vértebra f. Cada uno de los huesos que forman la columna vertebral.
vertebrado, a adj. Se dice del animal provisto de columna vertebral.
vertebral adj. Relativo a las vértebras.
verter tr. **1** Vaciar un líquido fuera del recipiente que lo contiene. ◆ intr. **2** Desembocar una corriente de agua en otra.
vertical adj./f. Perpendicular al horizonte.
vértice m. Punto en que concurren los dos lados de un ángulo o polígono, o tres o más aristas de un poliedro.
verticilo m. Conjunto de hojas, flores, o ramas que nacen a igual altura en torno al tallo.
vertiente f. **1** Cada una de las pendientes de una montaña que van de la cima a la base. **2** Pendiente o declive por donde corre el agua. **3** Punto de vista.

vertiginoso, a adj. **1** Que produce vértigo. **2** Muy rápido.
vértigo m. Sensación de miedo a perder el equilibrio que se experimenta en lugares elevados.
vesícula f. **1** Vacuola. **2** Bulto pequeño lleno de líquido que se forma en la piel.
vespertino, a adj. Relativo a la tarde.
vestíbulo m. **1** Portal que da entrada a un edificio. **2** Recibidor. **3** Hueco del oído interno.
vestido m. **1** Conjunto de prendas de vestir. **2** Prenda femenina que une cuerpo y falda formando una sola pieza.
vestigio m. Señal o resto de una cosa pasada o antigua.
vestimenta f. Conjunto de prendas de vestir.
vestir tr. **1** Cubrir el cuerpo de una persona con ropa. ◆ tr./intr. **2** Llevar puesto un vestido o traje. ◆ tr. **3** Proporcionar vestido. **4** Cubrir, adornar.
vestuario m. **1** Lugar destinado a cambiarse de ropa. **2** Conjunto de prendas de una persona o un espectáculo.
veta f. Franja que forma un dibujo en una materia por ser de diferente color.
vetar tr. **1** Poner veto a un acuerdo. **2** Impedir, prohibir.
veterano, a adj./s. **1** Experto en una profesión o actividad por haberla realizado durante mucho tiempo. **2** Persona que ha combatido en una guerra.
veterinaria f. Ciencia que estudia las enfermedades de los animales.
veto m. **1** Derecho de una persona o de un organismo para impedir o prohibir algo. **2** Prohibición.
vetusto, a adj. *Formal.* Muy viejo o antiguo.
vez f. **1** Momento en que se realiza o se repite una acción. **2** Ocasión en que se realiza o se repite una acción. **3** ESP Puesto que corresponde a una persona en una cola. ◇ **a la ~** Al mismo tiempo. ◇ **a veces** En algunas ocasiones. ◇ **de una ~** De manera definitiva. ◇ **de ~ en cuando** En ciertas ocasiones. ◇ **en ~ de** En lugar de. ◇ **tal ~** Posiblemente, quizá. ◇ **una ~ que** Después de que.
vía f. **1** Camino. **2** Sistema de transporte o comunicación. **3** Camino formado por los raíles del ferrocarril. **4** Procedimiento, medio. ◆ prep. **5** A través de.
viable adj. **1** Que puede realizarse. **2** Se dice del camino que se puede usar.
viacrucis o **vía crucis** m. **1** Conjunto de catorce cuadros que representan los pasos que dio Jesucristo en su camino al Calvario. **2** Sufrimiento prolongado.
viaducto m. Puente largo sobre el cual discurre una vía férrea o una carretera.

viajar intr. **1** Trasladarse a un lugar que está alejado. **2** Recorrer un medio de transporte el trayecto establecido.

viaje m. **1** Acción y efecto de viajar. **2** Recorrido que se hace de un lugar a otro llevando algo o para algún fin.

1. **vial** adj. **1** Relativo a la vía. ◆ m. **2** ESP Calle flanqueada por árboles u otras plantas.

2. **vial** m. ESP Ampolla con un medicamento inyectable o bebible.

vianda f. Alimento que sirve de sustento al ser humano.

viario, a adj. Relativo a los caminos y carreteras.

víbora f. Serpiente venenosa de longitud mediana.

vibrar intr. **1** Moverse una cosa rápida y repetidamente a uno y otro lado de su posición de equilibrio. **2** Emocionarse, conmoverse.

vicario, a adj./s. **1** Se dice de la persona que sustituye a otra en sus funciones o la ayuda. ◆ m. **2** Sacerdote que está bajo la autoridad del párroco en una iglesia.

vicealmirante m. Militar de la Armada con categoría inmediatamente superior a la de contraalmirante.

vicepresidente, a s. Persona que ocupa el cargo inferior al del presidente y lo sustituye en determinados trabajos.

viceversa adv. Al contrario, al revés.

viciar tr. **1** Hacer que alguien adquiera un vicio o una mala costumbre. **2** Hacer que algo se estropee o se deforme.

vicio m. **1** Costumbre o uso que se considera malo. **2** Cosa que gusta de modo excesivo.

vicisitud f. **1** *Formal.* Acontecimiento que dificulta el desarrollo de algo. **2** *Formal.* Sucesión de hechos positivos y negativos.

víctima f. **1** Persona que ha sufrido un daño. **2** Persona que muere por culpa de alguien o de algo.

victoria f. Superioridad o ventaja que se consigue sobre un adversario.

vicuña f. **1** Mamífero andino parecido a la llama pero más pequeño y de pelo fino. **2** Lana de este animal.

vid f. Arbusto de tronco leñoso y retorcido, cuyo fruto es la uva.

vida f. **1** Propiedad de los seres orgánicos por la cual crecen, se reproducen y responden a estímulos. **2** Existencia de los seres que tienen esta propiedad. **3** Período entre el nacimiento y la muerte. **4** Duración de una cosa. **5** Modo de vivir. **6** Energía, vigor.

vidente m. y f. Persona que es capaz de predecir el futuro.

vídeo m. **1** Sistema de grabación de imágenes y sonidos en una cinta que después puede reproducirse en un televisor. **2** Cinta grabada con este sistema. **3** Aparato que graba o reproduce sobre esta cinta.

videoclip m. Cortometraje que promociona una canción.

videoclub m. Establecimiento en que se alquilan y compran películas de vídeo.

videojuego m. Juego electrónico que se visualiza por medio de una pantalla de televisión.

vidriera f. **1** Estructura de cristales de una ventana o puerta. **2** AMÉR Escaparate. **3** AMÉR Vitrina.

vidrio m. **1** Material duro, frágil, generalmente incoloro y transparente, que se obtiene al fundir diversas sustancias y enfriarlas con rapidez. **2** Placa hecha con este material.

vidrioso, a adj. **1** Que tiene el aspecto del vidrio. **2** Se dice del ojo que parece cubierto de una capa transparente y líquida.

vieira f. **1** Molusco marino comestible, grande, con dos valvas estriadas. **2** Valva de este molusco.

viejo, a adj./s. **1** Se dice de la persona de mucha edad. ◆ adj. **2** Que tiene muchos años. **3** Que parece tener más edad de la que tiene. **4** Que existe desde hace mucho tiempo. **5** Se dice de la cosa que está gastada de tanto usarla. ◆ s. **6** *Fam.* Padre o madre.

vienés, sa adj./m. y f. De Viena.

viento m. Corriente de aire que se produce en la atmósfera.

vientre m. Cavidad corporal en que están los órganos principales del aparato digestivo, genital y urinario.

viernes m. Quinto día de la semana.

viga f. Barra gruesa de madera, metal o cemento armado que se usa como soporte horizontal en las construcciones.

vigente adj. Se dice de la ley o costumbre que tiene validez o está en uso.

vigésimo, a num.ordin. **1** Que ocupa el lugar número 20 en una serie ordenada. ◆ **num.partit. 2** Se dice de cada una de las partes que resultan de dividir un todo en veinte partes iguales.

vigía m. y f. **1** Persona que vigila desde un lugar apropiado. ◆ f. **2** Torre construida en un lugar alto para vigilar.

vigilar tr. Prestar atención a una persona o cosa para observarla y controlarla.

vigilia f. **1** Permanencia de una persona en vela o despierta. **2** Falta de sueño o dificultad para dormir. **3** Víspera de una festividad religiosa.

vigor m. **1** Fuerza y energía de un ser vivo. **2** Fuerza en la expresión de un discurso o al hacer algo. **3** Validez de una ley o contrato.

vikingo, a adj./s. De un pueblo escandinavo de guerreros y navegantes que vivió entre los ss. VII y XI.

vil adj. *Formal.* Despreciable.

vilipendiar tr. Ofender a alguien gravemente.

villa f. **1** Casa con jardín separada de las demás. **2** Población que tiene ciertos privilegios o cierta importancia histórica.

villancico m. **1** Canción popular que se canta en Navidad y cuyo tema central es el nacimiento de Jesús. **2** Composición poética formada por un estribillo y una o más estrofas.

villano, a s. **1** *Formal.* Persona vil. ◆ adj. **2** Ruin, infame. ◆ adj./s. **3** Se dice de la persona que habitaba en una villa medieval y pertenecía al estado llano.

vilo ◇ **en ~** Con preocupación e inquietud.

vinagre m. Líquido de sabor agrio y olor fuerte derivado del vino.

vinagrera f. **1** Recipiente para el vinagre. ◆ f.pl. **2** Utensilio compuesto de una vasija para el aceite y otra para el vinagre.

vinagreta f. Salsa fría hecha con aceite, vinagre, sal y otros ingredientes variables.

vinajera f. Jarro pequeño que el sacerdote usa en misa para servir el vino o el agua.

vinchuca f. AMÉR Insecto, parecido a la chinche, que chupa la sangre de los mamíferos.

vincular tr. **1** Unir cosas inmateriales de manera firme o duradera. **2** Hacer que una cosa dependa de otra. **3** Obligar a hacer o cumplir una cosa.

vínculo m. Unión o relación no material entre una persona o cosa y otra.

vinicultura f. Elaboración y crianza del vino.

vinilo m. Resina plastificada usada para fabricar discos.

vino m. Bebida alcohólica obtenida de la fermentación del zumo de la uva.

viña f. Terreno en el que se cultiva la vid.

viñedo m. Viña.

viñeta f. Recuadro que contiene uno de los dibujos de la serie que forma una historieta o cómic.

viola f. Instrumento musical parecido al violín algo más grande.

violáceo, a adj. *Formal.* Que tiene un tono violeta.

violación f. Acción y efecto de violar.

violar tr. **1** Desobedecer una ley o norma. **2** Tener una relación sexual con una persona por la fuerza y en contra de su voluntad. **3** Profanar un lugar sagrado o protegido por la ley.

violento, a adj. **1** Se dice de la persona que tiende a usar la fuerza o a actuar con brusquedad. **2** Se dice del fenómeno o acción que tiene mucha fuerza o intensidad. **3** Se dice de la situación que es embarazosa o incómoda.

violeta f. **1** Planta herbácea que da unas flores pequeñas de color morado claro. **2** Flor de esta planta.

◆ adj./m. **3** Se dice del color que es como el de esta flor.

violín m. Instrumento musical de cuerda y arco formado por una caja de resonancia y un mástil corto con cuatro cuerdas.

violón m. Contrabajo.

violoncelo o **violonchelo** m. Instrumento musical parecido al contrabajo pero algo más pequeño.

viperino, a adj. Que intenta ofender o desacreditar con palabras.

viral adj. **1** Vírico. **2** Que se propaga como un virus.

virar intr. Cambiar de dirección un vehículo.

virgen adj./m. y f. **1** Se dice de la persona que nunca ha experimentado un coito. ◆ adj. **2** Se dice de la cosa que permanece en su estado original. **3** Se dice del territorio que no ha sido explorado. ◆ f. **4** María, la madre de Jesucristo.

virginidad f. Estado o cualidad de virgen.

virgo m. **1** Himen. ◆ adj./m. y f. **2** Se dice de la persona que ha nacido entre el 23 de agosto y el 22 de septiembre.

virguería f. **1** *Fam.* ESP Cosa hecha con gran habilidad. **2** *Fam.* ESP Adorno o accesorio inútil.

vírico, a adj. Relativo al virus.

viril adj. **1** Propio del sexo masculino. **2** Que posee alguna de las características que se atribuyen tradicionalmente al hombre.

virrey, virreina s. **1** Persona que gobernaba un territorio en lugar de un rey o reina. ◆ f. **2** Mujer del virrey.

virtual adj. **1** Que es muy probable porque reúne las características precisas. **2** Que existe solo aparentemente y no es real.

virtud f. **1** Cualidad moral positiva. **2** Capacidad para producir un efecto determinado.

virtuoso, a adj./s. **1** Que tiene gran habilidad para hacer una cosa. **2** Que tiene buenas virtudes.

viruela f. Enfermedad contagiosa con fiebre y aparición de ampollas de pus en la piel.

virulento, a adj. **1** Se dice de la enfermedad maligna e intensa. **2** Se dice de la enfermedad producida por un virus. **3** Se dice de la crítica o expresión violenta e hiriente.

virus m. **1** Microorganismo infeccioso no celular. **2** Programa informático que se propaga en la memoria de un ordenador y la daña.

viruta f. Tira fina y enrollada que sale de la madera u otro material.

visa f. Visado.

visado m. Sello o certificación que se pone en un pasaporte u otro documento para autorizar algo.

víscera f. Órgano contenido en el interior del cuerpo.

visceral adj. **1** Intenso e irracional. **2** Relativo a las vísceras.

viscoso, a adj. Se dice de la sustancia o cosa que es espesa y pegajosa.

visera f. Ala plana que llevan delante ciertas gorras para protegerse del sol.

visible adj. **1** Que se puede ver. **2** Evidente.

visigodo, a o **visigótico, a** adj./s. De un pueblo germánico que invadió el Imperio romano y se estableció en la Península Ibérica.

visillo m. Cortina de tela fina y casi transparente.

visión f. **1** Percepción a través del sentido de la vista. **2** Manera de ver las cosas y de interpretarlas. **3** Aparición de una cosa que no es natural.

visir m. Ministro de un soberano musulmán.

visitar tr. **1** Ir a un lugar para ver a una persona. **2** Ir a un lugar para conocerlo. **3** Examinar un médico a los enfermos.

vislumbrar tr. **1** Ver algo de manera imprecisa. **2** Intuir o sospechar algo.

viso m. **1** Prenda interior femenina a modo de falda de tela fina. **2** Apariencia, aspecto.

visón m. **1** Mamífero carnívoro de pelaje suave. **2** Prenda fabricada con la piel de este animal.

visor m. Parte de una cámara que sirve para enfocar o delimitar la imagen.

víspera f. **1** Día inmediatamente anterior a otro. ◆ f.pl. **2** Oficio católico que se celebra al anochecer.

vista f. **1** Sentido con que se perciben la luz y, con ella, la forma y el color de los objetos. **2** Conjunto de los dos ojos. **3** Mirada. **4** Apariencia o aspecto de una cosa al ser vista. **5** Conjunto de cosas que se ven desde un lugar. **6** Habilidad o sagacidad. ◇ **con vistas a** Con la finalidad de. ◇ **en ~ de** Se usa para expresar una causa.

vistazo m. Mirada rápida y superficial.

visto, a adj. *Fam.* Conocido, frecuente. ◇ **por lo ~** Indica que algo se deduce de determinados indicios conocidos. ◇ **~ bueno** Autorización, beneplácito.

vistoso, a adj. Que atrae la atención.

visual adj. **1** Relativo a la vista. ◆ f. **2** Línea recta imaginaria que une el ojo con un objeto observado.

visualizar tr. **1** Hacer visible algo mediante un aparato o dispositivo. **2** Formarse en el pensamiento la imagen de una cosa que no se tiene delante.

vital adj. **1** Relativo a la vida. **2** Muy necesario o importante. **3** Activo, enérgico.

vitalicio, a adj. Se dice del cargo o renta que dura toda la vida.

vitalidad f. Energía y actividad para vivir o desarrollarse.

vitamina f. Sustancia orgánica proteica necesaria para el desarrollo de los seres vivos.

vitelo m. Conjunto de sustancias nutritivas almacenadas para alimentar al embrión de los animales.

viticultura f. Técnica de cultivar las vides.

vitola f. Anilla de papel que llevan los puros.

vitorear tr. Gritar y aplaudir en apoyo de una persona o de una acción.

vítreo adj. **1** Relativo al vidrio. **2** Semejante al vidrio.

vitrina f. Mueble o escaparate con puertas de cristal para exponer objetos.

vitrocerámica f. Cerámica dura y muy resistente al calor.

vituperar tr. Criticar con mucha dureza.

viudo, a adj./s. Se dice de la persona cuyo cónyuge ha muerto.

viva interj. **1** Indica alegría o entusiasmo. **2** Se usa para vitorear a la persona o cosa que se menciona.

vivac m. Acampada al aire libre.

vivaracho, a adj. Vivaz, despierto y alegre.

vivaz adj. **1** Que muestra entusiasmo y animación. **2** Inteligente y rápido en comprender y actuar. **3** Se dice de la planta que cada año desarrolla brotes que florecen y mueren según un ciclo anual.

vivencia f. Experiencia vivida por una persona.

víveres m.pl. Alimentos necesarios para las personas.

vivero m. **1** Terreno en que se plantan árboles pequeños y otras especies vegetales para que crezcan. **2** Lugar delimitado para la cría intensiva de peces, moluscos, algas, etc.

viveza f. **1** Rapidez, energía. **2** Agudeza de ingenio. **3** Manifestación de fuerza vital. **4** Brillo o luminosidad de un color.

vividor, ra adj./s. *Desp.* Que vive a expensas de los demás.

vivienda f. Construcción preparada para que vivan personas en ella.

vivificar tr. Dar vitalidad o fuerza.

vivíparo, a adj./s. Se dice del animal que en su fase reproductiva desarrolla el embrión dentro del útero de la madre.

vivir intr. **1** Tener vida. **2** Tener las cosas necesarias para la vida. **3** Pasar la vida o parte de ella en un lugar determinado. ◆ tr. **4** Pasar por una situación determinada.

vivisección f. Disección practicada en un animal vivo.

vivo, a adj. **1** Que tiene vida. **2** Que continúa vigente. **3** Intenso o fuerte. **4** Se dice del ritmo o movimiento que es rápido y alegre. ◆ adj./s. **5** Inteligente y rápido para comprender.

vizcaíno, a adj./s. De Vizcaya.

vizconde, esa s. Miembro de la nobleza que tiene un título de categoría inferior a la de conde y superior a la de barón.

vocablo m. Palabra.

vocabulario m. **1** Conjunto de palabras de una lengua. **2** Conjunto de palabras que una persona conoce o emplea. **3** Diccionario.

vocación f. **1** Inclinación de una persona hacia una forma de vida o un trabajo. **2** Llamada al sacerdocio o a la vida religiosa.

vocal adj. **1** Relativo a la voz. ◆ f. **2** Sonido que se produce al vibrar las cuerdas de la laringe y salir el aire sin encontrar ninguna obstrucción. **3** Letra que representa ese sonido. ◆ m. y f. **4** Persona que tiene derecho a hablar en una reunión.

vocalista m. y f. Cantante de un grupo musical.

vocativo m./adj. Caso de la declinación con el que se invoca, llama o nombra a una persona o cosa.

vocear intr. **1** Vociferar. ◆ tr. **2** Anunciar algo dando voces.

vociferar intr. Hablar en voz muy alta y agitadamente.

vocinglero, a adj. Que grita o habla en voz alta.

vodevil m. Comedia ligera de temas atrevidos y picantes.

vodka m. o f. Aguardiente incoloro que se obtiene de la destilación de cereales.

voladizo, a adj./m. Se dice del elemento de construcción que sobresale de la vertical de un edificio.

volandas ◇ **en ~** Por el aire y sin tocar el suelo.

volante adj. **1** Que vuela o puede volar. ◆ m. **2** Pieza en forma de rueda con que se dirige un vehículo. **3** Tira de tela rizada o fruncida que adorna una prenda. **4** Hoja de papel en que manda un aviso.

volar intr. **1** Sostenerse y moverse por el aire un animal, un avión, etc. **2** Viajar en avión. **3** Pasar con mucha rapidez el tiempo. **4** *Fam.* Desaparecer. **5** Hacer una cosa muy deprisa. ◆ tr. **6** Destruir con explosivos.

volátil adj. **1** Se dice de la sustancia que se transforma fácilmente en vapor o en gas cuando está expuesta al aire. **2** Voluble, inconstante.

volatilizar tr. **1** Transformar un cuerpo sólido o líquido en vapor o gas. ◆ prnl. **2** Desaparecer por sorpresa.

volcán m. Abertura en la corteza terrestre por la que salen a la superficie materias a alta temperatura.

volcar tr. **1** Inclinar una cosa de modo que quede caída o ladeada o vierta su contenido. ◆ intr. **2** Caer de costado un vehículo. ◆ prnl. **3** Poner el máximo interés en alguien o algo.

volea f. Golpe dado a una pelota antes de que toque el suelo.

voleibol m. Deporte que se practica, entre dos equipos de seis jugadores, en una cancha dividida por una red alta por encima de la cual se golpea una pelota con las manos.

voleo ◇ **a,** o **al, ~** En la siembra, indica que se arroja la semilla a puñados y esparciéndola al aire.

volframio, wolframio o **wólfram** m. Elemento químico (metal) de símbolo W.

volitivo, a adj. Relativo a la voluntad.

volt o **voltio** m. Unidad de potencial eléctrico del Sistema Internacional, de símbolo V.

voltaje m. Diferencia de potencial entre dos puntos de un circuito eléctrico.

voltear tr. **1** Dar vueltas a una persona o cosa. **2** AMÉR Derribar con violencia. **3** AMÉR Volcar un recipiente u otra cosa. ◆ **prnl. 4** CH, COL, P RICO Cambiar de partido político.

voltereta f. Vuelta que da una persona en el aire.

voltímetro m. Aparato que mide la diferencia de potencial entre dos puntos de un circuito eléctrico.

voltio m. Volt.

voluble adj. **1** Se dice de la persona que cambia fácilmente de opinión. **2** Se dice de la planta o tallo que crece en espiral en torno a un soporte.

volumen m. **1** Espacio que ocupa un cuerpo. **2** Espacio, tamaño o medidas expresadas en tres dimensiones. **3** Libro encuadernado. **4** Intensidad del sonido. **5** Cantidad global o importancia de algo.

voluntad f. **1** Facultad del ser humano para gobernar sus actos y decidir con libertad. **2** Capacidad de esforzarse lo necesario para hacer una cosa. **3** Intención, deseo.

voluntario, a adj. **1** Se dice de la acción que se decide hacer libremente. ◆ s. **2** Persona que hace una cosa por voluntad propia. **3** Persona que se alista a un ejército por voluntad propia.

voluptuoso, a adj. **1** Que produce placer. ◆ **adj./s. 2** Que busca los placeres sensuales.

voluta f. Adorno en espiral de los capiteles jónicos y compuestos.

volver intr. **1** Regresar a un lugar. **2** Retomar un asunto. **3** Cambiar de sentido o dirección. ◆ **tr. 4** Dar la vuelta a una cosa. ◆ **tr./prnl. 5** Inclinar o girar el cuerpo o parte de él hacia atrás.

vomitar tr. **1** Expulsar violentamente por la boca lo que está en el estómago. **2** Arrojar fuera de sí una cosa algo que tiene dentro.

vómito m. **1** Acción de vomitar. **2** Cosa vomitada.

vorágine f. **1** Remolino fuerte que se forma en las aguas. **2** Aglomeración de personas o cosas. **3** Pasión desenfrenada.

voraz adj. **1** Que come mucho y con ganas. **2** Que consume o destruye completamente y con rapidez.

vos pron. Se utilizaba antiguamente como pronombre de segunda persona del singular (en lugar de tú) o del plural (en lugar de **vosotros**) y en la actualidad se usa así en poesía o como forma culta de cortesía, y también en algunos países hispanoamericanos como segunda persona del singular.

voseo m. Uso del pronombre personal **vos** para referirse a la segunda persona del singular.

vosotros, as pron. Pronombre personal de segunda persona de plural.

votar intr. Emitir una persona su voto en una elección o consulta.

voto m. **1** Opinión expresada para aprobar o rechazar una medida o elegir a una persona o partido. **2** Papel o escrito en que se expresa esta opinión. **3** Promesa religiosa.

voyeur m. y f. Persona aficionada a mirar a escondidas a otras personas.

voz f. **1** Sonido que emiten los seres humanos y algunos animales. **2** Características de este sonido en cada persona. **3** Grito o sonido fuerte. **4** Melodía de una composición musical. **5** Persona que canta. **6** Derecho a opinar. **7** Palabra. **8** Categoría gramatical que expresa la relación del verbo con el sujeto.

vudú m. Culto, muy difundido en las Antillas, en que se mezclan elementos de religiones africanas y del cristianismo.

vuecencia pron. Tratamiento que se da a algunos militares.

vuelco m. **1** Cambio de la posición normal de una cosa. **2** Cambio brusco y completo de una cosa.

vuelo m. **1** Acción y efecto de volar. **2** Extensión de una prenda de vestir en una parte ancha o que no se ajusta al cuerpo. **3** Parte que cuelga en una tela.

vuelta f. **1** Movimiento circular alrededor de un punto. **2** Cada uno de los giros que da una cosa alrededor de ella misma o de otra. **3** Paseo corto. **4** Regreso desde un lugar al punto inicial. **5** ESP Dinero que sobra al pagar algo.

vuelto m. AMÉR Dinero que sobra al pagar algo.

vuestro, a det./pron. Forma del determinante y pronombre posesivo de segunda persona del plural.

vulgar adj. **1** Común o general. **2** Que no tiene nada de original. **3** Impropio de personas cultas y educadas.

vulgarismo m. Vocablo o expresión vulgares.

vulgo m. Conjunto de personas del pueblo, especialmente las que no tienen cultura ni posición social destacada.

vulnerable adj. Que es débil o puede ser afectado fácilmente.

vulnerar tr. **1** Ir en contra de una ley o norma o no cumplirla. **2** Herir, dañar o perjudicar.

vulva f. Parte externa del aparato genital femenino que rodea y constituye la abertura de la vagina.

W-X

w f. Vigésima cuarta letra del alfabeto español.
walkman m. Aparato portátil reproductor de casetes.
waterpolo m. Deporte acuático de equipo que se practica en una piscina y consiste en tratar de introducir un balón en la portería contraria.
watt o **vatio** m. Unidad de potencia del Sistema Internacional, de símbolo W.
web f. Documento de Internet que puede contener texto, gráficos, sonidos o animaciones y que permite la relación con otros documentos, mediante enlaces.
wéber o **weber** o **weberio** m. Unidad de flujo magnético del Sistema Internacional, de símbolo Wb.
whisky o **güisqui** m. Bebida alcohólica que se obtiene de la destilación de cebada u otros cereales.
windsurf m. Deporte náutico que consiste en deslizarse por el agua con una tabla en la que va ajustada una vela.
wolframio o **wólfram** m. Volframio.
x f. Vigésima quinta letra del alfabeto español.
xenofilia f. Simpatía hacia lo extranjero.
xenofobia f. Odio u oposición hacia lo extranjero o los extranjeros.
xenón m. Elemento químico (gas) de símbolo Xe.
xerocopia f. Copia de un texto o imagen hecha por xerografía.
xerófilo, a adj. Se dice del organismo que está adaptado para vivir en lugares secos.
xerografía f. Sistema de reproducción que, por medios fotoeléctricos, permite obtener en seco y sin contacto copias de un texto o imagen.
xi f. Letra del alfabeto griego (Ξ/ξ).
xilófono m. Instrumento musical de percusión formado por una serie de láminas de madera.
xilografía f. **1** Técnica de grabado en madera. **2** Impresión tipográfica obtenida por medio de planchas de madera grabadas.
xocoyote m. MÉX Hijo menor de una familia o hijo preferido.
xoxalero, a s. MÉX Hechicero indígena.

Y

1. **y** f. Vigésima sexta letra del alfabeto español.
2. **y** conj. **1** Se usa para unir dos elementos que están al mismo nivel y que tienen la misma función. **2** Se usa para dar énfasis al principio de una pregunta o exclamación.
ya adv. **1** En tiempo pasado. **2** Ahora, en relación con el pasado. **3** En tiempo u ocasión futura. **4** Se usa para enfatizar una respuesta o afirmación. ◆ conj. **5** Se utiliza con valor distributivo para enlazar dos o más posibilidades que se alternan. ◆ interj. **6** Se usa para mostrar incredulidad o para negar algo. ◇ ~ **que** Expresa una causa.
yac m. Yak.
yacaré m. Caimán suramericano de piel negruzca.
yacer intr. **1** Estar echada o tendida una persona. **2** Estar un cuerpo sin vida en la tumba.
yacimiento m. Lugar en el que se encuentran de forma natural minerales, rocas o fósiles.
yacuzzi m. Jacuzzi.
yagua f. VENEZ Nombre genérico de diversas especies de palmas.
yaguar m. Jaguar (mamífero carnívoro).
yak o **yac** m. Mamífero rumiante domesticable del Tíbet, de gran tamaño, peludo y con dos cuernos.
yanqui adj./m. y f. *Fam.* Estadounidense.
yarda f. Medida de longitud del sistema inglés que equivale a 91,4 centímetros.
yate m. Embarcación de recreo o deportiva.
yayo, a s. *Fam.* ESP Abuelo.
ye f. Nombre de la letra y.
yedra f. Hiedra.
yegua f. **1** Hembra del caballo. **2** AMÉR CENTRAL, BOL Resto de un cigarro o cigarrillo que se deja sin fumar. **3** *Fam.* CUBA Hombre homosexual. ◆ adj./m. y f. **4** AMÉR CENTRAL Estúpido, tonto.
yeísmo m. Fenómeno del habla que consiste en pronunciar la ll como y.
yelmo m. Parte de la armadura que servía para proteger la cabeza.
yema f. **1** Núcleo o parte central del huevo de los animales. **2** Dulce elaborado con azúcar y yema de huevo. **3** Parte central del extremo

de un dedo opuesta a la uña. **4** Brote pequeño de los vegetales que surge del tallo.

yen m. Unidad monetaria de Japón.

yerba f. Hierba.

yerbabuena f. Hierbabuena.

yerbaluisa o **yerba luisa** f. Hierbaluisa.

yermo, a adj./m. **1** Se dice del terreno que está despoblado o sin habitar. **2** Se dice del terreno que está sin cultivar o es estéril.

yerno m. Marido de una hija, con respecto a los padres de esta.

yerra f. Hierra.

yerro m. Falta o equivocación.

yerto, a adj. Que está tieso o rígido.

yesca f. Materia muy seca preparada para arder con facilidad.

yeso m. Mineral blando y blanco, compuesto de sulfato cálcico, usado en construcción y en escultura.

yeta f. ARG, MÉX, URUG Desgracia, mala suerte.

yeyuno m. Parte media del intestino delgado de los mamíferos, entre el duodeno y el íleon.

yihad m. o f. Esfuerzo que todo musulmán debe realizar para que la ley divina reine en la Tierra.

yo pron. **1** Pronombre personal de primera persona del singular. ◆ m. **2** Individualidad y personalidad de un ser humano, en oposición al mundo exterior.

yodo m. Elemento químico (no metal) de símbolo I.

yoga m. Disciplina espiritual y corporal hindú destinada a alcanzar la perfección del espíritu a través de técnicas de concentración mental.

yogur m. Alimento que se obtiene por fermentación de la leche.

yonqui m. y f. *Argot.* ESP Heroinómano.

yóquey o **yoqui** m. Jinete profesional de carreras de caballos.

yoyó o **yo-yo** m. Juguete formado por dos pequeños discos unidos en su centro por un eje en el que se ata un cordón que le hace subir y bajar.

yuca f. Arbusto de raíz comestible y usada para hacer harina.

yudo m. Judo.

yugo m. **1** Pieza de madera con que se unen dos animales de tiro. **2** Atadura, opresión.

yugoslavo, a adj./s. De Yugoslavia.

yugular adj./f. **1** Se dice de la vena del cuello que recoge la mayor parte de la sangre de este y de la cabeza. ◆ adj. **2** Relativo al cuello.

yunque m. **1** Bloque de hierro sobre el que se trabajan los metales al rojo vivo golpeándolos con un martillo. **2** Hueso del oído medio de los mamíferos.

yunta f. **1** Par de animales usados para labrar el campo o para tirar de carros. **2** AMÉR Amigo íntimo.

yuppie m. y f. Persona joven con

un trabajo y una situación económica de muy alto nivel.

yute m. **1** Planta herbácea tropical. **2** Fibra textil que se obtiene de esta planta.

yuxtaponer tr. *Formal.* Poner una cosa junto a otra.

yuxtaposición f. **1** Acción de yuxtaponer. **2** Unión de dos proposiciones sin emplear un nexo.

yuxtapuesto, a adj. Que está unido a otro o junto a otro.

yuyo m. AMÉR Hierba silvestre perjudicial para los cultivos.

Z

z f. Vigésima séptima letra del alfabeto español.
zafado, a adj./s. **1** ARG, URUG Atrevido, descarado. **2** COL, MÉX Loco, chiflado.
zafarrancho m. **1** Acción que consiste en dejar dispuesta y preparada una embarcación para una actividad determinada. **2** Limpieza general y organizada de un cuartel o de otro lugar.
zafarse prnl. **1** Escaparse o esconderse para evitar un encuentro o peligro. **2** Librarse de una obligación o molestia.
zafio, a adj./s. Que tiene malos modos o se comporta con poco tacto.
zafiro m. Piedra preciosa de color azul.
zaga f. **1** Parte posterior o trasera de una cosa. **2** En algunos deportes, defensa de un equipo. ◇ **a la ~** Detrás.
zagal, la s. Muchacho joven o adolescente.
zaguán m. Parte de una casa situada junto a la entrada principal.
zaherir tr. Humillar, maltratar o censurar a una persona.
zaino, a adj. **1** Se dice de la caballería que tiene el pelaje castaño oscuro. **2** Se dice del ganado vacuno que tiene el pelo negro. **3** Falso, traidor.
zalamería f. Demostración exagerada o fingida de cariño.
zamarra f. Chaleco hecho de piel con su lana o pelo.
zamarro m. **1** Zamarra. ◆ **m.pl.** **2** AMÉR Calzones para montar a caballo.
zambo, a adj./s. **1** Que tiene las piernas torcidas de modo que se le juntan a la altura de las rodillas. **2** AMÉR Se dice del hijo de negro e india, o viceversa.
zambomba f. Instrumento musical de percusión formado por un recipiente atravesado por un palo.
zambullir tr. Meter debajo del agua con ímpetu.
zampabollos m. y f. *Fam.* ESP Persona glotona.
zampar tr./intr. *Fam.* Comer con avidez.
zampoña f. Instrumento musical de viento parecido a una flauta o una gaita.
zanahoria f. **1** Planta herbácea de raíz comestible. **2** Raíz de esta

planta, alargada y de color naranja. ◆ adj./m. y f. **3** *Fam. y desp.* ARG, NIC, URUG Necio, torpe o tonto.

zancada f. Paso largo.

zancadilla f. Acción de cruzar una pierna con las de otra persona para que esta tropiece y caiga.

zanco m. Palo largo con un apoyo sobre el que se pone el pie y que sirve, junto con otro, para andar a cierta altura del suelo.

zancudo, a adj. Se dice del ave de cuello, pico y patas largos, adaptados a la vida en zonas pantanosas.

zángano, a m. **1** Abeja macho. ◆ s. **2** *Fam.* Persona holgazana o que vive a costa de otras.

zanguango, a s. *Fam.* AMÉR SUR Persona, generalmente corpulenta, que se comporta de manera torpe.

zanja f. Excavación alargada y estrecha hecha en la tierra.

zanjar tr. Resolver y concluir definitivamente un asunto.

zapa f. **1** Pala que usan los zapadores. **2** Excavación de una zanja u otro agujero en el suelo.

zapador m. Soldado encargado de cavar para abrir trincheras y zanjas.

zapata f. **1** Pieza de un sistema de freno que roza contra una rueda o su eje. **2** Pedazo de madera o goma para calzar muebles o para impedir que una puerta se cierre.

zapatear tr. Dar golpes en el suelo con los pies calzados.

zapatero, a s. **1** Persona que se dedica a fabricar, arreglar o vender zapatos. ◆ m. **2** Mueble para guardar zapatos. **3** Insecto que se desliza a gran velocidad sobre el agua.

zapatilla f. **1** Calzado ligero y cómodo para estar en casa. **2** Calzado deportivo.

zapatista adj. **1** Relativo al movimiento revolucionario liderado por Emiliano Zapata. ◆ adj./m. y f. **2** Seguidor de Emiliano Zapata o del Ejército Zapatista de Liberación Nacional mexicano.

zapato m. Calzado que cubre el pie hasta el tobillo y que tiene la suela de cuero u otro material más duro que el resto.

zapear intr. Hacer zapping.

zapping m. Cambio rápido y continuo del canal del televisor por medio del mando a distancia.

zar, rina s. **1** Emperador de Rusia. ◆ f. **2** Esposa del emperador de Rusia.

zarandear tr. **1** Agitar o mover a alguien o algo de un lado a otro con rapidez y energía. ◆ prnl. **2** P RICO, PERÚ, VENEZ Contonearse al andar.

zarcillo m. **1** ESP Pendiente en forma de aro. **2** Órgano filamentoso de una planta que se enrosca en los soportes o se agarra a las paredes y le permite trepar.

zarigüeya f. Mamífero marsupial omnívoro, de aspecto parecido a la rata.

zarpa f. Mano del animal que tiene uñas fuertes y afiladas.

zarpar intr. **1** Salir a navegar un barco. ◆ prnl. **2** *Fam.* ARG, URUG Actuar una persona de forma inoportuna, atrevida o grosera.

zarrapastroso, a adj. Sucio, viejo o descuidado.

zarza f. Arbusto espinoso cuyo fruto es la mora o zarzamora.

zarzamora f. **1** Fruto comestible que se obtiene de la zarza. **2** Zarza.

zarzaparrilla f. **1** Arbusto trepador espinoso de fruto en forma de bola pequeña. **2** Bebida refrescante elaborada con la raíz de este arbusto.

zarzuela f. **1** Obra musical y dramática española en la que se alternan partes cantadas y partes declamadas. **2** Género musical y dramático formado por este tipo de obras. **3** ESP Guiso elaborado con varios tipos de pescado y marisco.

zascandil m. *Fam.* ESP Hombre chismoso y entrometido.

zéjel m. Estrofa de origen hispanomusulmán que dio origen al villancico.

zenit o **zénit** m. Cenit.

zepelín m. Globo aerostático ovalado, con un motor y un sistema de dirección.

zeta o **ceta** f. **1** Nombre de la letra z. **2** Letra del alfabeto griego (Θ/θ).

zeugma m. Ceugma.

zigoto m. Cigoto.

zigzag m. Línea quebrada constituida por segmentos unidos formando ángulos entrantes y salientes alternativamente.

zinc m. Cinc.

zíngaro, a o **cíngaro, a** adj./s. Del pueblo gitano, especialmente el que vive en algunos países del este de Europa.

zíper m. AMÉR CENTRAL, CUBA, MÉX, VENEZ Cremallera (cierre).

zirconio m. Circonio.

zócalo m. **1** Banda que se coloca en la parte baja de la pared como protección o decoración. **2** Parte inferior de un edificio, que sirve para poner los basamentos a un mismo nivel.

zocato, a adj./s. *Fam.* Zurdo.

1. **zoco** m. Mercado, generalmente cubierto, propio de algunos países árabes.

2. **zoco, a** adj./s. *Fam.* Zurdo.

zodiaco o **zodíaco** m. Zona de la esfera celeste dividida en doce partes iguales que el Sol, la Luna y algunos planetas recorren en un año.

zombi m. y f. **1** Según ciertas leyendas antillanas, persona muerta que ha sido resucitada mediante la brujería. ◆ adj./m. y f. **2** *Fam.* Aturdido, alelado.

zona f. **1** Parte delimitada de cualquier superficie. **2** Parte de una cosa. **3** Parte de una esfera comprendida entre dos planos paralelos que la cortan.

zoncera f. **1** ARG, PAN, URUG, VENEZ Asunto, dicho o hecho poco importante. **2** ARG, URUG Objeto de poco valor.

zoo m. Instalación de gran extensión donde se cuidan y crían animales para que el público pueda verlos.
zoofilia f. Conducta sexual de la persona que tiene relaciones sexuales con animales.
zoología f. Parte de la biología que estudia los animales.
zoológico, a adj. **1** Relativo a la zoología. ◆ m. **2** Zoo.
zoom m. Objetivo fotográfico o cinematográfico que mantiene enfocada la imagen al variar la distancia focal.
zootecnia f. Técnica de la cría y mejora de los animales domésticos.
zopenco, a adj./s. *Fam.* Torpe para aprender y rudo en la manera de actuar.
zoquete adj./m. y f. **1** *Fam.* Tonto. ◆ m. **2** Taco de madera corto y grueso. **3** ARG, CH, PAR, URUG Calcetín. **4** MÉX Puñetazo.
zorra f. *Vulg.* Prostituta.
zorro, a s. **1** Mamífero carnívoro salvaje, parecido al perro pero de hocico alargado, pelo marrón rojizo y cola larga y peluda. **2** *Fam.* Persona astuta.
zorzal m. Pájaro cantor de color marrón con el pecho amarillo.
zote adj./m. y f. *Fam.* Zopenco.
zozobrar intr. **1** Hundirse una embarcación. **2** Peligrar una embarcación debido al oleaje o al viento. **3** Peligrar una cosa.
zueco m. **1** Calzado hecho en una única pieza de madera. **2** Calzado de cuero con suela gruesa de corcho o de madera.
zulo m. ESP Habitáculo diminuto, generalmente subterráneo, que sirve para esconder a alguien o algo.
zulú adj./m. y f. Relativo a una tribu que habita en el sudoeste de África.
zumbar intr. **1** Producir un zumbido. ◆ tr. **2** *Fam.* Golpear, pegar. ◆ prnl. **3** *Fam.* Volverse loco.
zumbido m. Ruido continuado y sordo que resulta molesto o desagradable.
zumo m. Líquido contenido en las frutas, que puede extraerse por presión o cocción.
zurcir tr. Remendar un roto en una tela para que no se note.
zurda f. Mano o pierna del lado izquierdo.
zurdo, a adj./s. **1** Que tiene mayor habilidad con la mano y la pierna izquierdas. ◆ adj. **2** Situado en el lado izquierdo.
zurra f. *Fam.* Paliza o cachete.
zurrar tr. **1** *Fam.* Dar golpes o azotes a una persona. **2** Adobar la piel curtida para que quede blanda y suave.
zurriago m. Látigo para golpear.
zurrón m. Bolsa de piel o cuero para llevar la caza o provisiones.
zutano, a s. *Fam.* Se usa para designar a una persona cuyo nombre no se expresa, especialmente la que va en tercer lugar, después de haber nombrado a otras con las palabras **fulano** y **mengano**.

Abreviaturas y siglas usuales

A	amperio
a. C., a. de C.	antes de Cristo
a. J. C., a. de J. C.	antes de Jesucristo
admón.	administración
afmo., afma.	afectísimo, afectísima
a. m.	antes del mediodía
AM	*amplitude modulation* (modulación en amplitud)
apdo.	apartado
API	Agente de la Propiedad Inmobiliaria
art.	artículo
ATS	Ayudante Técnico Sanitario
atte.	atentamente
atto., atta.	atento, atenta
Av., Avda.	avenida
BOE	Boletín Oficial del Estado
BUP	Bachillerato Unificado y Polivalente
c.	*circa* (hacia la fecha indicada)
c/	cuenta
c., c/	calle
c., cap.	capítulo
c.c.	centímetro cúbico
c/c.	cuenta corriente
cd	candela
cf., cfr.	confróntese
Cía., Co.	compañía
CIF	Código de Identificación Fiscal
COI	Cómite Olímpico Internacional
COU	Curso de Orientación Universitaria
C. P.	Código Postal
CV	Caballos de Vapor
D., Dña.	don, doña
d. C., d. de C.	después de Cristo
d. J. C., d. de J. C.	después de Jesucristo
dcho., dcha.	derecho, derecha
DF	Distrito Federal
depto., dpto.	departamento
DM	Deutsche Mark (marco alemán)
Dr., Dra.	doctor, doctora

EEUU	Estados Unidos
EGB	Educación General Básica
ej.	ejemplo
entlo.	entresuelo
ESO	Educación Secundaria Obligatoria
et. al.	y otros (lat. *et alii*)
etc.	etcétera
Excmo., Excma.	Excelentísimo, Excelentísima
FAO	Food and Agriculture Organization (Organización para la Alimentación y la Agricultura)
FMI	Fondo Monetario Internacional
F.C., f.c.	ferrocarril
fdo.	firmado
FIFA	Federación Internacional de Fútbol Asociación
fig.	figura, figurado
FM	Frecuencia Modulada
FP	Formación Profesional
GB	Gran Bretaña
h.	hacia la fecha indicada
HI-FI	High Fidelity (alta fidelidad)
hno.	hermano
ib., ibíd.	*ibídem* (en el mismo sitio)
íd.	*ídem* (lo mismo)
Ilmo., Ilma.	Ilustrísimo, Ilustrísima
Iltre.	Ilustre
impr.	imprenta; impreso
IPC	Índice de Precios al Consumo
IRPF	Impuesto sobre la Renta de las Personas Físicas
ISBN	International Standard Book Number (Registro Internacional de Libros Editados)
ISO	International Standard Organization (Organización Internacional de Estandarización)
ISSN	International Standard Series Number (Registro Internacional de Publicaciones Periódicas)
IVA	Impuesto sobre el Valor Añadido
izdo., izda., izq.	izquierdo, izquierda
J.C.	Jesucristo
jr.	júnior

K	kelvin
kg	kilogramo
k. o.	fuera de combate (del inglés *knock-out*)
Ldo., Lda.	licenciado, licenciada
ltda.	limitada
loc. cit.	en lugar citado (lat. *loco citato*)
m	metro
Mercosur	Mercado Común del Sur
ms.	manuscrito
N. B.	nótese bien (lat. *nota bene*)
n.º, núm.	número
NASA	National Aeronautics and Space Administration (Administración Nacional de la Aeronáutica y del Espacio)
N. del T.	Nota del Traductor
NIF	Número de Identificación Fiscal
ob. cit., op. cit.	obra citada
OEA	Organización de los Estados Americanos
OIT	Organización Internacional del Trabajo
OMS	Organización Mundial de la Salud
ONU	Organización de las Naciones Unidas
OPEP	Organización de Países Exportadores de Petróleo
OTAN	Organización del Tratado del Atlántico Norte (del inglés *North Atlantic Treaty Organization*)
p.º	paseo
p., pág.	página
p. a.	por autorización, por ausencia
P.D.	posdata
p. ej.	por ejemplo
PIB	Producto Interior Bruto
pl., plza., pza.	plaza
PM	Policía Militar
p. m.	después del mediodía
p. o.	por orden
p. p.	por poder
pral.	principal
prof., prof.ª	profesor, profesora
pról.	prólogo

P. S.	posdata (lat. *post scriptum*)
pts.	pesetas
PVP	Precio de Venta al Público
PYME	Pequeña y Mediana Empresa
q. e. p. d.	que en paz descanse
RAE	Real Academia Española
Rdo.	Reverendo
Rep.	República
R. I. P.	descanse en paz (lat. *requiescat in pace*)
Rmo.	Reverendísimo
r. p. m.	revoluciones por minuto
Rte.	remitente
s	segundo
s., ss.	siglo, siglos; siguiente, siguientes
S.	san
S. A.	sociedad anónima
S. L.	sociedad limitada
S. M., SS. MM.	Su Majestad, Sus Majestades
Smo.	Santísimo
s. n., s/n.	sin número
SOS	Save Our Souls (petición de auxilio)
S. P.	servicio público
sr.	sénior
Sr., Sra.	señor, señora
Srta.	señorita
Sto., Sta.	santo, santa
t.	tomo
TIR	Transport International Routier (Transporte Internacional por Carretera)
trad.	traducción
tel., teléf., tfno.	teléfono
UCI	Unidad de Cuidados Intensivos
Ud., Uds.	usted, ustedes
UE	Unión Europea
UHF	Ultra High Frequencies (frecuencias ultraaltas)
UNESCO	United Nations Educational, Scientific and Cultural Organization (Organización de las Naciones Unidas para la Educación, la Ciencia y la Cultura)

UNICEF	United Nations International Children's Emergency Fund (Fondo Internacional de las Naciones Unidas para el Socorro a la Infancia)
USA	United States of America (Estados Unidos de América)
UVI	Unidad de Vigilancia Intensiva
V	voltio
V.	usted
v.	verso; véase
V.º B.º	visto bueno
Vd., Vds.	usted, ustedes
Vdo., Vda.	viudo, viuda
v. gr.	verbigracia, por ejemplo (lat. *verbi gratia*)
VHF	Very High Frequencies (frecuencias muy altas)
vid.	véase (lat. *vide*)
VIH	Virus de Inmunodeficiencia Humana
VIP	Very Important Person (persona muy importante)
V. O.	versión original
vol.	volumen
vs.	versus, contra
W	vatio
w. c.	retrete (del inglés *water closet*)
www	red informática mundial (del inglés *world wide web*)

Signos especiales

@	arroba (correo electrónico)
©	copyright (derechos de autor)
€	euro (moneda)
®	marca registrada (registered trademark)
$	dólar; peso (monedas)
™	marca registrada (trademark)
&	y